内战之殇

西班牙内战中的后方大屠杀

[英] 保罗·普雷斯顿 著
李晓泉 译

THE SPANISH HOLOCAUST

Inquisition and Extermination in Twentieth-Century Spain

PAUL PRESTON

民主与建设出版社
·北京·

献给加布丽埃勒

目　录

前　言　　1

第一部　仇恨与暴力的起源
1　阶级战争的开始　　3
2　鼓吹群体灭绝的理论家们　　37
3　右翼攻势之继续　　58
4　战争迫近　　98

第二部　叛乱方控制区的制度化暴力
5　凯波的恐怖统治　　143
6　莫拉的恐怖统治　　194

第三部　政变的后果：共和国控制区的自发性暴力
7　远离前线　　237
8　马德里的革命恐怖　　277

第四部　围困中的马德里：威胁与回应
9　死亡纵队进军马德里　　323
10　惧怖之城的回应　　363

第五部　两种战争理念

　　11　抵御共和国的内部敌人　　　　　　　　　　405

　　12　佛朗哥缓慢的灭绝战　　　　　　　　　　　453

第六部　佛朗哥对恐怖统治的投资

　　13　拒绝和解　　　　　　　　　　　　　　　　499

结　语　　　　　　　　　　　　　　　　　　　　　547

致　谢　　　　　　　　　　　　　　　　　　　　　557

术语表　　　　　　　　　　　　　　　　　　　　　559

注　释　　　　　　　　　　　　　　　　　　　　　564

附　录　　　　　　　　　　　　　　　　　　　　　677

出版后记　　　　　　　　　　　　　　　　　　　　694

前　言

在西班牙内战的战线后方，约有 20 万男男女女在没有接受司法审判的情况下被谋杀，或者在走过场式的司法程序之后被处决。导致他们被害的原因，就是 1936 年 7 月 17 日至 18 日反对第二共和国的军事政变。可能有多达 20 万人由于同样的原因死于战场。还有数量不明的男人、女人和孩子死于空袭，或者在逃离佛朗哥军队占领区的途中丧生。在叛乱方于 1939 年 3 月底取得最终胜利后，西班牙全境约有 2 万名拥护共和国的人士被处决。在过度拥挤和缺乏基本卫生保障的监狱和集中营里，还有更多的人因为身患疾病和营养不良而死去。其他人则死于奴工劳动营极为恶劣的工作条件。有超过 50 万难民被迫流亡，其中很多人病死在法国境内的拘留营地。数千人在纳粹集中营里被奴役至死。撰写本书的目的就是为了尽可能向读者展示在平民身上发生了什么，以及它们为什么会发生。所有这些已经发生的事实，构成了我认为完全有理由将其称为"西班牙大屠杀"的事件。

我经过反复斟酌，最终决定在本书标题中使用"大屠杀"（holocaust）一词。我极度悲愤于纳粹蓄意灭绝欧洲犹太民族的卑劣行径。而对于在 1936 年至 1939 年的西班牙内战以及随后若干年间，西班牙人民所承受的较易被世人忽视但也相当骇人听闻的苦难，我同样感到极为悲伤和愤怒。我无法找到比"大屠杀"更确切的词语来概括西班牙人民的这段经历。除此之外，我之所以选择这个词，也是受到以下事实的影响：那些将屠杀无辜西班牙民众合理化的人，借助某种反犹主义言论，反复宣称必须消灭这些"犹太－布尔什维克－共济会"阴谋的傀儡。然而，我并非想要使用"大屠杀"一词将发生于西班牙本土的悲剧事件和发生于德国占领下的欧洲大陆的一系列悲剧等同起来。相反，我只是认为应将本书主题置于一个可供参照的更广阔的背景中加以检视，希望能借此促使读者进行类比并产生共鸣，并让大家更好地理解在西班牙内战中和内战以后所发生的事。

直到今天，佛朗哥将军和他的旧政权仍然享有比较不错的声誉。这来自一系列经久不衰的神话，其主旨都是强调他的统治所带来的好处。在精心构筑的宣传话语中，是他一手促成了西班牙在20世纪60年代的经济"奇迹"，是他勇敢地将自己的国家置于第二次世界大战的旋涡之外；而关于其政权的起源，有诸多不实之词。它们源于最初的一个谎言，即西班牙内战是为了拯救国家免遭赤色分子控制而进行的一场不可避免的战争。这种对事实的捏造成功影响了很多讲述西班牙内战的专著，在这些作品中，西班牙内战被描绘成一场双方道德水平相当的武装冲突。关于无辜市民伤亡的问题也被归结到这一理念中，并因而被"正常化"。再者，反共产主义思潮的影响，不愿相信军官和"绅士们"会卷入针对平民的大规模蓄意屠杀的心理，以及对反教权主义暴力的厌恶，也在某种程度上解释了战争编年史中为何会有这样的一大段空白。

叛乱方的战果是在多大程度上建立于系统性和有计划的大规模杀戮之上，以及他们接下来的政权在多大程度上建立于国家恐怖主义的基础之上，这些问题在涉及西班牙内战及其后果的文学作品中只占相对较小的比重。同样被很少提及的还有以下事实：叛军方面于1936年7月17日夜起开始实施的根除异己的计划引发了即时的连锁反应，在共和国控制区激发了大规模的报复性暗杀行动。由残忍的暴徒在后方发动的针对并未犯下什么滔天大罪的受害者的集体暴力，证实了在该背景下使用"大屠杀"一词的合理性——不仅仅是因为其程度和范围，也是因为应该唤起在西班牙内战之案例中对系统性杀戮的感知，正如在德国和苏联的类似案例中的情况一样。

无论是在共和国控制区还是叛乱方控制区，针对各自后方的镇压均持续存在。尽管两者在数量和性质上大有不同，但是每一方的镇压行动都夺走了数以万计的生命，而大多数遇难者根本就没做什么坏事，甚至没有参加过什么政治行动。作为叛乱方领导人的莫拉将军、佛朗哥将军和凯波·德·利亚诺将军都将西班牙无产阶级视为如摩尔人一般的劣等种族，因此必须通过出其不意与毫不妥协的暴力来加以征服。因此，他们将自己在北非率领**西班牙外籍军团**（Tercio de Extranjeros）*、摩洛哥雇佣军、西属摩洛哥正规军等殖民军作战时所学到的各种杀鸡儆猴式的恐怖手段应用于西班牙本土。

纵容部下的暴行这一点，在佛朗哥 1922 年的战地日记中就有所反映，日记中详细描述了摩洛哥村庄被毁以及村庄守卫者身首异处的场景。他甚至以赞许的语气讲述他手下的那个只有十几岁的小号兵是怎样活生生割下了一名俘虏的耳朵。[1] 在一次突袭行动中，佛朗哥亲率 12 名军团士兵出击，并带回了 12 颗血淋淋的部落民（harqueños）的首级作为战利品。[2] 斩首俘虏和砍掉他们的手脚可以说是司空见惯。当米格尔·普里莫·德·里韦拉于 1926 年访问西属摩洛哥时，等待他检阅的是一整营的军团士兵，而每名士兵的刺刀尖上都挑着一颗首级。[3] 在内战中，西班牙非洲军团将他们在殖民地营造的恐怖转移到了西班牙本土，并企图以此手段实现一个旨在巩固其未来专制政权的冷酷计划。

由叛军方面实施的镇压是一个精心策划的行动，按照政变首脑埃米利奥·莫拉的说法，这一行动的目标，就是"坚决且毫不留情地消灭那些和我们想法不一样的家伙"。[4] 相反，共和国控制区的镇压更像是一种情绪化的被动之举。起初，它是针对军事政变而出现的一种自发的防御性反应，而接下来的因叛军暴行而逃离家园的难民所带来的消息以及叛军方面的空袭，则加剧了这种反应。我们很难想象，如果没有爆发这场让文明社会的种种约束不复存在的军事政变，共和国控制区域还会出现如此众多的暴行。作为政变之后果的法律与秩序体系的崩溃，导致了最后审判日般的"千年复仇"（数百年压迫所积累的根深蒂固的仇恨）的总爆发，并导致那些被释放出狱的囚犯，甚至是那些以往从不敢越雷池半步的谨小慎微的人，犯下种种不计后果的罪行。而且，像任何战争一样，基于军事上的现实必要性，

---

* 某些重要组织和特殊用语以黑体标出，读者可按括注的原名（或外文简称）在术语表中查看更多信息。——编者注

还要消灭内部的敌人。

毫无疑问，双方的敌意随着内战的进行而加剧。当另一边正在发生的事情渐渐传开时，愤怒和复仇的渴望使敌对情绪大大激化。然而，我们也很清楚，在内战爆发的最初，就已经存在某种仇恨，在1936年7月17日夜驻扎于北非休达哨所的军人们中间，或是在7月19日冲入马德里蒙塔尼亚军营的共和国群众中间施展它的威力。本书的第一部分阐述了这些仇恨是如何被煽动起来的。当右派分子决意阻挠建立于1931年4月的第二共和国民主政权所推动的雄心勃勃的改革计划时，分裂和对立随之产生。改革中遇到的阻力促使左派进行更为激进的回应。与此同时，右派人士所持的神学与种族主义理论也被煞费苦心地用于证明军事干涉和毁灭左派的合理性。

至于叛军方面，其计划与筹备工作的核心就是制造恐怖和群体性灭绝。由于城乡无产阶级在人数方面的优势，他们相信直接而强力的恐怖统治至关重要。在南方地区，借助已经在非洲殖民战争中被野蛮化的军事力量，以及当地土地所有者阶层的支持，该进程由凯波·德·利亚诺将军主导。在纳瓦拉、加利西亚、旧卡斯蒂利亚和莱昂等极端保守的地区，情况有着显著的不同，军事政变在这些地区不费吹灰之力就取得了成功，来自左翼的抵抗也微乎其微，然而莫拉将军在此推行的恐怖手段却超乎寻常地严厉。

叛乱方群体灭绝之目标在极左翼，特别是在无政府主义者那里得到了呼应（暂且不论他们有没有可以与叛军相比的军事能力），他们宣扬必须要"净化"这个堕落的社会。在共和国控制区，特别是在巴塞罗那和马德里，源自贫困、饥饿与残酷剥削的潜在仇恨在一种无序的恐怖中爆发。于是不可避免地，仇恨的目标不只限于支持或同情叛乱的军人，而且也包括被视为压迫之工具的富人、银行家、产业家和地主。仇恨（常常更为强烈地）也会指向被视为权贵之密友的教士阶级，教会在积累巨额财富的同时，将不公合法化。与叛乱方发动的作为其政策工具的系统化镇压不同的是，这种随机性很强的暴力行动，并非源自共和国官方的授权，而恰恰是其权威遭到无视的结果。实际上，在共和国政府之后重建公共秩序的努力下，左翼镇压行动受到限制，并且于1936年12月基本结束。

西班牙内战中最为血腥且彼此之间存在紧密联系的两个事件，均与叛军围困马德里和另一方保卫西班牙首都有关。佛朗哥的那些精于非洲殖民战争的所谓"死亡纵队"，在从塞维利亚前往首都的进军中，随着他们对沿途城镇和村庄的征服，留下了一连串的死亡与毁灭。叛军已经用事实宣布，如果马德里不立即投降，等待着她的将是什么，于是负责守卫马德里的领导者决定转移关押的右翼政治犯，尤其是那些早已宣誓一旦有机会将立即加入叛乱方的陆军军官。这一决定的付诸实施，导致了发生在马德里市郊帕拉库埃略斯的那场针对右翼分子的臭名昭著的屠杀。

到 1936 年底，两种迥异的战争理念已然成形。处于守势的共和国不但需要对抗佛朗哥，还要对抗形形色色的内部敌人。这些敌人不仅是大肆进行间谍破坏活动、散布失败主义和消极言论且正在迅速壮大的叛军"第五纵队"。无政府主义者的工会组织**全国劳工联盟**（CNT）与其下属激进团体**伊比利亚无政府主义者联合会**（FAI，简称"伊无联"）在无政府主义运动中所表现出来的强烈的革命倾向，也被视为对共和国的国际形象的一种威胁，这种倾向也确实影响到了共和国的军事行动。由反斯大林主义者组成的**马克思主义统一工人党**（POUM，简称"马统工党"）同样也断定，发动一场革命是当务之急。因此，这两者均成为共和国安全机构的目标，正是这一安全机构阻止了最初几个月里涌现出的那些失控的镇压行动。在叛乱方，非洲军团纵队的迅速推进被佛朗哥在征服巴斯克地区、桑坦德、阿斯图里亚斯、阿拉贡和加泰罗尼亚时所采取的步步为营的毁灭战所取代。他的军事行动越来越被认为是对恐怖事业的一种投资，并以此来推动独裁统治的建立。战后的审判、处决、监禁和集中营体系则进一步巩固了这种"投资"。

这样做的目的，就是确保权贵集团的利益不会像在 1931 年至 1936 年第二共和国时期的民主改革中那样再度受到挑战。当神职人员以上帝的名义赦免这些暴行，而军方积极贯彻莫拉将军那消灭"那些和我们想法不一样的家伙"的号召时，他们所参与的，并非是一场精神层面的意识形态与道德观念的"十字军远征"。根除进步的自由主义和包含左翼元素的思想，被认为是保卫权贵既得利益之所需。这些思想已经对右翼的核心原则构成质疑，而后者可以归结为当时西班牙的主要天主教党派**西班牙独立右翼党团联盟**（CEDA，简称"独立右翼党团联盟"）的口号——"信仰、祖国、家庭、秩序、工作、财富"，在1931年之前的西班牙社会与经济生活中，这些都是无法触动的元素。"信仰"指的就是天主教会在教育和宗教活动方面的垄断地位。"祖国"意味着西班牙的中央集权不允许受到地方民族主义的任何挑战。"家庭"的标志是女性的从属地位和禁止离婚的法令。"秩序"意味着对公众抗议的零容忍。"工作"指劳苦大众的职责。"财富"则属于拥有不可挑战之地位的地主阶级的特权。有时"等级"一词也会被纳入其中，以强调现存秩序的不可侵犯。为了捍卫这些所谓的原则，在被叛军占据的地区，最直接的受害者不仅仅是教师、共济会员、自由派的医生和律师、知识分子以及工会领袖等可能会宣传进步思想的人士。杀戮的对象也会扩大到所有可能被上述人士所持理念影响的群体：工会会员、不参加弥撒的人、那些被怀疑在1936年2月投票给左翼选举联盟**人民阵线**（Frente Popular）的选民，以及被赋予选举权和离婚自由权的妇女。

所有这些都意味着，尽管死者数量的大致上限和下限已经清楚，但仍然无法得出最终结论。因此，在本书中会经常出现陈述性的数据，这些是基于近年来西班牙全国各地的众多历史学家所进行的大量研究而得来的。然而，尽管他们取得了令人瞩目的成就，我们仍然无法对双方战线后方，尤其是叛军控制区的遇难总人数给出明确的数据。这一工作的目标，应始终尽可能以双方控制区内那些可以确定姓名的遇难者为基准。由于共和国当局各相关机构在那时所进行的尸体身份辨认工作，以及接下来佛朗哥政权所展开的后续调查，在共和国控制区内被谋杀或处决的遇难者人数相对准确。该领域最杰出的专家何塞·路易斯·莱德斯马（José Luis Ledesma）给出的最新和最可靠的遇害者人数为49,272人。然而，在共和国控制下的马德里，谋杀和处决之范围并不确定，这可能导致该数字仍会上升。[5] 即使是那些存在可靠研究的区域，新的信息和新的发掘现场也会让该数字得到调整，但调整的幅度相对较小。[6]

相比之下，对死于叛乱方暴力的共和国方遇难者数量的统计，则面临着诸多困难。在1965年那一年，佛朗哥的支持者开始考虑那个他们之前根本不敢去想的事实，那就是他们的**元首**（Caudillo）不可能长生不老，因此必须为未来早做准备。直到1985年，西班牙政府才缓慢启动了对国家档案资源的保护工作，显然那已经太迟了。有数不清的文献记录在那关键的20年中散失，包括作为佛朗哥政权唯一合法政党的法西斯主义**长枪党**（Falange Española）的各种档案，以及各省警察总部、监狱和作为长枪党在地方的主要代表的各省**民政长官**（Civil Governor）所留存的存档文件。配备武装护卫的卡车车队将与历次镇压有关的"司法"记录移走。除去被蓄意销毁的档案，还有一些损失是因"疏忽"所致；部分市政当局将档案作为可回收利用的废纸成吨卖掉。[7]

正式的调查工作直到1975年佛朗哥死后才得以展开。当研究人员开始着手进行此项工作时，他们所面临的不仅包括佛朗哥政权对众多文献材料的有意破坏，而且还有一个严重困难：大量死者的信息不是登记不实，就是根本没有登记。除去独裁政权对罪行的掩盖，还有目击者始终不敢站出来作证以及研究工作遭遇人为阻挠等状况，这些情况在旧卡斯蒂利亚各省份尤其严重。文献材料不翼而飞，当地官员常常拒绝研究者查阅有关平民信息的登记簿。[8]

由军事叛乱方执行的很多死刑会预先经过一个走过场般的审判，然而这基本上与法外谋杀没有什么区别。庭审过程只会持续几分钟，之后就会做出死刑判决，在此期间被告不允许进行任何申辩。[9]那些在叛乱方所谓的"清洗与惩戒行动"中遇害的死者，其被处决的理由被登记为"宣示军法以儆效尤"（por aplicación del bando de Guerra），这样的理由显然是站不住脚的。但这意味着对抵抗军事占领之人士的草率处决的合法化。那些在此期间被殃及池鱼的无辜遇害者，他们既没有武装，也未进行过任何抵抗，然而仍以同样的方式被记录在案。然后是一些被登记为"未经审判"的处决案例，涉及的则是那些因被发现为逃亡者提供庇护而仅仅依据军令被枪毙的遇难者。叛乱方在掩盖事实方面也有系统性的计划。囚犯会被带到远离其居住地的地方接受处决，并被掩埋在没有任何标记的乱葬坑里。[10]

最后，还有一种情况，即大量死者信息根本没有以任何方式进行登记，这其中包括很多在佛朗哥的北非部队——他们从塞维利亚一路前往马德里——抵达之前匆匆离家逃难的平民。每当一个城镇或村落被占领，在遇害者中总会有来自其他地方的难民。因为他们没有携带任何证明文件，所以他们的名字和籍贯也不可考。至于在旷野中被佛朗哥的骑兵小队和隶属于所谓的"卡洛斯主义运动"的极端右翼君主主义者杀害的平民数量，我们可能永远无法进行精确的统计。同样无法进行确认的还包括，在1937年马拉加陷落以后，成千上万来自安达卢西亚西部的死于逃亡途中的难民；那些从西班牙各地涌入巴塞罗那避难，却在1939年前往法国边境的艰难跋涉中丧生的人；还有那些在西班牙濒地中海各港口徒劳等待疏散，最后在绝望中自杀的人。

尽管如此，大量研究表明，总体而言，在叛乱方实施的镇压行动中遇难的人数差不多要三倍于在共和国控制区的镇压行动中丧生的人口。关于死于叛军及其支持者之手的遇难者总数，当前最为可信的是130,199人，然而这仍然不能算作最终的数字。据估计，上述遇难者总数不可能少于15万，而且还有可能更多。一些地区的研究工作并不完全，另有部分地区的研究工作几乎为零。在曾分别由交战双方于不同时期进行过实际控制，并且公认对遇难者数量有较准确统计的若干地区，死于共和国之手的遇难者和死于叛乱之手的遇难者，其人数的差异同样令人震惊。举例来说，在巴达霍斯，死于左翼之手的有1,437人，而被叛乱方杀害的有8,914人；在塞维利亚，这两个数字分别为447和12,507；在加的斯分别为97和3,071；在韦尔瓦，则分别为101和6,019。在那些共和国方支持者并未实施暴力活动的地区，被叛军杀害的遇难者数量也多得令人难以置信。例如，在纳瓦拉，这一数字为3,280，在拉里奥哈则为1,977。而在共和国方镇压力度更大的大部分地区，像阿利坎特、赫罗纳和特鲁埃尔，分别死于共和国与叛乱之手的遇害者数量相差约几百人。[11] 例外情况是马德里。整场战争中，在共和国方面控制西班牙首都期间遇难的被害者数量看起来要更接近于叛军占领该城后所处决人数的三倍。然而对这些数字进行精确统计仍显困难，因为，关于在马德里战后镇压行动中的遇难人数，得到最频繁引用的是"2,663"这个数字，可是，得到这一数字的研究报告仅仅是基于马德里东郊阿尔穆德纳陵园这一处埋葬地的死者人数。[12]

尽管佛朗哥分子的暴行更甚，但发生于共和国控制区的镇压行动，在被人民阵线政府叫停之前，也是相当可怕的。当然，各地镇压行动的规模和性质有所不同。据记载，最高的统计数据出自社会党集中的托莱多南部，以及从萨拉戈萨南部，经由特鲁埃尔直到塔拉戈纳西部，由无政府主义者占据支配地位的地区。[13] 在托莱多，有3,152名右翼分子被杀，其中10%为神职人员（接近该省神职人员总数的1/2）。[14] 在昆卡，死者总数为516人（其中包括36名神父，占遇难者总数的7%——该数字接近该省神职人员总数的1/4）。[15] 根据何塞普·马里亚·索莱·萨巴泰（Josep Maria Solé i Sabaté）和霍安·比拉罗约·丰特（Joan Vilarroyo i Font）的全面细致的研究，在共和国控制下的加泰罗尼亚，死者总数为8,360人。这一数字与**加泰罗尼亚地方政府**（Generalitat de Catalunya）在1937年成立的某委员会得出的结论非常接近。作为共和国当局主持的遇难者登记工作的一部分，该委员会在法官贝尔特兰·德·金塔尼亚的领导下，调查了战线后方所有的死亡案例，以启动对那些法外处决行动的责任者的追究流程。[16] 我们无法想象在叛乱方控制区也会有类似的举措。

最近的学术成果已在很大程度上瓦解了当时叛乱方以宣传为目的而进行的各种不实的指控——不仅限于加泰罗尼亚，也包括共和国控制下的西班牙大部分地区。1938年7月18日，在布尔戈斯，佛朗哥本人宣称在加泰罗尼亚有5.4万人被害。在同一场讲话中，他还声称在马德里有7万人被谋杀，在巴伦西亚则为2万人。当天，他还告诉一位新闻记者，在共和国控制区的遇难者总数已达47万人。[17] 为了在全世界面前历数共和国方面的罪行，1940年4月26日，他发起了一场被称为"普遍司法调查"（Causa General）的大规模国家调查运动，以"收集有价值的信息"，进而查明在共和国控制区所实施的犯罪的真实规模。告密和夸大事实受到鼓励。在所收集信息的基础上，"普遍司法调查"得出的关于死者数量的结论为85,940人。获悉这情况后，佛朗哥深感失望。尽管这一数字中已经有夸大的成分，并包含有大量重复统计的情况，但是由于它仍然远远低于佛朗哥公开宣称的数字，所以，在超过1/4世纪的时间里，正式发行的各种版本的"普遍司法调查"之调查报告概要都没有将它放进文中。[18]

由叛乱方进行的镇压行动的一个核心却被低估的部分，是对女性的系统性迫害，这种迫害并不太容易在统计分析中暴露出来。谋杀、折磨和强奸是针对共和国时期很多（但并非全部）自由派与左翼女性所信奉的性别解放主义的普遍性惩罚。那些从监狱中活着出来的幸存者，终其一生都遭受着生理与心理问题的严重折磨。还有成千上万的受害者曾被强奸或遭到其他类型的性侵犯，或曾受到剃光头发和被强灌蓖麻油后因腹泻而在公共场合便溺等侮辱。对于大多数共和国女性而言，当她们的丈夫、儿子和父兄被害或者被迫逃亡之后，她们会面临可怕的经济和心理问题；而为了迫使她们透露男人的去向，敌人有时也会逮捕这些女人。相比之下，尽管有人常常会想当然地说，强暴修女在共和国控制区也很常见，然而这与叛军统治下的女性所受的伤害相比，无疑是小巫见大巫。当然并不是说这种情况从未发生。有十几名修女遭到猥亵，还有 296 名修女被杀害，受害者人数超过了女性神职人员总数的 1.3%。这些数字固然令人震惊，但是要比叛乱方控制区内遭遇厄运的女性人数明显低一个数量级。[19] 考虑到尊重女性是共和国改革计划之有机组成部分，出现这种情况倒不足为怪。

仅仅从统计学角度诠释西班牙大屠杀是存在缺陷的，也是不完备的——而且永远也不可能完备。它同样无法捕捉到数字背后所蕴含的极为强烈的恐怖。在接下来的叙述中会包括许多个体的故事，许多来自敌对双方的男人、女人与孩子们的故事，还有来自西班牙全国各地的一些特定但又具代表性的遇难者与加害者的案例。本书希望借此让广大读者了解，那些在 1936 年 7 月 17 日起事的西班牙军人，当他们放任自己的狂妄自大与残忍时，给西班牙同胞造成了怎样的苦难。他们挑起了一场不必要的战争，直至今日，它所带来的苦痛仍回荡在西班牙的大地上。

第一部

仇恨与暴力的起源

1

阶级战争的开始

1931—1933

1936年7月18日，在听闻西属摩洛哥爆发军事叛乱之后，一个贵族地主在他位于萨拉曼卡西南的庄园里命令他手下的劳工排成一排，随后射杀了其中的6个人，作为对其他人的警告。此人就是退役骑兵军官贡萨洛·德·阿吉莱拉·蒙罗（他是阿尔瓦-德埃尔特斯的伯爵），他在内战期间加入了叛军新闻部门，并曾向外国客人大肆吹嘘他所犯下的暴行。[1] 尽管这场传闻中的暴行属于极端情况，但隐藏其后的仇恨却并非缺乏代表性——在1936年军事叛乱爆发之前，这种仇恨已在西班牙乡村中郁积了超过20年之久。阿吉莱拉的冷酷和蓄意的残暴行径反映了西班牙乡村上层社会中的一个普遍信条，即无土地的农业劳工是非人类。自饥饿的农业短工在大庄园（latifundio）*控制地区发起一系列零星暴动之后，这种态度便已经在大地主阶层中变得普遍。那些发生于1918年到1921年期间（一个被后人称之为"布尔什维克的三年"的社会冲突激烈的时代）的起义，早已被乡村寡头阶级的传统保卫者——西班牙国民卫队和陆军——粉碎。在此之前，在上述对立阶级之间曾有过一个不稳定的休战期，无地短工（jornalero或bracero）**的悲惨境况偶尔会因他们主家高高在上的"慷慨之举"而得到缓解——主家或者赏给他们食物，或者对其偷猎野兔和拾捡被风刮落的麦穗等行为睁一只眼闭一只眼。然而，阶级冲突中的暴力激怒了地主阶级，他们

---

* 主要指在西班牙境内安达卢西亚和埃斯特雷马杜拉地区建立的大型庄园。——若无特别说明，本书脚注均为译者所加。

** 日结薪水的农业劳工。——原书术语表

不再宽恕这些被他们视为劣等种族的无地短工的不服从。随之而来的，则是曾经让无地短工的苦难略微得到缓解的"父系温情"的突然终结。

乡村社会的寡头统治者与工业和金融资产阶级维系着一种不对等的伙伴关系，传统上他们是西班牙资本主义的支配性力量。这个阶级对权力的垄断在痛苦而又充满坎坷的工业化进程中开始受到了后两者的挑战。西班牙因在一战中保持中立而享有的繁荣让受到鼓舞的企业主和银行家同大地主就政治地位展开争夺。然而，由于两者均受到激进的工业无产阶级的威胁，它们很快就重建了防守同盟。1917年8月，来自左翼的虚弱无力的革命威胁却招致军方对左翼的血腥镇压。从那时起，直至1923年军队再度干预为止，局势的动荡不安偶尔会让西班牙社会濒临内战的边缘。在南方，是"布尔什维克的三年"里此起彼伏的乡村暴动。在北方，加泰罗尼亚、巴斯克地区和阿斯图里亚斯的工业家们企图采用削减工资与临时解雇等手段，度过一战结束后接踵而至的经济衰退——如今他们正面临着暴力罢工的局面；而在巴塞罗那，他们面对的则是恐怖分子不断升级的挑衅与报复。

在接下来的捉摸不定和令人焦虑不安的气氛中，中产阶级人士开始愿意接受极右翼天主教分子长久以来散布的观点，即由犹太人、共济会员和第三国际的共产主义分子所组成的秘密联盟正在密谋摧毁基督教的欧洲，而西班牙正是他们的首要目标之一。在天主教的西班牙，关于邪恶的犹太人密谋摧毁基督教的想象早在中世纪早期就已经出现。在19世纪，西班牙极右翼重新祭出这一流传已久的阴谋论，以此败坏自由主义者的名声——极右翼分子认为自由主义者应为正在损害他们利益的社会变革负责任。在这种偏执狂般的妄想下，共济会员被污蔑为犹太人的工具，而后者正试图用其邪恶的阴谋建立凌驾于基督教世界之上的暴政（但事实上这根本就是无稽之谈）。

随着19世纪渐入尾声，这些观点正以愈来愈激烈的方式被表达出来。这是对当时万花筒般多变的复杂局势——经济快速增长、社会失序、地方主义者骚动、资产阶级着手改革、工会与左翼政党破茧而出——的一种反应。西班牙社会的动荡，以及随之而来的这个农业占据主导地位的社会极有可能面临的崩溃，都在一个令人深感担忧而在某些方面又值得宽慰的断言中寻得了解释：责任被归咎于一个特征明确的外部敌人。据说，犹太人将共济会员当成顺应其心意的中间人，借此控制经济、政治、新闻媒体、文学和娱乐界等诸多领域，并通过这些途径扩散民众的堕落与兽性。长期以来，相当反动的卡洛斯传统主义派的日报《未来世纪报》(*El Siglo Futuro*)就一直在兜售这样的观点。1912年，在22位西班牙主教的支持下，何塞·伊格纳西奥·德·乌尔维纳创立了"国家反共济会与反犹太联盟"。阿尔梅里亚的主教写道："对于这场注定要进行的光明之子与黑暗之子、天主教与犹太教、基督与魔鬼之间的决定性战争，我们已经是万事俱备。"[2] 至于并无任何过硬的证据来证实所谓的"犹太人阴谋"这一点，则被归因为敌人（即恶魔本身）的狡猾与庞大无边的力量。

与其他欧洲国家一样，西班牙的反犹主义也在1917年以后愈演愈烈。人们认为以下事实是不言自明的：社会主义是犹太人的发明，俄国革命得到了犹太资本家的金钱支持，而像托洛茨基、马尔托夫和达恩*这样具有犹太血统的知名布尔什维克分子则给出了一种看似可信的哲学与政治理念。西班牙的中上层阶级对发生于1917年到1923年间的那些威胁他们的此起彼伏的革命暴动感到震惊和愤怒。当军方于1923年9月再度干预政局，并最终建立了由米格尔·普里莫·德·里韦拉将军主导的独裁体制之后，恐慌的精英阶层在某种程度上得到了安抚。作为巴塞罗那的卫戍部队司令，普里莫·德·里韦拉是加泰罗尼亚纺织业巨头们的同盟者，他理解处于无政府主义者劳动大军威胁下的他们的感受。而且，出身于赫雷斯-德拉弗龙特拉一个富有的大地主家庭的德·里韦拉，也对南部大庄园主的恐惧感同身受。因此，他是1917年后得到强化的企业主与地主之保守同盟的理想保卫者。在普里莫·德·里韦拉掌权时，他为中上层阶级提供安全保障。然而，其意识形态的拥护者努力构筑了一种观念，那就是在西班牙，两个在社会阶级、政治和道德观方面严重对立的群体陷入了你死我活的斗争当中。具

---

* 这里提到的应为尤里·奥西波维奇·马尔托夫（Юлий Осипович Мартов）和费奥多尔·伊里奇·达恩（Фёдор Ильич Дан）。实际上此二人均为19世纪末至20世纪初活跃于俄国政治舞台上的马克思主义政党俄国社会民主工党之少数派（即孟什维克）的领袖人物，而孟什维克恰恰是与该党之多数派（布尔什维克）相对立的派别。

体来说，作为将来他们替佛朗哥摇旗呐喊的宣传攻势之预演，这些宣传家们强调了眼前来自犹太人、共济会员和左派人士的威胁。

这些观念实际上将整个左派阵营"非法化"，打击范围从中产阶级的自由民主主义者，到社会主义者和地方民族主义者，一直到无政府主义者和共产主义者。那些别有用心的人通过模糊他们之间的分歧以及否认他们作为西班牙国民的权利而达成了这一目的。右翼媒体和里韦拉政权的唯一合法政党"爱国联盟"（Unión Patriótica）公开谴责此种"反西班牙"的行径，民间组织和教育系统也在其中推波助澜。这些理念被用于培养民众对独裁统治的满意感，后者则被视为抵御"布尔什维克威胁"的堡垒。在颇具影响力的西班牙右翼诗人何塞·马里亚·佩曼眼中，整个世界被划分成"国家联盟与苏维埃联盟"两个泾渭分明的阵营，从这一前提出发，他宣称："对于西班牙社会而言，在耶稣和巴拉巴*之间进行抉择的时刻已经到来。"他声称人民大众"不是基督教徒，就是无政府主义者和破坏分子"，并且国家已经分裂成一个由各种异端和舶来品构成的反西班牙集团，以及另一个维系传统宗教信仰与君主主义价值观的真正的西班牙。[3]

普里莫·德·里韦拉政权的另一位更为年长的宣传家是何塞·佩马尔廷。像他的侄子佩曼一样，他也与塞维利亚的极右翼保持着联系，并且相信西班牙正处于一场由共济会（"世界各国政府秩序的永恒敌人"）策划的国际密谋的攻击之下。他摒弃了广义上的左派群体，因为他们是"被普选权、议会主权等他们自以为现代、民主和欧洲化的理念愚弄的教条主义者。他们不在（上帝的）救赎范围之内。他们被最糟糕的暴政、一元化意识形态或是某些专横的理念弄成了精神病"。军队的职责就是保卫西班牙免受这些侵袭。[4]

尽管普里莫·德·里韦拉暂时成功麻痹了中产阶级和统治阶级，使他们不再那么焦虑，但是他的独裁统治未能持续。他尝试采取某些自上而下的仁慈之举，以此缓和独裁统治的负面影响，然而却在不经意间让自己与

---

* 巴拉巴（Barabbas）是《新约》中的一名强盗。根据书中所述，彼拉多总督曾将他与耶稣一同带到犹太人面前，询问释放二者中的哪一位。结果巴拉巴获释，耶稣则被判处死刑并被钉上十字架。

地主、产业家、天主教神职阶层和陆军精英军官团的部分成员彼此疏远。最具戏剧性的是，他在军队晋升流程方面的改革确保了，当 1931 年 4 月 14 日由社会主义者和中产阶级共和派组成的大选联盟以压倒性优势取得权力时，军方选择袖手旁观的立场。当这位独裁者于 1930 年 1 月下台之后，在首批为当局利益摇旗呐喊的人士中间，有位名叫何塞·马里亚·阿尔维尼亚纳的医生，他是一个古怪的巴伦西亚神经学者，同时也是普里莫·德·里韦拉的疯狂崇拜者。

阿尔维尼亚纳还是一位多产的作家，他的作品超过 20 部，当中有小说，若干本有关神经疾病、宗教、医学史、医学哲学和西班牙政治等不同主题的书籍，以及一些关于墨西哥的秉承所谓"温和帝国主义者"立场的作品*，他相信国外隐藏着某个旨在摧毁西班牙的秘密联盟。在 1930 年 2 月，他散发了数万份由他本人撰写的《西班牙荣誉宣言》(*Manifiesto por el Honor de España*)。他在文中宣称："存在一个由共济会员组成的苏维埃，它重新抛出了那些由躲在暗处的祖国永恒之敌捏造的邪恶传说和其他诬蔑之辞，在全世界面前玷污西班牙国家的荣誉。这个由冷酷无情者组成的苏维埃得到了居心不良的野心家们的支持，后者为了报自己的受辱之仇，去到国外喷吐对西班牙的侮辱。"这一指控针对的是被独裁政权驱逐出境的共和派分子。两个月之后，他成立了"队伍纯洁的西班牙国民党"，该党目标为"消灭祖国的内部敌人"。它那身着蓝色衬衫、使用罗马式敬礼的西班牙"军团"——"一支针对任何有损祖国声誉之企图而展开直接、猛烈和迅速之行动的人民志愿队伍"，丰富了法西斯主义者形象的库藏。[5]

君主制的倒台是"犹太－共济会－布尔什维克"阴谋接管西班牙的第一步，阿尔维尼亚纳只是首批主张此观点的群体中的一员。此类观点迎合了那些见证第二共和国建立的极右翼偏执狂的口味。**西班牙工人社会党**（PSOE，简称"社会党"）及其中产阶级同盟——来自形形色色的共和派政党的法律界与知识界人士——开始执掌大权，这一政治权力的转移使整个西班牙右翼团体惊恐不安。共和派－社会主义者联盟企图借助他们意外得以

---

* 在 20 世纪 20 年代，他一直在墨西哥共和国的首都墨西哥城工作和生活。

分享国家权力的契机，去实现一个具有深远影响的方案，即通过摧毁教会的反动影响、根除军国主义，并进行旨在缓解那些不幸的季节性农业短工目前悲惨境况的农业改革，来创建一个现代化的西班牙。

这一宏伟计划不可避免地提升了城乡无产阶级的期望值，同时又在教会、军队，以及由地主和工业资产阶级组成的寡头统治者那里引发恐惧，并滋生了根深蒂固的仇恨。从1917年至1923年的相互敌视发展到1936年以后吞噬西班牙的普遍性暴力，是一个长期且复杂的过程，然而这一过程自1931年春起开始显著加快。像往常一样，富有者的恐惧和仇恨总会在国民卫队那里寻得它们的第一道防线。然而，当地主们竭力阻止改革步伐时，处于饥饿威胁之下的农业短工群体由于期望落空而只能付诸不断升级的暴力。

很多右翼分子将共和国的建立视为西班牙正身处对抗世界革命的第二战线的证据——在治安部队和无政府主义者工会组织"全国劳工联盟"的工人们之间爆发的大量冲突催生了这一观点。内政部长米格尔·毛拉对极左翼采取的坚决行动并未阻止卡洛斯主义者的《未来世纪报》对政府进行大肆攻击，该报还宣称支持改革的共和国立法机构听命于国外势力。它曾在1931年6月宣称，属于极端保守派的3位政府部长——总理尼塞托·阿尔卡拉·萨莫拉、米格尔·毛拉和司法部长费尔南多·德·洛斯·里奥斯·乌鲁蒂——都是犹太人，而且共和国的诞生本身就是犹太人密谋之结果。持较温和观点的天主教畅销日报《辩论报》（*El Debate*）将德·洛斯·里奥斯称为"（犹太教）拉比"。很快，作为拥有《辩论报》等一系列深具影响力的报纸的出版社，天主教评论社开始发行恶毒反犹与反共济会的杂志《恩典与正义》（*Gracia y Justicia*）和《人民之子》（*Los Hijos del Pueblo*）。充斥低俗讽刺的《恩典与正义》杂志的主编是曼努埃尔·德尔加多·巴雷托，他曾一度与独裁者普里莫·德·里韦拉合作，他是后者的儿子何塞·安东尼奥的朋友，同时还是长枪党运动的早期资助者之一。该杂志的周发行量曾一度达到20万份之多。[6]

除了极右翼，共和国也面临着来自极左翼的暴力抵抗。无政府-工团主义者的全国劳工联盟意识到，其组织中的许多激进分子已在4月12日的市政选举中将选票投给了共和派－社会党主义者联盟，而且后者的出现已经在广大群众中间燃起了希望。正如一位无政府主义者领导人所说的那样，他们"就像穿上新鞋的孩子们"那样兴高采烈。然而，全国劳工联盟的领导层觉得共和国不会做出任何改变，前者仅仅执着于宣传其革命目标，并且继续与社会党的**劳工总会（UGT）**进行激烈斗争，后者因为曾与普里莫·德·里韦拉政权合作而被视为"御用工会"。在这样一个普遍失业的背景之下，再加上大量流动性劳工纷纷从海外归国，以及因为独裁统治时期多个大型公共工程的停工而导致很多无特别技能的建筑工人被遣散，西班牙的劳动力市场正处于即将失控的状态。这种局势将被伊无联中主张强硬路线的无政府主义者利用，他们认为共和国也像君主政体一样，不过是资产阶级统治的工具。当全劳联－伊无联在同年5月1日的示威活动遭到治安部队的暴力镇压时，短暂的蜜月期宣告结束。[7]

在5月份的晚些时候，来自帕萨赫斯港的近千名罢工者突然出现在圣塞瓦斯蒂安，很明显他们的意图是洗劫城中富庶的商业区。提前得到警告的内政部长米格尔·毛拉将国民卫队部署在城市入口处。他们驱散了这场骚乱，在此期间有8名罢工者死亡，多人受伤。接下来，在7月初，全国劳工联盟通过电讯系统发动了一次全国范围的罢工，这在很大程度上是对现政府的一种挑战。它在警察的强力镇压以及隶属社会党的劳工总会的工人团体抵制之下归于失败，后者拒绝参加这种被其视之为徒劳的抗争。打扮光鲜、身材肥胖的激进社会党人安赫尔·加拉尔萨是当时的国家保安总长，统领**保安总局（DGS）**，他下令只要发现有人企图破坏电话公司设施，可以当场射杀。基于可以理解的原因，毛拉和加拉尔萨正设法维系中产阶级对政府的信心。但不可避免地，他们的立场导致全国劳工联盟针对共和国和劳工总会的暴力行径进一步加剧。[8]

对于共和派－社会党内阁来说，全国劳工联盟的破坏活动相当于叛乱。对于全国劳工联盟而言，合法的罢工和示威活动正遭到与君主制时期不相上下的专制手段的大肆镇压。1931年7月21日，内阁一致同意需要"某种紧急且严厉的补救措施"。毛拉概述了关于采取"一种合法镇压手段"的提案，社会党的劳工部长弗朗西斯科·拉尔戈·卡瓦列罗则提出，应制定相关法令使罢工非法化。这两项法令最终于10月22日被合并到《共和国保卫法》中，该举措得到了政府中社会党成员的热烈支持，支持的主要原因是他们认为该法令所针对的正是其政治对手——全国劳工联盟。[9]但这在右翼看来无甚区别，他们将无政府主义分子造成的暴力冲突和社会动荡视为左翼整体的特征，公开谴责其行径的社会党人和对其大力打压的共和国政府也只是左翼阵营的一部分。

右翼所关心的是，国民卫队和陆军应组织防御，保卫现有经济秩序不受无政府主义者的破坏。传统上，陆军军官团的绝大部分成员都将阻止政治与经济变革作为其根本任务之一。此时，共和国方面正试图实施军队改革，以使其费用支出和思维模式与西班牙变化后的环境保持一致。该计划的核心部分就是精简极为臃肿的军官团。那些强硬且顽固的**非洲殖民军军官**（Africanistas）在令人眼花缭乱的非正规战争的战场晋升中受益甚多，他们也将会是受到影响最大的群体。他们对共和国改革计划的抵制将开启这样一个进程：从此，西班牙近代殖民史中的暴力会通过某种方式反作用于本土的大都市。1909年至1925年摩洛哥部落战争期间的种种残忍和恐怖使他们变得冷酷无情。摩洛哥的经历同样也让他们有种孤军奋战之感：他们奋不顾身地为保卫殖民地而战，只有他们关心祖国的命运。早在1931年之前，这些殖民军军官已经对本国的职业政治家和反战的左翼群众深为蔑视，后者已被他们看作成功实现其爱国使命的障碍。

陆军和国民卫队在西班牙长期以来的持续性社会冲突中（尤其是在乡村地区）所扮演的镇压者角色，被认为是这一爱国主义义务的重要组成部分。然而，在1931年到1936年间，几个相互关联的因素将使军方随处都能找到正当理由去使用暴力对付左翼。首先一个就是共和国企图打破天主教会的权力。1931年10月13日，当时的国防部长曼努埃尔·阿萨尼亚（后来曾担任过共和国总理和总统）宣称："西班牙不再是天主教国家。"[10]即便这是对的，但是当时的西班牙仍然是一个拥有大量虔诚天主教信众的国家。现在，共和国反教权主义的立法将为那些有充分动机坐视共和国毁灭的满怀敌意的人士，提供一个明显的理由。关于"犹太–共济会–布尔什维克密谋"的令人作呕的说辞也随即拥有了市场。再者，部分毫无必要的反教权举措无形中召集了许多普通的天主教徒为了富人的事业而战。

宗教议题将滋养促使右翼分子酝酿暴力活动的第二个关键性因素，那就是在意识形态领域取得极大成功的宣传。在右翼所宣扬的理论中，左翼分子和自由主义者不是真正的西班牙人，他们甚至只能被视为非人类；因此，作为国家生存的威胁之一，他们必须被根除。在大批量发售的书籍、日报和周刊中，右翼分子大肆灌输这种理念，即第二共和国由外国势力把持，是邪恶之物，必须加以摧毁。这种看法在右翼的恐慌中寻得了肥沃的土壤，它是基于这样一个论点：共和国是犹太人一手策划的阴谋的产物，共济会通过操控对其言听计从的左翼分子来实施这个阴谋。这个所谓的大型国际阴谋，即 contubernio（佛朗哥本人的惯用词之一，意为"肮脏的结合"），则证明了采取一切必要手段维系国家生存的合理性。发挥运用这些理念的知识分子和神职人员可以将其同大庄园主对无地短工的憎恨和城市资产阶级对失业者的恐惧联系起来。像很多陆军军官与神职人员一样，萨拉曼卡地主贡萨洛·德·阿吉莱拉·蒙罗正是此类书刊的一个贪婪的读者。[11]

另一个激发暴力的因素，是土地所有者对第二共和国在农业改革方面的各种尝试的回应。在萨拉曼卡省，当地"农业联盟"（Bloque Agrario，一个代表土地所有者利益的政党）的领导人埃内斯托·卡斯塔尼奥和何塞·拉马米耶·德·克莱拉克鼓动他手下的党员抵制征税，并停止种植农作物。这种不妥协的态度激化了与乡村无产阶级（无地短工）的矛盾。[12] 在整个西班牙南部的大庄园农业经济区，共和国针对劳工问题的立法遭到了有组织的蔑视。尽管有 1931 年 5 月 7 日颁布的关于强制耕种的法令，但是有工会背景的劳工还是被"拒之门外"，地主们或者封闭庄园任由土地荒芜，或者干脆告诉这些饥饿的劳工，"让共和国去养活你们吧"（comed República，字面意思是"吃共和国的去吧"）。尽管 1931 年 7 月 1 日颁布的法令规定了在农业领域强制实行 8 小时工作制，然而劳工们仍普遍工作 16 个小时——从日出到日落，而且地主也根本不会为额外的小时数支付额外的工资。事实上，那些雇工所得的报酬不足以维持温饱。虽然在南方有数以万计的无地短工处于失业状态，然而地主们却宣称失业问题是共和国捏造的。[13] 在安达卢西亚地区的哈恩，采集橡子（通常被用作猪饲料）、捡拾被风吹落的橄榄、牵着牲畜到河边饮水，甚至是拾柴火，都会被指责为"集体性惯偷"。[14] 如果饥饿的农民在做这些事的时候被逮到，他们就会遭到国民卫队或庄园武装护卫的毒打。[15]

新政权的诞生也提升了他们的期望值，农业短工不再像以前那样消沉和听天由命。当他们所期盼的改变因大庄园主的重重阻挠而受挫时，短工们的绝望只有通过国民卫队不断升级的暴力才勉强被压制住。国民卫队中的普通士兵往往会在慌乱中开枪射击，因为他们害怕愤怒的劳工群体会在人数上占据优势。右翼媒体会以愤慨的语气报道盗收庄稼或偷猎的事件。枪支会被用来对付劳工，左翼媒体则会以同样愤慨的言辞报道他们的遇害。在科拉尔-德阿尔马格（托莱多省），饥饿的无地短工试图打破当地地主的封锁，他们强行进入各个庄园并开始在田间劳作。国民卫队为了维护地主的利益而加以干预，共造成5名劳工死亡，另外7人受伤。例如，1931年9月27日，在萨拉曼卡省靠近佩尼亚兰达-德布拉卡蒙特市的帕拉西奥斯-鲁维奥斯，国民卫队向一群正在庆祝罢工成功结束的男人、女人和孩子开火。当这些村民开始在教区司铎住所前跳舞时，国民卫队士兵向他们开枪射击。有两名劳工当即被杀，另有两人于稍后死亡。[16] 这一事件唤起了人们心中无尽的苦涩。1933年7月，在劳工总会下属的农业工人之联合团体**全国农业工人联合会**（FNTT）萨拉曼卡分部的授意下，《土地与劳工报》（*Tierra y Trabajo*）的主编何塞·安德烈斯·曼索针对国民卫队下士弗朗西斯科·希门尼斯·奎斯塔提起个人诉讼，指控其杀害4人，并使另外3人受伤。在鼓吹专制的天主教政党"西班牙独立右翼党团联盟"之领袖何塞·马里亚·希尔·罗夫莱斯的有力辩护下，希门尼斯·奎斯塔被宣告无罪。安德烈斯·曼索于1936年7月底被长枪党分子谋杀。[17]

在萨拉曼卡和其他地区，时常会有针对工会成员和土地所有者实施的暴行——在布尔戈斯，有一位70岁的老人被国民卫队士兵用步枪殴打致死；在科尔多瓦新镇，有一个财主被打成重伤。类似事件经常发生，通常是以劳工大批闯入庄园为导火索。这些暴力行动也不止发生在南部地区，在阿拉贡地区的3个省份里，此类事件的数量也在迅速增加。成群结队的无地短工到某个地主那里要求对方提供工作，或者有时候自行去干些地里的活，然后要挟地主支付报酬。但更常见的情形却是，他们被国民卫队或庄园主雇佣的枪手驱散。[18]

事实上，地主们的所作所为仅仅是右翼旗帜鲜明地反对新政权的诸多表现之一。他们身处对抗共和国雄心勃勃的改革计划的第一道防线。新政权在宗教和军队领域的立法同样招来了激烈的回应。其实，这三个问题往往彼此交织在一起，因为很多军官本身就出身于信奉天主教的地主家庭。形形色色的反革命分子在新近出现的若干个政治团体中找到了他们的政治代言人。这些团体中最极端，并且也是最早公开尝试摧毁共和国政权的是两个君主主义者的组织，即"卡洛斯正统派联盟"（Comunión Tradicionalista）和"西班牙行动"，它们是由新近退位的阿方索国王十三世的支持者们建立的，被视作"当代反革命思潮的学校"。在第二共和国宣告成立的短短数小时之内，拥护君主制的野心家们就已经开始筹集资金，打算创办一份期刊，旨在宣传起事反对共和国的正当性，并在陆军中注入某种反叛精神。同时，他们还要建立一个具备表面合法性的政党，充当其为反对共和国而进行的各种串联、募捐与阴谋活动的幌子。《西班牙行动》（*Acción Española*）杂志同样在兜售所谓的犹太–共济会–左翼之邪恶同盟的理论。在一个月之内，杂志的创办者们就已筹集了大量资金用于组织计划中的叛乱。他们的首轮尝试就是 1932 年 8 月 10 日爆发的军事政变。政变的失败促使他们痛下决心，下次起事之前务必要获得更充足的资金支持，并力争取得彻底的成功。[19]

从某种意义上来说更为温和的民族行动党——后来被更名为**人民行动党**（Acción Popular）——开始设法在共和国法律框架之内保卫右翼的利益。极端分子（"大难将至论者"）在很多方面与所谓的"温和派"持有相同观点。然而，当 1932 年 8 月的军事政变失败之后，二者将在武装密谋反对共和国的功效这一点上分道扬镳。"西班牙行动"建立了属于自己的政党**西班牙复兴党**（Renovación Española），而人民行动党则拉拢了众多具有相似立场和理念的右翼群体，并组成了"西班牙独立右翼党团联盟"。[20]在一年之内，"大难将至论者"的队伍由于形形色色的法西斯主义团体的诞生而得到了壮大。他们的共同点在于完全否定共和国的民主合法性。尽管人民行动党和独立右翼党团联盟披着合法的外衣,但是其领袖却常常毫无顾忌地公开声明,针对共和国的暴力行动是"完全合情合理的"。

在新政权建立仅仅3周之后,新政府仍因在诸多社会问题上的谨小慎微而备受关注的时候,民族行动党就以一个"社会防卫组织"的面目出现了。该党创始人是激进的天主教日报(到那时为止还是君主制的支持者)《辩论报》的主编安赫尔·埃雷拉·奥里亚。作为一个精明的政治战略家,埃雷拉·奥里亚将成为第二共和国早期泛政治天主教主义背后的智囊。民族行动党将在过去20年里一直在对抗不断崛起的城乡劳工阶级的两个右翼组织整合到了一起。它的领袖们均来自**国家天主教促进会**(ACNP),这是一个深受耶稣会影响的组织,由约500名杰出且有名望的拥有天主教背景的右翼分子组成,成员在新闻媒体、法律界和各专业领域颇具影响力。它在基层的支持者为**全国天主教农民联盟**(CNCA),这是一个声称"完全服从教士之权威"的大众化政治组织。以抗衡左翼团体扩张为目的而组建的国家天主教促进会,在西班牙北部和中部信奉天主教的小农群体中拥有广大的民众基础。[21]

民族行动党在其宣言中声称,"苏维埃共产主义的前卫部队"已经爬上了君主制的废墟。它公开谴责第二共和国那些体面的资产阶级政客的软弱及其在控制普罗大众方面的无能。"普罗大众,即那些不信神故而拒绝接受基督教道德的基本原则的民众;即对婚姻与家庭的神圣性不屑一顾,转而追求随心所欲的两性关系的民众;即企图将私有制这一个体福祉与集体财富的源泉,代之以国家指令下的全面公有化的民众。"除此之外,还有"巴斯克和加泰罗尼亚的那些死硬的极端民族主义疯子,无论他们有什么样的甜言蜜语,他们的目的都是破坏国家的统一"。民族行动党明确宣告,它将反对共和国所支持的任何事情。高喊着"信仰、祖国、家庭、秩序、工作、财富"的战斗口号,它宣布"决定这些永恒原则之存亡的社会斗争,正在我们的时代展开。事实上,其胜负不会由一次单独的战役决定;在西班牙发生的是一场战争,而且是一场将持续很长时间的战争"。[22]

到1933年,当人民行动党已发展成为西班牙独立右翼党团联盟时,它对共和国的分析评价变得愈加大胆,"接管国家大权的,是一群因为缺乏

（恰当的）价值观而总是不负责任的乌合之众"。即使对于埃雷拉·奥里亚的合法组织来说，共和国的建立也被认为是"最为暴烈的极端分子身上那具有传染性的疯狂，在无情、邪恶、反叛和精神错乱的易燃物上燃起一场大火"的产物。共和国的支持者是劣等人类，应该像对待散播瘟疫的害虫那样将他们彻底铲除："下水道放开了闸门，社会渣滓淹没了街道和广场，像精神病患者般痉挛和战栗。"[23] 在欧洲各地，处于危机中的精英阶层，正在通过激起大众对被描绘为"舶来品"的左翼的恐惧，对这种威胁到国家存亡的恶疾的恐惧，来动员大众支持一场所谓的"民族净化运动"。

无论是当时还是以后，右翼在毁灭共和国方面的坚定不移都有一个正当的理由，即抵制共和国的反教权主义。然而，在右翼对普里莫·德·里韦拉的独裁统治的热烈支持中就可以明确看出，共和国的民主特性早已招致了右翼的仇恨，其时右翼还没有机会可以公开谴责共和国的反教权主义。而且，那些因为宗教原因反对共和国的人，同样也援引了社会、经济和政治方面的理由，尤其是在反对地方自治的时候。[24]

但不管怎么说，无论在言语还是行动上，宗教纷争都是激烈冲突的诱因。1931 年 5 月 10 日，星期日，于马德里阿尔卡拉大街上举行的"君主主义独立派"（Circulo Monarquico Independiente）成立大会，在高音喇叭中传出的王家赞歌的歌声中落幕。此时，一队共和派群众恰好从马德里丽池公园的一场午后音乐会结束现场返回，他们路经此地，并对此种挑衅之举怒不可遏。一场骚乱随之发生。路旁的汽车被点燃，附近塞拉诺街上的君主主义者报纸《ABC》的办公室也遭到袭击。群众的过激情绪四处溢散，出现焚烧教堂这种极不光彩的举动，从 5 月 10 日到 12 日，类似事件在马德里、马拉加、塞维利亚、加的斯和阿利坎特均有发生。这一点暗示了普通人在内心中将教会与君主制及右翼政治等同为一体的感觉是多么强烈。共和国方面的报纸宣称，纵火的始作俑者是来自黄色工会* **自由工会**（Sindicatos Libres）组织的故意煽动闹事的破坏分子。共和国方面甚至还宣称，为了败坏新政权的声誉，年轻的君主主义分子已在四处散发引诱群众

---

* 指与资方妥协或被收买，或是被工贼控制的工会，常被工人指作假工会。有时亦指资本主义国家中提倡改良主义的工会组织。

袭击宗教建筑的小册子。[25]

即便确有密探和内奸的参与，但很多左翼人士本来就坚信教会是西班牙反动统治不可或缺的组成部分，而他们中间头脑发热的冲动分子则会在不同地点实施暴力行动。在南方的很多村子里，神父们会被人扔石头。对于右翼分子而言，确认罪犯的身份并没有多少意义。教堂遭到焚烧的事实，恰好证实并彰显了他们之前敌视共和国的合理性。尽管如此，内政部长米格尔·毛拉还是发表了苦涩的言论："马德里的天主教徒一丁点都没有想过，走上街头保卫本应是他们眼中的神圣之物的东西，是他们应该做的，或者说是他们的职责。"在很多村镇*上发生了严重的冲突，虔诚的教徒保护教堂免受暴力分子的亵渎。在5月的晚些时候，当临时政府宣布结束宗教义务教育时，他们收到了大量表示抗议的请愿书。[26]

尽管西班牙大部仍处于平静状态当中，然而，从共和国成立最初，在南方的大庄园经济区和其他由全国劳工联盟掌控的地区，一种不宣而战的内战氛围就越来越浓烈。米格尔·毛拉宣称，在从1931年5月中旬到同年10月他辞职为止的5个月中，他手中要处理的革命性罢工事件多达508起。全国劳工联盟指控他在镇压行动中导致108人丧生。[27]毛拉的镇压行动尤其清晰地展现在塞维利亚的无政府主义骚乱所招致的血腥后果中。作为一系列革命性罢工事件的高潮，无政府主义者的工会组织号召于1931年7月18日进行总罢工。其目标不仅针对当地雇主，同时也包括全国劳工联盟在当地的主要对手——社会党的劳工总会。在以无政府主义者和共产主义者的罢工群体为一方，以国民卫队和资本家的狗腿子为另一方的对立双方之间爆发了若干暴力冲突。在7月21日的内阁会议上，属于社会党的劳工部长弗朗西斯科·拉尔戈·卡瓦列罗要求米格尔·毛拉采取有力行动以结束正在损害共和国形象的动乱局面。当总理尼塞托·阿尔卡拉·萨莫拉问到是否每个人都同意采取积极措施对付全国劳工联盟时，内阁全体成员一致表示赞成。毛拉告知国防部长阿萨尼亚，他将下令动用炮兵摧毁无政府主义者占据的一所房屋，因为后者曾经从里面向军警开火。[28]

---

* 原文为 pueblo，指较小的市镇或村庄。——原书术语表

与此同时，在1931年7月22日与23日之间的那个夜晚，塞维利亚的极右翼分子被允许参与镇压罢工的行动。由于省长何塞·巴斯托斯·安萨尔特相信单凭正规部队的力量不足以应对此问题，于是他邀请"拉布拉多社团"和"贸易联盟"这两个地主阶级的俱乐部，去组建一个被称为"市民自卫队"的准军事组织。这一邀请正中这座城市最具影响力的几个右翼分子的下怀，他们是：哈维尔·帕拉德·伊瓦拉；退役骑兵中校和大地主佩德罗·帕里亚斯·冈萨雷斯；著名斗牛士何塞·加西亚·卡兰萨，他在斗牛场上被人们亲切地称为"来自阿尔加瓦的佩佩"*。武器被集中起来，而市民自卫队则由一个残忍的非洲殖民军军官，绰号为"牛鞭"的曼努埃尔·迪亚斯·克里亚多上尉指挥。7月22日夜，在玛丽亚－路易莎公园，他们射杀了4名囚犯。第二天下午，在马卡雷纳街区，如同毛拉之前向阿萨尼亚承诺的那样，劳工阶级聚集的"科尔内略之家"咖啡馆被炮火摧毁。在塞维利亚省的其他地区，尤其是位于省会以南的3个市镇——滨河科里亚、乌特雷拉和两姊妹镇，国民卫队采取极其暴力的手段镇压罢工。在两姊妹镇，有人向电话局扔了石头，之后一辆满载国民卫队士兵的卡车从塞维利亚抵达。他们向镇中熙熙攘攘的集市开枪射击，导致数人受伤，伤者中有两人不治身亡。在该省骚乱期间，共计17人在冲突中丧生。[29]

阿萨尼亚迅速回应说，发生在公园中的事件"看起来是使用了'逃跑法则'（即将蓄意谋杀伪装成犯人在企图逃跑时被射杀）"；他还指责毛拉"先开枪，再瞄准"。阿萨尼亚如此反应，是因为最近受到了毛拉的打击，后者指控他向新闻媒体泄漏内阁机密。两周以后，他得知"逃跑法则"这一冷血实践与毛拉完全无关，而是市民自卫队在执行迪亚斯·克里亚多的命令。[30] 玛丽亚－路易莎公园的蓄意谋杀和"科尔内略之家"遭遇炮击是引向1936年之残暴场面的一连串暴力事件的开端。在1932年8月失败的军事政变和发生在1936年的众多大事件中，迪亚斯·克里亚多和市民自卫队都将扮演重要的角色。

发生于塞维利亚的诸事件和通过电话系统进行的罢工，预示着遍及西

---

* 原文为 Pepe el Algabeño。其中 Pepe 是"何塞"的昵称，el Algabeño 为"阿尔加瓦人"之意，阿尔加瓦（La Algaba）是位于塞维利亚市北部的一市镇。

班牙城市地区的治安部队与全国劳工联盟之间将发生不尽的冲突。在巴塞罗那，除了围绕电话系统发生的冲突，冶金行业在 8 月份也有 4 万名工人罢工。充满激进分子的伊无联愈加强烈地鼓吹推翻资产阶级共和国的暴动，并用自由共产主义取而代之。针对警察和国民卫队的准军事性质的街头行动，是深具影响力的伊无联主要领导人胡安·加西亚·奥利韦尔所定义的"革命锻炼"之中心环节。这不可避免地导致了他们与治安部队以及与较为温和的社会党劳工总会之间的血腥冲突。接下来在巴塞罗那、塞维利亚、巴伦西亚、萨拉戈萨和马德里发生的暴力行动，虽然针对的目标是政府，但右翼却归咎于共和国本身。[31]

这种在中产阶级之中激起的不安，由于共和国的反教权主义而在天主教徒群体中得到强化。在后者看来，共和派－社会主义者联盟试图将天主教的影响力严格限制在宗教领域之内的宏伟目标，与无政府主义者狂暴的圣像破坏之间区别甚微。紧随着议会对新宪法提案的激烈辩论，在教士阶层的支持下，右翼对共和国的敌意被充分调动起来。宪法草案提出了政教分离原则，并引入了无宗教仪式的公证结婚和允许离婚的条款。它限制了国家对教会的支持，并且，至少在纸面上终结了宗教之于教育的垄断地位。提议中的改革在天主教报纸和教堂的布道坛上被大肆抨击，它们被认为是要摧毁传统家庭之价值，其性质是渎神、专横和无神论的。[32] 来自卡斯特利翁－德拉普拉纳的一位神父做出的回应在当时并不罕见。在一次布道中，他对他的信众说："共和主义分子应该被唾弃，绝对不要与之进行对话。我们应该准备好打一场内战，之后再来谈教会与国家分离的问题。离开宗教的学校无法教育人，而只能培养野蛮者。"[33]

共和国的反教权主义立法，往最好了说也只是"不谨慎"，往最坏了说则是"不负责任"——在右派看来，这就是共济会激发的仇恨之结果。共和国的支持者认为，要建立一个平等的社会，必须用世俗化的学校取代教会掌控下的教育系统。然而，其中的许多法令可以非常容易地被规避。神职人员像以往那样继续管理着学校——只是学校改了名字，教士们穿上了平民服装。很多类似的学校，尤其是耶稣会名下的学校，往往只向富人的孩子们开放。所谓的"中间立场"并不存在。教会对财产的保护和对社会苦难的漠不关心，自然而然地使自己与极右翼站在了同一阵营。[34]

在反对宪法实施的所谓"修正主义运动"期间，针对共和国的社会、经济和宗教改革计划的普遍敌意得到了积累。于 10 月 13 日获得通过的宪法受到了右翼的激烈反对，他们强烈抵制在加泰罗尼亚促进地方自治以及在广大乡村地区推动农业改革的计划。[35] 激起全体基督徒之怒火的，则是被视为邪恶共济会之阴谋的有关允许离婚和解散宗教团体的立法。[36] 在 1931 年 10 月 13 日的论战中，人民行动党的议会领袖何塞·马里亚·希尔·罗夫莱斯在议会里向占据多数的共和派 – 社会主义人士宣称："今天，反对宪法通过的天主教西班牙已表明了立场。你们要为即将在西班牙爆发的宗教战争承担责任。" 5 天之后，在莱德斯马斗牛场，希尔·罗夫莱斯号召进行一场针对共和国的讨伐运动。[37]

作为该运动的一部分，一群巴斯克传统主义者创建了"宗教人士亲友联合会"。在萨拉曼卡以及巴利亚多利德等在内战期间因残暴镇压而闻名的城市中，该组织得到了相当多的支持。它出版了一份反共和主义的简报《防卫报》(Defensa)，并印制了大量反共和主义的小册子。它还创立了激烈反犹与反共济会的周刊《人民之子》，该刊主编为弗朗西斯科·德·路易斯，最终他将作为安赫尔·埃雷拉·奥里亚的继任者，负责管理《辩论报》。德·路易斯是"西班牙共和国是国际犹太 – 共济会 – 布尔什维克阴谋之玩偶"这一理论的大肆鼓吹者。[38]《人民之子》的另外一位重要撰稿人是整合派耶稣会士恩里克·埃雷拉·奥里亚神父，他是安赫尔·埃雷拉·奥里亚的兄弟。该刊物的广泛发行在很大程度上反映出，它那对共和国重要政治人物进行恶毒攻击的讽刺漫画深受群众欢迎。通过将这些人打上犹太人和共济会员的标签，将其描绘成反对天主教西班牙的国际大阴谋的一部分，它就可以在读者中间宣传"肮脏的外国密谋必须被摧毁"的观点。[39]

有关左翼分子和自由派人士不是真正的西班牙人，因此必须消灭他们的理念，很快就在右派群体中生根发芽。1931 年 11 月初，君主主义者领导人安东尼奥·戈伊科切亚在马德里向欢呼的听众们宣布，在社会主义和（西班牙）民族之间将会有一场殊死搏杀。[40] 11 月 8 日，在帕伦西亚，卡洛斯主义分子华金·贝翁萨向 2.2 万名集会群众发出了这样的呐喊："我们还是不是男人？在遭遇这些无耻迫害的时候，那些没有准备好奉献出一切的人，根本不配被称为基督徒。我们必须要采取一切手段保护我们自己，我说的并非仅限于法律许可的手段，一切可以用于自卫的措施都是好的。"在声称西班牙议会是"动物园"之后，他继续说道："我们被一帮共济会分子统治着。我要说，采取任何手段反对他们都合情合理，不管该手段合法还是不合法。"在同一场集会中，希尔·罗夫莱斯宣称，政府对教会的迫害是"在共济会的会所中"决定的。[41]

煽动反对共和国及其支持者的暴力行动的，并不只是极右翼。标榜自己为"守法公民"的天主教徒希尔·罗夫莱斯所做的诸多演说，在敌对性和煽动性方面，与君主主义者、卡洛斯派分子以及后来长枪党人的演说毫无二致。1932年元旦，在穆尔西亚大区的莫利纳-德塞古拉，希尔·罗夫莱斯宣称："在新的一年里，我们必须用我们正义的力量实现我们的意志，如果这还不够，就借助其他的力量。右派的怯懦，已经让那些来自污秽之地的恶徒们掌控了祖国的命运。"[42] 在**人民行动青年团（JAP）**的成立宣言中，西班牙右翼稳健派的不妥协态度明明白白地公之于众："我们是右翼人士……我们会尊重当局的合法命令，但是我们不会容忍暴民的无理和强暴。我们将一如既往勇敢捍卫我们自身的尊严。我们向共产主义和共济会宣战。"在右派们的眼中，"共产主义"包括社会党，"共济会"则指向被认为是左翼共和派的形形色色的共和派自由党及其在各地的变种。[43]

共和国对社会进行的世俗化改革很容易使其敌人找到正当理由来攻击它。市政当局被禁止对教堂和宗教节日进行资助，因此教会陷入穷困的境地。1932年1月，教会墓地被置于市政当局的管辖之下。国家现在只认可公证结婚，因此那些在教堂举行过婚礼的新人必须前往婚姻登记办公室进行登记。葬礼也不再包含任何宗教元素，除非死者超过20岁，且在其遗言或遗嘱中特别做出说明（即希望举行宗教性质的葬礼），然而对于死者家属而言，这意味着他们需要与复杂的官僚机构打交道。[44]

1932年5月，在布尔瓦格纳（特鲁埃尔省）的"殉难者圣佩德罗"纪念日上，一支铜管乐队在市镇广场上演奏，有意在从教堂里传出的纪念圣徒的宗教音乐中制造不和谐音。在利夫罗斯（特鲁埃尔省），当教区教堂里面正在举行纪念圣柱圣母的弥撒时，教堂外面则在组织一场舞会。[45] 在塞维利亚，由于担心遭遇攻击，有超过 40 个传统的宗教团体（cofradía）退出了原计划参加的圣周宗教游行。这些团体中的成员大多为人民行动党和卡洛斯正统派联盟中的激进分子，他们所表现出的姿态使"殉教者塞维利亚"这个短语在右翼天主教徒中间流传，尽管事实上共和国当局正竭尽全力确保此次宗教游行活动能够顺利进行。这些同样在诸多雇主和土地所有者的组织中占据重要地位的人激烈叫嚣着他们的控诉。结果，只有一个团体参加了游行，并且成为辱骂和石块袭击的目标。几天以后，在 1932 年 4 月 7 日，圣胡利安教堂被大火烧毁。[46]

有的市政当局将十字架从学校中移走，将宗教塑像从公立医院中移走，并且还禁止教堂敲钟。这些措施超出了官方政策的范畴，因为政策仅仅规定了举行公共庆祝活动需要得到当地市政当局的许可。在一般的天主教徒看来，这些都是再明显不过的迫害，因此他们将共和国视为敌人。在萨拉曼卡省的很多村镇中都充斥着街巷抗议活动，在十字架重新回归学校之前，孩子们不被允许上学。在 1932 年 9 月末，用于弥撒、婚礼和葬礼之目的的教堂鸣钟在贝哈尔被禁以后，天主教徒对此普遍感到不安。在其他地方，很多具有左派背景的市镇长官（alcalde）对教堂敲钟的行为征收地方税。[47] 在塔拉韦拉－德拉雷纳（托莱多省），市长向佩戴十字架的女性罚款。在社会冲突频发的巴达霍斯省，禁止送葬队列上街一类的事件大量出现，这成了仇恨的触发器。在丰特－德坎托斯，市长对教堂鸣钟这种行为征税的方式为：最初 5 分钟征收 10 个比塞塔，之后每分钟征收 2 个比塞塔。在弗雷赫纳尔－德拉谢拉，教堂鸣钟被完全禁止，且举行基督教葬礼也需要缴税。在若干个村镇中发生了教堂遭到焚烧的事件。在巴罗斯自由镇，社会党人占多数的镇议会于 1932 年 4 月通过投票，决定将主广场的圣心像移走。[48]

宗教层面的摩擦很快就被右派分子加以充分利用。节日庆典变成了示威活动，朝圣之旅变成了抗议游行，主日布道则成为聚众集会，并经常惹怒反教权人士，有时招致暴力对待。[49] 从言语控诉其所遭受的迫害和苦难，到大肆鼓吹暴力行动，以对抗被描绘成"犹太－共济会－布尔什维克"所策划的邪恶阴谋之成果的共和国改革进程,其间仅仅经过了一小步。[50] 多年以后,希尔·罗夫莱斯承认,他曾经有意鼓动他的听众与当局发生冲突。1937 年 4 月,当人民行动党正在解体并被纳入佛朗哥的一党制体系时,希尔·罗夫莱斯曾自豪地宣称,正是他在共和国时代*培育了大批量的右翼分子的好斗性,右派在内战中获得胜利才成为可能。他将战争胜利这一"大丰收"视为其宣传攻势之成果。在他于 1968 年出版的回忆录中,他仍然以这项功绩为傲。[51]

希尔·罗夫莱斯在第二共和国时代的言论反映了他最有力的支持者——大土地所有者或曰"大庄园主"——的感受和恐惧。在他们看来,无地劳工竟然胆敢参加 1918 年至 1921 年的革命暴动,简直就是"放肆透顶",这也反映了他们凌驾于那些在他们庄园里劳作的人之上的,在社会、文化甚至几乎可以说是种族层面上的优越感。而共和派-社会主义者联盟竟宣称计划改善农业短工的悲惨境况,这当中暗含了对当时的乡村权力体系的全面挑战。地主阶级对新政权的敌视最初清晰地体现为,他们决意通过包括无限制暴力在内的所有手段阻止共和国的改革进程。而大庄园主对其雇工的仇恨,将会在内战爆发的最初几个月里表现得淋漓尽致:他们极为主动地与佛朗哥的非洲军团纵队相互勾结,参与后者在西班牙西南部的广大地区掀起的恐怖浪潮。

共和国精简军官团的尝试则引发了许多军官,尤其是非洲殖民军军官阶层的敌意。作为国民卫队总监和一位深具影响力的非洲军团老兵,何塞·圣胡尔霍将军是首批将被迫臣服的摩洛哥部落与西班牙本土的左翼分子划为一谈的军官之一,这一种族偏见的转移将推动非洲军团在内战期间大肆实施野蛮之暴行。圣胡尔霍脱口而出的那些话,所针对的是在巴达霍斯省中一个偏远而贫穷的小镇(卡斯蒂尔布兰科)上发生的暴行:有组织的镇压行动激起了众怒,当地村民杀死了 4 名国民卫队士兵。作为社会党农业劳工工会组织的全国农业工人联合会,在该省号召开展一次为期 48 小时的罢工行动,以抗议地主阶级持续对抗共和国社会保障立法的种种行径。

---

* 指 1931 年第二共和国成立到 1936 年内战爆发之间的阶段。

1931年12月31日，在卡斯蒂尔布兰科，在当地镇长的驱策下，国民卫队向一支和平示威的罢工者队伍开枪，导致1人死亡、2人受伤。从最初的震惊中回过神之后，被激怒的村民转而扑向4名国民卫队士兵，并将他们活活打死。对于左派来说，卡斯蒂尔布兰科事件是该地区长期以来骇人听闻的经济剥削所导致的结果。[52]

圣胡尔霍为此大发雷霆，因为他不得不前往卡斯蒂尔布兰科处理该事件，于是他就不得不错过一场在萨拉戈萨举行的上流社会的大型婚宴。[53] 1932年1月2日，他抵达了这个已被大批国民卫队士兵占领的小镇，现场负责的军官指着约100名被抓起来的平民说："这些就是杀人犯，看看他们的嘴脸！"圣胡尔霍叫道："你怎么还没把他们都干掉？"被扣押的平民遭到极为严重的虐待。整整七天七夜，在低于冰点的严寒中，他们被剥下上衣，并被迫高举双臂保持站立姿势。如果他们倒地不起，就会遭到枪托的殴打。有好几个人死于肺炎。当圣胡尔霍在被害国民卫队士兵的葬礼上接受新闻记者采访时，他将卡斯蒂尔布兰科的劳工与他在摩洛哥与之交战的摩尔部落民做比较并评论说："在巴达霍斯省的某个角落里，（摩洛哥）里夫部落民拥有一个基地。"他在编造的谎言中声称，即使是在1921年7月的安努瓦尔战役——那场导致多达9000名士兵阵亡的殖民战争史上的惨败过后，"在梅利利亚兵团崩溃之际的阿鲁伊高地，基督徒的尸体也没有遭到如此野蛮的破坏"。[54]

那些从未到访过卡斯蒂尔布兰科的地方和全国性新闻媒体的记者们，也纷纷附和这一偏见。君主主义者的日报《ABC》上的评论称"哪怕是最不开化的里夫部落民也不可能比他们更坏"。[55] 右翼记者将埃斯特雷马杜拉的无地劳工描绘为"这些没有土地的里夫部落民"，以及"柏柏尔人、原始人、嗜血的蛮族和马克思主义匪帮"。总而言之，当地报纸对卡斯蒂尔布兰科事件的报道反映了乡村精英阶层好斗的种族主义倾向。卡斯蒂尔布兰科的居民，乃至整个乡村无产阶级，均被描绘成一个较为低劣的种族，是种族退化的一个恐怖实例。他们被视为疯子和非人类。经过大肆渲染的夸张描述迎合了上流阶级从其祖先那里继承来的恐惧：他们在听到一个女人在尸堆上跳舞的不实指控后，不由得联想起了中世纪传说中的"巫妖狂欢日"。[56] 所得出的结论常常也是明确的：对付乡村无产阶级，就应该用与对付摩洛哥殖民地的敌对土著相同的手段，而且国民卫队还需要配备一流的机动化部队以加强其力量。[57]

在卡斯蒂尔布兰科事件发生后的一周以内，国民卫队的血腥报复导致18人丧生。在卡斯蒂尔布兰科事件发生3天之后，他们在萨拉梅阿-德拉塞雷纳（巴达霍斯省）致2人死亡，3人受伤。两天之后，在卡尔萨达-德卡拉特拉瓦（雷阿尔城省），有一名罢工者被射杀，另一人受伤；在同属雷阿尔城省的普埃托利亚诺，也有1名罢工者被打死；同时，在埃皮拉（萨拉戈萨省），有2名罢工者被杀，11人受伤；在赫雷萨（巴伦西亚省），有2名罢工者被杀，15人受伤（其中9人重伤）。1932年1月5日，在北卡斯蒂利亚的洛格罗尼奥省一座名叫阿尔内多的小镇上，发生了这一系列悲剧中最令人震惊的事件，28名国民卫队士兵向举行和平示威的民众开火。

阿尔内多的制鞋工厂是该镇的一个主要就业渠道，该厂归福斯蒂诺·穆罗所有，此人是死硬的极右翼分子。邻近1931年底时，他以未在当年4月的选举中给支持君主制的候选人投票为由解雇了好几名工人，还有人则因为劳工总会会员的身份而遭到开除。该案例被提交到当地仲裁委员会那里，后者声称支持失业工人的申诉，但是穆罗却拒绝让他们重返工作岗位。一场公众抗议集会在**镇公所**（Ayuntamiento）前面举行。国民卫队在没有明显动机的情况下开火，打死了1名工人、1位26岁的孕妇和她两岁的儿子，以及其他3位女性旁观者。另有50名平民被枪弹打伤，伤者中有很多妇女和儿童，其中有些妇女当时还怀抱着婴儿。在接下来的几天里，其中5人伤重不治，还有多人被迫截肢，当中包括一个5岁的男孩和一位有6个孩子的寡妇。[58] 在内战爆发的最初几个月里，阿尔内多的居民将遭受更多的苦难。从1936年7月末到10月初，这里将有46人遇害，其中甚至还包括某些1932年的伤者。[59]

阿萨尼亚在他的日记中写到，现在西班牙公众已经被划分为观点迥异的两派：一部分人憎恨国民卫队，另一部分人则将其尊为守护社会秩序的最后一道防线。[60] 在阿尔内多事件发生后，圣胡尔霍宣称国民卫队站在西班牙国家和入侵的苏维埃共产主义势力之间，而牺牲者则是被恶毒的煽动者欺骗的群氓。[61] 他在卡斯蒂尔布兰科事件之后的言论和国民卫队的报复行动，表明了在摩洛哥战争中的种种野蛮和残忍是如何输入西班牙本土，并被用于对付本国的工人阶级的。然而，圣胡尔霍并非表述这一关联的第一人。阿斯图里亚斯的矿工领袖曼努埃尔·利亚内萨，在1917年的革命总罢工运动被镇压之后，曾经用笔记录下了军队殴打与杀害工人以及捣毁和洗劫其住所的那种"来自非洲的仇恨"。[62]

不幸的是，对于共和派－社会主义者联盟和不断扩大的西班牙中产阶级来说，全国劳工联盟成员的过激行为将陆军和国民卫队的过激行为合理化。1932年1月18日，当地矿工在一场暴动中接管了位于巴塞罗那省最北部的菲戈尔斯镇。这一运动席卷加泰罗尼亚北部地区。全国劳工联盟立即宣布各地展开声援性罢工。然而在加泰罗尼亚以外，只有塞维利亚对此进行了有力的响应。在那里，得到**西班牙共产党**（PCE）支持的全国劳工联盟于1月25日和26日举行总罢工。罢工总共持续了两天，罢工期间的公共服务由国民卫队负责维持。伴随而来的暴力行为使社会党人相信，在无政府主义运动中存在进行蓄意挑唆的密探和内奸，他们的目的是向公众展示政府无力维持秩序。1月21日，阿萨尼亚也在国会中声称，极右翼正在操控无政府主义者。他指出，那些占领工厂、攻击市政厅、拆除铁路轨道、切断电话线和袭击军警的人都应以叛乱分子论处。他的应对措施包括派遣军队，实施《共和国保卫法》，暂停无政府主义者的报纸的出版，以及将罢工领袖驱逐出加泰罗尼亚和塞维利亚。不可避免地，全国劳工联盟与共和国及劳工总会之间的冲突加剧，几乎可以说是在进行一场"战争"。[63]

在阿尔内多事件之后的几个月里，国民卫队还卷入其他若干起伤亡事件中。作为1932年"五一节"庆祝活动的一部分，在巴达霍斯省的萨尔瓦莱翁，来自该省其他市镇的全国农业工人联合会的成员在附近一个庄园中集会。在地方议会议员佩德罗·鲁维奥·埃雷迪亚和尼古拉斯·德·巴勃罗等社会党重要人物发表讲话之后，来自巴卡罗塔的劳工合唱团唱起了《国际歌》和《马赛曲》。之后人群散开，很多人参加了在萨尔瓦莱翁举行的一场舞会。舞会结束后，在返回巴卡罗塔之前，合唱团前往萨尔瓦莱翁的镇长，以"瘦子胡安叔叔"（Tío Juan el de los pollos）的绰号而闻名的社会党人胡安·巴斯克斯的家门外，继续高唱进步歌曲。夜半的歌声激怒了当地国民卫队的指挥官，他手下的士兵开枪射击，导致两男一女丧生，还有数人受伤。为了证明行动的合法性，该指挥官后来声称当时人群中有人开枪。一场逮捕行动随之展开，被捕者包括议员尼古拉斯·德·巴勃罗和镇长"胡安叔叔"。佩德罗·鲁维奥于 1935 年 6 月被谋杀，尼古拉斯·德·巴勃罗于 1936 年 8 月底被害，而胡安·巴斯克斯则于 1936 年 10 月死于列雷纳。[64]

圣胡尔霍于 1932 年 1 月被解除了对国民卫队的指挥权，并被任命为边防警察部队*总监。他和很多人都认为，这是对他在卡斯蒂尔布兰科事件之后所持立场的一种惩罚。[65] 结果，他在极右分子中声名鹊起。最终在 1932 年 8 月，他领导了一场夭折的军事政变。政变只在塞维利亚取得了短暂的成功，在那里，政变得到了当地右派分子的狂热支持。在所谓的"圣胡尔霍任务"期间，密谋者们逮捕了包括市长何塞·冈萨雷斯·费尔南德斯·德·拉万德拉在内的一批塞维利亚最具影响力的共和派人士。当在 8 月 10 日获悉政变企图时，拉万德拉立即前往市政厅，并且命令所有的市议员、各党派与工会团体首脑到场参加紧急会议。当埃莱乌特里奥·桑切斯·鲁维奥·达维拉少校奉圣胡尔霍之命，作为新任市长前去接管市政大权时，拉万德拉已经成立了一个"公共拯救委员会"。拉万德拉拒绝交出权力，于是桑切斯·鲁维奥·达维拉有些不知所措地退了出去。过了一小会儿，他带领一队共和国防暴警察——即所谓的"突击卫队"——返回现场并将拉万德拉逮捕，后者在被带走时高喊："来自市长的最后一项命令，在所有公共事业领域进行总罢工。"这一罢工宣言事实上宣告了政变的失败并暂时救了拉万德拉市长一命，但是怀恨在心的当地右翼分子在内战爆发后终于找到了复仇的机会。拉万德拉于 1936 年 8 月 10 日被枪杀。

在参与政变的民众中间，有很多人曾作为市民自卫队成员，须为 1931 年 7 月发生于玛丽亚-路易莎公园中的事件负责。没有迹象显示 1932 年的

---

* 原文为 Carabineros，直译为"马枪骑兵"。这支部队是君主制政权和第二共和国期间的准军事部队，成立于 1829 年，主要承担边防与海关勤务。西班牙内战期间该部队的大部分官兵站在共和国一方，在佛朗哥取得内战胜利后，该部队于 1940 年被撤销，其人员并入国民卫队当中。

失败使他们裹足不前。事实上，他们中间有好几个人，包括一些曾参与此次政变的军官，将在1936年夏季的诸多事件中发挥重要作用。[66] 圣胡尔霍因涉嫌叛国而于8月25日在最高法院的军事法庭上受审。法庭庭长马里亚诺·戈麦斯·冈萨雷斯别无选择只能下达死刑判决，但他提议对该判决进行赦免，而仅对其处以逐出军队之惩罚。[67] 墨西哥总统普卢塔科·埃利亚斯·卡列斯在给阿萨尼亚拍发的电报中这样写道："如果你希望避免大规模流血并维系共和国的生存，那么就应该枪毙圣胡尔霍。"阿萨尼亚成功说服内阁支持马里亚诺·戈麦斯的建议。没有人被枪决，圣胡尔霍和其他政变领导者只是被关入监狱，最终均被释放。[68]

尽管有很多抗议声，称存在过度监禁的情况，但这种相对无力的判罚足以让右派分子大为鼓舞，并加紧为下一次成功率更高的冒险做准备。[69] 而且几乎也不可能有比那更宽松的监狱管理体制了。在加的斯，意图领导圣胡尔霍政变的是何塞·恩里克·巴雷拉上校，他是西班牙陆军中功勋最为卓著的军官。虽然他并未付诸行动，却因参与密谋而被逮捕入狱。他所在的那所监狱里，还关押着参加此次政变的卡洛斯派首脑人物，他们是曼努埃尔·德尔加多·布拉肯伯里和路易斯·雷东多·加西亚，后者是该市卡洛斯民兵组织**义勇军**（Requeté）的领导人。他们与经常前来探望的卡洛斯派领袖曼努埃尔·法尔·孔德一起，使巴雷拉逐渐迷上了他们那组织群众性暴力活动来反抗现政权的理念。在和雷东多一起被转移到位于瓜达拉哈拉的监狱之后，他成了彻底的卡洛斯主义之信徒。[70]

不幸的是，左派开始变得过于自信，他们将"圣胡尔霍任务"与1920年3月发生于柏林的卡普暴动画上了等号。由于圣胡尔霍与卡普一样，都是被总罢工击败，所以很多人相信，圣胡尔霍政变的失败将会巩固第二共和国，正如卡普的失败巩固了魏玛政权那样。参与政变的军事单位并未受到任何整肃。相反，右派分子却从圣胡尔霍的惨败中学到了许多东西，尤其是，一场政变，在没有得到国民卫队方面的配合，而且又未能让共和国地方政府和工会领袖立即噤声的情况下，是不可能成功的。

最重要的是，对于来自民间和军方的右翼密谋者们而言，他们所得出的结论是绝对不能再犯准备不充分的错误了。1932年9月末，来自极右翼团体"西班牙行动"的欧亨尼奥·维加斯·拉塔皮和埃利塞达女侯爵*，以及来自总参谋部的豪尔赫·比贡上尉组成了一个阴谋团体，开始为将来成功颠覆共和国的行动做准备。反对共和国的起义在神学、道德与政治层面上的合理性，在君主主义者的期刊《西班牙行动》上得到了辩护。这个团体的办公地点在支持君主制的飞行员胡安·安东尼奥·安萨尔多（此人也是个花花公子）位于法国比亚里茨的住所。从右翼同情者那里筹集到的大量资金被用于购买武器和资助破坏政治稳定的活动，而资助对象竟然也包括了全劳联－伊无联中的某些匿名群体！还有一笔主要支出被用于每个月贿赂一个名叫圣地亚哥·马丁·巴格纳斯的警务督察。他曾与埃米利奥·莫拉将军密切合作，后者曾在君主制存续的最后几个月里担任国家保安总长。此时马丁·巴格纳斯已受雇于密谋者为其提供内线情报，而他也顺理成章地招揽了莫拉的另一密友，一个更加腐败的警察胡利安·毛里西奥·卡拉维利亚。新团体的另外一个首要目标是在军队内部建立进行颠覆活动的秘密小组，该任务由总参谋部的巴伦廷·加拉尔萨·莫兰特中校负责。[71]

加拉尔萨·莫兰特曾涉嫌参与圣胡尔霍政变，然而没有任何对其不利的证据证实这一点。阿萨尼亚将其视作军方密谋者中最危险的人物之一，因为他在插手国防部事务的若干年间积累了不少知识和经验。[72] 加拉尔萨将成为君主主义密谋者与陆军军官团中的秘密组织**西班牙军事同盟**（UME）之间联系的纽带，该组织由退役上校埃米利奥·罗德里格斯·塔杜奇于1933年底创立，此人不但是圣胡尔霍将军的密友，而且也是法西斯政党"西班牙长枪党"最早的成员之一。西班牙军事同盟中的成员将在1936年的军事叛乱中充当至关重要的角色。[73] 塔杜奇很快就被总参谋部的一位名叫巴托洛梅·巴尔瓦·埃尔南德斯的陆军上尉取代，巴尔瓦·埃尔南德斯上尉是佛朗哥在非洲军团的战友，并且曾被后者任命为位于萨拉戈萨的"西班牙总军事学院"中的一名教官。[74]

圣胡尔霍的失败对缓解西班牙南部的社会仇恨没有任何作用，而国民卫队的行为又在很大程度上加剧了这一仇恨。1932年下半年，在巴达霍斯

---

* 应指第十二代埃利塞达侯爵玛丽亚·特雷莎·德·阿特亚加·法尔格拉（María Teresa de Arteaga y Falguera），她于1931年从其父那里承得此爵位。

南部丰特—德坎托斯附近，国民卫队破坏了在庄稼地里进行的一次左翼集会，参会的当地工会领袖胡利安·阿拉尔孔被抓住。为了给他一点教训，国民卫队士兵把土埋到了他的脖子处，然后把他留在原地扬长而去，直到同伴们返回现场把他挖出来。[75]

1932年12月中旬，在雷阿尔城省的圣地亚哥堡，当本地地主与他们的随从在这里胡作非为时，国民卫队袖手旁观。当地最主要的就业渠道是采集橄榄。这里只有为数不多的几个大庄园，而对于种植橄榄的小农场主而言，由于他们难以为雇工支付合理的工资，所以更愿意雇佣外省劳工或者妇女，通常需要给这些人支付的报酬更少。在当地社会党劳工团体**人民之家**（Casa del Pueblo）的抗议活动过后，他们与地主达成协议，当本地男性劳动力有富余时，不应雇佣妇女或者外地劳工。然而，在"全国乡村土地所有者联合会"（Agrupación Nacional de Propietarios de Fincas Rústicas）这一贵族压力团体的鼓励之下，当地农场主联合起来对抗这个被认为是劳工阶级之挑衅的协议，并对其置之不理。被地主阶级施压的当地镇长并未执行该协议，而是试图前往巴尔德佩尼亚斯以期从冲突中抽身。

12月12日，他的小汽车被一群失业的农业雇工拦下，后者试图让他返回圣地亚哥堡履行他的职责。有人从车里向外开了一枪，打中了"人民之家"的书记奥雷利奥·佛朗哥，一场打斗由此开始。人群中有人开始扔石头，镇长被打伤。于是地主带着他们的武装护卫闯入劳工们的家中，捣毁家具并恐吓劳工的妻子和女儿。奥雷利奥·佛朗哥和另外两个工会官员被从家里拖出来，他们的家人亲眼看见他们被用枪打死。目击这些事件的国民卫队并未进行干预。全国农业工人联合会的报纸《农业工人报》（*El Obrero de la Tierra*）指出，发生在圣地亚哥堡的事件"通过一种极端形式表现出了富人阶级的残暴，他们相信自己对人民拥有生杀予夺之大权。当地的主子们完全不受约束，暴露出了他们所代表的阶级之本性，他们将一个西班牙小镇变成了非洲的某个黑暗角落"。该省发起了一场总罢工。尽管如此，当地地主继续无视劳工协议，而驻扎在当地的国民卫队分队中也没有一个人因为玩忽职守而受到惩处。[76]

在圣地亚哥堡发生的事件为我们展示了国民卫队对雇主阶层阻止共和

国社会保障立法之决心的支持，然后不到一个月之后，此事就被公众抛之脑后。1933年1月8日，由伊无联的极端分子主导的无政府主义运动团体发动了一次仓促的起义。在西班牙大多数地区，起义者都被轻易制服；然而在一个名叫卡萨斯别哈斯（加的斯省）的小村庄里，却随后发生了一场野蛮的镇压。村庄周围最好的土地都用来培育斗牛，而当地居民却全年失业，面临着结核病的肆虐，在饥饿的边缘徘徊。在作家拉蒙·J. 森德的笔下，穷人就像流浪狗一样，几乎要被饥饿逼疯。当伊无联的自由共产主义宣言送抵当地劳工中心时，村民们迟疑地接受下来。他们以为整个加的斯省均已经响应革命号召，所以他们没有预料到会发生流血事件，甚至天真地邀请当地庄园的地主和国民卫队加入这一新的集体事业。令他们迷惑的是，国民卫队用子弹回应他们的示好。许多人逃离了村庄，但也有人跑到村里一位70岁的老者库罗·克鲁斯的茅舍中避难。这位老人被称为"塞斯德多斯"*，当时与他在一起的是他的两个儿子、他的侄子、他的女儿和女婿、他的儿媳妇以及他的两个孙辈。他们和其他几位村民只有几支装填有霰弹的猎枪作为武器。一个连的突击卫队在曼努埃尔·罗哈斯·费赫斯潘上尉的带领下抵达现场。在持续一整夜的包围期间，穿透小屋泥墙的机枪子弹杀死了屋里的好几个人。罗哈斯命令突击卫队的队员纵火烧屋。那些试图逃出小屋的人都倒在他们的枪下。另有12名村民被无情杀害。[77]

起初右翼报纸对此持赞许态度，他们一贯为国民卫队镇压乡村无产阶级的行动鼓掌欢呼。[78] 然而，当他们意识到可以从中捞取政治资本时，右翼团体开始表示虚假的同情，他们像应声虫一样附和义愤填膺的无政府主义者。在屠杀的完整细节广为人知以前，内阁中全部三位社会党部长，尤其是属于稳健派的因达莱西奥·普列托，都曾向阿萨尼亚总理表达了对镇压无政府主义者起义的支持。[79] 然而，尽管与无政府主义者不和，社会党人不可能赞同治安部队所展现出的这种毫无必要的残忍。更糟糕的是，现场负责的军官谎称他们是在奉命行事。西班牙军事同盟的未来领袖对他们的支持造成了极具破坏性的影响。巴尔瓦·埃尔南德斯上尉当天晚上（1933年

---

* seisdedos 在西班牙语中为"六指"之意，这个绰号可能反映了此人多指畸形的生理特征。有趣的是，Seisdedos 还是西语系民族中一个并不算罕见的姓氏。

1月8日)值班。这一丑闻被揭露之后,他为他的朋友罗哈斯·费赫斯潘上尉辩护称,阿萨尼亚总理曾私下命令"朝他们的肚子上开枪"。右翼报纸抓住这一点大做文章,而这一捏造的谎言确确实实对共和派-社会主义者联盟造成了巨大的损害。[80]卡萨斯别哈斯事件及其反响令社会党领导层深刻意识到了参与执政所需付出的代价。他们认为,在保卫资产阶级共和国免受无政府主义分子荼毒的同时,他们正在牺牲与支持社会党的民众之间的互信。

1933年4月23日,在为地方行政补选而进行的竞选活动中,暴力事件再度上演。在巴达霍斯省,有21个市镇将进行选举,其中最重要的选举在奥纳乔斯举行。那一天,萨大拉市市长何塞·冈萨雷斯·巴雷罗带领300名社会党和共产党员在奥纳乔斯举行示威活动。红旗飘扬,革命口号响彻街巷。起初,国民卫队奉地方长官之命并未进行干涉。然而,正在以"反马克思主义同盟"的名义进行竞选的当地右翼分子与省议会的一位激进党议员拉斐尔·萨拉萨尔·阿隆索进行了交涉,后者当天正在奥纳乔斯。由于奥纳乔斯未通电话,所以萨拉萨尔·阿隆索驱车前往附近的巴罗斯自由镇,在那里他给内政部长打电话并要求给予国民卫队自由开枪的权力。按照他本人的说法,事情发生时,他还留在巴罗斯自由镇。其他资料来源则暗示了,在奥纳乔斯有人扔石头,还有人开了枪,随后国民卫队开始向人群射击的时候,他实际上也在现场。4男1女被杀,另有14人受伤。有40名劳工被逮捕,其中有几人遭到严重殴打。[81]人们普遍认为萨拉萨尔·阿隆索需要为国民卫队那天在奥纳乔斯的行动负责。[82]

萨拉萨尔·阿隆索是一个富有煽动力的好战分子,他仿佛总是处于狂热状态。在1931年以前,他是一个反教权主义的激进派共和主义者,然而之后他为巴达霍斯的庄园主贵族的威势所折服,经历了一种戏剧性的转变。结果,他以一个改宗者的热忱投身到为反动利益服务的事业中去,并且在西班牙南部的暴力之源起中扮演了重要角色。按照佩德罗·巴利纳,一位信奉无政府主义的著名医生的说法,萨拉萨尔·阿隆索具有难以抑制的野心,他将采纳反教权主义理念作为自己在激进党内部升至高位的一种手段。他是土生土长的马德里人。在他父亲的故乡,巴达霍斯省的西鲁埃拉,他迎娶了一个当地财主的女儿。萨拉萨尔·阿隆索在其早年生涯中持激进态度，然而他一旦在议会中站稳脚跟，就开始迅速转右。在1933年4月23日对巴罗斯自由镇进行短暂访问期间，他邂逅了安帕罗，一位更加富有的地主的年轻娇妻。于是他抛弃了自己的妻子和儿女，开始了与安帕罗的不伦之恋，而后者也开始前往马德里与之幽会。在严于律己且富有理想主义情怀的巴利纳医生看来，萨拉萨尔·阿隆索是"我所认识的人中最无耻和最玩世不恭的家伙之一"。对此，甚至连腐化堕落的激进党党魁亚历杭德罗·莱尔罗克斯也看不下去了，他曾耐人寻味地评论道，萨拉萨尔·阿隆索"经常出没于那些我只因公务需要才会去的豪宅和会所"。[83] 终于，他因为与安帕罗的这种不道德的男女关系而抛弃了共济会；尽管通奸也为教会所不容，他还是在其情妇的影响下，成了一名表面虔诚的天主教徒。[84]

在1933年春夏期间，层出不穷的证据显示，共和国的社会保障法律正在遭到彻底的无视。官方的职业介绍所和被称为"混合评审团"（mixed juries）的仲裁委员会均被刻意回避，工作机会只提供给那些将工会会员证撕毁的劳工。大量土地抛荒。出现了更多地主枪击劳工的案例。由于社会党在面对挑衅时要求工人保持克制，因此很多备感压抑的社会党工会成员转投无政府主义和共产主义组织的名下。劳工总会全国委员会于6月中旬就此举行了一次会议。[85]

由于雇主拒绝遵守有关社会保障的立法，工人阶级，尤其是乡村地区的无产阶级，开始在压迫之下变得越来越激进。只要社会党仍能在政府中占据一席之地，让人们看到改革的希望，各工会组织就仍然可以号召其成员保持纪律和耐心。然而，一段时间以来，阿尔卡拉·萨莫拉在不断寻找机会试图让共和派-社会主义者联盟下台。其中部分原因是他与社会党人相处不愉快，以及他与曼努埃尔·阿萨尼亚个人之间水火不容。9月初，尽管共和国议会为阿萨尼亚投下了信任票，萨莫拉总统还是邀请名声不佳的激进党领袖亚历杭德罗·莱尔罗克斯组阁。由于自感无法面对议员们的质询，他选择关闭西班牙国会。很快，地主阶级就为新任农业部长拉蒙·费塞德·格雷萨（一位职业财产登记员）和新任劳工部长里卡多·桑佩尔（来自巴伦西亚的一位激进党人）的克制立场而欢欣鼓舞。新任内政部长曼努埃尔·里科·阿韦略提名了好几个反动分子担任不同省份的省长，这些人均在不同程度上承诺将无视共和国的社会保障立法。价格便宜的劳工被从加利西亚引进西班牙南部地区，从而导致当地工人的利益受损。违法行为并未受到惩罚。[86] 不可避免地，社会主义者对"资产阶级民主"原本就不多的信任受到了进一步的削弱。

南方乡村地区的糟糕状况，在社会主义人士、文学家兼剧作家玛丽亚·莱哈拉加拜访拉曼查地区的一个村庄时被揭露出来。在她抵达后，她发现当地的社会党基层组织甚至无法为她找到一个可以用于集会的厅堂。经过匆忙的协商，他们说服当地一位农场主同意让他们使用其谷仓周围的院地。在把这里的猪和母鸡都赶走之后，会议终于开始，而用于会场照明的只有一盏嘶嘶作响的电石灯。坐在前排的都是些不幸的女人，每个女人的膝头都有一个或不止一个孩子。

> 她们畸形的脑袋，通过芦柴棒般的脖颈，连着她们瘦骨嶙峋的身体。她们的肚子肿胀，小短腿就像破烂的布娃娃那样，扭曲成令人难以置信的形状。她们大口喘着气，渴望获得更好的滋养。这就是共和国诞生时我们亲眼所见的西班牙。没有人能分辨一个在卡斯蒂利亚或安达卢西亚乡间的女人到底是25岁还是250岁。男人们站在这些瘦弱和未老先衰的妇女后面，其中年纪最大的那些人，只有将后背靠在墙上才能勉强使他们虚弱的身体保持站立的姿势。[87]

在共和国建立的头两年里，左派人士已经震惊于那些被他们视为保障基本人权的立法所引来的激烈反对。然而，在1933年11月大选过后，当右派利用这一胜利来重建一个存于1931年之前的社会压迫体系之时，在那一时期建立起来的一个具有社会进步意义的共和国所依赖的脆弱根基将被无情地粉碎。眼看着右翼赢得这样的机会，社会党人备感痛苦。在很大程度上，正是因为社会党本身犯下了拒绝与左翼共和派力量结成竞选同盟这一根本性错误，才导致他们未能有效利用选举体系赢得胜利。现在他们开始认为，大选并非真实有效。社会党赢得了1,627,472张选票，几乎肯定要比参选的任何其他一个单独政党所能获得的选票都要多。这些选票使社会党在国会中拥有了 58 位代表，然而激进党却仅仅凭借 806,340 张选票赢得了 104 个席位。根据西班牙工人社会党书记处所进行的统计，右翼联盟以 3,345,504 张选票获得共计 212 个席位，而分裂的左翼以 3,375,432 张选票的优势，却只得到了 99 个席位。[88] 右派分子仅需不到 1.6 万张选票就可获得一个国会席位，而左翼的一个国会席位却需要"花费"超过 3.4 万张选票，后者自然对此倍感恼怒。然而这并没有改变一个事实，即决定这一系列结果的主要因素是该党自身在竞选策略方面的失误：他们未能利用当前对多党联盟有利的选举体系。

然而，社会党人拒绝承认选举的合法性，此中还有其他更为重要的原因。他们坚信，在南部地区，他们在国会中的席位被人通过选举中的不法行为窃取。在那些全部工作机会只来源于一两个人的小村庄中，通过许诺提供工作或威胁解雇就可以很容易地获得选票。对于许多在饥饿边缘徘徊的劳工而言，一张选票可以用来"购买"食物或者毯子。在阿尔门德拉莱霍（巴达霍斯省），一位当地贵族用面包、橄榄油和口利佐香肠进行贿选。在格拉纳达和巴达霍斯的许多村庄，那些胆敢参加左翼集会的人遭到地主狗腿子的痛打，而国民卫队士兵往往袖手旁观。由激进党任命的各省新任省长正默许地主手下的武装护卫来维护所谓的"公共秩序"。他们可以对左派人士保持足够的威慑，有时国民卫队会积极协助他们，有时则仁慈地置身事外。在格拉纳达省，费尔南多·德·洛斯·里奥斯和其他候选人的竞选活动遭到了暴力干扰。在韦斯卡尔，德·洛斯·里奥斯遭到排枪火力的袭击，而在莫克林，有右翼分子向他的小汽车扔石头。在赫雷斯-德尔马克萨多，地方豪强*雇佣流氓分子，并为其提供武器和烈酒。德·洛斯·里奥斯曾经被迫放弃了他原本计划的集会，因为他曾接到这些流氓的警告，对方威胁说如果他不照做的话就会有生命危险。在靠近韦斯卡尔的偏远村庄卡斯特里尔，有玛丽亚·莱哈拉加和德·洛斯·里奥斯出席并发表讲话的一次会议遭遇了手段更为简单的干扰：一些驮着木料的驴子被赶入参加集

---

* 原文为 cacique，指有权势的乡村头面人物，通常是地主，有时也可能是借债人，也有可能兼具两种身份。

会的人群之中。在瓜迪克斯，他们的演讲被附近教堂持续不断的钟声淹没。在科尔多瓦省的布哈兰塞，国民卫队士兵破坏了左翼的宣传活动。在蒙特迈奥尔、恩西纳斯－雷亚莱斯、蓬特赫尼尔和雷伊新镇*，社会党和共产党候选人被国民卫队禁止发表竞选演说。在投票前夜，有人企图威胁社会党稳健派领袖曼努埃尔·科尔德罗的生命安全。在金塔尼利亚－德奥内西莫（巴利亚多利德省），当地劳工示威抗议法西斯分子的一场集会，国民卫队对示威者进行搜身检查，当其中一名示威者说他唯一的武器就是他的双手时，他的两只胳膊都被士兵用枪托打断。[89]

由于巴达霍斯省的失业率接近40%，很多当地居民处于半饥饿的状态，在此次选举中发生大规模的暴力也就不可避免。社会党议员玛加丽塔·内尔肯由于在竞选中强烈表示了对农业劳工及其家庭的深入关注，而在很短时间内就赢得了公众真诚的爱戴。结果，她成了右翼仇恨的一个目标。她热情洋溢的演说在全省各地都赢得了热烈的欢呼和掌声。这些集会经常会被当地市政当局叫停，如果他们继续进行，就会遭到起哄者的干扰。她的首要对手，代表当地地主利益的激进党领袖拉斐尔·萨拉萨尔·阿隆索在演说中不时对她进行极为下流的攻击。有人（据说是萨拉萨尔·阿隆索）从监狱里释放了一个绰号为"黑齿"的当地流氓，目的是让他去袭击玛加丽塔，以及另一位社会党候选人胡安－西梅翁·比达特，还有极受欢迎的无政府主义者佩德罗·巴利纳医生。比达特同样也是该省两起未获成功的暗杀行动的受害者。在奥尔纳丘埃洛斯（科尔多瓦省），国民卫队命令村子里的妇女排成一行，然后用枪指着她们，并警告她们不许投票。在萨拉梅阿－德拉塞雷纳（巴达霍斯省），当地右翼分子高呼"法西斯万岁！"的口号，并朝当地的"人民之家"开枪射击，导致一名劳工丧生。[90]

当天选举投票结束后，玛加丽塔·内尔肯给劳工部长发电报抗议称，在巴达霍斯省的阿尔胡森，当地的激进党市长带领一帮暴徒向劳工群体开枪，导致1人死亡，2人重伤与数人轻伤。[91]玛加丽塔在阿尔胡森的"人民之家"发表讲话之后，她本人也在枪口下遭到粗暴的对待。在投票站，国

---

* 均为位于科尔多瓦省的市镇名。

民卫队强迫劳工将手中选票换成已经被提前标记为支持右翼候选者的选票。右派分子在选举中存在重大舞弊行为——用食物和毯子"购买"选票，恐吓选民，大量右翼支持者重复投票，以及故意将选票箱从公认的左翼支持者占据多数的地方挪走。结果西班牙工人社会党只获得了该省分配给少数党派的总共3个席位——玛加丽塔·内尔肯以及其他两位男性社会党人，佩德罗·鲁维奥·埃雷迪亚和胡安–西梅翁·比达特。[92]

在南方各地，玻璃选票缸和当地豪强豢养的打手在投票现场示威般的存在，让所谓的秘密投票变成了一个笑话。在某些省份（尤其是巴达霍斯、马拉加和科尔多瓦），选举中的舞弊行为让右派分子以极其微弱的优势取得了胜利。在格拉纳达，有9个右派获胜的市镇，其得票率达到了令人不可思议的100%，有2个市镇的得票率达到99%，另有21个市镇在84%到97%之间。司法部长在大选后辞职，以抗议竞选期间如此不堪的舞弊行径。[93]在整个南方地区，地主阶级恢复了1931年前司空见惯的半封建式的依附关系。

2

鼓吹群体灭绝的理论家们

右翼团体对第二共和国及其工人阶级支持者的敌意,在非洲殖民军军官团和国民卫队身上得到了最为激烈的展现。他们从众多政客和报纸杂志所兜售的针对左翼的恶毒攻击中获得了鼓励,并认为与左翼为敌具有天然的合法性。特别是,一些有势力的人物在散播一种恶劣的言论,他们极力主张"根除左派分子是爱国使命"。他们还宣扬"犹太–共济会–布尔什维克阴谋"的陈词滥调,暗示作为其宿敌的左翼分子和自由派人士属于劣等种族。于1933年初出台的禁止宗教团体参与学校运营的法律草案,就是一个借题发挥的绝好机会。1月30日,在马德里纪念剧院举行的一次群众集会上,作为萨拉曼卡省国会代表之一的卡洛斯派土地所有者何塞·马里亚·拉马米耶·德·克莱拉克公开谴责该法案,并称之为共济会摧毁天主教会的一个撒旦式阴谋。[1]该法案于5月18日获得通过。6月4日,拉马米耶的同事,萨拉曼卡省的国会代表坎迪多·卡萨努埃瓦对此作出回应,他告知"国民教育妇女协会"的成员:"你们有责任每日向孩子心中缓慢注入对这一针对宗教团体的法令及其始作俑者的仇恨。如果你们有谁不照做,灾难就会降临到他的头上!"[2]第二天,希尔·罗夫莱斯宣称"将这一针对宗教团体的法令引入西班牙的共济会制度,就像那些异端党派和赤色组织一样,都是外来势力的杰作"。[3]

1932年以来最具影响力的反犹主义作品之一——《锡安长老会纪要》(*The Protocols of the Elders of Zion*,简称《纪要》)的广泛传播,使邪恶的犹太人阴谋正在摧毁基督教世界这一观念在西班牙境内获得了某种当下的意味。这部源自 19 世纪 60 年代德法两国小说文学的作品于 1903 年在俄国出版,它由众多荒诞不经的虚构素材拼凑而成,其主要观点是:有一个名为"锡安长老会"的犹太人秘密政府,它正在谋划摧毁基督教并建立犹太教对世界的统治。[4]《纪要》的第一个西班牙文译本于 1930 年在莱比锡出版。另一个西班牙文译本则于 1932 年在巴塞罗那由一个耶稣会名下的出版社付梓,该出版社接下来又在其下的一份杂志上连载此作品。《纪要》进一步得到关注与认可,则得益于加泰罗尼亚神父胡安·图斯克茨·泰拉茨(1901—1998)所著的一本畅销读物——《西班牙革命之起源》(*Orígenes de la revolución española*,简称《起源》)。图斯克茨于 1901 年 3 月 31 日出生于巴塞罗那一个富有的金融资产阶级家庭。他的父亲是犹太银行家的后代,一位坚定的加泰罗尼亚民族主义者,也是富豪弗兰塞斯克·坎博的朋友之一。他的母亲是极为富有的米拉家族中的一员,该家族也是高迪*的赞助者。他先是在一个耶稣会办的学校里接受了中学教育,接着又在鲁汶大学和塔拉戈纳的宗座大学继续学业,并在宗座大学那里获得了博士学位。他于 1926 年被授予圣职,并很快被视为加泰罗尼亚哲学界一颗璀璨的希望之星。因为虔诚和知识渊博的名声,他成为加泰罗尼亚首府之神学院中的一位教师。在那里,他受托撰写一本作品,讨论富有争议的唯灵论学者海伦娜·勃拉瓦茨基的神智学运动。在这本书取得成功之后,他开始逐渐着迷于形形色色的秘密社团。[5]

尽管,或者可能正是因为他本人身上残留着一点犹太血统,到第二共和国建立时,图斯克茨对秘密社团的研究已经演变成一种激烈的反犹主义,以及一种更为激烈的对共济会的仇恨。作为对其家族背景进一步的拒斥,他转而激烈反对加泰罗尼亚民族主义,并诬告加泰罗尼亚领导人弗兰塞斯克·马西亚是共济会员,然而这却使他声名狼藉。[6]在与神父华金·吉乌·博纳斯特雷共事期间,他建立了一个被他自己称为"我的那些忠实勇敢的情报员"的网络。尽管图斯克茨表现出一副虔诚的模样,然而实际上他不仅从事特务活动,而且有时还干入室盗窃的勾当。共济会在巴塞罗那

---

* 即 Antoni Gaudí,19 世纪末 20 世纪初西班牙的著名建筑师,"九八"一代的代表人物之一,他曾设计了著名的"米拉之家",以及直至今天仍在建造中的巴塞罗那圣家族教堂。

的一个主要据点位于达文约街的一个药房旁边。因为图斯克茨的阿姨就住在药房后面,所以他和吉乌神父可以在她的房间里监视共济会分子的活动。有一次,他们冲进共济会的另一处集会所放火,然后趁乱偷走了一系列的文件。图斯克茨定期为卡洛斯主义者的报纸《加泰罗尼亚邮报》(*El Correo Catalán*)撰写的那些激烈反共济会的文章,以及其取得极大成功的著作《西班牙革命之起源》,都以这些所谓的"研究调查"为基础。《起源》这本书之所以闻名,不仅仅是因为它普及了"共和国是犹太人–共济会阴谋之成果"这一观念,同时也是由于,它列出了作者心中"犹太人–共济会同盟"中最凶恶的成员的名单。图斯克茨后来声称,为了报复他写下这本书,共济会曾两次企图暗杀他。然而,根据他的记述,似乎共济会分子并未进行过认真的尝试。在第一次暗杀中,他仅仅是跳上一辆出租车就逃过了一劫。关于第二次暗杀,令人好奇的是,他宣称自己是被无政府–工团主义者的报纸《劳工团结报》(*Solidaridad Obrera*)方面提供的一位护卫者所救。考虑到无政府主义者自身激进的反教权主义之主张,这一所谓的善举更加令人难以置信。[7]

图斯克茨将《锡安长老会纪要》作为"文献"证据来支持其基本理论,即"犹太人正致力于毁灭基督教文明"。而他们的工具,正是那些利用革命、经济危机、渎神与淫秽之宣传以及无限制的自由主义等境况和手段做脏活的共济会员和社会主义者。他宣称第二共和国是共济会之子,并公开指控道貌岸然的天主教徒尼塞托·阿尔卡拉·萨莫拉总统具有犹太人和共济会员的双重身份。[8]此处传递的信号非常清晰:只有消灭犹太人、共济会员和社会主义者,即消灭政治领域内的整个左派阵营,西班牙国家和天主教会才能被拯救。《起源》一书热销,同时还引发了一场纷繁的争论,而这又让作者的理念得到了更为广泛的传播。图斯克茨在《加泰罗尼亚邮报》上发表的许多文章,以及他颇为畅销的15卷本丛书《异端教派种种》(*Las Sectas*),也在大肆传播共和国是"犹太–共济会"掌控下的独裁政权这一观点。

《异端教派种种》的第二卷中包含了《锡安长老会纪要》的全译本,以及图斯克茨对马西亚的再次诋毁。在以"他们在西班牙的实际运用"为题的章节中，作者声称，在共和国的宗教迫害中，以及在通过对大庄园产业实施再分配而展开的农业改革运动中，犹太人对西班牙国家的进攻是清晰可见的。[9] 1933年晚期，因各种著作而声名大噪的图斯克茨应"国际反共济会协会"之邀，前去参观刚建成不久的达豪集中营。他评论道，"他们为我们展示了我们应该在西班牙做些什么"。达豪集中营的建立是为了安置纳粹希望将之隔离的各种群体，其中包括各类政治犯（共济会员、共产主义者、社会主义者和自由派分子、反对纳粹政权的天主教徒和君主制支持者），以及那些被贴上"反社会"与"变态"标签的人（同性恋者、吉普赛人和流浪者）。尽管图斯克茨当时对此赞许有加，然而在半个多世纪以后，他却声称，当时的所见所闻让他震惊不已。无疑，此次访问丝毫未曾阻止其反犹和反共济会出版物的发行，也没有削弱内中言论的激烈程度。[10]

图斯克茨将对整个西班牙右翼，尤其是佛朗哥将军产生巨大的影响，后者深深痴迷于这种反共济会与反犹主义的言论。他制作了一份关于共济会的通讯刊物，并在军队高层中分发。后来，佛朗哥的连襟兼最强有力的盟友拉蒙·塞拉诺·苏涅尔对图斯克茨为"创造一种促成全国性起义之大环境"所做的贡献表示赞许。[11] 然而，图斯克茨所做的努力不仅仅限于发展那些将暴力合法化的理念。通过与加泰罗尼亚卡洛斯派分子之间的联系，他卷入了武装反对共和国的阴谋之中。他和他的好伙伴华金·吉乌参加了由"西班牙军事同盟"（该组织在巴塞罗那有着强大的势力）召集的数次密谋会议。1936年5月底，他与加泰罗尼亚百万富翁弗兰塞斯克·坎博的私人秘书接洽，并请求对方为即将到来的军事政变提供经济支持。尽管，作为图斯克茨父亲的朋友，坎博曾写信称赞他在撰写和出版《起源》一书中所取得的成功，但是他并没有为政变提供资助。[12] 从20世纪30年代早期开始，图斯克茨和华金·吉乌就已经开始专注于编纂犹太人和共济会员的名单。他们甚至将"国家公敌"的搜索范围扩大到裸体主义者、素食主义者、唯灵论者和世界语爱好者等群体中去。当图斯克茨终于在内战期间的布尔戈斯成为佛朗哥的合作者时，他的那些包含所谓的共济会员信息的文件，将成为一个得到充分组织的镇压体系的重要部分。[13]

极右翼君主主义者理论期刊《西班牙行动》的创始人金塔纳尔侯爵同

样认可《锡安长老会纪要》中的内容。在一次以他的名义于丽兹酒店举办的公众活动中，金塔纳尔声称，君主制崩溃的灾难之所以发生，是因为"世界范围的犹太–共济会之惊天阴谋，将民主的病毒注入了集权君主制的体内，它先是将其转化为开明君主制，然后再将其彻底击败"。[14] 同属"西班牙行动"压力集团的胡利安·科尔特斯·卡瓦尼利亚斯也援引《锡安长老会纪要》中的内容，将其作为"以色列的恶魔子孙"——犹太人——以共济会为媒介，控制无政府主义者、社会主义者和共产主义者的乌合之众的证据。新成立的共和派–社会党政府中聚集了共济会员、社会主义者和被认为具有犹太血统的人士，这成为马克思和罗斯柴尔德之联盟已在西班牙建立桥头堡的铁证。[15] 埃利塞达女侯爵以极其认真严肃的态度审阅了《锡安长老会纪要》的某个法文译本——仿佛其中所载为经验性的真理，她曾含蓄地向玛加丽塔·内尔肯表示，卡斯蒂尔布兰科事件是犹太人一手策划的。[16]

为《西班牙行动》杂志撰稿的其他具有影响力的人包括世俗神学家马西亚尔·索拉纳和神父阿尼塞托·德·卡斯特罗·阿尔瓦兰，后者是萨拉曼卡主教座堂的一位高级教士。他们两人和神父巴勃罗·莱昂·穆尔谢戈为暴力颠覆共和国提供了神学上的合理性。他们坚持认为反抗暴政是天主教徒的职责。索拉纳利用圣阿奎那*的哲学思想证明，"暴君"就是任何暴虐或不公正的政府。既然权力最终归于上帝，那么这样一部反教权主义的宪法就已经清晰展现出了共和国的暴虐本质。[17] 1932 年，时任科米利亚斯耶稣会大学校长的卡斯特罗·阿尔瓦兰神父撰写了一本以"反叛之权利"为主题的著作。尽管该书直到 1934 年才得以出版，但是部分内容当时就已经选登在《西班牙行动》杂志上，它为索拉纳煽动叛乱的言论火上浇油，并且专门针对《辩论报》不愿触犯法律的谨慎态度展开攻击。通过撰文和布道，卡斯特罗·阿尔瓦兰将成为军事叛乱最重要的神学辩护者。后来，他在 1938 年出版的《圣战》(*Guerra santa*) 一书中对自己的观点进行了总结。[18] 阿尔瓦兰、索拉纳和其他人极力主张暴力反抗共和国的合理性，因为它是

---

* 这里应指托马斯·阿奎那（Thomas Aquinas），中世纪最著名的经院哲学家之一。

一场针对暴政、无政府状态和莫斯科煽动的无神论思潮的神圣起义。1932年，吉普斯夸省的国会代表，同时也是维多利亚主教座堂之教士的安东尼奥·德·皮尔达因·萨皮安神父在国会中宣称，天主教的教义允许暴力反抗不义的法律。类似观点构成了 1933 年由神父何塞·西雷拉·普拉特出版的一部争议性著作的核心内容。[19]

卡斯特罗·阿尔瓦兰和西雷拉的著作，让塞维利亚红衣主教欧斯塔基奥·伊隆达因·埃斯特万和塔拉戈纳红衣主教比达尔·巴拉克尔等较为温和的教会人士感到惊骇不已。比达尔对卡斯特罗·阿尔瓦兰将天主教教义表现为具有党派性质的理念时所流露出的狂妄自大深感不安，因为这与梵蒂冈要求与共和国和平共处的政策背道而驰。他向担任教廷国务卿的红衣主教帕切利提出抗议，后者下令去除书上的"印行许可"*字样（基督教会表示认同其内容的印鉴），并设法将已发售的图书悉数收回。然而该书内容已在卡洛斯派分子的报纸上进行连载，新任命的全西班牙首席主教，托莱多大主教伊西德罗·戈马对"西班牙行动"的成员表示支持。[20] 戈马在托莱多的前任，流亡罗马的红衣主教佩德罗·塞古拉·萨恩斯，被卡洛斯派分子的《未来世纪报》描绘成天主教会针对共和国不妥协之立场的典范。后来人们发现，在卡洛斯派的民兵组织（"义勇军"）为准备反共和国的暴动而进行军事训练期间，他曾经积极给该派领导人加油鼓劲。[21]

佛朗哥将军是《西班牙行动》杂志的订阅者，同时他对存在犹太－共济会－布尔什维克之"肮脏结合"这一点也深信不疑。值得一提的是，在众多持类似观点的高级军官中间，还包括 1936 年军事政变的总导演埃米利奥·莫拉将军。身材高大、戴着眼镜的莫拉将军颇有些学究气，然而他的真实背景却是一个严肃实干的非洲殖民老兵。他于 1887 年在古巴出生，是一名国民卫队上尉的儿子，打小就受到其父严苛的管束；历次非洲殖民战争让他在**土著正规军**（Regulares Indígenas，在当地招募并由西班牙军官率

---

* nihil obstat，拉丁语原意为"无妨碍"，狭义上指的是"无碍基督教信仰"。对于由教会资助出版或是持天主教立场的宗教主题书籍，通常会有一位天主教会委派的主教主持其内容的审查工作，以确认其中不包含任何违背信仰或道德的内容，而这往往是此类书籍出版的第一步。

领的雇佣军部队）中一步步晋升至高位。他的摩洛哥回忆录中充斥着有关破碎头骨和腐烂肚肠的描述，这表明多年的非洲经历已经让他变得如野兽般冷酷无情。[22] 在1930年2月独裁政权垮台之际，莫拉被任命为国家保安总长。他很快就开始接手警务工作。就像在摩洛哥粉碎部落民起义那样，他致力于镇压西班牙本土的工潮和学潮，直到君主制于14个月之后崩溃。[23] 为实施镇压计划，他创建了一个训练有素、装备精良的堪称一流的反暴乱小分队以及一个复杂的谍报系统。这一所谓的"赤色分子调查部"利用秘密警察渗透进入反对派组织的内部，并在其中扮演煽风点火的内奸角色。当莫拉将军在1936年为准备军事叛乱进行部署时，这一网络基本上仍可正常使用。[24]

莫拉过高估计了相对弱小的西班牙共产党的威胁——他将共产党视为"犹太－共济会阴谋"的邪恶工具。这反映出他对其手下密探所提供的言辞激烈的报告深信不疑，尤其是那些来自圣地亚哥·马丁·巴格纳斯和腐化且偏执的胡利安·毛里西奥·卡拉维利亚·德尔·巴里奥的报告。莫拉对犹太人、共产党员和共济会员的看法，同样也受到总部位于巴黎的白俄流亡部队组织（即**俄罗斯全军联盟**，ROVS）给出的情报的影响。之后，即便他不再担任保安总长，他仍然与该联盟的领袖叶夫根尼·卡尔洛维奇·米勒中将保持着密切的联系。米勒与纳粹党的种族主义理论家阿尔弗雷德·罗森堡一样都是波罗的海德意志人。他们对共产主义的憎恨反映出这一事实：布尔什维克革命让他们失去了家庭、财产、生计和故乡。他们相信犹太人一手策划了这场革命，所以他们决定阻止犹太人在西欧做同样的事。[25]

在共和国建立之际，莫拉确信自己将会因为之前保卫君主制的作为遭到逮捕，因此他躲藏了起来。后来，在1931年4月21日，他向国防部长曼努埃尔·阿萨尼亚自首。4天以前，达马索·贝伦格尔将军即已因为其作为首相在摩洛哥战争中所扮演的角色，以及后来作为陆军大臣在对亲共和派的起义军官费尔明·加兰上尉和安赫尔·加西亚·埃尔南德斯上尉的草率审判与处决中所扮演的角色而被捕。在右翼看来，逮捕莫拉和贝伦格尔纯粹是共和国方面的报复行为。[26] 在非洲殖民军军官阶层的眼中，致使贝伦格尔遭到迫害的正是他们曾经为之流血牺牲的那场战争，而在军事法庭上审判叛乱者加兰和加西亚·埃尔南德斯时,贝伦格尔也只是照章办事。同样,他们将莫拉视为非洲殖民战争中的英雄,而作为国家保安总长,镇压骚乱仅仅是他的职责所在。非洲军团的军官们极为恼火,那些为他们所敬仰的军人领袖遭到迫害,而那些密谋反对"独裁者"[*]的人却获得了嘉奖。对曼努埃尔·戈代德、华金·凡胡尔、莫拉和佛朗哥等殖民军军官来说,逮捕行动为他们心中对共和国的本能敌意提供了正当的理由。他们将获得共和国方面晋升的军官视作犹太人与共济会员的走狗,以及纵容暴徒的懦夫。

莫拉本人因在3月25日处置一次学生示威时过度使用武力而受到指控。在等待审判期间,他被囚禁于一座军事监狱的一个"潮湿和充满臭气的牢房"中。[27] 8月5日,阿萨尼亚安排将莫拉转为在家中软禁。然而毫不令人意外的是,当看到不久之前他所针对的那些目标人物如今都大权在握时,莫拉心中滋生出了对共和国深深的敌意,以及对阿萨尼亚个人的憎恨。卡拉维利亚递交的那些充满偏见的报告,还有俄罗斯全军联盟提供的诸多档案,促使他相信民主政治的胜利,正是犹太人和共济会员精心策划的结果。1931年晚期,在他回忆录的第一卷中,关于共济会的威胁,他这样写道:"当我为履行职责而对共济会分支机构插手西班牙政治生活的情况进行调查之后,我意识到了他们所拥有的巨大力量,让我察觉到这一点的,不是这些支部本身,而是那个在国外操纵共济会的强有力的团体——犹太人。"《西班牙行动》杂志刊登了一篇长达9页的评论文章来热烈欢迎此书的出版。该评论文章的作者为欧亨尼奥·维加斯·拉塔皮,他是《西班牙行动》杂志的创始人之一,同时还是暴力反对共和国的狂热倡导者。[28]

当莫拉开始撰写回忆录的第二卷时,他更加直言不讳地对共济会和犹太人进行攻击。他本人对此有所暗示,他之所以这么做,除了因为受到米勒提供的报告的影响,还因为他已经读过了图斯克茨神父的著作和《锡安长老会纪要》。于是,莫拉在书中写道,共和国的降临是犹太人和共济会对西班牙之仇恨的反映。

---

[*] 应指米格尔·普里莫·德·里韦拉。

我们西班牙人因何激起了以色列后裔之仇恨？此仇恨之动机是什么？基本说来有三点：根植于他们内心之中的，对任何一个拥有自己祖国的种族的嫉妒；对我们的信仰难以遏制的厌恶，因为他们将自身在全世界的流散归咎于我们的信仰；以及他们对被驱逐的经历的记忆，而该事件的发生并非像其经常宣称的那样，是源自国王的一时冲动，而是源自人民的呼声。*这些就是共济会西班牙支部之三角标的三个点所代表的含义。[29]

1933年12月，莫拉为其充满激辩言辞的《过去、阿萨尼亚（时代）与未来》（*El pasado, Azaña y el porvenir*）一书写下结语，并在自己的笔下声援军方对共和国整体和阿萨尼亚个人的普遍敌意。左翼的反军国主义被莫拉视为不爱国之举，并使他感到羞恼，他将此种举动归结为受到多种不同原因的影响，而主要原因则为：

那些颓废堕落的国家是国际性寄生组织最中意的牺牲品，这些组织轮流被各大势力操控，利用弱小国家的艰难处境，在其中取得了最大的成功，正如不健康的机体组织是病菌得以广泛传播的最肥沃的土壤那样。重要的是，所有类似的组织都处于犹太人直接或间接的操纵之下……犹太人不关心一个国家，或者十个国家，乃至整个世界的毁灭，因为他们只不过是在实施他们蓄谋已久的宏大计划，而且，在从史无前例的大灾变中捞取好处这一点上，他们能力非凡。发生在俄国的事件正是一个与之密切相关的例证，同时在很大程度上也符合希特勒的观点。作为一名狂热的民族主义分子，德国总理希特勒坚信，只要犹太人及其控制与影响的寄生组织仍然存在于国家的内部，德意志民族就无法重新崛起。这就是他毫不留情地迫害犹太人的缘由。[30]

莫拉是个阴郁且不愿抛头露面的人，早先他并不为世人所知。然而，

---

* 这里应指15世纪西班牙天主教君主斐迪南和伊莎贝拉夫妇驱逐犹太人一事。

借助这本畅销书，他成为被军方与民间最反动的那部分群体推崇备至的对象之一。[31]

从1927年起，莫拉和佛朗哥就已经是日内瓦出版的反共杂志《反共产国际联盟通讯》（Bulletin de l'Entente Internationale contre la Troisième Internationale）的忠实读者了。在莫拉担任国家保安总长期间，他的密探们在不断编造关于所谓来自共产国际（即第三国际）之威胁的报告。莫拉将这些捕风捉影的文字寄给日内瓦的反共产国际联盟，后者将其整合到刊物当中，该刊物又通过佛朗哥与军队里的其他订阅者回到西班牙，成为"过硬的证据"。该组织的创办人是瑞士右翼分子提奥多尔·奥贝特，以及一位名叫乔治·洛德金斯基*的白俄流亡者。在洛德金斯基的推动下，该组织的出版物具有强烈的反犹与反共色彩，它赞扬法西斯主义和军事独裁为抵御共产主义的防波堤。该组织还与由约瑟夫·戈培尔的情报部负责运作的"反共产国际"（Antikomintern）组织保有密切联系，借助这一便利条件，它熟练地将目标定位于有影响力的人士的身上，并为他们提供形形色色的曝光所谓赤色分子未来进攻计划的报告。佛朗哥、莫拉和其他军官如饥似渴地阅读《反共产国际联盟通讯》中的资料，在这些文章中，第二共和国被描绘成共济会和赤色分子的"特洛伊木马"，这些人决意要松开那些听命于莫斯科的不信神的暴徒的笼头，并用他们对抗西班牙及其全部的伟大传统。[32] 对于西班牙极右翼分子和他们的很多海外盟友而言，第二共和国就是"锡安长老会"的一个前哨。[33]

奥内西莫·雷东多·奥尔特加是西班牙法西斯运动中最具影响力的领袖人物之一，他同时也是《锡安长老会纪要》的狂热信徒。雷东多曾在德国学习，并与耶稣会关系紧密。他深受恩里克·埃雷拉·奥里亚神父的影响，后者是《辩论报》主编安赫尔·埃雷拉·奥里亚的兄弟。埃雷拉神父促使奥内西莫相信共产主义、共济会和犹太教徒正在阴谋摧毁基督教和祖国，并推荐他阅读由莱昂·蓬森所编写的一本激烈反犹和反共济会的小册子——

---

* 此人俄语名字的拉丁字母转写形式为 Georges Lodygensky，似为以法语发音为基准所进行的转写，如以英语发音为准，转写似应为 George Lodyginsky。此外，George 这一源自基督教的名字，其对应的俄文拼写应为 Yuri。

《革命的秘密部队，FM–犹太教》(*Las fuerzas secretas de la Revolución. F∴ M∴ –Judaismo*)，其中 F∴ M∴ 显然是代表"共济会"。因此，奥内西莫在了解到《锡安长老会纪要》之后，便翻译了一个简略的译本，并将其发表在他于巴利亚多利德省出版的报纸《自由报》(Libertad)上。这个译本后来被重新出版，其附带的评注将文中泛泛而谈的指控与第二共和国的特定环境联系了起来。[34]

极右翼报刊普遍将《锡安长老会纪要》视为一份严肃的社会学研究著作。由于西班牙并没有多少犹太人，所以很难说那里存在"犹太人问题"。然而，西班牙的"没有犹太人的反犹主义"并非针对真实的犹太人，而是对一种"可察觉的国际威胁"的抽象指涉。反犹主义是整合派天主教的核心，它可以追溯到加略人犹大对耶稣基督的背叛，以及那些有关犹太人杀害儿童作为祭品的中世纪传说及其引发的恐惧。现在，对革命的恐惧又赋予它某种强烈的现实意义。那些逃离纳粹政权统治并在第二共和国寻求庇护的左翼分子和犹太人的存在，为"所有属于左翼社团之人士均为犹太人傀儡"的观念提供了支持。在卡洛斯主义者的报刊媒体看来，入境的少量犹太人是世界革命的前卫部队，他们企图用色情和娼妓来毒害西班牙社会。[35] 这些反对城市化和工业化，反对自由主义、资本主义，以及一切与犹太人和共济会沾边的意识形态的卡洛斯主义者，他们执迷于通过武装叛乱摧毁共和国，并在西班牙推行一种田园式的乡村神权统治。[36]

保守派知识分子坚持认为，犹太人已暗中使用各种卑劣手段将西班牙工人阶级变为他们的奴隶。有人声称，这一征服的结果是西班牙工人本身开始具有某些"东方化"的特质。西班牙的激进右翼分子开始将工人阶级视为被犹太人和穆斯林的背信弃义与野蛮残暴败坏后的产物。这种观点最极端的支持者，是19世纪晚期的卡洛斯主义理论家胡安·巴斯克斯·德·梅利亚。他认为，曾经资助过自由派革命运动的犹太资本家，正在有组织地支持共产主义革命，他们与人数众多的穆斯林各部族建立了联盟，以摧毁基督教文明，并让犹太人的暴政降临世间。甚至连阿方索十三世国王都相信，里夫地区的部落民起义是"一场由莫斯科和国际犹太人团体煽动发起的整个穆斯林世界总暴动的开端"。[37] 卡洛斯主义的拥护者们将这些理论视作确凿的事实，他们辩称"世界末日的四驾马车——犹太教、共产主义、共济会和死亡"，已经统治了不列颠、法国和奥地利，很快西班牙也要落入他们的掌控之下。[38]

圣胡尔霍政变失败后入狱的何塞·恩里克·巴雷拉上校如饥似渴地阅读巴斯克斯·德·梅利亚和其他卡洛斯主义意识形态的拥护者的著作。对比1923年普里莫·德·里韦拉之政变的成功和1932年圣胡尔霍的失败，精力旺盛且胆大包天的巴雷拉相信，一场成功的武装起义需要平民的大力支持。他相信卡洛斯派的激进民兵组织"义勇军"就可以实现这一点。然而，他回绝了要求他领导一次由卡洛斯派单独参加的起义的号召，理由是这一重任需要像佛朗哥这样资历更高的军官来承担，不过他接下了将义勇军转变成一支有战斗力的"公民军队"的任务。由于他仍然处于警方监管之下，所以在前往卡洛斯派北部核心地区纳瓦拉省旅行期间，他使用了"唐·佩佩"的假名。卡洛斯派义勇军的日常训练工作由义勇军全国总督察长，退役中校里卡多·德·拉达进行管理，他在后来还负责长枪党民兵的训练。[39] 同样，1934年，另一位参与圣胡尔霍政变的军官，国民卫队上尉利萨尔多·多瓦尔则开始训练人民行动青年团（即希尔·罗夫莱斯的天主教政党——西班牙独立右翼党团联盟之青年运动组织）的各个准军事小分队。

在通过著述和演说极力营造社会及种族仇恨氛围的群体中间，有卡洛斯派分子、神学家和非洲殖民军军官。而在他们之外，奥内西莫·雷东多也在做着同样的事情。虽然他很难称得上是全国性公众人物，但他是值得被关注的，一是因为他作为西班牙法西斯主义创始人之一的身份，另外也是因为在很大程度上，他的政治理念使他的家乡巴利亚多利德经历了比其他的卡斯蒂利亚省会更多的政治性暴力。作为一名年轻的律师，奥内西莫·雷东多曾经加入过民族行动党（后来的"人民行动党"）这一天主教政治团体，该组织于1931年4月26日由安赫尔·埃雷拉·奥里亚创建，其首要支持者为卡斯蒂利亚的农场主阶层。5月初，他在巴利亚多利德建立了党支部，并带领当地党部为即将开始的国会选举宣传造势。6月13日，奥内西莫印发了反共和主义报纸《自由报》的创刊号。该报最初是每两周一期，后来改为每周一期。当共和派－社会主义者联盟于6月28日赢得绝对多数之后，奥内西莫拒绝接受民主政体，并与民族行动党决裂。同年8月，他成立了一个法西斯政党"卡斯蒂利亚泛西班牙行动大会"（Juntas Castellanas de Actuación Hispánica，简称"泛西班牙行动大会"）。[40]

8月10日，他在《自由报》上发表了一篇言辞激烈的宣言，承诺自己将维护旧卡斯蒂利亚传统村社之价值，维护社会公正，并履行使用武力的义务。他写道："青年同胞们，在这一历史性的时刻，我们有义务拿起武器。愿我们知道如何去使用它们来保卫属于我们自己的东西，而不是服务于政客们的利益。"对于他来说，"民族主义是斗争的运动，在支援西班牙对抗其内部叛徒的过程中，必须发起对抗性的暴力活动"[41]。奥内西莫·雷尔多及其泛西班牙行动大会，无疑为这座先前曾以劳资关系相对和谐而闻名的城市带来了一种残酷对抗的基调。[42] 奥内西莫号召"在每个省份组织几百名年轻的战士，作为守纪律的理想主义者，将赤色威胁的肮脏幽灵砸得粉身碎骨"。为了准备与在巴利亚多利德占主导地位的社会党工人团体进行巷战，他召集的志愿者开始武装自己。他提及了"培养暴力及武力对抗之精神"的必要性。该组织的会议事实上都是秘密举行的。在接下来的几年里，他对暴力的热情呼声日益尖锐。[43]

泛西班牙行动大会在人数上的劣势迫使奥内西莫寻求与其他理念相似的群体建立联系。于是，他的目光落到了西班牙第一个公开的法西斯团体之上，该团体名为"征服国家"（La Conquista del Estado），由拉米罗·莱德斯马·拉莫斯领导，其成员少得可怜。[44] 来自萨莫拉省的莱德斯马曾在马德里的一所邮局工作。作为泛日耳曼哲学的一个狂热信徒，他于1931年2月在马德里某办公大楼的一个肮脏不堪的房间里成立了自己的小团体。屋内没装电灯，仅有的家具是一张桌子。十位参会者签署了一份由他撰写的题为"征服国家"的宣言。同名的报纸于3月14日创刊发行。尽管公众对此漠不关心且不断有警察骚扰，这份报纸还是存在了一年之久。[45] 在《自由报》的创刊号中，奥内西莫·雷东多以赞许的语气提及了莱德斯马·拉莫斯的报纸："我们赞同《征服国家报》对战斗的渴望与热情，但是我们为反犹活动没能在其中占据一席之地感到遗憾，那是该运动生发效力且沿着正确的方向进行所必需的。"[46]虽然雷东多将希特勒的《我的奋斗》翻译成西班牙文，但是他的反犹主义理论更多来自15世纪的卡斯蒂利亚女王——"天主教的伊莎贝拉"，而非纳粹主义的意识形态。反犹主义是在他的著作中被一再提及的主题。例如，在1931年晚期，他将第二共和国引入的男女生同校的学校描绘为"反对各自由民族的犹太人行动"的一个实例——"这是危害人民健康的犯罪，为此叛徒们必须付出生命的代价"[47]。

1931年10月，奥内西莫与莱德斯马·拉莫斯在马德里会面。在接下来的几周里，他们在马德里和巴利亚多利德举行了数次会议，商讨将这两个团体进行松散的联合，并更名为**国家工团主义奋进会**（JONS）。成立于1931年11月30日的"国家工团主义奋进会"采用无政府–工团主义者组织"全国劳工联盟"的红黑配色方案，并且在其上加了历代天主教国王所使用的"牛轭与捆箭"纹章作为它的标志。该组织的意识形态是反民主和帝国主义的，它主张西班牙拥有对直布罗陀、摩洛哥和阿尔及利亚的统治权，并渴望"根除与瓦解各种反国家的马克思主义党派"。为了达成"以民族主义暴力反抗赤色暴力"这一目的，"民族–工团主义民兵部队"将被组建。莱德斯马·拉莫斯坚持认为政治性的暴力是合法手段，他鼓吹按照意大利法西斯黑衫军的模式创建武装民兵，以便为发动叛乱或军事政变做准备。[48]为实践其理念，奋进会的小分队袭击左翼学生，并且在1933年6月洗劫了位于马德里的"苏联之友协会"办事处。[49]

在巴利亚多利德，奥内西莫将更多的时间用于培训他的那些年过四旬的追随者，并试图把他们转化成所谓"有组织的反共民兵团"之中的战士。不久之后，他们就会在巴利亚多利德大学和这座城市的大街小巷中与左翼学生和工人展开流血冲突。他们购买手枪并花费大量时间学习如何操作。到1932年春，奥内西莫·雷东多在文章中预言了内战的来临："战争正离我们越来越近，暴力局面不可避免。拒绝接受这一点毫无意义。他们正准备对我们发动战争，此时转身逃开显然是愚不可及的。重要的是准备赢得胜利，而要想赢得胜利，必须夺取主动权，抢先发起进攻。"1932年5月3日，在巴利亚多利德的主广场，他们与左翼分子之间爆发了一场混战，之后有超过20人因伤住院。奥内西莫本人因为在《自由报》发表触发冲突的过激言论而被判处两个月的监禁。[50]

入狱经历并未让奥内西莫·雷东多变得更稳健一些。他于1933年5月在法西斯主义月刊《JONS》上发表的文章反映出其思想愈加恶毒,他还在文中重复了圣胡尔霍将阿拉伯部落民与西班牙工人阶级等同的观点:

> 马克思主义,与其穆罕默德式的乌托邦、专横冷酷的信条、暴虐寡头的冷酷欲望一道,在突然之间,就像一场现代的萨拉森入侵一样,再次遮蔽了文明与自由之光……这种正以进步之名进行的非洲化之威胁,已经在西班牙清晰可见。我们可以明确地说,在我国马克思主义者的身上,有着全欧洲最多的热带血统……自古以来,我们身处文明世界与蛮荒禁地之间的摩擦区域,位于雅利安种族和闪族之间的地区……因此,塑造我们国家的远祖和先辈,那些将我们从黑暗大陆的不断扩张中拯救出来的英雄战士,举起他们手中的剑,对抗来自南方的进攻,而这些指向敌人的刀剑再也没能入鞘……伟大的伊莎贝拉女王命令西班牙人民时刻留意非洲,击败非洲,并且绝不允许祖国再次遭到蛮族的侵略。(伊比利亚)半岛是否已经全部"去非洲化"了?在这个处于欧洲领神地位的民族之性格中,仍然存留有众多根深蒂固的摩尔人的气质,在这里,难道没有存在一种改头换面的非洲式统治的危险?我们冷静地提出这个重要的问题,并且可以立即做出回复,新一轮"非洲化"的迫切威胁已然非常明显,它就是"马克思主义"。在世界各地都存在着犹太人或闪米特人针对西方文明的阴谋,但是在西班牙,它可以更迅速、以一种更隐晦的方式联系到闪米特元素(非洲的元素)。我们可以看到,它正在我国南方各省的原野上朝气蓬勃地生长,在那里,摩尔人的血脉继续存在于种族的根基当中……在西班牙各地,尤其是在安达卢西亚,马克思主义的追随者很快就会将点燃的火炬扔进庄园主的住所和农场中。他受到了马德里犹太社团的煽动,盲从于兴风作浪的暴徒;他想要不劳而获,游手好闲又发财致富;他想要把他的快乐建立在复仇之上……马克思主义的决定性胜利将使西

班牙再度非洲化（野蛮化），这场胜利属于联合了的闪米特各族，即犹太人与摩尔人，那些在种族与信仰层面仍存活于半岛乃至整个欧洲的贵族与平民。[51]

通过将马克思主义归结为犹太人的发明，以及声称西班牙存在所谓的"再非洲化"的威胁，雷东多把犹太人和摩尔人这两个西班牙典型的"他者"，与共和政体等同起来。他所得出的结论是，为了避免西班牙落入其当代敌人之手，必须展开一场新的"再征服运动"，而很多右翼人士也深以为然。他的关于暴力之合理性的观点颇类似以卡斯特罗·阿尔瓦兰的作品为典型代表的天主教极右翼分子的论调。[52]

反犹主义思潮在西班牙右翼中普遍存在。在某些情况下，这只不过是一种难以言说的情绪，源自天主教因耶稣基督之命运而产生的传统仇恨；而在另一些时候，它为针对左派的可怕暴力赋予了合理性。奇怪的是，奥内西莫·雷东多的恶毒反犹在西班牙新兴法西斯主义运动中是一个例外。莱德斯马·拉莫斯认为反犹主义只在德国具有重要性。[53]长枪党领袖何塞·安东尼奥·普里莫·德·里韦拉对"犹太人问题"并没有多少兴趣，除非是在涉及犹太–马克思主义者对工人阶级之影响的时候。尽管如此，长枪党日报《前进报》（*Arriba*）仍然宣称"犹太–共济会国际是折磨人类社会的两大恶魔——资本主义和马克思主义——的创造者"。与其他右派人士类似，何塞·安东尼奥·普里莫·德·里韦拉也相信，针对共和国的暴力是合理的，因为共和国深受犹太人和共济会的影响。[54]他批准了长枪党分子于1935年春对犹太人所拥有的 SEPU 百货商店*的袭击行动。[55]

将国内工人阶级与国外敌人等同起来的做法是基于一个令人费解的逻辑：布尔什维克主义是犹太人的发明，而犹太人又与穆斯林难以区分，所以左翼分子肯定一心想让西班牙屈从来自非洲的蛮族的统治。进而，同西班牙工人阶级的敌对被当成一种源于西班牙爱国主义的合理行动。按照"西班牙行动"的另一位人士，从自由主义者转变为极右翼分子的拉米

---

* SEPU 为西班牙文 Sociedad Española de Precios Únicos 的缩写，它是西班牙境内的首家连锁百货商店。

罗·德·马埃斯图的说法，西班牙民族正是在与犹太人（傲慢的高利贷者）和摩尔人（毫无文明可言的蛮族）的斗争中被锻造成型的。[56] 在君主主义者领袖何塞·卡尔沃·索特洛的一篇文章中，当他将社会党领袖弗朗西斯科·拉尔戈·卡瓦列罗称为"摩洛哥的列宁"时，他恰如其分地道出了反左翼言论的种族主义特征。[57] 何塞·安东尼奥·普里莫·德·里韦拉也认同西班牙左派与摩尔人的这种所谓的联系。在他于1936年入狱之后的反思中，他将西班牙的全部历史都解读为哥特民族和柏柏尔人之间无穷无尽的斗争。前者的精神在君主主义的、贵族的、宗教的和军人的价值观中延续，而后者的精神则在乡村无产阶级之中存留。他公开指责第二共和国是"新一轮柏柏尔人入侵"，标志着欧洲之西班牙的崩坏。[58]

希尔·罗夫莱斯可能不像圣胡尔霍或奥内西莫·雷东多那样直率，但他也传达了"针对左派之暴力为合法"的观点，因为他也将西班牙左派分子归为劣等种族。通过频繁使用"再征服"一词，他将20世纪30年代面向西班牙左翼的敌对行动，与西班牙民族主义最重要的史诗——从公元722年一直持续到1492年的将西班牙从伊斯兰教徒手中解放出来的漫长征战——联系到了一起。在为1933年11月大选而举行的竞选活动期间，10月15日，他在马德里的纪念剧院宣布："我们必须再征服西班牙……我们必须给予西班牙真正的统一，为其注入一种新的精神，建立一种极权主义政体……对我而言，现在只有一种手段可用，即组成一个尽可能广泛的反马克思主义阵线。现在我们必须毫不留情地击败社会主义。"此时，极右翼"西班牙行动"团体的领袖安东尼奥·戈伊科切亚被安排站起来，听众向他发出一阵热烈的欢呼。希尔·罗夫莱斯用与右翼密谋者毫无二致的语气继续他的演说：

> 我们必须建立一个新国家，将犹太化的共济会分子赶出我们的祖国……我们必须推动建国大业，而这意味着责任与牺牲。哪怕我们必须为此流血又有什么关系！……正如我们所极力主张的，我们需要足够的权力……为了实现我们的理想，我们不打算在旧有体制上浪费时间。民主不是目的，而是征服新国家的一种手段。当时机成熟时，无论是通过国会投票，还是通过我们自己的力量，民主制度都将被废除。[59]

希尔·罗夫莱斯的演讲被《社会主义者报》（El Socialista）描绘成一场"彻头彻尾的法西斯主义的长篇大论"。在左派方面，它被认为是表面温和的大众党派——西班牙独立右翼党团联盟——所秉承的真正政策。当然，他所说的每一句话都引起了在场听众的热烈掌声。作为一个稳健的社会党人和杰出的法学教授，从1931年10月起开始担任教育与艺术部部长的费尔南多·德·洛斯·里奥斯，因为其容许犹太人学校存在的政策，以及他对北非犹太人社区之处境的同情，遭到了反犹分子的大肆攻击。他指出，希尔·罗夫莱斯要求清除犹太人和共济会员的言论，是对共和国司法与政治之根本立足点的一种否定。[60] 西班牙独立右翼党团联盟的竞选海报宣称，必须将西班牙从"马克思主义者、共济会分子、地方分离主义者和犹太人"的手中拯救出来。整个左翼群体——无政府主义者、社会主义者、共产主义者、自由派共和分子、地方民族主义分子——均被指责为反西班牙分子。[61] 因而针对他们的暴力行动不仅合情合理，而且也是爱国主义的迫切需要。

希尔·罗夫莱斯的激烈言论同《辩论报》报章上弗朗西斯科·德·路易斯的观点遥相呼应，后者是继安赫尔·埃雷拉·奥里亚之后的《辩论报》主编。与奥内西莫·雷东多一样，德·路易斯也是"犹太－共济会－布尔什维克阴谋"理论的狂热鼓吹者。他在1935年出版了一部以此为主题的力作，并且获得了天主教会的出版许可。在书中，通过大量引用图斯克茨、卡洛斯派报刊、《锡安长老会纪要》和莫拉将军的论述，他试图证明：共济会的目的，是用"东方式"的价值观腐蚀基督教文明。而他立论的前提是，"犹太人——共济会分子的祖先，他们没有自己的祖国，也不想让别人拥有祖国"。在将大众的爱国热忱与道德冲动打消以后，犹太人就可以招募他们来攻击基督教的价值观。在他的论述中，天主教徒正面临着一场生死存亡的战争，因为"在每个犹太人的内心深处都住着一个共济会员：狡诈、谎话连篇、行踪诡秘、仇恨耶稣基督和基督教文明并渴望将其彻底消灭。共济会社团和犹太人是社会主义与布尔什维克主义的生产者和操纵者"。[62]

除了在影响力范围方面相差悬殊，弗朗西斯科·德·路易斯和奥内西莫·雷东多二人的宣言，与莫拉将军的朋友兼曾经的下属胡利安·毛里西奥·卡拉维利亚·德尔·巴里奥警官的宣言事实上大同小异。卡拉维利亚·德尔·巴里奥于1896年2月13日出生于新卡斯蒂利亚昆卡省瓦尔帕莱索的一个贫苦农民家庭,青年时代的卡拉维利亚曾经做过农业短工和羊倌,之后因为交不起免服兵役的钱,他又被军队征召,并在摩洛哥服役达3年之久。返回西班牙以后,他通过了警队的入职考试,并于1921年7月9日在巴伦西亚上岗工作。由于巴伦西亚省的省长向国家保安总长投诉了卡拉维利亚入职后使警队蒙羞的种种行径,仅仅11个月之后,他就被调往萨拉戈萨。后来,在1923年10月于马德里落脚之前,他分别在塞哥维亚和毕尔巴鄂短暂待过一段时间。1925年11月,他被调往摩洛哥,在那里他与军方人士建立了联系,这将对他未来的职业生涯大有助益。然而,在短短 年之后,他就因私吞罚款和向妓女收取保护费等不法行为遭到指控,又被调回西班牙本土。尽管如此,卡拉维利亚还是在1935年升任警务督察(comisario)。[63]

起初他专门从事卧底工作,打入左翼团体内部,然后扮演内奸角色。他是在不通知其上级的情况下主动去做这些事情的。他的工作包括煽风点火,后来他还信誓旦旦地宣称,自己曾经挫败了1929年5月在塞维利亚举行的(伊比利亚美洲)博览会开幕式上针对国王阿方索十三世和普里莫·德·里韦拉将军的一次暗杀企图。[64]当莫拉将军于1930年初成为国家保安总长后,卡拉维利亚向他汇报了自己的秘密行动,并将自己从中起到的作用描述为"革命最高层内部的催化剂"。[65]奉莫拉的命令,卡拉维利亚写就了一份有关所谓西班牙境内共产党活动的详细报告。这份报告可以说是充斥着臆想与偏执妄断的大杂烩,然而,在1930年底,莫拉将其寄到了位于日内瓦的有影响力的反共组织"反共产国际联盟"那里。该组织对报告中的内容照单全收,然后又将据此编就的刊物寄给了包括佛朗哥将军在内的订阅者。这份报告构成了卡拉维利亚的第一本书《共产主义在西班牙》(*El comunismo en España*)的基本内容。[66]

卡拉维利亚也参与了圣胡尔霍政变,他在其中的角色是阻止警方察觉到处于萌芽状态的密谋。[67]在1932年到1936年间,他用"毛里西奥·卡尔"的笔名撰写了一系列的畅销书。[68]其中第一本就是《共产主义在西班牙》,这本书将工人阶级运动中的各种社会主义者、无政府主义者和共产主义者统统描绘成西班牙国家的敌人，必须将它们彻底击败。在他的第二本书《敌人》（*El enemigo*）和第三本书《西班牙暗杀者》（*Asesinos de España*）中，他提出策划左翼暗杀西班牙之行动的敌人，就是控制着共济会（"他们的第一军团"）、社会党国际和共产国际，以及国际资本主义势力的犹太人。西班牙在16世纪和17世纪的强盛正是驱逐犹太人的结果，重现这一伟大和荣耀需要重复这一过程。既然现在西班牙没有多少犹太人可供驱逐，那么他们的走狗——共济会员和左翼分子——必须被消灭。阻止基督教文明毁灭和以色列帝国建立的唯一希望，就是加入纳粹德国和法西斯意大利击败"共济会－犹太集团"的伟大历史进程中去。卡拉维利亚声称，普里莫·德·里韦拉将军是被一个犹太裔的共济会员毒杀的（实际是自然死亡），并声称加泰罗尼亚银行家弗兰塞斯克·坎博拥有犹太人和共济会员的双重身份。

10万册《西班牙暗杀者》被免费分发给陆军军官。该书的结尾对他们而言无疑是一种挑衅。在将犹太人、左翼分子和共济会员描绘成在死去的西班牙尸体上空盘旋的秃鹫之后，他这样写道："当为锡安效力的各个民族如赌徒般在外交场上争夺亡者的土地时，敌人在厉声尖笑。因此，这个曾为众多民族所惧怕的西班牙不得不面对它当下的命运，因为她的子孙不再知晓怎样为她战斗，怎样为她流血牺牲。"[69]结果卡拉维利亚于1935年9月被逐出警察队伍，档案中记载的缘由是"严重的不法行为"。后来他宣称，他被解职是自己揭露共济会内幕而招致的迫害。[70]

除了这些犯罪活动，卡拉维利亚还是密谋组织"西班牙军事同盟"的活跃会员之一。起初，他的任务主要是编写和散发支持军事政变的传单。然而，据信他也卷入杀害杰出法学教授路易斯·希门尼斯·阿苏亚与西班牙工人社会党国会议员弗朗西斯科·拉尔戈·卡瓦列罗二人的阴谋之中。1936年5月，根据西班牙军事同盟的命令，他参与了一次针对曼努埃尔·阿萨尼亚的暗杀行动。事败之后他被迫逃往葡萄牙。所有这些计划似乎都是由莫拉的密友，警务督察圣地亚哥·马丁·巴格纳斯一手策划，他从1932年9月起就开始为支持君主主义的军队密谋者工作。非洲军团军官曼努埃尔·迪亚斯·克里亚多上尉也卷入这些失败的行动当中，正是此人策动了

1931 年 7 月在塞维利亚玛丽亚 – 路易莎公园的枪击事件。在里斯本，卡拉维利亚联系上了流亡中的圣胡尔霍将军，虽然是在外围，但他仍没有脱离军事密谋团体。在战争爆发后不久，他前往布尔戈斯，在那里他应邀加入了莫拉将军的参谋部。卡拉维利亚在那里与胡安·图斯克茨神父一起工作了一段时间。[71]

总而言之，图斯克茨、弗朗西斯科·德·路易斯、恩里克·埃雷拉·奥里亚、奥内西莫·雷东多、莫拉、卡拉维利亚、卡洛斯派报刊媒体，以及所有声称存在"犹太 – 共济会 – 布尔什维克密谋"的个人和团体，均已将根除左翼势力合法化。共和国的改革举措和无政府主义者对共和国的暴力攻击，都被视为左翼渎神和反对西班牙国家的证据。于是，国民卫队对罢工与示威游行的残酷镇压、军事密谋和法西斯主义群体的恐怖行动，均被视为保卫真正的西班牙的合法手段。

3

右翼攻势之继续

1933—1934

右翼势力在1933年11月取得选举胜利之后继续发起进攻，而此时西班牙的失业危机达到了顶峰。当年12月，西班牙全境共有61.9万名失业者，占其全部劳动力人口的12%。考虑到西班牙缺乏社会保障体系，尽管这一数字要远低于同期德国和意大利的数字，但仍然意味着存在着广泛且严重的生活困难。由于社会党领袖弗朗西斯科·拉尔戈·卡瓦列罗已不再担任劳工部长，甚至连那些尚未失业的劳动者也失却了保障。例如，在安达卢西亚地区的哈恩省，新任激进党省长取消了现存的有关保证工作条件的约定。所谓的"强制轮班制"（即严格要求工作机会必须在失业劳动者中间轮转的制度）已不复存在；在橄榄收获的季节，地主们可以毫无顾忌地只将工作交给要价最便宜并且不属于任何工会的劳工。结果有很多家庭因饥饿而在死亡线上挣扎。[1] 局势的恶化导致工会管理层面临基层成员要求采取激进行动的压力，这在农业、五金行业和建筑业领域表现得尤为突出，而这些领域的代表团体在劳工总会中颇具影响力。南方农业区的失业人数要显著高于其他工业地区。在遭受打击最为严重的哈恩省、巴达霍斯省和科尔多瓦省，失业率超出全国平均水平50%。一旦地主阶级开始对社会保障立法弃之不理，并开始为他们在前两年遭遇的种种不快寻求复仇，失业人数便会进一步攀升。到1934年4月，失业人数达到70.3万。[2]

在野的拉尔戈·卡瓦列罗用空洞的革命口号回应处境悲惨的劳苦大众。尽管事实上他并没有具体的暴动计划，但中产阶级被他的诸多声明和无政府主义者的暴力革命之许诺所激发的恐惧并未消除。事实上，当1933年12

月 8 日，全国劳工联盟幼稚地发动又一次全国性暴动时，社会党高调表示自己不会参加。结果，只有少数传统的无政府主义者占据优势的地区响应了这一号召。在阿斯图里亚斯和安达卢西亚的大多数区域，尽管全国劳工联盟的支持者对此袖手旁观，仍有零星的暴力罢工事件发生：有部分列车因遭到蓄意破坏而发生出轨事故，还有国民卫队哨所遭到袭击。在加利西亚、拉里奥哈、加泰罗尼亚和阿利坎特，起义者被轻而易举地镇压，有数百人被捕入狱。西班牙全境共有 125 人遇害，其中包括 16 名军警人员、65 名无政府主义者和 44 名无辜的旁观者。[3]

12 月 9 日，在冲突激烈的科尔多瓦省的布哈兰塞，卡萨斯别哈斯事件再度重演。由于地主们公然蔑视之前劳资双方就工资和工作条件所达成的协议，劳工阶级已经是怒气冲天。支持无政府主义的农民控制了城市的部分区域，并试图夺取市政厅。国民卫队的回应是攻击任何大门紧锁的房屋。在长达 36 小时的战斗中，有 1 名国民卫队士兵、2 名无政府主义分子和 4 名无辜平民（其中有 1 位妇女、1 名 8 岁儿童、1 位年迈的地产所有者）丧生。有两个被认定是造反头头的人在波尔库纳附近被捕，然后在"企图逃跑时"被国民卫队开枪打死。有共计二百人被捕，其中很多遭到国民卫队士兵的严重殴打。省长马里亚诺·希门尼斯·迪亚斯将布哈兰塞事件归咎于地主一方，因为他们无视劳资协议且私自囤积武器。[4]

在科尔多瓦省，从一位来自巴埃纳的工会领袖的证词中，可以看出当地社会仇恨的程度：

> 那些为圣母像的披肩或教堂的十字架花费多达 40 万比塞塔的大地产主，却在想方设法克扣劳动者伙食中的橄榄油；他们宁愿花 2.5 万比塞塔聘请律师，也不愿意给按天支付工资的临时雇工每天多加 25 分工钱，唯恐开创先例，让劳工们"得偿所愿"。在巴埃纳，有个地主少爷（señorito）宁肯将牲口赶进庄稼地里，也不愿意向收割的工人支付合理的工资。有一位拥有田产的神父，当他的雇工前来领取橄榄油时，他在锡壶表面上开了很多凹坑，因为这样就可以少装点油。

来自巴埃纳的工会官员继续讲述在他们设法改善农业劳工之糟糕境况时，雇主阶级所展现出的强硬态度：

> 他们有权有势还有钱，而我们身后只有两三千名短工，我们经常不得不制止他们的过激之举，因为眼见子女陷入饥饿自身却无能为力的绝望会将他们变成野兽。我们知道雇主们受到治安部队的有力保护，他们根本不关心劳工的死活，因为他们只要贿赂官员就能篡改文件记录，就能颠倒黑白。事实上，他们非常乐于看到暴力的发生，因为这正好可以警告反叛者"背离法律和秩序所面临的危险"。

他以自己作为年轻人的经历现身说法：

> 我曾经（只有两到三次）与一个委员会一起去雇主那里谈条件，唯一能摆到桌面上讨论的就是工资，而针对伙食和工作小时数的协商则无人过问，因为所有这一切都被认为适用于"当地习俗与惯例"这一条款。简单地说，这就意味着你要从日出工作到日落，直到累得直不起腰，或者任凭那些拍马屁的工头将工作时间延长到从天刚蒙蒙亮开始，直至天色暗到什么东西都看不见为止。我清楚地记得，在一次激烈的讨论中，有个地方豪强称我为"乳臭未干的鼻涕虫"，并且说我的父亲如果知道我有多么愚蠢，他是绝不会给我这头牲口喂饲料吃的。这超出了我的忍耐限度，于是我站起身来，用尽可能严肃的语气对他说："的确，先生，在很多时候，我吃的不是喂牲口的饲料，而是你们拿来喂狗的炸面包屑，在这个工人阶级的子女饿得都快要死掉的城里，这可真称得上是一个基督徒的善举啊。"[5]

在大庄园经济占据支配地位的埃斯特雷马杜拉西部地区，有大量全国劳工联盟参与的暴力事件。在卡塞雷斯省的纳瓦尔莫拉尔-德拉马塔，有两座教堂遭到纵火。[6] 不过，因为社会党的全国农业工人联合会没有参与，所以更靠南的巴达霍斯省基本未受波及——除了塞雷纳新镇。在那里，有一位名叫皮奥·索佩纳·布兰科的步兵中士,与8名和他一样的无政府主义者一起占领了一个陆军征兵办公室,造成国民卫队士兵两死一伤。随即他们被军警包围,但是不等他们举手投降,一支由国民卫队、突击卫队和陆军组成的联合部队就使用机枪和火炮对这栋建筑物进行了狂轰滥炸。皮奥·索佩纳和其他两人在进攻中被打死,其余6个人则被冷血射杀。尽管当地社会主义者未卷入这一事件,但市长和当地"人民之家"(工人俱乐部)的官员们仍遭到逮捕。塞雷纳新镇与另外5个村镇的"人民之家"被强制关闭。[7]

这些全国劳工联盟参与的暴力事件,分散了公众对日益加剧的营养不良问题的注意力。营养不良的问题之所以出现,不仅是因为土地所有者削减工资和拒绝为工会成员提供工作机会,也是由于基本生活必需品的价格攀升。当新上台的激进党政府取消了对面包价格的管制以后,面包价格增长了25%到70%。饥饿的妇女、儿童和老人为获取面包而举行示威活动,已经成为一个频繁可见的场景。[8] 在1933年底,雇主方的步步紧逼,以及因选举不公导致败北而引发的普遍愤怒,让社会党领导层面临着民众抗争的大潮。越来越多的工团主义运动组织与社会党青年运动组织(即**社会主义青年联盟**,FJS)的成员,由于对右派分子决意破坏保障基本人权之立法的行径深感失望,开始相信资产阶级民主根本没有哪怕最微不足道的社会公正可言,在这一基础上推动社会主义更是天方夜谭。由于担心失去支持,拉尔戈·卡瓦列罗再次提高了革命宣传的调门。1934年1月中旬,他宣称,为了改造社会,必须武装人民,并解除由正规军、国民卫队、突击卫队、警察和法庭组成的资产阶级队伍:"不可能只是通过对社会主义的口头支持,就将权力从资产阶级的手中夺走。"[9]

这一激烈言论背后并没有任何严肃的革命计划的支持,然而,经过右翼媒体的回放,却激起了中产阶级的恐惧。拉尔戈·卡瓦列罗的极端言论迎合了广大左翼民众的不满情绪,同时,这也是为了要求举行新一轮大选而向总统阿尔卡拉·萨莫拉施压。这是不负责任的铤而走险。如果总统没有回应这一压力,社会主义者只有两个选择:被迫将拉尔戈·卡瓦列罗的言语威胁付诸实践,或者缩回去并在己方激进分子的面前颜面尽失。既然他所威胁的东西没有多少实现的可能，那么结果只会对右翼有利。

拉尔戈·卡瓦列罗的欠缺考虑的言论，不仅反映了右翼大选获胜后对社会保障立法进行大肆攻击的事实，同时也反映了左翼对法西斯主义的恐惧。来自西班牙各地的工人代表云集马德里，恳请社会党领导层组织反击，拉尔戈·卡瓦列罗认为他必须对此做出回应。[10] 与此同时，他和其他人也怀疑，不仅仅是共和国的各项立法，就连他们自己的人身安全，也处于可能发生的法西斯主义政变的威胁之下。11月22日，即将卸任的司法部长费尔南多·德·洛斯·里奥斯向西班牙工人社会党执行委员会报告了正在酝酿中的右翼政变计划，而将社会党领导层一网打尽也是计划的一部分。[11] 在整个11月和12月，社会主义者的报刊媒体频繁刊登反映希尔·罗夫莱斯和西班牙独立右翼党团联盟具有法西斯主义野心的材料。转载的文献资料包含了独立右翼党团联盟组织市民武装对抗工人阶级之革命斗争行动的计划。还有资料显示，独立右翼党团联盟正在警方默许之下，汇总各市镇的工人资料及其"颠覆性"之详情，而所谓"颠覆性"指的是他们的工会成员身份。隶属于独立右翼党团联盟之青年运动组织（人民行动青年团）的制服民兵的出现，也被当成他们正准备在西班牙建立法西斯政权的证据。[12]

不可避免地，在社会党青年运动组织以及那些更年轻也更缺乏经验的工会成员中间，涌现出了极大的革命热情。拉尔戈·卡瓦列罗很乐于附和他们的要求，唯恐他们流向更加坚决主张革命的全国劳工联盟那里。然而，在11月25日的工会（劳工总会）与政党（西班牙工人社会党）高层的联合会议上，有关革命的提案遭遇失败，属于稳健派的因达莱西奥·普列托只是勉强对组织"防卫行动"的必要性表示赞同。在发表宣言敦促工人做好起义准备，以便在"反动分子公然突破宪法之限制并企图终结共和政体"时进行反抗这一点上，两个执行机构暂且达成一致。一个社会党–劳工总会（PSOE–UGT）联合执行委员会成立，并着手准备这一"防卫行动"。[13] 社会党在两周之后的全国劳工联盟暴动中的缺席，似乎表明改良主义的惯性战胜了对新革命的呼唤。西班牙独立右翼党团联盟对袭击工会成员的支持及其宣传摧毁社会主义和建立社团主义（corporativist）国家的言论，让它在大多数西班牙左派人士看来，与意大利法西斯党和早期纳粹党几乎没有什么区别。社会党领导层想要避免其德国和意大利的同志犯下的错误，但是他们并无意组织一场真正的革命。相反，他们希望具有威胁性的革命言论可以平复普通左翼民众的挫败感，并且遏制右翼的大举进攻。

没有任何社会主义党团组织参与全国劳工联盟的行动，然而还是有少数激进分子以个人名义涉身其中，他们坚持认为，这就是11月26日所批准的"防卫行动"。[14] 普列托在国会中谴责了"这一破坏性运动"。可是，当希尔·罗夫莱斯和君主主义派领袖人物安东尼奥·戈伊科切亚强烈要求协助政府粉碎骚乱时，普列托却对此非常愤怒。只有提案的目的是镇压工人阶级时，"共和国的敌人"才对现政权表示支持，这让普列托心烦意乱。鉴于他们让劳工组织噤声的决心，普列托颇有预见性地对国会中的右翼代表说："你们正在关闭我们的所有通道，并将我们引入一场血腥的冲突。"[15]

12月16日，激进党领袖亚历杭德罗·莱尔罗克斯在国会中独立右翼党团联盟成员的支持下组织了新一届政府。3天以后，希尔·罗夫莱斯在国会的一次政策陈述中表示：为了回报独立右翼党团联盟在大选中的支持，他希望对因参与1932年8月圣胡尔霍政变而被捕入狱的人士实施大赦，并希望对"制宪大会"（如此称谓的原因是，西班牙国会正是推动宪法制定和批准共和国宪法的机构）之宗教立法进行彻底的修订。令左派最为担忧的是，他主张废止那些对无地农民最为有利的改革方案，包括关于市镇界和强制耕种的法令，以及实施8小时工作制和引入被称为"混合评审团"的仲裁委员会的法令。他还主张缩减以农业改革法令的名义征收的土地之面积，并公然指责主张在这些土地上安置农民的社会主义化理念。左派担忧的还有，他陈述了自己领导政府和改变宪法的野心："我们不用急于求成，我们只要等待其他方案的失败，并以此向西班牙人民展示，只存在唯一的解决方案，一个毋庸置疑的右翼之解决方案。"谨慎言辞的背后存在着一种显而易见的威胁，即如果右翼无法实行"和平演变"，那么共和国将承担由此产生的后果。所以说，社会主义者将其看作一场法西斯主义的演讲也就不足为怪了。[16] 而作为答复，因达莱西奥·普列托明确表示，对于社会党人来说，希尔·罗夫莱斯企图废止的法律条文，正是共和国为何值得被保卫的原因。他扬言，社会党人将通过发动革命来保卫共和国，反对希尔·罗夫莱斯的独裁野心。[17] 从双方针锋相对的言论中，可以看出1934年10月暴力事件的萌芽。

西班牙工人社会党执委会所面临的极为糟糕的两难处境，在费尔南多·德·洛斯·里奥斯于1934年1月2日拜访前总理曼努埃尔·阿萨尼亚时有所体现。阿萨尼亚在他的日记中写道：

> 他向我讲述了工人阶级的政治与工会组织，在雇主与当局的股掌之中所遭受的难以置信的残酷迫害。国民卫队的胆大妄为远甚从前。民众的愤怒已经无法抑制。社会党领袖们正在失去对局面的掌控。这一切将于何处止步？会是一场大灾难吗？很有可能。我已经知晓政府所推行的野蛮政策，知晓地主们让乡村劳动者食不果腹的种种手段，以及他们针对其他劳工的报复。我知晓那个口号——"让共和国去养活你们吧"。所有这些，以及更多德·洛斯·里奥斯告诉我的事情，还有政府的种种举措、激进党－独立右翼党团联盟占据多数的国会所推行的政策——其唯一的目标就是毁坏制宪大会之成果——然而，这些并不能让社会党与劳工总会投身暴力活动的做法变得可取或者说合理。

阿萨尼亚明确告知德·洛斯·里奥斯，对于社会党领导层而言，即便可能有导致其群众支持率下降的风险，他们也要让追随者意识到，暴动是彻头彻尾的疯狂之举。他的理由是，"我们没有理由认为，右派会平静地接受这一切，他们甚至不会止步于重建法律与秩序。事实上，他们将大肆挥霍他们的胜利，事态演进之疯狂将远甚于正在发生的与他们宣称将要实现的"。不久之后，德·洛斯·里奥斯向工人社会党执委会汇报了阿萨尼亚的预言。然而，因为雇主阶层的强硬态度，他们已经无法劝说基层群众继续忍耐。[18]

工人社会党各办事处收到了来自安达卢西亚和埃斯特雷马杜拉各地的多份报告，报告内容都是关于地主和国民卫队及类似团体的挑衅言行。新政府在南方数省委任了保守派省长，此举之后果很快就反映了出来：藐视法律的言行未受惩罚，国民卫队"先发制人的暴力行动"也有所增长。在塞维利亚省北部山区地带的埃尔雷亚尔 – 德拉哈拉，当地的土地所有者拒绝雇佣工会成员。接下来发生了一场持续达数月之久的罢工。1933 年 12 月，一些饥饿的劳工因被发现从猪食槽中偷橡子而遭到国民卫队士兵的野蛮殴打。镇长向当地国民卫队长官抗议这些滥用职权的行为，但他却因之而被省长停职。在本塔 – 德包尔（格拉纳达省），有一个拥有独立右翼党团联盟之背景的当地豪强授意其私人武装痛殴了当地工会的领导人。[19]

在丰特 – 德尔马埃斯特雷、丰特 – 德坎托斯、卡莫尼塔和阿尔孔切尔（均位于巴达霍斯省），当那些收集被风吹落的橄榄与橡子的劳工被逮住时，对他们进行殴打的正是国民卫队。在巴达霍斯省的其他地方，为了阻止劳工阶层通过这一方式缓解饥荒，地主们将猪赶到庄稼地里去吃掉落的谷物。有一些在废弃庄园中耕作的贫苦农民遭到监禁，国民卫队则占领了附近奥纳乔斯的"人民之家"。相比之下，9 个月前发生在同一市镇的死亡事件却已不了了之。在很多村镇，尤其是位于巴达霍斯、哈恩和科尔多瓦境内的居民点中，对工作机会需要在经当地职介登记的劳动者之间轮转的规定，地主们根本不予理会。他们只向给右翼政党投票的人提供工作机会，而身为全国农业工人联合会成员的劳工则遭到联合抵制。在阿尔门德拉莱霍，尽管当地失业人数众多，然而在葡萄和橄榄的收获时节，仍然有两千名外来劳工被引进。在旧奥雷利亚纳和奥利文萨，土地所有者只雇佣妇女和儿童，因为这些人的工资只是男性劳工正常工资的零头。[20]

工资已下降了 60 个百分点。饥饿滋生了绝望，在社会鸿沟的两侧，仇恨正在不断加剧。在科尔多瓦省的普列戈，部分失业长达 4 个月的工会成员组成请愿团，要求市长进行干涉。市长的答复是，他无法强迫任何人向他们提供工作，并劝说他们尽可能谦卑地前往地主那里乞求工作机会。问题并不只出现在南部地区。有一位来自卡斯蒂利亚地区帕伦西亚省雷沃利亚尔新镇的工会官员写道："地方豪强应该警惕自己的胆大妄为。我们的忍耐正在接近极限。"全国农业工人联合会执行机构就现行社会保障立法之贯彻实施一事，向新任劳工部长里卡多·桑佩尔数次提起申诉，但没有得到任何实际的回应。[21]

1933 年 12 月底，一份有关驱逐去年在埃斯特雷马杜拉地区强行占据土地之农民的法律草案已经提交国会讨论。1934年1月,市镇边界法遭到临时性撤销。此外,独立右翼党团联盟提交的方案还包括缩减征收土地的面积,以及返还那些卷入1932年8月军事叛乱的密谋者被政府没收的地产,以此来阉割1932年的农业改革计划。国民卫队与无地短工之间的冲突日渐增加。[22]

整个1月份,在工人社会党与劳工总会的领导层之间,关于是否要发动一场保卫共和国的革命运动一事而展开的冗长且时常尖锐的讨论,在温和路线已面临决定性失败的情况下达到了最激烈的程度。劳工总会的领导权落到了拉尔戈·卡瓦列罗和支持其"革命"言辞的更年轻的群体手中。现在,西班牙工人社会党、其青年运动组织(社会主义青年联盟)和劳工总会均由提倡激进路线的人士主导。于是,为了准备革命行动,一个联合委员会立即被组建起来。各省工人社会党、青年联盟和劳工总会组织接到了73个幼稚的指示,受令组建民兵部队、获取武器,与陆军和国民卫队中的同情者取得联系,以及组织技工维持基本公共服务的运行。得到的反馈信息清晰显示了这些目标的盲目乐观,而且,除去来自委员会的一系列讯息,很少或者根本没有任何实际的行动。[23]

然而,各种通讯联系均未在秘密中进行。事实上,这些自称"布尔什维克主义者"的革命言论极为轻率且不加掩饰,而这就为右翼分子夸大社会主义革命的威胁提供了充分的证据。在1934年春夏时节,青年社会主义者毫无顾忌的激进主义言论被用来证明严酷镇压罢工的合法性,尽管这些罢工行动的实际目的远远称不上革命。这个实际已经公开的计划就是,一旦独立右翼党团联盟应邀参加政府,他们就会发起革命运动。这一语焉不详的"革命时机"和工人运动的需求与活动之间并没有任何联系。事实上,他们未曾考虑如何利用加入工会的劳动者的力量计划革命。相反,在漫长的工会会员生涯中形成的习惯,驱使拉尔戈·卡瓦列罗在2月3日说服劳工总会的新一届执行机构不去阻止当时被当局视为具有颠覆性质的非暴力罢工。[24]

拉尔戈·卡瓦列罗的立场突然向左转变确实令人困惑,而这种变化带来的一个最为深远的影响,即将降临在乡村无产阶级的头上。1934年1月

30 日，在农业劳工联盟的全国委员会（即 FNTT）的一次会议中，属于稳健派的执委会全体委员宣布辞职，并且全部由青年激进分子所取代，而后者的领袖则是来自纳瓦拉的代表里卡多·萨瓦尔萨·埃洛尔加。[25] 新任总书记萨瓦尔萨时年 36 岁，他是一个高大英俊、戴着眼镜且相当腼腆的工会官员。他出生于纳瓦拉北部的埃拉苏。由于家境贫寒，他被迫在 15 岁那年移居阿根廷。在那里，恶劣的工作条件驱使他成了一名工团主义者。坚持自学的他设法成了一名教师，后来甚至还担任过校长一职。他于 1929 年重返西班牙。在位于比利牛斯山区的哈卡城生活期间，他已经成了一名满腔热情的劳工总会活动家。1932 年，他移居纳瓦拉省首府潘普洛纳，并致力于在当地建立一个全国农业工人联合会的支部。在西班牙各个省份的右翼分子中，纳瓦拉省的右翼分子最具影响力，同时也最为残忍，他们公然蔑视共和国的社会保障和劳工立法。在右翼联盟取得选举胜利之后，与南部地区相似，纳瓦拉省的土地所有者也拒绝向工会成员提供工作，并且无视现存的社会保障立法。[26]

新的激进党政府，由于其内部成员较为保守的立场，以及对独立右翼党团联盟选票的依赖，而不得不努力维护地主阶级的利益。就在法西斯主义的力量正在德国和意大利持续增长的同时，西班牙激进党开始执掌大权，这在社会主义运动群体的内部培养出了这样的信念：只有通过一场暴力革命才能阻止右翼独裁统治的建立。在全国农业工人联合会内部，为了阻止雇主阶层的攻势，萨瓦尔萨开始主张发动总罢工。劳工总会内部那些较为年长的领导人对此持反对态度，他们将其视为一种鲁莽的行动，而且一旦反动派有建立威权主义国家之图谋，此举也可能会削弱将来社会主义者的反抗力度。当时年 39 岁的拉斐尔·萨拉萨尔·阿隆索于 3 月初被任命为内政部长时，对右翼之企图的怀疑进一步加深。

萨拉萨尔·阿隆索迅速召集他手下那些负责公共秩序的下属开会，并概述了他的"反对暴力革命"之计划。国民卫队的头头是陆军准将塞西略·贝迪亚·德·拉·卡瓦雷里亚。负责突击卫队和警务部门的则是国家保安总长何塞·巴尔迪维亚·加尔西-博龙上尉，此人是亚历杭德罗·莱尔罗克斯的密友，同时也是一个死硬的反动分子。巴尔迪维亚向萨拉萨尔·阿隆索保证，他们可以无条件信任突击卫队的最高长官，强硬的前非洲军团中校阿古斯丁·穆尼奥斯·格兰德斯，此人后来在佛朗哥政府中担任副首相一职。在报告中，巴尔迪维亚还以同样的赞许语气提到了国民卫队上尉比森特·圣地亚哥·奥德松，此人具有强烈的反左翼倾向，他不但是莫拉将军所建情报部的头头，而且还是阴险的胡利安·毛里西奥·卡拉维利亚的同事。聚集在司令部中的这些反动人物非常适合萨拉萨尔·阿隆索实现他潜藏的野心。[27] 萨拉萨尔·阿隆索向正准备摩拳擦掌大干一场的贝迪亚·德·拉·卡瓦雷里亚将军明确表示，国民卫队无须对干预社会冲突有任何顾虑。[28] 所以，当各工会组织于1934年春发动一系列局部性罢工时，萨拉萨尔·阿隆索以此为借口采取高压手段也就不足为奇了。接连发生在印刷业、建筑业和冶金行业中的罢工，所面对的最好结果也不过是僵持状态，而更多时候面临的则是屈辱的失败。

几乎没有谁能比萨拉萨尔·阿隆索更能让右翼分子满意了。3月7日，他宣布进入紧急状态，并且分别查封了社会党青年运动、共产党和属于无政府－工团主义者的全国劳工联盟的总部。他的所作所为令希尔·罗夫莱斯大为赞赏，后者宣称只要内政部长能一直这样维持社会秩序的稳定，并增进当局权威，政府就肯定能得到独立右翼党团联盟的支持。在《辩论报》上发表的一系列文章着重指出，这意味着要采取严厉措施镇压因削减工资而引发的工人抗议——这种抗议在报纸上被称为"颠覆行动"。当西班牙独立右翼党团联盟的报刊媒体要求废除罢工权时，莱尔罗克斯政府回应称，"带有政治意图的罢工都将被无情镇压"。右翼媒体和萨拉萨尔·阿隆索本人将所有罢工行动都视为政治性的。3月22日，《辩论报》指责塞维利亚的服务生和巴伦西亚的运输工人的停工斗争是"反对西班牙的罢工"，并且要求施行像法西斯意大利、纳粹德国和萨拉查统治的葡萄牙实行的那种严酷的反罢工法律。政府通过扩编国民卫队和突击卫队，以及恢复已于1932年废止的死刑，进一步强化其镇压体系。[29]

并非所有右翼分子都像希尔·罗夫莱斯那样感到满意。作为法西斯主义者的"国家工团主义奋进会"的共同创始人之一，奥内西莫·雷东多并没有因为右翼在1933年11月取得的大选胜利或者萨拉萨尔·阿隆索的种种"成果"而感到心满意足。他在1934年1月写道:"准备好你们的武器。学会热爱手枪射击时的金属撞击声。擦拭你们的匕首。绝不要扔下你们用来复仇的短棍!""青年人应该接受身体对抗的训练,他们必须热爱武力,并将其作为一种生活方式。他们必须用任何可以获得的东西武装自己,必须用尽一切手段,消灭企图置我们于死地的那一小撮马克思主义骗子。"[30]

国家工团主义奋进会本身的弱小驱使奥内西莫和拉米罗·莱德斯马·拉莫斯寻找能与他们沆瀣一气的同伙,这带来了1934年2月中旬他们的组织与西班牙长枪党的合并,后者是由出身贵族的何塞·安东尼奥·普里莫·德·里韦拉领导的一个规模不大的法西斯主义政党。[31] 西班牙长枪党正式成立于1933年10月29日,一个星期天。在正式成立的两个月前,该党从西班牙最为保守的旧贵族右翼团体那里获得了一笔资金,而这并未使雷东多或莱德斯马·拉莫斯感到困扰。由何塞·安东尼奥·普里莫·德·里韦拉和拥护君主制度的西班牙复兴党共同签订的所谓"埃斯科里亚尔条约",将长枪党绑上了反对共和国之武装阴谋的战车。[32] 君主主义者之所以准备资助长枪党,是因为他们考虑利用后者来搅乱西班牙的政局。

打消雷东多和莱德斯马·拉莫斯之疑虑的很可能是这样的事实:在长枪党开始招兵买马时,新加入的"斗士们"需要填写一份表格,表格中会问到他们有没有"自行车"——这是对"手枪"的委婉说法——而且接下来还会为他们配发短棍。训练长枪党民兵的任务在非洲殖民军老兵里卡多·德·拉达中校的手中,他同样也是卡洛斯派军事组织"义勇军"的全国总督察长,而且还在反对共和国的密谋当中牵扯颇深。[33] 在成立大会的演说中,何塞·安东尼奥宣布了新政党将采用武力手段的许诺:"如果我们的目标只能通过暴力来实现,那么我们就不要在暴力面前退缩……辩论作为交流的第一种手段当然很好。但是当正义与祖国遭到侵犯时,唯一可用的辩论就是拳头与手枪的辩论。"[34] 虽然暴力在20世纪30年代的西班牙政治生活中是家常便饭,但是在使用诸如"于枪的美妙乐声和铅弹的狂热鼓点"这样的浮夸之词来美化暴力这一点上,却没有哪个党派能比得上长枪党。将政治暗杀描述成高尚之举,以及将武斗所导致的死亡描述成光荣的殉难,此两者是死于街头暴力活动的长枪党分子之葬礼仪式的核心内容,而这与意大利法西斯黑衫军的做法一脉相承。[35]

1934年3月4日，在巴利亚多利德的演艺剧场（Teatro Calderón），两个法西斯组织正式宣布合并，新组织的名称极其冗长——**西班牙国家工团主义奋进会之长枪党**（FE de las JONS）。一车车的长枪党分子从马德里和卡斯蒂利亚的其他省份聚集到巴利亚多利德。当地左派宣布发起总罢工，骑警在剧场外面的街道上阻挡敌对劳工的靠近。在剧场内部，其上装饰有"西班牙国家工团主义奋进会之长枪党"之红黑两色旗帜的如林的手臂笔直地向前举起，向演讲者致以法西斯式的敬礼。奥内西莫与何塞·安东尼奥·普里莫·德·里韦拉用他们富有煽动性的演说引爆了全场，疯狂的听众冲出剧院与街上的抗议工人展开斗殴。有人在武斗现场开枪，到夜幕降临时，双方都有不少人被打得头破血流，还有一名长枪党分子被打死。后来，在内战期间，那些被认出来曾参与此次武斗的左派人士都被叛乱方射杀。[36]

3月31日，就在巴利亚多利德的一系列事件发生之后不久，由阿方索派和卡洛斯派君主主义者组成的联合代表团抵达罗马，企图为他们颠覆共和国的密谋活动寻求经济与武器支援。代表团成员包括新组建的西班牙复兴党（该党拥护阿方索十三世重新即位）现任党魁安东尼奥·戈伊科切亚、属于密谋组织"西班牙军事同盟"的埃米利奥·巴雷拉将军，以及为卡洛斯派义勇军的招募工作积极奔走的安东尼奥·利萨尔萨·伊里瓦伦。墨索里尼为他们提供了多达150万比塞塔的金钱援助，另外还包括2万条步枪、2万枚手榴弹和200挺机枪，这些武器装备将通过的黎波里和葡萄牙输送到他们手中。协议中还规定，由意大利陆军提供教官对数百名义勇军成员（卡洛斯派民兵）进行培训。[37]在新当选的领袖曼努埃尔·法尔·孔德的带领下，卡洛斯主义运动组织（正统派联盟）正在组建一支齐装满员的"公民军"。对于"讨厌守法腔调"的卡洛斯派青年组织来说，暴力被视为卡洛斯主义生活方式的精髓之一。在拉达和何塞·恩里克·巴雷拉上校的努力之下，到1936年春，（卡洛斯主义）正统派联盟可以为军事叛乱方提供一支由3万名训练有素、装备精良的准军事人员组成的"红色贝雷帽"部队。其中有8,000人在纳瓦拉，还有2.2万人在安达卢西亚和其他地区，这支义勇军为反叛一方贡献了至关重要的军事力量。[38]

1934年4月22日，在腓力二世时代的埃尔－埃斯科里亚尔修道院旁，独立右翼党团联盟的青年组织——人民行动青年团举行了一场法西斯主义风格的集会，而选择这里作为集会地点本身就是表达反共和主义态度的一种示威。在凛冽的雨雪中，两万人严格仿效纳粹党集会的模式列队肃立。他们向希尔·罗夫莱斯（"我们的最高领袖"）宣誓效忠并反复呼喊："Jefe！Jefe！Jefe！"此词在西班牙语中是"领袖"之意，相当于意大利法西斯分子对墨索里尼的称呼Duce。人民行动青年团的十九点纲要被逐一宣读，其中特别强调的是第二点——"我们的领袖永远正确"，这一条实际上是直接借用了意大利法西斯分子的口号"Il Duce sempre ha raggione"*。巴利亚多利德的一位来自独立右翼党团联盟的国会议员卢西亚诺·德·拉·卡尔萨达在演说中使用了与后来内战期间的佛朗哥分子毫无二致的二元论式措辞。他声称"犹太人、各种异端、清教徒、热衷鼓吹法国式大革命的宣传家、共济会员、自由主义分子和马克思主义者"，这些人"不属于祖国的一员，而且反对祖国，他们是叛国贼"。[39]

1934年4月，拥护君主主义的飞行员、花花公子胡安·安东尼奥·安萨尔多在何塞·安东尼奥的引荐下加入长枪党。他受命组织恐怖活动小分队。何塞·安东尼奥特别想要报复左翼分子攻击销售长枪党报纸《F. E.》的报摊的行为。在安萨尔多的布置下，所谓的"血之长枪党"实施了更多暴力活动，这些活动深受国家工团主义奋进会领导层的欢迎。莱德斯马·拉莫斯写道："他在党内的作用无可否认，因为他动员了各地受保守主义精神鼓动的人中活跃且热衷于武力的那一部分，他们是全国性武装抗争中一个繁殖能力极强的元素。想想类似团体对于德国的希特勒主义，尤其是处于初始阶段的希特勒主义来说意味着什么吧。"6月3日，2,000名武装长枪党徒在马德里郊外的卡拉万彻尔飞机场集结。有一个公交公司因为拒绝再运送300人前往集会现场而导致其两辆客车被焚毁。[40]

事实上，在这一阶段，右翼并不怎么需要一个暴力化的法西斯政党。伴随着市镇边界法被明令废除，那些支持独立右翼党团联盟的大地产主们

---

* 此口号也是"领袖永远正确"之意。

已经取得了很大的胜利。1934年4月25日，独立右翼党团联盟的地位已经得到了进一步的巩固，此时，莱尔罗克斯为了抗议阿尔卡拉·萨莫拉推迟签署针对圣胡尔霍政变在押人员的大赦令而提出辞职。莱尔罗克斯想当然地认为总统不会接受他的辞呈。然而事情出乎他的预料，此时，莱尔罗克斯感到自己有责任通过允许里卡多·桑佩尔组阁的方式，来规避阿尔卡拉·萨莫拉有可能举行新一轮大选而带来的风险。他之所以这样做，是因为相信桑佩尔的优柔寡断可以让他继续在幕后进行实际统治。莱尔罗克斯对大赦的支持以及激进党的总体右倾，导致该党副领导人迭戈·马丁内斯·巴里奥带领19名最为支持自由主义的国会议员脱党。于是激进党进一步滑向右派的怀抱，并且变得对希尔·罗夫莱斯更加依赖。这就为5月23日市镇边界法的被废止提供了可能。[41]

该项法律的废止令在收获季节即将开始时生效，这样地主们正好可以从葡萄牙和加利西亚引入劳工，并以此进一步削减那些已在挨饿的当地劳工的工资水平。只有在那些社会党占据当地议会多数的市镇中，支持左翼的无地劳工才能在工作机会和工资方面得到最后残留的一点保障。农业劳工群体将仅有的希望寄托在社会党的市镇行政首长身上，希望他们能监督土地所有者执行有关社会保障的法律，同时确保市政预算可以被用于政府主导的公共工程，以提供一些就业机会。当激进党于1933年下半年执掌大权时，莱尔罗克斯的首任内政部长曼努埃尔·里科·阿韦略将其中35人撤职。萨拉萨尔·阿隆索则开始撤掉更多的左派人士，他通常使用的是诸如"行政违法"等站不住脚的理由，然而即便是有事实作为支持，往往也是他们从其君主制下的前任那里继承而来的"遗产"。在他刚就职时，为了回应各地豪强的抗议，他命令各省行政首长解除那些"未能在维持公共秩序方面鼓舞民众信心"的市镇长官，然而这里指的往往就是社会党人。合法当选的市长让位于"政府委派"的官员，后者通常是当地的保守派人士。

由萨拉萨尔·阿隆索授意的一些最为激烈的干涉行动发生在埃斯特雷马杜拉地区，部分原因可能是他对当地贵族阶级的仰慕和迷恋。在他的回忆录中，他承认自己在接下来的6个月中，总共解散了193个南部市镇的地方议会。通常的流程是，首先对某些微小甚至令人难以相信的（关于地方政府的）违法行为进行公开指控，然后会有一名省长"代表"在国民卫队士兵和当地右派积极分子的带领下，强行驱逐社会党的市长和议员。大多数"代表"要么是当地豪强人物，要么是由豪强指定的人。这样做是为了结束这样一种状态，即由社会党主导的地方议会一直在致力于确保社会保障立法，尤其是有关均分工作机会的法规的贯彻实施。社会党人一遭驱逐，工人便再也不能在新上台的市长那里获得任何帮助，他们将独自面对当地豪强人物随心所欲的雇佣规则之侵害，以及地主狗腿子与国民卫队的攻击。[42]

在巴达霍斯省，深受公众欢迎的当地市长遭到免职的两个重要案例，分别发生在萨夫拉的何塞·冈萨雷斯·巴雷罗和丰特-德坎托斯的莫德斯托·何塞·洛伦萨纳·马卡罗身上。冈萨雷斯·巴雷罗是一位稳健派社会党人士，由于他自己在当地拥有一家旅馆，而且还在教会弥撒活动中担任助祭，所以甚至连当地的保守分子都对他比较尊重。他被普遍认为是一位有能力且宽容的市长。然而，萨拉萨尔·阿隆索对数月前发生在奥纳乔斯的冲突事件仍然记忆犹新，因此他决意将其免职。在他被任命为内政部长后不到十天，他就让自己的一个密友雷希诺·巴伦西亚充当监察员前往萨夫拉，后者则不出所料地精心炮制出一系列指控，旨在证实暂停冈萨雷斯·巴雷罗职务之合理性。其中最严重的一个指控称，在一个为当地失业人员创造工作机会的筑路工程项目中，巴雷罗采用了不恰当的方法以提高预算。还在萨夫拉的时候，雷希诺·巴伦西亚就已经承认这些指控不足采信，然而来自萨拉萨尔·阿隆索的压力迫使他必须给出其想要的调查结果，否则他就会丢掉这份工作。最后，在1934年5月26日，该市地方议会被解散，并由另一个新议会取代。新议会的构成人员经过了精心的挑选却并非经选举产生，并显示出激进党与该省大地产所有者之间的密切联系。新任市长是普里莫·德·里韦拉的"爱国联盟"的前成员，同时还为梅锡纳塞利公爵料理着其在萨夫拉的众多利益。[43]

在丰特-德坎托斯，社会党市长莫德斯托·何塞·洛伦萨纳·马卡罗因为他的博爱精神，以及他在改善市镇生活，特别是在改善供水状况方面所取得的成果而闻名。他曾使用市政预算拨款购买食物，以帮助食不果腹的失业者家庭挨过饥饿。但是在 1934 年 6 月，"滥用"这些预算却成了罢免他的理由。[44] 正如这两个案例中所显示的，这样做的目的就是为了打击社会党占多数的地方议会，使其无法再向无地穷人提供保障。无视民主进程的种种可耻的不法行径，以及放任地主们自由行事的长期后果，就是大大加剧了正在恶化中的南部乡村地区的社会仇恨。何塞·洛伦萨纳于 1936 年 9 月被害。何塞·冈萨雷斯·巴雷罗于 1939 年 4 月被害。

随着乡村地带的局势日趋紧张，大多数省份的右派分子开始动用各种可能的手段向省长施加压力。在各省首府，穿着考究、言谈得体的右翼分子可以有幸邀请到省长一起共进午餐或晚餐，右翼报纸媒体也为他们带来了相当大的影响力。在这种影响力之下，官方默许了削减工资和歧视工会会员等行为，饥饿的劳工只能选择偷窃橄榄和其他农作物来维生。然后地主及其代言人就开始大声抱怨乡村地区的无政府状态，以便将国民卫队的干预行动合理化。甚至《辩论报》也对地主们的很多苛刻之举颇有指摘，但它仍主张工作机会应该只提供给大选之后冒出来的各种天主教工会组织的隶属成员。为了实现获取廉价劳动力与解散左翼工会的双重目标，人民行动党在很多南部市镇创建了"劳工行动"（Acción Obrerista）组织。这是一个得到本地雇主支持的右翼组织，它会以远远低于之前各种劳资协议的工资水平，向宣布退出隶属社会党之全国农业工人联合会的劳工提供工作。[45]

以上种种行为的后果就是生活困难和阶级仇恨的加剧。在巴达霍斯省，饥饿的劳工在市镇街道上乞讨。佝偻病与结核病非常普遍。按照拥护君主制的农业问题专家比斯孔德·德·埃萨的说法，在 1934 年 5 月，有超过 15 万个家庭连最基本的生活必需品都严重不足。拒绝撕毁其工会成员证明的工人也会被雇主拒之门外。雇主阶层对工会成员的联合抵制，其目的是重申前第二共和国时代的社会控制模式，并且确保共和派－社会主义者联盟对该体系的挑战不会重现。在类似奥纳乔斯那样的村镇中，这一决心通过当地"人民之家"遭受的暴力袭击显现出来。一个典型事件发生于格拉纳达省韦斯卡尔附近的唐法德里克镇。该镇原来的社会党镇长被一位退役陆军军官替代，后者决定结束劳工的"无组织无纪律"状态。他派出一支国民卫队小分队包围了当地的"人民之家",当劳工们鱼贯而出时,他们遭到了国民卫队士兵和当地乡绅的狗腿子的殴打。[46]

全国农业工人联合会对此的回应,是新近革命化的社会主义者如何反抗来自雇主不断增加的挑衅行动的一个清晰的范例。在行事较为稳健的工会执行机构于 1934 年 1 月 28 日解散以后,全国农业工人联合会的报纸《农业工人报》开始采取革命路线。该报声称改变乡村无产阶级悲惨状况的唯一方案就是将土地公有化。然而,实际上,新的执行机构仍然采用与其前任几乎完全相同的和解方针。就强制耕种、劳资协商、强制轮班制和职业介绍所等法律的实施情况,全国农业工人联合会分别向劳工部长、农业部长和内政部长提交了一系列合情合理的申诉,同时也针对有计划地关闭"人民之家"的行动提起抗议。那是在 3 月份的第 3 周。在没有收到任何回复,并且左翼劳工在收获时节开始前遭受的迫害愈发严重的情况下,又有一份语气恭敬的申诉书被递交给阿尔卡拉·萨莫拉,但是仍然没有得到回应。全国农业工人联合会宣称有数千人正逐渐因饥饿而死,同时它还印制了一份详细清单,其上所列的众多村镇均发生过工会成员被雇主拒之门外并遭到暴力攻击的事件。在巴达霍斯省,据全国农业工人联合会统计,失业人数达到 2 万之多,饥饿让他们和他们的家庭挣扎在死亡线上。有 500 名工会成员被捕入狱。[47]

终于,在基层民众的愤怒情绪已无法抑制的情况下,全国农业工人联合会不情愿地宣布举行罢工。伴随着第一个罢工预备宣言而提出的,是要求当局履行相应的法律义务,以及尊重有关劳资协议和均分工作机会之法令的呼吁。[48] 劳工总会执委会建议,全国农业工人联合会不要在农业领域举行总罢工,理由主要有三。第一,在不同地区,收获季节到来的时间是不同的,所以制定统一的罢工日期会导致出现无法协调的情况。第二,与仅仅反对大型庄园的罢工所不同的是,举行总罢工将导致那些租种土地且需要雇佣少量劳动力的佃农遇到生产和生活方面的困难。第三,他们担忧地主和国民卫队的挑衅行为可能会使贫苦农民与之发生暴力对抗,在这种情况下,农民一方根本没有任何胜算。在整个 3 月和 4 月的一系列联合会议中,劳工总会执行机构试图说服全国农业工人联合会领导层转而采取收缩策略，错时进行一系列局部性罢工。劳工总会指出，全国性的农业工人罢工将被政府视为革命行动而受到公开谴责，并且有遭到残酷镇压的风险。而且，拉尔戈·卡瓦列罗阐明产业工人将不会为此进行声援。[49]

农业工人联合会处于左右为难的境地。萨瓦尔萨和他的战友们充分意识到了可能的危险，但是他们面临着来自正在挨饿的基层群众的极大压力，而地方豪强与国民卫队持续不断的挑衅已经超出了民众忍耐的限度。例如，在巴达霍斯省的丰特-德尔马埃斯特雷，从五一节庆祝活动现场返家的工会成员在田野中唱起了《国际歌》并高呼革命口号。当有人向财主的豪宅扔石头时，国民卫队士兵开枪射击，打死了4名劳工，还打伤了其他几人。另有40人被捕入狱。[50] 在托莱多省，全国农业工人联合会的成员几乎无法找到任何工作。那些找到工作的人也必须接受最恶劣的工作条件。有关工资和工作条件的法令规定实施八小时工作制，以及日工资需要达到4.5比塞塔。实际上，老板们只会为从日出干到日落的工人支付2.5比塞塔。在萨拉曼卡的部分地区，日工资只有3/4比塞塔。[51]

被视为铁石心肠的地主们的狂妄自大，导致绝望的劳工进行一些小型的破坏行动。在若干村庄发生了向地主们吃喝玩乐的**富人俱乐部**（casino）扔石头的事情，这无疑暗示了劳工阶级对现实无能为力的痛苦之情。于是，当全国农业工人联合会的执行机构告知劳工总会，无法继续阻止基层民众要求采取行动的呼吁，也不可能任由他们面对无法维持温饱的工资、政治迫害及禁止进入劳作场地的打击而无动于衷时，也就毫不令人感到意外了。正如《农业工人报》所宣称的那样，"全西班牙都在变成卡萨斯别哈斯"。4月28日，全国农业工人联合会恳请劳工部长切实执行现有法律以改善局势。在这一诉求被置之不理后，全国农业工人联合会国家委员会于5月12日决定将开展罢工行动，罢工将从6月5日开始。罢工声明严格遵照有关法律规定，提前10天进行了通知。宣言中指出，"这一极端措施"是无望情绪累积之结果，因为之前为说服相关内阁部长确保仍然有效的社会保障法律之实施而进行的一系列谈判均徒劳无功。数百封有关去年收获季节工资支付情况的控诉书被堆在劳工部长的案头。在西班牙各地，由"混合评审团"认可的有关工作条件的条款被直接无视，抗议活动则遭到国民卫队的镇压。[52]

罢工的准备工作是合法且公开的,声明中提出的10点诉求也很难说具有多少革命性质。罢工有两个基本目标:确保乡村劳工所面临的恶劣处境得到改善;防止工会成员遭受决意摧毁乡村劳工组织的雇主阶层的伤害。10点诉求包括:(1)贯彻执行劳资协定;(2)工作机会在(无论隶属于何种政治组织的)劳工中强制轮转;(3)限制农业机械和外来劳工的使用,确保各省劳工最少40天的工作时间;(4)立即采取措施应对高失业率;(5)临时接管土地改革协会(负责贯彻实施1932年土地改革法的专门机构)计划征收的土地,以便将其租给失业人员耕种;(6)实施集体承租法;(7)承认强制耕种法中劳工耕作荒地的权利;(8)在秋季到来之前为部分农民分配土地改革协会手中已有的土地;(9)为土地的集体承租建立信贷基金;(10)恢复在19世纪通过法律上的诈骗手段变为私人所有的传统公地。全国农业工人联合会领袖里卡多·萨瓦尔萨希望这一威胁罢工之举将足以迫使政府采取必要举措,以缓解南方乡村地带所遭受的大规模饥荒。当然,罢工的可能性促使劳工部长做出象征性的姿态,他要求各混合评审团认真审订劳资合同,并且要求政府劳工代表上报雇主的违法行为。谈判工作也在有全国农业工人联合会的代表参与的情况下开始启动。[53]

然而,萨拉萨尔·阿隆索决定抓住此机会,给劳工总会旗下的这个规模最大的机构以致命一击。他与国民卫队首脑塞西略·贝迪亚和国家保安总长巴尔迪维亚上尉碰头,开始制订专门计划来镇压这样一场罢工。[54]于是,就在萨瓦尔萨希望全国农业工人联合会与农业部及劳工部进行谈判并达成妥协的同时,萨拉萨尔·阿隆索颁布法令,宣称农业收割是全国性公共事业,而罢工则是"革命暴动",从而将农业工人联合会的行动非法化。所有与罢工相关的会议、示威游行和宣传活动都被宣布为非法。官方强制实施严苛的新闻审查。《农业工人报》被勒令停刊,它要等到1936年才能复刊。在国会辩论中,萨拉萨尔·阿隆索的强硬路线获得了来自独立右翼党团联盟以及激进党和君主主义者的赞成票,这保证了内政部长的提案获得议会多数的支持。尽管如此,议会辩论还是阐明了若干至关重要的问题。

来自阿利坎特的社会党国会议员何塞·普拉特·加西亚通过严谨的分

析与论证,在一次议会演讲中指出了萨拉萨尔·阿隆索之举措的违宪本质。他反复重申,全国农业工人联合会在宣布罢工期间遵循了必需的法律程序。普拉特声称,将现行法律付诸实施便足以解决冲突,但是萨拉萨尔·阿隆索选择诉诸镇压手段而拒绝和平解决冲突。部长的回答很不客气,他说因为农业工人联合会的目标就是迫使政府采取行动,所以罢工就具有颠覆性。他谎称,政府正在采取措施对付那些强行压低工资导致雇工无法维持温饱的老板们。何塞·普拉特的答复是,恰恰相反,部长大人通过推翻农业工人联合会与劳工部及内政部之间的协商结果,对各种和解的尝试予以阻挠。普拉特在他的总结性陈述中指出,罢工的目的仅仅是为了保护乡村劳工,并结束类似在瓜迪克斯(格拉纳达省)所发生的劳工被迫食草维生的悲惨情形。来自<u>加泰罗尼亚左翼共和党</u>(ERC)的何塞·安东尼奥·特拉瓦尔·桑斯宣称,似乎萨拉萨尔·阿隆索将"财阀们的愿望"和"国家利益"视为同义词。来自马拉加的共产党议员卡耶塔诺·博利瓦尔断言,政府的蓄意挑衅正在关闭合法解决问题的大门,并在将工人推向革命。当博利瓦尔提到工人们正在挨饿时,一位右翼议员大叫他和其他多数派议员现在也很饿,于是辩论结束。[55]

萨拉萨尔·阿隆索伙同贝迪亚与巴尔迪维亚所做的早期准备工作显示出,在他心里,调解工作并未占据最优先的位置。现在,他的种种手段将在冲突爆发前迅速而无情地削弱左翼的力量。劳工领袖在罢工开始前就遭到围捕。农村地区的其他自由派与左翼人士也遭到大规模逮捕。5月31日,新近被撤销萨夫拉市长职务的何塞·冈萨雷斯·巴雷罗因捏造的指控而被捕。同样还是在巴达霍斯省,奥利文萨与列雷纳的市长也分别遭到逮捕,另外被捕的还有大量工会官员、教师和律师,其中还有人遭到殴打或折磨。萨拉萨尔·阿隆索所宣称的"农业收割是全国性公共事业",迅速将农业劳工群体定义为军事团体。因此罢工者就成了叛乱分子,成千上万的人被逮捕。甚至有4位社会党国会议员,在前往哈恩探望被关押的左翼人士时,也因"违反宪法"而被拘留。[56]

巴达霍斯省一个正常只能容纳80名囚犯的监狱里却被塞进了600人,他们的处境极为糟糕。在阿尔门德拉莱霍、唐贝尼托和该省其他市镇的监狱中，也存在这种严重超员的情况。除了那些遭到逮捕的人士，还有数千名农民在枪口威逼下被押上了装牲口的卡车，卡车开到离他们家乡数百公里远的地方，然后他们被抛下车，身无分文的人们只能设法步行返乡。7月4日，有200名曾关押在布尔戈斯的来自巴达霍斯的饥民抵达马德里，他们在市中心的太阳门广场聚集，却遭到当地警察武力驱逐。全国农业工人联合会为他们支付返乡费用，很多人在回到家乡后再次被逮捕。[57]

劳工活动中心被关闭，在很多地方，尤其是在巴达霍斯省和卡塞雷斯省，市镇议会被强制解散，原来的市长和地方议员被政府指定者取代。在哈恩、格拉纳达、雷阿尔城、巴达霍斯和卡塞雷斯各省，这场罢工几乎是完全且彻底的；在南方其他省份，罢工力度也不容小觑。在哈恩省和巴达霍斯省的很多村庄，罢工者与签署无固定期限合同的长期雇工、大庄园主的武装护卫以及国民卫队发生了暴力冲突。然而，无论是在这些地方，还是在其他冲突不太激烈的省份，罢工者均未能阻止地主在国民卫队的保护之下，从葡萄牙、加利西亚或者其他外部地区招用劳工。军方也派遣部队人员操作机器为谷物脱粒，农业采摘与收割工作并未受到严重干扰。全国劳工联盟并未参加此次罢工，所以在塞维利亚与科尔多瓦省，罢工行动的影响力有限，然而属于无政府主义组织的劳工并未因此而躲过接下来的镇压。尽管大多数因煽动叛乱的指控而被捕的劳工于8月底获释，但是紧急法庭还是判处包括冈萨雷斯·巴雷罗在内的各主要劳工领袖4年或4年以上的有期徒刑。[58]

在1936年以前，各地的"人民之家"一直未能开放，全国农业工人联合会实质上也处于瘫痪状态。在这场对战双方实力不等的对抗中，全国农业工人联合会遭遇了惨重的失败。在若干省份中，那些残存的社会党仍占据多数的市镇议会也被推翻，并为当地豪强所举荐的保守派人士组成的议事机构所取代。格拉纳达省的省长，由于在此次罢工之后仍然致力于促进仅存的社会保障法律的贯彻实施，而在当地的土地所有者阶层的强烈要求下遭到罢免。[59]在西班牙乡村地区，时钟仿佛又被萨拉萨尔·阿隆索拨回到了20世纪20年代。没有任何村镇工会组织、社会保障立法或者市政当局能够挑战地方豪强的支配性地位。独立右翼党团联盟为此欢欣鼓舞。[60]

通过将局限于物质目标的罢工视为革命行动，萨拉萨尔·阿隆索将他对社会党占据多数的各地方议会的攻击合法化。正如前文所述，他声称，到冲突结束时，总共有193个社会党占据多数的地方议会被解散。然而，实际数字要高得多。在激进党掌权的这一时期中，仅在格拉纳达一省，就有127个市镇议会遭到解散。在巴达霍斯省，这一数字接近150。[61] 通过在农民罢工期间所采取的毫不留情的镇压手段，内政部长对劳工总会内部最大的工会组织造成了沉重打击，并在南方地区遗留下了不断升级的仇恨。地方上的土地所有者或多或少恢复了他们的封建地位，劳工被他们当作农奴来对待。工资被大幅削减，工作机会只提供给那些被视为"忠实可靠之人"的未参加工会的劳工。

在进入内政部后不久，萨拉萨尔·阿隆索即以"具有政治企图"为理由，对五金业、建筑业和报业的若干罢工行动予以镇压。尽管劳工领袖在请愿中绝望地声称，所有这些抗争都源于社会及经济问题，完全没有任何革命意图，然而他还是选择进行镇压。[62] 他已设法在1934年夏使收获季节举行的罢工不断升级，并瓦解了农业工人联合会的力量。尽管取得了"成功"，但是，萨拉萨尔·阿隆索距离他的长远目标——消灭所有他眼中的反动集团——仍然还有一些距离。

而这在他7月底写给他的情人安帕罗的一封信中表露无遗：

> 你可以想象我正在经历着什么。可以说这是一场革命运动的开端，它远非一场无关紧要的闹剧，相反却要严重许多。意识到我所肩负的诸多责任，我将全力投入到毁灭革命的任务中去。的确，针对我的活动正在酝酿。墙上挂的标语写着："萨拉萨尔·阿隆索与陶尔斐斯［于同年2月在维也纳镇压革命的奥地利总理］是一丘之貉。"极端分子的报纸对我展开辱骂和攻击，威胁着要将我干掉。然而，我比以往更为平静。我在不知疲倦地工作。我正在安排各项事宜。今天，我同警察系统的最高长官、国家保安总长、突击卫队负责人以及国民卫队总监见了面。我正如总参谋部中的负责军官那样，小心翼翼地准备着一切。不用说，我根本无法入睡。即便躺在床上，我仍在继续筹划着自己的

反革命组织。公众舆论正在向对我有利的方面转化。人民信任我，他们转而注视着我并不高大的身影，他们看到了能够帮助他们脱离苦海的救世主。[63]

萨拉萨尔·阿隆索把安帕罗比作他的缪斯，并且自称"元首"，而他所用的单词，就是后来佛朗哥所使用的 Caudillo。在他为她所做的描画中，自己是一位即将出征抗击强敌的伟大将领。然而，拉尔戈·卡瓦列罗的工人社会党–劳工总会–社会主义青年联盟（PSOE–UGT–FJS）之联络委员会，只不过为那些有可能已做好"走上街头"之准备的人员，制作了记录其姓名的档案卡索引——所谓创建民兵组织的工作也就仅限于此了。拉尔戈·卡瓦列罗对工会运动的力量在一次接一次的灾难性罢工中不断消减的情形保持沉默，这也证实了缺乏中央调控的现状。青年社会主义者团体参加周日拉练活动，在马德里郊外的"田园之家"公园开展军事训练，他们热情高涨，枪械武装却不足，类似活动也很容易被警方控制。不熟悉军火市场的社会党分子在漫无目标地乱撞，这导致他们在毫无廉耻的军火掮客那里损失了宝贵的资金，但是获得的枪支数量却少得可怜。不管是通过密探，还是通过军火贩子本人，警方都能充分了解相关的交易情况，他们常常是在关于武器藏匿地点（假墙后面、地板下面或者水井中）的精确情报的指引下，径直前往"田园之家"或者社会党人的家中进行搜查。而一次由因达莱西奥·普列托亲自负责的大宗武器采购，也以可悲的失败收场。只有在北部的阿斯图里亚斯矿区，从当地工厂偷取的轻武器，以及从矿场中获得的炸药及起爆装置，才使工人阶级拥有了相对充分的武装。[64]

就在农民罢工运动正在南部省份进行的同时，6月10日，安萨尔多的长枪党恐怖行动小分队卷入了马德里的暴力事件当中。他们针对社会党青年运动组织在马德里市郊的埃尔–帕尔多区举行的一场周日野营拉练活动发动袭击。在接下来的武斗中，一名年轻的长枪党分子被打死。安萨尔多并未等待来自何塞·安东尼奥的授权，直接征用了阿方索·梅里·德尔·巴尔*的小汽车，并展开了复仇行动。他们向返回马德里的青年社会主义者开火，打死了胡安妮塔·里科，并导致其他两人重伤。[65] 玛加丽塔·内尔肯就萨拉萨尔·阿隆索掩盖胡安妮塔·里科和另一位社会党人的遇害提出指控，因为她很清楚这些都是长枪党恐怖小分队的所作所为。[66] 整个夏天，安萨尔多都在策划炸毁马德里的社会党总部。有 50 千克炸药被盗，还有一条被挖掘出的隧道从某处下水道一直通到"人民之家"的地下。安萨尔多的组织甚至还私刑处决了一位被怀疑是警方告密者的内部成员。然而，在 7 月 10 日，爆破装置尚未准备好之前，警方在长枪党总部查获了大批枪支弹药，以及炸药和各种炸弹。80 名极端分子遭到拘捕，其中主要是前"国家工团主义奋进会"的成员和安萨尔多的准军事人员，但是他们只被关押了 3 周。[67] 尽管何塞·安东尼奥于 7 月份正式将安萨尔多开除出党，但是他的攻击小队针对左翼实施报复的频率和强度并未发生变化。事实上，安萨尔多仍然是他们中间的一员。

对于希尔·罗夫莱斯和萨拉萨尔·阿隆索而言，长枪党的冒险主义只不过是细枝末节。社会主义者空洞的革命威胁，已经让他们有了可乘之机。他们蓄谋利用此类言论促使力量对比向有利于右翼的方面转变，这一点已经在印刷业与农业领域的历次罢工中得到了无情的展示。希尔·罗夫莱斯明白，由拉尔戈·卡瓦列罗及其追随者控制的社会主义运动领导层，已将其宣扬的革命威胁之矛头对准了独立右翼党团联盟进入内阁这一事件。同样他也知道，萨拉萨尔·阿隆索的一系列举措已经使左翼无法取得革命的胜利。在整个夏天，警方的持续行动粉碎了革命委员会进行的大多数缺乏协调的准备工作，并且查获了左派想尽办法才得到的大部分武器和弹药。希尔·罗夫莱斯后来承认，他能够预见到社会主义者的反应，这非但没有让他迟疑，反而使他迫切想要进入政府："或早或晚，我们将不得不面临一场革命暴动。在己方得势，而敌人还未做好充分准备的情况下迎来这样的暴动，总是更好的。"[68]

1934 年晚夏，作为希尔·罗夫莱斯之战略的一个相关部分，在"公

---

* 一位当地贵族。

民动员"之旗帜下的人民行动青年团民兵部队开始扩充。在基于革命与反革命的较量即将来临的认知之下，这样做的目的就是破坏罢工，并确保公共基础服务的正常运转。[69]"公民动员"行动的组织者和训练准军事分队的负责人是利萨尔多·多瓦尔，此人曾是国民卫队军官，因为参与1932年8月的圣胡尔霍政变而遭到驱逐。[70]

1934年夏，希尔·罗夫莱斯通过故意向左派寻衅的方式，巧妙操纵了一场有关加泰罗尼亚的冲突，使得政治局势进一步紧张。右翼分子因共和国在1932年给予加泰罗尼亚地方自治权而怀恨在心。这种态度体现在宪法保障法庭于6月8日下达的一项裁决中：加泰罗尼亚地方议会的一项有关延长佃农土地租约的举措被推翻。这让加泰罗尼亚和其他地方的大地主欢欣鼓舞。6月12日，加泰罗尼亚地方政府主席路易斯·孔帕尼斯将该法律原封不动地提交给议会，并将宪法保障法庭的这项决议描述为中央集权主义者利用"王室和君主主义－法西斯主义团伙的走狗"削减地方自治权的又一次尝试。[71]

萨拉萨尔·阿隆索反对那些钟爱妥协性解决方案的内阁成员。左翼共和派分子和很多社会党人都将加泰罗尼亚视作尚存的"真正的"共和国的最后一个堡垒。西班牙独立右翼党团联盟公开发表的那些反加泰罗尼亚地方主义的言论，几乎毫无疑问地表明，如果它参加政府，那么加泰罗尼亚的自治权就会遭到威胁。9月8日，在马德里举行的一场由加泰罗尼亚地产主联盟组织的集会上，希尔·罗夫莱斯发表了煽动性的演讲。与其他由独立右翼党团联盟的农业资本家主导的类似活动一样，这场集会也在呼吁限制工会权力，并加强政府当局的力量，而这场集会还特别指出，需要粉碎加泰罗尼亚地区政府的"叛乱行动"。[72]

第2天，在阿斯图里亚斯的科瓦东加，人民行动青年团在当地的古战场遗址举行了一次法西斯式的集会。公元722年发生于此地的那场战役，被认为是西班牙摆脱摩尔人统治的漫长的再征服运动的起点。集会地点的选择，象征性地将右翼之事业同传统西班牙之价值联系在一起，并将工人阶级等同于摩尔入侵者。当地社会主义者宣布进行总罢工，并试图封锁通往科瓦东加的道路，但是国民卫队为集会能够如期进行提供了保障。作为人民行动党阿斯图里亚斯支部领导人的退役陆军军官何塞·马里亚·费尔南德斯·拉德雷达，在介绍希尔·罗夫莱斯时引述了西班牙的再征服运动，而后者则在讲话中以挑战般的语气提到，需要粉碎加泰罗尼亚和巴斯克民族主义者的"分离主义叛乱"。[73] 其实，老奸巨猾的希尔·罗夫莱斯非常明白，这种针对1931年至1933年间共和派－社会主义者联盟所取得的关键成果的威胁，将会促使左翼分子下定决心，阻止独立右翼党团联盟上台执政。

与希尔·罗夫莱斯一样，萨拉萨尔·阿隆索知道，独立右翼党团联盟进入权力中心将会成为社会主义分子发动革命的导火索，而己方可以顺势给社会主义者决定性的一击。9月17日，在一场争执非常激烈的内阁会议上，萨拉萨尔·阿隆索提议颁布戒严令，而这一举措的目的完全就是刺激革命罢工行动在时机未成熟的状态下提早爆发。总理里卡多·桑佩尔和农业部长西里洛·德尔·里奥·罗德里格斯对这种不负责任的轻浮行径表示抗议。国防部长迭戈·伊达尔戈要求萨拉萨尔·阿隆索辞职。

当日晚间，萨拉萨尔·阿隆索再一次给他的情人安帕罗写信讲述了日间发生的事。他明确表示，独立右翼党团联盟应该加入政府，而他的目标则是刺激左派采取行动以便顺势击垮它。

> 我对革命分子的计划进行了讲解。我对加泰罗尼亚问题进行过调查，客观且诚实地指出了所有的事实、所有的可能性，以及我们所做出的决定的各种后果……局势非常严峻。我不会允许任何欠缺考虑或者未经过适当准备的行动。我不得不考虑将戒严令合法化的必要举措……现政府一面遭到左翼革命分子的反对，再失去充当其票仓的重要议会党团［独立右翼党团联盟］的支持……这样的政府，拥有足够的权威去触发一场大规模的革命运动吗？[74]

萨拉萨尔·阿隆索在印发的述职文件中这样写道："问题不亚于发动反革命攻势，以推动一项果决之政府意图终结邪恶的工作。"他的目标不仅仅是粉碎当下的革命尝试，而且还要杜绝左派势力在未来东山再起。[75]

不久以后，希尔·罗夫莱斯承认，他知晓并赞同萨拉萨尔·阿隆索意图向左翼挑衅的想法。他很清楚,如果社会主义者确信右翼势力企图建立一个陶尔斐斯式的独裁政权,那么他们肯定会付诸暴力对抗。同样他也充分意识到,革命成功的机会微乎其微。在12月于人民行动党各办事处的讲话中,他洋洋自得地回忆道:

> 我相信,在我们进入政府以后,将会立即激起一场革命运动……而当我想到将要面临的流血,我问了自己这样一个问题:"如果我没有能够进入政府,我可以让西班牙在3个月之内风平浪静。如果我们加入政府,革命会爆发吗?最好是让革命在经过充分准备之前,在它能打败我们之前发生。"这就是人民行动党的做法:诱发革命运动,与之对抗,并在政府职权范围以内将其无情粉碎。[76]

国防部长迭戈·伊达尔戈后来转而接受了希尔·罗夫莱斯和萨拉萨尔·阿隆索的观点。9月底,他在莱昂一处与阿斯图里亚斯相邻并且地形相似的地方组织了大规模的军事演习,他怀疑革命行动将会在阿斯图里亚斯地区爆发。[77]当内阁讨论取消此次演习时,伊达尔戈辩称这些是必要之举,而他的理由正是革命威胁迫在眉睫。当具有革命性质的总罢工于10月初在阿斯图里亚斯真的爆发之时,西班牙外籍军团部队能够以惊人的速度从非洲调往动乱地区,其实这也暗示了军方的某些先见之明。就像伊达尔戈之后在国会中承认的那样,在演习开始前3天,他命令位于奥维耶多的第3团驻留首府不参加此次演习活动,因为他预计革命可能会爆发。[78]无论如何,希尔 罗大莱斯私下已经从军方高层那里获得保证,陆军可以粉碎任何由于独立右翼党团联盟进入内阁而引发的左派分子暴动。[79]

9月26日,希尔·罗夫莱斯开始采取行动。由他发布的一份公报宣称,鉴于当前内阁在处理社会问题方面所表现出的"软弱",就算不计后果,也必须组成一个有独立右翼党团联盟参加的强有力的政府。在10月1日于国会进行的一场演讲中,他迂回地表露自己的意图,宣称自己受到了维系国家稳定之愿望的驱使,并发出了明显的威胁之意:"我们已经意识到了我们在这里和在其他地方所拥有的力量。"在内阁成员因形势所迫而辞职以后，总统阿尔卡拉·萨莫拉委托莱尔罗克斯组织政府。尽管意识到右翼党团联盟的入阁已不可避免，但他还是希望只提供给对方 1 个部长席位。希尔·罗夫莱斯坚持要 3 个部长席位，他很清楚这将激怒社会党人。[80]

希尔·罗夫莱斯的挑衅计划经过了精心的安排。他于 10 月 4 日公布了 3 位内阁成员的人选，他们是何塞·奥里奥尔·安格拉·德·索霍（劳工部长）、拉斐尔·艾斯蓬（司法部长）和曼努埃尔·希门尼斯·费尔南德斯（农业部长）。安格拉·德·索霍是一位整合派天主教徒（当时梵蒂冈正考虑将他过世的母亲封为圣徒），他同时也是教会法规专家和蒙特塞拉特本笃会修道院的律师。他曾经作为公诉人，负责对《社会主义者报》进行大规模查抄，并课以高额罚金。而且，作为加泰罗尼亚右翼人士的他，还是当地执政党加泰罗尼亚左翼共和党的死敌。在 1931 年担任巴塞罗那地方长官期间，他的毫不妥协的破坏罢工之政策，加快了全国劳工联盟迈向武装暴动的步伐。几乎没有什么能比选择安格拉·德·索霍更让左翼人士怒不可遏的了。加泰罗尼亚左翼共和党甚至派出一个代表团前去面见阿尔卡拉·萨莫拉，并恳请将此人排除在候选名单之外。希尔·罗夫莱斯断然拒绝了总统的建议。[81] 来自潘普洛纳的独立右翼党团联盟之国会议员艾斯蓬，则同卡洛斯派分子关系密切。于是可以猜测，来自巴达霍斯的国会议员希门尼斯·费尔南德斯，必然是该省那些气焰嚣张的地主的忠实代理人，就像萨拉萨尔·阿隆索那样；而且作为农业部长，他很可能会加大针对收获季节罢工的恐怖镇压的力度。然而关于这位部长的猜测却是错误的，因为他是一位属于稳健派的基督教民主人士，但是关于巴达霍斯省地主阶级的猜测却是对的。在 1936 年的大选中，希门尼斯·费尔南德斯因为其相对开明的政策而未能成为巴达霍斯省的国会议员候选人，因此他不得不在塞哥维亚省参加竞选。[82]

社会主义者有充分的理由担心，新一届内阁会贯彻执行萨拉萨尔·阿隆索推行反动统治的决心。毕竟，到 7 月底为止，在激进党执政的 315 天里，政府宣布进入紧急状态的时间共计达 222 天，这意味着宪法保障实际处于中止状态。在宪法正常生效的 93 天里，又有 60 天处于 1933 年末的选举期间。实施新闻审查、对报社课以罚金甚至查封报社、限制结社自由、将几乎所有罢工宣布为非法、为法西斯主义者和君主制拥护者的活动提供保护、削减工资和取缔通过自由选举产生的社会党占多数的市镇议会,所有这些都被视为构筑"白色恐怖政权"之举。这些就是在10月1日的演讲中被希尔·罗夫莱斯斥为"软弱"的政策。于是我们不可避免地会得出结论,他企图施行的必然是更加具有压迫性的政策。[83]

在9月份的最后几天,仍然寄希望于说服总统通过提前举行大选的方式解除危机的社会党,在报纸上发出了孤注一掷但却空洞的威胁。《社会主义者报》暗示革命行动之准备工作在顺利推进中:"我们的武装力量正在等待战斗动员,我们的国际计划与实现社会主义的计划也正待完成。"[84]在当月月底,该报在社论中发出了言辞激烈的反问:"任何倒退之举、任何企图恢复过时政策的做法,都将不可避免地面对社会主义者的反抗,这难道不是显而易见的吗?反而还要我们提醒吗?"[85]然而很明显,担任《社会主义者报》社长的思虑周全的胡利安·苏加萨戈伊蒂亚已经认识到,社会主义运动团体对于进行一场与国家机器对抗的革命完全没有准备。如果他的上述社论不是缺乏理智的不负责任之举——苏加萨戈伊蒂亚是普列托的忠实支持者而非极端分子——那么它们就是向总统发出的孤注一掷的最后警告。

拉尔戈·卡瓦列罗的革命委员会对于夺取政权毫无准备,而且"革命民兵"既没有全国性的领导,也没有地区性的组织。他将希望寄托于虚张声势的革命恫吓,以期阻止阿尔卡拉·萨莫拉邀请独立右翼党团联盟加入政府。当委员会于10月3日接近零时许接到独立右翼党团联盟参与组阁的消息时,拉尔戈·卡瓦列罗拒绝相信,并且命令各地的社会党组织按兵不动。只有当消息的真实性已经不容忽视时,他才极其不情愿地承认现在已经别无选择,而之前口头的革命威胁必须付诸行动。[86]

在整个1934年间,西班牙工人社会党和西班牙独立右翼党团联盟的领袖们卷入了一场运动战。在萨拉萨尔·阿隆索的支持下,希尔·罗夫莱斯属于更为强势的一方,同时他借助手腕与耐心充分利用了这一优势。社会主义者由于实力相对较弱而被迫诉诸各种空洞的革命威胁,最终他们落入了这一境地,即他们必须实现这种威胁。结果是灾难性的。

经历了1934年前9个月里接二连三的罢工失败之后,社会主义者在始于1934年10月4日早晨的一系列事件中,必然也是所图有限。他们的目标是保卫在1931年至1933年间发展起来的共和国之理念，使其免遭独立右翼党团联盟之专制主义野心的侵袭。在独立右翼党团联盟进入内阁之后不久，左翼便行动了起来：加泰罗尼亚地区成立了存续仅10个小时的独立共和国；马德里发生了乱哄哄的总罢工；阿斯图里亚斯的一个无产阶级公社宣布成立。在阿斯图里亚斯，起义者面对正规军的进攻，在激烈的战斗中坚持了两周之久，他们的"成功"要归功于当地山区的地形和矿工们的特殊技能。然而，除此之外，在那个10月里，整个西班牙的基调是散漫杂乱的。发生于当月的那些事件，甚至包括阿斯图里亚斯的激烈冲突在内，都无法证明左翼方面为革命暴动进行了充分准备。事实上，在危机期间，社会党领导人自始至终都在压制其追随者的革命热情。[87]

为了让总统有时间改变主意，劳工总会领导层于10月4日提前24小时通知政府他们将在马德里举行和平总罢工。无政府主义者和托派分子主动提出可以帮助发起一场革命暴动，该提议被毫不犹豫地拒绝了。这样一来，新政府要想逮捕劳工领袖和拘押军警队伍中的可疑分子就轻而易举。在未接到进一步指示以前，马德里的社会党与无政府主义者的工会成员只能选择离开工作岗位，而不是走上街头展示自己的力量。军方接管了公共基础服务——士兵根据他们参军之前的职业加以分类——面包店、右翼报纸和公共交通的运作也基本维持正常。那些设法逃脱逮捕的社会党领导人不是像拉尔戈·卡瓦列罗那样躲了起来，就是像普列托那样被迫流亡国外。他们的追随者则留在大街上等待指示，罢工在一周之内渐渐消失。革命武装夺取政权的口号最终烟消云散。与军中同情者合作的希望也未能实现，少数携带武器的激进分子察觉局势不妙，很快就将罢工者抛弃。在首都地区，零星的狙击火力与大规模逮捕行动就是所谓革命战争之暴风骤雨的全部。[88]

在加泰罗尼亚，在"劳工同盟"（Workers' Alliance）的大旗下，无政府主义者和其他左翼团体同社会党人并肩作战，事态发展也就更激动人心。各地的革命委员会接管了多个村镇，然后等待着永远也不会到来的来自巴塞罗那的指示。[89]在加泰罗尼亚的首府，孔帕尼斯于准备不足的情况下勉强宣布加泰罗尼亚为"西班牙共和主义联邦之内"的一独立国家，这么说是为了抗议右翼背叛共和国的种种行为。隐藏在其英雄般的姿态背后的动机却是复杂而矛盾的。想到马德里的局势发展，他当然会感到担忧。但是，他也面对着来自加泰罗尼亚极端民族主义者的压力，他需要迎合公众的要求，采取行动反抗中央政府。与此同时，他还想预先采取行动以阻止革命的爆发。因此，他并未动员地方政府自己的力量去对付加泰罗尼亚武装部队指挥官多明戈·巴泰特将军。他也拒绝向工人阶级提供武器。于是，在将大炮推入市区狭窄的街巷之后，巴泰特将军得以在加泰罗尼亚宣布独立的短短 10 小时后，也就是 10 月 7 日凌晨，与走投无路的地方政府商讨其投降条款。[90] 右翼整体，特别是佛朗哥，因巴泰特将军未能给予加泰罗尼亚人以"血的教训"而耿耿于怀。[91]

阿斯图里亚斯的情况有所不同。当西班牙独立右翼党团联盟进入政府的消息于 10 月 4 日下午晚些时候抵达矿区之后，普通工人群众立即带头行动起来。在那里，矿工们终于战胜了党派间的分歧而团结起来；劳工总会（社会党劳工组织）和全国劳工联盟（无政府主义者组织）都汇聚在"劳工同盟"的大旗下，西班牙共产党也在某种程度上参与进来。事实证明，社会党领导层从未真正对革命行动详加考虑，因为即便在阿斯图里亚斯地区，暴动也并非始于作为该党大本营之一的奥维耶多，而是首先在米耶雷斯、萨马 德兰格雷奥和波拉-德莱纳等外围地区爆发。类似情况也发生在巴斯克地区，工人阶级夺取政权的情况只发生在埃瓦尔和蒙德拉贡等较小的市镇。除了蒙德拉贡，在毕尔巴鄂和巴斯克的其他地区，工人武装只是在徒劳地等待来自领导层的指示。在起义期间，阿斯图里亚斯矿业工会主席阿马多尔·费尔南德斯一直留在马德里；10 月 14 日，不明普通工人群众眼下状况的他正试图寻求和平，并与当局协商投降条款。[92]

社会党领导层的举棋不定与希尔·罗夫莱斯的坚决果断形成了鲜明的对比。事实上，正像他后来承认的那样，无论在十月革命期间还是随后，他一直在蓄意向左派进行挑衅。10 月 5 日，当社会党还在犹豫着希望寻求妥协时，新组成的激进党－独立右翼党团联盟政府丝毫没有表现出和解的意愿，他们似乎已经下定决心要镇压左翼分子。在与 3 位部长举行的一次会议中，希尔·罗夫莱斯明确表示他并不信任总参谋长卡洛斯·马斯克莱特将军，他将后者视为危险的自由主义分子；同时他也不信任负责在阿斯图里亚斯地区恢复秩序的爱德华多·洛佩斯·奥乔亚将军。然而，在10月6日的内阁会议上，他们提出的有关派遣佛朗哥接管阿斯图里亚斯地区之军事行动指挥权的议案遭到否决，阿尔卡拉·萨莫拉、莱尔罗克斯及其他较为倾向自由主义的内阁成员的观点占据了上风。[93]然而，佛朗哥最终还是参与了镇压行动，并将他手中的残酷手段施加在反叛者身上。

希尔·罗夫莱斯主张用最严厉的手段对付叛乱分子。10月9日，他在国会发言中表达了对政府的支持，并且极力建议关闭议会直至镇压行动结束。这样一来，镇压革命的行动将不声不响地完成。没有谁会在国会中提出质疑，新闻审查也只针对左翼报纸——尽管右翼报纸充斥着根本不存在的记载左派分子之野蛮暴行的恐怖故事。作为独立右翼党团联盟内部为数不多的一名真诚的社会天主教徒，新任农业部长曼努埃尔·希门尼斯·费尔南德斯在10月12日给农业部的幕僚人员讲话时以一种持不同政见者的口吻说道："这场反对国家政权的动乱，其始作俑者不是街头的反叛分子而是我们。我们的国家因为持续不断地忽视其对全体国民的责任，已经给自己制造出了很多敌人。"[94]十月动乱期间双方的暴力行径和紧随左翼失败之后爆发的残酷迫害，致使现存的社会仇恨加深到以往无法想象的程度。

起初，由于佛朗哥在非洲殖民战争期间的残暴表现，总统阿尔卡拉·萨莫拉拒绝正式委任其为阿斯图里亚斯地区部队的总指挥官。然而，来自激进党的国防部长迭戈·伊达尔戈坚持己见，任命佛朗哥为自己的"个人技术顾问"，以非正式的手段给予后者此次行动的控制权。他把自己的参谋部边缘化，同时却毫无保留地认可并签署由佛朗哥起草的命令。[95]国防部长的决定非常不合常规，但也可以理解。佛朗哥对阿斯图里亚斯地区的地形、交通情况和军事组织都知之甚详。佛朗哥曾经随部队在那里驻扎，并且参加了对1917年总罢工的镇压行动。由于他的妻子卡门·波洛就是阿斯图里亚斯人，所以他在结婚之后也是那里的常客。正如阿尔卡拉·萨莫拉所担心的那样，佛朗哥将阿斯图里亚斯的矿工当成桀骜不驯的摩洛哥部落民来对待，这让西班牙右翼感到欢欣鼓舞。

佛朗哥在阿斯图里亚斯事件中的处置手段深受其信仰之影响。在来自日内瓦的《反共产国际联盟通讯》的不断灌输下,他坚持认为工人起义得到了"其莫斯科代理人的精心安排",而社会主义者"在赤色分子的专门指导下,幻想着他们将建立无产阶级专政"。[96] 佛朗哥与其他很多极右翼分子相信这一点,所以动用军队对付足可称之为外敌的西班牙平民完全合情合理。

凭借在马德里国防部电报房设立的一个小型指挥所,佛朗哥可以利用船舶与铁路大肆调兵遣将,对革命进行镇压。[97] 有很多较为开明的高级官员从人道主义角度考虑,对投入正规军且不遗余力地打击平民群体感到犹豫不决,但是佛朗哥就完全没有这方面的顾虑。为他在历次殖民战争中奠定成功基础的那种冷酷无情,再次被他拿来解决当前的危机。在他一开始下达的那些命令中,有一条就是轰炸与炮击矿区市镇中的工人阶级聚居区。他无视西班牙右翼价值观的核心象征,也就是西班牙摆脱摩尔人统治的再征服运动,相反,他将整船的摩洛哥雇佣兵运往阿斯图里亚斯,而那里是伊斯兰新月旗帜从未飘扬过的地方。佛朗哥对派遣他们上阵并无抵触之感,因为他将西班牙本土左派劳工视为等同于摩尔人的劣等种族,就像他在摩洛哥使用当地招募的佣兵,即"土著正规军",来对付里夫部落民那样。起义被镇压之后,他曾前往奥维耶多访问,其间在同某新闻记者的一次谈话中,他再次重复了奥内西莫·雷东多的观点:"这是一场边境战争,而前线上的敌人就是社会主义、共产主义,以及任何攻击文明并企图用野蛮取而代之的东西。"[98] 尽管佛朗哥在北部镇压行动中使用了殖民地部队,右翼报纸仍然将阿斯图里亚斯的矿工描绘成"犹太-布尔什维克之外来阴谋"的傀儡并且在使用这一表述时丝毫没有反讽的意味。[99]

就像在摩洛哥的情况一样,殖民地部队的行动目标就是通过恐怖手段威吓起义民众。西班牙非洲军团掀起了一波恐怖风潮,他们所使用的手段更像是要进入摩洛哥村庄进行扫荡,而非是要对付穷途末路的阿斯图里亚斯起义者。部队将捕获的左翼分子作为人盾掩护其推进。在佛朗哥的死党胡安·业圭·布兰科中校的指挥下,摩洛哥作战分队随意射杀无辜的男人、女人和儿童。这让武器很差的革命者士气低落。超过50名男女俘虏(其中有不少还是伤员)经过刑讯后立即在奥维耶多总医院的空场上被枪决,他们的尸体则被扔进焚尸炉烧毁。另有数人未经审判就在佩拉约兵营被处决。

其他被关押的俘虏遭到折磨，女性俘虏则遭到强奸。在采矿小镇卡瓦因，20 具尸体被焚毁，以消除被捕者遭到拷打的证据。住宅和商店遭到洗劫，手表、首饰和衣物被扫荡一空，无法随身携带的物品则被毁坏。[100]

殖民地部队的所作所为导致洛佩斯·奥乔亚将军与佛朗哥及亚圭之间出现了严重对立。严于律己的洛佩斯·奥乔亚曾担任阿斯图里亚斯地区武装力量的作战行动指挥官。他坚持认为，由资历不如他的佛朗哥全权负责 1934 年镇压叛乱的行动是不恰当的（这一想法是正确的），因为后者的唯一仰仗就是同迭戈·伊达尔戈的私交。佛朗哥、亚圭与很多右翼分子担心，洛佩斯·奥乔亚作为一个共和派分子和共济会员，会设法用尽可能少流血的方式来平息这场起义。他们的确有理由怀疑。尽管洛佩斯·奥乔亚容忍了利用装满俘虏的卡车掩护部队推进的做法，但总体来说，他在行动中还是较为克制的。亚圭派出密使前往马德里，在佛朗哥和希尔·罗夫莱斯面前抱怨洛佩斯·奥乔亚秉承人道主义对待矿工的做法。对于洛佩斯·奥乔亚与矿工领袖贝拉米诺·托马斯达成协议，以及他要求外籍军团和土著正规军停止前进，以达成体面和不流血的投降的做法，他们 3 人感到暴怒不已。[101] 佛朗哥有多么怀疑洛佩斯·奥乔亚，就有多信任亚圭，他允许后者在占领希洪和奥维耶多后实行即决处决。[102]

有一次亚圭甚至用手枪威胁洛佩斯·奥乔亚。[103] 几个月之后，洛佩斯·奥乔亚将军跟西班牙工人社会党副总书记胡安-西梅翁·比达特见面，谈起了他在约束外籍军团之谋杀行径时遇到的麻烦：

> 一天晚上，外籍军团士兵从位于萨马的监狱中提走了 27 名被关押的工人。他们只射杀了其中三四个人，因为枪声在山间回荡，他们害怕游击队会突然出现。于是，为了避免这种危险，他们极其残忍地将俘虏斩首或绞死。他们砍下了俘虏的手脚、耳朵、舌头，甚至生殖器！几天以后，我非常信任的一位军官告诉我，有军团士兵戴着用卡瓦因遇害者的耳朵穿成的"项链"。我立即命令将他们关押并处决。那就是我与亚圭爆发冲突的根源。我命令他将他的人从河谷地带的采矿区撤出，并要求他约束手下不得离开首府奥维耶多。我要求他承诺对

任何可能发生的人员丧生事件负责。对叛乱分子的审理工作由各地法院进行。我还得处理那个来自休达的摩洛哥正规军步兵营（tabor）犯下的罪行：强奸、谋杀、抢劫。我下令处决 6 名摩尔士兵。这给我带来了麻烦。情绪极其激动的国防部长要求我做出解释："你怎么胆敢未经军事法庭审判就枪毙我手下的士兵？"我回答说："我正是以其人之道，还治其人之身。"[104]

发生于 1934 年 10 月的事件，让左翼民众与治安部队，尤其是与国民卫队和部分陆军单位之间的敌意进一步加深。阿斯图里亚斯的起义者明白，要控制矿区河谷地带，他们必须击败国民卫队。于是，在对首府奥维耶多发动进攻之前，他们率先袭击了地方上的多个兵营，以期消除这一威胁。这些小型的战斗，其过程非常激烈，而且未能速战速决。最为血腥的冲突发生在奥维耶多以东 17 英里（约 27 千米）的萨马–德兰格雷奥和以南 50 英里（约 80 千米）的坎波马内斯。在萨马，作战持续了 36 个小时，有 38 名国民卫队官兵被杀。在坎波马内斯的战斗中，国民卫队中有 12 人丧生，7 人受伤。[105] 在阿斯图里亚斯起义期间，国民卫队中共有 86 人丧生，77 人受伤。突击卫队中有 58 人丧生，54 人受伤。陆军方面的伤亡数字为 88 死，475 伤。其他安全部队的损失为 24 死，33 伤。可以将这些数字与民众方面的损失相对比：有近 2,000 名平民丧生，其中大多数均来自工人阶级。[106]

1934 年 10 月，在西班牙其他地区只有零星冲突发生。然而，在阿尔瓦塞特省的比利亚罗夫莱多和塔拉索纳 德拉曼查，在对当地市政厅和其他公共建筑的攻击中却出现了一些伤亡。在比利亚罗夫莱多，当秩序由国民卫队恢复之时，有 4 人被杀；国民卫队并未蒙受任何伤亡。当年夏天早些时候，在塔拉索纳，来自社会党的市长被阿尔瓦塞特省的省长撤职，后者是隶属激进党的何塞·阿帕里西奥·阿尔维尼亚纳。此时，前者的右翼继任者在冲突中身负重伤。阿帕里西奥·阿尔维尼亚纳对此的回应就是派遣国民卫队前去增援。在保卫市政厅期间，有 1 名国民卫队士兵和数名当地警察被杀。该省其他地方几乎未受革命运动的波及。[107]

在萨拉戈萨省，发动总罢工的号召被全国劳工联盟无视，于是失败也就理所当然。然而，在被称作"山谷五镇"地区的马连、埃赫亚－德洛斯卡瓦列罗斯、陶斯特和温卡斯蒂略发生了流血对抗事件，这里也是阿拉贡在共和国时代中社会冲突最为激烈的地区之一。这里是一个土地所有权高度集中的谷物产区，为数不多的地主占有大量产业。在19世纪，这里的传统公地被以法律名义、通过各种欺诈手段由私人圈占，如今当地的临时雇工只有获得地主的准许，才能在公地上耕作以维持生计。1933年11月残酷暴力的选战与1934年6月收获季节的罢工导致该地区阶级仇恨加剧，而这在10月5日和6日的冲突中有所反映。[108] 在马连镇，1名国民卫队士兵被杀，另有1人受伤，还有1位镇民遭枪击身亡。在埃赫亚，有1名国民卫队士兵和1名平民受伤。在陶斯特，一个革命委员会接管了该镇，当地国民卫队兵营遭到攻击。革命分子被一个团的正规军部队击溃，后者用机枪和1门大炮朝他们开火。有6名平民被杀。[109]

在"山谷五镇"地区，最严重的暴力事件发生于温卡斯蒂略，这是一个几乎与世隔绝的仅有3,000名居民的小镇。10月5日（星期五）清晨，来自劳工总会萨拉戈萨支部的使者带着举行革命总罢工的指示抵达那里。温卡斯蒂略的镇长，温和派社会党人安东尼奥·普拉诺·阿斯纳雷斯告诉他们这无疑是疯狂之举。他并非狂热的革命分子，而是一个少有的温文尔雅之士，他擅长对农业改革中复杂的官僚机构的运作加以引导。由于他在推行工作机会平等分配、确立合理工作之条件、恢复上个世纪从村落集体手中巧取豪夺的部分公地的公有使用权，以及改善当地学校状况等方面所取得的成功，他已经招致了本地地主们的仇恨。然而，与其建议相反的是，来自萨拉戈萨的鼓动者的敦促却得到了当地劳工的热情响应，他们中有很多人处于失业状态，他们的家人正在挨饿。

上午6点，当罢工者要求当地国民卫队兵营缴枪投降时，国民卫队指挥官维多利诺·基尼奥内斯中士对此予以拒绝。普拉诺前去同基尼奥内斯中士谈话，后者说他的手下都忠于共和国，但是他们不会投降。他们的态度都非常恳切，而且，尽管未抱多大希望，普拉诺还是设法劝阻他的伙伴们不要采取过激行动。事实上，他刚一离开兵营，包围这座建筑物的罢工者就开了火，在接下来的枪战中，7名国民卫队人员中有2人被杀，基尼奥内斯中士和另外 1 人身负重伤,还有 1 人被打瞎了眼睛。其余 2 名士兵则坚持战斗至增援部队抵达。安东尼奥·普拉诺打着白旗走出住所,试图与增援部队进行对话,但是后者开了枪,他只得逃到附近的田野中。在战斗期间,一位当地极有权势的地主,安东尼奥·莫拉的家也遭到攻击,因为他拒绝向罢工者交出武器。在接下来的冲突中,莫拉的侄女受伤,而他本人则开枪打死了一个烧毁其车库并破坏其小汽车的罢工者。当国民卫队赶到现场驱散罢工者时,他们正企图放火把他从屋内逼出来。在众多受伤的罢工人员中,有一人伤重不治,于 10 月 8 日身亡。[110]

在西班牙全境,国民卫队在 1934 年 10 月起义中的战斗损失为 111 死和 182 伤,其中绝大部分伤亡发生于阿斯图里亚斯地区。[111] 这一记忆将会影响内战期间国民卫队所扮演的角色。而更为直接的影响,则体现在对革命分子的处置上。在阿斯图里亚斯起义中的矿工宣布投降以后,接下来的镇压行动由时年 44 岁的国民卫队少校利萨尔多·多瓦尔·布拉沃监管,此人在阿斯图里亚斯地区对左派的极端敌视是有案可查的。其实,在国民卫队的圈子中,他已被普遍看作对付阿斯图里亚斯地区左翼颠覆行动的专家。他曾于 1917 年至 1922 年间在奥维耶多服役,升任上尉后,从 1926 年直到 1931 年,他负责指挥希洪的卫戍部队。他因为在处理罢工和骚乱时的凶狠表现而恶名昭著。1930 年 12 月 15 日,在那场旨在终结贝伦格尔将军之独裁统治却最终失败的总罢工中,他卷入了在希洪发生的一次流血事件。罢工者试图拆除在一座耶稣会教堂外壁上的、为独裁者米格尔·普里莫·德·里韦拉将军歌功颂德的牌匾。耶稣会方面向示威者开枪射击,打死、打伤各一人。于是暴民纵火焚烧教堂,国民卫队则在接报后出动。多瓦尔指挥骑兵冲击罢工人群。之后,他授意对罢工人士进行野蛮殴打,以强迫他们指认暴动的领头者。在 1931 年 4 月,他曾计划用多挺机枪击退侵袭其兵营的工人。担任希洪当地报纸《西北报》(*El Noroeste*)主编的保守派共和党人安东尼奥·奥利韦罗斯对多瓦尔非常了解,他曾这样写道:"在我看来,多瓦尔在为国效力方面拥有罕见的天赋。他胆大包天,他对于'职责'的独特理解导致他犯下了恶劣之极的罪行,当然,这也解释了为何他在获取证据时会经常对嫌疑人施暴。"[112]

后来，多瓦尔卷入了1932年8月于塞维利亚爆发的那场失败的"圣胡尔霍政变"。尽管多瓦尔因在其中扮演的角色而遭受停职处分，但是1934年4月24日通过的大赦令让他获得了赦免。在被派到得土安之后，他暂时负责训练人民行动青年团的民兵部队，一直到同年9月19日。11月1日，多瓦尔被任命为"国防部于阿斯图里亚斯暨莱昂诸省恢复公共秩序之特派员"。迭戈·伊达尔戈在佛朗哥的特别推荐下做出了此项任命，后者非常清楚多瓦尔的手段，以及他在刑讯方面的本事。他们俩自小相识，他们不但是费罗尔海军预备学校的同学，还是托莱多步兵学院的同学，到1917年又同在阿斯图里亚斯服役。[113] 经伊达尔戈本人的书面授权，多瓦尔获准可在阿斯图里亚斯地区自由行事，而不受任何司法、行政和军事方面的约束。以"抗击左翼的十字军战士"而闻名的他，在该地区中上层阶级中间深受欢迎。

佛朗哥深知多瓦尔会以血腥与残忍的手段来执行任务，不出他所料，多瓦尔所营造的恐怖令国际舆论感到震惊。[114] 很快就出现了有关多瓦尔滥用其权力的报告。11月15日，顽固的保守派人士，国家保安总长何塞·巴尔迪维亚·加尔西-博龙不得不派出他的下属，身为督察官的阿德罗韦尔前去调查。阿德罗韦尔被多瓦尔以武力逐出阿斯图里亚斯。基于上述情况和大量有关多瓦尔之暴行的情报，巴尔迪维亚上尉向新任内政部长埃洛伊·巴克罗（激进党人）施加压力，要求后者将多瓦尔免职。12月8日，赋予多瓦尔的特别权力被废除。5天之后，他被调回了得土安。[115]

与此同时，在萨拉戈萨的温卡斯蒂略，起义被镇压下去以后，逃亡的镇长安东尼奥·普拉诺被抓住，并遭到国民卫队士兵的痛殴。在镇子上有110人被捕，他们在被国民卫队解往省城接受审判之前遭到酷刑的折磨。[116] 普拉诺任职期间取得的成果被推翻。在接下来的一年多时间里，温卡斯蒂略的国民卫队展开报复行动。许多民众因为无足轻重的理由而遭到关押与殴打，新任右翼镇长甚至为此提出了正式投诉。毫不令人意外的是，官方调查显示，没有制止这些行为的理由。在1935年2月和3月里，有110名被控参与10月5日和6日之暴动的镇民接受审讯。案件之审理严重偏向国民卫队与当地豪强人物安东尼奥·莫拉。起诉人的目标是将一切相关责任都锁定在镇长身上。为了实现这一目标，深受民众尊敬且持和解立场的普拉诺，被丑化成一个受仇恨驱使的共和国叛徒。他的辩护律师指出，如果连国民卫队都无法阻止革命暴动，那么指望普拉诺单枪匹马就能搞定此事显然非常荒谬。

尽管如此，法庭还是于1935年3月29日认定普拉诺为暴乱领导者并犯有武装叛乱罪。于是他被判处死刑。包括副镇长在内的14位平民被判处终身监禁。另有48名镇民被判处12年到25年不等的有期徒刑。在这些判决宣布以后，当地民众与国民卫队之间的对抗愈演愈烈。在左倾自由主义立场的人民阵线联盟于1936年2月获得大选胜利之后，安东尼奥·普拉诺与其他人一起获得赦免，他官复原职并恢复了之前的各项改革举措。[117]当地豪强地主对此怒不可遏，内战开始后，他们将实施极为可怕的报复行动。

4

战争迫近

1934—1936

希尔·罗夫莱斯和萨拉萨尔·阿隆索的希望已经实现。当北方的军事行动仍在进行中时，在全国范围内针对劳工领袖的大规模围捕也已展开。1934年10月11日，据独立右翼党团联盟官方日报《辩论报》报道，仅在马德里一地就有两千人被捕入狱。很快，在没有爆发革命运动，但地主与短工之间存在一定矛盾的那些地方，监狱中也人满为患。全国城乡各地的工人俱乐部，即所谓的"人民之家"也都被查封。社会党报纸遭到查禁。10月8日，在阿利坎特，有大批民众集会示威，要求释放很多被关押在圣巴巴拉城堡的政治犯。他们与警察发生了冲突，曾担任过塞维尔省和阿斯图里亚斯省省长的何塞·阿隆索·马略洛，与其他不少有名望的共和党人一起遭到逮捕。在10月9日的立法机构会议中，希尔·罗夫莱斯提议关闭议会，独立右翼党团联盟则投票通过了有关扩充秩序部队并恢复死刑的提案。共有1,134个社会党市镇议会被直接解散，并由被指定的右翼分子组成的未经选举的议会取代。这种情况还发生在阿尔瓦塞特、马拉加和奥维耶多等省会城市。

最为可耻的一个事例发生于马德里，那里的市议会被暂时关闭，而共和派市长佩德罗·里科也遭到停职，并受到平息罢工不力的不实指控。**农民党**（PAE）主席何塞·马丁内斯·德·贝拉斯科作为政府代表获得了短暂的控制权。10月19日他被萨拉萨尔·阿隆索本人取代，而后者当时已被新政府抛弃，因为莱尔罗克斯认为，内阁中存在3位来自西班牙独立右翼党团联盟的部长，已经是十足的挑衅。一周之后，萨拉萨尔·阿隆索获得了

"市长"（alcalde）的头衔。[1] 在马拉加，一个管理委员会取代了原来经选举产生的地方议会，而领导该委员会的则是一位名叫贝尼托·奥尔特加·穆尼奥斯的自由派激进党人。作为一名市议员，他曾经成功阻止了思想更贴近左翼的共和派人士从市立公墓中移除十字架的尝试。这一点，再加上他于1934年10月接受未经选举产生的市长一职，导致他在1936年遇害。[2]

以1934年10月之后在阿斯图里亚斯地区的血腥镇压为起点，发生于遥远殖民地摩洛哥的可怕暴行，开始转身变为针对共和国平民大众的战时恐怖主义行动。在佛朗哥的整体指挥下，残忍的胡安·亚圭统率非洲军团，暴虐的多瓦尔则负责"公共秩序"——阿斯图里亚斯见证了将在1936年夏应用于西班牙南部各地的那种模式日渐复杂的过程。佛朗哥对付所谓"兽性大发的凶徒""抢劫集团"和"无法无天的暴民"的那些行动，让右派势力赞赏有加。除了有111名国民卫队官兵被杀，还有包括7名神学院学生在内的33名神职人员丧生。[3] 不出意料，右派势力利用既有事实大做文章，将革命分子之犯罪行为夸大到令人毛骨悚然的程度。作为西班牙行动党领导人之一的奥诺里奥·毛拉将矿工称为"败类、蛆虫和社会渣滓"，他们"不配为西班牙人，简直就是让人恶心的豺狼"。他们被丑化成杀人凶手、窃贼和强奸犯，而他们的女性帮凶则被描绘成"煽动暴行的荡妇。其中有些人年纪轻轻甚至颇有姿色，然而她们的脸上却流露出一种无耻与残忍交织的道德败坏"。[4]

对于右派人士而言，使用非洲军团对付"毫无人性"的左翼分子完全是正当之举。然而，不可避免地，无论是在西班牙国内还是西班牙之外，在被视为西班牙基督教再征服运动之摇篮的阿斯图里亚斯地区使用摩尔人部队这一做法，还是引起了强烈的批评。支持萨莫拉总统的右翼农民党国会议员和公共工程部长何塞·马里亚·锡德·鲁伊斯–索里利亚，通过发布一个有着双重种族偏见的声明对此回应道："对于那些干下如此多野蛮暴行的下等人来说，摩尔人只不过是他们应得的众多惩罚之一，而他们的罪行要比他们所受的惩罚严重得多。"[5] 在由安赫尔·埃雷拉·奥里亚领导的国家天主教促进会位于奥维耶多的支部发行的一本书中，也用到了类似的措辞，暗示革命分子对教会犯下的罪行让他们与摩尔人成为一丘之貉，因此他们承受摩尔人的暴行只不过是罪有应得。[6] 论及 1934 年 10 月里所发生的那些事件的大多数天主教背景的著作，往往将革命等同于对天主教信仰的攻击，并将教会人士蒙难与耶稣基督落入犹太人手中的遭遇相类比。[7]

与阿斯图里亚斯形成鲜明对照的是，在加泰罗尼亚地区，十月起义未经暴力镇压即被平息，这要归功于加泰罗尼亚军区总司令多明戈·巴泰特·梅斯特雷斯将军的克制与其职业军人之操守。加泰罗尼亚地方政府发现自己进退两难，一边是推动加泰罗尼亚独立的极端民族主义者，另一边是决心中止地方自治的马德里右翼政府。为了阻止革命爆发，地方政府主席路易斯·孔帕尼斯于 10 月 6 日匆忙宣布加泰罗尼亚独立。巴泰特将军凭借着耐心与良好的判断力做出回应，并恢复了中央政府的权力，从而阻止了可能爆发的大规模流血冲突。特别值得一提的是，他绕开了佛朗哥，后者当时建议国防部长迭戈·伊达尔戈在加泰罗尼亚和阿斯图里亚斯实施镇压。让佛朗哥恼怒的是，巴泰特只与伊达尔戈和总理莱尔罗克斯打交道。作为一名高级军官，他对佛朗哥使用外籍军团严惩加泰罗尼亚的提议置之不理，而在亚圭中校魔掌之下的阿斯图里亚斯却遭受了这样的厄运。相反，他只投入了一支小部队，并以最小的伤亡代价迫使宣布独立的地方政府投降。巴泰特同样也阻止了佛朗哥派出军舰对巴塞罗那实施炮击的企图。[8]

在一次电台广播中，巴泰特将军用与右翼复仇精神迥异的充满遗憾与安抚的语气，向民众说明他是如何指挥此次绥靖行动的。何塞·安东尼奥·普里莫·德·里韦拉在国会中怒斥巴泰特将军，称其为"一个对西班牙国家缺乏信仰的将军"，并且说他的广播"让我们蒙羞"。[9] 两年以后，佛朗哥将对巴泰特的温和立场进行报复。1936 年 6 月，巴泰特奉命担任第 6 军区司令官，军区司令部位于布尔戈斯，而这里正是 7 月 18 日叛乱的神经中枢之一。面对其手下军官几乎一致决定加入叛乱方的局面，他勇敢地表示拒绝参与。他信守对共和国保持忠诚的誓言，这导致他被送上审判席并被处以死刑。佛朗哥恶意插手司法程序，意欲将巴泰特将军置于死地。[10]

现在，尽管政府已大获全胜，但是仍有很多平民与军官在准备摧毁共和国。奥内西莫·雷东多正在设法建立一个储存轻武器的军火库。他租下了皮苏埃加河畔的一个体育场，用于训练当地的长枪党民兵。每逢星期日，他会率领民兵在巴利亚多利德或该省其他市镇的街道上列队游行。1934年10月，在巴利亚多利德，长枪党分子与铁路工人纠察队之间爆发了血腥冲突。事后，奥内西莫·雷东多在其散发的小册子中大肆叫嚣，扬言要将阿萨尼亚、拉尔戈·卡瓦列罗、普列托和孔帕尼斯送上绞刑架。[11]

奥内西莫·雷东多与其他极右翼分子的活动显示，他们对于一个稳固的右翼政府所取得的成功并不在意。或是由于他们的推动，或是由于何塞·安东尼奥·普里莫·德·里韦拉本人也感到担忧——他认为十月后的镇压行动过于"温和"——他下定决心要带领长枪党通过武装斗争的方式颠覆民主政权。[12] 1935年初，他与西班牙军事同盟的巴托洛梅·巴尔瓦·埃尔南德斯见过数面，并达成了共识。通过里卡多·德·拉达中校牵线，长枪党与卡洛斯派分子也建立了联系——里卡多·德·拉达同时是卡洛斯义勇军和长枪党民兵两支武装力量的训练负责人。在1934年10月以后，下级军官中加入西班牙军事同盟的人数激增。[13]

1935年6月中旬，长枪党执委会（"政治委员会"）在一次于马德里以北格雷多斯山脉的国营旅馆*举行的会议中，"做出了具有约束力的正式决议，即发动国内圣战以拯救我们的祖国"。就其与西班牙军事同盟进行接触一事，何塞·安东尼奥做了报告。接下来，他提出了在靠近葡萄牙边境的丰特斯-德奥尼奥罗（位于萨拉曼卡省）发起暴动的计划。某个未具名的将军（很可能是圣胡尔霍）将从葡萄牙弄到1万条步枪，然后将它们交给准备"向马德里进军"的长枪党暴力分子。[14] 由于左派仍在暴力镇压之阴影的笼罩下，而军队中大多数右翼分子均已执掌权力，所以长枪党的暴动无法获得军方高层人物的支持。这一构想最终被放弃，这可能让何塞·安东尼奥也松了一口气。[15] 决定进行武装斗争的唯一实际结果就是何塞·安东尼奥出价从巴尔瓦·埃尔南德斯的西班牙军事同盟那里获得武器。[16]

事实上，6月的收获季罢工与10月里起义的接连失败，已经让政治与社会局势空前紧张，这在南部地区尤其如此。新任农业部长，属于独立右

---

* 对应西班牙文为 Parador，指的是西班牙国营酒店集团旗下的旅馆，通常由废弃古堡、宫殿、修道院等历史建筑改造而成。该集团由西班牙国王阿方索十三世为推动西班牙旅游业发展而建立，首家旅馆于1928年在位于格雷多斯山区的阿维拉省启动运营。

翼党团联盟的巴达霍斯省的国会议员曼努埃尔·希门尼斯·费尔南德斯，希望通过贯彻实施其社会天主教的信条来缓和局势。但是，暴怒的地主老爷让他的远大志向付诸东流。埃斯特雷马杜拉的乡村人口已经度过了漫长的贫困化的岁月。大地产所有者可以安然度过歉收和干旱等危机，而那些较小的地产所有者此时只能任由放贷者（通常是较为富裕的地主）摆布。他们将被迫抵押并最终失去他们的土地。对于那些只拥有两头骡子*，并且依靠租种土地谋生的短租佃农而言，问题尤为严重。

长期以来的敌对态势在 1934 年 11 月到达顶点。敌对的情形始于 1932 年，当时地方上的土地所有者联合起来拒绝向短租佃农提供土地租约，而把他们抛荒的土地用于放牧牲畜。他们的目的就是迫使短租佃农卖掉他们的耕牛和农具，然后沦为仰其鼻息过活的按天领取报酬的临时雇工。1932 年秋季，陷入绝望之中的短租佃农，向那些抵制他们最卖力的地主的庄园，发起了一系列入侵行动。他们往往会举行仪式，打着旗子和标语，在黎明时分拖家带口进入庄园耕耘土地。其间很少发生暴力冲突，当遇到地主的武装随从或者国民卫队时，这些贫苦农民通常会选择和平撤离。终于，在 1932 年 11 月 1 日，共和派-社会主义者联盟将私自占地的既成事实予以临时合法化，该项举措涉及卡塞雷斯省的 1.55 万农民和巴达霍斯省的 1.85 万农民，有效期为一年；在 1933 年到期之后它又被延长了一年。在巴达霍斯、卡塞雷斯和萨拉曼卡各省，大地主们，尤其是养牛业经营者，对复耕已用作牧场的土地这一行动表现出了强烈的敌意。[17]

在 1934 年下半年，如何处理在 1932 年 11 月占地并移居的 3.4 万名短租佃农，已经成为一个迫在眉睫的问题。独立右翼党团联盟现在有机会将其大肆宣扬的采用社会改良的方式对抗革命这一目标付诸实践。作为拥有耕地农具与牲畜的经验丰富的农业劳动者，埃斯特雷马杜拉地区特有的短

---

* 原文为 a *yunta* (yoke) of mules，即"同负一轭的两头骡子"，而下文中的"短租佃农"在西班牙语中称为 yuntero（有时也译作更为一般化的"贫苦农民"），原意就是指驱使同负一轭的两头牲畜犁地的人，相当于英语中的 ploughman。事实上，yuntero 是埃斯特雷马杜拉地区特有的一种农业生产者阶层，他们依靠手中的少量牲畜与生产农具，耕种村镇公地或私人庄园中采取轮作制的小块土地，因此他们获得的土地租约往往只有一年，而且常会因寻找新的工作机会而居无定所。与一般的佃农相比，他们更缺乏自主权，生活也更无保障，但承担的附加劳役却与普通佃农相当。

租佃农（yuntero）阶层是社会天主教运动的潜在支持者。他们可以很容易被转化为收益分成的长租佃农。[18] 然而，希门尼斯·费尔南德斯却面对着来自当地右派的将他们立即驱逐的要求。[19] 他在1934年11月到1935年3月间提出的诸项措施无法从根本上解决农业问题，但确实是在设法缓和矛盾，并避免更严重的后果的发生。然而，他得到的只有极右分子的敌意，而在他自己的党派即西班牙独立右翼党团联盟之中，也充斥着内斗与恶毒的人身攻击。1934年10月16日，来自卡塞雷斯省的一个地主团体前往拜访希门尼斯·费尔南德斯，同来的还有该省的7位国会议员（其中3位来自独立右翼党团联盟，4位来自激进党），以及阿道弗·罗德里格斯·胡拉多——马德里的国会议员（同样来自独立右翼党团联盟）兼地主阶级压力团体"全国乡村土地所有者联合会"的主席。他们在希门尼斯·费尔南德斯面前表达了他们企图埋葬后者的《贫农及小土地所有者保护法》的冷酷决心。他们强烈的反对在希门尼斯·费尔南德斯的日记中有所反映，其中不止一位拜访者被称为"下定决心搞破坏的法西斯分子"。[20]

1935年1月，希门尼斯·费尔南德斯的《关于所有权获得之法案》为乡村佃户提供了机会，允许他们购买已在其上耕作满12年的土地。这一堪称温和的法案却导致国会中出现了一个极右翼议员联盟，其领导人物包括卡洛斯派分了何塞·马里亚·拉马米耶·德·克莱拉克（萨拉曼卡省）和4位独立右翼党团联盟的议员——马特奥·阿斯佩蒂亚·埃斯特万（萨拉戈萨省）、坎迪多·卡萨努埃瓦·戈尔洪（萨拉曼卡省）、路易斯·阿拉尔孔·德·拉·拉斯特拉（塞维利亚省），以及4人中最凶狠的罗德里格斯·胡拉多。他们对允许贫农获得产业的想法恨之入骨。[21]

路易斯·阿拉尔孔·德·拉·拉斯特拉是一名炮兵军官和非洲殖民军的老兵，他曾因不愿向共和国宣誓效忠而离开了军队。他也是一个贵族，拥有加尔韦斯伯爵和伦德侯爵的头衔，并且在塞维利亚省的卡莫纳（大庄园最为集中的地区之一）周边拥有相当多的产业。他于1933年成为代表塞维利亚的来自独立右翼党团联盟的国会议员，但是在1936年2月的大选中却未能在国会中获得一席之地。西班牙内战开始之后，他再次从军，并在亚圭的非洲军团纵队中指挥炮兵部队炮轰了大量城镇。到1938年，他成为摩洛哥军团的炮兵总指挥官。1939年3月底，为表示嘉奖，佛朗哥授予他马德里民政长官（Civil Governor）一职，5个月之后，他被任命为工商部长。[22]

现在，在一次又一次的国会会议中，阿拉尔孔、拉马米耶与独立右翼党团联盟之极端派将希门尼斯·费尔南德斯的农村土地租赁法案中的进步元素剥离，然后加入了允许大规模收回租地的条款。希尔·罗夫莱斯指出，只有做出符合基督教精神的让步才能避免革命的爆发，然而他本人却置身事外，眼睁睁地看着他的农业部长被称作"白色布尔什维克"和"伪装的马克思主义分子"。更有甚者，希尔·罗夫莱斯还把希门尼斯·费尔南德斯的死敌们弄到议会委员会中，让他们对后者的法律草案进行审查。拉马米耶·德·克莱拉克的言论显示出他所谓的天主教信仰已经偏离到了何种程度，他曾经宣称"如果农业部长继续引用教宗通谕支持他的方案的话，那么我敢肯定我们最后都会变成希腊东正教徒"。[23]当他接下来挑起一场内阁危机时，希尔·罗夫莱斯的反应就是悄无声息地将希门尼斯·费尔南德斯解职。

1935年7月3日，希门尼斯·费尔南德斯的继任者，来自阿维拉省的农民党保守派成员尼卡西奥·贝拉约斯，贝拉约斯提交了一个后来以"反农业改革"而著称的议案。这项议案由于极其反动而遭到形形色色的左翼共和派和激进党人士，甚至是何塞·安东尼奥·普里莫·德·里韦拉本人的谴责。其中最引人注目的变化就是将所谓的"可征收财产名录"弃置一旁。这样地主就能将其财产置于其他人的名下以逃避征收。从此以后，不希望自己的财产被强行购买的人士就可以逃避征收。而且，每个案件的征收补偿都将由包括地主在内的仲裁委员会审查，以确保被征收的财产可以按照准确市价进行估值。[24]在埃斯特雷马杜拉，本地的地主开始驱逐短租佃农。在巴达霍斯省的弗雷赫纳尔–德拉谢拉，有个地主自己就收回了20个农户的租地。[25]

在巴达霍斯省，随之而来的紧张局势于1935年6月10日得到了彻底的展现，当时该省年仅26岁的社会党国会议员佩德罗·鲁维奥·埃雷迪亚在一家餐厅里被雷希诺·巴伦西亚枪杀，后者受雇于萨拉萨尔·阿隆索。前文提到过，雷希诺·巴伦西亚曾进行过那次导致萨夫拉市长何塞·冈萨雷斯·巴雷罗被解职的"巡查"。来自全国农业工人联合会的数千名成员参加了鲁维奥的葬礼。在 6 月 27 日对巴伦西亚的审判中，代表塞维利亚的独立右翼党团联盟之国会议员曼努埃尔·巴卡·马特奥斯为他辩护，宣称凶杀的发生是一场争斗的后果。受害者家庭一方的代理人，社会党人胡安－西梅翁·比达特用充足证据证实了雷希诺·巴伦西亚的行为并非"激情杀人"，这点得到了法庭的认可。雷希诺·巴伦西亚被判处十二年零一天的有期徒刑。后来他上诉至最高法院，并由拉斐尔·萨拉萨尔·阿隆索亲自为他辩护。比达特后来写道："我和全省上上下下的人都知道，他［萨拉萨尔·阿隆索］就是谋杀的幕后黑手，这张丑陋的脸令我恐惧，令我恶心。"在 1935 年 12 月底的这次不成功的上诉中，比达特说萨拉萨尔·阿隆索不应该再穿律师袍，而应该换上囚衣，引来法庭内一片骚动。[26]

尽管被任命为马德里市长，萨拉萨尔·阿隆索的政治命运还是自 1934 年 10 月初去职内政部长以后急转直下。莱尔罗克斯意识到，内阁成员名单中有 3 位右翼党团联盟背景的部长赫然在列将会激怒左派，所以他认为不可以让萨拉萨尔·阿隆索继续留任。而且，为了让总统阿尔卡拉·萨莫拉批准其新内阁的人选名单，他也必须有所表示。[27] 在有关阿斯图里亚斯与加泰罗尼亚的革命起义及后续镇压行动等问题的国会辩论中，前总理里卡多·桑佩尔声称萨拉萨尔·阿隆索需要对发生的事情负责。羞愤难当的萨拉萨尔·阿隆索起身离席以示抗议。[28]

无论在萨拉萨尔·阿隆索写给安帕罗的私人信件中，还是在他之后的回忆录中，他都在大肆吹嘘自己挑起劳工起义的"丰功伟绩"，所以他的痛苦只能来自一个事实，那就是所有事情的发展均未如其所愿。10 月后的镇压似乎让西班牙社会恢复了平静，但在平静的表面之下暗流涌动。1935 年的旱灾使南部地区受到沉重打击，一些地方的失业率超过 40%，城镇街巷中挤满了乞丐。饥饿的农业劳动者和富有的乡村中上层阶级用恐惧与怨恨的目光看待彼此。参加 1936 年 2 月大选的右翼分子在其竞选游说活动中预言，左翼的胜利将意味着"不受控制的劫掠和将妇女公有化"。即使没有这样耸人听闻的挑拨，自然灾害也加剧了社会紧张局势。在 1935 年漫长的干旱期之后，1936年初的大暴雨让成熟待收的橄榄遭遇灭顶之灾，同时也给大麦和小麦等作物造成了损失。大选期间，在安达卢西亚和埃斯特雷马杜拉各地，雇主们向那些投票给右派的人提供食物和工作，而拒绝雇主们的要求就意味着挨打或丢掉工作。在凋敝萧条的城市与乡村地区，人民行动党的地方机构开始开设施粥铺，并给穷人分发毛毯。在很多地方，右翼开始着手进行贿选。[29]

在大多数南部省份，"人民之家"在十月革命之后已经连续关闭了16个月。以格拉纳达为例，共和派的报纸会在从格拉纳达运往周边市镇的途中神秘丢失，然而与此同时，独立右翼党团联盟的《理想报》（*Ideal*）却总能顺利抵达目的地。《理想报》呼吁右翼分子放弃他们的"自杀式惰性"，并建议他们发动几次打击以让左派闭嘴。在很多省份，地方豪强雇用打手（常常是在国民卫队的协助下），以阻止左翼之宣传的广泛传播。共和派的宣传海报在枪口的威胁下被撕掉，共和派的演讲者被路障挡住无法进村，有时甚至直接遭到逮捕。除非持有特殊文件否则农民不准参加投票一类的谣言也在四处传播。[30]

在巴达霍斯东北部一片被称为"埃斯特雷马杜拉的西伯利亚"的地区，阿尔科塞尔镇的土地登记员巴尔多梅罗·迪亚斯·德·恩特雷索托斯深深感受到了当时的这种悲恨交织的气氛。对法西斯主义极为支持的迪亚斯·德·恩特雷索托斯，因为卡斯图埃拉的一家出租车公司使用二手车以合理的价格搭载当地工人阶级而深感冒犯。有一个地主这样对他说：

> 选举和宽容都是我们不需要的东西。以前，这些东西是相当不错的，那是因为权力都掌握在我们自己人的手中，不管是自由派还是保守派，抑或是其他什么人上台掌权，其实都无关紧要。但是如今，在法律和秩序受到革命威胁的紧要关头，我们不需要这些关于议会和民主的胡言乱语。这里的答案，就是采取一切手段迫使暴民屈服，如果需要的话，就先砍掉他们的脑袋，否则他们可能也会对我们这么做。

迪亚斯·德·恩特雷索托斯的死党之一是阿隆索·穆尼奥斯·洛萨

诺·德·索萨，他是一个地主，同时还是服役于突击卫队的一名步兵中尉。在2月16日选举的那一天，他携带一支冲锋枪来到阿尔科塞尔镇。当天造访该镇的还有全国农业工人联合会的总书记里卡多·萨瓦尔萨，他是由社会党提名的巴达霍斯省国会议员的候选人。当萨瓦尔萨独自一人在本地小酒馆里低头吃东西的时候，他深深地感受到了来自中产阶级顾客的敌意。当时，迪亚斯·德·恩特雷索托斯也在那里与穆尼奥斯中尉一起吃午饭，后来他在自己的笔下表达了内心中对萨瓦尔萨的憎恨（然而判断依据只是这一面之缘，实际他与萨瓦尔萨并不相识）。作为教师的萨瓦尔萨总是衣着整洁。可是，迪亚斯·德·恩特雷索托斯对左翼的偏执狂般的仇视蒙蔽了他的双眼，于是他看到的唯有丑恶：

> 从他的外表就能看出他是一个什么样的人。蓬头垢面，令人反感，与他所从事的破坏活动倒是挺搭配。他走遍了小镇，鼓动闹事和抢劫。据说在1934年的农民罢工期间，他曾在铁道上放置炸弹。我不知道这一事实［原文如此］真实与否，但看着这个冷酷肮脏的男人，这似乎完全有可能。那天我反复盯着穆尼奥斯的冲锋枪不知看了有多少次，我一直忍不住在想，如果我能开火把他打个稀巴烂，那会是一件多么痛快的事啊！

当选举结果开始陆续揭晓时，穆尼奥斯给出了不详的评语："这必须要用子弹来解决。"[31] 他们想要让萨瓦尔萨死的心愿将会实现：4年之后，萨瓦尔萨在佛朗哥当局的监狱中被行刑队处决。[32]

左翼在大选中的险胜反映了西班牙社会的两极分化。在经历了1933年至1935年的"黑色两年"期间右翼政府的反攻倒算之后，劳工大众已经无意妥协，在乡村地区尤其如此。城市和乡村的劳工阶级都要求对1934年10月后的镇压行动进行赔偿，同时还要求将人民阵线选举联盟的领袖精心制定的改革方案尽快付诸实施。当群众聚集在阿斯图里亚斯与其他地方的监狱外面，要求释放那些在1934年10月之后被关押的政治犯时；当大量劳工出现在大庄园旁要求获得工作时，严重的恐慌情绪在中产阶级中间蔓延。

在乡村地带的很多市镇中，出现了针对富人俱乐部的袭击。此外，为了报复天主教神父粉饰镇压行动，以及大选期间利用布道的机会为右翼宣传造势，也有教堂遭到纵火焚烧。

民怨沸腾如此，新总理曼努埃尔·阿萨尼亚大为震惊，于是他迅速着手执行和解方案。1936年2月20日，在他的首次内阁会议上，即通过了恢复之前经选举产生的各市镇议会，以及对1934年10月起义后被捕的在押人员实施大赦的决议。第2天，阿萨尼亚通过广播电台向全国发表讲话，在讲话中他许诺要"治愈近年来造成的创伤"，同时也表示，他保证新政府将不会为过去两年的种种不公寻机报复。他相信大众的骚动只是一种暂时现象，只不过是伴随着选举胜利而产生的极度兴奋带来的结果。为了平复动荡不安的局势，阿萨尼亚内阁于2月29日颁布法令，规定雇主必须重新接纳由于意识形态原因或因在1934年1月1日以后参加罢工而遭其解雇的工人，并为他们额外支付至少39天、至多不超过6个月的工资作为补偿。很多雇主组织对此的直接反应就是发表声明，宣称这将会造成一场"彻头彻尾的经济灾难"。从短期来看，总体上右翼对阿萨尼亚的期望，就像西班牙剧作家拉蒙·德尔·巴列·因克兰所表达的那样，如同"病人对鱼肝油的期望"。[33]

尽管如此，阿萨尼亚仍面临着"心有余而力不足"的问题。虽然他已向全国发表讲话，但是乡村地区的骚乱仍在继续。在穆尔西亚北部的耶克拉所发生的事件令阿萨尼亚深感沮丧，当地的产权登记处、7座教堂与6所房屋遭到暴力纵火。[34] 由于弗朗西斯科·拉尔戈·卡瓦列罗拒绝让社会党人参加内阁，阿萨尼亚对局势的掌控能力被大大削弱。基于对共和派之温和立场的不信任，拉尔戈·卡瓦列罗为支持选举联盟所做的准备工作，只是为了确保镇压的受害者获得政治上的赦免。对1931年至1933年间右翼阻碍改革之行径记忆犹新的他，坚持认为只有成立社会党一党独大的内阁才能改造西班牙社会。他过于自信地认为，左翼共和派会继续他们的改革计划，并且会在革命的资产阶级阶段将自己的实力消耗殆尽。然后，他们将为社会党内阁让位，或者被法西斯主义叛乱吞没，而后者本身就会引发一场成功的革命。

1936年4月3日，拉尔戈·卡瓦列罗在接受美国记者路易斯·费希尔采访时颇为得意地对他说："反动分子除了发动政变再不可能重新掌权了。"[35] 尽管他只是在重复有关革命的陈词滥调，但不幸的是，中上层阶级人士并不认为他的革命言论仅仅是虚张声势。一方面，右翼的宣传加剧了他们对革命的恐惧；另一方面，拉尔戈·卡瓦列罗的政策却阻止了革命的爆发与强有力的政府的诞生。结果就是，当针对左翼的军事阴谋酝酿成熟之时，掌权的却是一个无所作为的共和党政府。

如此紧张的局势让阿萨尼亚感到必须采取应对措施。他在给他连襟的信中写道："每天夜里，左翼人士都在担心发生一场旨在阻止共产主义来临的军事政变。右翼人士则为可能到来的苏维埃政权感到忧心忡忡。我从未见过如此令人恐慌或者如此愚蠢的情况。社会主义者组建了一个以看门人、清洁工和专职司机为基干力量的情报系统，他们搜集各种小道消息。"在股市下跌与街市萧条的背景之下，4月3日，阿萨尼亚在新一届国会中发表了他的演讲（阿萨尼亚在国会发表的两次重要演讲中的第一次）。其中他提到了在农村地区发生的骚乱与暴力事件，并表示他的内阁不得不处理这场"全国性的溃疡"。

面对新政府执政头六周中发生的过激行动，他提出了这样的质问："那些被侮辱与被损害的人民群众，那些两年以来一直在忍饥挨饿的人，那些刚刚从政治迫害的监狱里走出的人，我们能否让他们像我们所努力要去做的那样，抛开仍然历历在目的种种不公之举，不计前嫌地进行思考和行动呢？我们必须得看到，政府确实也预料到……民众怒火的第一轮爆发所引发的种种过激之举将会有损政府，并削弱政治权威。"在谴责各种暴力侵犯行为的同时，他也谴责了那些企图从中捞取政治资本的人。他认识到西班牙人通过暴力解决问题的倾向造就了一种"大灾将至的假说"。他声称："许多人都在沮丧中徘徊，想象着觉醒后的西班牙将成为另一个苏联。"对于政治门外汉来说，怀有这种恐惧是可以理解的，但有些具备政治意识且别有用心的人借此煽动恐慌情绪，进而为政变造势，这就让他不能容忍了。

阿萨尼亚将这一动乱的前因后果解释清楚，并继续声称，他的政府正是以治疗西班牙社会核心中的失衡为目标。他承认，这可能意味着损害那些从"这种可怕的不平衡"中获利的人的利益，并补充说，"我们将打破任何可能存在的无节制的财富集中"。他呼吁富人们做出一些牺牲（没有想过要让整个富人阶层自杀），而不是面对由社会不公引发的绝望所导致的严重后果。在演讲结束时，他宣称这将是共和国的最后一次机会，因为，如果他倡导的社会财富再分配像1931年至1933年的改革那样再次遭到反对，那么通过合法途径解决问题的道路也就走到了尽头——当时的阿萨尼亚没想到自己如此未卜先知。令人惊讶的是，从共产主义者到极右翼分子，普遍都对这一最后通牒感到很欣慰。股市再次开始上涨，而阿萨尼亚被视为国家英雄。[36]

尽管缺乏社会党的参与，阿萨尼亚的新政府仍然决心迅速实施真正意义上的农业变革。到1936年2月底，西班牙全国失业人口已达843,872人（占全国劳动力总人口的17%），因此改革工作的推进更为艰难。[37] 新任农业部长马里亚诺·鲁伊斯-富内斯宣布了有关迅速实施农业改革的承诺，复苏中的农业工人同盟则决意促使他信守诺言。在过去两年乡村地区的严酷镇压之后，1936年，全国农业工人联合会开始以令人目眩的速度扩张，其好斗的领导层并不愿意容忍政府的拖延和来自大地主的阻碍。

大选过后，里卡多·萨瓦尔萨立即写信给鲁伊斯-富内斯，敦促他抓紧时间将土地归还给1935年被地主驱逐的佃农，并且恢复混合评审团（仲裁委员会）和强制耕种法。在致劳工部长恩里克·拉莫斯的一封信中，萨瓦尔萨请求对方实行一项为失业劳工在土地所有者处安排工作的计划。在第三封写给内政部长阿莫斯·萨尔瓦多的信中，他要求解除地方豪强的武装。地主与其家仆所保有的大量武器，以及国民卫队对他们的大力支持给全国农业工人联合会敲响了警钟，于是该组织开始迅速呼吁其成员组建民兵武装，以防止1934年和1935年的迫害重演。在西班牙国会于3月中旬召开以前，西班牙各地的农民纷纷举行示威活动以支持萨瓦尔萨的要求。[38] 全国农业工人联合会的诉求并不是革命性的，但它们仍然对农村经济权力的平衡构成了重大挑战。此外，过去两年中发生的诸多事件导致农村的阶级仇恨进一步加剧，以至于和平推行被寄予厚望的社会保障立法已经基本不可能。当时的经济形势决定了，这些在减轻失地农民苦难方面至关重要的改革举措，在农村财富未进行大规模再分配的情况下，不可能为雇主所接受。1935年12月至1936年3月期间的连续降雨严重影响了谷物收成，并降低了大小种植业主的利润率。这场自然灾害简直是火上烧油，它进一步增强了雇主与劳工双方抗拒和解的意愿。

对农业工人联合会之诉求早有预料的西班牙独立右翼党团联盟在其宣传攻势中预言，左翼大选胜利将会成为最令人毛骨悚然的社会灾难的前奏。因此，2月16日的失败意味着大土地所有者的利益与教会的利益均无法在法律框架内获得保护，于是暴力就成了唯一选项。总参谋长弗朗西斯科·佛朗哥相信，左翼的选举胜利是共产国际计划接管西班牙的第一阶段。他之前就对从日内瓦反共产国际联盟那里寄来的小报中的内容深信不疑，这些小报来自莫拉之密友——腐化的警察毛里西奥·卡拉维利亚炮制的大量夸大其词的报告。从2月17日凌晨起，希尔·罗夫莱斯就同佛朗哥进行密谋，企图通过宣布戒严令来推翻大选结果。他们设法说服了几支卫戍部队如此行事，但是因为国民卫队总监塞瓦斯蒂安·波萨斯·佩雷亚仍然效忠共和国，所以他们的努力也就归于失败。

3月8日，佛朗哥和其他高级将领在马德里会晤，并着手启动最极端的暴力手段——军事政变。他们同意让埃米利奥·莫拉将军担任政变首脑，并由巴伦廷·加拉尔萨·莫兰特上校担任其联络处主任。[39] 这不足为奇。1935年5月，在希尔·罗夫莱斯成为国防部长之后，他任命佛朗哥为总参谋长，他们悄无声息地在国防部里为莫拉安排了一间隐蔽的办公室，以便他准备使用殖民地军队对抗西班牙本土左翼势力的作战计划。[40] 接下来，莫拉被任命为梅利利亚的总指挥官，此后不久，他担任了负责整个摩洛哥保护国的军事总指挥官。佛朗哥则确保将可靠的保守派分子安插到驻摩洛哥与西班牙各军事单位的指挥层中。后来他吹嘘说，这些军官是政变的关键棋子。[41]

与此同时，安达卢西亚和埃斯特雷马杜拉面临着激烈的冲突，因为当地地主曾经公然蔑视有关工资与工作条件的协议，并将短租佃农驱逐出他们的庄园。大选结束之后，在怨气冲天的右翼分子的注视下，欢欣鼓舞的农民带着红旗和工会的条幅在城填中游行。民众欢庆的场景和对富人俱乐部的攻击令乡村地区的中产阶级惊骇不已。劳动立法开始得到加强，在南方地区，劳工被"安置"在未开垦的私人土地上。在1934年的收获季节罢工和同年10月的事件之后遭到监禁的民众被释放，并陆续返回他们原来的城镇和村庄，这让之前逮捕他们的国民卫队人员恼怒不已。在安达卢西亚的市镇中，示威者袭击右翼活动中心和富人俱乐部。[42]

阿萨尼亚的各项法令在1936年2月20日正式宣布时受到了谨慎的欢迎，但在实施过程中却引起了强烈的不满。在巴达霍斯省的各市镇议会中，1934年由萨拉萨尔·阿隆索强行安排的各右翼市镇长官被毫不留情地赶下台，之前遭到罢免的社会党人士则纷纷复职。而且，萨拉萨尔·阿隆索这位从前的巴达霍斯省首屈一指的大庄园主，现在也已经身败名裂。在1934年，他深入参与了一起赌博欺诈事件，这最终导致激进党名誉扫地。他与其他涉案的激进党要员收受贿赂，协助一种可以暗中操纵结果的轮盘赌博机获得在西班牙赌场的使用许可。于1935年被揭露的这起丑闻被称为"Estraperlo"，它源自该机器发明人施特劳斯（Strauss）和佩洛维茨（Perlowitz）的名字。* 萨拉萨尔·阿隆索得到了1块金表和10万比塞塔（相当于今天的3.5万英镑），而内政部副部长爱德华多·本索和国家保安总长何塞·巴尔迪维亚则分别得到了5万比塞塔。虽说轮盘赌博机已获准使用，但是萨拉萨尔·阿隆索对所得的贿赂并不满意，于是他在圣塞瓦斯蒂安赌场举行轮盘赌开幕式时安排了一次警方临检。为了对此进行报复，该机器的发明者向总统阿尔卡拉·萨莫拉泄露了关于该案的一些文件。接下来在1935年10月的国会辩论中，由于西班牙独立右翼党团联盟的支持，萨拉萨尔·阿隆索以140票对137票的结果被免除了相关责任。当这一决议宣布时，何塞·安东尼奥·普里莫·德·里韦拉高呼"Estraperlo万岁！"[43] 尽管萨拉萨尔·阿隆索仍旧是马德里市长，但是他的政治生涯已经完结。1936年2月竞选期间，他在巴达霍斯发表讲话时，经常被围观群众的各种关于轮盘赌和金表的俏皮话打断。败选后，他立即宣称选举结果是伪造的。他

---

* 这一诞生于20世纪30年代的西语单词，在今天已经成了各种肮脏交易和暗箱操作的代名词。

告诉莱尔罗克斯，自己面临严重的经济困难（虽然他像其他前任部长一样，领取着全额的部长薪金）。1936年4月，他成了右翼报纸《消息报》（*Informaciones*）的社长。[44] 他在内战爆发之初躲藏了起来，但最终还是被逮捕，人民法庭草草审判过后将其枪毙。

地方上那些最富有的地主对自身安全非常担忧，他们离弃了他们豪华的宅邸迁往别处。在南方各地，共和国的农业立法正在逐步恢复。混合评审团再度回归，强制耕种休耕土地的法令也重新开始实施。以另一种形式出现的市镇边界法开始施行，以防止当地的土地所有者从外部引进廉价劳力来破坏工会行动。在很多村镇中，恢复行使职权的地方议会规定，应为市政雇员支付自他们被免职时算起的全部积欠工资。劳工被分配到庄园中工作，庄园主人应为他们支付报酬。不用说，有产阶级因那些他们自认为不公正的举措，以及那些他们认为理应保持恭敬驯服的下等人的粗鲁无礼而感到愤怒不已。还有某些村镇的民政长官禁止传统宗教游行，这导致局势进一步紧张。[45]

地主因为农民不再对其卑躬屈膝而怨恨不已，而这种怨恨常常表现为针对工会领导人的暴力攻击。在卡塞雷斯省，从2月份到6月份，共有9人死于当地长枪党分子或国民卫队之手。[46] 右翼暴力行动针对的是那些本应逆来顺受，但现在却下定决心不让改革进程受阻的劳动者。在萨拉曼卡，历史上社会冲突就连绵不断，因为当地占据主导的畜牧业活动并不需要多少人力。大量耕地被辟作猎场又导致失业率进一步增加。虽然在该省西部与南部，尤其是在莱德斯马和罗德里戈城附近存在小农耕作区，然而该省大部分土地的所有权都在大庄园主的手中。1936年春重新推动对大地产进行分割的政策前景，导致大地主阶级开始不择手段地拼命阻碍改革进行。很快他们转而寻求武力解决问题，并与军方密谋集团建立了联系。贡萨洛·德·阿吉莱拉不分青红皂白地枪杀其庄园劳工便是一例。[47]

在2月份的人选中，萨拉曼卡选区胜出的6位右翼候选人是来自西班牙独立右翼党团联盟的希尔·罗夫莱斯、坎迪多·卡萨努埃瓦、埃内斯托·卡斯塔尼奥、何塞·西马斯·莱亚尔，以及卡洛斯派分子何塞·马里亚·拉马米耶·德·克莱拉克和拉蒙·奥列罗斯，其中有3人曾经向该省小麦种植者许诺买下其全部积压农产品以获取选票。在对选举结果进行严格审查之后,负责对选举有效性进行认定的委员会(Comisión de Actas)取消了卡斯塔尼奥、拉马米耶·德·克莱拉克和奥列罗斯3人的议员资格,并将空出来的国会席位授予得票数仅次于他们的其他3名候选人。因为选举中极为明显的舞弊行为,格拉纳达省的右翼也丢掉了一些国会席位。来自独立右翼党团联盟的国会代表声称他们现在成了被迫害的目标,他们全体退出国会以示抗议——尽管国会作为宣传讲坛的重要价值迫使他们迅速返回。西班牙国会议长,保守派共和党人迭戈·马丁内斯·巴里奥认为,右翼在失去通过欺诈手段获得的席位之后的反应预示着他们开始转向暴力。卡斯塔尼奥是一个很有名的大地主,他前往萨拉曼卡所属的第7军区的总部所在地巴利亚多利德,鼓动军方发起反对共和国的叛乱。[48]希尔·罗夫莱斯与莫拉将军直接进行联系,而他忠实的副手坎迪多·卡萨努埃瓦则担任了独立右翼党团联盟与戈代德将军和凡胡尔将军之间的联络人。[49]贡萨洛·德·阿吉莱拉可能是一个极端个例,然而他在萨拉曼卡的地主阶级中有一定的代表性。

另有一名本地地主迭戈·马丁·贝洛斯同样在积极地寻求军事援助。之前他曾尝试说服萨拉曼卡驻军的军官团加入1932年8月的圣胡尔霍政变。马丁·贝洛斯于1875年出生在古巴,他肤色黝黑,总爱携带手枪招摇过市。他曾在菲律宾和古巴当兵,其间常因暴力违纪被捕。被迫退役之后,身无分文的他来到了萨拉曼卡东部被称作"拉穆尼亚"的地区。在萨拉曼卡城,他曾在街头贩卖各种商品来维持生计,经手的货物里既有走私手表,也有绵羊。他还干过赌场保镖,直到在一次打斗中将一名赌客杀死为止。在他发现了自己的赌博天赋后,他开始转运。他在蒙特卡洛发了财,之后回到萨拉曼卡购置土地和房产。在赌博与卖淫业中的投资使他成了萨拉曼卡、巴利亚多利德、萨莫拉和帕伦西亚的各家妓院、娱乐场和赌档的关键人物。他用获取的利润继续投资赚钱,最后成了萨拉曼卡最富有的人物之一。他在省城拥有大片地产,因而以"萨拉曼卡大佬(el amo)"的名号为人所知。他的反常之举有时颇为幼稚,例如有一次他把一队驴子赶进基督圣体节的游行队伍中,把游行队伍冲得七零八落;但另一些时候却不那么好笑，比如他也在枪战中让数人丧命。有一次，他看到一位穷困的军官在街上踟蹰，于是他冲进一家赌档，用手里的枪为这位不幸的军官进行了一次"募捐"。还有一次，他因为被一家俱乐部拒之门外而在其门口燃放爆竹。[50]

无论是在桑坦德还是后来在萨拉曼卡，他都是声名狼藉的恶棍。他曾在桑坦德因谋杀罪受审，但是由于有许多军方高层人物替他说话，最后他被无罪开释。这个身躯也很庞大的大人物，以他对美食与性的贪婪欲望而闻名。一度极为富有且出手阔绰的马丁·贝洛斯在军中结交了不少朋友，他邀请他们前往其位于拉穆尼亚的庄园参加各种狂欢派对，并为他们偿还债务。他的暴脾气和他对朋友的慷慨同样有名。他的死党包括普里莫·德·里韦拉将军、凯波·德·利亚诺将军、戈代德将军和贡萨洛·德·阿吉莱拉。当政府开始关闭他的娱乐场所时，他建立了一个政治基地，买下了《卡斯蒂利亚之声》(*La Voz de Castilla*)这份报纸，并创建"农牧业主联盟"，该联盟是在全省受到广泛支持的一个党团。为他处理政治方面杂务的是坎迪多·卡萨努埃瓦，这位公证人也是他与希尔·罗夫莱斯之间的联络员。据称马丁·贝洛斯曾为卡萨努埃瓦收买选票，正如后来卡萨努埃瓦被控为希尔·罗夫莱斯收买选票一样。马丁·贝洛斯自己的权力中心位于萨拉曼卡东部的佩尼亚兰达　德布拉卡蒙特。[51]

作为一位强有力的地方权势人物，他于1919年在国会中获得了一个席位，并参与了国会中的许多暴力事件。他威胁过包括因达莱西奥·普列托在内的多位议员，并曾拔枪指向同样来自萨拉曼卡的一个政治对手。在独裁者普里莫·德·里韦拉下令关闭大型赌场和其他聚赌场所之后，马丁·贝洛斯遇到了财务困难，并在第二共和国成立之际面临破产的命运。然而，他仍然与军方的朋友保持联系，在圣胡尔霍叛乱中他还妄图促成萨拉曼卡驻军随之起事，但未获成功。1936年春，他和坎迪多·卡萨努埃瓦同当地军方密谋准备起事。特别是，马丁·贝洛斯竭尽全力说服他的朋友贡萨洛·凯波·德·利亚诺加入其中。他于1936年5月底邀请凯波·德·利亚诺前往他的庄园，向后者发表关于发动政变之必要性的长篇大论。此外，当战争开始时，马丁·贝洛斯像萨拉曼卡的其他地主一样，花费大量精力招募当地农民参加叛军。[52]

在托莱多省，暴力行动受到了当地省长的严格控制，他命令国民卫队除非遭遇攻击，否则不允许开枪。他还下令收缴所有火器，并收上来1万支猎枪。这一用意良好的措施却严重损害了农民的利益，因为他们需要使用猎枪狩猎并以此维生。当军事政变发生时，存放在国民卫队哨所中的枪支不是被毁坏，就是被分发到右翼分子手中。[53] 3月9日，在托莱多西北部的埃斯卡洛纳，当地长枪党分子枪杀了4名隶属社会党组织的农业工人，还打伤了另外12人。3月5日，在该省南部的金塔纳尔–德拉奥登，由当地豪强出钱雇佣的暴徒袭击了当地社会党市长的住所，并用手枪枪柄殴打了他的妻子和两个小儿子。后来他们甚至把他的大女儿扔到井里，妄图谋害她的性命。在这两起案件中，并没有任何肇事者被逮捕。[54]

在全国农业工人联合会的压力下，鲁伊斯–富内斯于3月3日颁布法令，允许埃斯特雷马杜拉的短租佃农重占他们在被驱逐之前所租种的土地。法律实施过程比较复杂，显然需要一定时间。佃农们眼下却十分绝望，因为春耕已迫在眉睫。在新一届国会即将召开之际，全国农业工人联合会号召在3月15日（星期日）对农民阶级进行大规模动员，以提醒人民阵线代表勿忘他们选举时的承诺。示威者的诉求是立即移交农民通过集体信贷承租的土地，收回传统的村社公地，为失业者提供工作，要求资方严格遵守经过协商确定的工资、工作条件与收益分成，释放其余在押政治犯以及解除极右分子的武装。[55]

卡斯蒂利亚的大部分地区，以及北方大部和南方各地均响应了这一号召。劳工游行队伍在红旗和展示其诉求的条幅的引领下前进，他们握紧拳头致以革命的敬礼，并且高呼阿斯图里亚斯矿工的战斗口号："无产阶级兄弟！联合起来！"迪亚斯·德·恩特雷索托斯在梅里达亲眼见到了多次示威活动，后来局势逆转时，他得以表露自己的苦痛和悲哀："那些正派人士，眼中充满凄凉，心中无限痛苦，在人行道两旁，注视着示威者的通过。我被绝望压抑的愤怒所吞没。我的大脑中充满了各种杀戮的想法。那些人渣的存在本身，便是对我们的侮辱和挑战，而为了消灭他们，我不惜付出生命的代价。"[56]

在卡塞雷斯、莱昂、萨莫拉和萨拉曼卡，甚至是在纳瓦拉、巴利亚多利德和布尔戈斯的众多村镇中，3月15日的示威活动都取得了成功。在萨拉曼卡的很多小镇上都爆发了游行。在大多数地区，尽管当地右翼对此愤怒不已，但是并没有重大事件发生。但是，在靠近马丁·贝洛斯之权力中心佩尼亚兰达-德布拉卡蒙特的下曼塞拉村，示威者却遭到右翼暴徒的袭击。1位年轻共产党人和1名儿童被枪弹击中身亡，在接下来的骚乱中，有1名地主被人用刀捅死。在该省省会城市举行的上述遇难共产党人的葬礼上，来自阿萨尼亚之**左翼共和党**（Izquierda Republicana）的萨拉曼卡市长卡斯托·普列托·卡拉斯科领导了一场左翼人士的大游行。当新任省长安东尼奥·塞帕斯·洛佩斯（同样也是左翼共和党人）由于担心发生进一步的动乱而对安排在"圣周"的宗教游行下达禁令时，地方上右翼分子的愤怒情绪再次被点燃。在接下来的几个月中，长枪党分子和左派分子之间爆发了大量冲突，冲突中有无辜旁观者被殃及。[57]

双方冲突在1936年3月25日黎明时分发生了大幅升级。在暴雨中，有超过6万名失地农民占据了巴达霍斯省的1,934个以经营畜牧业为主的庄园，并在占领的庄园中进行象征性的耕作。这一先发制人的行动由全国农业工人联合会精心组织，工会官员为每家农户指定了占领的目标庄园。工会意图将这些庄园开辟为集体农场。[58] 为了防止暴力行动，农业部迅速将占地行动合法化，并安置了5万户家庭。在加的斯、托莱多、萨拉曼卡和科尔多瓦山区，也有劳工入侵庄园的行动，但是规模相对较小。托莱多省被没收私有土地的比例最高，而在被公有化的土地上获得安置的农民的比例则排第二位，仅次于巴达霍斯省和卡塞雷斯省。在内战早期，长枪党武装纵队抵达这些地方后对当地农民施加残酷报复，也反映出这些地方占地运动的极大成效。农业部在宣称将被占地产用于"公共事业"的同时，也向地主保证他们可以从可能产生的土地租金中获得补偿。然而，这种强制推行土地改革的自发性举动激怒了当地的大佬，他们派遣其武装随从重新进占庄园。当混合评审团将劳工派往休耕的庄园时，地主拒绝为他们支付工资。许多较小的农场主并不需要这些派来的劳工，他们在为其支付工资方面确有困难，这也让情况变得复杂。不可避免地，偷窃庄稼的行为增多。

当收获在即时，雇主们拒绝与全国农业工人联合会的当地分支机构就工资和工作条件进行谈判。那些拒付工资的雇主首先会被罚款，如果他们仍然拖欠，有时也会遭到逮捕。[59]

共和国的土地改革将面临暴力对抗，在表明这一事实的无可辩驳的证据面前，全国农业工人联合会响应了萨瓦尔萨有关建立人民武装的呼吁，同时抱怨说：

> 当局解除所有公民武装的政策简直是个笑话。事实上，这意味着让我们任由敌人宰割。在过去两年中，国民卫队已经解除了我们的武装，但与此同时，法西斯分子的军火库却完好无损——当我们谈论"法西斯分子"时，我们指的不仅是长枪党，而且也包括西班牙独立右翼党团联盟。我们非常清楚，右翼党团联盟的成员和其他地主分子都在为法西斯武装组织提供资金。因此，我们面对着的是武装到牙齿的地主阶级、他们的走狗与他们雇佣的打手，以及背负猎枪的教士；还有支持他们的国民卫队、资产阶级司法机构和御用农业专家。[60]

在1936年春，加剧社会紧张程度的最重要因素之一就是反教权主义运动。在那些神职人员公开对独立右翼党团联盟与"后1934年"镇压行动表示支持的城镇和村庄中，宗教因素引发的仇恨尤为剧烈。新近官复原职的市镇长官有时会实施报复行动，比如禁止天主教的葬礼、洗礼和婚礼，或者对教堂敲钟的行为进行征税。在科尔多瓦南部的鲁特，教区司铎未向市镇当局申请许可证即自行穿过街道运送临终圣餐，他被当地社会党市长课以罚款。在某些地方，宗教雕像与室外的大型十字架遭到毁坏。在安达卢西亚和莱万特（the Levante，西班牙东部沿海地区），情况尤其严重，那里发生了一连串的教堂纵火事件和教士坟墓遭到亵渎的事件。在拉曼查的几个村庄，宗教游行被打断，信众在离开弥撒现场时遭到青年工人的骚扰。3月中旬，在雷阿尔城省南部的圣克鲁斯-德穆德拉，国民卫队制止了一次企图在教区教堂纵火的行动。在接下来的两个月里，当地镇长关闭了两所天主教学校，禁止举行天主教葬礼，不允许儿童在镇上穿着他们第一次参加领圣体仪式时的礼服,甚至还把圣牌*挂在狗的项圈上,然后松开狗绳让它们冲向周日弥撒结束后走出教堂的人群。6月份,在格拉纳达的库利亚尔-德巴萨,据说当地镇长在夜间闯入教堂,把最近去世的教区司铎的尸体挖掘出来,想要将其埋葬在公共墓地中。当然这些只是极端案例。在大多数地方,圣周游行照常进行,而反教权主义的现象也在5月底后逐渐减少。然而,那些确实已经发生的宗教冲突是政治两极分化和暴力激化的一个重要因素。各地都有一些好战的神职人员。在塞埃欣(穆尔西亚省),当教区司铎的住所被包围时,他向示威者开枪射击并导致一人死亡。在皮涅雷斯(桑坦德省),1位神父向村民开枪,致使1人受伤。在弗雷霍(奥伦塞省),当地教区司铎拥有1支温彻斯特步枪、1把毛瑟手枪和1把雷明顿转轮手枪。[61]

当有关工作条件的谈判于4月份展开时,双方的对抗愈演愈烈。由人民阵线主导的各市镇议会,打算对公然藐视由"混合评审团"达成之协议的个人,课以高额罚金,这令地主阶级感到愤怒。[62]在巴达霍斯、科尔多瓦、雷阿尔城、马拉加和托莱多,这些协议多半遭到忽视。在巴达霍斯省各地,老板们拒绝雇佣失业劳工,并趁夜使用机械进行收割。在该省南部的阿尔门德拉莱霍,一个产业繁荣兴旺的地区,却有超过两千人没有工作,因为当地雇主拒绝雇佣全国农业工人联合会的会员。更有甚者,地主阶级的联合抵制是通过暴力威胁维系的,地主中有任何人与工会谈判都将遭到杀害。尽管如此,省长还是下令逮捕了4个最富有的地主。镇上的紧张局势将在内战爆发时演化为血腥的暴力。[63]在萨夫拉,官复原职的市长何塞·冈萨雷斯·巴雷罗主持了一个有土地所有者和劳工参加的混合委员会,以在该地区安置失业的劳动者。当长枪党武装纵队于8月7日进入萨夫拉之后,委员会5位劳工代表中的4人被杀害。[64]

在哈恩省的谷物收割季节,老板们从加利西亚与其他地方引进了不属于工会组织的劳动力。这些破坏统一战线的劳动力受到国民卫队的保护,当雇主组织其庄园的私人武装时,国民卫队人员也参与共谋。当巴达霍斯

---

* 信教者佩戴的绘有宗教人物的金属小牌。

的产业主从葡萄牙引进廉价劳动力,或者使用机械化设备来绕过地方工会时,外籍劳工遭到袭击,设备也遭到蓄意破坏。眼看着成熟的庄稼就要烂在地里,地方当局安排没有加入工会的劳工在警察保护下前去收割。地主阶级却将此举视为对其财产权的侵犯,他们不但拒绝支付合理要求的工资,而且还授意武装护卫将劳工从田地里赶走。有时,地主会毁坏庄稼,以破坏劳工的计划。全国乡村土地所有者联合会宣称,摆在地主面前的只有被杀和自杀两条路。在帕伦西亚以北的卡里翁-德洛斯孔德斯,"人民之家"的负责人被当地的地主们吊死。在科尔多瓦省的很多地区,劳工组织尝试对安排在庄园中工作的劳工采取严格的轮班制。在滨河帕尔马镇,当本地的大地主费利克斯·莫雷诺·阿达努伊拒绝向安置在自己庄园中的工人支付工资时,双方爆发了严重的冲突。他被投入监狱并勒令支付欠下的121,500比塞塔的债务。在他表示拒绝之后,镇议会没收了他名下的2,450头包括猪、牛、马在内的牲畜。他的儿子和本地的长枪党分子在镇上聚众闹事。在叛军后来夺取该镇后,他展开了极其残暴的报复。在科尔多瓦南部的帕伦西亚纳,有一名国民卫队士兵闯入"人民之家"的会议现场并试图逮捕演讲者。双方扭打起来,结果这名士兵被捅死。随后他的同伴开枪射击,导致劳工1死3伤。[65]

在塞维利亚省,省长何塞·马里亚·巴雷拉·伦杜埃莱斯注意到,只有在侵入庄园的劳动者完成收割以后,地主才会召唤国民卫队前来驱逐他们。这样一来,当国民卫队完成任务之时,地主就能免费得到收割并且堆放好的农产品。[66]以态度强硬且步步紧逼的劳工阶级为一方,以地主阶级为另一方的冲突,在塞维利亚省尤为严重。居民少于1万人的小镇由全国农业工人联合会统治,而较大的市镇则在全国劳工联盟手中。4月23日,在后者控制下的莱夫里哈,无政府主义劳工在抗议他们没有得到足够的报酬时,正面遭遇当地国民卫队指挥官弗朗西斯科·洛佩斯·塞佩罗中尉的对抗。这名军官被扔来的石块击倒,然后被拥上来的暴民活活打死。这只是暴乱的前奏,接下来,有2座教堂、3个修道院、数栋地主宅邸和当地人民行动党支部被焚毁。[67]乡村地区的冲突毫无组织,也缺乏任何可以用来夺取权力的协调一致的革命计划。可是,那并未减轻乡村中上层阶级的恐慌。

暴力事件并不只发生在乡村地区。事实上，单靠乡村局势不可能赢得对一场军事政变的足够支持。密谋者需要发动面向城市民众的舆论攻势，这就需要挑起街头暴力，尤其是在马德里。在外交官与新闻记者云集的西班牙首都的暴乱将被用于说服国际舆论，使其相信整个西班牙都是不受控制的暴力行为的受害者。长枪党将负责进行各种挑衅，其领导人何塞·安东尼奥·普里莫·德·里韦拉在暴力对待左派这件事情上总是毫不犹豫的。马德里工人欢庆人民阵线在马德里取得胜利的热情场面让他气不打一处来，他曾对朋友迪奥尼西奥·里德鲁埃霍表示："只要派几个狙击兵过去，就能让这样一场示威在10分钟内消失。"人们想当然地认为长枪党人会愿意成为"其他那些更狡猾的政党的游击队员或者轻骑兵"，这让何塞·安东尼奥深感不满。正像他对里德鲁埃霍所说的那样，"我们希望他们总有一天能看明白。我们准备承担风险了，不是吗？那好，至少，让他们出钱吧"。[68]

事实上，通过引发街头暴力来破坏政府权威与策划军事政变这两项活动在同步发展，前者为后者提供了合法性。在2月份的选举中，长枪党只获得了0.4%的选票（约4.5万张），很明显，并没有多少民众支持它。何塞·安东尼奥已决定要为武装夺权贡献全力，正如他在与里德鲁埃霍的谈话中所表达的那样，他准备要为那个更有力的政治图谋出力，布置长枪党分子实施紧张战略。[69] 在大选过后的　个月中，在马德里发生了针对左翼与自由派政治家的武装攻击。随之而来的暴力事件此起彼伏，长枪党分子和左翼人士在首都的大街小巷进行武斗。3月11日，属于长枪党的法学院学生胡安·何塞·奥拉诺遭到射杀。第二天，几乎可以肯定是在何塞·安东尼奥知情的情况下，由3名长枪党分子组成的一个刺客小分队为此展开报复，企图谋杀来自社会党的法学教授路易斯·希门尼斯·阿苏亚。希门尼斯·阿苏亚死里逃生，但是他的警察保镖却不幸身亡。在后者葬礼的当天，左翼分子纵火焚烧了两座教堂以及西班牙复兴党报纸《民族报》(*La Nación*)的报社，该报为长枪党支持者曼努埃尔·德尔加多·巴雷托所有。结果，在3月14日，国家保安总长何塞·阿隆索·马略洛以非法持有武器为由下令逮捕何塞·安东尼奥与"西班牙国家工团主义奋进会之长枪党"的其他重要领导层成员。[70]

令阿萨尼亚感到震惊的是，拉尔戈·卡瓦列罗对希门尼斯·阿苏亚的遭遇并未表示担忧——这是社会党分裂的一个明显迹象。尽管如此，3月16日，一支长枪党恐怖小分队跑到拉尔戈·卡瓦列罗的住所纵火，以报复何塞·安东尼奥的被捕。这件事后，在3月17日，希尔·罗夫莱斯反应迅速地跑到内政部长阿莫斯·萨尔瓦多面前，上演了一出狡诈的伪善戏码。他引述拉尔戈·卡瓦列罗住所遭遇攻击的事件，向对方表达了对当前动乱局势的不满。独立右翼党团联盟将此议题正式提交国会讨论，并将其归咎于政府和左派。[71] 由于知道军方尚未做好夺取政权的准备，并且意识到处处与阿萨尼亚政府作对只能导致他们被彻底赶出政府，于是希尔·罗夫莱斯将精力转移到营造恐慌气氛上来。其目的就是让受到动乱之幽灵恐吓的中产阶级，最终会转而将军队作为他们唯一的救星。

何塞·安东尼奥是因为程序问题遭到拘留的，因为他是否参与谋杀希门尼斯·阿苏亚未遂案件一事无法被证明。然而几乎可以肯定，此次谋杀行动经过了他的授意。长枪党恐怖行动小队的前领导人胡安·安东尼奥·安萨尔多前往马德里"模范监狱"（Cárcel Modelo）与何塞·安东尼奥会面，并讨论了让这3名行刺失败者离开西班牙的计划。安萨尔多把他们弄到了法国，但他们被逮捕并引渡回西班牙。4月8日，他们因谋杀上文所述的保镖以及谋杀希门尼斯·阿苏亚未遂而受审。主犯阿尔韦托·奥尔特加被判处25年有期徒刑，两名从犯则各判处6年有期徒刑。长枪党的最高层——即已经被监禁的领导层——做出的反应则是下令对法官曼努埃尔·佩德雷加尔实施报复行动，后者于4月13日被枪杀，这是对任何未来可能会审判长枪党分子的法官的致命警告。[72] 4月12日，何塞·安东尼奥取消了长枪党恐怖行动小队所精心策划的针对拉尔戈·卡瓦列罗的暗杀计划。暗杀行动地点定在卡瓦列罗身患绝症的妻子所住的医院，由于他去探望他妻子时不会带警卫，长枪党分子认为，伪装成医务人员在病房外空无一人的走廊里将其杀害简直易如反掌。何塞·安东尼奥向他的一位朋友解释了他谨慎从事的原因，他相信随之而来的左翼民众之强力反击将会彻底摧毁长枪党组织。一位66岁的老人在探望他临终的妻子时被谋杀，这种事情在公众中可能造成的影响同样也让他本人深感不安。[73]

两天以后，发生了一次正中长枪党和西班牙军事同盟下怀的暴力事件。为纪念共和国成立 5 周年，人们在马德里宽阔的卡斯蒂利亚大道上举行了一次阅兵仪式。突然，在总统检阅台附近，一声响亮的爆炸声和随后的"机枪扫射"声惊动了群集的政要和担任保卫的警察。事实上，噪音来自长枪党分子施放的大型爆竹。然后，当国民卫队的检阅队伍经过时，人群中传来了嘲笑与呼喊声。其中有人高呼"打倒国民卫队！"和"无产阶级兄弟，联合起来！"*，这使人们又回想起了发生在阿斯图里亚斯的残酷镇压。有人开枪射击，在接下来的混乱中，有一名身着便装的国民卫队中尉，阿纳斯塔西奥·德·洛斯·雷耶斯·洛佩斯，遭到不明人员袭击以致伤重不治。随后，左翼报纸宣称，该中尉被枪击身亡是"法西斯分子挑衅"的结果。无论谁是罪魁祸首，右翼成功地从这起事件中榨取了最大的收益。[74]

政府试图尽可能谨慎低调地对雷耶斯进行安葬，但是他所在单位的领导，弗洛伦蒂诺·冈萨雷斯·巴列斯中校，却将葬礼变成了一场反对共和国的大规模示威游行。何塞·安东尼奥的弟弟费尔南多·普里莫·德·里韦拉同西班牙军事同盟的代表会面，讨论长枪党将在其中扮演的角色，对方说希望他们能携带枪支。冈萨雷斯·巴列斯完全无视政府的命令，相反，本身就支持长枪党的他，要求送葬队伍沿着 4 月 14 日阅兵仪式的路线行进，以表示对共和国的反抗。希尔·罗夫莱斯和卡尔沃·索特洛领导了这次非法的送葬游行。当他们沿着卡斯蒂利亚大道前进时，有几发子弹射向游行队伍。无人知晓肇事者到底是左翼分子，还是蓄意激化事态的右翼密探。当长枪党分子试图将游行变成对国会的攻击时，他们同突击卫队发生了冲突，何塞·安东尼奥的一个表亲安德烈斯·萨恩斯·德·埃雷迪亚在冲突中被杀。后来，此次行动的突击卫队指挥官何塞·德尔·卡斯蒂略·萨恩斯·德·特哈达中尉不止一次收到死亡威胁。[75] 西班牙军事同盟将 4 月 16 日的事件视为他们招兵买马的助推器。普列托评论道："昨天的事件表明，法西斯主义已经牢牢控制住了我国的军事组织。"[76]

---

* 原文为"Uníos, Hermanos Proletarios"，简称 UHP，在 1934 年 10 月阿斯图里亚斯起义期间创造的口号，此后被广泛用于群众集会，并成为被喷涂在墙上的常用标语。——原书术语表

在 1936 年春季，动乱无疑是有所加剧，但是右翼报纸和希尔·罗夫莱斯与卡尔沃·索特洛的国会发言夸大了动乱的规模，并且将责任完全归咎于左翼。然而，哪怕是在理论上，也只有两个群体能从这种充斥着无法无天之举的动乱局势中获利，他们就是支持无政府主义运动的极左翼和支持军事密谋的那些坚持认为"大难将至"的右派人士。听从莫斯科建议的人民阵线所采取的战术意味着共产党人并没有破坏公共秩序和夺取权力的计划。在社会党中，无论是普列托一派的报纸《社会主义者报》，还是拉尔戈·卡瓦列罗的喉舌《明析报》(Claridad)，均告诫其读者不要理睬右派分子的挑衅。[77] 没有哪个人民阵线政党需要通过挑起暴力的方式来掌权。另一方面，营造动荡与混乱的气氛却为右翼使用暴力来建立独裁政权提供了理由。在以共产主义者或社会主义者为一方，以长枪党分子或希尔·罗夫莱斯的人民行动青年团为另一方的大量街头武斗事件中，我们很难分清谁是挑衅者，而谁又是复仇者。然而，值得注意的是，何塞·安东尼奥的密友费利佩·希梅内斯·德·桑多瓦尔吹嘘道，在雷耶斯的葬礼游行之后发生的暴力事件中，"停尸房每收到 1 个我们的人，就会收到 10 个他们的人"。[78]

值得一提的是，以前通过资助希尔·罗夫莱斯来保卫自己利益的富裕保守派，现在开始将资金提供给长枪党与性质为黄色工会的"自由工会"。3 月份，《ABC》报为当时的一个不知名组织"西班牙劳工联合会"(Federación Española de Trabajadores) 发起了一次募捐活动，该组织背后可以见到拉蒙·萨莱斯的影子，此人自封为潜伏于左翼分子中的法西斯密探，曾因 1919 年至 1923 年间的政治犯罪行为而恶名远扬。到 4 月底，募集款项已达 35 万比塞塔，捐款人士包括形形色色的贵族、土地所有者、工业家，以及许多匿名的"法西斯主义者"与长枪党分子。由于这笔钱从来没有用于与工会有关的目的，而且大量因暴力行为被捕的人是"自由工会"的成员，所以左派坚信，这项募捐基金资助的是打入劳工运动内部挑唆生事的右派暗探。右翼还招募了职业枪手，他们的行动旨在尽可能引发最为广泛的反响。[79]

对希门尼斯·阿苏亚和拉尔戈·卡瓦列罗的袭击，显然是那些一心想要引发报复行动的右翼分子所为。最为成功的此类行动是 3 月 9 日至 10 日在格拉纳达发生的事件。一小队长枪党武装分子向聚集的工人与工人家属开枪射击，导致多名妇女、儿童受伤。当地的全国劳工联盟、劳工总会、共产党和**工团主义党**（Partido Sindicalista）等组织团结起来发动了一场总罢工，罢工期间发生了大量暴力事件。有两座教堂，还有长枪党和人民行动党的党支部遭到纵火，另外，国家天主教促进会发行的报纸《理想报》的报社也被捣毁。整整一天的时间里，埋伏于屋顶上的长枪党狙击手都在朝左翼示威者以及消防员开枪射击，向后者射击的目的是阻止他们控制火势。在格拉纳达和其他地方，挑起事端的往往是些生面孔。他们不知道是从什么时候出现的，而暴力冲突发生后，他们就迅速消失不见。当军事叛乱分子于内战之初掌权时，格拉纳达的一些最为激进的无政府主义者和共产主义者透露自己的真实身份是打入左翼内部的长枪党密探。在西班牙各地，左翼市政当局努力维持秩序。但他们显得非常无助，因为司法机构中的保守派人士支持长枪党的活动。在处理右派武装分子一事上采取强硬路线的法官则被选为攻击目标。[80]

4月15日，阿萨尼亚向国会提交了温和的政府工作方案，卡尔沃·索特洛随即宣称，任何依靠西班牙工人社会党之选票的内阁实际上都对俄国人言听计从。态度不那么激烈的希尔·罗夫莱斯，则进行了一场堪称杰作的伪善之表演。他用施舍般的姿态承认了阿萨尼亚的良好意图，但同时否认了农村的冲突局势与西班牙独立右翼党团联盟所推行的政策有任何关联。他似乎忘记了希门尼斯·费尔南德斯曾经遭受的屈辱，并声称他的政党在致力于消除社会的不公正和对财富进行公平合理的再分配。接下来，他对卡尔沃·索特洛的说法表示赞同，即政府在这场完全由左派导致的动乱面前无能为力。他将在左翼组织内部挑拨生事的右翼暗探所造成的暴力行为归咎于政府的软弱，并且表示他的追随者已经在为自卫拿起武器。他宣布，他很快就不得不告诉他们，"守法"毫无益处，并让他们加入那些散发着"复仇之诱惑"的党团。他发出了一个可怕的恐怖警告："半数西班牙人不会认命地死去。如果一种方式行不通，那么他们就会用另一种方式保卫自己……当西班牙爆发内战时，我们要知道，为内战的武器装填弹药的，恰恰就是政府的玩忽职守，这个政府未能履行它对严格遵纪守法的群体的职责。"在演讲结束时，会场上回荡着他鼓动性的呐喊声："你们要明白，在街头力战而死，要好过被当成懦夫任人践踏。"

希尔·罗夫莱斯事实上是在威胁发动战争，如果人民阵线不放弃其彻底改革社会和经济结构的承诺，那么这种威胁将会变成现实。因为在国会中发表的言论不会受到审查，所以希尔·罗夫莱斯和卡尔沃·索特洛的演讲中夹杂着对当前动乱局势的夸大之词。他们知道，一旦他们的演讲全文在报纸上刊登，他们关于末日大灾难的预测将在中上层阶级各群体中间形成一种恐怖气氛，并迫使其向军方求援。希尔·罗夫莱斯在4月15日国会中的言论以及他坚持出席长枪党武装分子葬礼的做法，都在传达"左派需要对政治暴力负全部责任"这一观点。在他忧心于公共秩序的言辞背后，独立右翼党团联盟正在组建配备机枪的摩托化突击队。而且，随着春季慢慢过去，因暴力行为被捕的右翼青年中，属于人民行动青年团的人越来越多。[81]

希尔·罗夫莱斯在回忆录中承认，独立右翼党团联盟的主要职能是在议会上进行宣传，并充当其他更为暴力之群体的挡箭牌。他还颇为赞许地引用了一则评论，它称1936年春右翼恐怖主义涉案者"具有最高贵的精神品格"。关于那些脱离独立右翼党团联盟，"走上暴力道路，相信能凭此解决国家面临之问题"的人，希尔·罗夫莱斯在一次接受报纸采访时也对其表示赞赏。[82]在大选结束之后，作为独立右翼党团联盟之重要组成部分的**巴伦西亚右翼地区党**（DRV）中的大多数人，立即否决了其领袖路易斯·卢西亚的温和路线，转而支持采取直接行动。在该党秘书长何塞·马里亚·科斯塔·塞拉诺的领导下，巴伦西亚右翼地区党开始搜集武器并组建地下民兵武装。它还与当地长枪党组织、西班牙复兴党以及西班牙军事同盟建立了联系渠道。巴伦西亚右翼地区党的青年组织开展训练并举行射击培训。在1936年春，至少有1.5万名人民行动青年团的成员加入了长枪党。他们没有受到任何劝阻，青年团也没有招募新成员以填补空缺。许多留在独立右翼党团联盟中的人士则与暴力团体进行积极接触。而且，在内战爆发时，还有数千名独立右翼党团联盟成员加入了卡洛斯派组织。[83]

随着乡村地区对抗事件的增多，人们越来越担心可能会到来的军事政变。5月1日，在昆卡省的一次补选期间，稳健派社会党人因达莱西奥·普列托在演讲中提出了这一问题。他是因为"担心一场随时可能爆发的法西斯叛乱"才前往昆卡的："我曾经发出过警告，然而并没有什么用，相反却给我自己招来了辱骂和蔑视。"他行事十分谨慎，为自己配置了一支武装护卫队，护卫队成员来自社会党青年组织内部的一个名为"机动部队"（Motorizada）的团体。在他抵达的前夜，地方上的左右两派仍在进行战斗，燃烧中的当地富人俱乐部产生的灰烬仍在四处飘散。[84] 他强调了动乱和随之产生的可能爆发军事政变的危险所引发的不确定性。在一场热情洋溢的爱国主义演讲中，他提出了一个实现社会公平的计划，而该计划的立足点，则是在强有力政府的精心计划下达成的经济增长。他公开指责了右翼的挑衅与左翼的不冷静："没有哪个国家能在紧张不安与焦虑的困境中，承受得住政府影响力的下降与经济活力的衰退。"[85]

5月初，阿尔卡拉·萨莫拉遭遇弹劾并由曼努埃尔·阿萨尼亚接替其出任总统，一个加强政府力量的机会出现。人们普遍希望，一个强有力的总统再加上同样强有力的总理，可以为共和国抵御军事颠覆。然而，当阿萨尼亚要求普列托组阁时，后者却犯了战术错误——他与由拉尔戈·卡瓦列罗担任主席的工人社会党之议会党团进行了两轮磋商。在5月11日和12日的会议中，拉尔戈·卡瓦列罗与其追随者反对他，而他的回应则是平静地缴械投降。其实，尽管遭到他们的反对，普列托还是可以在共和派各政党与大约三分之一的工人社会党代表的支持下组成一个新政府。可他并不准备在社会党中制造分裂。[86]

就这样，拉尔戈·卡瓦列罗阻止了一个由普列托领导的政府的产生，实际上也粉碎了避免内战的最后一次机会。在军官团中存在一个支持政变主张的有力论点，即一旦拉尔戈·卡瓦列罗掌权，陆军就会遭到解散。普列托意识到（他的政治对手显然没有），任何导致社会发生根本性改变的全面革命之企图，都将驱使中产阶级倒向法西斯主义与武装反革命。而一直是实用主义者的普列托，认为答案应该是恢复秩序和加速改革。普列托计划撤换不可靠的军事指挥官，削减国民卫队的权力，任命一位可信赖的军官担任国家保安总长，并解除法西斯恐怖行动队的武装。[87] 拉尔戈·卡瓦列罗却阻止了上述方案，同时也阻止了人民阵线联盟中实力最强的党派在使用国家机器捍卫共和国方面的积极参与。阿萨尼亚转而向他的左翼共和党同僚圣地亚哥·卡萨雷斯·基罗加求助，但后者缺乏足够的才干来处理需要他去解决的问题。普列托后来写道："我的角色被边缘化，我只能不断地发出关于危机的警告，并设法确保，至少在我们的阵营中，无知与盲从，这些可悲的革命幼稚症的典型表现，没有继续去形成一个有利于法西斯主义的环境，因为各种荒谬的骚乱行径正是培育法西斯主义的养料。"[88]

5月19日，接替阿萨尼亚出任总理的卡萨雷斯·基罗加向国会提交了他的施政方案。希尔·罗夫莱斯对此进行的模棱两可的回应，展示了他作为语言大师的高超技巧。与4月15日的情况类似，他表面上是在呼吁保持克制，实质上却是将暴力合法化。在未指名的情况下，他颇有些幸灾乐祸地反复提及阿萨尼亚未能获得一个普列托领导下的拥有更广泛基础的人民阵线政府的事实，并且指出共和国政府"已沦为可悲的角色，对于那些团体［指社会党议会党团］而言，今天它是他们的仆人，明天就是他们的牺牲品"。关于卡萨雷斯·基罗加针对法西斯主义表现出的敌意，他指出，法西斯式的解决方案非常适合处理当前之乱局。希尔·罗夫莱斯一边从理论上批判法西斯主义的国外背景及其国家社会主义的要素，一边又为那些被谴责为法西斯主义者的暴力分子的行动寻找理由，解释说他们已没有其他途径来维护自身的利益。关于激进党－独立右翼党团联盟内阁所采取的兼具镇压与复仇性质的政策是如何诱发当前政治动荡的，他绝口不提。在宣称民主制已经死亡的同时，他对这股法西斯化的潮流大加赞扬，并称其为一种爱国情感的迸发，"或许，这种爱国情感想要达到的目标是不正确的，但它毕竟是受到了深深的伤害，因为它看到，支配政治节奏的不是国家重大利益，而是你们［转而面向社会党代表席位］接收自莫斯科的指令"。这是对人民行动青年团的成员大量涌入长枪党组织的一种认可。他以对拉尔戈·卡瓦列罗之追随者的挑衅结束了此次演讲，他在最后充满讽刺意味地称他们是"只会空谈的狂暴的革命者"。[89]

在左翼看来，希尔·罗夫莱斯对公共秩序崩溃的公开指责是一种伪装，他的真实意图是败坏政府声誉和将军事政变合理化。为那些演讲提供素材和论点的还有长枪党的紧张战略。该战略的实施由监狱中的何塞·安东尼奥·普里莫·德·里韦拉直接掌控。在他被捕之后，他的政党转入地下活动，挑衅与报复的血腥循环也愈演愈烈。5月7日，负责社会党民兵组织训练工作的共和国工程兵部队军官卡洛斯·法劳多上尉被一个"西班牙军事同盟－长枪党"联合小分队谋杀，这可以被视为是3周前雷耶斯之葬礼的余波。第二天，发生了一起针对保守派共和党人、前部长何塞·马里亚·阿尔瓦雷斯·门迪萨瓦尔的未遂谋杀案件。何塞·安东尼奥告诉他的朋友费利佩·希梅内斯·德·桑多瓦尔："我不想再让任何长枪党人身陷囹圄。我会动用我作为长枪党全国领袖的权力，开除任何胆敢到这里来见我，但又没有带来像干掉阿萨尼亚或拉尔戈·卡瓦列罗这样的好消息的家伙。"随之而来的骚乱构成了希尔·罗夫莱斯和卡尔沃·索特洛呼吁军事干涉的基本理由。[90]

在政府机构内部，对军事密谋和长枪党暴力之间的联系最为关注的是国家保安总长何塞·阿隆索·马略洛。自从2月份获得任命以来，阿隆索·马略洛就一直在不知疲倦地打击长枪党恐怖主义，并监视敌对军官的活动。他的创新之一就是将电话窃听器安装到叛乱分子秘密策划政变的住所和营房中。何塞·安东尼奥与密谋者的通信也遭到拦截。到5月份，阿隆索·马略洛已经可以向总统阿萨尼亚和总理卡萨雷斯·基罗加提供他认为应立即予以逮捕的包括超过500名密谋者的人员名单。由于害怕可能导致的反应，阿萨尼亚和卡萨雷斯并未采取行动，于是政变行动的筹划在继续进行。[91]

事实上，正如何塞·安东尼奥于1936年5月20日向君主主义者安东尼奥·戈伊科切亚所吹嘘的那样，监狱并没有妨碍他发号施令，安排长枪党在内战的准备阶段发挥作用。他在牢房中与卡洛斯派分子和西班牙复兴党进行联络。[92]他已在3月8日与莫拉将军见过面，提出长枪党可以为其效力。同样是在3月初，何塞·安东尼奥的朋友拉蒙·塞拉诺·苏涅尔安排他与包括亚圭在内的其他高级军事人物进行了接触——在莫拉的计划中，亚圭是确保摩洛哥军团参与叛乱的关键人物。[93]长枪党负责展开恐怖主义行动，挑起左翼的报复，二者的结合正可以让右翼分子有理由哀诉当前的动乱局势。5月20日，何塞·安东尼奥从狱中发出了题为"无所谓——迫害时代快讯"（No Importa. Boletín de los Días de Persecución）的三份秘密传单中的第一份。他敦促其追随者加紧对左派的进攻，并于6月6日写道："明天，当更加光明的日子降临时，长枪党将作为这场正义之战的先驱者而赢得荣耀。"在同一份传单中，他还发出了暗杀令，目标是判他入狱的法官，以及卡塞雷斯省社会党国会议员路易斯·罗梅罗·索拉诺，后者曾经参与逮捕埃斯特雷马杜拉地区的长枪党领导人何塞·卢纳。[94]

政变的主要协调者莫拉将军于3月份被派往纳瓦拉。政府希望借此压制他，但是莫拉对摩洛哥最有影响力的军官团体和他的警察队伍抱有莫大的信心，他仍然掌握着叛乱的关键环节。人们以为莫拉不会同极端保守的当地卡洛斯派分子有过多往来。然而事实上，在莫拉于3月14日抵达潘普洛纳后的3天之内，当地官员就为他介绍了一位36岁的当地商人B.费利克斯·马伊斯，后者将成为他与卡洛斯派之间的联络人。对《锡安长老会纪要》的共同热衷让他俩一拍即合。令马伊斯兴奋不已的是，莫拉仍在接收来自巴黎白俄分子的充满偏见的反共报告，并告诉他说"我们面对的敌人是'非西班牙人'"。将《锡安长老会纪要》所视为真实的马伊斯相信，一场基督徒与犹太人（"从邪恶之泽中涌出的群聚而成的巨兽"）傀儡之间的生死之战即将爆发。他对政治局势的看法更令人不安："在西班牙各地，大群被注入狂犬病毒的可怕生物正在寻找基督徒，渴望将利齿插入他们的血肉之身。"[95]

马伊斯的狂想只是一本旨在证明军事政变与后续镇压行动之合理性的、经过精心筹划的暗黑版小说而已。编造的"秘密档案"也开始出现，并被用来"证明"苏联势力接管西班牙的日子就要来临。这些"档案"相当于一种西班牙语版本的《锡安长老会纪要》，其目的就是为了激起恐惧和义愤，这么说主要是因为，"档案"中包含了一份黑名单，据说一旦共产分子接管政权，名单上的右翼人士就会被谋杀。[96]这些捏造之辞将军事政变塑造为拯救西班牙免遭犹太黑手的爱国行动。既然对敌人有了这样的看法，莫拉很快就在4月份向其密谋集团成员下达了第一批秘密指示。他写道："必须牢记，行动必须采取极端暴力的形式，以尽快征服强大和组织严密的敌人。没有参与'运动'*的各政党、社团与工会的所有领导人都将被监禁，而且应该对他们施以警示性质的惩戒，以遏制任何叛乱或罢工。这些都是不必说的。"[97] 作为一个强硬的非洲军团老兵，莫拉高度认可使对手瘫痪的恐怖行为的价值。然而，这不仅关系到夺取权力的问题，而且也是"净化"西班牙左翼毒素的第一步。

何塞·安东尼奥于6月5日晚间被转移到阿利坎特的监狱，他立即派遣了使者前往潘普洛纳，向莫拉保证他仍然会为政变效力，并将在叛乱开始阶段提供4,000名长枪党人员作为突击力量使用。[98] 6月14日，君主主义派政治家安东尼奥·戈伊科切亚代表长枪党、西班牙复兴党和（卡洛斯主义）正统派联盟写信给意大利政府，请求对方为他们的恐怖主义小分队提供资助。在谈及军事政变的准备工作正在顺利推进时，他提到"营造暴力气氛是不可避免的需要"，这进一步证明了军方与街头暴力活动之间存在联系。[99]

尽管乡村的暴力事件激增，全国农业工人联合会仍设法维持住了其成员的纪律——哪怕在5月底的时候，在阿尔瓦塞特南部的耶斯特镇附近发生过一起血腥暴力事件。在那里，地方豪强对村社公地的欺诈性圈占已经使农民陷入赤贫状态。1931年在那附近又修建了一座水库，原本肥沃的土地无法生产农作物，当地伐木工也无法利用图斯河与塞古拉河运输木材，有很多人因此失去了生计。1936年春，重新掌权的共和派－社会主义者的地方议会在乡村庄园中安置劳工的努力遭到了激烈抵制。5月28日，来自拉格拉亚村的一群劳工及其家属前往一个名为"拉乌姆布里亚"庄园伐木烧炭，然后开始进行耕作。拉乌姆布里亚曾经是村镇公地，但事发时属于当地最有势力的豪强地主安东尼奥·阿尔法罗。在他的指令下，有22名国民卫队士兵抵达现场。

大多数村民逃散，但有6人仍留在那里。国民卫队在殴打滞留者之后又把他们带到拉格拉亚村，并在那里对他们进行进一步的虐待。第二天黎明时分，当这几名劳工被押往附近的耶斯特镇时，一群来自周围村庄的劳

---

* 指长枪党和卡洛斯主义等极右翼运动。

动者紧随其后，以确保被拘押者不会因为被诬称"企图逃跑"而遭到射杀。尾随的劳工队伍不断壮大，当他们抵达耶斯特时，被拘押的劳工已获准释放并交由当地镇长看管。当人群蜂拥上前问候那几名被拘禁的劳工时，有个国民卫队士兵在慌乱中开了一枪。在接下来的混战中，有一名士兵被杀。他的其他同伴向人群开火，接下来继续追杀逃散到附近山地中的农民。包括当地副镇长在内的 17 人被杀，还有更多的人受伤。由于担心国民卫队返回拉格拉亚烧村子，当地很多村民逃往附近村庄避难。包括耶斯特的社会党镇长在内的 50 名全国农业工人联合会成员被逮捕。[100] 在耶斯特与其他地方发生的冲突本来可能会导致大规模的杀戮。然而，全国农业工人联合会的领导层约束其基层成员不要生事，并且力劝他们对政府加速农业改革的承诺保持信心。面对着人民阵线坚定不移的重新加固的决心，大地主开始寻求军队的保护。

在巴达霍斯省，全国乡村土地所有者联合会的省支部在大肆串联其成员破坏收割，并对参加工会的劳工进行联合抵制。当省长于 5 月 20 日采取特别措施关闭这一反动据点时，地主们表现出了与上述冲突发生地的豪强类似的好斗性。[101] 政府的行动徒劳无功。许多地主为了迫使劳工听话，宁愿任由可以收割的谷物烂在地里。让他们怒不可遏的是，省长下令说劳工应当收割庄稼，并保留部分收成以代替其应得的工资。[102] 在卡塞雷斯省，武装到位的长枪党分子正在有组织、有计划地实施其挑衅策略。在 1936 年春夏因破坏公共秩序被捕的右翼分子中，有数名人民行动青年团的成员。[103]

把愤怒的饥饿劳工推入失控的境地是很容易的。1936 年发生在西班牙乡村的饥荒，其严重程度是今日难以想象的。4 月 21 日，马德里地区民政长官得知，该地区农民唯一的蛋白质来源是蜥蜴，儿童在学校中因营养不良而晕倒。雷阿尔城省长报告说，该省南部地区的农民依靠煮熟的杂草维生。在托莱多的金塔纳尔－德拉奥登，有人因为严重营养不良倒在街上。在许多村庄（不只是在南部地区）中，在饥饿的驱使下，出现了大量入侵庄园以盗取作物或牲畜的行为。食品店经常遭到袭击。1936 年 5 月，在巴达霍斯的丰特－德坎托斯，当地社会党领导人发起了一场讨论当地失业问题的集会。在场的男女听众与儿童流露出的痛苦神色让他震惊不已，于是他呼吁大家随其前往能让所有人都得到食物的地方。他带领他们来到该地区最大的土地所有者拉科尔特伯爵的一处庄园。该庄园主要被用作猪和羊的牧场。饥饿的镇民四处捉猪，并用棍棒和刀子杀死它们，然后费力地扛起被屠宰的猪只，满身血污，步履蹒跚地返回丰特－德坎托斯。在巴达霍斯更北边的金塔纳－德拉塞雷纳，短工们进入一座庄园，从那里偷窃绵羊来喂食家人。[104]

在情况大相径庭的保守的旧卡斯蒂利亚，想要挑起动乱更为困难。塞哥维亚是一个农业大省，在那里，有组织的工人力量相对弱小，且主要集中在铁路工人方面。[105] 3月8日，在省会城市，在人民行动青年团的成员与几名长枪党分子袭击了参加周日舞会的工人之后，一场冲突随之爆发。一场抗议游行中的工人遭到人民行动青年团成员的狙击。这激怒了左翼，他们对人民行动党总部发起了一场攻击。虽然人民行动青年团参与了涉枪的暴力案件，但多数冲突仍然没有超出言语攻击的范围。在该省北部的库埃利亚尔镇，由于劳工总会成员的阻挠，那些拒绝加入工会的建筑工人无法获得工作。在南面的奥特罗－德洛斯埃雷罗斯，从示威现场返回的劳工迫使一名长枪党徒亲吻他们的红旗。后来这个"受害者"在当地领导了一场镇压活动，并组织人员把支持左派的年轻女性的头发剃光，以示羞辱。

尽管发生过一些较轻微的反教会事件，比如有人在加尔默罗神父女修道院大门口放置爆竹，然而，在塞哥维亚城的大多数教堂，4月份第一周的圣周庆祝活动仍照常进行。塞哥维亚右翼报纸《前进报》（*El Adelantado*）甚至还评论了非天主教徒对参加宗教仪式与履行宗教义务之人工的尊重。然而，在6月份，教会暂停了传统的基督圣体游行，而在大教堂内举行一场正式的庆祝活动。他们这样做只是因为左翼分子张贴海报，并组织红旗飘扬与口号声此起彼伏的示威活动，这些"肆无忌惮"的举动让他们感到愤怒。尽管形势相对平静，但是当时的紧张局面仍在后来被用于为镇压行动辩护。[106] 事实上，早在4月份，塞哥维亚为数不多的军事密谋者就呼吁当地长枪党领导人迪奥尼西奥·里德鲁埃霍带领他手下人数同样不多的党徒，做好参加政变的准备。[107]

在国家层面，6月15日，希尔·罗夫莱斯在国会中以呼吁"迅速采取措施结束西班牙当前的混乱状态"为幌子对现政府横加指责，并借此加剧紧张局势。他的演讲表面上看是一种温和的呼吁，然而就根本而言，是向中产阶级公然声称，已经无法指望民主制能解决任何问题。他知道军方的政变准备工作进展顺利，于是他宣读了一份据说自大选以来曾经发生的动乱事件之目录。他将当中列出的 269 起谋杀、伤害、抢劫、焚烧教堂和罢工事件的责任全部归咎于政府——在 7 月 15 日，他会在这一统计数字的基础上再增加 61 名死者。其中有一些是真实的，有一些则是捏造的，而所有这一切都用让人血液凝结的惊悚措辞大肆渲染。他并未指出右翼在其所述诸事中扮演的角色，也未指出许多死者是死在国民卫队或其他治安部队手中的劳工。相反，他抗议对长枪党与人民行动青年团的恐怖分子的监禁，以及对拒不服从法令的雇主的强制罚款。希尔·罗夫莱斯怒吼道，只要政府还在依靠社会党人与共产党人的选票，西班牙就不可能会有哪怕一分钟的和平。他最后宣布："今天，我们正在目睹民主制的葬礼。"[108]

关于希尔·罗夫莱斯口中数字的准确性，仍有很多争论。在最近的一项由爱德华多·冈萨雷斯·卡列哈所做的最详尽的研究中，死亡人数达到了 351。值得一提的是，死亡人数最多的地方——在马德里有 67 人，在塞维利亚有 34 人——恰恰是长枪党枪手最为活跃的城市。排名紧随其后的是桑坦德（23 人）和马拉加（20 人）。其他南方省份也有大量的死者，比如格拉纳达为 14 人，穆尔西亚为 13 人，科尔多瓦为 11 人，卡塞雷斯为 10 人，韦尔瓦有 8 人。其他冲突激烈之省份的死亡人数却出人意料地少，如哈恩为 1 人，巴达霍斯和加的斯各 4 人，阿尔梅里亚为 3 人。然而，将注意力放在遇难者人数上（虽然这很重要），就会忽视由欺压穷人与社会虐待所构成的寻常暴力这一更为普遍的问题。另外一项由拉斐尔·克鲁斯所做的研究声称，有 43% 的遇难者死于治安部队之手。这是在镇压和平示威时滥用武力的结果，其受害者几乎全部是左翼人士。尽管在 3 月之后，死亡人数已从它的最大值在慢慢回落，然而上面提到的那些参与镇压的秩序部队仍在将来参与了军事叛乱。[109]

骚乱此起彼伏，但都分散在各地，没有得到更大范围的组织。在新闻媒体以及希尔·罗夫莱斯与其他人的演说中，他们企图将大大小小的争吵、武斗与罢工行动简单地归为"社会动乱",以向大众呈现一幅全然处于无政府状态的画面。事态被夸大,统计数据也有水分。在马德里,美国大使克劳德·鲍尔斯听到有传闻说,完全失控的暴民在屠杀君主制的支持者,并把他们的尸体拿来喂猪。[110] 对暴力与动乱的恐惧,源自人们从报刊上读到的发生在其他地方的事。某些人在对法律与秩序的崩坏表示憎恶的同时,也对这种情况"幸好"尚未传播到自己的城镇而感到宽慰。[111]

如果不考虑事情的前因后果,统计数据是毫无意义的。例如,据报道,3月初在托雷维耶哈(阿利坎特),"极端分子"烧毁了一座修道院、一家旅店、当地激进党俱乐部与市政登记处。事实真相是,当一个有铜管乐队伴随演奏的和平游行队伍途经上述旅店时,有人从旅店阳台上开枪射击,并导致一名示威者受伤。这才引发了对旅店的袭击和其他犯罪行为。在那些遭到逮捕并且被控需对枪击事件负责的嫌疑人中,包括旅店老板、教区司铎和他的两个兄弟,以及镇上天主教学校的一名教师。[112]

甚至到了7月1日,莫拉还抱怨说:"我们一直在努力挑起左派和右派之间的暴力冲突,然后就可以找到继续推动(政变)的借口,但到目前为止——尽管有一些政治因素的帮助——这一目标尚未完全实现,因为仍然有白痴自认为他们可以同掌控人民阵线的工农代表和平共处。"[113] 满足莫拉需要的种种理想的政变条件或许尚未达到,但是右翼枪手的暴力行为、卡尔沃·索特洛与希尔·罗夫莱斯的煽动性言论,以及右翼媒体对各种事件的添油加醋,已经狠狠将中产阶级往投入军事密谋者之怀抱的道路上推了一把。

希尔·罗夫莱斯的公开声明应该被视为他对军事政变的秘密支持,他将政变描述为"一种针对威胁国家当前生存的无政府主义的合法抵抗运动"。在5月底的时候,他建议美国记者爱德华·诺布拉夫在7月初休假,这样后者就能及时返回西班牙报道这场军事政变。[114] 1942年2月27日,他从里斯本向佛朗哥当局发送了一份关于他在政变中所扮演角色的签名声明,他表示自己曾经"在政变中提供意见和建议,对其他人进行道义层面的激励,秘密下达协同行动指令,甚至从党的竞选基金中拿出相当可观的一部分用于经济资助"。最后提到的这笔钱足有50万比塞塔,他将其交给莫拉,并坚持认为最初的捐助者们肯定会同意他这么做。其中一部分钱用于给

7月19日在潘普洛纳参加叛军的长枪党分子和卡洛斯派义勇军发饷。[115] 希尔·罗夫莱斯也曾设法帮助莫拉,与卡洛斯派分子协商其参与起事的各种事项。7月初,他陪同《ABC》报的老板胡安·伊格纳西奥·卢卡·德·特纳前往法国的圣让-德吕茨,试图说服卡洛斯派领导人曼努埃尔·法尔·孔德放弃要求叛军携带王室旗帜并采用王室颂歌的主张,但未获成功。[116]

在6月和7月间,希尔·罗夫莱斯指示各省独立右翼党团联盟领导人,一旦军方起事,所有党员都应立即加入军队,党组织应予以充分合作。青年运动成员也应加入军队,而不要组织独立的民兵武装。党员不要参与针对左派的报复行动,应避免与其他右派团体争权夺利,并且向(叛方)当局提供最大限度的经济援助。只有关于勿施报复的指示未被执行。独立右翼党团联盟的成员在镇压行动中表现得特别积极,尤其是在格拉纳达和旧卡斯蒂利亚的各个城市中。独立右翼党团联盟中首个参与叛乱的组织为巴伦西亚右翼地区党。该党领袖,稳健派基督教民主人士路易斯·卢西亚已被其秘书长何塞·马里亚·科斯塔·塞拉诺边缘化。当莫拉将军在6月份进入发动平民参加叛乱的最后阶段时,科斯塔·塞拉诺已做好准备在叛乱爆发的第一时间投入1,250人,并且承诺在5小时之内提供1万人,在5天以内提供5万人。除了长枪党、西班牙复兴党和卡洛斯派在当地的分支组织,巴伦西亚右翼地区党之激进派也在科斯塔·塞拉诺的领导下来到了军事委员会的统一指挥下。在内战开始时,卢西亚曾发表过一则谴责政变的声明。同时,作为一名右翼政治家,他四处躲避无政府主义分子的搜捕,但最终于巴塞罗那被捕入狱。尽管如此,1939年,他还是以"参与军事叛乱"的罪名被佛朗哥当局判处死刑。他的判决后来被减为30年有期徒刑。[117]

由社会党发动的恢复村社公地的运动得到了农业部长马里亚诺·鲁伊斯-富内斯的支持,这导致地主们对军事干预的需求变得越来越迫切。[118] 地主阶级及其新闻媒体的浮夸言辞产生了一种"终极灾难"即将来临的感觉。7月10日,《ABC》报痛心疾首地宣称,80%的土地将落入市政当局的手中,并且在有些城镇中私人财产将完全消失。[119] 地主家庭中的年轻成员也纷纷参加长枪党。由于预期政变将至,有许多产业主搬到省内较大的城镇中,或者搬到马德里和塞维利亚,部分非常富有的人士甚至移居法国的比亚里茨和巴黎，他们向右翼提供资金并热切期待着军事密谋的消息。而留在他们身后的，是在国民卫队的保护下袭击当地社会主义者的长枪党团伙。在唐贝尼托，国民卫队在当地长枪党分子用燃烧弹袭击"人民之家"时为其提供帮助。[120] 全国农业工人联合会时常抱怨国民卫队手下的受害者总是劳工，并且公开谴责地主阶级持有大量的武器。据称，在托莱多南部的阿尔莫拉迭尔镇，当地右翼拥有 200 支猎枪、300 把手枪和 50 多支步枪。[121] 当劳工试图从土地所有者那里领取未支付的工资时，他们时常会遭遇国民卫队的阻挠。在右翼武装纵队于内战的最初几个月中占领这些城镇后，曾提出上述要求的劳工毫无例外地成了右翼暴力的受害者。[122]

无地农民与产业主及其产业管理人员之间的仇恨是南方日常生活图景的一部分。塞维利亚的一个大土地所有者拉斐尔·德·梅迪纳曾写到过"富人的不理解和穷人的妒恨"，曾经提过那些脚穿绳编便鞋的步行者与那些乘汽车出行的人之间的尖锐对立。当他与他的父亲在乡间小路上驱车经过步行的劳动者时，他俩注意到了他们"阴沉可怕的表情，当中透露出的深深的蔑视与不加掩饰的悲痛，如雷霆一般击中了我们"。梅迪纳总是携带手枪参加与工会领导人协商工作条件的会议。[123]

塞维利亚省的省长何塞·马里亚·巴雷拉·伦杜埃莱斯对这种仇恨进行了解释。很多真正的大地主，比如那些公爵和伯爵，甚至那些非常富有的平民地主，都住在巴黎、比亚里茨或者马德里。他们只是偶尔前往庄园去打猎，并向他们的朋友炫耀其产业。在此逗留期间，他们对劳工阶级的蔑视显而易见。他们，就像地产不如他们那么多的、居住在自己庄园中的土地所有者一样，经常会肆无忌惮地欺负他们手下劳工的妻子、姊妹和女儿。负责经营庄园的管理人随意雇用和解雇劳工，根本无视法律的存在。经历了 1933 年至 1935 年的摧残之后，左翼市镇议会在 1936 年 2 月大选过后的重新掌权见证了命运的逆转。普遍流行的意识形态就是你死我活的仇恨，其中没有"和解"的容身之地。正如巴雷拉·伦杜埃莱斯所述，无地劳工想要效仿他们"前辈"的榜样："他们只是想以其人之道，还治其人之身。"[124]

巴雷拉·伦杜埃莱斯指出，乡村穷人痛恨富有者的一个关键原因是后者"使用"甚至虐待无产阶级妇女。巴尔多梅罗·迪亚斯·德·恩特雷索托斯曾以愤愤不平的笔调描绘那些被迫沦落风尘却尝试远离卖淫生活的妇女,并在此表达出他那属于乡村中产阶级的乘人之危和以恩人自居的态度:

> 你们依靠地主少爷的浪漫冒险过活……那些绅士曾经是你们的朋友,曾经一心想要你们,就像你们一心想要他们一样。你们觉得他们窃取了市政基金?我不那么认为,即使他们那样做了,他们后来也将人民的钱归还给了由漂亮的无产阶级妇女所代表的人民。地主少爷们不忍看到你们受苦。他们在午睡时间来到你们的妓院,穿着衬衫坐在藤蔓的阴凉下,在啤酒箱上给你们留下钞票。他们用美酒和音乐为你们的漫漫长夜注入生机。他们是真正的民主派。有什么比睡在人民女儿的怀抱中更能被称为民主的吗?真正的安达卢西亚人,慷慨的,地主少爷。[125]

巴雷拉·伦杜埃莱斯在解读农村紧张局势时所表现出的洞察力和同情心实为罕见。圣胡尔霍将军在为其未完成的自传所做的笔记中,写下了颇具启发性的评语:"导致土地所有者利益与西班牙整体经济利益受损的许多错误都被冠以'农业问题'之名,事实上'农业问题'只存在于马德里革命演说家的煽动言论中,而他们将其作为一种刺激与操纵农民大众的方式。农业问题是像玛加丽塔·内尔肯那样的人的发明。"[126]

莫拉于7月1日抱怨说,计划中通过挑衅引发报复从而将事态不断升级的做法,并没有说服公众舆论将军事政变视为合法。然而在不到两周以后,目标达成。7月12日晚,长枪党枪手杀害了突击卫队的一名中尉,何塞·德尔·卡斯蒂略·萨恩斯·德·特哈达。[127]这一犯罪行动之所以能产生灾难性的影响,很大程度上是因为在两个月之前的5月7日,卡斯蒂略的朋友卡洛斯·法劳多·德·米切斯上尉被一个长枪党小分队射杀。在同一天,总理兼国防部长圣地亚哥·卡萨雷斯·基罗加向他的副手,空军少校伊格纳西奥·伊达尔戈·德·西斯内罗斯展示了一份来自右翼的黑名单,上面列出了14名"共和国反法西斯军事同盟"(该组织成立于1935年底,旨在打击"西班牙军事同盟"的活动）成员。法劳多排在第一位，卡斯蒂略排在第二位，而伊格纳西奥·伊达尔戈·德·西斯内罗斯则排第四。[128]

在法劳多遭到谋杀之后，要求复仇的呼声被强行压制下去。然而，当卡斯蒂略也被暗杀时，他在庞特霍斯兵营——就在位于马德里太阳门广场的保安总局后面——里的突击卫队同事决定实施报复。在第二天的凌晨，他们出动了。这群人准备找个有影响力的右翼政治家进行报复。因为没有找到正在比亚里茨度假的希尔·罗夫莱斯，于是他们绑架了卡尔沃·索特洛，在后者被押上卡车后不久，有一个突击卫队成员就开枪将他打死。他的尸体随后被带到市政公墓，并于第二天早上被人发现。[129]共和派和社会党领导人感到非常震惊，当局立即开始彻查。对于右翼而言，这是一个发动政变的良机，长期的筹备工作即将结出硕果。

在卡尔沃·索特洛的葬礼上，安东尼奥·戈伊科切亚发誓要"效仿你的榜样，为你报仇，拯救西班牙"。7月15日，巴列利亚诺伯爵代表卡洛斯派和西班牙复兴党，在国会的常务委员会上发表了更为激进的演说。巴列利亚诺称，"这次犯罪在我国政治的历史上前所未有"（这是一种相当不准确的说法），并声称卡尔沃·索特洛反对一切形式的暴力。在控诉人民阵线全体代表应为此担责之后，他宣布君主主义者退出国会。希尔·罗夫莱斯对巴列利亚诺的发言表示赞成，同时对最近几个月的暴力与针对政府官员的暗杀活动表示谴责。这是他最后一次出现在议会上。他很清楚即将爆发的军事叛乱的目标，于是宣称在接下来的强力反弹中，人民阵线各党团将成为第一批受害者。[130]

第二部

叛乱方控制区的制度化暴力

5

凯波的恐怖统治

南部的清洗行动

卡尔沃·索特洛的遇害似乎证实了右翼媒体最可怕的预言，军事密谋集团继续推进政变的计划。然而仅仅6个星期前，在位于潘普洛纳的总部，莫拉还在担心政变可能遭到失败并引来左翼群众的报复，他为此感到极为沮丧，甚至开始认真考虑放弃手中的指挥权，并在退役后前往古巴。西属摩洛哥部队（当地招募的雇佣兵所组成的土著正规军和被编为两支队伍的西班牙外籍军团）会否参与政变也让莫拉深觉困扰，他们可是密谋政变中的关键角色。他的恐慌情绪于1936年6月2日被触发，当时的总理兼国防部长圣地亚哥·卡萨雷斯·基罗加，将驻扎于西属摩洛哥地中海沿岸梅利利亚的外籍军团第1团指挥官埃利·罗兰多·德·特利亚中校解职，而此人是密谋集团中的一名关键人物。令他更为担心的是，第二天，卡萨雷斯·基罗加召回了胡安·亚圭中校，后者当时已被秘密任命为殖民地地区发动军事叛变的总负责人。[1]

在等待有关亚圭的消息期间，莫拉于6月3日获得了一个重大的意外惊喜。保安总长何塞·阿隆索·马略洛组织了10多辆载满警察的卡车对潘普洛纳发动了一次旨在搜查武器的突袭行动。然而，密谋者们提前接到了来自莫拉同伙，警司圣地亚哥·马丁·巴格纳斯的警报，藏好了所有的证据。[2]对于他们而言更为幸运的是，两周以后亚圭得到留任。由于1934年10月亚圭在镇压阿斯图里亚斯的起义期间极端残忍的表现，左翼对他深恶痛绝。反过来，亚圭也有充分的理由反对共和国——在早先阿萨尼亚政府的军事改革期间，有很多非洲殖民军团精英的快速晋升遭到推翻，而他本人也于 1932 年被从中校降到少校。亚圭因为自己在年资表中的排名降低了 82 位而深感羞辱，他不得不等待了一年时间，才恢复到中校军衔。[3] 亚圭负责指挥驻扎于直布罗陀海峡南侧休达城的外籍军团第 2 团。他曾公然表达自己对政府的敌意，其手下那些带有刺青的雇佣兵向他表示无条件的忠诚。

　　社会党领导层一再警告卡萨雷斯·基罗加，让亚圭继续留在职位上非常危险。但是，当亚圭于 6 月 12 日抵达马德里时，他得到的只是调任的指令，他可以在西班牙本土选择一个他中意的军事指挥岗位任职，或者选择驻罗马外交武官这一肥差。亚圭冷淡地回应说，他宁肯烧掉他的制服，也不会离开军团。卡萨雷斯软弱地默许他返回摩洛哥，这让莫拉松了一口气。会后，卡萨雷斯对他的副官伊格纳西奥·伊达尔戈·德·西斯内罗斯说："亚圭是一位绅士，一名完美的军官，我确定他永远不会背叛共和国。他以一个军人的名誉向我保证，他将永远忠诚地为共和国服务。亚圭这种人会信守他的诺言。"这是一个重大的政治错误。[4]

　　结果，莫拉被卡洛斯派高层分子说服留下来主持大局，他重获决心并开始尽一切努力确保叛乱的成功。然而，在 7 月份第 2 个星期的圣费尔明节期间，莫拉的弟弟拉蒙带到潘普洛纳的一个消息，令他再次陷入绝望。时年 39 岁的拉蒙是驻巴塞罗那的一名步兵上尉，他是埃米利奥·莫拉与当地密谋分子的联络人。加泰罗尼亚地方政府的安全部门发现了在加泰罗尼亚发动叛乱的计划，于是对事态甚为悲观的拉蒙请求他的哥哥中止行动。埃米利奥回答说现在已经太晚，并命令拉蒙重返巴塞罗那。这实际上就是一份死刑判决书。当政变如拉蒙所料遭遇失败之时，拉蒙开枪自杀，而这导致莫拉变得更加残酷无情。相比之下，对于加泰罗尼亚地方政府主席路易斯·孔帕尼斯救下了他父亲埃米利奥·莫拉·洛佩斯（时年 83 岁的前国民卫队将军）的性命一事，他根本就不为所动。[5]

　　在莫拉于 4 月份下达的第 1 条秘密指示中，他呼吁采用极端的暴力手段震慑左翼，使其陷入瘫痪状态，这与非洲军团精英对付里夫部落民的做法遥相呼应。在整个军队中，对于这场军事阴谋的立场远未达成一致。如果情况不是这样，那么内战就不可能发生。因此，莫拉的第 3 条秘密指示就是下令立即处决那些反对或拒绝参加政变的军官。6 月 20 日的第 5 条指示宣称:"胆怯与犹豫不决者应当受到警告,不和我们站在一起的就是反对者,并将被视为敌人。"[6]因此,被军事叛乱分子处决的第一批受害者就是其军中同僚。

6月24日,莫拉向亚圭发出了特别指示。他强调了3个主要原则,即极端的暴力、速度与高度的灵活性:"犹豫不决只会导致失败。"[7]6天以后,亚圭收到了一套更详细的有关如何组织镇压活动的25条指示。其中包括如下内容:使用摩尔人部队;将城市公共秩序和治安控制权委派给长枪党;逮捕全部有嫌疑的当权者;清除所有左派分子(共产主义者、无政府主义者、工会成员、共济会员等);关闭所有公共集会场所;禁止一切形式的示威、罢工以及公开和非公开的集会。[8]这些指示就是7月17日夜在西属摩洛哥领土上发起的镇压行动的蓝图。亚圭纯粹凭靠着自己的人格感染力,在军中压制住了西属摩洛哥总司令阿古斯丁·戈麦斯·莫拉托将军。7月5日至12日,在克特马河谷的利亚诺-阿马里略*,来自外籍军团与西属摩洛哥正规军的共2万名官兵参加了一场军事演习,在这场演习中,亚圭的营帐成了来自非洲的政变的策源地,他就在这里向参加叛乱的主要军官们下达任务简令。这场演习最终在长枪党党员高喊的口号声中落幕。[9]

7月17日,在外籍军团第2团的总部梅利利亚,总指挥官曼努埃尔·罗梅拉莱斯·舍特罗因拒绝参加密谋集团而被安上持有"极端主义思想"的罪名,随即遭到逮捕和枪决。以路易斯·索兰斯-拉韦丹上校为首的叛军很快就在一座拘留营中关押了近千名囚犯。当总司令戈麦斯·莫拉托将军飞抵梅利利亚时,他立即被捕。在位于摩洛哥保护国西半部分的得土安,爱德华多·萨恩斯·德·布鲁阿加上校和卡洛斯·阿森西奥·卡瓦尼利亚斯中校拘禁了派驻此地的代理高级专员阿图罗·阿尔瓦雷斯·布伊利亚,此人后来也被枪杀。在7月17日至18日的夜间,叛乱分子在摩洛哥射杀了225名军人和平民。[10]

首批受害者中有西班牙军队中最具才能的军官之一,34岁的飞行员与天才航空工程师比尔希略·莱雷特·鲁伊斯上尉,他是位于梅利利亚的阿

---

* 即今摩洛哥王国的伊萨古恩(Issaguen),"利亚诺-阿马里略"(Llano Amarillo)在西语中有"黄色草原"之意。

塔拉永水上飞机基地的指挥官。他因反对叛乱而遭到拘押，并在经过草草审判之后被处决。他的妻子，左翼女性主义者、剧作家兼记者卡洛塔·奥尼尔也被逮捕，并被迫与她的女儿卡洛塔和马列拉分开。有许多共和派人士的妻子和女儿被长枪党分子捉住，并遭到强奸与折磨。这正是由路易斯·索兰斯发起的恐怖统治的核心举措。9月末，一群长枪党匪徒来到监狱，他们打算杀死所有女性在押人员，以庆祝叛军夺取托莱多。监狱负责人训斥了他们，说道："将她们全部立即处决太不像话。如果你们想干掉这些女人，可以来把她们带走，但是每次只能带走一个人。"于是他们带走了几名受害者，再也没有人见过她们。在被监禁18个月后，1937年7月17日，卡洛塔·奥尼尔因为会说俄语，具备颠覆企图，以及促成其丈夫的反动行为而遭到指控。不过，她"只是"被判处6年徒刑。[11]

控制摩洛哥的基地后，叛军的下一个目标是加的斯，这里是搭载非洲军团的船舶靠岸的关键港口。7月18日凌晨1点，加的斯驻军司令何塞·洛佩斯-平托准将向省长马里亚诺·萨皮科保证，他仍将对共和国保持忠诚。然而短短3小时后，他宣布支持叛军一方，随后他颁布了戒严令，并下令释放何塞·恩里克·巴雷拉·伊格莱西亚斯准将。7月17日，巴雷拉因涉嫌参加军事密谋而被共和国当局逮捕，而他将在这场反叛事业中发挥核心作用。在加的斯，军队系统外的密谋集团由一个有影响力的土地所有者、塔马龙侯爵何塞·德·莫拉-菲格罗亚领导。莫拉-菲格罗亚是加的斯省的长枪党组织负责人，而他的兄弟，担任海军军官的曼努埃尔负责领导长枪党的民兵武装。莫拉-菲格罗亚兄弟与塞维利亚的一位关键密谋者，索托-埃尔莫索侯爵拉蒙·德·卡兰萨（一位退役海军上校）保持联络，并一度忙于购买和储存武器。

现在，莫拉-菲格罗亚的长枪党军团很快就加入了洛佩斯-平托和巴雷拉的叛乱行动。共和国政府人员在市政厅和省长办公厅避难。保卫他们的只有数百名装备不足的共和派民兵以及约50名突击卫队人员。洛佩斯-平托和巴雷拉手下则有约300名士兵、超过50名长枪党武装分子和卡洛斯派义勇军，以及若干国民卫队人员。共和派人士所在的建筑物遭到炮击，但他们仍在全力支撑，直到7月18日深夜，一支土著正规军部队搭载驱逐舰"丘鲁卡"号（Churruca）与另一艘蒸汽商船从休达港赶赴此地为止。[12] 这样一来，政变在该市取得成功已经毫无疑问。

第二天早上，市政厅、省长办公厅、电话交换局、主邮局、各左翼政党总部和工会总部在实际未做任何抵抗的情况下，一个接一个宣告投降。所有留守人员均被拘捕，市政议会的许多成员甚至连走过场的审判都没能得到就直接遭到杀害。市长曼努埃尔·德·拉·平塔·莱亚尔在政变期间并不在加的斯，当然也就无法做出反对政变的行径。然而，他仍旧在9月份于科尔多瓦被捕，之后被押回加的斯执行枪决。在加的斯被占领数日之后，省长、省议会主席与许多拒绝加入叛乱的军官都被指控犯有军事叛乱罪。在被拘押期间，他们进行书面陈述并指出了上述指控的荒谬性，因为他们当时听令于合法政府，而且只不过是在进行自卫。在未接受任何形式的审判的情况下，8月16日（或该日前后），根据南部地区叛军总司令贡萨洛·凯波·德·利亚诺的命令，他们与包括1名社会党国会议员和市政厅律师在内的其他几人直接被从监狱提走，并于随后遭到杀害。[13]

接下来，叛军开始消灭那些不怎么出名的左翼人士。他们首先封锁了连接加的斯城所在半岛与西班牙其他地区的狭窄陆地。长枪党、国民卫队和摩洛哥正规军的小分队接下来开始搜查并洗劫住所。自由派、左翼分子、共济会员和工会成员被大批逮捕。有些人直接在街上被射杀。其他人被带到位于当地赌场的长枪党总部，在那里他们备受折磨。他们被迫灌下了1升蓖麻油以及混有锯屑和面包屑的工业用酒精。他们在剧烈的腹痛中遭到野蛮的殴打。所谓的"血之法庭"建立起来，每天都有25名在押人员被提出监狱执行死刑。在未来的5个月里，加的斯的被捕者中有超过600人被处决，在内战期间有超过1,000人遇害。在内战结束到1945年之间，又有300人被执行死刑。上述数字不包括在监狱中被折磨致死的人。[14]

对该省其余地区的征服得到了当地上地所有者的积极配合，很多地主家庭出身的年轻人已经加入了长枪党或卡洛斯派义勇军。在加的斯以东的加苏莱斯堡，当地长枪党与国民卫队在叛乱之初即已控制该镇，他们杀害了镇长与市镇议员，以及另外50人。在周边的村落中，人民阵线委员会已经成立。他们把那些据信支持政变的右翼分子关押起来，并开始向无地劳工家庭分发粮食和牲畜。当地产业主立即做出反应，他们为一支小分队提供马匹，期望他们可以收回自己的财产。小分队向西南方向移动，经过奇克拉纳与科尼尔之间的罗切和坎帕诺，夺回了已被农民家庭占据的许多庄园。男人、女人和孩子被抓住后送往加苏莱斯堡，在那里有很多人被杀害。[15]

　　加的斯沦陷后，何塞·莫拉-菲格罗亚把他的手下带到了赫雷斯-德拉弗龙特拉，在这里，叛乱方已经迅速取得了胜利，而这要归功于军事指挥官萨尔瓦多·德·阿里松·梅希亚少校的果断行动。此人也出身于当地一个地主家庭，他承袭卡萨-阿里松侯爵之位，同时还是陆军马匹育种暨训练机构的主任。他和他的兄弟胡安·德·阿里松·梅希亚上尉从单位中抽调马匹，组织骑乘纵队长途奔袭，控制了周围地区。[16]莫拉-菲格罗亚同样将其朋友与其雇工组织起来成立了多支骑乘队伍，并将它置于加的斯军事当局的指挥之下。[17]他们的目的不仅是粉碎针对叛乱方的反抗，同时也要夺回前些年被农民占据的土地。

　　该省其他大多数主要市镇迅速陷落。7月19日，萨尔瓦多·德·阿里松·梅希亚派遣部队从赫雷斯出发，前去夺取北面的桑卢卡尔-德巴拉梅达港。人民阵线的支持者一直奋力抵抗到了7月21日，该日一支土著正规军的部队进入该镇，杀害了12名平民，其中9人死在同一所房子中。处决行动立即开始，然而有少数左派人士搭乘小船逃脱了。在接下来的5个月中有80人被枪决。[18]7月18日，加的斯以北的港口城市罗塔风平浪静。第二天，城中的无政府主义者、社会主义者和共产党人受到欺骗，误认为当地国民卫队与边防警察部队仍然忠于共和国，因此一同宣布发动总罢工，并建立反法西斯委员会。长枪党与其他右翼分子遭到拘禁，通往该城的道路遭到封锁。当国民卫队宣布支持叛乱时，该反法西斯委员会一枪未发即宣告投降。尽管左翼暴力行为并未出现，但长枪党和国民卫队还是展开了针对城中为数不多的自由派与左翼分子的清洗行动。他们遭受折磨并被迫喝下蓖麻油，有超过60人在夜里被射杀，遇难者的耳朵作为战利品被割下。[19]

　　赫雷斯城当时所处的氛围，可以从7月24日君主主义派知识分子何塞·马里亚·佩曼在赫雷斯广播电台发表的一次讲话中感受到。他演唱了一曲赞歌，颂扬这场抵抗所谓"蛮族入侵"的战争。他还在当时的讲话中宣称："战火的闪光已经让我们睁开了眼睛。政权轮替的理念不再存在，取而代之的是根除和驱逐，这是对抗当前敌人的唯一有效的反应，因为这种敌人对西班牙的破坏比任何外敌曾造成的破坏都大。"[20] 这种表述暗中点出左翼工人阶级与公元 771 年的柏柏尔侵略者的相似性。

一名经验丰富的非洲殖民军军官马里亚诺·戈麦斯·德·萨马略亚上尉从休达城赶赴赫雷斯，他负责全权指挥各地主的骑乘武装纵队。[21] 收回周边地区由左派分子占领的庄园的任务，落到了卡萨－阿里松侯爵率领的武装纵队的手中。何塞·莫拉－菲格罗亚的兄弟曼努埃尔则组建了另一支纵队，他还有其他一些身为贵族地主家族后裔和雪利酒巨头家族子弟的同伙，如梅迪纳－西多尼亚公爵[*]和埃斯塔尼斯劳·多梅克·冈萨雷斯。这个自封为莫拉－菲格罗亚军团（Tercio Mora-Figueroa）的队伍最初由 300 名青年右翼分子、长枪党分子、地主之子和天主教工会的劳工组成。

莫拉－菲格罗拉带领他的人，就像是参加狩猎聚会般，在国民卫队和卡洛斯派义勇军的随同下，一路向东前往阿尔科斯－德拉弗龙特拉——他的家族在那里拥有土地。尽管拿下阿尔科斯的过程中没有遭遇多少抵抗，他们还是发动了一场可怕的镇压，其中有 86 名共和派人士遇害。[22] 这支纵队对加的斯东北部仍在人民阵线手中的村庄展开进攻，并重新夺回了左翼劳工占据的庄园。从阿尔科斯出发，戈麦斯·德·萨马略亚的土著正规军部队与莫拉－菲格罗拉手下的武装分子纵队一路推进至阿尔戈多纳莱斯和奥尔韦拉，在这些地方的镇压行动非常激烈。[23] 8 月 13 日，莫拉－菲格罗拉纵队抵达了自 7 月 19 日起就一直由国民卫队控制的比利亚马丁。这里发生过一些局部的左翼暴力事件，然而与之相比，镇压行动的严重程度却完全不成比例。比利亚马丁的地主阶级决定铲除所有工会成员、所有社会党和共

---

[*] 梅迪纳－西多尼亚公爵（Duque de Medina–Sidonia）是西班牙历史上最为悠久的爵位封号。1588 年无敌舰队之役中的西班牙无敌舰队总司令就是第 7 世梅迪纳－西多尼亚公爵；而第 21 世梅迪纳－西多尼亚女公爵因其反佛朗哥的活动于 20 世纪 60 年代被捕入狱，并以"红色女公爵"而著称。

和党成员，以及曾经担任过民选公职的共和国支持者。

尽管教区司铎反复抗议，当地男女平民还是遭到酷刑折磨，并在没有接受审判的情况下被枪决。他们被处决的理由相当随意，比如有人是因为倡导改善工作条件，有人则是因为参加过一次狂欢会，人们在会上为希尔·罗夫莱斯举办了一场恶搞"葬礼"，并演唱嘲讽右翼的歌曲。有一个17岁的少年因为他父亲是社会党人而被枪毙，还有一个16岁的孩子因为他那逃走的父亲是无政府－工团主义者而遭到杀害。总共有4名十几岁的孩子被杀害。一对年龄分别为73岁和63岁的老夫妇被枪杀——他们那支持无政府－工团主义的儿子也逃走了。已婚夫妇遭到射杀，他们年幼的孩子则被留下来活活饿死。在另一个案例中，克里斯托瓦尔·阿尔萨与他的妻子双双被捕，他们的头发被剃光，还被灌服了蓖麻油。在这之后，他们觉得已经安全了，所以他们俩仍然留在镇上，却再次遭到逮捕。克里斯托瓦尔的兄弟弗朗西斯科向当地国民卫队的队长请求饶过他们俩的性命，后者答复说他只能放过一个人，而弗朗西斯科必须从中二选一。他选择了他的兄弟。从1936年7月到1937年2月，在比利亚马丁共有102名男性和9名女性被处决。[24] 在博尔诺斯有3名女性遇害，在埃斯佩拉有2名，在普埃尔托塞拉诺有1名，在阿尔科斯－德拉弗龙特拉有1名，在乌夫里克至少有10名，在奥尔韦拉则有5名。[25]

最初这些杀戮行动都是在宣布戒严（Bando de Guerra）的保护伞下进行的，这些戒严令均基于凯波·德·利亚诺在7月18日颁发的法令。在安达卢西亚西部各省份与城镇中，尽管戒严令的措辞可能会略有不同，但是其用词均极为宽泛，实际上规定了可以对任何反对军事叛乱的人执行枪决。[26] 那些进行杀戮的凶手事后可以轻描淡写地声称他们正在"执行戒严令"。在没有任何司法依据的前提下，人们遭到枪杀，而他们的尸首则被弃置在路边直至腐烂。事实上，凯波·德·利亚诺根本无权颁布这样一项法令。[27]

凯波·德·利亚诺于8月4日致函洛佩斯－平托，敦促他加快清洗加的斯左派分子的进程。随着首批非洲军团纵队在8月2日和3日离开塞维利亚向马德里推进，他写道："这一切应尽快结束！从现在起不能超过10

天。到那时，你必须消灭你省内所有（左派）武装分子与共产党员，这件事情非常重要。"当一名新上任的法官打听有关在加的斯被捕的那些著名共和派人士的审判进展时，他被告知，审判已被搁置，而原因是"通过援引1936年7月18日的戒严法令，相关涉案人员均已被处死"。[28]

凯波·德·利亚诺的信反映出的是镇压中的一个关键时刻。加的斯、韦尔瓦和塞维利亚的城镇和村庄，以及科尔多瓦和格拉纳达的大部分地区均已落入叛乱分子之手。在这个地区的人口中，共和派占据主导地位，而社会党人与无政府-工团主义分子则是其支持者。为了防止右翼武装纵队向北移动时在其后方出现任何异动，镇压力度将予以加强。在押人员将被杀掉。在发出这封信两天以后，凯波·德·利亚诺任命退役中校爱德华多·巴莱拉·巴尔韦德担任加的斯省的省长，可见他心中相当急迫。巴莱拉得到指示要"用更大的力量继续推进"。在桑卢卡尔-德巴拉梅达，占领军从8月8日起开始了更为系统化的行刑处决。在靠近省会城市的雷亚尔港，当地市长在7月18日晚阻止了反对教会的骚乱以及焚烧一所女修道院的企图。尽管如此，他还是于次日被捕。他是一位书商，同时也是阿萨尼亚的左翼共和党中一位温和共和派人士。尽管修道院院长代他向右翼方面请求宽恕，但他还是在没有经过任何审判的情况下于8月21日被害。两个月后，他那已经被长枪党分子洗劫一空的书店也被查封。[29]

与此同时，在位于比利亚马丁与乌夫里克之间的，像贝纳马奥马那样的村镇中，莫拉-菲格罗拉纵队逮捕当地镇长，并按照自己的意愿强行组织了新的地方委员会。他们以奥尔韦拉为基地，跨过省界进入塞维利亚，在8月18日征服了塞维利亚省的普鲁纳镇，4天之后又占领了圣胡安新镇和阿尔加米塔斯。遭到人民阵线当局保护性拘留的当地地主和右翼分子声称，幸好右翼武装纵队及时赶到，否则他们将遭遇可怕的暴行。但是为什么左派会在考虑实施这样的暴行之前等待如此之久，却没有得到解释。[30]

负责贝纳马奥马镇压行动的是一个被称为"罗塔之狮"的臭名昭著的团伙，该团伙的成员自称是长枪党徒，其领导人费尔南多·萨马科拉来自加利西亚，有施暴和武装抢劫的前科。战后对萨马科拉罪行的调查发现，有包括数名妇女在内的超过50人被处决。镇上的邮递员和他15岁的儿子一同被枪杀。"罗塔之狮"的成员作证说,当地国民卫队指挥官胡安·巴迪略命令射杀被捕人士,以掩盖他们遭到残酷殴打的痕迹。除了谋杀犯罪,还有相当多的盗窃被羁押者财物的行为,以及对逃亡者或遇难者妻子的性侵犯。这些妇女不得不奉命去打扫国民卫队的兵营与长枪党的办公室,并被强迫在萨马科拉手下组织的派对上跳舞。除了被剃光脑袋和强灌蓖麻油,在数个案例中,还有女性遭到巴迪略和萨马科拉的强奸。[31] 萨马科拉被授予西班牙最高军事荣誉,圣费尔南多大十字勋章。[32]

与此同时,莫拉-菲格罗亚纵队跟在正规部队之后执行日常扫荡任务,后者征服了该省北部地区较小的市镇,如乌夫里克、巴列堡和塞特尼尔。很多当地共和派与工会分子担心遭到报复而逃往乌夫里克周围的山区。然而,有一架轻型飞机在7月24日飞临此地空投传单,传单中宣称只要手上没有血债就无须害怕报复,于是许多人返回城中。然而,包括市长在内的轻信这一许诺的大多数左派人士,将在接下来的几个星期里遭到枪杀。乌夫里克市长是左翼共和党成员,他拥有一个生意兴隆的面包房和榨橄榄油的工厂。之前他因为向穷人低价提供面包而遭到地方寡头的敌视。于是他遭到拷打,被迫交出了一大笔钱,并在这之后被射杀。至少有149人在乌夫里克被处决。[33]

在临近的巴列堡,左翼迅速组建了一个防卫委员会,当地国民卫队的枪支被移交到他们手中。当地右翼分子的武器均被收缴,还有几人遭到监禁,但是没有人受到身体上的伤害。当地教区教堂被征用作委员会总部,教堂里的祭坛、雕像和宗教绘画被毁坏。该市镇曾在8月25日被一支由20名国民卫队士兵与曼努埃尔·莫拉-菲格罗亚的长枪党人员组成的作战分队短暂占领。在他们被赶走之后,一群无政府主义民兵从邻省马拉加省的龙达赶至此地,并开始洗劫当地右翼的住所,直到他们被当地的防卫委员会阻止为止。9月18日,该市被包括莫拉-菲格罗亚纵队在内的叛军部队最终占领。在巴列堡的镇压行动波及范围很广,其目标是根除左翼人士、组织及其政治理念。得知叛军纵队在邻近市镇的所作所为之后,巴列堡的很多居民已经提前逃走。他们中间也包括曾在共和派政党、工会及政府机构中任职的人士。因此,遇难者就是那些相信自己没有犯罪或没有其他任何不当行为，所以不用惧怕报复而留在此地的人。叛乱方甚至都没有组织任何走过场的审判。有 26 个男人和 4 个女人从街上或者从他们的住所中被带走，在遭到拷打后被枪决。[34]

在形形色色的准军事组织在加的斯省大肆清洗异己的同时，类似的情况也出现在塞维利亚省。在那里，贡萨洛·凯波·德·利亚诺将右翼所取得的胜利归功于自己的胆识。在事变发生不到一年的时候，他宣称，在敌人占据压倒性优势的情况下，他仅靠 130 名士兵与 15 名平民就夺取了这座城市。在 1938 年 2 月 1 日的一次广播电台的讲话中，他对此作了进一步的夸大，宣称他用十四五人就拿下了该城。[35] 而按照他的说法，对手是一支有着 10 万名"共产主义分子"的装备精良的军队。事实上，被击败的工人阶级一方只有 80 支步枪与少量弹药，而且如果他们真的有"装备"，也只是狩猎用的霰弹枪、古旧过时的手枪和各种刀具。[36]

事实上，上述事件远非自发的英雄主义行动，而是由驻塞维利亚的总参谋部中的一位少校何塞·奎斯塔·莫内雷奥精心策划，并以 4,000 人的力量付诸实施的一场大规模政变。塞维利亚军区司令何塞·德·费尔南德斯·比利亚－阿夫里列将军与他的高级幕僚其实知道下面的人正在秘密策划些什么。然而，他们对省长何塞·马里亚·巴雷拉·伦杜埃莱斯阻止军事密谋的恳求无动于衷。[37] 尽管如此，凯波仍将他们逮捕并以"军事叛乱罪"对其进行审判。塞维利亚驻军中的大多数人都参与了政变，其中包括炮兵、骑兵、通讯及运输单位，以及当地的国民卫队。甚至从记者恩里克·比拉创作的一首赞美凯波的诗歌所包含的名单里，也能清楚地看到这一点。[38] 炮火袭击过后，叛军人部队夺取了电话交换局、市政厅和省长的总部，他们封锁了进入市中心的主要通道，然后开始实施不分青红皂白的恐怖行动。[39]

接下来，粉碎工人阶级抵抗的任务交给了安东尼奥·卡斯特洪·埃斯皮诺萨少校。按照卡斯特洪本人所述，由 50 名外籍军团士兵、50 名卡洛斯派义勇军、50 名长枪党分子和 50 名国民卫队士兵组成的作战分队立即开始在特里亚纳、马卡雷纳、圣胡利安与圣马科斯等工人聚居区展开血腥镇压。卡斯特洪的炮兵部队由路易斯·阿拉尔孔·德·拉·拉斯特拉上尉负责组织,后者是独立右翼党团联盟的前国会议员和来自卡莫纳的土地所有者,在叛乱之初他就将自己置于凯波的指挥之下。[40] 长枪党分子主要来自富有地主阶级的俱乐部"拉布拉多社团"。该社团的著名成员,比如拉蒙·德·卡兰萨、佩德罗·帕里亚斯·冈萨雷斯和斗牛士"来自阿尔加瓦的佩佩"(何塞·加西亚·卡兰萨)等人组织平民参加叛乱。凯波·德·利亚诺分别让卡兰萨和帕里亚斯担任市长和塞维利亚省的省长以资奖励。"来自阿尔加瓦的佩佩"曾是1934年3月马拉加的无政府主义者企图暗杀的目标,现在他率领一群斗牛士,听任凯波·德·利亚诺的调遣。[41] 7月19日上午,卡兰萨领导他的武装团伙来到城市周边的工人阶级聚居区,在这些地方降下了他所谓的"严酷惩罚"。[42]

在炮火轰击下,工人阶级的街区仍在顽强抵抗。最后,凯波的部队利用妇女和儿童作为人盾才得以突入街区,并迫不及待地展开了镇压行动。妇女与儿童也像男人们一样遭到杀害。征服特里亚纳区后,新任市长卡兰萨大步穿过街道,用扩音喇叭下令将所有亲共和党和反法西斯的涂鸦从墙上清除掉。他设定的期限是10分钟,只要时间一到,任何没有将住所外墙上的标语清理掉的居民都会被枪杀。幸存的男人、妇女和儿童开始疯狂地擦洗墙壁上的字迹,而他们已死或垂死的父兄、丈夫和儿子就倒在他们周围的街道上,获胜的叛乱分子则幸灾乐祸地在旁边观看这一幕。[43] 7月22日,在对马卡雷纳区发动的最后一次攻击中,凯波投入飞机对该地区进行轰炸和扫射。他在报纸上发布警告,要求将武器扔到大街上并在门窗上覆盖白床单,以"避免空袭和陆军部队可能带来的伤害"。[44]

8月16日,在特里亚纳区发现了两具长枪党分子的尸体。为进行报复,周边街道上有70人被随机逮捕。两天以后,在没有经过任何审判的情况下,他们在墓地中被枪杀。[45] 当演员埃德蒙多·巴韦罗在8月到达塞维利亚时,他发现这座城市以及城中的许多居民已被长枪党的标志淹没。在特里亚纳、马卡雷纳、圣胡利安与圣马科斯等街区,到处都是炮火肆虐过后的残垣断壁。那一张张惊恐万分的脸和放眼望去无处不在的身着黑衣的妇女,令巴韦罗感到惊骇不已,而当地的报纸和广播仍在用恐吓性的语气不断重复凯波关于公开哀悼行为的禁令。在其他地方,在各个村镇中,长枪党巡逻队要确保任何房屋外面都没有服丧的标志，而屋内传来的恸哭也会被其喝止。[46]

在最初的屠杀过后，更为系统化的镇压行动开始了。7月23日，凯波·德·利亚诺颁布了另外一道法令，其中规定，被逮捕的罢工领导者们，将同军事当局自行选取的与之数量相同的罢工者一起被枪毙。任何不遵守其法令的人将不经审判予以枪决。第二天，凯波发布了他的第6道法令，其中指出"在任何城镇或村庄中若发现有针对个人的暴行，当地的马克思主义或共产主义组织的领导者将会遭到枪决。如果没有找到组织领导者，那么就从这些组织中任意抓捕与领导者人数数量相同的成员并将其枪毙，而这将不会妨碍之后对有罪者的判决"。[47]叛军援引这项法令，对那些从未有过"残暴行径"的男人、妇女和儿童实行大规模处决。

凯波·德·利亚诺选择了非洲军团军官，步兵上尉曼努埃尔·迪亚斯·克里亚多来负责这一进程。后者曾于20世纪20年代在外籍军团服役，由他组织的市民自卫队在1931年塞维利亚的玛丽亚–路易莎公园杀害了4名工人；他也参与了卡拉维利亚在1936年5月对阿萨尼亚的未遂谋杀。7月25日，凯波授予迪亚斯·克里亚多"安达卢西亚暨埃斯特雷马杜拉大区军事特派员"的头衔，同时赋予其针对该地区人民的生杀予夺的大权。迪亚斯·克里亚多选择了一个与他在残忍程度方面不相上下的国民卫队成员来担任其左手，此人就是军士长何塞·雷沃略·蒙铁尔。雷沃略负责对在押人员进行拷打和刑讯。迪亚斯·克里亚多被埃德蒙多·巴韦罗描绘成一个"残忍变态的酒鬼"。[48]在他的命令下，特里亚纳和马卡雷纳的工人阶级聚居区被剥夺了它们的男性人口。在被送入省立监狱的数百名囚犯中有儿童和老人。其中大多数人未经任何哪怕是走过场的司法程序就被带出去并遭到枪杀。其他人则被押到臭气熏天的监狱船"卡武埃鲁角"号（Cabo Carvoeiro）上自生自灭。[49]

在工人阶级领袖不知所踪之后，他们的家庭成员就会被当作人质扣押。塞维利亚码头工人领袖，共产党人萨图尼诺·巴尔内托·阿蒂恩萨东躲西藏并最终抵达了共和国控制区。他的姊妹、妻子和襁褓中的女儿，还有他的岳母在内战期间被以非人道的手段羁押。他那72岁的母亲伊莎贝尔·阿蒂恩萨，一位虔诚的天主教徒，也遭到逮捕和刑讯。10月8日，她先是被押到墓地目击了一次枪决，然后，精神明显失常的她被带到她家附近的一个广场上，并在此遭到枪杀。随后，她的尸体横陈于街上达一天之久。[50] 8月10日晚，又有更多的人被杀害，以"纪念"圣胡尔霍将军政变四周年。遇难者中有安达卢西亚的知识分子布拉斯·因方特与共和派市长何塞·冈萨雷斯·费尔南德斯·德·拉万德拉，他们曾协助挫败了圣胡尔霍叛乱。

凯波·德·利亚诺赋予了迪亚斯·克里亚多不受限制的权力，并且对任何针对他的控诉充耳不闻。迪亚斯·克里亚多本人拒绝考虑其受害者清白无辜和以往品行良好的各种细节。8月12日，当地报纸发布一则通告，禁止为那些遭到逮捕的人说情。它说："不仅是那些反对我们事业的人，任何对他们表示同情或是为他们说话的人都将被视为敌人。"[51] 迪亚斯·克里亚多被广泛认为是一个堕落者，他利用自己的权势来满足杀戮的欲望，大肆敛财并纵情声色。凯波的宣传机构负责人安东尼奥·巴阿蒙德，由于憎恶其所见所闻而最终选择脱逃，他曾坦言迪亚斯·克里亚多让他感到恐惧。他写道：

> 克里亚多通常会在下午6点过来。他会用1个小时甚至更短的时间审阅各类文件，并且通常在未听取被告申辩的情况下签署死亡判决书（大约每天60份）。不知是为了麻痹自己的良知还是有其他什么原因，他总是醉醺醺的。每天破晓时分，人们都会看到，在他每晚都会去吃饭的"公爵小道"（Pasaje del Duque）饭店里，一群人谄媚地簇拥在他的周围。他是夜总会的常客，在那里，人们可以看到他与他的狐朋狗友，弗拉明戈歌手和舞者，以及内心悲伤却强颜欢笑的女人在一起。他曾经说过，一旦镇压进程启动，签署一百份还是三百份死刑判决对他来说没有什么区别，重要的是"整肃深受马克思主义毒害的西班牙"。我曾听他说过："从今以后，哪怕再过几十年，也没有人胆敢越过雷池一步。"他不接见任何访客，只有年轻女人可以进入他的办公室。据我所知，确实有女性通过满足其要求从而救出了她们所爱的人。[52]

曾担任穆尔西亚省省长的弗朗西斯科·贡萨尔韦斯·鲁伊斯也有关于迪亚斯·克里亚多的类似回忆:"凌晨时分,在狂欢过后,他仍与妓女为伴,享受着令人难以想象的变态性虐,其间他会在随意选取的卷宗中加入要命的'X2'标记,而凡是在卷宗中标有'X2'字样的在押人员将立即遭到处决。"[53]迪亚斯·克里亚多的密友之一是一个被称作"唐娜·马里基塔"(Doña Marquita)的妓女,在他谋杀阿萨尼亚未遂后逃亡期间,她曾为其提供藏身之处。知晓这一点之后,有很多人付钱给她,希望她能为他们被捕的亲人求情。迪亚斯·克里亚多、雷沃略军士长和唐娜·马里基塔经常会在凌晨时分凑在一起,讨论在押人员之亲属与其他关系亲近人士为在押人员安全所计而提出的金钱和性服务,埃德蒙多·巴韦罗曾出现在他们的讨论现场。一天清晨,颇感无聊的迪亚斯·克里亚多决定把当日在场的可怜女士带到黎明行刑现场。令他感到恼火的是,在行刑队的枪声散去以后,她们才到达现场。但是,当行刑队指挥官把自己的枪交给这些女人,让她们给垂死者补枪时,他的情绪便平息了下来。然后有个土著正规军的中士拿起一块石头砸烂死者的脑袋,接着就从死者口中撬取金牙。[54]

巴阿蒙德曾看到迪亚斯·克里亚多醉醺醺地在酒馆里签署死刑判决书。在少数幸存下来得以讲述故事的人中间,有共和国最后一任塞维利亚省省长何塞·马里亚·巴雷拉·伦杜埃莱斯。迪亚斯·克里亚多在审讯时的开场白是这样的:"我不得不说,对于你还没有被枪毙这件事,我感到很遗憾。我希望能看到你的家庭为你戴孝。"几天以后,他对巴雷拉·伦杜埃莱斯的母亲也说了同样的话。迪亚斯·克里亚多对巴雷拉·伦杜埃莱斯提出了有关向工人分发武器的不实指控。而他能拿出的唯一"证据"就是从反抗政变的工人手中缴获的一把手枪,据了解,这把手枪曾经归巴雷拉·伦杜埃莱斯所有。这把手枪在巴雷拉·伦杜埃莱斯的办公室遭遇洗劫时被偷走。然而,只有当接替他担任省长的佩德罗·帕里亚斯证实这一点之后,迪亚斯·克里亚多才不情愿地撤回了指控。[55]迪亚斯·克里亚多的草率态度不可避免地会导致一些问题发生。

按照可信度较高的巴阿蒙德的说法,"莫拉将军的一位朋友也遭到枪杀,尽管莫拉本人对他的案子非常关注,甚至还亲自打电话给迪亚斯·克里亚多说过此事。但由于他往往只是迅速翻阅一遍卷宗过后就签署死刑判决，所以迪亚斯·克里亚多并没有注意到，在谈论此事的那天，他实际上已经签署了莫拉朋友的死刑判决书"。[56] 即使如此，凯波还是容忍了迪亚斯·克里亚多的过分之举。但是在 1936 年 11 月中旬，佛朗哥本人坚持要求将他免职。导火索是迪亚斯·克里亚多指控葡萄牙驻塞维利亚副领事阿尔贝托·马尼奥·罗德里格斯从事间谍活动。考虑到葡萄牙方面对反叛事业的大力支持，以及萨拉查政府为佛朗哥获得国际承认所做出的努力，这一指控显得非常尴尬。此外，这也是非常荒谬的，因为罗德里格斯实际上是应佛朗哥兄弟尼古拉斯的请求，搜集有关德国与意大利武器交付的情报。被触怒的凯波·德·利亚诺被迫当着尼古拉斯的面向罗德里格斯道歉。此时已成为"元首"的佛朗哥亲自签署文件，将迪亚斯·克里亚多调到在马德里前线作战的外籍军团部队中，在那里，他继续用自己固有的残忍性情来折磨他手下的士兵。[57]

迪亚斯·克里亚多被国民卫队少校圣地亚哥·加里戈斯·贝纳维乌取而代之这一情况，并没有给遭受恐吓的民众带来多少宽慰。事实上，对于那些通过贿赂唐娜·马里基塔或是通过满足迪亚斯·克里亚多本人的性需求而获得拯救的人来说，这一改变是致命的。弗朗西斯科·贡萨尔韦斯·鲁伊斯评论了当时的情况："既然有些幸运儿借由其女性朋友的'适时介入'，或者通过支付一大笔钱的方式避免了厄运降临，那么，自然而然地，当迪亚斯·克里亚多被解职时，他的继任者会认为有必要复审这些案件。因为处置流程遭到腐败行为的侵蚀，所以那些获释者现在又被抓起来枪毙了。当然，对于成千上万已经死去的无辜者来说，一切都已无济于事了。"[58]

有人遭到处决的原因是曾经反对 1932 年 8 月 10 日的军事政变。因这种指控而遭到杀害的遇难者有：1932 年的市长何塞·冈萨雷斯·费尔南德斯·德·拉万德拉；于 1931 年 4 月上任的塞维利亚首位（第二）共和国市长，同时还是当时的社会党国会议员的埃梅内希尔多·卡萨斯·希门尼斯；当时的省长拉蒙·冈萨雷斯·西西利亚；以及省议会主席何塞·曼努埃尔·普埃列斯·德·洛斯·桑托斯。在普埃列斯遇害之后，有一位深受民众爱戴的自由派医生也被逮捕，他的诊所遭到洗劫，而他本人则在 8 月 5 日被杀害。有许多其他的省市级民政官员也在等待着同样的命运。[59]

加的斯与塞维利亚的"绥靖行动"一展开，凯波·德·利亚诺便得以将注意力转移到邻近的韦尔瓦省。内战爆发之初，由于韦尔瓦当地各军政长官的坚定立场，政变并未取得成功。这些关键人物包括：省长迭戈·希门尼斯·卡斯特利亚诺、市长萨尔瓦多·莫雷诺·马尔克斯、国民卫队地方指挥官胡利奥·奥尔茨·弗洛尔中校，以及边防警察部队地方指挥官阿方索·洛佩斯·比森西奥中校。武器被分发给各劳工阶级的组织，但是当局也在尽一切努力维持秩序。地方上右翼分子被处以保护性拘留，他们所持有的武器则被没收。鉴于叛乱所引发的普遍混乱和仇恨，在韦尔瓦全境只有区区6名右翼人士遭到失控分子的暗杀，共和国当局所采取的种种得力举措在其中功不可没。

在新上任的内政部长塞瓦斯蒂安·波萨斯·佩雷亚将军于7月19日给省长希门尼斯·卡斯特利亚诺和奥尔茨·弗洛尔中校拍发的电报中，马德里政府的信心表露无遗："我建议你们动员矿工使用爆破装置消灭这些恐怖主义团伙。请你们相信，向科尔多瓦和塞维利亚胜利推进的（共和国）军队将很快肃清最后一小撮煽风点火的叛徒，他们在垂死挣扎中已经开始了疯狂与残忍的大肆破坏。"作为对这份过度乐观的电报（其电文内容后来遭到叛乱方的歪曲）的回应，韦尔瓦当局决定派遣一支武装纵队从城中出发，前往塞维利亚去攻打凯波·德·利亚诺。这支队伍包括60名国民卫队士兵、60名来自边防警察部队和突击卫队的士兵，以及来自该省各市镇的大约350名左翼志愿者——社会党工会的矿工也在里面。随同行动的还有韦尔瓦省的两位国会代表，社会党人胡安·占铁雷斯·普列托和路易斯·科尔德罗·贝尔。

事实上，韦尔瓦省的警察部队、国民卫队和陆军部队均已遭到密谋者的严重渗透。其中一个最不可信之人就是国民卫队少校格雷戈里奥·阿罗·伦布雷拉斯，然而他却被安排指挥派去攻打凯波的部队。阿罗曾参与到圣胡尔霍政变当中，他还与在塞维利亚策动军事政变的何塞·奎斯塔·莫内雷奥有着密切的联系。为了防止自己的真正计划被队伍中的工人挫败，阿罗·伦布雷拉斯故意带着他的人先于平民志愿者几小时出发前往塞维利亚。在从韦尔瓦到塞维利亚的长达 62 英里（约 100 千米）的路途中，来自其他哨所的国民卫队士兵使他的队伍不断壮大。抵达塞维利亚后，阿罗·伦布雷拉斯与凯波和奎斯塔·莫内雷奥进行联络，然后他带队沿着原路返回，并在从韦尔瓦赶来的民兵分队的必经之路上布置埋伏。7 月 19 日，在一个名为"拉帕尼奥莱塔"（La Pañoleta）的交叉路口，他手下的士兵用机枪朝矿工队伍开火。有 25 人当场被杀，还有 71 人被俘，被俘人员中有 3 人不久之后因伤重而亡。包括两位社会党国会代表在内的其他人则逃离了交火现场。阿罗手下的士兵，只有 1 人在从卡车上跳下来时把腿摔断，此外没有蒙受任何伤亡。俘虏们被带到停泊于瓜达尔基维尔河上的"卡武埃鲁角"号监狱船的底仓中关押。在 8 月底，他们将接受所谓的审判，并被认定犯有反对"西班牙唯一合法政府"的军事叛乱罪，而这一罪名显然颇具超现实主义的讽刺意味。然后，这 68 名俘虏被分成 6 组，分别被带到塞维利亚之前工人阶级抵抗最为激烈的 6 个地区遭到公开处决。他们的尸体被留在街上达数小时，以进一步恐吓当地居民——自凯波取胜以来，当地民众已经目睹了超过 700 人被执行死刑。[60]

韦尔瓦自身的陷落还要等到 10 天以后。而此时，由军方组织并得到富有阶级志愿者资助（他们带来了车辆与武器）的武装纵队，开始着手征服韦尔瓦和塞维利亚之间的地区。在参加了对塞维利亚工人阶级聚居区的镇压行动之后，一支由退役少校路易斯·雷东多·加西亚组织的卡洛斯派武装纵队对位于塞维利亚东南方向上的众多小城镇发动进攻。[61]大地主拉蒙·德·卡兰萨则纠集了另一支典型的武装纵队。他曾参加过政变的筹备工作，并且同一些在航空俱乐部和地主俱乐部结识的朋友一起，参加了对特里亚纳和马卡雷纳之工人阶级聚居区的镇压行动。凯波给他的奖赏就是塞维利亚市长的职位。卡兰萨是加的斯当地豪强地主维拉-佩萨迪利亚侯爵兼海军上将拉蒙·德·卡兰萨之子，后者在阿尔赫西拉斯附近和奇克拉纳拥有大片地产，其庄园中的土地约 5,600 英亩（约 3.4 万亩）。[62]从 7 月 23 日至 8 月下旬，卡兰萨隔一段时间就会放下行政公务，带领一支武装纵队前往塞维利亚西部的阿尔哈拉费地区，去攻打那里的城镇与乡村。

这并非巧合，因为卡兰萨和纵队中其他富有的成员——比如他的朋友拉斐尔·德·梅迪纳——在上述许多市镇中拥有大量产业。他们的行程通常取决于其地产所在的位置。大多数市镇中都成立了囊括所有共和党与左翼党团代表在内的人民阵线委员会，委员会主席通常由市长担任。他们逮捕了较知名的军事叛乱的同情者，并没收了他们的武器。这里是大庄园经济占据优势的地区，出产小麦和橄榄，周边的大片软木橡树林地用来放养牛、山羊、绵羊和猪。委员会集中进行食品供应，在某些情况下还会对大庄园进行集体化。地产所有者迫切地想要重新控制目前正在供养其左翼敌人的农场。

卡兰萨纵队进入阿尔哈拉费地区，对诸如萨尔特拉斯、卡马斯、巴伦西纳、博柳略斯和阿斯纳卡萨尔等城镇和村庄展开攻击。他们装备了迫击炮和机枪，只用猎枪或农具武装起来的劳工没有做出多少抵抗。他们最先抵达的村庄之一是卡斯蒂列哈，梅迪纳在此"解放"了属于他朋友托雷斯－德拉普雷萨侯爵的庄园。在阿斯纳卡萨尔，当地社会党镇长以极其庄重与极其优雅的方式完成了这个村镇的移交工作（梅迪纳本人的说法），然后他被带到塞维利亚执行枪决。进抵皮拉斯与比利亚曼里克之后，纵队重新夺回了梅迪纳本人与其父拥有的大片地产。最后，在 7 月 25 日，他们推进到韦尔瓦省的阿尔蒙特。每当有一个市镇陷落，卡兰萨就会逮捕市政当局成员，建立新的市镇议会，关闭工会机构，并且用卡车载着一车又一车的囚犯前往塞维利亚执行处决。[63]

在接到军事政变爆发的消息时，有些地方的左翼人士接管了当地。7 月 27 日，卡兰萨纵队抵达了其中一个这样的城镇——韦尔瓦省的罗西亚纳。该地的接管过程没有造成伤亡，只是仪式性地捣毁了右翼势力的象征——当地土地所有者协会的活动场所以及两个富人俱乐部（其中有一个归当地长枪党成员使用）。有 25 只属于当地一位财主的绵羊被偷走。教区教堂和教区司铎的住所遭到纵火，但教区司铎本人，时年 60 岁的爱德华多·马丁内斯·劳尔登，以及与他住在一起的他的侄女及她的女儿被当地社会党人士救出，并被安置到镇长家里避难。7 月 28 日，马丁内斯·劳尔登神父从镇公所的阳台发表讲话："毫无疑问，你们都认为，我是一位神职人员，所以我会带着宽恕与忏悔的话语来到这里。绝对没有！我们要跟他们所有人开战,直至消除他们最后一点存在的痕迹。"很多男人和女人遭到逮捕。被捕女性的头发都被剃光,而其中有一个绰号为"铁匠女师傅"的女人先是被骡子拖着在镇上游街,然后遭到杀害。在接下来的 3 个月里,有 60 人被枪杀。1937 年 1 月,马丁内斯·劳尔登神父甚至还正式提出抗议,说镇压行动过于宽容。[64]

当贡萨洛·德·阿吉莱拉在萨拉曼卡射杀 6 名劳工时,他觉得自己正在采取报复行动。有很多地主也在做同样的事情,他们会加入或者资助像卡兰萨纵队那样的杂牌军。在从被占领的市镇中挑选牺牲者进行处决这件事上,他们也表现得非常积极。在 8 月初发给里斯本的一份报告中,葡萄牙驻塞维利亚领事对这些武装纵队予以称赞。与意大利领事一样,他也拿到了控诉左翼武装暴徒对妇女和儿童犯下的无法形容之暴行的血腥记录。因此,他满意地汇报说:"在惩处这些怪物时,采用了严厉的军事性质的简易审判。在这些城镇中,没有任何共产主义叛乱分子还活着,因为他们都在市镇广场上被枪毙了。"[65]事实上,类似的枪决事件反映的不是军事或其他方面的正义,而是地主阶级倒行逆施的决心。于是才有以下场景:劳工在被枪杀之前首先要被迫为自己挖坟,而长枪党的地主少爷们会对他们大喊:"你们不是想要土地吗?现在你们马上就要拥有一些土地了,而且会永远拥有!"[66]

各支武装纵队实施的暴行恰如凯波·德·利亚诺所愿。在 7 月 23 日的一次电台讲话中,他宣布:"我们决不会在贯彻法律之实施方面做任何让步。在莫龙、乌特雷拉、蓬特赫尼尔、里奥堡,已经开始挖掘坟墓。我授权你们,可以像杀死一只狗那样,消灭任何敢于反对你们的人。我要说,你们这样行事,无须承担任何责任。"在出版审查方认为太过露骨而无法刊印的那部分讲话中,凯波·德·利亚诺说:"我们勇敢的军团士兵与摩洛哥战士向胆小如鼠的赤色分子展示了成为一个男人意味着什么。而且,顺便也会向赤色分子的女人展示这一点。毕竟,这些信仰共产主义和无政府主义的女人,她们的自由性爱理论让她们自己成了可以被自由猎取的猎物。现在,至少她们已经见识过真正的男人,而不只是胆小如鼠的民兵。无益的挣扎和尖叫不会改变她们的命运。"[67]

凯波·德·利亚诺的演说中夹杂有大量性相关的指涉。在7月26日，他宣称："塞维利亚的人们！我不必敦促你们行动，因为我了解你们的勇敢。我命令你们，干掉任何胆敢批评这一伟大民族运动的同性恋和变态狂，就像宰掉一条狗那样。"[68] 阿瑟·凯斯特勒在1936年9月初对凯波·德·利亚诺进行了采访："他用平稳的语调滔滔不绝地讲了大概有10分钟，其间不时会冒出一些极其低俗的话语，比方说马克思主义者如何剖开孕妇的肚子然后用枪尖穿刺胎儿，以及他们如何把两个8岁女孩绑在她们父亲的膝上对她们进行侵犯，再在她们身上浇汽油并点火，将她们活活烧死。他就这样无休止地讲着，故事一个接一个，那个画面简直是精神病理学中与性相关之症状的完美临床示例。"凯斯特勒这样评论上述广播讲话："凯波·德·利亚诺将军在描述强奸场景时所表现出的粗俗趣味，显然是在间接煽动这种场景的重现。"[69] 凯波的评论可以与发生在卡斯蒂列哈-德尔坎波的一起事件对比来看，当时有满满一卡车来自采矿小镇阿斯纳科利亚尔（已于8月17日被卡兰萨纵队占领）的囚犯被带到这里接受处决。其中有两个绑在一起的女人，她们分别是一位母亲和她的女儿，后者临近分娩，并在遭枪杀时诞下一个婴儿；行刑者用枪托将婴儿砸死。[70]

凯波手下执行其命令最得力的纵队由身材粗壮的安东尼奥·卡斯特洪·埃斯皮诺萨少校负责指挥。在参与对塞维利亚市特里亚纳区和马卡雷纳区的镇压行动之后，在展开向马德里的进军之前，卡斯特洪纵队从城中出发，沿着东西两个方向频繁出击。在这场针对贫苦农民的战争中，卡斯特洪纵队所仰仗的是外籍军团和国民卫队的训练成果和经验，阿拉尔孔·德·拉·拉斯特拉指挥的炮兵部队也为其提供了额外的优势。为了将凯波将军的口头威胁变成现实，该纵队向东征服了瓜代拉堡、阿拉阿尔、卡萨利亚镇和莫龙-德拉弗龙特拉，然后在抵达埃西哈后挥师南进，并占领了奥苏纳、埃斯特帕与拉罗达，接下来一直推进到距塞维利亚远达75英里（约120千米）的位于科尔多瓦省的逢特赫尼尔。在塞维利亚城以西距离城区不远的巴伦西纳-德尔阿尔科，卡斯特洪部队"解放"了一位富有的退役斗牛士的庄园，此人就是以"小炸弹"的绰号而闻名的埃米利奥·托雷斯·雷纳。"小炸弹"本人满腔热情地参加了战斗以及后续"惩戒"囚犯的行动。卡斯特洪纵队继续向西，推进到距塞维利亚34英里（约55千米）远的、位于韦尔瓦省的拉帕尔马－德尔孔达多。起初该镇遭到轰炸，导致有15名右翼被捕者被愤怒的无政府主义者杀害。7月26日，拉帕尔马在一次由卡斯特洪纵队和卡兰萨纵队联合发动的钳形攻势中被夺取，这两人为争头功吵得非常激烈。[71]

当凯波·德·利亚诺派出的外籍军团部队终于在7月29日将韦尔瓦市本身纳入囊中时，他们发现当地市长和许多共和国政府官员设法搭乘一艘蒸汽船逃往了卡萨布兰卡。在当地社会党总部（"人民之家"）进行过短暂抵抗之后，该市陷落。在战斗中有17名平民被杀，接近400人被俘。处决行动立即展开。尸体整齐地倒在排水沟中（说明他们是被集体枪杀的）。仍然沐浴在拉帕尼奥莱塔矿工大屠杀事件之荣耀中的阿罗·伦布雷拉斯少校被任命为韦尔瓦省的最高军事长官。那些没有成功逃脱的共和国军政当局官员——省长、国民卫队指挥官和边防警察部队指挥官——则在8月2日以军事叛乱罪接受审判。在法庭上，阿罗作证指控他的顶头上司奥尔茨·弗洛尔中校，后者曾组织矿工队伍开赴塞维利亚。

为了夸大自己的英勇之举，阿罗声称，奥尔茨从波萨斯将军那里领来的唆使人们出征塞维利亚的命令是，去"摧毁塞维利亚和压倒法西斯分子的妻子"，这也在不经意间暴露出他自己的妄念。不出意料的是，所有被告都被宣布有罪并被处以死刑。许多保守派人士和神职人员曾因省长迭戈·希门尼斯·卡斯特利亚诺的努力而幸免于难，他们在8月4日向塞维利亚拍发电报，强烈恳请从宽处理。凯波·德·利亚诺答复说："很遗憾，我无法回应你们关于赦免死刑犯的请愿，因为当前西班牙全境的危机局势意味着正义必须得到伸张，而罪行必须受到惩罚，以儆效尤。"8月4日下午6时过后不久，迭戈·希门尼斯·卡斯特利亚诺、胡利奥·奥尔茨·弗洛尔和阿方索·洛佩斯·比森西奥遭到枪杀。[72]

与在加的斯和塞维利亚的情况类似，韦尔瓦城落入叛军之手后，肃清该省其他地方的武装纵队也出动了。卡兰萨纵队也参与了夺取该省南部的莱佩、伊斯拉－克里斯蒂娜和阿亚蒙特等周边市镇的作战行动。许多被逮捕并押赴韦尔瓦接受审判的共和派人士在途中就遭到杀害。[73]在北部，叛军已在恩西纳索拉镇据有一桥头堡。在那里，叛军的起事立即取得了胜利，来自西葡边境葡萄牙一侧的巴兰库什镇为右翼提供了支援。[74] 在夺取该省首府以东和以北的城镇与乡村的过程中，路易斯·雷东多的卡洛斯派民兵纵队扮演了重要角色，同时也付出了相当多的流血代价。北部的采矿城镇是顽强抵抗叛军的中心，他们在炮火轰击下坚持了数周之久。伊格拉-德拉谢拉于8月15日陷落。位于里奥廷托矿区边缘的萨拉梅阿-拉雷亚尔于次日陷落。在夺取这些市镇以后，紧接着的就是不分青红皂白的集体枪决。[75]

在叛军纵队进入里奥廷托之后，暴行愈演愈烈。在埃尔-坎皮略，当地居民早已纷纷逃离家园。当雷东多发现这里已被遗弃时，他下令在此处放火将其夷为平地。凯波·德·利亚诺却荒谬地声称，当地无政府主义者将22名右派人士活活烧死，然后纵火焚烧了他们的家。8月20日对内尔瓦的一次空袭导致7名妇女、4名男子、1名10岁男孩和1个6个月大的女婴丧生。在雷东多纵队抵达之前，当地有一名右翼分子遇害。但在轰炸过后当地民情激愤的情况下，当地的共产党镇长仍然确保了其他25名已被实施保护性拘留的右翼分子的人身安全。然而在该镇被占领后，雷东多的手下却处决了288人。在阿罗切有10名右翼分子被杀，而在雷东多纵队于8月28日进抵此地后，尽管有很多左翼人士已经向北逃往巴达霍斯，但他手下的卡洛斯派民兵仍处决了133个男人和10名妇女。镇上的女性遭到羞辱和性勒索。有关这些恐怖行径的报道让其他地方的抵抗更为顽强。对埃尔塞罗-德安德瓦洛的围攻持续了3个星期，在这期间，叛军方面投入了由国民卫队、长枪党分子与卡洛斯义勇军组成的3个武装纵队。在那里，当地全国劳工联盟的委员会保护了一个女修道院的修女，但是未能阻止人们对教会财产的破坏。在该镇于9月22日陷落后，镇压行动极为酷烈。在邻近的西洛斯-德卡拉尼亚斯，妇女、儿童和男人一同遭到射杀。此时，大量难民正试图前往北边巴达霍斯省尚未被叛军征服的小块地区。[76]

与此同时，在该省南部的莫格尔，在省会城市以东的帕洛斯-德拉弗龙特拉，神职人员与地方上的右翼分子被予以保护性拘留。在莫格尔，随着塞维利亚民众遭到残酷镇压的消息传来，7月22日，教区教堂被焚烧，一个退休的陆军中校被谋杀，之前他的住所遭到了大批暴民的袭击和抢劫。

当地市长安东尼奥·巴蒂斯塔设法避免了更多的死亡事件。在帕洛斯，尽管当地社会党镇长爱德华多·莫利纳·马托斯和其来自工人社会党的副手胡安·古铁雷斯·普列托未能阻止当地的全国劳工联盟成员焚毁包括历史悠久的拉比达修道院在内的教会建筑群，但是阻止了处决行动的发生。7月28日，帕洛斯未经交火就被国民卫队夺取。8月6日，来自韦尔瓦的长枪党分子展开了一系列法外处决行动。

作为一位颇具才干且深受欢迎的律师，古铁雷斯·普列托于7月29日在韦尔瓦被捕，并于8月10日受审。除了军事叛乱罪，他受到的指控还包括，要对省内几乎所有的左翼行动负责。随即他被判处死刑。许多保守派人士和教会显要为他说情。为了抵制这些请愿活动，阿罗·伦布雷拉斯向新闻界发表了一项声明，该声明与他执迷于从"性"的角度歪曲波萨斯将军命令的做法遥相呼应。尽管在帕洛斯并无右翼分子受到伤害，但他却说：

> 这些敌人可以将一家人活活烧死，可以在城市广场上把锡古恩萨主教钉上十字架并处以火刑；可以剖开孕妇的肚子和谋杀无辜孩童；可以去偷窃、劫掠和破坏，玷污处女的贞洁；可以把250个人投入孔斯坦蒂纳的矿坑，然后用炸药把他们全部杀害——对于这些敌人，不能也不应该，在那些一不小心就会成为他们手中遇害者的人面前，为他们请求宽恕。

古铁雷斯·普列托于8月11日被枪决。为了消除此次处决的反对声音，包括他叔叔在内的30位帕洛斯居民也遭枪杀，一同遇害的还有12个来自其他市镇的人。在莫格尔，抵达此地的叛军发起了一场精心计划的大规模镇压，共和派人士的房屋遭到洗劫，妇女遭到强奸，并有包括诸多女性与12岁男孩在内的146人被处决。该市超过5%的成年男性遭到杀害。[77]

鉴于阿罗·伦布雷拉斯的声明，我们有必要再次指出，自7月18日内战爆发至该省完全被叛军一方控制为止，共有44名右翼分子遇害，发生此类事件的地方共有9个。还有101人在与共和国保卫者的武装冲突中丧生。

然而，随后的镇压行动却具有完全不同的数量级，它不是针对先前左翼暴力的报复性反应，而是在贯彻执行群体灭绝的计划。在韦尔瓦省的 78 个市镇中，有 75 个市镇发生了右翼的屠杀行动，遇难者总数达 6,019 人。[78] 在军事政变爆发到韦尔瓦沦陷之间的那些日子里，共和国当局尽一切努力保护在军事政变后立即被逮捕的那些右翼分子。韦尔瓦省省长、韦尔瓦市市长萨尔瓦多·莫雷诺·马尔克斯，以及该省的共和党与社会党国会代表都曾发出保持冷静与尊重法律的呼吁。包括长枪党分子与最招人憎恨的地主与企业主在内的 178 名当地极端右翼分子遭到逮捕。当该城被征服时，被拘押者都安然无恙——只是在之前的 11 天里，有 6 人遇害。而这成为阿罗·伦布雷拉斯发动血腥镇压的唯一借口。深夜执行的枪决甚至都没有经过哪怕是闹剧一般的"审判"。甚至有很多被共和国当局拯救的右翼分子对此提出了抗议。最终，阿罗挪用捐赠给反叛事业的珠宝与现金的行为被揭发，他于 1937 年 2 月 6 日被撤职。尤其是，似乎他还用这些资金付过嫖资。有证据表明，在过去的 15 年里，他一直在偷窃与滥用职权。当他离开韦尔瓦时，他的行李足足装了 3 大卡车，其中包括 93 个衣箱和手提箱。之后他在萨拉戈萨、特鲁埃尔和加利西亚等地任职，后来他成了莱昂大区的国民卫队首脑。他在 1941 年 2 月 16 日被他手下的一名军官杀害。有传言说，这位年轻人的妻子不幸得到了阿罗生前的特别关注。[79]

在塞维利亚，如同在韦尔瓦一样，"红色恐怖"被严重夸大以将镇压合理化，而它本身往往只是一个刻意炮制的虚弱无力的借口。在被西属殖民地部队征服的市镇中，那些身着军服的暴徒们重现了他们在进攻摩洛哥村庄时的所作所为，而叛军方面颇为自得地对此类行径予以认可。卡斯特洪率领纵队占领的第一个城镇是位于省会东南方向的瓜代拉堡。他的官方编年史作者坎迪多·奥尔蒂斯·德·比利亚霍斯在提及新近从摩洛哥抵达西班牙本土的卡斯特洪纵队士兵时说，看起来，"随他们一起到来的，不但有为了拯救西班牙而战的决心，而且还有凶狠、可怕、致命且效果显著的古兰经之正义原则"。[80] 在持续 4 天的所谓"红色统治"期间所发生的"罪行"被援引为该纵队的镇压行动辩护。在这些"罪行"中有一起发生于 7 月 17 日晚的死亡事件，死者是该地区的一位主要橄榄生产业主阿古斯丁·阿尔卡拉·恩克。阿尔卡拉·恩克是一位富有社会责任感的温和派天主教人士，他与另一位地主佩德罗·古铁雷斯·卡尔德龙长期不和，后者是军事叛乱的支持者。此外，阿尔卡拉·恩克还激怒过其他雇主，因为他曾敦促雇主们满足橄榄种植业的罢工者的要求。他被一个不明身份的刺客射杀。许多人相信他是由于背叛雇主阶级利益而被干掉的，也有人认为他只是一个无足轻重的牺牲品，杀掉他是为了使即将爆发的政变合法化（也有人同时同意这两种解释）。当军事政变的消息传到城中时，在市长主持下成立的人民阵线委员会立即呼吁民众保持冷静。既然当地的国民卫队已经做出了忠于共和国的许诺，他们也就没有被解除武装。[81]

然而，与委员会的意愿相左的是，无政府主义者的全劳联-伊无联却组织了一支民兵武装。2座教堂、1所女修道院和1所神学院遭到纵火，有很多宗教绘像遭到破坏。有3所私人住宅和3个右翼俱乐部遭到搜查，财物都被扔到街上——这种情况很利于犯罪分子趁火打劫。在7月19日到21日间，委员会对38名右翼分子实施保护性拘留。没有人受到伤害，而且在阿尔卡拉·恩克之后也无人丧生。无政府主义者想要焚毁市政监狱的企图被成功挫败。当卡斯特洪纵队于7月21日傍晚抵达瓜代拉堡时，当地国民卫队也加入叛乱者的行列。在由阿拉尔孔·德·拉·拉斯特拉发动的一次成功的炮火打击之后，该城陷落。用他狂热的编年史作者的话来说，"所有共产党领袖都在卡斯特洪实施制裁时，或者更确切地说，在解放阿尔卡拉遇害的这座城时被杀死了"。在殖民军精英的语境下，"制裁"只不过是野蛮镇压的委婉说法。所谓的"共产党领袖"实际上是4个不相干的人。有3个人在纵队推进时被射杀：其中有2个是从塞维利亚过来购买面包的年轻人，第3个人是看到外籍军团部队时惊慌逃跑的农业劳工。第4个遇难者是当地的警察局长米格尔·安赫尔·特龙科索，按照他儿子的说法，他是在市政厅中被卡斯特洪亲手开枪打死的。这些人都与"共产党领袖"的身份相去甚远。有13人在市政厅中被捕然后被押往塞维利亚，在那里至少有6人被杀。随后瓜代拉堡落入当地右翼分子手中，一场复仇随之展开，其间又有137人遇害。另有350人遭到关押和折磨，其中很多死于狱中。遇难者与在押人员的财产被城市的新主人洗劫一空。[82]

在塞维利亚以东的卡莫纳，当地土地所有者被要求与其劳工签订工作及工资协议，他们因承受巨大压力而感到极为不满。当政变消息传来时，当地市长正在马德里出差。一个囊括社会党、共产党、全国劳工联盟以及温和自由党派"共和派同盟"（Unión Republicana）代表的防卫委员会成立，其中来自共和派同盟的代表是该市警察局长曼努埃尔·戈麦斯·蒙特斯。国民卫队指挥官拉斐尔·马丁·塞雷索中尉和戈麦斯·蒙特斯协助人民阵线委员会搜集可用武器，并派遣部队前去守卫进出城镇的各条道路。有一座女修道院遭到洗劫，但是里面的修女都被安全疏散。

7月21日，有一个连的土著正规军士兵在一个名叫埃米利奥·比利亚·巴埃纳的当地右翼分子的随同下试图夺取城镇。摩尔雇佣兵初战失利，带着19名人质躲在市剧院里。然后他们派比利亚·巴埃纳和3名俘虏前去协商停火。就在比利亚·巴埃纳与防卫委员会成员刚刚开始协商时，他被来自孔斯坦蒂纳的一名无政府主义者枪杀。叛军纵队利用其他16名人质充当人盾撤回塞维利亚。随后委员会开始搜查城中右翼分子的住所，结果在其中一个人的家里找到了满满6箱手枪。18名右翼分子被关入市政厅的地下室。有一个地主在试图通过屋顶天台逃跑时被开枪打死。在当晚发表的广播讲话中，凯波·德·利亚诺对这些事件进行了极为夸张的描述，而紧随其后的是可怕的威胁。

> 摩洛哥正规军凭借他们一贯信赖的战术，在一场惨烈的战斗之后击退了入侵之敌，但有百数死伤者被留在了敌人的阵地。这种疯狂无疑是自杀之举，因为我保证，卡莫纳很快就将因为其人民的背信弃义而受到应有的惩罚……他们必须因其对右派的男男女女所犯下的暴行而受到严惩。在卡莫纳发生的事情需要我们采取杀一儆百的行动，我将用史无前例的方式对他们施加惩罚，正规军将成为卡莫纳挥之不去的记忆。[83]

第二天，该城先是遭到了3轮炮击，之后迎来了2支实力强劲的纵队的进攻。指挥此次进攻的是埃米利奥·阿尔瓦雷斯·德·雷门特里亚少校，斗牛士"来自阿尔加瓦的佩佩"也随同参与了行动。第一支纵队配有2门火炮和1个机枪排，由来自摩洛哥正规军、外籍军团和国民卫队的人员构成；第二支纵队则由长枪党分子组成。加农炮与机枪火力驱散了装备低劣的守卫者，该城被迅速攻占。当天有12人被杀，他们的死因被登记为"暴力致死"。有超过200人逃走。马丁·塞雷索中尉被逮捕枪决，而他的继任者开始为埃米利奥·比利亚和格雷戈里奥·罗德里格斯的死进行报复。在接下来的4个月中，他下令处决了201人，其中有些人勉强可以算是进入了青春期，还有些人已经过了退休年龄；遇害者中还包括16名妇女。没有任何审判，唯一的"法律"遮羞布是对戒严法令的牵强引用。男人逃亡后，其亲属就会遭到枪决。在许多情况下，一家之主被杀后，他们的房子被没收，然后他们的妻子和年幼的孩子就被赶到大街上。另有17名卡莫纳居民在塞维利亚和马拉加遭到处决。还有很多人被叛军强征入伍。[84]

遇害者主要是由当地豪强人物挑选出来的，他们也许是公认的共和党人或工会成员，也许只是曾表现出对地主的不尊重。有一个人被枪杀的原因仅仅是他作为传单张贴员曾在1936年2月张贴过左翼的选举宣传海报。叛乱者剃光妇女的头发，强灌蓖麻油使她们因腹泻而将自己弄得污秽不堪，并强迫她们跟在铜管乐队的后面游街示众——事实上，在南部几乎每一个被征服的城镇中都能见到类似的场面。[85]国民卫队士兵与一些迅速加入长枪党的庄园雇工也犯下了谋杀等诸多暴行。后者的动机多种多样，有人从中获取杀戮的快感，也有人是为了金钱——有人吹嘘每杀一人就能获得15比塞塔的酬劳。对另外一些人来说，他们的参与是对其地主恩人的回报，或者反映了他们共同的宗教观，以及共同的恐惧与愤怒。他们普遍将此野蛮暴力的行径视为"为国效力"。男人和女人，甚至很多十几岁的孩子，遭到了国民卫队或是长枪党分子的抓捕。有时受害者会被随机指定，或者也会有一些理由，比如那些恶棍觊觎受害者的妻子或财产，或者只是因为他们觉得无聊或喝醉了。有时，被逮捕的人会立即被枪杀，有时则被关进监狱，在最终被杀害之前遭受殴打和折磨。在举行枪决之后，当地豪强、新近加入长枪党的人和年轻的土地所有者会在酒馆聚会，并满意地说，那些刚刚离去的家伙不会再要求涨工资了。有一次，有位年轻人躲在他父母棚屋的地板下躲开了他们的搜捕，于是他们将屋里的 3 个人及其住所一起烧毁了。[86]

当卡莫纳的教区司铎对谋杀提出抗议时，他被告知，这些人是被处决的，其罪行已经在一个由当地土地所有者组成的法庭上得到过确认。当他指出这不符合任何一种法律程序时，他受到了威胁。到 1938 年，那些长期以来忐忑不安的加害者，觉得有必要伪造 1936 年所犯谋杀罪行的相关情况。目击者面向"法庭"做出的陈述是捏造的，其目的显然是为了将枪杀"合法化"。很多死者的死因被登记为"城镇中的军事行动所致"。然而，还有许多死者是在战争结束时返回故乡的逃亡者。[87]

在塞维利亚东北一个富裕的农业社区坎蒂利亚纳，尽管土地所有权严重不平等（最富裕的 4 名男性总共拥有超过 24% 的土地，其中 1 人超过 11%，而农民中最贫苦的那 3/4 却总共只拥有 6% 的土地），但在历史上很少因此而导致社会局势紧张。军事政变甫一爆发，以当地社会党镇长为首的一个反法西斯人民阵线防卫委员会开始管理该镇。最接近革命情景的场面就是握拳敬礼和使用诸如"同志你好"这样的问候语。地主拥有的武器被没收，而那些拒绝接受失业劳工的雇主则被课以罚款。为了保证城镇居民的食物供应，小麦和牛在未进行补偿的情况下予以征收。有产者对此愤怒不已，不过除此之外他们也没有遇到其他麻烦。富人和穷人一样都有口粮配给，驻扎当地的国民卫队分遣队也是如此——他们被关在自己的营房中。只有一人因涉嫌与军事密谋者勾结而遭到逮捕。有几栋房屋遭到洗劫，以及在 7 月 25 日，当地教区教堂遭到纵火，但教区司铎安然无恙。

凯波·德·利亚诺派出一支由外籍军团官兵、长枪党分子和卡洛斯派义勇军人员组成的大部队，沿着瓜达尔基维尔河谷逐渐往东北方向移动，在途中攻占了一座又一座城镇。他们于 7 月 30 日正午时分出现在坎蒂利亚纳。在例行的炮火打击之后，他们未经战斗即进入镇中。防守方的武器只有几支猎枪。很快，周围的田野里到处都是逃命的人群。尽管当地国民卫队指挥官在被关押期间得到善待，然而他还是开启了不经审判即进行处决的先例，自此之后有约二百人因此遇害。大量城镇居民遭到囚禁，在接下来的几个月里，包括 3 名妇女和当地镇长在内的 60 人被带走并在塞维利亚遭到枪决。内战结束之后，坎蒂利亚纳的教区司铎因为一次布道中的言论而遭到免职，他当时这样说道："如果教堂遭到毁坏，还可以修复；如果塑像被烧毁，还可以替换；可是用什么也无法换回死去的丈夫和儿子。"[88]

在 8 月 30 日的广播讲话中，凯波宣布搜寻共和派罪犯的工作将持续十年甚至二十年。他还声称，在反叛地区并无暴行存在。他毫无讽刺意味地重申了他的观点，即根据他的法令所进行的任何杀戮行动都是合法的："我们可能会枪决犯罪分子，但是没有人可以说，在任何一座城镇，任何一个地方，有哪怕一个人遭到谋杀。那些需要承担罪责的人被毫不犹豫地处决。我们的人只是奉命行事，而不是像他们那样，通过极为残忍的方式杀人取乐，将人活活烧死，把人扔在矿井里用炸药炸死，剜去受害者的眼睛，割掉女人的乳房。"[89]

事实上，凯波·德·利亚诺的这些广播讲话，其内容来源有两处：次日报纸上的报道，以及当时收听者记下的只言片语。在能找到对应内容的情况下对两者进行比较，我们可以看出，报纸上刊登的讲稿处理了原版讲话中的很多淫亵之语。报纸编辑们知道，最好还是不要将那些煽动强奸与谋杀的暴虐言论公之于众。确实有些人担心凯波的明显过当之举可能会阻碍反叛事业在国外得到支援。因此，当何塞·奎斯塔·莫内雷奥少校于 9 月 7 日发出有关国际观感的详细指示时，新闻界本能的自我审查得到了加强。在他的十四点纲要中，大部分都是为了防止军情泄漏的老生常谈。然而，他在其中特别要求删除正式刊发的广播讲稿中的不当之处："在将军闲聊般的广播讲话中，任何观点、措辞或者对敌人的痛斥，即便准确无误，并且毫无疑问是他过于热情的爱国主义表达的结果，然而谨慎起见，将其原封不动地刊发却是不合适或不妥当的，因此必须有所取舍，我想我们聪明的记者会很容易理解这一点。"同样，在报道镇压行动时，严禁描述屠杀的具体细节。记者转而被迫使用委婉语，如"正义得到伸张""受到了应有的惩罚"和"法律原则被贯彻"等。[90]

叛军当局或许已经很用心地设计了这种审查制度，以尽可能地遮掩凯波煽动对左翼妇女实施性暴力的做法。但是，从发生在塞维利亚以东的小镇丰特斯 – 德安达卢西亚的事件中我们可以看出，叛乱分子在何种程度上认为此种行径具有合理性。7月19日，该镇在未做抵抗的情况下向国民卫队投降。在长枪党和其他右翼分子的支持下，该镇成立了一个市民自卫队（由右翼志愿者组成的准治安部队），这支队伍开始兜捕镇上的左派人士。被捕者的住所遭到洗劫，有很多长枪党分子为自己的母亲或者女友偷窃缝纫机。7月25日，当地社会党镇长和3位拥有共产党身份的地方议会议员被枪杀。这是大屠杀的开始。有一个姓"梅德拉诺"的人家，夫妻两人都遭逮捕，而他们的3个孩子——20岁的何塞、18岁的梅塞德斯和16岁的曼努埃尔遭到枪杀。他们居住的简陋小屋被焚毁，而第4个孩子，年仅8岁的胡安，被留在那里自生自灭。一辆载满女性被捕者的卡车驶入更北边的拉坎帕纳镇外的一座庄园。在她们中间有4名年龄在14岁到18岁之间的少女。这些女性被迫为右翼武装分子做饭，服侍他们用餐，然后遭到他们的性侵犯，最后在被射杀后抛尸井中。当国民卫队返回丰特斯－德安达卢西亚时，他们挥舞着挂有遇害妇女内衣的步枪招摇过市。[91]

我们应当记得，如前文所述，在7月23日，凯波曾极为露骨地煽动强奸。第二天，他津津有味地谈起卡斯特洪纵队在夺取阿拉阿尔这个小镇时所犯下的野蛮暴行。阿拉阿尔位于卡莫纳以南，拥有12,500名居民，当军事政变爆发的消息传到这里时，36名当地右翼分子被关押到镇公所。7月22日，当一名社会党的市镇议员去释放他们时，有13个人离开，但是还有23人更愿意待在里面，因为后者害怕此举只是企图将他们射杀的一个骗局。在城镇遭到炮轰期间，有一些来自塞维利亚的武装人员纵火焚烧这座建筑，22名右翼分子被烧死，只有镇上的神父成功逃生。当卡斯特洪纵队进入阿拉阿尔时，他们对这一惨案的反应就是发动了一场无法无天的暴力狂欢。在不同的记载中，该镇居民死亡人数有很大差异，从146人到1,600人不等。被认为是左翼分子的年轻女性遭到多次强暴。当地社会党镇长是一位71岁的鞋匠，尽管他曾经努力避免暴力行为的发生，但仍然遭到枪决。[92]

在更南边的莫龙－德拉弗龙特拉，在得到摩洛哥发生叛乱的消息之后，当地共和派人士立即组织了一个防卫委员会。他们拘禁了那些被认为支持叛军的重要右翼分子。由于当地国民卫队指挥官假称他和手下的士兵仍然忠于共和国，所以他们被允许继续履行他们的职责。当一队与该镇防卫委员会毫无瓜葛的无政府主义武装分子抵达这里，并且企图将一位法官也投入监狱时，勉强维持和平的紧张局面被打破。这位法官用自己的手枪打中了其中一名无政府主义者，而后者在临死前也开枪把法官打死。国民卫队进行干涉，打死、打伤无政府主义者各1人。中尉将希望寄托于来自塞维利亚的援军，于是他把右翼囚犯和他们的家人带入军营，随后军营被当地左派分子包围。指挥官宣称他们将要投降，他手下的士兵会放下武器。这是一个谎言。他们将右翼平民用作人盾突围而出，并企图夺取镇公所。在接下来的战斗中，有7名国民卫队士兵和右翼分子丧生。在搜查国民卫队的兵营时，搜查者发现有两名被铐在一起的士兵尸体，据推测他们可能是因为反对中尉的行动而遭到杀害的。[93]

当卡斯特洪纵队抵达时，该镇进行了激烈抵抗。卡斯特洪的报复也是非常激烈的。尸体散布在街道上无人收埋，任由家猪啃食。商店和民居遭到洗劫，女人遭到侵犯。在一次广播讲话中，凯波·德·利亚诺兴高采烈地吹嘘道：

> 我想，对于那些仍然冥顽不灵地保持其马克思主义之信念，并且觉得有希望能抵挡住我们的城镇来说，莫龙所遭受的严惩既是一个警告，也可以说是前车之鉴。正如在阿拉阿尔那样，在莫龙，也有一群乌合之众犯下了空前绝后的野蛮暴行，他们对无辜的右翼个人加以攻击。我听说，在各个城镇，马克思主义者都有右翼囚犯，他们计划以类似的残暴行径对付这些囚犯。我要提醒他们所有人，每有1个正派人士遇害，我会至少枪决10人来进行报复，在有的城镇，枪决人数已经超出这一比例。并且，（左派）领导人不应抱有可以乘飞机逃命的希望，因为如果必要的话，我将把他们从天上拽下来以执行法律。[94]

卡斯特洪本人解释了他是如何夺取这些市镇的："我展开了合围运动，这让我可以对赤色分子施以严惩。"[95]乡村无产阶级在军事经验方面无法与久经沙场的外籍军团相比。然而，正如卡斯特洪所透露的，这不仅仅是夺取控制权，而是实施野蛮的镇压。在下一个市镇，即莫龙以东的卡萨利亚镇被征服的案例当中，来自那里以及阿拉阿尔的难民，讲述了卡斯特洪纵队到达后所发生的种种令人毛骨悚然的事情。另外，在7月30日，一架叛军飞机投下传单警告该镇，如果不立即投降就将遭到轰炸。于是，抵抗并未发生。然而，接下来的镇压行动仍然接连不断。左派的罪行包括，洗劫教区教堂和人民行动党党部，强制征收和分发食品，以及逮捕46名当地的叛乱同情者。当该镇在人民阵线委员会控制下的时候，并无死亡事件发生。事实上，他们还阻止了来自马拉加的无政府主义分子想要杀害囚犯的企图。然而现在，占领军却在洗劫民居。在草率的军法审判启动之前，已有超过100人遇害。在该镇的9,000名居民中，有超过1,000名男性被强行征入叛军队伍当中。妇女和老人被当作奴工使用，以取代这些被抽走的劳力。[96]

同样，正如凯波曾威胁的那样，当卡斯特洪纵队抵达位于科尔多瓦西南部的蓬特赫尼尔，一个交通繁忙的铁路枢纽与繁荣集镇时，他们发动了残忍且不加区别的镇压。而能勉强作为镇压之理由的事件只有一次，那是在政变最初于该镇爆发的时候。来自该镇3个国民卫队兵营的大批军人，在地方上的长枪党分子、人民行动党成员与地主们的支持下于7月19日宣布起事。他们夺取了当地的"人民之家"，并抓获了很多俘虏。当地左翼分子和来自马拉加的忠于共和国的安全部队联合发动反击。在接下来持续4天的激烈战斗中，有约250名左翼劳工和21名国民卫队士兵丧生，另有15名士兵受伤。还有50名左翼人质于7月22日遭国民卫队处决。

尽管叛乱方于7月23日被击败，但是零星的狙击手火力导致左派方面的死亡数字进一步增加。这使得已经展开残忍报复的左派恨意更甚。在新的革命委员会开始派发食品的同时，幸存的国民卫队成员以及很多曾经的军事政变支持者——地主、放贷人、右翼分子，还有（总是与他们为伍的）神职人员——遭到处决。在报复行动中，有一位70岁的老人和他的妻子被活活烧死。有一位名叫曼努埃尔·戈麦斯·佩拉莱斯的富有地主，尽管已为他的自由支付了高达10万比塞塔的赎金，但还是与他的4个儿子一起遭到杀害。为了证明接下来需要进行更大规模的报复，反叛方的报纸《联合报》（*La Unión*）指出遇难者总数达700人，然而佛朗哥当局最终宣布的官方数字为 154 人。根据现今进行的全面详尽的研究，可以确认遇害者只有 115 人。有遇难者遭到折磨和肢解，还有妇女被强迫和死尸跳舞。很多住宅遭到洗劫，有 45 栋房屋被付之一炬。7 座教堂遭到破坏。10 位神职人员遭到谋杀，但另有 3 人因曾经对当地劳工阶级的处境表示同情而仅以身免。甚至还有些人被分成两组，身着教士罩袍，用圣母玛利亚塑像的头部当球踢了一场足球比赛。[97]

在一周之后的 8 月 1 日，卡斯特洪和阿罗·伦布雷拉斯少校指挥一支约 1,200 人的大部队，从塞维利亚出发抵达蓬特赫尼尔。部队中的成员来自外籍军团、土著正规军、卡洛斯派义勇军和长枪党。拉蒙·德·卡兰萨也率领他的纵队抵达这里。尽管镇上的防守者进行了激烈抵抗，然而叛军在火炮和空中力量的支援下很快占据上风。蓬特赫尼尔镇先前已接收到叛军的威胁——"红色统治"期间每有一位右翼人士遇害，就要用一百条人命来偿还。很多人在意识到叛军将要实施打击的范围以后，试图逃往马拉加。按照卡斯特洪本人的说法，他部署部队投入战斗，"以阻止难民逃跑并加强处决力度"。而关于他自己的部队，他这样说道："一进入城镇，镇压行动在第一时间迅速展开。"杀戮行动是不加区别的，很多遇难者根本就与政治无关，他们只是因为恐惧而逃跑的普通民众。

大量妇女在被枪决之前遭到强奸。男人被从街上带走，被从他们的家里拖出，然后遭到拷打并被枪决。在第一天就有 501 人遇难。卡斯特洪于当天傍晚返回塞维利亚，而"清除行动"接下来要持续数月之久。许多根本不是左翼分子的人也丢掉了性命，其中还包括几位律师和医生。当地红十字会会长遭到枪杀，原因是"曾向赤色分子提供药品"。在当晚的广播讲话中，凯波·德·利亚诺称赞了卡斯特洪，并表示"此次镇压行动是严厉的，但是尚不及其所应达到的严厉程度，不过未来肯定能达到这一程度"。在接下来的几个月里，还有至少 1,000 人遭到处决，其中有很多起事件是针对过去几年里曾与雇主进行抗争的劳工的卑鄙报复。[98]

8 月 3 日，卡斯特洪奉佛朗哥之命参加了向马德里的进军。在其推进过程中，沿途有许多村镇遭到血洗。在塞维利亚省的其他地方，清洗行动在拉蒙·德·卡兰萨的主持下继续进行，此时，卡兰萨的纵队已被并入弗朗西斯科·布伊萨·费尔南德斯－帕拉西奥斯少校麾下的一支规模更大的部队当中。在8月7日（星期五），该纵队从省会出发向东北方向前进。它拥有1,200名装备齐全的士兵，并且配有炮兵分队。它的首个目标是滨河洛拉镇，这是一个相对平静的小镇，当地劳工阶级大多是社会主义者，而镇长则是一位稳健的共和派分子。驻扎当地的国民卫队队长及其手下士兵，还有教区司铎与大约80名右翼分子，在听说有关军事叛乱的消息后对此表示热烈欢迎。他们搜集武器并于7月19日在国民卫队军营中设立了指挥所。

与此同时，左派创建了一个由社会党和共和派成员组成的联络委员会，并且开始着手征集和分发食品。由于委员会允许宰杀当地农场中饲养的斗牛，所以肉类供给很充足。在接下来的3天中，国民卫队队长每天都会率领右翼分子在镇上四处游行，耀武扬威，同时宣读支持军事叛乱的布告。为了避免发生流血事件，镇长勒令他们停止。他们对此不予理会，终于，在7月22日晚，当他们再次游行时，他们与联络委员会正面遭遇。在冲突中有4名右翼分子受伤，随后所有游行者都退入国民卫队的军营，于此处设障阻挡敌人。经过短暂围攻之后，被围困的国民卫队士兵缴械投降，在投降之前他们枪杀了强烈反对投降的队长。第二天，胜方开始搜查房屋，该镇大多数右翼分子遭到监禁。当地银行的资金和教堂中的贵重物品得到了妥善保管，但是公开抢劫事件仍有发生。8月1日，从北面的孔斯坦蒂纳赶来的无政府主义者压下了当地委员会的抗议，开始射杀被捕人员。在接下来的4天里，他们处决了包括教区司铎及其助手、5名长枪党分子和20名国民卫队士兵在内的90人。许多遇害者是军事政变的积极支持者，但其他人只不过是一些被本地劳工仇视的身份公开的右派人士。[99]

对该镇的炮击与空袭始于8月7日晚。当滨河洛拉镇于次日被布伊萨纵队占领时，实际上并没有遇到来自镇子中的任何抵抗。大批平民逃离此地。用《ABC》报的话来说，"镇子的军人救主，用杀一儆百的手段伸张正义"。一位卡洛斯派的骑兵上尉卡洛斯·门科斯·洛佩斯留下来负责"绥靖行动"。住宅遭到有计划的洗劫——这是系统性地没收镇上共和派分子的物资与财产的前奏。那一天，人们被泛泛地加以指控，然后遭到枪杀——这是对来自孔斯坦蒂纳的无政府主义分子所犯罪行的报复。当天晚上还举行了一场大型狂欢，那些对叛军感恩戴德的葡萄酒酿造商为其提供了酒水。一位目击者报告说，"在这场由保守的地主少爷们发起的狂欢活动中，那个清一色由男性组成的集体〔指外籍军团〕的纵欲需求"，在许多新近丧偶的妇女身上得到了满足。然后，一场场由受害者亲属担任证人的"审判"闹剧不断上演。8月10日，拉蒙·德·卡兰萨率领其纵队抵达。又有300名包括若干女性在内的劳工在没有得到辩护的情况下"受审"。他们被控的"罪行"从持有共和国旗帜到曾对罗斯福总统表示仰慕不一而足。家仆被指控曾非议他们的雇主。所有人都被认定有罪。在接下来的日子里，他们被押上该镇仅有的一辆卡车，带到近郊的公墓中执行枪决，被害者中甚至还包括两位怀孕的年轻妇女。[100]

胡安·曼努埃尔·洛萨诺·涅托是一个当时被反叛者杀害的人的儿子，他的父亲并未参与左翼暴行，但还是不幸遇害。在滨河洛拉镇的屠杀事件发生70年之后，现在都已是一位天主教神父的洛萨诺·涅托就该主题完成了一部深思熟虑的作品。在他的书中，他解释了为什么那些没有亲属遇害并因此不具备复仇动机的人也参与了针对左派的杀戮。有些人只是想设法自救。其他一些出身中下层阶级的人，迫不及待地想要与无地劳工区分开来。还有些人意在攫取遇害者的财产。有一些单纯是为了窃取财物的案例，在其中，那些被处决的较为富裕的共和派人士的商店或牲畜，以及家境一般的人家中的衣物和家居用品被加害者据为己有。然后还有些道德败坏者纯粹是因为想要获取金钱或有酒可喝而杀人，也有人加入其中是为了满足他们的性欲望。[101] 按照他的客观理性的叙述，共计有600名至1,000名分布于各个年龄段的成年男性以及妇女和儿童在滨河洛拉镇的镇压中遭到屠杀。有的家庭惨遭灭门，有的则只留下了无所依靠的老弱病残。父母被抓走，留下来的孩子只能自生自灭。妇女受到虐待与侮辱，按照反叛分子的惯常做法，她们的脑袋被剃光，只留下一绺头发用来绑与君主主义者旗帜同色的丝带。[102]

从8月5日到12日，卡兰萨和布伊萨的部队夺取了埃尔佩德罗索村，以及孔斯坦蒂纳镇与卡萨利亚－德拉谢拉镇。在孔斯坦蒂纳，当地无政府主义者制造的暴行遭到了三倍于此的报复。300名居民遭到处决，另有3,000

人逃往外地。[103] 在卡萨利亚－德拉谢拉，在无政府主义者掌控的革命委员会的管制之下，教区教堂遭到洗劫和纵火，国民卫队官兵遭到拘押，食品被强制征收并分发给群众，大量右翼分子被捕。在 8 月 5 日和 6 日之间的那个夜里，为了报复布伊萨对该镇发动的第一轮进攻，有 41 名平民和 23 名国民卫队士兵遭到枪决。[104] 当一周后布伊萨第二次发动进攻夺取该镇时，他成立了一个由其手下军官和当地右翼分子组成的法庭，以审判那些被认为需要对之前暴行负责的人。在接下来的几周里，包括数名妇女在内的 76 人被枪杀。[105]

南部的土地所有者对其手下农民近乎种族主义般的蔑视，在殖民军军官团中找到了共鸣。这些军官团精英相信自己有着凌驾于摩洛哥各部落之上的专断强权，这与地主少爷感觉自己享有近乎封建特权的权益相类似。这样一个一拍即合的利益共同体，很容易将无产阶级当成一个被征服的殖民种族。在 1936 年之前，西班牙南部的劳工阶级已经被直接与里夫部落民相提并论。现在，赤色分子在抵御军事叛乱中的"罪行"，被视为等同于非洲部落武装在 1921 年安努瓦尔战役中屠杀西班牙军队并几乎攻占梅利利亚的"罪行"。而在 1936 年内战中出力的非洲军团各纵队，则被看成是为梅利利亚解围的外籍军团。[106]

关于地主阶级与其军人救主之间的关系，可以给出的一个例证是凯波·德·利亚诺安排拉蒙·德·卡兰萨的朋友拉斐尔·德·梅迪纳为反叛事业筹款一事。也许会有这种猜测，即梅迪纳的筹款工作恐怕要遇到非常大的困难，因为产业主们在过去的那些年里一直对共和国的改革进行痛苦的控诉，抱怨这些改革工作导致了农业凋敝的状况。然而，在梅迪纳第一天筹款时，瓜代拉堡的 3 位橄榄出口商就向其提供了 100 万比塞塔。当天晚些时候，在两姊妹镇，有一位地主询问这些钱将作何用。当他被告知希望用捐款购买飞机时，他询问买一架飞机需要花多少钱。梅迪纳回答"大概需要 100 万比塞塔"，这位大庄园主毫不犹豫地为他填写了一张全额支票。[107] 地主们常常会出资组织他们自己的武装力量，比如由卡兰萨和莫拉－菲格罗亚兄弟指挥的纵队。

此后，由志愿者组成的一些武装渐渐正规化，成为一种通常以"志愿骑警"的名号为人所知的地主骑兵部队。这些单位中既有地主,也有他们手下专于马匹育种和训练的雇工。马球比赛用的小型马也会和役马一样得到使用。他们针对南方左翼分子展开了持续的作战运动,仿佛是在参加体育运动或长途狩猎。在安达卢西亚和埃斯特雷马杜拉的大多数地区都可以发现类似的群体。在科尔多瓦的卢塞纳,当地土地所有者出资组织了一支由专业骑手组成的小分队来"保卫财产",并追捕逃往乡间的左派。该组织因其种种残忍与掠夺行径以及大量性犯罪而臭名昭著,它在当地被称为"死亡小队"。例如,在1936年9月,他们通过赫尼尔河上的铁桥,进入了马拉加的库埃瓦斯-德圣马科斯。有很多只是单纯因为恐惧而逃到乡下的当地居民被围捕并遭到处决。在这样的远征过后,死亡小队将同载有家具、床上用品、缝纫机、书籍、钟表和其他家用物品的卡车一道返回卢塞纳。[108]

响应地方豪强和军队的号召,为其镇压活动提供支持的社会群体十分庞大。那些在金字塔顶端的人提供了金钱和武器,但也不乏乐意干"脏活"的志愿者。这些人出外搜寻左派分子,犯下谋杀和强奸的罪行,他们进行拷打和刑讯,指控其邻居是异类群体。其中一些是地主和商人,也有一些是他们的儿子。还有一些来自社会各阶层的人,他们希望通过展示对杀戮的热情来拯救自己,避免自己可疑的过去受到过度关注。另有一些人沉浸在可以为所欲为地杀人与强奸中不能自拔。还有人,对于有机会窃取或低价得到其邻居令人垂涎的财产一事拍手欢迎。同样也有很多沉默的帮凶,他们或是充满恐惧地,或是兴致勃勃地旁观。尽管神职人员在布道中不断努力对种种镇压行径进行合法化,令人窒息的恐慌气氛仍在不断加剧,而这种恐慌气氛的基础,正是四处蔓延的道德沦丧之举。

然而,有时候,镇压之强度在凯波·德·利亚诺看来尚显不够。在当地国民卫队的协助下,科尔多瓦在几个小时之内就落入该城军事指挥官,炮兵上校西里亚科·卡斯卡霍·鲁伊斯之手。[109] 由于科尔多瓦市孤悬于一个仍效忠共和国的省份当中,于是一群长枪党分子前往塞维利亚寻求武器支援。凯波问他们的领头者在科尔多瓦已经枪毙了多少人。当后者回答说"零人"时,凯波突然暴怒并大声叫道:"好吧,除非你们杀上几百人,否则休想从我这边拿走一支枪!"凯波对卡斯卡霍当时每天"仅仅"下令处决 5 人感到不满。那些曾经前往省长办公厅避难的市政当局官员和共和派领袖遭到杀害。其他遇害者有：4 位代表安达卢西亚大区的国会议员；曼努埃尔·阿萨尼亚的侄子格雷戈里奥·阿萨尼亚·奎瓦斯，一位政府律师；曾于 1931 年至 1933 年担任该市国会议员的社会党人、记者与共济会员华金·加西亚·伊达尔戈·比利亚努埃瓦。后两人曾经一同前往参加过一次拟议安达卢西亚自治法规的会议。身患糖尿病的加西亚·伊达尔戈被关入监狱。在那里他遭到拷打，并被强迫大量吃糖。7 月 28 日，他死于糖尿病引起的昏迷。

在 8 月 5 日凯波视察此地后，行刑处决的速度明显加快。一名残忍的国民卫队少校布鲁诺·伊瓦涅斯被安排负责恐怖行动。在第一周里，他按照当地地主和神父提供的名单逮捕了 109 人。被捕者被射杀于路边和橄榄园中。8 月 7 日黎明时分，社会党市长曼努埃尔·桑切斯·巴达霍斯、许多市政议会议员，以及一位深受爱戴的国会议员比森特·马丁·罗梅拉医生被带到公墓中，在汽车头灯的照射下，与其他 7 人一同被枪决。几天之内，由于盛夏季节的高温，大规模枪杀后遗留的大量尸体导致了一场小规模的伤寒流行。据统计，在 1936 年至 1945 年间，科尔多瓦省有超过 11,500 人遇害。[110]

一位属于长枪党的年轻律师回忆道："每天下午，长枪党总部的地下室里都关满了人，第二天早上，里面却空空如也。每一天，在公墓中，在通往城外的道路上，都有人遭到处决。"他还能记得有一次在斗牛比赛中看到布鲁诺·伊瓦涅斯时的情景。"当他步出赛场时，人们纷纷后退。为了给他让路，人们恨不得把自己的身体变成薄片贴在墙上——假如他们可以的话。恐怖和畏惧让每一个人战栗不已。唐·布鲁诺可以枪毙科尔多瓦的所有人，在这里他拥有完全的自由行动权。据说，在拉曼查的某个城镇，他的全家都被赤色分子杀害。无论真实与否，总之他是一个心存偏见与怨恨的人。"他组织焚烧书籍，并在当地电影院强制推行宗教题材的电影与纳粹纪录片的放映计划。[111] 布鲁诺·伊瓦涅斯在 1936 年 10 月 1 日发布的一则通知中指出，"逃跑，就相当于承认自己的罪责"。[112]

在该省更广大的地区，镇压也同样残忍。在小城卢塞纳，有 118 个男人和5个女人被枪杀。[113] 叛军最主要的暴行之一发生在巴埃纳,这是位于科尔多瓦东南并且在通往格拉纳达的道路上的一个山顶小镇。在1936年春天,确切来说是在这之前,该镇的无地劳工与土地所有者之间就已经形成了相当深的社会仇恨。当地老板们有组织地无视共和国的劳动立法,从外部引进廉价劳动力,并且支付不足以维持温饱的极低工资。镇上的国民卫队分遣队指挥官、曾在外籍军团服役的帕斯夸尔·桑切斯·拉米雷斯中尉建立了一个颇具规模的武器库,他武装了当地的土地所有者,并赋予当地长枪党分子官方身份,称其为"特别宣誓加入的(国民)卫队成员"(guardias jurados)。7月18日夜,他夺取了"人民之家"的控制权。第二天上午,他颁布了一道戒严令。同时,他率领宣誓加入国民卫队的长枪党分子夺取了镇公所、电话交换局与其他重要建筑,并在其中劫持了人质。

属于当地全国劳工联盟的乡村劳工开始向城镇进军,但是他们的武器只有斧头、镰刀、棍棒以及很少几支猎枪。在城郊爆发的冲突中,有1名国民卫队士兵和11名劳工死亡,之后劳工队伍被国民卫队与右翼民众逐退。第2天,也就是7月20日,卷土重来的劳工队伍发现,城镇中心已由国民卫队、长枪党分子和地主武装据守,守卫者远不止二百人,他们分布在可以控制全镇的几个战略性建筑物中。反叛者威胁说要处决被他们关押在镇公所中的、包含一位临产女性在内的大量人质。劳工切断了他们的水电以及食物供给。在事实上已经控制这座城镇之后,无政府主义者宣布推行自由共产主义,他们废除了货币并征集食品与珠宝,作为实现财产公有化的第一步。他们发放票证用于领取食物。革命委员会在附近的一所老年公寓中拘留了部分知名的中产阶级人士,同时下令不允许对他们进行任何伤害。叛军用作抵抗据点的一所教堂和一个修道院在战斗中遭到严重破坏,教区司铎也被打死。此外,在基于私人恩怨而展开的报复行动中,有11名右翼分子在叛军夺取该镇之前遭到杀害。桑切斯·拉米雷斯拒绝了有关停战的提议,他担心一旦投降,他和他手下的士兵就会被杀。[114]

7月28日,就在被围困的国民卫队即将放弃之时,一支规模较大的叛军纵队在爱德华多·萨恩斯·德·布鲁阿加上校的率领下,从科尔多瓦出发前去解围。这支队伍由国民卫队、外籍军团和土著正规军单位组成,并且配备有火炮和机枪。对于实际并无枪支可用的劳工队伍来说，他们无法进行多少抵抗，因此叛军纵队在一条街一条街地占领巴埃纳的过程中，只有4人负伤。土著正规军带领进攻，并展开了不加区别的杀戮和劫掠。沿途街道上或房屋中的幸存者一被发现就遭到围捕，然后被带往镇公所的广场。国民卫队关于巴埃纳事件的官方报告承认，"最轻微的指控也会导致被告被处决"。萨恩斯·德·布鲁阿加带着他的一个手下，来自滨河帕尔马镇一个富裕地主家庭的费利克斯·莫雷诺·德·拉·科韦，到一个酒馆中喝东西。与此同时，桑切斯·拉米雷斯在愤怒的驱使之下盲目组织了一次大屠杀，这与他在摩洛哥的经历遥相呼应。首先他杀害了被关押在镇公所中的5名男性人质。然后，他让被捕者排排地面朝下趴在广场上他们当中很多人与全国劳工联盟这一工会组织毫无瓜葛，也根本不曾参与前一周发生的事件。已经完全陷入疯狂状态中的他，坚持由他本人枪毙其中大部分俘虏。占领军在地方右翼分子的协助下带来了更多的囚犯，以填补遇害者腾出来的位置。

《ABC》报将这些法外处决行动称为对"所有带头分子"实施的"警示性惩戒"和对任何被发现持有武器的人所采取的"依法从严处置"。报纸最后的评语是，"在那里犯下的众多谋杀罪行所制造的恐怖以及解放者的活动，巴埃纳镇永远都不可能忘记了"。尽管《ABC》报做出了如上评论，但是萨恩斯·德·布鲁阿加的部队既没有抓获工会领导人，也没有抓获任何武装人员。几乎所有这些人员都已经撤回到拘押右翼囚犯的老年公寓处。"众多谋杀罪行"主要是桑切斯·拉米雷斯在萨恩斯·德·布鲁阿加不负责任地饮酒作乐时发动大屠杀的结果。

许多逃跑的左翼分子涌入公寓并用里面的右翼人质作掩护，企图以此阻止萨恩斯·德·布鲁阿加的追击部队。然而这并没有奏效，很多人被发现死在窗户边上，而射杀他们的枪弹只有进攻者才会拥有。大多数在那里避难的无政府主义者都逃离了现场，但仍有少数几人在那里坚持至最后一刻，他们杀害了很多余下的人质，作为对发生在广场上的处决行动的报复。共有81名人质被害。许多当地人相信，如果不是因为桑切斯·拉米雷斯组织的屠杀行动，人质本可以幸存。然而，人质死掉了，他们的尸体被发现，并进一步引发了一场狂欢般的复仇盛宴。在不分青红皂白的屠杀行动中，甚至有几个右翼分子也被殃及池鱼。大批左翼俘虏被枪决，其中还包括1名8岁男孩。[115] 8月5日，在萨恩斯·德·布鲁阿加的纵队离开此地并前往科尔多瓦之后，无政府主义者对巴埃纳发起了进攻，但是并未取得成功。这反而加快了城镇中处决行动的节奏。[116]

7月31日夜，凯波·德·利亚诺认为有必要在广播中为巴埃纳的镇压行动进行辩护，他提到了"那些不可讲述、唯恐使我们的人民受辱的真正的恐怖行径和可怕的罪行。巴埃纳被攻陷后，我军部队在种种罪行引起的愤怒情绪支配之下所施加的惩罚，因此变得理所当然"。[117] 两个月后，巴埃纳的中产阶级主办了一次庆祝活动，在仍然血迹斑斑的广场上，萨恩斯·德·布鲁阿加向桑切斯·拉米雷斯颁发了军事奖章。由桑切斯·拉米雷斯、萨恩斯·德·布鲁阿加，以及在接下来5个月里，由被指定为军法官的那个人下令或者亲手杀害的，共有近700人。这位法官名叫曼努埃尔·库维略·希门尼斯，他是当地最大的地主，他的妻子与3个年轻的儿子也在老年公寓中丧身于萨恩斯·德·布鲁阿加部队的火力之下。他的复仇渴望无法抑制。有很多镇民向东逃往共和国控制下的哈恩省，留下来的妇女遭到各种形式的性虐待和侮辱——从强奸到被剃光脑袋和强灌蓖麻油。超过600名儿童成了孤儿，甚至在有的情况下，蹒跚学步的幼童也被孤独地留在了世上。[118]

巴埃纳事件非常符合军事叛乱背后的整体思维。何塞·马里亚·佩曼对此进行了形象的表述，他宣称，"这场令整个西班牙为之流血的波澜壮阔的战争，在一个超自然与奇妙的层面上发生。伊伦、格尔尼卡、莱克蒂奥、马拉加和巴埃纳的烈火，烧掉了田野里的硬茬，留下肥沃的土地，等待着来年的丰收。我们会让我的同胞，西班牙人，在平整洁净的土地上，铺设帝国的基石"。[119]

最初，安达卢西亚每个省份的叛军纵队都专注于占领附近的城镇和村庄，其作战目标的选择，更多的是基于地主们从左翼占领者的手中夺回其庄园的强烈要求，而非基于军事原则。在8月初，为了实施战略性的行动构想，各叛军纵队受到了更为集中的控制。科尔多瓦的许多城镇和村庄仍在共和派手中，巴雷拉将军被派去发起征服行动。虽然从此之后任何纵队都不得自由行事，但是它们的活动仍继续反映了地主们的意图和偏见。巴雷拉的一个首要目标就是救援格拉纳达，该地仍与其他叛军控制区分离，并处于政府军的重重包围之下。这一目标于8月18日达成。第二个目标是在进攻马拉加之前，对塞维利亚和加的斯地区实施完全占领。因此，美丽的山顶小城龙达*成为一个最重要的中间目标。[120]

值得一提的是，在巴雷拉的参谋部中还可以见到：具有长枪党徒身份的斗牛士和土地所有者"来自阿尔加瓦的佩佩"、大庄园主爱德华多·索托马约尔以及著名的"马背斗牛士"（rejoneador）安东尼奥·卡涅罗。饲养斗牛的地产主们非常厌恶那些想要在草场上耕种庄稼的贫苦农民。在他们中间，还有若干在斗牛场上取得成功的退役斗牛士，他们用赚得的钱购买土地，成了养牛业主。[121] 然而，大庄园主热衷于野蛮镇压无地劳工的做法最终将反过来损害大型庄园的生产能力。军事当局充分关注到了这个问题，并呼吁留下足够的劳工来确保农业生产的正常进行。[122]

到9月18日，加的斯省的城镇与乡村已基本全部被征服。即使是在对数字进行竭力夸大之后，佛朗哥当局也只能声称，自从7月18日军事政变爆发以来，在共和国控制的地区有98人遇害，而其中大多数还是在听到其他村镇右翼暴行之消息后做出的回应。[123] 与之形成鲜明对比的是，在该省有3,071人被叛军处决。在加的斯的每个村镇中都有处决发生，不管那里是否有人死于共和国方面之手。首当其冲的受害者是在共和国机构、共和派政党或工会中扮演过任何角色的人。所有被发现曾参与过去十年间的任何罢工行动，或者支持共和派理念的人，比如说那些学校教师或是共济会员，都有可能成为目标。[124]

当加的斯完全落入佛朗哥分子手中时，何塞·莫拉－菲格罗亚的部队与其兄弟曼努埃尔的部队合流，随后这支力量得到扩充的纵队开始侵入马拉加省。在向着俯瞰周边山区的历史名城龙达艰难跋涉的途中，他们征服了许多村庄。龙达镇坐落于峡谷边缘，在下方超过300英尺（约91米）深

---

* 龙达是西班牙安达卢西亚大区马拉加省的一个市镇，位于马拉加市以西100千米。

的谷底，则是奔腾而过的高达莱温河。它以其罗马式与阿拉伯式的桥梁，以及精致的18世纪斗牛场而闻名。一位被称为"吉普赛人"（El Gitano）的人物领导一伙无政府主义者，在此地开展了一场无情的镇压运动。最初，尽管当地教堂遭到洗劫，圣像被毁，但全国劳工联盟委员会尚能在一定程度上维持秩序，然而很快，来自马拉加的无政府主义者以及当地居民展开了杀戮行动。关于有大量囚犯被抛入峡谷中活活摔死的说法，尽管首先曾由凯波在其8月18日的广播讲话中提出，随后又通过欧内斯特·海明威的小说《战地钟声》而广为人知，但实际上并没有事实根据。很多右翼受害者是在墓地中被枪决的。来自佛朗哥分子方面的资料称，在龙达以及附近村镇高辛与阿里亚特，超过600人在红色恐怖中遇难。9月16日，当巴雷拉占领该镇时，守卫者已经逃跑，他的部队在进攻中只伤亡了3人。他手下的士兵停止前进，并且对街上发现的所有人实施抓捕和刑讯，其中很多人遭到枪杀。城中超过半数的居民逃往马拉加。[125] 在新政权的统治下，那些没有逃离的城镇守卫者遭到血腥镇压，他们的财产也被洗劫一空。[126]

莫拉－菲格罗亚在龙达建立了司令部。在龙达，由雪利酒制售家族子弟佩德罗·巴瓦迪略·罗德里格斯领导的一群来自桑卢卡尔的青年"社会名流"加入了他的队伍。每夺取一个村镇，都会有大量俘虏被带回龙达处决。[127] 安达卢西亚西部地区的严酷镇压致使许多人因为害怕被杀而逃亡山里，并且依靠偷窃牲畜和庄稼维生。国民卫队的骑兵巡逻队和莫拉－菲格罗亚纵队的长枪党分子耗费大量的时间对其进行追捕并将他们逐一杀死，尤其是在1937年2月马拉加陷落之后。[128]

凯波·德·利亚诺将整个安达卢西亚和埃斯特雷马杜拉地区的镇压行动的"法律"监督权交给军法官弗朗西斯科·博奥克斯·贝西纳。1937年5月28日，加的斯省级法院检察官费利佩·罗德里格斯·佛朗哥向巴雷拉将军提交了一系列投诉，其中毫不留情地揭露出博奥克斯在诉讼程序中的独断专行。这位检察官曾经因为无视博奥克斯向即决军事法庭成员下达的非法指令而遭到撤职处分。罗德里格斯·佛朗哥声称，这些指令为，"所有曾在1936年选举中充当人民阵线方的选举干事和选票检查员的人都应受到审判，而他们是否有罪，则要根据他们在接受讯问期间留给法官们的印象而定。所有赤色组织的民兵人员，一般来说都应加以审判并枪决"。博奥克斯规定了不同种类的判决在最终通过的所有判决中所应占的百分比，他甚至还炮制了一个"先验"的证据规则，表示只要有一名目击证人，起诉方就足以做出有罪判决。巴雷拉确认收到了上述函件，但后续并未有任何动作。[129]

格拉纳达的事态发展与加的斯、科尔多瓦和塞维利亚等地显著不同。当地军事指挥官米格尔·坎平斯于 7 月 11 日才抵达格拉纳达，他并未参与密谋行动。忠于共和国的他拒绝遵循凯波有关实施戒严的命令。不过，坎平斯也给他的朋友佛朗哥将军拍发了一封电报并表示他将服从后者的命令——坎平斯在萨拉戈萨军事学院工作期间曾经是佛朗哥的副手。坎平斯被叛乱军官逮捕并遭到指控，理由是他的犹豫不决导致政变在哈恩、马拉加和阿尔梅里亚遭遇失败。凯波在电台广播中宣称，如果他不是懦夫的话，早就应该选择自杀。[130] 坎平斯于 8 月 14 日在塞维利亚以"叛乱罪"受审，并于两日后遭到枪决。佛朗哥曾数次写信请求对坎平斯网开一面，但是凯波把所有来信都撕成碎片。[131]

与此同时，抵抗运动的主要中心，也就是阿尔拜辛的工人阶级聚居区，在经历炮轰和空袭之后被迫投降。巴雷拉于 8 月 18 日抵达了格拉纳达以西的洛哈，并且打通了与塞维利亚的联系通道。然而此时的格拉纳达仍处于效忠共和国的部队的威胁之下。[132] 随之而来的不安全感以及来自共和国方面的杀伤力不大的空袭，使新任省长发起的残酷镇压进一步加剧。新任省长——时年 45 岁的指挥官何塞·巴尔德斯·古斯曼是一名极其反动的殖民军军官，他同时也是长枪党的早期成员之一。摩洛哥战争的旧伤对他的长期折磨以及伴随他终生的肠胃问题，也在一定程度上导致了其品性的败坏。他曾于 1931 年被派往格拉纳达担任当地军事指挥官。在同年 3 月 9 日至 10 日发生的一系列事件之后，他对当地左翼心怀怨恨，当时因为长枪党武装分子向一群劳工及其家属开枪，该城各工会组织在激愤下联合发动了一场总罢工。现在，针对先前长枪党与人民行动党办公室遭遇纵火的继发暴力事件，右翼分子展开了全面的报复。[133]

有大量的医生、律师、作家、艺术家、教师，特别是工人，遭到蓄意杀害。很多脏活是由大量新招募的长枪党分子完成的，他们在指认所谓的"嫌疑人"方面发挥了关键作用。[134] 在对城市中心的控制得以保证之后，巴尔德斯默许长枪党"黑色小队"在居民中制造恐慌。该小队由地方上知名的右派分子领导，它本身则是一个由狂热分子、领取报酬的流氓分子和急于掩盖自己左派历史的投机者组成的混合体。左派人士在夜里被从家中强行带走，然后押到公墓执行枪决。"黑色小队"的领导人之一胡安·路易斯·特雷斯卡斯特罗·梅迪纳宣称，在对周边村庄的征服中，他已经做好准备，要割断所有赤色分子的喉咙，连襁褓中的婴儿也不放过。[135] 在洛哈陷落之后，凯波派出摩洛哥正规军的一支分遣队参与了各村镇的暴行。在内战进行期间，在格拉纳达有超过5,000名平民被枪决，其中很多在墓地中遇害。公墓的看门人因此而精神失常，并于8月4日被送到精神病院。3个星期后，接替他的人及其家属从公墓门口的小屋中搬走，因为不时响起的射击声、哭喊声与垂死者的惨叫声令他们无法忍受。大量来自阿尔普哈拉斯地区的遇难者被埋葬在奥尔希瓦附近峡谷的一个集体墓穴中。[136]

遇难者中有一位不仅在格拉纳达，而且在全西班牙都极为著名的人物，他就是诗人费德里科·加西亚·洛尔卡。几年后，佛朗哥分子声称洛尔卡的死因是与其同性恋取向有关的非政治性私人恩怨。事实上，洛尔卡绝非政治的局外人。在极其保守的格拉纳达，他的性取向让他产生了一种疏离感，而这种感觉已经发展成为对身处体面社会阶层边缘之人的深切同情。他在1934年宣称："我将永远站在那些一无所有者的一边。"他创建巡回剧院"巴拉卡"（La Barraca）的行为，正是源于其强烈的社会使命感。洛尔卡经常签署反法西斯宣言，并与国际赤色济难会（International Red Aid）等组织保有联系。由于他是一位非常著名且深受欢迎的诗人和剧作家，因此他的政治倾向和性取向自然引起了长枪党和其他右翼分子的厌恶。

在格拉纳达，他同左翼稳健派联系密切。他的观点众所周知，而且他认为1492年天主教对摩尔人统治下的格拉纳达的征服是一场灾难，这让城中的寡头统治者们也对他"关注"有加。洛尔卡蔑视西班牙右翼思想的中心宗旨，他坚信征服行动破坏了一个独特的文明，并创造了"一片充斥着当今西班牙最坏的资产阶级的荒芜之地"。最近的研究还为洛尔卡的死亡提供了新的理由，那就是加害人对洛尔卡那位事业有成的父亲费德里科·加西亚·罗德里格斯的嫉恨。后者当时已经非常富有，并在格拉纳达西北的阿斯克罗萨（现已更名为巴尔德卢比奥）买卖土地。而且，让其他地主恼怒的是，他会为雇员提供很好的薪资待遇；当他的邻居面临失去抵押品赎回权的危险时，他会借钱给他们；甚至他还为手下的劳工建造住宅。洛尔卡与社会党部长费尔南多·德·洛斯·里奥斯的友谊是招致怨恨的另一个原因。在后者的政治和经济对手中，有律师兼商人胡安·路易斯·特雷斯卡斯特罗·梅迪纳和人民行动党的奥拉西奥·罗尔丹·克萨达。罗尔丹·克萨达曾经希望迎娶诗人的妹妹孔查，但她却与后来成为格拉纳达市长的曼努埃尔·费尔南德斯 蒙特西诺斯结婚。[137]

当猎取"赤色分子"的右派开始搜寻他时，洛尔卡前往他的朋友，长枪党诗人路易斯·罗萨莱斯的家中避难。8月16日，在罗萨莱斯的家中，洛尔卡被国民卫队人员拘捕。与国民卫队一同到场的还有曾经担任当地独立右翼党团联盟之国会议员的阴险的拉蒙·鲁伊斯·阿隆索、特雷斯卡斯特罗，以及人民行动党的另一名成员路易斯·加西亚-阿利克斯·费尔南德斯。搭上长枪党的鲁伊斯·阿隆索对洛尔卡和罗萨莱斯兄弟心怀怨恨。[138]鲁伊斯·阿隆索向巴尔德斯控诉洛尔卡是俄国间谍，并通过一部大功率无线电台与莫斯科通信。巴尔德斯给凯波·德·利亚诺拍发电报寻求指示。他得到的答复是"给他咖啡，很多的咖啡"（Dale café, mucho café）——在这里，"给他咖啡"就是"干掉他"的隐语。[139] 1936年8月18日凌晨4点45分，费德里科·加西亚·洛尔卡在位于格拉纳达东北方向的阿尔法卡尔和比斯纳尔之间的某个地方被枪决。[140]

特雷斯卡斯特罗后来夸口说他亲手杀死了这位诗人，以及包括人道主义者阿梅利亚·阿古斯蒂纳·冈萨雷斯·布兰科在内的其他人。"在格拉纳达，我们已经受够了这些变态的嘴脸。他是个同性恋，而她是个婊子，这就是我们杀人的理由。"在那一天，在这位诗人遇害之后，特雷斯卡斯特罗走进一个酒吧并宣称："我们刚刚杀死了费德里科·加西亚·洛尔卡。我往他的屁眼里塞了两颗子弹，因为他是个同性恋。"[141]与洛尔卡一起遇害的人是一位身体残疾的小学教师迪奥斯科索·加林多和两位曾参加阿尔拜辛战斗的无政府主义者。[142] 然而，对这位伟大诗人的卑鄙谋杀，正如对忠诚的坎平斯将军的谋杀一样，只不过是政治屠杀中的沧海一粟。

银行家兼律师何塞·马里亚·贝里斯·马德里加尔是支持政变的右翼分子中的一个知名人物，他在8月18日写信给他正在葡萄牙度假的银行负责人时说："我们或是赢得这场战争，或是与这些坏分子战斗至死。军队准备将正在毁灭西班牙的毒草连根拔除。我想他们会完成这个目标。"8月22日，他用赞许的语气写道："行刑队变得越来越忙，工会头目、教师、小城镇里的市镇官员和医生正在成批倒下。"[143] 次日，叛军的坚定支持者之一，美国诗人和小说家兹格林茨基男爵夫人*用不那么热情的口吻评论说，处决数量的"增长速度正在让所有保有理智的人感到忧心和恐惧"。[144]

贝里斯口中的受害者里有共和派日报《保卫者报》（*El Defensor*）的杰出记者兼主编康斯坦丁诺·鲁伊斯·卡内罗。他曾在报章上讽刺鲁伊斯·阿隆索，称其为穿着丝绸睡衣、生活铺张的"名誉工人"。在人民阵线于1936年2月大选中获胜上台执政之后，鲁伊斯·卡内罗曾当过两周的市长。[145] 在他之外，包括现任市长，即洛尔卡的妹夫曼努埃尔·费尔南德斯-蒙特西诺斯在内的另外7位曾任共和国市长的人也遭到枪决。有10位大学教授被枪杀，其中5人曾对长枪党分子发动的暴乱提出过抗议。32岁的大学校长，杰出的阿拉伯文化学者萨尔瓦多·比拉·埃尔南德斯也在其中，他是哲学家米格尔·德·乌纳穆诺的密友。比拉于10月7日在萨拉曼卡被捕这一事件，成为乌纳穆诺发表"你们会赢得胜利，却无法赢得人心"（venceréis pero no convenceréis）之著名演讲的导火索。比拉的德国犹太裔妻子格尔达·莱姆德费尔与他一起被捕并被押往格拉纳达。比拉于10月22日被枪杀，至于格尔达，杰出作曲家曼努埃尔·德·法利亚的干预使得她在被强制施洗之后逃过一劫。同为犹太难民的格尔达的双亲被遣返回纳粹德国。比拉和洛尔卡两人的朋友之一，建筑师阿方索·罗德里格斯·奥尔加斯也躲藏了起来，于是长枪党抓捕了他的女友格蕾泰尔·阿德勒，企图以此作为诱饵抓住他。但是这招没有奏效，这个女孩遭到杀害。11月26日，乌纳穆诺在他的日记

---

* 原名海伦·尼科尔森（Helen Nicholson）。

本中写道:"在格拉纳达,可怜的萨尔瓦多·比拉,被长枪党党徒和具有梅毒患者与性无能者之病态激情的安达卢西亚败类枪杀。"[146]

格拉纳达的暴行在当地资产阶级看来是可以接受的,因为相比之下,他们所了解到的共和国一方在其他地区犯下的暴行显然更加令人憎恶。但是,他们关于其他地方所发生的事件的认知,是在凯波·德·利亚诺的广播讲话的灌输下形成的。他们了解到的"事实"都是这样的:受害者被抛下龙达的悬崖;男人被活着钉在尖桩上,然后被迫眼见他们的妻女"在其面前遭到强暴,之后又被浇上汽油活活烧死";赤身裸体的修女被关在安特克拉的商店橱窗里公开展示;神父的肚子被剖开并被塞满生石灰;在巴塞罗那的街道上,修女被强暴,神父被拷打,为无政府主义者所害的无头尸体漂满了马拉加的近海海面;而在马德里,"著名的医生、律师、科学家、文学家、演员和艺术家"一旦被抓就会立即遭到枪杀。兹格林茨基男爵夫人相信凯波广播讲话中的内容,她甚至在自己的作品中写下了这样的话,共和国政府"由无政府主义者、惯犯和俄国人组成,它打定主意要消灭西班牙的所有智者与能力卓越之士"。[147]

共和国控制下的马拉加为凯波的恐怖故事提供了丰富的来源。而在意大利飞机的持续轰炸和叛军战舰的反复炮击过后,1937年2月8日(星期一),马拉加最终被叛军纵队和意大利干涉军占领。[148] 凯波连月来不断通过电台广播和城市上空投下的传单发出威胁,扬言要对由全劳联-伊无联主导的公安委员会在马拉加掌权的7个月里所进行的镇压实施血腥报复。[149] 他的威胁只是证实了数以千计的来自加的斯、塞维利亚、科尔多瓦和格拉纳达的难民所带来的恐怖故事:摩洛哥正规军和外籍军团部队在占领他们的村镇时制造了种种暴力惨案。安特克拉(8月12日)和龙达(9月17日)的陷落,导致马拉加被绝望和饥饿的妇女、儿童与老人淹没。食物稀缺,很多人罹患重病,于是他们不得不被安置到大大小小的教堂中,这是各左翼政党所开展的大规模救济行动的一部分。这种人道主义努力却被占领军指为恶意亵渎神圣和无法无天的反教权主义的行径。[150]

尽管获胜轻而易举且并未遭遇实质性抵抗,但是凯波仍然毫不留情。平民被禁止进入这个城市达一周之久,在此期间有数百名共和派人士在各种检举揭发下遭到枪杀。许多右派人士出来声称，他们之所以能从"赤色分子"手中死里逃生，只是因为后者没有时间去杀他们而已。凯波·德·利亚诺手下的一名官员颇具讽刺意味地评论道："赤色分子在整整7个月的时间里无所事事。而对于我们来说，7天时间都已经太多。他们可真是没用。"[151]

数以千计的人遭到逮捕。当各个监狱已人满为患时，叛军不得不在托雷莫利诺斯和大阿劳林开设了集中营。在该城沦陷之初的大屠杀之后，镇压行动由新上任的省长，国民卫队上尉弗朗西斯科·加西亚·阿尔特德进行组织，他同时也是长枪党成员。镇压的直接实施者则是博奥克斯上校，他所遵循的是以占领军（叛军部队的自称）总检察长费利佩·阿塞多·科伦加博将军为首的司法体系。戒严令不再适用，审判行动现在是以貌似遵循法律程序的所谓"非常时期简易军事法庭"为基础。1937年4月由博奥克斯所做的一份报告透露了镇压行动的规模。在夺取马拉加之后的7周里，共有3,401人受审，其中1,574人被处决。为了在如此短的时间内审判如此多的人，他们从塞维利亚调来了大批检察官。经常是若干人被带到法庭一起受审，在持续时间通常不会超过几分钟的审判期间，被告无法得到或进行任何辩护。[152]

甚至在占领者的处决行动展开之前，成千上万陷入恐慌的难民就已经开始沿着通往阿尔梅里亚的长达109英里（约175千米）的海岸公路逃亡，这是他们唯一的逃生路线。他们的逃亡是自发行动，没有任何军事保护。他们要躲避的，有来自海面的"塞韦拉"号和"巴利亚里群岛"号战舰的舰炮，从天而降的炸弹，以及尾随的意大利军队的机枪火力。沦陷城市中的镇压运动之规模解释了为何他们宁愿冒着枪林弹雨逃离此地。在高低不平的路面上，散落着尸体和伤者，心惊胆战的人们在缺水少粮的情况下艰难向前跋涉。有人看到婴儿在死去的母亲身上吸吮母亲的乳头。有的孩子死去了，还有孩子在混乱中走失，而他们的家人在疯狂地试图找到他们。[153]

包括《泰晤士报》（The Times）通讯记者劳伦斯·芬斯沃思在内的许多目击者的报道，让叛军支持者无法否认这一针对共和国平民所犯下的最可怕的暴行。据统计，共有超过10万人踏上了这一逃亡之路，有些人一无所有，还有些携带着炊具和被褥。我们无法准确获悉死亡人数，但这一数字恐怕要超过 3,000。加拿大医生诺尔曼·白求恩与他的助手黑曾·塞兹以及他的英国司机——未来的小说家 T. C. 沃斯利一起驾车，昼夜不停地在路上来回穿梭了 3 天，将尽可能多的难民运到安全地点。白求恩描述了老人走不下去，倒在路边等死的场面，"孩子没有穿鞋，他们的脚肿胀到足有正常尺寸的两倍大，他们因为疼痛、饥饿和疲劳在无助地哭喊"。沃斯利用悲伤的口吻写下了他所看到的情景：

> 路上还是满满的难民，我们走出去的距离越远，所见难民的状况也越糟糕。只有少数人穿着胶鞋，大多数人脚上都裹着破布，有的甚至打着赤脚，几乎所有人的脚上都血迹斑斑。逃难队伍足有 70 英里（约 113 千米）长，他们因为饥饿和疲惫而陷入绝望，而人流仍未有消减的迹象……我们决定让孩子们到卡车上来。瞬间，我们被狂呼乱叫的人群包围住了，在这突如其来的魔幻般的奇景中，他们向我们大声乞求。这真是令人难以置信的场景，妇女们仰头高呼，将她们怀中赤裸的婴孩举过头顶，带着感激或失望的表情，她们恳求，哭喊和低泣。[154]

难民的到来给阿尔梅里亚带来了恐慌和混乱。同时该城还遭到了一轮大规模的轰炸，轰炸者瞄准了这座街道上挤满难民的城市的中心。难民在海岸公路和阿尔梅里亚的街道上所遭受的轰炸，象征着叛军所谓"解放"的真正含义。

6

莫拉的恐怖统治

纳瓦拉、加利西亚、卡斯蒂利亚和莱昂的清洗行动

1936年7月19日,莫拉在潘普洛纳发布的戒严声明宣称:"威权原则的重建,不可避免地要求采取迅速且严厉的惩戒手段,以儆效尤,对此不应有任何怀疑和犹豫。"[1] 此后不久,他召开了纳瓦拉省各市镇长官会议,并在会上告诫他们说:"我们有必要传播恐怖。我们必须给人以掌控一切的印象,我们要坚决且毫不留情地消灭那些和我们想法相左的人。绝不允许有怯懦的表现。如果我们有一瞬的摇摆不定,不能以最大的决心行动,我们就无法取得胜利。任何帮助或包庇共产党员及人民阵线支持者的人都将予以枪决。"[2]

这样的指示体现出密谋集团在某种程度上的危机感,他们拼命想要在针对政变的大规模抵抗出现之前,争取到局势的控制权。因此,在1936年7月18日到1945年期间,叛军方面所执行的处决总数的一半以上,发生在他们于各地夺取权力之后的头三个月。恐怖行动的短期与长期目标,在诸如加利西亚、旧卡斯蒂利亚和纳瓦拉等保守的小农经济区更容易实现。叛军有意利用恐怖手段来摧毁带有共和国标签的一切事物,无论是对地主、工业家、神职人员和军人特权的具体挑战,还是来自城乡工人阶级以及妇女的普遍性的拒绝服从——后者的拒绝令右翼最为厌烦。这就是圣胡尔霍、佛朗哥、希尔·罗夫莱斯、奥内西莫·雷东多和其他人在怒言反对所谓"犹太-共济会-布尔什维克"的"非洲化"威胁时的本意。上述"外国毒草"需要加以薅除的说辞,在教会中总是不乏像图斯克茨和卡斯特罗·阿尔瓦兰那样的倡导者,然后很快就会为教会阶级中的大多数人接受。在9月初,

莱昂主教何塞·阿尔瓦雷斯·米兰达号召天主教信众加入这场战争,反对"苏维埃 – 犹太 – 共济会的世俗主义"。[3]

7月31日,在得知法国媒体透露普列托已经被派出同反叛方进行谈判的消息后,莫拉怒不可遏:"谈判?绝对不可能!只要还有一个西班牙的敌人活着,这场战争就不会结束。"8月9日,莫拉又吹嘘说,他的父亲,一位百发百中的步枪射手,经常用他的母亲作为道具模仿威廉·泰尔[*]。这个不幸的女人不得不努力保持头顶上水果碎块的平衡,手上还要捧着其他作为目标的水果,让她的丈夫炫耀自己的枪法。莫拉告诉他的秘书何塞·马里亚·伊里瓦伦:"这种战争必须以一方的绝对统治和失败者的全体灭亡而结束。他们杀害了我的一个兄弟,不过我会让他们为此付出代价。"[4]在这里,莫拉指的是他那在政变失败后自杀的弟弟拉蒙。

在西班牙境内那些军事政变很少或根本没有遇到抵抗的地区,反叛方的战争目标暴露无遗。无辜的工会会员、左翼政党成员、民选市政官员、共和国公职人员、学校教师和共济会员遭到处决,这些处决行为被称作"预防性刺杀"。或者,就像卡塞雷斯的国民卫队指挥官所定义的那样,这是在"将不良分子一扫而光"。[5]

在纳瓦拉、阿拉瓦、旧卡斯蒂利亚八省、莱昂三省、加利西亚四省、萨拉戈萨的三分之二地区以及几乎全部的卡塞雷斯省,政变在几小时或几天内就取得了成功。在这些右翼占据主导地位的天主教地区,使用在安达卢西亚和巴达霍斯发动屠杀的借口——声称左翼滥施暴力或者受到共产党接管政权的威胁——根本不合情理。基本来说,被处决者的"罪行"是给人民阵线投票,或者不再接受他们自己作为劳工或者女性的从属地位。[6]

反叛方的意图是从整体上铲除共和国的进步文化。这一点在莫拉为西班牙军事同盟所准备的一系列法令草案中得以显明。"这是一个明明白白的终极历史教训,当人们错误地听信犹太人、共济会员、无政府主义者和马克思主义者的理论,并且由这种理论所催生的代议民主制度渗透他们的政府中时,人们就陷入颓废、苦难和毁灭的境地……所有那些妨碍'拯救

---

[*] 据称为14世纪左右的瑞士传奇勇士,以射落放在自己儿子头上的苹果而闻名。

西班牙运动'赢得胜利的人,将在从速宣判之后作为反对我们神圣祖国的可悲凶手被执行枪决。"反叛方宣称共和国是在选举舞弊的基础上非法产生的,并且断言它的政治领导人是只会带来无政府状态和犯罪的窃贼与寄生虫,这样一来,摧毁共和国的武力行动就披上了合法的外衣。[7]

建立军事独裁的第一步是建立国防执政团(Junta de Defensa Nacional)。1936 年 7 月 24 日颁布的第一道法令提供了聊胜于无的法律遮羞布,反叛方宣称自己具有"全部的国家权力",并在后续的法令中一再重复这一说法。8 月 14 日颁布的第 37 号法令声称,共和国犯有针对国防执政团之合法政府的武装叛乱罪。7 月 28 日颁布的戒严令在整个叛军控制区内将军事法律凌驾于民法之上。由此,它将不同地方下达的形形色色的法令加以统一,而军方早已通过这些法令,攫取了以就地处决的方式惩治反抗行为的权利。所有那些在口头上或者拿起武器支持共和国合法政府的人,都被宣布犯有军事叛乱罪,应接受军事法庭的审判,并应被处以死刑或被判处长期监禁。叛乱方辩称上述行为是正义之举,因为他们的军事行动师出有名,它是为了彰显"宗教与祖国的最高道德和精神价值,而这些价值遭到了那些在犹太教-共济会的三重谎言(即自由主义、马克思主义和地方分离主义)驱使下一意孤行的冒牌政治家的威胁。这就是为何'军事叛乱'一词只能适用于赤色阵营。至于己方,则必须称之为'神圣的反抗'"。[8]因此,反叛者总是称自己为 nacionales(通常被翻译为"民族主义者"),这就暗示了共和国支持者在某种程度上是非西班牙人,因此必须将其视为外国侵略者而加以消灭。

在某些情况下,例如在塞哥维亚,当地军事当局的言论更为夸张,它提到"马德里政府自从 7 月 19 日起就处于反对军方的武装叛乱状态,军方认为自己有责任接管政权,阻止国家陷入混乱的深渊"。[9]1936 年 8 月 31 日颁布的一条法令允许任何军官在审判中担任法官、检察官或辩护人。于是除了在战场上,投身反叛事业的军官们还要在法庭上同敌人斗争,在后一种情况下敌人的反击机会更少。所谓军事叛乱罪的定义非常宽泛,以至于在 1937 年官方下发了一本手册,专门指导军官如何进行"审判"。该手册的作者(一位军事律师)坦承,"在真正的西班牙人民的勇猛支持下,我国军队的光辉功绩正震惊世界，而作为此功绩的结果，目前进行中的诉讼案件数量已相当之多，鉴于此，那些需要参与此种审判的人正面临着诸多困难"。[10]

7月20日，莫拉得到消息，已方在通往毕尔巴鄂的公路上截获了一辆卡车，其上载满了逃离纳瓦拉首府潘普洛纳的共和国支持者。他毫不犹豫地在电话中大声吼道："马上把他们都拉到路边枪毙！"这句脱口而出的话造成了死一般的寂静。意识到这点后，莫拉改变了主意，他指示助手收回成命，并对房间里的其他人说道："就像你们刚才看到的，哪怕是在形势如此严峻的时刻，我也没有像左派想象的那样嗜血。"当时在场的一位军官说："将军，但愿我们不会因为过了心软而后悔。"在3周后的8月14日，有人听到莫拉这样说道："一年以前，我在授权行刑队执行死刑时会禁不住发抖。我会因为悲伤和痛苦而辗转反侧，难以入眠。而现在，我每天都能毫不眨眼地签署三四份行刑书。"[11]

正是纳瓦拉的有利局势让莫拉充满了成功的自信。富有的大地产所有者，因为其不动产在1933年10月被数以千计的无地劳工占据而渴望实施报复。此外，从最一开始，反叛者就得到了当地保守天主教居民的广泛支持。根据卡洛斯派民兵组织"义勇军"的两位辩护者的说法，"受到威胁的不仅仅是有权有势者的好胃口和睡眠"，而是整个价值体系。[12]莫拉的指示由路易斯·马丁内斯·埃罗整理并向下传达，此人是毕尔巴鄂银行潘普洛纳分行经理之子，他是密谋集团与当地资产阶级之间的联络人。路易斯·马丁内斯·埃罗在这个城市拥有一家销售宗教物品的商店。在那里，以及在贝尼托·桑特斯特万的宗教用品商店里，渴望获得叛乱消息的参与密谋的神父们，在挂法袍的衣架和放置圣母像与圣餐杯的架子之间徘徊低语。曾在潘普洛纳度假的萨莫拉主教曼努埃尔·阿尔塞·奥乔托雷纳也是他们当中的一员。在叛乱爆发之前为订购教士袍而进行的最后一次到访中，他曾对桑特斯特万说，"如果你能给我步枪而不是法袍，那就再好不过了！"纳瓦拉的教士阶层与军方和卡洛斯派的密谋者保持着密切联系。除了巴斯克地区的神职人员，西班牙境内的大多数教士和修士都站在反叛方一边。他们在教堂的讲坛上谴责"赤党"并采用法西斯式的敬礼。在西班牙各地，他们为叛军部队的旗帜祝福,(特别是在纳瓦拉地区)部分神父匆忙赶赴前线。[13]

而且,他们敦促其信众投身战争,有些神职人员是最早加入叛方武装纵队的人。子弹袋挂在他们的教士长袍外面,步枪握在他们的手中,动身去消灭赤色分子令他们欢欣鼓舞。这种现象是如此之普遍,以至于没有神职人员为信徒做弥撒和聆听忏悔,于是教会当局不得不将他们当中的一些召回。[14] 彼得·肯普是一位加入卡洛斯派义勇军的英国志愿者,他对他们连队的比森特神父称赞有加。"他是我在西班牙遇到的最无惧和最嗜血的人;我想,他更适合当一名军人,而不是一位神父。'你好!佩德罗*先生!'他高声和我打招呼。'所以你来这里是要杀掉一些赤党!祝贺你!加油干吧,把他们消灭干净!'"当不需要履行宗教职责的时候,他就会投身到密集的战斗行动中去。基督之仆人的角色令他极为沮丧。他会为肯普指示目标,然后催促他开枪射击。"在我看来,他几乎无法抑制抓起我的步枪开火的强烈冲动……每当一些不幸的(左派)民兵从藏身处跳出,飞奔向安全地带时,我就会听到这位好神父抬高声调兴奋地大叫:'不要让他跑掉——啊!决不能让他跑掉!打呀,弟兄,开枪!偏左一点!啊!打中他了。'此时枪口下的那个家伙已倒在地上不停地抽搐。"[15]

身材高大、目光凶暴的宗教用品销售商贝尼托·桑特斯特万留在潘普洛纳,而没有像其他人那样开赴前线。他就像一只贪婪的食腐乌鸦,投身到清洗后方左派、自由主义者与共济会人士的行动之中。后来他夸口说他在纳瓦拉杀了 1.5 万名赤色分子,在圣塞瓦斯蒂安、毕尔巴鄂和桑坦德则杀得更多。该省为数不多的左翼人士眼下面临着被参加叛乱的狂热分子彻底根除的紧急危机。在潘普洛纳,叛乱爆发的头几个月里,清晨的处决吸引了大批人员围观,甚至还有小贩在人群中摆摊贩卖热巧克力和"巧罗丝"**。每当有卡洛斯派分子的死亡被上报,就有许多人被掳为人质而遭到枪杀。[16] 其他人则在夜里被称为"黑鹰"的长枪党小分队抓获,并被杀害于城市郊

---

* Pedro 即"彼得"(Peter)的西班牙文形式。
** 一种源于西班牙的油炸指状面食,是西班牙和拉美国家经典的早餐食品,常配巧克力酱食用,类似于我国的油条。

外。桑特斯特万的话自然是不着边际的吹嘘，而且据了解，也有个别人因他搭救而幸免于难。[17] 然而，有许多在押人员被带到设在洛斯－埃斯科拉皮奥斯修道院的卡洛斯派义勇军总部中，然后就此失踪，这也是不争的事实。在这个极端保守的省份，仍有 2,822 位男性和 35 位女性被杀害。另有 305 人因拷打折磨或营养不良而死于狱中。在纳瓦拉，投票支持人民阵线的人中有 1/10 遭到谋杀。[18]

在共和国控制区，空袭或者来自其他地方的暴行之消息常常会引发暴动，但是在叛军控制区，恐怖行动很少是"不受控制的"。8 月 23 日（星期天）在潘普洛纳发生的事件是一个典型的例证。当时，潘普洛纳主教马塞利诺·奥莱切亚·洛伊萨加蒙席[*]，主持了一次纪念圣母玛利亚的盛大宗教游行。同一天，《纳瓦拉日报》(*Diario de Navarra*) 刊登了他的言论，称武装叛乱是一场十字军远征。在庆祝仪式举行期间，由长枪党党徒和义勇军分子组成的一伙人从潘普洛纳监狱中带走了 52 名在押者。在卡帕罗索村外的一个大型养牛场中，包括当地社会党领袖米格尔·安东尼奥·埃斯科瓦尔·佩雷斯在内的绝大多数在押人员遭到枪杀。只有一人逃脱。既然奥莱切亚主教派去了 6 名神父（包括毕尔巴鄂未来的主教安东尼奥·阿尼奥韦罗斯）听取被宣告有罪者的临终忏悔并给予他们精神上的慰藉，显然他对发生在那里的事情有所了解。当神父们花的时间超过预期时，那些不耐烦的长枪党分子就走上前直接将还在等待忏悔的临刑者枪毙，因为他们急于返回潘普洛纳参加宗教仪式的最后一部分。[19]

另外一场屠杀行动发生于 1936 年 10 月 21 日，地点位于潘普洛纳东南方向的小镇蒙雷阿尔附近。3 天之前，在塔法利亚镇，在一位战死的义勇军中尉的葬礼结束之后，一群愤怒的民众涌向当地监狱，企图对拘押在那里的 100 名男子和 12 名妇女施以私刑。当国民卫队阻止流血事件发生时，有民众代表团设法弄来了军事当局的书面授权。在 3 天之后的黎明时分，有 65 名囚犯被卡洛斯派义勇军带到蒙雷阿尔并执行枪决。倒地未死的囚犯则由来自该省南部一偏远小镇穆尔钱特的教区司铎副手路易斯·费尔南德

---

* Monsignor，天主教教宗颁赐有功神父的荣衔。

斯·马加尼亚逐一补枪。他早已抛弃了他的教会信众转而投身战争。[20]

纳瓦拉省的镇压行动在埃布罗河沿岸被称为"里韦拉"*的区域表现得尤为残酷。战前，社会党的农业劳工联盟，即全国农业工人联合会在那里拥有很强的势力，而这也在杀戮的规模上有所反映。例如，在拥有1,242名居民的小镇萨尔塔古达，共有84人遭法外处决，死者占总人口的6.8%。在佩拉尔塔，3,830名居民中的89人（占总人口的2.3%）遭到杀害。萨尔塔古达因而成了西班牙北部广为人知的"寡妇之城"。如果我们将年幼者、年长者以及几乎全部的妇女排除在外，恐怖行动的规模可想而知。数字显示约有10%的劳工阶级男性遭到杀害。当然，与共和派相关的女性也受到种种骚扰和羞辱。该地区的家庭彼此都沾亲带故，所以这些杀戮行动在全省乃至省外都造成了剧烈的反响。[21]

卡塞达村的教区司铎，时年72岁的埃拉迪奥·塞拉亚，因为其对教会群众的仁慈关怀而闻名，他曾经支持过后者将被侵占的乡村公地收归公有的运动。8月8日，他前往潘普洛纳并在主教辖区的那些办公室里抗议杀戮行动。他得到的建议是打道回府，因为说什么也不管用。由于在制止暴力方面所做的努力，他本人于1936年8月14日遇害，连脑袋都被砍了下来。塞拉亚神父并非是唯一被纳瓦拉宗教极端分子杀害的天主教神父。圣地亚哥·卢库斯·阿拉门迪亚是随军神父团的一名上尉，同时他也是一位律师。他因为同情社会主义者并且曾倡导土地再分配而被视为共和派分子。叛乱爆发后他曾在卡门－德比托里亚修道院避难，但后来却被卡洛斯派分子逮住并解往潘普洛纳。1936年9月3日，来自他的家乡皮蒂利亚斯的卡洛斯派分子在附近的温迪亚诺将他处决。与凶手们为伍的一位来自穆尔钱特的神父为他举行了临终圣事，此人就是参与蒙雷阿尔屠杀事件的路易斯·费尔南德斯·马加尼亚。[22]

最终，就连奥莱切亚主教都因对屠杀感到极其震惊而在11月15日的布道活动中直言不讳地提及此事。他呼吁"不要有更多的流血了！不要有更多的流血，除非是因为蒙上帝感召，为拯救祖国而在战场上杀敌。不要

---

* Ribera在西班牙语中即为"河岸"之意。

有更多的流血，除非是要执行法庭的死刑判决，而该判决确实已经得到了冷静的考虑与认真的讨论"。这通说教在教堂以外的其他地方并未得到任何回应，即使它本身有肯定经过司法程序的处决行动的正当性的含义。当然，在当时的大环境下，这确实表现出了主教相当大的勇气。[23]

正是在潘普洛纳，托莱多大主教暨全西班牙首席主教，拥有"红衣主教"头衔的伊西德罗·戈马蒙席，将于1936年9月28日在纳瓦拉电台发表广播讲话，庆祝托莱多这一"最具基督教西班牙帝国之品格的城市"的"解放"。他宣称叛军占领托莱多是"文明对抗野蛮、基督对抗地狱之冲突"的顶点。他叫嚣着反对"那些听从莫斯科指示的邪恶门徒"，以及"犹太人与共济会分子，他们在闪米特国际联盟控制的地下社团中，利用荒谬的教义和装扮成一种政治与社会体系的邪恶谎言，来毒害我们民族的灵魂"。[24]

纳瓦拉南边的邻省，洛格罗尼奥省也遭遇了类似规模的镇压行动。像纳瓦拉一样，该地也相当保守，然而潜在的社会矛盾仍达到相当严重的程度。正如在纳瓦拉那样，乡村地区局势紧张，且农业劳工开展了一些罢工行动，但是1932年1月发生于阿尔内多的事件标志着右翼可以不费力地掌控局势。1933年1月和12月在上里奥哈那些盛产葡萄酒的城镇里发生的无政府主义者暴动，也没有严重撼动该省土地所有者的地位。左翼力量薄弱，1934年6月的收割季罢工和同年10月的革命运动在洛格罗尼奥省的影响也就都较为有限。[25]

然而，针对上述事件而开展的镇压行动却非常严厉，它在民众心中留下了苦痛的记忆。这些长久积聚的辛酸情绪则在1936年2月的大选活动以及庆祝人民阵线胜利的活动中得到了宣泄。在那年的3月14日，突击卫队在复杂局面下干预了长枪党与工人之间的一场冲突。有3名工人被杀，另有6人受伤。在左翼的报复中，几所教会学校、地方右翼报纸的馆舍，以及当地长枪党、卡洛斯派和独立右翼党团联盟的总部遭到袭击。几天之后，在乡村地区，尝试推动农业改革的失业劳工开始入侵私有土地。在洛格罗尼奥的建筑业罢工贯穿了整个5月。在右翼分子暗探挑起的其他一些冲突中，4月16日，有一名卡洛斯派分子在阿罗丧生；6月14日，在纳赫拉义有两名长枪党分子丧生。[26]

7月19日，当省长拒绝向左派分发武器时，政变在洛格罗尼奥大获全胜。弗朗西斯科·加西亚·埃斯卡梅斯上校率领一支由1,800人组成的武装纵队，搭乘卡车、公共汽车和小汽车从潘普洛纳出发，当他们结束夜间的行程赶到此地时，一场总罢工也随之垮台。当他们经过埃布罗河上的两座桥梁时，一支军乐队奏乐迎接他们进入洛格罗尼奥城。当地市长巴西利奥·古雷亚·卡德纳斯（他同时也是一位牙科医生）立即遭到逮捕。他是一位持温和观点的共和派人士，而且还是莫拉的朋友，后者在洛格罗尼奥生活过许多年，曾经是古雷亚的病人。莫拉拒绝干预古雷亚的案子，后者于8月7日在洛格罗尼奥被枪决。[27] 加西亚·埃斯卡梅斯很快就粉碎了在卡拉奥拉和阿尔法罗等市镇中来自手无寸铁的左翼民众的微弱抵抗。此后，全省各地的镇压工作由国民卫队以及各色人等混杂的平民团体着手进行。在参加杀戮行动的长枪党分子与卡洛斯派义勇军中，战前曾是全国劳工联盟、劳工总会或者共和派各政党成员的人，数量高到惊人。甚至有人参加过1933年12月的无政府主义者暴动。我们无法分清他们中间哪些人是打入左翼组织内部的密探，哪些人只是企图掩盖自己左派历史的动摇分子或投机者。死于他们之手的遇难者有些是被枪杀的，有些则是被从高高的桥上推到河中的。[28] 在布尔戈斯，也有共和派人士被从桥上推到埃布罗河中；而在卡塞雷斯，也有遇难者被推入流经该市的塔霍河中。这些尸体带来了公共卫生问题。[29]

洛格罗尼奥是位于里奥哈葡萄酒贸易中心地带的一个宁静小城。莫拉任命他手下的一名炮兵军官埃米利奥·贝略德·戈麦斯上尉担任该省省长，并告诫他说，"一定要严厉，非常严厉"，而莫拉得到的答复是，"别担心，将军，我正准备这样做"。大部分的处决（其中多数未经任何司法程序）发生在从7月19日起到贝略德被继任者接替为止的6个月间。只有在他去职以后，更为正式的军法审判才得以启动。左翼人士所面临的命运就是殴打与拷问，监禁与处决。有妇女被谋杀，被处决的左派人士的妻子头发被剃光，被强迫喝蓖麻油，并且频繁遭受其他各种形式的性侮辱。在首府洛格罗尼奥市，省立监狱很快就爆满了，于是一个回力球赛场和一个商业培训学校也被改造为监狱的一部分。市政公墓很快也处于饱和状态，被处决者的尸体不得不被容置于洛格罗尼奥以南的拉尔德罗镇外。到 12 月底为止，该省共计有近 2,000 人被处决，其中有超过 40 名女性遇难者。在内战期间，被处决者的数量占总人口的 1%。与在纳瓦拉省一样，受打击最严重的区域是埃布罗河沿岸，人民阵线在那里赢得了较该省其他地区更多的选票，例如，在洛格罗尼奥为 595 票，卡拉奥拉 504 票，阿罗为 309 票，阿尔法罗 253 票，阿尔内多则为 190 票。[30] 镇压行动的一个显著特点是得到了来自小镇与村庄中笃信天主教的小农场主的大规模支持，这一群体对全国农业工人联合会的涨薪要求极为不满。[31]

在洛格罗尼奥的共和派被捕人员的经历之所以为世人所知，很大程度上要归功于他们中间的一位幸存者帕特里西奥·埃斯科瓦尔，此人是洛格罗尼奥的一名市政工程师，同时也是阿萨尼亚左翼共和党的成员。他的大部分党内同志都被杀害，然而埃斯科瓦尔虽然遭到了骇人听闻的虐待，却得以在监狱中幸存，因为他是一位著名的足球运动员，皇家马德里队的杰出队长，也是 1920 年为西班牙夺得奥运会足球比赛银牌的西班牙国家队成员之一。如果他遭到处决，就有可能造成恶劣的影响，所以加害者不得不有所顾忌。因此，他得以活下来撰写他的回忆录。[32]

在拉里奥哈，存在一些神职人员试图约束行凶者的案例。有 83 个村镇，其中没有人丧生，这部分是由于当地神父的行动，更关键的则是因为左派与右派之间已经存在彼此容忍的共识。不幸的是，另有 99 个城镇与村庄，其中的确出现了法外杀戮的情形。干预此类杀戮行径需要极大的勇气。来自距离阿罗很近的安古吉业纳的方济会修士安东尼奥·邦宾·奥特拉诺被长枪党分子杀害，因为他在布道中批评了富人并直言社会的不公。其他一些神父代表教区居民前往省长埃米利奥·贝略德处陈情并请求宽恕，结果却被赶出了他的办公室。令人遗憾的是，并没有证据支持最近有人主张的，有关卡拉奥拉主教曾就任意处决行为向贝略德提出抗议一事。[33]

莫拉最亲密与最可靠的合作者之一就是善于虚张声势、留着茂密的八字胡的安德烈斯·萨利克特·苏梅塔少将。萨利克特在共和国时代未获得委任，他住在马德里，但是与在阴郁的卡斯蒂利亚城市巴利亚多利德的极右翼分子建立了密切的联系。萨利克特是军事密谋者与奥内西莫·雷东多的追随者之间的关键联络人。[34] 在省会城市和其他小城镇中，每天都会上演长枪党与左派之间的暴力冲突。挑衅和报复的循环营造了恐怖气氛。一位名叫弗朗西斯科·德·科西奥的当地记者对长枪党进行了这样的描述："每一天，我们都在目睹'以眼还眼'的英勇复仇。"6月中旬，携带自动手枪的长枪党武装分子袭击了好几个左翼人士聚集的酒馆。著名左派人士的住宅和各种工人俱乐部（"人民之家"）里面被放置了炸弹。左派的报复也很迅速：长枪党人遭到袭击，卡洛斯传统主义派的活动中心遭到洗劫。[35]

在军事起义的前夕，巴利亚多利德是一座充满仇恨的城市。共和国省长路易斯·拉温·高铁尔在约束左右两派的街头冲突上面临着巨大的困难，因为当地治安部队普遍同情奥内西莫·雷东多。甚至在萨利克特将军来到此地协调叛乱行动之前，长枪党、当地警察力量（突击卫队和国民卫队）与驻军单位的团结一致，就足以确保叛乱在早期取得成功。拉温下达的武装工人之命令无人执行，相反枪支被分发给长枪党党徒。左翼工会组织发起的总罢工被迅速和残酷地予以粉碎。科西奥曾在报道中颇有些幸灾乐祸地描述到，他看到一位社会党领导人物"像一只野兔那样沿着城市中心街道奔跑，以寻找藏身之处"。数以百计的社会党人和他们的家属在当地"人民之家"总部的地下室中避难。该建筑遭到短暂炮轰之后，里面的人宣布投降。[36] 绝大多数妇女和全部的儿童被允许自由离开，但是有448名男性被捕。根据官方数字，在该市共有近千名共和派人士、社会党人和无政府－工团主义者被捕，其中只有很少一部分人参加过武装抵抗。省长拉温、该市的社会党市长安东尼奥·加西亚·金塔纳，以及该省唯一的一位社会党国会议员费德里科·兰德罗韦·洛佩斯均遭逮捕并被枪决。

于是，作为在西班牙本土第一个取得政变成功的城市，巴利亚多利德开始以"反叛方的首都"而闻名。[37] 7月19日（星期日），在政变发生后的24小时之内，奥内西莫·雷东多从阿维拉的监狱中获释，他曾因3月19日参与针对地方警察总局的炸弹袭击事件而遭监禁。他返回巴利亚多利德并且迅速与萨利克特将军建立了联系。在雷东多确认部署长枪党民兵的申请获得将军许可之后，他在骑兵学院设立了总部，并派遣长枪党武装小分队前往全省各地粉碎左翼的抵抗。他在不知疲倦地履行自己关于根除马克思主义的承诺。他于7月19日发表的第一次广播讲话表现出了他一贯的不妥协的风格:"除非我们取得完全的胜利,否则绝无和平可言。我们不能瞻前顾后,没有什么能阻挡我们前进的步伐。我们没有亲人,没有妻儿,没有父母,我们只有祖国。"他宣布城市的经济生活应照常进行,并威胁说:"工人和商店店员的性命将取决于他们的言行。并且,任何藏匿起来的颠覆分子,在长枪党党员警惕的眼睛下也将无所遁形。"[38]

在其他地方,叛军的进展并没有像在巴利亚多利德那样顺利。佛朗哥和非洲军团被共和国舰队封锁在摩洛哥。来自巴塞罗那的无政府主义势力在几乎没有遇到任何抵抗的情况下向萨拉戈萨推进。政变的总领导人圣胡尔霍将军在返回西班牙时因搭乘的飞机在起飞时坠毁而丧生,所以,当莫拉于7月20日抵达邻近的卡斯蒂利亚城市布尔戈斯时,大权落到了他的手中。不过,叛军夺取马德里的希望已然落空。由于面临着弹药严重缺乏的情况,他们受阻于首都以北的山区。莫拉本人由于接连而来的不利消息而陷入沮丧。他于7月21日访问萨拉戈萨并与米格尔·卡瓦内利亚斯将军磋商之后,才有些振作起来。在卡瓦内利亚斯的建议下,他们决定成立一个叛军临时政府,即"国防执政团"。莫拉于7月23日在布尔戈斯宣布了新政府的成立。[39]

在这样的背景之下,巴利亚多利德城内发生了冷酷的镇压。尽管政变在当地取得了迅速的成功,然而这座城市还是见证了对当地左翼的无情攻击。7月24日,在塞哥维亚省的拉瓦霍斯,奥内西莫·雷东多在一场与共和国军队的冲突中丧生,这导致了杀戮行动的加速。当长枪党的增援部队抵达拉瓦霍斯时,由于他们无法找到杀害他们领袖的凶手,于是他们枪杀了一名本地工人,又另外抓了5个人带回巴利亚多利德,并在9月份将他们处决。[40] 7月25日,在巴利亚多利德大教堂举行了一场悼念奥内西莫的安魂弥撒,其盛大的场面是通常只有民族英雄才能享有的哀荣。城中所有商铺都停止营业。雷东多的棺木覆着一面君主主义者的旗帜,被放在一辆马车上,由6匹白马拖曳前行。游行队伍由多个长枪党小队带领,紧随其后的是军乐队和抬着巨大花圈缓步而行的女孩。现场气氛非常沉重,并伴有难以抑制的复仇渴望。纪念仪式结束之后,在情绪激动的人群的欢呼声中,奥内西莫的兄弟安德烈斯·雷东多被"推举"为莱昂和旧卡斯蒂利亚地区的长枪党地区领袖。安德烈斯秉承与其兄弟同样的暴力政策，并于7月25日晚在当地电台中宣布，"所有长枪党员均已宣誓，为他的牺牲进行复仇"。[41]

若干年后，奥内西莫·雷东多的遗孀梅塞德斯·桑斯·巴奇列尔表示，她坚信她丈夫的死加剧了接下来的镇压活动。事实上，在巴利亚多利德，针对左翼的报复行动早已在按部就班地进行，并且其势头在未来几个月里将会持续上升。有大量做铁道工程工作的社会党工人被驱赶到有轨电车公司的车库中。那些曾在7月18日（星期六）服从工会指令参加罢工，并在7月21日（星期二）仍没有返回工作岗位的人被扣上"煽动叛乱"的罪名遭到枪杀。在当年夏末和整个秋季，任何曾在左翼政党、共和国市政当局或工会中任职的人都遭到逮捕，并有可能被拉出去兜风（paseo）[*]——也就是说，会被长枪党分子抓住并被带出监狱枪杀——或者在法庭上受审。对许多人来说，他们所谓的罪行只是携带工会，或者任何左翼或自由派组织的证件。萨利克特将军于7月19日黎明颁发了戒严法令，它事实上是对所有未积极支持反叛的人宣布死刑判决。那些受到简易审判并被立即执行死刑的人中，有些人的"罪行"是"叛乱"（任何保卫共和国的行动或未能对叛军提供支持的行为），还有一些是与"叛乱"沾边的行为，包括对军方和对任何（右派）武装分子（这就将长枪党徒纳入其中）的不服从、不尊重、辱骂及诽谤。有人因涉嫌将收音机频道调到了马德里电台广播的频段而被逮捕。军事法庭设立起来，行刑队开始投入运转。除了在7月18日被捕的448人，在同年8月和9月又有1,000人被拘捕。[42]

与大多数其他地方一样，在等待审判期间，巴利亚多利德的在押者也身处极其恶劣的环境之中。因为当地监狱既没有空间也没有物资可以用来看押如此多的人，于是有轨电车总站的两个维修车库被用于安置囚犯。过度拥挤、营养不良与基本卫生设施的缺乏导致很多人生病死亡。在监狱里，原本的单人牢房会塞进不止6个人。囚犯被赶到阴冷的室外淋雨，接着，那些浑身湿透、瑟瑟发抖的人会被强迫跑过两排守卫之间的空道，两侧的

---

[*] 把囚犯带出去"兜一圈"，是实施法外处决的黑话。——原书术语表

守卫则用警棍或步枪枪托殴打他们。提供食品与换洗衣物的责任落在了被捕者家人的肩上，但这对于后者而言非常困难，由于家里的男人被逮捕和监禁，这些家庭已经被剥夺了主要的收入来源。[43]

对于巴利亚多利德省的镇压规模的估计存在相当大的差异，遇难者人数最高可达15,000，但不会低于1,303人。我们不可能获取确切的数字，因为许多死亡事件没有记录。最新的本地研究认为遇害者有3,000多人。[44] 1936年7月至12月期间，共有1,300名男女接受审判，通常是大批人一同受审。此类"审判"往往只是走过场，在当庭宣读被告人姓名以及对他们的指控后，接下来就是判刑。尽管大多数被控犯有军事叛乱罪的被告很可能面临死刑或30年的长期徒刑，但他们根本没有机会为自己辩护，甚至连在法庭上发言都不被允许。在大多数的非休息日里，都会有若干个军事法庭开庭审理案件，然而每次开庭的时间很少会超过一个小时。在巴利亚多利德的"人民之家"被攻陷后遭拘押的全部448人都在一起受审，并被控犯有军事叛乱罪。其中有40人被判处死刑，362人被判处30年监禁，26人被判处20年监禁，还有19人被无罪释放。关于那40个被处以死刑的人，选中他们的理由是因为他们曾经在当地社会党组织中的某些重要岗位任职。死刑名单中的1位妇女被减刑至30年监禁，不过，在巴利亚多利德至少还有16名妇女被处决。在其他案例中，有53名、77名和87名被告一同接受"审判"的情况。在某些案例中，"罪行"仅仅是作为社会党代表参加议会，就像在上文中提到的费德里科·兰德罗韦的情况那样。基于同样缘由被捕的还有何塞·马埃斯托·圣何塞（雷阿尔城省国会议员）和胡安·洛萨诺·鲁伊斯（哈恩省国会议员）等人，他们均于巴利亚多利德的郊区被捕。[45]

被军事法庭判处死刑的囚犯会在清晨时分被带走，然后用卡车押至城市郊外的圣伊西德罗公园。行刑队执行枪决已经成了司空见惯的场景，向围观群众兜售咖啡和巧罗丝的摊点也随之出现。每天晚上，在俱乐部里，当地望族的家庭成员和受过教育的天主教中产阶级人士，都会提醒彼此不要错过第二天上演的好戏。官方不得不派出警卫，以阻止行刑时蜂拥上前并且大声辱骂临刑者的人群。此种令人惊诧臭名的场景促使新任省长发布了一则公报，对那些把枪决行动变成娱乐活动的人予以斥责。他在公报中颇为怪诞地声称镇压行动应反映"对失败者的崇高同情心和宽宏大量",同时对儿童、少女和已婚妇女出现在行刑现场深感痛惜。恐怖已经变得"正常",没有人敢于表示反对,唯恐自己也被指控为赤色分子。[46] 同样,在塞哥维亚,列席军法审判庭的中产阶级妇女往往会在宣布死刑判决时兴高采烈地发出欢呼。发生在省府的处决行动被赞为"精彩的斗牛表演"。在塞哥维亚东北部的小村庄马塔武埃纳,居民被强迫观看行刑处决。[47]

在巴利亚多利德执行的 616 起处决(来自战时军事法庭的简易审判)至少有被登记在册。[48] 而由所谓的长枪党"黎明巡逻队"实施的非官方杀戮行动则根本无法确定数量。这些杀戮行动虽然并不比那些处决更隐秘,但它们的发生却明显更为普遍。长枪党的处决行动往往十分低效。使用烈酒壮胆的屠杀小分队常会击伤而非直接杀死囚犯,然后任由他们在极端痛苦中慢慢死去。尸体有时就被弃置路边,有时候则会被埋在浅浅的乱葬坑中。有时,受伤的被害者会被活埋。长枪党分子的杀人行动往往执行得相当随意,他们会在破晓前抵达关押政治犯的电车车库或斗牛场。甚至还有遇害者之所以被挑出来枪毙是因为一个恶毒的玩笑:当天是与他同名的圣徒的殉难日。根据那些可以重建当时情况的该省各城镇与村庄的数据,我们可以得知,至少有 928 人被巡逻队杀害。总的数字可能会高得多。随意的杀戮引起了关于公共卫生的恐慌,因为民众害怕腐烂的尸体可能会影响供水。[49] 当然,无论按照任何标准,镇压的规模与 7 月 18 日和 19 日城中战斗的激烈程度完全不成比例。到内战结束时,省立监狱中仍关押着 3,000 名政治犯,其中有 107 人因为狱中极端恶劣的条件而死去。[50]

奥内西莫·雷东多的影响力远远超出了巴利亚多利德。7 月 23 日,他的一群鲁莽的追随者带着他的消息前往萨拉曼卡。最初,当起事的消息传到萨拉曼卡时,省长安东尼奥·塞帕斯·洛佩斯、市长卡斯托·普列托·卡拉斯科(二者都是左翼共和党的成员)和社会党国会议员何塞·安德烈斯·曼索从该省驻军司令曼努埃尔·加西亚·阿尔瓦雷斯将军处得到了当地军队会继续忠于共和国的保证。因此,他们就没有号召发动总罢工。事实上,加西亚·阿尔瓦雷斯在当天夜里获悉巴利亚多利德已经发生叛乱之后,就已经命令当地卫戍部队支持军事政变。7 月 19 日黎明到来之前,机关枪已经在萨拉曼卡城内那些主要的广场上架好了。在上午 11 时左右,一个连的骑兵进入市中心广场,他们的连长宣读了一份由萨利克特将军拟定的戒严"法令"。广场上挤满了人,他们中的大多数刚刚做完弥撒从圣马丁教堂里面出来。法令以一句虚伪的口号"共和国万岁!"而结束,在场的大多数人重复此口号以示支持。但是,现场有人高呼"社会革命万岁!"的口号,并开枪打伤了一位陆军下士。于是部队向人群开枪,导致 4 名男性和 1 位年轻女孩丧生。恐怖行动随即开始。[51]

市政厅、省长办公厅、邮局、电话交换局和火车站被军队占领。关押中的长枪党分子被释放。普列托·卡拉斯科和安德烈斯·曼索徒劳地试图组织抵抗。然而,由于他们并无多少武器可用,而且当地左翼分子也没有使用武器的经验,所以他们的努力都归于失败。他们与城中为数不多的左翼分子和自由派分子,以及那些举行罢工的人一同遭到逮捕。在诸如罗德里戈城、莱德斯马和贝哈尔等该省其他市镇,抵抗行动也遭遇了类似的命运。在该省唯一的工业城镇贝哈尔,当地国民卫队不敢公开宣称支持叛乱。然而,当一支由长枪党和土著正规军组成的武装纵队于 7 月 21 日抵达时,该城镇宣告陷落。有 400 人被逮捕,还有十几名妇女被剃光头发游街示众。在萨拉曼卡城,加西亚·阿尔瓦雷斯将军任命他手下的两名军官分别担任市长和省长。除了萨拉曼卡大学校长米格尔·德·乌纳穆诺,新成立的市议会的大部分成员均由本地地主或参加叛变的军人提名。乌诺穆诺天真地相信,他的存在将是新统治者将文明行事的保证。事实上,市议会只不过是一块名为"合法性"的遮羞布。新市长依旧像担任军事指挥官时那样行使他的权力。

为了遵循莫拉的指示,即要采取迅速儆戒性的恐怖手段,左派遭到了极其残忍和猛烈的打击。新任省长命令解散全省各市镇所有由社会党控制的地方议会,并用由"爱国分子"组成的新议会取而代之。由于在军事政变发生前的几个月里,萨拉曼卡实际并无暴力事件发生,所以大多数自由派和左翼人士并未企图逃跑。尽管如此,仍然发生了对自由主义者、左翼人士和工会成员的政治迫害。

长枪党分子、卡洛斯派分子和西班牙独立右翼党团联盟的成员创建了一支"市民自卫队",构成这支队伍的各个准军事单位所发动的几乎不受控制的镇压行动,为寻报私仇与赤裸裸的犯罪打开了大门。养牛业主组建了一个被称为"猎人营"的骑乘纵队。长枪党武装纵队突袭村庄,把那些被指控为左派分子的人抓走。他们也在西葡边境巡逻,防止他们的猎物逃往国外。在该省的各个市镇,罢工者逐渐被逮捕并遭到枪决或监禁。在刑讯和拷打之后,有的人就此"失踪",有人则被转到省立监狱当中。有很多被囚禁的人因为恶劣的卫生条件染病而亡,关押他们的建筑物原本只设计为容纳100名囚犯,但在内战期间却关押着超过2,000人,只供一两个人住的牢房里被塞入了12个人甚至更多。在不分青红皂白的镇压下,公共服务崩溃,当地学校没有教师上课。在全省各地,国民卫队开始追捕那些拒绝实施戒严令或者发动反对政变之总罢工的市镇长官。在没有国民卫队驻扎的村庄中,加西亚·阿尔瓦雷斯将军命令当地右翼分子接管地方议会。[52]

在奥内西莫·雷东多的追随者以及由佛朗哥之友、臭名昭著的国民卫队指挥官利萨尔多·多瓦尔领导的一支部队抵达后,事态急剧恶化。7月23日,一群长枪党分子在前线聆听奥内西莫的长篇演讲之后,士气高涨地开赴萨拉曼卡。市政厅升起了长枪党的旗帜,后者要来了所有被关押的左派人士的名字。不久后,所谓的"提人"(saca)* 行动开始,人们被从监狱里拖走,并在附近的乡间遭到枪决。事实上,在1936年春,当地右翼势力已经准备好了左翼人士和自由主义者的黑名单,并伺机要消灭他们。当地市长卡斯托·普列托·卡拉斯科医生和安德烈斯·曼索两人都为温和派。普列托·卡拉斯科是医学院一位放射学教授,他非常友好,有些不谙世故,他更倾向于道德重建运动,而不是武装斗争。1931年,他在被任命为过渡时期的省长之后,曾邀请其支持君主主义的前任共进晚餐。尽管如此,他仍然遭到萨拉曼卡天主教右翼分子的憎恶。在1933年,作为市长的他下达了对圣三一天主教医院的征收令,理由是后者无法为病患提供足够的医疗服务。但是,普列托·卡拉斯科自始至终都恪守公正平等的原则。[53] 安德烈斯·曼索是一位督学和师范学院教授,他拥有法律学位,是一个以诚实和正直而

---

* (从监狱中)抓走并杀害某人。——原书术语表

闻名的人。那并没有什么用。他曾是全国农业工人联合会在萨拉曼卡发行的报纸《土地与劳工报》的主编。在反叛者的眼中，他像市长一样也是颠覆分子，所以必须将其杀掉。[54]

这两个人之所以仍留在萨拉曼卡，是因为他们坚信，只要他们没有犯罪，那么就没什么可怕的。然而事实却是，他们两人于1936年7月19日被捕，并被关押在省立监狱中。在他们刚来时，里面只关了65人，但是一周以后，在押人员数量就超过了400名。[55] 7月29日，普列托·卡拉斯科和安德烈斯·曼索被从监狱中带走，提人的是当地长枪党领袖弗朗西斯科·布拉沃，随他一同前往的是来自巴利亚多利德的那些想为奥内西莫·雷东多之死寻求报复的右翼分子。这两个人的尸体在劳尔瓦达的一条排水沟里被发现，该地距离萨拉曼卡23英里（约37千米），在通往巴利亚多利德的公路沿线。传言大多是，他们是在一个模拟斗牛表演的仪式化场景中遭到杀害的。[56] 新教牧师阿蒂拉诺·科科于12月9日遭到枪杀，因为新教徒被想当然地认为是人民阵线的支持者，这种情形同样发生在其他那些遭到拘押、拷打和枪决的牧师身上。9月10日，在加的斯的圣费尔南多，另一位新教牧师米格尔·布兰科·费雷尔因为拒绝接受天主教的洗礼而被枪杀。[57]

哲学家米格尔·德·乌纳穆诺对自己最初曾支持军事反叛感到非常愤怒。1936年12月1日，他在写信给他的朋友金廷·德·托雷时提到了萨拉曼卡的生活："这是一个愚蠢的恐怖政权。在这里，人们会在没有受到审判，甚至没有得到任何理由的情况下遭到枪杀。据说有些人因为其共济会会员的身份而遇害，除了那些以此作为杀人理由的人正在行禽兽之事，我不知道这到底还能意味着什么。没有什么比军营与圣器保藏室中发生的两种精神错乱（dementality）之间的结合更糟的事了。在西班牙的精神堕落之外，怨恨、嫉妒以及对智者的仇视也接连出现。"[58]

两个星期后，乌纳穆诺在给托雷的另一封信中写道："我是多么幼稚，多么不可靠啊……你说萨拉曼卡因为'元首'在这里而更宁静。可是，宁静？绝对没有。这里没有战场上的枪林弹雨和捕捉战俘的场面，取而代之的却是最为凶暴的迫害和无端的谋杀。关于'元首'——我想你指的是可怜的佛朗哥将军——他对于这一镇压行动,这种发生在后方的恐怖行径,丝毫没有控制力。他眼睁睁看着它发生。后方的镇压行动是在那个变态、恶毒和不可理喻的怪物,莫拉将军的一手掌控之下。"他继续以厌恶的语气写道:"显然,那些如恶犬甚或有些如鬣狗一般的暴民,根本就对共济会或者其他任何事物都一无所知。他们关押人民,施加'罚款'——而这只是盗窃的代名词,他们甚至没收财产,并说他们是在执行判决结果。他们也会不经审判就进行枪决。"[59] 他特别指出图斯克茨神父是为暴力行径进行过最多辩护的人士之一。[60]

在全省各地,左翼人士遭到其左邻右舍的检举,并遭到长枪党分子的追捕。其中最臭名昭著的一个长枪党团体由好战的地主,退役陆军军官迭戈·马丁·贝洛斯领导,他的住宅中有一个大型军火库。[61] 马丁·贝洛斯不知疲倦地为反叛事业出力。他是最为军方所信赖的平民人士之一。事实上,当他走在街上或出现在大饭店里时,就连军官也向他敬礼。在战争的头几天,他似乎短暂加入过由利萨尔多·多瓦尔少校领导的进入阿维拉的武装纵队。[62]

马丁·贝洛斯在阿维拉的活动并没有持续多长时间,很快他又回到了萨拉曼卡。他于 1936 年 7 月 28 日被他的朋友米格尔·卡瓦内利亚斯将军任命为萨拉曼卡省议会的议长。他宣称"他不准备担任此职,因为他要执行军事任务",并于 4 天后辞职,此后则致力于领导一支由地主阶级政党"农业联盟"成员、人民行动党和长枪党当地成员组成的武装纵队。他们在萨拉曼卡东部的拉穆尼亚地区横行肆虐,为叛军招兵买马并清洗共和派分子。毫无疑问,马丁·贝洛斯在前者上取得的成功与他在后者上的冷酷无情是彼此关联的。他率领多个长枪党群体在拉穆尼亚发动了一场激烈的镇压运动,许多刚刚加入长枪党不久的成员也参与其中,这场镇压之规模则使人想起在安达卢西亚和埃斯特雷马杜拉的大庄园经济区所发生的事情。在像埃尔佩德罗索、劳尔瓦达、坎塔尔皮诺和比略里亚这样的村庄,尽管在军事政变前没有发生明显的暴力事件,但还是有男人被枪杀,妇女遭到强奸。那些遇害者的妻子和姊妹,在剃光头发后被押着在村里游街示众。[63]

马丁·贝洛斯可以毫无障碍地在对众人的冷酷手段和对朋友的仁慈善举之间转换，这是其善变个性的典型体现。其中一个例子是埃尔佩德罗索村卫生站的医生，共和派分子何塞·德尔加多·罗梅罗，他被马丁·贝洛斯救出，从而免于被长枪党分子枪决。其他获救者包括著名的自由派政治家菲利韦托·比利亚洛沃斯和社会党人曼努埃尔·弗鲁托斯。[64]据说他还让一些熟人乔装打扮成妇女，并帮助他们越过西葡边境或抵达共和国控制区。还有人被他藏在自己的庄园里。他甚至与他的终生宿敌米格尔·德·乌纳穆诺达成了和解，据称，他曾为哲学家的3次到访支付费用，并在对方来访期间对哲学家针对该省发生的诸多暴行的谴责表示赞同。也有人声称，他阻止了当地长枪党分子的一个恶毒计划，即将何塞·安德烈斯·曼索的遗骸埋在萨拉曼卡公墓的入口处，以便所有进入公墓的人都能践踏他的葬身之地。[65]然而，安德烈斯·曼索的遗孀说，贝洛斯"与他手下的长枪党暴徒一道，将萨拉曼卡乡村的穷苦人家夷为平地"。他的纵队参加了在坎塔尔皮诺和埃尔佩德罗索的残暴镇压。8月24日，在坎塔尔皮诺有22名男子和1名妇女遭到杀害，许多妇女被强奸，并有近百名女性在被剃光头发后游街示众。[66]马丁·贝洛斯于1938年3月12日在萨拉曼卡因病去世。[67]

长枪党人安赫尔·阿尔卡萨·德·贝拉斯科震惊于那些将农产品带到萨拉曼卡市场来的农民的可怕沉默。"你可以看到他们既没有面包也没有正义。在那些头戴扁贝雷帽的村民中间，几乎所有人都在服丧，然而他们穿着的黑色丧服所哀悼的亲人，没有一个是死于前线的。"他们把他们的农产品用驴子驮着，或者直接扛在肩上，来到了一个肮脏的后街市场。在这里，他们可以避开在广场咖啡馆的露台上与陆军军官坐在一起的地主们幸灾乐祸的目光；"他们将商品放置在一个类似中世纪露天集市的狭小区域内，然后在恐怖的沉默中，沉默地工作。工作中的人们提心吊胆，恐惧攫取了他们的整个心灵，他们唯恐对耀武扬威的胜利者造成哪怕一点点的冒犯，因为被冒犯者可能以此指控他们反对军政府（人人皆知，一旦遭到指控，就必须得去坐牢，而且有时牢期相当之长）。"[68]

在西班牙各地的叛军控制区，还是有些杀人凶手会感到内疚，但他们的这种内疚会在高级神职人员的辩护中得到缓解。8月中旬，萨拉曼卡主教座堂的高级教士阿尼塞托·德·卡斯特罗·阿尔瓦兰在国家广播电台上宣称：

> 啊！当一个人心中确知，杀戮与死亡均是依主之所愿行事时，他用手枪和步枪射击时双手就不会颤抖，他在面对死亡时就会神色自若。它是神的意旨吗？是神的意旨，让我在需要的时候，牺牲自己吗？是神的意旨，让我在需要的时候，杀戮他人吗？这是神圣的战争，还是可悲的军事政变？那些在今天以反叛者身份行动的勇士，他们拥有最深刻的宗教精神，是对上帝和祖国抱有坚定信念的士兵，是每天都领取圣餐的青年人。我们的战斗口号，就是十字军的口号：它是神的意旨。天主教西班牙万岁！崛起吧，伊莎贝拉一世的西班牙！[69]

阿维拉主教在向教区司铎发出的训令中，暗示要协助掩盖未经审判即处决囚犯的做法："如果在乡间意外发现一具看似是革命同情者的尸体，但并无官方记录确认其被合法当局正式处以死刑，那么，在处理此类频繁发生的可悲案件时，应简单地记录'在乡间发现的尸体……由教会予以埋葬'。但是，教区司铎必须确保避免留下任何有可能暴露肇事者身份或者有关这起不幸死亡事件之原因的痕迹。"[70] 神父发出的"品行良好证明"可以拯救一条生命。如果神父拒绝证明某人是一个积极履行信仰之义务的天主教徒，那么就相当于是在告发此人。那些签署证明以拯救某位教区居民免于死亡或监禁之命运的神父遭到了其上级的严厉责骂。圣地亚哥-德孔波斯特拉的大主教指出，这种基督徒的仁慈之举会带来耻辱。他命令其主教辖区中的神职人员不要为属于"反基督的马克思主义社团"的任何人签发证明。而在考虑是否为所有其他人签发证明时，也不应该有"基于人道主义动机而产生的胆怯或犹豫"。[71]

萨拉曼卡主教恩里克·普拉·丹尼尔蒙席在一份著名的牧函中宣称，军事反叛是一场宗教战争。这封牧函于9月28日发出，基于圣奥古斯丁"上帝之城"与"魔鬼之城"的概念取名"双城"。在其中，他发出了振聋发聩的呐喊："共产主义者和无政府主义者都是该隐的子孙，他们残杀手足，因嫉恨而杀人，他们挥动手中的屠刀，只因那些殉难者在培育良知与美德。"1942年初，恩里克·普拉·丹尼尔成为托莱多的大主教。在萨拉曼卡主教座堂的告别布道中，他对于这座他即将离开的城市从未遭到出自"赤色分子"之手的任何暴力而表示感谢。而相应地，正如因达莱西奥·普列托所指出的那样，人们仅仅因为是共和派分子或社会党员而丢掉性命。当地报纸《前进报》(*El Adelanto*)的斗牛表演评论员，深受欢迎的何塞·桑切斯·戈麦斯也遭到处决，因为他是因达莱西奥·普列托的朋友。[72]

与其他地方一样，萨拉曼卡的首批受害者也是那些反对军事政变的当地知名左翼政治家或工会领袖。中小学教师和大学教授也是右翼分子中意的目标。镇压波及的范围不断扩大，很快那些通过散发传单或充当会议服务员等方式帮助人民阵线的普通人也成为迫害对象。在某些情况下，支持中间派团体的人也被送上审判席，并被控以导致右派选票流失的罪名。就像在许多地方一样，遇害者被那些觊觎其财产或妻女的人告发。对于那些拥有产业的人士来说尤其是如此。在此类审判常态化以后，有钱的受害者经常遭到那些所谓"辩护人"的勒索。事实上，"辩护人"往往只是法庭的传声筒而已。尽管如此，马西亚诺·迭斯·索利斯中尉的勒索之举仍然一度得逞。被告得知自己将会面临严厉的判决，但是如果付出一定代价，迭斯·索利斯就能帮助自己减轻处罚。迭斯·索利斯的行径最终被叫停，不是因为敲诈勒索，而是因为他被发现是一个同性恋者，并且曾经试图胁迫他的一些受害者与自己发生性关系。[73]

1936年8月7日，新近上任的省长马塞利诺·加维兰·阿尔穆萨拉中校与倒戈的共和派律师华金·德尔·莫拉尔在莫拉将军位于布尔戈斯的司令部中进行了一次交谈，谈话透露了叛军当局的普遍心态。德尔·莫拉尔声称："在西班牙，懦夫却穿着最为光鲜的衣服。在西班牙，恐惧被装扮成正在消解的冲突、对于不同群体之间差异的容忍，并为追求共识的老套话术所遮掩。无人敢于面对祖国的根本问题。"加维兰表示同意："我们必须摆脱有关人权、人道主义和博爱的瞎话，以及其他共济会式的陈词滥调。"接下来又是一场热烈的交谈，他们提到了在马德里消灭"电车工人、警察、报务员和看门人"的需要。当时有一个在场者建议，在公寓楼门口的布告上写着的"进入前与看门人打招呼"应改为"进入前将看门人干掉"。[74]

在那些试图通过展示对左派的极端仇恨来掩盖自己短暂的共和派历史的人中，华金·德尔·莫拉尔可能是一个典型代表。作为一个曾经加入过共济会的律师，德尔·莫拉尔在普里莫·德·里韦拉的独裁统治结束后加入了某共和派政党。他撰写文章激烈反对君主制，但从未得到任何政治职务。他对此深怀怨恨，并将他的失败归咎于他自认为的选举舞弊行为，于是他转而反对共和国，并对那些比自己更成功的人展开了恶毒攻击。普列托是"财阀"，阿萨尼亚是"穴居者"，而弗兰塞斯克·马西亚则是"偏执的老家伙"。那些在政府中身兼数职的人是"目不识丁的寄生虫"。德尔·莫拉尔曾因涉嫌参与1932年圣胡尔霍政变的密谋活动而在毕尔巴鄂遭到逮捕。他被4位军事密谋者聘为辩护律师。然后，他写了一本鼓吹圣胡尔霍政变的书，他在书中将对政变头目的审判与监禁当成对他们的残酷迫害而加以谴责，并因阿萨尼亚在实施军队改革方面所做的努力而将其描绘成一个无知的懦夫。由此，德尔·莫拉尔与1936年的密谋者们建立了如胶似漆的关系。当他在马德里的公寓于同年8月遭到以"共和国山猫"（Los Linces de la República）而闻名的民兵组织的搜查时，相关的文件证据被发现。[75]

1936年7月，德尔·莫拉尔正在布尔戈斯，他很容易就使自己成为莫拉将军的随从人员。由于他对共和派与社会主义运动之内幕有详细了解，他承担了选取逮捕目标的任务，同时也负责编制针对布尔戈斯监狱在押人员的死刑黑名单。他因为对处刑的变态享受而臭名昭著。每天早上，他都会带上一群朋友前往行刑现场，观看临刑者在被枪决之前乞求宽恕的情景。卡瓦内利亚斯将军针对这种令人作呕的"黎明郊游"向佛朗哥提出抗议，而后者通常只是将此事知会德尔·莫拉尔而已。后来德尔·莫拉尔给卡瓦内利亚斯写信，努力想要得到后者的支持。将军告诉自己的儿子说："我的答复是，我很后悔与他相识，他所行的都是毁坏之事，我已经知晓他对于观看行刑的热情，以及他通过制造惨剧而获得的快感，并对此深感厌恶，我把他当成一个恶棍。"与卡瓦内利亚斯拥有相同看法的，还包括莫拉将军的私人秘书和长枪党人马克西米亚诺·加西亚·贝内罗，后者曾在写作中提及德尔·莫拉尔的"非人之邪恶"。[76]

尽管德尔·莫拉尔为一些人所不齿，但是他的杀戮激情却让他得到了回报，他很快就发现自己又得到了晋升。在佛朗哥于 1936 年 10 月 1 日被宣布为反叛方首脑之后，在起初被称为"技术执政团"（Junta Técnica）的政府架构下成立了 7 个委员会，这也就是佛朗哥政府各部的雏形。其中第 2 个成立的是司法委员会。在接下来的 3 周里，包括高级军事法院和监狱监察局在内的各个下属部门纷纷成立。华金·德尔·莫拉尔被任命为监狱督察官。[77]

军方高层与高级神职人员的复仇行动给卡斯蒂利亚和莱昂的大部分地区造成了沉重打击。该地区工人阶级力量的薄弱更加便于叛军的快速歼灭行动。在极端保守的索里亚省，尽管其首府仅有 10,098 名居民，但是仍有 300 多名当地人与被从瓜达拉哈拉带过来的其他人一起遭到处决。索里亚在共和国时代并无暴力事件发生，对军事政变也未进行任何抵抗。7 月 22 日，卡洛斯派义勇军的抵达触发了杀戮行动启动的按键。那些遇害者的妻子被迫签署文件，声明她们的丈夫只是"失踪"了。[78] 在邻近的塞哥维亚，尽管也没有发生任何抵抗，但在内战期间还是有 217 次非法处决，另有 175 次则是执行军事法庭的死刑判决。另有 195 人死于狱中。[79]

塞哥维亚的全部当地驻军长期以来一直都在筹划政变。然而，属于中间派共和政党"共和派同盟"的当地省长阿道弗·查孔·德·拉·马塔并未意识到这一点，他告诉各左翼政党代表说他对当地驻军充满信心，并且拒绝向工人发放武器。7 月 19 日（星期日）上午 10 点，查孔·德·拉·马塔被驻军军官和国民卫队逮捕。半小时之后，反叛方颁布了戒严令。当地邮政总局、电话和电报局、市政厅和"人民之家"均被部队占领。对于左派来说，他们失去了领导，没有武装，而且人数也不占优势，所以除了进行零星的和平罢工行动，无法做出任何其他抵抗。[80] 查孔·德·拉·马塔于 10 月 13 日在巴利亚多利德被指控参与"军事叛乱"而受审，他被判处死刑并于 12 月 5 日遭枪决。

在该省广大地区，罢工在铁路干线沿线的各城镇中展开。尽管当地工人除几支猎枪外别无其他武器，但他们还是利用国民卫队集结于省会期间所造成的地方力量真空，在各村镇中建立了人民阵线委员会。然而，当国民卫队在长枪党与人民行动青年团的随伴下返回时，他们不费一枪一弹就重新接管了权力。左派分子被解除武装并遭逮捕。还有包括市议员与学校教师在内的其他很多人，其中有些人既非左翼也不属于政治活跃分子，也被毫不犹豫地枪杀。对新当局未表现出足够热情的人被强灌蓖麻油。在该省南部的埃尔－埃斯皮纳尔，国民卫队与装备低劣的劳工之间爆发了力量对比悬殊的冲突。在卷入冲突的84名劳工中间，有32人随后遭到审判并被枪决。按照佛朗哥当局的说法，该省很快就基本恢复了平静。然而，针对自由主义分子和左派人士的逮捕仍在进行，而后者却一度坚持认为，他们什么都没干，所以不会有什么祸事发生。[81]

在所有案例中，恐怖行径——劫掠、酷刑、性侵犯和谋杀——都是在新任省长（一位国民卫队少校）的松散监管下由长枪党分子实施。军事当局会将其在制度上进行合理化，对此种行径故意视而不见，给予许可甚至直接下达命令，杀害那些已知的共和国支持者，或者仅仅是被怀疑支持共和国的人。就像在西班牙的所有叛军控制区一样，在塞哥维亚，军方也会从民间招募所谓的治安维持人员，派他们去做后来某位长枪党领导人所谓的"脏活"。哪怕是在一个城镇或村庄完成"清洗"之后，针对那些早先被告发入狱的人，甚至曾经"庆祝"某些周年纪念日或者其他事件的居民的杀戮行动仍在继续。[82]在塞哥维亚，反叛方已公开承认，"长枪党各机动分队，在为其提供行动路线的省长的直接命令下，正前往全省各地解除马克思主义分子的武装"，防止公共秩序遭到破坏。当该省南部的圣拉斐尔被占领时，包括两名17岁女孩在内的俘虏遭到枪杀。在塞哥维亚城，大多数受害者都是劳工，以及被认为拥有自由主义或进步观点的某些（自由主义分子经常从事的）特定职业的从业者。[83]

各个城镇的"人民之家"均遭洗劫并常常被强制征用，但第一步是四处搜查左派政党或工会成员的花名册。如果谁的名字在花名册上出现，那么他就可能招致谋杀。同样地，长枪党团体所执行的处决，往往只是基于被害者的共和派分子、共产党人、马克思主义者或者军事政变反对者的身份。指控的有效性没有得到任何司法程序的确认。人们在村庄里被捕之后，被告知可以在司法当局面前进行陈述，但是有些人在押赴省会的途中就被杀掉了。其他人首先被带到当地的长枪党总部经受酷刑折磨，被强灌蓖麻油并遭到各种殴打。"逃跑法则"得到频繁的应用，它在当地被称为"猎狗或野兔比赛"。据传言，在押者被以转移监狱为名用卡车运走，然后在途中被放下卡车，并被告知他们可以自由离开。当他们逃离现场时，就会从背后遭到枪杀。有些杀戮事件的执行者甚至是十几岁的青少年。在灭门案件中，为了增加父母的痛苦，凶手通常会首先射杀孩子。尸体一般会被留在原地，这也是一种恐怖手段。接下来，被枪杀者的家里会收到信件，信中会贼喊捉贼，要求其家人提供被害者的下落，或者会要求他们参军。[84]

当叛军武装纵队抵达时，地主们抓住机会对共和国的改革施加报复。被认为属于颠覆分子的劳工遭到揭发。在数个村镇，一些几乎不具备任何政治层面的重要性的个人也遭到枪杀，例如在纳瓦斯-德奥罗，长枪党分子实际上就是随机选取了 5 个人进行处决。在那里，有个当地豪强人物出了一大笔钱雇凶将当地左翼市长的脑袋砍了下来。豪强的儿子们身着最近得到的长枪党制服，在镇压行动中表现突出。塞哥维亚的长枪党党员数量，从 7 月 18 日起，在短短几个月内，就从区区 30 人迅速增长至数百人。被认为以自由主义思想毒害劳工心智的乡村中小学的进步教师，在塞哥维亚是一个特别受到关注的目标。在一些地方，当地居民阻止了对学校老师或其他一些深受爱戴的共和派人士的谋杀企图。在人民阵线委员会得以维持权力达数日之久的少数几个城镇中，还发生了特别残酷的镇压，然而那里并未发生过针对右翼的暴力，甚至都没有右翼分子遭到逮捕。[85]

在帕伦西亚这一同样保守且遇到很少抵抗的省份，在今天，据当地历史学家估计，该省被处决者人数共约 1,500 人，达总人口的 0.72%。遇害者中有省长、市长、矿工以及在省会领导反抗政变之行动但未能取得成功的其他左翼人士。他们被控以军事叛乱罪。帕伦西亚北部城镇的矿工死伤最为惨重，但在更南面一些的城镇，如卡里翁-德洛斯孔德斯、阿斯图迪略和奥索尔诺，镇压同样也很酷烈。在全省各地，遭遇处决的人员数量占总人口的百分比，在 1.1% 到 3.3% 之间。莫拉的戒严令被用来证明镇压的正当性。那些未能在两小时之内上交任何一件手中武器的人遭到枪杀。而那些上交武器的人也遭到扣押并被处决。[86]

在邻近的莱昂省，情况几乎完全相同。政变几乎没有受到任何抵抗，但是镇压的力度却相当之大，特别是在北部的矿区和其他 3 个主要城镇：

位于奥伦塞省边界附近的蓬费拉达，以及通往萨莫拉省边界的拉巴涅萨和阿斯图加。[87]尽管莱昂主教何塞·阿尔瓦雷斯·米兰达蒙席起初对政变表现出强烈的热情，然而杀戮行动的规模把他吓坏了，于是，他开始与当地军方进行交涉，试图使包括莱昂学院的文学教授曼努埃尔·圣玛丽亚·安德烈斯在内的部分被捕人士获得宽恕。圣玛丽亚于7月底被关进了臭名昭著的圣马科斯监狱，他被捕只是因为他是阿萨尼亚的左翼共和党中的知名党员。9月4日，他与省长和其他29名共和派人士一起被判处死刑。他的妻子和家人前往布尔戈斯给他说情，成功地将判决减为有期徒刑。有关这一让步的消息先于他们抵达莱昂市，而当他们返回时，迎接他们的是一排子弹。为了回应军事当局的抗议，这一减刑决定被撤销。全部31人于1936年11月21日被枪决。主教大人因为胆敢质疑军事法庭的权威而被课以高达1万比塞塔的罚金。[88]

在萨莫拉，政变轻而易举地大获全胜，不过铁路工人的抗争行动一直持续到20世纪40年代末。在省首府及该省主要城镇托罗，监狱里很快就人满为患。殴打、折磨和残害，以及对女性在押人员的强奸频繁发生。与其他地方一样，社会党人、工会成员、共和国官员和学校教师是受迫害的目标。根据当地历史研究者的统计，该省有超过1,330人被杀害。1936年7月31日至1937年1月15日期间，共有875具尸体被埋葬在圣阿蒂拉诺的公墓里，并被草草登记为"发现时已死亡"或"执行死刑判决"。[89]

就像在卡斯蒂利亚和莱昂的众多地方一样，在萨莫拉，镇压殃及无辜者的情况也屡见不鲜，而其中最极端的案例，或许就发生在世界著名小说家和无政府主义同情者拉蒙·J.森德的妻子安帕罗·巴拉扬身上。在战争开始时，森德与他的妻子及两个孩子正在塞哥维亚的圣拉斐尔度假。他决定回到马德里，并告诉安帕罗带着孩子们回到她的家乡萨莫拉城，他相信那里会是安全的。然而，1936年8月28日，在安帕罗针对其兄弟安东尼奥于当天早些时候遇害一事向军事长官提出抗议之后，她与她7个月大的女儿安德烈娅一起被关进监狱。这位32岁的母亲既没有犯罪，也很少参与政治活动，却遭到虐待并最终于10月11日被处决。她因自己是一名独立的摩登女性而获罪，她招致憎恨是因为她摆脱了萨莫拉地区的荒谬可笑的偏见，并且在只进行婚姻登记（而没有在教堂举行仪式）之后就与一名男子成婚并生子。

安帕罗的遭遇并非个例。有很多母亲，她们被关押在气温低于零度的环境中，没有铺盖，只能眼睁睁地看着自己的婴儿死去，因为她们被剥夺了食物和药品，所以也就无法用母乳喂养她们的孩子。逮捕安帕罗的其中一名警察告诉她说，"女赤党没有任何权利"，并且"你在有孩子以前应该想到这一点"。另有一位名叫皮拉尔·菲达尔戈·卡拉萨的女性在贝纳文特被捕，因为她的丈夫何塞·阿尔莫伊纳是西班牙工人社会党当地分支机构的书记。在她遭到拘留并被送往萨莫拉城的8小时之前，她刚刚诞下一个女婴。在监狱里，她每天被迫多次爬上一段陡峭的楼梯，以便接受讯问。这引发了危及生命的大出血。监狱医生佩德罗·阿尔门德拉尔被叫去处理。他拒绝为皮拉尔或她的婴儿开出任何处方，并告诉她，对她而言最好的治疗方法是死亡。很多年轻女性在被杀害之前遭到强奸。[90]

战前社会冲突相对较少的布尔戈斯在叛乱之初就落入叛军之手。在该省首府，共和国当局成员被立即拘捕，其中包括省长，以及军区司令多明戈·巴泰特·梅斯特雷斯。作为一个加泰罗尼亚人，巴泰特曾凭借相对温和的手段镇压了1934年10月加泰罗尼亚地方政府的反叛，因此为众人所瞩目。持极端中央集权主义立场的右翼分子对他表示鄙夷，因为他避免了一场他们认为正适合用来对付加泰罗尼亚民众的儆戒性杀戮行动。当巴泰特拒绝加入叛军时，他遭到逮捕。但他没有被立即处决，因为莫拉基于与他长期以来的交情出手进行了干预。然而，佛朗哥之后介入了对巴泰特的审判，以确保他被判处死刑并被处决。[91]

在1936年8月至10月期间，布尔戈斯共发生了四百多起法外谋杀案件，而在全省各地，还有1,000人遇害。总的来说，在布尔戈斯，有超过1,700人被叛乱分子杀害，或是在极度拥挤的监狱中因遭受虐待而亡。年代久远的圣阿格达监狱原本设计为关押200名囚犯，然而实际关押人数却达近千人；而设计容纳人数为900人的布尔戈斯中央监狱则被塞进了3,000人。那些等待处决者中有工会领袖、共和国民政官员、学校教师和曾为人民阵线贡献选票的人。被处决者中还有一些儿童和妇女（其中还有怀孕女性），这些妇女是"代亲受过"（right of representation），这一怪诞理由意味着她们将代替已不知所踪的丈夫受死。另有5,500人遭到殴打、折磨或者监禁。截至2007年，已有约550具尸骸被从无标记的乱葬坑中挖掘出来。[92]

在旧卡斯蒂利亚的大部分地区，实施暴力活动的人员包括新近招募的长枪党分子、其他右翼团体中较为年轻的成员、学生、年轻的地主子弟以及地主家的长工。与在其他地方一样，人们为了获取金钱，攀附权贵，或是为了抹去自己过往的左派历史而参与其中。正如在共和党控制区的情况那样，也有犯罪分子利用这些可怕的机会享受暴力与强奸的快感。[93]地主怂恿他们并常常给予他们资助，同时当地居民也会为他们提供情报并进行告发，后者这样做或者是出于恐惧，或者是因为他们曾在某个方面感受到了来自共和国立法的威胁。这些团体手中有军方为其提供的车辆与武器，其行动又得到了教会的辩护，因此能够不受惩罚地自由行动。在包括贫苦小农到富有地主在内的当地保守派集团的思想中，所谓敌人，就是传统社会结构的破坏者。换言之，就是那些曾经鼓励无地劳工谈判以获取更好的工资和工作条件的工会人员，那些支持他们的左翼市政官员，以及那些传播抗争与世俗观念来说服穷人质疑既定秩序的学校教师。那些在很大程度上造就共和主义之社会基础的进步团体与个人是镇压的首要目标。[94]

虽然叛乱在阿维拉省迅速取得成功，但是当地镇压行动也非常严酷。7月19日凌晨，省府已落入国民卫队手中，人民阵线政府成员遭到拘留，奥内西莫·雷东多与他的18名追随者已被从省立监狱释放。8月4日，阿维拉省省长曼努埃尔·西赫斯·阿帕里西奥被枪杀，他同时也是一位共和派作家和阿萨尼亚的朋友。小镇和村庄的抵抗更为激烈。来自省城的包括国民卫队、陆军士兵和长枪党分子在内的武装纵队，于7月21日迅速夺取纳瓦尔佩拉尔，并于次日占领拉斯纳瓦斯。然后，来自马德里的一支民兵纵队在胡利奥·曼加达中校的率领下抵达此地，并在接下来的几周里令多个村庄再度易手。当8月期间这些村庄被叛军部队再度占领时，镇压行动尤为酷烈。这在很大程度上是臭名昭著的国民卫队军官利萨尔多·多瓦尔领导纵队自萨拉曼卡抵达这里的结果。奥内西莫·雷东多在发生于拉瓦霍斯村的一场长枪党分子与曼加达的民兵武装之间的冲突中丧生，这同样也促使在阿维拉地区的镇压升级。在随后的几个月,以及在以后很长的一段时间中,乡间道路上不时会出现尸体。全省有600多人被处决。[95]

在阿维拉省的行动期间,佩格里诺斯村于8月30日被有长枪党分子随同行动的一支土著正规军部队攻占。他们在此恶名昭彰。当时,有两位共和国方面的护士坚持留在设立于乡村教堂里的临时野战医院中照料伤员,但是医院遭到炮击,接下来伤者被冲进来的叛军用刺刀挑死,包括两位护士在内的多名女性被摩尔兵和长枪党分子强奸。房屋遭到洗劫,其中还有很多遭到纵火。当村庄被共和国方面夺回时,人们看到这两位护士和现场另一名遭到性侵犯的14岁女孩已陷入崩溃状态。[96]

对于那些被害者的家属来说,痛苦并没有以失去家中的男人而结束。处决行动中的可怖细节会从行刑队员那里传到被害者家属的耳中,因为前者常会公开吹嘘他们的杀人情节。他们会津津有味地讲述被害人是如何乞求得到一点饮水,以及因恐惧而大小便失禁的。被处决之左派幸存的家人也常常会被处以罚款。一个值得注意的案例是罗德里戈城的银行经理爱德华多·阿帕里西奥·费尔南德斯的遭遇。此人是一位泛自由主义人士,他在1936年12月15日与其他7个人一起被捕。第二天凌晨,根据当地军事指挥官针对他们下达的释放命令,这8个人都被从他们的牢房中提出来。他们被带到附近的一个庄园中,在那里他们被枪杀,尸体被埋在一个浅浅的墓坑里。爱德华多·阿帕里西奥的家人于12月24日获准将其埋葬在贝哈尔的墓地中。当战争结束时,也就是他死亡28个月之后,爱德华多·阿帕里西奥被控须承担政治责任而遭到法庭传唤。因为他已于1936年12月15日被"释放"出狱,所以法官要求他的遗孀告知他的去向。对他的指控包括:他曾经佩戴红色领带;他曾在罗德里戈城的赌场中宣布卡尔沃·索特洛遭到谋杀的消息;他曾是社会党党员。第三项指控明显不实。根据前两项指控,死者被判处500比塞塔的罚款,而这笔款项不得不由其遗孀支付。[97]

死去的亲人未能得到适当的安葬且未举行必要的仪式,这在所有受波及家庭的成员心中留下了深重的创伤。如果能拜谒亲人的坟墓,在墓前献花并寄托哀思,受害者亲属在面对亲人亡故的事实时还能得到些许抚慰。但在这一点上，几乎所有遇难者的家人都遭到回绝。死者的尊严被窃取，这引发了强烈的痛苦。在像卡斯蒂利亚和纳瓦拉这样的天主教烙印很深的地区，家属们尤为难熬。在那里长大的那些人，无论是不是天主教信徒，他们都普遍相信，死后身体将被埋葬，灵魂则到往天堂、炼狱或地狱。大多数天主教徒会认为，他们死去的亲人会前往炼狱这一"中转站"，在此涤除罪孽后方能继续升往天堂。尘世的亲朋好友可以通过祷告、在教堂里点燃蜡烛，或者付钱举行弥撒仪式等方法来加速这个过程。在卡斯蒂利亚，甚至还存在一些致力于为死者进行祷告的宗教社团。对于那些有亲人在镇压中被害的天主教家庭来说，所有这些精神上的慰藉均被剥夺。所有遇难者家庭，无论其是否拥有天主教信仰，原有的哀悼与来自社区的支持均被剥夺，取而代之的是污蔑、羞辱、威胁和经济上的困难。

从某种程度上说，以上复仇行动只是仇恨升级过程的一个有机部分。然而，官方也参与其中。在叛乱成功的几天之内，所有未全力投身叛乱事业的省长和高级警官均遭解职。通过7月28日颁布的法令，反叛方的"国防执政团"宣布在西班牙全境实施戒严，这便正式批准了之前所有地方性的戒严行动。它指明"任何公职人员、地方当局或市镇委员会，对于我或我之下属职权范围内提出的，关于重建秩序或贯彻该法令各条款之实施的要求，如未能立即予以协助，将即刻被无条件予以停职，战时政府将追究其责任并提起相应的刑事诉讼"。[98] 首当其冲的就是教师阶层。大批教师遭到解雇，有很多被捕入狱。他们所受的指控往往都是些无足轻重的小事，比如曾佩戴红色领带，曾阅读共和派的报纸，曾为共济会员、无神论者或反法西斯主义者等。[99]

莫拉在他位于布尔戈斯的第一个司令部中发表了一系列的广播讲话，在所有这些讲话中，他都在强调自己关于持续不断的无情镇压的承诺。7月31日，在潘普洛纳电台的广播讲话中，他宣称："我可以利用我们目前的有利条件与敌方谈判以解决此次冲突，但我并不想这么做。我想要打败他们，我想让我的意志，以及你们的意志，凌驾于他们之上，并将他们彻底消灭。我希望马克思主义，以及共产主义的红色旗帜，将作为一场梦魇而为历史所铭记，而这场梦魇那时已经为爱国者的鲜血所洗刷干净。"[100] 8月15日，他在布尔戈斯的卡斯蒂利亚广播电台发表讲话时说："我们不会接受投降,除了碾压式的决定性胜利,不会有其他结局。"[101] 1937 年 1 月 28 日,他在萨拉曼卡国家广播电台发表讲话。在否认有任何德国志愿者站在叛军一方作战之后,他谴责共和国领导人为"叛徒、纵火犯、杀人凶手和银行劫匪"。[102]

8 月 20 日,莫拉把他的司令部搬到了巴利亚多利德的市政厅,他将在那里待上两个月。在此期间,他前往萨拉曼卡,接待了胡安·亚圭上校的到访,并对其在巴达霍斯大肆屠杀左翼的"成果"表示祝贺。当亚圭到时间须离开的时候,欢呼的人群聚集在他车队的周围。莫拉上前拥抱他,并称他为"我最喜欢的门生"。[103]

尽管亚圭没有参与,然而一场非洲殖民战争式的狂暴还是席卷了整个加利西亚地区。即使与旧卡斯蒂利亚各省份相比,加利西亚全境的镇压规模与当地有限的抵抗的对比,也显得非常不成比例。[104]事实上,那里的镇压行动与发生在纳瓦拉和拉里奥哈的镇压程度相当。好斗的卡洛斯派分子的存在,可以在一定程度上解释发生在后两个地方的镇压。然而,尽管加利西亚是一个高度保守的地区,但是在军事政变之前,极右翼在此并不是一股很强的势力。7 月 20 日,叛军接管了这一地区。只有拉科鲁尼亚、比戈和费罗尔出现了明显的抵抗,然而这些抵抗都是孤立发生的,在月底之前就已被粉碎殆尽。在比戈,当叛军宣读戒严令时,人们群起抗议,有 27 人死于当地驻军的枪弹下。[105]

在政变发生后的头几天,只有一百多人遇害,死亡人数相对较少。此后,在 8 月 1 日至 12 月底的 5 个月内,处决行动的速度加快,有超过 2,500 人遇害。最近的研究发现,加利西亚的被处决者总数达 4,560 人,其中包括 79 名妇女。只有 836 人死于法庭判决,其余均为法外杀戮。镇压最为残酷的地区是拉科鲁尼亚(有近 1,600 人被处决)和蓬特韦德拉(有近 1,700 人被处决)。在这两个大西洋沿岸的省份,人民阵线赢得了胜利,虽然占据主导地位的是作风稳健的中左翼共和派议员。在中间党派赢得大选的卢戈省,有 418 人死亡,其中 2/3 的人死于法外处决。在西班牙复兴党和西班牙独立右翼党团联盟大获全胜的奥伦塞省,共有 569 人遇害。[106]加利西亚的经验表明,与在卡斯蒂利亚一样,反叛分子的目的不仅是要打败左派,而且是要根除一种理想,并通过恐怖手段迫使广大民众无条件顺从。

从1936年2月到7月,在加利西亚各地,右翼民间组织与军事密谋集团进行了紧密合作。在美丽的拥有中世纪大教堂的城市圣地亚哥-德孔波斯特拉,人民行动青年团和长枪党成员在军营中接受训练;而在奥伦塞,西班牙复兴党的当地成员与国民卫队保持着密切联系。与西班牙大部分地区相比,在加利西亚,除了在圣地亚哥、比戈、奥伦塞和费罗尔发生过长枪党和社会主义者之间的导致伤亡的街头武斗,其他地方的混乱情况要少得多。在加利西亚的各个省份,当叛乱的消息传来时,共和国当局对于控制局势颇有自信,甚至可以说是过分自信。各工会组织,特别是全国劳工联盟,试图组织民众抵抗,但是省长害怕爆发革命,因此拒绝发放武器。在繁忙的港口城市拉科鲁尼亚,当地省长,时年26岁的法学教授弗朗西斯科·佩雷斯·卡瓦略听从来自马德里的电报指示保持冷静,并对当地国民卫队予以信任。加利西亚军区(第8军区)司令长官恩里克·萨尔塞多·莫利努埃沃将军并非政变集团的党羽,这也是佩雷斯·卡瓦略在决定采取行动时举棋不定的一个原因。当萨尔塞多拒绝在未得到其朋友圣胡尔霍之消息的情况下宣布戒严令时,他遭到密谋者逮捕并最终被处决。与他一同被处决的,还有忠于共和国的拉科鲁尼亚军事指挥官以及费罗尔的海军军械库指挥官等重要军事指挥人员。佩雷斯·卡瓦略在省长办公厅遭炮击之后被迫投降。而听信其保持冷静之言论的全省绝大多数市镇当局眼下仍然相信,一场总罢工将足以挫败政变。[107]

于是,微不足道的抵抗与来势凶猛的镇压形成了鲜明对比。在拉科鲁尼亚实施的戒严引发了费罗尔海军基地的抵抗行动。在"西班牙"号和"塞韦拉"号上爆发的水兵起义遭到粉碎。炮轰过后,市政厅和"人民之家"在得到不会有报复行动的虚假承诺之后宣布投降。7月26日,反对叛乱的水兵开始遭到处决。8月3日,负责基地的海军将领被控以"擅离职守罪",并在接受审讯后被判处死刑。负责公共秩序的国民卫队上尉维多利亚诺·苏安塞斯监督实施了一场极其野蛮的镇压行动,长枪党小分队被准许自由行动以消灭共和派分子。[108]

陆军部队与国民卫队从拉科鲁尼亚和费罗尔出动,前往全省各个城镇与乡村组织"绥靖行动"。尽管在加利西亚焚烧教堂的案例并不多见,但是在贝坦索斯,撤离中的无政府主义者在圣弗朗西斯科修道院内放了一把火。结果就是招致了更为猛烈的镇压。在拉科鲁尼亚以东的库蒂斯,零星的抵抗遭遇强力镇压。在全省范围内,长枪党方面突然发现,其组织中涌入了从失业者到不法分子等形形色色的新募人员。[109]

回到拉科鲁尼亚,国民卫队的弗洛伦蒂诺·冈萨雷斯·巴列斯中校被任命为公安特派员。作为一名亲长枪党的军官,他曾在阿纳斯塔西奥·德·洛斯·雷耶斯·洛佩斯的葬礼结束之后,于马德里组织国民卫队人员发动了一场反对共和国的示威。他遭到逮捕并被短暂关押以示惩戒,随后被调往拉科鲁尼亚,他在当地的叛乱事业中发挥了至关重要的作用。现在,他充分利用规模迅速扩大的长枪党组织,发动了一场特别残酷的镇压。冈萨雷斯·巴列斯于7月24日下令将省长弗朗西斯科·佩雷斯·卡瓦略枪决,与后者一同被害的还有突击卫队指挥官及其副手。被害者没有得到任何形式的审判。佩雷斯·卡瓦略的死因最初被登记为"死刑处决"。由于这一点暗示着,(正如新闻界所认为的那样)曾进行过正式的审理和判决,所以后来其死因被更改为"内出血"。[110] 紧接着,就是针对加利西亚的大批工人与学校教师,以及这一地区部分最杰出的医生、律师、作家和教授的处决行动。8月初,对共和党当局其余成员的审判开始。他们被控以双重罪名:在7月20日以前支持共和国,以及未支持7月20日的起事。被冠以"圣地亚哥骑士团"或"拉科鲁尼亚骑士团"等名号的长枪党团体开始进行法外处决。负责领导"拉科鲁尼亚骑士团","在遭到颠覆分子攻击的省内各地区展开镇压和绥靖行动"的是贝尼托·德·阿罗·伦布雷拉斯中校,他的兄弟,就是在韦尔瓦恶名昭著的格雷戈里奥·阿罗·伦布雷拉斯。为了掩盖加诸囚犯的酷刑和他们的失踪,叛军往往会宣称他们在企图逃跑时被己方射杀——这正是对所谓"逃跑法则"的应用。弃尸地点往往是经过精心选择的十字路口或桥边等处,这是为了使恐怖效果最大化。许多尸体被直接扔进大海,而当它们随着收起的渔网再度重见天日时,人们会更加强烈地感受到恐怖无处不在。[111]

在弗朗西斯科·佩雷斯·卡瓦略被捕之后,他的妻子,一位知名女性主义知识分子，31岁的胡安娜·玛丽亚·克拉拉·卡德维列·圣马丁被指曾竭力要求其丈夫武装工人并协助组织抵抗。控方从未拿出任何证据。胡安娜·卡德维列早已招致了地方右翼分子的强烈憎恨，因为他们认为她所持有的观点非常危险，并且她的丈夫对她言听计从。当战斗开始时，佩雷斯·卡瓦略已安排她离开，并让她待在一个药剂师朋友的家中。他朋友的家人由于知道她已怀孕，所以就没有向她透露其丈夫的死讯。有一天当她自己在家时，她打电话给省长办公室，试图了解有关她丈夫的消息。冈萨雷斯·巴列斯告诉她，她的丈夫现在很好，他会派一辆小汽车去接她，让她和她的丈夫团聚。汽车把她直接送到监狱。她于一周之后被释放，并与另一位朋友的家人离开拉科鲁尼亚，前往比拉沃阿避难。几天之后，根据冈萨雷斯·巴列斯的命令，胡安娜·卡德维列于8月17日被国民卫队拘留，然后她被带回拉科鲁尼亚，并被移交给一个长枪党小分队。她于次日被害。凶手们似乎考虑过用毒药使她流产，或者直接将她扔进大海，但是最后决定开枪打死她。她的尸体出现在距离拉科鲁尼亚很远的地方，具体位置是在东边的卢戈省的拉瓦德。她的头部和胸部中弹，这具身体在不久之前还经历过流产。[112]

有关胡安娜·卡德维列曾遭强奸的流言在四处传播。在加利西亚，共和派妇女被强奸、被殴打、头发被剃光、被强灌蓖麻油、被关押以及被迫与她们的孩子分开，诸如此类的暴行普遍存在。玛丽亚·普里菲卡翁·戈麦斯·冈萨雷斯，蓬特韦德拉省南部市镇阿卡尼萨的共和派市长，也是加利西亚大区唯一的女性市长也遭逮捕，并在一场简易审判中被判处死刑。因为当时她已怀孕，所以她的死刑执行得到延期，最终她的判决被减为无期徒刑。她在臭名昭著的萨图拉兰监狱（比斯开省）中服刑7年，直到1943年获假释出狱。[113]

在拉科鲁尼亚，接受军事法庭判决的被告通常会在清晨时分由行刑队执行死刑。尽管如此，在行刑现场出现围观人群可谓司空见惯。然而，这些都无法与1936年10月23日的场面相比。受刑的是8名被强征入伍的年轻人，他们受到的指控是密谋反叛其上级军官。当天午后时分，他们先是被押着在城里游街示众，然后在大批民众的围观下被执行死刑。当面对行刑队时，他们高呼"共和国万岁！"的口号，这显然破坏了公开处决所期望达到的效果。[114]

加利西亚的镇压运动以来自教区司铎、长枪党人或怀有敌意的邻居的大量指控而著称。在乡村地区，这可能反映了贫穷所引发的怨恨。也有与叛军作对的职业人士遭到告发的案例，比如杰出产科医生欧亨尼奥·阿沃内斯遭遇逮捕并随后于拉科鲁尼亚被害——他曾于1931年当选社会党国会议员，但在内战爆发时，他退出政治舞台已有数年之久。而他的"罪行"是治疗被叛军所伤之人。[115]

另一个更引人瞩目的案例的主角是来自拉科鲁尼亚的明星律师、银行家和商人何塞·米尼奥内斯·贝纳德斯，他在1936年2月的选举中当选为"共和派同盟"的国会议员。在大选过后，省内因右翼在选举中的舞弊行为而发生骚乱之时，他曾担任代理省长。他以惊人的勇气，阻止了两座修道院和一座耶稣会教堂被焚毁，并保护了大量右翼分子。为了对此善举表示感谢，玛利亚修会*准予为其子孙后代提供永久的免费教育。为了回应卡尔沃·索特洛的遇刺，他呼吁他身边的"共和派同盟"议员退出人民阵线政府。他于7月18日从马德里返回拉科鲁尼亚，他相信自己不会有任何危险，因为他一直公平地对待左右两派。这一点可以通过事实加以证明，比方说，在7月19日，他呼吁军方为由他本人担任常务董事的当地发电公司提供保护，并成功说服了准备组织车队前往拉科鲁尼亚反对政变的工人群众停止行动。尽管如此，他还是以军事叛乱罪的指控遭到逮捕，并被课以100万比塞塔的天价罚金。最终，他于12月2日被枪杀。其死亡背后的原因要到他的家乡科尔库维翁去寻找，在那里，他的家族招致了当地国民卫队指挥官的仇恨。[116]

在被叛军迅速夺取的圣地亚哥，军事审判早在7月26日即已开始。有5名男子被判处无期徒刑，被控罪名诸如曾经在公开场合握拳敬礼，或者曾经呼喊"俄国万岁"的口号。杀戮始于8月14日，有许多被判监禁的人被非法从监狱中提出并遭枪决。其中一位受害者是爱德华多·普恩特·卡拉

---

* 罗马天主教会之下的一传教与教育团体。

塞多,他以其激烈的反教权主义态度而在城中闻名。事情的起因是,他家族中的一名年轻女孩在被大教堂中的一名教士诱奸后怀孕,并在被迫堕胎(这显然是非法的)时不幸死亡。自此之后,爱德华多·普恩特常会干扰宗教游行的正常进行(有一次他赶着背有十字架的驴子冲撞游行队伍)。如果肇事的教士参加游行活动,普恩特会试图殴打他。普恩特于内战初期遭到拘押,随后他被从监狱中提走。他于1937年6月28日遭到谋杀,尸体被扔到一座桥下。那些遇害者的死因往往被登记为"内出血""心脏骤停"或"脑组织受损"。[117]

1936年10月3日,在拉科鲁尼亚省蒙费罗附近的小村庄巴尔-多赫斯托索,当地教区司铎安德烈斯·阿雷斯·迪亚斯被一群长枪党分子和国民卫队人员枪杀。他之所以遭到指控,是因为他拒绝将一项钱款"捐献"给反叛方,它本是为原定于9月份第一个星期天举行,却被军事当局叫停的济世圣母节之宗教庆典募集的。他被控属于国际赤色济难会中的一员,接着被逮捕并被带到费罗尔附近的巴拉略夫雷村,在那里,他不得不向当地教区的神父安东尼奥·卡萨斯做临终忏悔。叛乱分子希望让卡萨斯神父目睹其同事临刑的悲惨场景,迫使他承认曾协助共和派人士逃亡。卡萨斯曾因努力阻止巴拉略夫雷村的镇压而引起了怀疑。在进行临终忏悔之后,阿雷斯神父将200比塞塔和他的手表交给卡萨斯神父。然后安德烈斯·阿雷斯被带到公墓,并于晚11时被处决。并没有任何审判,尽管据说行刑队指挥官曾喊道:"奉苏安塞斯之令!"——这里指费罗尔的公安特派员维多利亚诺·苏安塞斯。虽然卡萨斯神父也曾经多次受到讯问,但是由于红衣主教戈马蒙席对巴斯克地区神职人员遭叛军处决的诸多事件提出抗议,所以他逃脱了被捕与死亡的命运。[118]

在拉科鲁尼亚以东的卢戈省,叛乱在没有遇到暴力抵抗的情况下迅速大获全胜。省长拉蒙·加西亚·努涅斯敦促国民卫队发放武器的无力尝试遭到无视。颇有势力的当地长枪党组织与神职人员密切参与了军事政变的策划工作。军方指挥官阿尔贝托·卡索·阿圭罗上校不情愿地宣布实施戒严,但并未进行任何逮捕。莫利纳上尉在率领一支纵队抵达后,粗暴无礼地对卡索说:"上校,粉饰太平的时候已经结束了。如果我们不积极行动起来，我们就会失去对局势的控制。"卡索本人遭到拘押，省长、市长以及该市大部分著名的共和派人士也纷纷被捕。他们均于10月中旬受审，被判处死刑，并在月底被枪决。所有工人阶级组织均被取缔。在卢戈省，抵抗行动极其微弱，只有该省南部的基罗加和贝塞雷亚等城镇是例外，按照一名神职人员的说法，那里的民众以"缺乏服从性"著称。在蒙福尔特这一重要铁路枢纽城市，属于社会党的工人阶级的抵抗行动，被得到长枪党分子协助的国民卫队所粉碎。[119]

在战前的几年里，于加利西亚唯一的内陆省份奥伦塞发生的暴力行为几乎可以忽略不计。即使在1934年10月的革命起义期间——在社会主义者、共产党人和无政府主义者所表现出的前所未有的团结中，总罢工依然宣告失败——也没有大规模流血事件发生。在1936年2月的大选中，西班牙复兴党和西班牙独立右翼党团联盟在奥伦塞省的胜出，为保守派在整个加利西亚大区赢得了最为引人瞩目的胜利。人民阵线未能在该省获得任何代表席位。春季发生的唯一暴力行动是长枪党分子的杰作，他们于6月8日杀害了4个人。7月18日，省长拒绝武装工人，而在戒严令被宣读之后，所有抵抗均消失得无影无踪。在该省东部的巴尔德奥拉斯地区有一些零星的抵抗，冲突中有1名国民卫队人员丧生，这是叛军在该省仅有的伤亡人员。有1名13岁男孩因为指责国民卫队的野蛮行径而遭到枪杀。尽管存在这一和平的过往，然而法外谋杀和审判活动很快同时在该省出现。"逃跑法则"被加以应用，尸体被抛进米尼奥河。所谓的长枪党党徒，实际上是一些新募的成员，他们并不真正具备意识形态层面的信仰。其中有些人只是受雇的暴徒，或者是为了隐藏自己过往左翼历史的普通人，但是所有成员都在军方的统一号令之下。在保守的乡村社会，对左翼分子的镇压很容易得到民众的"消极支持"。[120]在加利西亚各地，通常的程序是，人们先是遭到拘留，然后被"释放"，实际上是被带到郊外枪决，他们的尸体则被留在能让人看到的地方，以加强恐怖效应。[121]

在葡萄牙边界，位于加利西亚沿海的蓬特韦德拉省，当地省长像其他地方的省长一样拒绝武装工人。像在奥伦塞省一样，在贫穷的农村社会，镇压行动得到了来自民众的高度合作。甚至，军事当局于8月9日发表声明说，匿名告发将不予受理，并且最后威胁要对那些提出不实指控的人课以罚款。蓬特韦德拉省最引人注目的死者可能是加利西亚民族主义党的创始人亚历山大·博韦达·伊格莱西亚斯，他是一位深受卡尔沃·索特洛欣赏的保守天主教人士。第 8 军区司令卡洛斯·博施·博施将军驳回了为他求情的请愿书，并且说道："博韦达当然不是共产党人，他是更坏的加利西亚民族主义者。"[122] 在繁荣的渔港城镇比戈，共和国当局过分自信，军方很容易就接管了权力。当地市长是一位温和的社会党生意人，他对军事指挥官的忠诚保证表示接受，并阻止对工人进行武装。尽管如此，他还是与其他共和派人物一同受审，并以军事叛乱罪被处以死刑。有 7 个年轻人因为收听马德里电台广播而遭枪决。省内的镇压行动由军事当局组织，由国民卫队和右翼平民武装予以实施。在军事当局总体性指示的保护伞下，当地的豪强人物得以消除所谓的颠覆分子。拥有武器、窝藏逃亡，或者只是对叛军的战争进程进行过负面评论，这些理由均可以让一个人未经审判即遭枪决。[123] 由西班牙复兴党国会议员比克托·利斯·基文医生组织的两个被称为"黎明纵队"的团体，因其所作所为而声名狼藉。有数百名囚犯死于圣西蒙岛臭名昭著的集中营。这座集中营位于雷东德拉附近的维哥湾，集中营中的囚犯有些死于恶劣的关押环境，有些则被长枪党分子枪杀。[124]

在叛军的镇压于西班牙西北角进行的同时，类似的恐怖行径也发生在伊比利亚半岛之外的南部和东部地区。在叛乱方迅速获胜的加那利群岛，无人死于共和国方面之手。尽管如此，在内战期间，据估计有多达 2,500 人被叛军杀害。[125] 根据当代的推算结果，在巴利阿里群岛有超过 2,000 人被处死。仅在马略卡岛一地就有至少 1,200 人，且有可能多达 2,000 人遭到处决——虽然那里的工人运动极其微弱。政变的发生引起了一场总罢工，有大批工人因此被捕并遭监禁。[126] 同年 8 月中旬，阿尔贝托·巴约发起了一次试图将该岛重新置于共和国控制下的作战行动，在毫无悬念地遭遇失败之后，之前被捕的大部分工人被杀害。被叛军抓获的俘虏立即遭到处决。其中包括 5 名年龄在 17 至 20 岁之间的护士，以及 1 名法国新闻记者。[127]

逐退巴约进攻的叛军部队得到了意大利空军，以及由墨索里尼手下之自封为"罗西伯爵"的总督阿科诺瓦尔多·博纳科尔西领导的意大利军队的协助。杀人狂博纳科尔西教唆当地长枪党分子发动了对该岛平民的野蛮镇压。法国作家、天主教徒乔治·贝纳诺斯目睹了人们被从村庄中抓走,囚犯塞满了一辆又一辆的货车并被运到刑场接受枪决,对此他深感震惊。与他有交往的军方人士告诉他,有超过 2,000 人被杀。他认为博纳科尔西应该为此地的凶残镇压负责,默许此事发生的马略卡主教何塞普·米拉莱斯也负有一定责任。[128] 在马略卡岛镇压中最重要的遇难者之一是亚历山大·豪梅·罗塞略,他是一位杰出的知识分子,出身于具有伟大军事传统的富裕资产阶级家庭。他是巴利阿里群岛的首位社会党国会议员。由于这一"背叛行为",在 1937 年 2 月 13 日的一次军事法庭审判中,他被荒谬地控以企图在马略卡岛建立苏维埃式独裁政权。罗塞略被判处死刑,并于 2 月 24 日在帕尔马公墓的围墙边被行刑队枪决。[129]

遇难者中也包括数名妇女和 1 位神父。其中值得一提的知名人物之一是被称为"马略卡的热情之花"(La Pasionaria Mallorquina)的奥罗拉·比科内利·费梅涅斯,她与后来的共产党领袖埃里韦托·基尼奥内斯成婚。1937 年 1 月 5 日,她与其他 4 名女性在波雷雷斯公墓被长枪党分子枪杀。死者中最有名的也许是玛蒂尔德·兰达,她在经过漫长的心理折磨后于 1942 年 9 月 26 日在马略卡岛自杀。[130] 1937 年 6 月 8 日,神父赫罗尼·阿洛马尔·波克特由于强烈抗议其兄弟弗兰塞斯克遭到监禁一事而被枪杀于帕尔马公墓;他的兄弟弗兰塞斯克是加泰罗尼亚地方的中产阶级政党——加泰罗尼亚左翼共和党中的一员。另外一位神职人员,安东尼·罗塞略·萨瓦特尔神父因受阿洛马尔神父之案件的牵连,同时,也由于他的兄弟是布尼奥拉市的共和国市长,所以他也遭到逮捕,并被判处 30 年徒刑。[131]

死亡人数在叛军控制区激增,与此同时,在 1936 年 9 月,拥护君主制的诗人何塞·马里亚·佩曼恰好与当时仍任国防执政团首脑的卡瓦内利亚斯将军同在潘普洛纳,后者请求他协助起草一项法令,禁止人们穿着丧服。这一禁令是基于双重理由。对于死去的反叛分子的母亲和妻子而言,不穿黑色丧服代表了一种公开的姿态——"为祖国而死并非坏事而是好事,应该用欢乐来代替悲伤"。对于那些被处决的共和派人士的母亲、妻子和未婚妻而言,禁止穿着丧服"将杜绝那些,当我们征服一座城镇后,在广场上和街角旁所看到的,现今仍在进行的各种抗议和作秀般的证明——那些身着黑衣的沉默身影,所流露出的不仅是哀伤,更兼有不平之意"。[132] 卡瓦内利亚斯是正确的:共和派的哀悼行动是一种沉默的抗议,因为这展示了对最近离世之家庭成员的声援。然而,通过颁布法令的方式禁止西班牙乡村妇女穿着孝服是不切实际的,因为多数年纪较大或寡居的妇女将穿黑色裙装视为理所当然。除此之外,对于叛军方面死者的那些信奉天主教的女性亲属而言,也不可能剥夺她们悼念其英勇的亲人的权利。这样一来,问题就变成了如何剥夺遇害自由派和左翼人士的母亲、姊妹、妻子和未婚妻进行哀悼和表现团结的机会。在南方,凯波粗暴地颁布了一道禁止服丧的法令。在北方,它必须通过施加不那么正式的社会压力,以及在人们心中植入对可能到来的报复的恐惧来完成。

有时候,一个人在夜里被带走后,前往监狱给他送饭的家属会被残忍地告知,"他已经去了一个不需要吃饭的地方"。沉重的苦痛常常没有终结之日。遇害者亲属会在失去亲人之后,看到莫拉的秘书何塞·马里亚·伊里瓦伦所见的场景:孩子们在布尔戈斯的街头玩着捉拿共和派分子的游戏——根据游戏规则,拒绝呼喊叛军口号"西班牙万岁!"的"囚犯"会被"枪毙"。[133] "失踪"男人的妻子无法再婚,因为,没有官方的死亡证明,她们就不具备丧偶的合法身份。她们没有权利来管理以其丈夫的名字登记的财产。至于莫拉是否关心,甚至是否意识到由他所发起的恐怖行动所带来的更广泛后果,这一点是值得怀疑的。

第三部

政变的后果

共和国控制区的自发性暴力

7

远离前线

共和国阵线后方的镇压行动

在军事叛乱导致众多政府机构垮台以后，在未被叛军征服的各座城市，曾经为击败叛军做出贡献的工人武装成了街头权力的执掌者。各个劳工联盟和政党组织了自己的委员会，委员会又进一步创建了被称为**契卡**（checa，这实际上是对苏联早期安全机构cheka之名称的不当使用）的自治执法力量和拘留中心。在因大部分法律与秩序的传统结构消失而产生的混乱中，也有一些纯粹是行犯罪之举的人在浑水摸鱼。这些混乱反映出多年的社会不公所形成的难以化解的怨恨，但同时也有一些混乱，是那些一有机会摆脱社会约束便释放出自己最糟糕的本能的人造成的。这一问题因监狱大门被打开，数以千计的普通刑事犯被释放出狱而进一步加剧。

在头几个月里，司法行使权被形形色色的委员会所篡夺，一度不再是一项国家机能。此外，还出现了一波有着各种不同动机的杀戮行动。工人委员会针对政变支持者的"审判"，非工会组织的劳工针对先前极其严苛的劳动关系的报复，以及普通的犯罪活动，所有这一切构成的动荡进程，在世界上的其他地方看来，俨然是一场暴力狂欢。而这些杀戮行动的目标包括：参加叛乱的军官和神职人员、旧政权下的显要人物、地主和商人，以及那些曾经在1934年10月事件之后参与镇压的人。在针对政变责任者的"公审"的保护伞之下，无政治动机的抢劫、绑架、勒索、强奸和谋杀等犯罪也时有发生。尽管这些混乱逐渐得到控制，敌军的空袭，以及难民口中有关叛军所犯暴行的令人毛骨悚然的传闻，又导致其他报复行动的出现。后来，也出现了由国家机器所组织的，旨在打击"内部敌人"的合法暴力行动。而所谓"内部敌人",就是指从事破坏与间谍活动的军事叛乱支持者。

共和国当局从未被一个包揽一切事务的革命新政权所取代。然而,在内战爆发后的头几个月,中央政府和加泰罗尼亚地方政府(地方自治机构)所能做的,只不过是在表面上维系社会制度的连续性而已。他们的命令常常遭到无视。而当务之急是说服左翼政党与工会中的温和派协助政府结束失控的暴力局面——在无政府主义运动风起云涌的情况下,这是一个特别困难的任务。与此同时,还有必要建立一个法律框架,用以约束各工会委员会和"契卡"组织所自发进行的,且常常互相抵触的行动。最终,很多左翼人士将会认识到,进行一场现代战争需要中央政府的存在——虽然没有一个无政府主义者会同意这种观点。内部暴力将永无终结,除非共和国政权得以重建,然而这需要一定的时间。与此同时,共和国当局对于有损其从英法两国获得外交与物资支援的不利局面也颇感困窘。

对教会的攻击构成了暴力活动中最具破坏性的一部分,这一点为海外的反叛支持者所充分利用。反教权主义是无政府主义者的"全国劳工联盟"与反斯大林主义的马统工党之明确主张。马统工党领导人安德鲁·宁于8月初在巴塞罗那的一次会议讲话中说,工人阶级已经通过不留一座教堂的方式彻底解决了宗教问题。[1]无政府主义者则没有那么自信,他们仍将教会视为一个强大的敌人。神职人员所受的指控,最好的是涉嫌游说堂区女教友给右翼投票,而最糟的指控则是利用告解之机对她们进行诱奸。人们已然意识到教士的这种性权力,并对其深怀恨意,其憎恶之情可见于如下陈述:"教会必须永远消失。教堂将不再是用来拉皮条的藏污纳垢之地。"[2]有产阶级对天主教信仰的大肆宣扬是反教权主义的又一触发器。从资本家对待工人或者地主对待佃户和短工的态度中,很难发现基督教的博爱精神。不可避免地,无政府主义者、社会主义者和共产主义者产生了一致的怀疑,即天主教会之所以能够吸引富人,是因为它在向那些为获取更高的工资与更好的工作条件而斗争的人宣讲忍耐和顺从。因此,刺杀神职人员与焚烧教堂被无政府主义者当成是建设新世界所必需的预先净化之过程,从而被披上了理想主义的外衣,消灭宗教在他们看来好像就是这般易如反掌。

7月24日，加拿大记者皮埃尔·范·帕森在设于巴塞罗那的全国劳工联盟下属的五金工人工会总部，采访了无政府主义领袖布埃纳文图拉·杜鲁蒂。当范·帕森评论说，"即使你们取得胜利，你们也将栖身于废墟之上"时，杜鲁蒂的回答是，"我们的栖身之所一直都是千疮百孔的贫民窟……我们丝毫也不害怕废墟。我们将要接管整个地球。资产阶级在离开历史舞台之前可能会破坏和摧毁他们自己的世界。然而我们的心中有一个新世界"。[3]建立一个新世界的过程中，其中一步是要释放那些被视为资产阶级社会之牺牲品的普通刑事犯。这些人进入了公共秩序已经荡然无存的城市，他们和其他人一起，假革命正义之名从事犯罪活动。新闻记者何塞普·马里亚·普拉内斯遇害的案例突出显示了无政府主义与犯罪活动之间的暧昧关联。在由他撰写的一系列以"巴塞罗那的匪帮"为题的文章中，他将无政府主义运动的激进派别"伊比利亚无政府主义者联合会"与有组织犯罪联系起来，对此恼羞成怒的无政府主义分子于8月24日将他杀害。[4]

在巴塞罗那，地方政府主席路易斯·孔帕尼斯拒绝发放武器，而工人群体对此的回应是直接夺取武器库。超过5万支枪落到无政府主义民兵手中。在7月19日的战斗中，叛乱部队被一支古怪的联军击败，构成该联军的势力主要是无政府主义劳工和决意对共和国保持忠诚的国民卫队。当曼努埃尔·戈代德将军搭乘水上飞机从巴利阿里群岛抵达那里以图领导叛乱部队时，加泰罗尼亚的政变早已宣告失败。他遭到逮捕，并被迫在广播中呼吁其追随者放下武器。这种联合瓦解叛乱的方式让共和国各政府机构与已经掌握权力的全劳联-伊无联陷入了一种难以理清的复杂关系当中。直接后果就是法律和秩序的崩溃。在作为港口城市的巴塞罗那，存在着一个由码头工人和外国侨民组成的流氓无产者阶级。这些人无依无靠，以打零工为生，因而危机感严重。毫无疑问，有许多人打着革命理想的旗号肆无忌惮地从事盗窃、破坏等一般的犯罪活动，但其规模并未达到同情反叛方的外国记者与外交官口中的程度。

驻巴塞罗那的葡萄牙领事在报告中声称，"那些为所欲为的匪帮，无视各自的政治老板的命令，四处掠夺并犯下种种野蛮暴行"。他还提到"那些真正的食人族在男女圣职人员身上犯下的难以描述的极端暴行"，声称修女遭到强奸和肢解，在整个地区没有一座教堂或修道院屹立如初。[5] 尽管该报告中的那些世界末日般的措辞不可尽信，然而可以确定的是，巴塞罗那的商店，尤其是珠宝店和咖啡馆被洗劫一空，商人遭到勒索，富有者的住宅被肆意破坏，教堂也遭毁坏与亵渎。宗教人士和军方人员是怒气冲冲的左翼的首要目标。[6]

军事政变爆发之初，在加泰罗尼亚发生的事件吸引了来自世界各地的新闻记者云集此地。在他们最开始发出的报道中，有一些只是毫无根据的惊悚故事。路透社的一则快讯声称，尸体堆积在地铁站台上，而且"由无政府主义者、共产党人和社会主义者组成的政府民兵力量已取得胜利，他们实际上已烧毁并洗劫了巴塞罗那的每座教堂和修道院"。报道继续写道："之后，陶醉于胜利当中的暴民，穿着教士的长袍在城市街道上游行。"[7] 在接下来的几天，故事变得更为血腥暴力。有人用这样一则子标题来描述这一恐怖统治："神父于祈祷中死去。暴民失控，阶级仇恨支配一切"。正文中称："正在进行祷告的神父被从修道院里拖走，行刑队从背后将他们枪决。有些死者的头颅和手臂被砍掉，这是一种终极的报复行为。"[8]

那些对西班牙的情况较为熟悉的新闻记者，下笔时更为冷静克制。在伦敦《泰晤士报》和《纽约时报》（New York Times）两家报社任职的资深新闻记者劳伦斯·芬斯沃思接受了当时的一个流行观点：即反教权主义的怒火之所以被激发，是因为军方叛乱分子及其平民支持者被允许在教堂钟楼上架设机枪向工人射击。地方政府的保安总长费德里科·埃斯科费特·阿尔西纳对此予以否认，但巴塞罗那街头的许多受访者认为的确存在此事。加泰罗尼亚左翼共和党的关键人物之一霍安·庞斯·加兰迪当然是声称，偶尔是有狙击手从教堂塔楼向外开枪的事情发生。7月23日和24日的加泰罗尼亚左翼共和党报纸《人类报》（La Humanitat）声称，有机枪从教堂向外射击。然而，埃斯科费特的说法得到了以下事实的支持：在加泰罗尼亚地区，没有任何神父或修士因为被指控从教堂设施内部向外开枪而遭到审判。相反，据称无政府主义者会进入教堂朝天开枪，然后贼喊捉贼，说有人瞄准他们射击，从而以此为借口寻机逮捕神职人员并捣毁教堂。[9]

有大量针对教堂的纵火袭击案件发生——虽然纵火者的目的可能不是

为了报复狙击手开枪的行为。但是，就像芬斯沃思同时指出的那样，加泰罗尼亚政府也尽一切努力挽救了当地主教座堂以及其他部分宗教建筑。嘉布遣会修士教堂位于城市主要干道"格拉西亚大道"上，该教堂之所以幸免于难，是因为方济各会的托钵修士以其与穷人的密切关系而著称。在描述这些恐怖行动时，芬斯沃思强调，加泰罗尼亚地方政府无须对此负责，而且它在不断努力拯救财产和生命："拥有官方职务的人员，冒着触怒极端分子以致丢掉性命的危险，将神父、修女、主教与其他某些西班牙国民送上外国船只或是协助其越过边境线，使他们能够安全活下去。"[10]

7月19日傍晚，作为最后一支反叛力量，弗朗西斯科·拉卡萨上校指挥下的第9骑兵团前往自西向东将城市分为两部分的对角线大道上的赤足加尔默罗会修道院避难。叛军方面以拉卡萨手下的伤员迫切需要照料为由说服了修道院院长，后者同意将修道院作为医院使用，然而上校却把它变成一座堡垒，并在各战略要点架设了机枪。当地方政府的保安总长费德里科·埃斯科费特派遣的使者赶到时，拉卡萨说他只会向国民卫队投降。埃斯科费特接受了这一条件，但是，由于接下来的延误，这座建筑物被大批群众包围，而他们中的大多数人，手里都拿着前一天夺取的武器。情绪越来越紧张的防守者向人群开火。当国民卫队指挥官安东尼奥·埃斯科瓦尔·韦尔塔上校赶到时，反叛分子才开始列队走出修道院。埃斯科瓦尔试图组织人手拘押叛乱分子，却被围攻群众中的一伙人控制住，因此，当叛乱方的军官与4位修士被杀害时，他无法进行干预。尽管埃斯科瓦尔为保护天主教修士和军人进行了非凡的努力，但他仍于1940年被佛朗哥分子处决。[11]

埃斯科瓦尔后来写道，游荡在城市大街小巷的数千名武装人员带来了难以克服的治安困难。[12] 这清楚地表现出了镇压行动在两个不同战区的差异——在共和国控制区，镇压源自底层；而在叛军控制区，镇压则源于上层。埃斯科瓦尔也提到了这样的事实：在针对富人住所和教会产业的查抄行动中，盗窃仅仅是个别现象，他对很多无政府主义者主动上交收缴财物时所表现出的诚实与浪漫主义精神表示赞赏。[13]

工人阶级力量的胜利给孔帕尼斯主席这位资产阶级政党（加泰罗尼亚左翼共和党）领袖提出了一个严重的问题。他凭借相当巧妙的手段予以应对。7月20日，在叛乱失败后，他立即在政府官邸接见了包括布埃纳文图拉·杜鲁蒂、胡安·加西亚·奥利韦尔和里卡多·桑斯在内的全劳联–伊无联代表团。根据加西亚·奥利韦尔的说法，当时孔帕尼斯表示：

> 今天，你们是这座城市和整个加泰罗尼亚的主宰者，因为你们凭借着你们的力量击败了军队中的法西斯分子，我希望你们不介意我提醒你们，我所属的政党、国民卫队和地方警察部队中的那些或多或少的忠实成员，从未拒绝为你们提供协助……你们已经取胜，一切都在你们手中。如果你们不需要，或者不想让我继续担任加泰罗尼亚主席，那么现在就告诉我，我将作为反法西斯斗争中的一名普通士兵而拿起武器。反之，如果你们仍然相信我，相信我在现在的职位上，在我党众多党员的协助下，拥有一定声望的我，在这场今天已于这座城市结束，但我们却不知道将于何时和以何种方式在西班牙其他地方结束的斗争中，仍然能够发挥应有的作用，那么你们可以信赖我，以及我作为一个男人和政治家的忠诚。

费德里科·埃斯科费特对加西亚·奥利韦尔上述说法的准确性表示怀疑。然而，很明显，孔帕尼斯以看似坦率且具有一定欺骗性的夸大手段，取得了代表团成员的信任。由于他们被打了一个措手不及，而且他们实际并无任何可行之计划，于是只能同意孔帕尼斯留任。[14]

在政府官邸的另一个厅里中，加泰罗尼亚所有其他人民阵线党派的代表正在等待会议结果。当孔帕尼斯将全劳联–伊无联代表团引入会场时，他们都被说服参与创建**反法西斯民兵中央委员会**（CCMA）。从表面上看，反法西斯民兵中央委员会的任务是组织发动社会革命和创建军事防御体系。委员会秘书长豪梅·米拉维特列斯负责拟订一套界定各部门权责的规章制度，然而他从未这样做，而这一失败导致了反法西斯民兵中央委员会经历了一连串的混乱与彼此冲突，并最终导致了地方政府重新行使权力。事实上，在事变发生后的几天之内，孔帕尼斯已经命令内政部长（Conseller de Governació）何塞普·马里亚·埃斯帕尼亚·西拉斯在加泰罗尼亚的城镇和乡村重建公共秩序。8月2日，孔帕尼斯委托加泰罗尼亚议会议长霍安·卡萨诺瓦斯组织政府。不幸的是，卡萨诺瓦斯未能如孔帕尼斯所愿，集中起足够的力量或掌握住必要的实权，以早日终结这一双重权力体系。

7月20日，在巴塞罗那被捕的那些发动军事叛乱的首要分子被国民卫队和全国劳工联盟的武装分子押往蒙特惠奇城堡。6天之后，他们被转移到废弃的远洋邮轮"乌拉圭"号上，这艘邮轮的锈迹斑斑的船体已经被改造成了一座浮动监狱。起初，他们的待遇不错，他们获准可以坐在甲板上阅读船上图书馆里的小说。然而，由于他们的意气之举，这一宽松待遇被剥夺。他们坚持在意大利海军的船只经过时起身立正，并向对方行法西斯式敬礼。而面对那些搭乘拥挤的小船前来围观并对他们进行威胁的左翼分子，他们则用吐舌头和其他更具表现力的肢体语言做出回应。虽然后来他们被禁止登上甲板，但他们仍可正常接收来自家人与朋友那里的食物包裹。8月11日，叛乱领导人曼努埃尔·戈代德将军和阿尔瓦罗·费尔南德斯·布列尔将军在船上的军事法庭接受审判。有一位具有律师身份的退役军官为他们提供辩护。两人被认定有罪并被判处死刑，第二天他们在蒙特惠奇城堡被行刑队枪毙。在接下来的日子里，其他叛乱分子也遭到审判和处决。尽管如此，包括戈代德之子曼努埃尔在内的许多人仍然存活了下来。[15]

杜鲁蒂、桑斯和加西亚·奥利韦尔自发做出了参与组建反法西斯民兵中央委员会的决定，在经过一番讨论之后，全国劳工联盟领导层的其他成员也接受了这一决定。无论是在意识形态方面，还是在行事风格方面，他们在临时组织能同时进行一场革命与一场战争的诸多国家机构这件事情上仍然缺乏准备。从根本上来说，孔帕尼斯为其保全面子提供了极便利的路径。目前看来，工人已经处于可控状态。一开始，地方政府会为反法西斯民兵中央委员会的意愿赋予合法的外观，但是，由于全国劳工联盟内部缺乏政治方面的专家，委员会逐渐沦为了地方政府的小组委员会，然后彻底解散。孔帕尼斯有效保证了国家权力的连续性，并且从长远来看，通过诱导全国劳工联盟转化为肩负政治责任但又不拥有长期制度化权力的组织，孔帕尼斯最终得以驾驭革命的走向。[16]

然而，在短时间内，全国劳工联盟被用来为建立新世界清理地基。它的喉舌《劳工团结报》为针对神职人员和资本家的暴力行为进行辩护。吞噬巴塞罗那的犯罪浪潮被予以认可并得到合理化：

> 没有什么可以像硝烟的味道那样释放出潜伏在人心中的所有本能。与此同时，动荡局面已升级到了一个阶段：那些只想去满足自私与复仇之本能的人已经完全失去了控制。需要对本周在巴塞罗那所实施的种种恶行（它们没有声称的那么多）负责的正是他们，而且也只是他们；全国劳工联盟和参与革命的所有其他组织，并不愿意看到这一切的发生。然而，我们不能加入那些假惺惺的流泪者一边，因为归根到底还是他们的责任，不只是这场法西斯主义叛乱，也包括迫使人民长期处于贫困无知状态的种种行径。所以说，无论如何，结果都很难有什么不同。从事剥削的资产阶级、愚弄民众的神棍和贪得无厌的店主所经历的事情，只能说是自食其果。[17]

3 天以后，也就是 8 月 1 日，全国劳工联盟的全国委员会发布宣言称，"只要西班牙还有一个法西斯分子存在，我们就不会放下手中的枪"。[18]

无政府主义者的暴力没有受到控制，一个重要原因为，担任反法西斯民兵中央委员会下面负责维持公共秩序的"调查部"部长一职的，正是伊无联的极端分子奥雷利奥·费尔南德斯·桑切斯。他设法让工作得力的费德里科·埃斯科费特被免除了治安负责人的职务，因为后者决意要控制伊无联组织的行动。每一个城市和乡村都创建了一个防御性质或革命性质的反法西斯委员会，委员会的大部分职能都由全劳联或伊无联的成员把控。费尔南德斯将权力授予"治安巡逻队"（Patrulles de Control），在一周之内，有 700 个这样的组织成立。其人员构成反映了这样一个事实：大多数坚定的无政府主义者对充当警察表现出排斥态度，他们更倾向于在战场上进行战斗。因此，巡逻队的武装人员是由致力于消除资产阶级旧秩序的极端分子和一些新近被释放的普通刑事犯组成的混合体。他们往往无法无天，搜查并经常洗劫住宅，逮捕被告发为右翼分子的人并经常将其杀害。结果，到 8 月初，在巴塞罗那有 500 多名平民遭到杀害。奥雷利奥·费尔南德斯授意对"乌拉圭"号监狱船发动攻击,这导致许多右翼囚犯被杀。[19]

有时候,当某些特定地方的防卫委员会想要实施一些犯罪行动时,他们会基于"互助"原则,安排来自其他市镇的巡逻队干这些"脏活"。所谓的"幽灵汽车"会从邻近城镇或地区抵达,车上携带的黑名单只能是来自熟悉内情的当地人。这就解释了为何外来者可以不受惩罚地焚烧教堂,以及逮捕或杀死当地居民。当时还存在许多规模大小不等的摩托化小分队,他们所使用的交通工具反映出伊无联成员对豪华轿车的钟爱。而带领他们的,往往是由奥雷利奥·费尔南德斯所委任的、之前有过犯罪记录——通常是武装抢劫罪——的男子。其中声名狼藉的人物有:前银行抢劫犯,绰号为"胖子"的华金·奥比,他现在驾驶巴达洛纳地区的"幽灵汽车";绰号为"晨之拂晓"的何塞普·雷卡森斯·奥立瓦,其团伙在塔拉戈纳地区活动;来自莫拉-拉诺瓦的豪梅·马蒂·梅斯特雷斯,其团伙活跃于埃布罗河沿岸村庄;以及弗兰塞斯克·弗雷斯克内特·阿尔沃克尔斯,他掌控巴塞罗那省北部的比克城周边地区。弗雷斯克内特与他的同伙佩雷·阿古特·博雷利和比森斯·科马·克鲁埃利斯一同被称为"通往古尔布之路的瘫痪者"。弗雷斯克内特管理着由6辆"幽灵汽车"组成的车队,车辆维护工作由其家族开设的维修厂负责,费用则由市政当局支付。他们的主要目标是神职人员。[20]

在此类四处游荡的武装团伙中,由帕斯夸尔·弗雷斯克特·略皮斯领导的使用所谓"死人头汽车"展开行动的小分队,是其中最为可怕的一支。时年29岁的弗雷斯克特以其暴烈的性情而闻名。在20世纪30年代初,他曾因武装抢劫,以及按照伊无联的指示恐吓或谋杀拒不服从的实业家而被监禁。[21] 在内战爆发之初,他加入了由安东尼奥·奥尔蒂斯领导的来自巴塞罗那的无政府主义者武装纵队,后者是一位曾经当过木匠的富有魅力的伊无联成员。奥尔蒂斯的基地位于萨拉戈萨南部的卡斯佩,这座小城最初落入了叛乱方之手,占领者是以何塞·内格雷特上尉为首的40名国民卫队士兵。由于内格雷特上尉曾利用共和派妇女和儿童作为人盾,因此,在奥尔蒂斯纵队于7月25日占领此城之后,城中发生了惨烈的报复行动。在到月底之前的短短几天里,就有55名当地右翼分子被处决。弗雷斯克特小分队在行动中发挥了突出作用，奥尔蒂斯授予其"侦缉队"（brigada de investigación）的名号，并赋予其猎取法西斯分子的自由行动权。他们的"死人头汽车"实际上是一辆35座的黑色老式公共汽车，并且用死人头骨进行了"装饰"。队伍中成员的帽子上绣有骷髅头图案，胸前则别着金属的骷髅徽章。[22]

8月初，弗雷斯克特诱使卡斯佩余下的右翼分子现身。拂晓时分，他的手下在街上开枪射击并高呼叛乱口号。有四五个右翼分子，由于乐观地以为来自萨拉戈萨的叛军部队重新占领了该城镇，挥舞着武器从他们的藏身处出来。他们立即被逮捕并枪决。此后，被称为"死亡战队"的弗雷斯克特团伙在下阿拉贡地区、特鲁埃尔及塔拉戈纳各地传播恐怖。他们向东移动，首先前往法瓦拉并在那里杀死了15名右翼分子，然后向北抵达埃布罗河畔里瓦罗哈，并于9月5日在此杀死8人。次日，在塔拉戈纳省的弗利克斯，他们又杀死了8个人。然后他们向南进入埃布罗河畔莫拉，但是当地委员会制止了他们的所有杀戮企图。[23]

从埃布罗河畔莫拉出发，他们向西前往甘德萨，并于9月12日夜和13日晨处决了29名右派分子。弗雷斯克特让伊无联的红黑两色旗在市政厅上空飘扬，然后在全市居民面前高谈阔论，宣布成立自由共产主义公社。9月13日下午，他们向东前往塔拉戈纳省普里奥拉特葡萄酒产区陡峭山脚下的法尔塞特，在那里发生了一系列相同的事件。在弗雷斯克特率领45名手下搭乘他们的"死人头汽车"和两辆大型黑色轿车抵达那里之后，他们立即扣留了当地的加泰罗尼亚左翼共和党－劳工总会（ERC–UGT）反法西斯联合委员会之全体成员，并将进出小镇的道路封锁。从当天日落后到次日早晨，根据伊无联本地成员编制的名单，他们展开逮捕并在公墓中处死了27名右翼人士。接下来，弗雷斯克特集合了镇上的全体居民，在飘扬着伊无联的红黑两色旗的镇公所阳台上发表了讲话。他声称小分队只是应邀前来"伸张正义"，借此对杀戮行动进行辩护。伊无联的当地组织确实曾经向他提出过邀请，希望他能前来加速推行自由共产主义，之后当地迅速开始进行大规模的土地征收。[24]

死亡战队的下一站是雷乌斯。可是，当地反法西斯委员会已经接到了他们即将到来的警报。在**加泰罗尼亚统一社会党**（PSUC，简称"统社党"）

成员何塞普·班克·马蒂的领导下，共产主义者、社会党人，甚至无政府主义者均同意一致行动。抵达此地后，弗雷斯克特本人先是前往委员会总部，并对班克说，他的纵队来这里是为了肃清法西斯分子。当班克告诉他这里不需要他的协助时，弗雷斯克特被他的一个副手告知，他们的车队被当地民兵包围在城中的主广场——普里姆广场。死亡战队被迫离开，于是该城免于像甘德萨和法尔塞特那样遭到血洗。全国劳工联盟最后在 1936 年 10 月下旬取缔了弗雷斯克特小分队的活动，因为他们正在让整个组织变得声名狼藉。到那时为止，弗雷斯克特的车载杀手队已经处决了约 300 人。[25] 就像何塞普·马里亚·普拉内斯在那些导致自己被杀的文章中所指出的那样，区分理想化的革命热情与纯粹的犯罪活动非常困难。在加泰罗尼亚各地肆虐的"治安巡逻队"也给全国劳工联盟带来了坏名声，但是他们几乎没有受到管制，这是因为他们的管理者是奥雷利奥·费尔南德斯，他是这场运动中的高层人物之一。

在他的整体控制下，中央巡查委员会由其秘书长，同时也是伊无联成员的何塞普·阿森斯·希奥尔负责具体运作。阿森斯将下达各种侦查令和拘捕令，迪奥尼斯·埃罗莱斯·巴特列则协助执行这些命令。直到 1937 年 5 月事件之后遭到解散为止，在后方根除叛乱支持者的任务由这些巡逻队全权负责。但在巡逻队对外宣称履行这一职责的背后，这个被称为"埃罗莱斯的小伙子们"的恶劣团伙犯下了诸多基于个人利益、报复或阶级仇恨等动机的罪行。也存在少量由其他政党控制的巡逻队，比如那些由统社党从科隆酒店派出的人。也有大量完全独立的自治团体，他们拥有自己的私人监狱或者"契卡"。费尔南德斯、阿森斯和埃罗莱斯对于使用犯罪分子一事并无顾虑，因为他们相信后者是资本主义社会的受害者。他们共同掌控着这一遍布加泰罗尼亚全境的恐怖网络。有人指控奥雷利奥·费尔南德斯和他最亲密的合作者之一，比森特·希尔·"波特拉"还实施过性犯罪。伊无联中的另一阴险人物为曼努埃尔·埃斯科尔萨·德尔·巴尔，全劳联-伊无联反间谍部门的头头，他运用自己掌控的资源去除掉革命运动的任何潜在敌人。[26]

埃斯科尔萨的所谓"调查委员会"于 8 月份成立。欧洲各地来自右翼媒体的关于革命恐怖主义的描述，以及各种外交抗议，导致马德里政府、加泰罗尼亚地方政府，以及反法西斯民兵中央委员会纷纷施压，力求尽快结束"动乱"。全国劳工联盟领导层担心针对动乱局面的控诉可能是一种策略，其目的是催生回归国家旧体制的愿望，于是他们开始创建埃斯科尔萨的委员会以调查过激行为。埃斯科尔萨由于瘫痪而只能坐在轮椅上工作，他被加西亚·奥利韦尔描述为"身心俱残的可怜虫"。在反法西斯民兵中央委员会的秘书长，后来负责地方政府新闻部门的豪梅·米拉维特列斯的回忆中，他被认为是"伊无联中的那个坚定廉明的罗伯斯庇尔*"。相反，米拉维特列斯的同事霍安·庞斯·加兰迪认为埃斯科尔萨是"伊无联失控分子的头目"。后来成为西班牙第一位女性部长的无政府主义者费德丽卡·蒙特塞尼将埃斯科尔萨比作西班牙革命的费利克斯·捷尔任斯基**。他的残酷手段引起她"相当大的焦虑，当然还有极度的痛苦"。从位于莱埃塔那大街的全国劳工联盟总部顶楼的办公室中，他利用自己庞大的档案索引库，追查右翼分子以及无政府主义队伍内部的罪犯。27

埃斯科尔萨早期工作的一个典型代表就是何塞普·加尔德涅斯·萨巴泰的案子，此人是臭名昭著的暴力分子和无法无天的恶棍。人民阵线上台时，他并未获得赦免，但在7月19日与其他普通刑事犯一起被释放。他带着一群同伙，成了伊无联的"征收者"，并犯下了谋杀和抢劫罪。早在7月30日，全劳联－伊无联就曾发表声明说，任何人，如有未经许可即入室搜查和危及新革命秩序之行为，都将遭到枪决。几天以后，在8月3日，加尔德涅斯与其团伙中的部分成员被拘留，并在未经审判的情况下被处决。这使无政府－工团主义运动中的某些群体感到愤慨。28

加尔德涅斯在运动中受到顶礼膜拜，他因为1918年到1923年间的无法无天的犯罪之举而名声大噪。他是所谓"行动派"中最突出的成员之一，专于通过武装抢劫的方式筹集资金。他是一个无政府主义意识形态的坚定支持者，因为自己的所作所为而被巴塞罗那的老板们列上了黑名单。在普

---

* 法国大革命时期雅各宾派的著名领袖，他极度推行美德，同时以在国内实施恐怖政策而闻名。

** 前苏联"契卡"组织的创始人。

里莫·德·里韦拉独裁统治期间,他遭到流放和监禁;在为庆祝 1931 年 4 月第二共和国建立而进行的大赦中,他被释放出狱,并很快开始重操抢劫旧业。他的一些同志发现他的行为太过分,因此他被逐出无政府主义运动团体。出狱之后,他加入了"治安巡逻队"并很快故态复萌,据称他曾在搜查住所时偷窃珠宝。

处决加尔德涅斯是全劳联－伊无联领导层对要求结束革命恐怖主义的回应。曼努埃尔·埃斯科尔萨领导的一个小组对其执行死刑,他的尸体被弃于巴塞罗那郊外。有传言说,加尔德涅斯挣扎到最后一刻,将他送往刑场的汽车里留下了他折断的指甲。[29] 活跃于马德里的无政府主义者费利佩·桑多瓦尔本身就是 个臭名昭著并且心狠手辣的杀手,在佛朗哥政权的审判员面前,他将埃斯科尔萨描述成"一个扭曲的人物,无论是在身体上还是道德上都是一个怪物,这个人的手段令我厌恶"。[30]

埃斯科尔萨的活动并未解除温和派分子对无政府主义者之暴行的恐慌。地方政府拯救生命的努力更为有效。它向天主教徒、商人、右翼分子、中产阶级人士和神职人员发放安全通行证。它为超过 1 万名右翼人员提供了护照,以便他们能在巴塞罗那港登上外国船只。它为一些不宜暴露真实身份的人发放印有假名的护照,以免其处于危险之中。法国政府于 1939 年公布,在内战期间,它与加泰罗尼亚地方政府合作,通过其设立丁巴塞罗那的领事馆,撤离了 6,630 名成人(其中有 2,142 人是神父、修士和修女)和 868 名儿童。1936 年 8 月 24 日,墨索里尼政权在巴塞罗那的领事卡洛·博西报告说,意大利军舰已经疏散了 4,388 名西班牙人。[31]

很少有获救者会表达感激之情。有一位富有的金融家米克尔·马特乌·普拉在抵达叛军控制区后加入了佛朗哥的参谋部门。在巴塞罗那于 1939 年被占领之后,根据胡安·图斯克茨神父的建议,佛朗哥任命马特乌担任市长。马特乌的政策表明,他要用对全体人民的暴政,报复他在伊无联手中所经历的不快。[32]

在加泰罗尼亚与在叛军控制区,处理法外暴力遇难者尸体的方式是不同的。在巴塞罗那,受害者的亲属能够确定其亲人的命运。红十字会、市政卫生服务机构或司法人员会将街上发现的尸体带回医院进行拍照和编号。

为了避免这种调查，伊无联巡逻队建立了火化场来处理受害者的尸体。有时他们会用汽油烧掉尸体，或者用石灰毁尸灭迹。有时，尸体会被藏入井中或埋在偏远的地方。

当"治安巡逻队"成为巴塞罗那街道上的统治者时，像在其他地方那样，被认定为神父、修士、天主教激进分子甚至是教会成员的人，都将面临死亡或监禁的危险——因为教会在传统上被等同于右翼势力。1934 年 10 月起义期间，在巴塞罗那，有神职人员遭遇人身攻击的个案。在更南面的比利亚努埃瓦 – 赫尔特鲁，当地的天主教圣母无原罪教堂遭到洗劫和破坏。在佩内德斯自由镇，只有两座教堂免于遭到纵火。在 1936 年春，街道上行走的神父遭到石块袭击，教区司铎的住所遭到袭击，宗教仪式受到暴力干扰。[33] 在战争期间的加泰罗尼亚，伊无联针对宗教人士的迫害进一步加剧。

教堂遭到洗劫并被夷为平地。最开始，身着教士长袍的神父在街上遭到杀害。后来，神父和那些协助履行教会职能的人士——教堂司事和教区管理人员，以及当地闻名的虔诚天主教徒被逮捕，实施逮捕的主力是伊无联组织。这些人被带到"契卡"审讯，之后遭到处决。许多神父逃跑或躲藏了起来。巴塞罗那主教辖区战后的一份报告确定了，尽管很多针对神职人员和教堂的暴行是由地方极端分子组织的，但实际执行者却是外来的武装分子。在很多地方，当地信众反对袭击教堂的行为，但有时候，为了拯救神职人员，他们不得不接受甚至与暴徒们合作，对教堂实施纵火。同样，在很多情况下，当地的人民阵线委员会阻止了对神职人员的谋杀，并且协助他们脱逃。在塔拉戈纳的小城巴尔斯，大多数教堂的圣餐台均被毁，教堂建筑则被用作车库和农产品仓库。有一个特别有价值的 17 世纪的圣餐台由当地伊无联组织的成员保留了下来，他们是制造这一圣餐台的雕塑家的后裔。尽管如此，该城仍有 12 名神父遇害。[34]

根据上面所提到的教区报告，在许多城镇，如格拉诺列尔斯或锡切斯，反对教会的过激行动均由当地委员会组织。在比利亚努埃瓦 – 赫尔特鲁的案例中，由于地方右翼分子并未参与军事政变并且他们被捕的时候对此毫不知情，所以相比其他地方，来自左翼的报复也就没有那么凶猛。尽管如此，仍有卡车载着武装人员从巴塞罗那抵达这里，他们强迫宗教人士离开教堂和修道院。宗教建筑遭到洗劫，但是并无建筑被焚毁。然而，所有公开的礼拜仪式均遭限制。当地产权登记处遭到洗劫，文档资料被焚毁。该镇处于一个属于全国劳工联盟的民兵委员会的控制之下。还有其他一些失控分子驾驶另一辆"幽灵汽车"四处游荡，实施入室抢劫和未经授权的逮捕。很多谋杀行动是由与当地左派有联系的外来分子完成的。在被比利亚努埃瓦－赫尔特鲁的巡逻队所杀害的人员中，只有4位是神职人员。相比之下，在军事叛乱爆发后的5周以内，在莱里达的遇难者中有一半以上是神职人员。在整个战争过程中，在莱里达省的各主教教区内，共有65.8%的神职人员死于非命。在左翼人士看来，教宗所发布的有关"法西斯主义是击败无产阶级革命和维护基督教文明之最佳武器"的声明，显然是教会与法西斯主义进行联合的有力佐证。[35]

有关用烈火进行净化和清理旧西班牙历史残留遗产的观念，促使理想派无政府主义者犯下了很多暴力罪行。然而，那些被释放出狱并加入全劳联－伊无联的巡逻队及"契卡"机构的普通刑事犯，他们的活动也被用相同的理由予以辩护。因武装抢劫和谋杀而被判入狱的个人可能只是罪犯，甚至是精神错乱的疯子，但有许多自诩为人道主义者的无政府主义分子称颂他们为社会斗争中的英雄。[36]

即使没有那些最近被释放的囚犯的存在，在社会解禁的大前提下，曾被长期压制的高涨的反教权主义情绪也无法完全被压制。在除巴斯克地区以外的其他共和国控制区，到处都有教堂和修道院遭到洗劫和焚烧。许多宗教场所被用来充当监狱、车库或仓库，失去了其神圣的功能。亵渎行为——朝耶稣像和圣徒像开枪，破坏艺术作品，或是为了讽刺宗教仪式而身着神父的圣衣——通常具有象征意义，并且往往是戏剧性的。关于内战期间的宗教迫害，安东尼奥·蒙特罗·莫雷诺蒙席所做的研究最为可信，据他统计，共有6,832名教士和修会成员被谋杀或处决。另有很多人逃往国外。民众对教会的普遍仇恨，一是来自教会与右翼的传统关联，再则是教士阶级公然将军事叛乱正当化的结果。

尽管在针对神职人员的谋杀行动中有近300名女性遇难，然而，有关裸体修女被迫在公共场合跳舞并遭到共和国民兵轮奸的宣传却完全是夸大其词。有一部以弗雷·胡斯托·佩雷斯·德·乌韦尔（此人是"逝者之谷"修道院的院长，并且拥有主教头衔）之名于战后出版的所谓纪实作品，其内容完全是由其捉刀人，笔名"坎迪多"的新闻记者卡洛斯·路易斯·阿尔瓦雷斯编造的。[37] 1936年，在西班牙只有略多于11.5万名神职人员，其中约有4.5万名是修女，1.5万名修士，其余则为在俗的司铎。最新的统计数字显示，在内战中共有296名修女丧生，占当时共和国控制区女性神职人员总数的1.3%。与之形成鲜明对比的是，共有包括2,365名修士和4,184名在俗司铎在内的男性神职人员遇害——分别超过了共和国控制区修士总人数的30%和在俗司铎总人数的18%。[38]

经确认遭猥亵者的比例也极低——虽然其数量仍然令人震惊，甚至在将受害者不愿声张的因素考虑在内之后也是如此。经过详尽的研究，蒙特罗·莫雷诺得出结论：即使在遭到威胁的情况下，修女通常也可以免受性虐待，哪怕她们无法逃脱死亡的命运。诸如"安贫小姊妹会"等致力于社会工作的宗教团体中的修女，最有可能避开各种形式的迫害。巴塞罗那主教区的档案管理员何塞·萨纳布雷·桑罗马神父汇集了所有修女的遇害细节。在她们中间，几乎所有人都在政变爆发后的头几天里遇害。萨纳布雷·桑罗马并未提及在巴塞罗那主教区的性犯罪。那样的事确有发生，例如9月22日至25日在赫罗纳省留达雷内斯村5位修女遭性虐和谋杀的惨案，然而那些也只是个例而已。修女没有遭到大规模虐待，人们最常提到的原因是，男性普遍认为年轻女性进入女修道院只有可能是遭受胁迫或欺骗的结果。相反，男性宗教人士则被挑选出来，并被施以具有象征意味的野蛮折磨，当中不乏性羞辱的手段。这反映了人们对教会的压倒性特权，以及对教会严密控制民众（尤其是妇女）日常生活的强烈憎恨。[39]

尽管会招致巨大的风险，加泰罗尼亚地方政府的关键人物仍然同反教权主义暴力展开了坚决的斗争。例如，在一批批的司铎和修士等待离开加泰罗尼亚期间，豪梅·米拉维特列斯将他们藏在巴塞罗那足球俱乐部的更衣室里。内政部长何塞普·马里亚·埃斯帕尼亚、曾担任地方政府总理并于9月下旬担任加泰罗尼亚地方议会议长的霍安·卡萨诺瓦斯，以及文化部长本图拉·加索尔，都曾进行过非凡的努力。阿萨尼亚在他的笔记中写道：

"加索尔曾经救过很多司铎。大主教也是他救下来的。"[40] 在这里，他指的是塔拉戈纳大主教，拥有红衣主教头衔的弗兰塞斯克·比达尔·巴拉克尔。赫罗纳的主教被护送出城并被安排前往意大利，托尔托萨、拉塞乌－杜尔赫利与比克的主教也都分别被救出。意大利领事卡洛·博西于 8 月 24 日的报告中指出，何塞普·马里亚·埃斯帕尼亚为包括蒙特塞拉特修道院的修士在内的许多宗教社团的疏散提供了便利。他还指出，当地警察局长（一个统社党分子）在护照发放方面设置了若干障碍。不过，9 月 11 日的报告显示，仍然有另外 996 名宗教人士乘坐意大利船只撤出了加泰罗尼亚。[41]

7 月 20 日，地方政府驻塔拉戈纳的代表敦促红衣主教弗兰塞斯克·比达尔·巴拉克尔离开主教宫，但他拒绝了这一建议。然而，随着城市中的教堂一座接一座被烈火焚毁，他同意将主教宫和近旁的神学院改造成一所军医院。7 月 21 日下午，一大批全副武装的无政府主义者从巴塞罗那抵达这里。他们释放了市监狱里的所有普通犯，接着，他们洗劫并焚烧了圣克拉拉修道院，然后毗邻的由赤足加尔默罗会运营的修道院和孤儿院也遭遇同样的命运。普通市民对他们焚烧教会图书馆的行动予以阻止。红衣主教仍然拒绝逃走。最后，当他被告知，如果他继续拖延，那么把他弄出塔拉戈纳需要付出相当大的流血代价之时，他终于同意离开。7 月 21 日，他在位于通往莱里达之道路中途的波夫莱特修道院避难。这时出现了来自巴塞罗那南部奥斯皮塔莱特的一支无政府主义者巡逻队，在枪口威逼下，主教被迫和他们一起走。然后他们驱车前往奥斯皮塔莱特，希望能在那里对主教进行审判，但他们的车辆在路上耗尽汽油停了下来。一个突击卫队分队抵达并将他释放。随后他被带到巴塞罗那，在那里，地方政府和卡洛·博西一起，安排他逃往意大利。[42]

尽管红衣主教比达尔·巴拉克尔被成功救出，但是在 7 月 23 日至 12 月 22 日期间，有 86 名神职人员（包括 58 名在俗司铎和 28 名修会成员）在省会城市塔拉戈纳遭到谋杀。其中有 1/3 在前 10 天被杀，在接下来 8 月份的 3 周中又有 1/3 遇害，其他人的遇害时间则分布于接下来的 4 个月中。在全省各地，有 136 名神职人员被害。[43] 比达尔·巴拉克尔所任命的副主教萨尔瓦多·里亚尔·略韦拉斯于 8 月 21 日被一群隶属于全国劳工联盟的铁路工人所逮捕，并在他们私设的法庭上受审。该铁路工人组织的主席宣称，既然"无产阶级同意消灭所有神职人员"，里亚尔就自动被判处死刑。如果他透露教区储备资金的藏匿地点，那么他还可以活命。在他表示拒绝后，他被关到了停泊在塔拉戈纳港的监狱船"塞格雷河"号的小型储藏室中，其饮食供应也被断绝。他始终拒绝透露资金的存放地点，在8月24日司法权从当地民兵组织那里转移到新设立的"人民法庭"（jurats populars）手中时，距离他原定的行刑时间已经不远了。[44]

塔拉戈纳神职人员的遭遇是整个加泰罗尼亚地区的典型代表。总体来说，在加泰罗尼亚地区，绝大部分遇害宗教人士死于从1936年7月19日到9月底之间的这段时间里。此后，哪怕只是人民法庭的存在本身所带来的最微不足道的司法保障，也意味着神职人员所面临的命运通常是监禁而非死刑。巴塞罗那的保守派主教曼努埃尔·伊鲁里塔·阿尔曼多斯博士就没有红衣主教比达尔·巴拉克尔那么幸运了。当巡逻队于7月21日搜查主教宫时，他已经躲到了虔诚的天主教珠宝商安东尼·托尔特的家里，后者也为4位修女提供了避难所。12月1日，来自巴塞罗那新城的一支巡逻队搜查了珠宝商的工厂并发现了伊鲁里塔博士。虽然伊鲁里塔声称他只是一个普通的巴斯克神父，但民兵们却认定他是一个重要人物。据信在12月4日，他与安东尼·托尔特一起被枪杀于蒙卡达。不过，有传言说他已被救出。在巴斯克神父阿尔贝托·德·奥纳因迪亚于1937年进行的一次交换俘虏的谈判中，他的名字也在交换名单当中。也有很多人宣称他曾在1939年出现在巴塞罗那。在2000年进行的DNA检测并未解决此疑问，所以关于他的命运仍无定论。[45]

就是这样，在革命正义的花言巧语背后，暴力事件在不断发生，而且暴力的对象不仅限于神职人员。暴力反映出公众对军事政变以及破坏共和国进步事业之企图所怀有的义愤。人们对军方所代表的社会阶层展开报复。这样，他们就在谋杀或侮辱那些为它辩护的教区司铎、捍卫它的国民卫队与警察、受益于它的富人和作为具体执行者的代理人时，发泄了自己对一个压迫性社会制度的刻骨仇恨。某些行动，诸如在乡村地区焚烧产权记录和土地登记册，以及在大城市占领富人住宅，确实具有革命性的一面。虽然行动中也会有谋杀、强奸、盗窃和公报私仇等不法行为,但是对某些人来说,这种对旧统治阶级的清算可以被视为一种新道德体系下的革命行动,就像在法国、墨西哥和俄国曾经发生过的情况一样。"革命正义"的打击对象是"经过证实的法西斯主义者",这就包括任何可能被认为是政变支持者的右派分子。因此,土地所有者、银行家、工厂主、店主以及工厂中的高级职员、工程师和技术人员,甚至被认为与老板太过接近的工人,都有可能受到指控,并在城镇的工厂或社区委员会以及乡村的村社委员会所设立的临时法庭上受审。

对军事反叛分子的原始愤怒,以及想要惩罚这些大肆屠杀之人的强烈愿望,很快就与某种决心合为一体,即要消灭所有眼中的敌人以巩固革命。同时,军事上的失利和被运回的死者尸体也刺激了大量复仇式处决行动的出现。[46] 在各左翼政党与民兵团体之间发生的对抗——有时是基于意识形态分歧,有时纯粹是基于个人原因——引发了另外一种不同形式的暴力。一方面,孔帕尼斯的左翼共和党和统社党寻求重建司法体系,从而为被捕的政治对手提供宪法保障;而另一方面,无政府主义者则力求在没有任何正当程序的前提下对敌人进行肉体消灭,并将其作为新的乌托邦革命秩序的基础。

最初,大多数地方委员会花费极大精力去没收机动车辆、收音机和打字机,征用右翼组织的总部和富人的豪宅,并在城镇内外的道路上设置巡逻队。后一种活动导致旅行(无论距离长短)变得十分漫长,因为路上的人时不时就会被要求出示证明文件。房屋搜查过程中的盗窃和破坏行为并不罕见。[47] 尽管大多数地方委员会关心的是农业集体化和根除叛乱分子,但也有一些是不折不扣的犯罪组织。此类组织在赫罗纳省的典型代表有所谓的奥里奥尔斯委员会,其成员犯有特别暴力的盗匪行径;此外还有留达雷纳斯的委员会。在边境线上的波尔特沃、拉洪克拉和普奇塞达,伊无联武装分子对企图越境进入法国的人进行了有组织的敲诈勒索。很多人在交出随身携带的贵重物品后仍遭杀害。这些边防巡逻队也为巴塞罗那的伊无联"治安巡逻队"所偷窃的财物提供走私出境的便利,而走私所得有时为私人占有,有时则用于购买武器。[48]

无政府主义者优先考虑的事项之一，是争取从 1936 年 7 月 18 日之前的一些判决中获得赔偿，他们认为这些由君主主义者和共和国法院所通过的判决毫无公理可言。他们所要进行的第一步，毫无疑问是销毁司法记录。包括反法西斯民兵中央委员会的民兵领袖之一迭戈·阿瓦德·德·桑蒂连在内的无政府主义领导人认为，人民的正义不需要律师或法官的干预。因此，在 8 月 11 日，他们派出一支武装小分队企图控制巴塞罗那的"正义宫"*。他们进入大楼的借口是前来搜查武器。无政府主义激进派律师兼新闻记者安赫尔·桑布兰卡特目睹了保卫正义宫的国民卫队与无政府主义者巡逻队之间的对峙，后者的领头人宣称他们是来逮捕"那些以卷宗和起诉书作为掩护而与革命对抗的恶棍"的。

随即，桑布兰卡特前去向反法西斯民兵中央委员会的全国劳工联盟代表通报了此事。他们解释说第一支巡逻队就是他们派出的，因为"无论地方政府是否愿意，毒蛇的巢穴必须被清洗"。接下来，他们建议由他接管正义宫，并指示他带着大量增援人手重返现场，清除仍在那里的"流氓"。于是他遵命行事，将专业法律人士赶出大楼。当时报纸上的官方声明称，桑布兰卡特被派去，是为了防止失控分子摧毁那里存档的原始资料。由于这与无政府主义者的意图相去甚远，所以合理的假设是，它只是用来确保反法西斯民兵中央委员会中的其他成员批准此行动的障眼法。[49] 有几位法官被杀害。这一系列进程于 1936 年 8 月 17 日被合法化，当时，地方政府遣散了所有司法人员并建立了一个名为"司法办公室"（Oficina Jurídica）的革命机构，并且先由桑布兰卡特短暂管理了一段时间。[50]

桑布兰卡特于 8 月 28 日辞职，无政府主义律师爱德华多·巴里奥韦罗接替了他的职位。巴里奥韦罗宣称，所有犯罪从根本上说都是社会造成的，并且吹嘘说他销毁了数百吨 1936 年 7 月 19 日以前的司法记录。大量文件被堆放在圣霍安大道的人行道上进行焚烧。巴里奥韦罗声明放弃领取薪水，但是后来却被指控利用自己的职位积累了相当多的财富。他雇用了伊无联囚犯援助委员会中的两名成员，何塞·巴特列·萨尔瓦特和安东尼奥·德韦

---

* 即地方最高法院和司法部的所在地。

萨·巴约纳，来担任他的助手。两人均有入狱的经历，曾因武装抢劫罪而分别被判 12 年和 14 年有期徒刑。大量由司法办公室暂为保管的涉案钱款直接不知去向。"反法西斯可靠人士证明"开始出售。有 60 名无政府主义民兵从司法办公室领取工资。他们胁迫被捕者的家庭出钱换取他们亲人的自由。拥有宗教文物的人被课以高额罚金，这些钱也都落入了巴里奥韦罗手下人的口袋。根据庞斯·加兰迪的观点，巴里奥韦罗同奥雷利奥·费尔南德斯、埃斯科尔萨和埃罗莱斯等人沆瀣一气。[51]

在巴里奥韦罗与其全国劳工联盟的伙伴执掌司法系统期间，地方政府在维持公共秩序方面基本上是无能为力的。作为地方政府所采取的唯一有助于阻止自发性"审判"行动的积极举措，8 月 24 日，它在加泰罗尼亚的全部四个省份中设立了由 3 名治安法官和 12 名来自工会及左翼政党的陪审员组成的人民法庭。从某种程度上说，这是在回应马德里中央政府于 8 月 23 日和 25 日所颁布的有关推动建立人民法庭的法令，此法令诞生的背景则是马德里模范监狱的犯人遭屠杀的事件。加泰罗尼亚地方政府的这一司法机构（人民法庭）为全国劳工联盟所接受。[52] 法庭的使命最初是镇压法西斯，但参与叛乱和煽动叛乱的人也很快成为审判的对象。一般而言，法庭成员缺乏相应的法律培训，这意味着诉讼程序往往是一团糟。陪审员、目击证人、被告人甚至是旁听席上的群众都可以不受限制地发表长篇大论，于是很多时间就这样被浪费了。法庭判决的总趋势倾向于从宽处理。判决通常是极端化的，不是免罪就是死刑，然而死刑往往会减刑为入狱监禁。[53]

在 9 月中旬，地方政府主席孔帕尼斯面对这种低效的双重权力体系，决意解散反法西斯民兵中央委员会。"治安巡逻队"制造的恐惧以及它的不得人心让该决定的实现变得稍微容易了一点。孔帕尼斯认为，应由反法西斯民兵中央委员会自己主动发起此事，于是他首先向包括杜鲁蒂、加西亚·奥利韦尔和奥雷利奥·费尔南德斯在内的一个全劳联－伊无联代表团提出了这一想法。他们对此表示同意。9 月 26 日，加泰罗尼亚成立了一个由何塞普·塔拉德利亚斯领导的新联合政府，由来自全国劳工联盟的人担任部长（加泰罗尼亚语为 conseller）。这并没有立即杜绝无政府主义巡逻队的暴行。事实上，由于新入阁的全国劳工联盟的部长们所表现出来的傲慢自大和宗派主义,他们很快就激起了其他左翼团体的敌意。特别是,地方政府的防务部长想方设法让地方政府采购的大部分武器最终落入无政府主义者之手。同样,来自全国劳工联盟的供给部长何塞普·霍安·多梅内奇在组织食品征集工作时所采用的方式,不但在加泰罗尼亚乡村地区引起了冲突,而且也导致了与统社党方面的敌对。这些情况不断恶化至1937年5月,终于在加泰罗尼亚地方爆发了一场"迷你内战"。[54]

塔拉德利亚斯的地方政府面临的主要问题之一,是爱德华多·巴里奥韦罗的操守越来越受到怀疑。9月中旬,有7名长枪党分子被发现藏在他位于马德里的家中。据称他的妻子为此而收受了贿赂。当巴里奥韦罗本人在巴塞罗那接受采访时,他表示自己对此事一无所知。[55] 新任司法部长,马统工党领袖安德鲁·宁揭露了巴里奥韦罗滥用职权的行为,并于11月20日将"司法办公室"解散,从而使问题得到解决。安德鲁·宁是被塔拉德利亚斯选中的唯一一位有可能挑战全国劳工联盟之权力的人物,他将巴里奥韦罗、巴特列和德韦萨逮捕并以盗窃罪对他们进行审讯。有证据显示他们曾越境前往法国银行进行存款。安德鲁·宁所取得的成就则是恢复传统的司法秩序,终止全劳联－伊无联的专横"执法"。[56]

地方政府反对失控暴力行动的进一步表现是,在1937年4月启动了针对内战爆发头几个月里的暗杀行动以及遇难者的秘密埋葬地点的大规模调查。巴塞罗那高等法院院长何塞普·安德鲁·阿韦略成立了一个特别法庭,它在加泰罗尼亚各地展开调查,许多失踪人员的尸体都被找到,杀害他们的凶手也被确认。被捕者中有迪奥尼斯·埃罗莱斯,他被指控与萨尔达尼奥拉的一个秘密埋尸点有关,然而他获得了保释。奥雷利奥·费尔南德斯也被逮捕,虽然他的罪名并不是谋杀,而是对巡逻队手中的被捕人员进行敲诈勒索。针对谋杀与抢劫案件的审判数目众多。当乔治·奥威尔所亲历的1937年5月的巴塞罗那"迷你内战"结束后,全国劳工联盟将这些审判视为共产党对无政府主义者和马统工党的报复行动,然而它们的启动其实是在事变发生一个月前。而且,那一年的8月2日,伊无联枪手曾对安德鲁·阿韦略发动过一次未获成功的暗杀。随后的调查显示,幕后黑手可能是埃罗莱斯,虽然并无确凿的证据。然而,事实的确是,受审的统社党与孔帕尼斯之左翼共和党成员所受到的追究不及无政府主义者严厉。当指控来自遭遇征收之房产或土地的所有者时，被告会获释。然而，那些被以谋杀和抢劫定罪的被告还是受到了惩罚。[57]

塔拉德利亚斯政府成立不久之后，有一些重大问题在内安部中迅速显现出来。来自加泰尼罗亚左翼共和党的新任部长阿特米·艾瓜德尔·米罗接管了旧有的反法西斯民兵中央委员会调查部中的大部分成员，其中包括奥雷利奥·费尔南德斯、迪奥尼斯·埃罗莱斯、曼努埃尔·埃斯科尔萨和何塞普·阿森斯。不可避免地，当艾瓜德尔的首任警务总长，属于加泰尼罗亚左翼共和党的安德鲁·雷韦特斯·略帕特试图限制巡逻队的活动时，部内局势一度紧张，差点酿成暴力冲突。1936 年 11 月下旬，奥雷利奥·费尔南德斯和埃罗莱斯诬告他密谋反对加泰罗尼亚地方政府。他被捕入狱并在后来遭到杀害。然后，艾瓜德尔选择了绰号为"独臂人"的统社党党员欧塞维奥·罗德里格斯·萨拉斯担任他的警务总长。罗德里格斯·萨拉斯与其前任一样热衷于对伊无联施加控制。奥雷利奥·费尔南德斯曾在艾瓜德尔的办公室里对他实施殴打，部长本人不得不掏出手枪进行干预，以阻止一场严重暴力犯罪的发生。伊无联巡逻队从埃罗莱斯处获得的自由行动权还导致了他们与国民卫队之间的冲突。[58]

在巴塞罗那以外，只在很短一段时间内频繁发生过这种不受控制的恐怖事件。无政府主义者组成的武装纵队搭乘被征用的卡车从城市中蜂拥而出，并在身后留下了一连串屠杀的印记。在向阿拉贡推进的途中，当行经城镇与乡村时，他们处决了所有被认为是法西斯主义者的人，即神职人员与虔诚的天主教徒、土地所有者以及商人。在莱里达省，一开始，陆军军官、国民卫队和当地右翼团体控制着城市。然而，在一场总罢工造成的压力之下，听闻巴塞罗那起事失败而士气低落的反叛分子于 7 月 20 日投降。

马统工党是莱里达省的主导力量，它与全国劳工联盟及劳工总会合作建立了公安委员会，但几乎没有采取任何有效措施，以阻止城中大多数教堂遭焚毁或者遏制大规模的私刑处决。7 月 25 日晚间，有 26 名来自陆军和国民卫队的军官被从当地监狱中拉出来枪毙，当地主教座堂遭到纵火。遇害者还包括 1 位天主教圣母圣心爱子会的神父、14 名圣母圣心爱子会讲习班的学员以及十几名平民。有人认为，当天杜鲁蒂领导的武装纵队的抵达触发了这一暴行。作为城市主导力量的马统工党任命了一位名叫何塞普·罗德斯·布莱的鞋匠担任治安人民委员。当奥雷利奥·费尔南德斯派遣一位使者前来组织"治安巡逻队"时，二人合作在这座城市实施了大规模的犯罪行动。8月5日，包括莱里达主教萨尔维·维克斯·米拉尔佩克斯博士在内的21名在押人士被装上一辆卡车送往巴塞罗那。卡车在途中遭到伏击，这些人被带到墓地枪杀。据说，埋伏者是来自巴塞罗那的另一支纵队"伊无联雄鹰"，该纵队由胡安·加西亚·奥利韦尔率领。如果要说他们跟杜鲁蒂的人有什么区别的话，那就是他们更为暴力。

8月20日夜，有73名神父和修士，以及数名平民在公墓被枪杀。截至10月底，已有超过250人遇害，占整场战争中莱里达死亡总人数的一半以上。与恐怖事件高发密切相关的事实为：莱里达是无政府主义武装纵队开赴阿拉贡前线的必经之地。在此地的平民遇难者中，有些人曾在1934年10月起义失败后的镇压中发挥过突出作用。[59] 在该省的其他地方，马统工党接管政权后，成熟的庄稼因为无人收割而烂在地里，废弃厂房中空无一人。那些提出必须组织经济活动的人被打上了"反动派"的标签。在位于省会城市东北方向的巴拉格尔，这一情况尤为突出：在35人被杀（其中有17人死于8月5日）之后，马统工党委员会最为关心的，似乎是在被征收的富人宅邸中过上他们认为的好的生活。[60]

早在7月25日，全国劳工联盟的加泰罗尼亚地方委员会与巴塞罗那地区联合会便联合发布过一则声明，宣称"掠夺、抢劫、随意抄家和其他不负责任之行为，是卑鄙可耻和不符合劳工阶级利益的，它玷污了我们所取得的伟大胜利"。不管是否真的无辜，总之，全国劳工联盟和伊无联均声称，将对那些被"治安巡逻队"抓获的进行此类犯罪行动的个人采取严厉措施。由于这些行动仍在继续，几天之后，他们下发了一则更加令人难以置信的声明，其大意是，房屋搜查以及随意逮捕和处决行动同全劳联－伊无联毫无关系，那些都是法西斯分子花钱找人干的。[61]

然而，即便是那些既非伪善者也非无辜者的人，也在无条件地谴责暴力和破坏行动。颇具影响力的无政府主义思想家霍安·佩罗对合理的革命暴力与他所谓的"不恰当的流血"进行了区分。他在 1936 年 8 月底写道:"如果残酷压榨人民的资产阶级因为人民的义愤而被消灭,那么中立的旁观者可以从中找到杀戮的理由。如果被消灭的是豪强地主、投身极端主义政治活动的神父或者其他反动派,那么情况同样也是如此。革命就是革命,革命中的流血行动完全合乎情理。"接下来,在为"人民的义愤"进行辩护之后,他指责那些焚烧和洗劫教堂及富人避暑别墅的人,因为在他们浪费时间和汽油做此等蠢事的同时,"那些本应被吊上河边路灯柱的阔佬们"却借机开溜了。[62]

如果说,佩罗的有关无谓之暴力的观点未能在莱里达激起波澜,那么它至少在塔拉戈纳获得了回应。塔拉戈纳反法西斯委员会的成员有效阻止了对那些被视为法西斯分子的人的草率处决。尽管如此,由于国民卫队和突击卫队均已被派往战斗前线,所以在一开始很难控制那些变得嗜杀成性的民兵。此外,叛军控制区发生暴行的消息也会引发报复行动。然而,当地的加泰罗尼亚左翼共和党、劳工总会和马统工党领导人均对恐怖主义和犯罪行为予以谴责。在城中发生的种种暴行,是由(伊比利亚)自由主义青年联盟(Libertarian Youth)和伊无联的成员组成的三个武装团伙的杰作。团伙成员要么是 7 月 22 日被释放出狱的罪犯,要么是处于社会边缘、无特殊技能且时常失业的体力劳动者。他们手持分发的武器,以革命的名义犯下了盗窃、敲诈勒索和谋杀的罪行。[63]

佩罗的所谓"人民的义愤"的时刻已经消逝,为了满足战争进程中更广泛的需求,在 8 月底,《劳工团结报》开始呼吁结束针对被视作人民公敌之人的自发性暴力。[64]然而,《劳工团结报》也发表过另一篇文章,呼吁除掉加泰罗尼亚基督教民主政党"加泰罗尼亚民主联盟"(Unió Democràtica de Catalunya)中的知名人士曼努埃尔·卡拉斯科·福米格拉。他在内战爆发的最初几个月里担任地方政府财政部的法律顾问,这一经历后来成为佛朗哥分子处死他的理由。在任职期间,他对无政府主义者和其他人企图获得遇害者或流亡人士被冻结之银行账户的各种尝试予以坚决抵制。这其中也包括米克尔·马特乌·普拉的财产,此人在地方政府的协助下逃离了加泰罗尼亚。在另外一些情况中,有人企图兑现从巡逻队逮捕的有钱人那里勒索得来的支票，还有一些已经对私人产业予以没收的地方委员会在想方设法获取产权所有人的资金。有一次，卡拉斯科拒绝了一个经营《巴塞罗那日报》(Diari de Barcelona) 的委员会的类似要求，于是他在 12 月 15 日的报章上被指控为法西斯刺客。两天之后，《劳工团结报》上刊登的一篇由富有的加泰罗尼亚激进分离主义者，同时也是伊无联成员的豪梅·巴柳斯所撰写的文章，对卡拉斯科的天主教信仰横加指责。卡拉斯科的确是一位虔诚的天主教徒，同时他也是拥有健全判断力和人道主义理念的保守派人士。巴柳斯的谴责是号召激进分子对他实施暗杀的极诱人的邀请。在该期报纸发行后的当天傍晚，有一支伊无联巡逻队前去他家找他。[65] 由于当局无法保证他的安全，卡拉斯科被迫逃离他深爱的加泰罗尼亚，并前往巴斯克地区担任加泰罗尼亚地方政府的代表。在被佛朗哥分子抓获后，卡拉斯科接受了审判，并于 1938 年 4 月 9 日，也就是复活节前日（星期六）被行刑队枪决。[66]

到 1936 年 11 月，佩罗已经明确了他的立场，并开始勇敢地谴责玷污加泰罗尼亚与败坏革命声誉的恐怖主义和盗窃行径：

> 在这里，正常的法律秩序已经缺席了很长时间，唯一的"法律"就是最强者至上。人们为了杀戮而杀戮，因为杀人可以不受惩罚。人们遭到杀害，并非因为他们是法西斯分子，或者是人民公敌，或者是革命之敌，或者与这些人有哪怕最微小的相似之处。他们因为凶手的一时兴起而被杀，有很多人死于凶手的怨恨或者嫉妒。当大众的暴力爆发时，杀人犯和小偷借机继续他们的犯罪生涯，他们给那些冒着生命危险在前线战斗的人带来了耻辱。

佩罗对在革命大背景下滥施暴行的强烈愤慨，于 1936 年秋季期间得到加强。他评论说："在巴塞罗那省周边的某些地区，特别是在莱里达，杀戮的规模是非常可怕的。在加泰罗尼亚各地，不知有多少个地方委员会被迫下达了处决所谓'革命分子'的命令，那些人利用当前的混乱局势大肆行盗窃之举，有时则为了掩盖他们的偷盗行为而杀人灭口。"佩罗认为，对这些暴行进行公开谴责，符合无政府主义运动的利益。在一篇文章中，他提到了在马塔罗附近的一个村庄里的反法西斯委员会领导人。此人用他的抢劫所得布置他的住所。"这位吹嘘自己曾经清算过上帝与圣母玛利亚的'革命者'，已经完成了'他自己的革命'，他不仅获得了堪比王侯的家具和室内陈设品，还获得了衣服、地毯、艺术品和珠宝。"对于佩罗来说，如此多的战士在前线流血牺牲，正是为了消灭而非鼓励盗窃和暴力。显然，将建设新世界的责任托付给这些盗贼和杀人犯是无法想象的。[67]

然而，这样的责任也无法托付给全劳联－伊无联中的很多成员。1937年1月23日，在塔拉戈纳省铁拉阿尔塔地区的山顶村落拉法塔雷利亚，外来的无政府主义者遭到抵抗，此后当地爆发了一场闻名的血腥冲突。拉法塔雷利亚的贫穷小自耕农和倾向集体化的挨饿的无地劳工长期不对付，在来自巴塞罗那的伊无联分子抵达那里之后，双方之间斗争的引线被点燃了。当时，无政府主义者试图强行对当地农民拥有的小块土地实行集体化，但是被当地农民赶走。于是，这些无政府主义分子宣称叛军的"第五纵队"已经在拉法塔雷利亚起事，并要求巴塞罗那和塔拉戈纳提供增援。大批无政府主义分子的巡逻队从塔拉戈纳其他地方以及巴塞罗那被派出，负责巴达洛纳"幽灵车队"的华金·奥比（绰号为"胖子"）一伙也在其中。有一位村民设法用电话通知了加泰罗尼亚地方政府，但是政府派出的那些代表不是到得太迟，就是什么也没做。奥雷利奥·费尔南德斯也是代表之一，然而，伊无联民兵却当着他的面杀害了30名反对其集体化政策的小农，并且洗劫了拉法塔雷利亚。在全国劳工联盟的资料中，这些小白耕农被视为"叛乱分子"，并且该资料还谎称当时该村正在策划 场支持君主制的起事。[68] 极端分子豪梅·巴柳斯写道："这场革命必须肃清后方。我们因为总是顾及法律而承受了许多苦难。不和工人阶级站在一起的人都是法西斯分子，我们理应以对待法西斯分子的方式来对待他们。让我们牢记拉法塔雷利业事件。"[69]

无政府主义者的暴力不但针对神职人员、中产阶级或小自耕农，同样也会指向共产主义者。自9月底起担任首席部长的何塞普·塔拉德利亚斯的怯懦表现，反映出地方政府在控制全劳联－伊无联之过激行为方面所做的努力效果不佳。9月中旬，地方政府主席孔帕尼斯告知伊利亚·爱伦堡*，他对无政府主义者加诸共产主义人士的恐怖手段感到愤慨，并且对统社党没有予以相同的回击而表示惊讶。[70] 不过，10月1日苏联领事弗拉基米尔·安东诺夫－奥夫谢延科的到来，为孔帕尼斯带来了强力援助。在安东诺夫－奥夫谢延科向莫斯科递交的第一份报告中，他就给出了解决该问题的措施。他控诉说全国劳工联盟正在不加区别地招募人员，更多的右翼破坏分子与来自流氓无产者群体的犯罪分子进入了该组织。他汇报说，在7月下旬，全国劳工联盟利用内战爆发的时机，以破坏罢工为由杀害了超过80名工人。当然，其中也包括黄色工会组织"自由工会"的头头拉蒙·萨莱斯。

死于无政府主义团伙之手的受害者中还有劳工总会在巴塞罗那港的工会主席德西德里奥·特里利亚斯·迈内，他于7月31日和其他两个同为统社党党员的伙伴一同遭到枪杀。杀人者的借口是，他有权选择让谁在码头工作，然而他总青睐劳工总会的成员。事实上，他更多是因为曾反对全国劳工联盟在1934年1月举行的一次港口罢工行动而被杀。[71] 随后，在韦斯卡省巴尔瓦斯特罗附近的一个村庄，劳工总会的25名成员在无政府主义者的一次突然袭击中遇害。在巴塞罗那附近的莫林斯－德雷伊，一家纺织厂的工人举行罢工，抗议伊无联委员会的任意解雇行为。有一个代表团企图将工人的控诉状带往巴塞罗那，但是他们却被赶下火车。那些设法抵达目的地的人由于太过害怕而滞留不归。[72]

有关伊无联之暴行的另外一个更为极端的案例，是由奥雷利奥·费尔南德斯所实施的针对玛利亚修会的勒索行动。在已有14人遇害的情况下，该宗教组织的高层人员于1936年9月23日与奥雷利奥·费尔南德斯和埃罗莱斯会面，商议为仍然幸存的成员交付赎金。他们达成了一致：玛利亚修会方面分两期支付20万法郎，伊无联方面则保证他们安全前往法国境内。当第一笔钱支付给费尔南德斯时，有117名见习修士获准于10月4日从普奇塞达过境，但所有21岁以上的人都被扣留。有30人被带到巴塞罗

---

* 应指伊利亚·格里戈里耶维奇·爱伦堡（Илья́ Григо́рьевич Эренбу́рг，1891—1967），苏联著名作家和新闻记者，当时以《消息报》记者身份在西班牙进行采访报道。

那，据说是要让他们加入正等待经由海路前往马赛的另外77名同属玛利亚修会的修士。事实上，所有107人都被关在圣埃利斯监狱。与此同时，玛利亚道修会的司库携带第二笔赎金返回巴塞罗那。他遭到监禁，钱款落入奥雷利奥·费尔南德斯手中。在同一天晚上，圣埃利斯监狱中有44名修士被枪杀。有一位被囚修士的兄弟说服奥雷利奥·费尔南德斯将该修士释放，然后把情况告诉了地方政府。孔帕尼斯主席采取干预措施，拯救了剩下的62条人命。无政府主义者方面的资料称，塔拉德利亚斯共同参与了整场行动。[73]

全国劳工联盟之所以敢于向共产主义者释放如此尖锐的敌意，所仰仗的就是无政府主义者所囤积的包括机枪在内的大量武器装备。在9月19日向共产国际提交的一份报告中，法国共产党总书记莫里斯·多列士声称，在巴塞罗那，"无政府主义者几乎夺取了加泰罗尼亚境内的全部武器，他们所拥有的武器不仅仅是为了组建他们的武装力量，而且也用于对付其他工人阶级群体。自从军事叛乱爆发以来，他们多次对共产主义活跃分子和工会成员展开暗杀，他们以所谓'自由共产主义'的名义犯下了诸多暴行"。同样，由共产国际派出监督国际纵队志愿者的法共党员安德烈·马蒂也认为，无政府主义者在武器方面的优势意味着进行妥协在短期内还是必要之举，但是"我们会向他们复仇的"。[74]

共产党人和无政府主义者之间的一些最为激烈的冲突发生在巴伦西亚地区。这在某种程度上反映了巴伦西亚所辖3个省份的许多城镇与乡村中已经发生的那些高压暴力行动。自发组织的各种巡逻队和委员会开始消灭那些他们所认定的法西斯分子。在很多地方，人民阵线委员会会对侵占私有土地、袭击教堂或者焚烧产权登记处等行为予以制裁，但他们不是总能控制所有个体的行动，于是，就像在加泰罗尼亚所发生的情况一样，出现了针对神职人员、地主、市政及司法机构人员的谋杀。在位于巴伦西亚西北的利里亚，当地的温和派委员会发现自己处于来自首府的伊无联民兵巡逻队的威胁之下。这种案例并非罕见。那些不愿让其农庄被集体化的小自耕农也身处险境。而且，与在加泰罗尼亚的情况一样，不同市镇的武装团伙会互相约定，前往对方的市镇展开杀戮行动，因为他们并不愿意背上谋杀同乡的骂名。在卡斯特利翁省，参与杀戮行动的有来自阿萨尼亚之左翼共和党的团体"亡命者"和全劳联–伊无联的下属组织"共同体"。[75]

在巴伦西亚乡间的沃土上，全国劳工联盟和劳工总会的成员在占领叛乱支持者（他们中间的很多人在第一波骚乱中就遭暗杀）的土地时，并没有遇到什么问题。然而，当无政府主义者试图强行实现集体化时，他们受到了新旧小土地所有者的联合抵制。在加泰罗尼亚、阿拉贡或巴伦西亚，每当无政府主义者抵达一个村镇，他们都会强行要求村镇里负责通告政令的人向当地居民宣传"自由共产主义"，以及废除货币和财产的主张。结果，那些在所经之处强制推行土地集体化的全国劳工联盟武装纵队激起了大规模的暴力冲突。纵队中有很多成员是坚持纯粹无政府主义之理念的城市工人，他们对各地的具体情况一无所知。

这解释了萨拉戈萨省的显著状况，该省只有44个市镇处于共和国控制之下。在占该省面积约1/3的共和国控制区，共有742人遇害，占人口总数的8.7%，这在共和国控制下的各个省份中比例最高。这44个城镇中，有8个城镇没有遇难者，另有8个城镇只有一两人遇难。像卡斯佩等遇难人数最多的城镇，在1936年7月18日以前没有经历过严重的社会动乱，但无一例外均由来自巴塞罗那和巴伦西亚的无政府主义纵队所占领。正是这些民兵，触发了焚烧教堂、杀害神职人员和右翼分子以及强制实行土地集体化的进程。然而，这些事情大多不太可能没有得到当地无政府主义者的支援。在右翼人士曾参与军事政变的地方（比如卡斯佩），或者是在7月18日之前曾发生过社会冲突的地方（比如法瓦拉），更容易出现遇害事件。在上述两种情况均未曾出现的地方，当地委员会才能保证无人遇害。在布哈拉洛斯、莱塞拉、梅基嫩萨和萨斯塔戈等许多小村镇的情况就是如此。值得注意的是，萨拉戈萨省的这742名遇难者中，有152人死于外地的无政府主义者之手，他们被带往特鲁埃尔、韦斯卡、莱里达或巴塞罗那等地并遭杀害。[76]

在阿拉贡最北端的韦斯卡省，伴随着无政府主义者纵队的抵达而开启的这种暴力模式也一再出现，有时地方委员会也参与其中。东部地区的反教权主义暴力指数最高。在小镇巴尔瓦斯特罗，主教弗洛伦蒂诺·阿森西奥和 105 名神父被杀，占当地 195 名神父的 54%。在韦斯卡市有 31 名神父遇害，占当地总数（198 人）的 16%。在很多村庄，教区司铎被迫目睹人们对弥撒仪式的嘲弄性的拙劣模仿，然后他们会被杀害；他们也会被告知，如果声明与上帝决裂，他们就能活命。正如在阿拉贡地区常见的那样，遇害神父的尸体被浇上汽油点燃。[77] 在全省大部分地区，并无修女遇害。在最糟的情况下，她们会受到威胁，并被迫离开她们的修道院。然而，在位于该省东部、处于莱里达主教教区之内的佩拉尔塔 – 德拉萨尔，1936 年 10 月 1 日，有 3 位修女被奸杀。在韦斯卡，有包括至少 8 名妇女在内的众多天主教徒遭无政府主义者杀害。[78]

在最南端的阿拉贡省份特鲁埃尔，引发镇压行动的也是无政府主义者武装纵队的到来。在拘留当地激进分子所认定的右派分子和神职人员后，奥尔蒂斯纵队的头领们经常会仓促组织一场公审。在类似伊哈尔镇或阿尔科里萨这样的居民点中，民众被迫前往镇广场集合。囚犯被一个接一个地带到镇公所的阳台上，然后现场的人们被要求用表决的方式决定其生死。镇压的规模取决于当地反法西斯委员会阻止屠杀的意愿和决心。在阿塞拉、卡夫拉堡和比纳塞特等小村庄，当地委员会设法避免了任何处决行动的发生。在诸如阿尔卡尼斯、卡兰达、阿尔瓦拉特 – 德尔阿索维斯波、卡拉塞特、穆涅萨和莫拉 德鲁维耶洛斯等其他城镇和村庄，委员会将处决名单交给了占领当地的无政府主义民兵。在其他地方，比如说在巴尔韦德镇，镇压行动完全由臭名昭著的巴伦西亚"钢铁纵队"的无政府主义者发起，他们杀害了那些反对集体化的人。[79]

富有理想主义色彩的集体化举措通常会受到无地劳工的热烈欢迎，但是遭到小农阶层的强烈抵制。一些无政府主义者的纵队被控犯有抢掠、虐待妇女与大规模盗窃农作物等不法行径。在巴伦西亚各地的村庄中，被强征牲畜的农夫所获得的只是毫无用处的征收凭据。他们收获的小麦和橙子被夺走，然后被运到巴伦西亚并由全国劳工联盟销往国外。8 月下旬，在特鲁埃尔省的巴尔韦德镇，有上万条熏制好的火腿被"以革命的名义"征收。其中最恶劣的抢劫犯就来自那支自封为"钢铁纵队"的队伍。[80]

关于该纵队的由来，可以追溯到当年 7 月下旬在巴尔韦德镇发生的一次事件。该事件凸显了共和国民兵的幼稚无知与其对手的老谋深算。这也在某种层面上解释了随后那些无政府主义者残忍行事的原因。7月25日，共和国方面组织了一支远征队，前去光复先前被小股叛军拿下的特鲁埃尔。由于该地被塔拉戈纳、卡斯特利翁、巴伦西亚、昆卡和瓜达拉哈拉这些忠于共和国的省份所包围，所以在当时人们就觉得应该可以很容易地夺回特鲁埃尔。远征部队包括两支纵队：其中一支来自巴伦西亚，由边防警察部队、国民卫队士兵和一些无政府主义者民兵组成；另外一支来自卡斯特利翁，包括国民卫队士兵和大量的民兵。总指挥由时年56岁的边防警察部队上校伊拉里奥·费尔南德斯·布汉达担当，他在国民卫队少校弗朗西斯科·里奥斯·罗梅罗的随同下，领导来自巴伦西亚的纵队。卡斯特利翁纵队由阿萨尼亚之左翼共和党的国会议员弗朗西斯科·卡萨斯·萨拉率领；在他的劝说下，他的朋友，退役陆军工程兵路易斯·西雷拉·蒂奥少校也同意参与指挥工作。180名民兵搭乘卡车和公共汽车于晚上8时15分离开卡斯特利翁，此后不久，国民卫队的两个连队也随之出发。

两支纵队在萨贡托会合。无政府主义者袭击城中教堂以及当地右翼分子产业的行为，严重动摇了纵队中国民卫队人员支持共和国的信念。据他们中间的一名军官所说，他们只是在等待可以起事的合适时机，并且意识到在像萨贡托这样的城镇起事无疑是自杀之举。纵队于7月27日凌晨离开，几个小时后，他们到达了塞戈尔韦。在那里，有更多国民卫队士兵加入了他们，这些士兵或是来自当地，或是来自昆卡。该镇完全掌握在全劳联–伊无联的手中。当有证据表明在那里的纵队成员正在进行偷盗时，国民卫队的军官下定决心，一旦机会出现就率部转换阵营。这支部队于7月28日黎明开赴特鲁埃尔，队伍中共计有410名国民卫队士兵、一些边防警察部队士兵以及数量可能在180人到600人之间的民兵。人数上的不确定反映出了有新志愿者加入，同时队伍中有人员退出的情况。无论这些人的数量如何，他们都是新近参与战斗的志愿者，完全没有受过任何训练，还有许多人赤手空拳。来自卡斯特利翁的几位地方上的政治家也在这支队伍里。[81]

纵队在接近特鲁埃尔时分兵。卡萨斯·萨拉领导包括大部分民兵与少量国民卫队人员在内的其中一支部队，前去夺取更北边的莫拉-德鲁维耶洛斯。费尔南德斯·布汉达则带领边防警察部队和国民卫队大部，以及约50名民兵直接前往特鲁埃尔。进军途中，他们在特鲁埃尔东南部的小居民点巴尔韦德镇停下过夜。国民卫队借口部分民兵参与抢劫而采取行动。他们包围了休息中的民兵，在一场仅持续20分钟的战斗中，杀害了大多数民兵和边防警察部队的成员，以及50到60名城镇居民。消息传到莫拉-德鲁维耶洛斯后，另一支纵队急速赶往巴尔韦德镇。卡萨斯·萨拉命令车队停在镇子外面，他相信事情可以通过谈判解决。当他和西雷拉少校独自进入镇中后，两人很快就被制服。民兵部队的主力将他们抛下，逃回了卡斯特利翁。7月30日，国民卫队将卡萨斯·萨拉、费尔南德斯·布汉达上校和大约45名其他囚犯带到特鲁埃尔，次日他们未经审讯就被全部处死。在当地的登记处，他们的死因被登记为"内出血"。特鲁埃尔的微弱守备力量得到了背叛共和国的国民卫队的增强，从而让反叛方赢得了喘息之机。[82]

在幸存者将屠杀的消息带回萨贡托之后，愤怒的情绪此起彼伏。8月21日，在港口有12人遇害，数日之后在萨贡托又有45人遇害。当纵队进行重组时，其成员坚持将该镇余下的国民卫队官兵解除武装，并防止他们逃往特鲁埃尔。后来双方达成了妥协，国民卫队方面交出武器，并被置于共产党的看管之下。尽管如此，当地负责指挥的国民卫队中尉还是在9月23日遭到暗杀。[83]

根据共和国报纸上刊登的一篇文章，在远征军出动之前，费尔南德斯·布汉达上校曾表示，他只想要已经被证明忠于共和国的军官。他担心其中一位国民卫队成员，并告知此人可以选择自由离开。该军官表示拒绝，并恳请费尔南德斯·布汉达让他加入开赴特鲁埃尔的部队，以此证明他对共和国的忠诚。费尔南德斯·布汉达被深深打动，于是安排他指挥远征力量中的国民卫队。虽然文章中没有提到名字，但它所指的军官显然就是里奥斯·罗梅罗少校。如果这个故事是真实的，那么下面发生的事情就有了解释：当里奥斯·罗梅罗带着手下士兵抵达特鲁埃尔，并亲自指挥行刑队枪毙了费尔南德斯·布汉达上校之后，他选择用自杀的方式结束了自己的生命。[84]

巴尔韦德镇事件的幸存者是构成钢铁纵队的人员来源之一。由何塞·佩利塞尔·甘迪亚创建的钢铁纵队是一个强硬的无政府主义者团体。它主要由来自巴伦西亚的建筑和码头工人，以及来自萨贡托的五金工人组成。然而，它也接纳了大量的普通刑事犯，他们被从巴伦西亚的圣米格尔－德洛斯雷耶斯监狱放出，并获得了所谓"社会救赎"的机会。根据共产党部长赫苏斯·埃尔南德斯的说法，包括圣比森特侯爵在内的很多长枪党分子将钢铁纵队作为他们的避难所。马统工党理论家胡安·安德拉德将钢铁纵队描述为一个完全没有纪律性的团伙，当中既有坚定的革命者，也有受本能和复仇冲动驱使的"不可靠的堕落分子"。那些从前的囚犯渴望对将他们关入牢房的那个社会体系进行报复。其他一些人则准备为在巴尔韦德镇所发生的事件而向叛军支持者寻求复仇。[85]

因此，钢铁纵队的成员经常会不负责任地离开前线，前往巴伦西亚和该地区的其他市镇制造恐怖。省长办公厅中的犯罪记录被烧毁。警察遭到谋杀。钢铁纵队在巴伦西亚后方所犯下的抢劫与破坏罪行的规模，使共产党人和社会主义者将它视为如同"第五纵队"般可怕的敌人。在与其中的好斗分子的冲突中，西班牙共产党和劳工总会方面多位有影响力的激进派人士遭到暗杀。9月下旬，该纵队成员以筹集资金为前线购买武器为借口离开了他们的岗位，并在卡斯特利翁、巴伦西亚和甘迪亚等地实施抢劫和其他犯罪活动。在省会城市，西班牙银行、警察总部、"正义宫"和财政部代表团驻地遭到洗劫，大量档案文件被烧毁。商店，特别是珠宝商店遭到抢劫。各种各样的客栈和酒馆中，酒和香烟被搜刮一空，它们的客人也遭抢劫。巴伦西亚的劳工总会书记何塞普·帕尔多·阿拉西尔于9月23日被谋杀。当时人们普遍认为，凶手是该纵队中相当著名的一位领袖人物，绰号为"智利佬"的蒂武西奥·阿里萨·冈萨雷斯。

10月2日，卡斯特利翁市的省立监狱遭到钢铁纵队的袭击，至少有53名在押人员被害。当里卡多·萨瓦尔萨于10月初作为巴伦西亚省长抵达巴伦西亚城时，重新建立秩序的进程迈出了重要的一步。共和国当局在社会党和共产党人的支持下，创建了所谓的"反法西斯人民卫队"（Guardia Popular Antifascista），并开始严厉镇压暴力活动。在一场血腥的冲突中，蒂武西奥·阿里萨被杀。阿里萨曾因进行毒品交易、敲诈勒索、强奸、盗窃和组织卖淫等罪名而入狱服刑。当反法西斯人民卫队中的劳工总会成员因为帕尔多·阿拉西尔遇害案件而试图逮捕他时,双方之间爆发了一场枪战,蒂武西奥·阿里萨在枪战中被打死。[86]

在10月30日为阿里萨举行葬礼时,巴伦西亚的无政府主义者和共产党人最终向对方摊牌。钢铁纵队的领导人呼吁他们的民兵以及全国劳工联盟其他纵队中的武装人员,离开特鲁埃尔的前沿阵地,回来参加他们同志的葬礼,并且让那些肇事者为他的死亡付出代价。了解到这一点以后,当局决定改变公共葬礼通常的行经路线,安排送葬队伍沿着狭窄的得土安广场路下行,而那里恰恰是西班牙共产党的党部和当地共和国军事总部的所在地。一场血腥战斗随后爆发。共产党人声称,游行队伍领头的一辆武装卡车率先开火射击。接着,共产党党部大楼中的武装分子和军事总部中的士兵开火还击。钢铁纵队在稍后发表的一则声明中辩称,敌人在那里设置了陷阱,当时是他们首先遭到攻击,布置于上述两栋建筑物中的机枪向他们交叉开火。的确,在场的目击者中有位名叫卡洛斯·略伦斯的共产党员,他在回忆录里表示,当时是反法西斯人民卫队准备了一场伏击行动。钢铁纵队的成员开始逃散,他们扔下了横幅及蒂武西奥·阿里萨的尸体。约有30人丧生,其中有人死于枪弹之下,还有人在企图游泳渡过特鲁维亚河逃跑时被淹死。无政府主义者展开血腥报复,但是即将加入拉尔戈·卡瓦列罗政府的全国劳工联盟领导层说服了各武装纵队返回特鲁埃尔前线,于是进一步的暴力被阻止了。1936年10月在巴伦西亚发生的这场"小插曲",在很多方面都可以看作1937年5月巴塞罗那冲突事件的顶演。[87]

在阿利坎特,城中的叛乱遭遇失败之后,围捕当地右翼分子的行动迅速展开。很多被捕的军方人员被转移到监狱船"锡尔河"号上,这艘船上的犯人于8月中旬在卡塔赫纳遇害。尸体开始出现在海滩和田野上。很多时候,房屋搜查只是抢劫的借口。各个民兵团体中的成员有不少是新近释放的罪犯,他们需要对层出不穷的杀戮及其他暴行负主要责任。然而,针对数位知名共和党人士的谋杀行动表明,长枪党方面的杀手也在动乱中趁机有所动作。早在7月28日,省长就颁布了一项法令:"任何人,无论是否属于某一政治实体,只要有任何危害生命或财产安全的行为,都将面临立即被处以极刑的威胁,因为此类罪犯将被当成为共和国之敌服务的叛乱分子。"而且,对于那些以窃取、绑架和谋杀为目的,源自个人嫉恨的"丑恶"抄家行动,到 8 月底,即便是全国劳工联盟的喉舌《战士报》(*El Luchador*),也认为有责任采取一种"专制集权"的立场,表达终止此类暴行的决心。然而这几乎没有什么用。规模最大的一次屠杀事件发生于 1936 年 11 月 29 日,当时,为了报复一次轰炸行动,有 49 名右翼分子被枪毙在公墓围墙的墙根下。[88]

在更南边的穆尔西亚省,死亡人数远低于巴伦西亚或加泰罗尼亚。这反映了此地伊无联影响力较为微弱。与其他地方一样,大部分暴力事件是在内战的最初几个月里发生的。在城市遇难者的总共 740 名右翼人士中,有 84% 的遇难者(622 人)死于 1936 年 7 月 18 日到 12 月 31 日之间。然而,不同寻常的是,在政变发生之后不久的时间里,死者人数相当少——死于 7 月底之前的只有 18 人,其中在省内的第二大城市,海军港口卡塔赫纳遇害的只有两人。这反映了 7 月 21 日人民阵线委员会所发布的一则宣言,宣言声称:"那些能够体会和理解人民阵线是什么,以及它在此时此刻代表什么的人,必须严格尊重人民的生命和财产。"尽管如此,还是有很多针对极端民兵群体搜查住所和实施逮捕的控诉,这导致卡塔赫纳的人民阵线委员会于 8 月 13 日颁布了一条法令,严禁未经授权的房屋搜查、没收财物和逮捕行为。它宣布任何违反法令的人将被枪决。由于民兵群体仍然我行我素,所以 9 月 12 日委员会又颁布了一条法令,扬言一旦发现继续违令搜查住所之人,不经审讯立即处决。[89]

8 月份的谋杀事件数量飙升,并造成超过 300 人丧生,其中大部分是先前驻扎在卡塔赫纳的军人。在卡塔赫纳参加叛乱的陆海军军官被关在一艘名叫"西班牙 3 号"的监狱船上。另一艘名叫"锡尔河"号的监狱船关押着在阿尔瓦塞特参与叛乱并失败的国民卫队人员。南方大屠杀的消息传来,局势愈发紧张,大批民兵和左翼支持者每天都聚集在码头边要求"伸张正义",即处决被羁押者。有 10 名国民卫队人员在 8 月 14 日上午被转移到市政监狱时向围观群众挑衅并企图逃跑,之后他们便被杀掉了。为了防止出现更多的杀戮行径，两艘监狱船离港出海。然而，血腥事件最终还是发生了。下午1点左右，"海梅一世"号战列舰抵达卡塔赫纳港口，人们得知战列舰在马拉加附近海域遭到叛军空袭，有3名舰员死亡，8名舰员受伤，复仇的情绪再也难以遏制。军舰上由无政府主义者掌控的革命委员会与港口中的无政府主义派民兵取得联系，并要求实施报复。那天晚上，"锡尔河"号上的船员将船上关押的近400名国民卫队成员中的52人扔到了海里。在"西班牙3号"上，包括94名海军军官和53名陆军、国民卫队及边防警察部队军官在内的共计147名囚犯遭到枪杀，然后尸体被抛入海中。另有5人在第二天早晨被枪杀。[90]

此后，正如我们将在下文看到的那样，所谓"人民法庭"（Tribunales Populares）的创建和运作，逐渐压缩了处决的规模。在内战期间情况最糟糕的一个月，即1936年8月，有接近70%的被处决者是卷入政变的军方人员。事实上，在情况最坏的1936年，有40%以上的死者是陆海军军官。在整场内战期间，军人占穆尔西亚后方被处决者总人数的31%，而在卡塔赫纳，这一比例为66%。遇难人数第二多的群体是神父、修士和修女，约占总人数的9%，其次是数量相当的产业主、工业家和形形色色的右派人士。[91]

叛军的空袭常常导致共和国控制区的民众进行报复。在马拉加，作为对叛军方的水上飞机投掷炸弹的回应，这样的情景频繁发生。该市主要由全劳联－伊无联所主导的公共安全委员会所控制。根据委员会的指令，有大约500名右翼人士被各种民兵团体拘留，并被关押在该市的"新监狱"（Cárcel Nueva）中。这些名为"死亡巡逻队""黎明巡逻队""闪电巡逻队"和"潘乔·比利亚*战队"的团体，其主要成员是无政府主义者，此外也有在叛乱开始之后被释放的普通刑事犯。8月22日，叛军方面的一次轰炸导致30名妇女、儿童和老人丧生，且另有多人受伤，愤怒的人们开始聚集起来。为了安抚暴民，委员会列出了一份包括65名囚犯的黑名单，并将名单上的人带出去枪毙。8月30日，在水上飞机再度"光临"之后，另有53名

---

* Pancho Villa，1910—1917年墨西哥革命中的北方农民军领袖。

囚犯被挑选出来枪决；9月20日另有43人遇害；第二天则有17人；9月24日则有97人。事实上，在马拉加市尚属于共和国控制区时，遇害的右派分子（共1,110人）中有25%（275人）死于共和派针对叛军轰炸所进行的报复。[92]同样，在瓜达拉哈拉和桑坦德的屠杀，大多也是源于叛军针对这两座城市所进行的轰炸。[93]

时年70岁的贝尼托·奥尔特加·穆尼奥斯是在马拉加的遇害者之一。伊无联民兵在四处寻找他，因为他们想报复这位在1934年10月起义之后被强行安插到市长职位上的人。由于他本人已经躲藏了起来，所以他们逮捕了他的大儿子贝尔纳多，后者在拒绝透露其父亲的藏身之处时遭到枪杀。最后，贝尼托被一名家仆告发，并于8月11日被伊无联巡逻队逮捕。尽管他作为市长曾经努力公平行事，但他仍在8月30日与其他人一起被枪毙。当时的市长，一直在致力于制止各种杀戮行动的共和派同盟党党员欧亨尼奥·恩特兰巴萨瓜斯曾努力挽救他的生命，但是没有成功。而恩特兰巴萨瓜斯本人，在马拉加落入佛朗哥分子之手时，被判处死刑并被枪决。[94]

在南方，叛乱分子手中的遇害者不可避免地包括了那些在30年代上半叶不断恶化的社会斗争中的表现突出者，另外还包括他们许多无辜的家庭成员，以及那些除了作为工会成员或曾投票支持人民阵线再无其他罪过的人。在像马拉加等政变遭遇失败的安达卢西亚部分地区，左派复仇的目标是神职人员、地主及其代理人、工头和守卫，以及国民卫队、右翼激进分子和军官。在政变被当地农民击败的哈恩省，出现了大范围的夺占土地的行为，以及针对前些年无休止的暴虐对待而进行的复仇行动。像在许多地方一样，大部分的杀戮发生于内战爆发的头五个月，并在1936年8月和9月达到高峰。尽管连续两任省长，路易斯·鲁伊斯·苏农和何塞·皮克拉斯·穆尼奥斯均发表公开声明，指出侵犯人身和财产安全的犯罪行为将受到严厉的惩罚，但是社会仇恨所导致的野蛮暴力难以控制。在9月和10月，在省府西部靠近叛军控制区的马尔托斯城，有159名右派分子被谋杀，其中包括9名神父和12名妇女。遇害妇女中有3名是修女，这就是在整个省份中所有被杀害的修女人数了。有证据表明一些尸体遭到肢解和斩首。[95]

在安达卢西亚乡村地区，在莱万特和加泰罗尼亚，以及在这些大区内部的不同区域，社会结构存在着显著差异。尽管如此，镇压的起源和实践却有着惊人的相似之处。在所有地方，1936年前阶级斗争的惨烈程度是决定暴力规模的关键因素。来自空中的打击，以及从叛军控制区逃出的恐慌难民所带来的形形色色的传闻，也都在各地造成了巨大的冲击。在这方面，一个显而易见的案例发生在阿利坎特附近的埃尔切。这是一个有约4.6万居民的大型市镇。在那里，第一起杀戮事件发生于1936年8月18日，当地人听闻巴达霍斯大屠杀的消息之时。最后两起杀戮事件则是针对1936年11月28日夜间该地遭到持续轰炸的报复行动。全国劳工联盟在该城只有不到400名好战分子，这可能解释了为何在埃尔切只有62人遭法外处决，就城市的人口规模而言该数字相当之低。被杀的神职人员数量也相对较少——只有4名神父遇害。大部分的谋杀事件都是共产党人所为。[96]在阿利坎特城，1936年11月28日至29日该城遭到持续轰炸之后，省立监狱遭到攻击。此次事件中有36人死亡，这是当地规模最大的一次暴行。此次轰炸有过事先的公告，它是针对8天前何塞·安东尼奥·普里莫·德·里韦拉被处决而进行的蓄意报复。[97]

全劳联-伊无联的力量强弱与法外镇压的性质之间的相互关联尚不清楚。阿利坎特省另外两座人口均约为4.5万的市镇奥里韦拉和阿尔科伊，其遇难情况的对比令人费解。阿尔科伊位于该省北部，全国劳工联盟在那里占主导地位，当地有100人死亡，其中20人是神职人员。当地最重要的教堂因为无政府主义者的反教权主义而遭破坏，但它没有消失于大火之中，而是一点一点被拆毁，拆下来的建筑材料被用来建造一个奥运会规模的游泳池。而在由社会党支配的该省南部的奥里韦拉城，遇害总人数只有46名。然而，尽管这里与埃尔切的情况一样，全国劳工联盟只是一个边缘化的存在，但是遇难者中仍有25人是神职人员。被认定为凶手的是不隶属于任何党派的一些年轻人，但是也存在一个貌似合理的猜测，即他们是按社会党委员会的指令行事的。[98]

总的来说，无政府主义势力强大的地方，反教权主义冲突往往更加尖锐，但在奥里韦拉、卡斯蒂利亚-拉曼查和阿斯图里亚斯，一些社会党占据支配地位的地方也出现了反教会的重大暴力活动。位于卡斯蒂利亚-拉曼查的托莱多东南部地区是人均法外死亡人数比例最高的地区。与之相比，在该省北部的 100 个村庄中，暴力清算行动几乎可以忽略不计：其中有 47 个村庄无人死亡，另有 53 个村庄的死亡人数在 1 到 5 人之间。造成这种差异的原因是该省南部地区的高文盲率，以及在大庄园经济背景下所存在的激烈的社会冲突。从萨拉戈萨南部，经由特鲁埃尔，然后深入塔拉戈纳的铁拉阿尔塔和普里奥拉特地区，这片由无政府主义者所掌控的更广阔的土地上，有着同样令人震惊的遇难者人数。[99] 然而，无论有怎样的差异和相似之处，有一件事是清楚的：如果社会共存的基本准则没有被军事政变破坏，那么根本不会发生如此大规模的共和国后方的流血事件。

8

马德里的革命恐怖

这场以"反对共产主义者接管政权之阴谋"（实际并不存在）为名而发动的军事叛乱，导致了法律与秩序体系的崩溃。更糟糕的是，为了说服其他强国支持共和国，7月19日成立的内阁完全由中产阶级自由派人士组成，因此并未得到击败叛乱的各左翼政党和工会组织的尊重，而且最初也未得到他们的服从。革命激情的爆发和杀戮狂欢将再次表明，严厉压制人权的西班牙社会造就了一个冷酷无情的下层阶级。在共和国控制下的马德里，引发暴力浪潮的关键性事件发生于叛乱爆发后的头两天。当时，监狱大门的敞开使数百名普通刑事犯获得释放，其中包括了形形色色的虐待狂和变态者，而他们对于能够利用政治混乱作为他们活动的挡箭牌，感到再开心不过。此外，他们有充分的动机去报复那些把他们送入监狱的治安官和法官。实际上，由于惧怕遭到报复，或者是出于支持政变的感情，许多司法工作人员已经躲了起来。据统计有超过100名法官被谋杀。[1]

导致暴力冲突的一个核心因素，就是军事叛乱失败之后的分发武器之举。7月19日傍晚，首都地区的政变总司令华金·凡胡尔开始担任聚集在西班牙广场附近蒙塔尼亚兵营的叛乱军队和长枪党志愿者的总指挥。他无法带领他们突围，因为这座建筑已被一大群平民，以及约100名国民卫队官兵和少数突击卫队人员包围。凡胡尔的人用机关枪开火。支持共和国的军民则用步枪还击。第二天清晨，更多的人从四面八方聚集到兵营周围，同时到来的还有两门大炮，虽然没有多少炮弹。炮火打击与一架共和国飞机扔下的炸弹，迫使叛方从建筑物的窗户里伸出了一面白旗。挥舞白旗的很可能只是凡胡尔军中许多支持共和国的士兵中的一员,但是外面的民众以为叛军马上就会投降,于是向前推进。当机枪声再次响起时,有很多人受伤或死亡。被激怒的人群只能后撤,当第二面白旗出现时,他们再次蜂拥向前,然而迎接他们的却是又一轮的机枪火力。最后,在快到中午时,已经怒不可遏的民众冲入兵营。武器分发下来,于是一场大屠杀随之发生:下手的是兵营内部忠于共和国的士兵,以及来自兵营外面的左翼民兵。一个体形巨大的左翼分子将许多军官扔出窗外。有些军官选择自杀,兵营内参与叛乱的长枪党分子则被枪毙。[2]

在7月20日,一个阳光明媚的星期一的早晨,一位名叫玛丽·宾厄姆·德·乌尔基迪的英国女护士目睹了被击败的军人遭到枪杀,而喧嚣的人群在旁疯狂进行辱骂的场景。但在讲述这些可怖的传闻时,她也提及了共和派分子的一些仁慈之举。比如她看到有一个10岁的男孩为他即将被枪杀的父亲乞命。他坚持声称他和他的父亲都是共和派人士,而他的求情得到了回应。共和派士兵对暴民采取行动,现场可以看到大量尸体。玛丽·宾厄姆似乎没有意识到,许多死者是进攻兵营时被杀的共和派平民。[3] 相反,坚决支持反叛分子的智利大使奥雷利奥·努涅斯·莫尔加多将蒙塔尼亚兵营事件描述为"马德里大屠杀的开始"。自然,在兵营被攻占后所下发的大量武器,肯定会在未来5个月里被用于镇压行动。[4]

在7月19日当天,一些教堂被焚毁,通常的原因是叛乱支持者用早已存放在那里的武器,从教堂钟楼上向聚集的工人射击。另一些教堂则完整保留了下来,因为在这些教堂中,教区司铎打开了大门并邀请民兵入内检查,以证实里面没有法西斯分子。因此,这些教堂内的大量艺术珍品被成功保留下来。[5] 在最初几天里,所有被指控为右派的人都要接受自发的和不分青红皂白的所谓"公审"。然而,就像在巴塞罗那和巴伦西亚一样,在马德里,几乎每一个左派政党和工会组织都于不久后建立了自己的小分队,即"契卡",以消灭任何可疑的法西斯分子。他们会在被征用的建筑物中设立总部,并且常会拥有用于拘押和审讯嫌疑犯的秘密监狱。处决通常在市郊进行。在马德里,如果将最近被释放的普通刑事犯所建立的武装小分队包含在内,此类组织的数量共计有近200个。在由左翼政党和工会组织运作的众多"契卡"中，较为重要的约有 25 个。[6] 无政府主义者的后方民兵武装往往会接纳犯罪分子，因为他们视后者为社会战争中的斗士。尽管无政府主义者远远没有垄断所有最恶劣的暴行，然而在马德里的杀戮中，他们扮演了最为突出的角色。全国劳工联盟和西班牙共产党的"契卡"机构经常会用各自地区总部及监狱的名称——无政府主义者使用"自由者文艺社"（Libertarian Atheneum），共产党人则使用"电台"（Radio）。

治安部队控制各"契卡"的能力受到了严重限制。许多支持军事叛乱的警务人员，即突击卫队和国民卫队成员，不是已经逃到了战线另一边，就是已经被逮捕。警察队伍中的其他一些人时常受到怀疑，而那些仍旧保持忠诚的突击卫队和国民卫队人员又不得不赶往前线。接下来的针对各种警察力量的大规模清洗，也为后方民兵组织的活动提供了便利。然而，为制止某些"契卡"行动队犯下的盗窃、勒索和谋杀行径，政府几乎从第一时间起就开始了艰难的努力，但直到 5 个月后，局面才完全得到控制。在 7 月 19 日前曾担任国民卫队总监的新任内政部长塞瓦斯蒂安·波萨斯·佩雷亚将军，曾一度极为卖力地阻止叛乱在军队内部的蔓延，但是徒劳无功。[7] 现在他同样努力地阻止"契卡"实施逮捕与房屋搜查行动，然而同样也没能成功。[8]

那些自封的"契卡"机构以及民兵团体的目标，不仅仅局限于军事政变的积极支持者。许多完全无辜的人被逮捕，其中有些遭到杀害，正如一名曾被拘捕的中产阶级人士后来所写到的那样，他们之所以遭到捕杀，有时仅仅是因为拥有产业、曾反对罢工、曾对镇压阿斯图里亚斯起义表示支持、拥有教会人员的身份，甚至是"因为对年轻女仆的男友或笨手笨脚的门童有过无礼表现"。公寓楼的门房如果发现有不速之客或不寻常的包裹，或者发现楼内有住户从来不出门，那么他们就会给"契卡"打报告。只要有嫌疑就足够了。[9] 诗人安东尼奥·马查多是共和国的热情支持者，但他本人也于内战之初在位于钱贝里环岛的一间咖啡厅里被逮捕，因为有个民兵误把他当成了神父。[10]

支持叛乱方的挪威领事、德裔人士费利克斯·施莱尔也整理了一份死于"契卡"之手的或为无辜者的遇难人员名单，他的名单里还有那些被来自其乡间庄园的劳工所杀害的、常年居住于马德里的土地所有者,以及那些年事已高根本无法在叛乱中发挥任何作用的孤僻贵族。罗马尼亚大使馆的商务参赞亨利·赫尔凡特认为施莱尔是亲纳粹分子。[11] 尽管施莱尔曾与第五纵队合作,向围困首都的叛军传递有关部队调动情况的消息,并且在离开共和国控制区后前往萨拉曼卡,但他也是一个很有价值的目击证人。出现在他的名单上的其中一个人就是克里斯托弗·哥伦布的最后一位后裔贝拉瓜公爵[*],他被一个未知的"契卡"组织杀害,这在拉美各国驻西班牙使馆中引起了轩然大波。就像在叛军控制区一样,告发的动机往往只是希望避免还债或是争风吃醋。盗窃和谋杀的罪行经常会被冠以革命正义之名。被发现的尸体的衣服上常会别着写有"人民之正义"(Justicia del Pueblo)字样的便条。[12]

无政府–工团主义者中的大部分领导者须对暴力事件承担一定责任。7月底,马德里首屈一指的无政府主义日报《全国劳工联盟报》(CNT)上刊出了横栏大标题"公众审判!打倒法西斯凶手"。接下来,这篇充满激情的文章表达了罢免共和国当局的意愿,仿佛他们是与叛乱分子同样的敌人:

> 面对着充满腐败气息的,其精神与行事法则完全属于资产阶级的司法制度与法院,人民必须将正义牢固掌握在自己手中……无论是过去还是现在,共和国都是一个资产阶级政权,都是极为保守和专制的。在从我们刚刚经历的事变中幸存下来之后,大批民众走上了街道,他们手中紧握着可以自由使用的武器,现在除了人民的法律和权力,再也没有其他任何法律和权力存在。这就是正义:人民的愿望,人民的命令,人民的必须被实现的意旨。西班牙人民必须痛击敌人,不论是在前线,还是在后方。我们必须摧毁隐藏在政府机构内部,隐藏在国家法律之中,以及隐藏在银行和企业管理层里的千年之敌。打倒谋杀人民的凶手!工商业界、政治领域以及法院里到处都有他们的身影。这些地方是法西斯主义的藏身之地……必须用烈火加以净化。没错。

---

[*] 应指十五世贝拉瓜公爵克里斯托瓦尔·科隆·阿吉莱拉(Cristóbal Colón y Aguilera)。

我们得放一把更大的火，一把更大的火，来净化一切不洁之物。[13]

就像在巴塞罗那一样，对于首都的许多无政府主义者来说，破坏教堂，暗杀包括神职人员、警察和产业主在内的所谓"旧秩序之代表"，都是为创建一个新世界而采取的手段。在马德里，对前线民兵与后方"契卡"组织等全劳联团体实施全面控制的是全劳联－伊无联防卫委员会。其书记和决策者是来自韦斯卡省哈卡的年轻侍者，时年28岁的爱德华多·巴尔·贝斯科斯，他拥有对民兵和"契卡"的完全控制权。反复无常的阿莫尔·努尼奥·佩雷斯是全国劳工联盟马德里地区联合会的书记，他负责"契卡"的日常运作事务。曼努埃尔·萨尔加多·莫雷拉则负责侦查部门。西普里亚诺·梅拉所指挥的前线民兵部队从"欧罗巴影院"出发展开行动，这里也是最为闻名的一个"契卡"机构的总部所在地。控制出入马德里市的道路的全国劳工联盟民兵部队由爱德华多·巴尔直接指挥。[14]

在内战爆发之前，聪明且令人难以捉摸的巴尔——他的一位同志说他"就像影子一样沉默"——负责领导马德里的全劳联－伊无联"行动组"。这一事实并不为无政府－工团主义者领导层中的大多数人所知。事实上，根据杜鲁蒂的两位密友，里卡多·桑斯和自由主义青年联盟（无政府主义青年运动）地区组织的领导人格雷戈里奥·加列戈的说法，甚至直到战争结束时，巴尔的名字仍然像1936年之前那样鲜为人知。对于沉默寡言的爱德华多·巴尔，加列戈有过如下描述：

> 从职业角度来说，他是一位举止优雅的侍者，面带微笑而且很友善。当他身着礼服，在丽兹酒店和皇宫酒店举行的大型政治宴会中侍立桌旁时，没有人会想到，隐藏在他那温和的，间或略带嘲讽意味的微笑背后的真实面目，竟然是恐怖主义团伙的幕后操纵者。就其天性而言，他是神秘和难以捉摸的，他将一切都掩盖得滴水不漏。许多激进分子指责他是一个变色龙，有些人则因为其时髦的着装方式和精致的礼仪而认为他渴慕资产阶级。然而，当战争开始时，他给自己套上了工作服，这个原本举止文雅的家伙变成了一个寒酸的落魄鬼。难道

这仅仅是掩人耳目的另一个伪装？我想事实正是如此，因为他经历了整场战争，却没有人真正了解他……卡斯蒂利亚全国劳工联盟组织的安危，系于他一人之身，仰仗着他的隐秘手段和守口如瓶，以及他超乎所有人想象的暴力和胆量。[15]

有些无政府主义者对所谓的"兜风"处决（人们被"带出去兜一圈"并以被杀害而告终）感到惊骇，但其他许多人赞同消除敌方支持者，认为这既是建立新世界的一个机会，也是赢得战争的一个必要组成部分。对于人民阵线中的大多数人来说，消灭内部敌人是战时的核心任务之一。阿萨尼亚的中产阶级政党"左翼共和党"日报《政治报》（Política），对右派分子因为某些共和派人士的干预而获释表示愤慨。报上坚决主张，亲友之间的联系纽带不应妨碍后方的清洗行动，并扬言会在以后公开为案犯说情的左翼人士名单。[16] 共产党人和无政府主义者都想要无情铲除内部敌人。然而最终，共产党人会将无政府主义者视为破坏战争努力的因素，并在巴塞罗那冲突事件过后调转枪口对准他们，从而开启镇压运动的一个新篇章。

引发暴力行动的更直接的事件，是叛军的空袭以及传来的有关叛军所犯暴行的消息。轰炸和难民之传言的有害影响在四处扩散，并造成了共和国当局通常无法遏制的大规模愤怒情绪的爆发。8月7日晚，为了报复对马德里的首次轰炸，许多右派囚犯被杀害。为了回应普遍存在的暴力以及这些具体的谋杀事件，温和派社会党人因达莱西奥·普列托进行了一次备受公众关注的广播讲话。普列托在7月20日至9月4日之间所实际扮演的角色为影子内阁总理，但表面上，他只是在自由派共和分子何塞·希拉尔教授所领导的内阁里担任顾问。普列托在海军部的一个大办公室中办公，他不知疲倦地工作，为摇摆不定的希拉尔政府指明方向。他在8月8日宣称：

即使关于已经发生和正在发生于敌方控制区的可怕悲剧的报告确实可信，即使我们日复一日地收到有关我们同志和挚友的噩耗——他们为理想献身而死于叛徒之手——然而，在此，我还是要请你们，恳求你们，不要仿效敌人的所作所为。对他们的残酷报以你们的怜悯，对他们的野蛮报以你们的宽恕,对他们的暴行报以你们的慷慨善举。不要仿效他们!不要仿效他们!用你们的道德准则战胜他们!用你们的宽容战胜他们!"[17]

战争即将结束之际,普列托在智利的一次演讲中提及了此次广播讲话:"请你们告诉我,叛乱者是否曾经讲过哪怕一个有关'宽恕'的字眼。请你们告诉我,如果军方叛乱者没有讲过这些,那么支持叛乱的平民,是否有说过'宽恕'。最后一个更有理由问的问题,请你们告诉我,因为我并不知道,在佛朗哥控制区,是否有任何天主教会之代表,曾经提到过我之前在嗜血的暴民面前所说的'宽恕'。"[18] 费利克斯·施莱尔后来证实了普列托为阻止暴力而做出的努力。[19] 共和国方面设法拯救生命的方式之一就是对打法律擦边球的行为的容忍,有数个使馆(包括施莱尔的挪威领事馆在内)租用房舍给叛乱支持者,后者可以在这些房舍内避难——有时要付出很高的代价。同样,共和国方面努力让那些受威胁的人离开西班牙,反叛方则没有任何类似的举动。[20] 在内战结束后,唯一为落败的共和国人士提供庇护的是巴拿马大使馆。然而使馆遭到长枪党分子的突击搜查,在里面寻求庇护的人被抓获。

普列托在 8 月 8 日的呼吁得到中间偏左的社会党与共和派人士的支持,他们也对极端主义民兵的围捕行动正在将正派市民纳入罗网中的做法表示关切。然而,大部分左翼分子对此充耳不闻。[21] 和共产党越走越近的社会党青年组织尤其如此。他们自 1934 年以来就一直在攻击普列托。现在,拉尔戈·卡瓦列罗最著名的成年追随者之一,社会党左派的日报《明析报》主编卡洛斯·巴赖瓦尔在普列托讲话两天后发表了一篇措辞强硬的社论,题为"关于一则讲话。既非兄弟也非同胞"。在社论中,他对普列托的宽容和诚恳表示认可,但同时又辩称,那些拿起武器反对共和国的人,那些杀害工人以建立奴役人民之独裁统治的人,不可能被视为兄弟。在这里,他指的是"封建地主、好战成性和反基督的神职人员、领导反叛运动的残暴军人、为他们进行辩护的伪知识分子和为他们提供资助的银行家"。[22]

同一天,多洛雷丝·伊巴露丽在共产党的日报上用类似的措辞对普列托进行了回应：

> 我们必须消灭他们！我们必须一劳永逸地结束政变的威胁，一劳永逸地结束军队的干预！已经流了太多的鲜血，我们已经无法宽恕，可怕的罪行和冷血变态的杀戮就像铅块一样压在我们身上……我们不能同意赦免哪怕一个凶手或是帮凶。如果有某一刻我们觉得心软，请想想我们被活活烧死的同志，想想被杀害的孩子，想想肢体被毁损的人民，让那些惨痛的记忆所激发的仇恨赋予我们力量，使我们得以继续这项清算共和国与民主制度之敌的艰苦但不可或缺的伟大事业。[23]

共产党民兵组织，也就是所谓的"第五团"，也持有类似的观点。在"怜悯？宽恕？绝不！"的标题下，其喉舌《大众民兵报》（*Milicia Popular*）宣称："反法西斯斗争是一场灭绝战。怜悯恰恰会鼓励法西斯匪徒的所作所为。他们在所经之处播种死亡、悲伤和苦难。他们强奸我们的女性。他们点燃我们的房子……怜悯？宽恕？绝不。永远不。"[24]

普列托最亲密的盟友之一，《社会主义者报》的主编胡利安·苏加萨戈伊蒂亚决定不在报纸上刊登那种常常会催生暗杀事件的个人控诉，这种控诉在无政府主义者的报纸上常常出现。他后来写道："我们致力于建立民众的信心和加强政府的权威。"持温和派立场的阿萨尼亚之左翼共和党主席马塞利诺·多明戈曾接受《大众民兵报》的采访。他指出共和国的国际名声就掌握在民兵的手中，并表示他们必须要树立共和国的良好声誉，"用他们的勇气同时也用他们的公民良知；用他们在战场上消灭敌人的决心，同时也要用对不再是战斗员而是俘虏的对手之权利的虔诚尊重……对于民兵战士而言，凭借自己的英雄之举在胸前挂上勋章固然重要，但更重要的是，他能够高昂起头，骄傲地宣称自己是清白的"。然而，其话语之影响力无疑被报纸其他版面上对叛军暴行细节的报道冲淡了。[25]

在叛军控制区则完全没有类似的暧昧措辞出现，那里的工人阶级和自由派资产阶级人士不是已经被消灭，就是在极端暴力的恐惧下完全陷入任人宰割的状态。相比之下，尽管共和国当局因为军事政变以及随之而来的不法行动，其作为国家权威的地位已被动摇，但是它仍在试图遏制极端分子的暴行和重建国家。大多数左翼政党和工会组织的民兵决心要消灭教会、军队、上层阶级和非自由派资产阶级的代表。换句话说，他们旨在创立一个打击法西斯军政府的革命社会。然而，共和国当局以及社会党与共产党中的大多数人均对此表示坚决反对，因为他们明白，共和国需要西方民主国家的支持，这就需要法律和秩序。因此，他们试图重建允许各阶级广泛参与的民主架构。但是，极端分子的顽固态度使得这一任务变得异常艰难。

恐怖行动在政变爆发后的最初 5 个月里普遍存在，但在随后 4 个月中逐渐减少。教会大量敛财的证据以及有神职人员加入叛军一方参战的实例，激起了人们对神职人员的仇恨。[26] 在共和国方面的报纸上，常有大量报道显示，在对修道院和其他教会产业进行搜查期间发现大量钱财。据说，8 月初，人们在对哈恩的主教宅邸进行搜查时，发现了多达 800 万比塞塔的现金。当主教的姊妹特雷莎·巴苏尔托·希门尼斯被逮捕时，据称在她的胸衣里藏有 100 万比塞塔。8 月 18 日，据报道，马德里主教辖区的教会办事处中存有价值近 1,700 万比塞塔的政府债券，另有 100 万现金及珠宝。第二天，在对里昂信贷银行马德里分行的一次搜查行动中，搜查者发现了两个属于圣樊尚－德保罗仁爱姊妹会（有时也被称为"安贫小姊妹会"）的保险箱。保险箱中有 34 万比塞塔的现金，价值 6,000 万比塞塔的股票，位于马德里的 93 处不动产的契约（总价值达 1 亿比塞塔），一些金砖与总重达 3 千克的金币，其中部分极具收藏价值。次日，据报道，在位于马德里贡戈拉大街的一个加尔默罗会修道院中，搜查者发现了价值 100 万比塞塔的艺术品。[27]

有关教会拥有巨额财产的报道，其信息来源是那些执行搜查的民兵团体。他们通过对那些老生常谈加以证实，进一步激化了大众的反教权主义情绪。还有一些人鼓吹反教权主义，是因为他们相信在叛乱的早期阶段，叛乱支持者会利用教会场所储存武器，同时狙击手也可以借助教堂的庇护施放冷枪。有一名属于温和派的共和国军官何塞·马丁·布拉斯克斯声称，有 6 名修士从蒙塔尼亚兵营中的教堂钟楼上向人群开枪射击。[28] 阿尔梅里亚的省长胡安·鲁伊斯·佩纳多·巴列霍回忆道，在 7 月 23 日，有 3 名神父在附近的一座修道院里朝他的办公室开枪。[29] 然而，总体来说，在纳瓦拉以外的其他地方，神父直接参加战斗的证据非常有限。

尽管国际媒体不断提到有修女遭受侮辱的情况发生，但是也有大量逸闻证明修女受到了保护。英国护士玛丽·宾厄姆讲述了修女们得到突击卫队照顾的事例。在民兵进入修道院后的最初几天内，有许多修女被捕。巴斯克民族主义党（PNV）驻马德里代表团成员赫苏斯·德·加林德斯，在几乎没有遇到任何困难的情况下就使她们安全获释，并为她们找到了避难所。有些修道院接受了所谓的"社会化"，那些曾经在其中过着与世隔绝的生活的修女，现在仍然像以前那样履行其宗教职责，但是她们的上级，除了修道院女院长，还有一个由当局指定的主管，而她们也有了缝制制服与毯子等新的工作。[30]

全国劳工联盟的官方立场是，不应以任何方式对修女进行骚扰，但是她们所属的宗教团体必须解散。因此，"被解放"的修女应在集体化的工坊中做工，或者在军队医院充当护士。她们可以选择在监狱中接受保护性拘留，或者回归她们的家庭与其家人一起生活。有些还俗的修女与她们的"解放者"结婚。[31] 当红衣主教戈马重返落入叛军之手的托莱多时，他发现自己酒窖中的酒全部被人喝光，宅邸中的耶稣受难像也遭毁坏。然而，在主教宫服务的修女向他保证，在那些嗜酒的民兵占领此地的两个月里，她们得到了很好的对待。[32]

国家机器的崩溃不可避免地为形形色色的暴力行为提供了便利，不论这些行为是为了革命的正义，还是为了满足个人的诉求。像在其他地方一样，在马德里，由各政党、工会组织和独立民兵团体自发创建的"革命"法庭绕过了正常的司法体系。由于"兜风"处决事件频繁发生，早在7月28日，葡萄牙驻共和国方面的临时代办（Chargé d'Affaires）就在报告中指出，弃于马德里街头的尸体引发了人们对疫病流行的恐慌。[33]

在共和国控制区，那些参加了未遂政变的陆军军官尤其面临着生命威胁。那是对兵变的常见惩罚。然而，他们并非身处险境的唯一群体。一个迅速创建的委员会正在调查所有军官的潜在政治立场。该委员会的负责人是埃莱乌特里奥·迪亚斯－滕德罗·梅尔昌上尉。作为社会党人和共济会员，他对自己在54岁"高龄"却仍然只拥有上尉头衔颇有怨言。他本人也是"共和国反法西斯军事同盟"的创始人之一，并曾担任该组织的主席。他于1936年春建立了一个军官档案卡系统，其中也包括了密谋分子自己列出的受其信任、不会背叛其计划的军官名单。现在，基于档案卡信息和面谈表现，该委员会将所有军官分为"A"（反法西斯）、"R"（共和派）、"I"（不关心政治）或"F"（法西斯）等类别。那些被归类为"法西斯"或"不关心政治"，并且拒绝站在共和国一边战斗的军官遭到逮捕。[34] 在监狱里，他们有机会声明放弃他们的右倾主张，履行他们的效忠誓言并与叛军作战。很少有人接受这一机会，而身背哗变罪名的他们几乎可以确定会面临死刑的判决。[35]

8月15日，在马德里的模范监狱，对叛乱头目华金·凡胡尔将军和费尔南德斯·德·拉·金塔纳的审讯开始进行，法庭现场有来自国外的新闻记者和摄影师。法官由杰出法学家、最高法院院长马里亚诺·戈麦斯·冈萨雷斯担任，他曾主持了1932年对圣胡尔霍将军的审讯。在对凡胡尔的庭审中，戈麦斯法官谨慎保持着公正的立场，力求呈现正当合法的法律程序。[36] 凡胡尔本人就是一个训练有素的律师，他着手为自己进行辩护。他的辩护理由是，当时他只是奉莫拉将军之命行事。当法庭指出莫拉并非其上级军官时，凡胡尔才不情愿地承认，他服从此类命令，其实就相当于认可了莫拉作为叛军首脑的地位。有一个对他不利的证人是里卡多·萨瓦尔萨，他在印刷地点发现了凡胡尔签署的戒严令。8月16日，凡胡尔和费尔南德斯·德·拉·金塔纳均被认定有罪，并被判处死刑。他们于次日黎明被处决。无政府–工团主义者报纸《全国劳工联盟报》对此事进行了言辞激烈的评论："枪决这些军队叛徒象征着整个反动阶级的灭亡。然而这仅仅是一个比喻，真可惜！"[37]

被此类煽动性新闻报道所引发的公众怒火波及的一位受害者，就是曾在1934年指挥阿斯图里亚斯地区政府军部队的指挥官爱德华多·洛佩斯·奥乔亚将军。在人民阵线取得选举胜利之后，他遭到逮捕，罪名是在奥维耶多的佩拉约兵营中未经审判就下令处决20名平民。这些指控从未得到证实。洛佩斯·奥乔亚根本不算是右派分子，相反，他曾经招致军事密谋集团的憎恶，因为他是一名共济会员，曾经为避免流血而与阿斯图里亚斯的矿工谈判，并且曾经下令采取以儆效尤的惩戒手段，来对付亚圭非洲军纵队中那些犯有暴行的成员。[38]

洛佩斯·奥乔亚之前一直被关押在布尔戈斯的军事监狱中等待审判，直到晚春时节，他的妻子设法将其转移到了位于马德里南部的卡拉万彻尔军医院中。由于他在镇压阿斯图里亚斯起义中所扮演的角色，共和国当局于8月11日将他开除出现役，这一消息可能最终导致了他的遇害。第二天，马德里无政府主义者日报《全国劳工联盟报》发表了一篇社论，要求枪毙在巴塞罗那发动未遂政变的领袖曼努埃尔·戈代德将军和阿尔瓦罗·费尔南德斯·布列尔将军。社论的标题是"人民的审判。不允许对任何人网开一面"，这可能是对普列托先前呼吁的回应。这篇文章还宣称，"现在并不是基督徒情感泛滥的时候，何况这种所谓的情感一直以来只被用在那些与教会沆瀣一气的野心勃勃的作恶者身上，而从未被用在人民的身上"。[39]

共和国政府试图将洛佩斯将军转移到更安全的地方，但是由于围在医院四周的无政府主义者的阻挠，两次转移行动均未成功。在8月17日的第三次尝试中，他们让他服用吗啡，然后将其装入棺材，以此伪装他已死亡，但是这个花招被人识破。据说，后来他被一位名叫曼努埃尔·穆尼奥斯·德·莫利诺的无政府主义者从棺木中拖出，并在医院的花园里被枪杀。他的脑袋被割下来挂在竿子上游街，上面还附着一张卡片，写着"这就是阿斯图里亚斯的屠夫"。[40]在内战结束后，当佛朗哥当局对其中一名被控参与此事的民兵进行审问时，他（几乎可以肯定遭到刑讯）声称，他们当时是按照共和国国防部的命令行事的。智利大使奥雷利奥·努涅斯·莫尔加多曾得到通知说洛佩斯·奥乔亚有危险，他赶往卡拉万彻尔的军医院，但为时已晚。努涅斯·莫尔加多后来毫无根据地声称，是波萨斯将军授权把洛佩斯·奥乔亚移交给最终杀害他的人，即卡拉万彻尔区的"自由者文艺社"成员手中的。[41]

在洛佩斯·奥乔亚被害的当天，一场更大规模的暴行发生了。在哈恩省，当省立监狱已人满为患时，其他被捕的右翼分子被关在当地主教座堂里。教堂礼拜厅和各种附属建筑里塞进了约八百名囚犯。这些囚犯的膳食供应存在着很大的问题，而且运送食物的卡车经常遭到攻击。囚犯们自然很担忧自己的性命。早在 7 月 30 日晚，就有武装团伙袭击了乌韦达的监狱，并屠杀了其中关押的 48 名右翼人士。省长路易斯·鲁伊斯·苏农急切地想要避免类似的流血事件在哈恩再度发生。鲁伊斯·苏农获得了哈恩省出身的马德里监狱系统总监佩德罗·比利亚尔·戈麦斯的许可，准备将数百名囚犯转移到位于埃纳雷斯堡的监狱中。不过，共和国保安总长曼努埃尔·穆尼奥斯·马丁内斯在 1942 年受审时供称，他没有被告知这一计划，因此也就无法提供适当的安全保障。

8 月 11 日黎明时分，省立监狱计划转移的第一批共 322 名被拘押者被押上了卡车，他们先要被运往位于省府以北的埃斯佩卢伊的铁路枢纽站，然后再乘火车前往目的地。看起来，哈恩当地有人向北面的极端分子透露了火车将至的消息。在沿途的每个火车站，都有暴民向搭载被拘押者的车厢投掷石块，并对他们大肆辱骂。当火车抵达位于首都的阿托查车站时，已有 11 名囚犯遭到杀害，其中有大地主和包括两位神父在内的知名右翼人士。其余 311 人（其中有 1/3 需要医疗救助）最终抵达埃纳雷斯堡。第二天清晨，来自哈恩主教座堂和新近被占领的阿达穆斯镇（位于科尔多瓦东北部）的第二批共 245 名被拘押者动身前往此地。他们中间有 67 岁的哈恩省主教曼努埃尔·巴苏尔托·希门尼斯、他的姊妹特雷莎，以及主教座堂的教长费利克斯·佩雷斯·波特拉。

当火车抵达马德里南部的圣卡塔利娜-巴列卡斯车站时，它被无政府主义者的民兵武装拦了下来，他们摘下了火车头与车厢的挂钩。火车站的站长和护送囚犯的国民卫队指挥官打电话给保安总长曼努埃尔·穆尼奥斯，告诉他说，无政府主义者在车站上架设了 3 挺机关枪，并扬言说，假如国民卫队不撤退的话，就要向国民卫队开火。穆尼奥斯同意撤离国民卫队，他后来给出的理由是，如果治安部队在与武装民众的冲突中被击败，那么本来就徒有其名的政府权威将彻底崩溃。在国民卫队撤离之后，有 193 名囚犯以 25 人为一组接受枪决。在大屠杀的过程中，主教跪地祷告。他的姊妹特雷莎·巴苏尔托朝一名民兵喊道："这是骇人听闻的暴行。我只是一个可怜的女人。""不要紧，"民兵回答说，"我们会派一个女人干掉你。"于是她被一位名叫何塞法·科索的无政府主义者枪杀。路易斯·鲁伊斯·苏农看到本来为避免流血而采取的举措落得这样的结局而彻底垮掉,两天之后,他辞去了省长职务。[42] 在1937年4月2日至7日间,为了对叛军所发动的一系列空袭行动进行报复,另有128名囚犯被从哈恩省立监狱提出来执行枪决。[43]

针对洛佩斯·奥乔亚以及来自哈恩的囚犯的谋杀行动,显示出共和国当局所面临的任务的艰巨性。作为一位温和的共和派人士,监狱系统总监佩德罗·比利亚尔·戈麦斯也受到了"死亡列车"事件的影响。那些释放与武装普通刑事犯,以及绑架右翼人士的民兵组织在马德里各监狱所犯下的种种暴行令他手足无措,他于9月份宣布辞职。作为哈恩东部克萨达地区的土地所有者之一,他眼睁睁看着自己的产业被没收。而且,他的儿子,炮兵上尉贝尔纳多·比利亚尔加入了科尔多瓦的军事叛乱者行列。意识到自己招致了交战双方的憎恶,比利亚尔·戈麦斯选择流亡法国。不过,他的离开只是接下来首都各监狱暴力行动升级的又一个因素。[44]

将在1936年11月担任司法部长的无政府主义者胡安·加西亚·奥利韦尔为暴行进行辩护的理由是,"军事叛乱摧毁了所有的社会制约因素,因为发动军事叛乱的,正是那些平时维持社会秩序的阶层。因此,重新建立法制平衡的努力使正义之精神回归到其最久远与最纯粹的形式:人民的呼声就是最高法律(vox populi, suprema lex)。而人民,在异常状态持续的同时,创造和运用了他们自己的法律和程序,即'兜风'执法"。[45] 人们针对那些真实或想象中的攻击疯狂展开报复,受害者不只是洛佩斯·奥乔亚或者来自哈恩的火车上的乘客等遭遇令人瞩目之暴行的人。黎明时被发现倒在路边的尸体正是午夜"兜风"的可怖产物,而凶手既可能是民兵巡逻队,也有可能是私自行事的恶徒。

塞瓦斯蒂安·波萨斯·佩雷亚将军和曼努埃尔·布拉斯科·加尔松将军于7月19日分别成为内政部长和司法部长,他们被他们所面临的艰巨任务压得喘不过气来。7月底,保安总长何塞·阿隆索·马略洛,因为国家机器无力遏制无法无天的犯罪分子以及将法律视为己有的民兵团体而黯然辞职。[46] 为了找人替代阿隆索·马略洛,波萨斯将目光转向了时年48岁的曼努埃尔·穆尼奥斯·马丁内斯,一位来自加的斯附近的奇克拉纳的退役陆军少校。穆尼奥斯曾经担任加的斯的左翼共和派国会议员。[47]根据智利外交官卡洛斯·莫拉·林奇的描述，他"身材高大，看起来精明强悍，肤色黝黑，极为固执"，在多数人看来，他并非才能出众之辈。[48]他因为担心身在加的斯的家人的安危而常常心烦意乱。

当穆尼奥斯第一次前往保安总局时，他发现这座建筑完全处于荒废状态。试图重建法制体系的穆尼奥斯，面对着的是可靠性值得怀疑的警队力量——国民卫队和突击卫队。而那些可以依赖的人也为前线所亟需。[49]作为其软弱无能的表现之一，他在一则毫无可行性的通告中宣称，如果有任何未经授权的人员在楼房中开展搜查和逮捕行动，那么该楼房的看门人需被追究责任。[50]

在试图恢复其部门在维持公共秩序中的核心角色时，穆尼奥斯所面临的基本问题是，每个政党和工会组织都有自己独立实施搜查、逮捕与处决行动的小分队。其中数量最多和最无组织的即为无政府主义者的武装团体。社会党马德里支部负责运作的小分队效率更高，很快就获得了正式的官方地位。它被称为CIEP，因为它使用了社会党"常设选情委员会"（Comisión de Información Electoral Permanente）所建立的档案卡系统。该分队的主要领导人是胡利奥·德·莫拉·马丁内斯，以及两位具有社会党党员身份的职业警务人员安塞尔莫·布尔戈斯·希尔和戴维·巴斯克斯·巴尔多米诺斯。这几人之后的角色也十分重要。胡利奥·德·莫拉后来成为**国家特别情报局**（DEDIDE）的负责人。布尔戈斯·希尔后来负责领导苏联大使的贴身卫队。1937年6月，巴斯克斯·巴尔多米诺斯成了马德里的警务总长。[51]

在重新夺取部分残留控制权的首轮孤注一掷的尝试中，意识到自己无能为力的波萨斯将军和穆尼奥斯一致认为，有必要让左派政党和工会组织出面为保安总局提供支持。结果是在8月4日创建了所谓的**省公共调查委员会**（CPIP）*。穆尼奥斯宣称其目标是，"在马德里遏制由于缺乏权威和对武装群众控制不力而导致的杀人和过火行为"。4天之后，纪律最严明的民兵部队，即共产党第五团的指挥官恩里克·卡斯特罗·德尔加多被迫宣布，

---

* 所谓的"省"，即马德里及其周边地区组成的省级行政单位。

第五团的任何成员，如被发现进行任何未经许可的逮捕或房屋搜查行动，都将被逐出队伍；这一情况也从侧面揭示了该问题的严重程度。[52] 西共最重要的"契卡"机构"八号电台"的所在地，同时也是第五团两个营的据点，这或许并非巧合。[53]

通过组建省公共调查委员会，穆尼奥斯将首都的法律和秩序置于该委员会的 30 名来自左翼党派和工会的代表手中。该委员会由全劳联－伊无联主导，后者的代表是贝尼尼奥·曼塞沃·马丁和曼努埃尔·拉斯孔·拉米雷斯。后来，他们因在"提人"行动——即将犯人从监狱中提出并秘密处决——中扮演的角色而臭名昭著。在该行动中大施拳脚的还有阿图罗·加西亚·德·拉·罗萨，他是来自共产党掌控的**统一社会主义青年团**（JSU，简称"统一社青团"）的代表。起初，这些终于可以"合法"行动的人在位于马德里市阿尔卡拉大街 42 号的美术中心办公。在该委员会召开的首次会议中，穆尼奥斯就声称他根本不信任保安总局中的人，一旦叛军支持者被清理完毕，他将安排省公共调查委员会的成员充当"临时警官"以填补留下来的空缺。然而，当他指出，所有逮捕行动都必须在警方配合下进行时，部分代表当即予以反对。他们明确表示，他们将保留自行处决那些他们所认定的"毋庸置疑的法西斯分子和危险分子"的权力。据称穆尼奥斯当时笑着说，有些东西并不需要讲得那么明白。

委员会指定了六个法庭，并且按照三班倒、每班八小时（即每班次有两个法庭开庭）的方式全天候运转。在贝尼尼奥·曼塞沃的整体监督下，这些由没有任何法律知识或司法经验之人（其中甚至还包括罪犯）组成的法庭，开始对嫌疑犯实施抓捕、审讯和宣判。负责逮捕嫌疑犯的人员，凭保安总局提供的证件即可进入任何场所，没收他们认为可能属于敌对分子的财产，逮捕他们认为可疑的任何人。曼塞沃会根据被捕者的雇员或家庭佣工的陈述做出决定。那些得到其雇工好评的被捕者，他会予以仁慈的对待。被法庭宣判有罪的人将被关进监狱。来自委员会或是某些独立"契卡"机构的民兵，经常会拿着用保安总局的信纸写就的释放令前去监狱。经常是在下半夜，某人被释放出狱，然后民兵会再次逮住他，用车拉走枪毙。在设法弄到保安总局徽章与证件的人员中间，也有像臭名昭著的费利佩·埃米利奥·桑多瓦尔·卡夫雷里索那样的普通刑事犯，他是一名时年50岁、绰号为"穆尼斯医生"的无政府主义者。[54]

在省公共调查委员会建立后不久，穆尼奥斯对仍在发生的一波又一波的"兜风"处决感到非常担忧，于是他转而向全国劳工联盟的领导层寻求帮助。在位于城市西南方向的人流量很大的圣伊西德罗公园，每天早晨都有大量尸体出现，这种场景令他深感震惊。穆尼奥斯了解到，当地全国劳工联盟组织的书记戴维·安东纳对"兜风"处决的做法持反对态度。通过安东纳的引荐，他见到了包括格雷戈里奥·加列戈在内的一些全国劳工联盟的青年领袖，他希望借助他们的帮助，彻底终结"兜风"处决。他被告知此事绝无可能，因为如果这样做的话，他们会不可避免地与省公共调查委员会以及其他"契卡"机构中的同志为敌。当加列戈与爱德华多·巴尔，以及负责无政府主义者之"契卡"机构运作的阿莫尔·努尼奥讨论上述会晤事宜时，巴尔对不受控制的暴力持批评态度，但是他当时有可能对失控的暴力行动和受控的暴力行动进行了区分。努尼奥对"兜风"表示赞同，他说："即决审判提升了人民的革命士气，人民又将这股士气投入这场我们涉身其中的生死攸关的斗争之中。"[55]

穆尼奥斯有时会往美术中心打电话，下令逮捕某个特定的人，然而无政府主义者的答复唯有拒绝。鉴于曼努埃尔·穆尼奥斯有充足的理由不去信任省公共调查委员会中的无政府主义分子，于是他为保安总局分派了两支更为可靠的武装单位，他们几乎完全听命于他本人。其中有一个主要由突击卫队成员组成的小分队，队长是胡安·托马斯·德·埃斯特尔里奇上尉。通过《马德里先驱报》（*Heraldo de Madrid*）一位富有想象力的新闻记者之笔，这支小分队很快就以"共和国山猫"的绰号而闻名。他们利用以前的王宫作为据点四处行动，根据保安总局的具体命令，抓捕知名人士和没收值钱的物品。其中有很多行动发生在马德里以外、位于托莱多省和阿维拉省境内的小镇和村庄里，他们在那些地方射杀当地的右翼分子。该单位在1936年12月被解散。内战结束后，队伍中几名成员被控以谋杀被捕人员的罪名。[56]

另一支队伍被称为"黎明行动队"（Escuadrilla del Amanecer），因为他们惯于在凌晨一点到拂晓的这段时间里进行逮捕和搜查。与"共和国山猫"队一样，它也主要是由突击卫队中的人员组成，不过它更直接对穆尼奥斯负责，并在保安总局大楼中运作。[57]这个小分队实施过一些重要的逮捕行动，比如他们曾抓捕自由派政治家梅尔基亚德斯·阿尔瓦雷斯，以及于1930年创立了袖珍政党"西班牙国民党"的何塞·马里亚·阿尔维尼亚纳医生。它以冷酷无情而闻名，并经常与省公共调查委员会以及部分无政府主义者的"契卡"机构合作，其中也包括了由臭名昭著的杀手费利佩·桑多瓦尔领导的以欧罗巴影院为据点的小分队。[58]战争结束后，"黎明行动队"的成员因盗窃、谋杀和性犯罪等罪名受到审讯。其中最臭名昭著的案例，是对某卡洛斯派分子19岁的女儿玛丽亚·多洛雷丝·奇查罗·拉马米耶·德·克莱拉克实施的暴行。多洛雷丝唯一的罪名恐怕不是她的家庭出身，而是她的美貌。她于1937年4月被捕，在遭到轮奸后被杀害于"田园之家"公园。[59]

显然，正规警察机构与并行的治安组织之间的角色重叠，为寻租行为和法外暴力提供了大量机会。省公共调查委员会工作人员的工资，是用搜查房屋行动中收缴的钱款进行支付的。在成立3周之后，省公共调查委员会被迫发表声明，明令禁止任何未经许可的房屋搜查行动，并且，没收范围仅限于供战争使用的武器、泄密文件和贵重物品，而所有收缴物均须上交。[60]因此，所有左翼政党和工会组织联合宣布，拘捕或者房屋搜查只能由来自保安总局或省公共调查委员会的探员或民兵执行，且执行人员需携带相关文件。市民要向当局告发任何未经授权的此类行动。[61]

正如可以预见到的那样，这并没有能够制止一部分表面上承担安全职能的组织，甚至是那些与省公共调查委员会有联系的群体继续沿袭之前的做法。波萨斯将军于8月5日下令重新组建警局的刑事侦查科（Cuerpo de Investigación y Vigilancia），这么做的部分原因，就是要抗衡无政府主义者在省公共调查委员会中不成比例的影响力。结果，有大约100名男性（其中大多数为社会主义者）宣誓成为临时警官。根据西班牙工人社会党执委会的推荐，阿加皮托·加西亚·阿塔德利被指派领导一个单位，并且据称受到作为职业警务人员的刑侦队长安东尼奥·利诺的监管。加西亚·阿塔德利是一位来加利西亚的34岁排字工人，后来他声称自己是因达莱西奥·普列托的密友。然而这与事实相去甚远,而且也并非他被推荐从事此项工作的原因。他当然认识普列托,但那只是因为,在 2 月份大选期间他曾是普列托武装护卫队中的一员。到后来,他背叛了上级对他的信任,而他所从事的罪恶活动,使他成为普通人在权力诱惑之下变成罪犯的一个经典案例。[62]

加西亚·阿塔德利侦缉队,与同时成立的由职业警务人员哈维尔·门德斯负责指挥的一支警队,实际上都是自主发起行动。它们的监管者安东尼奥·利诺只不过拥有名义上的权力。加西亚·阿塔德利在位于马德里卡斯蒂利亚大道的被征用的林孔伯爵宫中安排了他手下的 48 个人。[63] 门德斯在位于马德里格兰大道旁、萨阿拉餐馆以北处设立了总部,媒体经常登载他的手下逮捕间谍、破坏分子、狙击手、长枪党分子和其他叛乱支持者的报道。加西亚·阿塔德利费了一些力气,才最终使更多有关其手下人战果的谄媚报道几乎每天都出现在报纸上。在履行这些后方安全保障方面的合法职责时,搜查者经常能发现武器弹药、大量资金以及其他贵重物品,这些往往是上层阶级居住区的看门人和清洁工进行告发的结果。有相当多的钱款和贵重物品由加西亚·阿塔德利交给了当局,但是仍有部分"战利品"在他本人和他的两个密友路易斯·奥图尼奥和佩德罗·佩纳瓦德手中。[64]

作为叛军秘密支持者的安东尼奥·利诺后来指称,加西亚·阿塔德利和门德斯所引入的民兵人员中有"普通盗贼、歹徒和谋杀犯"。他声称,他和其他职业警务人员除非携带武器,否则根本不敢离开办公室。按照利诺的说法,门德斯腐化堕落,而且要对很多警员的死亡负责,虽然他很可能是在处置警队内部的叛军支持者。利诺由于害怕自己叛军同情者的身份总有一天会暴露,最终选择前往墨西哥大使馆避难。[65] 当加西亚·阿塔德利落入叛军之手时,为使自己处于一个较为有利的位置,他声称自己曾帮助利诺解除来自门德斯的威胁,因为后者经常向省公共调查委员会暗中告发可疑的警务人员。他还自称曾安排利诺的家人前往墨西哥大使馆避难。这一点完全有可能,因为他曾与该使馆的一位随员勾结,被其手下人逮捕的右翼分子可以出钱在那里获得庇护。[66]

尽管有犯罪分子混入共和国控制区后方安全部队中已是不争的事实,然而的确有一些抢劫行为及其他恶行是出自煽风点火的右翼特务之手。在履行合法职责的过程中，阿塔德利侦缉队发现了一个组织，该组织会为其成员提供共和国制服，得到制服的成员可以在夜间实施枪决而不受惩罚。加西亚·阿塔德利感觉自己有义务发表声明：只有携带他亲笔签署的身份证件之人才是其队伍中的正式成员。[67]阿塔德利侦缉队的行动中既有履行官方职责的成分，也有滥用自身权力的成分，这使得评估其所犯下的罪行之规模变得非常困难。当阿塔德利自己于1936年11月身陷叛军之手时，他夸大了抢劫和谋杀行动的数量，并且声称它们全部得到了共和国当局的批准，以此来迎合审讯他的人。

他承认，该队在收到来自某个"宣判委员会"的夜间判决书后，自行实施了多起处决行动。上述"宣判委员会"中有一个负责整体运作的所谓"管制委员会"，该机构中有一个位置留给了基层民兵的成员，而这个位置每天都会安排不同的人。囚犯被判处死刑或监禁，或者直接释放。如果案件存在争议，阿塔德利拥有最终决定权。在阿塔德利供述的版本中，约有上百人在被判死刑后立即被用卡车拉到马德里郊外执行枪决。委员会的其中一名成员，后来在共和国安全部门中升至高位的安赫尔·佩德雷罗，在内战结束后遭受刑讯期间，以及在1940年2月20日的法庭审理中，均否认自己对这些处决行动知情。尽管如此，他仍因参与阿塔德利侦缉队的至少15起杀人事件，以及于1937年至1939年间供职于共和国的军事反间谍组织而被判处绞刑。[68]

该队所逮捕的大部分囚犯及其被没收的贵重物品和武器，均被移交给保安总局。然而，其中一些较为重要的囚犯被他们作为人质关押在治安队的驻地林孔伯爵宫中。在某些情况下，这些人会被一直关押，直到有人为他们支付了赎金，或者购买了可供他们逃往叛军控制区的护照。在其他时候，收押者会杀掉他们，以掩饰他们财物被盗的事实。也有少数人获救，其中包括莱尔马公爵夫人。出于感激之情，公爵夫人后来从圣塞瓦斯蒂安赶赴塞维利亚，并在阿塔德利的庭审中为他作证。阿塔德利同样也向来自其家乡——卢戈省比韦罗镇——的人"慷慨地伸出了保护之手"。加西亚·阿塔德利在伯爵宅邸中的生活为我们提供了一个洞察其怪异心态的机会。他对部分贵族囚犯的精心招待也许反映出了他暴发户般的炫耀欲望，而宅邸本身的俗气布置也进一步加强了这一印象。他经常身着晨衣接见访客。接待大厅里坐着的都是些妩媚性感的打字员,她们身着色调柔和的半透明低胸裙装,其他服务人员的打扮活像身着花边围裙的法国女仆。在通往花园的小径上有一个装饰着彩色灯泡的拱门,这组彩色灯泡组成了"加西亚·阿塔德利队"(Brigada García Atadell)的字样。[69]

1936年9月24日,阿塔德利实施了最著名的逮捕行动,其目标是贡萨洛·凯波·德·利亚诺的妹妹、43岁的寡妇罗萨里奥。几乎整个共和国报界都刊登了那个故事:罗萨里奥在其中说"杀了我但不要让我遭受痛苦",阿塔德利的回答是,"夫人,我们既不会进行谋杀也不会执行处决。我们要比那些大批屠杀工人的刽子手更有人性"。《马德里先驱报》用很大的版面报道了此次逮捕行动,大标题为"战争的人性化",并附有阿塔德利和罗萨里奥的合影。文章将"人民之民兵侦查组织领袖的正直、高尚和骑士精神"与"叛乱分子的卑鄙和不人道行径,以及极不光彩的作战方式"进行了对比。据说罗萨里奥对"他的善意和周到考虑"表示感谢。[70]

报上的说法是,发现罗萨里奥这一成就源自阿塔德利杰出的刑侦工作——"凭借着该队一贯表现出的勤勉精神,阿塔德利亲自完成了这场让此人藏身处重见天日的侦查行动"。然而这一说法与战后安赫尔·佩德雷罗在接受刑讯时的供词相矛盾,后者透露说,当时是罗萨里奥通过一位朋友与该队联系上的,她希望对方能够保护自己。这得到了罗萨里奥本人战后描述的证实,她因为厌倦了不见天日的生活,并且担心自己可能被无政府主义"失控分子"抓获,因此她主动向阿塔德利自首。她想当然地以为自己可以在那里得到照顾,因为对方可以用自己交换人质。[71]根据报纸上的说法,她被移交给保安总局,在经过诉讼程序以后,她被送入一所女子监狱。然而,在战后于塞维利亚受审期间,加西亚·阿塔德利告诉审讯者,他当时将罗萨里奥安置在林孔伯爵宫中,并为她提供了最为舒适的生活条件,直到10月20日,曼努埃尔·穆尼奥斯——他有3个儿子在凯波·德·利亚诺将军手中——要求将她转移到他的看管之下为止。[72]罗萨里奥·凯波·德·利亚诺是为避免落入伊无联手中面临更为悲惨之命运而向阿塔德利自首的,而她不是唯一这样做的女性。[73]

广大右翼整体，尤其是天主教会所拥有的财富是催生镇压行动的一个重要因素。为共和国战争进程提供资金支持的需要，导致了查抄财产这一官方制裁手段的出现。最重要的是，有关巨额财富之存在的报告引发了许多阶级仇恨。8月底，"黎明行动队"搜查了银行家曼努埃尔·穆吉罗的家，并发现了价值高达8,500万比塞塔的债券、现金和珠宝。来自欧罗巴影院的费利佩·桑多瓦尔领导的"契卡"组织参加了此次行动。穆吉罗在他的辩护词中声称，那些贵重物品都是各个宗教团体委托他代为保管的。在对某宗教团体之司库的住所进行突击搜查时，搜查者发现了数量相对少一些的180万比塞塔的资产。[74]

然而，被发现拥有巨量财富的不仅仅是宗教团体。几天前，"黎明行动队"在另一位银行家的家中发现了价值超过1亿比塞塔的金币、外国钞票与珠宝。所得收入被存入了西班牙银行。"共和国山猫"搜查了律师塞萨尔·德·拉·莫拉的住所，发现了钟表、手表、马尼拉披肩、300千克的银块、价值300万比塞塔的股票、总价值达2.5万比塞塔的金首饰，甚至还有一个令人称羡的酒窖。塞萨尔是后来担任共和国新闻部门负责人的康斯坦西亚·德·拉·莫拉的叔叔。9月中旬，安全部队搜查了圣尼古拉斯－德莫拉侯爵的宅邸，查获了价值1亿比塞塔的现金、珠宝和债券。有关在贵族宅邸或银行保险箱中发现大量财产的新闻时不时就会冒出来，而且毫无疑问，它们在一定程度上为镇压行动提供了理由。这些报道通常伴随有一项声明，即搜查所得已交给当局。偶尔会有伪装成民兵从事普通盗窃活动的犯罪分子遭到逮捕。[75]

参与镇压的最臭名昭著的团体之一由费利佩·桑多瓦尔领导，此人是一名有武装抢劫前科的犯罪分子，他曾经在监狱中被关押多年。作为一个私生子，他在马德里挨过了自己度日如年的童年生活，并在此期间种下了对资产阶级的刻骨仇恨，后来的牢狱生涯则进一步加深了他的恨意。1919年圣诞节前夜，为报复一场罢工行动，由国民卫队和陆军士兵组成的联合部队袭击了巴塞罗那的模范监狱，多人在这场袭击中死亡或因伤致残，桑多瓦尔也在遭到野蛮殴打后被严重毁容。1932年末，他因犯下一系列武装抢劫案件而入狱服刑。因为参与1934年10月左翼起义而以政治犯身份入狱的共产党人恩里克·卡斯特罗·德尔加多，曾在1935年与他被关在同一间牢房中："桑多瓦尔是一个惯偷，有人说他曾经杀过人。他沉默寡言，面容古怪。还有一个不似人类所有的鹰钩鼻。瘦骨嶙峋的苍白的双手，从超长的胳膊上垂下来。他弓着腰走来走去，不断地咳嗽和吐痰。"在战后佛朗哥政府的监狱中与他相熟的爱德华多·德·古斯曼认为，桑多瓦尔是一个缺乏理想和信念的人："他不像那些反抗不公的工人那样，寻求道德上的理由来为他的抗争活动提供动力，并从中获得足以忍受监狱和酷刑的力量。他只不过是一个品格低劣的骗子，一个平淡无奇的罪犯。"[76]

军事叛乱爆发时，桑多瓦尔仍因武装抢劫罪而在马德里模范监狱中服刑，而且由于罹患肺结核，他正在监狱里的病床上忍受病痛的折磨。他因为被认定为暴力犯而没有立即获释，但是过了不到两周，他就被放了出来。他前去全国劳工联盟马德里地区联合会的总书记阿莫尔·努尼奥那里毛遂自荐，后者命令他加入所谓的"欧罗巴影院契卡部"。努尼奥负责掌控无政府主义者"契卡"机构的运作。位于布拉沃-穆里略大街的欧罗巴影院也是全国劳工联盟的民兵总部。它的"契卡"机构与省公共调查委员会保持着密切合作。桑多瓦尔很快就开始运作一个致力于铲除狙击手和破坏分子的小分队。他手下的人驾驶着一辆绰号为"闪电"（El Rayo）的黑色劳斯莱斯汽车在马德里市区横冲直撞。该小分队的成员中有许多最近获释的罪犯。根据爱德华多·巴尔的直接命令，该队开展了许多暗杀行动，其目标包括从本塔斯监狱中抓获的囚犯。9月14日和17日的受害者中有3名监狱工作人员，在11月7日，监狱医生加夫列尔·雷沃略也像其他人一样，成了桑多瓦尔为其牢狱生涯进行报复的牺牲品。[77]

"欧罗巴影院契卡部"是马德里地区最臭名昭著的组织之一，其中负责处决犯人的是36岁的圣地亚哥·阿利克斯·贝穆德斯。由阿利克斯和一位被称为"巴尔托洛"（El Bartolo）的前斗牛士共同领导的这个所谓的"防卫团体"，据说已经犯下了数百起谋杀案。案件发生地点主要位于马德里郊外。阿利克斯有犯罪前科，他曾因持枪抢劫而被处以长期监禁。有多名妇女也被其团伙所害，其中有若干遭到强奸。她们唯一的罪名就是右翼分子妻女的身份。阿利克斯团伙还杀害了曾在战前一次建筑业罢工中批评工人的一位妇女，从中可以看出他们在执行任务时随随便便就动手的恶毒作风。同样，有一位老太太因为其兄弟是神父而遭到逮捕，并因为拥有圣牌而被处决。在一些更为恐怖的案例中，遇难者会在阿利克斯的强迫下挖掘自己的墓坑，然后阿利克斯会用他们挖坑时使用的镐头杀死他们。[78]

尽管存在对街道上出现尸体的抗议，但是大多数被害者的身份得到了迅速的确认，共和国当局仔细登记了死者情况并通知了他们的亲属。此外，在大多数日子里，《马德里公报》（*Gaceta de Madrid*）都会刊登附有死者特征描述及被发现地点的无名尸体名单。此外，在保安总局的一个办公室里，保留有若干存放尸体照片的箱子，以供失踪人员的亲属核对使用。[79] 这是共和党当局之努力的一部分，尽管很难说它在杜绝暴行方面起到了多少作用。我们可以从共和国政府对镇压行动频频进行公开谴责中看出，它并未对镇压行动置之不理，而在叛军控制区并无相似的情况出现。

那些努力控制镇压烈度与规模的人士中，还有在马德里的巴斯克民族主义党代表团。其中最为积极的成员之一是赫苏斯·德·加林德斯，他后来写道："只有对自身的过激行为展开自我批评，才能谴责敌人的暴行；只有揭露了残酷的现实，才有权进行控诉。"在官方的大力协助下，他成功拯救了大量巴斯克人以及非巴斯克的神职人员。在加林德斯与其同事们的斡旋下，巴斯克民族主义党代表团发放的安全通行证拯救了许多神父、修女、右翼人士，以及合法的巴斯克民族主义分子。[80]

然而，加林德斯和其他人士的人道主义努力只不过是杯水车薪。从1936年7月18日至12月底，有超过8,000名叛军支持者在马德里遇害。在战争期间，共和国控制区共计有约5万名平民丧生。我们很难为其找到一个简单的解释。其中有一部分人是因为被认定对共和国事业具有潜在威胁而遭到了"预防性处决"，在马德里围城期间，发生于哈拉马河畔帕拉库埃略斯的那场最大规模之屠杀中的遇难囚犯便是如此。有些人则被视作敌方支持者而遭处决。虽然在内战的最初阶段，人们便已经开始担忧存在于共和国控制区的敌人，但是随着佛朗哥军团逐渐逼近马德里，随着亚圭的非洲纵队于8月14日夺取巴达霍斯之后，来自巴达霍斯的难民带着形形色色的恐怖故事蜂拥入城，人们的焦虑日甚一日。从很多方面来说，在巴达霍斯发生的事情是叛乱方向马德里发出的一个信号——就像格尔尼卡之于毕尔巴鄂人民那样——"如果你不投降,同样的事就会发生在你的身上"。陷入恐慌的难民的到来,引发了人们对在马德里被关押的叛军支持者进行报复的强烈诉求。

仇视的目光被集中投向马德里阿圭列斯区的模范监狱。该监狱中关押有约5,000人,其中包括上千名曾参与蒙塔尼亚兵营之失败叛乱的陆军军官、长枪党分子和其他叛军支持者,除此之外,还有部分普通刑事犯,以及大量因暴力罪名被捕入狱而在内战爆发时未获释的共产主义者和无政府主义者。马德里的其他4所监狱(圣安东、波利尔、塞斯托公爵和木塔斯)均由民兵掌控,但模范监狱仍处于突击卫队和监狱系统职员的看管之下。因此,许多政治人物被安置在那里,有的是被捕入狱,有的是为自己安全考虑而自愿接受所谓的"保护性拘留"。监狱由五栋翼楼构成,外形呈星形或齿轮形,当中是一个露天庭院。每座翼楼都有200个单人牢房,位于翼楼中央的是一个被称为"天井"(patio)的大面积方形铺石区域。然而,到1936年夏末,平均每个单人牢房里都被关进了5个人。[81]

右翼囚犯会聚集在中央庭院和各个天井中,公开为叛军部队所取得的进展而欢呼雀跃。这些囚犯经常被以种种理由关押进各自的牢房里——为了避免他们"欣赏"德国飞机轰炸城市的景象,或者有一名囚犯即将被处决,又或者有民兵来提犯人。[82]有一些年轻的长枪党分子会在民兵经过时在囚窗后高声斥骂并叫喊法西斯主义的口号。这种挑衅行为引起了包括佛朗哥连襟拉蒙·塞拉诺·苏涅尔在内的部分囚犯的担忧。一些共和派报纸刊发了针对那些囚犯的言辞激烈的声讨文章,这引起了省公共调查委员会的注意。其中一篇特别具有挑衅性的文章这样写道:

> 形形色色的神父,无论是民间的还是军队中的,几乎毫无例外都是脑满肠肥和大腹便便的形象,倒是很符合他们的身份。他们衣着随便,有许多人身穿宽长裤,还有一些身穿民兵的连体工作裤,以及各种颜色的衬衫,还有棉布或卡其布的裤子,它们看上去皱皱巴巴,不是太长就是太短。他们胡子拉碴,几乎和普通犯人没有任何分别。他

们以前的优雅姿态源于他们衣冠楚楚的外表。他们很少讲话，常常发呆或是低声啜泣……其他各座翼楼里关押着更多的参加叛乱的法西斯分子以及其他在内战爆发前被捕的犯人，其中包括长枪党领导人鲁伊斯·德·阿尔达和桑切斯·马萨斯。

然后文章还提到了农民党创始人、希尔·罗夫莱斯的盟友何塞·马丁内斯·德·贝拉斯科，保守共和派人士、阿萨尼亚总统之友梅尔基亚德斯·阿尔瓦雷斯，以及西班牙国民党的创始人何塞·马里亚·阿尔维尼亚纳医生。[83]

而刊登于《工团主义者报》(El Sindicalista)并由《明析报》加以转载的另一篇文章则更加具有针对性，文中对模范监狱中有许多看守是叛军同情者这一点进行了抗议。它声称像曼努埃尔·德尔加多·巴雷托（某右翼报纸主编以及长枪党运动的早期资助者）那样的极端右派分子在里面生活得很舒坦，而且可以与任何他们喜欢的人交流。文章以具有煽动性的设问句结束："人民武装是否有必要在这里重现在巴塞罗那已经完成的壮举，是否有必要将他们的活动范围扩大到模范监狱当中？模范监狱中的情形是绝对不被允许的。再多一天都不行！再多一小时都不行！"[84] 第二天，有两名右翼监狱看守失踪。另有几人在被开除后遭到逮捕。[85]

8月15日，保安总局的探员在省公共调查委员会的民兵陪同下进入监狱，搜查右翼囚犯隐藏的武器和涉密文件。进入监狱的民兵辱骂并威胁囚犯，从他们那里偷走钱、手表、戒指、钢笔和其他个人财物。还有一些女性民兵来到这里在普通犯人面前发表演讲，试图鼓动他们反对因政治原因入狱的人。[86] 听闻模范监狱中的长枪党分子正在筹划越狱逃亡，省公共调查委员会取得曼努埃尔·穆尼奥斯的授权，派出两支民兵队伍前往监狱，它们分别由绰号为"穆尼斯医生"的桑多瓦尔和圣地亚哥·阿利克斯·贝穆德斯率领。民兵于8月21日下午抵达，在对被关押的陆军军官和右翼政治人物进行审讯的同时，他们还大肆窃取属于囚犯所有的钱款、手表、宗教纪念物和其他贵重物品，甚至还包括他们的衣服和鞋子。[87]

8月22日凌晨，叛军对马德里实施了空袭，并给模范监狱所在的阿圭列斯区造成了严重破坏。这场空袭引发了一起骇人听闻的事件，其中有超过 30 人遇害。当天下午，当桑多瓦尔、阿利克斯以及他们的手下继续在监狱中展开搜查时，普通刑事犯中间爆发了骚乱，他们要求立即被释放，否则就要杀死被关押的右翼分子。桑多瓦尔向骚乱者发表讲话，并承诺如果他们加入全国劳工联盟，就可以获得自由。其中有些人在位于第二翼楼地下室的面包房的柴火间纵火。与此同时，从先前由其他无政府主义者在附近屋顶上架设的机枪中射出了一串子弹，目标是位于第一翼楼的右派囚犯。有 11 人受伤，6 人遇难，死者中包括何塞·马丁内斯·德·贝拉斯科。后来有传言说，纵火和机枪扫射并非不幸的偶然事件，而是由桑多瓦尔的手下精心策划的。而当时难以接近柴房灭火的情况，同样也暗示了民兵和普通犯人之间存在某种程度的勾结。[88]

有传言说，作为长枪党创始人之一的飞行员兼冒险家胡利奥·鲁伊斯·德·阿尔达曾贿赂监狱官员，让他们准许右翼分子借助火灾的掩护逃跑。大批愤怒的民兵和接到火警赶赴现场的消防员进入了监狱。与此同时，有关法西斯分子集体越狱的说法不胫而走，大批被吸引而来的人员在周围街道上聚集。内政部长波萨斯将军在市议员安赫尔·加拉尔萨·加戈（后者在两周后接替前者任内政部长）的陪同下抵达现场。然而，他们没有成功阻止事态升级，之后迅速离开了现场。保安总局的头头曼努埃尔·穆尼奥斯也出现了。人群在大声叫嚷着要求释放普通刑事犯，并威胁要闯入监狱对其中关押的法西斯分子施以私刑，他开始打电话向各个政党求援。然后，他前往国防部，并得到了总理何塞·希拉尔有关释放普通刑事犯的许可。

然而，当穆尼奥斯返回监狱时，他发现桑多瓦尔已经放跑了 200 名普通囚犯。穆尼奥斯像刚才的波萨斯一样无助，他声称身体不适并返回了他的办公室。在部分获释囚犯大肆洗劫监狱小卖部的同时，民兵搜查了监狱档案室，并挑选出了包括知名自由派和保守派人士，以及陆军军官和长枪党党员在内的约 30 名右派分子。他们被带到地下室，在匆忙召集的 "法庭" 前接受短暂的 "审讯"，随即遭到枪杀。死者包括著名长枪党分子鲁伊斯·德·阿尔达和费尔南多·普里莫·德·里韦拉（长枪党创始人何塞·安东尼奥之弟），阿尔维尼亚纳医生，来自莱尔罗克斯之激进党的两位前部长拉蒙·阿尔瓦雷斯·巴尔德斯和曼努埃尔·里科·阿韦略（两人均接受保护性拘留），以及梅尔基亚德斯·阿尔瓦雷斯。梅尔基亚德斯·阿尔瓦雷斯一度是阿萨尼亚的良师益友，他的死讯让后者深受打击。在那些不太知名的遇害者中间，有一位名叫圣地亚哥·马丁·巴格纳斯的警务人员，他曾是莫拉的情报员，曾在同年春参与煽动骚乱。民兵还挑出了3名参加长枪党的左派叛徒——曾是塞维利亚共产党支部著名人物的恩里克·马托拉斯·派斯、脱离全国劳工联盟并创建某建筑业黄色工会的辛福里亚诺·莫尔德斯，以及曾经当过全国劳工联盟枪手的一个名叫里瓦戈萨的人。还有一个名叫马西亚诺·佩德罗·杜鲁蒂的人，他逃脱了被杀的命运，因为他的兄弟，伊无联的创始人布埃纳文图拉，设法让他获得了自由。[89]

除了回应穆尼奥斯的请求，希拉尔还安排各主要政党派出代表，试图让群情汹涌的民众平静下来。[90]未来的社会党总理，杰出的生理学家胡安·内格林博士早已赶赴模范监狱试图阻止流血事件，但是他的努力没有带来任何效果。他的一位同事记录下了他拯救生命的勇敢表现：

> 内格林赶忙前去平息民众杀气腾腾的怒火，同时，他也试图挽救在他实验室里担任搬运工主管的埃利亚斯·德尔加多的父亲的生命。埃利亚斯的父亲在行伍之间被擢升为陆军军官，这就是为什么他会在模范监狱里。然而，内格林博士决心制止这一切的努力变成了无用功，因为当他赶到的时候，埃利亚斯的父亲已经死了。发现此情况之后，内格林直言不讳地表达了自己的愤怒，而这几乎导致他被暴民当场杀死。[91]

监狱官员只能眼睁睁看着民兵查看囚犯的档案文件，寻找更多的牺牲品。8月22日晚上10时左右，狱警联合会的律师向驻马德里英国临时代办乔治·奥格尔维-福布斯发出呼吁，希望他能做些什么以阻止进一步的杀戮行动。奥格尔维-福布斯立即前往外交部，在那里他见到了外交部长奥古斯托·巴尔西亚·特雷列斯。巴尔西亚几乎落泪，痛陈政府的无能为力。作为社会党高层人士之一的胡安-西梅翁·比达特也曾前往模范监狱进行调停，在那里，他亲眼见到，被之前的空袭事件和难民们带来的恐怖故事所激怒的民众，正聚集在监狱外面发出嗜血的喧嚣，那一场面让他战栗不已。马德里民众度过了一个漫长而紧张的夜晚，此后暴力才慢慢止息。[92] 暴力的终结，要归功于突击卫队的一支分遣队和一支被称为"机动队"的社会党武装组织的共同努力。这支与普列托有密切关系的机动队由恩里克·普恩特领导，他们遭到了无政府主义民兵的强烈抵制，按照桑多瓦尔的说法，民兵中的部分人员受阿莫尔·努尼奥的指挥。[93]

监狱官员胡安·巴蒂斯塔是受到《明析报》公然指责的右翼同情者之一，他的兄弟是一名长枪党党员。巴蒂斯塔曾在1933年11月参与了百万富翁兼走私犯胡安·马奇的越狱行动，他一直以帮助被监禁的长枪党分子而闻名。[94] 现在，由于担忧监狱囚犯以及他自己的家人的生命安全，他开始向曾在其监狱中服刑的一位无政府主义者求助，此人现在正努力打击发生于共和国控制区的不分青红皂白的暴力行动。胡安·巴蒂斯塔的求助对象是来自塞尔维亚、时年43岁的无政府主义者梅尔乔·罗德里格斯·加西亚，此人曾在狱中与人道主义者佩德罗·巴利纳医生相识并成了他的追随者之一。梅尔乔之前是一名斗牛士，直到有一次他被牛角抵伤，斗牛生涯宣告结束。后来他成了一名技艺精湛的钣金工和橱柜制造者。内战中，他拯救了数以千计的生命，并协助阻止共和国战线后方的镇压。他的工作始于征用老城区的比亚纳侯爵之宅邸。此举是应侯爵产业管理人的请求而为之，后者当时正急于拯救这座宅邸和里面的各种珍宝，以及在这座豪宅中工作的全体雇员。罗德里格斯身边有一群朋友，后来他向佛朗哥当局的审讯人员供称，他的这些朋友都不涉政治。他们这群人被称为"获释奴隶"（Los Libertos）。在最后的审判中，梅尔乔被指控将比亚纳侯爵之宅邸当成"契卡"据点使用，但事实上它是许多右翼分子、神职人员、军官和长枪党党员的避难所。而且，他的人道主义活动最终使他得到了"红色天使"的称号。8月22日晚，在恩里克·普恩特的帮助下，梅尔乔·罗德里格斯设法救出了胡安·巴蒂斯塔以及他的15位在监狱中避难的家属，这令桑多瓦尔暴怒不已。此后，巴蒂斯塔成了梅尔乔·罗德里格斯的秘书。[95]

共和国政府对杀戮行径的反应与叛军控制区的暴行受到官方鼓励的情

况形成了鲜明对照。因达莱西奥·普列托也访问了模范监狱,他被提交给他的报告中所呈现的、如同但丁笔下之地狱那般的场景所震惊,他说"很显然,在这里发生的残酷行径只能意味着我们已经输掉了战争"。[96] 8月22日深夜,政府开始采取措施遏制非正规的"审判"。根据比达特的建议,在普列托的支持下,希拉尔政府在得到最高法院院长马里亚诺·戈麦斯勉强认可的情况下,设立了所谓的"人民法庭",一个"针对叛乱与煽动叛乱以及危害国家安全之犯罪的特别法庭"。凭借着惊人的勇气,在8月23日上午9时,戈麦斯即已在设于监狱里的一个法庭中展开工作。人们期待新的法庭系统能够遏制革命者的过火行为,然而它的影响力在其存在的最初几个星期里非常有限。[97]

来自《社会主义者报》的两位记者,费尔南多·巴斯克斯·奥卡尼亚和曼努埃尔·帕斯托尔,于8月22日晚成功进入监狱内部展开现场调查,他们发现里面的情景就像屠宰场一样血腥。其中一个天井中散布着尸体。他们返回报社,气愤地浑身发抖。根据他们两人的叙述,主编胡利安·苏加萨戈伊蒂亚和他手下的资深编辑撰写了一篇措辞强硬的控诉文章,以"义不容辞的道德要务"为题刊登于报纸上的显要位置。苏加萨戈伊蒂亚决心帮助政府摆脱那些掌握司法权力的极端分子所制造的不利处境,他写道:"我们使用法律手段来制裁犯罪之人。只要我们拥有法律,我们就必须尊重它。依法行事,正义就在我们这边;如若不然,我们就和敌人是一丘之貉。"同一天,阿萨尼亚的左翼共和党也谴责了后方的暴力行动。[98]

共和国总统曼努埃尔·阿萨尼亚也是这些极度惊诧的人士中的一员。8月24日上午,他的妻舅,剧作家西普里亚诺·里瓦斯·切里夫看见他因为震惊和恐惧而几乎失声——按照阿萨尼亚自己的说法,他受到了"铁锤般的打击"。"他们杀死了梅尔基亚德斯!"片刻沉默之后,他又说:"这不可能!绝对不可能!我厌恶流血。我已经无法承受更多了,我们会溺毙在这些鲜血之中的。"他感到"绝望""恐怖""沮丧"和"耻辱"。"为了表达对共和国的哀悼",他考虑辞职。[99] 这段经历在阿萨尼亚的小说《贝尼卡洛的黄昏》(*La velada en Benicarló*)*中也有所体现,在他的笔下,小说中的一个

---

* 贝尼卡洛为西班牙巴伦西亚大区卡斯特利翁省一市镇。

角色听到了夜里政治犯在墓地被枪杀时发出的尖叫声。[100]

大屠杀只是发生在上述囚犯身上的诸多人间惨剧之一。拉斐尔·萨拉萨尔·阿隆索的遭遇尤为令人印象深刻。鉴于他在 1934 年担任内政部长的过往经历，萨拉萨尔·阿隆索算得上是一个名人。因为担心受到各民兵团体的追捕，所以他在内战之初就躲藏了起来。起初他躲在葡萄牙使馆，但是当使馆临时代办不得不离开马德里时，萨拉萨尔已经转移到了一位名叫卡马拉的朋友的住所中。为了找到他的藏身处，一个共产党民兵组织逮捕了他 16 岁的女儿卡门西塔，以及正在和他打离婚官司的妻子塞西莉亚。为了换取她们的自由，塞西莉亚透露了卡马拉的住址，但是当民兵到达那里时，萨拉萨尔·阿隆索已经离开。他临时躲藏在他的旧情人伊雷妮·马斯的公寓里，后者和丈夫及儿子在梅尔乔·罗德里格斯的比亚纳侯爵宅邸避难。现在，由于担心萨拉萨尔会被逮捕，伊雷妮安排她的一个邻居为他提供庇护。伊雷妮每天都会去看他。她的丈夫对此怒不可遏，因此主动安排萨拉萨尔向梅尔乔·罗德里格斯自首。[101]

萨拉萨尔·阿隆索于 1936 年 8 月 31 日被梅尔乔·罗德里格斯的"获释奴隶"组织中的 3 名成员逮捕。按照他在狱中日记里的记载，梅尔乔·罗德里格斯和另外两人是"3 个很不错的家伙，3 位完美的绅士，周遭的暴力事件已经让他们吓得不轻"。他在比亚纳侯爵宅邸中待了 3 天，在此期间受到梅尔乔·罗德里格斯的优待。爱德华多·巴尔派出的其他无政府主义者对萨拉萨尔·阿隆索实施了审讯。他们想从他的口中得到他在 1934 年任内政部长期间安插在伊无联内部的双重间谍之名单，并且很想把他枪毙。为了避免进一步的麻烦，在萨拉萨尔·阿隆索本人的暗示下，梅尔乔·罗德里格斯与司法部长曼努埃尔·布拉斯科·加尔松进行了商谈，并安排将他正式关押入狱。9 月 2 日，梅尔乔将他送到模范监狱，在那里他被移交给曼努埃尔·穆尼奥斯和最高法院院长马里亚诺·戈麦斯。[102]

在转移到模范监狱之后，萨拉萨尔·阿隆索被允许面见访客，但来探视他的人并不多，智利大使奥雷利奥·努涅斯·莫尔加多来过一次，此外便是形形色色的律师，以及一位来自巴罗斯自由镇的名叫安帕罗·穆尼利亚的女子。伊雷妮·马斯并没有到监狱看他，但安帕罗几乎每天都去。她的勇气与坚持堪称非凡。她于8月2日诞下一子。5天之后，安帕罗带着她刚出生的婴儿与她的一个女儿一同被民兵逮捕。她的另一个女儿在自己所写的书中宣称，在为期一周的拘留期间，安帕罗曾遭到这些民兵的多次强奸，而他们的头头据称是巴罗斯自由镇的社会党镇长赫苏斯·尤斯特和副镇长曼努埃尔·博雷戈。然而，8月7日的时候，尤斯特和博雷戈仍在埃斯特雷马杜拉地区。博雷戈将于几天后被梅里达的反叛分子处决，而尤斯特当时仍在南方与佛朗哥的武装纵队进行战斗。安帕罗·穆尼利亚本人在战后就其经历给佛朗哥当局提交过一封信件，这封信件进一步削弱了她女儿上述言论的可信度。在信中，安帕罗唯一提到的她曾遭受过的粗暴对待，就是她曾经被威胁，如果不透露萨拉萨尔·阿隆索及其朋友的藏身之处，她就会丧命。对此她勇敢地表示拒绝。她曾在四个不同的地点遭到关押，其中包括保安总局和位于美术中心的"契卡"据点，然后于8月14日获释。

由于安帕罗的丈夫也处于危险之中，所以在萨拉萨尔·阿隆索进入马德里模范监狱的同一天，她的家人前往挪威使馆寻求安全庇护，在那里，挪威领事费利克斯·施莱尔为许多叛军支持者提供了避难所。尽管存在危险，安帕罗还是经常离开为自己提供保护的挪威使馆，前去看望那个被很多人认为是她情人的男人。她经常给萨拉萨尔·阿隆索写信，并给他带去了若干书籍和一块怀表。在后者的狱中日记里没有关于伊雷妮·马斯的只言片语，但是在安帕罗没有去看望他或者没有给他写信的日子里，他明显流露出绝望的情绪。日记中的文字无可辩驳地证实了他对她的炽热情感。当安帕罗冒着巨大的风险出现在审判萨拉萨尔·阿隆索的法庭中为他声援时，她对他的深切关心表露无遗。[103]

在模范监狱中运作人民法庭的是马里亚诺·戈麦斯，他是一名经验丰富的共和国法律工作者。他个人对死刑持反对态度，手中有一部以此为主题的未完成的著作。尽管处于内战的非常时期，他仍然竭尽全力阻止在盛怒与仇恨之基础上做出的司法判决。而且与此相反，他试图采用正当的法律程序。[104]这就确保了对萨拉萨尔·阿隆索和其他许多人的审判，将与叛军控制区的军法审判程序有很大的不同。在叛军控制区，被告人无法获得任何辩护资源，也不允许进行自辩。最初，温和共和派人士胡安·博特利亚·阿森西曾经主动提出为萨拉萨尔·阿隆索提供辩护，他是一位杰出的律师，曾于 1933 年末担任司法部长，但后来他又撤回了这一提议。他转变心意的原因是未知的，但有可能是因为萨拉萨尔·阿隆索背弃了共济会的誓言。[105] 尽管如此，萨拉萨尔·阿隆索还是得到了两位律师的法律服务，他还得到了公诉书的文本，这有助于他准备辩护词。他被指控参与军事密谋，并于 9 月 19 日开庭受审。

庭审首日，检方向他发起了长达 4 小时的质询，内容主要集中于他在其著作《革命预兆之下》（*Bajo el signo de la revolución*）中的陈述。这本书中的内容揭示了他在煽动 1934 年 10 月阿斯图里亚斯起义以瓦解劳工运动的阴谋中所扮演的角色。不过，检方无法从中获得任何涉及军事密谋的证据。随后，来自被告方的证人进行了陈述。只有安帕罗·穆尼利亚在庭审中的参与令他深受感动，其他目击证人的表现都让他感到失望，因为他们主要关心的似乎是如何与他划清界限。第二天，他开始进行自辩。他指出，经过对他和他的朋友们的住所进行彻底搜查后，没有发现任何证据表明他以任何方式参与了军事密谋。公诉人承认此情况属实。其实，共和国媒体已经对他的法西斯朋友并未通知他起事日期的情况发表过评论。不过，萨拉萨尔·阿隆索仍被判处有罪，公诉人成功地申请到对他的死刑判决。[106]

核准死刑的最终决定权交给了成立仅三周的共和国政府。时任共和国总统的阿萨尼亚将对萨拉萨尔·阿隆索的死刑判决视为"一种暴行"，但是内阁对此有很大的分歧。因达来西奥·普列托解释了这两种对立的观点，他指出：

> 在你们中间可能没有谁像我这样，对萨拉萨尔·阿隆索有着难以抑制的厌恶。在利用极其偏激的煽动性言论确立其职业生涯之后，他任由自己沉迷于右翼分子的诱惑并卖身投靠，他在任内政部长期间对我们的恶毒迫害，成为其跻身右翼行列的资格证明。但是，在庭审记录中，看来并无证据证明他参与了军事叛乱。因此，我选择赦免其死罪。

普列托的干预改变了内阁中的风向，最终内阁以 7 票对 6 票否决了死刑判决，并改判他无期徒刑。

马里亚诺·戈麦斯第一时间得到通知。不一会儿，戈麦斯出现在内阁会议现场并要求与普列托讲话。他告诉普列托，虽然他已经收到了内阁关于萨拉萨尔·阿隆索之案件的决定，但是：

> 我并未通知任何人，因为我相信，一旦此事公开，监狱里将会发生一场可怕的暴动，而枪杀囚犯将是暴动的第一步。既然政府没有充分的手段来强制执行其决定，那么，不仅他的生命无法被挽救，而且一旦政府在该问题上遭遇失败，其残存的权威也将不复存在。但这还不是最糟糕的。我敢肯定，人民法庭将拒绝继续履行其职责，也许就在这个晚上，继萨拉萨尔·阿隆索之后，所有政治犯都会被子弹打得千疮百孔。

普列托解释了他投反对票的原因。戈麦斯对此表示完全同意，但他重申，该决定可能导致超过 100 人丧命。于是，普列托返回内阁会议现场，他解释了戈麦斯的说辞并转而投票支持死刑。萨拉萨尔·阿隆索于 9 月 23 日上午被处决。[107]

萨拉萨尔·阿隆索被判处死刑，但不是因为他被指控的罪行，而是因为他参与煽动了 1934 年 6 月的农民罢工和同年 10 月的阿斯图里亚斯起义。据信他在担任内政部长期间制造了大量悲剧事件，并导致多人死亡，他的所作所为加速了内战的爆发。他没有以此罪名受到指控显然是一个法律层面上的失误，这暴露了传统审判和人民审判之间的矛盾。普列托在萨拉萨尔·阿隆索的这一特别事件中的一百八十度大转弯表明政府在面对民兵武装时一如既往地弱势。正如曼努埃尔·穆尼奥斯在无政府主义者劫持来自哈恩之囚徒列车时选择退让一样，温和派也因为惧怕治安部队与革命民兵之间爆发对抗而只得谨慎行事。

然而，尽管有萨拉萨尔·阿隆索这种特殊的案例，新设立的法庭运转情况还是相对良好，在它的努力下，公众舆论越发相信，共和国可以为了人民的利益而公正执法。各省会城市的律师协会对诉讼程序进行监督，力争让囚犯的利益得到很好的保障。法院开庭时会有大量民众旁听。当对被告做出无罪判决时，现场经常会响起掌声甚至欢呼声，主审法官也会发表演讲，称赞人民审判庭的宽大为怀。9月中旬，在马德里有一场引人注目的审判，陪审团对三名被控在战场上犯罪的军官做出了无罪裁决。主审法官对陪审团说："每一天，这个人民法庭都在让我感到越来越自豪，它必须冷起脸来审判共和国的叛徒，但是对于那些履行司法职责的公民来说，人民法庭是公正且仁慈的。"然后，其中一名被告代表他们三人对法庭和陪审团表示感谢，并且高呼"共和国万岁！人民阵线万岁！人民法庭万岁！"[108]

在9月和10月期间，政府仍在引入各种修修补补的局部性措施，试图约束"契卡"机构，并将民兵武装纳入集中管理之下，但是实际成效非常有限。只有当战争在11月初逼近马德里大门口，各民兵团体要处理其他一些更紧要的事务时，强制施行集中管理才得以进行。共和派与社会党温和派人士一直都希望能够重建秩序。而共产党人将在这件事情上发挥巨大的作用，虽然他们在重建秩序时采取了一种一意孤行的冷酷手段。尽管如此，还是有数千名囚犯用他们的生命付出了血的代价。

与此同时，温和派社会党人和巴斯克民族主义者正站在阻止后方暴行的最前线。与普列托和苏加萨戈伊蒂亚一道，胡安·内格林博士也以同样的激情反对战争双方在战线后的镇压行动。他的朋友马塞利诺·帕斯夸详细讲述了内格林的莽撞举动。在1936年的晚夏时节，"他尽一切努力，在人身安全受到严重威胁的情况下，取得了相当大的成功。他拯救了那些害怕因私人恩怨或各种其他原因而遭到杀戮的马德里人民。而在那些对他的个人勇气有充分了解的朋友们看来，他的种种大胆莽撞之举完全在意料之中"。[109] 内格林博士在1936年9月4日成为拉尔戈·卡瓦列罗政府的财政部长之后，并没有表露出约束自己在阻止镇压方面的冒失行为的任何迹象。他为制止夜间"兜风"处决所做的努力激怒了无政府主义方面的"契卡"人员。有一个团伙甚至闯入马德里的财政部大楼对他进行威胁。在接下来的对抗中，幸亏财政部警卫人员进行了及时干预，否则他恐怕很有可能遭遇不测。[110]

在杜绝随意逮捕与处决一事上，驻马德里的巴斯克地区代表团成员赫苏斯·加林德斯，以及虔诚的天主教徒、担任新内阁不管部长的巴斯克人士曼努埃尔·伊鲁霍·奥利亚，进行了同样艰苦的努力。后者竭力在战线后方宣扬人道主义价值观："我已同极左翼的政治和工会组织进行了对话。为了共和国民主政府和所有的反法西斯主义者，我在尽一切努力展示我们是一个慷慨高尚的民族。我相信，夺走任何一条生命的企图都要比一场战役更为有害，一次犯罪行为要比一场失败的战役带来的损失更大。"巴斯克人的努力主要是为了帮助他们的同胞，其中很多人（如果不是大部分人）都是天主教徒。同时，他们也将850多名修士、修女以及在俗神职人员纳入保护范围，这些人里既有巴斯克人，也有非巴斯克人。[111]

巴斯克方面的救助行动面临着很大的困难，因为在8月22日至23日的模范监狱惨案之后，监狱控制权已经完全转移到了省公共调查委员会的民兵手中。在整个9月和10月，从监狱中提人，然后将其在城郊杀害的事件变得愈加频繁。民兵队伍中有大量被放出监狱的普通刑事犯。他们被武装起来，并携带着似乎可以证明其拥有保安总局执法权的文件，这样，他们便得以向之前看管过他们的监狱官员发泄仇恨。[112]

作为回应，在9月中旬，政府又一次犹犹豫豫地采取新手段，试图推动各"契卡"组织服从其统一管理。新任内政部长由安赫尔·加拉尔萨担任，他曾作为国家公诉人提议过一则愚蠢的诉讼——对在普里莫·德·里韦拉独裁统治时期担任部长的人士进行"追责"。他在1933年加入社会党，并因为在国会中的暴力发言而声名狼藉。工人社会党执委会中的多数意见认为，他是一个对于约束"契卡"机构滥施暴行几乎毫无兴趣的机会主义者。[113]然而，在9月16日，他开始贯彻实施由阿萨尼亚总统签署的一项有关组建"民兵后卫安全部队"（Milicias de Vigilancia de Retaguardia）的法令。法令的序言隐晦地承认了6周之前成立省公共调查委员会是一项失败之举。法令表示，之所以组建民兵后卫安全部队，是由于"规范后方各执法单位之行动的迫切需要"。以下叙述则给出了所提之改革举措的合理性："由于与警方合作的民兵团体没有明确定义的职能或相互协调的组织架构，敌人可以轻易渗透进来扰乱其正常工作，并为其带来不好的名声。"这准确揭示了省公共调查委员会的弱点，同时通过将暴行归咎于内部敌人来粉饰民兵团体的所作所为。

这项法令提议，将由各政党和工会组织运作的所有民兵团体合并为一支临时警察部队。它表示，任何自治团体，如果继续行使现在归民兵后卫安全部队负责的安全职能，都将被视为"宗派分子"（facciosos），是敌人的间谍。为了鼓励民兵团体加入后卫安全部队，它指出，在民兵将来最终被纳入正规警察力量之时，那些在临时警察部队中服役的人将被优先考虑。就像在仅仅一个半月前创立的省公共调查委员会那样，这只是对由各个"契卡"机构组成的平行治安力量进行集权化的又一项举措。[114] 从短期来看，它除了给部分左翼团体和来自省公共调查委员会的巡逻队披上合法外衣，并未带来其他变化，但是仍有一些组织在民兵后卫安全部队的控制外擅自行事。

尽管加拉尔萨采取了上述措施，马德里的镇压节奏还是面临着加速。叛军纵队不断逼近，轰炸越来越频繁，这种情况也是不可避免的。莫拉将军为这一威胁起了一个名字，在他的那段著名的讲话中，他说反叛者有四支纵队正准备进攻马德里，但是此次袭击将由已经在城中的第五纵队首先发动。莫拉发表上述言论的确切日期已不得而知，但几乎肯定是在10月份的头几天。[115] 在此阶段，叛军并无一支组织得当的"第五纵队"，但是城中确有出没于黑夜中的冷枪手、破坏分子以及煽风点火的敌特分子在活动。正如英国报社记者杰弗里·考克斯后来所写的那样："秘密电台、情报员和趁着夜色溜过前线的人，将政府的许多机密透露给叛军一方。"[116]

共和国方面的政治家从10月初即开始提及莫拉将军的上述言论。在流行的说法和政治话语中，"第五纵队"一词用来指代所有的反叛支持者，包括实际的或潜在的、自由行动的或已遭关押的。它首先被"热情之花"多洛雷丝·伊巴露丽用来提高大众觉悟及革命热情，她写道：

> 叛徒莫拉说他将投入"四支纵队"进攻马德里，但首先发难的将会是"第五纵队"。"第五纵队"就潜伏在马德里城内，各种应对措施并未阻止它仍在暗夜里行动。我们感受到了他们猫科动物般的狡猾，

以及回荡在谣言、传说和恐怖故事中的低沉吼声。在我们英勇的民兵于马德里外围战斗的时候，这个敌人必须被立即消灭……战争的法则是残酷的，但是我们不能感情用事，而只有去接受它；我们不能有过火行为，但也不能表现出软弱。我们不能像法西斯分子那样残忍。我们绝对不会折磨囚犯。我们绝不会侮辱叛徒的妻女，也不会杀害他们的孩子。但是，我们会迅速有力地对他们施以法律的严惩，从而彻底摧毁其背叛的根基。[117]

一直以来对局势表示关注的各国外交使团，现在对多洛雷丝·伊巴露丽文章中有关事态升级的暗示感到担忧。驻马德里的英国临时代办乔治·奥格尔维-福布斯协调各界向西班牙外交部提交陈情书，要求政府着手处理越来越多的杀人事件，消除监狱所面临的危机。他在10月1日的报告中提到，在上个星期六（9月26日）有125人遇害。他相信正是上述文章鼓励了杀戮行动，因为在10月3日（星期六），该文发表后的24小时内，在马德里发生了两百起谋杀案。10月5日，奥格尔维-福布斯在造访外交部长胡利奥·阿尔瓦雷斯·德尔·巴约时对后者说，两天前他到过大学城，并在那里发现了至少15具男人和女人的尸体。虽然奥格尔维-福布斯不愿相信当局与杀戮事件有任何关联，但是他声言他们犯有纵容姑息之罪。阿尔瓦雷斯·德尔·巴约"脸上红到能滴出血来"，他向奥格尔维-福布斯保证，政府将竭尽全力阻止杀人，并安排后者前去面见内政部长。

有关杀戮事件的新闻对西班牙共和国的国际地位造成了不利的影响，现在这一情况更加糟糕，因为英国方面相信，或者说选择相信这样一种说法，即"被反叛方处决的平民数量相对较少，并在一定程度上是正义之体现"。10月6日，奥格尔维-福布斯面见了安赫尔·加拉尔萨，他被后者告知，谋杀事件的层出不穷和监狱中出现的状况，是突击卫队主力必须被派往前线作战，而后方安全不得不交给民兵团体负责的结果。[118]不过，为了回应外交方面的关切，加拉尔萨颁布法令，针对不属于官方民兵后卫安全部队的所有人，在晚11点至次日6点之间实行宵禁。此外，加拉尔萨不得不在创建民兵后卫安全部队的3周之内发表声明，禁止除有保安总长之明确命令以外的所有房屋搜查行动，撤回以前由省公共调查委员会下发的所有身份证件，并要求左翼组织提供获准加入民兵后卫安全部队的武装人员之名单。[119]

国际社会对在两个区域所发生的镇压行动的不同看法，是共和国面临的最严重的问题之一。在共和国控制的城市地区存在很多外交官和新闻记者，他们可以告知外界那里发生了什么。相比之下，到此时为止，由佛朗哥方面的武装纵队所制造的大多数暴行都发生在乡村地区的小镇中。此外，叛军指挥官会确保在行动中没有非己方的外国新闻记者在场。温斯顿·丘吉尔对西班牙共和国控制区之形势的反应，代表了上层阶级和官员圈子中对前述事件的看法。当西班牙新任大使巴勃罗·德·阿斯卡拉特于1936年9月初抵达伦敦时，他被他的朋友戴维·塞西尔勋爵引见给丘吉尔。尽管阿斯卡拉特在赴英国上任时已经是一位深受尊敬的国际联盟官员，但是面红耳赤的丘吉尔生气地拒绝与他握手并扬长而去，嘴里还嘀咕着"血，血……"在1936年10月2日《标准晚报》(*Evening Standard*)上发表的一篇名为"西班牙：激进分子的生动一课"的文章中，丘吉尔写道：

> 屠杀人质明显是一种较低层次的行为，而在一个又一个的夜晚中，针对无助与无力反抗的政治刈手的有组织杀戮，则可与恶意摧残和残暴侮辱并列，堪称人类道德堕落至最低点的产物。那些遇害者被从家中拖出来处决，而他们所谓的罪名，无非是他们被共产主义者敌视的阶级属性，以及他们所享有的受到共和国宪法保护的财产和荣誉。虽然民族主义者〔叛军〕的部队似乎也曾枪毙被武力扣押的部分俘虏，但是在将暴行常态化的共产主义和无政府主义分子，以及新成立的堪称最极端之托派组织的马统工党面前，我们不能指责他们犯下了与之程度相等的罪行。英国公众舆论将交战双方不加区分地同等看待，这既不明智，也有悖事实。[120]

城市遭到轰炸，冷枪手与破坏分子在暗中活动，但不管民怨如何沸腾，共和国领导人仍被期待在马德里维持相对文明的社会关系。于是，普列托的忠实盟友胡利安·苏加萨戈伊蒂亚继续利用其担任《社会主义者报》主编一职的机会，大力宣传要在后方保持克制和在战场上尊重对手的生命。该报所采取的典型的道德论调，在他发表于1936年10月3日的一篇社论中得以反映。他在这篇题为"战争中的道德义务"的文章中写道："缴械投降的敌人的生命是不可侵犯的，决不允许战斗人员对其任意处置。这当然不是叛乱分子的行事方法。但不管怎样，我们应该如此行事。"[121]

然而，在整个城市被绝望情绪笼罩的大背景下，采取温和路线的呼吁显得苍白无力。共产党第五团的政治委员卡洛斯·孔特雷拉斯（意大利共产党员兼苏联特务维托里奥·维达利的化名）表示，他更加关心消灭内部敌人，而非安抚外部的外交人员。在"热情之花"发表讲话五天之后，针对莫拉的上述言论，他向那些负责消灭第五纵队的人进行了更为明确的解释。"我们要感谢莫拉将军为我们指出了敌人的藏身之处。人民阵线政府已采取一系列措施，以迅速有力地清洗马德里所有的可疑与不可靠分子，这些人可能会在将来的某一时刻为我们保卫这座城市制造困难。"[122]"第五纵队"很快就成为共和国控制区内叛军支持者的统称。[123] 10月21日，已合并的社会党与共产党青年组织，即统一社青团发表宣言，声称"消灭'第五纵队'将是保卫马德里之共同努力中的重要一步"。[124]

随着马德里包围圈的收拢，针对这座不设防城市的空袭行动随之加剧，大众的愤怒情绪也因此爆发。而在动员民众保卫城市的呼吁声中，越来越多的人要求消灭第五纵队分子。恐慌情绪在街头蔓延，类似呼吁无疑进一步烧旺了人们对内部敌人的仇恨情绪。[125] 这种激烈的情绪非常明显地体现在"契卡"组织在后方的活动中。这些组织中最令人恐惧的省公共调查委员会，已经以"振兴街契卡部"（la Checa de Fomento）而闻名于众。这是因为，在8月26日，省公共调查委员会已经带着不断增长的业务，从拥挤不堪的美术中心搬到了振兴大街9号更宽敞的场地中。从那时起，一直到11月12日该部门被圣地亚哥·卡里略取缔为止，它针对第五纵队嫌疑分子的行动达到了一种狂热的程度。[126]

9月中旬，它与另外几个"契卡"组织已经开始系统化地"提人"——即从四座大型监狱中抓捕和杀害被拘押的人。在首轮行动中，杀戮事件虽然频繁发生,但每次通常只有为数不多的囚犯被从本塔斯监狱和圣安东监狱中带走,然后被押往马德里市郊的阿拉巴卡区执行处决。波利尔监狱则由 4 名共产党员组成的小团体负责管理,这些人滥用职权,最终于 12 月被捕。尽管如此,在他们的看守之下,11 月份之前的"提人"行动虽频频发生,但只是个别人被提走,并无针对犯人的大规模屠杀发生。行动规模在 10 月底急剧扩大,无政府主义者和共产党人均参与其中。当月 29 日,有 50 名右翼分子被从"振兴街契卡部"带走,然后押赴博阿迪利亚-德尔蒙特处决。在所有的监狱中,前来提人的民兵通常都会携带着省公共调查委员会签发的授权书。10 月 31 日,来自省公共调查委员会的探员拿着曼努埃尔·穆尼奥斯签发的命令来到本塔斯监狱,要求将 32 名囚犯转移到远在东南方向的阿尔瓦塞特省的钦奇利亚。其中 24 人,包括右翼思想家拉米罗·德·马埃斯图和国家工团主义奋进会创始人拉米罗·莱德斯马·拉莫斯在内,被枪杀于马德里市郊的阿拉巴卡公墓。在 11 月 1 日和 2 日,又有 70 多人被从本塔斯监狱带走。只有大约一半人抵达钦奇利亚,另一半人则在阿拉巴卡公墓遇害。其中至少有一次"提人"行动是爱德华多·巴尔本人领导"欧罗巴影院契卡部"的民兵人员实施的。11 月 4 日,在卡拉万彻尔的监狱又有 56 人遇害。然而,并非所有在阿拉巴卡和博阿迪利亚遇害的人都死于无政府主义者之手。至少有一个共产党"电台"* 也参与其中。[127]

奇怪的是,"提人"行动愈加频繁,有一个最著名的"契卡"组织的活动却开始式微。它就是加西亚·阿塔德利侦缉队。这支队伍曾将众多罪行隐藏在自己备受称赞的反第五纵队之作战的背后。由于阿塔德利和他手下的许多人都来自社会党印刷业工会,所以他们很容易在共和国新闻界发表宣传自身事迹的文章。《消息报》尤其如此,这份报纸当时由他们的工会成员伙伴负责管理。不管怎样,对肃清内部敌人之行动加以颂扬被认为非常有助于提升士气。[128] 这一点可以从《社会主义者报》的一篇社论中看出来,作者在文中骄傲地宣布,加西亚·阿塔德利与他手下的人是肩负使命的社会主义者,他们为了我们的共同事业而在治安领域奋战。主编苏加萨戈伊

---

* 即上文所述的西共"契卡"组织的代称。

蒂亚在撰稿时尚不知晓该队的罪恶活动，他说："对阿塔德利的评判应着眼于现在而非过去——他在过去无疑是一名正直的社会党人。他的工作不仅有益而且必要。他的工作不可或缺。"这篇文章接下来又赞扬了阿塔德利在黎明前发起的那些突袭行动，称其准备充分，打击精准。文章的结尾是苏加萨戈伊蒂亚一贯的风格："狡诈、怨恨与嫉妒，都迫不及待要在非法活动中一展身手，而为了所有人的荣誉和共和国的声望，这些活动必须被挫败。"[129]

事实上，加西亚·阿塔德利侦缉队每天都在进行许多合法活动。他们曾经搜查过佛朗哥在马德里的公寓，并在其中找到了包括冲锋枪在内的多件武器，以及他与其他密谋者的往来信件。更值得注意的是，共和国方面很多成功的行动，比如说粉碎间谍组织，破获某一地下电台，逮捕长枪党党员、破坏分子和冷枪手，以及挫败针对阿萨尼亚、拉尔戈·卡瓦列罗、普列托和"热情之花"的暗杀计划，也被归功于这一团体的努力。报纸上对这些战果的报道，不能被视为官方对加西亚·阿塔德利犯罪活动的背书。报纸在提及被没收的现金与贵重物品时，通常都具体指明它们已经被上交给保安总局。[130] 加西亚·阿塔德利后来反复告知他的审讯者，大量的金钱与珠宝均已上交，并声称他拯救了许多人的生命。洛德斯·布埃诺·门德斯是最令人费解的"营救"对象之一。她是一位保守派共和国官员的女儿，后者因为被控与纳粹有联系而被共产党方面的一个名为"西区电台"（Radio Oeste）的"契卡"组织逮捕。洛德斯·布埃诺·门德斯当时是失踪状态，加西亚·阿塔德利在9月底找到了她并把她带到保安总局，她又在那里被关押了两个半月。他之所以对这起案件感兴趣，很可能是看上了她家人提供的酬金。[131] 加西亚·阿塔德利还声称，他相信为了表彰他的成就，他最终将会被任命为保安总长。[132]

不过，在10月份的下半月，正当人们可能认为他所从事的工作需求日盛之时，他的团体开始淡出公众视线。当时，他的活动以及被他没收的贵重物品的下落正在受到质询。具有讽刺意味的是，在10月26日，奥格尔维-福布斯与加西亚·阿塔德利进行了一次谈话，前者向后者解释了逮捕、谋杀和抢劫的报道对共和国在国际上的处境所产生的可怕影响。阿塔德利当时正要带着自己的不义之财逃跑，他在谈话中对此由衷表示赞同，并将这种混乱局面完全归咎于无政府主义者。[133] 按照罗萨里奥·凯波·德·利亚诺的说法，到10月底，被带到阿塔德利总部的关押者数量已经开始大幅减少。[134] 他显然已经在策划他的逃亡。10月27日，他面见了两个最亲密的朋友，路易斯·奥图尼奥和佩德罗·佩纳瓦德，并最终确定了逃亡计划。他后来声称之所以这么做，是因为马德里即将落入叛军之手，同时也是因为他的生命受到了共产党人和伊无联分子的威胁，而后者威胁要干掉他的缘由，据他所说是为了报复他在阻止其暴行方面所做的努力。他们三人收拾了几个装满钱款与贵重物品的手提箱，然后在加西亚·阿塔德利的妻子彼达·多明格斯·迪亚斯（一位前修女）的陪同下前往阿利坎特。在那里他们获得了伪造的古巴护照，并乘船前往马赛。在马赛逗留期间，他们买到了于11月19日启程前往哈瓦那的船票。[135]

他们的计划因电影导演路易斯·布努埃尔的介入而归于失败。后来，在布努埃尔的回忆录中，他提到了加西亚·阿塔德利，以此说明"我们与法西斯分子之间有时关系比较复杂"。布努埃尔当时为共和国驻巴黎大使馆工作，他是艺术家路易斯·金塔尼利亚运作的反叛乱间谍网络中的一员。一位在酒店工作的法国工会会员向他报告说，有个携带着满满一手提箱被盗贵重物品的西班牙人即将乘船前往南美洲。布努埃尔将此事通知了大使路易斯·阿拉基斯塔因，后者又将情况反映给巴伦西亚政府。尽管有关方面做出了引渡他的努力，但是为时已晚。因此，阿拉基斯塔因得到政府授权，将此消息通过某中立国大使馆传递给驻法国巴黎的反叛方代表。由于加西亚·阿塔德利及其狐朋狗友搭乘的船只必须在比戈和圣克鲁斯－德特内里费*靠泊，所以他们认为叛军当局应该可以在那里逮捕阿塔德利一伙。[136]

事实上，布尔戈斯的叛军领导人无法获得法国政府允许，从法国船只上逮捕乘客，所以它顺利驶离了比戈。然而，由于布尔戈斯和巴伦西亚双方都同意将加西亚·阿塔德利绳之以法，所以巴黎最终同意了这一主张。

---

* 圣克鲁斯－德特内里费为加那利群岛一港市，它与比戈当时均已为佛朗哥分子所控制。

在拉斯帕尔马斯，加西亚·阿塔德利和佩纳瓦德被捕。经过在加那利群岛的初审之后，他们被转移到塞维利亚进行进一步的审讯。[137] 从 12 月 19 日起，加西亚·阿塔德利在塞维利亚省立监狱戒备最为森严的区域中被关押了长达 7 个月之久，他于 1937 年 7 月被处以绞刑。而随着加西亚·阿塔德利逃离马德里并最终走向覆灭，"契卡"组织活动最为臭名昭著的时期即将拉开序幕。

第四部

围困中的马德里

威胁与回应

9

死亡纵队进军马德里

在佛朗可的非洲军团士力尚未乘船(作为所谓的"胜利护航船队"的一部分),或者搭乘可能由德国与意大利制造的飞机抵达西班牙本土之前,他本人已于1936年8月2日飞赴塞维利亚。向马德里的进军于当天展开,首支纵队被派出,开赴北边巴达霍斯省的梅里达。该队由两个营的外籍军团单位和两个营的土著正规军组成,指挥官为卡洛斯·阿森西奥·卡瓦尼利亚斯中校。此人身材高大,灰头发,红脸庞,是一名久经战阵的非洲军团老兵。他们驾驶着凯波·德·利亚诺提供的卡车,在头两天里推进了50英里(约80千米)。紧随阿森西奥之后的是8月3日出动的卡斯特洪纵队,它的行军路线要偏东一些。8月7日,由埃利·罗兰多·德·特利亚中校指挥的第3支纵队也加入了向马德里进军的行列。卡斯特洪本人的座驾是当地有名的大地主内维翁侯爵的豪华轿车。这些纵队的最终目标就是马德里。然而,使用3支纵队在宽大正面上向前推进的做法,表明了叛军还有另一个同样重要的目标,即摧毁沿途城镇和村庄中的左派势力。[1]

有如下这样不成文但明白无疑的命令:"用雷霆之击粉碎那些残忍的鼠辈,让他们陷入瘫痪当中。"[2] 于是,随着3支纵队在8月初从塞维利亚出发并迅速北移,他们将种种恐怖手段付诸实施,而这些正是西班牙非洲殖民者对付摩洛哥人民的惯常做法。在他们越过莫雷纳山脉之后,有关其残暴手段的传言在他们进军路线前方造成了大规模的恐慌。反抗他们的劳动者缺乏战斗经验,而且手中只有猎枪、老掉牙的大口径前装枪、各种刀具以及斧头,几乎都不能被称为"民兵"。凭借着由意大利飞行员驾驶的"萨

伏亚 –81" 轰炸机与德国飞行员驾驶的"容克 –52"轰炸机带来的绝对空中优势，再加上配属的炮兵分队，这些西班牙殖民军中堪称一流的突击力量夺取了塞维利亚省与巴达霍斯省的诸多乡镇。共和国方面志愿者在伤亡人数方面要远远超过非洲军纵队。叛军纵队并不收容俘虏。沿途俘获的民兵被直接枪杀。

在巴达霍斯省，当地的省级人民阵线防卫委员会绝望而徒劳地试图协调匆忙集结的民兵武装。两位国会代表——社会党人何塞·索萨·奥米戈和共产党人佩德罗·马丁内斯·卡顿，以及全国农业工人联合会领导人里卡多·萨瓦尔萨组织民兵力量并试图阻止非洲军纵队的推进，但成效甚微。最终，萨瓦尔萨带领一支大部队（名为"佩德罗 – 鲁维奥纵队"，以纪念在 1935 年被谋杀的一位西班牙工人社会党的国会议员）穿过叛军阵线抵达马德里，加入了共和国的军队。索萨·奥米戈和马丁内斯·卡顿的纵队中很快就加入了大量来自非洲军纵队的逃兵。这些人没有丝毫提升队伍的作战能力，却增强了队伍在尚未被叛军控制的村庄中杀戮右翼分子的意愿。[3]

这有损共和国政府在制止暴行方面所做的努力。在 7 月 19 日傍晚来自马德里的一连串电文中，政府天真地呼吁左翼组织对国民卫队和陆军部队的忠诚保持信心。7 月 20 日，共和国控制区各城镇的人民阵线委员会收到了来自马德里政府的命令——"无论基于任何理由，都不应有任何破坏法律与秩序之行为"，并且应采取措施，"以防止任何人利用公众会有的紧张反应，针对守法人士实施犯罪或者自行执法"。政府与劳工总会达成了协议，罢工也被禁止。7 月 28 日，各省省长向本地人民阵线委员会传达了来自马德里的更为严格的指示，要求他们宣布："任何人，无论他是否属于某一政治实体，只要侵犯了他人的生命或财产安全，都将被处以死刑，因为这种罪行将被视作为敌人效力的叛乱行为。"7 月 29 日，各地市镇长官收到命令，禁止去动辖区内右翼分子的银行账户。[4]

而叛军方面则未受到类似的制约。他们向北进入巴达霍斯省，在没费多少力气的情况下夺取了埃尔雷亚尔 – 德拉哈拉、莫内斯特里奥、列雷纳、丰特 – 德坎托斯、萨夫拉和洛斯桑托斯 – 德迈莫纳。阿森西奥、卡斯特洪和特利亚纵队中的士兵一路强奸和抢劫，此外还将他们发现的人民阵线同情者或者只是疑似同情人民阵线的人斩尽杀绝,在他们行经之地留下了一个个血腥的杀戮现场。这绝非偶然,要知道,巴达霍斯省正是1936年春自发占领庄园运动的发生地,而那场运动似乎已将不公正的土地所有制度终结。非洲军团老兵处决农民志愿者的行动被戏谑地称为"让他们尝尝农业改革的滋味"。[5]

事实上,在那些共和国已颁布征收法令或将占地行为合法化的叛军控制区,叛军纵队都在协助产业主夺回土地。以往曾被忽视的土地已经在辛苦劳作的农民手中得到了改良,地里的石块、根茬和藤蔓杂草被除去,池塘和溪流也得到了清理。而且,成熟的农作物正等待收割。可是如今,那些进行过土地改良的贫苦农民未因付出的劳动而得到任何形式的补偿,他们的庄稼、存粮、种子、牲畜和生产工具,也与土地一道被残忍地夺走。在大多数情况下,他们不是已经逃亡,就是已经被叛军杀死或监禁。那些在共和国土地再分配运动中受益的男男女女受到了尤为酷烈的镇压。他们占据了巴达霍斯省被处决者总数的70%到80%。[6]

关于叛军纵队与土地所有者之间的关系,存在一个令人震惊的案例,其中涉及的主要人物是科尔多瓦省滨河帕尔马镇的豪强费利克斯·莫雷诺·阿达努伊。因为他饲养斗牛,其庄园中所需的农业劳动量被缩减。他拒绝安排雇工耕种他的土地,并且朝农民喊道:"让共和国去养活你们吧。"在人民阵线选举上台后,有很多劳工被安置到他的庄园中,但他拒绝为他们支付工资。战争爆发时,费利克斯·莫雷诺正在他位于塞维利亚的豪宅中。滨河帕尔马镇的无政府主义者委员会将土地集体化,并且采取食品配给制,直到土地得到耕耘并有产出为止。莫雷诺的斗牛变成了餐桌上的食物,而当地村民则是有生以来第一次尝到牛肉的味道。这个消息激怒了莫雷诺。当一支叛军纵队于8月27日占领该镇时,他驾驶一辆黑色凯迪拉克紧随其后,与他同行的还有该地区的一些人地主。未逃离的男性村民都被赶入一个大型牛栏中。每头被宰杀的公牛都得到了10人殉葬。当那些绝望的人哀求他,希望他看在他们是他的教子,或者是他的远亲,或者以某种方式与他沾亲带故的分上饶过他们一命时,他只是目不斜视地说:"我谁也不认识。"当天至少有87人被枪杀,在接下来的数日内还有两倍之多的人被杀。[7]

1936年10月初，一个南部地主的代表团前往布尔戈斯，说服作为佛朗哥政府之雏形的"国家技术执政团"推翻了前几年的土地再分配政策。代表团中包括全国乡村土地所有者联合会主席兼巴达霍斯省土地所有者联盟主席阿道弗·罗德里格斯·胡拉多。他们主张禁止左翼劳动者享有土地所有权益，呼吁将共和国分配的所有土地归还原主，关于占地移民为耕作土地所做的准备工作，他们坚持不应支付任何报酬。他们大肆宣扬对反叛事业的认同，并在陈情书的结束语中这样说道，"我们，土地所有者，农场主和畜牧业主，将无条件接受光荣的军队，我们祖国之救主的命令，我们准备接受任何要求我们做出的牺牲"。[8]

事实上，大庄园主的代表只不过是在设法将非洲军团部队正在做的事通过法律方式加以巩固。在列雷纳集结有大量国民卫队部队：该地驻军已于7月21日得到了来自萨夫拉以及东面阿苏阿加的兵力的加强。阿苏阿加的国民卫队指挥官安东尼奥·米兰达·维加中尉，设法让列雷纳的社会党市长拉斐尔·马特拉纳·加兰和当地人民阵线委员会成员相信，他的国民卫队力量会对共和国保持忠诚，并已做好与来自南部的叛军纵队作战的准备。在从南方通往列雷纳的路上，有一座横跨两条深沟的桥梁。8月4日，米兰达·维加提出用一支由国民卫队和民兵组成的联合武装前去摧毁桥梁并阻击卡斯特洪纵队。在前往目的地的路上，国民卫队制服了队伍中的工人武装并将他们押上卡车，然后向南驶向前进中的叛军部队。他们在塞维利亚省北部的埃尔龙基略与卡斯特洪的部队相遇。在加入向北方进军的行列之前，他们将来自列雷纳的俘虏全部射杀。

市长拉斐尔·马特拉纳作为俘虏中的一员也被押上卡车送往处决地点，但他在卡车行经桥梁时中途跳车逃跑，然后设法返回了列雷纳。卡斯特洪的部队轻而易举地消灭了北进之路上的零星抵抗人员。列雷纳于次日黎明被包围，接下来炮击开始。当摩尔人、外籍军团和国民卫队封闭包围圈并突入城中时，守方人员撤退至主广场。他们躲藏在市政厅、教堂和当地一所学校中，而他们手中的武器只有猎枪和粗劣的自制炸弹。进攻者使用手榴弹攻占了市政厅与学校，那些仍然活着的守卫者被用刺刀杀死。教堂在遭到炮击后起火。共和国方面有150人遇难，而卡斯特洪纵队只有2人死亡，12 人受伤。按照随同纵队行动的右翼新闻记者曼努埃尔·桑切斯·德尔·阿尔科的说法，牺牲的列雷纳保卫者的勇敢给摩尔士兵留下了深刻的印象，他们说"这里的革命者不似犹太人那般（胆小）"，而这一评语让人联想到他们的上级所怀有的反犹偏见。由拉斐尔·马特拉纳领导的一小队民兵设法逃离了此地。[9]

在非洲军团纵队行经的每个城镇和村庄，街道上都散落着有明显刺刀伤痕的尸体，而那些遇害者只是不幸挡住了他们的去路。卡斯特洪纵队抵达的第一个曾发生过重大左翼暴行的城镇是丰特–德坎托斯。事实上，像这种当地右翼分子遭遇暴力对待的地方并不多。7 月 18 日，在那里有近 70 名右翼分子被捕。第二天，来自周围村庄的蒙面左翼分子手持猎枪，将其中 56 人关押在市镇教堂中。尽管市长莫德斯托·何塞·洛伦萨纳·马卡罗拼命试图阻止他们，但是教堂仍被泼上汽油焚烧。有 12 人丧生。不过，洛伦萨纳的努力在 8 月 4 日取得了较为成功的结果。当卡斯特洪纵队逼近时，该城镇遭到轰炸，一位 20 岁的女子丧生。当愤怒的民众试图对关押在市监狱中的超过 90 名囚犯发动进一步攻击时，洛伦萨纳冒着生命危险进行制止。他挥舞着手枪挡在想要杀人泄愤的人群面前说道："这个城镇已经见证了太多的死亡。"被阻拦的民众中有个人当场预言般地挖苦道："好吧，那请你小心一点，因为那些你现在要救的人就是将来要杀你的人。"然而，由于害怕早先的屠杀所带来的后果，包括洛伦萨纳在内的大部分城中左派分子均选择了逃亡。当纵队到达时，丰特–德坎托斯几乎空无一人。当卡斯特洪奉佛朗哥之命继续前进时，有一个土著正规军连队在国民卫队上尉埃内斯托·纳瓦雷特·阿尔卡的指挥下，于此地区实施镇压行动。在 8 月 6 日至 12 月 30 日期间，丰特–德坎托斯教堂中的每位遇难者都得到了 25 名陪葬之人，这些被认定为左翼分子的平民在未经审判的情况下遭到了处决。死者中有 62 名妇女，其中有几人怀孕，还有多人在遭到强奸后被枪杀。[10] 此后，纳瓦雷特被长枪党本地成员指控犯有盗窃车辆、艺术品、农产品以及其他财物等罪行。纳瓦雷特的征收清单上甚至有数吨谷物，他所征收的巨额物资塞满了大大小小的仓库。[11]

为了遏制非洲军团的推进，一支由职业军官领导的由大批共和派民兵组成的武装纵队从巴达霍斯出动了。8月5日，在洛斯桑托斯－德迈莫纳附近，他们进行了一次绝望的防御作战，但是被更为训练有素的，并且拥有炮兵与空中支援的装备更为精良的阿森西奥纵队全力碾压。在进一步权衡胜算之后，对共和国缺乏忠诚的军官毁掉了共和国部队的大炮。此战叛军方面有4人阵亡，而防守方约有250人。8月7日清晨时分，在向萨夫拉移动之前，卡斯特洪派出20名长枪党党徒和20名卡洛斯派"义勇军"成员，在洛斯桑托斯－德迈莫纳展开镇压。无论是在那里，还是在萨夫拉，均无任何右翼人士被杀。在洛斯桑托斯－德迈莫纳，教区司铎埃塞基耶尔·费尔南德斯·桑塔纳代表被选中的遇害者向长枪党方面求情，却徒劳无功。有100人在城镇陷落之后立即遭到枪杀。还有更多的人遭到监禁，被骚扰，以及被没收财物和课以罚款。

尽管萨夫拉的阶级对立情况非常严重，但是从2月份大选结束到卡斯特洪纵队抵达的5个月间，市长何塞·冈萨雷斯·巴雷罗一直努力限制左翼针对1933年到1935年社会上的反攻倒算发动报复。针对右翼人士的袭击导致他被迫疏散了数个宗教团体。但是，在冒着生命危险的情况下，他成功确保了没有流血事件发生。在军事政变爆发后，冈萨雷斯·巴雷罗主持该市人民阵线委员会，囚禁了28位知名的叛乱支持者。他曾两次打破激进分子杀害这些囚犯的企图。尽管如此，在萨夫拉于8月6日像洛斯桑托斯－德迈莫纳一样几乎未做抵抗就宣告陷落之后，发生在那里的镇压行动如同在丰特－德坎托斯一样酷烈。在萨夫拉遭军事占领的首日，就有40人被枪杀，在接下来的几个月里，遇难者共达200人之多。内战结束时，冈萨雷斯·巴雷罗身处马德里。在佛朗哥宣布那些手中没有血债的人可以打消恐惧之后，他因为相信自己完全无辜而返回家中，却遭到逮捕并被关入位于卡斯图埃拉的集中营。他于1939年4月底遭处决。[12]

在所有这些城镇中，占领军强奸工人阶级妇女，并洗劫左翼人士的住所。佛朗哥当局的军官承认，在招募摩洛哥雇佣军时会承诺为其提供不受制裁的劫掠的机会，一座城镇被攻占后，他们会被允许在两小时内自由行动。[13]在南部各城镇中，摩尔兵和外籍军团士兵贩卖收音机、钟表、手表、珠宝甚至家具成了司空见惯的场景。在纵队继续前进之后，实施镇压的长枪党分子也会随意进行抢劫。[14]当纵队从萨夫拉出发向北移动时,坎德拉里亚教堂的副教区司铎胡安·加兰·贝尔梅霍决定以随军神职人员的身份一同行动。此后,这位身材高大、头发卷曲的神父,腰间挂着一支大号手枪,因在镇压行动中冷血无情而闻名于众。有一次,他在科尔多瓦省与巴达霍斯省边界附近的一个洞穴里发现了4名男子和1名受伤女子,他强迫他们挖掘坟墓,然后将他们射杀,并在遇难者中枪未死的情况下将其活埋。他后来吹嘘自己亲手杀死了超过100名左翼分子。[15]

从萨夫拉出发,在通往梅里达的路上,首先会遇到的城镇是巴罗斯自由镇和阿尔门德拉莱霍。8月7日晚,阿森西奥纵队在绕过巴罗斯自由镇后向阿尔门德拉莱霍进军。在巴罗斯自由镇并无右翼分子遇害,所以当地居民认为人身安全不会受到威胁。然而,逃离叛军纵队恐怖统治的左翼分子抵达此地并带来了屠杀的消息。这些人对叛军的暴行感到极为愤怒,他们迫不及待想要在尚未被征服的城镇中找到右翼分子,在后者身上发泄自己的仇恨以及遭受的恐惧。8月8日早晨,撤退中的民兵试图焚烧巴罗斯自由镇中一座关押有54名右翼分子的教堂,但当地人民阵线委员会挫败了这次行动。然而,当次日阿森西奥派出一个分遣队从阿尔门德拉莱霍前来占领巴罗斯自由镇时,作为对上述流产之暴行的惩罚,镇中的居民遭受了野蛮镇压。尽管较有影响力的左派人士均已逃离,他们仍然逮捕了数百人,并枪杀了其中的56人。在未来3个月内,有300余人遭到枪杀。这不可避免地将对共和国控制区的镇压运动产生影响。为了报复在巴罗斯自由镇上发生的暴行,来自那里的部分人士参与了在马德里和埃斯特雷马杜拉东部的屠杀行动。[16]

虽然阿森西奥纵队已经对阿尔门德拉莱霍展开了炮轰和空袭,然而他们在控制该城的过程中还是遇到了相当大的麻烦。民兵方面扬言,如果阿森西奥的士兵入城,他们就要焚毁关押右翼囚犯的建筑。当纵队突入城镇外围时,有28名囚犯被害。在卡斯特洪纵队的增援下,阿森西奥推进至城镇中心。有40名左派人士在教区教堂中避难,于是阿森西奥开始派人纵火,并在引火物中加入湿麦秸草和硫黄,企图制造有毒烟雾,迫使他们离开教堂。在此举无效之后,叛军烧毁了教堂建筑在遭遇反复炮击之后残留的部分。抵抗于8月10日宣告结束,有数百人被俘。[17] 根据当时的新闻报道,有包括100名妇女在内的1,000人遭到枪杀,葡萄牙报纸将此地称为"受诅之城"。对军事占领期间以及接下来3个月里的镇压行动进行调查的当地历史学家,已成功确认了超过400名男性与16名女性的名字,但他们得出的结论是,实际被处决的人数(无论男女)肯定要高得多。在枪决过后,有许多妇女遭到强奸,其他一些妇女的头发被剃光并被强灌蓖麻油。许多男人被问道:"去俄国还是去军团?"前者意味着枪决。他们通常都会选择加入外籍军团。当地右翼分子组织骑乘巡逻队,在周边乡村地带搜索左派逃亡者。[18]

这种蓄意的野蛮行径构成了某学者所谓的"通过恐怖手段予以教化"。其确切目的就是一劳永逸地埋葬无地农民将大庄园集体化的强烈愿望。叛军纵队以"赤色恐怖"为借口,不管实际上是否发生过针对当地保守人士的任何罪行,发动了一场复仇之血洗。在右翼人士受到人民阵线委员会保护的那些地方,他们则声称,暴行之所以没有发生,只是因为其武装纵队及时赶到。在村落里被发现的人民阵线委员会成员将会被枪杀。类似命运也在等待着左翼工会成员,以及许多完全不关心政治,只是不幸妨碍到其行动的无辜者。被处决者的"罪名"往往与暴行无关。当地右翼之所以出离愤怒,是因为自从1936年2月大选以来,左翼主导的地方议会和"人民之家"一致要求大土地所有者为工会会员提供工作机会,迫使他们清偿自1934年起未支付的工资,并禁止宗教庆典活动。[19] 1936年春夏季,在南部乡村地带,富有的中上层居民一直遭到被他们视为劣等人的贫苦劳工的辱骂与冒犯。这种对他们社会与经济地位的不可容忍的挑战,便是许多保守派人士对非洲军团纵队之残忍行径予以认可的理由之一。[20]

地主之地产四处蔓延扩张的大庄园体系,作为在安达卢西亚、埃斯特雷马杜拉和萨拉曼卡地区占据主导地位的农业所有制模式,使产业主更容易将无地短工(按天为单位雇佣的劳动者)视作"非人类"和"会说话的工具",他们如果胆敢反抗,就要对其施以严惩或者直接将其消灭掉。对于产业主而言,第二共和国的整个历史就是一场"反叛"。在阿尔门德拉莱霍的流血事件之后,佛朗哥命令阿森西奥和卡斯特洪合兵一处,全力向梅里达和巴达霍斯发起进攻。由于当地右翼分子希望卡斯特洪能在彻底清除镇上的左翼分子之后再离开，所以后者要求国民卫队以及长枪党和卡洛斯派的武装分队完成"清洗行动"。[21]

此时，佛朗哥将上述三支纵队的总指挥权交给胡安·亚圭·布兰科中校。[22]在拉蒙·塞拉诺·苏涅尔的描述中，亚圭中校"身材高大、粗壮结实，拥有狮鬃般的毛发和掠食者的外表，但他是一位目光短浅的人——尽管才智不凡，但时常被他的暴脾气蒙蔽双眼。他行事霸道，口无遮拦，经常受到周期性抑郁症的折磨，这或许是旧伤未能完全恢复的结果，也因此他的行为缺乏一致性与连贯性"。他于1891年11月9日出生于索里亚省的圣莱昂纳多，与佛朗哥同期在托莱多步兵学院入学。他是一个典型的非洲殖民军老兵，在1936年之前长达26年的军旅生涯中，他有18年是在摩洛哥服役。他因作战英勇而3次受伤，多次被授勋，并于1928年被提拔为中校。由于在阿斯图里亚斯起义中扮演的角色，佩戴眼镜的一头浓密灰发的亚圭中校成了最令左派分子恐惧的殖民军军官。[23]

佛朗哥命令亚圭兵分三路对梅里达展开进攻。梅里达是位于通往卡塞雷斯之路上的一个建立于古罗马时代的老城，也是塞维利亚和葡萄牙之间的重要通讯中心。亚圭选择了出身卡莫纳地主家庭的殖民军老兵路易斯·阿拉尔孔·德·拉·拉斯特拉上尉担任其高级炮兵指挥官。梅里达在经历了猛烈的空袭与炮击之后于8月11日陷落，反叛分子付出9人阵亡的代价，而防御方有多达250人丧生。守城者的防御手段非常外行，他们主要依靠一门旧式火炮来瞄准打击瓜迪亚纳河上那座罗马式桥梁对面的敌人。结果，装备低劣且因遭受炮击而士气低落的防守者无法与阿森西奥部队的机枪火力相抗衡。血腥镇压再次不出意外地发生。那些未能逃跑的左翼人士逃到"人民之家"的地下室中避难。他们被迫一个接一个地列队而出，并在露面的那一刻遭到枪杀。在接下来的日子里，逐屋搜查行动展开，大批人被捕，更多的男人被枪杀，妇女则遭到性侮辱。[24]

长枪党分子在梅里达的镇压行动持续达数月之久，全权负责镇压行动的则是阴险的国民卫队上尉曼努埃尔·戈麦斯·坎托斯。他在南部地区（特别是在马拉加）任职期间的种种异常残忍之举令其声名大噪，之后他被派往巴达霍斯省东北部的塞雷纳新镇任职。7月19日，他领导了镇中国民卫队的起事。戈麦斯·坎托斯在当地长枪党分子的帮助下，通过一场血战赢得了胜利，之后他拘捕了市镇议会和"人民之家"的成员以及其他左派人士。当共和国方面的援军接近该镇时，他带领手下人及左翼被俘人员，前往位于叛军控制下的卡塞雷斯省的米亚哈达斯。人质都被带到省城，其中一些人遭到枪杀，其余人则在1938年塞雷纳新镇易手之后被带回去执行处决。在米亚哈达斯，戈麦斯·坎托斯的队伍中加入了大量来自其他单位的国民卫队官兵。[25]

　　后来，他所处的地位让他实际上可以全权负责镇压行动。他于8月11日晋升为少校。在梅里达，他负责管理在当地赌场实施的夜间处决行动，那里已被改造成一座临时监狱。落入他手的其中一名囚犯是自由共和派人士滕普拉诺医生。在一个月的时间里，戈麦斯·坎托斯每天都会带着医生在市中心散步，并且记录下所有向医生打招呼的人。医生的朋友因此被辨认出来，然后纷纷被捕。戈麦斯·坎托斯亲手将医生枪杀。凯波·德·利亚诺将于1938年2月派遣戈麦斯·坎托斯担任巴达霍斯省的公安特派员。尽管其前任的镇压行动事实上已将左派分子彻底肃清，但他还是想出了一个主意，在被怀疑为左翼同情者的外套上用红色的油漆刷上一条标记。[26]

　　到达梅里达时，佛朗哥的部队在一周之内行进了125英里（约201千米）。非洲军团有着在开阔低灌丛地带作战的丰富经验，阿森西奥和卡斯特洪的成功便不难理解。仓促拼凑而成的共和国民兵部队只有在得到建筑物或植被之掩蔽的情况下，才能全力且绝望地投入战斗。然而，后者没有接受过利用地形地物进行运动的基本训练，甚至对武器装备的保养和装填弹药都一无所知。他们就聚集在路边进行战斗，似乎并未意识到可以到附近山坡上寻找更有利的作战位置，于是他们成了敌人的活靶。恐慌情绪伴随着摩尔人和外籍军团部队的推进而不断累积，在每场胜利过后，这种情绪都会被强化，这导致了哪怕只是听闻侧翼遭遇包抄的谣言，他们也会丢弃武器装备转身逃跑。《纽约先驱论坛报》（*New York Herald Tribune*）的约翰·T.惠特克评论说："在随同摩尔部队进军的过程中，我亲眼看到他们在一次又一次的战斗中，包抄、驱逐并歼灭了十倍于其数量的敌人。而未经训练的士兵,单凭个人英雄主义并不足以对抗得到空中支援的职业军人。"[27]

佛朗哥充分意识到他手下的正规军部队相对于未经训练与装备低劣的民兵武装的优势,他和他的参谋长弗朗西斯科·马丁·莫雷诺上校据此制定作战计划。言语恐吓与恐怖行动被委婉地描述为"惩戒措施"(castigo),并在成文的命令中得到明确说明。[28] 马丁·莫雷诺在 8 月 12 日的一则命令中对此情况进行了总结,他说:

> 我们所面对的敌人素质低下,他们既无纪律也缺乏军事训练,他们没有训练有素的领导者,缺乏武器弹药和支援部队,这意味着我们在战斗中通常只会遭遇微弱的抵抗……我们在武器装备和娴熟使用武器装备方面的优势,使得我们付出很少的伤亡就能达成我们的目标。迫击炮或精准使用的机枪火力,会对没有此类武器或不知如何使用它们的人造成巨大的心理冲击。[29]

恐怖手段的实施既非自发行为,也非疏忽大意的副产品。外籍军团和摩洛哥正规军士兵残害遇难者的身体,割掉其耳朵、鼻子、性器官,甚至是脑袋。在西班牙本土,此类暴行,以及针对俘虏的屠杀和针对工人阶级女性的有组织强奸,均得到了西班牙境内叛军军官的首肯,这与佛朗哥和其他掌权者在摩洛哥的做法别无二致。正如 1934 年在阿斯图里亚斯地区发生的情况那样,从各个方面来看,如此作为对他们均大有助益。他们满足了殖民地军队的嗜血欲望,他们消除了大量的潜在政治对手,而且,最重要的是,他们制造了一种足以让其他人望而却步的恐怖氛围。[30] 然而,叛军方面对自己的所作所为其实也感到非常不安,他们认为有必要进行遮掩。在 8 月 13 日前后,凯波·德·利亚诺将军在塞维利亚接受了对叛军方面深表同情的伦敦《每日邮报》(Daily Mail)记者哈罗德·卡多佐的采访。凯波·德·利亚诺向英国记者保证:

> 除非是在激烈的战斗中,或是在突袭敌方阵地的过程中,否则,

如果未严格按照我方军事法庭之程序规则得到申辩机会和公平的审判，没有任何人会死于枪弹之下。庭审都是公开进行的，只有直接参与谋杀或者犯有其他根据我们的军事法规应做出死刑判决的罪行，或者基于其权力地位应该对容许此类罪行发生负有责任的那些被告，才会被处以死刑。我已经抓捕了数千名囚犯，但是现在其中有一半以上的人已经获得自由。[31]

然而，同样是叛军支持者的《每日快报》（Daily Express）记者哈罗德·彭伯顿在他的报告中却指出，在叛军攻下梅里达之后，外籍军团中的一些士兵想要把"共产党的耳朵当作战利品"卖给他和他的摄影师。[32]

在占领梅里达之后，亚圭的部队转入西南方向朝巴达霍斯推进。巴达霍斯位于靠近葡萄牙边界的瓜迪亚纳河畔，是埃斯特雷马杜拉地区首屈一指的重镇。如果这些纵队向马德里急行军的话，巴达霍斯的驻军是不会从后方对其构成严重威胁的。佛朗哥当局的军史学家暗示亚圭当时是自己主动转向巴达霍斯的。如果真是这样的话，佛朗哥绝对不会饶过亚圭，因为每日的重要事务均由他做出决定，然后由亚圭负责贯彻执行。佛朗哥亲自负责针对梅里达的作战行动，8月10日傍晚，他在其司令部中接见了亚圭，并与之讨论如何攻占巴达霍斯和下一步的行动目标。他想要拿下巴达霍斯，建立叛军的两个控制区域之间的陆上联系，并且使进攻部队的左翼得到西葡边界地带的有利依托*。这是一个战略失误，由此而造成的延误让共和国政府得以组织防御。然而，就像佛朗哥在战争期间所一再表现的那样，他更加关心在所有被征服之领土上彻底清洗反对分子，而非迅速取得战争的胜利。[33]

在梅里达之战结束后，接下来，在叛军纵队征服之路上的首批城镇之一是托雷马约尔。在那里，人民阵线委员会杜绝了任何可能的暴力活动。没有右派分子遭到监禁，没有针对他们犯下的暴行，而亚圭之部队行经此地时也未制造任何事件。[34] 位于从梅里达到巴达霍斯之道路中途的是彼此

---

* 葡萄牙的萨拉查政权当时为佛朗哥方面提供支持。

相邻的洛翁、蒙蒂霍和卡尔萨达镇。在军事密谋集团行动的消息抵达之后，三地均建立了包括所有左翼政党和工会组织代表在内的防卫委员会。本地的"民兵组织"应运而生，他们的装备只有劳工手中或者从富人那里没收而来的少量猎枪。卡尔萨达镇的"民兵组织"有33名成员，蒙蒂霍则有100人。在这3个城镇中，防卫委员会均逮捕了支持军事叛乱的那些当地的富裕居民。在卡尔萨达镇，被拘留的66名男性中，大部分是拒绝向安置于其庄园中的劳工支付工资的土地所有者。其中有19名地产主、12名农场主、4名小工厂主。所有人都得到了良好的对待，他们的家人被允许给他们送食物、烟草、被褥和毯子。那些支付了拖欠工资的被捕者获得释放。委员会努力确保没有囚犯遭到杀害。但是当亚圭纵队于8月13日晨抵达时，这些囚犯谎称他们即将要被活活烧死在当地教堂里。在蒙蒂霍，有56名右翼分子被拘留在一座修道院中。他们的家人被允许为他们带去食物，但囚犯被强迫从事田间劳作，有些人遭到看守的虐待。然而，当来自巴达霍斯的一些民兵试图烧毁该修道院时，该镇的防卫委员会阻止了他们。[35]

面对着亚圭手下的3,000名久经沙场的雇佣兵，卡尔萨达镇和蒙蒂霍的许多左翼分子选择逃跑，有些人加入了保卫巴达霍斯的守军，其他人则向东前往唐贝尼托。亚圭在接受上述城镇的投降后，分别任命了一个右翼分子的委员会来负责民事工作，并给予他们以下指示："不能让任何左翼领袖活命。"长枪党分了洗劫了卡尔萨达镇的"人民之家"，焚烧了其中除成员名单外的大部分物品及文件。作为曾经的西班牙独立右翼党团联盟成员和当今的长枪党党员，新委员会的主席尽一切努力避免来自右翼的暴行，但仍有29男1女被枪杀。被杀的这位女性与其他女性工会会员及左翼人士的妻子一起被带到市镇广场，在那里她们被剃光了头发，并被强灌蓖麻油。在被迫目击她的死刑处决之后，其他妇女被缓慢押回自己的家中，一路上，她们因腹泻而只能随地便溺。除了遭受这种有组织的侮辱，她们中的大多数人也很难再找到工作谋生。

为了诱捕逃亡者，上述两地的新政府机构发表声明，宣称那些没有"血债"的人可以安全返回家园。然而，又一次，那些轻信此承诺返家的居民遭到逮捕并被枪杀。8月28日，在蒙蒂霍举行了一场大型宗教庆典，其高潮部分就是将镇上残存的左派分子和工会领袖进行示众,后者被迫在枪口下请求宽恕他们所犯下的严重罪行。8月29日黎明时分,包括镇长米格尔·梅里诺·罗德里格斯在内的其中14人被枪杀。罗德里格斯的土地被没收,他的遗孀和6个孩子在极度贫困之中挣扎度日。枪决行动持续数年之久,据称另有100余人遇难。[36]

正如上文提到的那样,在附近的托雷马约尔,之前并无暴力行动发生,但是在9月2日,一群长枪党暴徒抵达此地。他们闯入了当地人民阵线委员会主席、该委员会书记(一位学校教师)和"人民之家"主席的住所当中。在搜查房屋和偷窃财物过后,长枪党分子带走了3名男子并将他们杀害。得知此消息时,重病的教师妻子死去,身后留下两个女儿,一个当时只有一岁零九个月,另一个四岁。她的兄弟,塞维利亚的一位长枪党高层成员,努力试图为她的孩子们提供一些抚恤金。这一申请因其父亲未被正式宣布死亡而遭拒绝。后来的一项调查显示,长枪党分子将上述3名男子带到当地国民卫队驻地中,在那里,一个由国民卫队负责人和两名国民卫队成员组成的"法庭"判处他们死刑。然后,托雷马约尔的教区司铎陪同他们前往行刑地点所在的公墓。长枪党分子说他们是遵照亚圭在洛翁、蒙蒂霍和卡尔萨达镇所留下的命令行事,命令中要求枪决所有"需为国家所身处的无政府主义状态负责任"的左翼分子。这位教师最后正式被登记为死亡,但官方对肇事的长枪党分子并未采取任何行动。[37]

在占领洛翁、蒙蒂霍和卡尔萨达镇之后,亚圭率部向西进入塔拉韦拉-拉雷亚尔。在那里,也有82名地方上的右派分子被人民阵线委员会逮捕。他们被押着游街示众并遭到羞辱。很多人被迫向劳工支付工资。其中59人被关在一座教堂中,另外23人则被关在镇公所的仓库中。当亚圭的部队就要进入城镇之时,有2名当地左派人士打破了醉酒民兵烧毁教堂的企图。其他人和委员会成员一起逃离,并带走了23名右派囚犯。他们在塔拉韦拉外半英里(约805米)处将其中21名囚犯射杀。不出意料,2名幸存者中有一人参加了随后的镇压行动,根据当地的估计数字,在这场镇压中有近250人被枪杀。[38]

亚圭的纵队继续向巴达霍斯进军。军事政变在那里遭遇了失败。政变

（上）塞维利亚，在"死亡纵队"开赴马德里之前，佛朗哥与其残忍的领袖胡安·亚圭在一起。

（左）亚圭的炮兵司令，来自卡莫纳的地主路易斯·阿拉尔孔·德·拉·拉斯特拉。

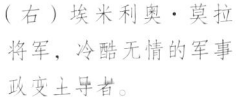

（右）埃米利奥·莫拉将军，冷酷无情的军事政变主导者。

（左）贡萨洛·凯波·德·利亚诺将军正在进行一场具有煽动性的广播讲话。

（右）贡萨洛·德·阿古莱拉，曾在外国媒体面前为反叛方的群体灭绝政策进行辩护的地主和陆军军官。后来他发了疯，并亲手杀死了他的两个儿子。

（左上）比尔希略·莱雷特，被叛军枪杀的首位共和国军官，这是他与他的妻子、后遭囚禁的女性主义者卡洛塔·奥尼尔，以及被迫与她分开的两个女儿卡洛塔和马列拉的合影。

（右上）安帕罗·巴拉扬，左翼小说家拉蒙·森德的妻子，她因为自己女性主义者的身份而遭谋杀。

（下）1936年4月14日，拉科鲁尼亚，第二共和国成立的周年庆典。从右往左依次为：省长弗朗西斯科·佩雷斯·卡瓦略；他的妻子，女性主义者胡安娜·卡德维列·圣马丁；加利西亚军区司令恩里克·萨尔塞多·莫利努埃沃将军；市长阿尔弗雷多·苏亚雷斯·费林。第二排留胡须者为该省军事长官罗赫略·卡里达·皮塔。上述五人均被叛军处决。

（右）萨夫拉市长何塞·冈萨雷斯·巴雷罗因捏造的指控而于1934年5月被捕入狱，此照片摄于他在阿利坎特监狱期间。他于1939年4月遇害。

（左下）莫德斯托·何塞·洛伦萨纳·马卡罗，丰特-德坎托斯市长，在1934年6月因莫须有的罪名而遭免职，他于1936年9月遇害。

（右下）里卡多·萨瓦尔萨，全国农业工人联合会总书记兼内战期间巴伦西亚省的省长，与他的妻子奥夫杜利亚·贝尔梅霍的合影，后者是通过玛加丽塔·内尔肯的介绍与他相识的。萨瓦尔萨于1940年2月被处决。

(左)1936年7月21日,塞维利亚城的特里亚纳区,经历卡斯特洪之"清洗"行动的悲恸的妇女。

(上)1936年8月2日,塞维利亚,凯波·德·利亚诺(最前)正在视察西班牙外籍军团第5营。从左往右为:(车旁)策划该城起事的何塞·奎斯塔·莫内雷奥少校;领导武装纵队对该省城镇和村庄实施血洗的安东尼奥·卡斯特洪·埃斯皮诺萨少校(穿衬衫者);以及组织该城镇压行动的曼努埃尔·迪亚斯·克里亚多上尉。

(下)1936年8月4日,兼具地主和贵族身份的拉斐尔·德·梅迪纳·比利亚隆加(照片中着白衣者)率领纵队进入已被攻占的托西纳城。

(上)卡车将在拉帕尼奥莱塔的伏击行动中被捕的矿工载往刑场处决。

(右)1936年7月26日,乌特雷拉。城镇中的平民被占领此地的外籍军团部队俘虏。

(下)洛尔卡的掘墓人——他们都是在死亡的威胁下被迫为洛尔卡等人掘墓的左翼囚犯。他们中间有安东尼奥·门多萨·拉富恩特(第二排右起第三人),他是共济会在格拉纳达的一个支部的负责人。

(上)土著正规军的士兵在检查他们的战利品。

(下)在一座村庄陷落之后,叛军纵队带着偷来的缝纫机、各种日用品和牲畜继续前进。

（上）在列雷纳，一支行刑队正准备处决平民。

（下）塔拉韦拉-德拉雷纳的卡列-卡尼塞里亚斯（即"屠宰街"）。这张照片记录的大屠杀事件由佛朗哥纵队一手制造，佛朗哥方面的宣传机构却将照片公开发表，并说称这是共和派在塔拉韦拉-拉雷亚尔犯下的暴行。

（右）位于托莱多附近的乱葬坑。

(上)帕斯夸尔·弗雷斯克特(中间靠左者)和他的"死亡战队"在卡斯佩。

(上)左翼民兵占领马德里的卡门教堂。

(左)左翼民兵从君主主义者报纸《ABC》的报社办公室中搜出的长枪党制服和武器。

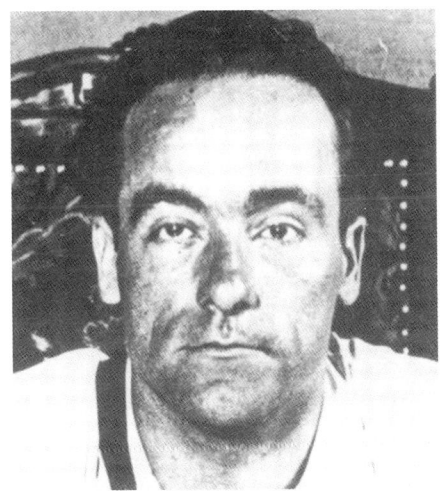

（左上）奥雷利奥·费尔南德斯，巴塞罗那"治安巡逻队"的头目。

（右上）无政府主义人士胡安·加西亚·奥利韦尔，在拉尔戈·卡瓦列罗内阁中担任司法部长。

（右）安赫尔·佩德雷罗·加西亚，中央区军事情报局局长，照片为逮捕他的佛朗哥当局所摄，此后不久他即被处决。

（下）加西亚·阿塔德利侦缉队的成员，在他们位于马德里林孔伯爵宫的总部外的合影。中间戴眼镜者为阿加皮托·加西亚·阿塔德利。

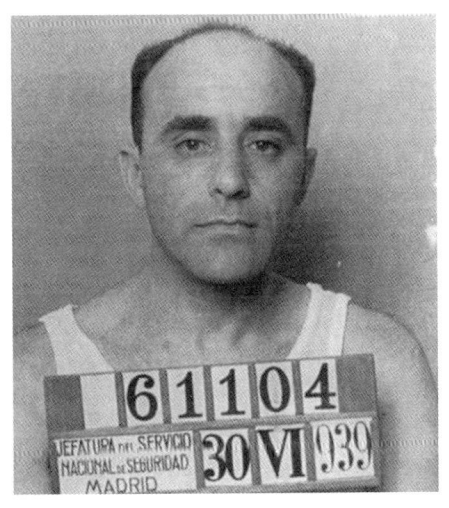

（左）圣地亚哥·卡里略在马德里斗牛场的一次集会中发表讲话，1936年4月5日。

（下）无政府主义人士梅尔乔·罗德里格斯，拯救了许多右翼分子生命的"红色天使"。1937年10月，他与他的女儿，以及在一次叛军空袭中受伤的妻子在一起。

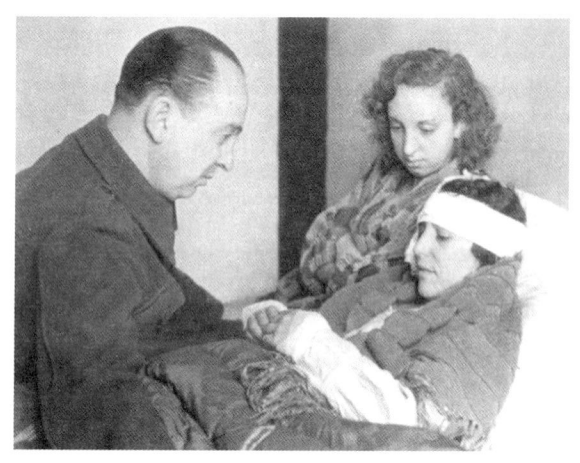

（下）探望负伤的巴勃罗·亚圭，探望者包括何塞·卡索拉（最左），以及米亚哈将军（最右）。

（右）摄影师罗曼·卡门和《真理报》记者米哈伊尔·科尔佐夫，在马德里围城期间，后者担任戈列夫将军的使者。

（右）安德鲁·宁（马统工党首脑）和弗拉基米尔·安东诺夫－奥夫谢延科（苏联顾问）。

（上）从左至右为：约西夫·格里古列维奇（内务人民委员部的特务，共和国一流治安防卫小队"别动队"的组织者，并且几乎可以确认是谋杀安德鲁·宁的凶手），罗曼·卡门，两位内务人民委员部成员——列夫·瓦西列夫斯基，然后是他的上司格里戈里·谢尔盖耶维奇·瑟罗耶日金。马德里，1936年10月。

（上）左边是化名为卡洛斯·孔特雷拉斯的维托里奥·维达利，内务人民委员部之特别任务处（从事暗杀、恐怖、破坏和绑架行动等）的一名参与处决右翼囚犯的成员，右边是新闻记者克劳德·科伯恩。

（上）从凯波在马拉加的恐怖镇压中逃离的难民正前往阿尔梅里亚。

（左）在从马拉加前往阿尔梅里亚的途中，精疲力尽的难民正在休息。

（下）1939年1月，难民进入加泰罗尼亚北部。

(上)1939年2月,大批共和国被俘人员被赶入巴塞罗那的蒙特惠奇城堡。

(上)那些长途跋涉前往法国边境的逃亡者没有任何军事威胁。

(右)一群由西班牙妇女和儿童组成的难民在勒佩尔蒂穿越边境进入法国。

（最上）新近抵达阿热莱斯的女性难民正等待甄别。

（上）男性难民被拘押在阿热莱斯——唯一的设施就是铁丝网。

（左）在靠近林茨的毛特豪森-古森死亡营，囚犯们沿着梯级向上搬运石块。

（上）喜气洋洋的佛朗哥迎接到访马德里的希姆莱。右边穿黑制服者为拉蒙·塞拉诺·苏涅尔，中间戴深色眼镜者为莫斯卡多。

（左下）安东尼奥·巴列霍·纳赫拉，佛朗哥当局精神病治疗部门的负责人。他对囚犯进行实验以确定所谓的"红色基因"。

（右下）希姆莱在巴塞罗那参观由阿方索·劳伦西克建立的、以营造精神压力见长的"契卡"秘密监狱。

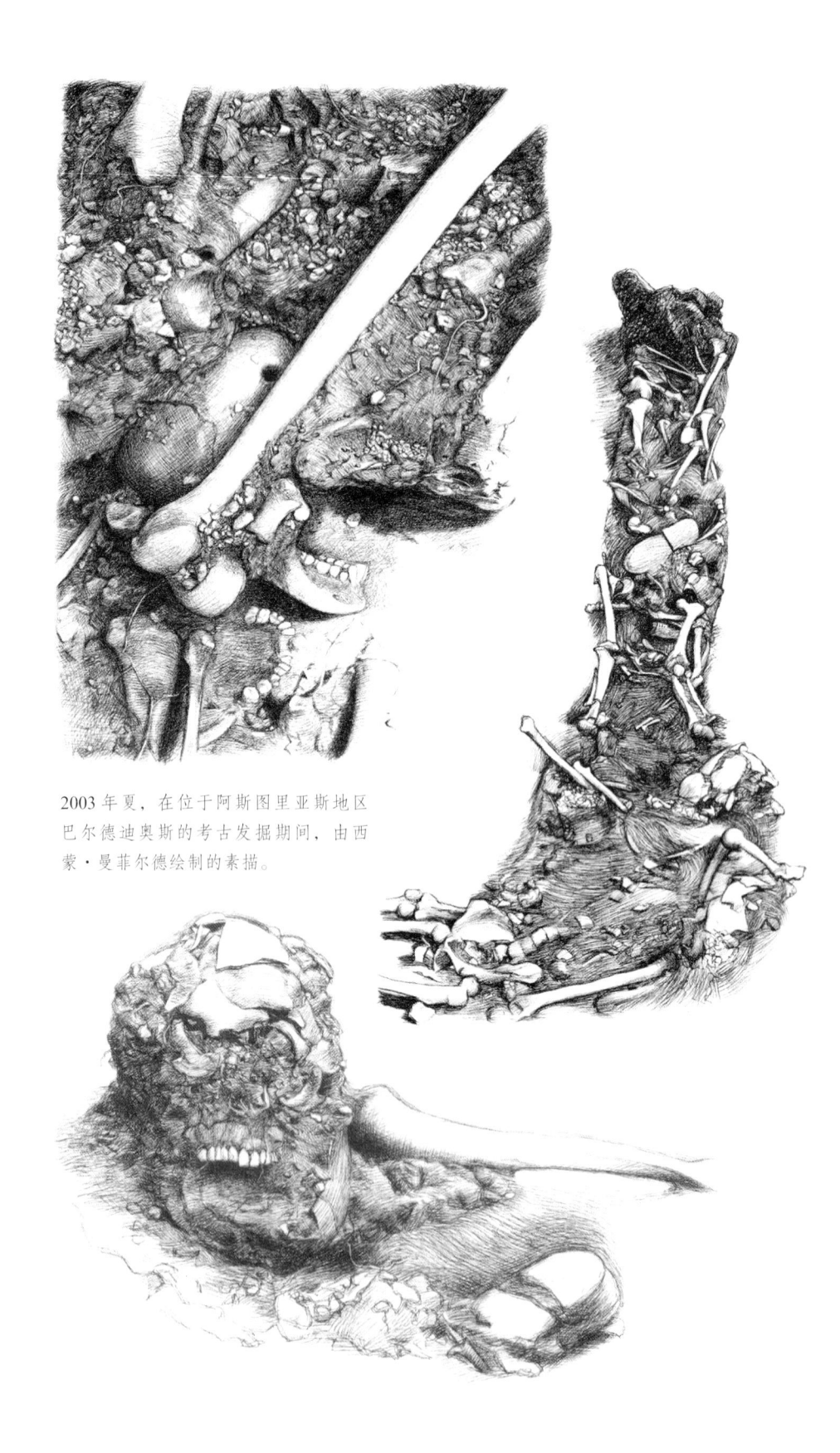

2003 年夏，在位于阿斯图里亚斯地区巴尔德迪奥斯的考古发掘期间，由西蒙·曼菲尔德绘制的素描。

的失败部分要归功于由省长米格尔·格拉纳多斯·鲁伊斯、社会党国会议员尼古拉斯·德·巴勃罗和市长辛福里亚诺·马德罗涅罗领导的人民阵线防卫委员会所采取的决定性行动。委员会迅速下令逮捕了超过 300 名叛乱支持者，并开始创建和武装左翼民兵队伍，然而他们所拥有的武器数量却严重不足。反叛分子在巴达霍斯的失败也反映出当地军事指挥官们的犹豫不决和严重分歧，事实上，与其他南部城市不同的是，在巴达霍斯有一批坚定支持共和国的军官。7 月 26 日，马德里政府派出陆军上校伊尔德方索·普伊格登戈拉斯·庞塞·德·莱昂接管该城的防御工作。普伊格登戈拉斯于不久之前平定了瓜达拉哈拉与埃纳雷斯堡的叛乱，身着民兵蓝色工作服的他受到了巴达霍斯左翼分子的欢迎，后者将之视为英雄。他逮捕了一些较为不可靠的军官，并着手训练民兵部队。[39]

在亚圭部队抵达之前，巴达霍斯针对右派的暴力活动很少。这主要应归功于市长辛福里亚诺·马德罗涅罗和警察局长爱德华多·费尔南德斯·阿拉松的努力。虽然费尔南德斯·阿拉松后来被佛朗哥分子判处死刑，但是当局认可了那些表达感激的右派人士所提供的证词，所以他的死刑判决被改为 30 年监禁。在 8 月 6 日当地国民卫队驻军起事失败之前，该城仅有的一起致命事件发生于 7 月 22 日，当时左翼民兵杀死了极右翼地主费利西亚诺·桑切斯·巴里加，此人曾经担任军事密谋集团与当地长枪党组织的联络人。巴达霍斯主教何塞·马里亚·阿尔卡拉斯·阿伦达被驱逐出他的主教宫，但此过程中并未发生冲突和暴力事件，主教被允许从神龛中取走圣餐，并且他还得到了一名保镖。从 8 月 7 日起，叛军开始每日发动空袭，伤亡人数攀升，加之前一天国民卫队发动叛乱，报复行动开始出现。报复行动中共有 10 人丧生，其中包括 2 名军官、2 名退伍国民卫队成员、2 名修士和 4 名知名右翼分子。在一起案件中，遇害者是一名在屋顶上向来袭飞机发信号的人。对上述谋杀行动负有责任的团伙与防卫委员会并无任何关系，该团伙中大多数成员不是死于亚圭的攻击行动，就是逃离了此地。被委员会逮捕的大多数右翼囚犯都没有受伤。然而，这并未阻止叛方以对所谓的"赤色恐怖"实施报复为由而进行大屠杀。[40]

当亚圭的部队包围这座由城墙围绕着的城市时，他们的残暴名声早已传入城内。巴达霍斯城早已被难民淹没，从每日空袭行动开始之时起，这座城市就笼罩在大难将至的绝望气氛当中。8月13日，一架叛军飞机飞过城市，并丢下了数千份传单，传单上是由佛朗哥签署的最后通牒。上面写道："你们的抵抗将是毫无意义的，你们将受到应有的惩罚。如果你们想避免无益的流血，那么抓住领头人并把他们交给我方军队……我军之胜利已有充分的保证，为了拯救西班牙，我们将消除阻拦我们的所有障碍。现在你们还有时间改邪归正——明天可就太晚了。"传单清楚表明了即将到来的大屠杀。[41]

普伊格登戈拉斯指挥的守军约有1,700人，其中约有1/3是正规军士兵，其余都是装备低劣的民兵，一些民兵是城中居民，还有一些是从叛军纵队行经的市镇中逃到此地的难民。在8月5日列雷纳陷落之后，招募志愿者保卫城市的项目才开始进行。有少数人装备着步枪，但缺乏弹药。许多人只有大镰刀和狩猎用的霰弹枪。驻扎此地的大多数正规部队均已奉命前往马德里前线。随着空袭与炮击带来的伤亡越来越严重，不断有人做了逃兵。当然，防守方的真实人数只占叛军方面资料所暗示之数量的一小部分。亚圭部队的实力则要比在同一份文献中备受赞誉的"少数勇士"的数量多得多。卡斯特洪和阿森西奥这两支协同行动的纵队拥有2,500名士兵，以及在纵队从塞维利亚开拔后沿途加入的大批卡洛斯派义勇军成员和长枪党分子。而且，普伊格登戈拉斯上校手下有几名军官非常可疑，他们似乎在尽可能地给防守准备设置障碍，他们藏匿武器并且为炮兵指示错误的目标。[42]

8月14日凌晨时分，轰炸行动开始加剧，阿拉尔孔·德·拉·拉斯特拉的炮兵部队开始对该城实施猛烈打击。上午9时左右，普伊格登戈拉斯、尼古拉斯·德·巴勃罗、巴达霍斯市长和防卫委员会中的其他成员逃往葡萄牙。当天上午，就在上述大人物搭乘飞机撤离之后，有不少军官转换阵营站到叛军一方。到中午时分，尽管民兵凭借超凡之勇气孤注一掷地进行抵抗，但是在卡斯特洪纵队的凶猛攻击下，巴达霍斯城墙上还是出现了缺口。守军中出现的一小部分"第五纵队"军官协助叛军纵队达成任务目标。他们当中有几个人放弃了自己的防御阵地，并向市立监狱集中，以便在那里与右翼囚犯一同向他们的"解放者"欢呼致意。获释者之一为雷希诺·巴伦西亚，他是萨拉萨尔·阿隆索的朋友和杀害工人社会党国会议员佩德罗·鲁维奥·埃雷迪亚的凶手。在外籍军团和土著正规军向市中心推进的过程中，他们杀死了进军路线上的所有防守者，包括那些扔掉武器举手投降的人。[43] 许多民兵逃入主教座堂中，有些人被用刺刀捅死在教堂过道里，还有些人倒在祭坛的台阶上。一名藏匿在告解室中的男子被开枪打死，他跪倒在胡安·加兰·贝尔梅霍神父的身边，后者原本是萨夫拉的神父，后来在外籍军团中担任随军司铎一职。加兰神父的头发被打理得油光锃亮，他大摇大摆地挥舞着手杖和手枪，精心培育自己残忍的名声。[44]

外籍军团和土著正规军，以及随同行动的长枪党分子，进行了一场抢劫店铺和住所的狂欢，其中大多数房屋正是为那些"被解放"的右翼人士所有。一名叛军军官对美国新闻记者杰伊·艾伦说："这是他们为报恩而支付的战争税。"所有便于携带的物品——珠宝和手表、收音机和打字机、衣服和布匹——都被从遍布尸体和仍有鲜血流淌的街道上拉走。数百名俘虏被聚集起来赶入斗牛场。在夜幕降临后，喝醉的摩尔兵和长枪党分子仍不断闯入工人阶级的住所实施抢劫和强奸妇女。他们将男人从家里拖出，或者在家门口将其枪毙，或者将其带到斗牛场中。许多尸体上都有遭受性残害的痕迹。在斗牛场中，叛军部队在围绕场地的障碍物上架设机枪，开始了不分青红皂白的屠杀行动。当天下午和傍晚，有 800 人，按照每 20 人一组，被分批枪决。晚间又有 1,200 人被带进斗牛场。其中包括许多根本不过问政治的无辜男女市民，也有社会党人、无政府主义者、共产党人、中产阶级共和派人士、普通劳工，以及肩膀上残留有步枪后座所造成的淤青的"前武装人员"。这些人的姓名没有被登记，所犯罪行的细节也没有被核实。上午 7 点半，枪杀再度开始。垂死者的尖叫声在多个街区以外仍清晰可闻。幸存者的描述显示，很快，国民卫队士兵也开始担任行刑队成员。[45]

在接下来的 3 天里，在业主纵队为向北推进做准备的同时，摩尔兵摆摊出售他们抢夺来的手表、珠宝和家具。亚圭本人将属于温和共和派人士路易斯·普拉·阿尔瓦雷斯的豪华轿车据为己有。普拉与其兄弟拥有一个生意蒸蒸日上的运输与汽车销售公司。二人利用其影响力拯救了许多右翼人士的生命，并在家中为数名修士提供庇护，获救者当中有很多人向佛朗哥当局写信为二人求情。8月19日，普拉兄弟二人被国民卫队带到郊外，他们被告知已经获释，并在"企图逃跑时"被从背后射杀。他们的生意和财产均被夺走。[46] 主教阿尔卡拉斯·阿伦达试图为他们说情，但亚圭告知主教的信使说："告诉主教，他们已经和其他人一起在早上被枪毙，这样主教大人才能继续活下去。"[47] 到第2天，欢呼的右翼群众被允许围观和侮辱囚犯。那里虽然并未像后来共和国新闻界所声称的那样，曾经举行过一场用俘虏取代公牛的模拟斗牛表演，然而，人被当成牲畜一样对待，确系不争之事实。在借此取乐的反叛方军官的注视下，摩洛哥军团和长枪党分子用刺刀驱赶俘虏。佛朗哥的总参谋部与葡萄牙边防警察有着紧密的合作，所以试图逃往葡萄牙的数百名难民均遭遣返。[48] 葡萄牙地主被邀请前来观看斗牛场中的场景，作为他们交出逃亡之左派分子的奖励。[49]

虽然在巴达霍斯很少有右翼分子遇害，但是反叛方所实施的密集杀戮行动却持续达数月之久。在亚圭离开此地后，镇压行动的负责人变成新任军事长官爱德华多·卡尼萨雷斯上校，以及由凯波·德·利亚诺于8月18日从塞维利亚派来担任国民卫队指挥官兼公安特派员的曼努埃尔·佩雷塔·贝拉中校。据说在佩雷塔于1936年11月11日被换掉之前，他手中的遇难者已多达2,580人。他的继任者，曼努埃尔·戈麦斯·坎托斯上报说，佩雷塔没收受害者的土地、牲畜等财产，并将其据为己有，从而赚得了一笔财富。在一名来自奥利文萨的长枪党地主的怂恿下，佩雷塔开始基于那些最无耻和最恶毒的告发，或者基于极其微不足道的左翼分子之迹象或自由主义之倾向而下令实施逮捕。被捕者通常会在没有经过任何调查的情况下被枪杀。长枪党组织中充斥着地主家庭出身的年轻人，他们非常热衷于参加大屠杀。囚犯被从埃斯特雷马杜拉的其他地区带到这里，因为当地右翼分子打算抓住此机会，永远终结土地改革对他们的威胁。在富人家中担任女仆和裁缝的年轻女子遭到性侵，这是对她们企图在1936年春组建行业工会的惩罚。其他行业之女性成员也面临着同样悲惨的命运。[50]

在8月18日（星期二），有400名男子、妇女和儿童被一支骑兵分队从位于葡萄牙境内的卡亚押回巴达霍斯。其中近300人被处决。长枪党分子的远征队被准许自由进入葡萄牙境内搜寻西班牙难民。杰伊·艾伦讲述了在埃尔瓦什发生的一幕：

> 这一天（8月23日），一辆飘扬着反叛者的红黄色旗帜的小汽车抵达此地。车内有3名法西斯主义者。在一位葡萄牙中尉的陪同下，他们穿过狭窄的街道，到达共和国巴达霍斯省省长格拉纳多斯先生所住的医院中。法西斯分子跑上楼梯，拔出枪沿着走廊大步向前，冲进省长的病房。这位共和国省长因极为恐惧而陷入精神错乱当中。医院负责人帕布热诺医生立即扑到这位无助的病人身上，并大声喊人来帮忙。他就这样救下了一条性命。[51]

在那些被押回西班牙境内枪毙的众多自由派分子、左翼人士、共济会员和其他人中，有巴达霍斯市长辛福里亚诺·马德罗涅罗和两位社会党国会议员尼古拉斯·德·巴勃罗和安塞尔莫·特雷霍。他们在街道上被一路拖行，衣衫被扯破，身上磕碰得到处是瘀青。在奏乐游行和室外弥撒过后，作为于8月30日举行的这场煞费苦心的庆典活动之压轴戏，他们被当众处决。卡尼萨雷斯上校告知凯波·德·利亚诺的新闻与宣传负责人安东尼奥·巴阿蒙德，作为压轴戏的处决行动是伴随着军乐队演奏的王家颂歌和长枪党赞歌而进行的。有许多观众来自附近的葡萄牙境内地区，当受刑者倒下时，他们爆发出狂热的喝彩。但是，也有许多普通的葡萄牙家庭接收了来自巴达霍斯和韦尔瓦的难民，有若干名葡萄牙陆军军官拯救了西班牙人的生命。[52] 10月中旬，有1,135名难民搭乘从里斯本开往塔拉戈纳的轮船前往西班牙共和国控制区。[53]

历史学家弗朗西斯科·埃斯皮诺萨·马埃斯特雷已经证实，亚圭属下官兵在进攻巴达霍斯作战中的伤亡人数达185人，其中有44人死亡，141人受伤。这一数字与共和国方面蒙受的伤亡完全不成比例。[54] 对在接下来的镇压中死亡人数的估计存在巨大分歧，从9,000人到"二百至六百人"不等。在初次大屠杀之后的几天里，许多被处决者或是前来帮助保卫城市的民兵，或是逃至该地的难民，又或是从其他市镇带过来的囚犯。由于他们未经审判即遭枪杀，他们的尸体被弃于乱葬坑或者被焚化，所以没有留下记录。不过，由埃斯皮诺萨·马埃斯特雷博士所进行的一项全面细致的研究显示，死者至少有 3,800 人。他已经证实，即便仅仅将对比工作限定于少量已进行过死亡登记的已知遇难者，从 1936 年 8 月到 12 月期间，在巴达霍斯的处决人数也要比在韦尔瓦和塞维利亚两地加起来的还要多。然而，韦尔瓦的人口数量要比巴达霍斯多 12.5%，而塞维利亚的人口数量则要超过其 6 倍以上。此外，在塞维利亚和韦尔瓦，都可以将市镇登记处中的名单与埋葬在不同墓地中的死者名单进行对照。并且，在上述两个城市中，不只市镇登记处会统计死者名单，公墓管理处也会留存有关无名尸体的记录。在韦尔瓦，无名死者的数量是姓名可查之死者的 5 倍之多；而在塞维利亚，两者比例接近 6∶1。根据上述数据，我们可以推算出巴达霍斯的大致情况，在那里，埋入公墓的无名死者并无记录。埃斯皮诺萨·马埃斯特雷得出的结论是，该市的死者总数，应达到姓名可查的死者数量的 5.5 倍左右。[55]

在炎热的夏天，堆积的尸体对公共卫生构成了严重威胁。它们被扔到往返于市政公墓的货车上。由于当地卫生防疫机构和私人殡仪馆都无法应付如此多的尸体，它们会被泼上汽油点火焚烧，然后其残骸被埋入"万人坑"。在漫长而炎热的夏夜，尸体燃烧产生的恶臭四处弥散，无孔不入。在城市沦陷之后，未被枪杀或强奸的左翼女性遭受了有组织的侮辱。她们的头发被剃光，而且还被强灌蓖麻油，理由是"给她们把嘴巴洗干净"。[56]

亚圭曾禁止新闻记者随同部队进入城中。然而，8 月 15 日清晨时分，一组新闻记者从埃尔瓦什抵达此地，其主要成员是葡萄牙人，另外还包括两位法国人：来自哈瓦斯通讯社（Havas Agency）的马塞尔·达尼和来自巴黎《时报》（Le Temps）的雅克·贝尔泰。当他们驱车进入城中时，他们可以看到从公墓方向升起的一股股浓烟，并且被空气中令人作呕的恶臭弄得心烦意乱。他们目睹了《里斯本日报》（Diário de Lisboa）的马里奥·内维斯口中的"凄凉和令人恐惧的场面"。内维斯设法采访了亚圭，向他询问真相是否如他所听到的那样，有 2,000 人在那天夜里被枪杀。亚圭的回答是："哦，没有那么多。"一位神父担任向导，带着内维斯、达尼和贝尔泰前往公墓，在那里他们看到大堆的尸体正在被焚烧。有些尸体已完全炭化，但是伸出尸堆的胳膊和腿脚尚未被烈焰触及。看到记者们的惊恐表情，这位神父解释说："他们是罪有应得。而且，这也是卫生防疫的重要手段。"不清楚他在这里指的是杀戮还是尸体的处理。另外一名葡萄牙记者，来自《每日新闻》(*Diário de Notícias*)的马里奥·皮雷斯被他看见的可怕场景弄得精神失常，而不得不在里斯本的一所精神病院接受强制治疗。卡斯特洪告诉《每日早报》(*Diário da Manhã*)的若热·西蒙斯，有1,500名守卫者在战斗期间和战斗之后被杀。西蒙斯写道，在征服城市后的24小时内，外籍军团即已射杀1,300人。两天后，与凯波·德·利亚诺关系最密切的《里斯本日报》记者费利克斯·科雷亚在报道中提及有1,600人已被处决。亚圭本人在8月15日发表评论说："在明天完成最后的清除工作之后，发动一场更大规模之行动即已万事俱备。现在，随着莫斯科的代理人得到清算，这座城市又回到了西班牙的手中。"[57]

8月17日，来自百代电影公司新闻片制作部门的摄影师勒内·布吕特抵达此地，并用电影胶片拍摄了尸体枕藉的惨象，他因这一勇敢之举在后来遭到监禁并且受到叛军当局的死亡威胁。[58]几天之后，佛朗哥发送电报给凯波·德·利亚诺，指示他对摄影记者施以严格控制——"哪怕他们来自民族主义者方的报纸"。虽然此举不只是为了掩盖其部队所犯的暴行，同样也为了掩盖德国和意大利向叛军方面交付战争物资的事实。[59]否认巴达霍斯大屠杀的发生是叛军当局及其外国支持者所发动的一场大规模运动的开始。但他们的掩饰工作没有在亚圭这里得到支持，后者向美国记者约翰·惠特克兴奋地吹嘘他们的"丰功伟绩"："不错，我们枪毙了那些人。你想要我们怎么做？难道我应该让我的纵队在急速前进与时间赛跑时，带上4,000名赤色分子与我们一起走吗？难道我应该在我们的后方将他们释放，等着他们再次将巴达霍斯赤化？"在这座4万人的城市中，屠杀的波及范围可能已经达到总人口的近10%。[60]

按照亚圭的传记作家的说法，在"战争暴力的释放"中，不可能区分和平市民和左翼民兵，也就是说枪杀被关押的人是完全可以接受的。另一位专注反叛方之战争努力的半官方军史学家，也就是后来以主教身份担任"逝者之谷"修道院院长的路易斯·马里亚·德·洛亨迪奥，不仅声称当时守方兵力占据优势，而且还试图采用伪善的诡辩为屠杀事件进行辩解：

> 真正的战争罪行是用化学或者技术手段无意义地毁灭生命。但在巴达霍斯，情况并非如此。物质优势（堡垒和工事）在马克思主义分子一边。亚圭中校属下之士兵能够取得胜利，是因为他们具有不容置疑的精神优势，他们在战斗中保持着求胜的意志，并且拥有勇于牺牲和严守纪律的美德。巴达霍斯的街道上遍布尸体。当然，战争就是这么一幅残酷的场景。[61]

在巴达霍斯发生的野蛮行径反映了西属摩洛哥军队的"传统"，以及非洲纵队对遭遇强烈抵抗并且首次蒙受严重伤亡的暴怒。这是蓄意瘫痪敌人之战略的组成部分，同时将强奸、抢劫、杀戮与酒精的狂欢作为对纵队士兵的奖赏。它反映了往昔在殖民地的行事方式。它反映了眼下地主阶级企图一劳永逸地瓦解农村无产阶级的决心。同时它也影响了未来。8月下旬，在巴斯克城镇伊伦和富恩特拉比亚（洪达日比亚）遭受来自海上的炮击与来自空中的轰炸期间，叛军方面空投了大量传单，威胁要用与对待巴达霍斯民众相同的方式来对待这里的人民。结果，难民在恐惧的驱使下逃往法国。[62] 巴达霍斯事件也给首都居民发出了一个明确信号，告诉他们当纵队抵达马德里时将会发生什么。

非洲纵队快速推进，在其进军路线以西的巴达霍斯与卡塞雷斯之间的地带留下了许多未被征服的城镇和村庄。在这些地方，绝望的难民聚集在一起。亚圭延续在塞维利亚和韦尔瓦所发生的事件模式，在动身向马德里进军之前，组织了若干由地方右翼分子、地主、地主的子侄及其忠实的狗腿子、长枪党分子、卡洛斯派义勇军，以及为数不多的国民卫队人员构成的小型分队，并派出一名军官负责指挥。他们从巴达霍斯出发，四散扑向周围的村庄，在各地实施了残酷的镇压行动。无论当地的右派分子是被杀害还是仅仅遭到预防性拘留，都会有男人和女人遭到枪杀，连哪怕是走过场的审判都没有。那些较为狂热和野蛮的分队头目中，有国民卫队上尉埃内斯托·纳瓦雷特·阿尔卡，以及来自殖民地军队的两名军官，弗朗西斯科·德尔加多·塞拉诺中校和土著正规军的穆罕默德·本·米齐安少校。在平民志愿者当中，不仅有新近加入的本地长枪党分子，同时也有来自比戈和巴利亚多利德的分遣队，后者在其原籍省份已经杀无可杀。

从8月19日至29日，这些反叛分子夺取了巴达霍斯省西部数十个市镇。通常情况下，这些地方的防卫委员会已经将当地右派分子逮捕并没收了他们的武器。在大多数情况下，他们会受到无礼对待，有些人被迫向雇工支付拖欠的工资。他们在后来的报道中表达了对此类侮辱的强烈愤慨，然而这些所谓的侮辱，有时不过是防卫委员会坚持要求其家人而非其仆人为他们送饭而已。有时，身体条件允许的囚犯还被强令从事修路以及耕作等各种体力劳动。当后来他们被迫打扫他们的监所，打扫教堂或仓库，或者亲自处理自己的排泄物时，他们表示了强烈的不满。更令他们厌恶的是，被征收的奶牛、绵羊和猪被用来充当劳工的食物供给。橄榄油、火腿、口利佐香肠和其他食物被从富人的住所中拿走。[63] 在一些村庄里，右派囚犯遭到殴打，在其他一些地方也有右派分子遭到杀害。但是，相比上述暴行，当地市政当局阻止暴行发生的情况要多得多，他们制止了那些来自其他村镇的民兵执意对非洲军团纵队制造的恐怖进行报复的行为。

随后的报复行动则完全与之不成比例。在那些有右翼人士遭到谋杀的地方，遭到报复的通常并非凶手，因为他们往往已经跑路。为这些处决行动辩护的理由根本站不住脚，他们说左翼分子本打算杀死所有的囚犯，只是由于纵队的到来而没有来得及那样做。同样，尽管有关于右翼女性囚犯遭到性虐的泛泛指控，但具体到个案，大多数都是已经被防卫委员会成员挫败的未遂企图。左翼当局从未有过像叛军那样的群体性灭绝计划。在西班牙南部各地的很多城镇与乡村中，意图通过拒绝提供工作和拖欠工资等方式与劳工对抗的地主、长枪党的拥护者和军事政变的支持者，以及激进的右翼神父落入左派分子的手中。在大多数地方，他们中的大多数人并未受到伤害。[64]

一个令人震怖的例外事件发生于巴达霍斯省东部的阿苏阿加。由矿工和农业雇工组成的当地工人阶级的立场十分激进。从1931年到1936年夏天，本地的地主阶级不甘示弱，阻止了共和国多项土地改革措施的施行，其中就包括以保护本地劳工为目的而限制引入廉价外部劳动力的市镇边界法。居高不下的失业率和劳工阶层的食不果腹导致社会局势日趋紧张，有人担心该城可能会像卡斯蒂尔布兰科或卡萨斯别哈斯那样爆发激烈的冲突。由于意识到军事叛乱预示着野蛮镇压，当地无政府主义领导人要求对工人进行武装。7月19日，在与该城国民卫队的冲突中，有16名平民和1名国民卫队士兵被杀。驻阿苏阿加的国民卫队人数众多，7月21日，其指挥官安东尼奥·米兰达·维加中尉发现自己无法取胜，于是他撤离此地并将他的士兵带往列雷纳，而正如前文所述，他在列雷纳落入卡斯特洪纵队之手的过程中发挥了至关重要的作用。

国民卫队的撤离成为阿苏阿加的一系列悲剧性事件的开端。在米兰达撤离之后，一个革命委员会成立了，该城在其控制下维持了两个星期的和平。事态随着列雷纳在8月5日陷落而发生了变化。抵达阿苏阿加的许多难民带来了有关在列雷纳发生的镇压的恐怖故事。然后，就像难民从其他地方抵达列雷纳、阿尔门德拉莱霍和丰特-德坎托斯时所发生的情况那样，一波怒潮席卷整个城镇。革命委员会下令逮捕叛军同情者。8月8日凌晨，有28人被带到郊外的坟场枪杀。其中包括3名神父、3名退役的前国民卫队成员、3名律师以及该城的大部分地主和商人。8月10日又有2人被枪杀。导致杀戮的要素之一为不断从其他城镇涌入阿苏阿加的难民和民兵，他们可能来自塞维利亚省的卡萨利亚-德拉谢拉和瓜达尔卡纳尔，巴达霍斯省的格兰哈-德托雷埃尔莫萨，以及科尔多瓦省的佩尼亚罗亚。这些外来者在向陌生人泄愤时毫不心慈手软。就这样，来自佩尼亚罗亚的一群矿工在8月20日抵达此地，成了另外9起死亡事件的前奏，而其中8人（包括4名年龄在2至5岁之间的儿童）来自彼此关系密切的巴斯克斯与德尔加多家族。

在8月31日的另一场暴行中，肇事者则是一小群满怀怒火的民兵。他们在企图重新夺回列雷纳却遭遇失败之后，满怀怨气地撤回了阿苏阿加。他们的纵队遭到德国飞机的轰炸和扫射，几乎被消灭殆尽。一支长枪党小分队将伤员全部杀害。死者并未得到埋葬，而且，尸体的腹部被用刺刀剖开，然后被灌上汽油点燃。幸存下来的少数人处决了33名地主和商人来泄愤。9月8日，又有1名神父遭到杀害。在共和国控制下的阿苏阿加所发生的最后一次杀戮事件，则是列雷纳市长拉斐尔·马特拉纳所领导的民兵组织的杰作。他控制了阿苏阿加和丰特奥韦胡纳（科尔多瓦省）之间的一片区域，9月22日，他的小分队用7辆卡车装载了包括5名神父和7名方济各会修士在内的57名男性。在阿苏阿加以东6英里（约9.7千米）处，前6辆卡车停下来，包括5名神父在内的43名囚犯被枪杀。第7辆卡车载着包括7名修士在内的14名囚犯前往阿苏阿加，在那里他们被马特拉纳手下的民兵枪杀。

2天后，在持续的炮轰之下，阿苏阿加被2个土著正规军纵队轻而易举地占领。纵队指挥官为阿方索·戈麦斯·科维安少校，他在不久之前刚刚"战胜"了一支由8,000名难民组成的纵队。像在其他地方一样，在阿苏阿加，镇压也是不可避免的。为了对镇压行动进行辩护，戈麦斯·科维安报告说，已有175名右翼人士被斧头砍死。这当然是夸大其词，先前在阿苏阿加及其周边地区被枪杀的总人数为87人。然而，方济各会神父安东尼奥·阿拉西尔提供了有关神职人员遭受可怕折磨的文件。[65]

与之形成鲜明对照的是，在非洲军团纵队所经道路以西的丰特–德尔马埃斯特雷，当地防卫委员会设法对左派分子进行约束，被关押的囚犯中只有2人死亡。在洛斯桑托斯–德迈莫纳于8月5日沦陷后，随着非洲纵队的逼近，防卫委员会的成员纷纷逃离，囚犯被释放。然而，有数百名左翼武装分子抵达并接管了丰特–德尔马埃斯特雷，获释的右派分子被重新关押，并有11人被杀。再后来，弗朗西斯科·德尔加多·塞拉诺中校指挥下的一支摩洛哥常备军纵队出现在这里，大规模的镇压运动爆发。有超过300人被枪杀，其中包括近20名妇女。大多数男性遇难者都是农业劳工。很多被视为左翼分子的妇女遭到强奸，几乎所有女性都被剃了光头并被强灌蓖麻油。[66] 在只有1名右翼分子遇害的巴卡罗塔，8月25日该镇被占领以后有一批人被处决，其中包括了所有未成功逃离的重要社会党人士和市政官员。社会党国会议员何塞·索萨·奥米戈的两个兄弟，华金和胡安·索萨·奥米戈也在其中。华金于1936年10月24日被枪杀，而胡安在1937年1月10日遇害，后者生前曾遭受过可怕的酷刑。当胡安的尸体多年后被发掘出来时，人们发现尸体的四肢已与躯干脱离。[67]

不可避免地，随着叛军"扫荡"行动的进行，越来越多的难民陷入逃亡状态中。有些人从巴达霍斯和梅里达往南逃跑，还有人从韦尔瓦的镇压行动中逃脱，往北逃向巴达霍斯。当位于韦尔瓦北部山区的各个采矿城镇被路易斯·雷东多的卡洛斯派民兵纵队占领之后，一股大规模难民潮随之而来。随着塞维利亚－巴达霍斯道路沿线的城镇与村庄被非洲军团纵队逐一占领，许多人只能向西逃跑。结果是大量绝望的难民聚集在巴达霍斯省西部，同时这片未被敌军占领的地区还在不断缩小。他们往东和往北的退路分别被塞维利亚－梅里达公路和梅里达－巴达霍斯公路切断，南面是不断逼近的叛军纵队，西面则是葡萄牙边界。到9月中旬，包括儿童、老人和病弱者在内的数千人聚集在赫雷斯－德洛斯卡瓦列罗斯和弗雷赫纳尔－德拉谢拉之间的地域。许多人待在巴伦西亚－德尔本托索，当地居民快速组建了施粥站，尽力为他们提供食物救济。

当弗雷赫纳尔于9月18日陷落时，大批难民面临着被驱赶到叛军手中的可能性，数个城镇的防卫委员会之残部在巴伦西亚－德尔本托索召开会议。组织工作由难民中的市政及工会领导人负责，其中包括巴达霍斯的社会党国会议员何塞·索萨·奥米戈，萨夫拉市长何塞·冈萨雷斯·巴雷罗，以及在丰特－德坎托斯于8月5日陷落前的那一夜逃跑的市长莫德斯托·何塞·洛伦萨纳·马卡罗。[68]他们决定发动一场强行军返回共和国战线后方，并将这群绝望的民众分为两大部分。第一支分遣队由约2,000人组成，第二支则有约6,000人。第一支分遣队中有十几人装备步枪，另有约100人装备有打猎用的霰弹枪，第二支分遣队的武装约为前者的两倍。这些仅有的武装力量必须保护两支由马、骡子、其他家畜以及各种牲口拉的大车所组成的漫长纵队，大车上装有难民在逃亡之前尽可能从家中带走的财产。小孩子、怀抱婴儿的妇女、怀孕女性以及大量老者是构成纵队的主要人员。我们无法得知参与行动之难民的确切数量。这两支队伍被统称为"八千人纵队"，尽管它们看上去有着不同的行军路线。

由何塞·索萨·奥米戈带领的那支规模较小的纵队成功地在洛斯桑托斯－德迈莫纳和丰特－德坎托斯之间的某个地点，穿越了从塞维利亚通往梅里达的公路。然后他们向列雷纳以北的巴伦西亚-德拉斯托雷斯前进，并最终抵达位于共和国控制区的卡斯图埃拉。那支规模较大且行进速度较慢的纵队在更南面的莫内斯特里奥和丰特-德坎托斯之间的某地通过了上述主干道。该纵队的队列不可避免地拉长并分成了几部分，老年人和拖儿带女的家庭要比其他人慢得多。当时的天气特别炎热，溪水断流，水源难寻。难民在行进中扬起的尘土让叛军侦察机可以很容易锁定他们的方位。位于塞维利亚司令部的凯波·德·利亚诺对该纵队的动向、纵队的人员构成（平民）以及武器十分稀少的情况都了解得一清二楚。然而，叛军仍然准备像对付装备精良的军事队伍那样向其发动攻击。

一支由 500 名装备精良的陆军士兵、国民卫队士兵、长枪党分子和卡洛斯派民兵组成的部队，在阿方索·戈麦斯·科维安少校的指挥下，在位于主路以东约 20 英里（约 32 千米）处的雷纳和丰特-德尔阿尔科之间某地精心构筑了伏击阵地。机枪被部署于可以俯瞰难民行进路线的一座山丘上的树林中。在难民进入射程之后，他们一齐开火。许多人被密集的子弹射伤。有超过 2,000 人被俘并被运往列雷纳。落在大部队后面的一支规模较小的难民队伍，遇到了一些打着共和国旗帜的士兵。难民们以为他们已经脱险，然而这些士兵实际上是叛军上尉加夫列尔·塔萨拉的手下。他们被诱至丰特-德尔阿尔科，然后被关押在那里。一些试图逃跑的人被当场枪杀。其余人则被押上一辆货运列车带往列雷纳。j355

当戈麦斯·科维安发起伏击时，有数百人四散逃入周边乡村地带。家庭成员因此失散，有些再也未能团聚。有些人在完全陌生的地带漫无目的地游荡达数周之久，在此期间他们尽最大可能利用土地上的出产维生。许多人被国民卫队和骑马的长枪党武装分子组成的搜查队杀死或俘获。其余的人，有些返回了家乡，但前途未卜，还有几百人设法抵达了共和国控制区。由戈麦斯·科维安和塔萨拉俘虏的平民被关押在列雷纳，在接下来的一个月里，那里发生了一场大屠杀，每天早晨都有俘虏在斗牛场被用机枪射杀。有些俘虏在遇难前被迫挖掘自己的坟墓。还有些人，在经过来自其家乡的右翼分子的甄别之后，被带回他们原来的居住地接受处决。许多妇女遭到强奸。由于涉案者是来自当地名门望族的已婚男子，所以他们的罪行被大力掩盖。许多来自安达卢西亚的俘虏被带到塞维利亚,然后被关在停泊于瓜达尔基维尔河上的"卡武埃鲁角"号监狱船的底仓里。晚夏时节酷热难耐,又缺乏食物和饮水,很少有人能够幸存下来。[69]

在9月18日的夜间广播讲话中,凯波·德·利亚诺将戈麦斯·科维安伏击难民的行动描述成针对所谓"敌军部队"的一场伟大军事胜利。他大肆攻击那支实际由难民组成的"大部队",说他们因懦弱无能而被500名叛军士兵击败。此后,他谈到俘虏中有许多伤员。他以恶毒的暗示之辞结束了讲话。"其中还包括很多妇女,有一些是教师,还有一些是受过教育的专业人士。"[70]

在伏击开始之前,当规模较大的那支难民纵队越过塞维利亚-梅里达公路约10英里(约16千米)时,一名从丰特-德坎托斯逃离的男子加入了他们的队列。他告诉市长洛伦萨纳·马卡罗说,后者的妻子和5个女儿已被占领军逮捕。洛伦萨纳无视其父亲与众多朋友的激烈反对而离开了纵队,他几近癫狂,担心因为他未能在7月19日制止城内教堂中针对右派的屠杀,而导致报复落到他的妻子和女儿们的头上。他希望如果自己向反叛方自首,对方可以释放自己的妻女。在乡间游荡数日之后,他被一支长枪党的骑马巡逻队抓获。洛伦萨纳随大量来自难民队伍的俘虏一道被带入丰特-德坎托斯。抵达城郊时,押送者将他绑在一匹马的尾巴上。他跌倒在地,并被马匹拖着围绕市镇广场转圈。遭到殴打后,他又被绑在镇公所外面的一把椅子上,当地右翼分子上前踢他,朝他吐口水,并口出秽语。接着,他背靠教堂外墙遭到枪杀。洛伦萨纳的残尸当晚就被弃于市镇广场。第二天,他的尸体被放到城里运送垃圾的大车上游街示众,之后被拉到公墓埋葬。他的妻子和女儿们随后被释放。[71]

全省各地的镇压行动仍在持续。用于捕获左派人士的手段之一是通过广播宣读所谓的"赦免法令",大意是主动自首者将免于遭受报复。那些轻信上述宣传且照此行事者,很少能活下来揭露此谎言。一个典型案例发生于葡萄牙边界附近的奥利文萨。当地的很多右翼分子被拘留,其中的地主分子被要求支付自1932年起拖欠雇工的工资。社会党市长伊格纳西奥·罗德里格斯·门德斯努力确保无在押人士遇害,他为避免流血而于8月17日通过谈判向反叛方和平投降。在奥利文萨被占领后，新当局发布了一项声明，承诺将劳工的工作条件恢复至1936年以前的水准，并表示"所有未受指控涉嫌参与流血事件的居民……均可返回家园，我们保证将张开双臂接纳他们"。然而，在接下来的几个月里，有来自奥利文萨及周边市镇的多达130人在城中被处决。[72] 在附近的巴尔韦尔德-德莱加内斯，叛军占领此地之前并无暴力事件发生，但仍有百余人由于担心遭到镇压而选择逃跑。1937年1月2日，有5名男子向一支长枪党骑马巡逻队自首，随后却被带到一座农场中枪决。长枪党分子随后前往其中3人的住所，偷走了死者遗孀和孩子赖以为生的家畜。[73]

与此同时，亚圭的部队早已在外国记者的随同下继续向前推进。因热衷于战事而随卡斯特洪纵队行动的《每日邮报》记者哈罗德·卡多佐，报道了所有被捕民兵都将面临的命运。他们将接受"一场十分钟的审判，被送上一辆卡车，在一名神父的陪同下，前往有些偏远的兵营，在一次排枪射击后，被埋进一个洒满石灰的墓穴"。[74] 为了控制经由卡塞雷斯通往马德里的道路，卡斯特洪纵队从巴达霍斯折回梅里达。到1936年8月27日，特利亚纵队已抵达了位于阿尔马拉斯的塔霍河上的桥梁，不久之后，该部抵达位于卡塞雷斯省北部的纳瓦尔莫拉尔-德拉马塔。当天晚些时候，卡斯特洪、特利亚和阿森西奥在通往马德里之路上的最后一个重镇——托莱多省的塔拉韦拉-德拉雷纳——前方合兵一处。他们在过去的两周之内推进了190英里（约306千米）。[75]

在推进过程中，凯波·德·利亚诺于8月29日发表过一次讲话。当提及在纳瓦尔莫拉尔-德拉马塔和塔拉韦拉-德拉雷纳之间地区有共和派女性被俘的情况时，他发出了比以往更恶劣的仇视女性的言论。对野蛮镇压颇为心满意足的他，大大加强了人们的此种恐惧，即被俘女性将在摩洛哥雇佣兵手中遭到轮奸。他津津有味地评论道："大量的弹药、10辆卡车，以及包括妇女在内的许多俘虏已经落入我们手中。摩洛哥正规军的士兵们会很高兴，而'热情之花'将会非常小心谨慎。"带有性暗示的言论出现在《ABC》报上，但在塞维利亚的另一份报纸《联合报》中却遭到审查而未被刊发。[76] 在这次广播讲话后不久，凯波·德·利亚诺的参谋长奎斯塔·莫内雷奥少校就向新闻界发出指令，禁止公布上述广播讲话之原文，因为"它们不宜公开刊行"。一位阅读过该广播讲话之完整抄本的新闻记者评论说："它们令人作呕。正式刊行之版本经审查并清除了其中的粗鄙言辞。"[77]

凯波的胡言乱语常常被解释为酒后失言，然而又有人在努力暗示他是一个禁酒主义者。布卢姆斯伯里团体[*]的前成员，曾在马拉加附近居住的杰拉尔德·布雷南提到过他的"威士忌嗓音"。布雷南的妻子，作家加梅尔·伍尔西写道：

> 我被告知他根本不喝酒，但他拥有一种柔软散漫的嗓音，以及资深酒徒才有的欢快自在的举止。他可以很放松地一连讲几个小时，有时他磕磕绊绊地说错了一个词，可是他自己纠正起来却丝毫不感到难堪。有一次，他在讲话中提到了"这些邪恶的法西斯分子"，这时，一个痛苦的声音在他身后响起并试图纠正他："不，不，我的将军，应该是马克思主义者。""那又有什么区别？"将军说道，接着大大方方地继续讲。[78]

演员埃德蒙多·巴韦罗曾回忆起这个暴露了凯波对长枪党之蔑视的声名狼藉的时刻，当时凯波说出了"法西斯渣滓"这个词，他手下的一名参谋人员紧张地低声将其纠正为"马克思主义渣滓"。奎斯塔·莫内雷奥少校在多年后透露说，凯波并非禁酒主义者，但他的确不应该喝酒：他由于长期酗酒而导致了严重的肝脏问题。奎斯塔写道："我本人并不喝酒，但我数不清有多少次，在他举杯痛饮的时候夺过他手中的酒杯，因为我知道酒精会对他造成多大的伤害。"在托莱多被攻陷的时候，凯波·德·利亚诺为此发表讲话，结束之时，他并未意识到麦克风还开着，于是他大声叫道："快他妈的拿酒来！"[79]

叛军各纵队于9月3日抵达塔拉韦拉–德拉雷纳。[80]与他们同行的美国记者约翰·T. 惠特克赢得了巴雷拉、亚圭、卡斯特洪与其他军官的信任。

---

[*] 20世纪前半叶以英国伦敦布卢姆斯伯里区为活动中心的一个文人团体，英国著名现实主义和女性主义作家弗吉尼亚·伍尔夫曾是团体中的核心人物。

在他们的帮助下,他不必像大多数来自民主国家的记者那样受到严格控制,后者只有在战斗结束后才会被送到前线,并且还有佛朗哥的宣传工作人员在一旁陪同。纳粹德国和法西斯意大利的新闻人员则很少受到此类限制。惠特克在塔拉韦拉的一个房间里住下,将这里作为自己访问前线的基地。在那里,他与托莱多省的长枪党首脑何塞·赛恩斯建立了良好的关系。赛恩斯给他展示了一个保存完好的笔记本,并对他说:"这是我匆忙记录下来的。我亲手处决了127名赤色分子。"关于在塔拉韦拉-德拉雷纳度过的这两个月,惠特克这样写道:

> 我每周平均只能睡两个晚上。我从来没有哪天能一觉睡到天亮,而中间没有被黎明时军营庭院里行刑队的排枪射击声惊醒。杀戮似乎永无终结。在塔拉韦拉,他们在第二个月底枪杀的人数,与我来这里的头几天里被杀的人一样多。他们平均每天处决三十人。我注视着那些被他们带入军营的男人。他们就是普通的农民和工人,卑微的可怜虫。携带工会证件、曾经是共济会员或者曾给共和派投票就足以构成其罪名。如果你因任何一项类似指控而被逮住或被告发,你将接受一场简易的审判,为时两分钟的聆讯之后就会被正式宣布处以极刑。任何曾在共和国机构中供职的人都将被立即枪决。道旁也有清洗行动发生。你会发现四个老年农妇倒在一个土坑里,会发现三十个或四十个双手被反绑的民兵在十字路口被集体枪杀。我还记得在某个市镇广场所发生的惨案。来自共和国突击卫队的两名年轻成员被用电线背靠背捆绑在一起,叛军在他们身上浇上汽油,将他俩活活烧死。

9月21日,亚圭部队夺取了圣奥拉利亚。在城镇主干道上枪杀被俘民兵的情景令惠特克惊怖不已:

> 我永远都不会忘记我第一次看到大规模处决俘虏时的场面。当七辆载满被俘民兵的卡车驶来时,我正站在圣奥拉利亚的干路上。他们被卸下车并被驱赶到一起。这些人就像那些无法承受德国飞机轮番轰

炸的部队那样，垂头丧气，精疲力竭，仿佛精神已经彻底垮掉。他们中的大多数人手里都有一条肮脏的毛巾或衬衫，这是他们投降时的白旗。两名佛朗哥军官在他们中间散发香烟，有几个共和派人士像小孩子那样不好意思地笑了起来，他们已经好几周没有香烟可抽了。突然间有一名军官拽着我的胳膊把我拉开，并对我说："是时候离开这里了。"在由多达六百名俘虏组成的人群边缘，摩尔兵正在架设两挺机关枪。我和俘虏们几乎同时看到了他们。整个人群仿佛猛地抽搐了一下，就像在前线的那些人一样，他们因惊吓而失语，双腿不住发抖，脸上的血色迅速褪去，睁大的双眼中流露出对死亡的恐惧。[81]

在塔拉韦拉的镇压与发生在更南边的同类行动同样残酷。来自加利西亚的打工者与民兵一同遭到枪杀。有一名目击者当时还是孩子，他回忆了9月3日在"卡列－德卡尼塞里亚斯"（Calle de Carnicerías，"屠宰街"，这真是一个可怕的巧合）发生的一场屠杀。大量共和派俘虏双手被反绑在背后，在殖民地正规军的押送下沿着街道下行。当有一个人试图逃跑时，摩尔兵直接向整群俘虏开火。这些尸体被弃于屠杀现场达3日之久，其中还有些未被当场打死的伤者。那些极度惊恐的周边居民被关在家中，听着垂死者的痛苦呻吟和尖叫声。最后，镇上收垃圾的大车将尸体拉走。[82] 由于在塔拉韦拉－德拉雷纳的遇难者数量众多，基于卫生防疫的考虑，尸体被浇上汽油点燃。[83] 佛朗哥宣传机构的负责人路易斯·博林公布了叛军在此地进行杀戮的照片，但谎称这是叛军纵队在塔拉韦拉－拉雷亚尔（位于梅里达与巴达霍斯之间）偶然发现的左翼暴行现场，借此为巴达霍斯的屠杀进行辩护。凯波的宣传部长安东尼奥·巴阿蒙德也详细讲述过阵亡者与被处决男女的尸体如何频繁遭到破坏，然后将其拍摄下来，用以虚构所谓"共和国之暴行"的证据。[84]

《每日快报》的诺埃尔·蒙克斯写道："在塔拉韦拉，由于前方战事不多，宣传机构稳定向人们灌输敌人的暴行，也就是赤色分子在撤回马德里时的所作所为。奇怪的是，我所遇到的西班牙部队——外籍军团、卡洛斯派义勇军和长枪党武装分子——公开向我吹嘘他们从赤色分子手中接管某地时的种种行径。但那些并非'暴行'。哦不，先生。就连把被俘的年轻女民兵和20个摩尔兵关在一个房间里的事情都不算暴行。不，先生。那只是娱乐活动。"[85] 根据来自《芝加哥论坛报》(*Chicago Tribune*)的埃德蒙·泰勒的说法，在圣奥拉利亚附近，一名年轻的女民兵被关到一个有50名摩尔兵的大房间里。[86] 在通往马德里的道路上，约翰·T.惠特克也亲眼看见了与蒙克斯和泰勒所提及之情况类似的一个场景。他知道群体强奸事件经常发生：

> 甚至连这些西班牙的"改造者"也很少否认他们有意将白人妇女交给摩尔士兵的事实。相反，他们在整个前线地带散布警告：赤色武装中的所有女性都将面临那样的命运。我在食堂与六名西班牙军官一起吃饭时，曾听过他们争论该政策是否明智。没有哪个军官否认这是佛朗哥的官方政策。但也有人坚持认为，不管怎样，女赤党也是西班牙人，也是女性。西班牙军队中唯一的摩洛哥军官埃尔-米齐安并不否认这种做法。有一天，我正和这位摩尔人少校一起站在纳瓦尔卡尔内罗城外的十字路口，这时有两名年龄不过十几岁的西班牙女孩被带到他面前。其中一个女孩曾在巴塞罗那的纺织厂工作过，士兵们在她的皮夹克里找到了一张工会证。另一个女孩来自巴伦西亚，她说自己从不过问政治。埃尔-米齐安向她们逼问军事情报，之后又将她俩带进了一座小校舍，里面有四十名摩尔士兵正在休息。当她们出现在校舍门口时，里面的摩尔人爆发出一种令人不安的嚎叫，我惊悸不已地站在那里，充满愤怒却又无能为力。当我对此表示抗议时，埃尔-米齐安得意地笑了。"哦，我敢说她们活不过四个小时。"他这样讲道。[87]

在托莱多爆发的叛乱最初取得了成功。曾担任国会议员和《托莱多先驱报》(*El Heraldo de Toledo*)主编的社会党人多明戈·阿隆索被枪杀，其妻女则被抓作人质。许多共和派人士遭到逮捕。在来自马德里的一支陆军纵队抵达后，反叛方领导人何塞·莫斯卡多上校命令他的部队撤入阿尔卡萨，那是一个可以俯瞰托莱多城和绕城而过的塔霍河的大型要塞。[88] 约1,000名来自全省各地的国民卫队官兵和长枪党成员退守至这座坚不可摧的堡垒，主要由他们的妻子与孩子组成的约 600 名非战斗人员也随行至此，另有数目不明的左派人质。关于人质的数量有着激烈的争论。负责围城的平民领导人路易斯·金塔尼利亚被曼努埃尔·乌利瓦里·巴鲁特利少校告知，其中被扣押的人质超过 500 人。而在另一种极端相反的说法中，莫斯卡多上校从未承认他手中的人质数量超过 16 人。在一份包括围城期间死伤者在内的对阿尔卡萨在场人员实行分类统计的数据列表中，半官方的内战军史学家曼努埃尔·阿斯纳尔在其中提到了 57 名"失踪人员"。这些人不属于那些在官方名单中被列出的名字，所以它很可能指的是被枪杀的人质。奥地利社会学家弗朗茨·博克瑙曾看到过在民兵食堂里贴出来的 20 名人质的照片，而其他几位学者估计至少有 50 名人质。佛朗哥分子方面的消息来源没有提到莫斯卡多口中的 16 名人质的命运。[89]

对所有人来说，处境都非常恐怖——被关在不见天日的狭小地下室里，食物和饮水也很缺乏。金塔尼利亚将反叛方的所有妇女和儿童视为人质的另一个原因是，己方提出可以将这些人疏散到安全地点，但莫斯卡多一直拒绝。[90]这些人中有人自愿充当某种形式的"人盾"（当然也有人不愿意），因为他们的存在对共和国方面的进攻造成了严重阻碍。据说，妇女和儿童被强行安置在窗户边上。这些人里有几个年轻女仆，其中一个女孩逃脱了，但她最终因自己之前遭受的严重虐待而死去，死前她声称曾在阿尔卡萨被 8 到 9 名军官强奸。[91]最近发现的莫斯卡多的信件表明，他确实曾释放过少量人质。[92]莫斯卡多还与进攻方达成协议，如果共和国方面能够承诺保护被围困者家属，外籍军团和殖民地正规军将不会像征服其他城镇时那样滥施暴行。[93]与非洲军团不同，共和国方面信守了诺言。

弗朗茨·博克瑙在 9 月初造访此地后评论道："这一直是一座天主教和反社会主义的城市，政府机构和民兵发现自己被阳奉阴违和隐性背叛所包围。"[94]共和国控制下的托莱多发生过大规模的镇压行动，并导致 222 人被杀害——这是一个令人震惊的数字，然而除了 5 名已在叛军队伍里从事医务工作的修女，并无神职人员认为需要前往阿尔卡萨避难。在托莱多的近 1,500 名神职人员中，被害者相对而言并不多，其中有 18 名加尔默罗会修士因被指控曾与国民卫队并肩作战而被处死。该城的大量修女被安然无恙地疏散至马德里。然而，在 8 月 23 日的一次轰炸过后，无政府主义民兵捉拿并杀害了包括 22 名神职人员在内的 64 名右翼囚犯。相比之下，托莱多政变之主要领导人的妻子和孩子们并没有遭到任何形式的骚扰。[95] 为了攻克这一并无重要战略意义的要塞，共和国民兵耗费了大量时间、精力和弹药，然而却徒劳无功。于是，被围困守军之抵抗成了反叛方英勇抗争的一个象征。9 月 21 日，佛朗哥的纵队已经到达了马克达。该地是一个道路枢纽，从塔拉韦拉－德拉雷纳延伸而来的道路在这里一分为二，东北方向的岔路通往马德里，东南方向的岔路则通往托莱多。佛朗哥并未派遣纵队继续向马德里进军，而是命令他们转向托莱多为阿尔卡萨解围。

在做出这一重大决定后的第二天，一个由君主主义支持者组成的代表团拜访了佛朗哥，代表团成员包括军事叛乱中最具影响力的理论家之一欧亨尼奥·维加斯·拉塔皮，以及兼具诗人和知识分子身份的何塞·马里亚·佩曼。维加斯·拉塔皮冒险向佛朗哥表达了他对反叛方控制区镇压之规模的担忧。尽管维加斯·拉塔皮误认为其规模要小于共和国的镇压规模，但是他向佛朗哥明确指出它是一个道德问题，并且"对于我方那些宣称出于宗教动机而参战的人来说"至关重要。他告诉佛朗哥："只有被告得以充分且不受限制地为自己辩护，从严从快的简易法庭之运作才是正常乃至必要的。否则，不分青红皂白地抓捕一位公民并直接将其射杀，不管他罪有应得的可能性有多大，那都是反道德的罪行，而且是对我们进行政治诋毁的最快捷的方式。"正如维加斯后来注意到的那样，佛朗哥"非常清楚正在发生什么，但是完全不在乎"。他面无表情地听着，然后毫不为之所动地将话题转移到即将对托莱多展开的进攻行动上来。[96]

通过将其部队转移到托莱多，佛朗哥有意放弃了在西班牙首都做好防御准备之前一举将其攻克的这个千载难逢的机会。他在完成实控领土上的清洗行动之前并不急于结束战争，而且他意识到，一场情感上的胜利和一个具有轰动效应的大新闻有助于加强他本人在叛军控制区内的地位。到 9 月 26 日，叛军纵队已经站在了托莱多的大门口。耶稣会的编年史作者阿尔贝托·里斯科神父描述了埃尔－米齐安的摩洛哥正规军士兵通过城镇外围地区时的情景："他们挥舞的刀锋上带着上帝复仇的气息，他们追逐，他们摧毁，他们杀戮……沉迷于嗜血的刺激，纵队向前推进。"第二天，非洲纵队沿着里斯科神父所谓的"他们的灭绝之路"进入了市中心。大量难民冒着猛烈的炮火，试图徒步，或者利用自行车、小汽车和卡车逃离此地。[97]

路易斯·博林在托莱多被占领后遭血洗期间，连续两天严禁新闻记者进入城中。里斯科神父用欣赏的笔调记录了"根除与惩罚的第二日"。博林不想让报纸报道发生的暴行并不足为奇，用亚圭的话来说，"我们把托莱多变成了西班牙全境最纯洁的城镇"。[98]当记者于9月29日被允许入城的时候，呈现在他们面前的景象令他们震惊不已。合众通讯社（United Press）的韦布·米勒看到了一摊摊的新鲜血迹，这表明在记者们到达前不久，刚刚进行了一场大规模处决。在其他许多地方，他看到一片片凝固的血迹，通常在旁边会有一个民兵帽。约翰·惠特克报道说："摩尔兵的指挥官从未否认他们在共和国医院杀害伤员。他们大肆吹嘘他们如何将手榴弹掷入200名尖叫的无助者中间。"惠特克所指的是坐落于托莱多郊区圣胡安－包蒂斯塔济贫院的塔韦拉医院。韦布·米勒也报道了在那里发生的事情，声称有200名民兵在掷入的手榴弹所引发的火灾中被活活烧死。正如在巴达霍斯的情况一样，大多数商店被征收"战争税"。在产科医院，有超过20名怀孕妇女被从病床上拖走并装上一辆卡车，然后被送往市政公墓予以枪决。阿尔卡萨中的人质已遭枪杀。韦布·米勒告诉杰伊·艾伦，在目睹了反叛者对托莱多医院中的伤员和医护人员的所作所为之后，"他已经快要疯掉了"。[99]在里斯科神父的叙述中，有男人和女人为避免被非洲纵队捕获而选择自杀。那些在逐屋搜查中被带走的人，按照他的说法，"必须得死"。他们被聚拢到一块儿，然后被押送到不同的城镇广场，按照每20或30人一组被集体枪杀。[100]有800多人被枪杀，然后被埋在市政公墓的一个万人坑里。关于被处死的人质，没有更多其他信息了。[101]

在向马德里进军期间，有一位名叫费尔南多·维多夫罗·波朗科的随军神父，他的独特经历，为我们提供了洞悉叛军纵队之行为的机会。他是一位来自桑坦德的时年34岁的耶稣会士，他最近几年里曾在葡萄牙、德国、荷兰和比利时从事神学研究。他将共和国视为藏污纳垢之处，当他还在比利时的时候，他就在一篇为巴达霍斯大屠杀进行辩护的文章中写道：

这是由赤党暴行所引发的一个孤立事件。[102] 8 月下旬，作为反叛方之强烈同情者的耶稣会总会长沃迪米罗·莱多霍夫斯基同意了维多夫罗希望重返西班牙的请求。在到达潘普洛纳时，他发现那里热衷于为叛军服务的神职人员已经太多，所以他又去了巴利亚多利德，并在那里为长枪党民兵进行过短暂的服务。在此之后，他去了佛朗哥位于卡塞雷斯的总司令部，并得到了对方的接见。佛朗哥说："给你一个忠告，神父。你和你的同伴应该尽全力为西班牙士兵的福祉服务，但是因为各种显而易见的原因，请不要试图转变摩尔人的宗教信仰。"维多夫罗想以随军神父的身份加入外籍军团，所以佛朗哥派他前往塔拉韦拉－德拉雷纳去见亚圭。9 月 8 日，亚圭对此表示同意。[103]

身材纤弱且戴着眼镜的维多夫罗，这位海德格尔*的前弟子，在刚开始进入军队时被那些粗鲁的外籍军团士兵以污言秽语对待，而他来到此地的目的，正是要关注这些人的精神福祉。他的勇气打动了一部分人，但另一些人却因为他努力说服他们进行忏悔、停止赌博与嫖娼而感到不悦。在向马德里推进期间，尤其是在托莱多，维多夫罗神父目睹了一些暴行。他努力阻止枪杀犯人，或者用其传记作者的说法——"把他们从他的士兵所迸发的义愤中拯救出来"，这使他无法得到那些冷酷无情的军团士兵的喜爱。他试图为他的所见所闻进行辩护："我们光明正大。我们的做法与他们不同。他们枪杀，他们采取各种折磨手段，他们斩草除根。但他们是罪犯。而我们，因为是基督徒和正人君子，我们知道如何进行战斗。"他本着这种精神，在他部队中的士兵采取行动之前，先行赦免了他们将要犯下的罪过。然而，他为他们的野蛮残忍感到不安，因为这破坏了他所热切信仰的事业的形象。他设法保护伤员，并尽其所能照顾那些即将被枪杀者的精神需求。[104]

因此，在托莱多陷落后的间歇里，他在提交给"军事当局"和军法部门的两份文件中写下了他本人就此问题的看法。这两份文件于 10 月 4 日送交军方。文件标题为"当前情况下死刑的适用。良心法则"。他在文中提

---

* 德国哲学家马丁·海德格尔（Martin Heidegger），20 世纪最重要的哲学家之一。

议,"正义"的行使不应该导致玷污军队荣誉的过火行为发生。他反对"某些人所倡导的灭绝性战争",其理由是这将会导致持久的仇恨,致使战争延续更长时间,阻碍敌对双方和解,剥夺用于西班牙重建的劳动力,并且损害国家在国际上的声誉。他宣称:"任何一次集体死刑判决,如果未做任何努力来确定众多囚犯中是否有无辜者,那么就是谋杀而非执行正义……杀死那些放下武器或举手投降的人始终都是犯罪行为。"

在送交军法部门的文件中,他指出,对于杀害妇女、神职人员和无辜者的左翼凶手,以及那些"以报纸、书籍或宣传小册子作为媒介煽动群众的"共产党人,处以死刑是合情合理的。但是,对于像全国劳工同盟或劳工总会等左翼工会的成员,他提议应以监禁或劳教来代替死刑。然后,他将那些处决未经定罪者的行动谴责为谋杀,而文章中最后的话绝不会让他的读者们喜欢上他:"当前所遵循的行为模式正在将西班牙扭曲,并让我们变成一个杀人犯和告密者的民族,而非侠义慷慨的民族。正在发生的事情,使我们中间的那些总是因为自己是西班牙人而自视优于其他一切人的人士,开始因为出生在这片充斥着难以理喻之残忍与无尽之仇恨的土地上而感到羞愧。"[105]

站出来反对非洲军团层出不穷的暴行需要很大的勇气。他把这两份文件发给了许多军官和随军神职人员,文件也被卡斯特洪和巴雷拉读过。卡斯特洪对此感到非常愤怒。他曾当着其他神父的面评论说,维多夫罗的文件是"意想不到的侮辱"。[106] 1936年11月14日,当军队进抵马德里市郊时,维多夫罗神父写信给巴雷拉说,他光荣的名字不应该为某些下级军官正在策划的针对马德里市民的血腥报复而受到玷污。维多夫罗担心,如果大屠杀发生,巴雷拉的名字将被载入史册,"作为邪恶之象征,并与当代最残忍与最野蛮的罪行联系在一起"。在手下部队夺取马德里失败之后,巴雷拉于12月3日从托莱多省的云科斯传来答复,对维多夫罗的观点表示称赞,并声称认可这些观点。[107]

维多夫罗神父也在10月4日写信给佛朗哥将军的副官卡洛斯·迪亚斯·巴雷拉中校,请求他将两份文件的副本呈交最高统帅本人。鉴于佛朗哥有更紧急的事情要处理,迪亚斯·巴雷拉将维多夫罗神父反映的意见转达给亚圭,后者正是维多夫罗神父所属部队的总指挥官。因为暴行是叛军蓄意施行的政策的一部分,所以亚圭什么也没做。对此感到灰心丧气的维多夫罗,又招人烦地写信给佛朗哥本人,提请他注意:

> 行刑非常仓促,被处决者的罪行并未得到证明,他们甚至都未接受过调查。这就是前线正在发生的事情,每一个俘虏都被枪杀,不管他是否是受骗或者被强迫参加战斗,甚至也不考虑他本人是否有足够的理解力,知晓自己正为之奋战的事业的邪恶。这是一场既没有伤员也没有俘虏的战争。民兵仅仅因为民兵的身份而遭枪杀,他们没有机会说话或接受审讯。因此,许多本不应该死去的人却面临着这样的命运,他们改过自新的机会被残忍剥夺。

既然他所描述的是非洲军团的惯常做法,显然他的抗议于事无补。尽管,他的信件之内容非常幼稚,但这的确是令人惊叹的英勇之举。[108]

他于1936年11月10日再次写信给迪亚斯·巴雷拉,将"任何被发现携带武器的人都应就地枪决"这一总体性命令描述为"不义和犯罪"。他主张将这些人囚禁并对他们进行审问,然后,如果他们被发现"有罪",那么就应被送到惩戒营。他声称"此种无限制处决行动之规模,历史上从未有过先例",而这激发了绝望的共和国人士的顽强抵抗,因为他们知道投降也难逃一死。接着他总结了面对托莱多陷落后发生的大屠杀,马德里方面会有的反应:"如果他们知道在托莱多,伤员在医院里被杀害,那么他们还能不清楚我军的严酷和残忍吗?有人说过这样的话,当我们到达马德里时,我们应该枪杀医院里的伤员。我们正在堕入野蛮,我们正在用如此之多的不负责任的杀戮来败坏人民的道德。从前,除非被证明有罪,否则不会有人被杀;现在,人们遭到杀害,却是为了掩饰他们的无辜。"维多夫罗恳求迪亚斯·巴雷拉向佛朗哥再度提出此事,并且鲁莽地暗示他可能会将实情公诸于众:"到现在为止,我的言论还算谨慎,我并未高声主张。但现在是时候大声疾呼了。我所畏惧的唯有上帝,左派或者右派都不足为惧。"他用夸张的辞令结尾:"我亲眼见过谋杀,我们大家都亲眼见过谋杀,我不想让新政权在诞生时双手就沾满鲜血。"[109]

　　迪亚斯·巴雷拉终于在 11 月 25 日答复说，佛朗哥在听到维多夫罗所谴责的那些过火行为时感到震惊，并决心惩罚所有肇事者。当然，情况没有出现任何变化。维多夫罗本人因伤住院后，尽管他知道枪决行动仍在以同样的规模继续进行，但他选择相信佛朗哥本人的真诚。在接下来的几个月中，维多夫罗越来越强调双方最后需要达成和解。很多军官告诉他，如果他继续宣讲他的主张，"他们将会枪毙你"。1937 年 4 月 11 日，维多夫罗在马德里郊外的阿拉巴卡遇害，据称他被一枚俄国炮弹爆炸后产生的弹片打中了。起初，在 1947 年，耶稣会方面将针对他本人的宣福和封圣工作提上议事日程的时候，这一细节起到了正面的推动作用。维多夫罗神父拯救了很多生命，他本人生前也过着纯粹的基督徒生活。然而，随着梵蒂冈为神父之死立案并对其进行彻底调查，真相开始浮出水面：他是被他所在部队的一名外籍军团士兵从背后射杀的，而行凶动机很可能是厌倦了这位随军神父的说教。当发现维多夫罗是被佛朗哥分子而非赤党杀害之时，梵蒂冈就将他的案子搁置了起来。[110]

10

惧怖之城的回应

帕拉库埃略斯的屠杀

佛朗哥曾声称他永远不会让炸弹落到马德里，但是针对首都的大规模空袭已于1936年9月发生。尽管如此，他还是努力确保了马德里富裕阶层聚居的萨拉曼卡区不在受打击的范围。于是，萨拉曼卡区的大街小巷人满为患。晚间，无法进入地铁站台躲避的人们，就在这个街区的萨拉曼卡路、委拉斯开兹路、戈雅路和普林西佩－德贝尔加拉路等林荫大道两侧的人行道上席地而眠。针对城市其他地区的空袭远远无法削弱马德里市民的士气，相反却引起了他们对反叛者的深恶痛绝，而他们所憎恶的直接目标，就是西班牙首都中那些被认为是叛乱支持者的人。这包括尚未被发现的第五纵队成员和已经身陷囹圄的右翼分子。在围城期间的妄想多疑的气氛中，他们被不加区别地当成"第五纵队分子"。

当一架叛军飞机在城市上空纷纷扬扬洒下大量传单，并在传单中威胁说马德里每有一名右翼囚犯被杀，他们都会枪毙10名共和派人士为他陪葬时，仇恨进一步加剧。共和国日报《呼声报》(*La Voz*) 也在煽动人们极端恶劣的情绪，它宣称："据估计，一旦马德里陷落，这座城市将成为遍布着十万殉难者的恐怖剧场。"鉴于非洲军团在南部的所作所为，公众普遍相信，任何人，只要曾经是与人民阵线有联系的任何党派团体的成员，担任过任何政府职务或者隶属任何工会组织，都将遭到枪杀。"在一场末日般的血腥狂欢之后，当自由之敌的野蛮报复已经圆满完成，当资产阶级的大人物纷纷逃亡而无产阶级大众惨遭杀害时，2,200万西班牙人民将遭受最残暴和最耻辱的奴役。"[1] 另一份共和国日报《消息报》报道称，凯波·德·利亚诺曾告诉英国记者，马德里将会有一半人口被取得胜利的反叛者枪杀。[2]

然而，在传播恐惧和仇恨方面，没有什么可以与《呼声报》做出令人毛骨悚然之预言后两周里所发生的事情相比。11月16日，共和国方面向仍留在马德里的外交官们展示了被以可怕方式肢解的一名共和国飞行员的尸体。前一天，他驾驶飞机在塞哥维亚附近的佛朗哥队伍战线后方迫降。他被殴打致死，尸体被拖着在城里游街示众。抓他的人还"不辞辛苦"地将其分尸，然后将肢解后的尸块塞入一个箱子，在箱子上安装降落伞，用飞机载着飞往马德里，并将其空投到位于马德里东北部的巴拉哈斯的机场。箱子里附带一张纸片，上面写道："这是给赤党空军头目的礼物，这样他就会知道，这就是等待着他和他手下所有布尔什维克分子的命运。"[3]

在由围城导致的幽闭恐惧症的影响下，饱受日常恐怖折磨的人们早已开始通过残暴对待囚犯来发泄自己的情绪。恐惧与愤恨交织的强烈情绪，不可避免地使很多马德里民兵组织的活动更加频繁。这些民兵组织，既包括独立的自发的治安维持团体，也包括"官方"的组织，后者诸如创建于9月中旬的"民兵后卫安全部队"，或者那些仍在省公共调查委员会之架构下运作的团体。这一情形在8月22日的模范监狱事件，以及接下来发生在监狱系统内的"提人"行动中得到了彻底的展示。无论是普通市民还是政治领袖，都不认为近8,000名被关押的右翼分子和活跃的"第五纵队"有什么大的区别。在此阶段，第五纵队还远远不是于1937年成形的组织化网络，冷枪手、破坏分子和失败主义者只取得了零星"战果"。然而，在被当作叛乱支持者而加以关押的众多人员中，很多人，特别是军官，被认为极具潜在危险性。

随着佛朗哥的纵队进一步向首都地带推进，在针对右翼分子的普遍仇恨上又增添了一种更为具体的担忧：在马德里监狱中关押有如此之多经验丰富的右翼军官，而他们已经断然拒绝了来自个人和集体的劝说，拒绝履行效忠共和国的誓言，拒绝守卫马德里这座城市；这些人的存在让人不安。在生死攸关的情况之下，共和国军政当局决意避免让这些人成为新的叛军纵队的骨干力量。这将是在1936年11月间决定囚犯最终命运的最关键之因素。

11月1日，该问题已经在陆军人民委员部（War Commissariat）的会议上经过了紧张的讨论。该机构成立于两周之前，由担任外交部长的社会党人胡利奥·阿尔瓦雷斯·德尔·巴约担任主席。组织陆军人民委员部的目的，是为了监督新成立的人民军的忠诚，当时所有"有组织的武装力量"均已被置于国防部长指挥之下，这也是民兵军事化的开端。[4] 当11月1日提出有关囚犯的问题时，阿尔瓦雷斯·德尔·巴约离开会场向拉尔戈·卡瓦列罗征求意见。他返回会场后说，总理已命令内政部长安赫尔·加拉尔萨负责安排囚犯转移。但在接下来的5天中，这项工作几乎没有任何实质性进展。[5]

11月2日，一群无政府主义者造访了由修道院改造而成的圣安东监狱，并挑选出了拘押在那里的400名军官的档案卡。其中最年轻的那些军官曾经接受审讯，并被询问是否要为共和国战斗。他们均对此表示拒绝，由此犯了叛变罪。11月4日，当马德里南面的赫塔费陷落时，当天有30至40名军官接受了人民法庭的"审判"。在他们已放弃效忠誓言的情况再度被确认后，11月5日黎明时分，他们被从牢中提出执行枪决。另有40人在同一天晚些时候被带走，押赴首都郊外执行枪决。第二日，有173人分为三批进行转移。第一批与第三批囚犯（各包括59人）均安全到达了埃纳雷斯堡。第二批囚犯共55人在前往埃纳雷斯堡半途的帕拉库埃略斯被处决。11月6日的转移行动（而非谋杀事件）得到了保安总长曼努埃尔·穆尼奥斯的授权，他还在10月27日至11月2日期间下达命令，从本塔斯监狱中进行类似的囚犯转移。[6]

作为来自省公共调查委员会的侦缉人员主导庭审活动的后果之一，从10月下旬起，"提人"行动的节奏明显加快。这些非法手段令共和国高层人士深为不安。律师协会的秘书长路易斯·苏维利亚加和最高法院院长马里亚诺·戈麦斯采取了特别的措施。他们寻求无政府主义者梅尔乔·罗德里格斯的帮助，后者因在拯救大量右派分子方面所做的努力，已经引起了他的同志们对他的怀疑。11月4日，4名无政府主义者进入共和国政府，并分别担任商务部长（胡安·洛佩斯）、卫生部长（费德丽卡·蒙特塞尼）、工业部长（霍安·佩罗）和司法部长（胡安·加西亚·奥利韦尔）。当时，苏维利亚加和戈麦斯希望，梅尔乔的人道主义努力能够凭此获得某些官方支持。

事实上，加西亚·奥利韦尔曾经是与杜鲁蒂并肩作战的伊无联创始人之一。他曾因恐怖主义行径而多次入狱，这种犯罪记录反而是他被选为司法部长的极有利的条件。其背后的逻辑是，他有可能能够说服无政府主义方面的基层民众，让国家来处理司法事务。苏维利亚加和戈麦斯希望他任命梅尔乔·罗德里格斯为监狱系统总监，该职位自从佩德罗·比利亚尔·戈麦斯于9月下旬辞职以来一直处于空缺状态。然而，考虑到佛朗哥纵队对马德里的威胁，保护囚犯并非加西亚·奥利韦尔的优先事项。

加西亚·奥利韦尔拒绝在未同全国劳工联盟的地方及全国委员会进行商讨之前任命梅尔乔·罗德里格斯为监狱系统总监，然而，与镇压行动牵扯颇深的上述组织对梅尔乔·罗德里格斯极为不信任。因此，加西亚·奥利韦尔安排了两个随他从巴塞罗那赶赴首都的值得信赖的"老伙计"，胡安·安东尼奥·卡内罗和豪梅·内沃特，让他们分别担任监狱系统总监和总督察长。[7]加西亚·奥利韦尔给内沃特的任务并非阻止暴行，而是寻找并销毁全劳联或伊无联组织中所有曾经被捕入狱的成员的犯罪记录。[8]

到11月6日，叛军已经穿越大学城和"田园之家"公园，并且推进到距离马德里市的最大监狱（位于阿圭列斯区的模范监狱）只有区区200英码（约183米）的地方。佛朗哥方面的军官后来声称，土著正规军的先头部队当天即已组织了偷袭小分队，成功潜入模范监狱内部并救出了一些囚犯。这种突袭行动导致了共和国方面向监狱中派驻国际纵队单位。[9]在被关押于此的近2,000名军官中，大多数均已拒绝了为共和国而战的召唤，并迫不及待准备加入围城的叛军部队。他们的决心只会因成功的营救行动而更加坚定。事实上，他们在得知叛军进展的时候毫不掩饰地表现出了兴奋之情，他们对看守施加威胁，并且大肆宣扬他们想要尽早加入他们的反叛同僚的意愿。[10]如果他们真的加入了佛朗哥的部队，后者的力量将得到极大的增强。

在这种背景下，拉尔戈·卡瓦列罗内阁于11月6日午后不久最终做出了撤离首都前往巴伦西亚的必要决定。[11]记载此事的各种回忆录资料存在很多说法上的差异，我们只能对当天所发生诸事件的具体时间进行大致估计。在这一命运攸关的会议结束后不久，可能是在当天下午4点到5点之间，国防部副部长何塞·阿森西奥·托拉多将军会见了中央军作战部主任塞瓦斯蒂安·波萨斯将军和第 1 军区的负责人何塞·米亚哈·梅嫩特。经过长时间的讨论，他给上述两人每人一个密封的信封，上面写有"最高机密，不要在明天上午 6 点前打开"的字样。鉴于局势的紧迫性，在阿森西奥刚刚动身前往巴伦西亚时，两位将军忽略了这一指示并打开了信封。他们发现各自信封中的命令应该是给对方的。波萨斯将军得到的命令是，在通往巴伦西亚途中的塔兰孔，为中央军区设立一个新总部。米亚哈则被安排负责首都的防务，并奉命建立一个被称为"保卫委员会"（Junta de Defensa）的机构，该机构将在马德里及其周边地区掌管政府的全部权力。如果他们遵照指示不打开信封并返回他们各自的司令部的话，他们将在彼此相距很远的时候看到他们的命令，而这将给城防带来灾难性的后果。所以说，密封信封的人很可能是一个反叛方的同情者。[12]

在逃往巴伦西亚的内阁成员和很多政府官员看来，首都注定会陷落，而保卫委员会的存在只是为了管理这一不可避免的失败。结果，在无法承受的压力和困难重重的局面下，它主导了一次近乎奇迹般的胜利。[13] 米亚哈的艰巨任务不但包括组织军民保卫马德里，同时也要为市民和露宿街头的难民提供食物和庇护所。另外，他还得处理"契卡"的暴力行径，并对付活动中的第五纵队。[14] 因此，保卫委员会实际上是一个局部范围的迷你政府。其组织机构中的各"部长"被称为"委员"（Councillor），委员会中各代表则来自组成该"中央政府"的各个党派。而米亚哈本人首先选择的求助者是共产党人，后者已经准备就绪并等待其召唤。

在午后举行的内阁会议过后，两位共产党部长赫苏斯·埃尔南德斯和比森特·乌里韦立即向共产党高层领导佩德罗·切卡和安东尼奥·米赫报告了政府撤离首都的消息。切卡（Checa，他的名字与"契卡"组织毫无关联）是西班牙共产党的组织委员。在共产党总书记何塞·迪亚斯因身患重病而频繁缺席的情况下，他和米赫是共产党的实际领导者。他们讨论了政府撤离可能会导致的后果，并制定了相应的计划。令人惊讶的是，与会者中包括统一社青团的两位年轻领袖——圣地亚哥·卡里略·索拉雷斯和何塞·卡索拉·毛尔，他们俩当时至少从理论上说还是社会党而非共产党党员，因为他们在第二天才正式申请成为共产党员。他们能够出席会议，表明他们实际上已经居于共产党的最高层。

当天下午晚些时候，切卡和米赫两人同米亚哈商讨了有关西班牙共产党参与保卫委员会的相关事项。米亚哈对西共方面的积极参与感激涕零，欣然答应让他们在保卫委员会中占据作战委员与公安委员两个职位。他还接受了来自西共方面的具体提名：安东尼奥·米赫和伊西多罗·迭格斯·杜埃尼亚斯分别担任正副作战委员；卡里略和卡索拉则分别担任正副公安委员。这样，正如卡里略后来所说，"在11月6日晚间，我与米赫以及其他人一起开始履行职责"。接下来，米赫、卡里略和卡索拉前去面见总理，希望能够获得政府关于撤离一事向马德里人民发出的解释声明。尽管拉尔戈·卡瓦列罗的办公室外面有一堆手提箱，但他仍然否认政府即将撤离首都。他们曾经崇拜的英雄就这样欺骗了他们，这些深感失望的人重新回到了西共中央委员会。[15]

有不同的消息来源证实，在11月6日晚，就在与米亚哈的这次见面之后，卡里略立即在公安委员部（Public Order Council）中任命了他的下属，并着手给他们分配任务。来自统一社青团方面的一位举止优雅的知识分子塞贡多·塞拉诺·庞塞拉，主持成立了一个被称为公安代表处（Public Order Delegation）的小组委员会。他被授权负责保安总局在马德里的各项工作。[16]拉蒙·托雷西利亚·吉哈罗是公安代表处的成员之一，1939年被佛朗哥分子抓住后，他告诉审讯者，对卡里略和塞拉诺·庞塞拉的任命于11月6日晚间开始生效。托雷西利亚进一步透露，他和代表处的其他成员从11月7日凌晨起就开始召开会议和发号施令。另一位成员，阿图罗·加西亚·德·拉·罗萨，在接受爱尔兰历史学家伊恩·吉布森采访时也证实了这一点。[17]无政府主义者格雷戈里奥·加列戈强调了共产党人立刻进入角色的能力："我们意识到，这一系列动作不会是临时做出的，它们看上去筹备得当，操控者也游刃有余。"[18]

当米亚哈与他的副官和秘书坐下来考虑如何创建"保卫委员会"的问题时，时间已接近晚上9点。他们仍在考虑委员会的候选人员名单，而共产党代表已经抵达并成功占据了作战委员部和公安委员部的关键位置。因为共产党方面早已确定了人事安排，这两个委员部得以立即开始运作。被留下来尽其最大可能坚守这座城市的米亚哈将军，在这个夜晚剩下的大多数时间里，致力于清点他手头可用的兵力及武器装备。11月7日上午7时，米亚哈前往陆军人民委员部主任的办公室，希望与其他政治领导人进行接触。这里每天都会举行国防部的例会，讨论冲突的进展情况。现在，米亚哈发现他想见的大部分人都和政府一起逃去了巴伦西亚。因此，他耗费了整个上午的时间，才逐步召集起保卫委员会的其余人员。按照多位目击者的说法，直到11点最终名单才确定。它基本上是由来自各党团和工会组织的年轻代表组成。[19]

匆忙成立的保卫委员会直到11月7日下午临近傍晚的时候才召开了首次正式会议。但毫无疑问的是，从前一天晚间开始，全权负责处置囚犯的是以下三人：圣地亚哥·卡里略·索拉雷斯，他的副手何塞·卡索拉·毛尔，以及实际履行马德里保安总长之职责的塞贡多·塞拉诺·庞塞拉。很明显，处置囚犯的关键性决定，是在11月6日晚间撤往巴伦西亚的政府离开和24小时后的保卫委员会正式成立之间的权力真空中做出的。不过，要说这些决定是由3位年纪分别只有21岁（卡里略）、30岁（卡索拉）和24岁（塞拉诺·庞塞拉）的缺乏经验的年轻人单独做出的，显然也难以令人信服。正如我们即将看到的那样，他们正在贯彻实施的那些决定一定是获得了更为资深的人士的允准。当然，这需要得到切卡和米赫的同意，而他们又需要得到米亚哈（甚至可能包括苏联顾问团）的批准。在这座被恐怖笼罩的城市中，苏联在坦克、飞机、国际纵队和技术经验等方面提供的援助，确保了共和国方面会征询其建议并感激地加以接受。决定的贯彻实施也需要——而且也的确会得到——无政府主义运动方面的支持。

因此，在授权、组织和实施这场囚犯处置行动的过程中，涉及人员众多。不过，卡里略当时的公安委员之身份，以及他后来担任西共总书记的突出经历，导致他被指控须对之后的死亡事件负全部责任。这种说法当然很荒谬，但这并不意味着他在这件事情上完全没有责任。要界定他到底应该承担多大的责任，必须要从为什么一位年仅21岁的社会党青年运动成员能够大权在握这一问题入手。事实上，当时的卡里略绝非表面看起来的那样。11月6日夜里，在与米亚哈会晤后，卡里略、塞拉诺·庞塞拉和卡索拉等人被西共正式接纳为党员。他们并未接受严格的党员资格审查。在一个根本算不上正式的所谓入党仪式上，他们只是简单告知了何塞·迪亚斯和佩德罗·切卡他们希望加入西共，然后就被当场纳入其中。[20]

如此简短的入党程序似乎暗示了，卡里略早已是社会党内部一个重要的共产党"潜水艇"。在1934年10月的阿斯图里亚斯矿工起义之后，他以社会党青年运动（社会主义青年联盟）总书记的身份被捕入狱，在狱中，他开始倡导与人数更少的共产党同类组织"共产主义青年团"合并。共产国际方面的代理人注意到了这一点，于是卡里略成了他们争取的一个潜在对象。驻西班牙的共产国际最高代表，阿根廷人维托里奥·科多维拉安排他受邀前往莫斯科，讨论将社会主义青年联盟和共产主义青年团合二为一的可能性。当1936年2月16日大选结束后他被释放出狱时，他立即申请护照前往苏联。这对他而言代表着一个美妙的前景。在与卡瓦列罗一同经历了为期一年的监禁生涯后，他与社会党青年组织的其他杰出成员一样，觉得西班牙工人社会党今不如昔。由中年男人构成的社会党领导层很少会允许青年激进分子接近其僵化体系中的权力中心。1936年3月3日，卡里略作为共产青年国际的嘉宾抵达莫斯科。共产青年国际组织受到了苏联情报机关**内务人民委员部**（NKVD）的密切监视。因此，很有可能，已被当成共产国际未来之星的卡里略在莫斯科接受了严格的审查，并且不得不努力向他的老板们证明他本人对苏联的忠诚。

返回西班牙后，卡里略于3月31日参加了西共中央委员会的一次会议，并在会上提出了有关让社会党青年组织成为共产青年国际之成员，以及工人社会党与西共联合并加入共产国际的建议。出席中央委员会的会议并非是向外人提供的一项特权。[21]更令人惊讶的是，在回忆录中，卡里略坦承，到1936年11月初，尽管他在名义上仍是社会党的一员，但他已经在出席西共政治局的会议，这也表明了他的老资格。[22]在科多维拉的帮助下，他于1936年4月争取达成了一项将社会党青年运动和共产党青年运动合并为"统一社会主义青年团"的协议。在西班牙各地（尽管并非全部地区），合并工作即刻开始进行。9月份，卡里略被任命为统一社青团的新一届总书记，在某些地方，"青年团"就是西共的官方组织。总体上说，统一社青团的诞生极大地促进了西共影响力的提升，但这是以牺牲社会党之利益为代价的。到那时为止，哪怕卡里略还不是西共党员，他距离入党恐怕也只有一步之遥。

当塞拉诺·庞塞拉于11月7日凌晨起开始负责公安代表处的运作时，他得以利用保安总局之局长曼努埃尔·穆尼奥斯在离开马德里赴巴伦西亚之前所留下的有关转移在押犯的命令。[23] 德国籍人士费利克斯·施莱尔是反叛方的狂热支持者，他声称，模范监狱的典狱长曾向他展示过由警察局长兼穆尼奥斯副手的比森特·希劳塔·利纳雷斯签署的释放囚犯之命令。此外，施莱尔坚持认为，希劳塔是按照穆尼奥斯的口头指示签署这份文件的。然而，实际的情况可能是，穆尼奥斯只是安排其副手起草必要的文件，而非实际签署命令文件。施莱尔还声称，后来他被告知，穆尼奥斯的举动是换取西共方面不反对其加入巴伦西亚政府而向共产党民兵做出的让步。迄今为止并无有力证据证实这一点。[24] 无论如何，转移囚犯的命令并不等同于展开杀戮的具体指示——有部分被转移的囚犯安全抵达目的地这一点即可证明。

无论是谁签署了相关的命令，在行政架构分崩离析和公众普遍陷入恐慌的状态中，转移多达8,000名囚犯恐怕是不可能完成的任务。尽管如此，卡里略的公安委员部还是接手了这项工作。[25] 结果，转移行动变成了一场大屠杀。在本章的后续部分中，我们将在现有证据的范围内，阐明事件的来龙去脉，讲述是谁做出了决定，又是谁在具体实施。

在推动囚犯转移（这里的"转移"并不一定意味着处决）的各方中，有共和国军事当局，米亚哈将军和他的参谋长比森特·罗霍，以及当时在马德里的苏联高级代表和共产党领导层。鉴于苏联方面所提供的关键性军事援助以及他们自己在俄国内战期间于圣彼得堡围城战中所获得的经验，寻求他们的建议是合情合理的。苏联军援人员中的最高代表是苏联军事代表团团长扬·安东诺维奇·别尔津将军，以及弗拉基米尔·戈列夫。别尔津和苏联外交人员随共和国政府撤往巴伦西亚，而戈列夫留在了马德里，其官方身份是使团武官，实际上却是苏联军事情报局（"格鲁乌"）马德里情报站的负责人。因此，戈列夫将与罗霍一道在保卫马德里的战役中发挥关键作用。同时在场和参与其中的是《真理报》(Pravda)记者米哈伊尔·科尔佐夫，他也许是当时最有权势的俄国新闻记者。虽然身在马德里，但他与斯大林本人关系密切，当没有紧要的新闻工作任务时，看起来他一直在按照戈列夫的指示行事。[26]

参与马德里保卫战的其他有影响力的人物包括共产国际高层人员，阿根廷人维托里奥·科多维拉和意大利人维托里奥·维达利。化名"卡洛斯·孔特雷拉斯"的维达利在共产党第五团的成立过程中发挥了关键作用，该部后来成为共和国人民军的核心。他是第五团的政治委员，固执地认为必须消灭马德里内的叛军支持者，这都反映在他众多的文章和演讲当中。像他们的西班牙同志一样，苏联和共产国际的官员在听到在押右翼囚犯得意洋洋地宣称自己即将获释并叫嚣加入叛军的报告时，也感到极为担忧。戈列夫、别尔津和其他苏联顾问，包括维达利在内，均坚持认为将危险的囚犯继续留在马德里是自杀之举。鉴于围城的局势令人绝望，比森特·罗霍和米亚哈也赞同此观点。[27]

米亚哈很快与构筑囚犯最终命运的其中一个关键人物何塞·卡索拉建立了密切联系。[28]沉默寡言的卡索拉同样决心消灭叛军支持者。就像我们即将看到的那样，为完成这一任务，他采纳了苏联安全人员的意见。与米亚哈一样对囚犯之动向表示焦虑的，是时年42岁且最近获得晋升的比森特·罗霍中校。他将第五纵队视为"有足够的兵力和实力攻击正规部队后方的作战纵队"。他相信第五纵队不仅仅是由形形色色的间谍、破坏分子和煽动者组成，它是一个能够在各个层面上对战争施加影响的紧密编织的网络，而且它在战争爆发之前早已存在。在11月初，他害怕第五纵队将在决定首都最终命运的进程中发挥决定性的作用。于是，罗霍写道，军事当局必须下定决心将其彻底消灭。[29]在1936年11月，这是对第五纵队之危害性的过度悲观的估计，因为它要好几个月以后才能达到这一水平。不过，罗霍的观点也反映出共和国所感受到的恐惧，而且，鉴于叛军多次获悉有关共和国方面之动向的准确情报，以及随着叛军部队深入首都西郊，冷枪手的活动不断增多，这种反应也完全合情合理。

有相当多的推测认为，米哈伊尔·科尔佐夫在决定囚犯之命运方面发挥了关键作用。而这是基于他在 11 月 7 日的日记中的记载，其中他描述了佩德罗·切卡是如何在"米格尔·马丁内斯"的压力下，于 7 日凌晨做出派遣民兵前往监狱之决定的，而后者据说是一名拉美裔的共产国际代表，他有足够的影响力向最高层转达自己的意见。人们普遍认为，"米格尔·马丁内斯"不是别人，正是科尔佐夫本人。因为后者的日记中，有一些据称是出自"米格尔·马丁内斯"之手的活动，其执行者确系科尔佐夫本人。而且，在 1937 年 4 月于莫斯科举行的一次会议上，斯大林开玩笑地将科尔佐夫称为"唐·米格尔"。然而，"米格尔·马丁内斯"很可能是由科尔佐夫发明的一个拼贴而成的虚构人物，这样他便能够在公开发表的日记中包含进很多素材，而同时不至于暴露其手下线人的身份。

比森特·罗霍在回忆录中曾提到一位名叫"米格尔·马丁内斯"的外籍共产党员，此人曾帮助孔特雷拉斯进行第五团的组建工作。罗霍当然认识科尔佐夫，他没有理由不提到他的名字。因此，很显然，对于罗霍来说，"米格尔·马丁内斯"是科尔佐夫之外的一个人，几乎可以肯定，他是以"米格尔同志"的名义，与维达利一起在第五团中工作，而且能说西班牙语的共产党人士。唯一符合上述特征的，是一位名叫约西夫·格里古列维奇的内务人民委员部特务。[30] 内务人民委员部派驻西班牙的人员并不多，特务不会多于 10 人，其中有些是"合法的"，也就是说，这些人向西班牙外交部进行过申报，并拥有外交人员的身份作为掩护；有些（两三个）则是"非法的"，换言之，他们是地下工作者。前者的代表之一是列夫·拉扎列维奇·尼科尔斯基，他是内务人民委员部马德里情报站的负责人，他的化名为亚历山大·奥尔洛夫；后者的代表人物则是约西夫·格里古列维奇。尼科尔斯基（奥尔洛夫）在西班牙为共和国安全部门的组建出谋划策，同时也负责清洗外籍托派分子。

约西夫·罗穆亚尔多维奇·格里古列维奇是一位时年 23 岁的立陶宛人，他曾以"米格尔同志"的名字旅居阿根廷，因而能讲流利的西班牙语。作为内务人民委员部特别任务处的一名成员，格里古列维奇接受过暗杀和绑架的训练。在西班牙，他协助组建了所谓的"别动队"（special squads），并帮助奥尔洛夫消灭托派分子。因此，在科尔佐夫的日记中，"米格尔·马丁内斯"有时是科尔佐夫本人，有时是格里古列维奇，有时是戈列夫将军，也许有时还会是别的什么人。[31] 在别尔津前往巴伦西亚之后，从 11 月 6 日晚间起，戈列夫实际上是在马德里的最高级苏联军官，在此期间，科尔佐夫有时会担任他的信使。戈列夫后来向莫斯科汇报说："科尔佐夫和卡门同志与我们一起，他们忠实且严格地完成了我委托给他们的有关保卫城市的一切任务。"这一点也得到了作家阿图罗·巴雷亚的证实，他回忆说，科尔佐夫让他在围城期间负责对境外媒体实施审查，而这样做必须要有戈列夫的授权。[32]

而这次与切卡会面的"米格尔·马丁内斯"，可能是戈列夫、格里古列维奇或科尔佐夫本人。苏联摄影记者罗曼·卡门的回忆录暗示了此人实际上可能就是科尔佐夫。11 月 6 日深夜，卡门前往共和国国防部，却发现那里已经人去楼空。徘徊片刻之后，他终于找到了一个房间，房间里有共产党领导人安东尼奥·米赫、戈列夫将军和共和国总参谋长比森特·罗霍——这三位有影响力的大人物都非常关心右翼囚犯的问题。离开国防部后，他前往西共总部，在那里他发现科尔佐夫正在与佩德罗·切卡说个不停。[33] 这可能就是科尔佐夫的日记中所描述的切卡与"米格尔·马丁内斯"的那次会面。在科尔佐夫的版本中，"米格尔·马丁内斯"呼吁切卡继续转移囚犯。科尔佐夫（米格尔·马丁内斯）指出，没有必要将 8,000 人全部转移，但是将最危险的分子挑选出来并把他们分批送往后方却很紧要。[34] 切卡接受了这一主张，并派出三人前往"两座大型监狱"。虽然科尔佐夫并未提到这两座监狱的名字，但几乎可以肯定它们就是圣安东监狱和模范监狱，11月 7 日这两个地方就发生了"提人"行动。"点名过后，他们把挑选出来的法西斯分子带入监狱天井。囚犯们以为自己即将被枪杀，所以都恐慌不已。然而他们只是被带往阿兰达方向。"[35]

事实上，科尔佐夫不太可能有权进行如此关键的干预。然而，作为戈列夫将军的使者，他也许是被派去敦促囚犯转移行动的实施。如果的确如此，戈列夫和西共在决策链中的联系便得以建立。由于科尔佐夫的"日记"并非真正的日记，而是根据他的笔记和《真理报》文章而完成的一部书稿，所以那场据说是在 11 月 7 日凌晨召开的会议，也完全有可能是在 11 月 6

日深夜举行的。这么说当然也是有道理的，因为民兵部队在晚些时间的 7 日早晨去过那几座监狱。

毫无疑问，早在 11 月 6 日下午晚些时候或者入夜后，西共的双人领导层便应米亚哈之求，安排组建了"保卫委员会"下管理公共秩序的机构，并委任圣地亚哥·卡里略负责此机构的运行。同样毫无疑问的是，公安委员部在同一天晚上已经开始运作，并着手推动囚犯的转移工作。切卡与米赫同俄国人进行接触的事实同样也很明确。卡门见到米赫、戈列夫和比森特·罗霍在一起开会，又见到科尔佐夫和佩德罗·切卡也在见面商谈。上述会议的内容没有被记录下来，但是很难想象他们会不关心如何处置这些囚犯的问题。

另一名共产党高层成员，第五团的指挥官恩里克·卡斯特罗·德尔加多，任命内务人民委员部特工维托里奥·维达利为他的政治委员。正如我们将会看到的那样，他们显然讨论了处决囚犯之事宜。记者赫伯特·马修斯后来在提及对囚犯的屠杀时写道：

> 就我个人而言，我相信命令来自驻马德里的共产国际之代理人，因为据我所知，那个阴险的维托里奥·维达利在监狱里待了一个晚上。他对被带到他面前的囚犯进行短暂审讯，接下来，就像他一直所做的那样，当他认定某人是第五纵队分子后，他就用左轮手枪朝囚犯的后脑射击。欧内斯特·海明威告诉我，他听说维达利由于扣动扳机太过频繁，所以他的右手拇指和食指之间的皮肤都被严重烫伤了。[36]

海明威从某处听来又告诉马修斯的这些情况，几乎没有得到任何可靠证据的支持。然而，意大利人维达利的确是共产国际派驻西班牙的特使，并以"卡洛斯·孔特雷拉斯"的化名行动，但他同时也是内务人民委员部的特工。无论是曾在第五团中短暂担任维达利之副手的约西夫·格里古列维奇（代号"马克斯"），还是维达利本人（代号"马里奥"），均隶属于由雅科夫·伊萨科维奇·谢列布里延斯基指挥的内务人民委员部下辖之特别任务处（从事暗杀、恐怖、破坏和绑架行动）。[37] 维达利和格里古列维奇两人后来深入参与了针对托洛茨基的首次暗杀行动。

在卡斯特罗·德尔加多的回忆录中有一个引人注目的段落,它支持了马修斯对维达利(孔特雷拉斯)的上述评语。据卡斯特罗所述,在11月6日晚与孔特雷拉斯谈话过后,他对某特别小组的头目,一个被他称为"托马斯"的人说道:"屠杀开始了。不要手下留情。必须在莫拉的第五纵队展开行动之前将其摧毁。不要担心犯错误!有可能你会发现有20个人站在你面前,你知道他们中间有一个是叛徒,但不知道是哪一个。所以你面临着一个问题——是忠于你的良心?还是忠于党?你明白吗?"托马斯理解得简直太好了:宁可错杀无辜,也绝不放过任何叛徒。卡斯特罗继续说:"请你记住,如果有第五纵队分子越狱逃跑,你和我们所有人都将面临极大的麻烦。"托马斯问道:"可以完全自由行事?"卡斯特罗答道:"在像当前这样的情况下,党没有选择,必须将自由处置权交给所有党员——至少是你们这些领导者。"托马斯表示同意,卡斯特罗接着对一直在场的孔特雷拉斯说:"让我们睡上几小时。明天是11月7日。决定性的一天。布尔什维克曾经经历过的,我们也将要面对。我们想的是否一样,或者还有什么你不同意的,委员同志?"孔特雷拉斯回答说:"完全同意。"[38] 由于维达利的级别更高,所以合理的假设是:卡斯特罗给托马斯下达的指示,恰恰来自维达利本人。

11月12日,发表在第五团报纸上的一篇文章指出,卡斯特罗·德尔加多的指示必须被牢记在心:

> 在我们这座城市里,还有一些莫拉的同伙。现在,反叛分子的邪恶之鸟投下致命的炸弹,杀死了手无寸铁的妇女和儿童,第五纵队的法西斯分子在四处投掷手榴弹和施放冷枪……我们很清楚,如果让摩尔暴徒和外籍军团进入马德里,那些野蛮人将犯下什么样的罪行。我们不能怜悯那些野蛮人的帮凶。必须将第五纵队斩草除根!每座公寓楼的管理委员会都必须找出法西斯分子、叛国者和嫌疑犯的藏匿之处并主动向政府报告。让我们抓紧时间消灭他们![39]

孔特雷拉斯(维达利)和卡斯特罗·德尔加多之间的短暂会面明显暗

示了，共产党第五团和内务人员委员部的成员均参与了11月份处置囚犯的行动。在之前提到的那份戈列夫的报告中，他颇为欣赏地写道，"友邻单位"（指内务人民委员部马德里站），"其领导人奥尔洛夫同志，为防止发生内部暴动做出了很多努力"。转移囚犯的意图，正是要阻止被关押的军官发起越狱行动（即发起"内部暴动"）。因此，戈列夫的报告暗示了，虽然奥尔洛夫并未参与最初的决策过程，但参与了消灭囚犯的行动。[40]

1986年，也就是在格里古列维奇逝世前两年的一次爆料采访中，他表示，在马德里期间，他曾在圣地亚哥·卡里略的手下工作，负责一个隶属于保安总局并由社会党激进分子组成的别动队（the Brigada Especial），该队主要负责十各种"脏活"。[41]这支精锐的独立小部队，在1936年12月扩大到三个别动队的规模，领导人也从卡里略换成了卡索拉。最初的那支队伍由格里古列维奇组建，其成员从他所谓的"可靠分子"，也就是参与苏联驻马德里大使馆安保工作的统一社青团成员中招募。表面上，它由拥有社会党成员身份的警务人员戴维·巴斯克斯·巴尔多米诺斯指挥。

格里古列维奇于9月下旬抵达西班牙，他在为孔特雷拉斯工作数周之后，于10月底或11月初开始同卡里略合作。在卡里略、卡索拉和该单位的成员面前，格里古列维奇的名字是"何塞·埃斯考伊"，而在其他一些人那里，他是"何塞·奥坎波"。该组织由保安总局运作。格里古列维奇的陈词得到了佛朗哥分子的档案记录（"普遍司法调查"）的支持，内战过后，三支别动队的统一社青团成员接受了审讯。在公开出版的"普遍司法调查"之庭审记录摘要中有这样的叙述："自称为'科扎同志''潘乔同志'和'莱奥同志'的「内务人民委员部」代表，在一个使用'何塞·奥坎波'之名的神秘人物和几名女性译员的支持下，盘踞在阿方索十一世大街的盖洛德旅馆……对马德里的赤色警察发号施令。"[42]

在战后受审时，第一别动队的成员之一托马斯·杜兰·冈萨雷斯给出的供词，尽管并非完全准确，但是能够帮助确定上述几人的身份。他说，"科托"为审讯和调查工作提供建议。杜兰认为他是苏联刑侦技术组（Soviet Technical Investigation Group）的负责人。在他的描述中，"科托"时年约35岁，身材高大，深色的头发梳成分头，脸刮得很干净，而且总是穿着平民服装。"科托"很少在马德里出现,因为他的基地在巴塞罗那。因此,"科托"可以被确定为37岁的瑙姆·伊萨科维奇·艾廷贡(列昂尼德·亚历山德罗维奇·科托夫),他是设在巴塞罗那苏联领事馆中的内务人民委员部之分支机构的驻外特务。

根据杜兰的描述,"潘乔"是内务人民委员部的特工,他"大约45岁,身材高胖,红脸膛,夹杂有灰发的金色卷发梳成了大背头"。他也参与了对囚犯的审问和刑讯。这暗示了"潘乔"的身份是(内务人民委员部)的国家安全中校格里戈里·谢尔盖耶维奇·瑟罗耶日金。杜兰给出的描述符合瑟罗耶日金在照片中的形象。在另一份单独的声明中,后来负责第一别动队的费尔南多·巴伦蒂·费尔南德斯称呼"潘乔"为"潘乔·博利亚斯基"。这个记得不太准确的俄国姓氏可能指的是瑟罗耶日金的副手兼亲密伙伴列夫·瓦西列夫斯基,因为巴伦蒂经常看到他们在一起。

杜兰记得,一直以"莱奥"的名字在自己面前活动的那个人负责苏联大使馆的内部安保。他"高大瘦削,大约有28岁,肤色黝黑"。如果杜兰的证词是准确的,那么他指的可能是列夫·索科洛夫,后者的确也是使馆安全工作的负责人。"何塞·奥坎波"(格里古列维奇)则被描述为年龄约为35岁,具有明显的阿根廷口音,身高5英尺6英寸,粗壮结实,面色苍白,眼睛充血并且拥有深色卷发。他于1937年6月杀害安德鲁·宁之后,就从西班牙消失了。[43]

何塞·卡索拉在战后的审讯中,证实了苏联内务人民委员部在创建和运作别动队方面所发挥的作用。他告诉审讯者,苏联大使馆的政务参赞列夫·加伊基斯把他介绍给一个他称为"亚历山大"的俄国人。几乎可以肯定的是,为其提供帮助与建议的"亚历山大"就是内务人民委员部情报站的代理负责人奥尔洛夫。卡索拉也承认,他和巴斯克斯·巴尔多米诺斯同"何塞·奥坎波"(格里古列维奇)密切合作,而且也是加伊基斯将卡索拉引荐给此人的。"奥坎波"和"亚历山大"——后者此时尚被卡索拉称为"里奥"(列夫·尼科尔斯基/奥尔洛夫)——在卡索拉所谓的"反间谍事务",即针对第五纵队的战役中提供技术层面的意见。"潘乔"(瑟罗耶日金)也与卡索拉和巴斯克斯·巴尔多米诺斯两人定期接触。[44]此时奥尔洛夫的主要任务是保卫苏联大使馆,他享有相当大的自由行动权。毫无疑问,他会把右翼囚犯视为一种威胁,并可能会命令格里古列维奇协助卡里略和卡索拉转移并处决囚犯,以解决此问题。

在1937年夏天,奥尔洛夫告诉共和国总理胡安·内格林说,"他的部门"同共和国安全机构之间存在着密切的协作。[45]此外,共和国警方于1937年10月撰写的一份报告,提到了专于安全和反间谍事务的俄国技术人员频繁造访卡里略之办公室的情况。该报告还指出,这些技术人员曾经"就马德里公安工作"与最高当局展开"积极合作",这里可能指向了米亚哈或者卡里略。如果是前者的话,说明卡里略的行动得到了米亚哈的首肯,虽然鉴于西班牙共产党和苏联之间所存在的联系,他与俄国人迟早要展开合作。报告中还提到,卡里略将这些技术人员派往"别动队的头目和军官"处,这里指的只能是戴维·巴斯克斯·巴尔多米诺斯。巴斯克斯·巴尔多米诺斯的继任者费尔南多·巴伦蒂,在审问他的长枪党党员面前证实了这一点。通过听从这些经验丰富的技术人员的建议,别动队在战时环境下所必需的一个警察活动之新领域中发挥了最大的功效。报告中指出:"上述技术人员的合作程度在不断得到加强,直至西班牙和俄国的安全部门之间达成了全面共识。"[46]格里古列维奇后来自称公安委员部中"卡里略的左右手"。[47]根据内务人民委员部的后继组织,即"克格勃"或曰**国家安全委员会**(KGB)的记录,他们之间的关系非常紧密,多年后,卡里略选择格里古列维奇为自己儿子的世俗"教父"。[48]

显然,米亚哈、罗霍、戈列夫和共产党的高层领导都急于看到右翼囚犯问题在第一时间得到解决。他们肯定是批准了囚犯的转移,但并不一定批准了处决行动,虽说他们批准后者也是有可能的。有一种可能的情况是,在保卫委员会成立后即刻召开的会议中,他们授权西共的双人领导层处理此事。而后者肯定批准了处决囚犯的行动,并将具体事务交由卡里略、卡索拉和塞拉诺·庞塞拉负责。为了贯彻他们的指示,三人小组可以使用在塞拉诺·庞塞拉领导的公安代表处任职的统一社青团成员,该组织后来负责运作马德里的保安总局。他们还可以依靠孔特雷拉斯(维达利)、共产党第五团以及来自格里古列维奇和别动队的支援。不过,那些控制出入马德里之道路的无政府主义者不在他们的影响范围之内。鉴于无政府主义者已经在抓捕和杀戮囚犯，所以他们也不太可能在共产党面前让步不让。而且，事实上，共产党与全国劳工联盟各民兵组织的高层成员即将达成正式协议。

保卫委员会的首届会议于 1936 年 11 月 7 日下午 6 时开始。新上任的委员会主席米亚哈将军解释了当前的危险局势，并说明了驻留首都之部队缺乏武器，以及他们的士气由于共和国方面节节败退而备受打击的现状。后备兵力几乎为零，国防部已处于崩溃边缘。[49] 下午 5 点 30 分左右，在会议之前，卡里略从米亚哈位于国防部的办公室出来时，遇见了国际红十字会代表乔治·亨尼博士，以及陪同在侧的挪威领事费利克斯·施莱尔。卡里略邀请他们在全体会议结束后立即去他的办公室会谈。接受邀请的两人在会议没有结束之前去了模范监狱，在那里他们了解到有数百名囚犯已被带走。当他们重回国防部时，卡里略亲切地对他们表示欢迎，并向他们保证，他已下定决心保护囚犯并制止杀戮。当他们告之他们在模范监狱的所见所闻后，他却又表示自己对"转移"行动一无所知。施莱尔后来说，哪怕他所述为实，那么还有一个问题，那就是，为什么他已经告知了卡里略和米亚哈有关囚犯转移的情况，而他们仍没有采取任何措施，阻止该行动在当晚和接下来的几天里继续进行。[50]

当天晚间稍晚时候，在控制新成立的公安委员部的统一社青团不知名代表与全国劳工联盟本地支部的成员之间举行了一次会议。他们讨论了如何处置右翼囚犯的问题。尽管互相敌视，但是两者之间保持联系非常必要，因为现在在马德里市内占据支配地位的是共产党，他们控制着警察力量、监狱系统和囚犯的档案，而无政府主义者则通过他们的民兵力量控制着出入城市的道路。第二天上午，在全国劳工联盟全国委员会的一次会议上，一份有关前一天晚上，全劳联－统一社青团的碰头会所达成之协议的详细报告被提交上来。有关这次会议的仅存资料，是保卫委员会军工产业委员阿莫尔·努尼奥·佩雷斯所做的会议纪要。但是，会议纪要中并不包括全劳联－统一社青团的会议上其他与会者的姓名。有理由认为，由于此次会议是在保卫委员会全体会议之后立即举行的，所以，全国劳工联盟的与会者应该包括参加保卫委员会的部分或全部提名代表——阿莫尔·努尼奥，他的副手恩里克·加西亚·佩雷斯，以及情报委员马里亚诺·加西亚·卡拉斯卡斯和他的副手安东尼奥·奥尼亚特，后两人均来自自由主义青年联盟。同样合理的假设是，统一社青团中的代表至少包括圣地亚哥·卡里略、何塞·卡索拉、塞贡多·塞拉诺·庞塞拉中的两人。被讨论之事项的严重性以及所达成的实际共识，表明当时的与会者不太可能是统一社青团中资历较浅的代表。如果卡里略确实不在场，那么作为公安委员和统一社青团总书记的他，也肯定充分了解会议的内容，不管实际参会的代表是谁，否则就是难以想象的。

出席全国劳工联盟会议的格雷戈里奥·加列戈后来对他熟悉的阿莫尔·努尼奥进行了这样的描述："通常来说，阿莫尔·努尼奥容易激动，喜怒无常，且行事往往欠缺考虑。而当他少见地进行思考时，却又不相信自己通过思考得出的判断。"在别处，加列戈又写道："阿莫尔·努尼奥就像一只易于受惊的松鼠，他无法在任何地方安静下来。他总是想要掌控一切，却无法让自己专注于任何一项事务。"[51]

努尼奥在报告中指出，在11月7日晚间，全国劳工联盟和统一社青团决定将囚犯分成三类。由"法西斯主义者和危险分子"组成的第一类人员所面临的命运是"立即处决"，并且那些做出决定和负责实施的人"有责任对其进行掩盖"。第二类人是被视为军事叛乱支持者，但由于职业或年龄原因而危险性较低的囚犯，他们被转移到阿尔瓦塞特附近的钦奇利亚。而在政治生活中参与度最低的第三类人，将在"尽可能获得全面之担保的情况下"被释放，"作为提供给各国使馆的有关我方人道主义的证明"。最后一项评论表明，与会的统一社青团代表（无论是谁）知晓并在会上提及了卡里略和施莱尔之前的相遇。[52]

第一批囚犯已于11月7日凌晨离开马德里，该行动大概是根据佩德罗·切卡为响应科尔佐夫（米格尔·马丁内斯）而下达的转移指令实施的。因此，在当天晚间与全国劳工联盟正式达成协议之前，有些囚犯即已被转移和遭到杀害。并无记录表明，他们在通过无政府主义民兵控制的出城道路时遇到过任何阻碍——这并不奇怪，因为在塞拉诺·庞塞拉的公安代表处中有全劳联–伊无联的代表。然而，双方达成的协议保证了后续车队能畅通无阻地通过无政府主义者设立于出入首都之道路上的检查站，同时他们也可以指望在处决囚犯的血腥任务中得到来自无政府主义分子方面的实质性援助。全国劳工联盟对通往巴伦西亚和阿拉贡的道路沿线保有最强的控制力，而那也是车队的必经之路。由双层巴士和许多较小型车辆组成的大型车队，如果没有得到全国劳工联盟之巡逻队的批准、合作或者默许，根本无法离开马德里。既然卡里略、卡索拉和塞拉诺·庞塞拉很清楚这一点，那么，他们在没有首先获得全劳联－伊无联同意的情况下命令车队转移囚犯根本不合情理。这就削弱了卡里略后来所述的有关车队遭到无政府主义分子劫持的说辞之可信性。在那些声明中，为数不多的真实之处是确认了无政府主义者在实际杀戮中的参与。

由卡里略及其合作者最初做出的决定将产生严峻的后果。11月7日上午，在圣安东监狱发生了一场"提人"行动，而当天下午在模范监狱有一场更大规模的行动。在那天上午的某个时候，来自保安总局的警察和民兵后卫安全部队的成员，携带着由曼努埃尔·穆尼奥斯签署的有关转移囚犯的命令出现在了模范监狱。带领他们的是民兵后卫安全部队的总督察长费德里科·曼萨诺·戈万特斯。[53]

这为费利克斯·施莱尔所提供的关键证词所证实。当他为了制止可能发生的转移行动而于11月6日造访模范监狱时，他什么也没有发现。然而，第二天早上，当他重返此地时，他看到有许多公共汽车停在监狱外面，他被告知这些车辆会将关押的军官转移至巴伦西亚。[54]这一点恰好与当时被关押在模范监狱的卡马尼奥·科瓦内拉的描绘相吻合，在他的笔下，囚犯们在11月7日凌晨时分排好队准备转移。科瓦内拉非常肯定地指出，那些囚犯先是被从他们的牢房里带出来，然后带着他们的随身财物在监狱天井里等待，可在两个小时之后，他们又回到了牢房中。

根据3名囚犯所留下的详细描述，之后在下午，大批在押人员被从模范监狱的牢房中带走。两名男子（可能是佩德罗·切卡派来的？）在民兵的陪同下，拿着取自监狱登记处的大量泛黄的档案卡片来到现场。他们通过扩音器点名，并且命令在押人员带着所有的个人物品在下面等待。那些被点到名字的囚犯包括军官、神父和平民，有年轻人也有老人，他们并无明显的共同特征。他们在焦虑地揣测自己是要被转移到马德里以外的其他监狱，还是将会遭到杀害。他们被一组一组地捆绑起来，并被迫将所有的包和手提箱留下。而且，他们还被搜查身体，仅存的手表、钞票和其他贵重物品也被从他们身上夺走。[55] 他们被塞进一辆又一辆的双层巴士中。由搭载民兵的小汽车和卡车所押送的公共汽车车队，在接下来的两天里往返穿梭。

他们的正式目的地应该是在战线大后方，位于埃纳雷斯堡、钦奇利亚和巴伦西亚的监狱。但是，只有约300人抵达。在通往埃纳雷斯堡的公路沿线，距离马德里11英里（约18千米）的小村庄哈拉马河畔帕拉库埃略斯，从圣安东监狱转移出来的第一批囚犯被用暴力赶下车。在村庄所在的那座小山的山脚下，他们被民兵排成横排，遭到言语辱骂后被枪毙。在同一天的晚上，第二批来自模范监狱的囚犯遭到了同样的处置。另有一批囚犯于11月8日上午抵达。镇长被迫召集村庄里所有体格健全的居民（村子里总共只有1,600人），为大约800具弃尸挖掘大沟。在帕拉库埃略斯无法应付更多的尸体之后，后续车队开往附近的托雷洪－德阿尔多斯村，在那里，约400名遇难者被掩埋在了一条废弃的灌溉渠里。[56] 有许多人言之凿凿地声称，那里早已挖好了一些用于掩埋尸体的深沟。[57] 11月8日，模范监狱里发生了更多的"提人"行动。到那时，在哈拉马河畔帕拉库埃略斯和托雷洪－德阿尔多斯发生的首批囚犯被杀的消息已经传到了马德里的监狱里。

可以肯定的是，从11月7日（星期六）上午8时左右起，有175名囚犯被从圣安东监狱带走，之后在同一天的下午，又有超过900名囚犯被从模范监狱转移走。另有185至200人被从萨拉曼卡区的波利尔监狱提走。本塔斯监狱则被提走了190至200人。当天，共有1,450至1,545名囚犯被从马德里的4所监狱中转移走。自此之后，在11月份的7、8、9、18、22、24、25、26、27、28、29和30日，以及12月份的1日和3日，均有"提人"行动发生。模范监狱是其中遇难人数最多的监狱——共计970人，但是那里只在最初3天有"提人"行动发生。到11月16日，由于佛朗哥分子已经兵临城下，所以尽管模范监狱已被空袭严重破坏，但仍然必须将这里腾出来作为杜鲁蒂纵队和国际纵队的总部。囚犯被带往马德里的其他监狱，如波利尔、本塔斯、圣安东，也会被带往埃纳雷斯堡。波利尔监狱的"提人"行动发生于11月份的7、8、9、18、24、25和26日，以及12月份的1日和3日。其中共有405人在帕拉库埃略斯或托雷洪遇害。圣安东监狱的"提人"行动发生于11月7、22、28、29日和30日，共有400名囚犯在帕拉库埃略斯或托雷洪遇害。来自圣安东监狱的另外5批囚犯，其中2批于11月7日，其他3批则分别于11月27、28和29日安全抵达埃纳雷斯堡。本塔斯监狱的"提人"行动发生于11月27、29和30日，以及12月1日和3日，并有大约200人在帕拉库埃略斯或托雷洪遇害。在保卫委员会创立后4周之内被杀的总人数无法得到精确的统计，但几乎可以肯定，遇难者数量在2,200到2,500人之间。[58]

所有这些"提人"行动都是源于保安总局所下发的公函，其中指出这些囚犯要么被释放，要么被送往钦奇利亚。当下达的命令是将囚犯送往埃纳雷斯堡时，他们通常能安全到达目的地。这说明"释放"和"钦奇利亚"就是消灭囚犯的暗语。[59]卡里略和保卫委员会的任何成员均未签署关于转移囚犯的具体命令。类似命令直到11月22日才由保安总长曼努埃尔·穆尼奥斯的副手，警察局长比森特·希劳塔·利纳雷斯签署。希劳塔一直处于穆尼奥斯在马德里的继任者塞拉诺·庞塞拉的管辖之下，直到他后来也跟随穆尼奥斯前往了巴伦西亚。此后，这些命令或者是由塞拉诺·庞塞拉本人签署，或者是由接替希劳塔担任马德里警察局长的布鲁诺·卡雷拉斯·比利亚努埃瓦签署。[60]在"普遍司法调查"中保存有数份由塞拉诺·庞塞拉签署的文件。公开出版的报告中重现了其中两份文件。他在日期为1936年11月26日的文件中写道，"我要求你释放本页背面列出的人"，上面有26个人的名字。日期标注为11月27日的文件写着，"请释放两张附表上涉及的囚犯"，其中包含106个名字。然而那两个名单上列出的所有人都被杀害。[61]没有找到有关处决行动的直接命令。

西共党员兼何塞·卡索拉的密友拉蒙·托雷西利亚·吉哈罗提供了帮助确定所发生事件之责任者的重要证据。他指出，整个过程由塞贡多·塞拉诺·庞塞拉领导，由其公安代表处之成员监督，并由保安总局的特务们负责执行。这些"特务"就是来自保安总局的警务人员和受费德里科·曼萨诺·戈万特斯领导的民兵后卫安全部队成员。托雷西利亚·吉哈罗本人承认，公安代表处的 3 名成员，他自己、全国劳工联盟的曼努埃尔·拉斯孔·拉米雷斯和伊无联的曼努埃尔·拉莫斯·马丁内斯，以及 3 名警务人员，阿加皮托·赛恩斯、利诺·德尔加多和安德烈斯·乌雷索拉于 11 月 7 日晚 10 点后到达模范监狱。他们接到的来自塞拉诺·庞塞拉的命令是对囚犯进行甄别，于是他们开始查看所有人的档案卡，并将其分别归入军人、专业人士和贵族、工人、职业不明者等类别。

在凌晨 3 点到 4 点之间，他们的老板塞拉诺·庞塞拉抵达后，他们的工作大约进行了一半。鉴于局势紧迫，他命令他们做好准备，将到目前为止被挑选出来的囚犯押上公共汽车。他声称，这是为了完成逃离马德里的内政部长安赫尔·加拉尔萨于 11 月 6 日在塔兰孔下达的一项电话指令，接着塞拉诺·庞塞拉又补充说，那些准备此次转移的人们知道，这是为了将囚犯从马德里"最终转出"，而这恐怕就是死亡的代名词。因此，甄别过程被搁置。囚犯的手腕被再一次绑上绳索，并两两捆在一起，他们被剥夺了所有值钱的个人物品。第二天（11 月 8 日）上午 9 点到 10 点间，7 至 9 辆双层巴士和 2 辆大型单层巴士抵达现场。囚犯们被装运上车，然后，巴士车队在武装民兵的押送下出发，无政府主义者曼努埃尔·拉斯孔·拉米雷斯及 3 名警察赛恩斯、德尔加多和乌雷索拉也跟随车队上路。[62] 那些后来受到佛朗哥当局警察刑讯的人员，从未提到在这一场合或者其他任何场合下，运载囚犯的车队曾被控制出入马德里之道路的无政府主义民兵阻拦。这暗示了全国劳工联盟和统一社青团于 11 月 7 日晚达成的协议已开始付诸实施。拉斯孔·拉米雷斯之所以随同车队行动，很可能是为了便于随时向沿途检查站的无政府主义民兵证明，此次囚犯转移得到了全劳联–伊无联领导层的批准，以确保车队能够顺利通过。[63]

11 月 8 日上午发生于模范监狱中的事件，看来已经成了接下来的"提人"行动的模板。从那天起，卡里略就开始发布一系列法令，确保共产党对首都安全部队的控制，并结束形形色色的民兵治安力量多头执法的问题。卡里略在 11 月 9 日发布了两项法令，这是为实现对警察和安全部队的集中管理而迈出的重要一步。法令首先要求，未经授权之组织和个人上交其所持有的全部武器；其次说明，首都的内部安全是公安委员部所组织之武装力量的专属职责。这，至少从纸面上，标志着所有"契卡"组织的解散。[64] 在围城的局面下，卡里略因此得以通过下达紧急法令来强制推行超越政府职权范围的措施。然而，法令的颁布与法令的成功实施之间还有相当大的距离。无政府主义者尽其所能地展开对抗，而共产党方面也从未交出他们的一部分"契卡"组织的控制权。

在上任后不久，卡里略同省公共调查委员会的代表举行了一次会议。他提醒他们，在省公共调查委员会成立时，曼努埃尔·穆尼奥斯曾表示这只是对保安总局进行整肃期间的一个临时性组织机构，之后该机构中的部分成员将被吸纳进警队。卡里略宣布这一时刻已经来临。[65] 因此，他在11月9日下达的法令中将安全与侦查工作交还给此时已经过重组的警队，并对所有由政党或工会组织进行管理的此类团体予以压制。这意味着被称为"振兴街契卡部"的省公共调查委员会之历史的终结。事实上，该组织内包括曼努埃尔·拉斯孔·拉米雷斯和曼努埃尔·拉莫斯·马丁内斯在内的数名成员，已经在与公安代表处一起共事了。"振兴街契卡部"的出纳员上交了多达175万比塞塔的现钞、价值60万比塞塔的黄金，以及460个装满银器、瓷器、钟表和收音机等值钱家具用品的箱子，这些都是通过抄家或者从被捕者身上搜刮而来的。其他的珠宝首饰等物品已定期上交给保安总局。[66]

这些重组的执法部门的职责明确包含"管理囚犯的逮捕与释放，以及与被捕者的转移和运送相关的一切工作"。他们处于公安代表处的控制之下，该部门包括8位代表，并由塞贡多·塞拉诺·庞塞拉担任处长，保安总长的副手比森特·希劳塔·利纳雷斯担任副处长和技术顾问。正如上文所提到的，作为8名代表之一的阿图罗·加西亚·德·拉·罗萨告知伊恩·吉布森，该机构于11月7日凌晨开始运作。这一点在1939年11月拉蒙·托雷西利亚遭受审讯时被证实，而这也进一步增强了卡里略本人之供词的可靠性，后者承认，他的队伍在上午11点得到米亚哈正式任命之前即已开始运作，这当然也早于同一天晚间保卫委员会的首次会议。[67]

在保安总局框架之下的以塞拉诺·庞塞拉为首的公安代表处成立两周

之后，比森特·希劳塔跟随曼努埃尔·穆尼奥斯前往巴伦西亚，替代他的则是省公共调查委员会的布鲁诺·卡雷拉斯。此人先前以职业警务人员的身份被接纳进警队，并迅速升至城市中最重要的警察局——布埃纳维斯塔警局——的警务督察，这一职位兼具总督察的性质，任职者对其他11位警务督察有领导权。这实际上让卡雷拉斯成了保安总局的二把手。[68] 所有这一切都明确无疑地表明，保安总局各职能部门均处于塞拉诺·庞塞拉的掌控之下。然而，必须指出的是，塞拉诺·庞塞拉遵循的则是卡里略或者他的副手何塞·卡索拉所下达的指令。

公安代表处接管了省公共调查委员会的各项活动，并吸收了其中的许多人员。出入首都之道路的控制权将由警察、突击卫队和民兵后卫安全部队负责，并由塞拉诺·庞塞拉的公安代表处加以协调。该代表处在每个警局和每个主要监狱均派驻一名代表。按照卡里略的说法，对此集权措施的唯一反对来自无政府主义者方面。的确，他们在关停费利佩·桑多瓦尔位于欧罗巴影院的"契卡"机构时遭遇抵制，最终不得不由突击卫队进行干预。卡里略的各项措施，将保安总局框架下的公安代表处所主导的镇压行动加以制度化。尽管该组织中包括两名全劳联–伊无联的成员，并且省公共调查委员会各单位中的很多前成员已成为正式的警察，但是共产党仍在公安代表处中占据支配地位。于是他们得以推动共和国的重建进程，在军事政变将政府机构破坏的前提下，这显然是至关重要之举。[69]

塞拉诺·庞塞拉的公安代表处下设三个科室。第一科处理刑侦、审讯事务，以及有关释放在押人员的请愿。它由全国劳工联盟的曼努埃尔·拉斯孔·拉米雷斯领导。在进行审讯之后，该部门会向代表处提出建议，卡里略则会做出最终决定。这项职能完全符合统一社青团和全国劳工联盟的代表在11月7日晚间会议上做出的决定。由塞拉诺·庞塞拉本人领导的第二科负责处理与监狱、囚犯和监狱搬迁相关的事宜。按照拉斯孔的说法，他会利用黎明行动队以及在每座监狱中设立的小型民兵法庭，仔细检查囚犯的档案卡。在波利尔监狱中的这样一个小组由费利佩·桑多瓦尔负责运作。第三科处理与警务人员和形形色色的后方准军事组织有关的各项事宜。它由来自统一社青团的卡索拉的另一个密切合作者圣地亚哥·阿尔瓦雷斯·圣地亚哥领导，该部门负责评估现有警务人员的可靠性，并决定将原来"契卡"机构中的哪些成员纳入警察部队。在做所有这些工作时，公安代表处均可利用保安总局技术科的档案资料和人员。[70]

11月10日于公安代表处举行的一次会议确定了处置囚犯的程序，该程序将在11月18日至12月6日期间得到实际的运用。塞拉诺·庞塞拉划分出三个类别：上尉及以上军衔的军官、长枪党分子、其他右翼分子。这与11月7日的会议中由全劳联–伊无联代表和统一社青团的代表达成的协议大致相同——统一社青团的代表之一几乎可以肯定就是塞拉诺·庞塞拉本人。为了监督这一过程，全国劳工联盟的拉斯孔·拉米雷斯和西共的托雷西利亚·吉哈罗负责安排谁将要在接下来挑选那些被处决的囚犯。拉斯孔和托雷西利亚为每所监狱指派了一名"负责人"和一名副手，接下来"负责人"会建立许多所谓的"三人法庭"来挑选囚犯。在这些临时法庭制定好囚犯名单后，它们会被交给拉斯孔，后者再将其转交给塞拉诺·庞塞拉。然后，他签署他们的"释放"令，即他们的死刑通知书。据托雷西利亚所说，那些安全抵达目的地的囚犯，都是没有被监狱法庭列入处刑名单的人。塞拉诺·庞塞拉每天都要前往保卫委员会（位于萨拉曼卡区努涅斯–巴尔博亚街的胡安–马奇宫）所在的办公室向卡里略汇报。卡里略也经常到塞拉诺·庞塞拉位于附近塞拉诺街的办公室与他会面。[71]

来自塞拉诺·庞塞拉的"释放"（处决）命令为另一名警察阿尔瓦罗·马拉萨·巴拉萨的口供所证实。事实上，在8月份模范监狱诸事件之后成立的法庭已经拟定了将要被枪决的候选者名单，其中有些人已于9月至10月间被处决。现在，特务们将携带由塞拉诺·庞塞拉签署的"释放"囚犯的一般命令（在其背面或者单独的附页上列有人员名单），在深夜时分造访每个监狱。典狱长将把他们移交给特务，然后囚犯被带到由塞拉诺·庞塞拉口头告知特务要实施处刑的地方。这个过程的后续阶段，即在次日凌晨进行的囚犯运输与处决工作，将由民兵后卫安全部队的总督察长费德里科·曼萨诺·戈万特斯，或者当天代理其职务的副手负责监督执行。具体行动每天都由不同的民兵团体负责，有时是来自民兵后卫安全部队的无政府主义者，有时是来自"里斯卡侯爵大街契卡部"和第五团的共产党人。囚犯被迫交出他们的所有财物，然后这些财物被转交给圣地亚哥·阿尔瓦雷斯·圣地亚哥。他们被两人一组捆绑起来，并被押上公共汽车。通常，曼努埃尔·拉斯孔或阿图罗·加西亚·德·拉·罗萨会随同民兵一起行动，并在民兵组成的行刑队开火之后，对未死的囚犯逐一补枪。[72]

11月9日，星期一，来自巴斯克民族主义党的赫苏斯·德·加林德斯来到模范监狱，准备将已由保安总局批准释放的巴斯克囚犯领走。这是他过去两个月里反复在做的事情。不过，在这一天，他注意到情况发生了急剧的变化。监狱现在由民兵控制，他们不愿意接受他带来的释放命令。经过一场激烈的争论，他们同意他的要求。不过，当他离开时，他的司机告诉他，当他在车里等候时，一辆载满民兵的卡车驶抵此地，其中一位监狱守卫与他们打招呼的时候说："今天你们可不能再有怨言了，因为你们已经有了不少收获。"加林德斯明白这里指的就是发生于11月8日（星期日）的枪杀事件。[73]

如果连加林德斯都知道正在发生什么，卡里略就不可能是一无所知的"小白兔"。11月11日晚保卫委员会的会议记录也显示了这一点。负责马德里人员疏散行动的委员弗朗西斯科·卡米内罗·罗德里格斯（属于无政府主义青年运动）询问模范监狱的囚犯转移行动是否已经完成。卡里略回答说已采取必要措施组织囚犯撤离，但是这一行动已经不得不暂停。听到这个，安东尼奥·米赫的作战委员部中的二把手，共产党人伊西多罗·迭格斯·杜埃尼亚斯表示，鉴于囚犯问题的严重性，转移行动必须继续进行。卡里略回答说，由于来自外交使团的抗议，暂停行动是必要的——这应该与他和施莱尔之前的会面有关。尽管当时的会议记录非常简短，但是显而易见，卡里略知晓囚犯的遭遇，哪怕仅仅是因为听到了施莱尔的控诉。[74]

事实上，在11月7日至9日的大规模处决之后，在11月18日之前再没有出现"提人"行动。从18日开始，它又重新出现并以较小的规模继续进行，直到12月6日。赫苏斯·德·加林德斯为营救巴斯克籍囚犯和神职人员而不断与保安总局和各监狱管理方不断接触，他讲述了接下来的程序。他的说法与托雷西利亚·吉哈罗和马拉萨·巴拉萨的证词基本一致。临时法庭将审查囚犯过往的经历及背景，以确定其是否是危险分子，而任何被打上此标签的人都会被处决。那些有人为其担保的囚犯获得释放。其他人仍被关在狱中。共和国方面在这件事情上犯了许多错误，他们释放了一些身份确凿的敌人，却杀害了一些完全无辜的个人。幸存者中有后来担任佛朗哥政权驻多米尼加共和国大使的长枪党党员曼努埃尔·巴尔德斯·拉腊尼亚加，后来担任佛朗哥政权国防部长和政府副首相的阿古斯丁·穆尼奥斯·格兰德斯，以及长枪党主要领导人、后来在佛朗哥政权下担任部长一职的雷蒙多·费尔南德斯·奎斯塔。[75]

按照被关押在波利尔监狱的一名囚犯的说法，其中一个被称为"死亡法庭"的监狱审判庭，由费利佩·桑多瓦尔领导。由于其成员经常醉酒，所以法庭做出的决定也往往很草率。在其他地方，选择过程更加系统化，并且得到了保安总局技术科之详尽记录的支持。这些记录包括从内战开始以来所有被捕人员的档案，当中记载了他们的被捕理由以及有关他们命运（释放、监禁、审判和处决）的种种细节。该科还保存有被各种民兵组织查获的右翼团体之记录。这些文件已被合并到保安总局的一个大型档案库中。有关长枪党的材料相对较少，因为长枪党已经设法对其进行了有组织的销毁，但是有关人民行动党、卡洛斯派分子和西班牙军事同盟的档案资料几近齐全。保卫委员会建立之后，技术科手里的东西被转交给塞拉诺·庞塞拉的公安代表处。[76]

被统称为"帕拉库埃略斯事件"的那些"提人"和处决行动构成了内战期间共和国控制区内规模最大的一场暴行，它的发生可以用首都围城期间的可怕局势加以解释，却无法凭此而得到合理化。与以前因为空袭或者难民带来的叛军暴行之消息而触发的"提人"行动不同，这些法外杀戮是执行政治-军事决定的结果。它们的确是由公安委员部组织的，但如果没有来自后卫民兵部队的其他人员的帮助，这些行动也不可能付诸实施。在帕拉库埃略斯和托雷洪的屠杀事件刚刚结束之时，发生在通往埃纳雷斯堡之公路沿线的这些事情还鲜为人知，因为并无新闻媒体对此加以报道。然而，有多位外交官发起了一项调查，他们是：外交使团的老前辈，智利大使奥雷利奥·努涅斯·莫尔加多；阿根廷驻共和国政府临时代办埃德加多·佩雷斯·克萨达；英国驻共和国政府临时代办乔治·奥格尔维-福布斯；被共和国方面认定为挪威王国之临时代办的德国籍人士费利克斯·施莱尔（尽管他的外交身份值得怀疑）；以及红十字会代表乔治·亨尼博士。

共和国政府遭到外交抗议活动的狂轰滥炸，其中最为猛烈的抨击来自两位最为公开支持叛乱方的外交官施莱尔和努涅斯·莫尔加多。努涅斯·莫尔加多万分同情佛朗哥的事业，他甚至带着罗马尼亚和阿根廷方面的代表穿越战线抵达托莱多，公然以外交使团的名义向反叛军发表讲话。[77] 鉴于施莱尔是德国公民并且在领事馆任职，他的身份实在是值得怀疑。奥格尔维－福布斯由此而提出质疑："那个时而声称自己是挪威大使的施莱尔，到底是什么来路？"[78] 按照路透社记者的妻子的说法，胡利奥·阿尔瓦雷斯·德尔·巴约"对挪威方面的施莱尔最为出言不逊，并已向挪威政府发函要求施莱尔去职"。[79] 尽管他们公然对共和国表示敌意，但是因为施莱尔和努涅斯·莫尔加多的抗议活动，红十字会代表乔治·亨尼得以从保卫委员会那里弄到了一份列有 1,600 名囚犯姓名的名单，名单上的所有人都被从模范监狱中提走，但其中有 1,300 人并未抵达埃纳雷斯堡。[80]

施莱尔曾在亨尼和佩雷斯·克萨达的陪同下去过托雷洪，在那里他们发现，新近动过土的地面里露出了人体的四肢。[81] 最早一份有关杀戮的报告来自奥格尔维－福布斯，这份针对首批被杀囚犯的报告被英国外交部常务次长罗伯特·范西塔特爵士记录下来："这是一个有关可怕匪帮的可怕故事，而匪帮手中的那个所谓的'政府'……只是一个恶毒的玩笑。我想，当轮到另一方时，他们的行事手段也会同样可怕。"[82] 事实上，英国的外交官很少会承认叛军方面的暴行，并且从来没有看到发生在双方控制区的同类事件的不同之处。反叛当局在整个内战期间和之后一直在积极批准暴行的实施，而共和国政府对暴行的反对，将共和国控制区内发生的暴行限制在了内战爆发后的头五个月。在这方面，值得注意的是新西兰记者杰弗里·考克斯的评论："这些法外处决行动已经成了受到广泛关注的焦点，然而具有十足讽刺意味的是，它本身就反映了西班牙政府对此类行径的反对态度。因为正是共和国政府与外国当局和来访代表团坦诚讨论这一问题，才会有大量信息浮出水面。"[83]

在 11 月 7 日和 8 日的大规模"提人"之后，无政府主义者梅尔乔·罗德里格斯和司法部次长马里亚诺·桑切斯·罗加所做的努力使得局面有了短暂的平静。"提人"行动发生时，司法部长加西亚·奥利韦尔及其监狱系统总监胡安·安东尼奥·卡内罗均不在马德里，当时他们已同其他政府成员撤往巴伦西亚。最高法院院长马里亚诺·戈麦斯和律师协会秘书长路易斯·苏维利亚加对正在发生的事深感震惊，他们发出了一封电报，再度要求加西亚·奥利韦尔让梅尔乔·罗德里格斯负责马德里的监狱系统。桑切斯·罗加是一名曾为包括梅尔乔·罗德里格斯在内的各种全国劳工联盟之激进分子进行辩护的劳工律师，他设法去说服加西亚·奥利韦尔，任命梅尔乔为监狱系统的稽查特派员。令人惊讶的是，加西亚·奥利韦尔表示赞同。在接下来我们可以看到，其他政府成员在听闻"提人"行动后确实震怖不一，但关于上述举动是否与外交抗议有任何关联，我们仍不得而知。11月9日，梅尔乔在其委任状正式公布之前即走马上任。然而当5天后他的任命正式生效时，他已宣布辞职。[84]

当梅尔乔·罗德里格斯非正式地担任监狱系统总督察长一职时，他的职权范围是不明确的，当然也充满了争议。尽管如此，他在11月9日晚间的首个举措仍是决定性的。梅尔乔的朋友，模范监狱的管理人员胡安·巴蒂斯塔曾经告诉他，有400名因犯即将按计划被"提走"。作为回应，他在午夜时分抵达了模范监狱，并下令停止所有的行动，而那些自由进入监狱内部的民兵必须撤出。他禁止在下午6点到上午8点之间的时间段释放因犯，以防止他们被枪杀。他还坚持在任何囚犯转监时予以陪同。因此，11月10日至17日期间没有任何"提人"行动发生。他的下一个目标是调离民兵，并让专业的监狱公职人员重返工作岗位。[85] 他向施莱尔和亨尼解释了他的意图。施莱尔代表外交使团致信梅尔乔·罗德里格斯，向其确认之前已获承诺之事项：

> 你已承诺将被拘留者视为战俘，并决心保证其除非经司法判决，否则不应遭到杀害。你承诺将把囚犯分为三类，第一类被认为是危险分子，你打算将他们转移到位于阿尔卡拉、钦奇利亚或巴伦西亚等地的其他监狱；第二类是可疑分子，他们已经被交由法庭审判；剩下的

第三类人则应立即予以释放。[86]

在梅尔乔·罗德里格斯位于比亚纳侯爵宅邸的总部中，仍然有人藏匿于此。这个事实，再加上梅尔乔在监狱中所采取的决定性行动，正在引发其与全国劳工联盟的防卫委员会的紧张关系，而后者深度参与了囚犯遇害的事件。一个较为突出的敌对者是无政府主义者领袖阿莫尔·努尼奥，他已与公安委员部达成了有关转移和消灭囚犯的协议。加西亚·奥利韦尔和卡内罗于11月13日出人意料地出现在马德里。在一场针锋相对的会议上，加西亚·奥利韦尔告知梅尔乔，他收到了来自防卫委员会以及其他方面的有关其活动的报告。对于叫停杀戮囚犯的举措，他明确表示反对。梅尔乔的反应不是进行安抚，而是要求对杀戮事件的负责人实施惩罚。当加西亚·奥利韦尔让他保持理智时，梅尔乔将他的委任状掷还给前者。对梅尔乔的任命消息已于11月12日送交官方《马德里公报》，但是直到他与加西亚·奥利韦尔的公开对抗事件之后才被刊登。在梅尔乔·罗德里格斯辞职之后，"提人"行动再度开始。[87] 从此，直到12月初他获得重新任命之前，梅尔乔·罗德里格斯仍在凭借自己的力量继续努力，以阻止那些无视卡里略之11月9日法令，仍在以"欧罗巴影院契卡部"为据点活动的无政府主义民兵执行处决。[88]

与此同时，11月10日，在拉尔戈·卡瓦列罗政府中担任不管部长的巴斯克天主教徒曼努埃尔·伊鲁霍，从他在马德里的代表赫苏斯·德·加林德斯那里得知了前些天的杀戮事件，以及梅尔乔·罗德里格斯为制止杀戮所进行的努力。当时他正在巴塞罗那面见阿萨尼亚总统，并从那里向米亚哈将军的办公室拍发了一份电传：

> 我接到了有关监狱中发生的可悲事件的消息，事件造成了大批囚犯死亡，民兵利用保安总局签发的转移令提走并枪杀了他们。我想知道遇难人数，在哪些监狱中有囚犯被提走，授权民兵占领监狱的人员之姓名，以及保卫委员会为应对这些事件而采取的措施。我需要将这些信息告知国家元首。

米亚哈的回应是他并不了解这些情况。第二天，11月11日，伊鲁霍和同样担任不管部长的何塞·希拉尔要求内政部长安赫尔·加拉尔萨对此做出解释。后者闪烁其词的答复表明，他知道囚犯正在被从监狱中转移走，但他将死亡事件归于空袭遇难者家属的愤怒报复。[89]

在就当前局势与伊鲁霍进行交谈后，阿萨尼亚在笔记本上草草记下了这样的话："来自伊鲁霍的内阁记闻。加西亚·奥利韦尔持强硬路线，即战争必须毫不留情。有80名军官因拒绝为共和国效力而被枪毙。'对于已经做的事，我并不感到遗憾。'据伊鲁霍所述，加西亚·奥利韦尔曾这样宣称……并且，来自伊无联的一位监狱督察官阻止了转移更多囚犯的行动。"[90] 此人指的应该就是梅尔乔·罗德里格斯。

鉴于阿萨尼亚、伊鲁霍、希拉尔和加拉尔萨均知晓清洗行动，圣地亚哥·卡里略于11月12日发表的演讲就具有了更重要的含义。他在"联合"广播电台（Unión Radio）的麦克风前做出如下陈述，其中涉及了对付在押右翼囚犯的种种手段：

> 保卫委员会不会遭到来自内部的抵抗，这一点已经得到了保证。类似的抵抗不会出现，因为，所有可用的办法均已付诸实施，以防在马德里发生任何有利于敌方计划的冲突或是秩序的改变。"第五纵队"正在被粉碎。隐藏于马德里深处的残余分子快要无处可逃。法律是我们的利器，但更重要的是，我们拥有足够的力量来确保"第五纵队"无法干扰共和国合法政府及保卫委员会的计划。[91]

在卡里略发表广播讲话两天之后，保卫委员会发布了一则题为"抵制卑鄙之舆论活动"的声明：

> 敌电台援引外媒有关反叛方囚犯遭遇虐待的新闻已经为保卫委员会所悉。鉴于敌人企图发动一场政治攻势，委员会认为有义务向西班牙人民和外国友人郑重声明，有关此事的说辞是完全不真实的。囚犯并未受虐，也无须担心其生命安全。他们都将依照相关法律受到审判。保卫委员会无须采取任何进一步的措施，并且，委员会不仅会阻止其

他任何人实施私刑，而且还要确保那些即将介入或已经介入此类案件的人按照既定秩序与规范行事。[92]

在11月18日"提人"行动再度开始之后，施莱尔、努涅斯·莫尔加多和利·赫尔凡特（罗马尼亚使馆商务参赞）向政府施加压力，要求重新任命梅尔乔，正如律师协会的路易斯·苏维利亚加和马里亚诺·戈麦斯所做的那样。最终，在11月25日，加西亚·奥利韦尔打电话给梅尔乔，要他前往巴伦西亚。3天后，在前往巴伦西亚的途中，他的小汽车遭到伊无联武装集团的伏击。尽管如此，他还是如约见到了加西亚·奥利韦尔，后者任命他为马德里与埃纳雷斯堡两地的监狱系统特派员。梅尔乔答应接受此任命的两个条件是，只有为他所信赖的人才能担任监狱督察官，以及那些实施暴行的人须接受惩罚。几天后，梅尔乔与内政部长安赫尔·加拉尔萨会面，后者同意支持将于12月1日公布的对他的任命。在返回马德里后，梅尔乔再度叫停了"提人"行动，他将民兵组织逐出监狱，并用突击卫队取而代之。在某些案件中，他逮捕了被控谋杀和敲诈勒索的人。梅尔乔还有幸得到了司法部次长马里亚诺·桑切斯·罗加的全力支持。[93]

1936年12月1日，保卫委员会根据拉尔戈·卡瓦列罗的命令更名为保卫马德里代表委员会（Junta Delegada de Defensa de Madrid）。在带领政府抵达巴伦西亚后，总理对米亚哈将军因领导首都人民抵抗佛朗哥军队的围城而积聚起的英雄光环深为不满。因此，拉尔戈·卡瓦列罗希望限制他眼中过度独立的保卫委员会。在重组的该机构中，阿莫尔·努尼奥变成了交通运输委员。[94]塞拉诺·庞塞拉已于12月初的某个时间离开了公安代表处。在12月4日时他还是该组织一员，当时他带领发动了一次针对芬兰使馆的突袭行动，企图搜捕所谓的第五纵队分子。此后不久，他的职责由何塞·卡索拉接管。

在战争结束时，塞拉诺·庞塞拉就其离开公安代表处的原因向赫苏斯·德·加林德斯提供了一个令人难以置信的解释。他声称他不知道在他所签署的命令中，"转移到钦奇利亚"或"安排出狱"就是执行处决的暗语。使用此种暗语，可能是屠杀行动的责任人在11月7日晚间会议上约定好用来掩盖其罪行的方式。塞拉诺·庞塞拉告诉加林德斯说,圣地亚哥·卡里略将这些命令交给了他,而他所做的只是在上面签上自己的名字。即使这是实情,这也并不意味着他不知道发生了什么,因为他曾在11月7日至8日在模范监狱监督"提人"行动的实施。他告诉加林德斯,在意识到实情的那一刻,他立即就提出辞职,并在不久之后脱离了共产党。[95]这种说法并不完全准确,因为直到1938年,他仍然留在统一社青团宣传部长这一重要职位上。在1939年3月写给西共中央委员会的一封特别信件中,塞拉诺·庞塞拉声称,他只有在1939年2月抵达法国以后才退党,这暗示了之前他之所以没有这么做,是因为担心会让自己性命不保。他提到了对自己过往参加西共期间之经历的厌恶。他还声称,西共阻止他移居墨西哥,因为他知道的事情太多了。[96]

随后,为了报复塞拉诺·庞塞拉的退党,卡里略公开对其进行指责。在接受伊恩·吉布森的采访时,卡里略声称他与公安代表处的活动毫无瓜葛,并将所有事情都归咎于塞拉诺·庞塞拉。他声称,"唯一与我有关的是,在大约两个星期后,我觉得塞拉诺·庞塞拉正在做坏事,所以我把他解职了"。按照卡里略的说法,他在11月下旬发现"暴行正在发生,而且此人是一个窃贼"。他声称塞拉诺·庞塞拉将从被捕人员处夺来的珠宝首饰据为己有,并且说他曾考虑将塞拉诺·庞塞拉枪决。[97]然而,塞拉诺·庞塞拉此后仍在统一社青团中身居要职这一事实让这种谎言不攻自破。

卡里略在1993年的回忆录中重申了他本人与杀戮事件无关。他声称,囚犯的甄别与转移完全由塞拉诺·庞塞拉的公安代表处负责。卡里略继续说,公安代表处并无死刑决定权,它只是挑选哪些囚犯应被送交人民法庭审判,哪些应予以释放。他的说辞非常简略、模糊且具误导性,他没有提及处决事件,并且暗示,发生在那些被认定为危险分子的囚犯身上的最糟糕的事情,不过是被送往劳动营修筑工事。卡里略唯一明确肯定的是,他自己未参加公安代表处的任何会议。[98]然而,如果在巴伦西亚的曼努埃尔·伊鲁霍和何塞·希拉尔均知晓屠杀事件,并且,如果在马德里的梅尔乔·罗德里格斯、阿根廷使馆临时代办、联合王国的临时代办以及费利克斯·施莱尔均了解此事,那么,作为公安领域一把手的卡里略表示对此一无所知，显然令人难以相信。毕竟，口口声声说自己与此事无关的卡里略，当时每天都会收到塞拉诺·庞塞拉的报告。[99]

卡索拉继任成为马德里保安总长这件事情引出了一项疑问，那就是：自从1936年11月6日他首次被提名作为公安委员部中卡里略的副手时起，他到底都做了些什么？有关卡索拉的"普遍司法调查"档案称，他监督并实际参与了发生在各监狱中的"提人"事件。据称，他与阿图罗·加西亚·德·拉·罗萨一起，在苏尔瓦诺街管理运作着一家"契卡"机构。档案还声称，他向各个警局中公安代表处之派驻代表发出命令，要求处决嫌疑犯。在战后接受审讯时，卡索拉承认，他完全知晓"提人"与随后展开的余戮行动，这些行动所根据的是"塞拉诺·庞塞拉或布鲁诺·卡雷拉斯签署的有关转移或释放囚犯的虚假命令，他们的工作就是这个"。作为塞拉诺·庞塞拉的副手，卡雷拉斯选择之前曾负责运作"振兴街契卡部"的无政府主义者贝尼尼奥·曼塞沃作为他本人的助理。[100]

卡索拉担任保安总长后所做的第一件事，就是把卡雷拉斯从马德里警察总督察长的位置上轰下来。他自己提出的人选是戴维·巴斯克斯·巴尔多米诺斯，直到那时为止，此人一直在与格里古列维奇一起负责别动队的日常运作。塞拉诺·庞塞拉被卡索拉替换一事，与梅尔乔·罗德里格斯被重新任命为监狱系统特派员，以及清洗行动的结束同时发生。卡索拉对审讯他的人说，当他接手时，保安总局已经陷入混乱，参与警务工作的形形色色的民兵组织，更倾向于服从他们自己所属的政党，而非保卫委员会。于是，卡索拉开始全面贯彻卡里略所采取的对付"契卡"组织的各种措施。针对第五纵队嫌疑分子的调查和惩处得到加强。大规模的"提人"行动宣告结束，镇压行动变得更有针对性。梅尔乔·罗德里格斯对审讯他的人说，之前的"提人"行动遵循的是保安总局的命令——这就指向了塞拉诺·庞塞拉。另一名在"普遍司法调查"中接受审讯的在押人士埃洛伊·德·拉·菲格拉·冈萨雷斯供称，他曾听到负责保安总局侦查科的无政府主义者曼努埃尔·拉斯孔，对梅尔乔·罗德里格斯在"提人"行动方面所设置的障碍大加指责。[101]

更为精确地锁定第五纵队分子这一转向，在加林德斯关于人民法庭之功能的描述中得到了清晰的体现。人民法庭包括一位主审法官和陪审团，陪审团则由各个人民阵线政党派出两名人员组成。被告将获得公共辩护律师的法律援助，并被允许传唤对其有利的目击证人。人民法庭的主要审判对象是那些不仅具有右翼身份，而且积极反对共和国（desafección al regimen）的人。最高刑罚为五年监禁。长枪党成员往往会被判三年，人民行动党的成员通常会被课以罚款，除非他们还犯有散布失败主义言论或从事黑市交易等其他罪行。那些参与诸如间谍或破坏等第五纵队之核心活动的人，将由处置叛逆和间谍罪行的专门法庭或者军事法庭进行审判。[102] 12月22日，政府为那些犯有煽动叛乱、参与叛乱和不忠等罪行的囚犯创建了所谓的劳动营。"不忠"的罪名将在卡索拉这里得到广泛的应用。[103]

塞拉诺·庞塞拉作为保安总长进行的最后一次公开干预发生在12月4日，当时在芬兰使馆发生了一起因滥用庇护权而引发的事件。芬兰大使乔治·阿尔维德·温克尔曼同时被派驻里斯本和马德里两地，而他选择待在葡萄牙，其中原因不必多说。大使不在马德里，芬兰大使馆的一位西班牙雇员弗朗西斯科·卡切罗便自封为芬兰方面的外交临时代办。他租下了几所房屋，并从大批为他所庇佑的第五纵队分子那里收取费用。在11月14日的保卫委员会会议上，有信息显示，这些房舍中藏匿着多达2,500名持有手枪和机关枪的法西斯分子。11月19日，保卫委员会下令对芬兰使馆的馆舍实施监视。

12月初，趁着叛军某次发动空袭，有人从其中一所房屋中将自制炸弹扔到了附近的民兵营地，并有冷枪手向民兵开火。12月3日，保安总局通知所有外国使馆，政府将采取措施防止上述事件再度发生。第二天，何塞·卡索拉和塞拉诺·庞塞拉派遣戴维·巴斯克斯·巴尔多米诺斯指挥下的别动队，以上文提到的临时庇护非法为由，对上述馆舍（而非芬兰大使馆本体建筑）进行了一次警方临检。共和国安全部队遭到枪击。当队伍最后进入建筑物内部时，他们发现了标有攻击目标的地图，以及一个包括枪支和手榴弹在内的武器库。据报，有很多手持枪械的叛乱支持者被发现，其中有387名男女被捕。[104] 来自苏联官方的消息称，格里古列维奇参与组织了这次突袭行动，这证实了他和别动队之间的联系。[105]

施莱尔以及罗马尼亚大使馆的商务参赞亨利·赫尔凡特请求梅尔乔·罗德里格斯，不要处决在芬兰使馆袭击事件中被捕的囚犯。梅尔乔和赫尔凡特前往面见塞拉诺·庞塞拉。在紧张的会面之后，塞拉诺同意将囚犯置于梅尔乔的掌管之下。[106] 由于马德里的监狱已经人满为患，梅尔乔于12月8日出发，前去查看埃纳雷斯堡的监狱有没有多余的空间供他们安置囚犯。

12月6日，瓜达拉哈拉的监狱遭到一群暴民的袭击，有282名囚犯遇害。[107] 暴徒中有绰号为"农民派"（El Campesino）的巴伦廷·冈萨雷斯手下的近百名民兵。两天后，在埃纳雷斯堡，包含上述部分民兵人员在内的愤怒人群聚集在一起，企图为在一次空袭中丧生和致残的遇害者复仇。他们的目标是被关押在那里的囚犯，其中有很多是从模范监狱转移过来的。其中的知名人物包括：长枪党领导雷蒙多·费尔南德斯·奎斯塔，突击卫队创始人阿古斯丁·穆尼奥斯·格兰德斯上校，西班牙独立右翼党团联盟秘书哈维尔·马丁·阿塔霍，以及广播名人博比·德格拉内。新近抵达此地的梅尔乔·罗德里格斯表现出了比那些面对暴徒落荒而逃的监狱公职人员更多的勇气。面对着威胁、谩骂和有关他本人是"法西斯主义者"的污蔑，他坚持主张这些囚犯不应为空袭事件负责，杀害手无寸铁的人将会给共和国带来耻辱。为了盖过现场人群的喧嚣，他已经声嘶力竭，他说他们如果想要进入监狱楼，必须要先把他干掉。他还威胁要对囚犯进行武装，以迫使暴民停下来。"农民派"的民兵由其指挥官科卡少校带走，人群也随之散去。由于担心科卡计划重返现场，梅尔乔前往少校的总部，与他进行了一场言辞激烈的交锋，并最终说服对方答应保证囚犯的安全。就这样，梅尔乔拯救了超过1,500条生命。[108]

然而，当梅尔乔于12月8日晚上返回马德里时，他被叫到全劳联－伊无联的防卫委员会面前，并受到了委员会书记爱德华多·巴尔的严厉批评。梅尔乔设法平息了他的怒气，但是委员会并不相信，梅尔乔可以像他自己声称的那样，通过与叛军进行谈判，以停止杀戮囚犯为条件，换取马德里不被轰炸的承诺。[109] 然而，从12月12日起，情况再次发生了变化。保卫委员会颁布法令，各民兵组织及其所有职能的"军事正规化"，都将置于新任保安总长何塞·卡索拉的控制之下。根据卡索拉的意见，年轻囚犯被安排了两条出路——要么被强行征入共和国陆军部队，要么选择加入劳动营构筑工事。后来据称，其中一些被"释放"或"转移"的囚犯被带到了卡索拉控制下的"契卡"机构。当然，卡索拉和梅尔乔·罗德里格斯也确实安排释放了那些没有受到任何指控的囚犯，以及60岁以上的女性囚犯。梅尔乔·罗德里格斯还采取措施改善监狱的伙食，并建立了一个信息办公室，在那里，在押人员的家人可以了解囚犯被关押的区域以及对方的健康状况。在红十字会的帮助下，他创建了一个医疗服务部门，结果这里最后却成了第五纵队分子的一个活动中心。他还在罗马尼亚大使馆为新近释放的囚犯组织了一场聚会。[110] 尽管有人怀疑梅尔乔·罗德里格斯与第五纵队分子之间存在关联，但是他在阻止"提人"行动方面取得的成功却凸显出了圣地亚哥·卡里略在同类事务方面的无能。

随后，佛朗哥宣传当局基于帕拉库埃略斯的暴行，将共和国描绘成一个由共产主义分子支配的残暴野蛮之政权。佛朗哥分子甚至声称被害者数量多达1.2万人。[111] 尽管圣地亚哥·卡里略只是整个进程的主要参与者之一，但是佛朗哥政权和后佛朗哥时代的西班牙右翼，在他担任西共总书记的那些年（1960—1982）里，从未放过任何利用帕拉库埃略斯诸事件对其进行诋毁的机会，尤其是在1977年企图阻止共产党合法化的时候。卡里略荒唐地否认自己对杀戮事件有任何了解（更不用说对此负有责任了），从而无意中将自己推到聚光灯下。然而，在他本人透露的一些片面的事实中，也含有许多有分量的证据，它们清晰显示了他在此期间的充分参与。[112]

例如，在1977年，卡里略不止一次在采访中声称，到他接管保卫委员会下属之公安委员部时，从马德里向巴伦西亚转移囚犯的行动已"即将结束，我所做的一切，就是同米亚哈将军一道，下令转移最后一批囚犯"。毫无疑问，11月7日以前曾经有过"提人"行动，但大部分的杀戮事件发生在该日之后，在卡里略担任公安委员期间。他承认他曾在11月7日以后下令转移囚犯，这显然说明他脱不了干系。[113] 在别处，他声称，有一次在下达转移决定之后，运载囚犯的车辆遭到伏击，囚犯被"失控分子"杀害。他经常暗示凶手是无政府主义者，并表示："除了未能阻止屠杀事件发生，我不可能对此负任何责任。"[114] 这无论如何都是难以令人信服的，特别是在人们发现

11月7日晚间曾举行过全国劳工联盟和统一社青团的联合会议之后。

此外，卡里略在1974年之后否认自己知晓帕拉库埃略斯的杀戮事件，这与他在当时收到大量祝贺的实际情况相互矛盾。1937年3月6日至8日，西班牙共产党在巴伦西亚召开了西共中央委员会全体（扩大）会议。弗朗西斯科·安东在讲话中说："很难说马德里的第五纵队已被彻底消灭，但它肯定遭到了最严重的打击。在此我们要强调的是，我们必须要感谢党组织的关心，以及两位新同志无私与不屈不挠的努力，他们就像是我们党的老战士那样深受爱戴，他们就是之前担任过公安委员的卡里略同志，以及现在担任此职的卡索拉同志。"当鼓掌声渐渐结束的时候，卡里略起身并称赞了"统一社会主义青年团的那些战士们的荣耀，他们可以在确信后方安全、纯净和没有叛徒存在的情况下战斗。对敌人的清洗并不是犯罪行为，也不是一种［针对全国劳工联盟的］策略，而只是职责所需"。[115]

在当时和之后，由"热情之花"和弗朗西斯科·安东等西班牙共产党人士，以及来自共产国际的情报员、戈列夫和其他人所做的评述均显示，在押的右翼囚犯被认定为第五纵队分子，而卡里略指挥消灭他们的行动应当被称赞。1937年7月30日，在一份提交给共产国际首脑格奥尔基·季米特洛夫的报告中，从1937年4月起担任共产国际驻西班牙代表的保加利亚人斯托扬·米内夫（化名"鲍里斯·斯塔潘诺夫"）以愤愤不平的笔调写道，"耶稣会士和法西斯主义者"伊鲁霍曾试图逮捕卡里略，因为后者曾经"下令枪决几名被捕的军官和法西斯分子"。[116]在最后提交给斯大林的战后报告中，斯塔潘诺夫提到了莫拉关于其"五支纵队"的声明。斯塔潘诺夫继续自豪地写道，共产党方面注意到了这一点，并且"在几天之内就展开了清除马德里第五纵队分子所必需的行动"。斯塔潘诺夫更加详细地解释了他对伊鲁霍的愤怒。1937年7月，在成为司法部长后不久，曼努埃尔·伊鲁霍就开始着手调查在帕拉库埃略斯发生的事情，其中包括一项针对卡里略在其中所扮演之角色的司法调查。[117]不幸的是，并无与此次调查相关的痕迹留存于世，一个合理的假设是，所有相关证据，都随着战争结束前共产党掌控的安全部门所烧毁的那些文件一起消失了。[118]

卡里略本人在"联合"电台所发表的广播讲话，以及斯塔潘诺夫在提交给斯大林的报告中的叙述,多年后,在西共就其在内战中之作用的正式党史中有所反映。该书在卡里略担任西共总书记期间于莫斯科出版发行,其中颇为自豪地宣称:"圣地亚哥·卡里略及其助手卡索拉采取必要措施,维持了后方的秩序,而这与前方的战斗一样重要。在两三天内,叛军的冷枪手和第五纵队分子就遭到了沉重的打击。"[119]

与任何涉及帕拉库埃略斯屠杀事件的作品一样,所有上面的论述也不可避免地受到扭曲,因为有关该事件的各个阶段(授权、组织和实施)的材料之比例并不均衡。我们或许可以判断出,的确召开了一些会议,在这些会议上,与会者肯定讨论过转移和消灭囚犯,并且对此种行动予以授权。这些会议就是在11月6日何塞·米亚哈、佩德罗·切卡和安东尼奥·米赫之间,米哈伊尔·科尔佐夫和切卡之间,以及米赫、弗拉基米尔·戈列夫和比森特·罗霍之间进行的会议。但是,这些谈话很少或者根本没有被记录下来。相比之下,在"普遍司法调查"中,关于"提人"行动的管理组织,以及民兵抵达监狱并将囚犯押上公共汽车时发生过什么却有相当多的资料。然而,关于实际杀戮行动的情况,以及无政府主义者、第五团或者在奥尔洛夫和格里古列维奇的帮助下创建的别动队在杀戮中所发挥的具体作用,都没有多少相关的资料。因此,对集体责任之归属做出的任何判定,总是会有演绎(如果不是臆测)的成分。

令人惊讶的是,尽管在保卫处于饥饿与陷落边缘的城市时存在着层出不穷的问题,保卫委员会仍设法优先对"契卡"机构加以控制,并对马德里的秩序与安全部队进行集中协调。保卫委员会在重建国家机构方面所做的努力,远远胜过之前波萨斯将军的种种无效手段,以及10月份安赫尔·加拉尔萨企图控制各"契卡"机构时所做过的略有成效之举措。尽管如此,从11月7日到12月4日,在保卫委员会的注视之下,该城仍然发生了一场针对反叛方支持者的规模最大的杀戮。此后,随着重组后的安全部队将目标更为明确地锁定在那些被认为有损共和国之战争努力的敌对分子身上,作为内战初期之标志的不分青红皂白的暴力行动几乎已经消失,被处决的人数也随之急剧下降。

第五部

两种战争理念

11

抵御共和国的内部敌人

到1936年底,内战最初几个月里的自发性大规模暴力事件已经不再出现,然而,直到1937年2月初,阿萨尼亚总统注意到,财政部长胡安·内格林仍然怀有对暴行的厌恶情绪。他暗示,那些悲剧让内格林以身为西班牙人为耻。[1]内格林致力于结束不受控制的暴力事件,这一点得到了其朋友马里亚诺·安索的证实。根据后者的讲述,有一次在巴伦西亚的街头,内格林走上前去,与一群拘押了一名男子的武装民兵搭话,因为他看到,那些民兵很明显打算将此人当作法西斯分子枪毙。他冒着巨大的风险,纯粹凭借其人格的力量,迫使他们将此人释放。[2]

从1937年1月起,共和国战线后方的镇压暴力不再像在战争的头几个星期那样不受控制和为仇恨所驱使。自此以后,镇压主要是关乎共和国国家重建的问题,当然也是其自卫所需。因此,它采取了两种偶尔互相重叠的主要形式。一方面,安全部门将工作重点放在打击第五纵队的破坏分子、冷枪手和间谍等内部敌人上来。另一方面,在战争努力之性质方面却存在着激烈的对抗。那些对建立一个能够集中力量进行战争的强大国家持抵制态度的自由主义者和反斯大林主义的左翼人士,被共产党人、很多社会党人以及共和派人士视为颠覆分子。左翼无政府主义者中的很大一部分人关注革命目标的实现,并与共和国的国家政权展开了积极的对抗。颇有影响力的少数人直接卷入了犯罪活动当中,他们不可避免地会与安全部队发生冲突。此外,俄国安全顾问将西班牙本国和外籍的反斯大林主义者视为必须被清洗的托派分子,这导致了本就不容乐观的局面进一步复杂化。

自从巴伦西亚的共和国政府、马德里的保卫委员会和加泰罗尼亚地方政府均采取坚决的行动，对警察和安全部队施以集中控制并解除各种后方民兵团体的武装，它们便进入了一个与无政府主义者冲突不断的阶段。对于收缴其武器，以及关闭由其控制的、位于出入首都之道路上的和位于加泰罗尼亚-法国边界之道路上的哨所的做法，无政府主义民兵表示强烈反对。有很多纠纷随之发生，比如在1936年11月，保卫委员会中的作战委员安东尼奥·米赫在一次执行公务时受阻而无法出城。[3] 西班牙共产党和全国劳工联盟长期处于严重敌对状态，而这一状态又为无政府主义者针对重要的共产党联盟领袖人物的暗杀活动所大大激化——他们在6月份于马拉加杀害了安德烈斯·罗德里格斯·冈萨雷斯，并在7月31日于巴塞罗那杀害了德西德里奥·特里利亚斯·迈内。同样，由来自"欧罗巴影院契卡部"的无政府主义分子于9月份发动的那场针对维托里奥·维达利和恩里克·利斯特的未遂暗杀行动，只会进一步坚定共产党方面进行"以牙还牙"之报复的决心。[4]

1936年12月初，当塞拉诺·庞塞拉离开保安总局时，其行政职责由卡里略的副手何塞·卡索拉承担。卡索拉任命戴维·巴斯克斯·巴尔多米诺斯为警察总长。后者的任务之一是扩充由卡里略和格里古列维奇创建的别动队。另有两个别动队成立，并分别由统一社青团激进分子圣地亚哥·阿尔瓦雷斯·圣地亚哥和何塞·科内萨·阿特亚加领导。从1937年初开始，在费尔南多·巴伦蒂·费尔南德斯的指挥下，全部3支别动队将专于针对可疑分子的拘留与讯问，有时还会对其进行肉体消灭。可疑分子不仅指佛朗哥分子，同时也包括马德里的全国劳工联盟成员。卡索拉相信，后者已经失去控制并且遭到第五纵队的渗透。[5]

并非只有卡索拉认为无政府主义运动中充斥着第五纵队分子。拉尔戈·卡瓦列罗告诉西班牙工人社会党执委会成员胡安-西梅翁·比达特："伊无联已经被数目众多的敌特分子和警方告密者渗透，他们根本无法应付。"[6] 他们两人都没有完全说错。全国劳工联盟的会员证可以轻松弄到，借此第五纵队分子可以获取情报，同时这也方便他们活动和采取各种挑衅行为。借助全国劳工联盟方面的授权，第五纵队分子也可以获得共和国安全部门的身份证件。[7]

结果就是共产主义者和无政府主义者之间爆发了冲突，而在穆尔西亚发生的事件则是苦涩的一例。于1936年10月中旬至1937年1月初担任该省省长的共和派人士路易斯·卡沃·希奥拉一直在对第五纵队分子大力实施追捕，其中一些目标人物早在战争爆发前即拥有全国劳工联盟颁发的证件。无政府主义者的"钢铁纵队"于巴伦西亚遭遇失败之后，其成员已移至穆尔西亚，并对抵制他们的农民进行掠夺和施暴。在12月份，卡沃·希奥拉委派在帕拉库埃略斯屠杀事件中扮演过重要角色的拉蒙·托雷西利亚·吉哈罗担任该省的保安总局特派员。当卡沃·希奥拉的职位被安东尼奥·普雷特尔取代之后，托雷西利亚展开了冷酷无情的行动，其行动是基于一个概括性的假设，即任何非共产党员都有可能是第五纵队分子。被捕者遭到折磨、殴打，并在仿制的处决现场被处死。最终，在1937年4月，全国劳工联盟在西班牙工人社会党的支持下发起了一场抗议运动，随后官方介入调查，托雷西利亚和他的同伙遭逮捕，普雷特尔则被迫去职。托雷西利亚在监狱中度过了6个月，获释后加入了已成为阿尔瓦塞特省省长的卡索拉手下的安全部门。在那里，他那必须清洗后方的执念招来了更多人民阵线中非共产党人士的控诉。[8]

共产党方面对全国劳工联盟的怀疑在阿莫尔·努尼奥的一则声明中得到了证实：在1936年12月23日保卫马德里代表委员会的会议上，明显可以胜任当前工作的他，却因"健康原因"而宣布辞职。有证据表明，几天之前，在全国劳工联盟、伊比利亚无政府主义者联盟和自由主义青年联盟的激进派高层分子所召开的一次会议上，与会者曾考虑将他从无政府主义运动中逐出，甚至直接将他枪毙。按照格雷戈里奥·加列戈的说法，全国劳工联盟的前线军事指挥官西普里亚诺·梅拉，曾经揪住努尼奥的脖子使劲摇晃，并用力把他推到墙上，说他应该被毙掉。努尼奥的罪行源于他同一名叛军军官之女的性关系。他曾任命此女担任他的秘书，并带她去参加重要会议，于是她得以听到各种机密的讨论。努尼奥的战友怀疑她是叛军的一名间谍，并且对他进行了洗脑。他们饶过了他一命，但是，因为他已被视为不可靠分子，所以他们要求他向保卫委员会递交辞呈。他被安排在全国劳工联盟运输行业工会的书记处担任一个较低等的职务,然后前往巴塞罗那,后来他因为参与了 1937 年 5 月的冲突而在巴塞罗那被逮捕。战争结束时,努尼奥于阿利坎特被俘,并在马德里被警察殴打致死。[9]

阿莫尔·努尼奥并非是在 1936 年 12 月 23 日的保卫马德里委员会中辞职的唯一成员。一同辞职的还有圣地亚哥·卡里略,他于圣诞节那天由他之前的副手何塞·卡索拉·毛尔取代。卡里略宣布,他将全力以赴准备即将召开的党代会,以促成社会主义和共产主义青年运动的紧密联合。这可能确实是他的真实动机,但是他被替换也与两天前发生的一次事件有关。[10]

12 月 23 日下午 3 点,保卫委员会的供给委员巴勃罗·亚圭·埃斯特韦拉,在因公事出城的途中受阻于无政府主义者的控制站。自从卡里略的 11 月 9 日法令颁布以来,在公安委员部的整体协调下,出入首都之道路已处于警方、突击卫队和民兵后卫安全部队的控制下。因此,阻止亚圭前进的无政府主义者实际并无这样做的权力。当他们拒绝认可亚圭所携带的供给委员之身份证明时,后者强行闯关,于是他们开枪并致其重伤。然后他们前往本塔斯区的"自由者文艺社"避难。卡里略下令逮捕他们,但是派往"自由者文艺社"的警察却被告知他们处于全国劳工联盟地区委员会的保护之下。随后卡里略派出一个连的突击卫队前去实施抓捕。当天晚上,这一事件在保卫委员会的会议上被讨论,卡里略要求将他们枪毙。[11]

共产党方面的报纸谴责肇事者是为法西斯效力的不可控分子,"人民和革命真正的敌人,他们像残暴无情的强盗一般,残忍地谋杀人民最优秀的保卫者"。西共呼吁对其进行惩处,以儆效尤,而且为避免此类犯罪再次发生,要求将马德里外围的民兵组织解除武装。它声称"某些组织"被第五纵队严重渗透,这里明显指的就是全国劳工联盟。该指控其实是完全合情合理的。[12]

无政府-工团主义领导层的最初反应是进行安抚。有人提出,有关枪击亚圭之凶手是第五纵队分子的指控,将使左翼联盟岌岌可危。接下来,在 12 月 25 日,有 3 名全国劳工联盟成员的尸体被发现,他们的工会证件被塞到了他们的嘴巴里。爱德华多·巴尔所领导的防卫委员会展开报复行动,有 3 名共产党人被杀,死者的嘴里也被塞上了他们的党证。在新一轮报复中,又有 2 名全国劳工联盟的成员被杀害,同时西共报纸上也加强了清洗全国劳工联盟的宣传攻势。被激怒的全国劳工联盟公布了在一些地区被共产党杀害的左翼激进分子的名单，这些地点是：马拉加、拉塞拉纳（巴达霍斯东部地区）的卡韦萨－德尔武埃、拉斯埃伦西亚斯（雷阿尔城省）、米格尔－埃斯特万和拉瓜尔迪亚（托莱多省），以及塔胡尼亚河畔佩拉莱斯和马德里地区的其他市镇。[13]

卡里略未能让保卫马德里委员会遵照其要求将亚圭遇袭事件的责任者判处死刑，这已经超出了委员会的管辖权。当案件被提交给国家法庭时，公诉方拒绝主张对被告处以死刑，因为据说亚圭并未在全国劳工联盟的检查站出示其身份证件，对此卡里略非常愤怒。在西共报纸叫嚣血债血偿的同时，《全国劳工联盟报》的主编何塞·加西亚·普拉达斯发表了一则声明，要求释放那些肇事者，并扬言如果有关方面不照做的话，全国劳工联盟的武装力量将撤离前线，并回来解救他们。这种充满煽动性的言论让很多人相信，即便无政府主义者并非彻头彻尾的颠覆分子，那么至少可以认为他们是很不负责任的。《全国劳工联盟报》是无政府主义者之防卫委员会的喉舌，该报由爱德华多·巴尔、曼努埃尔·萨尔加多·莫雷拉和加西亚·普拉达斯三人负责运作，而他们全都是极度反共之人士。米亚哈命令《全国劳工联盟报》停刊，但加西亚·普拉达斯拒绝服从。新一期的报纸已经完成印刷并即将开始发行，此时米亚哈派出突击卫队包围报馆，并宣称，在为保卫马德里付出如此之多的牺牲后，如果因为这样一场无政府主义者和共产党之间的无关紧要的争吵而导致其陷落，显然非常荒谬。如果不是米亚哈及时干预，一场严重的流血冲突可能会爆发。结果，令西共方面感觉恼怒的是，法庭认定枪击亚圭的那些被告，其行为并非是"出于恶意"。对此，两个组织的直接反应是达成一项共识，不让双方的敌对情绪破坏反法西斯统一战线。但是这一共识并未持续多长时间。[14]这场不同党派之间的战争既标志着国家政权一如既往地处于弱势，也反映出全国劳工联盟对于共和国的忠诚非常脆弱。

卡里略的继任者何塞·卡索拉决心终结形形色色的民兵执法力量并行的现状。令他感到不可容忍的是，在1936年7月份由民兵组织缉获的许多右翼分子的相关档案尚未被移交给保安总局。结果，人民法庭由于没有关于其政治关系的记录,而释放了许多第五纵队分子。当卡索拉在12月份从塞拉诺·庞塞拉那里接手首都的保安总局时,他开始着手将文件档案和组织架构加以集中化。他认为这是迈向其主要目标,即侦查并惩处参与破坏与颠覆活动的叛乱支持者的第一步。因为此种热忱,他与无政府主义者以及持不同政见的反斯大林主义共产党人产生了激烈冲突。共产党人相信,反对为战争计而进行的高度集权化之努力足以构成破坏和颠覆的罪名。此外,他们几乎可以肯定,后方发生的部分暴力事件是打入全国劳工联盟内部进行煽风点火的敌特分子所为,其目的就是在国际上抹黑共和国的形象,并削弱共和国军民的士气。

导致全国劳工联盟与共产党方面关系恶化的另一个因素是梅尔乔·罗德里格斯,他每天都会安排释放100多名囚犯,因此被认为身份可疑。在经他出面安排获释的囚犯中,有若干人转身就投靠了叛军一方,其中包括阿古斯丁·穆尼奥斯·格兰德斯上校和具有长枪党身份的广播名人博比·德格拉内。于是,人们越发怀疑他与第五纵队有瓜葛。在1937年1月8日保卫马德里委员会的一次会议中,卡索拉抱怨梅尔乔·罗德里格斯允许囚犯在狱中举行支持反叛方的示威活动,并与外交使团成员进行私人会晤。他称梅尔乔为"囚徒的保护者",因为后者将右翼在押人员与之前来自全国劳工联盟的囚犯同等对待。2月19日,卡索拉指责梅尔乔反对他的治安政策。之后,卡索拉进一步激怒了全国劳工联盟的领导层。他开始在自己所发动的反破坏与反间谍运动中,将目标转向由全国劳工联盟成员曼努埃尔·萨尔加多负责运作但效率低下的国防部下属的情报机构,调查该机构遭第五纵队分子渗透的情况。[15]

基于这些调查工作,圣地亚哥·阿尔瓦雷斯·圣地亚哥率领下的别动队于2月中旬捕获了超过30名无政府主义者和社会党人士。全国劳工联盟的报纸抗议说,被打上"国家公敌"之标签的无政府主义激进派,正作为卡索拉之公安委员部所进行的肮脏战争的一部分而遭到关押。[16] 在2月23日一名西共警察人员遭到枪击之后,卡索拉重申道,全国劳工联盟方面正在庇护第五纵队分子,而且,他手下的密探们开始重新逮捕那些已被法庭宣布释放的囚犯,甚至在他们刚刚获得自由离开法院大楼时就将他们抓回去。[17]

控诉既来自那些代表右翼分子利益的外交人员，也来自全国劳工联盟，后者代表的是那些被送往惩戒营，并在危险的前沿阵地上构筑工事的来自无政府主义激进派的被捕人员。[18] 讽刺的是，"强制劳动营"正是来自全国劳工联盟的司法部长胡安·加西亚·奥利韦尔的主意。在1936年11月他接管司法部大权两天之后，他要求建立可以驱使法西斯分子参加劳动建设的集中营。12月31日，在最高法院院长马里亚诺·戈麦斯的陪同下，他向巴伦西亚政府解释了他对司法的理想主义之愿景。他认为普通刑事罪犯并非社会之敌，而是不公社会体制的受害者，他们将在监狱中通过图书馆、运动会和剧院而获得救赎。政治犯将通过建造防御工事和战略性的道路、桥梁和铁路改过自新，并将获得体面的报酬。加西亚·奥利韦尔认为，拯救法西斯分子的生命要比判处他们死刑更有意义。他在穆尔西亚省的托塔纳建立了第一个营地。在营地大门的上方有一个巨大的标语牌，上面写着"努力工作，不要失去希望"。[19]

1937年2月28日，对获释囚犯的预防性拘留导致在梅尔乔·罗德里格斯和卡索拉之间爆发了一场重大冲突。司法部次长马里亚诺·桑切斯·罗加请求梅尔乔帮忙寻找他的外甥里卡多·平塔多-费。梅尔乔发现这个年轻人已经在西共的"契卡"机构中被关了两个多月，于是他写信给卡索拉，要求将此人释放。卡索拉让这个年轻人获得了自由，但梅尔乔·罗德里格斯非但没有表示感激，相反却利用此人在羁押期间的遭遇组织了一波对卡索拉不利的宣传。[20] 事实上，梅尔乔·罗德里格斯在3月1日被加西亚·奥利韦尔撤了职，他对很多在押右翼人士的热情帮助以及与他们之间的良好关系，使他受到了越来越多的怀疑。全国劳工联盟马德里地区联合会的书记胡利安·费尔南德斯取代了他的位置。费尔南德斯继续推行梅尔乔·罗德里格斯有关保护囚犯之政策，然而与其前任不同的是，他并未与囚犯维系具有争议性的关系。[21]

3月12日，保卫马德里委员会运输委员部的二把手（一名全国劳工联盟的激进派人士）被谋杀，他的3位同事负伤。[22] 4天后，在一座名叫阿卡尔德特新镇（托莱多省）的小城，西共民兵在当地市长的率领下突袭了当地全国劳工联盟的总部，并导致其中9人丧生。随后事情发生了令人吃惊的反转，西共同意接受司法调查。阿卡尔德特新镇的市长和毗邻的比利亚马约尔的市长，被认定自1936年夏起犯有谋杀、强奸和抢劫罪。昆卡的人民法庭判处领头者死刑，并将其他8名参与者监禁。在整个1937年春，雷阿尔城、昆卡和托莱多的其他几个村庄中也发生了冲突。有6名无政府主义者在马德里附近的托雷斯-德拉阿拉梅达遇害。然而，无政府主义作家笔下那些在共产主义分子挑衅事件中无辜受害的人，并非故事的全部。在致力于集体化的无政府主义者和支持小土地所有者以增进农业生产的共产党人之间，存在着一种名副其实的意识形态之争。其中部分冲突源于地方上对来自马德里的无政府主义者的反抗，后者企图无偿进行粮食征收。[23]

3月中旬，在巴伦西亚以北的比纳莱萨，打着左派名号的暴力分子和突击卫队之间发生了若干起冲突。内政部谴责左派组织遭到敌特分子渗透的状况，并指示所有党派和工会组织对自1936年7月16日以来加入的成员展开调查，同时要求上交其全部武器。西共报纸媒体还主张采取强有力的手段反对"失控分子"和他们的保护伞，并呼吁消灭敌特分子——西共特意用"新爆破手"一词来称呼他们，目的是唤起人们对早期无政府主义极端暴力的回忆。[24]

双方敌对态势在4月中旬达到了高潮，并导致了保卫马德里委员会的解散。4月14日，卡索拉在《世界工人报》(Mundo Obrero) 上宣布，共和国军队中的一个重要间谍网络已被粉碎。他透露，被捕者之一是第五纵队分子阿方索·洛佩斯·德·莱托纳，此人在无政府主义者西普里亚诺·梅拉指挥的人民军第14师总参谋部担任要职。洛佩斯·德·莱托纳是极端君主主义派政党"西班牙复兴党"的成员，也曾担任其领袖安东尼奥·戈伊科切亚的私人秘书。他曾被萨尔加多的人逮捕，但在威逼或者利诱之下开始扮演双重间谍的角色。不过，卡索拉表示，洛佩斯·德·莱托纳能够进入国防部中由曼努埃尔·萨尔加多领导的情报机关，是得到了梅拉的总参谋长安东尼奥·贝拉迪尼·迭斯·德·费雷蒂的推荐。[25]

毫无疑问，洛佩斯·德·莱托纳和贝拉迪尼之间确有来往，因为他们曾在一次由全国劳工联盟发起的旨在清洗第五纵队分子的行动中合作过。1936年12月针对芬兰大使馆保护下的房舍的突袭行动，揭露了外交庇护权是如何被滥用来掩护第五纵队分子之活动的。于是,爱德华多·巴尔和全劳联防卫委员会建立了一个虚假的暹罗大使馆,实际上该国与西班牙并无外交关系。洛佩斯·德·莱托纳在第五纵队分子的接头者面前充当了"担保人",因此若干共和国的敌人积极接受了由大使馆方面提供的庇护。隐藏的监听装置记录下了他们的对话,有关其间谍网络的情报随之被收集起来。1937 年 1 月初,当米亚哈将军得知,其中的一些叛军支持者已被巴尔的手下杀掉时,他命令终止此行动,因为这本身是违法之举,而针对第五纵队的斗争应依法进行。[26] 1939 年 11 月,洛佩斯·德·莱托纳因参与"暹罗大使馆行动"而被佛朗哥当局判处死刑。[27]

4 月初,费尔南多·巴伦蒂领导的别动队破获了由费利克斯·西里萨·萨兰迪科埃切亚创立的长枪党间谍网络,贝拉迪尼在这场行动中被捕。西里萨的主要同伙与他自己一样都是长枪党分子,他曾被送上人民法庭的审判席,但由于缺乏对他进行定罪的证据而获释——这与在叛军控制区被捕的共和派人士所面对的"司法"状况形成了鲜明的对比。西里萨的组织规模很大,其活动的目的包括削弱民众的士气、挑拨左派政党之间的不和,而首要目的则是刺探情报。[28] 当巴伦蒂的人前去逮捕一个名叫曼努埃拉·帕索斯·凯哈的间谍网成员时,他们发现她正与贝拉迪尼在一张床上,而后者是臭名昭著的好色之徒。搜查人员在她的公寓中发现了属于国防部情报机关的重要文件,据推测它们是由已被逮捕的贝拉迪尼带过去的。西普里亚诺·梅拉对此的反应是威胁米亚哈将军,说他会从前线调回一卡车配备有冲锋枪和手榴弹的民兵,强行把贝拉迪尼从监狱里弄出来。米亚哈说服了盛怒中的卡索拉将贝拉迪尼释放。在同一天的《全国劳工联盟报》晚间版中,加西亚·普拉达斯指责卡索拉是一个进行煽风点火的法西斯特务。[29]

在卡索拉的强烈要求下,《全国劳工联盟报》于 1937 年 4 月 15 日和 16 日停刊两天。围绕着这场激烈冲突所进行的讨论与争吵,构成了 4 月 15 日保卫马德里委员会最后一次会议的全部内容。会议从傍晚 7 点 30 分一直开到次日凌晨 2 点 15 分。在愤怒的无政府主义方之委员弃权的情况下,保卫委员会给卡索拉投下了信任票。然而,会上提名成立了一个由共和派人士和社会党成员组成的委员会,该委员会奉命调查无政府主义者对警察和监狱系统之违法行为的指控。[30]

当《全国劳工联盟报》于 4 月 17 日解禁并重新发行时，当天的首版头条便是呼吁立即解除何塞·卡索拉的职务，并要求司法部长和内政部长对他展开调查。报上刊登的一篇长文声称，保卫委员会中的大多数人相信，卡索拉在 4 月 14 日说到的有关洛佩斯·德·莱托纳和贝拉迪尼的内容是"毫无根据的"。该文还对卡索拉任公安委员时的不法行径进行谴责："一段时间以来，全国劳工联盟的报纸一直在谴责马德里内发生的谋杀活动。这些活动的受害者，有时是名副其实的革命工人、真正的反法西斯主义者，也有时是如假包换的右翼分子。对于后者，我们应该毫不留情地采取行动，但应始终将行动约束在法律许可的范围之内。"鉴于全国劳工联盟本身在法外处决、酷刑和"契卡"组织等方面的前科，这些话堪称厚颜无耻。文章在结束时声称，前一天成立的调查委员会已经发现，有证据显示"在西班牙存在着一种契卡式的政治恐怖主义，对此，我们不但要从底层展开反抗，而且也要通过上层，从政府层面，尤其是通过内政部和司法部与之进行斗争。政府在任何情况下都不能允许谋杀、殴打、任意逮捕和蓄意挑衅，以免我们大家在面对敌人时所必不可少的团结，被淹没在手足相残的血泊之中"。[31]

在同一期报纸上，还有一篇由梅尔乔·罗德里格斯撰写的控诉卡里略、塞拉诺·庞塞拉和卡索拉的出彩文章。他引用了卡索拉与他本人之间的往来信件和公文：

（这些信件和公文）涉及卡索拉其人，如何通过欺骗手段，通过秘密指令和暗号，唆使他手下的密探，将那些被人民法庭宣布无罪的人再度逮捕。这些人之前因卡索拉的命令被关入政府监狱，如今他们表面上被释放，实际却被送入秘密监狱和西共民兵部队，在前线构筑"防御工事"……（用他的话说）。在此声明，我已准备好向任何官方当局或委员会出示这些文件，揭露由公安委员部的圣地亚哥·卡里略和塞拉诺·庞塞拉，以及最近上任的何塞·卡索拉先后推行的阴险"政策"。

在1940年受审时，有指控称，卡索拉把右翼俘虏送到利斯特和"农民派"指挥的部队中，表面上是安排他们构筑防御工事，实际上却是在那里将其处决。

梅尔乔·罗德里格斯接下来以里卡多·平塔多－费案为例，说明他所谓的"遵从公安委员卡索拉之令、携带警察徽章和逮捕令的'共产党人'和'提倡共产主义者'之团伙所犯下的暴行"，以及说明"共产党之'契卡'机构如何被改造成秘密监狱，被劫持至此的男人和女人，如何因为各种基于真实或捏造之事的告发，而被一连关押几天、几周甚至几个月，并因此遭受到种种与所有法律或道德的基本准则背道而驰的个人凌辱"。[32]

接踵而至的丑闻引发了内阁中共产党与社会党部长之间的对抗。对米亚哈的高涨人气颇感不悦的拉尔戈·卡瓦列罗在4月23日直接关闭了保卫委员会，以此方式平息了冲突。他甚至没有将这一决定提前告知米亚哈，后者还是从报纸上得知此消息的。保卫马德里委员会将被一个新的马德里市政议会取代。[33]尽管无政府主义者声称，成立于4月15日的调查委员会正在收集爆炸性的证据，证明卡索拉已在运作一个秘密监狱网络，全国劳工联盟的激进分子在其中接受询问，常常被施以酷刑，甚至会被处决，但该报告从未完成，因为保卫委员会的解散也剥夺了调查委员会对有关问题的全部司法管辖权。4月25日，卡索拉将权力移交给新的国家保安总长文塞斯劳·卡里略，并表示他愿意接受可能进行的任何调查。文塞斯劳是圣地亚哥的父亲，他赞扬了卡索拉在让马德里的街道恢复安宁方面所做的努力。在第二天发表的一篇文章中，卡索拉本人写道，他之前必须保持沉默以等待调查得出结论，现在他终于可以自由发表评论了。他抨击了"某些私下求情却公开攻击的人的言语暴力"，很明显这里指的就是梅尔乔·罗德里格斯及其所涉及的平塔多－费案件。他继续捍卫他自己的履历免遭"那些最近渗透进入全劳联－伊无联组织，并使用工会会员卡隐藏他们不光彩的过去，以损害反法西斯群众之利益的坏分子"的污蔑。[34]两天后，共产党方面的报纸发布消息称，已有一个使用全国劳工联盟会员卡的第五纵队间谍网络被发现。[35]

从西班牙共产党与全国劳工联盟之间的冲突中所得出的一个明显结论

是，在紧张的战时环境下，极高标准的新闻自由普遍存在。全国劳工联盟的报纸上对警方和监狱系统的所谓过火行为的谴责，是民主准则得到维持的一个显著例证。人民法庭所做的部分决定更是如此。在这方面值得注意的是射杀巴勃罗·亚圭的无政府主义民兵，以及阿古斯丁·穆尼奥斯·格兰德斯或博比·德格拉内等叛军支持者被无罪开释的案例。更为引人注目的是，有无政府主义者和共产党人因犯有盗窃或谋杀罪而被法庭判刑的案例。在叛军控制区并无类似的情形出现，甚至就连像米亚哈将军因为"暹罗大使馆行动"非法而将其叫停，保卫马德里委员会设立专门机构以调查无政府主义者对警方违法行为的指控，以及共和国政府坚持针对第五纵队的斗争应以合法手段进行等类似的事情都未发生过。对于卡索拉而言，正如他所看到的那样，一个非常令人沮丧的事实是，由于安全工作如此松懈，出现了很多"漏网之鱼"。

任意实施暴力的行为在1936年底基本得到了控制，大众司法的新系统正在良好运作当中。为了保护被告之利益而提供的诉讼程序与充足的救济手段，使得共和国的司法实施与叛军控制区的简易审判有着显著区别。越来越多的宗教人士被法庭免除了对共和国政权不忠的指控。[36]事实上，当然是在1938年以前，正如在那些卡索拉尝试将其转为预防性逮捕的、频繁发生的无罪释放之案例中所显现的那样，宽大的判决结果往往被证明是错误的。拉蒙·罗夫莱斯·帕索斯上尉于1937年1月26日在紧急法庭上的受审，以及他的哥哥何塞在同时期被指控为第五纵队刺探情报而遭遇的命运，都可以作为例证，让我们对共和国司法机构，以及共和国安全部门及其俄国顾问团的运作一探究竟。

时年37岁的上尉罗夫莱斯·帕索斯是一个反动的非洲殖民军军官。在战争开始时，他是位于托莱多阿尔卡萨的步兵学院中的一名教官。[37]当他的那些参与暴动的同志困守阿尔卡萨时，他本人还在马德里。他动身前去加入他们的队伍，但是，1936年7月21日，他在途中于首都南部的赫塔费被捕，并被带到位于德利西亚斯大街的一个"契卡"机构中。他发誓忠于共和国并于数小时后被释放，同时被要求前往国防部报到。尽管他未去部队报到，但他仍然保持自由身。直到10月16日，他被布埃纳维斯塔警局

（马德里最重要的警察局）的探员逮捕。在被指控违反其忠于共和国的誓言后，他被关到了模范监狱。令人惊讶的是，他逃过了 11 月 7 日、8 日和 9 日对囚犯的转移和随后的屠杀行动。这似乎暗示了某个具有相当影响力的人物正在照拂着他。考虑到他的哥哥何塞从 8 月底开始在苏联大使馆任职，所以这很难说只是巧合。

11 月 17 日，拉蒙被转移到本塔斯斗牛场附近的监狱，他一直被关押在那里，直到 1937 年 1 月 26 日因为对共和国不忠的指控而受到审判。他在法庭上再次宣誓完全忠于共和国后，以每月 15 日和 30 日前往法庭报到为条件而得到临时释放。由于他未履行此项要求，所以他遭到传唤并于 2 月 27 日再次受审。然后，他将一封充满阿谀之辞的信件寄给了（"以无上庄重之态度掌管法庭的"）法庭庭长。在信中，他请求法官告知"法庭里的同志们"，他将无法遵命行事，因为他已于 2 月 24 日奉命加入在特鲁埃尔前线战斗的共和国军队——这是彻头彻尾的谎言。法庭则因为这个在前线服役的虚假说辞而将其赦免。[38]

事实上，在 1 月 28 日，也就是在一审两天之后，拉蒙就前往智利大使馆避难。三个星期后，他搬到了法国大使馆，在此期间，他于 2 月 22 日写下了那封声称要在特鲁埃尔为共和国而战的书信。促使他前往智利和法国大使馆躲避的原因，似乎是他本人伪装忠于共和国的行径有暴露的危险。前一年 12 月下旬，他的兄弟何塞被捕，很可能拉蒙是担心他哥哥会在受审时透露他们之间的关系。何塞声称他曾试图说服拉蒙履行其军事职责，但安全部门怀疑他正将从苏联大使馆那里获得的情报告诉拉蒙，后者再将其传递给第五纵队方面。1938 年 1 月，拉蒙设法转移到法国境内，经过一番周折之后，他于 5 月中旬到达叛军控制区。他并没有像大多数穿越战线的军官那样经受严苛的调查。事实上，在五周之内，他就以少校军衔（晋升文件上填写的日期是 1936 年 12 月 10 日）被纳入叛军部队之中，并得到了一支土著正规军部队的指挥权。这种优遇是基于第五纵队分子所提交的一份报告，其中说明了他对反叛事业的全身心投入。后来他被提拔为中校，并多次被授予勋章。1942 年，他以志愿者身份加入"蓝色师团"，跟随这支由佛朗哥派去支援希特勒的部队前往俄国战斗。此后，他在军队中步步高升，先是在 1952 年晋升为准将，然后在 1957 年升至少将，最后在 1961 年升至西班牙陆军中的最高军衔，也就是陆军中将，并拥有西班牙军人可以获得的最高职位——统制第 7 军区（巴利亚多利德）和第 9 军区（格拉纳达）的总司令（Captain-General）。[39] 后来的这些职业成就显示出，拉蒙和何塞之间的关系的确有损共和国的利益。

逮捕何塞的是由巴斯克斯·巴尔多米诺斯和格里古列维奇领导的专于反间谍事务的别动队。如果把这一点和其兄弟所从事的活动联系起来，那么有关何塞将苏方人员的重要情报传递给第五纵队的怀疑便是合情合理的。国际形势迫使苏联逐渐缩减对西班牙共和国的援助，所以任何有关俄国人活动的信息都很敏感，并且何塞·罗夫莱斯，作为某种程度上的弗拉基米尔·戈列夫与共和国总参谋长之间的联络员，似乎可以接触到高级别的涉密信息。在巴伦西亚，流传着何塞·罗夫莱斯因被指控犯有间谍罪而遭到逮捕，并在苏方关押期间遭到枪杀的传言。在咖啡馆传播的小道消息的说法是，他因为没有管住自己的嘴而"不小心"泄漏了军事情报。[40] 拉蒙的同时期经历显示了他那并非是粗心大意。被授予接触苏联驻西班牙官僚机构与西班牙政府最高层之特权的国际知名记者与苏联问题专家路易斯·费希尔相信，处决何塞·罗夫莱斯是俄国人的杰作。[41]

小说家约翰·多斯·帕索斯在美国大使馆获悉，美国使馆武官史蒂芬·富卡上校曾于 1937 年 3 月 26 日在一座政治犯集中营里见到过他的老朋友何塞·罗夫莱斯。[42] 何塞·罗夫莱斯在该日至 4 月 22 日之间的某个时间点被处决。22 日早上，多斯·帕索斯告诉欧内斯特·海明威和他们共同的小说家朋友约瑟芬·赫布斯特，他刚刚了解到罗夫莱斯在因泄露军事机密而受审后已被处决。[43] 在 1939 年，多斯·帕索斯说，他曾被"当时共和国反间谍机构的头目"遗憾地告知，何塞·罗夫莱斯死于"一个特别小分队"之手。[44] 上述用词似乎暗示了此人是担任警察部队总督察长兼保安总局别动大队指挥官的戴维·巴斯克斯·巴尔多米诺斯，但是有更多的理由假定，为多斯·帕索斯提供消息的人是巴斯克斯·巴尔多米诺斯的秘书佩佩·金塔尼利亚。与他的兄弟，艺术家路易斯·金塔尼利亚一样，佩佩也与海明威、赫布斯特和多斯·帕索斯有来往。处于佩佩·金塔尼利亚的职位上，他肯定知晓格里古列维奇和别动大队的事情。⁴⁵ 拉蒙和何塞两兄弟迥异的命运凸显了相对宽松的人民法庭与极端严厉的别动大队之间的差别。

卡索拉与马德里的全国劳工联盟团体之间的冲突，只是在西班牙共和国中心的一个更广泛问题的缩影。对于共产党人、相当一部分工人社会党成员以及资产阶级各共和派党团人士来说，处于核心优先级的是齐心协力进行战争，以及为此所需的国家的全面重建。不同的是，左翼革命分子，即全劳联－伊无联和马统工党却下定决心要实现工农业的集体化，并反对国家对经济和军事事务的总体控制，哪怕是在1937年2月共和国在马拉加的大惨败暴露了民兵系统的弱点以后，他们仍不肯改弦易辙。无政府主义者也同样反对重建公共秩序，虽然他们不时会发表一些"顾全大局"的官样文章。在共和派人士、社会主义者和共产党人看来，全国劳工联盟和马统工党的活动，与第五纵队的颠覆行径是同一性质。

虽然双方在马德里存在激烈的冲突，但是在围城的环境下，共同抗敌的紧迫感总会对其有所限制。决定性的冲突将于1937年5月在巴塞罗那爆发，那里远离所有正在交火的军事战线，在这一迥异的环境里，社会和政治局势的紧张程度在数个月的时间里持续攀升。早在1936年下半年，加泰罗尼亚的首轮革命攻势即已开始退潮，而加泰罗尼亚地方政府，正在试图从军事政变留下的已成废墟的国家机器中恢复失去的权力。加泰罗尼亚地方政府主席，来自资产阶级政党"加泰罗尼亚左翼共和党"的路易斯·孔帕尼斯，以及加泰罗尼亚共产党（即"加泰罗尼亚统一社会党"）试图重建对该地区的政治和军事体系的控制权。在马统工党的报纸《战斗报》（*La Batalla*）上，党的领导人安德鲁·宁和他的首席理论家胡安·安德拉德指责统社党与加泰罗尼亚左翼共和党之间的合作是"反革命行径"，并敦促全国劳工联盟利用其革命委员会，加入马统工党反对他们的行列中。⁴⁶

早在1936年秋，路易斯·费希尔就已告知安德拉德的妻子玛丽亚·特雷莎·加西亚·巴努斯，克里姆林宫决定消灭马统工党，并敦促她警告她的同志们采取预防措施。⁴⁷ 到1936年年底，共产国际派驻统社党的特派员，化名"佩德罗"的沉默寡言而又高深莫测的埃尔诺·盖勒已发动了一场旨在罢免安德鲁·宁的地方政府司法委员之职务的运动。⁴⁸ 12月11日，共产国际执行委员会向"路易斯"（维托里奥·科多维拉，派驻西共之代表）、"佩德罗"（埃尔诺·盖勒）和"佩佩"（西共总书记何塞·迪亚斯）拍发了如下电文："有必要把重点放在针对托派分子的政治清洗上来，因为他们是反革命和盖世太保的代理人。通过发动政治运动，将他们赶出国家与地方政府机构，查禁他们的报纸，驱逐所有的外来势力。设法与无政府主义者达成协议。"[49]

第二天，也就是12月12日，统社党总书记霍安·科莫雷拉因为呼吁将安德鲁·宁赶出地方政府而引爆了一场内阁危机。他指出，马统工党是煽动劳工总会和全国劳工联盟分裂的不和谐与不忠诚因素。他宣称，马统工党攻击和侮辱共和国唯一有实力的盟友苏联，实际上犯下了叛逆罪。[50] 俄国驻巴塞罗那总领事弗拉基米尔·安东诺夫－奥夫谢延科在同天晚上与孔帕尼斯共进晚餐。尽管他是安德鲁·宁的老朋友，但是他也表达了同样的观点，并且提到了"各种理由——苏联的武器、国际形势以及（来自苏联的）原材料和食品供给"。由于物资交货期的临近和可以预见的粮食危机，而且孔帕尼斯无论如何还是很乐意看到一个更团结的内阁，所以他对此表示同意，于是安德鲁·宁在12月16日的内阁洗牌中被迫出局。[51] 6个月之后，在安德鲁·宁被捕后，他曾对他的审讯人员说，当加泰罗尼亚首席部长何塞普·塔拉德利亚斯告知他本人已被从内阁开除时，他曾表示马统工党恐将遭到迫害，而其领导人将被从"政治上和肉体上"消灭。[52]

在老布尔什维克加米涅夫和季诺维也夫遭遇公审与处决之后，马统工党做出了直言不讳的批评，由此引来了苏联顾问的猛烈反击。在安东诺夫－奥夫谢延科的怂恿下，统社党方面谴责马统工党领导层为"法西斯间谍"和"托洛茨基分子的代理人"，并呼吁将该政党彻底消灭。[53] 然而，对反斯大林主义之左派的敌视并非仅仅源于俄国人偏执狂般的想象。共和派人士、社会主义者、共产党人和许多外国观察者越来越相信，加泰罗尼亚的无政府主义者并没有全心全意投入战争这一共同事业当中。全国劳工联盟从巴塞罗那进口并在那里囤积武器，等待着可以发动革命的那一天的到来。[54] 1937年3月中旬，数百名反对民兵军事正规化的"自由主义运动"的极端成员放弃了他们在赫尔萨（萨拉戈萨）的前沿阵地，并携带武器返回了加泰罗尼亚首府。受到激进的加泰罗尼亚分离主义者豪梅·巴柳斯·米尔的启发，他们有意建立一个革命先锋队，并反对全国劳工联盟领导层与中央政府的合作。甚至加西亚·奥利韦尔也认为巴柳斯是一个"狂放之人"。3 月 17 日，他们组建了一个被称为"杜鲁蒂之友"的团体，并在几周内招募了五千名全国劳工联盟的成员。新组织受到安德鲁·宁的热烈欢迎。[55]

全国劳工联盟领导层中的部分成员同意参加共和国政府，他们更倾向于认同一切为战争之努力而让步的必要性。然而，在全国劳工联盟的广大群众层面，特别是在巴塞罗那，革命力量的丧失引发了激烈的抵抗。许多无政府主义者和马统工党的激进分子认为，共产党人、社会主义者和共和派人士要求为维护"资产阶级民主"所做的牺牲是毫无意义的，因为西方列强将佛朗哥视为一个对于资本主义世界而言比共和国更好的选择。全国劳工联盟和马统工党中的许多人认为应该优先考虑革命，这一信条被致力于战争之共同努力的所有人认为具有背叛和颠覆的性质。

在地方政府从革命工团组织手中夺回权力的进程中所产生的紧张气氛，由于战争所造成的经济和社会混乱而进一步恶化。到 1936 年 12 月，由于多达 30 万难民的到来，加泰罗尼亚地区的人口急剧膨胀。难民占据了整个地区总人口的 10%，并可能占巴塞罗那城市人口的近 40%。在马拉加沦陷后，这一数字猛增。为新来者提供食宿的压力激化了现存的冲突。在 1936 年 12 月之前，地方政府供给部仍由全国劳工联盟控制的时候，无政府主义方面提供的解决方案一直是通过人为制定的低价格征集食物。但是农民通过囤积食物的方式抵制征收，于是引发了供给短缺和通货膨胀。在 12 月中旬的内阁危机过后，统社党领导人霍安·科莫雷拉接管了供给部，并采用了更加贴近市场的手段。这激怒了无政府主义者，但也并没有将问题解决。加泰罗尼亚需要食品进口，但缺乏国际贸易所需的外汇储备。在巴塞罗那有面包骚乱发生，而全劳联－伊无联和统社党之间因争夺食品储备的控制权也爆发了武装冲突。[56]

由食品短缺和推行集体化所导致的冲突正在进行的同时，治安部队在试图限制无政府主义者的"治安巡逻队"时也导致了其他暴力事件的发生。在 1937 年 2 月，共和国国家卫队（前国民卫队）中有超过 30 人被杀。3 月初，地方政府解散了全国劳工联盟控制的防卫委员会，并授权解散了所有地方警察和民兵委员会。突击卫队和共和国国家卫队合并成一个单独的加泰罗尼亚警察部队，其军官不得加入任何政党或工会组织。这些措施实际上将劳工们的巡逻队置于非法的地位。10天后，共和国中央政府命令所有劳工组织、委员会、治安巡逻队，以及劳工个人上缴他们的武器。地方政府的内务委员，来自加泰罗尼亚左翼共和党的阿特米·艾瓜德尔加紧了解除民兵巡逻队之武装的工作。与此同时，沿着法国边界，在边防警察部队与全国劳工联盟委员会之间，围绕着自 1936 年 7 月以来由后者占有的各边防哨所的控制权，爆发了越来越多的流血冲突。[57]

1937 年 4 月 24 日，无政府主义者做出反应，他们针对由艾瓜德尔任命的加泰罗尼亚警务总长，来自统社党的欧塞维奥·罗德里格斯·萨拉斯发动了一次暗杀行动。第二天，当地方政府劳工与公共工程委员拉斐尔·比达利亚的秘书，统社党党员罗尔丹·科尔塔达在巴塞罗那附近的莫林斯－德雷伊遭暗杀时，事情到了紧要关头。两天之后，统社党官方精心安排的一支庞大的送葬队伍，抬着科尔塔达的棺材经过了巴塞罗那的街巷，这实际上是针对全劳联－伊无联的一场大规模示威。与此同时，在莱里达省内被称为"塞尔达尼亚"（La Cerdanya）的比利牛斯山边境地区，发生了一起非同寻常的事件。整个地区由绰号为"来自马拉加的瘸子"（el Cojo de Málaga）的伊无联活动家和走私贩安东尼奥·马丁·埃斯库德罗控制。作为塞尔达尼亚地区事实上的统治者，马丁通过走私行动和向试图越境前往法国的富人敲诈勒索而赚取了一笔财富。重要的政治人物被拘留并遭到马丁手下枪手的威胁。控制边界对于全国劳工联盟的领导层来说至关重要，因为他们不但要将没收的贵重物品顺利输送出境，同时还要确保通过非法交易获得的武器可以顺利入境。有关边防警察部队和其他政府部队活动的情报，正通过全国劳工联盟控制下的加泰罗尼亚各地之电话通讯网络转达给他。

当地各市镇长官决心结束马丁的恐怖统治，最终，在 4 月份，他们开始从艾瓜德尔和地方政府那里得到支持。来自巴塞罗那的情报显示，针对他的政府部队正在小镇贝利韦尔集结，于是马丁率领一支民兵大部队前往攻击该镇。然而，在枪战中攻击方落败，马丁和他手下的一些人被打死。[58] 无政府主义者方面的文献资料将这个土匪头子粉饰成一位烈士。整个事件都经过了改写，它试图给人留下的印象是，那个事实上的罪犯马丁并非死于贝利韦尔守卫者的枪弹之下，而是在普奇塞达为地方政府之军警所害。地方政府的经济事务委员迭戈·阿瓦德·德·桑蒂连曾两度随政府代表团前去调查针对马丁的诸多控告，他充分了解到了马丁本人不光彩的记录，却选择睁一只眼闭一只眼。[59]

围绕食物供应发生的争执以及在塞尔达尼亚发生的事件，显示了在革命倡导者和那些认为应该优先考虑战争事务的人士之间，存在着多么根深蒂固的冲突。至于说，这种冲突在所谓的"五月事件"中达到高潮是一个经过精心安排的斯大林式阴谋，其实并无事实根据。在五月份将长期酝酿之冲突点燃的直接导火索，是地方政府的两个动作。地方政府颁布了一项禁止举行传统"五一节"集会的法令，这本是为了防止全国劳工联盟和劳工总会之间可能发生的冲突，但被全国劳工联盟的广大群众视作一种挑衅。然后，在 5 月 3 日，阿特米·艾瓜德尔下令对位于加泰罗尼亚广场的全国劳工联盟控制下的电话交换局发动一次突袭，该行动由好斗的警察专员罗德里格斯·萨拉斯负责实施。艾瓜德尔所奉的是孔帕尼斯本人的指示，后者曾因获悉全国劳工联盟的接线员挂断了阿萨尼亚总统打给他的一通电话而感到屈辱。显然，国家需要对主要通信系统加以控制，但是孔帕尼斯受到一位来自全国劳工联盟的政府委员的警告，对方说无政府主义方面的群众会对此进行抵抗。[60]

毫无疑问，无政府主义者和马统工党被警方在过去 3 个月里收缴民兵巡逻队之武器的举动激怒了。针对艾瓜德尔的举措，全国劳工联盟方面用暴动加以回应，这表明他们实际上早有准备。全国劳工联盟方面拥有的军备规模导致危机升级至非常严重的程度，整个地区已经处于一场小型内战的边缘。无政府主义者和马统工党的民兵出现在巴塞罗那和其他几个城镇的街道上。在一次讨论当前局势的内阁会议过后，无政府主义方面的一位部长（可能是加西亚·奥利韦尔）说："这仅仅是开始。进攻将会是全面和决定性的。"孔帕尼斯拒绝撤回包围电话局大楼的部队，他抓住机会对全国劳工联盟的巡逻力量展开了坚决果断的进攻，并最终重申了对加泰罗尼亚地方的统治权。[61]

巴塞罗那市中心出现了街垒。"杜鲁蒂之友"与其他无政府主义者以及马统工党共同抗击地方政府部队和统社党武装达 4 天之久。位于格拉西亚大道的统社党总部遭到 3 辆装甲汽车的攻击，但攻击行动并未奏效。工人阶级聚居区和市郊工业区掌握在无政府主义大众的手中，但是他们之间缺乏协调，于是孔帕尼斯夺回了主动权。[62]虽然危机的起因与加泰罗尼亚所处的战时环境密切相关，但地方政府和统社党方面意识到，他们必须抓住此机会，瓦解全国劳工联盟的力量。（巴伦西亚）中央政府也看到了限制加泰罗尼亚地方政府之权力的机会。加西亚·奥利韦尔和劳工总会的卡洛斯·埃尔南德斯·桑卡霍被派往巴塞罗那与全国劳工联盟领导层讨论当前局势。他们遭到了羞辱，在无政府主义分子慢条斯理地享用晚餐时，他们只能坐冷板凳。当他们要求用餐时，送到他们手里的只有两块薄薄的三明治。他们一事无成地返回了巴伦西亚。[63]

抛开这些廉价的胜利不谈，该事件暴露了全国劳工联盟方面所面临的根本性的两难处境。无政府主义者要想在加泰罗尼亚取得胜利，就需要付出与共和国其他武装力量进行全面战争的代价。全国劳工联盟在马德里发行的报纸《自由阵线报》(*Frente Libertario*) 谴责（加泰罗尼亚的无政府主义者和马统工党中的）革命分子是希特勒、墨索里尼和斯大林的盟友。加西亚·奥利韦尔代表中央政府所有的无政府主义者方面的部长，从加泰罗尼亚地方政府处发布广播讲话，并呼吁仍在观望中的武装分子放下武器。而且，加泰罗尼亚无政府主义领导层中的大多数成员，并不愿意召回阿拉贡前线的民兵部队与地方政府及共和国中央政府为敌。5 月 7 日，巴伦西亚政府派出增援的警察部队，这最终决定了事件的结局。此举仅仅是为了回报地方政府交出加泰罗尼亚境内陆军部队的控制权，以及履行维护加泰罗尼亚之公共秩序的责任。全国劳工联盟和马统工党中有数百名成员被捕，不过，因为需要尽快让兵工产业恢复正常运行，镇压运动的规模受到了限制。而在发生上述这些事件的时候，佛朗哥军队侵入了巴斯克地区。正如著名新闻记者曼努埃尔·多明格斯·贝纳维德斯所述，当巴斯克地区遭受狂轰滥炸时,"马统工党和伊无联组织了一场血腥的革命狂欢"。[64]

5月3日的事件出乎俄国人的意料。他们中间的一些游击战高级顾问因为街巷中发生的战斗而被意外地困在巴塞罗那。高级军事顾问格里戈里·施泰恩将军后来写道,他们当时绝对没有被当作事件的煽动者而遭到仇视,相反,俄国人"可以不受干扰地在双方的路障之间穿行,无政府主义者还会握紧拳头向其敬礼"。[65] 当然,即便是苏联和西共方面没有在背后策划整个事件,他们肯定也不会放过摆在他们面前的这些机会。马统工党吹嘘他们是这场暴动的领导者,虽然实际上它是全国劳工联盟之成员的杰作,于是现在,马统工党成了"五月事件"的替罪羊。[66] 在危机期间,由安德鲁·宁和马统工党其他领导人发表的众多革命宣言,要比全国劳工联盟方面的类似言论激进得多。此外,由于事件的主要受益方是反叛军和他们的轴心国盟友,所以共产党、社会主义者和共和派人士强烈怀疑,在马统工党和全国劳工联盟之活动的背后,恐有法西斯分子煽动的因素存在。卡索拉和其他人经常抱怨说,全国劳工联盟的组织就像筛子一样,非常容易遭敌渗透。而坚持国际主义的马统工党则极其欢迎外国志愿者的加入。有一个具体的案例是,1937年1月,内务人民委员部在柏林的一位谍报人员向莫斯科报告说,德国方面的特务已经渗透进了马统工党组织。[67] 佛朗哥本人也曾向德国外交临时代办威廉·福佩尔将军吹嘘说,"巷战是由他的特务们发动的"——佛朗哥在这里指的是5月2日晚,属于右翼的加泰罗尼亚国民党(Estat Català)党徒,根据来自萨拉曼卡的指示所发动的针对全国劳工联盟成员的攻击行动。同样,意大利外交大臣齐亚诺伯爵也向驻罗马的佛朗哥政权使节吹嘘说,意大利方面的特务人员也参与制造了此次的混乱局面。全国劳工联盟中确实不乏意大利人,其中一些人很可能就是秘密潜入的意大利秘密警察(OVRA)*之密探。[68]

在巴塞罗那的冲突结束后不久,拉尔戈·卡瓦列罗就被撤去总理职务,这并不仅仅是因为他于危机期间所犯下的错误。当然,曾在"五月事件"中被困于加泰罗尼亚法院大楼的总统阿萨尼亚,绝对不会原谅未及时安排

---

* 对应的意大利文为 Organizzazione per la Vigilanza e la Repressione dell'Antifascismo。

其撤离的拉尔戈·卡瓦列罗。但除此之外，担任不管部长的左翼共和党人何塞·希拉尔告知阿萨尼亚，共和派人士、共产党人和社会主义者一致，希望做出重要的改变。他们已经深感苦恼，不仅是因为拉尔戈·卡瓦列罗可笑地把自己装扮成一个伟大的战略家，也因为他不经内阁讨论就独断专行。当部长们抱怨说对正在发生的大事一无所知的时候，他会告诉他们去看报纸。上述3个群体均对拉尔戈·卡瓦列罗表示不满，因为他对全国劳工联盟的同情态度，以及他在处理公共秩序问题上的失当。他们同样希望将他那位无能的内政部长安赫尔·加拉尔萨免职。

共产党部长们在事先征得社会党和共和党方面同意的情况下，于5月14日的内阁会议上率先发难。他们要求改变军事战略，并宣布马统工党为非法。当总理表示拒绝，并且不愿在伊无联和"杜鲁蒂之友"免受惩罚的情况下让马统工党承担全部责任时，他们全体离开了会场。拉尔戈·卡瓦列罗试图在他们缺席的情况下继续开会，但令他惊讶的是，其他内阁部长也对共产党方面的要求表示支持。[69] 于是他被迫辞职，政府权力被交给胡安·内格林博士，这是反革命派政治力量的一次胜利。自此开始，战争初期所取得的革命成果将逐步被瓦解，而之后的政策路线则由接管内阁中关键部长职位的共和派与温和社会党人来把握。

新任总理下定决心结束恐怖统治，此中体现的人道主义关怀实则与他的一个观点密切相关，他认为暴行正在被用作民主国家拒绝帮助共和国的理由。在1936年9月至1937年5月期间，作为财政部长，内格林已在竭力使共和国不致负债。他努力确保国家资源被投入为了战争的共同努力中，无论是把共和国的黄金储备运往国外，作为军火采购的资金来源，还是加强边防警察部队的力量以重新建立国家的外汇管制，并遏制法国－加泰罗尼亚边界上大量由全国劳工联盟所设的边防哨所的非法活动。随着他升任共和国总理，他为制止非法镇压行动而做出的努力也将升至一个不同的层面。

在他的新内阁中，内格林任命巴斯克社会党人胡利安·苏加萨戈伊蒂亚为内政部长，后者同样致力于重新建立法制和秩序。此外，他选择另一位巴斯克籍人士曼努埃尔·伊鲁霍担任其司法部长，这两人的任职保证了即使在苏联决心摧毁马统工党的前提条件下，西班牙也不会出现像莫斯科那样的公审闹剧。其他的一系列重要任命，进一步加强了对公共秩序的控制。另一位社会党人胡安－西梅翁·比达特获提名担任苏加萨戈伊蒂亚的部门次长，而他的首轮行动是解散一个根据安赫尔·加拉尔萨之命令执行法外处决的小分队，并关闭巴伦西亚臭名昭著的圣乌尔苏拉监狱。社会党人保利诺·戈麦斯·赛斯被任命为派驻加泰罗尼亚的公安特派员，以加强中央政府对该地区的控制。办事得力的里卡多·布里略中校成为巴塞罗那的警察总长，而一位名叫特奥多罗·伊列拉·马丁的职业警员则被派到该市担任保安总局特派员。当1936年7月13日卡尔沃·索特洛遇害时，布里略在位于庞特霍斯街的突击卫队兵营中担任指挥官。尽管他并未参与这一谋杀事件，但他还是因为这项"罪名"而于1939年被处死。他是一位共产党员，但同样也忠于内格林。[70]然而，1937年5月27日对安东尼奥·奥尔特加·古铁雷斯上校的保安总长之任命，却被证明是灾难性的。内格林之所以将此要职委任给奥尔特加，仅仅是相信他是一名职业军人，而且是国防部长因达莱西奥·普列托的一名社会党追随者。正如他后来在回忆录中所指出的，如果他知道奥尔特加的效忠对象是西共而非共和国政府，他决不会接受这一推荐。[71]

根据迭戈·阿瓦德·德·桑蒂连的说法，在巴塞罗那的左派人员手中共有6万件武器，其中大多数都在全劳联－伊无联成员的手中。抵达巴塞罗那后，比达特和布里略开始解散各"治安巡逻队"，并着手没收他们的武器。该进程遭到全劳联－伊无联成员的大规模暴力抵制，其间，在6月4日，有1位边防警察部队的中士和4名突击卫队士兵被杀。据比达特透露，负责反法西斯民兵中央委员会下辖之调查委员会运作的曼努埃尔·埃斯科尔萨·德尔·巴尔在这场抵制运动中扮演了重要角色。那些对死亡事件负责的肇事者被捕，但内格林坚持主张不应对任何人处以死刑。[72]伊列拉解雇了地方政府中的72名警察，他声称他们参与了盗窃、谋杀和走私的犯罪活动，这些恰恰是与安东尼奥·马丁·埃斯库德罗（"来自马拉加的瘸子"）相关的那类罪行。伊列拉不可避免地要与被他取代的那个人，也就是来自伊无联的迪奥尼西奥·埃罗莱斯·巴特略发生冲突。在内格林接管政府之前，此人一直是地方政府的公安工作负责人。伊列拉还面临着全劳联－伊无联之"治安巡逻队"的领导人奥雷利奥·费尔南德斯·桑切斯的激烈反对。[73]

关于伊鲁霍在担任不管部长期间为阻止共和国后方的暴力所做的努力，内格林有着充分的了解。[74] 现在，伊鲁霍接任司法部长，他的上台宣言便反映出了内格林对镇压的态度："'兜风'执法已告结束……政府丧失权柄已有时日。它曾无法制止社会犯罪。但那些时日已经成为过去……敌人的野蛮兽行，绝不能成为我们犯下可憎罪行的借口。"[75] 革命的正义正在被常规的资产阶级司法取代。人民法庭由训练有素的职业法官群体负责。伊鲁霍最开始做的事情之一就是将监狱工作专业化，以确保 1936 年 11 月的暴行不再重演。监狱管理的松懈程度，与叛军控制区相比简直不可想象。天主教神职人员、修士、修女被释放。监狱系统对红十字会完全开放。[76] 有很多平民囚犯可以因为家中有人出生、结婚、生病或死亡而获准假释出狱。由于推行上述措施，伊鲁霍一度遭到无政府主义方面报纸的公开指责，并被称作"唯教皇至上的野蛮人"和"资产阶级反动派"，但是最终，他因为自己的杰出工作而得到一个无政府主义代表团的称赞。同样，在内政部中，苏加萨戈伊蒂亚也会借助职务之便，拯救被共和国关押的那些长枪党知名人物的生命。

在阿梅利亚·德·阿萨罗拉的特别案例中，内格林与伊鲁霍的伦理观得到了鲜明的体现。阿萨罗拉是一位巴斯克民族主义者和反法西斯主义者，但她同时也是长枪党创始人之一胡利奥·鲁伊斯·德·阿尔达的妻子，并深深地爱着他。她于 1936 年 8 月被捕，就在她丈夫死于模范监狱的大屠杀之前不久。她于 1937 年 3 月 29 日因"敌视现政权"的指控而受到审判。伊鲁霍和内格林两人在审判中为她出庭作证。从她在巴斯克地区的家乡那里，伊鲁霍了解到她是一位坚定的共和主义者。内格林曾在马德里大学与她一起学医，并谈到她作为左翼学生和共和主义者所参与的一系列活动。因此她被判无罪，但卡索拉拒绝将她释放，并将她继续关押，以便在未来交换俘虏时用作筹码。她获准在位于巴伦西亚市近郊的阿拉夸斯镇的女子监狱工作。经过内格林的干预，在 1937 年秋天，阿萨罗拉医生被保安总局释放，并被允许返回位于巴塞罗那的家中接受保护性拘留。后来，她在 1938

年初的一次俘虏交换中获释,随后她前往纳瓦拉。[77]

阿萨罗拉医生曾经工作过的阿拉夸斯监狱原本是一处耶稣会的驻地,手下人按照伊鲁霍的命令对其进行了翻新。那里光线充足、通风良好,有一个室内体育馆和游泳池,条件相对舒适。凯波·德·利亚诺的妹妹罗萨里奥于1937年7月抵达那里,并遇到了一些佛朗哥方面的重要人物的亲眷,其中包括何塞·安东尼奥·普里莫·德·里韦拉的妹妹卡门,他的姑妈玛丽亚·赫苏斯,以及他的弟媳玛戈·拉里奥斯,另外还有西班牙外籍军团创始人的妹妹玛丽亚·路易莎·米连·阿斯特赖,佛朗哥的侄女皮拉尔·哈赖斯·佛朗哥,阿尔瓦公爵的一个同辈姊妹,以及几位著名反叛方军官的女性亲属。[78]

伊鲁霍接受司法部长之职的条件是必须尊重信仰自由,并使宗教活动合法化。他为神父、修士和修女颁发安全通行证和身份证件,并尽力让他们做礼拜的权利得到认可。他创建了宗教团体办公室,经过不懈的努力,在1937年8月15日,他终于成功地在巴伦西亚的巴斯克代表团驻地安排了首场公开的弥撒仪式,并且成功地让巴塞罗那的一座教堂重新开放。这些成果引发了全国劳工联盟的激烈批评。在宗教团体办公室工作的赫苏斯·德·加林德斯在上述弥撒仪式上担任助祭。第五纵队试图破坏这一积极举措,他们四处传播有关教堂被改为俗用且所有参加弥撒仪式的人将被开除教籍的谣言。他们意识到,随着教堂的开放,他们已失去了反对政府的一个主要的宣传武器。[79]

伊鲁霍和苏加萨戈伊蒂亚所无法做的一件事是控制化名为"亚历山大·奥尔洛夫"的内务人民委员部情报站负责人列夫·拉扎列维奇·尼科尔斯基的活动。理论上,奥尔洛夫有多项任务——反间谍行动,尤其是排查国际纵队内部的敌特分子;组织游击作战和敌后破坏活动;以及组建一支规模较小的、用于对付内部反政府人士的共和国精锐秘密警察部队。最后一项是他的主要活动,而其成果则是各个别动队的创立。创建这些队伍的初衷是打击第五纵队,但是他们很快就被转而用于对付那些被视为颠覆分子和叛徒的西班牙左派人士。1937年5月3日,格里古列维奇带领一支别动队前往巴塞罗那,并借助混乱局势的掩护,去清除多名与马统工党有关联的重要外籍托洛茨基分子。[80] 有人提出，格里古列维奇的团伙可能是在5月5日至6日晚间谋杀意大利无政府主义者卡米洛·贝内里和弗朗切斯科·巴尔别里的凶手。但是由于贝内里在墨索里尼那里比在斯大林那里的威胁性更大，因此那也可能是意大利秘密警察的杰作。根据全国劳工联盟自己的调查结论，杀害贝内里的是为意大利秘密警察工作的一些加泰罗尼亚国民党的成员。[81]

对于陷入偏执狂状态的斯大林而言，他所关心的，同时也是奥尔洛夫的主要任务，就是在西班牙根除持不同政见的外籍共产主义者。事实上，西班牙共和国的俄国安全人员关心此任务更甚于关心任何针对马统工党的行动，后者被认为是西班牙警方的工作。在加泰罗尼亚，许多东欧人士被一个称为"情报组"（Grup d'Informació）的单位派出的密探逮捕和囚禁。这个与马德里别动队类似的单位，是已同奥尔洛夫建立联系的地方政府防卫委员会所下辖的情报部门的一部分。被捕的托派分子被带到位于巴伦西亚的圣乌尔苏拉修道院，在那里他们遭到来自俄国人、德国人和东欧人士的刑讯和折磨，而这些人都是他们本国共产党组织的成员。[82]

奥尔洛夫手下的遇难者之一是俄国孟什维克党领导人拉斐尔·阿布拉莫维奇的儿子马克·雷因。雷因此前作为包括纽约的犹太人日报《前进报》（Forward）在内的几家反斯大林报刊的新闻记者而来到了西班牙。1937年4月9日，他在离开巴塞罗那大陆酒店之后，就再也没有被人看到过。他遭到了"情报组"密探的绑架和杀害。[83] 奥尔洛夫的另一个目标是安德鲁·宁，选中他更多是由于他曾经是托洛茨基的密切合作者，而非因为他是马统工党的领导人。奥尔洛夫在1937年2月下旬向莫斯科提交的一份报告中即已指出，共和国的战争进程正在受到"党派内部冲突"的破坏，"大多数人将其精力放在为自己的党派赢得权力和对他人进行诋毁上，而不是与法西斯主义的斗争上"。在对戈列夫和别尔津表示嗤之以鼻后，他继续说：

> 现在有必要对当前的险恶形势进行分析……并向西班牙政府（与各党派领导人）郑重说明当前局面的严重性，以及提出必要之措施（前提是西班牙政府真的想要从我们这里获得帮助）：（1）使军队及其

指挥体系处于更健康的守纪状态（通过枪毙逃兵和维持军纪等手段），（2）结束党派之间的争吵。如果，在面临紧急危机的情况下，我们没有让西班牙政府走上正轨，那么灾难性的事变就会发生。[84]

现在，在"五月事件"发生之后，奥尔洛夫策划了针对眼下成为其主要目标的安德鲁·宁的谋杀事件，而且由于马统工党在事变中所扮演的角色，任务变得更加容易。安德鲁·宁被设立为一次"字母"（liter）行动的目标。在"字母"行动中，有一份用字母来编码的"字母"文件，它的开启意味着暗杀对象被列入计划。每个暗杀目标都会被赋予一个代号，具体到安德鲁·宁的案例，他的代号是"助理"（Assistant），这里指的也许是他曾与托洛茨基共事的经历。该文件被用字母"A"来标记，"A"所代表的那类行动是"采取主动措施"（"aktivka"——直接行动，即暗杀）。按照共产党部长赫苏斯·埃尔南德斯的说法，在安德鲁·宁遇害的第二天，有一份内容为"A. N. 任务已由 A 程序完成"的电报被发往莫斯科。如果他的说法可信的话，这或许并非巧合。[85]

奥尔洛夫实施其计划的基础是两个精心编排的"发现"。第一个"发现"被安排在长枪党分子何塞·罗加·法尔格拉斯在赫罗纳开设的一家书店内。罗加是该镇上的第五纵队网络的组成部分。这一网络以一家小旅馆为中心，小旅馆的所有者是科斯梅·达尔毛·莫拉。该网络已经被警方发现，但警方并未打草惊蛇，而是继续进行监视。在五月的某一天，有一个穿着优雅的男人进入罗加的店铺，为达尔毛留下了口信和一些钱。他问他是否可以留下一个手提箱，他会在几天后来取。第二天，警方出其不意地来到店里搜查，他们在手提箱中发现了一系列犯罪证据，其中包括有关炸弹制作的技术文件，以及暗杀共和国要员的计划。所有这些上面都清晰地盖着马统工党军事委员会的印章。[86]

第一个"发现"最初并非无中生有，但是被奥尔洛夫做了手脚，成为马统工党与长枪党方面互相勾结的"罪证"。其中，最主要的一个物件是一份详细绘制的马德里地图，它是戴维·巴斯克斯·巴尔多米诺斯和费尔南多·巴伦蒂·费尔南德斯的别动大队在攻破一个大型第五纵队间谍网络时找到的。协助此次行动的是一名领取报酬的双面间谍阿尔贝托·卡斯蒂利亚·奥拉瓦里亚，此人是一个具有右翼思想的巴斯克人，曾在秘鲁大使馆避难，这使他能够渗透进入第五纵队。在建筑师弗朗西斯科·哈维尔·费尔南德斯·戈尔芬负责运作的所谓"戈尔芬–科鲁霍组织"这一大型第五纵队网络中，他担任构成该网络的4个长枪党团体之间的联络人。当该组织由于卡斯蒂利亚的情报而遭到瓦解时，费尔南德斯·戈尔芬被发现掌握有一份马德里的街道平面图，他的兄弟曼努埃尔绘制了图上的细节并标出了军事设施的位置。这份地图是该组织协助叛军侵入首都的计划的一部分。[87]

有百余名长枪党分子被巴斯克斯·巴尔多米诺斯的小分队逮捕，但只有27人受到审判。他们的供词将在奥尔洛夫秘密策划的复杂阴谋中发挥重要的作用，但是巴斯克斯·巴尔多米诺斯本人不大可能参与奥尔洛夫对那份街道地图的"加工"。奥尔洛夫的详细计划在1937年5月23日发给莫斯科的一份报告中得到了如下的概括：

> 鉴于这场绝大多数被告均承认有罪的案件，已经给军政各界人士留下了深刻的印象，并且本案有着确凿的文件证据，以及来自被告的不可推翻的供词，我决定利用该案件的重要影响和众多无可争辩的事实，将马统工党领导层也牵扯进来——在执行侦查工作的同时，我们也在试图找出他们与反叛方［可能存在］的联系。因此，我们已经编写了随附的文件，其中指示出马统工党领导层与西班牙长枪党组织之间存在合作，而且通过长枪党他们还与佛朗哥本人和德国方面相勾结。我们将用我们（已经破解并）可随意使用的佛朗哥之密码来加密文件内容，并将密文写在那份从长枪党特务团伙处查获的平面图的背面，在那张图上，标有我军在"田园之家"所有重火力阵地的部署位置。这份文件已经过五人之手：这五名法西斯分子均承认，这份在他们中间传递的文件最终将会送到佛朗哥本人手中。在另一份查获的文件中，我们将用隐显墨水书写几行不怎么重要的内容。在西班牙方面的配合下，我们将从这份文件开始，仔细审视这些文件是否藏有加密信息。我们将尝试用不同的方式对这些文件进行处理，而有一种特殊

的化学药水会让密写的几行字句显影。然后我们会用此显影剂处理所有其他文件，最终促使那封将马统工党领导层拉下水的伪造书信被曝光。西班牙反间谍部门的首脑［巴斯克斯·巴尔多米诺斯］将立即离开前往巴伦西亚，在那里国防部的密码破译部门将破译信件内容。根据我方情报，他们的密码破译部门拥有所需的密码本。但是，如果该部门因某种原因未能破译信件，那么我们将"花费几天的时间"自行破译。我们预计，此事将非常有效地揭露马统工党在巴塞罗那事变中所扮演的角色。一旦其领导人之一与佛朗哥进行直接接触的秘密被公诸于世，政府必将采取一系列行政措施对付西班牙的托派分子，让马统工党被打上德国－佛朗哥集团间谍组织的标签而声誉尽丧。[88]

根据1937年10月下旬的一份警方报告，首先检查被查获文件的，是当时的保安总长文塞斯劳·卡里略，以及米亚哈将军和最近获得晋升的比森特·罗霍将军。在此阶段，由于文件背面的"罪证"尚未添加，所以也就没有被"发现"。后来它又被"发现"，则被归因于采用隐显墨水书写密文。[89] 警方报告用赞赏的语气提到了从外国（苏联）专家处所获得的宝贵技术帮助，后者可以自由查阅在别动队办公室中存放的被缴获文件，并获准将其带回他们自己的大使馆。奥尔洛夫向莫斯科通报说，基于实际文件的伪造工作是由格里古列维奇进行的。巴伦蒂在战后受审时对佛朗哥当局的审判员说，那份地图曾在格里古列维奇的手里待过一段时间。当后者将地图带回别动队之后，他建议巴斯克斯·巴尔多米诺斯采用化学方法，它可以测试是否有使用隐显墨水书写的内容。

警方报告也说明了俄国技术人员曾提供必要的化学试剂和用来加热纸张的电热板。当地图被加热时，其背面用密文书写的消息得以显现。巴斯克斯·巴尔多米诺斯在这个时候被喊到了现场。由于无法破解信息，他和巴伦蒂在两名外国技术人员（奥尔洛夫和格里占列维奇？）的陪同下，将该文件带到巴伦西亚，并交给了新上任的保安总长奥尔特加上校。他们为破译密文而在奥尔特加的办公室里折腾了将近18个小时。最后，是军方的密电破解员，借助佛朗哥方面的密码本破解了相关的消息内容。接下来，所有有关人等都到苏联驻巴伦西亚大使馆拟定一份报告。[90]

从加密消息中最终得到的确定"文本"表明，费尔南德斯·戈尔芬之组织中的其中一名成员曾与"代号为'N'的马统工党领导人"进行过会面，而后者"所控制的武装力量，将为国民军的胜利提供重要的支持"。此外还有一封写给佛朗哥的信件，信中概括了马统工党在组织间谍和破坏活动，以及在挑动反共和国之动乱方面所做的努力。但安德鲁·宁难道会使用"N"作为他的代号？而且这个消息的内容本身同样令人难以置信。在6个月之后，也就是1938年1月，两位笔迹专家在针对上述信息的一份分析报告中说，上述信息是伪造的，它不可能为此间谍网络中的任何人所写。[91] 然而现在，在苏联使馆中出炉的报告所呈现的是有关费尔南德斯·戈尔芬之谍报网络的真假参半的故事和上述以假乱真的文件证据。报告得出的结论是建议"消灭"马统工党。1937年6月1日，文件副本被从巴斯克斯·巴尔多米诺斯位于马德里警察局的反间谍机构发送给苏加萨戈伊蒂亚和奥尔特加。[92]

巴斯克斯·巴尔多米诺斯、巴伦蒂和别动队重返马德里。6天后，奥尔特加发出一份命令，要求巴伦蒂及其别动队中包括哈辛托·罗塞利·科洛马和安德烈斯·乌雷索拉·奥乔亚在内的7名成员，前往巴伦西亚向他报到。按照别动队中另一位统一社青团成员哈维尔·希门尼斯·马丁的说法，这支小分队由"一个名叫若泽的巴西人"带领："我们都认为若泽是俄国人。他说俄语，而且你真的可以看出来，他就是组织中的掌权者。"毫无疑问，"名叫若泽的巴西人"就是格里古列维奇。[93] 在巴伦西亚，他们奉奥尔特加之命前往巴塞罗那逮捕了安德鲁·宁。奥尔特加后来承认，他自始至终都在遵循奥尔洛夫的指令。[94] 奥尔特加是西共党员，本身又能力堪忧，他从未得到苏加萨戈伊蒂亚的信任，后者委任阿尔梅里亚的省长，社会党人加夫列尔·莫龙·迪亚斯为保安总局监察官兼保安次长，以便对奥尔特加进行监视。不过，在安德鲁·宁被捕的那天，奥尔特加用某种借口将他支到了雷阿尔城。6月15日，巴伦蒂和他的手下人在格里古列维奇的陪同下前往巴塞罗那。6月16日，安德鲁·宁及马统工党执委会的其他成员先后被由布里略中校指挥的地方警察逮捕。[95]

马统工党报纸《战斗报》已于 5 月 28 日被查禁。现在，马统工党本身也被宣布为非法，其民兵组织遭到解散。对这一连串动作进行解释的公告声称，保安总局已从马统工党总部查获了"有关钱款、武器采购和走私行动的密文、电报、暗号和文档资料，以及显示马统工党领导层，也就是安德鲁·宁本人卷入间谍活动的文件"。奥尔洛夫本人向莫斯科报告说，马德里警方认定这份伪造的文件"在正反两面都绝对真实"——换言之，不但包括供叛军占领马德里所用的原始平面图，也包括后来用隐显墨水增加的那部分。[96] 然而与之相反的是，加泰罗尼亚地方政府主席路易斯·孔帕尼斯和他的宣传部门负责人豪梅·米拉维特列斯却认为，将安德鲁·宁当成法西斯间谍的想法非常荒谬，并且会对共和国的利益造成严重损害。他们为此日的写信给巴伦西亚政府。当奥尔特加试图说服米拉维特列斯，并向他展示经人动过手脚的街道地图时，后者大笑起来，并说这是有史以来第一次有间谍在一份证明自己有罪的情报上签署了自己的真名。[97]

安德鲁·宁先是被带到巴伦西亚，然后被转移到马德里。[98] 接下来的问题是如何执行奥尔特加的命令：安德鲁·宁在接受审问期间要予以隔离，并且要在一个适合关押他这类囚犯的地方。首都所有可用的拘押地点，均已为戈尔芬一案中被捕的第五纵队分子所占据。他被留置于别动队的办公室中，直到"某外国高级技术人员"（毫无疑问是奥尔洛夫）在埃纳雷斯堡提供了可以用来关押他的屋舍。巴斯克斯·巴尔多米诺斯接受了奥尔洛夫的提议，并提出安排他手下的几名特务看管安德鲁·宁。奥尔洛夫没有理会他的想法，因为他觉得这可能会引起不必要的注意，他提出由他来负责安德鲁·宁的安全。6 月 17 日，巴斯克斯·巴尔多米诺斯签署了将安德鲁·宁转移到新关押地点，并且只安排两名特务进行看守的命令。奥尔洛夫着手为他们提供配给。[99]

在被转移到埃纳雷斯堡之前，安德鲁·宁曾在马德里遭到别动队书记哈辛托·罗塞利的四次审讯，时间分别是在 6 月 18 日、6 月 19 日（两次）和 6 月 21 日。在一份由马统工党方面自己公布的、有安德鲁·宁签字的相关文件副本上，无论从罗塞利提出的问题中，还是从安德鲁·宁的回答中，都无法看出更多的东西，这似乎就是一次合法的审讯，其间并不曾发生折磨和拷打。而经常言过其实的赫苏斯·埃尔南德斯声称，安德鲁·宁接连几天遭到奥尔洛夫和其他人的拷打与刑讯，他们企图让他签署一份承认与第五纵队有联系的"供状"。这恐怕不太可能。庭审判决是需要以被告的供认为基础的，而这样一来，在公众面前露面的安德鲁·宁必须保持良好的身体状态，并证明他并未遭到过拷打。6月21日，按照奥尔特加的命令，巴斯克斯·巴尔多米诺斯将罗塞利和别动队中的其他成员派往巴伦西亚，命令他们去集合包括安德拉德在内的其他马统工党囚犯，押送他们前往马德里。与此同时，安德鲁·宁被转移到埃纳雷斯堡。[100] 因为他并未认罪，所以有关方面所希望的公审也就不太可能发生。于是奥尔洛夫决定直接实施肉体消灭。一场编排拙劣的丑剧在安德鲁·宁的关押处上演。6月22日晚9点30分至10点，在猛烈的暴风雨中，一些身着军服的男子在一名"上尉"和一名"中尉"（他们均操着带有浓重外国口音的西班牙语）的带领下抵达现场。他们出示了有关移交安德鲁·宁的命令文件，其上带有伪造的巴斯克斯·巴尔多米诺斯与米亚哈的签名。据称，巴斯克斯·巴尔多米诺斯手下的特务进行了抵抗，但他们最终被制服并遭到捆绑，嘴巴也被塞住。在搏斗中，入侵者身下掉落了叛军控制区的纸币、德国方面的文件等指示凶手身份的所谓"证据"。特务们后来表示，"上尉"以非常友好的方式同安德鲁·宁讲话，并称他为"同志"。当巴斯克斯·巴尔多米诺斯开始调查这些事件时，奥尔洛夫已经无法联系上了。[101]

我们无法判断上述打斗的确发生过，还是仅仅是他们在报告中的说辞，因为在别动队中，也可能存在忠于奥尔洛夫而非巴斯克斯·巴尔多米诺斯的成员。可以肯定的是，有辆小汽车曾抵达现场，车里载有奥尔洛夫、格里古列维奇、一名内务人民委员部的司机、一名德籍内务人民委员部特务，以及两名西班牙人。他们很可能联手击倒了两名看守人员，抓住了安德鲁·宁，并留下了那些指示犯罪者身份的文件。可以确认的是，安德鲁·宁被带走，并在埃纳雷斯堡和塔胡尼亚河畔佩拉莱斯间主干道的中途附近被枪杀。[102]

对安德鲁·宁予以肉体消灭的念头来自俄国人，而不是来自共和国当局。仅仅基于奥尔洛夫在叛逃后向联邦调查局做出的不实陈述，美国历史学家斯坦利·佩恩就声称："斯大林签发了一份处决安德鲁·宁的手写命令，该命令至今仍保留在克格勃档案中。"[103] 这种事情发生的可能性很低。然而，正如已经看到的那样，安德鲁·宁已经成了字母行动的目标之一。此外，在他拒绝签署不实的认罪书后，奥尔洛夫哪怕没有对他用刑，也并不打算将他释放。奥尔洛夫在 1937 年 7 月 24 日向莫斯科发出的关于"NIKOLAI 行动"的报告中间接提到了这一点。这份报告描述了将安德鲁·宁从关押处抓走并杀害的情况，"当中的用词正是他（奥尔洛夫）通常拿来指代字母行动的隐秘用语"。它除了揭示格里古列维奇伪造用于栽赃安德鲁·宁的文件，还强调了奥尔洛夫本人在此行动中的参与。作为别动队的成员之一，格里古列维奇的警方人员身份为他通过路上的检查站提供了便利。[104]

在奥尔洛夫的义件中有一份相关的短笺，据说是格里古列维奇写的。将它翻译过来就是"N.，从埃纳雷斯堡往塔胡尼亚河畔佩拉莱斯方向，中途，距离公路 100 米，在野地里。[现场有]博姆、施韦德、尤齐克和两个西班牙人。还有皮埃尔的司机维克多"。这意味着犯罪现场和安德鲁·宁的埋葬地是在埃纳雷斯堡和塔胡尼亚河畔佩拉莱斯之间。执行者就是奥尔洛夫（施韦德）、格里古列维奇（尤齐克）、德籍内务人民委员部特务埃里希·塔克（博姆）、两名身份不明的西班牙人和另一个内务人民委员部特务维克多·涅任斯基。"皮埃尔"是苏联内务人民委员部驻巴塞罗那分站的负责人瑙姆·艾廷贡，而非普遍认为的埃尔诺·盖勒。[105]

在安德鲁·宁消失后不久，奥尔洛夫拜访了内格林，数月之前他曾作为"布莱克斯通"而被介绍给总理。奥尔洛夫声称，他是前来报告他手下人的成功事迹的：他们已经查明安德鲁·宁失踪事件的原委。根据他的版本，安德鲁·宁被伪装成国际纵队成员的长枪党分子劫持，判断的依据是绑架者和安德鲁·宁本人落下的指示犯罪者身份的文字资料。奥尔洛夫问内格林，这是否足以让他放弃正式调查。当内格林说这取决于司法当局时，奥尔洛夫问他本人是否相信自己刚刚所说的话。共和国总理告诉奥尔洛夫，这个故事的线条干净得就像一部廉价的侦探小说，后者于是恼羞成怒。他大喊大叫，说内格林侮辱了苏联，于是他被要求离开。几个小时后，苏联外交临时代办谢尔盖·马尔琴科拜访了内格林，他表示已经听说了当天上午发生的不愉快事件，并对此表达了他的歉意。他提出对奥尔洛夫施以惩罚，当内格林回答事情到此为止时，他说奥尔洛夫已经被从使馆工作人员名单上除名。[106]

当被苏加萨戈伊蒂亚第一次问到安德鲁·宁到底发生了什么时，奥尔特加多少露出了一点马脚，他说："别担心，不管是死是活，我们都会找到他。"苏加萨戈伊蒂亚回答说，他对安德鲁·宁的尸体并不感兴趣，希望见到活着的他。当天晚些时候，在部长的进一步质疑中，奥尔特加声称，安德鲁·宁是盖世太保的特务，他的组织已经把他带走，以免他遭到共和国安全部门的审讯。当苏加萨戈伊蒂亚问他是如何知道这一点时，奥尔特加说这只是他脑海中闪过的一个想法。部长立即告诉内格林，他怀疑奥尔特加参与了针对安德鲁·宁的暴行。内格林让他去搜集有关事实真相的报告。根据费尔南多、巴伦蒂、比达特和苏加萨戈伊蒂亚本人的说法，他要求巴斯克斯·巴尔多米诺斯出具一份正式报告，后者则提供了两份草案。在第一个"官方"文件中，他检视了安德鲁·宁分别被长枪党分子、盖世太保特务或者马统工党成员绑架这三种可能性。在第二份只呈交给苏加萨戈伊蒂亚本人的秘密报告中，他表达了自己的观点：安德鲁·宁的失踪根本就与盖世太保或长枪党无关，而是马统工党与西班牙共产党之间冲突的结果，后者则受到了负责运作保安总局的俄国人的怂恿。巴斯克斯·巴尔多米诺斯很可能是在无法找到格里古列维奇或奥尔洛夫和他们讨论此案件之后，才意识到事情的古怪之处并得出上述结论的。格里古列维奇已经返回苏联。此时，巴斯克斯·巴尔多米诺斯认为安德鲁·宁还活着。[107]

在一本以不存在的"马克斯·里格尔"之名出版的书中出现了上述伪造的文件内容，名为何塞·贝尔加明的人为本书作序，并要求对被捕人员不加审判立即处决。"马克斯·里格尔"是法国共产党记者乔治·索里亚，最近抵达的共产国际代表、别名为"鲍里斯·斯塔潘诺夫"的保加利亚人斯托扬·米内夫，以及西班牙共产主义知识分子文塞斯劳·罗塞斯的集体化名。[108]当奥尔特加遭到苏加萨戈伊蒂亚的内政部次长胡安－西梅翁·比达特的质疑时，奥尔特加鹦鹉学舌般地重复了共产国际方面炮制的这一说辞。对此表示怀疑的比达特回应说："听着，上校，到底你是白痴，还是你以为我是？"据说，当奥尔洛夫提出他早已计划好的用于构陷安德鲁·宁的谎言时，赫苏斯·埃尔南德斯也不由自主地笑了起来。而当内格林将奥尔洛夫的说法告诉阿萨尼亚时，总统回答说故事线条未免太干净了。事实上，在6月29日，普列托已经告诉了阿萨尼亚关于安德鲁·宁的绑架事件，并分享了他所深信的观点：即奥尔特加不但是个笨蛋，还是个共党分子。[109]

起初，内格林将奥尔特加的行为解释为无能，认为身为边防警察部队士官的他，被擢升到了超出其能力范围的职位。但是在内格林被告知奥尔特加是共产党员之后，他和苏加萨戈伊蒂亚同意必须把此人换掉。为了尽可能减少与共产党部长之间就其解职而引起的摩擦，他们编造了一个理由，说迫切希望他前往前线。保安总局监察官兼保安次长莫龙担任代理保安总长。[110] 为了回应安德鲁·宁的失踪引起的国际抗议，内格林授权伊鲁霍针对此案展开司法调查。据称莫龙曾对苏加萨戈伊蒂亚说："既然总理想知道真相，你可以告诉他，事实就是，安德鲁·宁绑架案的谋划者是意大利人科多维拉、政治委员卡洛斯·孔特雷拉斯、[帕尔米罗·]陶里亚蒂和包括佩佩·迪亚斯在内的共产党领导层。奥尔洛夫下达了对他进行刑讯逼供的指令，他们都在拼命满足斯大林想让这位红军缔造者的秘书和密友消失的渴望。告诉内格林，如果他想要逮捕他们，我明天就会把他们全送到监狱里。"比达特对此事件的记述暗示了莫龙的情报来自戴维·巴斯克斯·巴尔多米诺斯。[111] 曾经有人试图暗杀比达特。他的小汽车的前轴被人切断，导致他驾车时撞上了一棵榆树。[112]

为了对案件展开调查，伊鲁霍向一位国家检察官格雷戈里奥·佩塞斯·巴尔瓦·德尔·布里奥授予全权，后者将巴斯克斯·巴尔多米诺斯、费尔南多·巴伦蒂、哈辛托·罗塞利·科洛马和安德烈斯·乌雷索拉·奥乔亚逮捕。由于坚信巴斯克斯·巴尔多米诺斯并非有罪方，愤怒的加夫列尔·莫龙公开指责伊鲁霍是一个"可怜的疯子"，并立即让他们获释，而他们也没有再次被逮捕。尽管内格林认可了莫龙直截了当的做法，但他也认为有必要将其换掉。[113] 在11月中旬，莫龙被保利诺·戈麦斯·赛斯取代，后者从6月初开始就担任驻加泰罗尼亚地区的中央政府特派员，并在此岗位上取得了极大的成功。[114] 内格林虽然支持开除奥尔特加并对奥尔洛夫深为怀疑，但他并不准备看到更多有损内阁团结的内幕被揭露出来。他做出了暂停伊鲁霍之调查的艰难决定，因为，正如他反对非官方授权的镇压行动一样，他也坚信在战时不能容忍马统工党的鲁莽行事，这些行为实际上有叛逆之嫌。

为了巩固共和国的国家安全，在1937年夏，共和国各反间谍组织经历了一场大规模重组。6月12日，曾由无政府主义者曼努埃尔·萨尔加多领导的中央军总参谋部特勤局（Special Services Bureau）遭到解散。有人注意到了这里的囚犯可疑失踪的情况，还有人怀疑萨尔加多的团队已经为长枪党分子所渗透。事实上，他的秘书就是长枪党党员安东尼奥·博特列尔·埃斯帕尼亚。现在，特勤局的职能与别动大队和其他从事内安工作之组织的职能融为一体，成立了国家特别情报局。新机构最初由戴维·巴斯克斯·巴尔多米诺斯领导，听从的是内政部长胡利安·苏加萨戈伊蒂亚的直接命令，奉命在忠于共和国的区域中彻底肃清间谍和破坏分子。[115]国家特别情报局的目标不只是佛朗哥的支持者，而且包括像马统工党成员那样被当作危险颠覆因素的左翼人士。外籍人士受到严重的怀疑——马统工党和国际纵队都被认为是间谍们的潜在避难所，无论他们是来自轴心国，还是像内务人民委员部执意认为的那样，来自托洛茨基的"第四国际"组织。实际上，共和国极易受到敌方间谍活动的攻击，不管是来自盖世太保、意大利秘密警察还是更为错综复杂的第五纵队。[116]毕尔巴鄂在6月19日的陷落，以及持续不断的失败，进一步加剧了此种焦虑和偏执情绪。

仅仅在6个星期之后，8月9日，普列托在国防部架构之下创建了一个被称为**军事情报局**（SIM，简称"军情局"）的军方反间谍机构。随着军情局越来越多地承担起在后方搜集政治情报和因而产生的警务工作等职责，国家特别情报局于1938年3月下旬被纳入军情局之中。[117]最初，军情局直接对普列托负责，后者表示它是根据苏联"技术人员"的建议而创立的。不过，他也声称，鉴于安德鲁·宁的事件，他因为担心警察独立于政府行事，就像共产党员安东尼奥·奥尔特加的情况那样，所以他在采纳这一建议时也曾犹豫不决。热衷于将所有共和国特别行动机构都置于自己指挥之下的普列托，任命他的朋友安赫尔·迪亚斯·巴萨担任军情局的首长，而根据奥尔洛夫的说法，此人是一个在夜总会行业拥有股权的投机商。[118]

中央军区（马德里）军情局局长的关键职务，最初是根据奥尔洛夫的建议，经过米亚哈的首肯，被授予了一位颇具才干的年轻军官古斯塔沃·杜兰少校。普列托对此表示接受，不过后来他声称他知道杜兰是共产党员，所以委任安赫尔·佩德雷罗·加西亚作为杜兰的副手来监视他。加西亚·阿塔德利侦缉队解散后，担任过该队副指挥的佩德雷罗曾作为警务督察在马德里市中心的钱贝里区有过短暂的工作经历，后来，在12月份，他调到了国防部下属的由萨尔加多领导的特勒局。他在军事反间谍领域日趋重要，1937年10月，他成为西班牙中央军区军情局的首长。[119]

在创建军情局的法令中，普列托已经明文规定，招募任何探员都需经国防部长本人批准，并且他们的证件上都要带有国防部长的签名。然而，古斯塔沃·杜兰却无视规定擅自行事，并自行任命了约400名军情局的探员。普列托宣称他们都是共产党分子（杜兰和奥尔洛夫对此予以否认），并且以"前线需要杜兰"作为借口，在此人仅仅上任两周后就暂时停止了他在军情局的职务。奥尔洛夫在杜兰被停职一事上进行了干预。佩德雷罗表示，杜兰还得到了来自艾廷贡、中央军区总参谋部伊万·马克西莫夫、其他苏联军事顾问，以及米亚哈将军本人的支持。[120]

军情局总长安赫尔·迪亚斯·巴萨不愿充当这一角色，不久之后，他的副手普鲁登西奥·萨亚格斯临时接替了这一职务。同时，普列托在物色更合适的长期人选，他最终任命了后来官至上校的曼努埃尔·乌利瓦里·巴鲁特利少校。普列托坦承这是一个灾难性的决定。在托莱多前线作战期间，乌利瓦里被指犯有大规模抢劫的罪行。现在，他一开始还遵循普列托的指令，但他逐渐与共产党方面结成同盟。[121] 乌利瓦里最终于1938年4月携带大量钱财珠宝叛逃。内格林抓住时机对军情局展开清洗。根据苏加萨戈伊蒂亚和保利诺·戈麦斯的建议，他任命社会党人圣地亚哥·加尔塞斯·阿罗约担任军情局负责人，以限制共产党方面的影响力。[122] 到1938年2月，只有社会党人才有机会在军情局中工作。[123]

像其他面临实际威胁的民主社会一样，西班牙共和国也采纳了诸如实施新闻出版审查、不经审判即行拘留、限制公民自由权、针对重要产业颁布罢工禁令及强制征兵等不符合民主标准的行事规则。为了将第五纵队网络连根拔起并获取供词，从 1938 年 5 月起，军情局开始实施非法逮捕行动，军情局探员有时使用各种精心设计的刑讯手段，利用强光、持续的强烈噪音或者冷水折磨犯人。床和长凳被设置成倾斜的角度，导致犯人坐卧困难。地面上散布着砖块和其他几何形状的水泥块，导致囚犯无法在囚室内来回踱步而只能盯着墙壁发呆。可是墙壁又被设计成曲线形，上面绘有令人晕眩的方块和螺旋形图案，再加上特殊的照明效果，会让人产生墙壁在不断移动的错觉。这些建于巴塞罗那的特殊牢房，分别位于由一座修道院改造而成的所谓"巴利马霍尔契卡部"（或称为"D 号疗养院"），以及位于萨拉戈萨街的"G 号疗养院"。两地均由军情局负责运作。这些以营造精神压力见长的设计，是一位古怪的名叫阿方索·劳伦西克的国际冒险家的杰作。当军情局将加泰罗尼亚地方政府的秘密反特机构"情报组"纳入其中时，他是后者中的一员。自封为职业钢琴演奏家和建筑师的劳伦西克是一个拥有南斯拉夫国籍、父母为奥地利人的法国公民，他曾在西班牙外籍军团服役。他曾经加入过全国劳工联盟、劳工总会和马统工党等左派组织，他曾经贩卖虚假护照牟利，最后连军情局也成了他的诈骗对象。[124]

共和国压制无政府主义运动的另一个举措是废除由无政府主义者领导的阿拉贡自治委员会。该委员会于 1936 年 10 月初成立于布哈拉洛斯，由萨拉戈萨建筑工人领袖兼奥尔蒂斯纵队的代表华金·阿斯卡索担任主席。在共和国控制下的阿拉贡地区，自治委员会在约束民兵的过火行动方面取得了一些成功，但是由于无政府主义纵队的领导人决心维持他们的自主权，因此其有关在"满足战争所需和满足后方安全工作所需"之间进行协调的首要目标一直未能实现。共和派人士、社会主义者和共产党人认为，自治委员会是无政府主义方面以其民兵武装作为后盾而实施独裁统治的工具。1937 年 8 月，中央政府将其强制取缔，代价是发生了一些暴力冲突。已被集体化的土地物归原主，无政府主义者在该地区的镇压行动被彻底终结。[125]

令人担忧的是，俄国安全机构针对外籍托派分子的秘密战争仍然无法为共和国当局所控制。1937 年 9 月，奥尔洛夫设法消灭了曾在挪威担任托洛茨基秘书的埃尔温·沃尔夫。1936年，沃尔夫在驳斥莫斯科审判*中提出的诸多指控方面发挥了关键作用，他同时也是第四国际之前身——"国际书记处"的核心人物。他前来西班牙与格兰迪索·穆尼斯的布尔什维克-列宁主义团体一起共事。1937年7月27日，他因颠覆活动而在巴塞罗那被捕，并于次日被释放，但旋即再度被捕。他于9月13日被正式释放，但从那以后再也没有人见到过他。[126]

另外一位在10天后失踪的著名托派人士是来自奥地利的库尔特·兰道。兰道一度是托洛茨基的合作者，他在奥地利、德国、法国和西班牙有着长期反斯大林主义的历史。他以"沃尔夫·贝尔特兰"这一化名，担任国际共产主义反对派团体"火花"（Der Funke）的书记。在西班牙，他与安德鲁·宁密切合作，在马统工党与外国记者及作家之间进行联络工作，并撰写文章强烈反对民兵组织的正规化以及将其并入共和国军队的举措。他在1936年12月出版的宣传册《西班牙1936，德国1918》（Spain 1936, Germany 1918）触怒了苏联，其中，他将德国工人革命被"自由军团"**粉碎一事，与西班牙的全国劳工联盟和马统工党遭到斯大林主义者的敌视和打击相类比。于是，他被苏联宣传机构污名化为"恐怖主义匪帮的领导人"，盖世太保和马统工党之间的联络人。[127]库尔特·兰道在1937年9月23日之前一直保持着自由身，直到这一天他被苏联特务从藏身处绑架。之后，像雷因和沃尔夫一样，他再也没有出现过。[128]

一直有传言声称，游击战专家斯坦尼斯拉夫·沃普沙索夫曾在巴塞罗那某建筑物的地下室里建造了一座焚尸炉。他与内务人民委员部的一名西班牙特务何塞·卡斯特洛·帕切科共同负责其运行。那些被列入黑名单的人被诱至该建筑物中杀害，然后被毁尸灭迹，这一系列动作在一次行动中便

---

* "莫斯科审判"是指20世纪30年代苏联大清洗时期由斯大林主导的一系列"作秀公审"，此次审判的受害者包括大部分健在的老布尔什维克，以及苏联秘密警察的领导层。审判目的是消灭可能对斯大林统治构成威胁的任何潜在政治对手。这里指的显然是1936年8月的第一次莫斯科审判，在这次审判中，包括苏共早期重要领导人加米涅夫和季诺维也夫在内的16人被以莫须有的罪判处死刑并遭处决。
** 这里的"自由军团"指第一次世界大战结束时，德国军队退出战场后组成的准军事组织。军团残酷镇压共产党起义，并参与了1919年1月15日谋杀德共领导人卡尔·李卜克内西与罗莎·卢森堡的行动，军团也在同年推翻了巴伐利亚苏维埃共和国。

全部完成。[129] 这是否就是雷因、沃尔夫、兰道和其他失踪外籍人士所遭遇的厄运，我们仍不得而知。曼努埃尔·伊鲁霍努力避免安德鲁·宁之后再有任何西班牙托洛茨基主义者被谋杀，但他无法制止苏联安全机构对外国左派人士的迫害。

在俄国人实施上述秘密暴行的同时，内格林及其部长们也在为规范国家的警务与司法职能而努力。1937年6月下旬，针对间谍罪和高级别叛国罪的特别法庭成立。这反映了内格林认为国家权威不应该被无视的观点。不过，他完全反对任何草率的镇压行动，比如在佛朗哥当局控制区所司空见惯的那种情况。[130] 经内格林的批准，伊鲁霍确保特别法庭由公正诚实的法官人员组成。许多马统工党的普通成员遭到监禁，他们因为自己被与法西斯分子和破坏分子关在一起而怒不可遏。由于尚未受到正式指控，他们正等待着新成立的特别法庭的审判。在他们中间有数名外籍反斯大林主义人士。其中之一是库尔特·兰道的妻子卡蒂娅，她由一支奉俄国人之命行动的别动队逮捕。他们的意图是迫使她丈夫从藏匿处现身。

当库尔特失踪时，卡蒂娅要求对此进行司法调查。当时奥尔特加已被解雇，内格林的新任保安总长，巴斯克社会党人保利诺·戈麦斯尝试查证库尔特的下落，但徒劳无功。在当局无法弄清楚她丈夫命运的情况下，卡蒂娅在巴塞罗那的女子监狱中发动了一场有500名在押人员参加的绝食行动。除了戈麦斯的调查行动，一个国际调查委员会于1937年11月进入加泰罗尼亚境内检视共和国监狱的状况，并试图解开安德鲁·宁、埃尔温·沃尔夫、马克·雷因和库尔特·兰道的失踪之谜。在约翰·麦戈文（乔治·奥威尔所在的英国独立工党的总书记，该党是已同英国工党分离的一个激进左派组织）和法国和平主义者费利西安·沙莱教授的带领下，该委员会被允许和因前述绝食行动而在（巴塞罗那）总医院接受治疗的卡蒂娅进行面谈。[131]

伊鲁霍去医院看望了她，并说服她相信审判的公正性。她非常感动并中止了绝食行动。当伊鲁霍通过必要的书面手续将检察官和法官送往每个监狱时，他们被囚犯视为反对斯大林式非法行径的保障而受到鼓掌欢迎。[132] 西班牙当局在兰道案中所做的一切——特别是卡蒂娅要求展开调查和发起绝食行动，并获得了成功——与叛军控制区的通常程序形成了鲜明的对照。在1938年，被关押于反叛方监狱的妇女无法绝食，因为她们本来就没有多少食物。即使她们绝食，也没有人会关心，更不用说是得到部长的亲自关注了。

在担任部长职务后不久，伊鲁霍即委托最高法院院长马里亚诺·戈麦斯起草一项法令草案，它将被用来审理内战开始以来在共和国控制区内发生的罪案，其中包括所有的法外处决案件，还包括对由加西亚·奥利韦尔赦免的普通刑事犯进行复审。[133] 1937年7月30日，鲍里斯·斯塔潘诺夫向季米特洛夫报告说，"法西斯分子伊鲁霍"以帕拉库埃略斯事件为由而试图逮捕卡里略，并且"正在组织一个针对共产主义者、社会主义者和无政府主义者的搜查系统，原因是他们对待被关押的法西斯分子冷酷无情。这位司法部长，以法律的名义，释放了成百上千的法西斯间谍或伪装成其他身份的法西斯分子。他与苏加萨戈伊蒂亚一起，竭力为托洛茨基分子进行开脱，并想方设法破坏针对他们的审判。并且，他会尽一切可能使他们无罪释放"。[134] 事实上，由于共产党人和无政府主义者的反对意见，伊鲁霍的法令从未得到贯彻实施。

伊鲁霍的行事方式可见于何塞·阿森西奥·托拉多将军的案例。在1937年2月马拉加突然陷落后，阿森西奥将军被控进行破坏活动而遭逮捕。当年10月，就在北方地区逐步陷落的同时，他被送往法庭接受审判并被判处徒刑。在监狱服刑期间，阿森西奥获准撰写和出版一本为自己立场进行辩护的书，并将亲笔签名的样书寄给政府成员。这本书在巴塞罗那书店公开发售。拉尔戈·卡瓦列罗声称，阿森西奥之所以遭到逮捕和审判，是因为西共对普列托施加压力。如果事实果真如此，那么阿森西奥能够出版他的书，以及此案在上诉之后于1938年7月被驳回，恰恰是内格林之独立自主的例证之一。[135]

然而，随着战争态势日趋恶化，特别法庭要处理的案件数量和种类都不断增多，超出了伊鲁霍最初为其设立的工作范围。那些坐实间谍罪或阴谋破坏罪名的被告有被处决的风险，但检察官主张判处死刑的案例中，实际判处死刑的情况很少，而被实际处决的罪犯则更少。在最为活跃的加泰罗尼亚地方法庭，有166项此类判决在1937年12月至1938年8月11日期间做出，但其中仅有7人在判决之后被枪毙。不同于叛军控制区的军事法庭，共和国的特别法庭经常会认定被告无罪。此外，许多被判有罪的人可以通过上诉获得减刑甚至撤销判决结果。那些涉嫌较轻微的第五纵队类犯罪的人，以及进行失败主义宣传和从事黑市交易的人或者被关押在监狱中，或者被送往加西亚·奥利韦尔创建的劳动营。在整个1938年，军事态势对于共和国方面越来越糟，于是逃兵和躲避兵役者也被监禁。[136]

随着第五纵队越来越肆意妄为地发动进攻，军情局的行动也变得愈加残酷，其中涌现出了几个特别残忍的家伙。拉蒙·托雷西利亚就是其中之一。另一个严重败坏军情局声誉的人是前邮政部门官员洛雷托·阿佩利亚尼斯·奥登，他曾负责运作臭名昭著的"索尔尼契卡部"，后来成为巴伦西亚的一名警务督察。阿佩利亚尼斯行动队在哈蒂瓦周边地区四处散播恐怖。后来在1937年8月，他成了更加令人生畏的军情局驻巴伦西亚分局局长，一直到战争结束。他被控犯有抢劫、严刑逼供和谋杀罪，但他本人声称是直接奉奥尔洛夫的指令行事。他于1939年3月被佛朗哥当局抓获并遭枪杀。[137]

从1938年4月起，军情局在加泰罗尼亚地区共有六个劳动营，据称这些劳动营条件恶劣、纪律严苛。有一些囚犯因试图逃跑而被枪杀。尽管如此，与叛军控制区形成鲜明对照的是，劳动营中开设有扫盲班和其他教育课程，囚犯会在刑期结束时被释放。[138]共和国控制区最大的战俘集中营位于阿利坎特省的阿尔瓦特拉。该集中营于1937年10月开始接收犯人，此地犯人的任务是将4万公顷盐沼地排干，并将其转化为可耕地。[139]由于共和国地区粮食短缺的情况变得越来越普遍，所有营地的状况也逐渐恶化，然而营地中从未出现过度拥挤、营养不良和蓄意虐待的情形，而这在叛军控制区却是很常见的。[140]

到1938年3月，共和国陷入严重的困境，军民士气低落，粮食和武器装备严重不足。事实上，极为黯淡的战争前景让内格林的盟友普列托，以及阿萨尼亚总统本人逐渐认识到，一切都完了。普列托倡导通过谈判达成和平，以避免更多无谓的牺牲。在3月16日和29日举行的气氛紧张的内阁会议上，普列托支持阿萨尼亚提出的提请法国政府出面调停结束内战的议案。内格林则重申了他所深信的观点，即战争应该继续进行下去，而这正是因为他意识到，当被打败的共和国落入复仇心切的佛朗哥分子手中时，将面临什么样的命运。内格林对普列托之言论给军民士气所造成的打击深感震惊，并且已下定决心带领共和国继续抗击强敌，于是他在 4 月 5 日撤销了普列托的国防部长职务。10 天后，叛军到达地中海沿岸。

抵抗意味着战斗不仅发生在战场上，而且也发生在后方。遵循司法程序的决心并没有阻止针对间谍和破坏分子的战争继续进行。1938 年 4 月，军情局在巴塞罗那取得了一场重大成功，当时有数个第五纵队网络遭破获，其成员纷纷被捕。尽管英法两国外交人员请求宽大处理，但内阁还是以 7 票对 5 票的相对多数，决定在 6 月底对其中 10 名第五纵队分子执行死刑。英国外交代办约翰·莱什评论说："我担心对方可能会做出强烈的反应，并为此向政府郑重提出了警告，但是国会议长和他在内阁中的支持者并无怜悯心，现在他们似乎不太考虑落入佛朗哥手中的共和国人民，就像佛朗哥对其陷入类似处境的支持者也漠不关心一样。" 10 名囚犯于 6 月 25 日上午被枪决。[141]

随着埃布罗战役的爆发，社会军事化的进程加剧。针对涉嫌参与破坏或间谍活动之人士的后方管制行动开始变得愈加无情。这引起了一些人士的强烈不安，他们认为共和国的民主价值正受到"战时需要"的损害。在这种情况下，1938 年 8 月 9 日，当内格林强行通过在次日处决 62 名第五纵队分子的决议时，一场内阁危机爆发了。当时担任不管部长的伊鲁霍抱怨军情局在进行调查活动期间的各种违规行为。内格林人发脾气，并指责他那套"死守教条的蠢话"。与反叛方很少报道处决行动的做法相反，共和国新闻界对这一决定进行了全面报道，并最终导致了一场大规模的丑闻。阿萨尼亚总统对此羞愤难当。佛朗哥方面立即处决了 66 人作为报复。[142]第二天，当伊鲁霍说军情局进行刑讯逼供时，内格林承诺着手确保此种情况不再发生。接下来伊鲁霍辞职，不过并非因为此事。他之所以这样做，是因为根据加泰罗尼亚地方政府与流亡中的巴斯克自治政府之间所达成的一项协议，他有责任对豪梅·艾瓜德尔为抗议地方政府的权力进一步受限而辞职的做法表示支持。[143]

1938 年春，英国方面成立了一个以陆军元帅菲利普·切特伍德爵士为首的（在押人员）交换委员会。曾任驻哈瓦那副领事的保守党人兼天主教徒德尼斯·考恩，成为交换委员会与共和国当局的联络官。他于 8 月 20 日抵达巴塞罗那，并立即会见了阿尔瓦雷斯·德尔·巴约、希拉尔、内格林和阿萨尼亚。两天后，他报告说，共和国政府准备采取"几乎一切必要手段"来交换所有在押人员，"只要是以适当的互惠原则作为基础"。[144] 事实上，共和国部长们的意愿是如此之强烈，以至于莱什觉得有必要让他们避免因此而受到伤害，于是他向切特伍德的交换委员会建议："考虑到佛朗哥方面之前表现出的强硬和言而无信，最好能由他们一方率先提出相关方案。"[145]

考恩与阿尔瓦雷斯·德尔·巴约进行交涉以期暂停死刑执行，并告诉他说，这样可以为共和国创造更加良好的谈判氛围。德尔·巴约将提案转交给内格林，内阁同意暂停执行死刑至 9 月 30 日，作为交战双方各自实施大赦的谈判基础。布尔戈斯方面没有出现对等的举措，而只是发表了一则广播公报并指出，佛朗哥的司法体系一尘不染，所以没有理由做出类似的让步。然而，为了促进切特伍德的工作，内格林承诺将暂停执行死刑至 10 月 11 日。虽然布尔戈斯当局仍然拒绝交换俘虏，但内格林在 10 月 11 日的最后期限即将到来时告诉考恩，他已将暂停行刑的期限延长至当月月底，而且，在没有向切特伍德委员会提前通知的情况下，共和国不会再实施任何处决行动。

有一个问题是，当时在共和国控制区被判死刑的人数不到 300 人，而在叛军控制区则有成千上万人。内格林建议交战双方对所有被判处死刑的人进行减刑，但遭到布尔戈斯方面的拒绝。在共和国暂停死刑执行的整个期间，佛朗哥当局继续处决囚犯。考恩不可避免地担心这将引起共和国方面的报复。他提醒内格林说，后者曾宣称他的政策基于"无限宽恕"之原则。内格林的回应是，他会劝说内阁方面不进行复仇。[146] 暂停执行死刑的情况延续至当年 12 月底。在 1938 年圣诞节前夜，内格林在一次广播讲话中提到"宽容与文明之准则是我国基本法的根本原则"，并向佛朗哥发出呼吁："停止无益的暴行！"他指出共和国早在四个月前就已暂停执行死刑，并请求佛朗哥回应这一善举。[147]

在布尔戈斯，切特伍德会见了佛朗哥的外交部长孔德·德·霍尔达纳，后者虚伪地声称"只有那些犯有令人发指的重罪，并在法庭上经公正之审判后被定罪的人，才会被他们一方按法律程序予以处决"。为了支持这一谎言，霍尔达纳还为他引荐了佛朗哥军事司法队之首长洛伦佐·马丁内斯·菲塞中校，后者宣称布尔戈斯政权没有因政见不同而处决任何人，甚至对于那些武装分子也是如此，而那些被处决的人，"是因为他们犯下了在普通法中要求付出生命代价的罪行"。因此，他说，佛朗哥本人无法进行干预，并已经准备接受可能来自共和国方面的报复。[148] 切特伍德在11月中旬写信给外交大臣哈利法克斯勋爵称：

> 自从3天前我与佛朗哥会面以来，我几乎无法用语言形容西班牙的惨状，尽管对此我早有心理准备。他比赤色分子更糟，我无法阻止他处决落入他手中的那些不幸的俘虏。日前，我曾设法安排140人离开驻马德里的古巴大使馆，并让他们穿越战线。在他们顺利抵达后，佛朗哥直言，尽管他之前有过承诺，但他拒绝用他们交换他手中的任何人。而当他确实开始放人出来的时候，当中有近一半不是他曾承诺释放的人，而是那些早被关进监狱的刑事罪犯，其中许多人在战前即已入狱。[149]

当共和国政府已经准备好让许多囚犯进入反叛方领土之时，佛朗哥却再次在一项交换在押人员的协议中食言。[150] 同时，随着战争临近结束，佛朗哥拒绝用他手中关押的四五十名高级军官，来换取其在外交使馆中避难的支持者。根据切特伍德的说法，佛朗哥赌的就是共和国方面能够保证那些人的人身安全，事实证明他赌赢了。[151]

在内格林上台6个月之后，有一次，他在国会常务委员会上发表讲话时，提到了他本人，以及苏加萨戈伊蒂亚和伊鲁霍在维护法律原则方面所做的努力。基本上，他的演讲就是对连续两届共和国政府致力于重建正常秩序的一曲赞歌。[152] 然而，就马统工党执委会成员的最终审判和有关安德鲁·宁的死因调查等问题，内格林和伊鲁霍之间已经存在着严重对立。[153]

当庭审于 1938 年 10 月启动时，伊鲁霍已不再是司法部长。特别法庭的程序非常简易，以致法庭被戏谑地称为"fotomatón"（即"照相机"之意）。有投诉称，被告方律师无法恰当地代表他们的客户，警方提供的证据根本没有任何警方证人加以支持，并且仅有的呈堂证供是由军情局所获得的供状。但类似投诉可以公开发表并且得到听取，这本身就与反叛方形成了鲜明的对比。[154]

内格林的朋友，共和派人士马里亚诺·安索接替伊鲁霍担任司法部长一职。然而，伊鲁霍仍作为不管部长而保留有内阁席位，并保证特别法庭下达的任何死刑判决必须得到内阁核准。在埃布罗决战的最后阶段，针对 7 位马统工党执委会成员的最终庭审在一种极为紧张的气氛中进行。尽管如此，正如伊鲁霍曾向卡蒂娅·兰道所承诺的那样，诉讼过程有充分的司法保障。伊鲁霍当时身在巴黎，但他为了能在法庭上出庭作证而返回国内，并与胡利安·苏加萨戈伊蒂亚一同走上了证人席。他们的证词是检察官撤销死刑申请的关键因素。2 名被告无罪释放，另外 5 人被判监禁。他们在战争结束时全都逃离了西班牙。[155]

在埃布罗战役惨败之后，随着佛朗哥的部队涌入加泰罗尼亚境内，共和国手中的大部分囚犯于 1939 年 1 月 23 日被转移。成千上万的人越过边界进入法国。然而，在蓬特－德莫林斯，内格林下令将若干较重要的在押人士转移到共和国控制的"中央区"，在那里他们可以被用于囚犯交换。在他们中间，有在 1938 年 1 月共和国部队占领特鲁埃尔时被俘的安塞尔莫·波朗科主教。波朗科先是被关押在巴伦西亚，但是很快就被送到巴塞罗那，他在那里一直被关押到战争结束。他所处的环境相当舒适，他获准可以行宗教之事，并给他的狱友们做弥撒。政府希望避免在波朗科身上发生任何丑闻，但是当内格林试图通过红十字会组织，用这位主教交换罗霍将军 14 岁的儿子时，佛朗哥没有同意。

当被击败的共和国军队余部踏上未知的逃亡之旅，并遭到混在平民百姓中的叛军支持者的不断袭扰时，内格林要求保证囚犯安全的命令被无视。有一辆载有 30 名士兵的卡车，在佩德罗·迪亚斯少校的指挥下抵达蓬特－德莫林斯并将囚犯们控制了起来，表面上是要将他们送往罗萨斯港。车队在靠近一条峡谷的一个名叫坎德特雷策（Can de Tretze）的地方停下来，囚犯们在此遭到枪杀。他们的尸体被浇上汽油并点燃。这42名遇难者包括了特鲁埃尔战役中被俘的大部分叛军高级官员：波朗科主教及其副主教，军事指挥官雷伊·达尔古上校，以及国民卫队首长和警察局长。遇难者中还包括在瓜达拉哈拉被俘的21名意大利人和1名德国人。这种愚蠢的报复行径成了"赤色恐怖"的典型象征。最终，在1995年，梵蒂冈为波朗科举行了宣福礼。[156]

当1939年1月加泰罗尼亚地区沦陷，数十万平民被迫逃离家园时，在菲格雷斯的最后一次国会会议上，内格林提出了一个停战计划，以换取佛朗哥遵守某些特定条款，尤其是不要实施报复行动。[157]该计划交给了英法两国代表，而他们的答复是，布尔戈斯政府对于人道主义愿景、实现和平或宽恕敌人根本没有兴趣，反正他们声称其惩治对象只是普通刑事犯。内格林在评论中特别强调了这种说法的虚伪："在像我们所进行的这样一场野蛮无情的内战中，要么一切都可称为一般意义上的犯罪，要么一切都不是犯罪。"于是，内格林主动向佛朗哥方面提出，他可以用自己的生命作为交换——如果佛朗哥接受具有象征意义的针对他本人的死刑执行，而赦免众多共和国无辜平民的话，那么他就会把自己交给反叛方。他并没有向除苏加萨戈伊蒂亚以外的大多数内阁成员透露这一疯狂的提议。[158]

内格林提出的价码被佛朗哥直接无视。政府仍然留在西班牙境内位于菲格雷斯的城堡中，直到共和国军队的最后几支队伍于2月9日越过法国边界为止。前一天晚上，与内格林一起留下来的少数同僚之一，他的朋友，边防警察部队总监拉斐尔·门德斯博士对胡利奥·阿尔瓦雷斯·德尔·巴约说："我不知道我们要在这里做什么。我害怕在今天晚上，我们就会被卡洛斯派分子用枪托叫醒。"内格林把门德斯叫到一边，并对他说："在最后一名士兵越过边界之前，我们都要留在这里。"为了亲眼见证这些共和国的保卫者和支持者免遭佛朗哥复仇烈焰之荼毒，他在那里等待了18个小时，直到罗霍将军抵达，并宣布所有的共和国部队均已进入法国。直到那时，内格林才前往图卢兹，并从那里乘飞机返回阿利坎特。有些部长认为他疯了，但正如他自己所解释的那样："如果我当时没有那样做，那么今天我会羞愧而死。"[159] 回到西班牙之后，他试图重组中央区的军事力量展开抵抗，直到一场新的欧洲大战爆发，或者至少等到一场大规模撤离行动完成，那时共和国方面的人员损失程度能减至最低。2月16日，他在阿尔瓦塞特举行了一次军队高层会议。由于他已经查探得知，至少从表面上看，共和国军队的普通官兵仍然保有较高的士气，所以当高级军官们坚持必须尽快结束战争的时候，他感到非常吃惊。当被问及他为什么不向佛朗哥方面求和时，他回答说："因为乞求和平才是一场大灾难的开端。"[160]

作为其朋友的美国记者路易斯·费希尔后来写道："内格林和德尔·巴约希望能够再多支撑一些时日，凭借这短暂的抵抗，从佛朗哥那里得到宽恕和仁慈的承诺，并给那些被反叛方点名要捉拿的人赢得逃跑的时间。"[161] 然而，认为佛朗哥有可能做出不对失败一方采取任何报复行动的保证，完全是他们的一厢情愿。因为，在佛朗哥于2月9日颁布的《政治责任法》（Law of Political Responsibilities）中，共和国的拥护者均在事实上犯有军事叛乱罪。而在他颠倒黑白的道德世界中，这指的就是所有那些未曾支持1936年军事政变的人。内格林相信，他们是能够战斗到最后一刻的，但他拖延战争进程的举动却被普列托指责为已经引发了"彻头彻尾的大屠杀"。普列托声称，他们原本可以通过谈判手段实现和平，并谴责了因佛朗哥方面的报复而持续抵抗的政策。这当中所显露的，要么是他对叛军在其占领区之所作所为的无知（这种无知应该受到谴责），要么是他试图通过反对内格林，在即将到来的共和国流亡政府之权力斗争中捞取政治资本的自私欲望（这种欲望则让人发出冷笑）。对于那些只想着尽早结束战争的人，内格林有些尖刻地指出，他们"没有考虑到数以百万计无法自救的不幸者"。[162] 但最终，他那维持抵抗战线以挽救更多共和国军民的希望，被佛朗哥本人，以及1939年3月由塞希斯孟多·卡萨多上校发动的政变打破了。对此他的悲伤多于愤怒，他告诉国会常务委员会说："我们本来可以继续抵抗和坚持的，这是我们的义务。我们有义务留下来拯救那些现在即将遭到杀害或被送往集中营的人。"而结果却是，他说，因为卡萨多，共和国死于"毁灭性的灾难与耻辱"。[163]

12

佛朗哥缓慢的灭绝战

在加利西亚、卡斯蒂利亚、莱昂和纳瓦拉，这些军事政变并未遭到实质性抵抗的北部地区，消灭左派人士、工会成员和所谓共和国支持者的行动是迅速而彻底的。与此同时，佛朗哥的非洲军团，以及由部队军官和地主分子组织的各支武装纵队，在南部乡村地区展开血腥的清洗。剩下的则是巴斯克地区、桑坦德、阿斯图里亚斯、阿拉贡大部，以及共和国控制下的所有东部沿海地区。军事政变在吉普斯夸省的大部分地区遭遇失败，人民阵线各党派在圣塞瓦斯蒂安创建了一个防卫委员会。该委员会与其他城镇中较小的类似组织，主要由社会党和共产党主宰。巴斯克民族主义者也加入其中，其目的是维护公共秩序，他们优先考虑的是阻止共产党方面处决右翼分子。[1]

在极度保守的阿拉瓦省，军事政变由佛朗哥的挚友卡米洛·阿隆索·维加组织。除了在该省北部地区，叛军几乎没有遇到任何抵抗。一场总罢工被迅速镇压，卡洛斯派和长枪党的大批武装分子聚集在该省首府加斯特伊兹（维多利亚）。数以百计的全国劳工联盟成员被捕，部分共和派人士和巴斯克民族主义者被抓作"人质"，市政机关工作人员和学校教师遭到开除。1936年7月22日，一架来自维多利亚的飞机轰炸了位于比斯开省南部奥钱迪亚诺的市镇广场，造成84人死亡（其中有45名儿童），另有113人重伤。驻扎于维多利亚的反叛方指挥部辩称："我军战机对聚集在后方奥钱迪亚诺镇上的一群叛乱分子予以沉重打击。"阿拉瓦省的镇压行动是由军方监管，但主要是由卡洛斯派分子和长枪党党徒负责实施。来自邻近的纳瓦拉省、洛格罗尼奥省和布尔戈斯省的卡洛斯派分子，按照当地右派提供的名单在各个小镇展开处决行动。教会领导层撤换了那些对巴斯克民族主义运动表示同情的教区司铎，有些人甚至遭到监禁。通常，如果某地教区司铎是卡洛斯派分子，那么，那里的左派人士和巴斯克民族主义者几乎不用指望他会手下留情，然而也有不少可敬的例外。在其他地方，巴斯克神职人员为拯救生命而做了大量工作。在阿拉瓦省，有170名本省人士被处决，另有来自邻近地区的约30人遇害。其中超过半数是私刑处决。[2]

当巴斯克地区的其他区域仍处于共和国控制下的时候，反教权主义的暴力事件数量相对有限，远远少于其他许多省份。共有69名神父死于左派之手，其中大多数发生在比斯开省，而在吉普斯夸省只有4名神职人员死亡。原因是此地全国劳工联盟的影响力相对较弱，同时巴斯克民族主义者、共和派人士和温和派社会党人在全力防止流血事件的发生。教堂没有遭到攻击，宗教活动仍不受干扰地继续进行。不过右翼分子身处险境。在靠近省会城市圣塞瓦斯蒂安的工业城镇伦特利亚，当地的卡洛斯派领导人被捕并遭枪杀。在伦特利亚共有3人遇害。在该省南部的托洛萨，参与军事密谋的右翼分子被枪毙，有13名卡洛斯派分子被带到圣塞瓦斯蒂安执行死刑。与大多数地方一样，革命委员会纷纷成立，富有的度假者与当地资产阶级人士一同被捕。温和派社会党人和巴斯克民族主义者竭力确保他们的安全。最显著的例外情况发生在省会，那里有183人被处决，占共和国控制时期吉普斯夸省遇难者总数（343人）的一半以上。[3]

其中最为臭名昭著的事件，发生在86名叛军军官和警务人员的身上。他们于7月29日被捕并被押往省议会。圣塞瓦斯蒂安的防卫委员会主席在激愤的暴民面前发表讲话，宣布这些囚犯将在得到法律保障的情况下受到适当的审判。防卫委员会的作战委员，当地共产党领袖赫苏斯·拉腊尼亚加要求实施简易"审判"。共产党激进分子袭击了议会所在地，并抓住了政变领导人，当地军事长官莱昂·卡拉斯科·阿米利维亚上校。在天主教人士曼努埃尔·德·伊鲁霍的阻止下，他们没能成功杀掉他，伊鲁霍本人则被拉腊尼亚加指控为法西斯分子。针对卡拉斯科实施的第二次谋杀计划取得了成功，当他再次被抓后，他于当天晚上在一条铁路轨道旁被处决。拉腊尼亚加随后下令，将位于翁达雷塔海滩的省立监狱中的囚犯处决。除了反叛军官，处决名单上还列有那些在过去几年里的镇压罢工行动中表现突出的警察人员。次日黎明时分，监狱遭到袭击。尽管巴斯克天主教民族主义者和社会党人士做出了努力，仍有41名参与叛乱的军官和12名平民支持者被枪杀。杀人者包括来自加利西亚的民兵，他们渴望对在拉科鲁尼亚和费罗尔发动的镇压行动进行报复。[4]

早在7月23日，来自纳瓦拉的卡洛斯派武装力量已经进入了吉普斯夸省南部地区。虽然他们没有遇到任何抵抗，但在塞加马和塞古拉，他们洗劫了当地共和国各政党的支部，以及巴斯克民族主义党的活动中心，其中的积极分子遭到拘留和虐待。有些人被枪杀，还有更多的人被随意课以罚款。[5] 在8月初，莫拉将军开始调动部队，希望切断巴斯克地区与法国边界的联系。因此，在卡洛斯主义者何塞·索尔查加·萨拉上校同为卡洛斯主义者的纳瓦拉省国民卫队指挥官阿方索·贝奥莱吉·卡内特上校的指挥下，大批卡洛斯派义勇军成员从纳瓦拉出动向伊伦和圣塞瓦斯蒂安推进。贝奥莱吉是个大块头，他颇为勇敢，但相当孩子气。当他的纵队遭到轰炸时，他只是打开了他的雨伞。[6] 伊伦和富恩特拉比亚正在遭受来自海上军舰的炮击，并且德国和意大利战机每天都会进行空袭。这些战机空投了反叛方的传单，并扬言要重复其在巴达霍斯所做的一切。圣塞瓦斯蒂安也遭到来自海上军舰的炮击，作为报复，有8名右翼平民和5名陆军军官被处决。[7] 保卫伊伦的是装备低劣且未经训练的民兵力量，他们勇敢地进行战斗，但最终于9月3日被击败。数以千计的难民在恐惧的驱使下，穿过跨越比达索阿河的国际桥梁从伊伦逃往法国境内。主要由无政府主义民兵组成的最后的守卫者，因为缺乏弹药而感到非常愤怒，他们在富恩特拉比亚枪毙了一些右翼囚犯，并纵火将伊伦部分城区焚毁。[8]

巴斯克地区、桑坦德和阿斯图里亚斯与法国及西班牙共和国其他控制区之间的陆路联系现已被切断。叛军在9月13日（星期天）占领圣塞瓦斯蒂安，但是包括卡洛斯主义意识形态的拥护者比克托·普拉德拉和他儿子哈维尔在内的若干右翼俘虏已被枪杀。这是叛军部队从共和国方面夺取的第二座省会城市，而且到9月底，吉普斯夸省将几乎完全落入莫拉之手。[9]

圣塞瓦斯蒂安的 8 万居民中有相当多人已逃往比斯开省，或者乘船前往法国。尽管人口大量流失，但是，圣塞瓦斯蒂安被叛军处决的人数高居所有巴斯克城市的榜首。大规模拘留行动立即展开，首当其冲的是那些无法被从军事医院撤离的共和国方伤员。不久之后，分别位于翁达雷塔和萨帕塔里的两所监狱、长枪党组织的各个办公室、圣何塞济贫院以及库尔萨尔电影院，所有地方都因被捕人员的涌入而爆满。关于叛军占领之后立即遭到处决的人员的确切数字，现在仍存在相当大的疑问。由于有卡洛斯派义勇军和长枪党分子进行所谓的法外"兜风"情况的存在，我们无法获知确切数字。在 1936 年至 1943 年间，作为由军方主导的众多走过场式审判的结果，共有 485 人被处死。死者中包括 47 名妇女，而且几乎全部都是全国劳工联盟的成员。相应地，根据来自佩德罗·巴鲁索·巴雷斯和来自迈克尔·艾斯普鲁及其团队的详尽研究成果，如果把"兜风"处决包括在内的话，最初几个月的死者总数有可能远远超过 600 人。[10]

其中最为臭名昭著的，是叛军方面应卡洛斯派分子的强烈要求，在吉普斯夸省处决 13 名巴斯克神父的行动。9 月中旬，卡洛斯派的领导人曼努埃尔·法尔·孔德就吉普斯夸省相对于南部各地在军事镇压行动中所表现出的"软弱性"，向布尔戈斯的执政团主席卡瓦内利亚斯将军提出抗议。他抱怨说："当涉及神职人员时，这种宽纵表现得尤其明显。军方害怕与教会发生冲突。"他向托莱多大主教暨全西班牙首席主教，拥有"红衣主教"头衔的伊西德罗·戈马蒙席，以及他极度反动的前任，流亡中的红衣主教佩德罗·塞古拉，重复了上述控诉。他敦促利用戒严法的规定，展开针对包括神父在内的巴斯克民族主义者的处决行动。由于法外处决的惯常做法不宜用在神父身上，因此他建议模仿军法审判来进行处决，以规避教会的反对。法尔·孔德认为教会高层会提供处决神职人员的书面批准，恰恰反映了卡洛斯派分子的普遍心态。[11]

叛军在整个巴斯克地区共计杀害了 16 名神父，而遭到监禁和拷打的人数要更多。遇难者之一塞莱斯蒂诺·奥纳因迪亚·苏洛阿加之所以被选中，是因为他的弟弟阿尔贝托，作为巴利亚多利德主教座堂的一名教士，是巴斯克政府主席何塞·安东尼奥·阿吉雷的朋友，并且为其充当某种形式的巡回外交使节。另一位神父华金·伊图里卡斯蒂里奥，因为批评与巴斯克风俗相悖的贴面华尔兹而被指控为危险的巴斯克分离主义分子，然后在11月8日被枪杀。一般来说，那些要被处决的人名出现在来自潘普洛纳的卡洛斯派分子带来的黑名单中。红衣主教戈马因为这些针对神父的处刑而向佛朗哥多次提出抗议，然而在面对梵蒂冈时，他却为此举进行辩护，言明这是神父参与政治活动的结果。当阿尔贝托·奥纳因迪亚神父听说他兄弟被杀的消息后，他说："如果军队对待巴斯克神职人员尚且如此，那么可想而知平民将面临何种命运！"[12]

1937年1月20日，吉普斯夸省军事长官阿方索·贝拉尔德写信给维多利业市的副主教，要求对支持巴斯克民族主义运动的神父进行"有力的惩罚"。根据某种扭曲的逻辑，他把毕尔巴鄂监狱遭到的某次袭击归咎于他们，认为他们是在为两星期前的一次空袭事件而进行报复。信件随附两份名单，其中一份名单包括189名神父，他们被划分为"极端主义分子、民族主义者和同情者"三类；另一份包括90名神父，据称他们均属于巴斯克民族主义党的成员。在军方与教会当局争吵过后，他们达成共识：应对吉普斯夸省的神职人员进行清洗，有24名神父被逐出吉普斯夸省，31人流亡国外，13人被转移，另有44人遭囚禁。[13]

卡洛斯派与军方在巴斯克地区实施的镇压行动背后的刻骨仇恨，也在法国玩具制造商让·佩尔蒂埃的回忆录中有所反映。佩尔蒂埃当时正前往毕尔巴鄂为儿童捐赠玩具滑翔机。1936年10月15日，他搭乘巴斯克政府征用来向毕尔巴鄂运送邮件的拖网渔船"加莱尔纳"号驶离法国巴约讷。该船被来自圣塞瓦斯蒂安的帕萨赫斯港的6艘叛军武装渔船俘获——船长很可能与叛军相勾结。这些叛军的渔船由巴斯克渔民驾驶，但他们受卡洛斯派分子的控制。乘客均遭到囚禁。佩尔蒂埃因为曾在第一次世界大战期间担任法国空军飞行员，而他的行李中又装有玩具滑翔机，所以被当成向巴斯克政府销售飞机的商人。他遭到严刑拷打，而与他同船的乘客中，有19人（其中绝大多数完全不关心政治）在10月18日晚上被枪杀。在他们中间有一名18岁的女孩、一些老人、一名16岁的男孩，以及作家"艾特索尔"（何塞·阿里斯蒂穆尼奥神父），他们在被杀前遭到殴打和折磨。在最后一分钟,佩尔蒂埃被从临刑者的队列中揪了出来,原本他要与他们一起被押上公共汽车,然后被送往埃尔纳尼的公墓枪决。因为他是一个很有用的人质。其他人后来也被枪杀。

在 11 月中旬吉普斯夸省公布了马德里沦陷的不实消息后,有许多商人和店主因未展现必要的爱国热情而遭逮捕,他们的财产也被没收。有几名神父也被拘留,而且他们的教士长袍也被没收以示羞辱。佩尔蒂埃仍处于监禁状态,因为佛朗哥当局试图说服法国政府支付一笔高额的赎金,要与一船粮食的价格相当。6 个月后,当巴斯克地方政府同意用他交换一名被俘的德国轰炸机飞行员时,他终于获释。[14]

在叛军专注攻打马德里的同时,巴斯克前线在 1937 年 3 月底之前一直处于僵持状态。甚至早在圣塞瓦斯蒂安沦陷之前,莫拉就发起了与巴斯克民族主义党的秘密谈判。他希望比斯开省和平投降,作为交换条件,他承诺不对毕尔巴鄂进行破坏,并保证不进行后续的镇压行动。鉴于在伊伦和圣塞瓦斯蒂安陷落后所发生的事情,巴斯克民族主义党领导层并不打算相信他。阿尔贝托·奥纳因迪亚是巴斯克民族主义党方面与莫拉之代表进行谈判的主要对话者。他呼吁莫拉不要对毕尔巴鄂进行轰炸,理由是这样做会引发人们对该城市 2,500 名被监禁之右派人士的报复。[15] 1936 年 9 月 25 日和 26 日,针对毕尔巴鄂的大规模爆炸袭击事件造成数十人死亡,并且造成多名妇女、儿童伤残。

正如预料之中的那样,陷入饥饿中的人民在愤怒中爆发了。尽管当地治安部队进行了干预,无政府主义者仍然袭击了两艘监狱船,并杀害了包括 2 名神父在内的 60 名右派在押人员。在共和国于 10 月 6 日批准区域自治之后,次日,紧随着巴斯克地方政府的组建,遏制此类暴行的力度进一步增强。零星空袭事件仍有发生,但是对于接下来在 1937 年 1 月 4 日发生的那场持续打击的大规模空袭,民众普遍没有心理准备。作为回应,这座城市的 4 所监狱遭到了更为猛烈的袭击,共造成 224 名右翼人士遇害,其中多数属于卡洛斯派,但是也包括若干神父和一些巴斯克民族主义者。暴力事件的罪魁祸首是无政府主义者,但是在其中一所监狱,派去制止暴行的劳工总会民兵武装也参与了杀戮行动。巴斯克地方政府的成员冒着相当大的风险前往监狱，并设法在大屠杀波及所有在押人员之前将其控制住。[16] 与马德里的镇压行动形成鲜明对比，更与整个叛军控制区的情况截然不同的是，巴斯克政府承认自身对暴行的发生负有责任，并且允许遇难者家属公开举行葬礼。将歹徒绳之以法的程序已启动，但是在毕尔巴鄂陷落之时并未完成。剩下的囚犯在叛军占领比斯开省之前受到良好的对待，并被平安无事地释放。毕尔巴鄂的人民法庭于 1936 年 10 月开始运作，共实施了 457 次审判，有 156 人被判处死刑，其中实际行刑的有 19 人。[17]

到 1937 年 3 月底，莫拉集结了近 4 万人的部队，对比斯开省发动了一场最后的总攻。在战役开始时，通过电台讲话和针对主要城镇空投的成千上万份传单，莫拉将他的威胁广为传播："如果你们不立即表示屈服，我将把比斯开全境夷为平地，首先从军火工业开始。我有充分的手段这样做。"[18] 3 月 31 日，他抵达维多利亚，为次日的总攻进行最后的完善。为了瓦解敌方士气，他下令处决 16 名囚犯，其中包括若干在当地人气颇高的人物，市长也是其中一员。这导致了当地右翼分子的抗议。[19] 紧接着这一随意实施的暴行之后的，是一场针对比斯开省东部地区的为期 4 天的大规模炮轰与空袭。在这期间，一个风景如画的乡村小镇杜兰戈被摧毁，轰炸还造成 127 名平民死亡，另有 131 人其后不久也伤重不治。死者中包括 14 位修女和 2 名神父。[20] 在杜兰戈遭到轰炸的 4 天之后，佛朗哥会见了意大利大使罗伯托·坎塔卢波，并解释了如此野蛮行事的原因："其他人可能认为，我军飞机轰炸赤色分子的城市，是在进行一场常规意义上的战争，但事实并非如此。"他发出了不详的预言："在已经被我占领但还没有接受救赎的城镇和乡村，我们必须逐步执行拯救与绥靖的漫长任务，如果不这么做，单纯的军事占领基本上是无用的。"他接着说道："我关注的并非领土，而是其上的居民。重新征服领土是手段，完成对居民的救赎才是目的。"[21]

莫拉开始愈加依赖德国秃鹰军团的空中支援，该军团的总参谋长和后来的总司令是沃尔弗拉姆·冯·里希特霍芬中校，他后来策划了德国入侵波兰的闪电战。杜兰戈见证了里希特霍芬之恐怖实验的开端：通过大规模轰炸摧毁民众士气并破坏穿越人口中心的道路交通。4 月 25 日晚上，据估计是根据莫拉的指示，萨拉曼卡的反叛方电台向巴斯克民众播报了如下的警告:"佛朗哥即将发动一场强有力的打击,所有抵抗都是徒劳的。巴斯克人民!现在投降,你还可以保全你的性命。"[22] 所谓"强有力的打击",就是通过持续一下午的无情轰炸将格尔尼卡从地图上抹去。在轰炸事件过后的第二天,目击者之一阿尔贝托·奥纳因迪亚神父就给红衣主教戈马写了一封言辞激烈的信:"我刚刚从毕尔巴鄂抵达这里,我的灵魂遭到了重创,因为我目睹了那场针对和平小镇格尔尼卡所犯下的可怕罪行。"他向红衣主教描述了"长达三小时的恐怖和但丁笔下地狱般的场景。妇女和儿童倒在路边,母亲尖叫着祈祷,信仰基督的民众被那些毫无怜悯之心的罪犯惨无人道地杀害。红衣主教大人,为了主的尊严,为了主之真理的荣耀,为了基督对世人的无限怜悯,决不允许犯下如此可怕的、前所未有的、世界末日般的、只有地狱中之场景可与之相比的罪行"。在描述了无法移动的病人被活活烧死和伤员被埋在成堆的灰烬之中的场景后,奥纳因迪亚呼吁戈马进行交涉,提醒他勿忘国际法,勿忘"禁止杀戮无辜者的永恒铁律,即上帝之律法。这些律法在星期一的格尔尼卡遭到了粗暴的践踏。是哪个残忍的大人物冷血策划了这场焚烧和屠戮整座和平城镇的可怖罪行?"

在书信的末尾,奥纳因迪亚恳请戈马出面,阻止反叛方真的把毕尔巴鄂变成下一个格尔尼卡。戈马对此不屑一顾,他在回复中重提了莫拉的威胁,其中体现出的教会官方对佛朗哥之灭绝战争的肯定,令人毛骨悚然:"对于正在比斯开省发生的事,我与其他任何人一样感到遗憾。上帝明鉴,我已为此难受了好几个月。看到你那些曾经留存有纯洁信仰和爱国主义的城镇遭受毁灭,我感到特别遗憾。但是,当下发生的这些事情是可以很容易预料到的。"戈马愤怒地提到巴斯克人对马德里政府的忠诚,并斥责道,"民众需要付出代价,因为他们与魔鬼订立了契约,因为他们一意孤行坚守契约的邪恶之举"。然后他若无其事地给莫拉的威胁进行背书:"虽然您的来信这般痛苦,但恕我在回信中冒昧给出一条简短的提议。毕尔巴鄂必须投降,除此之外别无选择。它可以有尊严地投降,它本可以在两个月前就这样做。无论哪一方需对格尔尼卡的毁灭负责,对于这座伟大的城市来说,它都是一个严重的警告。"[23]

当叛乱分子于4月29日抵达已成残垣断壁的格尔尼卡城时,卡洛斯派人士海梅·德尔·布尔戈向莫拉参谋部中的一位中校质问道:"有必要这样做吗?"而那名军官咆哮道:"在比斯开省和加泰罗尼亚全境都要照此行事。"[24] 虽然佛朗哥的宣传机构极力否认格尔尼卡遭到轰炸的事实,但是毫无疑问,莫拉和佛朗哥需要共同对此负最终责任,并且他们都很乐于见到这一结果。[25]

巴斯克地区接下来遭到了为期6周的轰炸,而防守方只用微弱的防空火力予以回击。尽管如此,巴斯克崎岖的山区地形让面临防守方之顽强抵抗的叛军寸步难行。随着城镇不断陷落,镇压愈加猛烈。5月16日,在阿莫雷维耶塔,当地加尔默罗会修道院的院长试图与叛军进攻部队进行谈判以控制镇压规模。然而对方却将他当作巴斯克民族主义分子枪决,并抢走大批钱财。叛军在报纸上宣称他是被赤色分离主义分子杀害,同时他们私下告知加尔默罗修会方面,说他是被当作间谍而处决的。[26]

炮火打击和空袭所造成的恐怖,以及共和国军队内部的政治对立,导致了巴斯克地区抵抗行动的逐渐崩溃。即使莫拉在6月3日因坠机事故而丧生,局势对于共和国一方来说也没有任何改观。在菲德尔·达维拉将军指挥下的北方集团军继续向毕尔巴鄂推进。当城市于6月19日陷落时,有20万人向西退散至桑坦德,他们首先搭乘的是拖网渔船。然后,当佛朗哥分子夺取毕尔巴鄂港后,难民搭乘小汽车、卡车、马车,或者徒步逃跑。他们沿途遭到秃鹰军团的轰炸和扫射。[27] 有15名妇女被枪杀,但被宣布为自杀。[28] 店铺遭到洗劫,来自巴利亚多利德的长枪党分子被允许自由行动。随后的镇压行动是在貌似遵循法律程序的所谓"非常时期简易军事法庭"的基础上实施的,自从1937年2月征服马拉加以来,它已经取代了广泛使用的戒严法令。近8,000人因其民族主义之抱负而受到监禁,其中许多人被迫进入劳动营。随着首轮审判的结束,处决行动于12月份开始,有数百名遇难者死于行刑队之手,并且至少有30人被施以绞刑。[29] 然而,根据高级军事检察官费利佩·阿塞多·科伦加的说法,在巴斯克地区的镇压力度明显低于其他区域。出现这种情况的原因,其一可能是反叛方需要熟练技工来确保巴斯克地区工业的正常运转,其二可能是在这样一个天主教徒占绝对多数的省份,天主教会不太需要采取复仇性的政策。[30] 关于比斯开省被处决人数的不同主张之间存在显著差异,但迄今为止最可靠的估计是916人。[31]

尽管有这么多人已经遭到杀害,纳瓦拉的卡洛斯派报纸还在叫嚣着将巴斯克民族主义者彻底消灭。新获任命的长枪党市长何塞·马里亚·德·阿雷尔萨本身就是巴斯克人,在7月8日宣告胜利的讲话中,他颇为自得地说道:"那个名为'欧司卡迪'[*]的叛逆、凶险、邪恶的噩梦已被永远粉碎……[巴斯克政府主席]阿吉雷,你这个追求私利、无耻变态的巴斯克民族主义分子,你将永无翻身之日,在长达十一个月的充斥着犯罪和抢劫的日子里,你假装成一个大人物,而可怜的巴斯克士兵却在乡村中像四足动物那样遭到套索的猎杀,他们的皮囊散布在比斯开山区的各个角落。"[32] 阿雷尔萨积极地进行镇压,被他告发的许多人接下来遭到了关押。

巴斯克地方军队撤退到桑坦德,并从位于海岸地带的翁顿向南一路稳固了战线。叛军部队在巩固对毕尔巴鄂的占领,并未对巴斯克方面展开追击,于是就在佛朗哥对下一阶段战争的准备工作举棋不定的时候,他们错失了快速横扫北部地区的机会。最终,通过比斯开省西部地区向桑坦德推进的作战计划被敲定。然而,在叛军此次的进攻发起之前,共和国在马德里前线上的布鲁内特展开了一场牵制性进攻。佛朗哥暂停了在北部的攻势,并派出两个纳瓦拉旅以及德国秃鹰军团和意大利飞行军团前往马德里。尽管布鲁内特并无太多战略价值,但是佛朗哥仍投入了拥有数量及技术优势的大规模部队,以期摧毁共和国军队之主力。在一场血腥的消耗战中,布鲁内特使共和国损失了两万多名最优秀的战士和许多宝贵的装备,但收获却只是让桑坦德的最后崩溃推迟了五个星期而已。[33]

保卫桑坦德的工作从来都是困难重重。该省的军事政变因计划不善和执行不力而遭遇失败。但是,虽然有托雷拉韦加、波兰科、埃拉斯蒂列罗、雷诺萨和乌迪亚莱斯堡等工业区的存在,该省及其省会仍然是极端保守派的大本营。[34]省会城市几乎没有经历过任何战斗。餐厅和咖啡馆仍在开门营业,短缺情况并不多见。[35]然而,在该省处于共和国控制期间,有近1,300

---

[*] 原文为 Euskadi,指巴斯克自治区。

名右翼人士遇害。省长曼努埃尔·内拉·马丁对此应负相当大的责任，他非常奇怪地任命胡安·鲁伊斯·奥拉萨兰担任警察总长。内拉曾做过售货员，并且还是步枪射击比赛的冠军，他因残酷和腐败而臭名昭著。折磨囚犯是他的乐趣，从囚犯处盗来的财物使他积累了一大笔财富。1936年12月27日，在德国干涉军针对工人阶级聚居的国王大街发起的一次持续空袭行动中，有47名妇女、11名儿童和9名男子丧生，另有50人身负重伤。寻求报复的人群聚集在港口，旁边停泊着"阿方索·佩雷斯"号，其上关押有980名右翼囚犯。手榴弹被扔到货舱之中。然后，在鲁伊斯·奥拉萨兰和内拉的监督下，甲板上举行了简易审判。那些被认定为军官、神父或右翼团体激进分子的人遭到枪杀。当晚共有156名长枪党分子和其他右派人士被害。[36]

城内的局面早已升级至一触即发的紧张态势，近17万名难民的抵达导致了大规模的社会混乱。严重的粮食短缺，以及包括受伤与残废军人在内的数以千计的巴斯克人在街道上露宿的场景，令当地居民产生了严重的怨恨情绪。不少巴斯克人被内拉自己的"契卡"机构杀害。巴斯克军人展开了复仇袭击。有近40名巴斯克神父，在付出大笔赎金后才免于遭到无政府主义者的杀害。该省的防御不仅受到这些内耗的侵蚀，而且也受到巴斯克武装和阿斯图里亚斯部队均不愿全力投入此项任务的影响。此外，指挥这些各行其是的队伍的副司令官阿道弗·普拉达·巴克罗上校告诉阿萨尼亚，在那些来自桑坦德的兵员中，有85%的应征入伍者忠诚度可疑。1937年8月14日，一支由6万人组成的大部队开始对桑坦德实施合围。这支部队得到了来自意大利方面之武器装备的充足供应，并有德国秃鹰军团和意大利"志愿军团"*提供支援。在8月的骄阳下，充足的空军和炮火支援以及兵力上的优势，让他们不费吹灰之力就取得了胜利，缺乏组织的共和国军队和巴斯克方面的残余武装被打得七零八落。普拉达声称，叛军部队的推进速度要高于演习时的速度，这证明了守方抵抗不力。桑坦德于8月26日陷

---

* Corpo di Truppe Volontarie，指西班牙内战期间，由墨索里尼派出的支援佛朗哥之武装叛乱的法西斯意大利干涉军，这支军队在规模最大时由4个师组成，总兵力多达5万人，还部署有超过700架飞机。

落。共和国北部军区指挥官马里亚诺·加米尔·乌利瓦里将军未能及时下令撤离，所以只有少数人得以逃脱险境。留下来处理投降事宜的市长被立即枪杀。[37]

随后的镇压行动要比巴斯克地区的镇压严厉得多。最令人震惊的处决行动之一，是针对何塞·佩雷斯·加西亚·阿圭列斯上校的处刑。在1936年7月18日，他是桑坦德的军事长官。他因参与政变而被人民法庭判处死刑，但随后被减刑，改为入狱监禁。叛军到达时，他再次遭到逮捕，因为他在7月18日至20日犹豫不决，逮捕者认为他对政变的失败负有责任。他在1937年10月25日被判处死刑，并于11月18日被处死。共有超过1.3万人受审，其中有1,267人被判死刑。另有739人在法外"兜风"处决中被杀，至少有389人因不堪狱中苦待而死。[38]

与此同时，巴斯克部队已经完全脱离战斗，并聚集在桑坦德以东的桑托尼亚。他们坚信，他们将根据巴斯克民族主义党与意大利人谈判达成的所谓"桑托尼亚协定"撤至法国境内。这一想法是基于佛朗哥的兄弟尼古拉斯在7月23日提出的一项条件：如果巴斯克方面投降的话，那么将不会有报复行动，而且会安排他们中间的知名人物进行转移。在长时间的拖延之后（在此期间他们也许可以及早组织撤离），巴斯克人终于在8月26日同意向桑托尼亚的意大利军队投降。按照达成的协议，473名巴斯克政界和军方领导人，在意大利方面的保护下，登上了两艘英国蒸汽船——"纵横七海"号和"鲍比"号。第二天，叛军战舰在佛朗哥的命令下封锁了该港口，达维拉告之意大利人让难民下船。意大利方面予以拒绝，双方僵持达4天之久。8月31日，佛朗哥亲自命令意大利人交出那些他们已经为其提供安全承诺的巴斯克俘虏。[39]在确认相关投降条款会得到尊重后，意大利方面在12月4日移交了他们手中的俘虏。但令他们感到恐惧的是，简易审判立即进行，有数百人的死刑判决被通过。遇难者包括巴斯克地方军总参谋部的全体成员。1937年12月，在桑托尼亚受审的俘虏被带往毕尔巴鄂行刑。[40]

除了处决行动，巴斯克地区的镇压运动的一个重要组成部分是罚款和没收财产。许多医生、律师、建筑师和工程师的执业许可证被吊销。与其他地方一样，中小学教师也是一个主要目标。巴斯克地方政府主席（巴斯克语为 Lehendakari）何塞·安东尼奥·阿吉雷被课以 2,000 万比塞塔的罚款，他的财产被查封。许多生意和不动产被移交到叛军支持者的手中，银行存款也被没收。1939 年，反叛方当局对三年前去世的航运业大亨拉蒙·德·拉·索塔爵士课以高达一亿比塞塔的罚款。他的家族被夺走了他的所有产业和全部财产，其中包括 40 艘曾被用于毕尔巴鄂疏散行动的船只。阿万多家族的遭遇也是一个典型案例。时年 77 岁的商人胡利安·德·阿万多·奥希纳加被捕，尽管他身患重病，但仍被课以超过 100 万比塞塔的罚款。他的两个儿子与他一起被捕，并被处以长期监禁。其中一人是杰出的妇科医生胡安·布拉斯·德·阿万多·乌雷索拉，他的诊所也被没收。[41]

镇压的另一组成部分是针对巴斯克语言的禁令。在接任毕尔巴鄂市长时所发表的臭名昭著的演讲中，何塞·马里亚·德·阿雷尔萨宣称："由分离主义教士所造成的巨大耻辱已被永远终结。"该语言禁令的目的是破坏巴斯克神职人员与民众之间的密切关系，该禁令禁止在集体祷告、布道和教理问答等所有宗教活动中使用巴斯克语。教会当局有关允许使用巴斯克语的指示，被佛朗哥的公共秩序负责人塞韦里诺·马丁内斯·阿尼多将军所推翻。使用巴斯克信众的母语与其交谈的神父会被课以巨额罚金。[42]

在桑托尼亚被捕的众多俘虏中，有 81 名来自巴斯克地方军随军神父团的神父，这是共和国各部队中独一无二的团体，他们主要负责在前线主持弥撒和圣餐礼等宗教事务。有 3 人被判处死刑（虽然后来他们都获改判）。其他人则被判处 6 至 30 年不等的徒刑。其中一位神父被称为"Aita Patxi"（弗兰克神父），他的原名为维多利亚诺·贡德拉·穆鲁瓦加，曾以弗朗西斯科·德·拉·帕西翁的名义加入天主教苦难会。他被囚禁在布尔戈斯附近的圣佩德罗－德卡德尼亚集中营中，并被判与其他巴斯克被俘士兵一同服苦役。当了解到有一个已婚并有 5 个孩子的阿斯图里亚斯共产党员因为试图逃跑而被判处死刑时，弗兰克神父提出可以枪毙自己以换取那个共产党员的生命。他被欺骗说他的请求已被接受，阿斯图里亚斯人将得到赦免，并且只需要在行刑队面前走走过场就行。但是他在第二天了解到，那个阿斯图里亚斯人在黎明时分已被枪杀。[43]

在阿斯图里亚斯地区，1934 年 10 月那场事件之后的镇压行动所造成的怨气，致使这场对抗将以极其激烈的方式进行。1936年7月18日，在阿斯图里亚斯各地发起的政变几乎均遭遇失败，只有位于希洪的希曼卡斯兵营的两个哨所和被安东尼奥·阿兰达上校夺取的奥维耶多城除外。阿兰达是通过两面派手段拿下该城的。他先是宣布对共和国保持忠诚，并让地方当局相信他同意向工人阶级分发武器。然而，他声称在奥维耶多并没有足够的武器弹药来武装他们，并向当地的左翼武装保证他已经在莱昂安排了相应的军事物资。7月19日（星期日），大约3,500名未武装的矿工和钢铁工人轻信其保证，他们有些人搭乘火车，有些人跟随卡车车队出城前往莱昂。其中有约300人获得了老掉牙的枪械和数量与之不成比例的弹药，然后人群继续向南并抵达萨莫拉省的贝纳文特。与此同时，在奥维耶多，阿兰达宣布参加叛乱，等待武器的其他工人遭到屠杀。7月20日，在贝纳文特，阿兰达叛变的消息传到民兵远征队那里，他们决定返回奥维耶多。那些搭乘火车返回的人在途中必须经过蓬费拉达镇，而该镇已经落入国民卫队之手。装备低劣的民兵在那里进行了勇敢的战斗，在蒙受严重伤亡后他们撤至阿斯图里亚斯地区，其中有许多是步行返回的。到7月21日，从贝纳文特搭乘卡车返回的矿工已经抵达并包围了奥维耶多。阿斯图里亚斯人民阵线委员会在萨马－德兰格雷奥建立了总部，委员会主席则由贝拉米诺·托马斯担任。[44]

在希洪，政变之所以失败，很大程度上是因为希曼卡斯兵营的指挥官安东尼奥·皮尼利亚·巴尔塞洛上校的犹豫不决。被掌控地方委员会的无政府主义分子包围的皮尼利亚，通过无线电广播，监督实施了叛军战列巡洋舰"塞韦拉海军上将"号对该市进行的激烈炮击。仅仅8月14日一天，空袭和舰炮打击造成市火车站和一家医院被直接命中，并导致54人丧生和78人受重伤。在随之而来的民众怒火的掩护下，一群伊无联激进分子在部分共产党员的随同下前往圣何塞教堂，有200名右翼囚犯被关押在那里。他们挑出了其中的知名人物并杀掉了这些人。第二批民兵于当晚抵达，他们带走了包括26名神父和修士在内的另一批人。其他人在当天晚间遭到枪杀。共计有106名右翼囚犯遇难。[45]从7月19日到21日，当地民兵对兵营展开猛攻。面对着即将失败的命运，皮尼利亚拒绝了对方提出的保证守军官兵生命安全的投降条件,并要求那艘叛军战舰向兵营建筑开炮。"塞韦拉海军上将"号上的指挥官认为这条讯息是一个骗局,所以并未开火。兵营终被攻陷,皮尼利亚和他手下幸存的军人在废墟中被处决。[46]

对奥维耶多的围困又持续了两个月。在城市里,阿兰达针对他眼中的内部敌人发动了一场战争。他本人声称该市有一半人口是共和国的支持者,而他手下的一名反叛分子认为应该有3/4。[47]阿兰达还告知合众通讯社记者韦布·米勒说,有700名俘虏被当作人质而遭到关押。[48]共和国方面的资料显示有超过1,000人被关押,其中包括阿斯图里亚斯工人阶级领导人物和阿斯图里亚斯国会代表们的妻子。当中的许多人从此销声匿迹。在阿兰达夺取这座城市后不久,他对忠于共和国的突击卫队驻扎的圣克拉拉兵营发动攻击。事后有25名民兵和2名突击卫队成员被枪杀。有人提出,反叛方的镇压规模有限,因为他们害怕城市落入围城矿工之手后遭到报复。确定无疑的是,阿兰达本人与镇压现场保持有一定的距离,但他的公共秩序特派员兼市长赫拉尔多·卡瓦列罗却营造了一种恐怖氛围,此人曾在1934年10月后的镇压行动中表现突出。在他的命令下,长枪党小分队在夜间猎杀左派人士。街道上经常会出现尸体,公墓中保管有包括12名妇女在内的超过60具不明身份的无名尸体。围城期间,俘虏们被用作人盾。[49]

毫无疑问,如果来自加利西亚的叛军纵队为该城解围,那么相对克制的镇压活动肯定会发生改变。该纵队由近1.9万人组成,其兵力已于9月底得到了外籍军团1个营(bandera,500人)和土著正规军8个营(tabor,2,000人)的增强。任何在沿途中被捕的民兵均遭枪杀。此外,随着该纵队沿途占领各个小镇,有大量处决行动发生,包括女性在内的教师以及其他被认定为共和国支持者的人士被处死。在纵队离开占领地继续向前推进之后,长枪党小分队开始执行被委婉地称为"净化行动"的血腥任务。一个在卢阿尔卡、博阿尔、卡斯特罗波尔和纳维尔等小城镇展开行动的武装团伙,杀害了包括数名年轻女子在内的许多人。该帮派以他们的"螃蟹"而闻名,这是他们用来将受害者运往偏远地带实施谋杀的一辆绿色卡车。除了大量法外杀戮,还有很多人接受了极为简短的即决法庭审判,并因犯有"军事叛乱罪"而被判处死刑。[50]

当缺乏食物、用水和用电的奥维耶多城即将落入围城的矿工之手时，加利西亚纵队于 1936 年 10 月 17 日抵达，阿斯图里亚斯首府的数百名人质的命运尘埃落定。第二天出版的塞维利亚《ABC》报揭示了叛军推进过程中的恐怖，它兴高采烈地评论道："在对围城的赤色矿工加以痛宰之后，昨天，国民军纵队胜利进入奥维耶多城。"[51] 370 名囚犯未经审判即被处决，同时有许多人据称被送到了西边更远方的监狱。在 10 月下旬送出的 45 名囚犯和 12 月送出的 46 名囚犯，从未抵达他们的目的地。与此同时，装模作样的军法审判也在进行。在极其仓促的庭审程序之后，有许多人被立即处决，其中包括效忠共和国的突击卫队成员、省长、矿工孤儿院的院长、矿工领袖、西班牙工人社会党国会议员格拉西亚诺·安图尼亚和大学校长莱奥波尔多·阿拉斯·阿圭列斯。莱奥波尔多·阿拉斯的父亲是小说家莱奥波尔多·阿拉斯·"克拉林"*，此人曾在长篇小说《庭长夫人》(*La Regenta*) 中对奥维耶多上流社会的褊狭与伪善进行了深度剖析。这位小说家之子是一名杰出的律师，曾担任教育部副部长，并且是 1931 年共和国制宪会议期间的国会议员之一。在一次荒谬的审判过后，他于 1937 年 2 月 20 日被枪杀。市民们普遍认为，他之所以被处决，恐怕不是因为他相对温和的政治理念，而是为了满足当地资产阶级对其父亲的复仇渴望。[52]

在反叛方援兵抵达之后，共和国部队仍试图夺回奥维耶多。虽然他们在该省南部和东部地区仍然占有优势，但是他们的努力归于徒劳。桑坦德一陷落，阿斯图里亚斯地区就进入了佛朗哥的视线当中，而为了推迟其计划中的猛攻，比森特·罗霍将军现在发动了一场旨在夺取萨拉戈萨的猛烈攻击。共和国军队向小镇贝尔奇特发起进攻。这一次，佛朗哥没有像在布鲁内特那样接过诱饵，相反却兵分三路在 1937 年 9 月 2 日发动了一场合围阿斯图里亚斯地区的大规模进攻。在达维拉将军的总指挥下，由安东尼奥·阿兰达将军和何塞·索尔查加将军率领的野战部队冒雨迅速通过了山区地带。因为急于在冬天来临前结束此役，所以佛朗哥比通常情况下更加迫切地敦促战事之进行。共和国方面几乎没有空中掩护，这让叛军的行动更

---

* Clarín 是此人的笔名，意为"号角"。

为顺利。虽然阿斯图里亚斯在地理上是一个强大的防御堡垒，但是它遭到来自海上的严密封锁，并遭到来自空中的无休止的轰炸。当德国方面将燃烧弹与汽油相结合而制造出早期形式的凝固汽油弹，并借助它们沿山谷展开突袭以完善其地面进攻战术时，防守方的士气开始瓦解。[53]

在桑坦德沦陷之后，阿斯图里亚斯方面组建了一个独立的政府，它解除了共和国军事指挥官加米尔将军的职务，并用普拉达上校取而代之。在希洪，对地方右翼的镇压极为酷烈，报复行动常常毫无根据，小型企业和商店被没收，儿童和青少年因为父母被指控为法西斯分子而遭到囚禁。囚犯们被转移到停靠在希洪以西的埃尔–穆塞尔港的一艘监狱船上。随着战事日趋不利，"提人"行动也逐渐增多。很多囚犯遭到处决，尤其是在奥维耶多附近，而随着叛军部队从桑坦德向此地推进，该地区东部的加斯–德奥尼斯也开始大量处决囚犯。[54] 在阿斯图里亚斯的战事期间，约有 2,000 名右派囚犯被谋杀。当阿斯图里亚斯被占领时，叛军的报复行动导致近 6,000 名共和派人士被杀。[55]

当前线于 10 月 21 日崩溃时，民众搭乘小汽车、公共汽车、卡车，或者徒步逃往埃尔–穆塞尔。挤满逃难者的拖网渔船驶往法国。一些拖网渔船成功抵达目的地，有一些则在途中被反叛方舰队拦截，并被迫驶往加利西亚，在那里，船上的乘客都被赶到集中营中。长枪党团体赶来寻找牺牲品，许多人被带回希洪或奥维耶多进行审判。有些人当场就被杀害，其他人则被迫加入劳动营。军法审判往往很仓促，被告几乎没有任何发言机会。[56]

返回希洪之后，亚历杭德罗·马丁内斯神父对镇压的酷烈深感震惊，他将其描述为"不合时宜的严厉，仿佛某些人群必须加以清算……部队大肆洗劫并将希洪抢掠一空，好像他们来到的是一座外国城市"。土著正规军和外籍军团像往常一样被允许抢掠和强奸，并且，鉴于 1934 年的仇恨仍未消散，其行事手段也极其残酷。在共和国统治期间一直躲藏的第五纵队分子渴望进行报复。何塞·佛朗哥·穆西奥上校是一位反叛方同情者，他之前因希望拯救右翼囚犯而留在了阿斯图里亚斯，现在他仍然待在希洪，而没有逃到共和国控制区。他和其他 7 名共和国军官立即被审判，并于 1937 年

11月14日被枪杀。至少有20名学校教师被枪杀，还有更多人被监禁。在位于河谷地带的采矿区，居民遭到殴打和杀害。农场上的干草堆被点燃，躲在里面的人被迫逃出来。针对妇女的"兜风"处决、性侵犯乃至肢体残害频繁发生。[57]其中最臭名昭著的暴行之一，发生在比利亚维西奥萨附近的巴尔德迪奥斯修道院。1936年10月，奥维耶多精神病医院的患者和医护人员转移至此地，该建筑被征用。1937年10月27日，纳瓦拉旅的部队抵达此地。在没有任何明显动机的情况下，他们射杀了6名男性工作人员和11名女性工作人员。死者被埋在一个没有标记的大墓坑里，在阿斯图里亚斯地区，这样的乱葬坑（fosa）有60个。[58]

矿区的制度化暴力尤为严重。在波拉-德莱纳，有200多人被杀，许多人在被害前被迫挖掘自己的坟墓。之后，杀人凶手举办了一次有酒助兴的庆祝活动。当叛军进入萨马-德兰格雷奥镇时，受伤的民兵被装上卡车，然后被运到奥维耶多围城期间所用的壕沟处活埋。在位于萨马-德兰格雷奥镇以东的图龙山谷的矿业小镇圣马丁-德尔雷伊奥雷利奥，至少有261人遇害。在图龙山谷附近，有超过200具尸体被装上卡车，然后被运往一个被称为"波索-德林孔"（Pozo del Rincón）的矿井。[59]他们的工会组织被瓦解，那些未被处死或监禁的工人随后被迫在矿区的惩戒营中充当奴工。有些人躲藏了起来，或者加入了游击队，他们不成规模地四处打着游击战，并经常与来自加利西亚的逃亡者保持联系。在好多年里，国民卫队和长枪党巡逻队不停地在追捕他们。

在被捕的游击队员中，有一个人是来自拉科鲁尼亚省索夫拉多-多斯蒙赫斯的帕斯夸尔·洛佩斯，从内战之初他逃跑时起，他的妻子和6个孩子就失去了他的任何消息。1939年6月，有一个在佛朗哥部队服役的人返回了村庄，并说他曾在奥维耶多附近的一个集中营中看到过帕斯夸尔。帕斯夸尔的妻子包了一些食物和衣服，并派她13岁的儿子帕斯夸林去找他。后者花了两个星期的时间步行前往奥维耶多，然后又花了两周时间才在当地的许多集中营中找到了他父亲所在的那座集中营。虽然他的父亲让他回家，但是帕斯夸林还是留了下来。他白天偷窃食物维生，晚上则偷偷溜进营地，在他父亲身边露天席地而眠。10月初，一群长枪党分子抵达并挑出了来自加利西亚的俘虏,将他们押赴希洪处决。长枪党分子骑在马上,囚犯则步行前往。帕斯夸林违背了他父亲的命令,远远地在队伍后面跟随了十二天。途中,那些因年老体弱而无法跟上队伍的人均被杀害。当他们抵达埃尔－穆塞尔时,剩下的囚犯被排成一排,然后在充当海堤的一排岩石上面被枪杀。其中年纪最小的长枪党分子看到有几个人还活着,问为什么要求他们瞄准囚犯的腿开枪。他们那位久经刑场的头目称他为"菜鸟",并告诉他说:"因为这样他们需要更长的时间才能流血而亡。"帕斯夸尔并没有死,他的儿子设法把他从水中拉出来,带着他进入山里,并用一把小刀将子弹从他腿里取出来。在他伤愈后,他让帕斯夸林返回加利西亚,同时他重新加入游击队,但在不久之后遇难。[60]

在奥维耶多,从1937年11月至1938年4月期间,长枪党分子实施了许多法外处决,与此同时,还有共742人被判处死刑。仅在1938年5月,便有654人受到审判,其中260人被判死刑。当军事法庭为在加泰罗尼亚地区展开镇压行动而于1939年1月离开阿斯图里亚斯时,高级法官对奥维耶多的警察执行死刑的速度大加赞扬。总共有1,339人被判死刑,他们中间除有15人被施以绞刑外,其余全部被枪决。为了能被埋葬在墓地,囚犯必须在神父面前忏悔,并与教会和解。只有200人进行了忏悔,但另外有102名死者因为其家人缴纳了一项特别费用而得到安葬。除了在审判后被处决的人,由于遭受虐待或营养不良,另有257人在关押期间死亡。遇难者中约1/3是矿工。许多妇女遭到强奸和殴打,行刑者意图从这些被剃光头发并遭到监禁的女人口中得到其家中男人的下落。至少有9名女性被处决。[61]

由于共和国政府、工会与政治领导人以及军队指挥层就在希洪,所以那里的镇压也最为严重。仅能容纳200名囚犯的埃尔－科托监狱被塞进了近2,500人。在从1937年11月9日起的12个月里,共有903名囚犯受审并遭枪杀。在其他很多未被记录的案例中,囚犯被长枪党团伙带走并被私下处死。殴打和折磨是常见的景象。当地斗牛场、一座旧玻璃厂和一座纺织厂被当作临时监狱使用。任何形式的政治或工会团体的责任人都将被消灭。希洪的军事检察官在如此短的时间内提起如此多的死刑指控,以至于他被称为"机关枪"。在1937年的最后两个月有98人被处死，在1938年则有849人。此外，还有若干起私刑处决发生。埃尔－苏库公墓（位于希洪市塞阿雷斯区）的负责人声称，在很多天里，有70到80具尸体被弃置于此。埃尔－苏库公墓中有一座最近落成的纪念碑，上面列出了从1931年10月21日到1951年期间埋在集体墓穴中的1,882名男性和52名女性的名字。他们包括来自埃尔－科托监狱的、经军事法庭审判后被枪杀的至少1,245人；因遭受殴打，刑讯或者由于营养不良、过度拥挤和恶劣的卫生条件所导致的疾病而死亡的84人；其他则为在玻璃厂中遭处决，以及其他姓名可确认的遇难者。有70%的遇难者是工人。[62]

1937年10月1日，在北方地区被征服之后，西班牙各地都庆祝了佛朗哥升任国家首脑的周年纪念日，并将其奉为"元首日"。在索里亚省的圣莱昂纳多，当穿着长枪党蓝色衬衫的亚圭将军在一次演讲中提到工人阶级时，他下面的话引起了狂热的掌声："他们并不算太坏。真正邪恶的是他们的领导者，那些用看似美好的承诺欺骗他们的人。这些人就是我们的目标，我们要不断进攻直到他们被彻底消灭。"然后他描述了长枪党的新秩序，当他做出如下宣言时，现场立即响起了笑声和鼓掌声：

> 至于你们中间的那些负隅顽抗者，你们知道将会发生什么：或者是被关进监狱，或者面对行刑队的枪口；没有第三种可能。我们已经决定对你们进行救赎，而且不管你们愿意与否，这是我们必将做的事。我们有什么需要你们的吗？不，再也不会有任何选举，所以我们为什么还会需要你们的选票？首先要做的就是对敌人的救赎。我们要把我们的文明强加给他们，如果他们不愿意接受，我们会打败他们，通过武力强迫他们接受；就像击败那些不想要我们的公路，我们的医生和我们的防疫接种技术，总之就是不想要我们的文明的摩尔人那样。[63]

亚圭的讲话可以提醒那些不明状况的人，如果有更多的领土陷入叛军之手将会发生什么。共和国最高指挥部判断佛朗哥下一步将对马德里展开进攻，所以他们决定针对阿拉贡诸省中最为凄冷的省会城市特鲁埃尔发起一场先发制人的进攻。那里的叛军防线薄弱，而且该城实际上已经被共和国部队包围。在滴水成冰的严冬里，在 20 世纪以来气温达至最低的极寒天气下，共和国军队经过野蛮的逐屋争夺战，终于在 1938 年 1 月 8 日迫使叛军守备部队投降。拥有巨大物质优势的佛朗哥展开了猛烈的反击。在力不从心的防御战之后，共和国方面不得不在 2 月 21 日特鲁埃尔将遭到合围之际实施撤退。佛朗哥在 3 月初向东发动了一场规模宏大的攻势作战。到 4 月中旬，他的部队已经到达地中海沿岸，并将共和国控制区一分为二。阿拉贡全境陷落。

事实上，阿拉贡的大部分地区早已落入叛军之手，并经历了一场野蛮的镇压。除了在韦斯卡和特鲁埃尔之间的突出部分，萨拉戈萨省大部地区的军事政变都取得了成功。在 1938 年 3 月的叛军攻势将其余部分征服之前，该省的镇压行动已经展现出极端暴力的性质。[64] 在 1936 年 7 月的头两周，已有约 80 名共和国官员和工会及政党领导人遭捕杀。此后，在 8 月份的恐怖浪潮中有 730 人被处决。长枪党人和卡洛斯派分子组成的"保安巡逻队"组织夜间"兜风"行动，协助当地警察，清除"不受欢迎的人"。9 月军事法庭建立之后，杀戮行动的规模并未缩减，截至 1936 年底，共有 2,578 人被射杀。来势凶猛的镇压是先前定下的灭绝计划的一部分，但是无政府主义纵队向该省东部地区推进所引发的恐惧使其进一步加剧。然而，像在其他地方一样，在萨拉戈萨地区，平民参与杀戮的动机也多种多样，有人只是嗜血，有人是希望隐藏自己曾经身处左翼阵营的历史并向新政权献媚，有人则是出于嫉妒或者长期以来日益加深的怨恨。[65]

无政府主义者纵队的逼近，可能是 10 月初发生于萨拉戈萨的一场惨无人道的大规模处决行动的原因之一。8 月下旬，萨拉戈萨的叛军电台宣布，以圣胡尔霍将军的名字命名的一个外籍军团新单位已开始招募兵员。在纳瓦拉，国民卫队各哨所接到命令，要求涉嫌同情左派阵营的男性前往征兵办公室报到。被召至军营后，他们被要求在"去（外籍）军团或者下地狱"之间做出选择。在拉里奥哈，当地报纸上也发出了类似的呼吁，只是，为了满足所需的征兵人数，年轻男性被要求在被枪毙或加入圣胡尔霍部队之间进行选择。从 9 月 2 日至 10 日，有数百名年轻男子被送往萨拉戈萨进行训练。他们在9月27日进行宣誓，并于10月1日被派往位于韦斯卡南部的阿尔穆德瓦尔的前线。然而，在他们投入对抗来自加泰罗尼亚的无政府主义纵队的作战行动之前，他们奉命返回萨拉戈萨，在那里他们被解除武装，因为军方当局怀疑他们中许多人在策划逃跑。在10月2日至10日之间，他们被一小组一小组带到萨拉戈萨军事学院后面的一片空地上，并在那里遭到枪杀。尸体被送往托雷罗公墓，并被埋进一个巨大的集体坟冢。在总计超过300名遇难者中，有218人来自纳瓦拉。[66]

在萨拉戈萨省最北边，位于潘普洛纳到韦斯卡道路中途的偏远小村温卡斯蒂略所发生的一系列事件中，挟私报复在其中发挥了重要得多的作用。因1934年10月诸事件而进行的报复行动导致180人丧生。像由叛军控制的其他阿拉贡乡村地区一样，长枪党和卡洛斯派义勇军小分队在国民卫队成员的随同下破门而入，带走值钱的东西并拘留左翼组织和工会成员以及他们的朋友和家人。这些逮捕行动是基于缴获的文件资料展开的，而这些文件中所记录的，纯粹是来自当地右翼分子因经济利益冲突或男女关系纠纷而炮制的谣言和诽谤。男人、女人和青少年被逮捕，紧接着遭到野蛮的殴打，他们经常的结局是死亡。因为曾经绣过一面共和国旗帜，24岁的罗萨里奥·马龙·普埃约和20岁的洛德斯·马龙·普埃约"获罪"并遭到强奸和杀害，其尸体被焚毁。此事是在离村子较远的地方完成的，但是有很多处决行动是公开进行的，村子里的所有人都被迫前去观看。

在许多情况下，正是在教区司铎的"建议"下，逮捕和谋杀才得以进行。在一位怀有双胞胎的19岁年轻妇女的案例中，村中医生认为她应该得到宽恕，国民卫队方面接受了他的陈情。当地长枪党团伙也不情愿地表示同意，但是一位在场的神父叫道，"只有牲畜死掉，才不会有更多的狂犬病发生"，于是她被枪杀。[67]而最为著名的受害者是镇长安东尼奥·普拉诺·阿斯纳雷斯。前文我们可以看到，他因为在改善农业短工的工作条件方面所取得的成功，而招致了该地区土地所有者的憎恨。同时他也被不公正地追究在1935年10月5日至6日之革命暴动中的责任。一开始他被关押在萨拉戈萨，1936年10月初，安东尼奥·普拉诺被带到了温卡斯蒂略，并与他的妻子贝妮塔以及他的孩子安东尼奥和玛丽亚一起被囚禁在国民卫队的兵营中。

叛军计划在 1934 年 10 月事件两周年之际将其杀害。这不仅是对过去的报复，也是对未来的警示。普拉诺代表了共和国为该地区所提供的社会正义和教育方面的一切。他不仅遭到杀害，而且在死亡之前和之后经历了极其残酷的侮辱。在遭到暴打之后，他一身是血地被带出了国民卫队的兵营。国民卫队和长枪党分子逼迫村里民众前往广场观看。普拉诺之前还被强灌了一瓶蓖麻油。浑身是血、污秽不堪的他，被放在一块木板上抬走了。他在教堂前面被枪杀，在场的右翼分子兴高采烈，鼓掌欢呼。然后，他的尸体遭到踢打和摧残，并由一名长枪党分子用斧头肢解。在他被杀一年后，他被课以超过 2.5 万比塞塔的罚款，另外还有对他妻子的 1,000 比塞塔罚款。为了支付这些罚款，他们家的房屋和里面的东西都被没收。在很多类似案例中，"罚金"成为窃取被害者财产的一个借口。共有 140 名左派人士在温卡斯蒂略被谋杀。在曾因 1934 年事件而受审的 110 人中，很多逃跑了，但留下来的 44 人均被处决。[68]

在人口最少的西班牙省份特鲁埃尔，1936 年 7 月内战爆发后，其西部地区立即被一支规模很小的叛军部队占领。尽管该地区并不存在多少社会冲突，但拘留行动立即开始。像其他地方一样，首批遇难者是工会和共和国政治领导人，以及政府官员。第二波暴力始于 1938 年 3 月，此时叛军部队进入共和国控制下的城镇和村庄。第二波镇压浪潮中最恶劣的事件之一发生于小镇卡兰达，在那里有大约 50 人遇害，一名怀孕的妇女被殴打致死，还有多人遭到强奸。在战争结束时，那些曾在佛朗哥分子占领特鲁埃尔省时逃离家乡的人，面临着流亡或重返家园的抉择。因为寄希望于未曾犯罪的自己不应遇到任何麻烦，所以许多人返回了家乡。在卡兰达，当他们从一辆公共汽车上下来时突然遭到袭击。当地长枪党首领和市镇议会秘书组织了针对上述返乡者的酷刑、殴打、谋杀和性侵犯。这些事件构成了严重的丑闻，以致省长就此向军事当局进行了告发。结果凶手们接受审判并被判入狱八年。[69] 在这些爆发的镇压事件中，所有遇难者都被正式进行死亡登记的情况一次也不存在。尽管如此，在特鲁埃尔，姓名可确认的被处决者数目为 1,030 人，其中有 889 人死于战争期间，141 人死于战后。另外，还有 258 人被带到萨拉戈萨处决。还有更多的名字未进行民事登记或尸体未被埋在公墓中的遇难者。杀人凶手们不愿意看到更多的谋杀内幕被揭露出来，接下来，佛朗哥当局安排各方协同运作，对特鲁埃尔之暴行的巨大规模进行百般遮掩。[70]

特鲁埃尔的镇压行动之规模，一方面是叛乱分子的基本灭绝计划的产物，另一方面也反映出叛军认为该省易受共和国攻击。从 1936 年 7 月 20 日起被捕的第一批人中有市长、社会党省支部书记、当地中学校长和师范学院校长。逃往共和国控制区的男人，其妻子和家属遭到拘留。例如，一位社会党市镇议员的妻子及其 17 岁的女儿被捕，并最终被枪杀。所有在押人士均被送入当地的神学院，他们在遇害前置身于极端恶劣的过度拥挤的环境中。直到 8 月 13 日处决行动开始前，在押人员还参与修补道路等强制劳动。他们在黎明时被送上卡车带走，这些开赴刑场的卡车有着"黎明卡车""死亡卡车"或"单程卡车"等多种不同的称谓。[71]

其中一个目的地是距离省会约 2.5 英里（约 4 千米）的孔库村。在那里，数百具尸体被扔进了一个被称为"洛斯帕索斯－德科代"（Los Pozos de Caudé）的 6 英尺（约 2 米）宽、250 英尺（约 73 米）深的坑里，其中甚至包括年仅十几岁的男孩和女孩。被害者很少是政治激进分子。他们仅仅因为被认定对军事政变有所批评、与逃亡者有牵连、拥有收音机，或者曾经在战前阅读过自由派报纸而被定罪。在整个独裁年代中，人们出于恐惧，甚至都不敢靠近这个坑。但是，偶尔在晚上，会有一束鲜花被悄悄留在附近。1959 年，在未经任何遇难者亲属许可的情况下，整整一卡车遗骨被运往位于"逝者之谷"的佛朗哥陵墓处*。当社会党在 1982 年执掌大权后，人们开始公开在此处献花。接下来，在 1983 年，有一位当地农场主站出来说，在他保留着的一本笔记本中，记录着整个西班牙内战期间，他每天晚上听到的枪响的次数。他记录的总数是 1,005。在未登记的死者中，既有被捕的共和派人士，也有从小村镇带来的人员。2005 年，在一次敷设主燃气管道的工程中有部分遗骨出土，随后的发掘行动让 15 具尸骸重见天日。洛斯帕索斯－德科代仅仅是该省的刽子手们弃尸的几个地点之一。[72]

---

* 佛朗哥本人于 1975 年 11 月 20 日去世。

在特鲁埃尔省，至少有两名神父被反叛方军事当局处决。何塞·胡尔韦·埃尔南德斯是托拉尔瓦－德洛斯锡索内斯的教区司铎。胡尔韦神父于1936年7月25日被捕，他被带到特鲁埃尔的监狱枪决，因为他的一个亲戚担任人民阵线政府的某市镇长官。第二个案例的当事人是弗朗西斯科·海梅－坎廷，他是卡拉莫查的教区司铎，并且还是卡洛斯派的支持者。尽管拥有这样的背景，在1936年8月，一些长枪党分子和国民卫队士兵还是逮捕了他的兄弟卡斯特罗·佩德罗，后者于9月27日被枪杀。海梅－坎廷神父获悉后，前往国民卫队兵营打听消息，但是他本人也遭逮捕并被带到特鲁埃尔，并于12月12日被枪杀。在这两个案例中，均有寻报私仇的因素存在。在战前，地主卡斯特罗·佩德罗曾因尝试驱逐其佃户而与全国农业工人联合会本地委员会发生过纠纷。在接下来的庭审中，他输掉了官司。当军事政变发生时，当时判案的法官被两兄弟诬告为"危险的赤色分子"，并在9月12日遭枪杀。然而，遇害法官有一个兄弟在叛军中担任军官。他前往卡拉莫查，并成功确认了捏造不利于法官的证据的，就是地主和神父两兄弟。所以他设法让两人均被处决。[73]

很难相信，神职人员会在没有得到特鲁埃尔－阿尔瓦拉辛主教安塞尔莫·波朗科之默许的前提下遭到处决。安塞尔莫·波朗科是一位虔诚、不苟言笑和保守的教士，他经常施舍穷人。战争开始之前，他就已经与右翼站在了同一阵线。在1936年2月大选之前，他向全体教区司铎发布了一则公告，其中指出，这是一场"宗教、财产和家庭的捍卫者"对抗"渎神、马克思主义与自由性爱的宣扬者"的斗争，以及一场在"在圣奥古斯丁所述的两个敌对的城池之间、在善恶两种对立力量之间"的斗争。[74]这样一则信息不可能让"全世界受苦的人"喜欢上他。

内战开始时，波朗科直言不讳地表达了对叛军的支持。1936年7月31日，他在一份牧函中称这场战争为"我们光荣的国民军拯救西班牙的起义"。1937年3月14日，他用激烈的言辞谴责了反教权主义暴力，并提到"马克思主义匪帮犯下了各种失控的暴行，而神圣的人和事物是他们怒火的首要目标"。接下来他又谴责"无神论革命分子的撒旦式的仇恨，它让大地满目疮痍，在各处制造废墟与毁灭"，简而言之，他称之为"苏维埃式的恶意毁坏之举（vandalismo）"。[75]

他驳斥了在交战双方之间进行调停的提议，理由是唯一令人满意的战争结局，就是佛朗哥的全面胜利。不出意料的是，对于发生在自己教区的大规模镇压活动，他在公开场合未置一词，尽管确有证据证明，他在私下里针对处刑表达过悲伤之情。为了拯救位于"城郊地区"（El Arrabal，即特鲁埃尔的贫苦工人聚居区）的部分教区居民，他也进行了一些不成功的尝试。这确是事实。当有一次，他代表一名囚犯前去向军事当局求情时，有一个知名的长枪党党员曾对他说："如果你再来这里的话，那么下一回枪毙的就是你。"[76]

不管波朗科私下的感受是什么，它并没有影响他对反叛事业的公开热情。战争期间在特鲁埃尔发生的上千次杀戮事件中，最著名的两起发生在城市中央广场，即托里科广场。第一起发生于1936年8月27日。长枪党分子驾驶两辆卡车驶入广场。从第一辆卡车上下来一群乐师，他们开始奏乐。当大群民众聚集并聆听乐队演奏时，长枪党分子关闭了广场出入口，并将13名囚犯从第二辆卡车上押下来。其中包括一位20岁的女孩和当地师范学院的校长。他们被迫绕着广场游街示众，在遭到辱骂和嘲弄后被枪杀。尸体被移走，围观群众伴随着乐队的演奏在血泊中跳舞——这种集合庆典与恐怖的场面并不罕见。[77] 主教当时应该在场，因为他就后续的"舞会"向当局提出了抗议。[78]

第二起事件有关1937年8月初外籍军团"帕拉福斯旗队"*的一次阅兵游行，这是以圣胡尔霍将军的姓名所命名的军团单位中的一个营。军团士兵列队经过主教宫，他们的刺刀尖上挂着人体残骸。这些残骸来自78名共和军死亡人员，他们死于为争夺特鲁埃尔以西和阿尔瓦拉辛以南的坎皮略与贝萨斯周边地区的控制权而进行的一场作战。该"旗队"（营）由来自萨拉戈萨的前共和派分子组成，他们为了求生加入军团，并在1936年10月的大屠杀中幸免于难。贝萨斯于8月1日陷落。[79] 俘虏们被剥得精光，然后在市镇广场上被机关枪扫射，尸体随后遭到肢解。在游街示众的行列中，

---

* 原文为Bandera Palafox，其中bandera在西语中为"旗帜"之意，实际为营级单位；至今西班牙陆军中的部分精锐部队仍沿用此称谓。

还有一名身背毛毯并被拴上牛笼头牵着的俘虏，仿佛一头负重的牲畜。按照因达莱西奥·普列托的说法，此次游行的主持者正是波朗科。他可能并没有正式"主持"，但他肯定目睹了整个事件。在共和国军队占领特鲁埃尔之后，（共和国方面的）阿拉贡大区总督何塞·伊格纳西奥·曼特孔与波朗科就此事进行了讨论。主教"不带任何感情色彩地"诉说了"他在主教宫阳台上的所见所闻，在'圣胡尔霍'步兵团的武装游行中，军团战士的刺刀尖上插着共和军战俘的耳朵、鼻子和其他人体器官，而此场景仅仅被他描述为'所有战争中都会出现的过火行为'"。[80]

三名接受共和国军方审讯的神父声称，主教曾就托里科广场事件和军团士兵的种种恶毒行径向反叛方军事当局提出过抗议。在该城于1938年1月8日被共和国军队攻克之际，此三人在特鲁埃尔神学院被捕，当时他们所持步枪的枪管还热得发烫。审讯的过程想必并不严厉，因为他们曾坦言如下："主教并未对在特鲁埃尔发生的其他约两千次枪决进行抗议，因为他认为这么做毫无意义，而且，毕竟，那些枪决行动，并未像在公共场合进行的杀戮那样触犯公众的良知，所以其所引发的公愤也小得多。"[81] 除了在神学院抓获的三名持枪神父，还有四名教区司铎在前线服役，他们得到了波朗科的明确批准，不是作为随军神父，而是作为战斗员直接参战。主教对镇压的态度，可以从1937年8月3日他发给特鲁埃尔省各教区司铎的训示中推断出来。在教区死亡登记册遭破坏或遗失的情况下，他指示说要重新造册，并且以后只能按照四个类别填写死亡原因：自然死亡；被革命分子谋杀；在战斗中死亡；根据军事当局之命令枪决。[82]

当波朗科本人在共和军克复特鲁埃尔城之后被俘时，当时的国防部长因达莱西奥·普列托进行了干预，以防止他被民兵枪杀。普列托给了阿尔贝托·奥纳因迪亚神父一份对主教的审讯报告。主教受到的主要指控是他曾在1937年7月1日的一封支持佛朗哥的主教团联名函上签字，而该函被认为构成了煽动军事叛乱罪，而且还企图对军事叛乱加以合法化。当被问及他是否知晓这封联名函时，波朗科回答说，既然他已经在上面签字，那么似乎无法否认他知情。当被问及他是否还要修改证词时，他说："只需要再确认下日期。应该是在7月1日之前。"此时，审讯他的军官准备结束审讯，并说："主教先生，你是西班牙人之典范。你的言语中蕴含着好的品质和勇气。在这里我们都是西班牙人，然而可悲的是，你和我们分处对立的阵营。"在普列托的许可下，奥纳因迪亚前往监狱探访波朗科，他看到对方精神状况良好，得到了体面的对待和总体来说良好的照顾。当奥纳因迪亚向他描述叛军在巴斯克地区实施的镇压行动，以及其中对神职人员的处刑时，波朗科不动声色地听着，但显然，他根本没听进去。[83]毕竟，在他的辖区内就有两位教区司铎被叛军枪杀，据信是得到了他的许可。几个月后，由于胡利安·苏加萨戈伊蒂亚和曼努埃尔·伊鲁霍两人的干预，他被允许主持每日弥撒，尽管他本人只选择在周日和宗教节日这样做。[84]

虽然军事政变在韦斯卡省三个主要城镇中的两个——即省会城市和哈卡城——取得了胜利，但叛军起初只控制了该省1/3左右的地区。他们随即判断共和国可能会发动进攻，于是镇压行动特别残酷，共有将近1,500人死亡，这一数字与该省共和国控制区内无政府主义者所进行的镇压行动中的死者人数相当。在韦斯卡市，军事指挥官格雷戈里奥·德·贝尼托将军与莫拉关系密切，在非洲服役期间，贝尼托曾为莫拉将军的属下。正如可以预见的那样，他下令立即处决包括市长在内的几名共济会员，并逮捕其余的共和国民政官员。一场总罢工被迅速平定。被捕者包括共和派中产阶级人士——尤其是医生和教师，（在哈卡和韦斯卡城占据主导地位的）劳工总会的成员，以及逃亡者的妻子和家属。有74名妇女被处死，因为她们是逃亡者或被枪决者的妻子或母亲。在德·贝尼托前往萨拉戈萨指挥战斗之后，韦斯卡的镇压行动由另一位非洲殖民军军官路易斯·索兰斯-拉韦丹上校接手，他因在梅利利亚军事政变中的所作所为而早已声名狼藉。[85]

在省会城市，逮捕、从监狱中提取犯人以及随后的谋杀，其执行者都是所谓的"死亡小队"。受害者的选取既有政治方面的考虑，也与个人恩怨或嫉妒心相关。其中一位可能最知名的遇难者，是艺术家兼教师拉蒙·阿辛·阿基卢埃，他是全国劳工联盟的会员，同时也以其和平主义之观点而闻名。他是费德里科·加西亚·洛尔卡和路易斯·布努埃尔的朋友，并协助后者制作了电影《无粮的土地》(*Tierra sin pan*)。阿辛于1936年8月6日被枪杀，他的死亡之于韦斯卡，相当于洛尔卡的死亡之于安达卢西亚。阿辛的妻子孔查·蒙拉斯于 8 月 23 日与包括一孕妇在内的其他 94 名共和派人士一同被枪杀。没有人顾及被处决者家中年幼的孩子。这些孤儿可以期望的最好归宿，是由其亲属或者其父母的朋友带走收养，但是这样做的亲朋好友自身却要冒着被告发的风险。[86] 在较小的城镇中，针对左翼的清洗行动由新近招募的长枪党成员所组成的小分队进行，而他们手下的牺牲者往往由当地地主选定。

在迪奥尼西奥·帕雷哈·阿雷尼利亚少校的命令下，哈卡的镇压行动特别残酷。阿雷尼利亚少校收到了来自萨拉戈萨的指令，"要一劳永逸地清洗所有不良分子"。脑满肠肥的哈卡省主教胡安·比利亚尔·桑斯是个毫无主心骨的人，他准许一个由反动教士所组成的小团体自由行动。在哈卡本地以及诸如萨维尼亚尼戈、安索、坎弗兰克和别斯卡斯等周边村镇的地方大亨的帮助下，一份份的黑名单出炉。没有任何审判，得到长枪党分子支援的陆军纵队拘捕了数百人。枪杀行动于 7 月 27 日开始，并且贯穿了 1937 年 8 月以及接下来的几个月。其中最臭名昭著的罪行之一发生于 1936 年 8 月 6 日。一名陆军上尉、两名长枪党党徒和一名嘉布遣会修士埃梅内希尔多·德·福斯提尼亚纳神父从哈卡监狱带走了两名女子，并将她们带到郊外枪杀。其中一人是时年 28 岁的孕妇皮拉尔·比斯卡拉，她的丈夫刚刚于一周前被杀；另一个人是社会党青年运动成员，年仅 16 岁的德西德里亚·希门尼斯。此事件由高大瘦削的福斯提尼亚纳神父主导。他是当地卡洛斯派武装的随军神父，时常拿着枪招摇过市。被关押者见到他到访监狱都感到十分恐惧，他们将他视为"报丧鸟"。处刑场面让这位神父感到兴奋，人多数时候他都在场。他为那些即将被枪杀的人提供告解，并为他们主持最后的圣餐礼。接下来，鞋上还沾着受害者血迹的他，前往遇难者家中探访，但绝大多数情况下被拒之门外。他保留有一份包括所有被处决者在内的名单，并注明了他们被处决前是否进行过忏悔。共有超过 400 名来自哈卡及周边村镇的人被枪杀。[87]

在其中一个位于省会城市西北的名叫洛斯科拉莱斯的地方，当地的教区司铎何塞·帕斯夸尔·杜阿索也是遇难者之一。他是阿拉贡地区死于叛军之手的第三名神父。在内战爆发前的第二共和国时期，该地的教区司铎与当地左派之间的关系曾一度紧张。当地最为极端的反教权主义者是镇长安东尼奥·奥尔达斯·博德里亚斯，此人是激进社会党的一员。教区司铎强烈反对其禁止教堂敲钟和禁止宗教婚丧仪式等举措。然而，在其他方面，帕斯夸尔神父是一位深受尊重的自由主义者，在发生于1931年的哈卡的共和派政变失败之后，他曾为东躲西藏的政变军人提供食物。在当地劳工与较富有的土地所有者之间针对乡村公地的纠纷中，他曾支持前者的主张。他也与许多当地共和派人士是朋友，其中包括具有无政府主义者身份的市镇议会秘书。1936年2月，一位社会党人士接替奥尔达斯担任镇长。

1936年7月，当洛斯科拉莱斯被纳入叛军控制区后，新任社会党镇长被逮捕，但在帕斯夸尔神父为他作保后被释放，后又在10月份遭枪杀。现已加入长枪党的奥尔达斯被重新定为镇长人选。但是，因为他的激进社会党身份以及他之前的反教权主义活动，他被囚禁在韦斯卡。他随时都有被枪毙的危险，但最终因古斯塔沃·乌鲁埃拉·费尔南德斯将军之部队中的一位军士长的干预而获救。此人是奥尔达斯的某位表姊妹的丈夫，显然他在乌鲁埃拉面前说得上话。然后，奥尔达斯竭力讨好同为长枪党党员的乌鲁埃拉，并向他提出要在镇上建立长枪党支部。奥尔达斯也想抓住机会清除那些与他有旧怨的居民。其中之一就是曾在普里莫·德·里韦拉独裁统治期间担任镇长的费利克斯·拉坎布拉·费雷尔。奥尔达斯仇恨拉坎布拉，因为后者不允许奥尔达斯追求自己女儿萨克拉门托。1936年9月15日，在奥尔达斯对其进行告发后，拉坎布拉被捕并于两天后被枪杀。

奥尔达斯更加仇视帕斯夸尔神父，并将其视为危险的敌人，因为后者知晓他之前曾身处左翼阵营的历史，并且怀疑自己被捕正是因为后者的告发（但实际上并非如此）。首先，在向长枪党省支部提交的一份报告中，奥尔达斯将帕斯夸尔神父指为颠覆分子，由此，一封申请将帕斯夸尔神父调职的信件被递交给韦斯卡主教，但此申请未获批准。然后，在11月中旬纪念奥尔达斯被任命为长枪党本地党魁的一次弥撒仪式上，帕斯夸尔神父表达了他对该地区长枪党暴行的反对意见。由于有关当局未采取任何措施，奥尔达斯决定再添一把火。12月21日，他组织了一场搜查行动，目标是为最近遇害的镇长所有的一个干草堆。搜查者从中发现了一把手枪，以及实际上是由奥尔达斯本人书写的一份足以证明某人有罪的证据文件。文件的内容是由当地社会党农业工人联合会制定的一项扫除右翼"渣滓"的计划，而且该计划得到了教区司铎的支持。这一"发现"促使军事当局签发了将神父予以关押的逮捕令。奥尔达斯和他的两名同伙奉命前去逮捕神父，但他们直接在12月22日将神父枪杀于他自己的家中。奥尔达斯声称，当时是帕斯夸尔神父首先袭击了他，于是他在一场草率的调查后被免罪。与此地毗邻的阿耶韦镇的教区司铎，因为试图给韦斯卡主教拍发电报告知事件经过而遭到逮捕。然而，1939年12月，死于奥尔达斯之手的遇难者的朋友和家属设法让军方对帕斯夸尔神父的死亡进行了一次更为严肃的调查。奥尔达斯及其两名同伙于1939年12月11日被捕，他们被关押到1942年2月14日，在此期间等待着调查的结果。长枪党方面对他们表示支持，由于基本看不到送交法庭审判的希望，所以他们最终被释放，但奥尔达斯再没敢回到洛斯科拉莱斯。[88]

随着叛军攻势进抵地中海沿岸，在阿拉贡的共和国控制区的镇压行动得以完成。同时，加泰罗尼亚地区也在叛军推进的过程中遭到入侵。意大利干涉军在1938年3月16日、17日和18日针对巴塞罗那发起持续轰炸，造成近1,000人死亡，3,000人受伤。难民猥集的工人阶层聚居区受到沉重打击。许多遇难者是妇女和儿童。按照德国大使的说法，这样做并非基于军事目的，而只是为了恐吓民众。[89]至于上述空袭行动是按照佛朗哥还是墨索里尼的命令进行的，迄今仍有争论。不过，无论是谁下的命令，在英、法、美各国政府及梵蒂冈提出抗议之后，针对加泰罗尼亚地区首府的空袭被紧急叫停。[90]然而，当佛朗哥占据压倒性优势的大部队对撤往加泰罗尼亚的缺乏组织和士气低落的共和国军民实施包抄时，在其前方的德国秃鹰军团仍在对非战斗人员展开猛烈轰炸。

3月26日，在小镇弗拉加有50人遇害。第二天，祸事又降临挤满阿拉贡难民的莱里达。莱里达已经遭到过多次轰炸，其中最严重的一次发生于1937年11月2日。当天有近300人遇难。由阿古斯蒂·森特列斯拍摄的一幅有关西班牙内战的著名照片也成了此次事件的见证，照片中的一名妇女在她丈夫的尸体旁边哭泣，而他们正是西班牙著名新闻记者何塞普·佩尔瑙*的双亲。当该市的一所中学被炸弹击中时,有一个 63 个孩子组成的班级,只有两人幸免于难。令人感到意外的是,由于军事当局的迅速干预,没有任何报复行动发生。在此次干预中,塞瓦斯蒂安·萨莫拉·梅迪纳少校也发表了一次广播讲话,而他本人就有两个女儿在此次空袭中一死一重伤。在整个 3 月下旬,秃鹰军团一直在发起闪电战式的进攻,旨在引发民众逃亡,以及为亚圭纵队的推进提供便利。3 月 27 日,星期日,"海因克"51 机群发动了一场长达两小时的轰炸,共造成 400 人死亡。由于很多建筑已经摇摇欲坠,许多尸体无法从中搬运出来。随之而来的恶臭让市中心连续数月都无法住人。[91]

在 3 月份的最后三天以及 4 月份的头两天,轰炸袭击再度发生。在现已担任摩洛哥军团炮兵司令的路易斯·阿拉尔孔·德·拉·拉斯特拉的指挥下,叛军还实施了炮兵弹幕射击。尽管"农民派"巴伦廷·冈萨雷斯所率领的步兵师进行了英勇的抵抗,莱里达还是于次日被占领。佛朗哥的部队发现自己进入了一座鬼城。在原本有 4 万名常住居民的城市里,现在只有 2,000 人在那里"迎接"他们的征服者。地方政府组织的一场大规模疏散行动,已将城中难民和大部分当地人口撤走。有一家佛朗哥分子的报纸得意洋洋地吹嘘说:"有少数无法逃跑的赤色分子在某些住宅中避难,但是我们将很快把他们彻底消灭。"店铺和住宅遭到洗劫。占领军首先采取的行动之一是删除在轰炸中遇难的死者记录。在莱里达、甘德萨和埃布罗河右岸的各个城镇,如科尔韦拉、埃布罗河畔莫拉和其他许多城镇,简易审判和死刑处决开始了。在莱里达,其中一位被判死刑并被处死的人是该市一家医院的院长。他获罪的缘由是,第五纵队命令他将所有共和军伤员都交给反叛方,但他仍然组织了医院伤病员的转移。另外一家医院的院长服从了反叛方类似的命令,但他仍然被撤职了,因为担任院长一职意味着他是加泰罗尼亚地方政府的一名雇员。[92]

在叛军控制区所形成的反加泰罗尼亚地方主义情绪的激烈程度,不可

---

* Josep Pernau i Riu(1930—2011),加泰罗尼亚地区的著名新闻记者和民主人士,活跃于佛朗哥统治后期和西班牙民主化时期,曾担任西班牙新闻协会联盟(FAPE)主席和《巴塞罗那日报》主编。

避免地在那里发动的镇压行动中有所反映。每当占领者进入一座城镇或村庄,紧随其后的就是禁止使用加泰罗尼亚语的命令,哪怕事实上很多老百姓根本不会说加泰罗尼亚语以外的任何语言。像在巴斯克地区一样,神职人员在所有的公共活动中也被禁止使用地方语言。[93] 在曼努埃尔·卡拉斯科·福米格拉的遭遇中,我们可以看到一种种族主义般的仇恨。卡拉斯科是一位极其虔诚的天主教徒,并且是当地基督教民主党派"加泰罗尼亚民主联盟"的高层成员之一。他因其保守主义和天主教的观点在巴塞罗那遭到伊无联的谴责,最后被迫逃离了自己深爱的加泰罗尼亚,因为地方政府无法保证他的安全。他作为加泰罗尼亚的官方代表前往巴斯克地区工作。在初访毕尔巴鄂时,他如同大使一般受到了高规格接待,之后他前去巴塞罗那接他的家人。1937年3月2日,他与妻子和八个孩子中的六个一起,经由法国启程前往巴斯克地区。前往毕尔巴鄂之旅程的最后一段是以巴约讷港为起点的海路。他们搭乘的蒸汽船"加尔达梅斯"号被叛军巡洋舰"卡纳里亚斯"号俘获。他的妻子和孩子们被关押在四个不同的监狱里。

在五个月的囚禁之后,卡拉斯科·福米格拉于1937年8月28日因军事叛乱罪的指控而接受审判。无论是佛朗哥圈子中的那些加泰罗尼亚籍的大人物,还是那些其生命和财产因卡拉斯科之干预而得以保全的巴塞罗那市民,在当时盛行的反加泰罗尼亚地方主义的强大压力下,没有人敢于站出来为他说话。在充斥着反加泰罗尼亚地方主义偏见的复仇气氛中,卡拉斯科曾经的人道主义之努力,以及他在1931年制宪会议的论战中为教会所进行的辩护,均未被纳入考虑范围。后来担任巴塞罗那市长的马特乌·普拉也未对卡拉斯科施以援手,他的财产曾经得到了后者的保护,且他本人还是布尔戈斯的佛朗哥秘书处成员之一。

鉴于军事法庭一贯的速决作风,也根本没有多少时间可以供卡拉斯科进行辩护。无论情况如何,他的官方辩护人,来自医疗队的一名未接受过任何司法培训的上尉被告知,在审判开始前死刑判决即已被确定。接下来,在近七个半月的时间里,患有严重心脏疾病的卡拉斯科,被关在一间冰冷的囚室中。何塞·希拉尔、曼努埃尔·伊鲁霍以及包括巴黎总教区红衣主教在内的著名神职人员都在积极走动,希望能通过交换俘虏营救卡拉斯科,但佛朗哥不为所动。"元首"的一位高级合作者评论说："我完全清楚卡拉斯科是一个模范基督徒，但他持那样的政见就是犯罪。他必须死！"在1938年4月9日的"复活节星期六"，卡拉斯科·福米格拉被行刑队处决，而之所以被杀，是因为他的共和主义政治立场与加泰罗尼亚民族主义者的身份。佛朗哥选择在其部队正逐步占领加泰罗尼亚的时刻执行处决，正是为了向广大民众传达一种警示。[94]

在占领莱里达之后的日子里，叛军控制区的报界开始吐露某种极度兴奋的帝国主义论调，他们为亚圭的非洲军纵队粉碎"分裂主义之心腹大患"的行动而欢欣鼓舞。被认定为加泰罗尼亚人的共和派俘虏未经审判即遭枪杀。任何人，如果在说加泰罗尼亚语的时候不小心被旁人听到，都有可能遭到逮捕。反加泰罗尼亚地方主义的草率镇压极度残酷，以至于佛朗哥感到自己有责任下达命令，必须避免发生任何有可能在将来造成遗憾的错误。[95]在莱里达东部地区被占领之后立即执行的许多起处决并没有得到登记。因此，有关1938年4月5日至5月31日间的"失踪"人员的数量统计，对地方史研究者而言是一项几乎不可能完成的任务。身份已得到确认的遇难者中有18名妇女，其中2人当时已怀孕，至少有2人被强奸。4月20日，有17名男性和5名女性在莱里达东北部的阿尔马塞利亚斯被枪杀。在位于莱里达和特伦普中途的小村庄圣利娜，所有共20名在服役年龄范围内的男子均被逮捕。在审讯中他们被问到以下类似的问题："你杀了多少个神父？"其中被认定为加泰罗尼亚民族主义者的9人被带走，并且再也没有人见到过他们。其他人被送往巴利亚多利德的一个集中营，有3人几乎在刚刚抵达时就死掉了。在被处决人员中，有较高比例死于"撤离"期间，或者以将囚犯押往位于巴尔瓦斯特罗的监狱的名义而把他们带走之后。[96]

在北部靠近比利牛斯山脉的埃尔-帕利亚斯-索比腊地区，这里发生的事情展现出了镇压行动的无端之野蛮。该地区为安东尼奥·萨加迪亚将军所率的第62师占领，他在索尔特城设立了自己的司令部。以这里接近前线为理由，萨加迪亚宣布"警戒与净化"以及撤离"可疑居民"是当前的紧要任务，并下令安排3个国民卫队连队在长枪党分子的支援下专门执行此类任务。[97]结果，从4月15日到5月底，来自那些之前未被战争波及的小村庄的 69 名平民被杀害。第一批遇难者来自巴伦西亚 – 达内乌、博伦（9 人）、伊萨瓦雷和利亚沃西（5 男 1 女）。5 月 14 日，来自埃斯卡洛的 9 人（4 男 5 女）被枪杀，其中包括一位母亲和她的女儿。第二天，来自里亚尔布的 11 名男子，在他们居住地的教区司铎和右翼人士为其作保的情况下仍遭枪杀。他们的罪名是曾经加入过全国劳工联盟。5 月 24 日，在拘留审讯后，有 9 人在乌纳雷被枪杀。在被处死的 5 名男子中，有 1 名因无法找到其儿子而被枪杀的 74 岁老翁，以及 1 名代替其父被枪杀的 18 岁青年。在 4 名遇害妇女中，有 3 人之所以被杀，是因为她们的丈夫已经逃跑。其中 1 人已有 8 个月的身孕。另一位则是她的妯娌，其 17 岁的女儿因为她母亲不会说卡斯蒂利亚语而获准为其进行翻译。那个女孩被迫目睹她母亲被处决，然后在遭到轮奸后也被枪杀。许多囚犯在遇害之前都被打得很惨，年轻女性则遭到性侵犯。[98]

穆罕默德·本·米齐安上校指挥下的摩洛哥部队侵入加泰罗尼亚南部地区，并于 4 月 2 日夺取了巴特阿、皮内尔 – 德布赖和甘德萨。在那里，如同在埃布罗河右岸以及铁拉阿尔塔地区的诸多城镇，如阿内斯、科尔韦拉、埃布罗河畔莫拉、阿斯科、弗利克斯、托尔托萨、安波斯塔和其他许多城镇的情况一样，他们发现房屋都上了锁，街道上空无一人。许多人已经逃走，但是仍有法外处决和简易审判发生。正如非洲军纵队抵达后司空见惯的场面那样，住宅遭到抢掠，妇女被强奸。[99]

尽管对于佛朗哥而言，加泰罗尼亚全境已经唾手可得，但是令其手下幕僚人员失望和不解的是，他命令亚主在塞格雷河沿岸掘壕据守。对共和国之残存军工产业所在地加泰罗尼亚发动攻势，无疑可以让战事更快结束，但是佛朗哥对于一场仍会在西班牙中部与南部地区遗留数十万共和派武装的速决战毫无兴趣。他也不想挥师马德里，因为如果马德里迅速崩溃，加泰罗尼亚与东南部地区的大量共和国军队的实力将得到保留。在这两种情况下，要想停战，都需要适当考虑战败者的诉求。而正如佛朗哥向意大利方面所阐明的那样，他的目标始终是针对共和国及其支持者的渐进却彻底的歼灭战。[100]

因此，在 7 月份，他并未攻击马德里或巴塞罗那，而是发起了一场针对巴伦西亚的大规模进攻。像以往一样，他企图用共和派人士的鲜血书写他不可战胜的讯息。在这种情况下，他自己一方也要付出相当大的代价。当他的大军穿越马埃斯特拉斯戈*进入卡斯特利翁时，共和国军队精心部署的防线让佛朗哥方面蒙受了重大伤亡，而共和国方面的伤亡却小得多。虽然叛军在推进过程中可谓举步维艰，但他们却不屈不挠。7月份，卡斯特利翁、布里亚纳和努莱斯在遭到猛烈的空袭打击后被占领。叛军在入侵塔拉戈纳南部和卡斯特利翁省的过程中，在当地实施了与莱里达规模相当的镇压行动。例如，在比纳罗斯，圣弗朗西斯科教堂被军方征用作监狱。那里的过度拥挤之情形和极其恶劣的卫生状况，令代理教区司铎，即后来的总教长比森特·埃里克·塔兰孔红衣主教蒙席震骇不已。更让他震惊的是处决行动发生的频率。当他抱怨说被告在军法审判中不允许为自己进行申辩，并且因为莫须有的罪名而被处决时，他被告知在战时没有时间做这些表面光鲜的法律文章。[101]轰炸机群的空袭范围远至莱万特沿岸的港口城市——巴伦西亚、甘迪亚、阿尔科伊和阿利坎特。到1938年7月23日，巴伦西亚受到了直接威胁，因为佛朗哥军队已经抵达距离该城不到25英里（约40千米）的地方。如果巴伦西亚陷落，战争实际上就将宣告结束。

在失败似乎已不可避免的情况下，共和国总理胡安·内格林更加坚定了将战争继续进行下去的决心，他相信投降的唯一后果，就是将大屠杀的最后一道闸门打开。当共和国的一位大人物（几乎可以肯定是阿萨尼亚），暗示与叛军达成协议是不可避免的选择时，内格林回答说："签订一项合约？那在麦德林的可怜士兵要怎么办？"当时，位于唐贝尼托附近的麦德林，是埃斯特雷马杜拉前线的最远点。由于佛朗哥坚持要求彻底投降，所以内格林明白，一场通过谈判实现的和平，最多只能让数百或数千名政治人物安全逃脱。然而，绝大多数共和国普通军民将落到冷酷无情的佛朗哥分子手中，任其宰割。[102]1938年7月25日，麦德林和整个巴达霍斯省拉塞雷纳地区均落入叛乱分子之手。在接下来的几个星期里，周围村庄的大批人员被带到麦德林枪杀，更多的人则被转移到位于卡斯图埃拉的集中营。

---

* Maestrazgo 是西班牙一历史地区名，大致从巴伦西亚大区北部的卡斯特利翁省延伸到阿拉贡东南部的特鲁埃尔省。

该集中营处于以残暴著称的埃内斯托·纳瓦雷特·阿尔卡的统治之下。囚犯们在过度拥挤的环境中忍饥挨饿，还要被迫服苦役，遭受殴打，并常有人被带走接受私下处决。[103]

反叛方已推进至距离巴伦西亚不到 25 英里处，在拉塞雷纳陷落的同一天，共和国发动了一场规模宏大的牵制行动。为了设法恢复加泰罗尼亚与其他共和国控制区之间的联系，一支由 8 万人组成的大军越过埃布罗河。共和国军队在北起弗利克斯，南至米拉韦特的埃布罗河大河曲沿线向前推进，给予薄弱的叛军防线以突然打击。内格林希望，如果共和国能够再坚持战斗一年，那么她就会在一场他坚信一定会到来的欧洲乃至世界大战中得到拯救。共和国军队在一周之内推进了 25 英里并抵达甘德萨，但是随着佛朗哥的驰援，战事陷入胶着。内格林明白，佛朗哥不想通过谈判手段达成停火，他自己则拒绝考虑无条件投降。8 月 7 日，他对他的朋友胡安-西梅翁·比达特说："我不会交出成百上千名曾经为共和国英勇奋战、但现在无力保卫自己的西班牙人，任由他们落入佛朗哥手中，供其枪杀取乐。在忠于佛朗哥的加利西亚，在安达卢西亚，在巴斯克地区，以及在残暴铁蹄践踏过并留下印记的所有地方，这种情形一再出现，我不想见到类似的事情再次发生。"[104]

佛朗哥本可以进攻附近缺乏支援的巴塞罗那，以对试图越过埃布罗河的共和国军队形成牵制。然而，他却抓住此机会困住共和国军主力，然后包围并将其摧毁，将铁拉阿尔塔的沃土变成他们的葬身地。由于他已拥有了近百万人的武装力量，所以他可以不必谨慎考虑己方的人员伤亡。随着战局向有利于佛朗哥的方向发展，在 11 月 7 日，他向合众通讯社副总裁詹姆斯·米勒表示："不会有任何调停发生，因为罪犯与受害者不可能和平共处。"他继续扬言道："我们已经对超过两百万人的姓名进行存档，并附有证明其所犯罪行的证据。"[105] 他指的是从各个被占领的城镇中所缴获的政治文件和档案。这些信息都在萨拉曼卡存档，在这些信息的基础上，佛朗哥方面制作了有关政党、工会组织和共济会之成员的海量卡片索引，而这些索引转而又成为实施制度化恐怖政策的数据库。[106]

到 1938 年 11 月中旬，在付出近 1.5 万人死亡和 11 万人负伤或因伤致残的代价后，佛朗哥分子将共和国军队逐出了其在 7 月份占据的区域。经过此役，共和国陆军损失殆尽。佛朗哥分子即将向加泰罗尼亚腹地猛力推进。战事遂内格林所愿得以延长，他希望借此让民主国家清醒认识到轴心国的侵略野心，但是捷克斯洛伐克在慕尼黑会议上遭到英法两国的出卖，埃布罗战役于是变成了一场毫无用处的牺牲。在安排其部队利用战事间隙完成休整之后，11 月份下旬，在从地中海沿岸到埃布罗河流域再到比利牛斯山区的宽大正面上，佛朗哥开始围绕着残余的加泰罗尼亚共和国控制区集结一支大军。在暴雨造成的延迟之后，尽管教廷大使恳请在圣诞期间暂停战事，但总攻还是在 12 月 23 日发起。[107] 西班牙"元首"拥有众多的新式德国装备、绝对的空中优势以及充足的西班牙与意大利方面的后备兵力，足以保证其前线部队每两天即可进行轮换。进攻部队由 5 个西班牙军团和 4 个意大利师组成。叛军在进攻之前发起了一场猛烈的炮火弹幕打击。被炸得七零八落的共和国部队只能进行象征性的抵抗。[108]

在进军过程中，许多共和国战俘在被捕后立即遭到枪杀。针对平民的暴行也是罄竹难书。有当地农民被杀害，但除了讲加泰罗尼亚语，再无其他明显的被杀理由。在 1938 年圣诞节前夜，当位于莱里达以南的马亚尔斯被正规军占领时，至少有 4 名妇女被强奸。在其中一起强奸事件中，受害者的丈夫和 7 岁的儿子被迫在枪口下目睹了暴行。在另一起事件中，受害者的父亲因为抗议此暴行而被枪杀。在一座独门独栋的乡间别墅中，有一名年轻女子遭强奸，并因被刺刀刺中腹部而身亡。15 分钟后，她的母亲也被奸杀。在普里奥拉特地区的下维莱利亚，有位男性在试图阻止一名女子遭强奸时被枪杀。在巴塞罗那省卡柳斯郊外的一座农场，有位男性遭到枪杀，与他一起生活的妻子、他们的女儿和他们的侄女遭到强奸，并被用刺刀刺死。在附近的小村庄马尔内尔，有两名妇女被正规军士兵强奸，然后摩尔人在她们的双腿之间放置手榴弹，拉开导火索将她们炸死。[109]

对摩尔人的恐惧导致通往巴塞罗那的道路被惊慌失措的难民堵得水泄不通，在此期间，佛朗哥在 1938 年 12 月 31 日同曼努埃尔·阿斯纳尔的一次会面中谈到了他对战败者命运的安排。他将他们划分为两大类，一类是无可救药的顽固罪犯，另一类则是那些受其领导人蒙蔽但可以悔改的人。

对于战败的共和国支持者,不会有大赦,也不会有和解,唯有惩罚和悔改才能开启他们的"救赎"之路。对于那些犯有轻微"罪行"的人来说,监狱和劳动营是必要的涤罪之所。其他人则难逃死亡或者放逐的命运。[110] 至于佛朗哥所谓的救赎到底意味着什么,加泰罗尼亚在1939年1月15日塔拉戈纳被占领之后的经历,可以成为一个很好的范例。这座城市被遗弃,成千上万的难民正在向北艰难跋涉。一场精心策划的有一个步兵连队参加的庆祝仪式在当地主教座堂举行。主祭神父是萨拉曼卡主教座堂的教士何塞·阿特罗,在布道期间他失控地大叫道:"加泰罗尼亚的犬类!你们不配活在阳光的照耀下!"[111]

在塔拉戈纳城沦陷后,处决不可避免地随之出现。大量人员已经逃离的事实确实减少了大规模屠杀的可能性,但是随着有人出来告密,还是有许多人被逮捕。正式的军法审判开始于1939年2月16日。虽然只是草率为之的走过场式的庭审,但军事当局还是将其设置于公开场合举行,并将时间和地点广而告之。佛朗哥当局的新任市长没有料到民众对这种免费娱乐项目反应冷淡,于是,为了让庭审现场的旁听席满员,他向民众公开发出了所谓爱国主义的呼吁。在做出死刑判决后,处决也在公开场合进行。在1939年进行了大量处决——4月22日有23人被枪杀,7月15日有31人,10月20日有43人,11月15日则有40人。在每场处决中,现场的医生都将死因确认为"内出血"。[112] 在上坎波周边地区的镇压行动规模类似。审判和随后的处决发生在巴尔斯。7月17日有41人被处死,8月8日有40人,10月19日则另有44人。[113]

当佛朗哥军团已进抵城南略夫雷加特河的消息在1939年1月23日抵达巴塞罗那时,一场倾城而出的大逃亡开始了。1月25日晚,共和国政府向北逃往赫罗纳。当加泰罗尼亚地方政府主席路易斯·孔帕尼斯驱车最后一次穿过满目凄凉的市中心时,号召进行抵抗的传单,伴随着被撕碎的党证与工会会员卡一起漫天飞扬。[114] 第二天早上,街道上弥漫着政府部门、政党和工会组织焚烧文件时所形成的浓烟。青年共产党员特雷莎·帕米埃斯在1月26日目睹了人们对推进中的叛军部队心怀恐惧的可怕场面:

> 有一件事我永远不会忘记：伤员从巴尔卡卡医院爬出来，他们肢体残缺，缠着绷带，几乎赤身裸体，冒着严寒来到大街上，尖叫着恳求我们不要将他们留下来任由胜利者宰割。那令人难忘的一天的其他所有细节，在那些手无寸铁的士兵面前都显得黯然失色……我们离开他们，让他们听凭命运摆布这一确凿无疑的事实，将永远令我们蒙羞。那些没有腿的人拖着自己的身体在地面上前行，那些失去一臂的人举起了握紧拳头的另一条臂膀，年纪最轻的人因为恐惧而哭泣，较年长者则因愤怒而陷入疯狂。他们抓住驶过的卡车侧面的栏杆，那上面载着家具、鸟笼和被褥，载着沉默的妇女、无动于衷的老人和被吓坏的孩子。他们尖叫着，哭嚎着，谩骂和诅咒那些抛弃他们逃跑的人。

巴塞罗那共有约两万名共和国伤兵。他们的伤情和他们失去的肢体证明他们曾经参加过战斗，并让他们毫无悬念地成了报复行动的牺牲品。[115]

45万名陷入恐慌的妇女、儿童、老人和战败的军人开始了向法国的长途跋涉。逃亡队伍的人数，以及逃亡者所遭受的苦难，是诺尔曼·白求恩在从马拉加到阿尔梅里亚之道路上的恐怖见闻都无法相比的。那些可以挤进各种交通工具的逃难者是可以想见的。还有许多人，他们裹着毯子，拿着仅有的一点财产，有的还带着婴儿，沿途冒着叛军飞机的轰炸和扫射，在冰冷刺骨的冻雨和风雪中步行前进。妇女在路边生产。婴儿死于严寒，孩子们在拥挤中遭踩踏而死。一位目击者的寥寥数语，勾勒出了逃亡途中的恐怖景象："在路边，有一个人在树上上吊自杀。一只脚上穿着绳编便鞋，另一只脚则光着。在树底下有一个打开的手提箱，里面躺着一个夜里被冻死的小孩。"不知道有多少人在前往法国的路途中死去。[116]

那些逃亡者面对着极为黯淡的前景，但是他们宁愿如此，也不愿意选择被佛朗哥"解放"。从1月28日起，法国政府终于不情愿地允许第一批难民过境。首先，他们得在西班牙境内的最后一站，也就是菲格雷斯城的街道上露宿。许多人在叛军持续不断的空袭中丧生。[117]战败的共和国军民，其中很多都有伤病在身，而接收他们的法国机动卫队（Garde Mobile）士兵像对待罪犯一般对待他们。妇女、小孩和老人都被领到用来过境中转的宿营地中。士兵则在解除武装之后被押送到位于海岸地带的卫生条件堪忧的难民营，而所谓的难民营，只是在海滩上用带刺的铁丝网仓促划出的一些临时场地。在佩皮尼昂东南数英里处的位于圣西普里安的营地中，难民们在眼神空洞的塞内加尔士兵的看管下，在潮湿的沙滩上挖掘临时的栖身之处。

与此同时，叛军举行了入城式，由安德烈斯·索尔查加将军率领的纳瓦拉军团带头进入了阴森寂静的巴塞罗那。按照佛朗哥总部一位英国军官的说法，他们之所以获得了这一荣誉，"不是因为他们打仗更出色，而是因为他们有更强烈的仇恨——在这里也就是，当这一仇恨的对象是加泰罗尼亚或加泰罗尼亚人的时候"。[118] 在佛朗哥的一位密友比克托·鲁伊斯·阿尔韦尼斯（"基督徒医生"*）所发表的一篇文章中，他声称，加泰罗尼亚需要"通过一场圣经式的惩罚（所多玛与蛾摩拉）来净化这座赤色的城市，需要通过烈焰烧灼这唯一的疗法，根除无政府主义和分离主义这两种痼疾"。作为征服者一方的军队将领或长枪党分子则并未提及粉碎马克思主义或无政府主义。他们的全部话语都是有关西班牙对加泰罗尼亚的征服。有一名军官曾对葡萄牙记者说，"加泰罗尼亚问题"的唯一解决方案就是"消灭加泰罗尼亚人。而这只是个时间问题"。[119]

占领军首先采取的行动之一是禁止加泰罗尼亚语在公共场合的使用。在佛朗哥的连襟兼内政部长拉蒙·塞拉诺·苏涅尔看来，加泰罗尼亚民族主义是一种必须加以根除的疾病。他曾对纳粹报纸《人民观察家报》（*Völkischer Beobachter*）的记者说，加泰罗尼亚人民"处于病态的道德和政治当中"。被他任命为巴塞罗那省省长的文塞斯劳·冈萨雷斯·奥利韦罗斯声称，佛朗哥的部队已前来"拯救好的西班牙人，并且打败而非说服西班牙的敌人"，这是对乌纳穆诺那句反叛者会"赢得胜利（vencer），却无法赢得人心（convencer）"的名言的翻转。对于冈萨雷斯·奥利韦罗斯来说，"敌人"意味着全体加泰罗尼亚人。他表示，"比起共产主义来，西班牙更激烈地反对导致分裂的自治法案"，而对于任何一种地方主义的任何容忍，

---

* El Tebib Arrumi 这一阿拉伯语别称，显然源自他在西属摩洛哥的行医经历。

都会导致"我们刚刚通过外科手术切除的马克思主义和分裂主义的脓肿再度出现"。[120]

军事秘密警察机构在一周之内开始正式运作。报纸上刊登了招募人员的广告，共和国军事情报局的前在押人员会得到优先考虑。于是，聚集在占领军办公室外面的告密者排起了长队。结果，在头8个月中就有22,700人被捕。[121]正是因为有大量军政要人已经逃跑，所以在加泰罗尼亚被叛军杀害的人数可能比预期要少。在死于占领军之手或者在受审后被处死的人员当中，有超过1,700人死于巴塞罗那，750人死于莱里达，703人死于塔拉戈纳，500人死于赫罗纳。更多的人死于监狱关押期间的虐待。[122]

在加泰罗尼亚，正如在叛军占领的西班牙其他地区一样，镇压有许多种形式。对于许多共和派人士来说，活命已然不易。没有被处死、监禁或者流放的人生活在恐怖气氛当中。战败者的日常是对抗饥饿、疾病以及恐惧，他们害怕因被邻居或神父告发而被捕。乡村的教区司铎在告发他们的教区居民一事上特别卖力。他们在加剧社会分裂方面所起到的作用，表明他们是在寻求报复，而非践行基督徒的宽恕或和解。战败者极为悲惨的生活解释了自杀率的飙升。女性在"救赎"的名义下遭到了特别残酷的对待。寡妇和被关押者的妻子除了因自己儿子或丈夫的行为而被没收财产和遭到监禁，她们也会被强奸。许多人被迫在赤贫中挣扎求生，而且经常出于绝望在街上出卖自己的身体。卖淫活动的增加不但满足了佛朗哥分子的淫欲，同样也让他们再度确信，"赤色"妇女就是污秽与腐败之源。被分派在贫穷家庭中住宿的士兵经常侵犯不受保护的家庭妇女。许多神父为其男性教区居民的名誉辩护，指控手中的女性受害者为"赤色分子"。[123]

加泰罗尼亚陷落后，西班牙全境约30%的国土仍在共和国手中。内格林仍然抱有继续战斗等待欧战爆发的希望，因为直到那时民主国家可能才会意识到，共和国的反法西斯战争也是他们自己的战争。由于更优先考虑镇压，所以佛朗哥并不急于投入战斗。无论如何，他都有理由相信，共和国即将面临重大分裂，有可能为他免去在西班牙中部地区进行苦战的大麻烦。他的信心是如此之充足，以至于他在1939年2月9日颁布了所谓的《政治责任法》，此举打破了非共产党身份的共和派人士想要背叛内格林，通过谈判手段达成和平的愿望。该法律的效力可追溯至 1934 年 10 月，并宣布共和国支持者均犯有军事叛乱罪，这本质上是为剥夺战败者财产进行辩护的一种工具。[124]

3 月 4 日，共和国中央军区司令塞希斯孟多·卡萨多上校组成了反内格林的国防委员会，并希望与佛朗哥进行谈判。此举实际上引发了共和国控制区的第二场内战。虽然他击败了支持西共的武装力量，却没有任何希望能够与佛朗哥进行交涉。整条战线上的部队不是投降就是放下武器自行返家。3 月 26 日，一场沿着宽广正面且实际未遇抵抗的大规模推进开始了。第二天，佛朗哥部队占据了被遗弃的阵地，进入了死寂的马德里。成千上万的共和国支持者涌向地中海沿岸，徒劳等待着撤离的机会。战争结束了，但是和解并未出现。相反，在落入佛朗哥之手的巴伦西亚、阿利坎特、穆尔西亚、阿尔瓦塞特、阿尔梅里亚和安达卢西亚东部，以及新卡斯蒂利亚东部地区，政治逮捕、审判、处决和监禁的狂涛巨浪即将来临。

第六部

佛朗哥对恐怖统治的投资

13

拒绝和解

审判、处决和监禁

正如佛朗哥通过其战争努力的性质所展示,以及在私人与公开谈话中所阐明的那样,他所从事的,是一项对恐怖事业的投资。在1939年4月初西班牙全境均落入他手中之后,反对共和国的战争将以其他方式继续进行。战场不再是前线,而是军事法庭、监狱、集中营和劳改队,甚至是追捕流亡者的道途。最紧迫的任务是对聚集在东部海岸的共和国支持者进行甄别和惩处,在新近陷落的省份中开展肃清行动,以及将数十万囚犯押到各个劳动营中。为了对佛朗哥的胜利加以长期制度化,需要完善国家恐怖机制,以保护和监督其"初始投资"。因此,颁布于1936年7月的戒严法直到1948年才被废止。

在1939年5月19日于马德里举行的盛大胜利游行中,作为主持者的佛朗哥在演讲中明确表示,他本人并无意宽大为怀,而镇压将长期进行。"让我们不要自欺欺人:促成大资本与马克思主义之联盟的犹太幽灵,隐藏在反西班牙革命的诸多契约背后的犹太幽灵,不可能在一天中被消灭干净,它仍在许多人的内心中蠢蠢欲动。"[1] 1939年12月31日,佛朗哥在年终致辞中重申了这一信念,即这场战争所反对的是犹太-布尔什维克-共济会的密谋。佛朗哥对于德国的反犹立法大加赞扬,他宣称,15世纪西班牙天主教君主斐迪南和伊莎贝拉针对犹太人的打击已经为纳粹指明了方向:

> 现在你们会理解,其他国家为何要迫害与孤立那些种族,那些出了名的贪婪和自私的种族。这样的种族在社会上占据支配地位,对民

族之命运而言是令人不安和危险的。我们，承蒙上帝恩典，得益于斐迪南和伊莎贝拉的明智，早在几个世纪以前即已摆脱此重负，如今面对那些肆虐于当下的贪婪与自私之灵魂，我们不可能无动于衷。这些人对于自己的尘世之财富是如此看重，以至于他们宁肯牺牲自己子女的生命，也不愿损失他们的基本收益。

在同一场讲话中，他拒绝了任何与战败者进行和解的想法：

> 有必要结束我们近来的仇恨和战争热情，但不是用自由主义分子的方式，他们那可怕的自杀式大赦，更多的是欺诈而非宽恕。要通过劳动改造，通过忏悔和苦行来进行救赎。如果有谁不这样认为，他就犯有失责罪，甚至是叛国罪。祖国遭到如此严重的破坏，家庭和道德体系遭到如此毁灭性的打击，有如此之多的受害者在呼唤正义，没有哪个正直的西班牙人，没有哪个有思想的人，能够摆脱实施惩罚的痛苦职责而置身事外。[2]

从1939年4月1日起开始施行的镇压性司法体系，采取了在战争期间产生发展的行政机制和貌似合法的规则框架。1936年7月28日，布尔戈斯军事执政团即已颁布戒严令，宣布要坚决惩罚那些"为不可理喻的宗派主义所蒙蔽，因蓄意或过失而给这场祖国救赎运动造成损害"的人。所有抵抗这场运动的人均被视为犯有军事叛乱罪，因此须接受简易军事法庭的审判。构成这一法律拟制的诡辩基础是，军方已于7月16日和17日（在实际起事之前）合法执掌了权力，所以捍卫共和国即构成叛乱。从1934年10月初起的所有由左翼政党或工会组织发起的政治活动，都会被予以追究并构成"支持军事叛乱"的罪名，理由是它们所造成的混乱导致了最后的军事接管。[3]

1936年8月15日，在布尔戈斯，莫拉将军在卡斯蒂利亚电台的广播讲话中宣布："我的话要传播到敌人那里，他们必须也应当知道，将来等待着他们的是什么，以免到时候找他们算账时，他们又拿出'刑罚不能用于处置在其施行之前的犯罪行为'的所谓法律原则*当救命稻草。"⁴ 在军事政变一周年之际的一次采访中，佛朗哥重申了这一荒谬透顶的立场："这场民族运动从来都不是反叛。无论过去还是现在，赤色分子才是叛乱者。"⁵

共和国宪法的起草者和杰出的刑事诉讼律师路易斯·希门尼斯·德·阿苏亚强调了这些声明的荒谬性，他将这种对军事反叛的指控描述为"反向的叛乱"，而被告的所谓"罪行"将接受"某种反之亦然的判决"。佛朗哥的内政部长拉蒙·塞拉诺·苏涅尔在回顾时将其称为"正反颠倒的司法实践"。希门尼斯·德·阿苏亚评论说："无法想象还会有比这更神奇的颠倒黑白的情况发生了，而这只能用'罪咎投射'的心理学术语加以解释。"⁶

布尔戈斯军事执政团在 1936 年 9 月 13 日颁布的一项法令中，进一步将镇压的初步基础加以正式化，该法令将所有支持人民阵线和反对"民族运动"的政党、工会和社会团体宣布为非法。该法令还要求没收所有公私财产和文件，以及房屋建筑和其他类似的不动产。需要负法律责任的还包括左翼和自由派政党以及工会组织、共济会人士、犹太人、扶轮社、女性主义者、素食主义者、裸体运动爱好者、世界语和顺势疗法社团、蒙特梭利学校和体育运动俱乐部。此外，法令要求消灭所有曾为共和国机构服务的公职人员、政府官员和学校教师。特别法庭被建立，以评判哪些人可以继续在原岗位工作。此举给人们带来的损失极为巨大。例如，当加泰罗尼亚于战争结束之际被占领时，在 15,860 名公职人员中有 15,107 人丢掉了工作。⁷ 针对不在右翼天主教价值体系之内的一切任何事物的地毯式告密，其背后所展现出的偏执在很大程度上要归于右翼媒体的反共和主义运动，这些媒体的观点则来自胡安·图斯克茨、毛里西奥·卡拉维利亚和奥内西莫·雷东多。特别是图斯克茨神父，他将所有这些外围组织与犹太－共济会－布尔什维克之阴谋联系了起来。

保卫共和国即构成军事叛乱罪这一拟制，是所有简易军事法庭审判的基础。除了一些知名的被告，通常情况下被告的辩护权也遭到剥夺。法官、检察官和辩护"律师"由军方指定，这位"律师"总是由一位军官充当，

---

* 这里指的就是早已在各国法学界达成共识的刑法之不溯及既往原则。

其军阶低于法官和检察官。鉴于陆军军法团根本没有足够的人手来应付新形势的需求,庭审过程通常由从未经过法律培训的军官主导。一群群的囚犯,彼此互不相识,受到明显不同的指控,却在一起共同受审。他们无法了解与自己相关的"案情",而庭审中宣读的指控也无任何证据支持。只有在少数情况下,检察官完成"立案"环节后,被告会获准与负责被告方辩护的军官进行商量,以考虑如何为自己进行辩护。如果幸运的话,他们会有一个小时的时间准备他们的案件,但不允许召唤证人或提出任何证据。被告常常不被允许听取与自己相关的"案情",之所以出现这种情况,或者是因为他们已被枪杀,或者是因为在"非常时期简易审判"中,指控根本不会被宣读。在任何情况下都不允许上诉。[8]

当来自曼萨纳雷斯的全国劳工联盟成员胡安·卡瓦·吉哈罗与其他19人一同受审时,检察官做出了如下陈述:

> 我并不关心,我甚至不想知道,你们是否确实犯有被指控的罪行。我也不会考虑你们可能会提出的任何辩解、不在场证明或者减轻处罚的情节。就像以前在军事法庭上那样,我必须通过调查员在民众揭发之基础上所准备的材料来确立我的指控。就涉案被告来说,我代表了正义。判处他们有罪的不是我,而是他们自己的市镇、他们的仇敌和他们的邻人。我只是大声讲出了旁人谨慎提出的指控。我的态度残酷无情,似乎我的工作只是为了养活行刑队,好让他们的社会肃清工作得以继续进行。然而并不是,站在这里参与审判的是赢得战争的所有人,消除所有反对者以推行新秩序是我们共同的希望。考虑到所有指控都涉及血债,在此我的总结陈词是,我必须要求对所有被告处以死刑,并且要求将名单上的前18人由行刑队枪决,另外2人则处以绞刑。完毕。

辩护律师同时代表20名被告,他并没有时间或机会准备任何形式的辩护。他起身说道:"听到我所负责辩护的所有被告受到的这些严重指控后,我只能请求法庭宽大处理。完毕。"接下来法官就对被告进行宣判。[9]

在无数的军事法庭审判中，部分被告的确在"契卡"组织中犯有罪行，但是还有很多类似的犯罪者已经逃走，或者躲起来，或者流亡国外。大多数男人和女人的罪名只是他们没有积极支持军事政变。多数人只是因为被推定犯有某种罪行而被判有罪，不需要任何证据支持。在一个典型的案例中，一名铁路工人被控参与杀人事件并被判决有罪，理由是"虽然没有证据表明他直接参与了劫掠、盗窃、抓捕（政治犯）或谋杀，但是因为他所持的信仰，我们可以合理推定他的确犯有此类罪行"。在有右翼人士遇害的城镇或村庄中，被告会因为自己当地左翼委员会成员的身份而被判处死刑，哪怕被告对谋杀毫不知情，甚至还曾经反对。男人和女人因参与犯罪而被处死，不是基于直接的证据，而是根据检察官的推断——这些人具备共和主义、社会主义、共产主义或无政府主义的信仰，"他们必定参与了案件"。[10]

随着领土落到叛军之手，特别是在战争结束之后，囚犯会被掳到收容所中。他们在那里遭到频繁的殴打和折磨，被逼问其他共和派分子的名字。调查工作会在囚犯的家乡进行。如果在当地得到了不利于囚犯的报告，那么收容所官员通常会将囚犯遣往家乡接受进一步的调查和检举。在被拘留者出身地的城镇进行审判，使得他们难以逃脱揭发其罪行的那些邻居之手。[11] 只要有"可靠"公民所做的证明嫌疑人为"不良分子"或左派的陈述，该嫌疑人就会被逮捕，通常还会受到审判。不需进一步的调查确认，此类陈述就会作为值得信赖的"证据"而由军方当局采纳。

在为恢复"解放区"平民的正常生活而颁布的军事指令中，占领区的当地民众被"邀请"揭发左翼统治期间曾出现的针对他们以及全体民众的犯罪行为。[12] 当加泰罗尼亚被占领时，"所有好的西班牙人"都被强烈要求提供有关"孔帕尼斯时代"的任何犯罪或"不义之举"的信息。[13] 在科尔多瓦东北部的洛斯佩德罗切斯地区，有70%的案件审判源自平民的告发。[14] 这表明，在那里以及其他地方，佛朗哥分子的社会支持度相当高，要远远超出1936年会出现的情况。考虑到胜利者营造的白色恐怖以及反共和主义宣传的规模，这并不足为奇。告密行动的成功与否，往往取决于当地教会的立场。

告发时常来自那些在军事叛乱失败后的暴力事件中死去之人的亲属。

他们的悲伤和对复仇的欲望导致他们会告发那些被认为与真凶处于同一群体的人士。因此，任何左派人士都可以被视为野蛮和堕落的"赤色匪帮"中的一员。巧合的是，许多被告发者都是曾经对告密者的社会、经济和政治特权构成威胁的工会组织或政党的成员。渴望弥补在革命时期生意上受到的损失的商人和地主经常会告发他们的竞争对手。[15]

从1936年11月起，越来越多的民事律师、法官甚至法学院学生被征入军事司法部队。入伍的主要条件是有右倾表现。他们处于军事当局的严密监视下，并且经常担心自己的安全，所以即使其中有人对正在发生的事情感到不安，也不得不严厉行事以保住自己的性命。[16] 1938年初，高级军事检察官费利佩·阿塞多·科伦加，就"战争法庭"（Auditoría de Guerra，此法庭成立于1936年11月叛军相信他们即将夺取马德里之际）的活动提交了一份报告。这份报告指出，军事法庭必须冷酷无情地运转，为建立新国家扫清障碍。阿塞多·科伦加坚持认为，起诉方和辩护方之间本来就不应该平等，由起诉方推定的被告意图，在判决考量中与实际行为无异。[17]

阿塞多·科伦加的报告显示，这一法庭的"产业级"运作规模一直持续到1938年底。该法庭共举行了6,770次庭审，通过安排多人同时受审，在该法庭上被起诉的人数得以高达30,224人，其中有3,189人被判处死刑。[18] 共和国全境陷落后，军事法庭加强了它们的活动。它们继续在占领区以及新近征服的区域发挥作用，现在它们不得不处理俘获的大批士兵和平民。在格拉纳达，当该省东部地区陷落时，有许多先前从叛军占据之首府逃出的人落入了魔掌。在1939年有5,500起案件送审；400名被告被判死刑，超过1,000人被判无期徒刑。在1939年至1959年期间，格拉纳达共有1,001人在军事审判后被处死。1939年11月8日颁布的一条法令，通过建立众多临时法庭和扩大军事司法队伍之规模的方式，使军事法庭的数量倍增。[19]

1939年3月4日，塞希斯孟多·卡萨多上校发动了一场军事政变，这一针对共和国的叛卖行径进一步推动了镇压运动的进行。共和国中央军区司令卡萨多希望停止进一步的屠杀，并与持激烈反共立场的西普里亚诺·梅拉等无政府主义派领袖，以及社会党知识分子胡利安·贝斯泰罗和米亚哈将军一同组建了反内格林的国防委员会。卡萨多和贝斯泰罗都天真地听信了来自第五纵队的保证,后者说佛朗哥会认真考虑达成停战,并且没有血债的人无须有任何担心。普遍的饥饿与士气低落使卡萨多出乎意料地得到了广泛支持。在随后针对共产党的一次小型内战中,有2,000人丧生。令佛朗哥高兴的是,共和国部队从前线撤出与西共方面交战。[20]

许多被留在监狱里的共产党人被佛朗哥分子找到并很快处决。在马德里和瓜达拉哈拉等中部地区,情况尤其如此。在瓜达拉哈拉省,正如我们前面提到过的那样,在1936年12月6日由一次叛军空袭所引发的报复行动中,有282名右翼人士在当地监狱中被杀。现在的报复行动也是残酷的。遭关押的共产党人被当地军事指挥官西普里亚诺·梅拉留在监狱中,在叛军抵达后立即被枪杀。省长何塞·卡索拉与他的妻子奥罗拉·阿洼斯以及他们刚出生不久的儿子也曾被捕,后者在拘押期间死亡。奥罗拉和卡索拉设法与拉蒙·托雷西利亚·吉哈罗一起成功逃走,后者曾在卡索拉手下担任过警务总长。由于未能在阿利坎特搭船逃离,卡索拉和托雷西利亚返回马德里,在那里,他们一连数月都在努力组建西共秘密网络。他们于1939年8月9日被佛朗哥部队逮捕,在随后的审讯中遭到严刑拷打,并于1940年1月16日被送上法庭判处死刑。最终,卡索拉和托雷西利亚分别于同年4月8日和7月2日被处死。[21] 与此同时,在瓜达拉哈拉这个只有20万人口的小省份,有822人被处决。共6,000人被关押,占总人口的3%,以及成年男性人口的近10%。有143人因过分拥挤、疾病以及完全没有卫生保障的可怖环境而死于狱中。酷刑和虐待导致自杀行为层出不穷,其中有人是被狱卒伪装成自杀,以掩盖他们不堪殴打而死亡的事实。营养不良的情况极其严重,如果囚犯没有家人为其送食物,那么就等于被宣判了死刑。[22]

在哈恩省,为回报将被捕共产党人留在监狱里的卡萨多当局,佛朗哥司令部同意胜利方军队将兵不血刃地进入城市,并且为200名共和派和社会党人士提供撤往阿尔梅里亚的安全通道。那些没有被监狱看守自行释放的囚犯被立即枪杀。搭载共和派与社会党人士的车队在驶往海岸地带的途中遭到长枪党分子的伏击。有些人在交火中被打死,大多数人则被抓获,并被带往格拉纳达枪杀。其中有四人侥幸逃脱,但后来也被逮住,他们在哈恩受审并被处死。此后,在哈恩省,有1,984人在接受军法审判后被处死，有 425 人被私刑杀害，另有 510 人死于狱中。[23]

当凯波·德·利亚诺在 1939 年 4 月 11 日造访刚被占领不久的阿尔梅里亚时，他宣称："阿尔梅里亚必须开展悔罪行动。"这引发了长枪党分子对省立监狱的一场袭击，并导致至少 3 名囚犯被杀。在两周之后的 4 月 25 日，正式处决行动开始。在 1939 年有 1,507 人受审，1940 年为 1,412 人，1941 年为 1,717 人——从 1939 年到 1945 年期间共计有 6,269 人，但是只有 375 人被处决，这是安达卢西亚诸省份中的最低数字。这是因为许多左派人士之前曾保护右派人士免遭镇压，而且异常罕见的是，右派人士现在对左派人士之前的善举进行了回报。将 6,000 多名囚犯塞入一座设计容纳 500 人的监狱不可避免地导致了营养不良和卫生条件的恶化。然而，这只是造成多达 227 名囚犯在关押期间死亡的部分原因。这些死去的囚犯中有很多青年男性被登记为死于"心力衰竭"，这恐怕就很可疑。[24]

类似的监狱过度拥挤的情况很常见。在雷阿尔城设计容纳百人的省立监狱中，实际在押人数一直都在 1,300 人到 2,200 人之间。从 1939 年至 1943 年间，共计有超过 1.9 万人经历了牢狱生涯，并有超过 2,000 人被处死。[25] 在穆尔西亚省，也有 5,000 多人被监禁，超过 1,000 人被处死。除了司空见惯的匮乏，许多囚犯也会遭到殴打。在那里，像在其他地方一样，对女性囚犯的性虐待也是出了名的恶劣。[26] 在邻近的阿尔瓦塞特省，共有 920 名右派人士在该省处于共和国控制期间遇难，而佛朗哥当局的报复行动将这个数字翻了一番。在 1939 年至 1943 年期间，有超过 1,000 名共和派人士在受审后遭枪杀，至少有 573 人死于法外处决，其中有些是被长枪党分子从位于比利亚罗夫莱多的监狱和位于耶斯特的城堡中"提走"的在押人员。另有 291 人在过度拥挤的监狱中死去。[27] 在巴伦西亚大区的卡斯特利翁、巴伦西亚和阿利坎特三省，有 1.5 万多人被监禁，其中，在经过审讯之后，到 1939 年底仍有 7,610 人身陷囹圄。在佛朗哥当局占领该地之后的若干年里，共有 1,165 人死于狱中。再加上被处决的 4,700 人，这些数字，按照百分比来看，构成了加泰罗尼亚地区之镇压规模的两倍。而之所以出现这种差异，是因为在 1939 年 1 月底有数十万潜在遇害者逃离了加泰罗尼亚。[28]

在新近被征服之地区所发生的许多悲剧是卡萨多政变所导致的直接后

果。西普里亚诺·梅拉曾做出一个毫无用处的承诺：如果由他们所自封的所谓"国防委员会"未能达成体面之和平的话，那么他手下的战士将继续战斗。然而，在滞留于监狱中的囚犯被移交给佛朗哥当局，而其他人逃往东部海岸的同时，卡萨多委员会中所有想要逃跑的成员，均于1939年3月30日凌晨在甘迪亚*搭乘英国驱逐舰"伽拉忒亚"号撤离。[29] 由于卡萨多的叛卖行径，数以万计的共和国民众扶老携幼于3月28日从马德里逃亡，沿途不断遭到长枪党分子的追捕。他们前往巴伦西亚和阿利坎特。他们被告知在那里会有船将他们带往国外。但是其实根本没有任何逃离的机会。共和国常用的那家法国公司拒绝开展任何撤离工作，理由是其业务往来对象只是内格林，而非卡萨多。它还声称有费用被拖欠。此外，共和国海军已经抛弃了西班牙，舰队驶往阿尔及利亚的比塞大港，随后海军官兵在此登岸。叛军舰队因执行佛朗哥不允许难民离境之命令而封锁了西班牙东部地中海沿岸港口，现在已经没有任何力量可以对抗它们了。

阿利坎特社会党联合会组织了最后一支撤离船队，其中包括英国蒸汽船"斯坦布鲁克"号、"海事"号、"荣文"号、"非洲贸易商"号以及部分渔船。它们搭载了5,146名乘客。载员最多的是"斯坦布鲁克"号，而"海事"号上只载了32名重要政治人物。[30] 最后离港的"斯坦布鲁克"号载有多达2,638名难民，它摇摇晃晃地驶向大海。甲板和货舱中的每一寸空间都挤满了乘客，其载重吃水线已远低于水平面。然而，该船船长阿奇博尔德·迪克森奇迹般地穿过了叛军严密的海上封锁线。"斯坦布鲁克"号抵达了阿尔及利亚的奥兰。尽管船上拥挤不堪且缺乏食物和饮水，但是在近一个月的时间里，法国当局拒绝让迪克森船长安排他的乘客上岸。只有当有传染性疾病蔓延的危险时，法国方面才大发慈悲，最终难民被送往各个收容所。[31]

再说阿利坎特，在接下来的几天里，那些没有赶上最后一班船的人群中，很快就加入了来自共和国残余领土的数千名难民。很多人在绝望中自杀，有的投水，有的举枪自尽。[32] 有些船只出现在岸上难民的视野中，但是

---

* 巴伦西亚城以南一港口城市。

因为其船长害怕被反叛方海军拦截，所以他们或者空载驶离港口，或者在还没有驶入码头之前就掉头离开。由于英法两国已经承认佛朗哥政权，所以伦敦和巴黎都不准备派遣海军干涉叛军舰队的行动。难民在没有食物和水的情况下徒劳地等待了三天半。孩子们死于饥饿。墨西哥政府提出可接收所有的难民，但是佛朗哥予以拒绝，宣布他们都是战俘，必须面对战俘的命运。3 月 31 日，星期五，这个城市被意大利军队占领。巴斯克地方军在桑托尼亚的遭遇再度上演。成千上万的共和国军民放下了武器，意大利方面承诺安排他们转移。然而意大利方面的承诺再度被佛朗哥否决。当两艘载着佛朗哥部队的船只到达时，大多数难民都被押走。第二天清晨，剩下的难民也被带走。[33] 家庭成员被强制分离，抗议者遭到殴打或枪杀。妇女和儿童被转移到阿利坎特，在那里他们被塞进一个电影院中关了一个月，关押期间提供的食物少得可怜，并且根本没有任何盥洗设施，也无法为婴儿更换尿布。男子——包括 12 岁以上的男孩——都被带到阿利坎特的斗牛场，或者城外的一片宽阔场地中。这里是一个果树园，当中种满了杏树（almond），所以被称为"德洛斯 – 阿尔门德罗斯田园"（Campo de los Almendros）。[34]

在囚犯列队进入临时集中营时，他们经过了因"试图逃跑"而遭枪杀的大片尸体。其中有一个囚犯说道："很快，我们就会羡慕死去的人。"佛朗哥士兵夺走了他们随身的贵重物品以及夹克和外套。[35] 在连续六天的时间里，4.5 万人就在泥地里入眠，他们暴露在风雨中，几乎没有食物或水。六天里他们只吃过两次饭——第一次，每四人分享了一小罐沙丁鱼，每五人得到了一条面包；第二次，每四人拿到了一小罐小扁豆，每五人得到了一块面包干。囚犯们剥下树上未熟的坚果果腹，然后又开始吞咽叶子和树皮。部署的机枪阵地阻止了大规模脱逃行动的爆发。[36]

来自西班牙各地的右派团体抵达这里，从中搜寻来自他们自己村镇的左派分子。4 月 7 日，有 1.5 万名囚犯被带到阿利坎特的斗牛场，以及在圣费尔南多和圣巴尔瓦拉的城堡。其余 3 万人被装上运牲口的卡车，并被驱赶到位于该省西南部阿尔瓦特拉的由共和国建立的集中营中。许多人死于押送途中。[37] 营地的选址非常精确，囚犯可以在此进行劳作，排干营地周围不适于居住的盐沼地。这里本来计划容纳最多 2,000 名囚犯，而在共和国统治期间，其关押的囚犯数量从未超过 1,039 人。从集中营建立直到内战结束，其间只有 5 名囚犯死亡。[38] 现在，这里有了 3 万名囚犯。数百人因营养不良而死亡，还有更多的人被押回家乡处死，每天晚上都有多人因试图逃跑而被枪杀。

食物和饮水像他们之前在"德洛斯－阿尔门德罗斯田园"或斗牛场时一样稀少。从 4 月 11 日至 27 日，囚犯们只在 4 月 11 日、15 日、20 日和 27 日四天获得了食物，每次只有约 65 克沙丁鱼和 60 克的面包。只有最年轻和最强壮的人才能幸存，但他们已未老先衰，形销骨立，活像脱胎于自己过去之形象的幽灵。头两个星期有持续降雨。由于被迫身着湿透的衣物在泥里睡觉，很多人在高烧中死去。在空地上，随着雨水的注入，地面越来越泥泞，他们也因此受到了蚊子、跳蚤和其他寄生虫所导致的疫病之折磨。由于没有任何卫生措施，许多人因患上疟疾、斑疹伤寒和痢疾而死。营地中有少量厕所，由于便坑没有被及时清理，粪便很快就开始溢出。虽然囚犯中有不少医生，但他们无法获得药品。除了腹泻与便秘所带来的难堪，许多囚犯还受到坏血病、疥疮以及跳蚤和其他寄生虫的折磨，以致在每天需要他们连续站立数小时的例行仪式中，他们几乎无法保持站姿。他们不得不每天两次唱佛朗哥分子的颂歌。一旦唱错歌词就会遭到殴打。每一天，当来自各城镇和乡村的右翼委员会从中寻找他们本地的仇敌时，囚犯们常常需要被迫列队站立长达四小时之久，并且自始至终遭到辱骂。那些被带走的囚犯常会在附近被右翼委员会的人枪杀，因为后者根本没有耐心将其押回他们的家乡。[39] 这些情况在西班牙各地的集中营里都大同小异。

那些面临着来自佛朗哥当局之最大威胁的人群中有共和国政界人士、各级政治委员以及新闻记者，他们都被认为在整场战争中保持着共和主义之理想。也许最令佛朗哥当局憎恶和最值得其追捕的是军情局的前成员，以及司法系统、警务及监狱系统的工作人员。曾担任军情局负责人的安赫尔·佩德雷罗与他的 200 名下属一起被关押在"德洛斯－阿尔门德罗斯田园"，他预言性地指出，他们的命运已经注定，因为他们了解第五纵队的情况及其背叛行径。如果佩德雷罗活着的话，那么如今自称曾是第五纵队成员的那些人的空口大话就会被揭穿。为了解释为何他们只取得了很少的战果，他们不得不夸大其词，声称佩德雷罗对他们施加了可怕的折磨。而数以万计的其他人，其唯一"罪行"就是曾支持共和国或曾在共和国军队中服役，他们与他们无辜的妻儿受到了极为可怕的对待。[40]那些试图逃跑的人遭到枪杀，其他囚犯则被迫列队目睹处刑过程。很少有人能逃跑成功，大多数尝试者很快就被重新抓获。设法成功逃离集中营的人之一是全国劳工联盟的贝尼尼奥·曼塞沃，他曾在马德里负责管理省公共调查委员会的各个法庭。几个月后，他在马德里被捕并遭处决。在其他监狱里，"提人"行动是按照日期进行组织的——每月第三天杀三个人，第七天杀七个人，以此类推。[41]

担任新闻记者的无政府主义者爱德华多·德·古斯曼讲述了他在1939年6月中旬被从阿尔瓦特拉带到马德里的经历，与他同行的难友包括里卡多·萨瓦尔萨、全国劳工联盟总书记何塞·罗德里格斯·维加以及戴维·安东纳，后者在担任全国劳工联盟马德里支部书记期间，曾经试图对"提人"行动加以约束，并担任过雷阿尔城省的省长。正如前文所提到的那样，萨瓦尔萨作为巴伦西亚的省长，曾在制止无政府主义者之"钢铁纵队"的过火行动方面发挥了关键性的作用。抵达目的地后这些囚犯被分开，并被随意塞到任何有多余位置的警察分局中拘押。每20名至30名囚犯挤在一间双人拘留室中。由于不存在任何卫生保障，跳蚤和疥疮让他们苦不堪言。当局提供给他们的食物少得可怜，早餐是用一些含有麦芽的污浊的水来充当的"咖啡"，中午和晚上各是一碗同样污浊的水，上面偶尔会漂着一点萝卜或者大头菜，这就是"汤"或者"炖菜"了。他们不得不依靠他们家人送来的食物包裹才能维生。而随着养家糊口的顶梁柱或者死去，或者流亡国外，或者在逃亡途中，或者已入狱，这些家庭均已贫困不堪。囚犯的家人被斥为毫无价值的"赤色渣滓"，因此很难获得工作机会。但他们仍旧会送入食物包裹，只不过是以自己挨饿为代价。许多人在马德里，或者在自己被囚禁的城镇中没有亲朋，但是狱中存在着一种团结精神，囚犯中间的幸运儿会与其他人分享自己的包裹。

对于大多数囚犯来说，恶劣的监禁条件只是其核心体验的背景而已。

在爱德华多·德·古斯曼被拘押的阿尔马格罗街警局，囚犯连续几天反复遭到野蛮殴打，却没有接受任何实际讯问。这是"软化"过程的一部分。实施殴打的并非职业警务人员，而是曾在"契卡"机构中工作过，但现在却声称是第五纵队成员、此前只不过是在执行煽动任务的打手。囚犯还会遭到仪式性的羞辱，比如强迫他们互殴，或把他们按到充满秽物的便池中。有时候，过度的殴打会导致囚犯死亡。在很多时候，囚犯因为不堪忍受而设法自杀。自杀者因而避免了在情绪崩溃的情况下供出他们曾经参与或者没有参与的某些事情的风险，甚至是更糟的情况，即囚犯本人也变成告密者。有些人确实招供了。最后，几乎所有囚犯都会被迫签署"声明"和供词，而他们却无法看到这些文件的具体内容。因此，任何碰巧来自巴列卡斯的囚犯，都要对从哈恩始发之列车上右翼人士遇害的案件负责，来自卡拉万彻尔的那些人，则被认定犯有谋杀洛佩斯·奥乔亚将军的罪行，哪怕他们当时正在遥远的前线上作战。[42]

在马德里，萨瓦尔萨遭到刑讯逼供，但并未写下任何供状。他于1940年2月2日受审，并于24日黎明被枪决。针对他的主要指控之一，是他在1934年夏所组织的那场完全合法的收获季罢工。就在他被带到行刑队枪口前不久，他在给他父母的信中写道：

> 当你们读到这些文字的时候，我已经只存在于记忆之中了。这正是那些自诩为基督徒的人的愿望，而我，从来没有故意伤害过任何人的我，如同在过去的生命中一样，问心无愧地接受这场检验。在你们单纯的宗教信仰中，你们恐怕永远也无法理解，一个人，没有犯下任何罪行——即使检察官也承认这一点——并且没有被指控犯有任何可耻的行为，竟然也要等待死期的来临。[43]

来自伊无联的杀手费利佩·桑多瓦尔的案例，是不堪酷刑而招供的一个典型。已经患有晚期结核病的他，连续数日遭到无情的殴打。由于肋骨被打断，他无法起身，而只能在剧痛中一边咳血一边呻吟。他会再次遭到殴打，直到他把积血吐干净为止。最后，在胸腹部遭到长达数小时的拳打脚踢之后，他开始交代其逃亡中的战友的名字，并告诉审讯者在哪里可以找到他们。在受到进一步殴打的威胁，并且几乎已无法说话的情况下，他被迫与他的难友当面对质。他只能鹦鹉学舌般地重复施刑者命令他做出的指控。大多数囚犯早已对桑多瓦尔感到厌恶，而一旦他们发现他的叛变行径，厌恶则转变成了仇恨。大家的普遍看法是，他的低劣品质证明了，他远不是一名社会阶级斗争中的战士，他只是一个小偷和凶手。他们开始劝他自杀。不知是为了回应其难友的要求，还是不堪忍受极端的痛苦，终于，在 1939 年 7 月 4 日，他从监狱楼里的一个窗户中跳出，摔死在了天井当中。无政府主义者阿莫尔·努尼奥在保安总局中被殴打致死，他曾代表全国劳工联盟就从马德里转移囚犯一事与统一社青团达成协议，而这最终导致了帕拉库埃略斯的大屠杀。[44]

当古斯曼等人最终在他们各自的"认罪书"上签字时，他们被转移到监狱中关押。载有古斯曼等人的卡车去了九所监狱，卡车司机才找到可以接纳这些囚犯的狱所。最终，他们被允许进入城市南郊位于卡拉万彻尔附近的耶塞里亚斯监狱。这里缺乏食物。每餐过后，他们都要被强制在监狱楼走廊上列队至少一小时，并齐唱长枪党、卡洛斯派和君主主义者的颂歌，如《面向太阳》（Cara al Sol）、《奥里亚门迪进行曲》（Oriamendi）和《皇家进行曲》（Marcha Real），同时还要伸出右臂致以法西斯式的敬礼。在合唱仪式结束时，他们必须高呼"佛朗哥万岁！长枪党万岁！"的口号，并仪式性地吟诵"统一的西班牙！伟大的西班牙！自由的西班牙！"那些被认为唱歌不卖力的囚犯将被带走接受惩罚，有时是被剃光头发，有时是遭到殴打，有时甚至会被枪杀。而最常见的惩罚是强迫他们一连四五个小时高举右臂站立唱歌。在除周末以外的大多数晚上，都会有被判死刑者遭到处决。[45]

对爱德华多·德·古斯曼的审判与胡安·卡瓦·吉哈罗的类似。超过 30 名被控以各种不同"罪行"的囚犯同时受审。一个被指定的辩护人为所有被告辩护，后者直到审判前夕才有机会与其交谈。法庭的先决推定是，所有被告的被控罪名均成立。证明无罪是被告的责任，但他们通常不被允许发言。理论上说，如果一个人被指控在特定时间和地点杀死一名特定受害者，而他当时并不在这个地方，那么他能够向法庭提交自己的不在场声明并进而证明自己清白的可能性还是有的。然而，司空见惯的情况是，某人因为多起时间、地点或受害人均不明的谋杀案件而受到指控。[46]

而作为这些指控之依据的陈述文件，则是他们在经受长达数周的严刑拷打后签署的，他们甚至不知道文件的具体内容。因此，囚犯几乎没有任何无罪开释的可能。有一位被关押的女性向古斯曼诉说了她是如何因不堪严刑折磨，而被迫在一份虚假供词上签字的。那份供词显示她本人曾参与在"欧罗巴影院契卡部"发生的谋杀案件。她让古斯曼看了自己严重变形的双乳。由于打火机和火柴的反复灼烧，乳房上的部分皮肉已被完全烧掉。她的乳头也已被用订书机撕掉。[47]

在古斯曼受审的当天，有共计四次庭审，参加庭审的被告共有近200名男性和16名女性，持续时间仅有两小时出头。在古斯曼作为被告之一的审判中，庭审过程始于法庭书记员宣读针对29名被告的起诉书。书记员以几乎听不清的死气沉沉的语调宣读完毕。事实上，只有被告及其家属因难以听清和理解这些指控而感到困扰。法官、检察官和辩护律师对此并无任何感兴趣的表示。其中那些可以勉强听清的指控，其内容简直包罗万象，从加入"契卡"组织，到在教堂实施纵火，在共和国军队中担任政治委员、军官或者只是志愿从军。与古斯曼同时受审的其他被告之一是诗人米格尔·埃尔南德斯，他被指控的罪名不但包括曾担任共产党的政治委员，还有他曾写过"诽谤"佛朗哥分子之事业的诗歌。古斯曼本人被控的罪名包括：担任《大地报》（*La Tierra*）主编和担任《卡斯蒂利亚自由报》（*Castilla Libre*）的社长，侮辱反叛方领导人，夸大共和国方面的胜利，并且要对上述两家报纸的读者所犯下的罪行负有（煽动的）责任。在宣读完所有指控之后，检察官开始进行盘问。囚犯只能回答"是"或者"否"。没有证人出席。然后，法庭成员宣布休庭。在检察官返回后，他发表了一段20分钟的讲话，在此期间，他指责这些被告为劣等渣滓、懦夫、罪犯、无教养的野蛮人、盗贼和凶手。

接下来，大部分囚犯的所有罪行都被归咎于埃尔南德斯和古斯曼给他们带来的"启发"。检察官称，刊登于《大地报》和《卡斯蒂利亚自由报》

上的内容导致了 1936 年 2 月人民阵线的选举胜利，同年 8 月在模范监狱的纵火和随后的屠杀事件，以及 11 月份马德里军民的抵抗。检察官似乎并未意识到或者根本不关心《大地报》已于 1935 年 5 月停刊，而《卡斯蒂利亚自由报》直到 1937 年 2 月才创刊。辩护律师直到庭审前一天傍晚才被允许与被告进行交谈，但他既没有提前收到上述 29 名被告的卷宗，也没有收到之后他要负责辩护的其他对象的相关文件，而只能在庭审时草草扫上几眼。他基本上只能请求法庭判处被告轻于检察官所要求的刑罚——用无期徒刑代替死刑，用 30 年有期徒刑代替无期徒刑。当被告被允许发言时，他们刚一开口就被打断。当古斯曼试图指出，检察官口中所称的他曾于其上发表文章的报纸并不存在时，他被命令坐下来，并被告之法庭对他可能会讲的一切都已了如指掌。

整套诉讼程序不到两个小时走完。实际上，如果去掉休庭时间，那么还不到九十分钟。那一次庭审，平均到每位被告的时间还不到三分钟，在 29 人中有 15 人被判处死刑，其余人则被判处无期徒刑或 30 年有期徒刑。其中有一个在起诉名单中毫不起眼的人，因为某个模糊的罪名就被判处死刑。在一场持续仅 11 分钟的军事法庭审判中，古斯曼的狱友之一，共产党员纳西索·胡利安与其他 16 人受审并被判处死刑。在托尔托萨，案件审理工作由臭名昭著的利萨尔多·多瓦尔主持。1939 年 8 月 10 日，在分别有 14 人和 15 人受审的两次审判中，他几乎都要取消宣读起诉书的环节。被告之前没有见过辩护律师。整场诉讼持续了还不到半小时。在塔拉戈纳的军事法庭，20 至 30 名男女被告共同受审的情况很常见。[48]

推动佛朗哥的国家恐怖主义政策的因素之一，是他的安全部门与第三帝国的类似机构之间一直以来的密切合作。这种合作已于 1937 年 11 月开始，当时布尔戈斯当局请求德国政府派出一个专家小组，前来指导西班牙警方采用最新手段来根除共产主义。一个在党卫军上校兼党卫队保安处（Sicherheitsdienst）外国情报局局长海因茨·约斯特领导下的行动队得以组建；在未来的纽伦堡审判中，此人将因为在俄国所犯的暴行而被判处死刑。约斯特的团队于 1938 年 1 月中旬抵达巴利亚多利德，并作为佛朗哥新近成立的公共秩序部的下属机构而存在。公共秩序部由时年 75 岁的塞韦里亚诺·马丁内斯·阿尼多将军领导。马丁内斯·阿尼多曾在20世纪20年代初担任巴塞罗那省省长，他因在任职期间将臭名昭著的"逃跑法则"（枪杀"逃跑中"的犯人）加以常态化而闻名，佛朗哥本人对他在普里莫·德·里韦拉独裁统治时期冷酷无情地维持法律与秩序的做法深为欣赏。他想要加紧清除占领区的左派人士，并很乐于在德国人的帮助下建立必要的镇压机构及手段。约斯特于1938年2月回国，但留下了一个由党卫队保安处成员组成的三人小组，协助佛朗哥当局对警察管理体系，以及政治警察和刑事警察力量进行重组。该小组的一项持久的遗产，就是对缴获的共和国档案资料进行分析并加以系统化，进而在萨拉曼卡建立了庞大的政治情报库。[49]

早在战争爆发前，胡安·图斯克茨神父便一直在狂热地制作所谓的犹太人与共济会员的名单。1937年，在他的帮助以及"元首"本人的鼓励下，总部（佛朗哥的总司令部）开始汇集从占领区的政党和工会组织办公室，以及从共济会支部和左翼人士住所中缴获的各种资料。这项工作主要是在犹太-共济会事务处中完成的，该事务处是处于图斯克茨神父和安东尼奥·帕劳少校领导下的军事情报部的下属机构。图斯克茨神父在成堆的文件中仔细搜索，以不断扩充其共济会嫌疑分子的名单。在1937年4月20日由陆军军官和志愿者运作的新附属机构"反马克思主义研究暨宣传办公室"成立后，此项任务的内容得到进一步扩充。官方目标是"搜集、分析和编录共党及其傀儡组织在国内战场上使用的各类宣传材料，以便（我们）在西班牙国内和国外组织针对性的宣传"。因此，他们采取各种措施从左翼组织那里收缴所有相关的材料，其目标群体从保守共和派人士到无政府主义团体不一而足，其中还包括共济会员、和平主义者和女性主义者。他们只保留数量有限的印刷件，其余的则予以销毁。比反制性的宣传更为重要的目标是，从通信和捐赠名单以及会员资料中仔细搜索人员姓名，并将其并入一个用来对左翼人士实施逮捕和审判的更大的档案索引库中。

1937年5月29日，在另一项类似的措施中，佛朗哥任命马塞利诺·德·乌利瓦里·埃吉拉斯担任特勤代表处的负责人。其工作内容，概括说来就是，"恢复在西班牙境内发现的、由个人或官方实体拥有的，与秘密宗派及其活动有关的所有文件，将其谨慎存放于远离危险之处，对其进行编录和分类，以便创建一个用于揭露与惩罚祖国之敌人的档案库"。[50] 作为最知名的纳瓦拉卡洛斯派人士之一，乌利瓦里在担任综合军事学院院长时在萨拉戈萨与佛朗哥首度见面。乌利瓦里在推动佛朗哥的连襟拉蒙·塞拉诺·苏涅尔在该市的政治事业方面也发挥了重要作用。对他的任命可以看作一种奖赏，因为他在 1937 年 4 月，卡洛斯主义运动温顺地接受与长枪党的联合，进而组成佛朗哥的单一政党"西班牙国家工团主义奋进会之长枪党"这件事中发挥了一定作用。该项任命同样也是对乌利瓦里强烈的反共济会思想的一种认可，而这种思想也为佛朗哥，当然也为图斯克茨神父所认同。乌利瓦里长久以来一直是图斯克茨神父的仰慕者，他在频繁造访佛朗哥位于萨拉曼卡主教宫的住所时，与这位反共济会运动的战友相识。乌利瓦里对共济会和犹太人怀有强烈的仇恨，以至于在其所属的卡洛斯派团体中，他被称为"共济会之锤"。[51]

在几个星期以内，乌利瓦里成立了**文件复原办公室**（ORD）。在巴斯克地区即将被佛朗哥分子攻陷之际，文件复原办公室的目标是系统性地寻取文件并随之对其进行分类。该任务被委托给一个特别挑选出来的国民卫队小部队执行。很快，乌利瓦里就主张将文件恢复办公室与反马克思主义研究暨宣传办公室合并。专横跋扈的乌利瓦里试图将所有类似活动集中化的决心最终导致了他与图斯克茨的冲突。

在桑坦德和阿斯图里亚斯即将紧随巴斯克地区落入叛军之手时，乌利瓦里呼吁加快文件搜集工作的速度，以便使随后的镇压效率最大化。他表示，在每场胜利之后，警方必须得到"可以指明那些应立即受审之人的罪证的文件"。在叛军取得特鲁埃尔战役的胜利并紧接着穿越阿拉贡开赴地中海沿岸之后，巨量的机会来临。1938 年 4 月 26 日，遂乌利瓦里所愿，佛朗哥当局的内政部长塞拉诺·苏涅尔颁布法令创建**文件复原工作国家代表委员会**（DERD，以下简称"文件复原委员会"），相关部门被正式合并。委员会的目标是收集所有来自"反对乃至不支持民族运动"的政党、社会组织和个人的文件资料，并对其进行存档和分类，以便对他们进行定位和惩戒。[52]

紧接着这次合并之后，原由军事情报部下属之犹太 – 共济会事务处收集的文件被转交给文件复原办公室。然而，乌利瓦里在努力集中所有事关共济会的情报的过程中，他还企图让图斯克茨移交他个人的档案索引系统，该系统已经因为纳入来自共和国军事情报局的资料而被大大扩充。图斯克茨的答复是否认他有任何材料，并声称他的文件都在巴塞罗那。然而最终，看起来图斯克茨手头的档案还是交给了文件复原委员会保管。直到 1939 年 1 月加泰罗尼亚沦陷之前，图斯克茨一直在军事情报部下属的那个规模已大大缩减的犹太–共济会事务处中工作。[53]

乌利瓦里团队中最有影响力的工作人员之一，是警察爱德华多·科明·科洛梅尔。1938 年 8 月，佛朗哥控制区的所有安全部门都已被整合到出何塞·梅迪纳中校领导的国家安全总局中来。其中最主要的部门是侦查处和治安警察处，这些部门又分为多个不同的科室。其中一个科室是反马克思主义科，该科又分为三个小组：共济会事务组、犹太人事务组和出版事务组。科明·科洛梅尔是共济会事务组和犹太人事务组的负责人，同时也负责出版《反马克思主义情报通讯》（*Boletín de Información Antimarxista*）。1939 年 1 月，他被借调给文件复原委员会，担任马塞利诺·德·乌利瓦里的助理。在那里，他对查缴之材料进行分类和筛选，以供秘密警察使用，并在此事上发挥了关键性的作用。[54] 这些素材将成为他个人传奇般的图书馆的基础，同时也将供他在未来 35 年里出版一系列谴责共和国左翼所有派别的书籍和小册子时使用。在此期间，他的助手之一就是毛里西奥·卡拉维利亚。[55]

当佛朗哥军队穿越阿拉贡山区进入加泰罗尼亚时，文件复原委员会的搜索队紧随其后。巴塞罗那于 1939 年 1 月 26 日被占领，第二天占领军即宣布戒严。文件复原委员会的工作人员于 1 月 28 日开始在城中四处搜查，截至 6 月 7 日，查缴的文件已经装满了 14 栋建筑。有 200 吨文件被用卡车和火车从加泰罗尼亚运往萨拉曼卡。来自共和国残余控制区的文件总量达 800 吨。在德国专家的帮助下，这些材料转化成了一个包括 8 万名共济会嫌疑分子在内的大规模索引库。然而，事实上，1936 年在西班牙的共济会员只有 5,000 到 7,000 人左右，1939 年以后在西班牙只剩不到 1,000 人。这些档案将有助于 20 世纪 40 年代由臭名昭著的 "特别法庭" 所主导的清洗活动的开展，该特别法庭是为贯彻 1940 年 2 月颁布的"镇压共济会及共产主义特别法"（Law for the Repression of Freemasonry and Communism）而设立的。[56] 乌利瓦里于 1940 年 9 月 1 日被任命为第一任庭长，但在不久之后即被曾主持过巴利亚多利德镇压行动的安德烈斯·萨利克特将军取代。[57]

图斯克茨的卖力工作所造成的恶果是，在佛朗哥统治时期的西班牙，某人如果被认为是共济会员，那么他就犯有叛国罪。这通常意味着不经审判的死刑处决。到 1936 年年底，萨拉曼卡的共济会埃尔曼蒂支部有 30 名成员被枪杀。类似的命运也降临在萨拉戈萨的康斯坦西亚支部的 30 名成员身上；而在洛格罗尼奥有 15 人遇害，在布尔戈斯为 7 人，在韦斯卡为 5 人，在休达为 17 人，在阿尔赫西拉斯为 24 人，在拉利内亚为 12 人，在格拉纳达为 54 人。在比戈、卢戈、拉科鲁尼亚、萨莫拉、加的斯、梅利利亚、得土安和拉斯帕尔马斯的所有共济会员都被枪杀。萨拉曼卡那些堆积如山的文件中所进行的偏执狂般的夸大导致了严重后果，例如，在战争爆发之前只有 5 名共济会员的韦斯卡，却有多达 100 人因被指控属于某个共济会支部而遭枪杀。到 1937 年 10 月，在马拉加有 80 名被指控为共济会分子的男性遭到枪杀。[58]

1938 年 4 月，党卫队全国领袖海因里希·希姆莱与公共秩序部长马丁内斯·阿尼多将军进行联络，建议进一步扩大西班牙和德国之间的警务合作。盖世太保对于遣返曾在国际纵队中服役并被佛朗哥当局俘获的德国犹太人、共产党人和社会党人很感兴趣。7 月 31 日签署的协议允许两国安全部门迅速交换各自抓获的左翼人士。国际纵队战士被移交到派驻西班牙的盖世太保审讯人员手中，随后在没有经过任何司法程序的情况下，直接被德国方面带走。针对个体的遣返只需要经过佛朗哥本人的批准，而佛朗哥的答复总是"同意"。作为回报，驻萨拉曼卡德国使馆的盖世太保外交随员，党卫队突击大队长保罗·文策尔主持实施了一项针对佛朗哥政权的政治警察的培训计划。马丁内斯·阿尼多在快到 1938 年底时死去，其部门的职能被内政部吸收。塞拉诺·苏涅尔任命他的密友，第十七代马亚尔德伯爵何塞·菲纳特·埃斯克里瓦·德·罗马尼担任其保安总长。按照马亚尔德的建议，希姆莱被授予该政权最高荣誉，"牛轭与捆箭"帝国大十字勋章，以表彰他在与佛朗哥西班牙之敌的斗争中所扮演的重要角色。[59]

佛朗哥也获得了回报：法国崩溃之后，有数千名西班牙流亡者落入了德国人之手。在1940年6月22日法德两国于贡比涅签署停战协议的当天，西班牙外交部就通知法国驻马德里大使馆，说阿萨尼亚、内格林和"其他赤党头目"已在申请离开法国前往墨西哥的签证。佛朗哥当局引渡共和国知名人士的计划在德国占领区更为顺利，在新成立的维希政权的控制区则遇到了更多问题。塞拉诺·苏涅尔要求法国大使勒孔特·罗贝尔·雷农·德·拉·博梅转告维希法国元首菲利普·贝当元帅，西班牙正在焦急等待着法国"清除"目前滞留于其领土上的西班牙赤色领袖。然后，在7月24日，西班牙政府要求孔特·德·拉·博梅阻止时年74岁的前总理，保守派人士曼努埃尔·波特拉·巴利亚达雷斯以及数名巴斯克地方政府要员离开法国前往墨西哥。[60]佛朗哥政府之所以有意引渡波特拉，是因为他在胡安·图斯克茨神父的名单中地位突出。

接下来，在8月27日提出的一项强硬要求中，西班牙政府表示须立即引渡据其认为仍滞留于维希法国控制区的636名共和国知名人士。这些要求的背后则是赤裸裸的威胁，西班牙政府表示，如果其要求得不到满足，那么他们将利用与纳粹德国的特殊关系，将领土主张推向法属北非。贝当元帅肯定不会喜欢西班牙的共和主义者，因为他认为他们中的大多数都是共产党，但他也不愿意破坏庇护权的行使。因此，面对马德里方面的强烈不满，维希政府仍坚持主张，必须按照1877年法西两国签署的引渡条约，以及1927年颁布的一项有关引渡行为需经个案审理的法律，在法庭判决后方可执行引渡。然而，尽管有上述行为，维希法国警察还是根据佛朗哥政权大使何塞·费利克斯·德·莱克里卡提供的姓名和住址，开始对前共和国的知名人士实施围捕，或者至少将他们置于严密监视之下。法国人知道，移交这些人就意味着将他们推到枪口下。令塞拉诺·苏涅尔出离愤怒的是，包括普列托和内格林在内的数名要员已在法国当局的里应外合下成功出逃。[61]

1940年7月1日，墨西哥总统拉萨罗·卡德纳斯通知他在法国的全权外交公使路易斯·伊格纳西奥·罗德里格斯·塔沃阿达，墨西哥已做好了接收目前在法的所有西班牙难民的准备。此外，他还指示其全权公使通知法国政府，在针对难民的运输工作安排好以前，所有在法的西班牙共和国难民都处于墨西哥的外交保护之下。7月8日，罗德里格斯·塔沃阿达在维希城得到了贝当元帅的接见。贝当元帅在向他提出这些西班牙人都是"不受欢迎者"的警告之后，原则上同意了墨西哥方面的要求。墨西哥政府和维希当局成立了一个联合委员会来商讨难民转移工作的细节，双方于8月23日签署了一项协议。许多维希政府官员对这一安排表示怀疑，他们和占领区的德国人依从西班牙方面的要求，对许多企图离开法国的前共和国人士予以阻止。尽管如此，墨西哥方面主动伸出的援手还是帮助了数以千计的前共和国人士脱离险境，直至1942年11月德国占领维希法国控制区并切断了两国之间的外交关系为止。[62]

虽说维希法国在司法方面的顾虑和墨西哥政府的人道主义努力给佛朗哥当局的行动造成了一定的阻碍，但是他们发现在法国德占区，引渡西班牙难民不会遇到此类问题。在巴黎沦陷之后的几天之内，长枪党团伙就洗劫了西班牙共和国各流亡党团组织办公室所在的多座建筑物。其资金和档案被夺走并送回西班牙。莱克里卡迅速与德国人建立了友好关系，后者为西班牙警察在占领区的活动提供了不少便利。于是流亡中的共和派人士的寓所遭到搜查，他们的财物和文件被扣押，他们本人即便没有被逮捕或被引渡，也受到不同程度的虐待。

1940年8月下旬，马亚尔德伯爵造访柏林并讨论了关于被捕共和派难民的处置方案。他参观了最新警务设施与技术的展示，并且面见了希姆莱本人，以及包括党卫队保安处首脑赖因哈德·海德里希在内的德国警察和安全部门的高层人物。希姆莱建议西班牙和德国之间互派具有外交豁免权且有权逮捕各自国家公民的警察联络官。希姆莱借此可以扩展在西班牙的盖世太保情报网络，以保持对德国难民的监视，西班牙方面则可以迅速获得共和派流亡者。马亚尔德伯爵说他必须与内政部长商讨此事，但是暗示希姆莱本人也许愿意前往西班牙访问。

甚至在此次访问之前，法国刚刚沦陷之际，佛朗哥和塞拉诺·苏涅尔就急不可耐地开始将早先希姆莱与马丁内斯·阿尼多将军达成的协议付诸实践。保安总局的军官们被派往巴黎，安排从法国被占领区引渡几名新近遭逮捕的共和派领导人。巴黎使馆的警务专员佩德罗·乌拉卡·伦杜埃莱斯负责完成交接并将其带往西班牙边界。德国方面根据莱克里卡提供的名单对包括加泰罗尼亚地方政府主席路易斯·孔帕尼斯·霍韦尔在内的重要人物实施抓捕。7月10日，在阿尔卡雄附近的滨海皮拉城，德国警方在一名西班牙特务的陪同下，逮捕了阿萨尼亚的妻舅西普里亚诺·里瓦斯·切里夫，以及共和国流亡总统的两位密友，卡洛斯·蒙蒂拉·埃斯库德罗和米格尔·萨尔瓦多·卡雷拉斯。第二天，两名社会党人，1934年10月阿斯图里亚斯矿工暴动的领导人之一特奥多米罗·梅嫩德斯和新闻记者弗朗西斯科·克鲁斯·萨利多在波尔多被德国人逮捕。1940年7月27日，盖世太保在巴黎逮捕了曾一度担任《社会主义者报》主编的战时内政部长胡利安·苏加萨戈伊蒂亚·门迭塔。所有被捕人员都在法国境内被移交给西班牙警察，并被带往马德里。移交过程没有经过任何司法程序。据佛朗哥本人说，德国人"自发地"交出了囚犯。[63]

孔帕尼斯因为儿子路易斯罹患重病，在巴黎的一家诊所就诊，所以他也就错过了逃离法国的多次机会。他于1940年8月13日在南特附近的拉博勒莱潘被捕，随后被带往巴黎并羁押在拉桑泰监狱。然而，8月26日，拉桑泰监狱收到了来自马亚尔德伯爵的命令，要求将孔帕尼斯移交给佩德罗·乌拉卡·伦杜埃莱斯。他于9月初被押至马德里，并被监禁在保安总局的地下室里。一连五个星期，他被单独关押，并遭到拷打和折磨。佛朗哥政权的大人物们去到他的牢房，对他进行辱骂，并向他抛掷硬币和干面包的硬皮以示羞辱。10月3日，浑身血迹斑斑且上了重铐的孔帕尼斯被转移到巴塞罗那的蒙特惠奇城堡。

孔帕尼斯被控以军事叛乱罪，并于10月14日在简易军事法庭上受审。在军方检察官准备起诉状的时候，孔帕尼斯却没有机会与被指派为他进行"辩护"的军官交谈，也无法召唤对他有利的证人。辩护律师，炮兵上尉拉蒙·德·科卢维里指出，孔帕尼斯曾在加泰罗尼亚拯救了数百名右翼人士的生命，包括律师本人在内的若干名陆军军官也在被救者之列。庭审持续了不到一小时，孔帕尼斯被判处死刑。该判决很快得到了第4军区总司令路易斯·奥尔加斯的核准。次日凌晨，作为一个虔诚的天主教徒，孔帕尼斯听了弥撒并领取了最后的圣餐。在被带到国民卫队的行刑队前面时，他拒绝戴眼罩，当他们开枪时，他高呼："为了加泰罗尼亚！"他的死亡证明显示，他死于 1940 年 10 月 15 日上午 6 时 30 分。其死因被恶毒地记录为"创伤性内出血"。[64]

奥尔加斯将军因为必须在死刑判决书上签字而感到不快，这并非是基于道义上或人道主义方面的考虑，而是因为他认为这种"脏活"本应由长枪党党徒来做。在 1940 年初之前，所有的死刑判决均需得到佛朗哥将军的核准。但是，他总是要耽搁很久，才有时间来处理这些大量堆积的未决案件。所以，同年 1 月 26 日，为了加速审判过程，政府规定死刑判决书不用再由佛朗哥签字复核。法令进一步明确规定，如果被处刑者是前政府的部长、国会议员、省级长官，或者是在共和党行政当局中担任其他高级职务的人，则不可以请求宽大处理。[65]

孔帕尼斯死后第四天，海因里希·希姆莱抵达西班牙。马亚尔德伯爵此前发出的邀请已得到了刚刚走马上任的外交部长塞拉诺·苏涅尔的确认。在英国大使看来，塞拉诺·苏涅尔希望寻求有关"清算对手与抓捕政治难民的专业建议"。希姆莱的兴趣不但在于两国的警务合作，同时他也关心即将在法国边界举行的希特勒与佛朗哥之会谈的安保准备工作。于 1940 年 10 月 19 日上午抵达西班牙后，他先是在圣塞瓦斯蒂安，然后在布尔戈斯受到了精心安排的极其隆重的欢迎。两座城市的街道上都悬挂着纳粹德国的卍字旗。10 月 20 日，当希姆莱抵达马德里时，迎接他的是塞拉诺·苏涅尔和长枪党的高层干部。他先是在丽兹酒店安顿下来，然后前往外交部与塞拉诺·苏涅尔会谈，之后两人前往位于帕尔多王宫的元首官邸面见佛朗哥。塞拉诺·苏涅尔对于被捕的几位共和国重要人物的下落尤为感兴趣，正如希姆莱对流亡的德国人持有同样的关注一样。他们达成一项协议：盖世太保将在德国驻马德里使馆设立办事处，而党卫队保安处将在西班牙境内的德国各主要领事馆均设立办事处。这样，德国秘密警察在行动中就有了充分的外交豁免权。而在德国境内活动的西班牙特务也将拥有同样的特权，并且更为重要的是，这种特权的应用范围扩展到了法国的德占区。[66]

身兼马德里市长一职的马亚尔德伯爵，在飘扬着纳粹卍字旗的本塔斯广场为希姆莱特别安排了一场反季的斗牛表演*，并邀请希姆莱前往他位于托莱多的庄园参加狩猎聚会。在接下来的几天里，希姆莱参观了马德里的普拉多博物馆和考古博物馆、位于托莱多和埃斯科里亚尔的历史遗迹，以及加泰罗尼亚的蒙特塞拉特修道院。他之所以造访考古博物馆和蒙特塞拉特修道院，是因为二者与他在党卫队下资助设立的"日耳曼祖先遗产"的项目有关联。希姆莱一直在寻找能够庇佑纳粹德国赢得战争胜利的护符。对瓦格纳的歌剧《帕西法尔》(*Parsifal*)中的描述深信不疑的希姆莱，认为"蒙特塞拉特"(Montserrat)就是歌剧中的"蒙沙尔瓦"(Montsalvat)，根据沃尔弗拉姆·冯·埃申巴赫和后来的瓦格纳的说法，圣杯就保存于此。在蒙特塞拉特规模宏大的图书馆中，他要求查看记载圣杯所在方位的文献。当他被告知他的所述有误时，他粗暴地声称蒙特塞拉特的一切都有着日耳曼异教的起源，并宣称耶稣基督并非犹太人，而是雅利安人。[67]

除了上述"文化"活动，希姆莱的行程还包括参观监狱与集中营。根据塞拉诺·苏涅尔最亲近的助手之一拉蒙·加里加的说法，希姆莱对他所见到的景象深感震惊。在国家迫切需要劳动力来重建内战中毁坏的道路、建筑和住宅时，竟然有数以十万计的身体健全的西班牙人被关押在极其恶劣的环境中，并且还有许多人面临着死刑处决，这让希姆莱感到十分荒谬。显然，他对共和国流亡者在法国境内的劳动营的工作状况印象深刻。他告诉佛朗哥和塞拉诺·苏涅尔，他们正在浪费宝贵的资源，把工人阶级中的好斗分子纳入新秩序当中，要比消灭他们更有意义。在他看来，佛朗哥政权应该做的是只枪毙共和派的少数知名人物，再关押一些中坚分子，而大多数普通民众则应在得到警方严密监视的情况下获得自由。希姆莱在意识形态之敌和种族之敌这两者之间进行了重要的区分。佛朗哥并未被说服。[68]

当希姆莱还在西班牙的时候，针对7月底由德国方面移交的前共和国其他知名人士的庭审开始拉开帷幕。西普里亚诺·里瓦斯·切里夫、弗朗西斯科·克鲁斯·萨利多、卡洛斯·蒙蒂拉、米格尔·萨尔瓦多、特奥多米罗·梅嫩德斯和胡利安·苏加萨戈伊蒂亚均被控犯有军事叛乱罪，并于10

---

* 西班牙的斗牛季为每年3月19日至10月12日。

月 21 日受审。检察官明白他们并没有真正犯有什么罪行，他宣称他本人无意引述具体事实，也不打算召集目击证人，因为很显然，被告都是"煽动革命"的共犯。他们在内战前和内战期间所担任的职务被认为足以证明其有罪。按照检察官的作证，在一个组织、容忍或无力阻止流血犯罪的政府中任职的任何人，都与犯罪实施者同罪。特奥多米罗·梅嫩德斯在 1934 年 10 月暴动之后即已淡出政治舞台，并且更为关键的是，拉蒙·塞拉诺·苏涅尔亲自出面为他作证，这让他得以逃脱死刑，改判 30 年有期徒刑。其余 5 人均被判处死刑。包括作家文塞斯劳·费尔南德斯·弗洛雷斯、长枪党党员拉斐尔·桑切斯·马萨斯和卡洛斯派义勇军的领导人之一安东尼奥·利萨尔萨在内的若干佛朗哥当局之显要人物均在出庭作证时指出，苏加萨戈伊蒂亚并没有对流血犯罪视而不见，相反他拯救了许多人，尤其是男女神职人员。胡利奥·鲁伊斯·德·阿尔达的遗孀阿梅利亚·德·阿萨罗拉也在作证时提到了苏加萨戈伊蒂亚所采取的积极举措。然而这都无济于事。克鲁斯·萨利多和苏加萨戈伊蒂亚于 1940 年 11 月 9 日被枪杀于马德里东郊公墓，与他们一同遇害的还有其他 14 名共和国人士。而在 12 月 21 日，里瓦斯·切里夫、蒙蒂拉和萨尔瓦多得知，佛朗哥已将他们的判决减至无期徒刑。[69]

很多受害者的案例表明了，不管他们的动机如何，不管他们做了哪些努力，只要这些为政府工作的人无力阻止流血暴行，那么他们就是有罪的。1940 年 7 月 10 日，从内战爆发起至 1936 年 9 月中旬担任马拉加省省长的何塞·安东尼奥·费尔南德斯·维加在法国境内被盖世太保逮捕，并与孔帕尼斯、苏加萨戈伊蒂亚、克鲁斯·萨利多、西普里亚诺·里瓦斯·切里夫、特奥多米罗·梅嫩德斯和其他前共和国国会议员一道被带往西班牙。他于 1942 年 3 月在马拉加受审，被指控对在他任职期间发生的所有谋杀案件负责。尽管有大量证词显示他曾拯救了成千上万人，尽管事实上他当时已被当地无政府主义者委员会完全压制，但他还是于 1942 年 5 月 18 日被判处死刑。[70]

按照维希法国的引渡程序，最高法院的高级检察官布拉斯·佩雷斯·冈萨雷斯首先要向外交部递交逮捕令，然后再由后者向维希法国提出相应的申请。在 1940 年 11 月，莱克里卡提交了一份名单，其中列出了近 3,000 名希望能将其引渡到西班牙受审的共和国人士。维希政府的正式回应很冷淡，它明确要求每个案件都需要相应的个人卷宗。引渡的请求大部分都以失败告终，因为申请理由本身就十分荒谬。

例如，曾经担任地方政府文化部长的本图拉·加索尔曾经拯救了很多受到极左翼威胁的右翼分子和宗教人士的生命，因此，他本人收到了来自极端主义团体的死亡威胁，并于 1936 年 10 月被迫流亡法国。然而，引渡申请却将其指控为一个普通刑事犯。作为引渡对象的所有人员都遭到逮捕和监禁，直到接受审讯为止。在案件得到审理之前，加索尔在监狱里被关了 3 个月。法国法院在听取了其中一位被他拯救的人，现正流亡意大利的塔拉戈纳大主教弗兰塞斯克·比达尔·巴拉克尔的证词后，驳回了他的引渡请求。[71] 另一个被驳回的是针对拉尔戈·卡瓦列罗内阁之卫生部长费德丽卡·蒙特塞尼的引渡请求。[72]

莱克里卡被这些法律文章弄得心烦意乱，有时候他会擅自行事。其中一个这样的案例是 12 月 10 日于尼斯实施的，针对曾在内格林政府中担任司法部长的马里亚诺·安索的抓捕。表面看来，安索是由遵从维希当局指示的当地警方逮捕的。抓人的小分队据称是要将他带往维希，他们中间包括一位名叫维克托·德鲁耶的极右翼法国警察——莱克里卡的一位密友，一名受雇于莱克里卡的白俄分子，以及西班牙大使馆的警务专员佩德罗·乌拉卡·伦杜埃莱斯。他们打算非法将安索带回西班牙。后者设法逃脱，经过一番周折之后，他被置于尼斯当地一名警察局长的保护下。他在监狱里待了一段时间，随后举行的司法听证会否决了西班牙方面的引渡请求。由德鲁耶、乌拉卡和白俄恶棍组成的这个团伙，也是保守共和派人士曼努埃尔·波特拉·巴利亚达雷斯被捕的幕后黑手。他们通常会没收被捕者的随身财物，所使用的借口是这些东西都是被捕者之前在西班牙窃取而得的。波特拉被控窃取财物，但这些东西实际属于他个人所有，是他设法从其位于巴塞罗那的家中抢救出的物品。他们对他实施殴打，企图让他交出财产。年事已高且身患重病的波特拉打算自杀而不是面对牢狱生涯，但为他的朋友所劝阻。他的案件最终于 1941 年 9 月 15 日在普罗旺斯地区艾克斯进行了审理。引渡请求被驳回，理由是西班牙方面提供的申请书并未指明所犯罪行的涉案日期、地点或受害者信息。鉴于波特拉自 1936 年 7 月 31 日以来就一直住在法国，所以法国法院认为申请书之陈述的真实性值得怀疑。西班牙当局立即提出了第二次引渡请求，然而在 1941 年 11 月 25 日再度被驳回。[73]

另一个可笑的引渡要求是针对加泰罗尼亚地方政府的司法部次长爱德华多·拉加索尔·萨拉的。他是巴塞罗那的一位杰出律师，内战爆发时他在马德里，并参与了著名的马德里保卫战。与此同时，无政府主义者洗劫了他在巴塞罗那的住所。1937 年 5 月事件之后，加泰罗尼亚地方政府的新任司法部长佩雷·博施·希姆佩拉任命他担任其副手。在任职期间，他为重新确立法律与秩序而工作，并囚禁了许多极端分子。在战争结束时，他被迫流亡国外，并且为共和国难民提供帮助，以及招募西班牙志愿者加入法军部队。他于 1940 年 7 月 7 日因持有"共和国宝藏"而遭到莱克里卡的逮捕，这里提到的"共和国宝藏"，是指被共和国政府带离西班牙的用于支付流亡费用的资金。次年他数次被维希当局警察逮捕，但每次都被释放。最后，布拉斯·佩雷斯提出了引渡请求，他不实地指控拉加索尔在内战期间领导一支民兵治安武装，并应对多起谋杀事件负责。此案作为一个突出案例，展现了奠定佛朗哥分子的"正义"之基础的伪善与强烈报复心。作为巴塞罗那大学的法学教授和执业律师，布拉斯·佩雷斯与拉加索尔私下里认识，前者正是得益于地方政府的干预，才逃离了加泰罗尼亚的首府。尽管他的指控并未涉及任何（受害者）姓名，以及（涉案）日期或地点，也没有提供任何证据，但是，维希法国的法院还是在 1941 年 8 月 2 日同意了西班牙方面的请求。墨西哥政府提出的强力抗议最终说服了维希政府，后者收回成命，拒绝将拉加索尔移交给佛朗哥当局，然而在此期间，拉加索尔已在监狱里经受了相当严重的心理羞辱和身体虐待。而且，引渡的威胁以及他的频繁被捕在流亡者群体中造成了极大的不安。[74]

1940 年 11 月，无政府－工团主义者霍安·佩罗·贝利斯在位于卢瓦尔河畔的沙布里被维希警察逮捕，他曾谴责过加泰罗尼亚地区伊无联组织的过火行径，并曾担任拉尔戈·卡瓦列罗政府的工业部长。他因非法穿越分界线*被判入狱三个星期,然后被移交给盖世太保并被带往德国。1941年2月19日,德国人将他送至马德里。在长达两个半月的时间里,他一直被关在保安总局的地下室里。为了从他口中撬出用于帮助共和国难民的资金被保管在法国境内何处的情报,他遭到严刑拷打。来自巴塞罗那警方的报告证实,佩罗在战争期间也拯救了许多人。尽管有这些证据,而且他在其家乡马塔罗城打击极端分子一事也是事实,但他仍须对发生在那里的罪行负责。4月8日,他被转移到巴伦西亚的省立监狱,在一年多的时间里,多位长枪党领导人都许诺可以让他获得自由,只要他加入佛朗哥政权的御用工会组织"垂直工会"(Vertical Syndicates)。在对此予以拒绝之后,他于1942年7月21日在军事法庭上受审,并被指控犯有盗窃数百万比塞塔的资产和在巴塞罗那组织"契卡"机构的罪行。不同寻常的是,佩罗在法庭上拥有一位专门的辩护律师路易斯·塞拉诺·迪亚斯中尉。而且,包括数名陆军高级军官、两位修道会团体的负责人以及劳工总局局长弗朗西斯科·鲁伊斯·哈拉沃在内的多位获救者出庭为其作证。巴塞罗那地区的长枪党创始人卢伊斯·古铁雷斯·圣马里纳也在辩护中慷慨陈词。法官警告塞拉诺·迪亚斯说,如果他的发言超过30分钟,那么他将面临严厉处罚。然而他的发言时间却持续了1小时又15分钟——这是在佛朗哥当局的军事法庭审判中前所未有的一次辩护。所有这一切都无济于事。佩罗仍被裁定有罪,并于3天后遭枪杀。[75]

佩罗在巴伦西亚的难友之一为霍安·佩塞特·阿莱克桑德雷博士。他是一名非常杰出的细菌学家,同时也是一位律师。他曾在1932年至1934年间任巴塞罗那大学的校长,而且也是在人民阵线中代表阿萨尼亚之左翼共和党的国会议员之一。战争期间他曾在军医院担任医生。在巴伦西亚陷落之际,他像成千上万名共和国支持者一样,在疏散到国外的希望破灭后被叛军抓获,然后首先被带到臭名昭著的阿尔瓦特拉集中营,后来又被带往波尔塔塞利的集中营。尽管态度温和、为人善良的佩塞特曾努力阻止无政府主义者的杀戮,但是在三名满怀嫉妒之情的行业竞争对手的告发下,

---

* 这里指维希法国控制区与法国德占区之间的分界线。

他仍然在法庭受审。尽管他们均无法提供任何有关其不法行为的证据，但是他们都用疑似提前串通好的话语声称，他作为知名共和派人物的身份，使他必须对发生于巴伦西亚和卡斯特利翁的所有杀戮事件负责。

包括数名修女和 1 位神父在内的多人都证实了佩塞特在制止极端分子的拘禁、谋杀和焚烧教堂之暴行方面所做的努力。1940 年 3 月 4 日，在军事法庭的一次庭审中，他被认定犯有军事叛乱罪并被判处死刑，但法庭建议对其实施减刑。长枪党方面对此表示抗议，并展示了一份关于应用心理学的学术讲座的讲稿，其中佩塞特曾顺带对军事政变加以谴责，并表示反对它是一项公民义务。法庭于 3 月 25 日重新召集并确认了该死刑判决，这次没有提到任何减刑的可能性。他被判处有罪并不是因为他个人犯下的罪行，因为他没有做任何事情，而是因为他代表了共和国的政治理念。包括各界名流、宗教人士、军官甚至长枪党党徒在内的 28 人发起了联合请愿，希望能够对他进行减刑。在长达 14 个月的时间里，他不得不等待着其判决的最终确认，同时在巴伦西亚的模范监狱中履行狱医的职责。他于 1941 年 5 月 24 日被枪杀于帕特纳公墓。[76]

佛朗哥当局的"正义"复仇之对象也包括了那些曾经努力阻止共和国控制区镇压活动的人，而梅尔乔·罗德里格斯的案例则是其中的一个典型。他在马德里为营救右翼分子做出了大量的努力，以至于他在无政府主义团体中的部分同志怀疑他是一个叛徒。即使他的妻子也开始相信，最好的情况也不过是，他天真地让自己被第五纵队利用了，而在梅尔乔驳斥了他妻子的疑虑后，后者于 1939 年初离开了他。在被卡萨多的国防委员会任命为马德里市长后，他向佛朗哥的部队献城投降。此后，他于 1939 年 4 月 13 日被捕，并在当年 12 月受审。经过一位非常有能力的军事律师伊格纳西奥·阿雷尼利亚斯·德·查韦斯的有力辩护，他被法庭认定无罪。但是，佛朗哥当局的中心军区审计长驳回了此项裁决，并坚持对此案件进行重新审理。

梅尔乔·罗德里格斯于 1940 年 5 月 11 日再次受审，他被控参与了发生在马德里的一项犯罪活动，但当其发生时他正在巴伦西亚。在审判前两天，一个年轻且无经验的辩护人被指定为其辩护。在审判实际开始之前，该辩护人不被允许和他的客户见面，也看不到任何起诉文件。本案的检察官莱奥波尔多·维多夫罗·帕尔多是一位曾在战争期间的马德里有过可怖经历的卡洛斯派人士。这些经历让他对全国劳工联盟的重要成员持严重敌视的态度。他的表弟费尔南多·维多夫罗·波朗科神父之死带给他的伤痛，进一步加剧了他对左派的仇恨。当然，他并不知道费尔南多神父是被外籍军团士兵从背后开枪射杀的。然而，正是由于梅尔乔·罗德里格斯的大力推动，他才得以在芬兰大使馆接受庇护，从而保住自己的性命。尽管如此，他仍指控梅尔乔是一个嗜血杀手，并要求判处其死刑。但是，这场构筑在虚假证词基础上的庭审闹剧却被阿古斯丁·穆尼奥斯·格兰德斯将军的突然出现彻底毁掉，他在法庭上提供了对被告有利的证词，并展示了一份因梅尔乔而获救的包括两千多名右派人士在内的名单。名单中包括很多贵族人士，以及长枪党的创始人之一雷蒙多·费尔南德斯·奎斯塔。与佩罗不同的是，梅尔乔并非共和国的部长，而为他作证的主要证人，其级别要高于法庭中的其他所有人。于是，本已策划好的死刑判决被减为二十年零一天的有期徒刑，他于1941年3月1日被送往加的斯省的圣玛丽亚港的市立监狱。然后，作为第1军区总司令的穆尼奥斯·格兰德斯将军，将他的刑期减为十二年零一天，这样他就可以获得临时自由。[77]

梅尔乔·罗德里格斯是卡萨多政权中仅有的几名选择留在马德里的高层成员之一，他曾天真地相信，只要他手中没有血债，那么他就不用有任何担心。这些留下来的人中级别最高的是社会党人胡利安·贝斯泰罗，他是七人委员会中的外交部长。贝斯泰罗没有任何反对军事叛乱的言行，他在结束共和国的抵抗一事上出力最多。他是卡萨多的国防委员会中唯一留在马德里的成员。包括臭名昭著的马德里无政府主义者"契卡"机构的组织者爱德华多·巴尔·贝斯科斯在内的其他人，都设法与卡萨多一起逃往了英国。不可避免地，贝斯泰罗将在佛朗哥当局的镇压运动中遭到暴风骤雨般的猛烈打击。因为他不但是国会议员，还曾担任社会党及社会党工会运动组织（即劳工总会）的主席，并且还是1931年制宪会议的主席。

然而，贝斯泰罗却对共和国被占领区发生的大规模报复行动视而不见。相反，他却轻信了其来自第五纵队的联络人的许诺，即佛朗哥会保证那些没有普通刑事犯罪的无辜人士的生命和自由。此外，尽管卡萨多政变已经破坏了妥善组织撤离那些身处险境之人的机会，但贝斯泰罗仍拒绝将任何政府资源用在那些需要逃离的人员身上。他的逻辑是，西班牙需要国家财富进行战后重建，而且佛朗哥将会因为资源得到保护而更加善待那些留在西班牙的共和国人士。在长枪党秘密团体和第五纵队组织的配合下，他为共和国向佛朗哥分子的和平投降创造了便利条件。他甚至颇为自得地相信，基于他为缩短战争所做的贡献，佛朗哥会愿意在战后重建过程中给他安排一官半职。

尽管贝斯泰罗希望共同的反共需求能够使他成为双方和解的手段，但结果是将近 69 岁的他仍然遭到逮捕，并于 1939 年 7 月 8 日来到军事法庭，面对军事叛乱罪的指控。鉴于他的重要性，他的案件落到了占领军法庭的首席检察官费利佩·阿塞多·科伦加中校的手中。阿塞多·科伦加认识到贝斯泰罗完全是无辜的，但仍要求判处其死刑。[78] 最终贝斯泰罗被判处无期徒刑，后来又减为三十年苦役。在 1939 年 8 月底，他被送到了卡莫纳的监狱。他的健康因为缺乏食物和医疗护理而被毁掉，而且他还被迫从事擦洗地板和清洁厕所等艰苦的体力劳动。后者导致他患上了败血症，由于没有进行治疗，他于 1940 年 9 月 27 日死亡。[79] 贝斯泰罗的不幸之处在于，由于无法对流亡国外的阿萨尼亚、普列托、内格林和拉尔戈·卡瓦列罗进行审判，所以佛朗哥分子只能将仇恨之怒火发泄到他的身上。[80]

另外一位遭到恶意报复的共和国知名人士是第二任战时总理弗朗西斯科·拉尔戈·卡瓦列罗。他于 1939 年 1 月 29 日穿越法国边界，随后抵达巴黎并一直住在那里，直到德国占领此地的前两天才离开。此后，维希当局安排他四处搬家，并总是让他处于监视之下。布拉斯·佩雷斯在 1941 年 5 月底准备了对他的引渡申请，并在申请书中指控他对暗杀、盗窃和抢劫行径负有直接责任。四个月之后，维希当局于 1941 年 10 月 9 日将他逮捕。在利摩日，现年 71 岁的拉尔戈·卡瓦列罗被囚禁在条件恶劣的监狱中。来自马德里的针对费德丽卡·蒙特塞尼与拉尔戈·卡瓦列罗的引渡申请于同一天被法庭受理，两者均被拒绝。虽然蒙特塞尼被释放，但拉尔戈·卡瓦列罗却被软禁在尼永。在德国占领维希法国全境之后不久，他于 1943 年 2

月 20 日再次被捕，逮捕他的是意大利政治警察和两名盖世太保特务。他先是在尼永接受讯问，后被囚禁于巴黎。7 月 8 日，他被送往柏林，然后在 7 月 31 日被关押到位于奥拉宁堡的极为残忍的萨克森豪森集中营里。假使他被引渡到西班牙，那么将他枪杀的呼声将会非常高，但是在墨索里尼垮台之后，佛朗哥可不想冒险再次制造国际丑闻，而且它很可能会比之前处决孔帕尼斯时引起更大的轰动。拉尔戈·卡瓦列罗坚信，马德里当局之所以没有要求他转移到西班牙，是因为他们更希望让他死在德国集中营里。事实上，他活到了苏联红军解放萨克森豪森集中营的那一刻，然而他的健康已经受到严重损害。他于 1946 年 3 月去世。[81]

当布拉斯·佩雷斯为提交引渡申请而搜集资料时，他借助了佛朗哥当局于 1937 年征服北方后开始运作的国家工程的一个核心工具，从中抽取了一系列"证据"。这一工具就是所谓的"普遍司法调查"，或曰"为搜索自 1936 年 7 月 18 日至全国解放之前赤党控制区的犯罪行动及其他社会生活方面的情报而进行的国家司法程序"。这一程序于 1940 年 4 月 26 日被加以正式化，当时最高法院的检察机构奉命开始针对共和国方面所涉罪行之指控，搜集相关的资料。讯问犯人的笔录、目击者的告发记录和缴获的文件等海量档案资料被汇集到一起。它为针对共和国支持者的审判提供了"证据"，并且也是该政权自我合法化进程中的一个核心组成部分。供内部和外部人员阅读的正式刊行版本，确立了有关内战之意义的简单二元论式的叙事，这进一步构成了佛朗哥时代粉饰独裁统治之话语的基础。

这一话语所传达的信息是：英勇的基督教殉难者在与来自莫斯科的反西班牙之堕落匪帮的斗争中牺牲了他们宝贵的生命。它不但为现政权支持者中的那些遇难者亲属提供一些慰藉，同时还让他们树立了"作恶者"必将得到报应的信念。组织证据的一个关键环节就是鼓励告发行为。如果某人不站出来告发，那么他自己的立场也会被怀疑。正如桑坦德的《蒙塔涅斯日报》(*Diario Montañés*)所声称的那样，"你可以宽恕他们对你个人的所做所为，但你无权让司法体系放过任何一个祖国的敌人"。任何告发，无论可信与否，都有可能导致被告发者遭到逮捕、审讯和严刑拷打，甚至是处决。当来自各地村镇的代表团前往集中营寻找所谓的罪犯时，他们中间常伴有身着丧服的男女。有时，他们所指认的可能确实是犯罪分子，但是他们也很乐于将那些来自其村镇，并且曾是人民阵线委员会或工会组织成员的任何人当成替罪羊和牺牲品捉走。这实际上反映出了"普遍司法调查"背后所体现的罪责均匀化（homogenization of guilt）——所有战败者都要对内战期间在共和国控制区内发生的所有罪行负责。[82] 在某些案例中，一群人因为他们其中某一个人可能犯下的罪行而被全体处决；在另一些案例中，有人因为他们根本不可能犯下的罪行而被处决。[83] 一般来说，佛朗哥分子的"正义"将所有死亡事件归咎于共和国政府和加泰罗尼亚地方政府蓄意发布的政策。这完全不符合事实，而只是反叛分子因为自己怀揣杀人企图，便凭此对共和国方面的作为所做的揣测。

共和国支持者所受到的镇压不仅限于监禁和处决。在 1939 年 2 月 9 日于布尔戈斯颁布的《政治责任法》的基础上，他们还遭到由国家支持的一场大规模勒索计划的摧残。虽然自战争开始以来，"政治责任"这一概念已经在叛军控制区产生和发展，但是正式确认的时机显然表明，通过谈判实现和平已无可能。《政治责任法》第一条的涵盖范围之广可见于下述丑恶措辞："根据声明，须承担政治责任的个人，包括在 1934 年 10 月 1 日至 1936 年 7 月 18 日期间，曾参与制造或发展任何形式的反西班牙颠覆活动的任何人；以及从 1936 年 7 月 18 日起，曾以具体行动或严重怠惰的态度，反对或涉嫌反对民族运动的其他人等。"[84]

"严重怠惰"的概念确保了没有任何共和国支持者会逃脱惩罚，并且针对那些未加入叛军队伍积极作战或未充当第五纵队分子的人，也有了对其施加"合法"迫害的正当理由。它也可以用来审判和惩罚那些在共和国民主政体下行使其政治与工会权利的人，而所涵盖的时间范围则从 1934 年 10 月 1 日到叛军占据其所在地区为止。惩处内容包含巨额罚款，有时还会没收财产——大到生意、工厂、诊所和住房，以及银行存款和股权收益，小到家具、家居用品和贵重餐具。这部法律不仅仅是为了惩罚战败者，而且也是为了让战败者给强加于他们的这场战争买单。这一"法律怪胎"具有追溯效力，而它所认为的犯罪行动，不管是属于某政党成员还是政府部门的供职者，按照当时的法律都是完全合法的。[85]

在该法生效后所做出的很多判决，针对的是一些早已被处决的死者或者正处于流亡生涯中的人。在这种情况下，判决中的罚款被转移给他们的遗孀，或是其他任何可以被找到的亲属。在其中一个案例中，已踏上流亡之途的律师爱德华多·拉加索尔·萨拉被起诉。对他进行告发的，是来自巴塞罗那北部卡尔德斯-德蒙布伊的市镇议会成员。他们想要赶走他的母亲并霸占他的家产。1939年12月，政治责任法专门法庭没收了其祖产，但是3年之后，他的母亲成功要回了其中一部分。[86]

还有一个更引人注目的案例，涉案的主要人物是从1934年起担任巴塞罗那足球俱乐部主席的何塞普·松约尔·加里加，他早已于1936年8月被处决。松约尔是一个富有的工厂主，他在拉里奥哈、萨拉戈萨、马拉加和莱里达均拥有制糖厂，并且以加泰罗尼亚左翼共和党党员的身份代表巴塞罗那参加了全部三届国会。他把许多宗教人士藏在位于巴塞罗那城勒科尔茨区的俱乐部球场的更衣室里，而地方政府则安排他们进行转移。在战争开始之时，松约尔已被派往马德里与何塞·希拉尔政府进行联络。8月6日，他前往位于首都西北的瓜达拉马前线的阿尔托-德尔莱昂山口观光，当时共和国报纸错误地宣布已将莫拉之部队逐出该地。他驾驶汽车误入叛军控制区，随后他和他的同伴被枪杀在路边。没有进行任何审判。他在叛军控制区的财产被立即没收。1939年10月24日，政治责任法地区专门法庭启动诉讼程序，并指控他为共产党人和分裂主义者。因为何塞普·松约尔没有出庭对这些指控做出回应，于是他的父亲被判处500万比塞塔的罚款，并被禁止担任工商界或银行界的任何高级职位。[87]

另外一个案例也相当不同寻常，涉案者是卡米尔·孔帕尼斯·霍韦尔，他是加泰罗尼亚地方政府主席三兄弟中年龄最小的弟弟。虽然他所参与的政治活动少得可以忽略不计，但是为了以防万一，他还是在叛军占领巴塞罗那之际选择流亡。他不得不离开他的妻子和5岁的儿子流亡法国，在此期间面临着严重的经济困难。在战前，他曾是加泰罗尼亚社会党的成员，然后加入了加泰罗尼亚左翼共和党，他曾担任巴塞罗那律师协会执行委员会的主席。尽管在初步调查期间，从他的教区司铎与邻居那里所获得的证词显示他在战争期间保护了大量宗教人士，然而，在1939年9月，政治责任法庭还是对他提起了诉讼。甚至当卡米尔因为听闻其兄路易斯被捕的消息而于 1940 年 9 月 20 日自杀之后，诉讼程序仍在继续进行。他的遗孀何塞法·帕斯夸尔在他死亡一个月之后接受审讯。1941 年 2 月 28 日，死者卡米尔被判在 15 年内禁止涉足法律行业并被课以 1,000 比塞塔的罚金，而何塞法也负有连带之缴纳义务。[88]

佛朗哥任命恩里克·苏涅尔·奥多涅斯作为国家政治责任法庭的庭长——没有比这件事情更能阐明政治责任法之精神的了。战争期间，之前在马德里大学中担任儿科医学教授的苏涅尔，作为佛朗哥首届政府中的教育与文化委员会的副主席，曾负责掌管针对教师的清洗行动。在 1938 年出版的一本书中，他述说了战争中的流血。他对双方所付出的流血代价进行了对比，一方是"带有禽兽之极恶本能的卑鄙畜类"，另一方则是"慷慨赴死、充满牺牲精神与英雄气概的高贵的西班牙青年战士和民兵，他们因自己的战伤而获得了与希腊神话之半神同等的地位"。然后他问道："并且，如此巨大的牺牲，难道不可以实施适当的惩戒吗？就这样算了？我们发自内心地拒绝接受那些使我们陷入悲剧的冷酷无情者有任何脱罪的可能。那么多的谋杀、强奸、残虐与掠夺，以及破坏珍贵艺术品与生产资料的罪行，造物主和凡人都不可能任由犯罪者们逍遥法外。必须在我们所深爱的死者面前起誓，以最圣洁的暴力来让罪有应得者受到应有的制裁。"[89]

在苏涅尔看来，共和国的政治家是：

> 可怕的、彻头彻尾的邪恶之人。他们是与职业小偷、诈骗犯、武装抢劫犯和杀人凶手为伍的变态狂与疯子，他们窃取了部长、次长、高级公务员和各种各样的重要职位……在国会里横冲直撞的猪豕和凶恶的牲畜，寻找用于献祭的牺牲品并用利齿咬噬，用蹄子践踏……尼禄式的恶魔，各种团伙的头目及其代理人，他们谋杀了我们祖国最大的希望：卡尔沃·索特洛……在他们背后是共济会、社会党人、共产主义分子、阿萨尼亚分子、无政府主义者，以及以俄国作为母体并致力于摧毁欧洲文明的黑色马克思主义团伙中的所有犹太领袖。西班牙从前是，现在也将再度成为一场史诗般的战争的疆场，在其上，泰坦

巨人与降下灾祸的可怖怪物互相搏斗。在《锡安长老会纪要》中的预告将要成真。[90]

在苏涅尔笔下,这场战争的目标就是"强化我们的种族",为此,"必须将我们的敌人,将那些带来毁灭性大灾难的前线知识分子彻底消灭"。[91] 苏涅尔决心除掉任何为共和国自由文化事业做出贡献的知识分子,于是他向叛军情报机构"军事情报局"(Servicio de Información Militar)发出了多项指控。在1937年6月底,他告发了西班牙语学院院长、杰出的中世纪研究学者和语言学家拉蒙·梅嫩德斯·皮达尔的家族。作为保守派人士的梅嫩德斯·皮达尔因为害怕成为左翼分子手中的遇难者而早已流亡在外。苏涅尔还告发了梅嫩德斯·皮达尔的妻子,女性主义者和语言学家玛丽亚·戈伊里,她是西班牙首位取得大学学位(1896年)和博士学位(1909年)的女性。苏涅尔声称她已经将她的丈夫和孩子们引入邪路,是西班牙最危险的人物之一。[92]

法庭机构的运作很快就因大量积压的案件而变得异常缓慢,导致这种情况发生的一个重要原因就是其鼓励告发的诉讼程序。大量源于个人恩怨或嫉妒心发作的告密行为,导致组织审判工作的军事当局也对此表示了厌恶之观感。[93] 由于无力应付,苏涅尔于1940年12月被解职,代替他的是巴塞罗那陷落后的首任省长,亲纳粹的文塞斯劳·冈萨雷斯·奥利韦罗斯。此人在任省长后曾立即展开了对加泰罗尼亚语言和文化的严厉迫害。他也很难处理苏涅尔留下的巨量积压工作。事实上,这也是不可避免的,因为《政治责任法》所要处理的案件只是持续进行中的镇压运动的一部分。法庭缺乏足够的受过法律培训的工作人员。有数十万宗案件启动了诉讼流程,其中包括针对内格林、阿萨尼亚、拉尔戈·卡瓦列罗,多洛雷丝·伊巴露丽和更多其他流亡共和国人士的起诉。对已死或流亡的共和国人士所课以的罚金,会通过没收其家庭财物的方式来征收。最终,法庭在其野心的重负下陷入崩溃。在阿尔瓦塞特省的地方法庭,已诉案件的结案率只有9.25%。在马德里地方法庭,已经进入审理流程的案件,其结案率也仅有15.51%。而等待审理的卷宗则有11倍之多。《政治责任法》于1942年2月进行了修改以减少案件的数量。1945年4月，当局宣布专门法庭的工作已告完成。再也没有新的案件启动，但仍有4.2万宗案件处于未决状态。最终，在1966年，官方宣布对规定由该法庭管辖的各种违法犯罪行为实施大赦。[94]

系统性的迫害在日常生活的几乎每个方面都在进行，这种情况要一直持续到20世纪50年代。原共和国控制区的大量人民遭受贫困的折磨，家庭失去了养家糊口的男性成员，妇女被迫卖淫谋生，劳动者被迫接受工资极低的工作，中小学教师大批失业，新的配给制度导致了社会分裂的加剧。受害最深的还是身陷囹圄的民众。早在1936年8月15日，莫拉就告诉他的秘书何塞·马里亚·伊里瓦伦："监狱必须是一个赎罪的地方。"[95]两年半后，佛朗哥政府决定对《日内瓦公约》中有关战俘待遇的约定置之不理，于是关押有数十万共和国军民的监狱和集中营，成了某位囚犯口中的"生者的墓地"。[96]在卢戈北部，省立监狱迅速满员，必须建造另一座临时监狱。这座临时监狱建立在一座破败不堪的古老修道院中，并被称为"阿尔福斯特设监狱"（Prisión Habilitada de Alfoz）。它关押了五百多名囚犯，其中大多数是农民。从这里越狱并不困难，但没有人尝试过。饥饿导致的虚弱瓦解了他们的意志，按照其中一名被关押人士的说法，即使大门敞开，他们也不会逃离。毕竟，在高墙之外，西班牙全境都已变成了一座巨大的监狱。[97]

各省立监狱关押的囚犯数量在其设计容纳人数的10至15倍之间。临时监狱设立在经过改造的大中院校和中小学、修道院、医院和军营中。令人困惑的是，像巴塞罗那奥尔塔区的慈善医院那样的地方，却被命名为"集中营"。在提及通常位于占地面积较广的旧建筑中的、充当拘押或甄别中心的临时性场所的时候，当局对"集中营"一词的使用十分混乱且让人糊涂。[98]这些附属建筑的存在几乎没有在任何程度上缓解过度拥挤的问题，许多被羁押者在接受首次讯问之前遭关押时间超过一年，由此可见关押者人数众多。1940年5月6日，监狱系统总监马克西莫·奎尔沃·拉迪加莱斯上校在一份提交佛朗哥的报告中，向他抱怨了各监狱因囚犯过多而不堪重负的实情。报告中指出，除了待审人员，已约有10.3万名囚犯受审并被判刑，其中有4万人是在1939年4月1日以后接受法庭审理的。他估计，按照目前的庭审和判决的速度，在不进行新的逮捕行动的前提下，处理积压案件也至少需要三年时间。他还抱怨说，军法部门没有足够的法官应付此情况，而新招募的人员不具备足够的专业水平。[99]

战败者需要通过牺牲寻求救赎，佛朗哥的这一说辞将镇压活动与资本积累两者明确联系在一起，后者使20世纪60年代的经济腾飞成为可能。工会组织遭到的破坏和工人阶级遭受的镇压导致了劳动者的工资甚至不足以维持温饱。这使得银行家和工业资本家，以及地产所有者阶层获得了惊人的利润增长。几乎不用怀疑，这是得到佛朗哥批准的有意为之的政策。共和国被俘军人遭到的残酷剥削最清楚地体现了这一点。起初，他们被驱赶到快速建成的"营地"中，这些"营地"坐落在诸如巴达霍斯省的卡斯图埃拉、阿拉瓦省的南克拉雷斯－德拉奥卡，或者布尔戈斯省的埃布罗河畔米兰达等地。囚犯首先要经过一个粗略的甄别过程，军官和政治委员被指认并遭到枪杀，余下的人被视为可以以士兵的身份加入佛朗哥当局的军队，或者，他们就像其他大量的被羁押者一样，被留置于营地中直到其案件得到审理。[100]被认为适合"重复使用"的人员必须重新服役，通常他们会被派去修筑要塞工事，或者到被称为"劳改队"（penal columns）的惩戒营或劳动营中工作。[101]

与强制劳动给囚犯带来的身心损伤，以及劳工和亲属所蒙受的死亡与苦难对应的，是剥削他们的私人企业和国有企业所创造的巨额财富。劳改队为矿区的开采、铁路建设以及所谓"战火毁坏地区"的重建提供了劳力。在阿斯图里亚斯、巴斯克地区和莱昂，煤矿周围竖起了石墙，这样囚犯就能被押来挖煤。许多人死于矽肺病。更多的人则由于危险的作业环境死在阿尔马登的汞矿。战前，每周最多只有两天可以工作超过3小时，现在被强制劳动的劳工则每周有3天工作4.5小时。在韦尔瓦的塔尔西斯和里奥廷托的黄铁矿中，尽管工人数量比1936年之前少了数千名，但生产量却比战前更高。[102]

军事化流放地管理局于1939年9月8日成立，主要主持长期的公共事业工程，例如瓜迪亚纳河、塔霍河、瓜达尔基维尔河与哈拉马河流域的水利项目等。最大的一个项目是下瓜达尔基维尔运河，其挖掘长度超过110英里（约177千米）且工期长达20年之久。它是一个巨大的灌溉工程，其受益人为支持军事政变的那些土地所有者。工程开始于 1940 年 1 月,很快就有 5,000 名囚犯参与进来,其中包括曾支持共和国事业的工程师、建筑师、医生和会计师,也包括木匠、电工、水管工和建筑工等劳动者。[103] 有 2,000 名囚犯在纳瓦拉省的比利牛斯山区构筑道路。更多的人则被派去参与灌溉渠道、水坝和水库的建造工程。[104] 大型公共工程可以被视为一种报复方案,建成的工程永久地矗立在那里,成为殉难者在对抗邪恶共和国的斗争中所付出牺牲的纪念之地。

共和国囚犯遭到残酷剥削的最极端事例源自佛朗哥个人的突发奇想,即建造"逝者之谷"的巨型教堂和高耸的十字架。有多达两万人被派来建造这座"元首"陵墓,一座在佛朗哥预想中"如古老遗迹般宏伟,可以经受住时间与忘却的考验"的胜利纪念碑。[105] 而这座纪念碑在建造期间吞噬了多人的生命,致多人重伤。

将囚犯当作奴工使用,既可以让他们支付自己的监禁费用,同时也可以借此重建被战争破坏的西班牙。集中营和监狱已经难以为继。在 1940 年和 1941 年之间的可怕的冬天,有许多囚犯因寒冷和饥饿而死去。结核病和伤寒也杀死了很多人,特别是在 1941 年春天还爆发了一场传染病。事实上,在监狱里,更常见的死因是疾病而非处决。在 1941 年,仅在科尔多瓦监狱中就有 502 人死亡。[106] 除了将囚犯用作奴隶劳工,还有一种被称为"通过工作赎买刑期"的变体,它在耶稣会神父何塞·阿古斯丁·佩雷斯·德尔·普尔加的手中披上了一层神学的外衣。囚犯不但可以借此缩短刑期,同时也能为他们的家庭赚钱。它为该政权筹集了大量资金。[107] 1938 年 10 月,为"通过工作赎买刑期"运动而筹建的中央信托理事会正式成立。劳工的工作被认为是对战争造成的损害的赔偿,尽管损害主要是由叛军的炮击和空袭造成,但仍被归咎于被关押的共和国人士。事实上,塞拉诺·苏涅尔于 1938 年 3 月设立的"战火毁坏地区重建国家管理局"也在理事会中派有代表,该部门也充分利用了相应的劳动力资源。[108]

该方案除了有以上好处,同时也是必要的,因为监狱系统的运行正处于崩溃的边缘。为了回应某国际调查委员会的质询,佛朗哥当局司法部于 1954 年承认,在 1940 年共计有超过 270,719 名在押犯人。事实上,该数字只涉及那些已被判刑的囚犯，而当时至少还有10万人正在等待审判。该数字也不包括在"军事化流放地"劳作的人。不足为奇的是，不断有神职人员到访监狱并竭力鼓吹佩雷斯·德尔·普尔加的理念。[109] 有时候，囚犯被安排到设立于监狱内部的原始作坊中，在此生产服装、家具和许多其他种类的商品。但更常见的是，他们被派往矿井从事危险的工作，挖掘铁路隧道，以及参与其他公共工程的建设，而他们得到的工资却低得令人发指。然而许多囚犯还是接受了这可怕的工作条件，希望能够在维持他们妻儿的生计方面做一点小小的贡献，并希望能被转移到离他们家庭更近的地方。当体力劳动者的平均日工资为每天10比塞塔时，"租借"这些囚犯的私人公司所支付的日工资为5至6比塞塔。政府会拿走其中一半的钱，理论上另一半都应归囚犯个人所有。但是，他们并没有收到他们应得的全部工资。为了支付囚犯少得可怜的配给品的花费，一个比塞塔被扣除了；又一个比塞塔被存到囚犯的个人储蓄账户中，他在出狱时可以取出；第三个比塞塔理论上会寄给他的家人。事实上，最后一部分钱（如果有的话）将由其家人居住地的市镇委员会分发，但这笔钱常常从来没有发放到囚犯家人的手中。那些被判死刑者不得参加此项计划。[110]

监狱里不允许阅读任何报纸，虽然现存的所有新闻媒体均已被完全纳入长枪党运动的新闻网络，并受到了完全的控制。禁止的原因不是阻止囚犯获得已经过严格审查的消息，而是为了迫使囚犯购买由中央信托理事会自己印制的单页周报《救赎》(Redención)，而周报的编写者则是被监禁的原共和国新闻记者。《救赎》每期的印量超过100万份。每份的售价和商业报纸相同。理论上，没有囚犯被强制要求购买，但是安排家人探视往往是以囚犯订阅该报纸为条件的，这给那些已经处于饥饿边缘的家庭带来了难以承担的经济压力。[111]

曾有一位因涉嫌间谍活动而遭逮捕的英国女音乐家，被没收其个人物品的监狱女看守告知："在这里，没有什么属于你自己，除了被你吃下肚的东西，但是这也不一定，因为你可能会呕吐。"[112] 那位女士的狱中遭遇还是相对温和的。有大量身处战败方的共和国女性被剥夺自由，通过如下事实可见一斑：到1939年4月的第三周，在设计仅可容纳500名囚犯的马德里本塔斯女子监狱中，在押者已经超过 3,500 人，并且最终将达到接近 1.4 万人。原本的单人牢房被塞进了 12 个人甚至更多。妇女代替家中不知所踪的男性成员遭到逮捕是司空见惯的情况。针对她们的一些指控显然是荒谬的，从为共和国士兵洗衣服和煎鸡蛋，到在共和国医院中担任清洁工，都成了她们的罪名。[113] 除了过度拥挤、疾病和营养不良所造成的恐怖，监狱中的妇女还要经历那些不为男性群体所熟悉的苦难。被捕的妇女中有许多已怀孕，或者带着年龄很小的孩子。年龄超过三岁的儿童不允许跟随母亲进入监狱。他们通常没有家庭来照顾自己，因为他们所有的家人不是被关入监狱，就是流亡国外或是已经遇害。这些母亲因为知晓她们的孩子独自在街上流浪而痛苦不堪。较年长的女性则被迫目睹她们的儿子遭受酷刑，有时候甚至亲眼见到他们被杀害。[114]

强奸在警察局的审讯中常常发生。转入监狱或集中营也不意味着安全。长枪党分子会在晚上将年轻女性带走并强奸。有时候，她们的胸部会被烙上长枪党的"牛轭与捆箭"标志。许多女性被强奸后怀孕。对怀孕女性的处决有时会被推迟到生产之后，生下来的孩子则被安排领养。[115] 然而，在萨莫拉的监狱里，有许多孕妇和哺乳婴儿的母亲也被枪杀。1936 年 10 月 11 日，拉蒙·J. 森德的妻子安帕罗·巴拉扬被告知，"赤色分子无权养育孩子"，她八个月大的小女儿安德烈娅被从她的怀中夺走，并被安置在一所天主教孤儿院中。陷入癫狂的安帕罗在第二天被枪杀。[116] 从 1937 年到 1941 年，方济各嘉布遣修会的修士古梅辛多·德·埃斯特利亚在萨拉戈萨的托雷罗监狱教诲服刑者。他曾回忆起，在 1937 年 9 月，有 3 名年轻妇女因企图前往共和国控制区而遭到处决的场景。当她们一岁大的女儿们被士兵从她们身边拽走时，她们所发出的痛苦哀号，尤其让他动容，并让他永远难以忘怀。另一个事例发生在 1938 年 5 月，当时他恳请中止对一名 21 岁女性的处刑，因为她当时已经怀孕。法官怒不可遏地回答道："难道每个将要被处死的女人都要等上 7 个月？你知道这是绝对不可能的！"[117]

狱中女性，尤其是怀孕的妇女会遭到野蛮的殴打，但除此之外，她们还会经历更为精细的酷刑折磨，比如对乳头、生殖器和耳朵的电击。这些酷刑除了会带来痛苦和屈辱，对耳部进行电击还会引起严重的精神问题，受刑者在今后数年内都要忍受头痛的折磨。许多被捕的年轻女孩遭到殴打、酷刑折磨和性侵犯。七八十岁高龄的老年妇女也会遭受虐待。胡安娜·唐娜的母亲因遭受电击酷刑而连续两个月无法正常使用双手。[118] 妇女因为军事叛乱的罪名被判处死刑和监禁,但她们并未被给予政治犯的身份,而是属于普通刑事犯。[119]

1939 年 8 月 5 日,在马德里,有 56 名囚犯被处死,其中包括 1 名 14 岁的男孩和 13 名女性。这些女性中有 7 人在 21 岁以下,她们后来被称为"十三朵玫瑰",其命运象征着佛朗哥政权的残暴。这些人是统一社青团的成员,在 1939 年春被捕的部分原因是,卡萨多的国防委员会已经获得了统一社青团的成员名单,并将它们留给了佛朗哥分子。处决的借口完全是子虚乌有的,他们被指控计划谋杀佛朗哥。但这其实是一场报复行动。7 月 27 日,一名国民卫队少校伊萨克·加瓦尔东、他 18 岁的女儿和他们的司机被抵抗组织成员杀害。加瓦尔东是由马塞利诺·德·乌利瓦里建立的共济会与共产主义档案库的负责人,杀死他的劫车者并不认识他。那些在 8 月 5 日被处决的人是该谋杀事件发生前就已经在押的囚犯。因为此事随后引发的国际丑闻,后来一次审判中被判死刑的 3 名女性被改判长期监禁,然而,在 9 月 9 日仍有 27 名男子被处死。[120]

卡萨多政变的受害者中有一名女性,她的丈夫被卡萨多的部队逮捕并留给了佛朗哥分子,当他在狱中被判处死刑时,她刚刚诞下一个婴儿。随后她被赶出了家门,并与她的小女儿住在大街上。她们在门廊和地铁入口的台阶上露宿。一名律师告诉她,只要她能支付一万比塞塔的贿赂,那么她的丈夫就可以获得减刑。得知这一信息后,她便成了一个小偷,结局是她与她的小女儿一起被捕入狱。[121] 在所有女性中,遭到最残忍对待的莫过于下面这位母亲。当警察来逮捕她时,她正在呼唤她哭泣中的儿子。他们在听到他的名字叫"列宁"之后,倒提起小男孩的双腿,然后把他的脑袋猛地往墙上撞,就这样将他活活弄死。[122]

一旦进入监狱,哺乳的母亲便面临着极为可怕的环境。她们没有任何盥洗或清洗幼儿衣物的设施,因此被迫生活在污秽中,每天都要与到处肆虐的老鼠斗争。在本塔斯监狱中,浴室和厕所的供水被切断。每 200 名妇女共用一个厕所，清洗地板用过的脏水被收集在大桶中，用于刷洗厕所。来自巴伦西亚的共产党人帕斯·阿萨蒂回顾说："在本塔斯监狱医务室的地板上，每天都能看到15具至20具死于脑膜炎的婴幼儿尸体。"共产党员胡利娅·曼萨纳尔在1939年春于马德里被捕时刚刚诞下一个女儿。她的死刑判决被减为30年监禁。10个月后，她的宝宝死于脑膜炎。[123] 有些妇女经历了眼睁睁看着自己孩子死去的极度痛苦，另外一些妇女则眼看孩子被从自己的怀里带走。[124]

战争结束后，针对共和国囚犯（不仅仅包括被处死者）之儿女的强制收养行动开始变得系统化。有1.2万名儿童被带到宗教或国家机构里进行洗脑。有一位女性，在她的丈夫被枪杀于她和她小女儿的面前后，她本人也被捕，他们的女儿则被带到一个天主教孤儿院。母亲经常给她写信，直到有一天，她的女儿在回信中写道："不要再在信里提到爸爸了。我知道他是个罪犯。我已经当了修女。"许多儿童被从母亲身边夺走，安置在教会办的孤儿院里，接受洗脑后谴责自己的父亲是杀人凶手。安帕罗·巴拉扬的女儿安德烈娅成了一名修女。皮拉尔·菲达尔戈指出，孤儿们被强制要求"演唱那些谋杀其父的凶手的歌曲，穿着那些处决其父的人的制服，诅咒死者并亵渎对他的回忆"。[125] 在一本署名为巴塞罗那监狱神父马丁·托伦特的书中，作者（实际上是由穷困潦倒的路易斯·卢西亚代笔）自豪地宣称，有7,000名流浪街头濒临饿死的囚犯的孩子已被教会孤儿院收留。托伦特神父更加强烈地表达了对他们中间一些人决定加入神职人员行列的满意之情。[126]

在有些监狱中，儿童被从母亲身边偷走。在巴斯克地区的萨图拉兰监狱和马德里专门关押哺乳中的母亲的监狱中，此种情形尤为恶劣。有超过100名妇女和50多名儿童因病死于萨图拉兰，该监狱处于玛丽亚·阿兰萨苏的严苛管理之下，她被囚犯们私下称为"白色美洲豹"。在马德里，那座专门关押哺乳中的母亲的临时监狱，处于一个富有的女人玛丽亚·托佩特·费尔南德斯的残暴统治下，此人之前曾在共和国控制区遭到关押。她在那些可怜的母亲及其儿女的身上发泄自己的怨恨。这里的囚犯在大多数时候只能喝到混杂着虫子和蛆的稀粥。如果孩子因此而反胃呕吐，玛丽亚·托佩特会强迫他们吞下自己的呕吐物。在白天的大部分时间以及晚上，母亲都被迫与她们的孩子分离,她们因为害怕失去孩子而陷入持续的恐惧当中。一旦孩子满三岁,他们就可以被转移走,有许多孩童是被从母亲的手中强行夺走的。到1943年,有超过一万名儿童在教会的孤儿院中。[127] 为这一政策提供"正当理由"的人,是叛军精神病治疗部门的负责人安东尼奥·巴列霍·纳赫拉少校。

巴列霍有一股执念,他坚决认为应当进行"种族清洁",在1934年写就的一本书中,他主张对精神病患者实施阉割。[128] 作为军队医疗队的成员,他曾在摩洛哥服役,并于一战期间到德国参观过当地的战俘营。他在那里见到了德国精神科医生恩斯特·克雷奇默、尤利乌斯·施瓦尔伯和汉斯·瓦尔特·格鲁勒,他们的工作对他造成了深刻的影响。在内战期间,他被任命为叛军精神病治疗部门的负责人。1938年8月,他向佛朗哥申请成立心理学调查研究实验室。两周后他得到了授权。他的目标是证明左翼思想是病理学意义上的变态。他的研究成果为那些视其敌人为劣等人类的军方高层提供了所谓的"科学"论据,获得"正当理由"的军方高层深觉满意,并将他晋升为上校。[129]

巴列霍试图研究培养"赤色基因"的环境因素,探索马克思主义与精神缺陷之间的关联,其研究方式是进行心理学实验,实验对象则是体力已被耗尽且精神上极度痛苦的囚犯。他的团队中有两名内科医生、一名犯罪学家和两名德国科学家顾问。他的研究对象是被关押在圣佩德罗–德卡德尼亚集中营的国际纵队战俘,以及在马拉加的50名共和国女囚,其中有30人正在等待死刑处决。在女囚参与的实验中,巴列霍从受试女性已经堕落并因而易受马克思主义犯罪分子之蛊惑的前提出发,对"女性的革命犯罪行为"做出了解释。他指出女性心理具有动物性的本质,当政治环境允许女性"满足其潜伏之性欲"时,她们身上那"显而易见的施虐狂本性"就会爆发出来。[130]

巴列霍的理论被用来为针对共和国支持者之子女的强制收养行动提供辩护,其内容被汇总到一本名为《西班牙优生学与种族复兴》(*The Eugenics of Spanishness and the Regeneration of the Race*)的书籍当中。[131] 巴列霍的优生种族主义论调,更多的是基于外部环境因素而非生命体的内在因素,他假定一个种族是由一系列文化价值观构成。在西班牙，这些价值观，这些国家健康的先决条件，就是等级制度、先军主义和爱国主义。共和国和左翼所代表的一切事物都是对它们有害的，因此必须被铲除。巴列霍痴迷于他所谓的"净化我们种族的卓越任务"，而他幻想中的模式就是宗教裁判所，这个组织曾经在过去保护西班牙免受有毒思想的危害。他倡导建立"一个现代化的宗教裁判所，它的工作重点、目标、手段与组织方式与以往不同，但是它起的仍旧是宗教裁判所的作用"。[132] 为了维系种族的健康，儿童需要被带离他们的"赤色"母亲。

巴列霍的理论能够得到批准应用，也得益于他与佛朗哥（佛朗哥的妻子卡门·波洛是巴列霍妻子的朋友）和长枪党方面的联系。[133] 他将自己探讨战争的精神病理学的作品——其中融合了他对马克思主义和精神缺陷之关联的"研究成果"——"以崇高的敬意，献给战无不胜的伟大'元首'"。巴列霍还通过他的朋友，精神科医生赫苏斯·埃尔西利亚·奥尔特加博士，与管理战争孤儿事务的官方组织"社会救助"（Auxilio Social）建立了直接联系。埃尔西利亚是奥内西莫·雷东多的密友，同时也是国家工团主义奋进会的创始人之一。[134] 他是"社会救助"执行委员会的成员之一，并在其中担任医疗顾问以及与其他团体之间的联络人。战后，埃尔西利亚被任命为位于先波苏埃洛斯的圣何塞精神病诊所的医疗总监，这家医院名义上由巴列霍·纳赫拉全权负责。[135] 佛朗哥本人对"社会救助"组织在处置共和国孤儿方面所做的工作深感兴趣，他认为对于让西班牙人摆脱左翼之错误的长期"救赎"运动来说，这一工作是一项重大贡献。[136] 在此过程中的一个关键举措是1941年12月14日通过的一项法律，借助这项法律，针对那些共和国人士的孤儿、那些父母入狱无法得到照料的儿童，以及那些在监狱中出生后马上就被从其母亲身边带走（常常是强制进行的）的婴儿的改名行为均被合法化。[137]

随着第二次世界大战的进行，所有囚犯的处境都在恶化。尽管他们已经面临着严重的营养不良，但还要被迫抽血供德国军队使用。[138] 佛朗哥当局对待共和国战败者时所表现出的恶意，其最大之体现也许是在法国境内被德国人抓获的西班牙流亡者的命运。他们中的一些人曾在法国军队中参加战斗,其他人在被捕时正身处法国境内的拘留营。大约有1万人在德国集中营中死去,而正是由于佛朗哥政府的默许,这些囚犯才最终落入了德国人的魔掌。1940年7月,西班牙驻巴黎大使馆向外交部发出了许多信件,询问关于德国方面提出移交囚犯之事宜的处理指示。当未得到回复时,德国驻巴黎使馆在8月致信马德里,要求西班牙政府明确其对于10万名西班牙难民的处置意见。迄今为止发现的唯一回信,就是本章之前所讨论过的那份触发引渡行动的具体人员名单。在没有获得其他文件指示的情况下,这其实就是一份将共和国人士送往德国集中营的判决书。按照奥地利上多瑙河大区*领袖,党卫队旗队长奥古斯特·艾格鲁贝尔的说法,德国方面"被佛朗哥"告知,因为这些难民曾经为了"一个苏维埃的西班牙"作战,所以他们不被视作西班牙人。这与佛朗哥的公开声明——即将那些共和国人士当作无可救药之罪犯——保持了一致。于是,这些西班牙囚犯被当成无国籍人士对待,并被从前线战俘营移送至集中营。有90%的"为赤色西班牙而战者"(德语为:Rotspanienkämpfer)被关押在奥地利的毛特豪森-古森死亡营。[139]

1940年8月20日,一辆运送牲口的火车驶离昂古莱姆。在20节车厢里共载有927名西班牙难民,其中有490名男性,其余均为妇女和儿童。原本设计容纳8匹马的车厢被塞进了40到50人。他们相信自己正被运往维希。他们的旅程持续了三个昼夜,在此期间,他们在车厢内根本无坐卧空间,而且也没有得到任何食品和饮水供应。8月24日,他们抵达了毛特豪森。所有年龄超过13岁的男子都被与他们的家人分开,并被带到附近的灭绝营。在灭绝营指挥官弗朗茨·齐赖斯的"欢迎讲话"中,他告知他们:"你们现在从大门进来,将来你们会从火葬场的烟囱中离开。"在490名男性中,有357人将死于该灭绝营。[140]然后车中妇女和儿童被运往西班牙——她们之前之所以被送上火车,是因为德国人不希望让法国平民看到家人被强制分离的场面。毫无疑问,维希法国当局对毛特豪森的情况了如指掌。在西班牙,被遣返的妇女接受审讯,其中那些无人为其作保者遭到监禁。

---

* Oberdonau 为第三帝国时代的行政区划之一,主要由今天奥地利境内的上奥地利州组成,同时也包含今天捷克的南波希米亚部分地区,以及今天奥地利施蒂里亚州的部分地区。

孩子则被安置在孤儿院中，哪怕有原共和国支持者的家庭愿意收留并照顾他们。[141]

这仅仅是一个开始。西班牙的共和派人士被送往德国的布痕瓦尔德、伯根－贝尔森、达豪、拉文斯布吕克、萨克森豪森，以及波兰的奥斯维辛和特雷布林卡等多座不同的纳粹集中营和灭绝营，他们经历了各种难以言述的恐怖，最终走向生命的终点。在拉文斯布吕克集中营中，有 101 名参与法国抵抗运动的西班牙籍女性被关押。[142] 毛特豪森是一座灭绝营，那些没有在抵达时被杀害的人必须一直工作，直到力竭而亡。在毛特豪森的采石场中，一长串放眼望不到尽头的囚犯，背着装有重达 44 至 88 磅的石块的背包，沿着陡峭的 186 级台阶攀爬而上。[143] 在所有消逝于德国集中营的西班牙共和派人士中，其中有约 60% 死于毛特豪森。[144]

佛朗哥政权的宣传机器，将处决行动、拥挤不堪的监狱和集中营、奴工劳动队和流亡者的命运，都描述为一位仁慈的"元首"所主持的正义：该正义既严格，又富有同情心。在 1964 年，他们举办了一场精心安排的举国欢庆活动，以迎接自战争结束以来的"二十五年和平"。在西班牙的每一个城镇和村庄，都贴满了庆祝左派无神论团伙被涤荡一空的招贴画和海报。1964 年 4 月 1 日，伴随着"逝者之谷"大教堂响起的赞美颂，庆典活动正式开始。这些现象，以及佛朗哥在接受《ABC》采访时的说辞，都明白无误地显示了，他们庆祝的不是和平而是胜利。[145] 这一点在 8 天之后得到进一步确认，当时，佛朗哥告知《全国委员会报》（Consejo Nacional）说，庆典活动是"对胜利二十五周年的纪念"。而当他警告他的听众，要小心来自欧洲的密谋和宗派纷争，以及"见不得光的诡计、颠覆行动和邪恶的异教力量"时，显然，"犹太－布尔什维克－共济会之阴谋"仍然萦绕在他的脑海里。[146] 费尽心机准备的庆祝活动还传达了一条不言而喻的讯息，即佛朗哥对恐怖事业的投资，如愿以偿地取得了极其丰盛的回报。

结　语

若干回响

1939年7月中旬，墨索里尼的女婿，法西斯意大利的外交部长加莱亚佐·齐亚诺伯爵对西班牙进行了正式访问。当他的向导们骄傲地带着他去参观一个由共和国囚犯组成的劳动队时，他对自己手下的官员说："他们不是战俘，而是战奴。"回到罗马之后，他向一位密友这样描述佛朗哥："'元首'是个古怪的人，他坐在那里，在被他据为己有的阿耶特宫殿中，在他的摩尔人卫队中间，为堆积如山的死囚卷宗所包围。按照他的工作时间表，他每天只会看大概三份卷宗，因为那个家伙很喜欢午睡。"[1]

没有证据表明佛朗哥曾经因为担忧他的受害者而让自己的美梦受到惊扰。事实上，佛朗哥政权做出了相当大的努力，以确保他所有的合作者都享有同样的安宁。结果是，直至今天，西班牙仍然身处记忆之殇的痛苦当中。存在两套不同的历史记忆：佛朗哥政权在四十年独裁统治中强加给国民的千篇一律的记忆，以及与之迥异的近些年才得到解禁的共和国之记忆。佛朗哥当局构建的历史记忆分为内战之前、内战期间和内战之后三个阶段。其构建是基于为对抗民选政府的军事政变，以及政变所必然带来的早有预谋的屠杀进行辩护，并将其合法化的需要。在第一阶段，也就是1936年7月18日之前，军方对其忠于政府之誓言的背叛，却被说成是必须从"犹太 – 布尔什维克 – 共济会阴谋"中拯救西班牙的不得已之举，反叛者严重夸大法律和秩序的崩坏，并将之归咎于这些阴谋集团。随着战争的进行，在第二阶段我们看到的是，受到严格控制的反叛方媒体和天主教会合作，公然宣传并夸大共和国控制区发生的左翼暴行。由此，反叛方在人们心中植入了对"赤色恐怖"的深度恐惧,宣称这一"赤色恐怖"是由莫斯科策划的,是以摧毁西班牙及其天主教传统为目的的无法无天的暴力浪潮。与此同时,叛军及其长枪党和卡洛斯派盟友的暴行受到鼓励,它既被视为先前制定的灭绝计划的一部分,同时也可以让暴行参与者在彼此之间立下血盟。这样一来,那些施暴者因为担心遭到受害者的报复,就绝不会有任何与战败者进行和解的想法。

战争结束后进入了第三阶段,同时也是历时最久的阶段。通过对教育体系以及包括新闻、广播与出版业等手段在内的公共传播行业的极权主义控制,佛朗哥政权持续有力地展开了针对人民的洗脑工作。有关内战的短期与长期起因的解释,由官方强加给了西班牙人民且完全不容置喙。通过新闻媒体、学校教学、儿童教科书以及教堂讲坛的无休止重复,单一的历史记忆被构建并在接下来的35年中流传。历史的重写,以及对胜利者和受害者的经验与回忆的否定,实际上免除了军事叛乱者的罪行,并且对政权的国际形象进行了粉饰。这个过程对西班牙社会造成了巨大的长期破坏。到目前为止,其残存的强大影响力,仍在使当代主流社会难以通过开诚布公的方式来看待他们过去的暴力一页,进而促进在社会和政治方面做出必要的定论。

在独裁统治的岁月中,战败者在西班牙没有任何参与历史记忆之构建及讨论的公共权利,他们身在国内,却过着放逐者的生活。只有在佛朗哥死后,民主得以缓慢重建的时候,他们才有机会抢救并恢复自己的历史记忆。当然,战败的共和国支持者及其后代的许多历史记忆,根据他们所属的政治派别——自由共和派人士、社会主义者、共产主义者或者无政府主义者——的不同而有所不同,但总是有一些共同的元素,它们源于佛朗哥分子的镇压(不论是处决、囚禁还是流亡)所造成的创伤与损失。

当佛朗哥政权受害者的孙辈最终在2000年发起一场全国性的复原历史记忆的运动时,他们遭遇了一场近乎歇斯底里的反对浪潮,反对者公开指责他们的探寻工作只不过是想"翻旧账"而已。首先,这是完全可以理解的,因为民主不失时机的到来,并未让那些独裁统治的受益者,以及那些仅仅是受过教育并接受官方统一版本之历史记忆的人保持沉默。然而,对于复原历史记忆之追求的激烈谴责，反映了其他一些东西，一些根深蒂固的东西。这是洗脑之进程的主要后果，在西班牙被称为"社会学意义上的佛朗哥主义"，它在今天民主化之西班牙的继续存在，正如"社会学意义上的共产主义"仍存续于前苏联集团国家一样。对寻求镇压真相之运动的恶毒指责源自以下事实，许多胜利者及其后代的头脑中也存储着一些相关的历史记忆，而为了维护一种虚假的历史记忆，他们不得不对此进行压制。复原记忆是非常痛苦的，因为它挑战了胜利者用于自我安慰的，但终归是虚假的一元历史记忆之完整性，而这又是前政权赖以生存的基础。

为了证明军事叛乱中死去的许多无辜者是罪有应得，佛朗哥当局曾做过大量的工作，但是"元首"的部分合作者在战争结束后似乎还是睡不安稳。不可避免的是，我们几乎无法获知先前发生的各种事件所造成的心理层面的影响。了解共和国控制区的暴行实施者的心理状态尤为困难。那些没有流亡国外的人，不是在战争期间受到共和国当局的审判，就是在战争结束后在佛朗哥分子的法庭上受审。在佛朗哥当局警察的严刑逼供下所做出的供词，比如在费利佩·桑多瓦尔的案例中所显示的那样，当中会包含有悔过声明。然而，个人自愿表示悔罪的情况非常之少。考虑到镇压运动中的险恶环境——几乎所有仍然留在西班牙且可能犯有某些罪行的人（当然也有很多清白无辜者）都在被镇压之列，那么，这种情形也就不足为奇了。尽管如此，合理的假设仍然是，双方至少都有一部分对犯罪行径负有责任的人可能会出现创伤后压力综合征或者遭受内疚的折磨。

与共和国一方缺乏相关证据形成对照的是，也许因为胜利者在战后数十年都在享受其"劳动"成果，他们中有越来越多的人已经开始对曾经发生过的事进行反思，而有些人似乎在经历良心上的不安。在所有来自佛朗哥分子的反思中，最有分量的一份来自拉蒙·塞拉诺·苏涅尔。他曾坦承，有很多事情，从军事政变爆发前很久开始，（他们）可能就已经做错了。无论是在大量的访谈中还是在他的回忆录中，他都将内战期间在叛军控制区进行的审判，以及1939年以后在西班牙全境展开的审判称为"正反颠倒的司法实践"（la justicia al revés）。[2]

最著名的悔罪案例之一发生在诗人迪奥尼西奥·里德鲁埃霍的身上，

他是塞拉诺·苏涅尔和安东尼奥·普里莫·德·里韦拉的朋友，同时也是长枪党的创始人之一。在 20 世纪 40 年代晚期，他开始对腐败的佛朗哥政权不抱幻想，并且为过去的所作所为感到后悔。在 20 世纪 60 年代，他开始著文对内战中的事进行批评。后来他组建了一个政治协会，并开始小心翼翼地反抗现政权。曾经的同志，欧亨尼奥·蒙特斯对里德鲁埃霍说："如果有人像你一样，在造成数百名同胞死亡后，又得出结论说这场斗争是一个错误，那么仅仅创立一个政党是远远不够的。如果是信徒，那么他该去修道院；如果是不可知论者，则应举枪自裁。"[3]

胡安·图斯克茨神父之想法的改变，甚至要比里德鲁埃霍来得更快。1938 年秋，在叛军对加泰罗尼亚发动大规模攻势的前夕，佛朗哥和苏涅尔要求图斯克茨给占领军当局准备设立的各个机构提供相应的负责人选名单。他的建议促成了米克尔·马特乌后来被任命为巴塞罗那市长，以及其他的一些重要任命。[4] 尽管拥有如此大的影响力，然而在内战结束后，图斯克茨却令人惊讶地退出了邀功求赏的行列：他谢绝了苏涅尔提供的新闻宣传总局局长的职位，也谢绝了佛朗哥提出的担任科学研究高级理事会之宗教顾问的邀请。[5] 由于过去几年以来，图斯克茨不但沉迷于自己与权力中枢之间的密切关系，并且还不知羞耻地不断要求增加工资，所以，他对两个如此重要且报酬丰厚的岗位的拒绝，就很值得注意。

有理由怀疑，佛朗哥分子占领加泰罗尼亚的野蛮行径让图斯克茨感到有些懊悔，因为他本人在煽动仇恨、促使暴行发生的过程中扮演了不光彩的角色。他开始构建一个经过着力粉饰的有关他在战争中所扮角色的叙事，并声称他曾试图解救被关入集中营的那些他所熟识的人。这可能是真的，但并无有力证据证实这一点。此外，图斯克茨还坚称，他保护了诸如阿拉贡王家档案馆和加泰罗尼亚图书馆等加泰罗尼亚地区的重要财富，避免它们像加泰罗尼亚的许多政府及文化机构那样，遭遇书籍、文件和档案资料被夺走并被送往萨拉曼卡的厄运——然而转移资料这项活动正是在他的怂恿下才展开的。[6] 最无法令人信服的是，他声称执迷于反共济会事业的并非他本人，而是他的工作伙伴华金·吉乌。[7] 他否认曾参与任何镇压运动，并谎称他曾拒绝将他所持有的人员名单交给军事当局。图斯克茨谴责其战时合作者毛里西奥·卡拉维利亚是一个"狂热纳粹分子",他的那些报告都是捏造的。[8] 鉴于已有的这些谎言,我们可以合理推测,图斯克茨本人因反共济会和反犹运动的实际后果而感到羞耻和恐惧。他没有接受佛朗哥政权对他的"厚爱",而是回归到宗教教育领域中去。

也有一些间接证据表明,加害者因为压抑其负罪感而罹患各种心身性疾病,或者遭受了其他的痛苦。例如,洛尔卡遇害案件中的一位参与者,他之后所遭受的某种折磨,就在某种程度上暗示了他的悔恨与内疚。胡安·路易斯·特雷斯卡斯特罗·梅迪纳也因为自己曾参与的暴行而经年累月地遭受过往回忆的可怕折磨,最终于1954年因酗酒而死。[9] 在滨河洛拉城的三个影响最为恶劣的杀人凶手中,有一人因为其邻居集体表示出的敌意而不得不离开家乡。有一人死亡时,城里没有一个人愿意给他抬棺。还有一人,他常常狂笑着向旁人讲述,自己是如何朝那些被害者的肚子上开枪,而他们又是如何先猛地跳起来,然后又弯腰蜷伏在地上痛苦死去的。他本人死于胃癌,临死前也因为剧痛而蜷成一团。当时城里有很多市民坚持认为,这就是上帝降下的惩罚。同样,市民们也如此看待下面的案例:有一个以开枪杀人为乐的凶手,后来在一次工业事故中失去了他的拇指和扣动扳机的食指。也有流传的说法称,有的作恶之人在临终之时失声尖叫:"他们来找我了!"据说,在萨拉戈萨省的温卡斯蒂略,曾肢解前镇长安东尼奥·普拉诺之尸体的长枪党分子也生活在同样的折磨中,他害怕自己会遭到报复并被杀死在床上。[10]

现存证明犯罪者有悔意的贫乏证据中,有些是否源自大众之臆想,我们不得而知。镇压运动的受害者之所以构建这些广为流传的记忆/神话,很可能是因为,他们渴望将加害者后来遭遇的厄运,视作加害者"罪有应得"的报应和惩罚。例如,在巴达霍斯省的丰特-德坎托斯,有一种流行的说法是,有两个在镇压行动中作恶多端的人,他们在自己良心的不断谴责以及镇上居民对他们的仇恨中死去。其中一人恶名远扬的原因是,他所进行的告密活动导致多人被杀。很明显,他在佛朗哥统治的整个时期都过得很滋润,但是当独裁者行将就木时,他由于害怕来自左派的复仇而选择自杀。另一个凶手则是长枪党的当地负责人西斯托·卡斯蒂利翁,该男子曾拘捕了市长何塞·洛伦萨纳，并在不久之后将其仪式性地杀害于市镇广场。大众记忆中的卡斯蒂利翁是一个禽兽，他杀害了包括一名儿童在内的许多人。战后他死于塞维利亚。根据广为流行的说法，他沉浸在悔恨的痛苦中不能自拔。因为害怕遭到报复，而且时常看到遇难者的幽灵，卡斯蒂利翁备受折磨，有时他会不由自主地呼唤洛伦萨纳的名字，他还因为总是听到那个被他杀死的孩子的哭泣而无法入眠。总之，他在担惊受怕中死去。[11]

在加的斯省的乌夫里克，有一个更为戏剧化的案例。当地流传着一个特别恐怖的传说，而在故事情节中所反映的，显然是因为负罪感而导致的心身性恶疾。在军事政变爆发数日之后，一群长枪党分子在该城郊外射杀了一大批被俘的共和国支持者。首批遇难者中有一位名叫迭戈·弗洛雷斯的吉普赛人的年仅12岁的儿子。弗洛雷斯被迫目睹他儿子被杀的场景，而当时有个凶手嘲弄他说："现在你怎么办？你会把吉普赛人的诅咒施加在我们身上吗？"弗洛雷斯回答说："是的，你们这些混蛋。你们的皮肉会从身体上一片片脱落下来，你们会被活活疼死。"这个凶手因偷窃遇害者的财产而变得富有，然而在20世纪70年代晚期，他死于麻风病带来的难以忍受的剧痛。[12]

在位于萨拉曼卡东北25英里（约40千米）的村庄坎塔尔皮诺，那里战前并未发生任何暴力事件，然而右派分子还是杀害了22名男子和1位名叫埃拉迪亚·佩雷斯的妇女，并强奸了其他一些年轻女性。当他们要埋葬埃拉迪亚时，在地上挖的墓穴不够大，然而那个枪杀她的人不是多挖一点空间，而是拿起铲子砍掉了她的头颅。按照村民们的说法，此人就是绰号为"屎蛋"的阿纳斯塔西奥·冈萨雷斯，多年后，他在濒死时胡言乱语，尖叫着说埃拉迪亚要把他拖走。[13]

萨拉曼卡的另一个悔过案例由安东尼奥·普里莫·德·里韦拉的朋友之一弗朗西斯科·布拉沃在无意中引发。某日，他在萨拉曼卡的《地方日报》（*La Gaceta Regional*）上撰写了一篇文章以庆祝1936年7月18日的政变。几天后，该报社收到了一匿名信。它来自布拉沃在镇压运动中的一个同伙：

你不会记得我。我曾经是你的同志之一,一个曾经吞下杀戮之毒饵的人。我只杀过五个人,我无法继续参与任何恐怖行动。直到今天,那五位兄弟仍然留在我的心中。是的,我将他们称为兄弟,哪怕可能会让你感到惊讶。他们都是我们的同类,他们是上帝的神圣造物,我杀害了他们,但是现在我仍然想要相信自己并不知晓这样做的目的。我去杀人,并非是为了上帝或者为了西班牙。至于到底是为了什么,我把它留给你来决定,如果你能够判断,如果你还有良知,如果你还是上帝的信徒,那么请你为那些受害者选择正确的形容词……你应该在你的文章中多说说,在你从前担任长枪党民兵头目的地方所发生的一切。也许你已经忘记了所有那一切。你可能会在平静中不带任何遗憾地咽下最后一口气,就像那些一辈子行善积德、不知仇恨或报复为何物的人那样。你能告诉我你是这样一个人吗?同志,我只求速死。连续二十七年来,我如同行尸走肉般地活着,那些无法被擦除的恐怖回忆一直伴随着我。宽恕?我很难想象受害者会宽恕我们。[14]

在科尔多瓦省的波索夫兰科城,镇压行动极为酷烈。有三个参与镇压的人后来自杀。绰号为"鸽子"的胡安·费利克斯从行驶中的火车上跳车自杀。第二个是名叫胡安·卡莱罗·鲁维奥的律师,他显然是因为在恐怖行动中所扮演的角色而负罪自杀。卡莱罗担任军事法庭的法官,他要对来自几个城镇的囚犯的数百起死刑判决负责。他还曾下令对许多囚犯施以严刑拷打,并经常亲自动手。在1940年,当已被判处死刑的科尔多瓦新镇之邮政所长得到减刑时,他下令立即实施处决,然后对外宣称减刑书到达得太迟了。安排此次死刑赦免的陆军军官是受害人的亲属,他对此提出了正式指控,在等待审判期间,卡莱罗于1940年8月28日服毒自杀,时年53岁。参加多起处决行动的另一名男子是被称为"小黄瓜"的国民卫队中尉,他在附近的埃斯彼尔村举行的一次内战爆发纪念日舞会上举枪自杀。[15] 在据称因内疚而自杀的另一个案例中,主角是需要为加的斯省圣费尔南多的镇压行动负重要责任的名为奥尔蒂斯的一个人。奥尔蒂斯后来上吊自杀。[16]

需要对加的斯省的多起暴行负责的臭名昭著的长枪党团伙"罗塔之

狮",其头目费尔南多·萨马科拉的兄弟曾在20世纪50年代与精神科医生卡洛斯·卡斯蒂利亚·德尔·皮诺进行过一场谈话。他谈到佛朗哥时代西班牙普遍存在的社会不公时说:"正因为如此,我们才不得不杀人。因为我已经杀了人。我在'大地之门'*旁边的沟渠中留下了不止一具尸体,实际上我弄不清到底有多少,但是我杀了他们,我亲眼看到他们死去,现在那些孩子已经要把我逼疯了。他们常常在我的噩梦中出现。"[17]

塞贡多·比洛里亚被安帕罗·巴拉扬的家人视为实际杀害她的那个人,他同时也被皮拉尔·菲达尔戈指控对被监禁的妇女犯有多项性犯罪。按照萨莫拉的官方编年史作者米格尔·安赫尔·马特奥斯的说法,比洛里亚感到自己罪孽深重,他的案例值得精神病学界进行研究。巴拉扬家族声称比洛里亚"在精神病院中发疯而死"。[18]

最后,还有一个案例,其主角是萨拉曼卡的土地所有者,阿尔瓦-德埃尔特斯的伯爵贡萨洛·德·阿吉莱拉,他曾吹嘘自己枪杀了手下的六名劳工。内战结束后,他以中校军衔从陆军退役,并返回他的庄园中与藏书为伴。虽然他成了萨拉曼卡的一个知名"人物",但是他难以适应平民生活。他以中坚会员的身份待在一个主要由医生组成的沙龙里,他们经常在马约尔广场的新咖啡馆聚会。他的谈话相当具有吸引力,哪怕是他急躁易怒的脾气往往无法让人与之建立友好或亲密的关系。[19]随着年龄的增长,他变得越来越粗鲁,脾气也越来越坏。他对自己的庄园和房舍疏于照料,从而导致其产业严重衰败。

他得了被迫害妄想症。他的妻子玛格达莱娜·阿尔瓦雷斯非常害怕他肆无忌惮的暴力行径。在1963年底,时年72岁的她为了自己的安全,请求她的两个儿子回家,到位于萨拉曼卡省马蒂利亚-德洛斯卡尼奥斯附近的庄园中居住。时年47岁的长子贡萨洛是一位退役的骑兵上尉,他曾在内战中受过重伤。在卢戈的军医院住院期间,他爱上了医院里的一位护士康塞普西奥·洛代罗·洛佩斯。阿吉莱拉对自己的儿子竟然与下等阶级的女人有亲密关系一事感到怒不可遏,他禁止他们俩结婚。然而他们并未服从,

---

* Puerto de Tierra,加的斯城的一座建筑遗址,它在历史上曾是该城防御体系中某一棱堡的组成部分。

而是搬到卢戈生活，并有了一个女儿玛丽亚内拉。时年 39 岁的小儿子阿古斯丁是一个农场主，他与其父的关系也很差。他离家之后先是在萨莫拉定居，在那里他与安赫利内斯·努涅斯结婚。最近，他们带着他们的两个女儿以及年幼的儿子搬到了赫雷斯－德拉弗龙特拉。鉴于老太太的请求会给他们自己的家庭带来麻烦，并且意识到他们父亲愈演愈烈的暴躁脾气，两个儿子不情愿地同意会花尽可能多的时间在庄园里照看他。

一年之后，事情并没有任何改善。其家人不得不认真考虑是否应声明贡萨洛为精神上无行为能力的人，以及安排他接受精神病方面的治疗。由于对此种丑闻的惧怕，以及对一家之主发疯的消息被公之于众的天然恐惧，他们并未马上做出决定。最后，他们将这件事情交由萨拉曼卡的一位律师处理。由于现在贡萨洛因支气管问题而很少在马约尔广场的咖啡馆聚会上露面，所以他的两位医学界的朋友可以假借探访的名义为其进行诊疗。其中一位是精神科医生，另一位则是普通医生，他们得出的结论是贡萨洛已患有妄想症。于是，他的家人开始着手安排将其送往精神病院。然而，法律程序却是漫长而繁复的。

贡萨洛变得越来越难以相处，于是他的两个儿子给他安排了住所，让他和他的电视机以及他的书籍一起待在一个单独的公寓单元中。贡萨洛作为一名勤勉的猎手拥有大量枪支和刀具，这些大多都被他的儿子们藏了起来。他相信自己遭到家人的绑架和囚禁，甚至为此在 1964 年 8 月初向萨拉曼卡的司法机关写了一封信。他的怒火已经无法抑制，他常常在他孤身一人居住的单元房里大喊大叫，发出威胁和谩骂。他偶尔也会找到武器，比如 8 月中旬，他的儿子就从他那里没收了一把弹簧刀。

在对其采取有效控制措施之前，贡萨洛已完全失去了理智。1964 年 8 月 28 日，星期五，一个闷热的午后。在午餐结束后的下午四点，他的小儿子阿古斯丁进入伯爵的房间找一些文件。当他的父亲抱怨脚痛时，阿古斯丁跪下来开始按摩他父亲的双脚。唐·贡萨洛开始殴打他的儿子，随后抽出一把他之前藏起来的生锈的柯尔特左轮手枪，没有任何警告就朝阿古斯丁开枪。胸部受重伤的阿古斯丁踉踉跄跄地逃出房间。他的哥哥贡萨洛听到枪声后冲进房间，伯爵把剩下的子弹全射在他的胸部和胳膊上。然后他迈过了他大儿子的尸体,开始四处搜索阿古斯丁,企图将他彻底干掉。他发现他的小儿子躺在厨房门口,已经死去。随后他的妻子也从她的房间里出来了。当看到她的丈夫一边瞪着她,一边平静地在他儿子尸体旁边重新给手枪装子弹时,她把自己锁在了另一个房间里。庄园里的劳工因为看到贡萨洛挥舞着左轮手枪而不敢上前,所以她被迫跳窗逃离。劳工叫来了国民卫队士兵,后者命令贡萨洛放下枪高举双手走出来,此时的贡萨洛已平静下来,他照做了。

向国民卫队投降后,他穿着睡衣坐在屋外待了 3 个多小时,安静地等待来自萨拉曼卡的司法调查官。他的妻子由于难以抑制的悲痛和愤怒,不断朝他尖叫:"杀人犯!凶手!"当农场里的劳工设法让她冷静下来后,她朝国民卫队士兵喊道:"请杀了他,他是一条疯狗!"贡萨洛被国民卫队逮捕并解往萨拉曼卡。他们与萨拉曼卡《地方日报》的记者乘车同行。曾对其进行采访的新闻记者回忆说,在途中,他与司机进行了友好的谈话。他谈到了他在不同时期所拥有的各种型号的汽车,以及法国的交通系统和糟糕的道路状况。他解释说:"我必须不停地说话,因为我要把所发生的一切排除在脑海之外。"当他被告知要被带往一家精神病诊所时,贡萨洛说精神科医生往往本身头脑就不正常,并且还补充道:"当我以前的医生朋友来看我时,我把他们称为乡村庸医,他们显然对我很生气。"[20] 他被关在萨拉曼卡的省立精神病医院,他似乎以大声辱骂在里面工作的修女为消遣。[21] 他的儿媳妇康塞普西奥·洛代罗和孙女玛丽亚内拉·德·阿吉莱拉·洛代罗逃过了屠杀,因为她们当时已前往卢戈筹备玛丽亚内拉的婚礼。阿古斯丁的妻子与 3 个孩子在西班牙南部居住。贡萨洛生前未受审判,他在大约 8 个月以后,于 1965 年 5 月 15 日死在医院里。[22]

致　谢

　　本书历时多年才得以完成。其中描述的无谓之残忍暴行，让本书的写作成了一个极其痛苦的过程。从方法论角度来说也存在着困难：因为本书主题所涉及的庞大规模，涵盖了各种不同类型的镇压运动，既包括战争期间发生于交战双方各自控制区内的镇压，也包括战后发生于西班牙全境的暴行。事实上，如果没有诸多西班牙历史学家的开创性努力，本书的写作工作根本无法取得满意的成果。他们发表的作品将在本书所附的注释中全部被提及。

　　而且，除了能够阅读他们的书籍和著述，我还非常荣幸地可以与这里提到的众多历史学家，就他们所专攻的地区和话题，进行更为详细的探讨。他们乐于同我分享他们的观点与素材，而这成为这场艰巨任务中最令人振奋和最难忘的一个部分。他们的名字列在本书的西班牙文版中。

　　对于一个居住在伦敦的历史研究者来说，不断获取那些在某方面与本书主题相关的海量信息，是一个特别困难的问题。在这方面，我特别感谢特鲁埃尔省的马斯-德拉斯马塔斯镇的哈维尔·迪亚斯和苏珊娜·安格莱斯·克罗尔。他们通过当地的猎兔书店（La Librería de Cazarabet）发布《平等之梦想》（*El Sueño Igualitario*）快报，令人叹服地进行相关出版信息与事件的每日更新，这对致力于研究镇压运动与历史记忆之课题的每个人都大有助益。

　　在此我必须特别提到我的一群朋友和同事，多年以来，我与他们进行过频繁且富有成效的对话。我非常感谢下列人士的帮助和友谊：费尔南多·阿尔卡斯·库韦罗（马拉加）、蒙特塞·阿门古·马丁（巴塞罗那）、尼古拉斯·贝尔蒙特（巴伦西亚）、胡利安·卡萨诺瓦（萨拉戈萨）、安赫拉·塞纳罗（萨拉戈萨）、扬·希夫松（马德里）、马里亚·赫苏斯·冈萨雷斯（桑坦德）、安赫拉·杰克逊（马尔斯萨，塔拉戈纳）、丽贝卡·金克斯（伦敦）、何塞普·马索特·蒙塔内尔神父（巴利亚里群岛）、安东尼奥·米格斯·马乔（圣地亚哥–德孔波斯特拉）、伊拉里·拉格尔神父（巴塞罗那）、安赫尔·比尼亚斯（布鲁塞尔）和鲍里斯·沃洛达尔斯基（维也纳）。

我还要感谢伦敦政治经济学院卡尼亚达–布兰奇西班牙现代史研究中心的各位同事：彼得·安德森、杰里·布莱尼、安娜·德·米格尔、苏珊娜·格劳、迪达克·古铁雷斯·佩里斯和鲁文·塞雷姆。他们所给予我的全方位的支持，使我能够在完成繁重的大学教学与行政管理工作的同时，不断推进本书的撰写工作。

有两个朋友，我几乎每天都会与其进行概念与素材方面的交流。我从他们那里获益良多，我非常感谢来自他们的友谊，以及他们与我分享的百科全书般的知识宝库，他们是：弗朗西斯科·埃斯皮诺萨·马埃斯特雷（塞维利亚）与何塞·路易斯·莱德斯马（萨拉戈萨）。

最后，我必须感谢琳达·帕尔弗里曼对书稿认真细致和富有洞察力的审阅。在本书的长期撰写过程中，来自海伦·格雷厄姆、拉拉·伊斯拉以及我的妻子加布丽埃勒的深刻评论，令我受益匪浅。但是，只有加布丽埃勒知晓，每天沉浸于充斥着残忍暴行的编年史中会付出多大的精神代价。没有她的理解和支持，这项任务的进行将会困难得多。谨以本书献给她。

术语表

Acción Popular（人民行动党，曾被短暂地称为"民族行动党"）：它是由《辩论报》主编安赫尔·埃雷拉·奥里亚于1931年创立的一个旨在回应第二共和国之诞生的"社会防御组织"，后来它成为西班牙独立右翼党团联盟（参见词条CEDA）的核心。

Africanistas（该词本有"非洲通""熟悉非洲情况的专家"之意，但为译文中指代明确起见，通常译作"殖民军军官""非洲军团军官"或者"非洲军团老兵"）：指在摩洛哥殖民战争中积累了作战经验，且常常行事手段残忍的西班牙陆军军官。

ACNP - Asociación Católica Nacional de Propagandistas（国家天主教促进会）：一个深受耶稣会影响的组织，由约500名杰出且富有名望的拥有天主教背景的右翼分子组成，其成员在新闻媒体、法律界和各专业领域颇具影响力。

Ayuntamiento（本书译作"镇公所"）：市镇政务委员会和市镇办公机构所在地。

Casa del Pueblo（人民之家）：地方上左翼人士的主要聚集场所，有时是以俱乐部的形式存在，有时则是党团或者工会组织的总部。

casino（本书译作"富人俱乐部"）：地方右翼分子的主要聚集场所。

Caudillo（本书译作"元首"）：字面意思为"匪帮之首领"，通常用于军事领导人的称呼，后来成为佛朗哥的头衔，相当于Führer之于希特勒，或者Duce之于墨索里尼。

CCMA - Comitè Central de les Milícies Antifeixistes de Catalunya（反法西斯民兵中央委员会）：其执行机构创建于1936年7月20日，联合了地方政府（参见词条Generalitat de Catalunya）的相关部门，以及加泰罗尼亚所有民主和左翼力量的代表。它从未进入有效运作的状态，数月之后地方政府重新恢复权力的行使。

CEDA - Confederación Española de Derechas Autónomas（西班牙独立右翼党团联盟）：

主要的右翼大众性政党，创建于 1933 年，领导人为何塞·马里亚·希尔·罗夫莱斯。

checas(本书译作"契卡"机构或者"契卡"部)：1936 年 7 月由共和国控制区的各劳工工会组织及政党创立的自治执法力量及拘留中心。

Civil Governor（本书通常译作"省长"）：西班牙各省份的最高当权者，由内政部长任命。

CNCA - Confederación Nacional Católico-Agraria（全国天主教农民联盟）：创建于 1917 年的小农阶级之保守派团体。它为西班牙独立右翼党团联盟提供了大量支持。

CNT - Confederación Nacional del Trabajo（全国劳工联盟）：成立于 1910 年的无政府-工团主义者的工会组织。

CPIP - Comité Provincial de Investigación Pública（省公共调查委员会）：由共和国内政部创建于 1936 年 8 月，旨在对左翼政党和工会的"契卡"（参见词条 checas）机构加以控制。

DEDIDE - Departamento Especial de Información del Estado（国家特别情报局）：创立于 1937 年 6 月的政府机构，旨在将共和国各个安全和反间谍组织集中化。

DERD - Delegación del Estado para la Recuperación de Documentos（文件复原工作全国代表委员会）：创建于 1938 年 4 月的佛朗哥当局机构，其任务是对缴获的来自各左翼与自由派政党、社会组织和个人的文件资料进行分类，以便于对他们进行定位和惩戒。

DGS - Dirección General de Seguridad（保安总局）：警察与治安部队的全国总指挥部。

DRV - Derecha Regional Valenciana（巴伦西亚右翼地区党）：巴伦西亚地区的右翼团体，同时也是构成西班牙独立右翼党团联盟（参见词条 CEDA）的主要党派之一。

ERC - Esquerra Republicana de Catalunya（加泰罗尼亚左翼共和党）：由路易斯·孔帕尼斯领导的加泰罗尼亚地区最大的民族主义政党。

FAI - Federación Anarquista Ibérica（伊比利亚无政府主义者联合会）：成立于 1927 年的无政府主义者运动的激进（支持恐怖行动的）一派。

Falange Española（西班牙长枪党）：由安东尼奥·普里莫·德·里韦拉在 1933 年 10 月创立的西班牙法西斯主义政党。

FE de las JONS - Falange Española de las Juntas de Ofensiva Nacional Sindicalista（西班牙国家工团主义奋进会之长枪党）：于 1934 年 2 月由长枪党和国家工团主义奋进会（参见词条 JONS）合并而成的西班牙法西斯主义政党。

FJS - Federación de Juventudes Socialistas（社会主义青年联盟）：社会党（参见词条 PSOE）青年运动组织。

FNTT - Federación Nacional de Trabajadores de la Tierra（全国农业工人联合会）：隶属于劳工总会（参见词条 UGT）的社会党农业劳动者工会。

Frente Popular（人民阵线）：创建于 1935 年 11 月的一个广泛的选举联盟。它重现了 1931 年的共和派 - 社会主义者联盟，并增加了 3 个较小的党派团体——西班牙共产党，或多或少支持托洛茨基主义的马克思主义统一工人党（参见词条 POUM）和温和派无政府主义者安赫尔·佩斯塔尼亚的工团主义党。

Generalitat de Catalunya（加泰罗尼亚地方政府）：建立于 1932 年的地方自治机构。

Izquierda Republicana（左翼共和党）：创立于 1934 年 4 月 2 日，由三个不同的共和派团体合并而成，并由曼努埃尔·阿萨尼亚领导的自由派政党。

JAP - Juventud de Acción Popular（人民行动青年团）：西班牙独立右翼党团联盟（参见词条 CEDA）之青年运动组织。

JONS - Juntas de Ofensiva Nacional Sindicalista（国家工团主义奋进会）：一个由奥内西莫·雷东多和拉米罗·莱德斯马·拉莫斯创立的规模不大却推崇暴力的法西斯主义团体，他们使用的"牛轭与捆箭"纹章成为西班牙法西斯主义运动的标志。

JSU - Juventudes Socialistas Unificadas（统一社会主义青年团）：作为社会党和共产党各自的青年运动组织合并后的结果而于 1936 年中期成立，与西班牙共产党（参见词条 PCE）联系紧密。

KGB - Komitet Gosudarstvennoy Bezopasnosti（国家安全委员会）：苏联安全及情报组织，其前身是内务人民委员部（参见词条 NKVD）。

NKVD - Narodnyy Komissariat Vnutrennikh Del（内务人民委员部）：苏联安全及情报组织。

ORD - Oficina de Recuperación de Documentos（文件复原办公室）：由卡洛斯派人士马塞利诺·德·乌利瓦里·埃吉拉斯奉佛朗哥之名于 1931 年 5 月成立。

OVRA - Organizzazione per la Vigilanza e la Repressione dell'Antifascismo：法西斯意大利的秘密警察组织。

Partido Sindicalista（工团主义党）：由温和派无政府主义者安赫尔·佩斯塔尼亚创建

的政党。

PCE - Partido Comunista de España（西班牙共产党）：1921 年 11 月成立的西班牙左翼政党。

PNV - Partido Nacionalista Vasco（巴斯克民族主义党）：保守的巴斯克天主教民族主义政党，在 1936 年站在共和国一边。

POUM - Partido Obrero de Unificación Marxista（马克思主义统一工人党）：创立于 1935 年晚期，旨在联合所有左翼力量组成一个反斯大林主义的革命共产主义政党，因此与托洛茨基分子较为接近。

PSOE - Partido Socialista Obrero Español（西班牙工人社会党）：工人阶级政党，西班牙第二共和国成立后与共和派联合执政。

PSUC - Partit Socialista Unificat de Catalunya（加泰罗尼亚联合社会党）：加泰罗尼亚地区的共产主义政党。

Regulares Indígenas（本书译作"土著正规军"）：由从摩洛哥当地部落招募的雇佣兵组成的部队，隶属于西班牙殖民地军团。

Renovación Española（西班牙复兴党）：拥护君主制的极端派政党。

Requeté（本书译作"义勇军"）：卡洛斯派民兵组织，既可用于指单独的民兵人员，也可以指整个军团。

ROVS - Russkii Obshche-Voinskii Soiuz（俄罗斯全军联盟）：总部位于法国巴黎的由反布尔什维克的白俄流亡者建立的组织，埃米利奥·莫拉将军与之关系密切。

SIM - Servicio de Información Militar（军事情报局）：西班牙共和国的秘密警察组织，1937 年 8 月 9 日成立。

Sindicatos Libres（自由工会）：由卡洛斯派分子在 1919 年创立，于 1931 年 4 月 12 日第二共和国成立后被取缔。

Tercio de Extranjeros（西班牙外籍军团）：创建于 1920 年 8 月 31 日（tercio 的字面意思为"第三"或"三分之一"，它是 16 世纪西班牙佛兰德斯军团之团级单位的名称，因当时每个步兵团包含三个大队，分别由长矛手、弩弓手和火绳枪手组成）。

UGT - Unión General de Trabajadores（劳工总会）：将铁路、建筑业和其他领域工人的行业工会合并后所组成的社会主义者的工会组织。

UME - Unión Militar Española（西班牙军事同盟）：一个由陆军军官组成的致力于颠

覆共和国的秘密社团，由西班牙长枪党的首批成员之一，退役上校埃米利奥·罗德里格斯·塔杜奇于 1933 年晚期创立。

UMRA - Unión Militar Republicana Antifascista（共和国反法西斯军事同盟）：由支持共和国的陆军军官组成的一个旨在挫败西班牙军事同盟（参见词条 UME）之阴谋活动的团体。该组织由陆军上尉埃莱乌特里奥·迪亚斯 - 滕德罗·梅尔昌在 1935 年底创建，他本人后来死于达豪集中营。

注　释

前言

1. Comandante Franco, *Diario de una bandera* (Madrid: Editorial Pueyo, 1922) pp. 129, 177.
2. *El Correo Gallego*, 20 April 1922.
3. José Martín Blázquez, *I Helped to Build an Army: Civil War Memoirs of a Spanish Staff Officer* (London: Secker & Warburg, 1939) p.302; Herbert R. Southworth, *Antifalange: estudio crítico de 'Falange en la guerra de España: la Unificación y Hedilla' de Maximiano García Venero* (Paris: Ruedo Ibérico, 1967) pp. xxi–xxii; Guillermo Cabanellas, *La guerra de los mil días: nacimiento, vida y muerte de la II República española*, 2 vols (Buenos Aires: Grijalbo, 1973) II, p. 792.
4. Juan de Iturralde (Father Juan José Usabiaga Irazustabarrena), *La guerra de Franco, los vascos y la Iglesia*, 2 vols (San Sebastián: Publicaciones del Clero Vasco, 1978) I, p. 433.
5. 关于马德里的遇难者人数，最普遍接受的数字是 8,815，参见 Santos Juliá *et al.*, *Víctimas de la guerra civil* (Madrid: Ediciones Temas de Hoy, 1999) p. 412；Mirta Núñez Díaz-Balart *et al.*, *La gran represión: los años de plomo del franquismo* (Barcelona: Flor del Viento, 2009) p. 443；以及 José Luis Ledesma, 'Una retaguardia al rojo: las violencias en la zona republicana', in Francisco Espinosa Maestre, ed., *Violencia roja y azul: España, 1936–1950* (Barcelona: Editorial Crítica, 2010) pp. 247, 409。8,815 这个数字是基于 Rafael Casas de la Vega 将军给出的 5,107，参见 *El terror: Madrid 1936: investigación histórica y catálogo de víctimas identificadas* (Madrid: Editorial Fénix, 1994) pp. 247, 311–460。Ángel David Martín Rubio 在此基础上增加了 3,708 人，但未进行任何说明，参见 *Paz, piedad, perdón ... y verdad: la represión en la guerra civil: una síntesis definitiva* (Madrid: Editorial Fénix, 1997) p. 316。在同一本书的 pp. 317–19, 370, 374，以及在 *Los mitos de la represión en la guerra civil* (Madrid: Grafite Ediciones, 2005) p. 82，Martín Rubio 给出了 14,898 人的数字，同样没有任何说明。
6. 具体示例参见 Jesús Vicente Aguirre González, *Aquí nunca pasó nada: La Rioja 1936* (Logroño: Editorial Ochoa, 2010) p. 8，以及 Francisco Espinosa Maestre in Núñez Díaz-Balart *et al.*, *La gran represión*, p. 442。
7. Francisco Espinosa Maestre, *La justicia de Queipo: violencia selectiva y terror fascista en la II División en 1936: Sevilla, Huelva, Cádiz, Córdoba, Málaga y Badajoz* (Seville: Centro Andaluz del Libro, 2000) pp. 13–23.
8. 参见有关布尔戈斯（by Luis Castro）和巴伦西亚（by Jesús Gutiérrez Flores）的章节，在

Enrique Berzal de la Rosa, ed., *Testimonio de voces olvidadas*, 2 vols (León: Fundación 27 de marzo, 2007) pp. 100–2, 217–18。

9 Julián Casanova, Francisco Espinosa, Conxita Mir and Francisco Moreno Gómez, *Morir, matar, sobrevivir: la violencia en la dictadura de Franco* (Barcelona: Editorial Crítica, 2002) p. 21.

10 关于死亡信息登记的分析，参见 José María García Márquez 在 Antonio Leria, Francisco Eslava and José María García Márquez, *La guerra civil en Carmona* (Carmona: Ayuntamiento de Carmona, 2008) pp. 29–48 中的论述；以及 Julio Prada Rodríguez, 'Golpe de Estado y represión franquista en la provincia de Ourense', in Jesús de Juana and Julio Prada, eds, *Lo que han hecho en Galicia: violencia política, represión y exilio (1936–1939)* (Barcelona: Editorial Crítica, 2007) pp. 120–1。

11 Espinosa Maestre, ed., *Violencia roja y azul*, pp. 77–8; Francisco Espinosa Maestre in Núñez Díaz-Balart *et al.*, *La gran represión*, pp. 440–2.

12 Mirta Núñez Díaz-Balart and Antonio Rojas Friend, *Consejo de guerra: los fusilamientos en el Madrid de la posguerra (1939–1945)* (Madrid: Compañía Literaria, 1997) pp. 107–14; Fernando Hernández Holgado, *Mujeres encarceladas: la prisión de Ventas: de la República al franquismo, 1931–1941* (Madrid: Marcial Pons, 2003) pp. 227–46. 正在调查研究中的其他处决地点，参见 http://www.memoriaylibertad.org/.htm。

13 关于对比性的分析，参见 José Luis Ledesma Vera, *Los días de llamas de la revolución: violencia y política en la retaguardia republicana de Zaragoza durante la guerra civil* (Zaragoza: Institución Fernando el Católico, 2003) pp. 83–4；Ledesma Vera, 'Qué violencia para qué retaguardia, o la República en guerra de 1936', *Ayer. Revista de Historia Contemporánea*, No. 76, 2009, pp. 83–114。

14 José María Ruiz Alonso, *La guerra civil en la provincia de Toledo: Utopía, conflicto y poder en el sur del Tajo (1936–1939)*, 2 vols (Ciudad Real: Almud, Ediciones de Castilla-La Mancha, 2004) I, pp. 283–94.

15 Ana Belén Rodríguez Patiño, *La guerra civil en Cuenca (1936–1939)*, 2 vols (Madrid: Universidad Complutense, 2004) II, pp. 122–32.

16 Josep M. Solé i Sabaté and Joan Villarroya i Font, *La repressió a la reraguarda de Catalunya (1936–1939)*, 2 vols (Barcelona: Publicacions de l'Abadia de Montserrat, 1989) I, pp. 11–12; Josep Benet, 'Pròleg', in *ibid.*, pp. vi–vii.

17 Francisco Franco Bahamonde, *Palabras del Caudillo 19 abril 1937–7 diciembre 1942* (Madrid: Ediciones de la Vicesecretaría de Educación Popular, 1943) pp. 312, 445.

18 Ramón Salas Larrazábal, *Los fusilados en Navarra en la guerra de 1936* (Madrid: Comisión de Navarros en Madrid y Seville, 1983) p. 13.

19 Antonio Montero Moreno, *Historia de la persecución religiosa en España 1936–1939* (Madrid: Biblioteca de Autores Cristianos, 1961) pp. 430–4, 762; Gregorio Rodríguez Fernández, *El hábito y la cruz: religiosas asesinadas en la guerra civil española* (Madrid: EDIBESA, 2006) pp. 594–6.

1 阶级战争的开始

1 他曾向英国志愿者 Peter Kemp 和法国新闻记者 Jean d'Hospital 提及此事。Peter Kemp, *Mine Were of Trouble* (London: Cassell, 1957) p. 50; Herbert Rutledge Southworth, *Guernica! Guernica!: A Study of Journalism, Propaganda and History* (Berkeley: University of California

Press, 1977) p. 50.
2. Gonzalo Álvarez Chillida, *El antisemitismo en España: la imagen del judío (1812–2002)* (Madrid: Marcial Pons, 2002) pp. 201–3, 279.
3. José María Pemán, *El hecho y la idea de la Unión Patriótica* (Madrid: Imprenta Artística Sáez Hermanos, 1929) pp. 28–9, 105, 308–9.
4. José Pemartín, *Los valores históricos en la dictadura española*, 2nd edn (Madrid: Publicaciones de la Junta de Propaganda Patriótica y Ciudadana, 1929) pp. 103, 106–7, 683.
5. 西班牙国民党（PNE）的这份宣言刊印于 José María Albiñana, *Después de la dictadura: los cuervos sobre la tumba*, 2nd edn (Madrid: CIAP, 1930) pp. 252–9。See also Ismael Saz Campos, *Mussolini contra la II República: hostilidad, conspiraciones, intervención (1931–1936)* (Valencia: Edicions Alfons el Magnànim, 1986) pp. 95–7; Manuel Pastor, *Los orígenes del fascismo en España* (Madrid: Túcar Ediciones, 1975) pp. 38–61; Herbert Rutledge Southworth, *Antifalange: estudio crítico de 'Falange en la guerra de España' de Maximiano García Venero* (Paris: Ediciones Ruedo Ibérico, 1967) pp. 29–30; Julio Gil Pecharromán, *'Sobre España inmortal, sólo Díos': José María Albiñana y el Partido Nacionalista Español (1930–1937)* (Madrid: Universidad Nacional de Educación a Distancia, 2000) pp. 44–51.
6. Juan Tusquets, *Orígenes de la revolución española* (Barcelona: Editorial Vilamala, 1932) pp. 30–44, 137–42; Francisco de Luis, *La masonería contra España* (Burgos: Imprenta Aldecoa, 1935) pp. 153–62; Martin Blinkhorn, *Carlism and Crisis in Spain 1931–1939* (Cambridge: Cambridge University Press, 1975) pp. 46, 179; Álvarez Chillida, *El antisemitismo*, pp. 181, 334–8.
7. Angeles Barrio Alonso, *Anarquismo y anarcosindicalismo en Asturias (1890/1936)* (Madrid: Siglo XXI, 1988) pp. 314–19; Enrique Montañés, *Anarcosindicalismo y cambio político: Zaragoza, 1930–1936* (Zaragoza: Institución Fernando el Católico, 1989) pp. 47–60; Enric Ucelay Da Cal, *La Catalunya populista: imatge, cultura i política en l'etapa republicana (1931–1939)* (Barcelona: Edicions de La Magrana, 1982) p. 135; Julián Casanova, *De la calle al frente: el anarcosindicalismo en España (1931–1939)* (Barcelona: Editorial Crítica, 1997) pp. 14–17.
8. Miguel Maura, *Así cayó Alfonso XIII*, 1st edn (Mexico City: Imprenta Mañez, 1962) pp. 278–9; Santos Juliá Díaz, *Madrid, 1931–1934: de la fiesta popular a la lucha de clases* (Madrid: Siglo XXI, 1984) pp. 198–207; Casanova, *De la calle al frente*, pp. 21–2; José Manuel Macarro Vera, *La utopía revolucionaria: Sevilla en la segunda República* (Seville: Monte de Piedad y Caja de Ahorros, 1985) p. 124; Eulàlia Vega, *El Trentisme a Catalunya: divergències ideològiques en la CNT (1930–1933)* (Barcelona: Curial Edicions Catalanes, 1980) p. 134.
9. Diary entries for 21 July 1931, Manuel Azaña, *Obras completas*, 4 vols (Mexico City: Ediciones Oasís, 1966–8) IV, pp. 36–7; Eulàlia Vega, *Anarquistas y sindicalistas durante la segunda República: la CNT y los Sindicatos de Oposición en el País Valenciano* (Valencia: Edicions Alfons el Magnànim, 1987) pp. 98–101.
10. Azaña, *Obras completas*, II, pp. 49–58.
11. Arnold Lunn, *Spanish Rehearsal* (London: Hutchinson, 1937) p. 70; Conde de Alba de Yeltes, *Cartas a un sobrino* (n.p., n.d.).
12. Ricardo Robledo and Luis Enrique Espinosa, '"¡El campo en pie!": política y reforma agraria', in Ricardo Robledo, ed., *Esta salvaje pesadilla: Salamanca en la guerra civil española* (Barcelona: Editorial Crítica, 2007) pp. 23–5.
13. Alejandro López López, *El boicot de las derechas a las reformas de la Segunda República: la*

minoría agraria, el rechazo constitucional y la cuestión de la tierra (Madrid: Instituto de Estudios Agrarios, 1984) p. 254.

14 *La Mañana* (Jaén), 16 January 1934.

15 *La Mañana* (Jaén), 1 October 1932, 21, 27 January, 3, 18 February, 5 April 1933; *El Adelanto* (Salamanca), 19 October 1932; *Región* (Cáceres), 24 February 1933; *El Obrero de la Tierra*, 14 January, 4 March 1933, 6, 13, 20 January, 17 February 1934; *El Socialista*, 21 January, 20 April, 1 July 1933. See also Paul Preston, *The Coming of the Spanish Civil War: Reform, Reaction and Revolution in the Second Spanish Republic 1931–1936*, 2nd edn (London: Routledge, 1994) pp. 101–2, 111, 134–5, 140, 148–9, 184–5.

16 *ABC*, 29, 30 September, 3, 4, 7 October 1931.

17 *ABC*, 16, 18, 19, 29 July 1933.

18 *El Socialista*, 29 September, 10, 11 November 1931; López López, *El boicot de las derechas*, pp. 255–7; Manuel Tuñón de Lara, *Tres claves de la segunda República* (Madrid: Alianza Editorial, 1985) p. 52; Casanova, *De la calle al frente*, pp. 39–43.

19 Eugenio Vegas Latapie, *El pensamiento político de Calvo Sotelo* (Madrid: Cultura Española, 1941) pp. 88–92; Eugenio Vegas Latapie, *Escritos políticos* (Madrid: Cultura Española, 1941) pp. 9–12; Eugenio Vegas Latapie, 'Maeztu y Acción Española', *ABC*, 2 November 1952; Pedro Carlos González Cuevas, *Acción Española: teología política y nacionalismo autoritario en España (1913–1936)* (Madrid: Editorial Tecnos, 1998) pp. 144–5, 165–8, 171–5.

20 Preston, *The Coming of the Spanish Civil War*, pp. 61–6; Paul Preston, 'Alfonsist Monarchism and the Coming of the Spanish Civil War', *Journal of Contemporary History*, Vol. 7, Nos 3/4, 1972.

21 关于国家天主教促进会，请参见 A. Sáez Alba, *La otra 'cosa nostra': la Asociación Católica Nacional de Propagandistas* (Paris: Ruedo Ibérico, 1974) pp. ix–xxii；José María García Escudero, *Conversaciones sobre Angel Herrera* (Madrid: Editorial Católica, 1986) pp. 16–20。关于全国天主教农民联盟，请参见 Antonio Monedero Martín, *La Confederación Nacional Católico-Agraria en 1920: su espíritu, su organización, su porvenir* (Madrid: V. Rico, 1921) p. 22，以及 Juan José Castillo, *Propietarios muy pobres: sobre la subordinación política del pequeño campesino* (Madrid, 1979)；Tom Buchanan and Martin Conway, eds, *Political Catholicism in Europe 1918–1965* (Oxford: Oxford University Press, 1996) pp. 8–11。

22 *El Debate*, 7, 9 May 1931; José R. Montero, *La CEDA: el catolicismo social y político en la II República*, 2 vols (Madrid: Ediciones de la Revista de Trabajo, 1977) II, pp. 593–4.

23 José Monge Bernal, *Acción Popular (estudios de biología política)* (Madrid: Imp. Sáez Hermanos, 1936) pp. 114–15, 122.

24 Frances Lannon, *Privilege, Persecution, and Prophecy: The Catholic Church in Spain 1875–1975* (Oxford: Clarendon Press, 1987) pp. 188–9.

25 *La Libertad*, 13 May 1931; *La Voz*, 14 May 1931; Maura, *Así cayó Alfonso XIII* (1st edn), pp. 240–55.

26 Maura, *Así cayó Alfonso XIII* (1st edn), p. 254; Leandro Álvarez Rey, *La derecha en la II República: Sevilla, 1931–1936* (Seville: Universidad de Seville/Ayuntamiento de Seville, 1993) pp. 188–98.

27 Miguel Maura, *Así cayó Alfonso XIII: de una dictadura a otra*, 2nd edn by Joaquín Romero Maura (Madrid: Marcial Pons Historia, 2007) p. 365.

28 Maura, *Así cayó Alfonso XIII* (1st edn) pp. 278–87; diary entry for 21 July, Azaña, *Obras*

completas, IV, pp. 37–8.
29 Macarro Vera, *La utopía revolucionaria*, pp. 147–60; Eduardo de Guzmán, *Sevilla la trágica: Ocho días que estremecieron a España* (Madrid: Ediciones Minuesa, 1931) pp. 21, 51–2; Francisco Espinosa Maestre, *La justicia de Queipo: violencia selectiva y terror fascista en la II División en 1936: Sevilla, Huelva, Cádiz, Córdoba, Málaga y Badajoz* (Seville: Centro Andaluz del Libro, 2000) pp. 32–7; Carlos Enrique Bayo and Cipriano Damiano, 'Toreros fascistas: matadores de obreros', *Interviú*, No. 103, 3–9 May 1978, pp. 40–5; Juan-Simeón Vidarte, *Las Cortes Constituyentes de 1931–1933* (Barcelona: Grijalbo, 1976) pp. 76–8; Manuel Tuñón de Lara, *Luchas obreras y campesinas en la Andalucía del siglo XX* (Madrid: Siglo XXI, 1978) pp. 190–203; Dr Pedro Vallina, *Mis memorias* (Madrid and Seville: Libre Pensamiento/Centro Andaluz del Libro, 2000) pp. 247–56.
30 Azaña, diary entries for 24 July, 9 August 1931, *Obras completas*, IV, pp. 43–5, 73. 毛拉在他的回忆录的第一版中略掉了他对阿萨尼亚进行攻击的情节，但在Joaquín Romero Maura出版的第二版回忆录 Maura, *Así cayó Alfonso XIII*, pp. 366–7 中有所体现。
31 Casanova, *De la calle al frente*, pp. 49–52; Juan García Oliver, *El eco de los pasos* (Barcelona: Ruedo Ibérico, 1978) pp. 115–36; Macarro Vera, *La utopía revolucionaria*, p. 124; Vega, *El Trentisme a Catalunya*, pp. 68–72, 132–6; Vega, *Anarquistas y sindicalistas*, pp. 57–9, 85–97; Juliá Díaz, *Madrid, 1931–1934*, pp. 172–90; Chris Ealham, *Class, Culture and Conflict in Barcelona 1898–1937* (London: Routledge/Cañada Blanch Studies, 2004) pp. 90–101.
32 *El Debate*, 18, 19 August 1931; Lannon, *Privilege, Persecution, and Prophecy*, p. 181.
33 López López, *El boicot de las derechas*, pp. 252–3.
34 Lannon, *Privilege, Persecution, and Prophecy*, pp. 181–5; Álvarez Rey, *La derecha*, pp. 203–6.
35 José María Gil Robles, *No fue posible la paz* (Barcelona: Ariel, 1968) pp. 55–6.
36 *ABC*, 10 October 1931.
37 *Diario de sesiones de las Cortes Constituyentes* [henceforth DSCC], 13 October 1931; Mary Vincent, *Catholicism in the Second Spanish Republic: Religion and Politics in Salamanca 1930–1936* (Oxford: Clarendon Press, 1996) pp. 180–1.
38 Tusquets, *Orígenes*, pp. 30–44, 137–42; Blinkhorn, *Carlism*, pp. 46, 179; Álvarez Chillida, *El antisemitismo*, pp. 181, 334–8.
39 Vincent, *Catholicism*, pp. 183–4; Agustín Martínez de las Heras, 'El discurso antimasónico de *Los Hijos del Pueblo*', in José Antonio Ferrer Benimeli, ed., *La masonería en la España del siglo XX*, 2 vols (Toledo: Universidad de Castilla-La Mancha, 1996) II, pp. 713–50.
40 *El Debate*, 1, 3 November 1931; *El Socialista*, 2 November 1931.
41 *ABC*, 10 November 1931; *El Debate*, 10, 12 November 1931; *El Socialista*, 2 November 1931; Gil Robles, *No fue posible*, pp. 70–1.
42 *La Época*, 2 January 1932.
43 *La Época*, 24 February 1932; Monge Bernal, *Acción Popular*, pp. 223–5.
44 Vincent, *Catholicism*, p. 186.
45 María Pilar Salomón Chéliz, *Anticlericalismo en Aragón: protesta popular y movilización política (1900–1939)* (Zaragoza: Prensas Universitarias de Zaragoza, 2002) pp. 287–8.
46 Álvarez Rey, *La derecha*, pp. 215–35.
47 Vincent, *Catholicism*, p. 185; José María Lama, *Una biografía frente al olvido:José González Barrero, Alcalde de Zafra en la II República* (Badajoz: Diputación de Badajoz, 2000) p. 46.

48 José Luis Gutiérrez Casalá, *La segunda República en Badajoz* (Badajoz: Universitas Editorial, 1998) pp. 128–9; Amparo Cabeza de Vaca, *Bajo cielos de plomo: unas memorias y el diario de Rafael Salazar Alonso* (Madrid: Editorial Actas, 2009) p. 30.

49 Rafael Cruz, *En el nombre del pueblo: República, rebelión y guerra en la España de 1936* (Madrid: Siglo XXI de España Editores, 2006) pp. 51–8.

50 *ABC*, 16 June 1932.

51 Letter of 25 April 1937 from Gil Robles to Luciano de la Calzada, *Sur* (Málaga), 28 April 1937; Gil Robles, *No fue posible*, pp. 67–76. Cf. José Gutiérrez Ravé, *Gil Robles, caudillo frustrado* (Madrid: ERSA, 1967) pp. 198–9.

52 Manuel Albar, 'Sobre unos sucesos: el verdadero culpable', *El Socialista*, 2 January 1932. 关于卡斯蒂尔布兰科镇之情况的描述，参见 Vidarte, *Las Cortes Constituyentes*, pp. 306–9；Luis Jiménez Asúa, Juan-Simeón Vidarte, Antonio Rodríguez Sastre and Anselmo Trejo, *Castilblanco* (Madrid: Editorial España, 1933)。在这方面直言不讳的是玛加丽塔·内尔肯，参见 Paul Preston, *Doves of War: Four Women of Spain* (London: HarperCollins, 2002) pp. 297–407。

53 César González-Ruano and Emilio R. Tarduchy, *Sanjurjo (una vida española del novecientos)* (Madrid: Acción Española, 1933) p. 177; Vidarte, *Las Cortes Constituyentes*, pp. 600–1; Jesús Vicente Chamorro, *Año nuevo, año viejo en Castilblanco* (Madrid: Ediciones Albia, 1985) p. 80.

54 *ABC*, 1, 2, 3, 5 January 1932; *El Debate*, 2 January 1932; *La Nación*, 4, 5 January 1932; *El Sol*, 3 January 1932; *La Voz Extremeña*, 5 January 1932; González-Ruano and Tarduchy, *Sanjurjo*, pp. 180–1. See also Francisco Espinosa Maestre, *La columna de la muerte: el avance del ejército franquista de Sevilla a Badajoz* (Barcelona: Editorial Crítica, 2003) p. 498.

55 *ABC*, 2 January 1932.

56 Francisco Valdés, 'Márgenes. El Afincado', *La Voz Extremeña* (Badajoz), 10 January 1932; 'La tragedia de Castilblanco', *El Faro de Extremadura* (Plasencia), 9 January 1932; 'La tragedia de Castilblanco' in *La Opinión* (Trujillo), 7 January 1932; 'Aún quedan tribus', *El Pueblo Manchego* (Ciudad Real), 4 January 1932.

57 'La guerra contra la Guardia Civil', *ABC*, 2 January 1932; *El Imparcial*, 2 January 1932.

58 *El Socialista*, 6 January 1932; *La Rioja*, 6, 8, 9, 10, 12 January 1932; *El Debate*, 6 January 1932; Carlos Gil Andrés, *La República en la Plaza: los sucesos de Arnedo de 1932* (Logroño: Instituto de Estudios Riojanos, 2003) pp. 24–33, 43–9; Edward E. Malefakis, *Agrarian Reform and Peasant Revolution in Spain: Origins of the Civil War* (New Haven: Yale University Press, 1970) pp. 310–11.

59 Gil Andrés, *La República en la Plaza*, pp. 257–72; Jesús Vicente Aguirre González, *Aquí nunca pasó nada: La Rioja 1936* (Logroño: Editorial Ochoa, 2007) pp. 271–89.

60 Azaña, *Obras completas*, IV, pp. 294–7.

61 Gil Andrés, *La República en la Plaza*, pp. 210–11.

62 Manuel Llaneza, *Escritos y discursos* (Oviedo: Fundación José Barreiros, 1985) pp. 206–14.

63 Vega, *El Trentisme a Catalunya*, pp. 149–54; Macarro Vera, *La utopía revolucionaria*, pp. 198–202; Azaña, *Obras completas*, II, pp. 139–42; Casanova, *De la calle al frente*, p. 55.

64 根据 Gutiérrez Casalá, *La segunda República en Badajoz*, p. 153，当玛加丽塔·内尔肯发表完讲话之后，集会人群企图攻击位于萨尔瓦莱翁的国民卫队兵营，并且人群中有人开了一枪。事实上玛加丽塔·内尔肯当时并不在场，根据当地流传之版本中的说法，当时只有国民卫队士兵开枪。非常感激弗朗西斯科·埃斯皮诺萨·马埃斯特雷向我转述了一位名叫 Francisco Marín Torrado 的当地法官对其亲眼目睹之情形的叙述，后者否认当时人群中有任何人曾经开枪。See also 'Los sucesos de Salvaleón', *El Obrero de la Tierra*, 14 May 1932；José Ignacio Rodríguez Hermosell, *Movimiento obrero en Barcarrota: José Sosa Hormigó, diputado campesino* (Badajoz: Asamblea de Extremadura, 2005) pp. 412.

65 Azaña, diary entry for 8 January 1932, *Obras completas*, IV, pp. 299–301.

66 Espinosa Maestre, *La justicia de Queipo*, pp. 33, 77–9; Antonio L. Oliveros, *Asturias en el resurgimiento español (apuntes históricos y biográficos)* (Madrid: Imprenta Juan Bravo, 1935) p. 276.

67 Pedro-Pablo Miralles Sangro, '*Al servicio de la Justicia y de la República*': *Mariano Gómez (1883–1951), Presidente del Tribunal Supremo* (Madrid: Editorial Dilex, 2010) pp. 78–84; Pascual Marzal Rodríguez, *Una historia sin justicia: cátedra, política y magistratura en la vida de Mariano Gómez* (Valencia: Universitat de València, 2009) pp. 153–7.

68 Julio Alvarez del Vayo, *The Last Optimist* (London: Putnam, 1950) p. 228; Manuel Azaña, *Diarios, 1932–1933: 'Los cuadernos robados'* (Barcelona: Grijalbo-Mondadori, 1997) pp. 41–6.

69 Joaquín del Moral, *Lo del '10 de agosto' y la justicia* (Madrid: C.I.A.P., 1933) pp. 99–108.

70 José María Pemán, *Un soldado en la historia: vida del Capitán General Varela* (Cádiz: Escelicer, 1954) pp. 111–20, 126–30; General Francisco Javier Mariñas, *General Varela (de soldado a general)* (Barcelona: Editorial AHR, 1956) pp. 56–64.

71 Juan Antonio Ansaldo, *¿Para qué ...? (de Alfonso XIII a Juan III)* (Buenos Aires: Editorial Vasca Ekin, 1951) pp. 47–51.

72 Azaña, diary entry for 29 August 1932, *Diarios, 1932–1933*, p. 53.

73 Antonio Cacho Zabalza, *La Unión Militar Española* (Alicante: Egasa, 1940) pp. 14–16; Vicente Guarner, *Cataluña en la guerra de España* (Madrid, 1975) pp. 64–6; Stanley G. Payne, *Politics and the Military in Modern Spain* (Stanford, Calif.: Stanford University Press, 1967) pp. 293–4.

74 Carlos Blanco Escolá, *La Academia General Militar de Zaragoza (1928–1931)* (Barcelona: Editorial Labor, 1989) p. 71.

75 Cayetano Ibarra, *La otra mitad de la historia que nos contaron: Fuente de Cantos, República y guerra 1931–1939* (Badajoz: Diputación de Badajoz, 2005) pp. 187–8.

76 *El Obrero de la Tierra*, 17, 24 december 1932; María Paz Ladrón de Guevara, *Reforma agraria y conflicto campesino en la provincia de Ciudad Real (1931–1936)* (Ciudad Real: Diputación Provincial de Ciudad Real, 1993) pp. 97–115.

77 Ramón Sender, *Viaje a la aldea del crimen* (Madrid: Pueyo, 1934) pp. 33–42, 70–130; Francisco Guerra, *Casas Viejas: apuntes de la tragedia* (Jerez: Establecimiento Tipográfico 'El Martillo', 1933); Eduardo de Guzmán, *La tragedia de Casas Viejas, 1933: quince crónicas de guerra, 1936* (Madrid: Ediciones Vosa, 2007) pp. 15–48; Gérald Brey and Jacques Maurice, *Historia y leyenda de Casas Viejas* (Bilbao: Editorial Zero/ZYX, 1976) pp. 65–75; Jerome R. Mintz, *The Anarchists of Casas Viejas* (Chicago: University of Chicago Press, 1982) pp. 189–225; Antonio Ramos Espejo, *Después de Casas Viejas* (Barcelona: Argos Vergara, 1984) pp. 11–25.

78 *El Debate*, 15 January 1932.

79 Manuel Azaña, diary entry for 13 January 1933, *Diarios, 1932–1933*, p. 136.

80 *DSCC*, 3, 23, 24 February, 2, 3 March 1933; *El Debate*, 24 February 1933. 关于巴尔瓦·埃尔南德斯和卡萨斯别哈斯，参见 *Diario de las Sesiones de Cortes* [henceforth DSC], 16 March 1933；Azaña, *Obras completas*, IV, pp. 469–71；Guillermo Cabanellas, *La guerra de los mil días: nacimiento, vida y muerte de la II República española*, 2 vols (Buenos Aires: Grijalbo, 1973)

I, pp. 274, 494–6; Gabriel Jackson, *The Spanish Republic and the Civil War* (Princeton, NJ: Princeton University Press, 1965) p. 514。

81 Rafael Salazar Alonso, *Bajo el signo de la revolución* (Madrid: Librería de San Martín, 1935) pp. 36–7; Lama, José González Barrero, pp. 46–8. 根据 Gutiérrez Casalá, *La segunda República en Badajoz*, p. 176，萨拉萨尔·阿隆索当时在场。

82 *DSC*, 25 January 1934. See also Margarita Nelken, *Por qué hicimos la revolución* (Barcelona: Ediciones Sociales Internacionales, 1936) p. 96.

83 Niceto Alcalá Zamora, *Memorias* (Barcelona: Planeta, 1977) p. 283; *DSC*, 25 January 1934; Nelken, *Por qué hicimos la revolución*, p. 87; Vallina, *Mis memorias*, pp. 226–7; Alejandro Lerroux, *La pequeña historia: apuntes para la historia grande vividos y redactados por el autor* (Buenos Aires: Editorial Cimera, 1945) pp. 149, 245.

84 阿隆索为其情妇所写的情书上只称呼对方为安帕罗，在内战爆发时，所有书信被从他的住所搜走，并于1937年1月13日刊登在报纸《全国劳工联盟报》上。来自巴罗斯自由镇的 Amparo Munilla Montero de Espinosa 和 Francisco Amparo Cabeza de Vaca 之女，在她的回忆录（一本充斥着自我优越感和阶级仇恨的作品）中提到了她父母与萨拉萨尔·阿隆索之间的友谊，但明确否认她母亲是萨拉萨尔的情人，见 Amparo Cabeza de Vaca, *Bajo cielos de plomo: unas memorias y el diario de Rafael Salazar Alonso* (Madrid: Editorial Actas, 2009) pp. 32, 39, 88。

85 *BUGT*, August–September 1933; *El Obrero de la Tierra*, 12, 20 August, 9 September 1933; *El Debate*, 22, 23, 29 August 1933.

86 *El Debate*, 19 September 1933; *El Obrero de la Tierra*, 16, 23, 30 September 1933; *BUGT*, November 1933; Mario López Martínez, *Órden publico y luchas agrarias en Andalucia* (Madrid: Ediciones Libertarias/Ayuntamiento de Córdoba, 1995) p. 319.

87 María Martínez Sierra, *Una mujer por los caminos de España*, 2nd edn (Madrid: Editorial Castalia, 1989) pp. 81–6.

88 Juan-Simeón Vidarte, *El bienio negro y la insurreción de Asturias* (Barcelona: Grijalbo, 1978) pp. 109–10; Francisco Largo Caballero, *Discursos a los trabajadores* (Madrid: Grafica Socialista, 1934) Apéndice, pp. 163–6.

89 Antonio Ramos Oliveira, *Politics, Economics and Men of Modern Spain* (London: Victor Gollancz, 1946) pp. 489–91; Nelken, *Por qué hicimos la revolución*, pp. 67–9; Martínez Sierra, *Una mujer*, pp. 133–40; Antonina Rodrigo, *Maria Lejárraga: una mujer en la sombra* (Madrid: Ediciones Vosa, 1994) pp. 266–7; López Martínez, *Órden publico y luchas agrarias*, pp. 320–4; Francisco Moreno Gómez, *La República y la guerra civil en Córdoba* (Córdoba: Ayuntamiento de Córdoba, 1982) p. 230; *El Obrero de la Tierra*, 31 March 1934.

90 *El Socialista*, 28, 30 October 1933; Gutiérrez Casalá, *La segunda República en Badajoz*, pp. 153, 169, 187, 190; Nelken, *Por qué hicimos la revolución*, pp. 69, 96; Vidarte, *El bienio negro*, pp. 32–5. 关于巴利纳医生在巴达霍斯的活动，见 Vallina, *Mis memorias*, pp. 260–2。

91 Nelken to Pi Sunyer, 21 November 1933, Arxiu Carles Pi Sunyer, Barcelona.

92 Margarita Nelken, 'Las Actas de Badajoz: con el fango hasta la boca', *El Socialista*, 30 November 1933; Nelken, *Por qué hicimos la revolución*, pp. 69–70; Vidarte, *El bienio negro*, pp. 151–2; Gutiérrez Casalá, *La segunda República en Badajoz*, pp. 193–9.

93 Ramos Oliveira, *Politics, Economics*, p. 490; López Martínez, *Órden publico y luchas agrarias*, pp. 326–9.

2 鼓吹群体灭绝的理论家们

1 *ABC*, 31 January 1933. 拉马米耶·德·克莱拉克的很多亲属，包括他的兄弟（一位耶稣会士）和他的儿子，均为神职人员，见 Antonio Pérez de Olaguer, *Piedras vivas: biografía del Capellán Requeté José María Lamamié de Clairac y Alonso* (San Sebastián: Editorial Española, 1939) pp. xvi–xviii, 30–3。

2 Antonio Rodríguez de las Heras, *Filiberto Villalobos, su obra social y política 1900–1936* (Salamanca: Centro de Estudios Salmantinos, 1985) p. 193.

3 *ABC*, 6 June 1933.

4 关于《纪要》之渊源，见 Norman Cohn, *Warrant for Genocide: The Myth of Jewish World Conspiracy and the Protocols of the Elders of Zion* (Harmondsworth: Pelican Books, 1970)。

5 关于图斯克茨，见 Antoni Mora, 'Joan Tusquets, en els 90 anys d'un home d'estudi i de combat', Institut d'Estudis Tarraconenses Ramón Berenguer IV, *Anuari 1990–1991 de la Societat d'Estudis d'Història Eclesiàstica Moderna i Contemporània de Catalunya* (Tarragona: Diputació de Tarragona, 1992) pp. 231–42；José Antonio Ferrer Benimelli, *El contubernio judeo-masónico-comunista: del Satanismo al escándolo del P-2* (Madrid: Ediciones Istmo, 1982) pp. 191–7；Jordi Canal, 'Las campañas antisectarias de Juan Tusquets (1927–1939): una aproximación a los orígenes del contuberio judeo-masónico-comunista en España', in José Antonio Ferrer Benimeli, ed., *La masonería en la España del siglo XX*, 2 vols (Toledo: Universidad de Castilla-La Mancha, 1996) II, pp. 1193–1214；Javier Domínguez Arribas, 'Juan Tusquets y sus ediciones antisectarias (1936–1939)', in José Antonio Ferrer Benimeli, ed., *La masonería española en la época de Sagasta*, 2 vols (Zaragoza: Gobierno de Aragón, 2007) II, pp. 1157–96。

6 关于图斯克茨对马西亚的指控，见 Juan Tusquets, *Orígenes de la revolución española* (Barcelona: Editorial Vilamala, 1932) pp. 150–1；Juan Tusquets, *Masones y pacifistas* (Burgos: Ediciones Antisectarias, 1939) pp. 104–5；Hilari Raguer, *La Unió Democràtica de Catalunya i el seu temps (1931–1939)* (Barcelona: Publicaciones de l'Abadia de Montserrat, 1976) pp. 279–80；Arxiu Vidal i Barraquer, *Esglesia i Estat durant la Segona República espanyola 1931/1936*, 4 vols in 8 parts (Monestir de Montserrat: Publicacions de l'Abadia de Montserrat, 1971–90) II, pp. 386, 638, III, p. 935。

7 关于破门盗窃行径和所谓的遇刺事件，见 Mora, 'Joan Tusquets', pp. 234–5。

8 Tusquets, *Orígenes*, pp. 101, 137. Alcalá Zamora wrote in protest to Archbishop Vidal i Barraquer, 26 March 1932, Arxiu Vidal i Barraquer, *Esglesia i Estat*, II, pp. 644–6.

9 *Los poderes ocultos en España: los Protocolos y su aplicación a España – infiltraciones masónicas en el catalanismo – ¿El señor Macià es masón?* (Barcelona: Editorial Vilamala, Biblioteca Las Sectas, 1932) pp. 35–46; Tusquets, *Orígenes*, pp. 35–6, 41, 99, 126–7; Jordi Canal, 'Las campañas antisectarias', pp. 1201–7.

10 Joan Subirà, *Capellans en temps de Franco* (Barcelona: Editorial Mediterrània, 1996) p. 25; interview with Lluís Bonada, Avui, 28 February 1990.

11 Ignasi Riera, *Los catalanes de Franco* (Barcelona: Plaza y Janés, 1998) pp. 126–7; Ramón Serrano Suñer, 'Prólogo', in Tusquets, *Masonería y pacifistas*, p. 7.

12 José del Castillo and Santiago Álvarez, *Barcelona: objetivo cubierto* (Barcelona: Editorial Timón, 1958) p. 146; Hilari Raguer, *Salvador Rial, vicari del cardenal de la pau* (Barcelona: Publicacions de l'Abadia de Montserrat, 1993) p. 40; Joaquín María de Nadal, *Seis años con don Francisco*

注　释　573

  Cambó (1930–1936): memorias de un secretario político (Barcelona: Editorial Alpha, 1957) p. 265.
13 Tusquets, *Orígenes*, pp. 51–7, 95–6, 122–6, 170, 177, 207–15. 关于编纂的名单，另见'Declaración del testigo Francesc Casanova a la Causa General, Provincia de Barcelona, 8 June 1942', Barcelona, Pieza No. 2, Legajo 1630, Archivo Histórico Nacional[henceforth AHN]。
14 *Acción Española*, Vol. II, No. 10, 1 May 1932, p. 422.
15 Julián Cortés Cavanillas, *La caída de Alfonso XIII: causas y episodios de una revolución*, 7th edn (Madrid: Librería de San Martín, 1933) pp. 25, 33–4.
16 *Acción Española*, Vol. II, No. 10, 1 May 1932, p. 434–8.
17 'La resistencia a la tiranía', *Acción Española*, Vol. VI, No. 34, 1 August 1933, pp. 352–71; No. 35, 16 August 1933, pp. 442–61; No. 36, 1 September 1933, pp. 580–90; No. 37, 16 September 1933, pp. 1–8.
18 'La sumisión al Poder ilegítimo', *Acción Española*, 16 October 1933, pp. 205–28; Aniceto de Castro Albarrán, *El derecho a la rebeldía* (Madrid: Cultura Española, 1934); Aniceto de Castro Albarrán, *Guerra santa: el sentido católico del Movimiento Nacional Español* (Burgos: Editorial Española, 1938) pp. 77–84.
19 José Cirera y Prat, *El criterio legitimista frente al confusionismo actual* (Barcelona: La Hormiga de Oro, 1933); Frances Lannon, *Privilege, Persecution and Prophecy: The Catholic Church in Spain 1875–1975* (Oxford: Clarendon Press, 1987) p. 187.
20 Vidal i Barraquer to Pacelli, 6 december 1933, Arxiu Vidal i Barraquer, *Esglesia i Estat durant la Segona República espanyola 1931/1936*, IV, Parts 1 and 2, pp. 167–71; Ramón Comas, *Isidro Gomá: Francesc Vidal i Barraquer: dos visiones antagónicas de la Iglesia española de 1939* (Salamanca: Ediciones Sigueme, 1977) pp. 89–94; Ramón Muntanyola, *Vidal i Barraquer: cardenal de la pau*, 2nd edn (Barcelona: Publicaciones de l'Abadia de Montserrat, 1976) pp. 318–19; Mary Vincent, *Catholicism in the Second Spanish Republic: Religion and Politics in Salamanca 1930–1936* (Oxford: Clarendon Press, 1996) pp. 217, 248–9.
21 Santiago Martínez Sánchez, *Los papeles perdidos del cardenal Segura, 1880–1957* (Pamplona: Ediciones Universidad de Navarra, 2004) pp. 289–96.
22 Emilio Mola Vidal, *Obras completas* (Valladolid: Librería Santarén, 1940) pp. 197–8, 200.
23 Carlos Blanco Escolá, *General Mola: elególatra que provocó la guerra civil* (Madrid: La Esfera de los Libros, 2002) pp. 61–4.
24 *Ibid.*, pp. 79–81, 187–8.
25 Jorge Vigón, *General Mola (el conspirador)* (Barcelona: Editorial AHR, 1957) pp. 57–8, 63–4; B. Félix Maíz, *Mola, aquel hombre* (Barcelona: Planeta, 1976) pp. 25–8, 43–4, 84–6, 238. 叶夫根尼·米勒曾在苏俄内战期间担任北阿尔汉格尔斯克地区白俄军队总司令和拥有独裁权的地方总督，从1922年到1924年在巴黎担任（流亡）白俄军队总参谋长。此后，在两次大战期间，他是白俄军方流亡者中的关键人物之一。他于1937年在巴黎被内务人民委员部（NKVD）的特务绑架，并于1939年5月在莫斯科根据Lavrently Beria的命令被处决。See Vladislav I. Goldin and John W. Long, 'Resistance and Retribution: The Life and Fate of General E. K. Miller', *Revolutionary Russia*, Vol. 12, No. 2, December 1999, pp. 19–40; Paul Robinson, *The White Russian Army in Exile 1920–1941* (Oxford: Clarendon Press, 2002) pp. 174–7, 208–10, 224–5, 236; Marina Gorboff, *La Russie fantôme: l'émigration russe de 1920 à 1950* (Lausanne: Éditions L'Age d'Homme, 1995) pp. 135–6, 151–8; John J. Stepan, *The Russian Fascists:*

Tragedy and Farce in Exile 1925–1945 (London: Hamish Hamilton, 1878) pp. 18–23. 非常感谢 Jonathan Smele 博士在有关白俄的内容方面所提供的帮助。

26. Vigón, *General Mola*, pp. 75–6; Carolyn P. Boyd, '"Responsibilities" and the Second Republic, 1931–1936', in Martin Blinkhorn, ed., *Spain in Conflict 1931–1939: Democracy and its Enemies* (London, 1986) pp. 14–39.
27. Mola, *Obras*, pp. 879–80; José María Iribarren, *Mola: datos para una biografía y para la historia del alzamiento nacional* (Zaragoza: Librería General, 1938) pp. 39–40; Manuel Azaña, *Obras completas*, 4 vols (Mexico City: Ediciones Oasís, 1966–8) I, p. 64.
28. *Lo que yo supe: memorias de mi paso por la Dirección General de Seguridad* 一书完成于 1931 年，但直到 1933 年 1 月才公开出版发行。Mola, *Obras*, p. 347. 1936 年 8 月 15 日，莫拉在布尔戈斯的卡斯蒂利亚广播电台发表讲话时强调了他个人对阿萨尼亚的厌恶，他将后者描述为一个"丑恶的堕落分子"。Mola, *Obras*, p. 1178. 维加斯·拉塔皮的评论见 *Acción Española*, VI, 31, 16 June 1933。
29. Mola, *Tempestad, calma, intriga y crisis*, reprinted in *Obras*, pp. 574–5.
30. Mola, *Obras*, pp. 1166–7.
31. Blanco Escolá, *General Mola*, pp. 12–13. 关于他的个人性格，见 Guillermo Cabanellas, *La guerra de los mil días: nacimiento, vida y muerte de la II República española*, 2 vols (Buenos Aires: Grijalbo, 1973) I, p. 303。
32. Herbert Rutledge Southworth, *Conspiracy and the Spanish Civil War: The Brainwashing of Francisco Franco* (London: Routledge/Cañada Blanch Studies, 2002) pp. 128–91; Brian Crozier, *Franco: A Biographical History* (London: Eyre & Spottiswoode, 1967) p. 92; George Hills, *Franco: The Man and his Nation* (New York: Macmillan, 1967) p. 157; Luis Suárez Fernández, *Francisco Franco y su tiempo*, 8 vols (Madrid: Fundación Nacional Francisco Franco, 1984) I, pp. 197–8. 关于居住于瑞士的众多白俄流亡者，见 Cohn, *Warrant for Genocide*, pp. 243–55。
33. Cohn, *Warrant for Genocide*, p. 268.
34. Enrique Herrera Oria, *Los cautivos de Vizcaya: memorias del P. Enrique Herrera Oria, S.J., preso durante cuatro meses y medio en la cárcel de Bilbao y condenado a ocho años y un día de prisión* (Bilbao: Aldus S.A., 1938) pp. 12–13; *Protocolos de los Sabios de Sión* (Valladolid: Libertad/Afrodisio Aguado, 1934); Onésimo Redondo, 'El autor y el precursor de los "Protocolos"', 'El precursor de los "Protocolos"', *Obras completas: edición cronológica II* (Madrid: Publicaciones Españolas, 1955) pp. 201–4, 223–6.
35. Cohn, *Warrant for Genocide*, p. 326; Vincent, *Catholicism*, pp. 217–19; Gonzalez Álvarez Chillida, *El antisemitismo: la imagen del judío (1812–2002)* (Madrid: Marcial Pons, 2002) pp. 302–3, 324–5; Martin Blinkhorn, *Carlism and Crisis in Spain 1931–1939* (Cambridge: Cambridge University Press, 1975) p. 179.
36. Martin Blinkhorn, 'Right-wing Utopianism and Harsh Reality: Carlism, the Republic and the "Crusade"', in Martin Blinkhorn, ed., *Spain in Conflict 1931–1939: Democracy and its Enemies* (London: Sage Publications, 1986) pp. 183–205.
37. Álvarez Rey, *La derecha*, pp. 286–8.
38. Blinkhorn, *Carlism*, pp. 180–1.
39. José María Pemán, *Un soldado en la historia: vida del Capitán General Varela* (Cádiz: Escelicer, 1954) pp. 126–35; Antonio Lizarza Iribarren, *Memorias de la conspiración*, 4th edn (Pamplona: Editorial Gómez, 1969) pp. 32–3, 49–51.

40 José Monge y Bernal, *Acción Popular (Estudios de biología política)* (Madrid: Imp. Saez Hermanos, 1936) pp. 126–32; Javier Jiménez Campo, *El fascismo en la crisis de la Segunda República española* (Madrid: Centro de Investigaciones Sociológicas, 1979) pp. 129–30; José R. Montero, *La CEDA: el catolicismo social y politico en la II República*, 2 vols (Madrid: Ediciones de la Revista de Trabajo, 1977) I, pp. 98, 385; José Luis Mínguez Goyanes, *Onésimo Redondo 1905–1936: precursor sindicalista* (Madrid: Editorial San Martín, 1990) pp. 24–30.

41 Anon. (Javier Martínez de Bedoya), *Onésimo Redondo Caudillo de Castilla* (Valladolid: Ediciones Libertad, 1937) pp. 19–22; Onésimo Redondo, *El Estado Nacional* (Barcelona: Ediciones FE, 1939) pp. 42–3.

42 Ángel de Prado Moura, *El movimiento obrero en Valladolid durante la Segunda República* (Valladolid: Junta de Castilla y León, 1985) p. 135.

43 Anon., *Onésimo Redondo Caudillo*, p. 30.

44 *Ibid.*, pp. 22–7; Tomás Borrás, *Ramiro Ledesma Ramos* (Madrid: Editora Nacional, 1971) p. 284; Mínguez Goyanes, *Onésimo Redondo*, p. 36.

45 Ramiro Ledesma Ramos, *¿Fascismo en España?*, 2nd edn (Barcelona: Ediciones Ariel, 1968) pp. 77–81; Borrás, *Ramiro Ledesma Ramos*, pp. 216, 248–50; Herbert Rutledge Southworth, 'The Falange: An Analysis of Spain's Fascist Heritage', in Paul Preston, ed., *Spain in Crisis: The Evolution and Decline of the Franco Regime* (Hassocks: Harvester Press, 1976) p. 6; Ferran Gallego, *Ramiro Ledesma Ramos y el fascismo español* (Madrid: Síntesis, 2005) pp. 62–115, 138–77.

46 Anon., *Onésimo Redondo Caudillo*, p. 9.

47 Eduardo Álvarez Puga, *Historia de la Falange* (Barcelona: Dopesa, 1969) p. 25.

48 Roberto Lanzas (Ramiro Ledesma Ramos), 'La violencia política y las insurrecciones', *JONS*, No. 3, August 1933, reproduced in *JONS Antología* (Barcelona: Editora Nacional, 1939) pp. 81–91.

49 Ramiro Ledesma Ramos, 'El "caso" Valladolid', *La Patria Libre*, No. 6, 23 March 1935, reproduced in Ramiro Ledesma Ramos, *Escritos políticos 1935–1936* (Madrid: Herederos de Ramiro Ledesma Ramos, 1988) pp. 255–7; José María Sánchez Diana, *Ramiro Ledesma Ramos. biografía política* (Madrid: Editora Nacional, 1975) pp. 125–6; Mínguez Goyanes, *Onésimo Redondo*, p. 40; Anon., *Onésimo Redondo Caudillo*, pp. 34–5.

50 Anon., *Onésimo Redondo Caudillo*, pp. 40–7, 51–7; Mínguez Goyanes, *Onésimo Redondo*, pp. 42, 170–3.

51 Onésimo Redondo, 'El regreso de la barbarie', *JONS Antología*, pp. 154–9.

52 Eduardo González Calleja, 'La violencia y sus discursos: los límites de la "fascistización" de la derecha española durante el régimen de la II República', *Ayer. Revista de Historia Contemporánea*, No. 71, 2008, pp. 89–90; Eduardo González Calleja, 'Aproximación a las subculturas violentas de las derechas españolas antirrepublicanas españolas (1931–1936)', *Pasado y Memoria. Revista de Historia Contemporánea*, No. 2, 2003, pp. 107–42; Eduardo González Calleja, 'The symbolism of violence during the Second Republic in Spain, 1931–1936', in Chris Ealham and Michael Richards, eds, *The Splintering of Spain: Cultural History and the Spanish Civil War, 1936–1939* (Cambridge: Cambridge University Press, 2005) pp. 23–44, 227–30.

53 Ledesma Ramos, *Escritos políticos*, pp. 44–6; Ledesma Ramos, *¿Fascismo*, p. 302.

54 Sancho Dávila and Julián Pemartín, *Hacia la historia de la Falange: primera contribución de Sevilla* (Jerez: Jerez Industrial, 1938) pp. 24–7.

55 *Arriba*, 18 April, 2 May 1935; Álvarez Chillida, *Antisemitismo*, pp. 342–3; José Antonio Primo de Rivera, *Obras*, 4th edn (Madrid: Sección Feminina de FET y de las JONS, 1966) p. 192.
56 Ramiro de Maeztú, *Defensa de la Hispanidad*, 4th edn (Madrid: Editorial Cultura Española, 1941) pp. 197–9; José Luis Villacañas Berlanga, *Ramiro de Maeztu y el ideal de la burguesía en España* (Madrid: Espasa Calpe, 2000) pp. 350–78.
57 他声称引用了一个未具名的熟人的说法。José Calvo Sotelo, *La voz de un perseguido*, 2 vols (Madrid: Librería de San Martín, 1933, 1934) II, p. 225.
58 'España: Germanos contra bereberes', in Miguel Primo de Rivera y Urquijo, ed., *Papeles póstumos de José Antonio* (Barcelona: Plaza y Janés, 1996) pp. 160–6.
59 *El Debate*, 17 October 1933.
60 *El Socialista*, 17, 21 October 1933.
61 *CEDA*, 31 October 1933.
62 Tusquets, *Orígenes*, pp. 30–44, 137–42; Francisco de Luis, *La masonería contra España* (Burgos: Imprenta Aldecoa, 1935) pp. 6, 99–102, 158–60, 191; Blinkhorn, *Carlism*, pp. 46, 179; Álvarez Chillida, *El antisemitismo*, pp. 181, 334–8.
63 Expediente 1736, Expediente personal de Julián Mauricio Carlavilla del Barrio, Archivo General del Ministerio de Interior; Eduardo Conolly, 'Mauricio Carlavilla: el encanto de la conspiración', *HIBRIS. Revista de Bibliofilia* (Alcoy), No. 23, September–October 2004, pp. 4 ff.
64 他用"毛里西奥·卡尔"的假名给出了一份他自己的叙述，见 *Asesinos de España: marxismo, anarquismo, masonería* (Madrid: Ediciones Bergua, 1935) pp. 60–8, 76–81。
65 Documento 272, expediente de depuración, 1 February 1940, Expediente 1736, Archivo General del Ministerio de Interior. See also Mauricio Carlavilla, *Anti-España 1959: autores, cómplices y encubridores del comunismo* (Madrid: Editorial NOS, 1959) pp. 18, 434–8. 莫拉将军在回忆录 *Obras*, p. 758 中将这一功劳归于一名未透露姓名的卧底警员。卡拉维利亚在 *Anti-España*, p. 436 中声称，这指的正是他本人的活动。
66 Carlavilla, *Anti-España*, p. 439.
67 Documento 272, expediente de depuración, 1 February 1940, Expediente 1736, Archivo General del Ministerio de Interior.
68 Karl, *Asesinos de España*. 关于卡拉维利亚，见 Southworth, *Conspiracy*, pp. 207, 212–13; Álvarez Chillida, *Antisemitismo*, pp. 320–1。按照 Ricardo de la Cierva 在 *Bibliografía sobre la guerra de España (1936–1939) y sus antecedentes* (Barcelona: Ariel, 1968) pp. 115, 140, 365 中的说法，其名字为毛里西奥·卡拉维利亚·德·拉·维加。然而，在卡拉维利亚的著作 *partida de nacimiento* 中，他的名字被写成"胡利安·毛里西奥·卡拉维利亚·德尔·巴里奥"。另外，在后来他的一本书里，当他认为出版时使用假名已不必要时，其署名为"毛里西奥·卡拉维利亚·德尔·巴里奥'毛里西奥·卡尔'"，*Sodomitas* (Madrid: Editorial NOS, 1956)。莫拉承认他与卡拉维利亚熟识，见 Mola, *Obras*, p. 624。
69 Karl, *Asesinos de España*, pp. 21–4, 85–9, 196–207 (on Hitler and Mussolini), 320–1 (army). On Cambó, pp. 74–5; Julio Rodríguez Puértolas, *Literatura fascista española*, 2 vols (Madrid: Ediciones Akal, 1986, 1987) I, p. 309; Maximiano García Venero, *Falange en la guerra civil de España: la unificación y Hedilla* (Paris, Ruedo Ibérico, 1967) p. 309.
70 Carlavilla del Barrio, Expediente 1736, Documento 129, 27 September 1935.
71 Carlavilla del Barrio, Expediente 1736, Documento 272, expediente de depuración, 1 February 1940; *Claridad*, 4 May 1936; Joaquín Arrarás, *Historia de la cruzada española*, 8 vols, 36 tomos

(Madrid: Ediciones Españolas, 1939–43) II, 9, p. 503; Guillermo Cabanellas, *Los cuatro generales*, 2 vols (Barcelona: Planeta, 1977) I, p. 274; Juan Ortiz Villalba, *Sevilla 1936: del golpe militar a la guerra civil* (Seville: Diputación Provincial, 1997) pp. 158–9; Edmundo Barbero, *El infierno azul (seis meses en el feudo de Queipo)* (Madrid: Talleres del SUIG (CNT), 1937) p. 39.

3 右翼攻势之继续

1. Francisco Cobo Romero, *Labradores, campesinos y jornaleros: protesta social y diferenciación interna del campesinado jiennense en los orígenes de la Guerra Civil (1931–1936)* (Cordoba: Publicaciones del Ayuntamiento de Córdoba, 1992) pp. 400–5.
2. *Boletín del Ministerio de Trabajo*, January 1935
3. Enrique Montañés, *Anarcosindicalismo y cambio político: Zaragoza, 1930–1936* (Zaragoza: Institución Fernando el Católico, 1989) pp. 98–100; José María Azpíroz Pascual, *Poder político y conflictividad social en Huesca durante la II República* (Huesca: Ayuntamiento de Huesca, 1993) pp. 161–9; Enrique Pradas Martínez, *La segunda República y La Rioja (1931–1936)* (Logroño: Cuadernos Riojanos, 1982) pp. 139–54; Enrique Pradas Martínez, ed., *8 de diciembre de 1933: insurrección anarquista en La Rioja* (Logroño: Cuadernos Riojanos, 1983) *passim*; Salvador Forner Muñoz, *Industrialización y movimiento obrero: Alicante 1923–1936* (Valencia: Edicions Alfons el Magnànim, 1982) pp. 354–7; José Manuel Macarro Vera, *La utopía revolucionaria: Sevilla en la segunda República* (Seville: Monte de Piedad y Caja de Ahorros de Seville, 1985) p. 368; Joaquín Arrarás, *Historia de la segunda República española*, 4 vols (Madrid: Editora Nacional, 1956–68) II, pp. 251–7; José Peirats, *La CNT en la revolución española*, 2nd edn, 3 vols (Paris: Ediciones Ruedo Ibérico, 1971) I, pp. 77–80; César M. Lorenzo, *Les Anarchistes espagnols et le pouvoir* (Paris: Éditions du Seuil, 1969) pp. 79–80; Roberto Villa, 'La CNT frente a la República: la insurrección revolucionaria de diciembre de 1933', *Historia y Política*, No. 24, 2010.
4. Francisco Moreno Gómez, *La República y la guerra civil en Córdoba* (Córdoba: Ayuntamiento de Córdoba, 1982) pp. 244–8; Manuel Pérez Yruela, *La conflictividad campesina en la provincia de Córdoba 1931–1936* (Madrid: Servicio de Publicaciones Agrarias, 1979) pp. 169–72.
5. Francisco Moreno Gómez, *La guerra civil en Córdoba (1936–1939)* (Madrid: Editorial Alpuerto, 1985) p. 238.
6. Fernando Ayala Vicente, *La violencia política en la provincia de Cáceres durante la Segunda República (1931–1936)* (Brenes: Muñoz Moya Editores Extremeños, 2003) pp. 67–8.
7. Juan-Simeón Vidarte, *El bienio negro y la insurrección de Asturias* (Barcelona: Grijalbo, 1978) pp. 58–9, 70–81.
8. Mario López Martínez, *Órden publico y luchas agrarias en Andalucia* (Madrid: Ediciones Libertarias/Ayuntamiento de Córdoba, 1995) pp. 351–4.
9. Francisco Largo Caballero, *Discursos a los trabajadores* (Madrid: Gráfica Socialista, 1934) pp. 140–2.
10. Francisco Largo Caballero, *Mis recuerdos: cartas a un amigo* (Mexico City: Editores Unidos, 1953) pp. 132–3.
11. Actas de la Comisión Ejecutiva del PSOE, 22 November 1933, Fundación Pablo Iglesias [henceforth FPI], AH 20–2; Francisco Largo Caballero, *Escritos de la República*, ed. Santos Juliá (Madrid: Fundación Pablo Iglesias, 1985) pp. 40–3.

12 *El Socialista*, 26, 28, 30 November, 1, 2, 8, 19, 21 december 1933, 13, 14 January 1934.

13 *Boletín de la UGT*, January 1934; Amaro del Rosal, *1934: el movimiento revolucionario de octubre* (Madrid: Akal, 1983) pp. 93–150.

14 *El Socialista*, 12 december 1933; Largo Caballero, *Escritos*, pp. 48–50; Amaro del Rosal, *1934: el movimiento revolucionario de octubre* (Madrid: Akal, 1983) pp. 35–93.

15 *DSC*, 12 december 1933.

16 *DSC*, 19 december 1933; *El Debate*, 22 december 1933; *Renovación*, 23 december 1933.

17 *DSC*, 20 december 1933.

18 Diary entry for 1 July 1937, in Manuel Azaña, *Obras completas*, 4 vols (Mexico City: Ediciones Oasis, 1966–8) IV, p. 650; Vidarte, *El bienio negro*, p. 97.

19 *El Obrero de la Tierra*, 6 January 1934.

20 *DSC*, 25 January 1934; Margarita Nelken, *Por qué hicimos la revolución* (Barcelona: Ediciones Sociales Internacionales, 1936) pp. 87–96.

21 *Renovación*, 20 January 1934; *El Obrero de la Tierra*, 23 december 1933, 6, 13, 20 January 1934.

22 *El Debate*, 27 december 1933, 26, 27 January, 8, 25 February 1934; *Renovación*, 6 January 1934; *El Socialista*, 23, 25, 26 January, 2 February 1934; *La Mañana*, 17, 19, 20 January 1934.

23 *BUGT*, January 1934; *El Socialista*, 25, 26, 28, 30 January 1934; *BUGT*, February 1934; Rosal, *1934*, pp. 94–200; Largo Caballero, *Mis recuerdos*, pp. 134–5; Gabriel Mario de Coca, *Anti-Caballero: una crítica marxista de la bolchevización del Partido Socialista Obrero Español* (Madrid: Ediciones Engels, 1936) pp. 133, 137–42; Largo Caballero, *Escritos*, pp. 64–141; Dolores Ibarruri et al., *Guerra y revolución en España*, 4 vols (Moscow: Editorial Progreso, 1967–77) I, pp. 52–7; Santos Juliá Díaz, *Historia del socialismo español (1931–1939)* (Barcelona, 1989) pp. 101–2.

24 Rosal, *1934*, pp. 200–56.

25 *El Obrero de la Tierra*, 3 February 1934.

26 Emilio Majuelo, *Luchas de clases en Navarra (1931–1936)* (Pamplona: Gobierno de Navarra, 1989) pp. 40–61, 206–11, 221 ff. Emilio Majuelo, *La generación del sacrificio: Ricardo Zabalza 1898–1940* (Tafalla: Editorial Txalaparta, 2008) pp. 237–8.

27 关于巴尔迪维亚和比森特·圣地亚哥·奥德松，见 Azaña, *Obras completas*, IV, p. 569；Ministerio de la Guerra, Estado Mayor Central , *Anuario Militar de España 1936* (Madrid: Imprenta y Talleres del Ministerio de la Guerra, 1936) pp. 326, 380。关于穆尼奥斯·格兰德斯，见 Fernando Vadillo, *Muñoz Grandes, el general de la División Azul* (Madrid: Fundación Don Rodrigo, 1999) pp. 71–8。

28 Rafael Salazar Alonso, *Bajo el signo de la revolución* (Madrid: Librería de San Martín, 1935) pp. 34–5.

29 *El Debate*, 2, 8, 10, 11, 22, 27 March 1934; *El Socialista*, 29 March 1934; *DSC*, 8 March 1934; Pedro Oliver Olmo, *La pena de muerte en España* (Madrid: Editorial Síntesis, 2008) pp. 109–22.

30 Anon., *Onésimo Redondo Caudillo*, pp. 71–2, 82–4.

31 *Ibid.*, pp. 85–90.

32 关于该条约，唯一可靠的同时代档案是 Guariglia 于 1933 年 9 月 1 日提交给 MAE 的报告，见 Raffaele Guariglia, *Ambasciata in Spagna e primi passi in diplomazia 1932–1934* (Naples: Edizioni Scientifiche Italiani, 1972) pp. 304–5；Ismael Saz Campos, *Mussolini contra la II República: hostilidad, conspiraciones, intervención (1931–1936)* (Valencia: Edicions Alfons

el Magnànim, 1986) pp. 111–12；Pedro Sainz Rodríguez, *Testimonio y recuerdos* (Barcelona: Planeta, 1978) pp. 220–2；José María Gil Robles, *No fue posible la paz* (Barcelona: Ariel, 1968) pp. 442–3；Juan Antonio Ansaldo, *¿Para qué ...? (de Alfonso XIII a Juan III)* (Buenos Aires: Editorial Vasca Ekin, 1951) p. 89。

33 Alejandro Corniero Suárez, *Diario de un rebelde* (Madrid: Ediciones Barbarroja, 1991) pp. 47–50, 66–8.

34 José Antonio Primo de Rivera, 'Discurso de la fundación de Falange Española', *Textos de doctrina política*, 4th edn (Madrid: Sección Femenina, 1966) pp. 61–9.

35 Herbert Rutledge Southworth, *Antifalange estudio crítico de 'Falange en la guerra de España' de Maximiano García Venero* (Paris: Ediciones Ruedo Ibérico, 1967) pp. 26–9; Felipe Ximénez de Sandoval, *'José Antonio' (Biografía apasionada)* (Barcelona: Editorial Juventud, 1941) pp. 204–5, 210–12, 316–17, 330, 358, 437–40; Francisco Bravo Martínez, *Historia de Falange Española de las JONS*, 2nd edn (Madrid: Editora Nacional, 1943) pp. 213–14.

36 Bravo Martínez, *Historia de Falange*, pp. 26–7; Domingo Pérez Morán, *¡A estos, que los fusilen al amanecer!* (Madrid: G. del Toro, 1973) pp. 208–9; Ignacio Martín Jiménez, *La guerra civil en Valladolid (1936–1939): amaneceres ensangrentados* (Valladolid: Ámbito Ediciones, 2000) pp. 13, 41.

37 Colloquio del Capo del Governo con i rappresentanti della destra spagnola, 31 March 1934, *I Documenti Diplomatici Italiani*, 7th Series, Vol. XV: *18 marzo–27 settembre 1934* (Roma: Istituto Poligrafico e Zecca dello Stato/Libreria dello Stato, 1990) pp. 64–8; Antonio Lizarza Iribarren, *Memorias de la conspiración*, 4th edn (Pamplona: Editorial Gómez, 1969) pp. 34–41; *How Mussolini Provoked the Spanish Civil War: Documentary Evidence* (London: United Editorial, 1938) *passim*.

38 Javier Ugarte Telleria, *La nueva Covadonga insurgente: orígenes sociales y culturales de la sublevación de 1936 en Navarra y el País Vasco* (Madrid: Editorial Biblioteca Nueva, 1998) pp. 74–8, 266–71; Eduardo González Calleja, 'La violencia y sus discursos: los límites de la "fascistización" de la derecha española durante el régimen de la Segunda República', *Ayer. Revista de Historia Contemporánea*, No. 71, 2008 (3), pp. 98–102; Jordi Canal, *Banderas blancas, boinas rojas: una historia política del carlismo, 1876–1939* (Madrid: Marcial Pons, 2006) pp. 44–6.

39 *El Debate*, 22, 24 April 1934; *El Socialista*, 22, 24 April 1934; José Monge Bernal, *Acción Popular (estudios de biología política)* (Madrid: Imp. Sáez Hermanos, 1936) pp. 258–60.

40 Ansaldo, *¿Para qué?*, pp. 71–3; Ramiro Ledesma Ramos, *¿Fascismo en España?*, 2nd edn (Barcelona: Ariel, 1968) pp. 161–3.

41 *DSC*, 17, 23 May 1934; Nigel Townson, *The Crisis of Democracy in Spain: Centrist Politics under the Second Republic 1931–1936* (Brighton: Sussex Academic Press, 2000) pp. 225–41.

42 *El Debate*, 26 May 1934; *El Socialista*, 24, 25 May 1934; Salazar Alonso, *Bajo el signo*, pp. 121–9; Cobo Romero, *Labradores*, pp. 417–20; López Martínez, *Orden público y luchas agrarias*, pp. 330–45.

43 Lama, *José González Barrero*, pp. 35–6, 52–4, 58; José María Lama, *La amargura de la memoria: República y guerra en Zafra (1931–1936)* (Badajoz: Diputación de Badajoz, 2004) pp. 150–60.

44 关于莫德斯托·何塞·洛伦萨纳·马卡罗的信息，我对 Cayetano Ibarra Barroso 准予我使用其有关丰特-德坎托斯的新鲜出炉的研究成果而表示感谢。

45 *El Debate*, 6, 10 May 1934; Cobo Romero, *Labradores*, pp. 409–20.

46 *El Obrero de la Tierra*, 17 February 1934.

47 *El Obrero de la Tierra*, 24 February, 3, 24, 31 March, 14, 21 April 1934.
48 *El Obrero de la Tierra*, 31 March, 7, 14, 21 April 1934.
49 上文叙述来自 1934 年 7 月 31 日劳工总会全国委员会在此次罢工事件失败后所进行的事后总结会上的会议记录（*Boletín de la Unión General de Trabajadores*, August 1934）。See also Vidarte, *El bienio negro*, pp. 152–4.
50 *El Sol*, 2 May 1934; *ABC*, 2 May 1934; *El Obrero de la Tierra*, 5 May 1934; *El Socialista*, 6 May 1934.
51 *El Obrero de la Tierra*, 21 February 1934.
52 *El Obrero de la Tierra*, 19 May 1934.
53 *El Obrero de la Tierra*, 26 May 1934; Vidarte, *El bienio negro*, pp. 151–6.
54 Salazar Alonso, *Bajo el signo*, p. 141.
55 *DSC*, 30 May 1934. Cf. Vidarte, *El bienio negro*, pp. 156–9.
56 Paul Preston, *The Coming of the Spanish Civil War: Reform, Reaction and Revolution in the Second Spanish Republic 1931–1936*, 2nd edn (London, Routledge, 1994) pp. 147–53, 245; Paul Preston, 'The Agrarian War in the South', in Paul Preston, ed., *Revolution and War in Spain 1931–1939* (London: Methuen, 1984) pp. 159–81; Vidarte, *El bienio negro*, pp. 151–3.
57 Lama, *José González Barrero*, pp. 65–8; Lama, *La amargura*, pp. 162–7; Paloma Biglino Campos, *El socialismo español y la cuestión agraria 1890–1936* (Madrid, 1986) pp. 464–7; Gabriel Jackson, *The Spanish Republic and the Civil War* (Princeton, NJ: Princeton University Press, 1965) pp. 137–9; Manuel Tuñón de Lara, *Tres claves de la segunda República* (Madrid: Alianza Editorial, 1985) pp. 138–9.
58 在 *La Mañana*, 6, 8–12 June 1934 中，展示了罢工行动的彻底性。See also *El Socialista*, 31 May, 1, 2, 3, 7, 8, 13, 28, 29, 30 June 1934; *El Debate*, 30, 31 May, 6, 7, 10 June 1934; *DSC*, 7, 14 June 1934; *El Obrero de la Tierra*, 13 June 1936; Cobo Romero, *Labradores*, pp. 421–34; Pérez Yruela, *La conflictividad*, pp. 190–6; Moreno Gómez, *La República y la guerra civil en Córdoba*, pp. 268–79; Macarro Vera, *La utopía*, pp. 388–93; Fernando Pascual Cevallos, *Luchas agrarias en Seville durante la segunda República* (Seville, 1983) pp. 91–3. 对于全国农业工人联合会的较具批评性的记载，可参见 Edward E. Malefakis, *Agrarian Reform and Peasant Revolution in Spain: Origins of the Civil War* (New Haven: Yale University Press, 1970) pp. 335–40, and Salazar Alonso, *Bajo el signo*, pp. 141 ff。
59 José Antonio Alarcón Caballero, *El movimiento obrero en Granada en la II República (1931–1936)* (Granada, 1990) pp. 409–12.
60 José María Gil Robles, *No fue posible la paz* (Barcelona: Ariel, 1968) p. 129.
61 Alarcón Caballero, *El movimiento obrero en Granada*, p. 132; López Martínez, *Órden público y luchas agrarias*, pp. 340–2; Timothy John Rees, 'Agrarian Society and Politics in the Province of Badajoz under the Spanish Second Republic' (unpublished doctoral thesis, University of Oxford, 1990) p. 274.
62 *El Debate*, 8 March 1934; *El Socialista*, 11, 13, 14, 15 March 1934; *ABC*, 14, 15, 16 March 1934; Salazar Alonso, *Bajo el signo*, pp. 50–73; Torcuato Luca de Tena, *Papeles para la pequeña y la gran historia: memorias de mi padre y mías* (Barcelona: Planeta, 1991) pp. 167–72.
63 Salazar to Amparo, 30 July 1934, reprinted in José García Pradas, 'La conversión ejemplar de un "pobre hombre" que llegó a Ministro de la República', *CNT*, 17 January 1937.
64 Largo Caballero, *Escritos*, pp. 86–110, 115–41, 143–9; Rosal, *1934*, pp. 207–49; Bernardo Díaz

注　释　581

Nosty, *La Comuna asturiana: revolución de octubre de 1934* (Bilbao: ZYX, 1974) pp. 105–7; Indalecio Prieto, 'La noche del Turquesa', *Convulsiones de España: pequeños detalles de grandes sucesos*, 3 vols (Mexico City: Ediciones Oasis, 1967–9) I, pp. 109–11; Manuel Grossi, *La insurrección de Asturias (quince días de revolución socialista)* (Barcelona: Gráficos Alfa, 1935) p. 23; Salazar Alonso, *Bajo el signo*, pp. 226–7; Manuel Benavides, *La revolución fue así (octubre rojo y negro) reportaje* (Barcelona: Imprenta Industrial, 1935) pp. 9–20.

65　Miguel Ramos González, *La violencia en Falange Española* (Oviedo: Ediciones Tarfe, 1993) pp. 75–6; Ledesma Ramos, *¿Fascismo en España?*, pp. 163–4; Nelken, *Por qué hicimos la revolución*, pp. 118–19; David Jato, *La rebelión de los estudiantes (apuntes para una historia del alegre S.E.U.)* (Madrid: CIES, 1953) p. 109; Stanley G. Payne, *Falange: A History of Spanish Fascism* (Stanford, Calif.: Stanford University Press, 1967) pp. 57–8.

66　AHN, FC-Tribunal Supremo – Recursos, Legajo 97, 163.

67　Ledesma Ramos, *¿Fascismo en España?*, pp. 169–80; Ansaldo, *¿Para qué?*, pp. 84–6; Ximénez de Sandoval, *'José Antonio'*, pp. 577–82.

68　*El Debate*, 28 September 1934; Gil Robles, *No fue posible*, p. 131.

69　Monge Bernal, *Acción Popular*, pp. 301–3.

70　Antonio L. Oliveros, *Asturias en el resurgimiento español (apuntes históricos y biográficos)* (Madrid: Imprenta Juan Bravo, 1935) p. 277.

71　关于孔帕尼斯的讲话文本，参见 Frederic Escofet, *Al servei de Catalunya i de la República*, 2 vols (Paris: Edicions Catalanes, 1973) I, pp. 199–205；Edgar Allison Peers, *Catalonia Infelix* (London: Methuen, 1937) pp. 222–8；Manuel Azaña, *Mi rebelión en Barcelona* (Madrid: Espasa-Calpe, 1935) pp. 28–38。

72　*El Debate*, 7–9 September 1934; *El Socialista*, 7 September 1934; Grandizo Munis, *Jalones de derrota, promesa de victoria* (Mexico City: Editorial Lucha Obrera, 1948) pp. 128–9; Segundo Serrano Poncela, *El Partido Socialista y la conquista del poder* (Barcelona: Ediciones L'Hora, 1935) pp. 119–21.

73　*El Debate*, 11 September 1934; *CEDA*, 15 September 1934; Gil Robles, *No fue posible*, pp. 127–30.

74　*CNT*, 17 January 1937.

75　*El Sol*, 12 September 1934; Salazar Alonso, *Bajo el signo*, pp. 316–20.

76　*CEDA*, Nos. 36–7, December 1934.

77　Maximiano García Venero, *El general Fanjul: Madrid en el alzamiento nacional* (Madrid: Ediciones Cid, 1967) p. 196.

78　*DSC*, 4 december 1934.

79　Ricardo de la Cierva, *Historia de la guerra civil española* (Madrid: Editorial San Martín, 1969) I, pp. 302–3.

80　*El Debate*, 26, 27, 28 September 1934; *El Socialista*, 3, 4 October 1934; José María Gil Robles, *Discursos parlamentarios* (Madrid: Taurus, 1971) pp. 338–43; Gil Robles, *No fue posible*, pp. 134–9; Niceto Alcalá Zamora, *Memorias* (Barcelona: Planeta, 1977) pp. 285–6.

81　Vidarte, *El bienio negro*, p. 233; Coca, *Anti-Caballero*, p. 107. 我非常感谢 Josep M. Ainaud de Lasarte 和 Hilari Raguer 神父的有关安格拉·德·索霍以及他母亲的情况的说明。See also Ramon Corts Blay, Joan Galtés Pujol and Albert Manent Segimon, eds, *Diccionari d'història eclesiàstica de Catalunya*, 3 vols (Barcelona: Generalitat de Catalunya/Claret, 1998–2001) III, p. 459.

82 Javier Tusell and José Calvo, *Giménez Fernández: precursor de la democracia española* (Seville: Mondadori/Diputación de Seville, 1990) pp. 52–6.

83 *El Socialista*, 1 August 1934.

84 *El Socialista*, 27 September 1934.

85 *El Socialista*, 30 September 1934.

86 Largo Caballero, *Escritos*, pp. 150–8; Largo Caballero, *Mis recuerdos*, p. 136; Rosal, *1934*, pp. 257–61; Amaro del Rosal, *Historia de la UGT de España 1901–1939*, 2 vols (Barcelona: Grijalbo, 1977) I, pp. 387, 401–2; Julio Alvarez del Vayo, *The Last Optimist* (London: Putnam, 1950) pp. 263–6.

87 Grossi, *La insurrección*, pp. 23, 63; José Canel (José Díaz Fernández), *Octubre rojo en Asturias* (Madrid: Agencia General de Librería y Artes Gráficas, 1935) pp. 31, 43; Vidarte, *El bienio negro*, pp. 267–85, 334.

88 Munis, *Jalones*, pp. 130–40; Joaquín Maurín, *Hacia la segunda revolución: el fracaso de la República y la insurrección de octubre* (Barcelona: Gráficos Alfa, 1935) pp. 144–67;testimony of Madrid CNT secretary Miguel González Inestal to the author; Enrique Castro Delgado, *Hombres made in Moscú* (Barcelona: Luis de Caralt, 1965) pp. 176–83; Andrés Nin, *Los problemas de la revolución española* (Paris: Ruedo Ibérico, 1971) pp. 156–7; Santos Juliá Díaz, 'Fracaso de una insurrección y derrota de una huelga: los hechos de octubre en Madrid', *Estudios de Historia Social*, No. 31, October–December 1984; Santos Juliá Díaz, *Historia del socialismo español (1931–1939)* (Barcelona: Conjunto Editorial, 1989) pp. 126–9.

89 关于在莱里达、赫罗纳以及加泰罗尼亚地区其他受"劳工同盟"之影响的省份所发生的革命性事件的记述之一，见 J. Costa i Deu and Modest Sabaté, *La veritat del 6 d'octubre* (Barcelona: Tipografia Emporium, 1936) *passim*。关于最近的学术报告，见 Jaume Barrull, *Els fets del 6 d'octubre* (Barcelona: Raval Edicions, 2009)。

90 Enric Ucelay da Cal, *La Catalunya populista: imatge, cultura i política en la etapa republicana (1931–1939)* (Barcelona: Edicions de La Magrana, 1982) pp. 208–20; Maurín, *Segunda revolución*, pp. 123–44; Frederic Escofet, *Al servei de Catalunya i de la República*, 2 vols (Paris: Edicions Catalanes, 1973) I: *La desfeta 6 d'octubre 1934*, pp. 109–44; Josep Dencàs, *El 6 d'octubre des del Palau de Governació* (Barcelona: Curial Edicions, 1979) pp. 77–9. Cf. Andrés Nin, 'Los acontecimientos de octubre en Barcelona', *Leviatán*, No. 18, October–November 1935.

91 Hilari Raguer, *El general Batet: Franco contra Batet: crónica de una venganza* (Barcelona: Ediciones Península, 1996) pp. 155–6, 169–71, 276–81.

92 Benavides, *La Revolución fue así*, p. 372; Munis, *Jalones*, p. 154; Ignotus (Manuel Villar), *El anarquismo en la insurrección de Asturias*, 1st edn (Valencia: Tierra y Libertad, 1935) pp. 176–9. 关于在蒙德拉贡的伤亡情况，见 *Diario Vasco*, 30 April 2006。

93 General López Ochoa, *Campaña militar de Asturias en octubre de 1934 (narración táctico-episódica)* (Madrid: Ediciones Yunque, 1936) pp. 26–30; Gil Robles, *No fue posible*, pp. 140–1; Vidarte, *El bienio negro*, pp. 358–9; César Jalón, *Memorias políticas: periodista, ministro, presidiario* (Madrid: Guadarrama, 1973) pp. 128–31; Coronel Francisco Aguado Sánchez, *La revolución de octubre de 1934* (Madrid: Editorial San Martín, 1972) pp. 188–93.

94 Tusell and Calvo, *Giménez Fernández*, p. 57.

95 Niceto Alcalá Zamora, *Memorias* (Barcelona: Planeta, 1977) p. 296; Vidarte, *El bienio negro*, pp. 290–1.

96 Luis Suárez Fernández, *Francisco Franco y su tiempo*, 8 vols (Madrid: Fundación Nacional Francisco Franco, 1984) I, pp. 268–9; George Hills, *Franco: The Man and his Nation* (New York: Macmillan, 1967) p. 207; Francisco Franco Bahamonde, '*Apuntes*' *personales sobre la República y la guerra civil* (Madrid: Fundación Nacional Francisco Franco, 1987) pp. 11–12.

97 Francisco Franco Salgado-Araujo, *Mi vida junto a Franco* (Barcelona: Planeta, 1977) pp. 114–16; Joaquín Arrarás, *Franco*, 7th edn (Valladolid: Librería Santarén, 1939) p. 189.

98 Claude Martin, *Franco, soldado y estadista* (Madrid: Fermín Uriarte, 1965) pp. 129–30.

99 See Sebastian Balfour, *Deadly Embrace: Morocco and the Road to the Spanish Civil War* (Oxford: Oxford University Press, 2002) pp. 252–4.

100 Díaz Nosty, *La Comuna asturiana*, pp. 355–69. 关于非洲军团在阿斯图里亚斯犯下的暴行，有相当可观的文献资料。最令人信服的证词是当时由两名相对保守之人士给出的，其中之一是共和国检察官 Vicente Marco Miranda，另一位则是一度担任工业部长的激进党人士 Felix Gordón Ordás。相关内容也出现在 Nelken, *Por qué hicimos la revolución*, pp. 172–255。See also Narcis Molins i Fábrega, *UHP: la Insurrección proletaria de Asturias*, 2nd edn (Gijón: Ediciones Júcar, 1977) pp. 169–74, 184–7, 196–219; Leah Manning, *What I Saw in Spain* (London: Victor Gollancz, 1935) pp. 167–221; Fernando Solano Palacio, *La revolución de octubre: quince días de comunismo libertario en Asturias* (Barcelona: Ediciones El Luchador, 1936) pp. 176–82.

101 Joaquín Arrarás, *Historia de la segunda República española*, 4 vols (Madrid: Editora Nacional, 1956–68) II, pp. 614, 637–8; Joaquín Arrarás, *Historia de la cruzada española*, 8 vols, 36 tomos (Madrid: Ediciones Españolas, 1939–43) II, 7, p. 259; López de Ochoa, *Campaña militar de Asturias en octubre de 1934*, pp. 37, 71–96; Franco Bahamonde, '*Apuntes*' *personales sobre la República y la guerra civil*, p. 12; Ramón Garriga, *El general Yagüe* (Barcelona: Planeta, 1985) pp. 59–63; Juan José Calleja, *Yagüe, un corazón al rojo* (Barcelona: Editorial Juventud, 1963) pp. 63–7.

102 关于镇压行动，见 *ABC*, 13 October 1934; Ignacio Carral, *Por qué mataron a Luis de Sirval* (Madrid: Imp. Saez Hermanos, 1935) pp. 37–60；Díaz Nosty, *La Comuna asturiana*, pp. 355–72；José Martin Blázquez, *I Helped to Build an Army: Civil War Memoirs of a Spanish Staff Officer* (London: Secker & Warburg, 1939) pp. 12–33。

103 Garriga, *El general Yagüe*, p. 61; Calleja, *Yagüe*, p. 66.

104 Vidarte, *El bienio negro*, pp. 360–2.

105 Aurelio de Llano Roza de Ampudia, *Pequeños anales de 15 días: la revolución en Asturias. Octubre 1934* (Oviedo: Talleres Tipográficos Altamirano, 1935) pp. 206–7; Francisco Aguado Sánchez, *La Guardia Civil en la revolución roja de Octubre de 1934* (Madrid: Servicio Histórico de la Guardia Civil, 1972) pp. 135–55, 425, 427; Vidarte, *El bienio negro*, pp. 268–9; Adrian Shubert, *The Road to Revolution in Spain: The Coal Miners of Asturias, 1860–1934* (Urbana and Chicago: University of Illinois Press, 1987) p. 3.

106 Aguado Sánchez, *La Guardia Civil en la revolución roja*, pp. 425–31.

107 José Aparicio Albiñana, *Para qué sirve un gobernador ...* (Valencia: La Semana Gráfica, 1936) pp. 98–101, 104–12.

108 Víctor Lucea Ayala, *Dispuestos a intervenir en política: Don Antonio Plano Aznárez: socialismo y republicanismo en Uncastillo (1900–1939)* (Zaragoza: Institución Fernando el Católico, 2008) pp. 214–26.

109 *Ibid.*, pp. 331–4.

110 Aguado Sánchez, *La Guardia Civil en la revolución roja*, pp. 366–70; Lucea Ayala, *Antonio Plano*,

pp. 245–65, 318, 322–3.
111 Aguado Sánchez, *La Guardia Civil en la revolución roja*, pp. 425–32.
112 Oliveros, *Asturias en el resurgimiento español*, pp. 274–9.
113 Ramón Serrano Suñer, *Entre el silencio y la propaganda, la Historia como fue: memorias* (Barcelona: Planeta, 1977) p. 52; Aguado Sánchez, *La revolución*, pp. 308–9.
114 Diego Hidalgo, *¿Porqué fui lanzado del Ministerio de la Guerra? Diez meses de actuación ministerial* (Madrid: Espasa Calpe, 1934) pp. 91–3; Manuel Ballbé, *Orden público y militarismo en la España constitucional (1812–1983)* (Madrid: Alianza Editorial, 1983) pp. 372–3; Aguado Sánchez, *La revolución*, pp. 308–9.
115 de la Cierva, *Historia de la guerra civil española*, I, p. 448; Aguado Sánchez, *La revolución*, p. 316.
116 Lucea Ayala, *Antonio Plano*, pp. 265–90.
117 Ibid., pp. 268, 290–330, 349–58, 366–72.

4　战争迫近

1　*DSC*, 9 October 1934; *La Mañana*, 7, 11 October 1934; *El Debate*, 11 October 1934; Pedro Luis Angosto, *José Alonso Mallol: el hombre que pudo evitar la guerra* (Alicante: Instituto de Cultura Juan Gil-Albert, 2010) pp. 191–2. 被捕的总人数难以确定。最低且有一定参考价值的数字来自 Edward E. Malefakis, *Agrarian Reform and Peasant Revolution in Spain: Origins of the Civil War* (New Haven: Yale University Press, 1970) p. 342，书中给出的数字为15,000—20,000人。Gabriel Jackson, *The Spanish Republic and the Civil War* (Princeton, NJ: Princeton University Press, 1965) p. 161给出的数字为30,000—40,000人；Henry Buckley, *Life and Death of the Spanish Republic* (London: Hamish Hamilton, 1940) p. 166给出的数字为60,000人。关于囚犯命运之描述，可见 Leah Manning, *What I Saw in Spain* (London: Victor Gollancz, 1935) pp. 54–135。另见 Ignacio Carral, *Por qué mataron a Luis de Sirval* (Madrid: Imp. Saez Hermanos, 1935) *passim*。有关市政厅遭关闭的情况，见 *ABC*, 9, 27, 28 October 1934; Rafael Salazar Alonso, *Bajo el signo de la revolución* (Madrid: Librería de San Martín, 1935), p. 129；Juan-Simeón Vidarte, *El bienio negro y la insurreción de Asturias* (Barcelona: Grijalbo, 1978) p. 397；Sandra Souto Kustrín, 'Y ¿Madrid? ¿Qué hace Madrid?' *Movimiento revolucionario y acción colectiva (1933–1936)* (Madrid: Siglo XXI de España Editores, 2004) pp. 243–4, 310。
2　Álvaro Martínez Echevarría y García de Dueñas 促使我关注其曾祖父的案例，对此我表示感谢。
3　Asociación Católica Nacional de Propagandistas de Oviedo, *Asturias roja: sacerdotes y religiosos perseguidos y martirizados (octubre de 1934)* (Oviedo: Imprenta Trufero, 1935) p. 12; Aurelio de Llano Roza de Ampudia, *Pequeños anales de 15 días: la revolución en Asturias. Octubre 1934* (Oviedo: Talleres Tipográficos Altamirano, 1935), p. 26.
4　ACNP de Oviedo, *Asturias roja*, pp. 60–1; Gil Nuño de Robledal, *¿Por qué Oviedo se convirtió en ciudad mártir?* (Oviedo: Talleres Tipográficos F. de la Presa, 1935) pp. 40–5, 95–104; Antonio M. Calero, 'Octubre visto por la derecha', in Germán Ojeda, ed., *Octubre 1934: cincuenta años para la reflexión* (Madrid: Siglo XXI, 1985) p. 163.
5　*El Noroeste* (Gijón), 26 October 1934, quoted by Bernardo Díaz Nosty, *La Comuna asturiana: revolución de octubre de 1934* (Bilbao: ZYX, 1974) p. 359.
6　ACNP de Oviedo, *Asturias roja*, p. 14.
7　Sarah Sánchez, *Fact and Fiction: Representations of the Asturian Revolution (1934–1938)* (Leeds:

Maney Publishing for the Modern Humanities Research Association, 2003) pp. 151–2.

8　关于造成佛朗哥对镇压行动之全面控制的特殊情况，见 Paul Preston, *Franco: A Biography* (London: HarperCollins, 1993) pp. 101–5。关于巴泰特在其中所扮演的角色，见 Diego Hidalgo, *¿Por qué fui lanzado del Ministerio de la Guerra? Diez meses de actuación ministerial* (Madrid: Espasa Calpe, 1934) pp. 65–8；Hilari Raguer, *El general Batet: Franco contra Batet: crónica de una venganza* (Barcelona: Ediciones Península, 1996) pp. 154–86。

9　Raguer, *El general Batet*, pp. 190–4, 201; José Antonio Primo de Rivera, *Obras*, 4th edn (Madrid: Sección Feminina de FET y de las JONS, 1966) p. 306.

10　Raguer, *El general Batet*, pp. 211–37, 239 ff.

11　Ignacio Martín Jiménez, *La guerra civil en Valladolid (1936–1939): amaneceres ensangrentados* (Valladolid: Ámbito Ediciones, 2000) pp. 15–16; Anon. (Javier Martínez de Bedoya), *Onésimo Redondo Caudillo de Castilla* (Valladolid: Ediciones Libertad, 1937) pp. 113–30.

12　Francisco Bravo Martínez, *José Antonio: el hombre, el jefe, el camarada* (Madrid: Ediciones Españolas, 1939) pp. 100–2.

13　Antonio Cacho Zabalza, *La Unión Militar Española* (Alicante: Egasa, 1940) pp. 21–5; José del Castillo and Santiago Álvarez, *Barcelona: objetivo cubierto* (Barcelona: Editorial Timón, 1958) pp. 102–4; Stanley G. Payne, *Politics and the Military in Modern Spain* (Stanford, Calif.: Stanford University Press, 1967) pp. 300–1.

14　Bravo Martínez, *José Antonio*, pp. 159–65; Alejandro Corniero Suárez, *Diario de un rebelde* (Madrid: Ediciones Barbarroja, 1991) p. 120; Raimundo Fernández Cuesta, *Testimonio, recuerdos y reflexiones* (Madrid: Ediciones Dyrsa, 1985) pp. 51–2; Gumersindo Montes Agudo, *Pepe Sainz: una vida en la Falange* (n.p. [Burgos?]: Ediciones Pallas de Horta, 1939) pp. 56–7; Maximiano García Venero, *Falange en la guerra de España: la Unificación y Hedilla* (Paris: Ruedo Ibérico, 1967) p. 66; Rafael Ibáñez Hernández, *Estudio y acción: la Falange fundacional a la luz del Diario de Alejandro Salazar (1934–1936)* (Madrid: Ediciones Barbarroja, 1993) pp. 98–101.

15　Salazar, *Diario*, in Ibáñez Hernández, *Estudio y acción*, p. 36.

16　Cacho Zabalza, *La Unión Militar Española*, pp. 24–5.

17　Francisca Rosique Navarro, *La reforma agraria en Badajoz durante la II^a República* (Badajoz: Diputación Provincial de Badajoz, 1988) pp. 225–42, 265–73; Timothy John Rees, 'Agrarian Society and Politics in the Province of Badajoz under the Spanish Second Republic' (unpublished doctoral thesis, University of Oxford, 1990) pp. 191–2; Malefakis, *Agrarian Reform*, pp. 126–8, 238–43; *El Obrero de la Tierra*, 26 November 1932; Sergio Riesco Roche, 'La aceleración de la Reforma Agraria durante el Frente Popular', in Manuel Ballarín and José Luis Ledesma, eds, *La República del Frente Popular: reformas, conflictos y conspiraciones* (Zaragoza: Fundación Rey del Corral, 2010) pp. 83–96.

18　Malefakis, *Agrarian Reform*, pp. 343–7; Rosique, *Badajoz*, pp. 289–91.

19　Javier Tusell and José Calvo, *Giménez Fernández, precursor de la democracia española* (Seville: Mondadori/Diputación de Seville, 1990) pp. 71–3.

20　*Ibid.*, p. 75.

21　*El Debate*, 24 November, 1, 5, 7, 20, 21 december 1934, 1 January 1935; Carlos Seco Serrano, *Historia de España: época contemporánea*, 3rd edn (Barcelona: Instituto Gallach, 1971) p. 130; Tusell and Calvo, *Giménez Fernández*, pp. 76–85.

22　关于阿拉尔孔·德·拉·拉斯特拉，见 *ABC*, 2 April 1939; Nicolás Salas, *Quién fue Luis*

Alarcón de la Lastra (1891–1971) (Seville: Guadalturia, 2010) pp. 147–59, 166–7, 193。关于在卡莫纳地区的土地所有情况，见 Pascual Carrión, *Los latifundios en España* (Madrid: Gráficas Reunidas, 1932) pp. 220–2, 227。

23 *El Sol*, 13 december 1934; Alfred Mendizábal, *Aux origines d'une tragédie: la politique espagnole de 1923 à 1936* (Paris: Desclée de Brouwer, n.d. [1937?]) p. 231.

24 Malefakis, *Agrarian Reform*, pp. 358–63.

25 Rosique, *Badajoz*, p. 303.

26 *El Debate*, 14 June 1935; Vidarte, *El bienio negro*, pp. 383–5; José María Lama, *La amargura de la memoria: República y guerra en Zafra (1931–1936)* (Badajoz: Diputación de Badajoz, 2004) p. 156.

27 Alejandro Lerroux, *La pequeña historia: apuntes para la historia grande vividos y redactados por el autor* (Buenos Aires: Editorial Cimera, 1945) p. 302; Salazar Alonso, *Bajo el signo*, pp. 324–31.

28 *DSC*, 15 November 1934; Octavio Ruiz Manjón, *El Partido Republicano Radical 1908–1936* (Madrid: Ediciones Giner, 1976) pp. 464–5.

29 *El Debate*, 3 January 1936; *El Socialista*, 30 January 1936; Claude G. Bowers, *My Mission to Spain* (London: Victor Gollancz, 1954) p. 182; Buckley, *Life and Death*, pp. 190–1; Constancia de la Mora, *In Place of Splendour* (London: Michael Joseph, 1940) p. 207; Luis Enrique Espinosa Guerra, 'De la esperanza a la frustración: la Segunda República', in Ricardo Robledo, ed., *Historia de Salamanca*, Vol. V: *Siglo veinte* (Salamanca: Centro de Estudios Salmantinos, 2001) p. 205; José María Gil Robles, *No fue posible la paz* (Barcelona: Ariel, 1968) p. 544.

30 *Ideal*, 3, 14, 15, 28, 29 January, 11, 12, 14, 16 February 1936; *El Defensor*, 14, 19, 22, 23, 28 January, 1, 6, 11, 15–20 February, 5–7 March 1936; *El Socialista*, 18 January, 9 February, 7 March 1936; Ronald Fraser, *In Hiding: The Life of Manuel Cortes* (London: Allen Lane, 1972) p. 116; Diego Caro Cancela, *La Segunda República en Cádiz: elecciones y partidos políticos* (Cádiz: Diputación Provincial de Cádiz, 1987) p. 256; Arturo Barea, *La forja de un rebelde* (Buenos Aires: Losada, 1951) pp. 522–9; Francisco Cobo Romero, *Labradores, campesinos y jornaleros: protesta social y diferenciación interna del campesinado jiennense en los orígenes de la Guerra Civil (1931–1936)* (Córdoba: Publicaciones del Ayuntamiento de Córdoba, 1992) pp. 445–6; Francisco Cobo Romero, *De campesinos a electores: modernización agraria en Andalucía, politización campesina y derechización de los pequeños propetarios y arrendatarios: el caso de la provincia de Jaén, 1931–1936* (Madrid: Biblioteca Nueva, 2003) pp. 308–10.

31 Baldomero Díaz de Entresotos, *Seis meses de anarquía en Extremadura* (Cáceres: Editorial Extremadura, 1937) pp. 4, 25–7, 30, 39–40, 48–52.

32 关于萨瓦尔萨被监禁和处决的有关情况，见 Emilio Majuelo, *La generación del sacrificio: Ricardo Zabalza 1898–1940* (Tafalla: Editorial Txalaparta, 2008) pp. 283–337。

33 *ABC*, 1 March 1936; Santos Juliá Díaz, M*anuel Azaña: una biografía política* (Madrid: Alianza Editorial, 1990) pp. 459–67.

34 Azaña to Rivas Cherif, 17 March 1936, Cipriano de Rivas-Cherif, *Retrato de un desconocido: vida de Manuel Azaña (seguido por el epistolario de Manuel Azaña con Cipriano de Rivas Cherif de 1921 a 1937)* (Barcelona: Grijalbo, 1980) pp. 665–7; Carmen González Martínez, *Guerra civil en Murcia: un análisis sobre el Poder y los comportamientos colectivos* (Murcia: Universidad de Murcia, 1999) pp. 56–7.

35 Louis Fischer, *Men and Politics: An Autobiography* (London: Jonathan Cape, 1941) p. 309.

36 *DSC*, 3 April 1936; Azaña to Rivas Cherif, 4 April 1936, Rivas-Cherif, *Retrato*, pp. 674–5.

37 *Boletín del Ministerio de Trabajo*, April 1936.
38 *El Obrero de la Tierra*, 29 February, 7, 21, 28 March 1936.
39 Preston, *Franco*, pp. 115–18, 122; Del Castillo and Álvarez, *Barcelona: objetivo cubierto*, pp. 143–7.
40 Carlos Martínez de Campos, *Ayer 1931–1953* (Madrid: Instituto de Estudios Políticos, 1970) p. 32; José María Iribarren, *Mola, datos para una biografía y para la historia del alzamiento nacional* (Zaragoza: Librería General, 1938) p. 44; Ricardo de la Cierva, *Francisco Franco: biografía histórica*, 6 vols (Barcelona: Planeta, 1982) II, p. 162.
41 Gil Robles, *No fue posible*, pp. 234–43; Antonio López Fernández, *Defensa de Madrid* (Mexico City: Editorial A. P. Márquez, 1945) pp. 40–3; Francisco Franco Bahamonde, 'Apuntes' personales sobre la República y la guerra civil (Madrid: Fundación Nacional Francisco Franco, 1987) p. 15.
42 Díaz de Entresotos, *Seis meses*, pp. 60–1; Manuel Pérez Yruela, *La conflictividad campesina en la provincia de Córdoba 1931–1936* (Madrid: Servicio de Publicaciones Agrarias, 1979) pp. 207–9; Arcángel Bedmar González, *Desaparecidos. la represión franquista en Rute (1936–1950)*, 2nd edn (Rute: Ayuntamiento de Rute, 2007) p. 39.
43 Nigel Townson, *The Crisis of Democracy in Spain: Centrist Politics under the Second Republic 1931–1936* (Brighton: Sussex Academic Press, 2000) pp. 315–17; Ruiz Manjón, *El Partido Republicano Radical*, pp. 519–23; *DSC*, 28 October 1935.
44 Ruiz Manjón, *El Partido Republicano Radical*, pp. 569–70, 574–5, 578–60, 672.
45 Pérez Yruela, *La conflictividad campesina*, pp. 204–6; Rees, 'Agrarian Society', pp. 298–300; *El Obrero de la Tierra*, 7 March 1936; Juan Carlos Molano Gragera, *Miguel Merino Rodríguez: dirigente obrero y Alcalde de Montijo* (Badajoz: Diputación de Badajoz, 2002) p. 116; Díaz de Entresotos, *Seis meses*, p. 52; Bedmar González, *Desaparecidos*, pp. 38–9.
46 Julián Chaves Palacios, *Violencia política y conflictividad social en Extremadura: Cáceres en 1936* (Badajoz and Cáceres: Diputación Provincial de Badajoz/Diputación Provincial de Cáceres, 2000) pp. 78–85.
47 Ricardo Robledo and Luis Enrique Espinosa, '"¡El campo en pie!" : política y reforma agraria', in Ricardo Robledo, ed., *Esta salvaje pesadilla: Salamanca en la guerra civil española* (Barcelona: Editorial Crítica, 2007) pp. 3–8, 41–3; Julio Aróstegui and Juan Andrés Blanco, 'La República, encrucijada de cambio: Salamanca y las tensiones políticas en los años treinta', in Ricardo Robledo Hernández, ed., *Sueños de concordia: Filiberto Villalobos y su tiempo histórico 1900–1955* (Salamanca: Caja Duero, 2005) pp. 318–31.
48 *DSC*, 31 March, 1, 2 April 1936; *ABC*, 1 April 1936; Diego Martínez Barrio, *Memorias* (Barcelona: Planeta, 1983) p. 314. 卡斯塔尼奥在1936年7月之军事政变的准备工作中扮演了重要角色：Ronald Fraser, *Blood of Spain: The Experience of Civil War 1936–1939* (London: Allen Lane, 1979) pp. 85–6。
49 Gil Robles, *No fue posible*, pp. 719, 728–30, 798. 关于卡萨努埃瓦和希尔·罗夫莱斯所扮演的角色，见 Aróstegui and Blanco, 'La República, encrucijada de cambio', pp. 331–3。
50 Indalecio Prieto, *De mi vida: recuerdos, estampas, siluetas, sombras* (Mexico City: Ediciones 'El Sitio', 1965) pp. 183–5; Jaime de Armiñán, *La dulce España: memorias de un niño partido en dos* (Barcelona: Tusquets, 2000) p. 163.
51 关于马丁·贝洛斯，见 Javier Infante, 'Sables y naipes: Diego Martín Veloz (1875–1938): de cómo un matón de casino se convirtió en caudillo rural', in Robledo, ed., *Esta salvaje pesadilla*,

pp. 264–79, 425, 428 ; José Venegas, *Andanzas y recuerdos de España* (Montevideo: Feria del Libro, 1948) pp. 74–85; Prieto, *De mi vida*, pp. 185–6。

52 Infante, 'Sables y naipes', pp. 264, 274–9; Francisco Blanco Prieto, *Miguel de Unamuno: diario final* (Salamanca: Globalia Ediciones Anatema, 2006) p. 607; Josefina Cuesta Bustillo, 'Un republicano en la inclemencia: Filiberto Villalobos encarcelado, en la Guerra civil española (1936–1938)', in Robledo Hernández, ed., *Sueños de concordia*, pp. 450–1; Prieto, *De mi vida*, pp. 181–92; L. Santiago Díez Cano and Pedro Carasa Soto, 'Caciques, dinero y favores: la restauración en Salamanca', in Robledo, ed., *Historia de Salamanca*: Vol. V: *Siglo Veinte*, pp. 143–4.

53 José María Ruiz Alonso, *La guerra civil en la provincia de Toledo: Utopia, conflicto y poder en el sur del Tajo (1936–1939)*, 2 vols (Ciudad Real: Almud, Ediciones de Castilla-La Mancha, 2004) I, pp. 107, 118.

54 *El Obrero de la Tierra*, 28 March 1936.

55 *El Obrero de la Tierra*, 7, 14, 21, 28 March 1936; Francisco Cobo Romero, *Por la reforma agraria hacia la revolución: el sindicalismo agrario socialista durante la II República y la guerra civil (1930–1939)* (Granada: Universidad de Granada, 2007) pp. 275–82.

56 Díaz de Entresotos, *Seis meses*, p. 61.

57 Santiago López García and Severiano Delgado Cruz, 'Víctimas y Nuevo Estado 1936–1940', in Robledo, ed., *Historia de Salamanca*: Vol. V: *Siglo Veinte*, pp. 221–3.

58 *El Obrero de la Tierra*, 4 April1936。关于此问题的文件，以前是被审查制度所禁止的，因此难以找到；感谢 Francisco Espinosa Maestre 的帮助，让我能够查阅相关资料。

59 Manuel Tuñón de Lara, *Tres claves de la segunda República* (Madrid: Alianza Editorial, 1985) pp. 172–8; Molano, *Miguel Merino*, pp. 120–3; Rosique, *Badajoz*, pp. 303–5; Rees, 'Agrarian Society', pp. 300–3 ; Díaz de Entresotos, *Seis meses*, pp. 65–7; Pérez Yruela, *La conflictividad campesina*, pp. 209–10; Ruiz Alonso, *La guerra civil en la provincia de Toledo*, I, pp. 106–10. 关于重新占据庄园土地的情况，见 Francisco Espinosa Maestre, 'La reforma agraria del Frente Popular en Badajoz: los orígenes de la Guerra Civil' (unpublished doctoral thesis, Universidad de Sevilla, 2006) pp. 199–200 ; Bedmar González, *Desaparecidos*, pp. 38–9。

60 *El Obrero de la Tierra*, 28 March 1936.

61 *La Vanguardia*, 18 March 1936; Bedmar González, *Desaparecidos*, pp. 38–9; Fernando del Rey, *Paisanos en lucha: exclusión política y violencia en la Segunda República española* (Madrid: Biblioteca Nueva, 2008) pp. 511–20; George A. Collier, *Socialists of Rural Andalusia: Unacknowledged Revolutionaries of the Second Republic* (Stanford, Calif.: Stanford University Press, 1987) pp. 143–4; Juan Blázquez Miguel, 'Conflictividad en la España del Frente Popular (febrero–julio de 1936)', *Historia 16*, No. 328, 2003, pp. 86–7; Rafael Cruz, *En el nombre del pueblo: República, rebelión y guerra en la España de 1936* (Madrid: Siglo XXI, 2006) pp. 123–32, 186–7.

62 Malefakis, *Agrarian Reform*, pp. 364–74.

63 *El Obrero de la Tierra*, 13 June 1936; Manuel Rubio Díaz and Silvestre Gómez Zafra, *Almendralejo (1930–1941): doce años intensos* (Los Santos de Maimona: Grafisur, 1987) pp. 236–40.

64 Lama, *La amargura de la memoria*, p. 187.

65 Cobo Romero, *Labradores, campesinos y jornaleros*, pp. 446–8; Rees, 'Agrarian Society', pp. 304–5; Tuñón de Lara, *Tres claves*, p. 183; Pérez Yruela, *La conflictividad campesina*, pp. 210–13;

Francisco Moreno Gómez, *La República y guerra civil en Córdoba* (Córdoba: Ayuntamiento de Córdoba, 1983) p. 389; Francisco Moreno Gómez, *1936: el genocidio franquista en Córdoba* (Barcelona: Editorial Crítica, 2008) pp. 173–4.

66 José Manuel Macarro Vera, *Socialismo, República y revolución en Andalucía (1931–1936)* (Seville: Universidad de Seville, 2000) p. 448; José María Varela Rendueles, *Rebelión en Seville: memorias de un Gobernador rebelde* (Seville: Servicio de Publicaciones del Ayuntamiento de Seville, 1982) pp. 65–71.

67 *ABC* (Seville), 25, 26 April1936; José María García Márquez, *La UGT de Seville: golpe militar, resistencia y represión (1936–1950)* (Córdoba: Fundación para el Desarrollo de los Pueblos de Andalucía, 2008) p. 18.

68 Francisco Sánchez Pérez, 'Un laboratorio de huelgas: el Madrid del Frente Popular (mayo–julio de 1936)', in Marie-Claude Chaput, ed., *Fronts Populaires: Espagne, France, Chili* (Paris: Université Paris Ouest Nanterre La Défense, 2007) pp. 155–72; Dionisio Ridruejo, *Casi unas memorias* (Barcelona: Planeta, 1976) p. 60; *Arriba*, 19 december 1935.

69 Ismael Saz Campos, *Fascismo y franquismo* (Valencia: Publicacions de la Universitat de València, 2004) pp. 70–2.

70 Angosto, *José Alonso Mallol*, pp. 206–10.

71 Azaña to Rivas Cherif,21 March 1936,in Rivas Cherif, *Retrato*, p. 669; *El Debate*, 18, 19 March 1936. 关于阿莫斯·萨尔瓦多，见 Manuel Portela Valladares, *Memorias: dentro del drama español* (Madrid: Alianza Editorial, 1988), pp. 197–8；Stanley G. Payne, *Spain's First Democracy: The Second Republic, 1931–1936* (Madison, Wis.: University of Wisconsin Press, 1993) p. 282。

72 Felipe Ximénez de Sandoval, *'José Antonio' (biografía apasionada)* (Barcelona: Editorial Juventud, 1941) pp. 526–7, 546; Juan Antonio Ansaldo, *¿Para qué? de Alfonso XIII a Juan III* (Buenos Aires: Editorial Vasca-Ekin, 1951) pp. 115–19; Corniero Suárez, *Diario*, p. 150; Herbert Rutledge Southworth, *Antifalange: estudio crítico de 'Falange en la guerra de España'* de Maximiano García Venero (Paris: Ediciones Ruedo Ibérico, 1967) p. 95; Juan-Simeón Vidarte, *Todos fuimos culpables* (Mexico City: Fondo de Cultura Económica, 1973) pp. 66–7; Julio Gil Pecharromán, *José Antonio Primo de Rivera: retrato de un visionario* (Madrid: Temas de Hoy, 1996) pp. 439–41, 461.

73 Bravo Martínez, *José Antonio*, pp. 96–9; Corniero Suárez, *Diario*, pp. 154–5.

74 *El Socialista*, 15 April1936; *ABC*, 15 April1936; Bowers, *My Mission*, pp. 217–19; Ximénez de Sandoval, *'José Antonio'*, pp. 546–7; Ian Gibson, *La noche en que mataron a Calvo Sotelo* (Barcelona: Argas Vergara, 1982) pp. 25–36.

75 Cacho Zabalza, *La Unión Militar Española*, pp. 24–8; Gibson, *La noche*, pp. 36–53; Gil Robles, *No fue posible*, pp. 674–5; Vidarte, *Todos fuimos culpables*, pp. 90–1.

76 Cacho Zabalza, *La Unión Militar Española*, p. 26; *El Liberal*, 18 April1936.

77 *El Socialista*, 18, 19 April, 8 May 1936; *Claridad*, 15, 16, 18 April1936.

78 Ximénez de Sandoval, *'José Antonio'*, pp. 546–7.

79 *ABC*, 4, 5, 11 March, 2, 19, 29 April1936; Ansaldo, *¿Para qué?*, pp. 77–8；De la Mora, *In Place of Splendour*, pp. 214–15；Buckley, *Life and Death*, p. 129；Stanley G. Payne, *Falange: A History of Spanish Fascism* (Stanford, Calif.: Stanford University Press, 1961) pp. 98–105。关于萨莱斯和"自由工会"的法西斯主义倾向，见 Colin M. Winston, *Workers and the Right in*

Spain 1900–1936 (Princeton, NJ: Princeton University Press, 1985) pp. 312–22。

80 Ian Gibson, *El asesinato de García Lorca* (Barcelona: Plaza y Janés, 1996) pp. 60–3; *La Mañana*, 14 March 1936; *Claridad*, 14 April1936; *El Sol*, 4, 11, 15, 21, 26 March, 6 April1936.

81 *El Socialista*, 7, 8, 15 March 1936; speech of Rodolfo Llopis, *DSC*, 15 April1936.

82 Gil Robles, *No fue posible*, pp. 573–5.

83 Payne, *Politics and the Military*, p. 318; Payne, *Falange*, pp. 104–5; Martin Blinkhorn, *Carlism and Crisis in Spain 1931–1939* (Cambridge: Cambridge University Press, 1975) p. 257; Rafael Valls, *La Derecha Regional Valenciana 1930–1936* (Valencia: Edicions Alfons el Magnànim, 1992) pp. 227–31; Ramón Serrano Suñer, *Entre Hendaya y Gibraltar* (Madrid: Ediciones y Publicaciones Españolas, 1947) p. 25.

84 Indalecio Prieto, *Cartas a un escultor: pequeños detalles de grandes sucesos* (Buenos Aires: Editorial Losada, 1961) pp. 93–4.

85 Indalecio Prieto, *Discursos fundamentales* (Madrid: Ediciones Turner, 1975) pp. 255–73.

86 Vidarte, *Todos fuimos culpables*, pp. 117–27; Indalecio Prieto, *Discursos en América con el pensamiento puesto en España* (Mexico City: Ediciones de la Federación de Juventudes Socialistas de España, n.d. [1944]) pp. 29–31.

87 Coronel Jesús Pérez Salas, *Guerra en España (1936 a 1939)* (Mexico City: Imprenta Grafos, 1947) pp. 77–80.

88 Prieto, *Cartas a un escultor*, p. 93; Vidarte, *Todos fuimos culpables*, pp. 93–5, 99–100, 146–7.

89 *DSC*, 19 May 1936.

90 Francisco Bravo Martínez, *Historia de Falange Española de las JONS*, 2nd edn (Madrid: Editora Nacional, 1943) pp. 164–8; Ximénez de Sandoval, *'José Antonio'*, pp. 539, 548; Southworth, *Antifalange*, pp. 101–2.

91 Angosto, *José Alonso Mallol*, pp. 199, 212–14.

92 Pedro Sainz Rodríguez, *Testimonio y recuerdos* (Barcelona: Planeta, 1978), p. 222.

93 Interview with Ramón Serrano Suñer in *Dolor y memoria de España en el II aniversario de la muerte de José Antonio* (Barcelona: Ediciones Jerarquía, 1939) p. 205; B. Félix Maíz, *Mola, aquel hombre* (Barcelona: Planeta, 1976) p. 238.

94 Bravo Martínez, *José Antonio*, pp. 193–203. See also http://plataforma2003.org/diccionariofalange/diccionario_n.htm#no_importa.

95 B. Félix Maíz, *Alzamiento en España*, 2nd edn (Pamplona: Editorial Gómez, 1952) pp. 23–8, 52–6, 61–3, 67, 162.

96 Herbert Rutledge Southworth, *Conspiracy and the Spanish Civil War: The Brainwashing of Francisco Franco* (London: Routledge/Cañada Blanch Studies, 2002).

97 Felipe Bertrán Güell, *Preparación y desarrollo del alzamiento nacional* (Valladolid: Librería Santarén, 1939) p. 123.

98 Joaquín Arrarás, *Historia de la Cruzada española*, 8 vols, 36 tomos (Madrid: Ediciones Españolas, 1939–43) II, 9, p. 511; Maíz, *Mola*, p. 158; García Venero, *Falange/Hedilla*, pp. 197–8.

99 Ismael Saz Campos, *Mussolini contra la II República: hostilidad, conspiraciones, intervención (1931–1936)* (Valencia: Edicions Alfons el Magnànim, 1986) pp. 166–70.

100 *El Obrero de la Tierra*, 18 April, 1, 16, 23, 30 May, 13, 20, 27 June 1936; *Claridad*, 6, 9, 18 June 1936 ; Manuel Requena Gallego, *Los sucesos de Yeste (mayo 1936)* (Albacete, 1983) pp. 83–100; Manuel Ortiz Heras, *Violencia política en la II República y el primer franquismo: Albacete, 1936–*

注　释　591

1950 (Madrid: Siglo XXI de España Editores, 1996) pp. 58–63. 关于正文所述之事件，在 Juan Goytisolo 的小说 *Señas de identidad* (Mexico City: Editorial Joaquín Mortiz, 1969) pp. 130–45 中有生动且较为可信的叙述。针对 5 月 29 日发生在耶斯特的事件，国会于 6 月 5 日进行了辩论。

101 Rees, 'Agrarian Society', pp. 303–4.
102 *El Obrero de la Tierra*, 20 June 1936; Rubio Díaz and Silvestre Gómez, *Almendralejo*, p. 245.
103 Chaves Palacios, *Violencia política y conflictividad social en Extremadura*, pp. 98–111.
104 Souto Kustrín, *Madrid*, p. 333; Blázquez Miguel, 'Conflictividad en la España del Frente Popular (febrero–julio de 1936)', p. 83; Cayetano Ibarra, *La otra mitad de la historia que nos contaron: Fuente de Cantos, República y guerra 1931–1939* (Badajoz: Diputación de Badajoz, 2005) pp. 200–1; Espinosa Maestre, 'La reforma agraria', pp. 173–4.
105 Felipe Bertrán Güell, *Preparación y desarrollo del alzamiento nacional* (Valladolid: Librería Santarén, 1939) p. 280.
106 Santiago Vega Sombría, *De la esperanza a la persecución: la represión franquista en la provincia de Segovia* (Barcelona: Editorial Crítica, 2005) pp. 11–12, 25–9.
107 Dionisio Ridruejo, *Casi unas memorias* (Barcelona: Planeta, 1976) p. 44.
108 *DSC*, 16 June 1936.
109 *DSC*, 15 July 1936. Eduardo González Calleja, 'La necro-lógica de la violencia sociopolítica en la primavera de 1936', *Mélanges de la Casa de Velázquez*, Vol. 41, No. 1, 2011, pp. 37–60; Blázquez Miguel, 'Conflictividad en la España del Frente Popular (febrero–julio de 1936)', pp. 77–95; Cruz, *En el nombre del pueblo*, pp. 164–70; Stanley G. Payne, 'Political Violence during the Spanish Second Republic', *Journal of Contemporary History*, Vol. 25, No. 2/3, May–June 1990, pp. 269–88; Gabriele Ranzato, 'El peso de la violencia en los orígenes de la guerra civil de 1936–1939', *Espacio, Tiempo y Forma*, Serie V, No. 20, pp. 159–82.
110 Bowers, *My Mission*, pp. 200–10, 224–8.
111 Sid Lowe, *Catholicism, War and the Foundation of Francoism* (Brighton: Sussex Academic Press, 2010) pp. 120–1.
112 *La Vanguardia*, 5 March 1936.
113 Copias de documentos facilitados por el Tte. Coronel Emilio Fernández Cordón referentes a la preparación y desarrollo del Alzamiento Nacional (Instrucciones del general Mola) SHM/AGL/CGG/A.31/l.4/C.8, quoted by Alberto Reig Tapia, 'La justificación ideológica del "alzamiento" de 1936', in José Luis García Delgado, ed., *La II República Española: bienio rectificador y Frente Popular, 1934–1936* (Madrid: Siglo XXI, 1988) p. 220.
114 H. Edward Knoblaugh, *Correspondent in Spain* (London and New York: Sheed & Ward, 1937) pp. 20–2.
115 Gil Robles, *No fue posible*, pp. 719, 728–30, 789, 798; Ricardo de la Cierva, *Historia de la guerra civil española* (Madrid: Editorial San Martín, 1969) I, pp. 741–3; correspondence between Gil Robles and Mola, 29 december 1936 and 1 January 1937, reprinted in Francisco Franco Salgado-Araujo, *Mi vida junto a Franco* (Barcelona: Planeta, 1977) pp. 202–3; Aróstegui and Blanco, 'La República, encrucijada de cambio', p. 333.
116 Juan Ignacio Luca de Tena, *Mis amigos muertos* (Barcelona: Planeta, 1971) p. 68; Payne, *Politics and the Military*, p. 335; Gil Robles, *No fue posible*, p. 733.
117 Valls, *DRV*, pp. 231–6, 241–2, 246–8; Vicent Comes Iglesia, *En el filo de la navaja: biografía*

política de Luis Lucia (Madrid: Biblioteca Nueva, 2002) pp. 350–71, 378–436; Cierva, La Guerra civil, I, pp. 743–4.
118 DSC, 1, 2 July 1936.
119 Espinosa Maestre, 'La reforma agraria', pp. 248–50.
120 Díaz de Entresotos, Seis meses; Rees, 'Agrarian Society', pp. 307–8; Cobo Romero, Labradores, campesinos y jornaleros, pp. 447–8; Molano, Miguel Merino, pp. 124–5.
121 El Obrero de la Tierra, 21 March 1936.
122 Espinosa Maestre, 'La reforma agraria', pp. 224–5.
123 Rafael de Medina Vilallonga, Duque de Medinaceli, Tiempo pasado (Seville: Gráfica Sevillena, 1971) pp. 22–3.
124 Varela Rendueles, Rebelión en Seville, pp. 65–8.
125 Díaz de Entresotos, Seis meses, pp. 73–7.
126 据他的一位可以接触到他私人文件的亲戚最近完成的一部有关他的传记——Enrique Sacanell Ruiz de Apodaca, El general Sanjurjo: héroe y víctima: el militar que pudo evitar la dictadura franquista (Madrid: La Esfera de los Libros, 2004) pp. 160, 264。
127 Ximénez de Sandoval, 'José Antonio', p. 548.
128 Gibson, La noche, pp. 15–23, 54–8; Manuel Tagüeña Lacorte, Testimonio de dos guerras (Mexico City: Ediciones Oasis, 1973) pp. 89, 96–8; Ignacio Hidalgo de Cisneros, Cambio de rumbo (memorias), 2 vols (Bucharest: Colección Ebro, 1964) II, pp. 135–6.
129 Julián Zugazagoitia, Guerra y vicisitudes de los Españoles, 2 vols (Paris: Librería Española, 1968) I, pp. 28–32; Indalecio Prieto, Convulsiones de España: pequeños detalles de grandes sucesos, 3 vols (Mexico City: Ediciones Oasis, 1967–9) I, pp. 157–63; Vidarte, Todos fuimos culpables, pp. 213–17. 关于重现暗杀行动的生动叙述，见 Gibson, La noche, pp. 15–22。
130 DSC, 15 July 1936.

5 凯波的恐怖统治

1 Emilio Estéban Infantes, General Sanjurjo (un laureado en el Penal del Dueso) (Barcelona: Editorial AHR, 1958) pp. 254–6; Jorge Vigón, General Mola (el conspirador) (Barcelona: Editorial AHR, 1957) pp. 100–3.
2 Vigón, Mola, pp. 93–4; José María Iribarren, Mola, datos para una biografía y para la historia del alzamiento nacional (Zaragoza: Librería General, 1938) pp. 55–6.
3 Ramón Garriga, El general Juan Yagüe (Barcelona: Planeta, 1985) pp. 38–9.
4 Juan-Simeón Vidarte, Todos fuimos culpables (Mexico City: Fondo de Cultura Económica, 1973) p. 382; Juan José Calleja, Yagüe, un corazón al rojo (Barcelona: Editorial Juventud, 1963) pp. 72–8; Ignacio Hidalgo de Cisneros, Cambio de rumbo (memorias), 2 vols (Bucharest: Colección Ebro, 1964, 1970) II, pp. 131–5; Garriga, Yagüe, pp. 76–80; Joaquín Arrarás, Historia de la cruzada española, 8 vols, 36 tomos (Madrid: Ediciones Españolas, 1939–43) II, 9, p. 523; B. Félix Maíz, Alzamiento en España: de un diario de la conspiración, 2nd edn (Pamplona: Editorial Gómez, 1952) pp. 153–4.
5 José María Iribarren, Con el general Mola (Zaragoza: Librería General, 1937) pp. 54–5; Hilari Raguer, El general Batet: Franco contra Batet: crónica de una venganza (Barcelona: Ediciones Península, 1996) p. 227.

6 Cabanellas, *La guerra de los mil días: nacimiento, vida y muerte de la II República española*, 2 vols (Buenos Aires: Grijalbo, 1973) I, pp. 304–5.
7 Emilio Mola, 'Directivas para Marruecos, 24.06.1936', reproduced in Servicio Histórico Militar (José Manuel Martínez Bande), *La marcha sobre Madrid* (Madrid: Editorial San Martín, 1968) p. 163.
8 Mohammad Ibn Azzuz Hakim, *La actitud de los moros ante el alzamiento: Marruecos 1936* (Málaga: Editorial Algazara, 1997) pp. 100–3.
9 Julio Martínez Abad, *¡¡17 de julio!! La guarnición de Melilla inicia la salvación de España* (Melilla: Artes Gráficas Postal Exprés, n.d. [1937]) pp. 117–44; Rafael Fernández de Castro y Pedrera, *El alzamiento nacional en Melilla: hacia las rutas de la nueva España* (Melilla: Artes Gráficas Postal Exprés, 1940) pp. 83–7; Garriga, *Yagüe*, pp. 82–3; Calleja, *Yagüe*, pp. 80–2.
10 'Informe presentado por el Delegado del Gobierno en Melilla, sobre los sucesos del 17 de julio de 1936', anexo documental I, Carlota O'Neill, *Circe y los cerdos: como fue España encuadernada; los que no pudieron huir* (Madrid: Asociación de Directores de Escena de España, 1997) pp. 511–51, especially pp. 543–50, Fernández de Castro, *El alzamiento nacional en Melilla*, pp. 139–87; Azzuz Hakim, *La actitud de los moros*, pp. 25–8; Enrique Arqués, *17 de julio: la epopeya de África: crónica de un testigo* (Ceuta-Tetuán: Imprenta África, 1938) pp. 24–9, 36–77; Francisco Sánchez Montoya, *Ceuta y el Norte de África: República, guerra y represión 1931–1944* (Granada: Editorial Natívola, 2004) pp. 286–96; Vicente Moga Romero, *Las heridas de la historia: testimonios de la guerra civil española en Melilla* (Barcelona: Edicions Bellaterra, 2004) pp. 87–134; Julián Casanova, Francisco Espinosa, Conxita Mir and Francisco Moreno Gómez, *Morir, matar, sobrevivir: la violencia en la dictadura de Franco* (Barcelona: Editorial Crítica, 2002) pp. 62–3, 311.
11 关于他们的早期生活，见 Carlota O'Neill, *Los muertos también hablan* (Mexico City: Populibros La Prensa, 1973) pp. 58–68, 101–4。关于她在梅利利亚的经历，见 Carlota O'Neill, *Una mexicana en la guerra de España* (Mexico City: Populibros La Prensa, 1964) pp. 18–60, 70–6, 145–57。另见 Juan Antonio Hormigón, 'Un velero blanco en la bahía: el derrotero de Carlota O'Neill'，有关奥尼尔的介绍，在 *Circe y los cerdos*, pp. 42–54, 74–130, 146–53; Moga Romero, *Las heridas*, pp. 50–64。
12 José de Mora-Figueroa, Marqués de Tamarón, *Datos para la historia de la Falange gaditana: 1931–1939* (Jérez de la Frontera: Gráficas del Exportador, 1974) pp. 49–74; Antonio de Puelles y Puelles, *Por las rutas del tercio Mora-Figueroa (recuerdos de la campaña)* (Cádiz: Imprenta Gades, 1939) pp. 15–16; Eduardo Jullá Téllez, *Historia del movimiento liberador de España en la provincia gaditana* (Cádiz: Establecimientos Cerón, 1944) pp. 65–7, 76–86; Alfonso Patrón de Sopranis, *Burlando el bloqueo rojo: el primer salto del Estrecho (julio del 36)* (Jérez de la Frontera: Tip. Lit. Jérez Industrial, n.d.) pp. 28–9, 52–3; Antonio Garrachón Cuesta, *De África a Cádiz y de Cádiz a la España Imperial por sendas de heroismo, de justicia, de hermandad y de amor* (Cádiz: Establecimiento Cerón, 1938) pp. 119–29.
13 Alicia Domínguez Pérez, *El verano que trajo un largo invierno: la represión político-social durante el primer franquismo en Cádiz (1936–1945)*, 2 vols (Cádiz: Quórum Editores, 2005) I, pp. 61–72; Jesús N. Núñez Calvo, *Francisco Cossi Ochoa (1898–1936): el último Presidente de la Diputación Provincial de Cádiz en la Segunda República: una muerte sin esclarecer* (Cádiz: Diputación de Cádiz, 2005) pp. 73–4; Francisco Espinosa Maestre, *La justicia de Queipo: violencia selectiva y terror fascista en la II División en 1936: Sevilla, Huelva, Cádiz, Córdoba,*

Málaga y Badajoz (Seville: Centro Andaluz del Libro, 2000) pp. 67–72.
14 *ABC* (Madrid), 17 April1937; Domínguez Pérez, *El verano*, pp. 74–103.
15 Juliá Téllez, *La provincia gaditana*, pp. 88–90; Fernando Romero Romero, 'La represión en la provincia de Cádiz: bibliografía y cifras', *Ubi Sunt?*, No. 17, Cádiz, May 2005, pp. 27–30.
16 Juliá Téllez, *La provincia gaditana*, p. 101.
17 Jesús Núñez, 'La actuación de las columnas rebeldes en las Sierras de Cádiz y Ronda', http://usuarios.lycos.es/historiaymilicia/html/guecicadizcolumnas.htm.
18 Eduardo Domínguez Lobato, *Cien capítulos de retaguardia (alrededor de un diario)* (Madrid: G. del Toro, 1973) pp. 19–54, 89–115, 137, 179, 185, 190–5.
19 Mercedes Rodríguez Izquierdo and Pedro P. Santamaria Curtido, eds, *Memoria rota: República, Guerra Civil y represión en Rota* (Cádiz: Ayuntamiento de Rota, 2009) pp. 128–41, 147–52, 206–82.
20 José María Pemán, *Arengas y crónicas de guerra* (Cádiz: Establecimientos Cerón, 1937) pp. 12–13.
21 Hoja de Servicios del teniente general Gómez de Zamalloa, Archivo General Militar de Segovia.
22 Romero, 'La represión en la provincia de Cádiz', pp. 27–30.
23 Hoja de Servicios del teniente general Gómez de Zamalloa, Archivo General Militar de Segovia.
24 Puelles, *Tercio Mora-Figueroa*, pp. 15–17; Mora-Figueroa, *La Falange gaditana*, pp. 74, 129–31; Fernando Romero Romero, *Guerra civil y represión en Villamartín* (Cádiz: Diputación Provincial de Cádiz, 1999) pp. 19–47.
25 Fernando Romero Romero, 'Víctimas de la represión en la Sierra de Cádiz durante la guerra civil (1936–1939)', *Almajar*, No. 2, Villamartín, 2005, pp. 209–40.
26 Julio de Ramón-Laca, *Bajo la férula de Queipo: cómo fue gobernada Andalucía* (Seville: Imprenta Comercial del Diario FE, 1939) pp. 15–18; Eduardo Domínguez Lobato, *Cien capítulos de retaguardia (alrededor de un diario)* (Madrid: G. del Toro, 1973) pp. 31–3; Romero Romero, *Guerra civil y represión en Villamartín*, pp. 54–5.
27 Joaquín Gil Honduvilla, *Justicia en guerra: bando de guerra y jurisdicción militar en el Bajo Guadalquivir* (Seville: Ayuntamiento de Sevilla Patronato del Real Alcázar, 2007) pp. 82–3, 100–5.
28 Núñez Calvo, *Francisco Cossi Ochoa*, pp. 75–119; Espinosa Maestre, *La justicia de Queipo*, pp. 59–65, Queipo de Llano's letter (underlined in the original)p. 280.
29 Domínguez Lobato, *Cien capítulos*, pp. 19–35; Espinosa Maestre, *La justicia de Queipo*, pp. 191–5, 280; Jesús Núñez, 'El Alcalde "desaparecido" de Puerto Real', *Diario de Cádiz*, 21 August 2005.
30 Puelles, *Tercio Mora-Figueroa*, pp. 17–21, 29; Mora-Figueroa, *La Falange gaditana*, pp. 131–38; Juliá Téllez, *La provincia gaditana*, p. 89.
31 Archivo del Tribunal Militar Territorial No. 2, Sumarios, Legajo 170, doc. 7.385, quoted by Romero Romero, 'Víctimas de la represión en la Sierra de Cádiz durante la guerra civil (1936–1939)', pp. 209–40, especially pp. 215–18; Fernando Romero Romero, 'Falangistas, héroes y matones: Fernando Zamacola y los Leones de Rota', *Cuadernos para el Diálogo*, No. 33, September 2008, pp. 32–8.
32 Carlos Castillo del Pino, *Casa del Olivo: autobiografía (1949–2003)* (Barcelona: Tusquets, 2004) p. 372.
33 关于在乌夫里克发生的暴行，见 Alfonso Domingo, *Retaguardia: la guerra civil tras los frentes* (Madrid: Oberón, 2004) pp. 17–33。2005 年 1 月 21 日，在乌夫里克市公墓举行了一个纪念碑的揭幕仪式，其上刻有 149 个遇难者的名字。

34 Fernando Romero Romero, *Alcalá del Valle: República, Guerra civil y represión 1931–1946* (Cádiz: Ayuntamiento de Alcalá del Valle, 2009) pp. 99–128, 138–51; Juliá Téllez, *Historia del movimiento liberador*, p. 91.

35 凯波·德·利亚诺本人的版本，见 General Queipo de Llano, 'Como dominamos a Sevilla', *Estampas de la Guerra: Album no. 5, Frentes de Andalucía y Extremadura* (San Sebastián: Editora Nacional, 1937) pp. 28–35, and *ABC*, 2 February 1938。同样的"神话"也在安东尼奥·奥尔梅多·德尔加多与何塞·奎斯塔·莫内雷奥将军的说辞中得以体现，*General Queipo de Llano (ventura y audacia)* (Barcelona: AHR, 1958) and Arrarás, *Historia de la cruzada*。更新的版本见 Nicolás Salas, *Sevilla fue la clave: República, Alzamiento, Guerra Civil (1931–39)*, 2 vols (Seville: Editorial Castillejo, 1992)。对于凯波·德·利亚诺的英雄主义神话加以质疑的记述，见 Manuel Barrios, *El último virrey Queipo de Llano*, 3rd edn (Seville: J. Rodríguez Castillejo, 1990)。关于凯波·德·利亚诺之"史诗般壮举"的神话，被埃斯皮诺萨·马埃斯特雷加以巧妙的拆穿，见 *La justicia de Queipo*, pp. 45–56。See also Hugh Thomas, *The Spanish Civil War*, 3rd edn (London: Hamish Hamilton, 1977) pp. 210–12.

36 Luis de Armiñán, *Excmo. Sr. General Don Gonzalo Queipo de Llano y Sierra Jefe del Ejército del Sur* (Ávila: Impresora Católica, 1937) p. 28; Juan Ortiz Villalba, *Seville 1936: del golpe militar a la guerra civil* (Seville: Diputación Provincial, 1997) pp. 127–8.

37 José María Varela Rendueles, *Rebelión en Sevilla: memorias de su gobernador rebelde* (Seville: Ayuntamiento de Sevilla, 1982) pp. 73–80, 95–9.

38 在 Espinosa Maestre, *La justicia de Queipo*, pp. 51–3 中，比拉用 Guzmán de Alfarache 的假名公布了他的名单，*¡18 de julio! Historia del alzamiento glorioso de Sevilla* (Seville: Editorial F.E., 1937) pp. 72–88, 110–15, 130–7, 153–60, 223–69。

39 Manuel Sánchez del Arco, *El sur de España en la reconquista de Madrid*, 2nd edn (Seville: Editorial Sevillana, 1937) pp. 27–35; Guzmán de Alfarache, *¡18 de julio!*, pp. 91–110.

40 Sánchez del Arco, *El sur de España*, pp. 17–20, 31; Cándido Ortiz de Villajos, *De Sevilla a Madrid: ruta libertadora de la columna Castejón* (Granada: Librería Prieto, 1937) p. 27; Nicolás Salas, *Quién fue Luis Alarcón de la Lastra (1891–1971)* (Seville: Guadalturia, 2010) pp. 166–7.

41 Queipo de Llano, 'Como dominamos a Seville', pp. 32–3, Carlos Enrique Bayo and Cipriano Damiano, 'Toreros fascistas: matadores de obreros', *Interviú*, No. 103, 3–9 May 1978, pp. 40–3.

42 Rafael de Medina Vilallonga, Duque de Medinaceli, *Tiempo pasado* (Seville: Gráfica Sevillena, 1971) pp. 39–40; Ortiz Villalba, *Sevilla 1936*, pp. 116–17.

43 Medina, *Tiempo pasado*, pp. 42–3; Francisco Sánchez Ruano, *Islam y guerra civil española; Moros con Franco y con la República* (Madrid: La Esfera de los Libros, 2004) pp. 171–2.

44 *El Correo de Andalucía*, 22 July 1936.

45 Edmundo Barbero, *El infierno azul (seis meses en el feudo de Queipo)* (Madrid: Talleres del SUIG (CNT), 1937) p. 28; Espinosa Maestre, *La justicia de Queipo*, p. 281.

46 Barbero, *El infierno azul*, pp. 25–8; Richard Barker, *El largo trauma de un pueblo andaluz: República, represión, guerra, posguerra* (Castilleja del Campo: Junta de Andalucía and Ayuntamiento de Castilleja del Campo, 2007) p. 100; Manuel Ruiz Romero and Francisco Espinosa Maestre, eds, *Ayamonte, 1936: diario de un fugitivo: memorias de Miguel Domínguez Soler* (Huelva: Diputación de Huelva, 2001) p. 83.

47 *ABC* (Seville), 24 July 1936; Ramón-Laca, *Bajo la férula*, pp. 27–9.

48 Ortiz Villalba, *Sevilla 1936*, pp. 158–9; Barbero, *El infierno azul*, p. 39.

49 Espinosa Maestre, *La justicia de Queipo*, pp. 270–7.
50 Ortiz Villalba, *Sevilla 1936*, pp. 233–5; Barbero, *El infierno azul*, pp. 28–9.
51 Ortiz Villalba, *Sevilla 1936*, p. 160.
52 Antonio Bahamonde y Sánchez de Castro, *Un año con Queipo* (Barcelona: Ediciones Españolas, n.d. [1938]) p. 108.
53 Francisco Gonzálbez Ruiz, *Yo he creído en Franco: proceso de una gran desilusión (dos meses en la cárcel de Sevilla)* (Paris: Imprimerie Coopérative Étoile, 1938) pp. 51–2.
54 Barbero, *El infierno azul*, pp. 51–4. *The Times*, 9 december 1936 中，包含有邀请公众人士加入"行刑队"的报道。
55 Varela Rendueles, *Rebelión en Seville*, pp. 152–3.
56 Bahamonde, *Un año con Queipo*, pp. 108–10.
57 Memorandum of Vice-Consul to Portuguese Ambassador, 19 November 1936, Pedro Teotónio Pereira, *Correspondência de Pedro Teotónio Pereira para Oliveira Salazar*, Vol. I: *1931–1939* (Lisbon: Presidência do Conselho de Ministros, 1987) pp. 228–9. 关于迪亚斯·克里亚多接下来的职业生涯，见 Espinosa Maestre, La justicia de Queipo, pp. 105–17。
58 Gonzálbez Ruiz, *Yo he creído en Franco*, pp. 51–2.
59 *ABC* (Madrid), 18 April, 16 June 1937; Ortiz Villalba, *Sevilla 1936*, pp. 85, 102, 343; Espinosa Maestre, *La justicia de Queipo*, pp. 75–9, 92–4.
60 Francisco Espinosa Maestre, *La guerra civil en Huelva*, 4th edn (Huelva: Diputación Provincial, 2005) pp. 85–103, 137–54; Espinosa Maestre, *La justicia de Queipo*, pp. 140–50.
61 P. Bernabé Copado SJ, *Con la columna Redondo: combates y conquistas: crónica de guerra* (Seville: Imprenta de la Gavidia, 1937) pp. 29–34.
62 Ortiz Villalba, *Sevilla 1936*, pp. 82, 95–8, 115–18, 138–43, 165.
63 Medina, *Tiempo pasado*, pp. 45–59; Alfonso Lazo, *Retrato del fascismo rural en Sevilla* (Seville: Universidad de Sevilla, 1998) p. 14; Barker, *El largo trauma*, pp. 87–8; Espinosa Maestre, *La guerra civil en Huelva*, pp. 104–18.
64 Francisco Espinosa Maestre, 'Vida y muerte en retaguardia: Hinojos y Rociana: dos historias del 36', in *IV Encuentro de poetas y escritores del Entorno de Doñana* (Doñana: Biblioteca Ligustina, 1999) pp. 107–46; Espinosa Maestre, *La guerra civil en Huelva*, pp. 380–1.
65 António de Cértima to MNE, 6 August 1936, *Dez anos de política externa (1936–1947) a nação portuguesa e a segunda guerra mundial*, Vol. III (Lisbon: Imprensa Nacional/Casa da Moeda, 1964) p. 86. 在塞维利亚军事当局所提供资料基础上，存在一份来自意大利方面的所谓"赤色分子"暴行的记载，见 Curio Mortari, *Con gli insorti in Marocco e Spagna* (Milan: Fratelli Treves Editori, 1937) pp. 231–47。
66 Alfonso Lazo, *Retrato de fascismo rural en Sevilla* (Seville: Universidad de Sevilla, 1998) pp. 11–14; Margarita Nelken, *Las torres del Kremlin* (Mexico City: Industrial y Distribuidora, 1943) p. 259.
67 *La Unión*, 23 July 1936; Ian Gibson, *Queipo de Llano: Sevilla, verano de 1936* (Barcelona: Grijalbo, 1936) p. 164; Arthur Koestler, *Spanish Testament* (London: Victor Gollancz, 1937) p. 34.
68 *ABC* (Seville), 26 July 1936.
69 Koestler, *Spanish Testament*, pp. 34, 84–8.
70 *La Unión*, 18 August 1936; Barker, *El largo trauma*, p. 116.
71 Ortiz de Villajos, *De Sevilla a Madrid*, pp. 21, 30–8, 46–7, 51–2; Espinosa Maestre, *La guerra civil en Huelva*, pp. 122–8; Miriam B. Mandel, *Hemingway's Death in the Afternoon: The Complete*

注　释　597

  Annotations (Lanham, Md: Scarecrow Press, 2002) p. 82.
72 Espinosa Maestre, *La guerra civil en Huelva*, pp. 147–54; Espinosa Maestre, *La justicia de Queipo*, pp. 129–37, 145–6, 197–200.
73 Espinosa Maestre, *La guerra civil en Huelva*, pp. 161–2; Ruiz Romero and Espinosa Maestre, *Ayamonte, 1936*, pp. 65–103.
74 Manuel Tapada Pérez, *Guerra y posguerra en Encinasola: Aroche, Cumbres Mayores, Cumbres de San Bartolomé y Barrancos* (Seville: Autor, 2000) pp. 44–55; Maria Dulce Antunes Simões, *Barrancos na encruzilhada de la guerra civil de Espanha* (Lisbon: Câmara Municipal de Barrancos, 2007) pp. 173–83; Espinosa Maestre, *La guerra civil en Huelva*, pp. 173–4.
75 Copado, *Con la columna Redondo*, pp. 41–60; Espinosa Maestre, *La guerra civil en Huelva*, pp. 174–227.
76 Copado, *Con la columna Redondo*, pp. 68–94; Luciano Suero Sánchez, *Memorias de un campesino andaluz* (Madrid: Queimada Ediciones, 1982) pp. 78–87; Espinosa Maestre, *La guerra civil en Huelva*, pp. 228–58; *La Unión*, 27 August 1936; Antonio Muniz, Jesús Berrocal and Nieves Medina, *La historia silenciada: víctimas de la represión franquista en Aroche (Huelva)* (Huelva: Ayuntamiento de Aroche/Junta de Andalucía, 2007) pp. 140–87.
77 Guillermo A. Molina Domínguez, *Víctimas y desaparecidos: la represión franquista en Palos de la Frontera (1936–1941)* (Huelva: Autor, 2005) pp. 76–90, 106–11, 119–40; Espinosa Maestre, *La justicia de Queipo*, 2nd edn, pp. 138–9, 343–4; Antonio Orihuela, *Moguer – 1936* (Madrid: La Oveja Roja, 2010) pp. 143–205, 211–76.
78 Espinosa Maestre, *La guerra civil en Huelva*, pp. 321–3, 715–16; Francisco Espinosa Maestre, ed., *Violencia roja y azul: España, 1936–1950* (Barcelona: Editorial Crítica, 2010) pp. 77, 247; Orihuela, *Moguer – 1936*, p. 176.
79 Espinosa Maestre, *La guerra civil en Huelva*, pp. 137–46, 409–31; Espinosa Maestre, *La justicia de Queipo*, pp. 127–8, 151–9.
80 Ortiz de Villajos, *De Sevilla a Madrid*, pp. 45–6.
81 Javier Jiménez Rodríguez, 'La tragedia de todos: odios y violencias durante la guerra civil (1936–1939)', in Arias Castañón, Leandro Álvarez Rey and Javier Jiménez Rodríguez, *Permanencias y cambios en la Baja Andalucía: Alcalá de Guadaíra en los siglos XIX y XX* (Alcalá de Guadaira: Ayuntamiento de Alcalá de Guadaira, 1995) pp. 309–12.
82 Félix J. Montero Gómez, *Alcalá de Guadaíra, 21 de julio de 1936: historia de una venganza* (Seville: Ayuntamiento de Alcalá de Guadaira/Asociación Andaluza Memoria Histórica y Justicia, 2007) pp. 13–14, 449–51, 675–8, 704–10; Jiménez Rodríguez, 'La tragedia de todos', pp. 313–41; Ortiz de Villajos, *De Sevilla a Madrid*, pp. 46–7.
83 *DSC*, 22 July 1936.
84 Servicio Histórico Militar (José Manuel Martínez Bande), *La campaña de Andalucía*, 2nd edn (Madrid: Editorial San Martín, 1986) p. 71. 关于卡莫纳市的两名死者，见 *Preliminary Official Report on the Atrocities Committed in Southern Spain in July and August, 1936, by the Communist Forces of the Madrid Government* (London: Eyre & Spottiswoode, 1936) pp. 40–2。关于比利亚之死以及随后的镇压行动，见 Francisco Rodríguez Nodal, *Al paso alegre de la paz 1939* (Carmona: Autor, 2004) pp. 45–58；Antonio Lería and Francisco Eslava, *Carmona tricolor: militancia política y afiliación sindical en la Segunda República* (Carmona: Ayuntamiento de Carmona, 2008) pp. 168–98；Antonio Lería, 'Golpe de estado y Guerra Civil en Carmona', in his

La Guerra Civil en Carmona (Carmona: Ayuntamiento de Carmona, 2008) pp. 11–26。See also José García Márquez, 'La represión franquista en la provincial de Sevilla: estado de la cuestión', *EBRE 38. Revista Internacional de la Guerra Civil 1936–1939*, Barcelona, No. 2, 2003, pp. 85–97.

85 Ruiz Romero and Espinosa Maestra, *Ayamonte, 1936*, pp. 101–2.
86 关于幸存者的回忆，见 Francisco Rodríguez Nodal, *Caínes del amanecer 1936*, 3rd edn (Carmona: Autor, 2001) pp. 67–71, 81–5, 121, 133–42, 229–36, and the unpublished work by Paqui Maqueda Fernández, 'Como si nunca hubiera ocurrido: un relato por los caminos de la memoria'。
87 Rodríguez Nodal, *Caínes del amanecer*, pp. 89–102, 185–215; Lería and Eslava, *Carmona tricolor*, pp. 207–16.
88 *ABC* (Seville), 31 July 1936; Ramón Barragán Reina, *Cantillana II República: la esperanza rota: la brutal represión franquista en un pueblo Sevilleno* (Brenes: Muñoz Moya Editores Extremeños, 2006) pp. 86–7, 102–52; Antonio Rosado, *Tierra y libertad: memorias de un campesino anarcosindicalista andaluz* (Barcelona: Editorial Crítica, 1979) pp. 121–2.
89 *La Unión*, 31 August 1936.
90 Archivo General Militar, Madrid, Armario 18, Legajo 6, Carpeta 5. 非常感谢 Rúben Serém 向我提供了该文件的副本。
91 José Moreno Romero, *Fuentes de Andalucía: crónicas del siglo XX* (Seville: Edición del Autor, 1999) pp. 112–19.
92 *ABC* (Seville), 25 July 1936. 关于阿拉阿尔之暴力事件的叛军之版本，见 *Preliminary Official Report on the Atrocities*, pp. 31–4; Ortiz de Villajos, *De Sevilla a Madrid*, pp. 52–5。关于接下来发生在城中的镇压行动，保守派历史研究者 Nicolás Salas 在 *Sevilla fue la clave, p. 623* 中给出了 146 人的数字，并于 *pp. 650–1* 中补充说，当地人士认为，遇难者数字在 200 到 500 人之间。1,600 人的数字出现于 Carmen Muñoz, 'Masacre fascista en Arahal (Sevilla)', *Interviu*, No. 91, 9–15 February 1978, pp. 38–41。
93 José María García Márquez and Miguel Guardado Rodríguez, *Morón: Consumatum Est: 1936–1953: historia de un crimen de guerra* (Morón de la Frontera: Planta Baja, 2011) pp. 61–97; Rosado, *Tierra y libertad*, pp. 122–5.
94 García Márquez and Guardado Rodríguez, *Morón*, pp. 99–206; *La Unión*, 26 July 1936.
95 Ortiz de Villajos, *De Sevilla a Madrid*, pp. 55–7; José María García Márquez, 'La represión franquista en la provincia de Sevilla: estado de la cuestión', in *Ebre 38. Revista Internacional de la Guerra Civil (1936–1939)*, No. 2 (Barcelona: Publicacions i Edicions de la Universitat de Barcelona, 2004), p. 94.
96 José María García Márquez, *La represión militar en la Puebla de Cazalla* (Seville: Fundación Centro de Estudios Andaluces, 2007) pp. 9, 31–58, 66–84, 201–4.
97 Francisco Moreno Gómez, *La guerra civil en Córdoba (1936–1939)* (Madrid: Editorial Alpuerto, 1985) pp. 110–11, 253–61; Francisco Moreno Gómez, *1936: el genocidio franquista en Córdoba* (Barcelona: Editorial Crítica, 2008) pp. 409–22; *Preliminary Official Report on the Atrocities*, pp. 59–61; Antonio Pérez de Olaguer, *El terror rojo en Andalucía* (Burgos: Ediciones Antisectarias, 1938) pp. 49–53.
98 Ortiz de Villajos, *De Sevilla a Madrid*, pp. 67–70; Moreno Gómez, *La guerra civil en Córdoba*, pp. 261–78; Moreno Gómez, *1936: el genocidio franquista*, pp. 422–36; Queipo's speech in *ABC* (Seville), 2 August 1936.

99 *ABC* (Seville), 9 August 1936; Antonio Montero Moreno, *Historia de la persecución religiosa en España 1936–1939* (Madrid: Biblioteca de Autores Cristianos, 1961) pp. 776, 798; Juan Manuel Lozano Nieto, *A sangre y fuego: los años treinta en un pueblo andaluz* (Córdoba: Almuzara, 2006) pp. 132–74; Leopoldo Nunes, *La guerra en España (dos meses de reportaje en los frentes de Andalucía y Extremadura)* (Granada: Librería Prieto, 1937) pp. 165–8.

100 *ABC* (Seville), 9, 11 August 1936; Lozano Nieto, *A sangre y fuego*, pp. 185–239. An eyewitness account by a reluctant executioner was published anonymously as 'El comienzo: 1936 La "liberación" de Lora del Río', *Cuadernos de Ruedo Ibérico* (Paris), Nos 46–8, July–December 1975, pp. 81–94.

101 Lozano Nieto, *A sangre y fuego*, pp. 200–3, 234–5.

102 *Ibid.*, pp. 215–38, 329–40. 1938年国民卫队提交给公共秩序特派员的一份报告给出了600人的死亡数字，Fondo de Expedientes Policiales, H-753, 754, 755, quoted by Lozano Nieto, p. 318。

103 *ABC* (Seville), 11 August 1936; *Heraldo de Madrid*, 15 August 1936. 在1938年10月17日由孔斯坦蒂纳的国民卫队哨所指挥官提交给公共秩序特派员的报告中，给出了300人死亡和3,000人逃离的数字，AHN, Fondo de Expedientes Policiales, H-754。非常感谢José María García Márquez向我提供了这一信息。

104 José Iglesias Vicente, *Cazalla de la Sierra: los sucesos del verano del 36* (Zafra: Edición del Autor, 2006) pp. 39–78.

105 *ABC* (Seville), 13, 14, 15 August 1936; *La Unión*, 14, 15 August 1936; Iglesias Vicente, *Cazalla de la Sierra*, pp. 79–83, 111–17, 131–5.

106 Manuel Sánchez del Arco, *El sur de España en la reconquista de Madrid*, 2nd edn (Seville: Editorial Sevillana, 1937) pp. 18–20.

107 Medina, *Tiempo pasado*, pp. 61–2, 80–1.

108 Manuel Chaves Nogales, *A sangre y fuego* (Madrid: Espasa Calpe, 2006) pp. 47–72; Arcángel Bedmar González, *Lucena: de la Segunda República a la Guerra Civil* (Córdoba: Imprenta Vistalegre, 1998) pp. 118–19; Arcángel Bedmar González, *República, guerra y represión: Lucena 1931–1939* (Lucena: Ayuntamiento de Lucena, 2000) pp. 190–1; testimony of Juan Manuel Moyano Terrón (Cuevas de San Marcos); José María Pemán, *Mis encuentros con Franco* (Barcelona: Dopesa, 1976) p. 90.

109 Moreno Gómez, *1936: el genocidio franquista*, pp. 55–79.

110 Moreno Gómez, *La guerra civil en Córdoba*, pp. 288–98, 326–7, Moreno Gómez, *1936: el genocidio franquista*, p. 814; Barbero, *El infierno azul*, pp. 9–10, 13, 16–17; Espinosa Maestre, *La justicia de Queipo*, pp. 121–4.

111 Ronald Fraser, *Blood of Spain: The Experience of Civil War 1936–1939* (London: Allen Lane, 1979) pp. 161–4; *ABC* (Seville), 12 October 1936.

112 *ABC* (Seville), 3 October 1936.

113 Bedmar González, *Lucena*, pp. 134–5; Bedmar González, *República, guerra y represión: Lucena*, pp. 167–78.

114 Fernando Rivas Gómez, 'La defensa de Baena – Episodios de la Guardia Civil', *Revista de Estudios Históricos de la Guardia Civil*, Año V, No. 9, 1972, pp. 63–85; Moreno Gómez, *La guerra civil en Córdoba*, pp. 214–23; Moreno Gómez, *1936: el genocidio franquista*, pp. 363–76; Arcángel Bedmar González, *Baena roja y negra: guerra civil y represión (1936–1943)* (Lucena: Librería Juan de Mairena, 2008) pp. 21–37.

115 *ABC* (Seville), 30 July 1936; Moreno Gómez, *La guerra civil en Córdoba*, pp. 225–39; Rivas Gómez, 'La defensa de Baena', pp. 85–8; Moreno Gómez, *1936: el genocidio franquista*, pp. 377–97; Bedmar González, *Baena roja y negra*, pp. 39–70; Félix Moreno de la Cova, *Mi vida y mi tiempo: la guerra que yo viví* (Seville: Gráficas Mirte, 1988) p. 23.

116 Rivas Gómez, 'La defensa de Baena', pp. 88–9; Moreno Gómez, *1936: el genocidio franquista*, pp. 397–8.

117 *ABC* (Seville), 1 August 1936.

118 Moreno Gómez, *1936: el genocidio franquista*, pp. 385, 397–400; Bedmar González, *Baena roja y negra*, pp. 70–155.

119 José María Pemán, ¡Atención! ⋯ ¡Atención! ⋯ Arengas y crónicas de guerra (Cádiz: Establecimientos Cerón, 1937) pp. 94–5.

120 Moreno Gómez, *La guerra civil en Córdoba*, pp. 210–12; Barbero, *El infierno azul*, pp. 14, 19–20.

121 Mandel, *Hemingway's Death in the Afternoon*, pp. 163–4, 167–9; Bayo and Damiano, 'Toreros fascistas', pp. 42–3.

122 Servicio Histórico Militar, Cuartel General del Generalísimo, Legajo 273, Carpeta 6, quoted by Espinosa Maestre, *La justicia de Queipo*, p. 287.

123 Ángel David Martín Rubio, *Paz, piedad, perdón ... y verdad: la represión en la guerra civil: una síntesis definitiva* (Madrid: Editorial Fénix, 1997) pp. 211–16; Romero Romero, 'Víctimas de la represión en la Sierra de Cádiz durante la guerra civil', p. 210.

124 Romero Romero, 'La represión en la provincia de Cádiz: bibliografía y cifras', pp. 27–30; Domínguez Pérez, *El verano*, I, pp. 79, 88–103; Espinosa Maestre, ed., *Violencia roja y azul*, p. 77.

125 José María Pemán, *Un soldado en la historia: vida del Capitán General Varela* (Cádiz: Escelicer, 1954) pp. 179–82; Gerald Brenan, *Personal Record 1920–1972* (London: Jonathan Cape, 1974) pp. 310–11; J. R. Corbin, *The Anarchist Passion: Class Conflict in Southern Spain 1810–1965* (Aldershot: Avebury Publishing, 1993) pp. 43–4; *Second & Third Reports on the Communist Atrocities Committed in Southern Spain from July to October, 1936, by the Communist Forces of the Madrid Government* (London: Eyre & Spottiswoode, 1937) pp. xxii, 58–61; Carlos G. Mauriño Longoria, *Memorias* (Ronda: private publication by family, n.d. [1937]), pp. 38–59, 66–77, 95–115; Salvador Fernández Álvarez and José María Gutiérrez Ballesteros, *De la gesta española (breviario de la conquista de Ronda)* (Cádiz: Establecimientos Cerón y Librería Cervantes, 1939) pp. 24, 39–47; Gil Gómez Bajuelo, *Málaga bajo el dominio rojo* (Cádiz: Establecimientos Cerón, 1937) pp. 33–45; Lucía Prieto Borrego and Encarnación Barranquero Texeira, 'Población civil y guerra: Málaga, de la retaguardia al éxodo', in Fernando Arcas Cubero, ed., *Málaga 1937 nunca más: historia y memoria: guerra civil y franquismo en Málaga* (Málaga: Ateneo de Málaga, 2006) (special issue of *Ateneo del Nuevo Siglo*, No. 9, December 2006) pp. 9–14.

126 Espinosa Maestre, *La justicia de Queipo*, pp. 223–31.

127 Puelles, *Tercio Mora-Figueroa*, pp. 17–21, 65–7, 101–2; Mora-Figueroa, *Datos para la historia*, pp. 138–44; Eduardo Juliá Téllez, *Historia del movimiento liberador de España en la provincia gaditana* (Cádiz: Establecimentos Cerón, 1944) p. 89; Eduardo Domínguez Lobato, *Cien capítulos de retaguardia* (Madrid: G. del Toro, 1973) p. 318.

128 Report of Gobernador Militar de Cádiz, quoted in Ángel David Martín Rubio, *Paz, piedad, perdón ... y verdad*, pp. 214–16.

129 Espinosa Maestre, *La justicia de Queipo*, p. 50.

130 *La Unión*, 22 July 1936; Bérriz to Rodríguez-Acosta, 13 August 1936, Manuel Titos Martínez, *Verano del 36 en Granada: un testimonio sobre el comienzo de la guerra civil y la muerte de García Lorca* (Granada: Editorial Atrio, 2005) p. 80.

131 Francisco Franco Salgado-Araujo, *Mi vida junto a Franco* (Barcelona: Planeta, 1977) pp. 185–8, 348–53.

132 Ángel Gollonet Megías and José Morales López, *Rojo y azul en Granada*, 2nd edn (Granada: Librería Prieto, 1937) pp. 111–25; Martínez Bande, *La campaña de Andalucía*, pp. 99–112.

133 Gollonet Megías and Morales López, *Rojo y azul*, pp. 79–96; Ian Gibson, *El asesinato de García Lorca* (Barcelona: Plaza y Janés, 1996) pp. 60–3, 69–74.

134 Gollonet Megías and Morales López, *Rojo y azul*, pp. 165–9; Gibson, *El asesinato*, pp. 106–19.

135 Bérriz to Rodríguez-Acosta, 18 August 1936, Titos Martínez, Verano del 36, p. 117.

136 Gibson, *El asesinato*, pp. 129–42; Helen Nicholson, *Death in the Morning* (London: Lovat Dickson, 1937) pp. 33–4; Rafael Gil Bracero and María Isabel Brenes, *Jaque a la República (Granada, 1936–1939)* (Granada: Ediciones Osuna, 2009) pp. 225–31, 295–300.

137 Gibson, *El asesinato*, pp. 15–36, 265–6; Miguel Caballero Pérez and Pilar Góngora Ayala, *La verdad sobre el asesinato de García Lorca: historia de una familia* (Madrid: Ibersaf Editores, 2007) pp. 154–5, 168–9, 299, 301–9; Ian Gibson, *El hombre que detuvo a García Lorca: Ramón Ruiz Alonso y la muerte del poeta* (Madrid: Aguilar, 2007) pp. 99–100, 143.

138 Gibson, *El hombre*, pp. 11–39, 89–90; Ian Gibson, ed., *Agustín Penón: diario de una búsqueda lorquiana (1955–56)* (Barcelona: Plaza y Janés, 1990) pp. 190–7, 206–19.

139 Eduardo Molina Fajardo, *Los últimos días de García Lorca* (Barcelona: Plaza y Janés, 1983) pp. 40–50.

140 关于洛尔卡遇害的具体日期，在 2005 年被 Manuel Titos 确定之前，一直存在有相当大的争议。See José Luis Vila-San-Juan, *García Lorca asesinado: toda la verdad* (Barcelona: Planeta, 1975) pp. 160–3; Molina Fajardo, *Los últimos días*, pp. 67–70, 194; Marta Osorio, *Miedo, olvido y fantasía: Agustín Peñón: crónica de su investigación sobre Federico García Lorca (1955–1956)* (Granada: Editorial Comares, 2001) pp. 295–307, 344–8, 355, 407–9, 667–9; Titos Martínez, *Verano del 36*, pp. 45–64, 122; Gibson, *El hombre*, pp. 141–2.

141 Gibson, *El asesinato*, pp. 265–6; Gibson, *El hombre*, pp. 99–100, 143.

142 Francisco Vigueras Roldán, *Los 'paseados' con Lorca: el maestro cojo y los dos banderilleros* (Seville-Zamora: Comunicación Social Ediciones, 2007) pp. 28–9, 37–50, 133–48; Gibson, *El asesinato*, p. 236; Gollonet Megías and Morales López, *Rojo y azul*, pp. 101–2.

143 Bérriz to Rodríguez-Acosta, 18 August 1936, Titos Martínez, *Verano del 36*, p. 117.

144 Nicholson, *Death in the Morning*, pp. 81–2. 在她所著的关于西班牙内战的小说 *The Painted Bed* 中，她表露出对佛朗哥主义者的同情态度。

145 Gibson, *El hombre*, pp. 53, 78–80, 83–8; Francisco Vigueras, *Granada 1936: muerte de un periodista Constantino Ruiz Carnero 1887–1936* (Granada: Editorial Comares, 1998) pp. 179–89, 227–40.

146 Mercedes del Amo, *Salvador Vila: el rector fusilado en Víznar* (Granada: Universidad de Granada, 2005) pp. 123–5, 135–57, 163–9; Molina Fajardo, *Los últimos días*, pp. 286, 423; Miguel de Unamuno, *El resentimiento trágico de la vida: notas sobre la revolución y guerra civil españolas* (Madrid: Alianza Editorial, 1991) p. 57.

147 Nicholson, *Death in the Morning*, pp. 82, 72–3, 99.

148 Martínez Bande, *La campaña de Andalucía*, pp. 169–210.

149 Edward Norton, *Muerte en Málaga: testimonio de un americano sobre la guerra civil española* (Málaga: Universidad de Málaga, 2004) pp. 170–87, 193–208, 225–42; Juan Antonio Ramos Hitos, *Guerra civil en Málaga 1936–1937: revisión histórica*, 2nd edn (Málaga: Editorial Algazara, 2004) pp. 217–35, 244–72, 283–5; Ángel Gollonet Megías and José Morales López, *Sangre y fuego: Málaga* (Granada: Librería Prieto, 1937); Gómez Bajuelo, *Málaga bajo el dominio rojo*, pp. 81–4; Padre Tomás López, *Treinta semanas en poder de los rojos en Málaga de julio a febrero* (Seville: Imprenta de San Antonio, 1938) pp. 61–6, 93–101; Francisco García Alonso, *Flores del heroismo* (Seville: Imprenta de la Gavidia, 1939) pp. 76–9, 90–103, 129–36.

150 Encarnación Barranquero Texeira and Lucía Prieto Borrego, *Población y guerra civil en Málaga: caída, éxodo y refugio* (Málaga: Centro de Ediciones de la Diputación de Málaga, 2007) pp. 21–99; Encarnación Barranquero Texeira, *Málaga entre la guerra y la posguerra: el franquismo* (Málaga: Editorial Arguval, 1994) p. 202; Bahamonde, *Un año con Queipo*, pp. 125–9.

151 Bahamonde, *Un año con Queipo*, pp. 132–5.

152 *ABC* (Seville), 11, 12 March 1937; García Márquez, *La represión militar en la Puebla de Cazalla*, pp. 126–30; Francisco Espinosa Maestre, *Contra el olvido* (Barcelona: Crítica, 2006) pp. 79–93; Arcas Cubero, ed., *Málaga 1937 nunca más*, *passim*; Barranquero Texeira, *Málaga entre la guerra y la posguerra*, pp. 215–39; Antonio Nadal, *Guerra civil en Málaga* (Málaga: Editorial Arguval, 1984) pp. 190–2, 217–32; Ramos Hitos, *Guerra civil en Málaga*, pp. 309–36.

153 Barranquero and Prieto, *Población y guerra civil*, pp. 180–209.

154 Dr Norman Bethune, *The Crime on the Road Malaga–Almeria* (n.p.: Publicaciones Iberia, 1937) pp. 8–9; T. C. Worsley, *Behind the Battle* (London: Robert Hale, 1939) pp. 185–8, 197–201; The Times, 17, 24 February, 3 March 1937.

6 莫拉的恐怖统治

1 Emilio Mola Vidal, *Obras completas* (Valladolid: Librería Santarén, 1940) p. 1173.

2 Juan de Iturralde (Father Juan José Usabiaga Irazustabarrena,), *La guerra de Franco: los vascos y la Iglesia*, 2 vols (San Sebastián: Publicaciones Clero Vasco, 1978) I, p. 433. See also Hugh Thomas, The Spanish Civil War, 3rd edn (London: Hamish Hamilton, 1977) p. 260.

3 Alfonso Álvarez Bolado, *Para ganar la guerra, para ganar la paz: Iglesia y guerra civil 1936–1939* (Madrid: Universidad Pontificia de Comillas, 1995) p. 52.

4 José María Iribarren, *Con el general Mola: escenas y aspectos inéditos de la guerra civil* (Zaragoza: Librería General, 1937) pp. 168–9, 222–3.

5 Josep Fontana, 'Julio de 1936', *Público*, 29 June 2010; Julián Chaves Palacios, *La represión en la provincia de Cáceres durante la guerra civil (1936–1939)* (Cáceres: Universidad de Extremadura, 1995) p. 101.

6 Fernando Mikelarena Peña, 'La intensidad de la limpieza política franquista en 1936 en la Ribera de Navarra', *Hispania Nova. Revista de Historia Contemporánea*, No. 9 (2009) p. 5.

7 José del Castillo and Santiago Álvarez, *Barcelona: objetivo cubierto* (Barcelona: Editorial Timón, 1958) pp. 153–7, 165–9.

8 I. Berdugo, J. Cuesta, M. de la Calle and M. Lanero, 'El Ministerio de Justicia en la España "Nacional"', in Archivo Histórico Nacional, *Justicia en guerra: jornadas sobre la administración*

注　释　603

  de justicia durante la Guerra Civil Española: instituciones y fuentes documentales (Madrid: Ministerio de Cultura, 1990) pp. 249–53.

9　Santiago Vega Sombría, *De la esperanza a la persecución: la represión franquista en la provincia de Segovia* (Barcelona: Editorial Crítica, 2005) p. 110.

10　José María Dávila y Huguet, *Código de justicia militar: con notas aclaratorias y formularios* (Burgos: Imprenta Aldecoa, 1937) p. 5.

11　Iribarren, *Con el general Mola*, pp. 94, 245.

12　General Luis Redondo and Comandante Juan de Zavala, *El Requeté (la tradición no muere)* (Barcelona: Editorial AHR, 1957) pp. 78–81.

13　Marino Ayerra Redín, *No me avergoncé del evangelio (desde mi parroquia)*, 2nd edn (Buenos Aires: Editorial Periplo, 1959) pp. 29–30.

14　Julián Casanova, *La Iglesia de Franco*, 2nd edn (Barcelona: Editorial Crítica, 2005) pp. 63–5; Iturralde, *La guerra de Franco*, I, pp. 417–23.

15　Peter Kemp, *Mine Were of Trouble* (London: Cassell, 1957) pp. 76, 80.

16　Javier Ugarte Telleria, *La nueva Covadonga insurgente: orígenes sociales y culturales de la sublevación de 1936 en Navarra y el País Vasco* (Madrid: Editorial Biblioteca Nueva, 1998) pp. 86–9; Ayerra Redín, *No me avergoncé del evangelio*, pp. 27–31; Iturralde, *La guerra de Franco*, I, pp. 435–40.

17　Galo Vierge, *Los culpables: Pamplona 1936* (Pamplona: Pamiela, 2009) pp. 148–57.

18　Altaffaylla, *Navarra: de la esperanza al terror*, 8th edn (Tafalla: Altaffaylla, 2004) pp. 718–19; Mikelarena Peña, 'La intensidad de la limpieza política', p. 5.

19　Álvarez Bolado, *Para ganar la guerra*, p. 42; Vierge, *Los culpables*, pp. 33–48; Iturralde, *La guerra de Franco*, I, p. 422; Altaffaylla, *Navarra*, pp. 492–4, 784–90. 关于被害者的确切人数，不同数据来源之间（Vierge, 52; Iturralde, 56; Altaffaylla, 52）存在微小差异，但几乎毫无疑问，屠杀事件确有发生。

20　Altaffaylla, *Navarra*, pp. 588–90.

21　Mikelarena Peña, 'La intensidad de la limpieza política', p. 24; Altaffaylla, *Navarra*, pp. 497–508.

22　Josefina Campos Oruña, *Los fusilados de Peralta, la vuelta a casa (1936–1978): operación retorno* (Pamplona: Pamiela, 2008) pp. 296–302; Altaffaylla, *Navarra*, pp. 508, 793; Jesús Equiza, *Los sacerdotes navarros ante la represión de 1936–1937 y ante la rehabilitación de los fusilados* (Madrid: Editorial Nueva Utopía, 2010) pp. 25–8.

23　Hilari Raguer, *La pólvora y el incienso: la Iglesia y la guerra civil española* (Barcelona: Ediciones Península, 2001) pp. 163–4; Ayerra Redín, *No me avergoncé del evangelio*, pp. 136–9.

24　Cardenal Gomá, *Por Dios y por España 1936–1939* (Barcelona: Editorial Casulleras, 1940) pp. 306–15.

25　Carlos Gil Andrés, *Echarse a la calle: amotinados, huelguistas y revolucionarios (La Rioja, 1890–1936)* (Zaragoza: Prensas Universitarias de Zaragoza, 2000) pp. 209–43; Carlos Gil Andrés, *Lejos del frente: la guerra civil en la Rioja alta* (Barcelona: Editorial Crítica, 2006) pp. 3–79; Enrique Pradas Martínez, ed., *8 de diciembre de 1933: insurrección anarquista en La Rioja* (Logroño: Cuadernos Riojanos, 1983) *passim*; Enrique Pradas Martínez, *La segunda República y La Rioja (1931–1936)* (Logroño: Cuadernos Riojanos, 1982) pp. 139–54; Jesús Vicente Aguirre González, *Aquí nunca pasó nada: La Rioja 1936* (Logroño: Editorial Ochoa, 2007) p. 906.

26　Gil Andrés, *Echarse a la calle*, pp. 248–59; María Cristina Rivero Noval, *La ruptura de la paz civil: represión en la Rioja (1936–1939)* (Logroño: Instituto de Estudios Riojanos, 1992) pp. 32–5; Aguirre González, *Aquí nunca pasó nada*, pp. 583, 907.

27 Joaquín Arrarás, *Historia de la cruzada española*, 8 vols, 36 tomos (Madrid: Ediciones Españolas, 1939–43) III, 13, pp. 498–504; Aguirre González, *Aquí nunca pasó nada*, pp. 55, 63, 66–7, 74, 111–13.

28 Antonio Hernández García, *La represión en La Rioja durante la guerra civil*, 3 vols (Logroño: Autor, 1982) I, pp. 25–31; Rivero Noval, *La ruptura de la paz civil*, pp. 45–51; Gil Andrés, *Lejos del frente*, pp. 86–92, 130–5.

29 Antonio Sánchez-Marín Enciso, *Plasencia en llamas (1931–1939)* (Madrid: Editorial Raíces, 2009) pp. 255–6; Chaves Palacios, *La represión en la provincia de Cáceres*, p. 103.

30 Francisco Bermejo Martín, *La II^a República en Logroño* (Logroño: Ediciones del Instituto de Estudios Riojanos, 1984) pp. 385–90; Patricio Escobal, *Las sacas (memorias)* (Sada-A Coruña: Edicios do Castro, 2005) pp. 83–6; Hernández García, *La represión en La Rioja*, I, pp. 47–60, II, pp. 23–130, 141–73, III, pp. 57–63, 101–37; Rivero Noval, *La ruptura de la paz civil*, pp. 69–79; Gil Andrés, *Lejos del frente*, pp. 107, 212–20, 252; Carlos Gil Andrés, *La República en la Plaza: los sucesos de Arnedo de 1932* (Logroño: Instituto de Estudios Riojanos, 2003) pp. 258–79; Aguirre González, *Aquí nunca pasó nada*, pp. 966–70.

31 Carlos Gil Andrés, 'La zona gris de la España azul: la violencia de los sublevados en la Guerra Civil', *Ayer. Revista de Historia Contemporánea*, No. 76, 2009, pp. 115–41.

32 他的书已经出了若干个版本。第一版为 Patricio Escobal, *Death Row: Spain 1936* (New York: Bobbs Merrill, 1968)。最新和最权威的版本则是 *Las sacas (memorias)*。

33 Aguirre González, *Aquí nunca pasó nada*, pp. 254–6, 349–50, 891, 936–9; Hernández García, *La represión en La Rioja*, I, p. 48; Antonio Arizmendi and Patricio de Blas, *Conspiración contra el Obispo de Calahorra: denuncia y crónica de una canallada* (Madrid: EDAF, 2008) pp. 10, 164–7, 177.

34 B. Félix Maíz, *Mola, aquel hombre* (Barcelona: Planeta, 1976) pp. 92–3; José María Gil Robles, *No fue posible la paz* (Barcelona: Ariel, 1968) pp. 727, 775.

35 Arrarás, *Historia de la cruzada*, III, 12, p. 308; Vicente Gay, *Estampas rojas y caballeros blancos* (Burgos: Hijos de Santiago Rodríguez Editores, 1937) pp. 47–52; Francisco de Cossío, *Hacia una nueva España: de la revolución de octubre a la revolución de Julio 1934–1936* (Valladolid: Editorial Castilla, 1936) pp. 326–7; Ignacio Martín Jiménez, *La guerra civil en Valladolid (1936–1939): amaneceres ensangrentados* (Valladolid: Ámbito Ediciones, 2000) pp. 24–9, 34; Felipe Bertrán Güell, *Preparación y desarrollo del alzamiento nacional* (Valladolid: Librería Santarén, 1939), pp. 202–18.

36 Cossío, *Hacia una nueva España*, pp. 328–31; Gay, *Estampas*, pp. 115–30; Arrarás, *Historia de la cruzada*, III, 12, pp. 310–21; Francisco J. de Raymundo, *Cómo se inició el glorioso Movimiento Nacional en Valladolid y la gesta heróica del Alto del León* (Valladolid: Imprenta Católica, 1936) pp. 6–39; Francisco de Cossío, *Guerra de salvación: del frente de Madrid al de Vizcaya* (Valladolid: Librería Santarén, 1937) pp. 224–9; Domingo Pérez Morán, *¡A estos, que los fusilen al amanecer!* (Madrid: G. del Toro, 1973) pp. 26–32.

37 Jesús María Palomares Ibáñez, *La guerra civil en la ciudad de Valladolid: entusiasmo y represión en la 'capital del alzamiento'* (Valladolid: Ayuntamiento de Valladolid, 2001) p. 22.

38 *Diario Regional* (Valladolid), 21 July 1936; Raymundo, *Cómo se inició*, pp. 44–6; Anon. (Javier Martínez de Bedoya), *Onésimo Redondo Caudillo de Castilla* (Valladolid: Ediciones Libertad,

1937) pp. 203–8; Arrarás, *Historia de la cruzada*, III, 12, pp. 321–2; Martín Jiménez, *Amaneceres ensangrentados*, pp. 95, 181.

39 José Ignacio Escobar, *Así empezó ...* (Madrid: G. del Toro, 1974) pp. 56–7; Guillermo Cabanellas, *La guerra de los mil días: nacimiento, vida y muerte de la II República española*, 2 vols (Buenos Aires: Grijalbo, 1973) I, pp. 631–5; José María Iribarren, *Mola: datos para una biografía y para la historia del alzamiento nacional* (Zaragoza: Librería General, 1938) pp. 130–3; Iribarren, *Con el general Mola*, pp. 135–8.

40 Vega Sombría, *Segovia*, pp. 56–7.

41 Author's interview with Mercedes Sanz Bachiller; *Diario Regional* (Valladolid), 26 July 1936; Cossío, *Hacia la nueva España*, p. 97; José Antonio Girón de Velasco, *Si la memoria no me falla* (Barcelona: Planeta, 1994) p. 42; José Luis Mínguez Goyanes, *Onésimo Redondo 1905–1936: precursor sindicalista* (Madrid: Editorial San Martín, 1990) pp. 101–2; Martín Jiménez, *Amaneceres ensangrentados*, pp. 380–2; Julián Casanova, *La Iglesia de Franco* (Madrid: Ediciones Temas de Hoy, 2001) p. 65; Joan Maria Thomas, *Lo que fue la Falange* (Barcelona: Plaza y Janés, 1999) pp. 295–6.

42 Martín Jiménez, *Amaneceres ensangrentados*, pp. 32–40, 47–65, 76–89, 182–3; Palomares Ibáñez, *Valladolid*, pp. 133–59.

43 Martín Jiménez, *Amaneceres ensangrentados*, pp. 195–9; Palomares Ibáñez, *Valladolid*, pp. 151–5.

44 15,000 人的数字，源自 Gabriel Jackson, *The Spanish Republic and the Civil War* (Princeton, NJ: Princeton University Press, 1965) p. 535。相对保守估计为 9,000 人，由 César M. Lorenzo, *Les anarchistes espagnols et le pouvoir* (Paris: Éditions du Seuil, 1969) p. 204 提供，也见 'a Catholic Deputy' in conversation with the British diplomat Bernard Malley, quoted by Thomas, *The Spanish Civil War*, p. 265。较为合理的 1,600 人的数字源自当时的一份证词，在 Iturralde, *La guerra de Franco*, I, p. 448 中被引用。半官方的 1,303 人的数字来自 Ramón Salas Larrazábal, *Pérdidas de la Guerra* (Barcelona: Planeta, 1971) p. 371，当地人士估计的 3,000 人的数字来自 Enrique Berzal de la Rosa, ed., *Testimonio de voces olvidadas*, 2 vols (León: Fundación 27 de marzo, 2007) I, p. 18, II, pp. 178–9。

45 Martín Jiménez, *Amaneceres ensangrentados*, pp. 199-208; Palomares Ibáñez, *Valladolid*, pp. 145–7. 名单上被枪杀者的名字，见 Palomares Ibáñez, *Valladolid*, pp. 161–85。

46 Ronald Fraser, *Blood of Spain: The Experience of Civil War 1936–1939* (London: Allen Lane, 1979) pp. 167–8; *El Norte de Castilla*, 25 September 1937, reproduced in Rafael Abella, *La vida cotidiana durante la guerra civil: la España Nacional* (Barcelona: Planeta, 1973) pp. 77, 81–2; Iturralde, *La guerra de Franco*, I, pp. 447–9; Martín Jiménez, *Amaneceres ensangrentados*, pp. 220–5; Palomares Ibáñez, *Valladolid*, p. 139; Dionisio Ridruejo, *Casi unas memorias* (Barcelona: Planeta, 1976) pp. 69–70.

47 Vega Sombría, *Segovia*, pp. 114, 240–1.

48 Palomares Ibáñez, *Valladolid*, pp. 161–85.

49 Martín Jiménez, *Amaneceres ensangrentados*, pp. 226–51; Iturralde, *La guerra de Franco*, I, p. 448.

50 Martín Jiménez, *Amaneceres ensangrentados*, pp. 122, 134, 181–2, 199–218; Palomarez Ibáñez, *Valladolid*, pp. 136–51, 161–85; Jesús María Palomares Ibáñez, *El primer franquismo en Valladolid* (Valladolid: Universidad de Valladolid, 2002) pp. 105–13.

51 Arrarás, *Historia de la cruzada*, III, 12, pp. 429–30.

52 *Ibid.*, pp. 430–1; Santiago López García and Severiano Delgado Cruz, 'Víctimas y Nuevo Estado

1936–1940', 以及 Enrique de Sena, 'Guerra, censura y urbanismo: recuerdos de un periodista', in Ricardo Robledo, ed., *Historia de Salamanca*, Vol. V: *Siglo Veinte* (Salamanca: Centro de Estudios Salmantinos, 2001) pp. 227–37, 325–8; Santiago López García and Severiano Delgado Cruz, 'Que no se olvide el castigo: la represión en Salamanca durante la guerra civil', in Ricardo Robledo, ed., *Esta salvaje pesadilla: Salamanca en la guerra civil española* (Barcelona: Editorial Crítica, 2007), pp. 106–7, 110–17; Luciano González Egido, *Agonizar en Salamanca: Unamuno julio–diciembre 1936* (Madrid: Alianza Editorial, 1986) pp. 48–50; Mary Vincent, *Catholicism in the Second Spanish Republic: Religion and Politics in Salamanca 1930–1936* (Oxford: Clarendon Press, 1996) p. 244; Adoración Martín Barrio, María de los Ángeles Sampedro Talabán and María Jesús Velasco Marcos, 'Dos formas de violencia durante la guerra civil: la represión en Salamanca y la resistencia armada en Zamora', in Julio Aróstegui, ed., *Historia y memoria de la guerra civil*, 3 vols (Valladolid: Junta de Castilla y León, 1988) II, pp. 367–412.

53 Vincent, *Catholicism in Salamanca*, pp. 56–7; Manuel Sánchez, *Maurín, gran enigma de la guerra y otros recuerdos* (Madrid: Edicusa, 1976) pp. 46–7, 79–80.

54 Arrarás, *Historia de la cruzada*, III, 12, p. 426; Severiano Delgado Cruz and Javier Infante Miguel-Mota, 'Nadie preguntaba por ellos: guerra y represión en Salamanca', in Berzal de la Rosa, ed., *Testimonio de voces olvidadas*, I, pp. 300–17.

55 Robledo, ed., *Esta salvaje pesadilla*, pp. xxiii, 286.

56 Lawrence A. Fernsworth, 'Terrorism in Barcelona Today', *Washington Post*, 10 June 1937; Jaime de Armiñán, *La dulce España: memorias de un niño partido en dos* (Barcelona: Tusquets, 2000) p. 169; Sánchez, *Maurín*, p. 93.

57 Juan Bautista Vilar, 'La persecución religiosa en la zona nacionalista: el caso de los protestantes españoles', in Miguel Carlos Gómez Oliver, ed., *Los nuevos historiadores ante la guerra civil española*, 2 vols (Granada: Diputación de Granada, 2002) II, pp. 169–88; José Casado Montado, *Trigo tronzado: crónicas silenciadas y comentarios* (San Fernando: Autor, 1992) p. 48.

58 Miguel de Unamuno, *Epistolario inédito*, Vol. II: *1915–1936* (Madrid: Espasa Calpe, 1991) pp. 350–1.

59 *Ibid.*, pp. 353–5.

60 Miguel de Unamuno, *El resentimiento trágico de la vida: notas sobre la revolución y guerra civil españolas* (Madrid: Alianza Editorial, 1991) p. 57.

61 Vincent, *Catholicism in Salamanca*, pp. 244–6; Sánchez, *Maurín*, p. 93; González Egido, *Agonizar en Salamanca*, pp. 51–8; De Sena, 'Guerra, censura y urbanismo: recuerdos de un periodista', pp. 325–30. 关于马丁·贝洛斯，见 Javier Infante, 'Sables y naipes: Diego Martín Veloz (1875–1938): de cómo un matón de casino se conviertió en caudillo rural', in Robledo, ed., *Esta salvaje pesadilla*, pp. 265–79。

62 Armiñán, *La dulce España*, pp. 164–5; Arrarás, *Historia de la cruzada*, III, 12, p. 432.

63 Ángel Montoto, 'Salamanca: así fue el terrorismo falangista', *Interviú*, No. 177, 4–10 October 1979, pp. 44–7, 'Salamanca: "así me fusilaron los falangistas"', *Interviú*, No. 180, 25 October 1979, p. 778.

64 Agustín Salgado Calvo, *La grama* (Salamanca: Editorial Alcayuela, 2001), pp. 236, 252, 275, 283 and 291; Infante, 'Sables y naipes', p. 424; Armiñán, *La dulce España*, pp. 168–9.

65 Armiñán, *La dulce España*, p. 164; Emilio Salcedo, *Vida de Don Miguel: Unamuno en su tiempo, en su España, en su Salamanca: un hombre en lucha con su leyenda* (Salamanca: Ediciones Anaya, 1964) p. 413; Blanco Prieto, *Miguel de Unamuno: diario final*, pp. 602, 673, 691, 721.

66 Ángel Montoto, 'Salamanca: así fue el terrorismo falangista'; Infante, 'Sables y naipes', pp. 266, 423; Salgado Calvo, *La grama*, pp. 323–6.

67 关于他死于战斗中的说法，见 José Venegas, *Andanzas y recuerdos de España* (Montevideo: Feria del Libro, 1948) p. 103 ; Indalecio Prieto, *De mi vida: recuerdos, estampas, siluetas, sombras* (Mexico City: Ediciones 'El Sitio', 1965) p. 192。关于他在平静中死去的证据，见 Infante, 'Sables y naipes', p. 423.

68 Ángel Alcázar de Velasco, *Siete días de Salamanca* (Madrid: G. del Toro, 1976) pp. 132–3.

69 Ricardo Robledo, '"¿Dios se ha hecho generalísimo nuestro!" : dichos y hechos de Castro Albarrán, magistral de Salamanca (1896–1981)', in Robledo, ed., *Esta salvaje pesadilla*, p. 332.

70 Álvarez Bolado, *Para ganar la guerra*, pp. 80–1.

71 *Ibid.*, pp. 78–9.

72 Indalecio Prieto, *Palabras al viento*, 2nd edn (Mexico City: Ediciones Oasis, 1969) pp. 247–8.

73 López García and Delgado Cruz, 'Víctimas y Nuevo Estado', pp. 241–5, 250–5.

74 Iribarren, *Con el general Mola*, pp. 210–11.

75 Joaquín del Moral, *Lo del '10 de agosto' y la justicia* (Madrid: C.I.A.P., 1933) pp. 9–14, 17–23; Joaquín del Moral, *Oligarquía y 'enchufismo'* (Madrid: Imp. Galo Sáez, 1933) *passim*; *Informaciones*, 27 August 1936.

76 Maximiano García Venero, *Falange en la guerra de España: la unificación y Hedilla* (Paris: Ruedo Ibérico, 1967) pp. 232–3; Cabanellas, *La guerra de los mil días*, II, pp. 849–50.

77 Berdugo *et al.*, 'El Ministerio de Justicia en la España "Nacional"', pp. 257–8.

78 Gregorio Herrero Balsa and Antonio Hernández García, *La represión en Soria durante la guerra civil*, 2 vols (Soria: Autores, 1982) I, pp. 8–9, II, pp. 193–4; Antonio Hernández García, 'Guerra y represión en Soria (1936–1939)', in Berzal de la Rosa, ed., *Testimonio de voces olvidadas*, II, pp. 105–11, 155–62.

79 Vega Sombría, *Segovia*, pp. 351–92; Santiago Vega Sombría, *Tras las rejas franquistas: homenaje a los segovianos presos* (Segovia: Foro por la Memoria de Segovia, 2009) pp. 334–47.

80 Vega Sombría, *Segovia*, pp. 36–41; Bertrán Güell, *Preparación y desarrollo*, pp. 280–1.

81 Vega Sombría, *Segovia*, pp. 41–56, 69; Bertrán Güell, *Preparación y desarrollo*, pp. 281–2.

82 Raimundo Fernández Cuesta, 'Los falangistas realizamos el trabajo sucio: fusilar', in Justino Sinova, ed., *Historia del Franquismo: Franco, su régimen y la oposición*, 2 vols (Madrid: Información y Prensa, 1985) I, p. 23; Ángela Cenarro, 'Matar, vigilar, delatar: la quiebra de la sociedad civil durante la guerra y la posguerra en España (1936–1948)', *Historia Social*, No. 44, 2002, pp. 65–86. 关于武器的分发，见 Chaves Palacios, *La represión en la provincia de Cáceres*, p. 102。

83 J. Cifuentes and P. Maluenda, 'De las urnas a los cuarteles: la destrucción de las bases sociales de la República en Zaragoza', in J. Casanova *et al.*, *El pasado oculto: fascimo y violencia en Aragón (1936–1939)* (Madrid: Siglo Veintiuno de España Editores, 1992) pp. 29–78, 41; Vega Sombría, *Segovia*, p. 88.

84 Vega Sombría, *Segovia*, pp. 88–9, 96–9, 105–6.

85 Vega Sombría, *Segovia*, pp. 69–81, 86, 463; Gay, *Estampas*, p. 153. 关于纳瓦斯-德奥罗的镇长，见 Jesús Torbado and Manuel Leguineche, *Los topos* (Barcelona: Librería Editorial Argos, 1977) pp. 138–9。

86 Jesús María Palomares Ibáñez, *La guerra civil en Palencia: la eliminación de los contrarios*

(Palencia: Ediciones Cálamo, 2002) pp. 121–44; Jesús Gutiérrez Flores, 'Guerra y represión en Palencia (1936–1939)', in Berzal de la Rosa, ed., *Testimonio de voces olvidadas*, I, pp. 217–22, 227–38, 256–7.

87 Javier Rodríguez González, 'Guerra y represión en León', in Berzal de la Rosa, ed., *Testimonio de voces olvidadas*, I, pp. 160–205; José Cabañas González, *La Bañeza 1936: la vorágine de julio*, Vol. I: *Golpe y represión en la comarca Bañezana* (León: Lobo Sapiens, 2010) pp. 93–120.

88 Rodríguez González, 'Guerra y represión en León', pp. 166–7; José Enrique Martínez Fernández and Isabel Cantón Mayo, *Penumbra vital, literaria y educativa de Manuel Santamaría* (León: Universidad de León, 1997) pp. 59–84. 非常感谢 Alejandro Valderas Alonso 提请我注意此事。

89 Adoración Martín Barrio, María de los Ángeles Sampedro Talabán and María Jesús Velasco Marcos, 'Dos formas de violencia durante la guerra civil; la represión en Salamanca y la resistencia armada en Zamora', in Julio Aróstegui, ed., *Historia y memoria de la guerra civil*, 3 vols (Valladolid: Junta de Castilla y León, 1988) II, pp. 413–37; Cándido Ruiz González and Juan Andrés Blanco Rodríguez, 'La represión en la provincia de Zamora durante la guerra civil y el franquismo', in Berzal de la Rosa, ed., *Testimonio de voces olvidadas*, II, pp. 244–52, 255–85; Ángel Espías Bermúdez, 'Memorias, Año 1936: hechos acaecidos en Zamora y provincia', *Ebre 38. Revista Internacional de la guerra civil*, No. 2, 2003, pp. 62–84. See also Pilar de la Granja Fernández, *Represión durante la guerra civil y la posguerra en la provincia de Zamora* (Zamora: Instituto de Estudios Zamoranos Florián de Ocampo, 2002). 文中论述了位于东边的萨纳夫亚里亚镇的情况。

90 Pilar Fidalgo, *A Young Mother in Franco's Prisons* (London: United Editorial, 1939) pp. 5–10, 15–25; Ramón Sender Barayón, *A Death in Zamora* (Albuquerque: University of New Mexico Press, 1989) pp. 109, 127–46, 164–5; *La Opinión – El Correo de Zamora*, 17 February, 29 March, 3, 4, 5, 6, 7, 8, 24 April2005; Francisco Espinosa Maestre, 'Amparo Barayón: historia de una Calumnia', in his *Callar al mensajero: la represión franquista entre la libertad de información y el derecho al honor* (Barcelona: Editorial Península, 2009) pp. 97–136.

91 Hilari Raguer, *El general Batet: Franco contra Batet: crónica de una venganza* (Barcelona: Ediciones Península, 1996) pp. 216–86.

92 Antonio Ruiz Vilaplana, *Doy fe ... un año de actuación en la España nacionalista* (Paris: Éditions Imprimerie Coopérative Étoile, n.d. [1938]) pp. 30–48, 61–80, 95–8; Luis Castro, *Capital de la Cruzada: Burgos durante la guerra civil* (Barcelona: Editorial Crítica, 2006) pp. 4–7, 211–22; Luis Castro, 'Burgos', in Berzal de la Rosa, ed., *Testimonio de voces olvidadas*, pp. 101–3, 124–40; Isaac Rilova Pérez, *Guerra civil y violencia política en Burgos (1936–1943)* (Burgos: Editorial Dossoles, 2001) pp. 79–98, 251–65, 383–410; Fernando Cardero Azofra and Fernando Cardero Elso, *La guerra civil en Burgos: fusilados, detenidos y represaliados en 1936* (Burgos: Olivares Libros Antiguos, 2009) pp. 33–7, 51–6; Isaac Rilova Pérez, *La guerra civil en Miranda de Ebro (1936–1939): a la luz de la documentación histórica* (Miranda de Ebro: Fundación Cultural Profesor Cantera Burgos, 2008) pp. 175–213.

93 关于长枪党成员的招募，见 Julio Prada, 'Ya somos todos uno: la unificación de las milicias en la retaguardia franquista: el caso ourensano', in Segon Congrés Recerques, *Enfrontaments civils: postguerres i reconstruccions*, 2 vols (Lleida: Associació Recerques y Pagés Editors, 2002) II, pp. 1102–3；Joan Maria Thomàs, *Lo que fue la Falange* (Barcelona: Plaza y Janés, 1999) pp. 164–5；Alfonso Lazo, *Retrato de fascismo rural en Sevilla* (Seville: Universidad de Sevilla Secretariado

de Publicaciones, 1998) pp. 32–40。

94 López García and Delgado Cruz, 'Que no se olvide el castigo', pp. 121–6; Arrarás, *Historia de la cruzada*, III, 12, p. 382.

95 María del Mar González de la Peña, 'Guerra y represión en Ávila (1936–1939)', in Berzal de la Rosa, ed., *Testimonio de voces olvidadas*, pp. 25–54.

96 Margarita Nelken, *Las torres del Kremlin* (Mexico City: Industrial y Distribuidora, 1943) pp. 320–1; Henry Buckley, *Life and Death of the Spanish Republic* (London: Hamish Hamilton, 1940) p. 235; Aurora Arnaiz, *Retrato hablado de Luisa Julián* (Madrid: Compañía Literaria, 1996) pp. 40–1; Manuel Tagüeña Lacorte, *Testimonio de dos guerras* (Mexico City: Ediciones Oasis, 1973) pp. 124–7.

97 López García and Delgado Cruz, 'Que no se olvide el castigo', pp. 134–5.

98 Alberto Reig Tapia, *Franco 'Caudillo': mito y realidad* (Madrid: Editorial Tecnos, 1995) pp. 222–3.

99 Palomares Ibáñez, *Valladolid*, p. 127.

100 Julio González Soto, *Esbozo de una síntesis del ideario de Mola en relación con el Movimiento Nacional* (Burgos: Hijos de Santiago Rodríguez Editores, 1937) p. 31.

101 Mola, *Obras*, p. 1179.

102 *Ibid.*, p. 1188; González Soto, *Ideario de Mola*, p. 32.

103 Iribarren, *Con el general Mola*, pp. 297–301; Palomares Ibañez, *Valladolid*, p. 54.

104 Ramón Villares, 'Galicia mártir', in Jesús de Juana and Julio Prada, eds, *Lo que han hecho en Galicia: violencia política, represión y exilio (1936–1939)* (Barcelona: Editorial Crítica, 2007) p. viii; Antonio Miguez Macho, *Xenocidio e represión franquista en Galicia: a violencia de retagarda en Galicia na Guerra Civil (1936–1939)* (Santiago de Compostela: Edicións Lóstrego, 2009) pp. 54–9.

105 de Juana and Prada, eds, *Lo que han hecho en Galicia*, p. 143. 27人的数字是基于Antonio Miguez Macho在比戈城的民政登记处所进行的研究，他慷慨地与我分享他的研究成果。

106 Carlos Fernández Santander, *Alzamiento y guerra civil en Galicia (1936–1939)*, 2 vols (Sada-A Coruña: Ediciós do Castro, 2000) I, pp. 13, 85–101. 关于镇压行动的遇害者最为可信且定期更新的数据报告，来自 Lourenzo Fernández Prieto *et al.*, *Vítimas da represión en Galicia (1936–1939)* (Santiago de Compostela: Universidade de Santiago/Xunta de Galicia, 2009) pp. 11–23。就卢戈省而言，关于死亡数字的更高估算，可见 María Jesús Souto Blanco, 'Golpe de Estado y represión franquista en la provincia de Lugo', in De Juana and Prada, eds, *Lo que han hecho en Galicia*, pp. 90–6。

107 Anon., *Lo que han hecho en Galicia: episodios del terror blanco en las provincias gallegas contados por quienes los han vivido* (Paris: Editorial España, n.d. [1938]) pp. 161–74; Carlos Fernández Santander, *El alzamiento de 1936 en Galicia*, 2nd edn (Sada-A Coruña: Ediciós do Castro, 1982) pp. 67–83; Isabel Ríos, *Testimonio de la guerra civil* (Sada-A Coruña: Ediciós do Castro, 1990) pp. 67–8; Fernández Santander, *Alzamiento y guerra civil*, I, pp. 77–84; Emilio Grandío Seone, 'Golpe de Estado y represión franquista en A Coruña', in De Juana and Prada, eds, *Lo que han hecho en Galicia*, pp. 25–38.

108 Xosé Manuel Suárez, *Guerra civil e represión en Ferrol e comarca* (El Ferrol: Concello de Ferrol, 2002) pp. 69–73; Fernández Santander, *Alzamiento y guerra civil*, I, pp. 171–203.

109 Grandío Seone, 'Golpe de Estado', pp. 39–42; Fernández Santander, *Alzamiento y guerra civil*, I, pp. 107–12, 118–21, 130–1; Ríos, *Testimonio*, pp. 69–75; X. Amancio Liñares Giraut, *Negreira*

na guerra do 36 (Sada-A Coruña: Ediciós do Castro, 1993) pp. 105–9; V. Luis Lamela García, *Crónica de una represión en la 'Costa da Morte'* (Sada-A Coruña: Ediciós do Castro, 1995) pp. 69–76, 154–60, 206–14, 242–57, 271–86.

110 Rafael Torres, *Nuestra señora de la cuneta: vida y muerte de la intelectual republicana Juana Capdevielle y de su amor, Francisco Pérez Carballo, governador civil de La Coruña* (Vigo: Edicións Nigra Trea, 2009) p. 49; *La Voz de Galicia*, 26 July 1936.

111 Grandío Seone, 'Golpe de Estado', pp. 46–57; Emilio Grandío Seoane, *Vixiancia e represión na Galicia da guerra civil: o 'Informe Brandariz'* (A Coruña, 1937) (Sada-A Coruña: Ediciós do Castro, 2001) pp. 64–73; Anon., *Lo que han hecho en Galicia*, pp. 200–1.

112 Carmen Blanco, 'Vida e morte de Juana Capdevielle', *Unión Libre. Cadernos de vida e culturas*, No. 11, 2006, pp. 13–21; Torres, *Nuestra señora de la cuneta*, pp. 15–31, 46–7, 111–22. 非常感谢 Antonio Miguel Macho 与我分享了他在拉瓦德民政登记处的研究成果。See also Luis Lamela García, *Estampas de injusticia: la guerra civil del 36 en A Coruña y los documentos originados en la represión* (A Coruña: Ediciós do Castro, 1998) pp. 71, 83, 106; Fernández Santander, *Alzamiento y guerra civil*, I, pp. 94, 156; Manuel D. Benavides, *La escuadra la mandan los cabos*, 2nd edn (Mexico City: Ediciones Roca, 1976) p. 144.

113 我非常感谢 Antonio Miguel Macho 向我提供了留存于比戈的 Causa 432/36 中对阿卡尼萨的女市长和其他人的细节情况的记载。See also Ángel Rodríguez Gallardo, *Memoria e silencio na Galiza contemporánea* (Ponteareas: Edicións Alén Miño, 2008) pp. 18–19.

114 Luis Lamela García, *A Coruña, 1936: memoria convulsa de una represión* (Sada-A Coruña: Ediciós do Castro, 2002) pp. 118–21; Anon., *Lo que han hecho en Galicia*, pp. 211–12.

115 Anon., *Lo que han hecho en Galicia*, pp. 39–43; Lamela García, *A Coruña, 1936*, pp. 189–92.

116 V. Luis Lamela García, *Pepe Miñones: un crimen en la leyenda (1900–1936)* (Sada-A Coruña: Ediciós do Castro, 1991) pp. 293–309, 337, 340–2, 435–8, 461–3, 469–555; Lamela García, *A Coruña, 1936*, pp. 97–102.

117 José Antonio Tojo Ramallo, *Testimonios de una represión: Santiago de Compostela Julio 1936– Marzo 1937* (Sada-A Coruña: Ediciós do Castro, 1990) pp. 15–70; Fernández Santander, *Alzamiento y guerra civil*, I, pp. 219–29.

118 Maria Xesus Arias and Henrique Sanfiz, *Barallobre no pasado* (Fene: Concello de Fene, 1996) pp. 70–3; *La Opinión* (A Coruña), 4 November 2007; Xosé Manuel Suárez, *Guerra civil e represión en Ferrol e comarca* (El Ferrol: Concello de Ferrol, 2002) pp. 191–2, 264.

119 María Jesús Souto Blanco, *La represión franquista en la provincia de Lugo (1936–1940)* (Sada-A Coruña: Ediciós do Castro, 1998) pp. 222–8, 243–72, 361–423; María Jesús Souto Blanco, 'Golpe de estado y represión franquista en la provincia de Lugo', in De Juana and Prada, eds, *Lo que han hecho en Galicia*, pp. 61–96; Fernández Santander, *Alzamiento y guerra civil*, I, pp. 233–56; Alfonso Santos Alfonso, *La guerra civil en Lugo años 1937, 1938 y 1939* (Sada-A Coruña: Ediciós do Castro, 1993) pp. 17–74.

120 Julio Prada Rodríguez, *Ourense, 1936–1939: alzamento, guerra e represión* (Sada-A Coruña: Ediciós do Castro, 2004) pp. 21–51, 83–95, 153–99; Julio Prada Rodríguez, 'Golpe de estado y represión franquista en la provincia de Ourense', in De Juana and Prada, eds, *Lo que han hecho en Galicia*, pp. 104–8, 112–20; Fernández Santander, *Alzamiento y guerra civil*, I, pp. 257–74; Julio Prada Rodríguez, *De la agitación republicana a la represión franquista: Ourense, 1934–1939* (Barcelona: Editorial Ariel, 2006) pp. 64–134 *et seq*. A. Domínguez Almansa, 'De los relatos

de terror al protagonismo de la memoria: el golpe de estado de 1936 y la larga sombra de la represión', Historia, Antropología y Fuentes Orales, No. 40, 2008, pp. 37–74 提到了这个男孩所遭受的厄运。

121 Antonio Miguez Macho, *O que fixemos en Galicia: ensaio sobre o concepto de práctica xenocida* (Ourense: Difusora de Letras, Artes e Ideas, 2009) pp. 59–62.

122 Dionisio Pereira, 'A represión franquista na provincia de Pontevedra (1936–1950)', *Unión Libre. Cadernos de Vida e Culturas*, No. 9, 2004, pp. 34–9; Ángel Rodríguez Gallardo, 'Golpe de estado y represión franquista en la provincia de Pontevedra', in De Juana and Prada, eds, *Lo que han hecho en Galicia*, pp. 139–64; Fernández Santander, *Alzamiento y guerra civil*, I, pp. 278–311; V. Luis Lamela García, *Inmolados gallegos: Alexandro Bóveda, Víctor Casas, Telmo Bernárdez, Adrio Barreiro* ... (Sada-A Coruña: Ediciós do Castro, 1993) pp. 79–96, 224–99.

123 Anon., *Lo que han hecho en Galicia*, pp. 11–36; Fernández Santander, *Alzamiento y guerra civil*, I, pp. 324–36.

124 Anon., *Lo que han hecho en Galicia*, pp. 51–2; Gonzalo Amoedo Lopez and Roberto Gil Moure, *Episodios de terror durante a guerra civil na provincia de Pontevedra: a illa de San Simón* (Vigo: Ediciόns Xerais de Galicia, 2006) pp. 135–53.

125 Francisco Espinosa Maestre, ed., *Violencia roja y azul: España, 1936– 1950* (Barcelona: Editorial Crítica, 2010) pp. 77–8 中表明，根据 Pedro Medina Sanabria 尚未出版的研究成果，遇难者人数高达 2,600 人。See also Francisco Espinosa Maestre, 'Informe sobre la represión franquista', in Mirta Núñez Díaz-Balart *et al.*, *La gran represión: los años de plomo del franquismo* (Barcelona: Flor del Viento, 2009) pp. 440–1. 关于特定的案例，见 Ricardo García Luis, *La justicia de los rebeldes: los fusilados en Santa Cruz de Tenerife 1936–1940* (Canarias: Vacaguaré/Baile del Sol, 1994) pp. 9–10, 13, 81, 167–9 ; Alfredo Mederos, *República y represión franquista en La Palma* (Santa Cruz de Tenerife: Centro de la Cultura Popular Canaria, 2005) pp. 47–51, 57–66, 70–144, 179–205 ; Ricardo García Luis and Juan Manuel Torres Vera, *Vallehermoso 'El Fogueo': toma de conciencia popular, resistencia y represión (1930–1942)*, 2nd edn (Tenerife: Baile del Sol, 2000) pp. 181–214, 224–62, 284–96 ; Miguel Ángel Cabrera Acosta, ed., *La Guerra Civil en Canarias* (La Laguna: Francisco Lemus, 2000) pp. 28–35, 55–64, 74–7, 103–8, 122–32。

126 在马略卡岛被处决者的名单，可见 Llorenç Capellà, *Diccionari vermell* (Palma de Mallorca: Editorial Moll, 1989) pp. 19–184。最新且最为可靠的估算来自 David Ginard i Féron, 'Les repressions de 1936–1939: una anàlisi comparativa', in Pelai Pages i Blanch, ed., *La guerra civil als Països Catalans* (Valéncia: Publicacions de la Universitat de València, 2007) pp. 256–96。See also Lawrence Dundas, *Behind the Spanish Mask* (London: Robert Hale, 1943) pp. 64–79; Jean A. Schalekamp, *De una isla no se puede escapar: Mallorca '36* (Palma de Mallorca: Prensa Universitaria, 1987) pp. 49–72, 105–7, 113–17; Bartomeu Garí Salleras, *Porreres: desfilades de dia, afusellaments de nit* (Palma de Mallorca: Edicions Documenta Balear, 2007) pp. 195–252; Antoni Tugores, *La guerra civil a Manacor: la guerra a casa* (Palma de Mallorca: Edicions Documenta Balear, 2006) pp. 109–15, 179–91, 204–30.

127 Alberto Bayo, *Mi desembarco en Mallorca (de la guerra civil española)* (Palma de Mallorca: Miquel Font Editor, 1987) pp. 105–6; Josep Massot i Muntaner, *El desembarcament de Bayo a Mallorca, Agost–Setembre de 1936* (Barcelona: Publicacions de l'Abadia de Montserrat, 1987) pp. 334–41.

128 Georges Bernanos, *A Diary of my Times* (London: Boriswood, 1938) pp. 66–7, 76, 142–7, 186,

218–24; Josep Massot i Muntaner, *Georges Bernanos i la guerra civil* (Barcelona: Publicacions de l'Abadia de Montserrat, 1989) pp. 156–217; Josep Massot i Muntaner, *Vida i miracle s del 'Conde Rossi'*: *Mallorca, agost–decembre 1936, Málaga, gener–febrer 1937* (Barcelona: Publicacions de l'Abadia de Montserrat, 1989) pp. 104–22; Josep Massot i Muntaner, *Guerra civil i repressió a Mallorca* (Barcelona: Publicacions de l'Abadia de Montserrat, 1997) pp. 210–13; Josep Massot i Muntaner, *El Bisbe Josep Miralles i l'Esglesia de Mallorca* (Barcelona: Publicacions de l'Abadia de Montserrat, 1991) pp. 123–65.

129 Josep Massot i Muntaner, *Els escriptors i la guerra civil a les Illes Balears* (Barcelona: Publicacions de l'Abadia de Montserrat, 1990) pp. 325–67. 关于他的完整传记，见 Alexandre Font, *Alexandre Jaume Rosselló (1879–1937)* (Palma de Mallorca: Lleonard Muntaner, 2011)。

130 David Ginard i Ferón, *L'Esquerra mallorquina i el franquisme* (Palma de Mallorca: Edicions Documenta Balear, 1994) pp. 113, 144–64, 169–72, 188–9; David Ginard i Ferón, *Matilde Landa: de la Institución Libre de Enseñanza a las prisiones franquistas* (Barcelona: Flor de Viento Ediciones, 2005) pp. 132–4, 185–204; Capellà, *Diccionari vermell*, pp. 131–3; David Ginard i Ferón, *Heriberto Quiñones y el movimiento comunista en España (1931–1942)* (Palma de Mallorca and Madrid: Documenta Balear/Compañía Literaria, 2000) pp. 47–52.

131 Nicolau Pons i Llinàs, *Jeroni Alomar Poquet: el capellà mallorquí afusellat pels feixistes el 1937* (Palma de Mallorca: Lleonard Muntaner, 1995) pp. 62–75; Massot i Muntaner, *El Bisbe Josep Miralles*, pp. 184–97.

132 José María Pemán, *Mis almuerzos con gente importante* (Barcelona: Dopesa, 1970) pp. 152–3.

133 Iribarren, *Con el general Mola*, p. 191.

7 远离前线

1 *La Vanguardia*, 2 August 1936.

2 *Solidaridad Obrera*, 15 August 1936.

3 *Toronto Daily Star*, 18 August 1936，其报道之副本原封不动地收录于 Carlos García Santa Cecilia, ed., *Corresponsales en la guerra de España* (Madrid: Fundación Pablo Iglesias/Instituto Cervantes, 2006) pp. 104–5。*Ibid.*, pp. 170–1，有相应的西班牙语版本。关于此次采访的时间和地点，见 Abel Paz, *Durruti en la revolución española* (Madrid: Fundación Anselmo Lorenzo, 1996) pp. 529–31。

4 Xavier Diez, *Venjança de classe: causes profundes de la violència revolucionaria a Catalunya el 1936* (Barcelona: Virus Editorial, 2010) pp. 28–30.

5 Casanova to Lisbon, 3 August 1936, *Dez anos de política externa (1936–1947) a nação portuguesa e a segunda guerra mundial*, Vol. III (Lisbon: Imprensa Nacional/Casa da Moeda, 1964) pp. 69–70.

6 Francisco Gutiérrez Latorre, *La República del crimen: Cataluña, prisionera 1936–1939* (Barcelona: Editorial Mare Nostrum, 1989) pp. 18–20.

7 *Daily Express*, 22 July 1936.

8 *Daily Express*, 27 July 1936.

9 *The Times*, 23, 24 July 1936; Albert Manent i Segimon and Josep Raventós i Giralt, *L'Església clandestina a Catalunya durant la guerra civil (1936–1939)* (Barcelona: Publicacions de l'Abadia de Montserrat, 1984) pp. 34–8; Joan Pons Garlandí, *Un republicà enmig de Faistes* (Barcelona: Edicions 62, 2008) p. 61; Luis Carreras, *The Glory of Martyred Spain: Notes on the Religious

注　释　613

Persecution (London: Burns, Oates & Washbourne, 1939) pp. 19–26.

10　Lawrence A. Fernsworth, 'Terrorism in Barcelona Today', *Washington Post*, 10 June 1937; Lawrence Fernsworth, 'Revolution on the Ramblas', in Frank C. Hanighen, ed., *Nothing But Danger* (New York: National Travel Club, 1939) pp. 28–9, 34–5; Lawrence Fernsworth, *Spain's Struggle for Freedom* (Boston: Beacon Press, 1957) pp. 192–20; Frederic Escofet, *Al servei de Catalunya i de la República*, 2 vols (Paris: Edicions Catalanes, 1973) II, p. 383.

11　Macià Irigoye's account in Albert Manent i Segimon, *De 1936 a 1975: estudis sobre la guerra civil i el franquisme* (Barcelona: Publicacions de l'Abadia de Montserrat, 1999) pp. 16–22 ; Escofet, *Al servei*, II, pp. 381–4; Vicente Guarner, *Cataluña en la guerra de España* (Madrid: G. del Toro, 1975) pp. 124–5; Josep M. Solé i Sabaté and Joan Villarroya i Font, *La repressió a la reraguarda de Catalunya (1936–1939)*, 2 vols (Barcelona: Publicacions de l'Abadia de Montserrat, 1989) I, pp. 82–3; Jordi Albertí, *El silencí de les campanes: de l'anticlericalisme del segle XIX a la persecució religiosa durant la guerra civil a Catalunya* (Barcelona: Proa, 2007) pp. 195–6; Hilari Raguer, *La pólvora y el incienso: la Iglesia y la guerra civil española* (Barcelona: Ediciones Península, 2001), p. 178.

12　Escofet, *Al servei*, II, pp. 371–2, 382.

13　*Ibid.*, pp. 397–8.

14　José Peirats, *La CNT en la revolución española*, 2nd edn, 3 vols (Paris: Ediciones Ruedo Ibérico, 1971) I, pp. 159–60; Juan García Oliver, *El eco de los pasos* (Barcelona: Ruedo Ibérico, 1978), pp. 176–7; Ángel Ossorio y Gallardo, *Vida y sacrificio de Companys* (Buenos Aires: Editorial Losada, 1943) pp. 170–1; Escofet, *Al servei*, II, pp. 406–8.

15　Hugh Thomas, *The Spanish Civil War*, 4th edn (London: Penguin Books, 2003) p. 390. Manuel Goded, *Un 'faccioso' cien por cien* (Zaragoza: Librería General, 1939) pp. 77–96.

16　Diego Abad de Santillán, *Por que perdimos la guerra: una contribución a la historia de la tragedia española*, 2nd edn (Madrid: G. del Toro, 1975) pp. 62–70; Peirats, *La CNT*, I, pp. 157–72.

17　'Más nobleza que pillaje', *Solidaridad Obrera*, 29 July 1936.

18　*Solidaridad Obrera*, 1 August 1936.

19　García Oliver, *El eco de los pasos*, pp. 181–2, 209–12, 231–3; Abad de Santillán, *Por que perdimos la guerra*, pp. 80–1, 93; Pons Garlandí, *Un republicà*, p. 145; Francisco Lacruz, *El alzamiento, la revolución y el terror en Barcelona* (Barcelona: Librería Arysel, 1943) pp. 118–21, 130–1; Solé and Villarroya, *La repressió a la reraguarda*, I, pp. 94–100; Gregorio Rodríguez Fernández, *El hábito y la cruz: religiosos asesinados en la guerra civil española* (Madrid: EDIBESA, 2006) pp. 298–311; Gutiérrez Latorre, *La República del crimen*, pp. 36–7, 44–7.

20　Joan Villarroya i Font, *Revolució i guerra civil a Badalona 1936–1939* (Badalona: Mascaró de Proa, 1986) pp. 33–8; Josep M. Cuyàs Tolosa, *Diari de guerra: Badalona, 1936–1939*, 2 vols (Badalona: Museu de Badalona, 2006) I, pp. 144, 206, 249, II, pp. 12–14, 37–8, 57, 82, 353; Solé and Villarroya, *La repressió a la reraguarda*, I, pp. 8, 72–8; Toni Orensanz, *L'Òmnibus de la mort: parada Falset* (Badalona: Ara Llibres, 2008) pp. 135–40, 266–9; Pons Garlandí, *Un republicà*, pp. 88–92; Jordi Piqué i Padró, *La crisi de la reraguarda: revolució i guerra civil a Tarragona (1936–1939)* (Barcelona: Publicaciones de l'Abadia de Montserrat, 1998) pp. 147–54; Isidre Cunill, *Los sicarios de la retaguardia (1936–1939): in odium fidei: la verdad del genocidio contra el clero en Catalunya* (Barcelona: Styria, 2010) pp. 111–24.

21　Miguel Íñiguez, *Enciclopedia histórica del anarquismo español*, 3 vols (Vitoria: Asociación Isaac

Puente, 2008) I, p. 649; Orensanz, *L'Òmnibus*, pp. 171–5.Juan Giménez Arenas, *De la Unión a Banat: itinerario de una rebeldía* (Madrid: Fundación de Estudios Libertarios Anselmo Lorenzo, 1996) pp. 64–6 提到了弗雷斯克特后来在一个军事单位中的欺凌行为。

22 Sebastián Cirac Estopañán, *Los héroes y mártires de Caspe* (Zaragoza: Imp. Octavio y Félez, 1939) pp. 23–35, 37–58, 134–6; Fermín Morales Cortés, *Caspe combatiente, cautivo y mutilado: estampas de la revolución* (Caspe: La Tipográfica, 1940) pp. 23–39, 43–50, 57–70, 73–6, 81–9; José Luis Ledesma Vera, *Los días de llamas de la revolución: violencia y política en la retaguardia republicana de Zaragoza durante la guerra civil* (Zaragoza: Institución Fernando el Católico, 2003) pp. 45–6, 53–9, 74–7, 82; Julián Casanova, *Caspe, 1936–1938: conflictos políticos y transformaciones sociales durante la guerra civil* (Zaragoza: Institución Fernando el Católico, 1984) pp. 35–40; José Luis Ledesma Vera, 'Qué violencia para qué retaguardia, o la República en guerra de 1936', *Ayer. Revista de Historia Contemporánea*, No. 76, 2009, p. 106; José Manuel Márquez Rodríguez and Juan José Gallardo Romero, *Ortiz: General sin Díos ni amo* (Barcelona: Editorial Hacer, 1999) pp. 110–13; Orensanz, *L'Òmnibus*, pp. 65–6, 129–31, 191–2.

23 Ledesma Vera, *Los días de llamas*, pp. 141–3; Solé and Villarroya, *La repressió a la reraguarda*, II, pp. 320–1, 324–5; Orensanz, *L'Òmnibus*, pp. 17–19, 100–6.

24 Orensanz, *L'Òmnibus*, pp. 35–7, 41–7, 74–9, 86–90, 112–15, 128, 145–9; Solé and Villarroya, *La repressió a la reraguarda*, II, pp. 314–15, 349–50.

25 Josep Banqué i Martí, *Comunistes i catalans* (Reus: Associació d'Estudis Reusencs, 2004) pp. 116–17; Orensanz, *L'Òmnibus*, pp. 177–9, 190–1, 197–8, 259–63.

26 Pons Garlandí, *Un republicà*, pp. 68–70, 84–6, 90–1, 104–5, 114–16; Solé and Villarroya, *La repressió a la reraguarda*, I, pp. 95–103; César M. Lorenzo, *Los anarquistas españoles y el poder 1868–1969* (Paris: Ruedo Ibérico, 1972) pp. 92–3; Carlos Semprún-Maura, *Revolución y contrarrevolución en Cataluña (1936–1937)* (Barcelona: Tusquets Editor, 1978) pp. 59–65.

27 García Oliver, *El eco de los pasos*, pp. 229–30; Jaume Miravitlles, *Episodis de la guerra civil espanyola* (Barcelona: Editorial Pòrtic, 1972) p. 128; Federica Montseny, *Mis primeros cuarenta años* (Barcelona: Plaza y Janés, 1987) p. 95; Solé and Villarroya, *La repressió a la reraguarda*, pp. 110–13.

28 *Solidaridad Obrera*, 30 July 1936; Baltasar Porcel, *La revuelta permanente* (Barcelona: Planeta, 1978) pp. 126–30; Solé and Villarroya, *La repressió a la reraguarda*, II, p. 91.

29 García Oliver, *El eco de los pasos*, pp. 230–1; Chris Ealham, *Class, Culture and Conflict in Barcelona 1898–1937* (London: Routledge/Cañada Blanch Studies, 2004) p. 176; Porcel, *La revuelta permanente*, pp. 126–9. 非常感谢 Chris Ealham 提供了关于加尔德涅斯之死的信息。

30 Sandoval, 'Informe de mi actuación', AHN, FC-Causa General, 150–1, pp. 211–12.

31 Pons Garlandí, *Un republicà*, pp. 76–84; Hilari Raguer, *Salvador Rial, vicari del cardenal de la pau* (Barcelona: Publicacions de l'Abadia de Montserrat, 1993) pp. 32–4; Solé and Villarroya, *La repressió a la reraguarda*, I, pp. 179–82; Hilari Raguer, *La pólvora y el incienso: la Iglesia y la guerra civil española* (Barcelona: Ediciones Península, 2001) pp. 201–3; Ian Gibson, *Queipo de Llano: Sevilla, verano de 1936* (Barcelona: Grijalbo, 1936) p. 405.

32 Ignasi Riera, *Los catalanes de Franco* (Barcelona: Plaza y Janés, 1998) pp. 127, 172–3.

33 Josep M. Martí Bonet, *El martiri dels temples a la diocesi de Barcelona (1936–1939)* (Barcelona: Arxiu Diocesà de Barcelona, 2008) pp. 37–8, 42–9.

34 Raguer, *La pólvora y el incienso*, pp. 175–9; Ferran Casas Mercadé, *Valls: la guerra civil (quan*

no hi havia pau ni treva) 1936–1939 (Valls: Institut d'Estudis Vallencs, 1983) pp. 163–72; Martí Bonet, *El martiri dels temples*, pp. 50–4; José Sanabre Sanromá, *Martirologio de la Iglesia en la Diócesis de Barcelona durante la persecución religiosa 1936–1939* (Barcelona: Editorial Librería Religiosa, 1943) pp. 29–35.

35 Martí Bonet, *El martiri dels temples*, pp. 54–5; Francesc Xavier Puig Rovira, *Vilanova i la Geltrú 1936–1939: guerra civil, revolució i ordre social* (Barcelona: Publicacions de l'Abadia de Montserrat, 2005) pp. 65–78, 445–7; Jaume Barrull Pelegrí, *Violència popular i justícia revolucionària: el Tribunal Popular de Lleida (1936–1937)* (Lleida: Edicions de l'Universitat de Lleida, 1995) pp. 36–41.

36 Gregorio Gallego, *Madrid, corazón que se desangra* (Madrid: G. del Toro, 1976) pp. 136–7; Julián Casanova, *De la calle al frente: el anarcosindicalismo en España (1931–1939)* (Barcelona: Editorial Crítica, 1997) pp. 155–9.

37 Fray Justo Pérez de Urbel, *Los mártires de la Iglesia (testigos de su fe)* (Barcelona: AHR, 1956) pp. 182–8; Cándido, *Memorias prohibidas* (Barcelona: Ediciones B, 1995) pp. 147–51.

38 Antonio Montero Moreno, *Historia de la persecución religiosa en España 1936–1939* (Madrid: Biblioteca de Autores Cristianos, 1961) pp. 430, 762; Rodríguez Fernández, *El hábito y la cruz*, pp. 594–6.

39 对此的权威研究，参见 Rodríguez Fernández, El hábito y la cruz。See also Montero Moreno, *Historia de la persecución religiosa*, pp. 433–4；Sanabre Sanromá, *Martirologio*, pp. 183–211, 470–1；Julián Casanova, *La Iglesia de Franco*, 2nd edn (Barcelona: Editorial Crítica, 2005) pp. 188–92；Frances Lannon, 'Los cuerpos de las mujeres y el cuerpo político católico: autoridades e identidades en conflicto en España durante las décadas de 1920 y 1930', *Historia Social*, No. 35 (1999), pp. 65–80；Mary Vincent, '"The Keys to the Kingdom": Religious Violence in the Spanish Civil War, July–August 1936', in Chris Ealham and Michael Richards, eds, *The Splintering of Spain: Cultural History and the Spanish Civil War, 1936–1939* (Cambridge, 2005) pp. 86–7。

40 Solé and Villarroya, *La repressió a la reraguarda*, I, pp. 179–86; Raguer, *Salvador Rial*, pp. 34–5; Manuel Azaña, *Apuntes de memoria inéditos y cartas 1938–1939–1940* (Valencia: Pre-Textos, 1990) pp. 128–9; Enrique de Rivas, *Comentarios y notas a 'Apuntes de memoria' de Manuel Azaña* (Valencia: Pre-Textos, 1990) p. 83.

41 Manent and Raventós, *L'Església clandestina*, pp. 46–8; Raguer, *Salvador Rial*, pp. 33–4, 211–14.

42 Ramón Muntanyola, *Vidal i Barraquer: cardenal de la pau*, 2nd edn (Barcelona: Publicacions de l'Abadia de Montserrat, 1976) pp. 353–85, 401–15; Josep María Tarragona, *Vidal i Barraquer: de la República al franquisme* (Barcelona: Columna Assaig, 1998) pp. 188–201; Piqué i Padró, *La crisi de la reraguarda*, pp. 125–8; Raguer, *Salvador Rial*, pp. 207–12.

43 Piqué i Padró, *La crisi de la reraguarda*, pp. 132–48. 正文中的遇难者数字（136人）来自 Martí Bonet, *El martiri dels temples*, p. 56。在 Montero Moreno, *Historia de la persecución religiosa*, pp. 763–4 中所给出的加泰罗尼所有教区的神职人员死亡总数略有不同。

44 Raguer, *Salvador Rial*, pp. 23–7.

45 Sanabre Sanromá, *Martirologio*, pp. 421–3; Montero Moreno, *Historia de la persecución religiosa*, pp. 416–21; Alberto Onaindia, *Hombre de paz en la guerra* (Buenos Aires: Editorial Vasca Ekin, 1973) pp. 421–9; Martí Bonet, *El martiri dels temples*, pp. 61–3; Vicente Cárcel Ortí, *Caídos, víctimas y mártires: la Iglesia y la hecatombe de 1936* (Madrid: Espasa Calpe, 2008) pp. 447–50,

489; Solé and Villarroya, *La repressió a la reraguarda*, pp. 176–7; Antonio Sospedra Buyé, CP, CR, *La misteriosa muerte del Santo Mártir Obispo de Barcelona Doctor Manuel Irurita y Almandoz* (Barcelona: EGS, 2008) pp. 278–95.

46 Piqué i Padró, *La crisi de la reraguardia*, p. 138.

47 Casas Mercadé, *Valls: la guerra civil*, pp. 159–62.

48 Solé and Villarroya, *La repressió a la reraguarda*, I, pp. 79–81; Rodríguez Fernández, *El hábito y la cruz*, pp. 298–311; Montero Moreno, *Historia de la persecución religiosa*, pp. 526–9; Pons Garlandí, *Un republicà*, pp. 68–70, 86–9, 95.

49 Abad de Santillán, *Por que perdimos la guerra*, pp. 92–3; Samblancat's version in Peirats, *La CNT*, II, pp. 77–81; *Solidaridad Obrera*, 11, 12 August 1936; *La Vanguardia*, 12 August 1936。

50 Eduardo Barriobero y Herrán, *Un tribunal revolucionario: cuenta rendida por el que fue su presidente* (Barcelona: Imprenta y Librería Aviñó, 1937) pp. 39–51, 141–9; Lorenzo, *Los anarquistas españoles*, p. 93; Solé and Villarroya, *La repressió a la reraguarda*, I, pp. 114–16; Lacruz, *El alzamiento*, pp. 151–9.

51 Barriobero y Herrán, *Un tribunal revolucionario*, pp. 40–7; Marià Rubió i Tudurí, *Barcelona 1936-1939* (Barcelona: Publicacions de l'Abadia de Montserrat, 2002) pp. 113–18; Solé and Villarroya, *La repressió a la reraguarda*, I, pp. 66, 116–21; Pons Garlandí, *Un republicà*, pp. 92, 144; Manuel Benavides, *Guerra y revolución en Cataluña*, 2nd edn (Mexico City: Ediciones Roca, 1978) pp. 197–201.

52 *Solidaridad Obrera*, 30 August 1936.

53 Benavides, *Guerra y revolución*, pp. 196–7.

54 Pons Garlandí, *Un republicà*, pp. 72–4, 117–19; Semprún-Maura, *Revolución y contrarrevolución*, pp. 53–8; Joaquín Almendros, *Situaciones españolas: 1936/1939: el PSUC en la guerra civil española* (Barcelona: Dopesa, 1976) pp. 100–1; Pelai Pagès i Blanch, *Cataluña en guerra y en revolución 1936–1939* (Seville: Ediciones Espuela de Plata, 2007) pp. 170–1.

55 *Informaciones*, 16, 18 September 1936.

56 Eduard Masjuan Bracons, 'Eduardo Barriobero y Herrán i la justícia revolucionària a la Barcelona de 1936', Segon Congrés Recerques, *Enfrontaments civils: postguerres i reconstruccions*, 2 vols (Lleida: Associació Recerques y Pagés Editors, 2002) II, pp. 1024–35. 关于巴里奥韦罗的活动，他本人和《劳工团结报》的主编 Jacinto Toryho 均进行过强有力但并非完全坦诚的辩护。See Barriobero y Herrán, *Un tribunal revolucionario*, pp. 119–20, 147–56, 178–92, 195–205, and Jacinto Toryho, *No eramos tan malos* (Madrid: G. del Toro, 1975) pp. 199–257. 关于安德鲁·宁所扮演的角色，见 Francesc Bonamusa, *Andreu Nin y el movimiento comunista en España (1930–1937)* (Barcelona: Editorial Anagrama, 1977) pp. 293, 309, 426–9; Pelai Pagès i Blanch, *Andreu Nin: una vida al servei de la classe obrera* (Barcelona: Laertes, 2009) pp. 225–7。

57 Solé and Villarroya, *La repressió a la reraguarda*, pp. 12, 217–39; Pons Garlandí, *Un republicà*, pp. 93–5, 169–70; Peirats, *La CNT*, II, pp. 263–4.

58 Pons Garlandí, *Un republicà*, pp. 129–57; Josep Sánchez Cervelló, *¿Por qué hemos sido derrotados? Las divergencias republicanas y otras cuestiones* (Barcelona: Flor del Viento, 2006) pp. 111–14; Enric Ucelay da Cal, 'El complot nacionalista contra Companys', in Josep Maria Solé i Sabaté, ed., *La guerra civil a Catalunya*, Vol. III: *Catalunya, centre neuràlgic de la guerra* (Barcelona: Edicions 62, 2004) pp. 209–12.

59 Escofet, *Al servei*, II, p. 376; Barrull Pelegrí, *Violència popular i justícia revolucionària*, pp.

19–33; Jaume Barrull Pelegrí and Conxita Mir Curcó, eds, *Violència política i ruptura social a Espanya 1936–1945* (Lleida: Edicions de l'Universitat de Lleida, 1994) pp. 67–79; Solé and Villarroya, *La repressió a la reraguarda*, I, pp. 87–8, II, pp. 467–84; Montero Moreno, *Historia de la persecución religiosa*, pp. 369–73; Pons Garlandí, *Un republicà*, pp. 80–3, 89.

60　Tomàs Pàmies and Teresa Pàmies, *Testament a Praga* (Barcelona: Edicions Destino, 1971) pp. 128–31, 135–9; Solé and Villarroya, *La repressió a la reraguarda*, II, pp. 447–9.

61　Peirats, *La CNT*, I, pp. 173–5.

62　Joan Peiró, *Perill a la reraguarda* (Mataró: Edicions Llibertat, 1936) pp. 39–40.

63　Piqué i Padró, *La crisi de la reraguarda*, pp. 149–59.

64　*Solidaridad Obrera*, 30 August 1936.

65　*Solidaridad Obrera*, 17 december 1936, Hilari Raguer, *Divendres de passió: vida i mort de Manuel Carrasco i Formiguera* (Barcelona: Publicaciones de l'Abadia de Montserrat, 1984) pp. 250–8; Josep Benet, *Manuel Carrasco i Formiguera, afusellat* (Barcelona: Edicions 62, 2009) pp. 23–8. 关于巴柳斯，见 Miguel Íñiguez, *Enciclopedia histórica del anarquismo español*, 3 vols (Vitoria: Asociación Isaac Puente, 2008) I, pp. 159–60。

66　Raguer, *Divendres de passió*, pp. 258–78, 334–46, 373–90; Benet, *Manuel Carrasco i Formiguera*, pp. 84–5.

67　Peiró, *Perill a la reraguarda*, pp. 131–2.

68　Josep Termes, *Misèria contra pobresa: els fets de la Fatarella del gener de 1937: un exemple de la resistència pagesa contra la col·lectivització agrària durant la guerra civil* (Catarroja, Valencia: Editorial Afers, 2005) pp. 53–74, 81–107; Carles Gerhard, *Comissari de la Generalitat a Montserrat (1936–1939)* (Barcelona: Publicacions de l'Abadia de Montserrat, 1982) pp. 487–90; Peirats, *La CNT*, II, pp. 128–9; Pons Garlandí, *Un republicà*, pp. 105–8; Villaroya i Font, *Revolució i guerra a Badalona*, p. 37.

69　Solé and Villarroya, *La repressió a la reraguarda*, I, p. 68.

70　Ehrenburg to Rosenberg, 18 September 1936, Ronald Radosh, Mary R. Habeck and Grigory Sevostianov, eds, *Spain Betrayed: The Soviet Union in the Spanish Civil War* (New Haven: Yale University Press, 2001) pp. 28, 75–6.

71　*La Vanguardia*, 1, 2 August 1936; Peirats, *La CNT*, I, p. 176.

72　Antonov-Ovseenko, 14 October 1936, Radosh, Habeck and Sevostianov, *Spain Betrayed*, pp. 75–7.

73　Solé and Villarroya, *La repressió a la reraguarda*, I, pp. 103–4; Albertí, *El silencí de les campanes*, pp. 260–1; Raguer, *La pólvora y el incienso*, p. 219, Miquel Mir, *El preu de la traïció: la FAI, Tarradellas i l'assassinat de 172 Maristes* (Barcelona: Pòrtic Visions, 2010) pp. 55–140, 222–6. García Oliver, *El eco de los pasos*, pp. 467–71 对此事进行了具有高度倾向性的叙述。

74　Report of Maurice Thorez to Comintern Secretariat, 19 September 1936, Carlos Serrano, *L'Enjeu espagnol: PCF et guerre d'Espagne* (Paris: Messidor/Éditions Sociales, 1987) pp. 182–215; Report of André Marty to Comintern Secretariat, 10 October 1936, Radosh, Habeck and Sevostianov, *Spain Betrayed*, pp. 46, 55.

75　Vicent Gabarda Cebellán, *La represión en la retaguardia republicana: País Valenciano (1936–1939)* (Valencia: Edicions Alfons el Magnànim, 1996) pp. 25–33; J. Daniel Simeón Riera, *Entre la rebellia i la tradició (Llíria durant la República I la guerra civil 1931–1939)* (Valencia: Diputació de Valencia, 1993) pp. 201–10; Vicente Cárcel Ortí, *La persecución religiosa en España durante la segunda República (1931–1939)* (Madrid: Ediciones Rialp, 1990) pp. 211–14.

76　Ledesma Vera, *Los días de llamas*, pp. 9, 83–123.
77　José María Azpiroz Pascual, *La voz del olvido: la guerra civil en Huesca y la Hoya* (Huesca: Diputación Provincial de Huesca, 2007) pp. 441–9; Luisa Marco Sola, *Sangre de cruzada: el catolicismo oscense frente a la guerra civil (1936–1939)* (Huesca: Instituto de Estudios Altoaragoneses/Diputación Provincial de Huesca, 2009) pp. 114–19; María Pilar Salomón Chéliz, *Anticlericalismo en Aragón: protesta popular y movilización política (1900–1939)* (Zaragoza: Prensas Universitarias de Zaragoza, 2002) pp. 292–301.
78　Marco Sola, *Sangre de cruzada*, pp. 120–2; Montero Moreno, *Historia de la persecución religiosa*, p. 525; Rodríguez Fernández, *El hábito y la cruz*, pp. 316–20.
79　Ester Casanova Nuez, *La violencia política en la retaguardia republicana de Teruel durante la guerra civil* (Teruel: Instituto de Estudios Turolenses de la Diputación de Teruel, 2007) pp. 37–49, 169–77; Abel Paz, *Crónica de la Columna de Hierro* (Barcelona: Virus Editorial, 2001) pp. 50–2.
80　Jesús Hernández, *Negro y rojo: los anarquistas en la revolución española* (Mexico City: La España Contemporánea, 1946) pp. 227–41; Miquel Siguan, 'Els anarquistes valencians al front de Llevant', *Estudis d'Història del País Valencià*, No. 7, 1982, pp. 273–6; Paz, *Columna de Hierro*, pp. 49–52; Aurora Bosch Sánchez, *Colectivistas (1936–1939)* (Valencia: Almudín, 1980) pp. ix–xxxii; Aurora Bosch Sánchez, *Ugetistas y libertarios: guerra civil y revolución en el País Valenciano, 1936–1939)* (Valencia: Institución Alfons el Magnànim, 1983) pp. 43–57; Eladi Mainar Cabanes, *De milicians a soldats: les columnes valencianes en la guerra civil espanyola (1936–1937)* (Valencia: Universitat de València, 1998) pp. 49–50, 54–6.
81　José Ramón Carbonell Rubio, 'La traición de la Puebla: milicianos saguntinos en la columna Fernández Bujanda', in *Braçal* (Sagunto), No. 34, 2006, pp. 69–92; Juan Bautista Mari Clérigues, 'La Guardia Civil en el Alzamiento Nacional: la columna de Puebla de Valverde', *Revista de Estudios Históricos de la Guardia Civil*, No. 2, 1968, pp. 120–1.
82　*La Vanguardia*, 11, 14, 21 August 1936; Mari Clerigues, 'La Guardia Civil en el Alzamiento Nacional: la columna de Puebla de Valverde', *Revista de Estudios Históricos de la Guardia Civil*, No. 2, 1968, pp. 107–126 and No. 3, 1969, pp. 99–118; Joaquín Arrarás, *Historia de la cruzada española*, 8 vols, 36 tomos (Madrid: Ediciones Españolas, 1939–43) IV, 15, pp. 240–2; Ramón Salas Larrazábal, *Historia del ejército popular de la República*, 4 vols (Madrid: Editora Nacional, 1973) I, pp. 307–8; Servicio Histórico Militar (José Manuel Martínez Bande), *La invasión de Aragón y el desembarco en Mallorca* (Madrid: Editorial San Martín, 1989) pp. 89–91; Ángela Cenarro Lagunas, *El fin de la esperanza: fascismo y guerra civil en la provincia de Teruel (1936–1939)* (Teruel: Instituto de Estudios Turolenses de la Diputación de Teruel, 1996) pp. 52–5; Dolores Ibárruri et al., *Guerra y revolución en España 1936–39*, 4 vols (Moscow: Editorial Progreso, 1966–77) I, 171–2; José María Maldonado Moya, *El frente de Aragón: la guerra civil en Aragón (1936–1938)* (Zaragoza: Mira Editores, 2007) p. 64; José Luis Ledesma and José María Maldonado Moya, eds, *La Guerra Civil en Aragón*, 14 vols (Barcelona: Ciro Ediciones/El Periódico de Aragón, 2006) II, p. 82.
83　Manuel Girona Rubio, *Una miliciana en la Columna de Hierro: María 'La Jabalina'* (Valencia: Universitat de València, 2007) pp. 35–7; Carlos Llorens Castillo, *La primera década: una aportación al proceso político e ideológico del franquismo y a la historia del Partido Comunista de España* (Valencia: Fernando Torres, 1983).
84　*La Vanguardia*, 11, 14 August 1936; Carbonell Rubio, 'La traición de la Puebla', p. 85; Mainar

Cabanes, *De milicians a soldats*, pp. 19–20; Ministerio de la Guerra, Estado Mayor Central, *Anuario Militar de España 1936* (Madrid: Imprenta y Talleres del Ministerio de la Guerra, 1936) p. 322.

85 Mainar Cabanes, *De milicians a soldats*, pp. 49–50, 57–8; Siguan, 'Els anarquistes valencians', pp. 276–81; Hernández, *Negro y rojo*, p. 222; Juan Andrade, 'La Columna de Hierro', *La Batalla*, 13 March 1937, reproduced in Juan Andrade, *La revolución española día a día* (Barcelona: Editorial Nueva Era/Publicaciones Trazo, 1979) pp. 187–8; Paz, *Columna de Hierro*, p. 39; Gabriel Araceli, *Valencia 1936* (Zaragoza: El Noticiero, 1939) pp. 111–15.

86 Gabarda Cebellán, *La represión*, p. 30; Siguan, 'Els anarquistes valencians', pp. 282–4; Mainar Cabanes, *De milicians a soldats*, pp. 72–80; Hernández, *Negro y rojo*, pp. 242–4; Terence M. Smyth, *La CNT al País Valencià 1936–1937* (Valencia: Editorial Eliseu Climent, 1977) pp. 53–7; Paz, *Columna de Hierro*, pp. 70–6; Adolfo Bueso, *Recuerdos de un cenetista*, Vol. II: *De la Segunda República al final de la guerra civil* (Barcelona: Ariel, 1978) p. 220.

87 Mainar Cabanes, *De milicians a soldats*, pp. 80–3; Smyth, *La CNT al País Valencià*, pp. 57–8; Paz, *Columna de Hierro*, pp. 85–9; Carlos Llorens, *La guerra en Valencia y en el frente de Teruel: recuerdos y comentarios* (Valencia: Fernando Torres, 1978) pp. 50–1; Hernández, *Negro y rojo*, pp. 244–8.

88 Vicente Ramos, *La guerra civil (1936–1939) en la provincia de Alicante*, 3 vols (Alicante: Ediciones Biblioteca Alicantina, 1973) I, pp. 133–9; Arrarás, *Historia de la cruzada*, V, 23, pp. 548–60; José Luis Ledesma, 'La "santa ira popular" del 36: la violencia en la guerra civil y revolución, entre cultura y política', in Javier Muñoz Soro, José Luis Ledesma and Javier Rodrigo, *Culturas y políticas de la violencia: España siglo XX* (Madrid: Siete Mares Editorial, 2005) pp. 156–7.

89 Juan Martínez Leal, *República y guerra civil en Cartagena (1931–1939)* (Murcia: Universidad de Murcia/Ayuntamiento de Cartagena, 1993) pp. 196–201; Carmen González Martínez, *Guerra civil en Murcia: un análisis sobre el Poder y los comportamientos colectivos* (Murcia: Universidad de Murcia, 1999) pp. 158–9.

90 González Martínez, *Guerra civil en Murcia*, pp. 159–61; Martínez Leal, *República y guerra civil en Cartagena*, pp. 203–11.

91 González Martínez, *Guerra civil en Murcia*, pp. 161–8, 197–211; Martínez Leal, *República y guerra civil en Cartagena*, pp. 200–2, 211–12.

92 Arrarás, *Historia de la cruzada*, VI, 24, p. 97; Edward Norton, *Muerte en Málaga: testimonio de un americano sobre la guerra civil española* (Málaga: Universidad de Málaga, 2004) pp. 170–87, 193–208, 225–42; Antonio Nadal, *Guerra civil en Málaga* (Málaga: Editorial Arguval, 1984) pp. 166–7, 170–2, 180–5; Juan Antonio Ramos Hitos, *Guerra civil en Málaga 1936–1937: revisión histórica*, 2nd edn (Málaga: Editorial Algazara, 2004) pp. 222–62.

93 Ledesma, 'La "santa ira popular" del 36', p. 157.

94 Ramos Hitos, *Guerra civil en Málaga*, p. 251.

95 Francisco Cobo Romero, *Conflicto rural y violencia política: el largo camino hacia la dictadura: JAÉN, 1917–1950* (Jaén: Publicaciones de la Universidad de Jaén, 1999) pp. 267–78; Luis Miguel Sánchez Tostado, *La guerra civil en Jaén: historia de un horror inolvidable* (Jaén: Junta de Andalucía/Colección Memoria Histórica, 2005) pp. 79–80, 86–7, 97, 133.

96 Eulàlia Vega, *Anarquistas y sindicalistas durante la segunda República: la CNT y los Sindicatos de Oposición en el País Valenciano* (Valencia: Edicions Alfons el Magnànim, 1987) p. 283; Miguel Ors Montenegro, *Elche, una ciudad en guerra (1936–1939)* (Elche: Llibreria Ali i Truc, 2008) pp. 107–11, 120–3, 128–9, 143–5; Montero Moreno, *Historia de la persecución religiosa*, pp. 787,

780, 858, 873.

97 Miguel Ors Montenegro, 'La represión de guerra y posguerra en Alicante 1936–1939' (unpublished doctoral thesis, Universitat d'Alacant, 1993) pp. 51, 67–9.

98 *Ibid.*, pp. 130–3, 337, 342–3. 非常感谢 Miguel Ors Montenegro 向我提供了有关阿尔科伊教堂命运的轶事。

99 关于对比性分析，见 Ledesma Vera, *Los días de llamas*, pp. 83–4 ; Ledesma Vera, 'Qué violencia para qué retaguardia', pp. 83–114。关于托莱多的情况，见 José María Ruiz Alonso, *La guerra civil en la provincia de Toledo: Utopía, conflicto y poder en el sur del Tajo (1936–1939)*, 2 vols (Ciudad Real: Almud, Ediciones de Castilla-La Mancha, 2004) I, pp. 285–9。关于铁拉阿尔塔的情况，见 Solé and Villarroya, *La repressió a la reraguarda*, I, pp. 431–3。

8　马德里的革命恐怖

1 Aurelio Núñez Morgado, *Los sucesos de España vistos por un diplomático* (Buenos Aires: Talleres Rosso, 1941) p. 155; Luis Enrique Délano, *Cuatro meses de guerra civil en Madrid* (Santiago de Chile: Editorial Panorama, 1937) pp. 25–6; Glicerio Sánchez Recio, *Justicia y guerra en España: los tribunales populares (1936–1939)* (Alicante: Instituto de Cultura 'Juan Gil-Albert', 1994) pp. 25–7, 36–41.

2 Maximiano García Venero, *El general Fanjul: Madrid en el alzamiento nacional* (Madrid: Ediciones Cid, 1967) pp. 338–44; Arturo Barea, *The Forging of a Rebel* (London: Davis-Poynter, 1972) pp. 528–32; Délano, *Cuatro meses de guerra civil en Madrid*, pp. 12–13; Joaquín Arrarás, *Historia de la cruzada española*, 8 vols, 36 tomos (Madrid: Ediciones Españolas, 1939–43) IV, 17, pp. 403–9, 434–68; José Martín Blázquez, *I Helped to Build an Army: Civil War Memoirs of a Spanish Staff Officer* (London: Secker & Warburg, 1939) pp. 111–17; Julián Zugazagoitia, *Guerra y vicisitudes de los españoles*, 2nd edn, 2 vols (Paris: Librería Española, 1968) I, pp. 69–71; Eduardo de Guzmán, *La muerte de la esperanza* (Madrid: G. del Toro, 1973) pp. 133–73; Luis Romero, *Tres días de julio (18, 19 y 20 de 1936)*, 2nd edn (Barcelona: Ariel, 1968) pp. 414–16, 432–5, 457–62, 469–91, 543–58.

3 Mary Bingham de Urquidi, *Mercy in Madrid: Nursing and Humanitarian Protection during the Spanish Civil War, 1936–37* (Córdoba, Argentina: Ediciones del Sur, 2004) pp. 21–2.

4 Núñez Morgado, *Los sucesos de España*, p. 155.

5 Barea, *The Forging of a Rebel*, pp. 525–8.

6 Causa General, *La dominación roja en España* (Madrid: Ministerio de Justicia, 1945) pp. 83–92; Javier Cervera Gil, *Madrid en guerra: la ciudad clandestina 1936–1939*, 2nd edn (Madrid: Alianza Editorial, 2006) pp. 64–72; Rafael Casas de la Vega, *El terror: Madrid 1936: investigación histórica y catálogo de víctimas identificadas* (Madrid: Editorial Fénix, 1994) pp. 80–91.

7 Eduardo de Guzmán, *La muerte de la esperanza* (Madrid: G. del Toro, 1973) pp. 60, 101–3.

8 *El Liberal*, 25 July, 1 August 1936.

9 Zugazagoitia, *Guerra y vicisitudes*, pp. 79–82; Jesús de Galíndez, *Los vascos en el Madrid sitiado: memoria del Partido Nacionalista Vasco* (Buenos Aires: Editorial Vasca Ekin, 1945) pp. 16–18; Cervera Gil, *Madrid en guerra*, pp. 59–61; El Preso 831, *Del Madrid Rojo: últimos días de la Cárcel Modelo* (Cádiz: Establecimientos Cerón, 1937) p. 10; David Jato Miranda, *Madrid, capital republicana: del 18 de julio al 6 de noviembre de 1936* (Barcelona: Ediciones Acervo, 1976) pp. 320–1.

10　Andrés Trapiello, *Las armas y las letras: literatura y guerra civil (1936–1939)* (Barcelona: Planeta, 1994) p. 83.

11　Henry Helfant, *The Trujillo Doctrine of the Humanitarian Diplomatic Asylum* (Mexico City: Editorial Offset Continente, 1947) pp. 63, 173, 206; Javier Cervera Gil, 'La radio: un arma más de la Guerra Civil en Madrid', *Historia y Comunicación Social*, No. 3, 1998, p. 282; Felix Schlayer, *Diplomático en el Madrid rojo* (Seville: Espuela de Plata, 2008) p. 42.

12　Schlayer, *Diplomático en el Madrid rojo*, pp. 61–3.

13　*CNT*, 31 July 1936.

14　关于爱德华多·巴尔，见 Juan García Oliver, *El eco de los pasos* (Barcelona: Ruedo Ibérico, 1978) pp. 306, 317–320, 323–4, 526。关于努尼奥，见 Declaración de Manuel Rascón Ramírez, AHN, FC-Causa General, 1530, Exp. 4, pp. 124, 127；Sandoval, 'Informe de mi actuación', AHN, FC-Causa General, 1530-1, Exp. 1, p. 222。关于"欧罗巴影院"契卡部，见 Declaración de Santiago Aliques Bermúdez, AHN, FC-Causa General, 1530-2, pp. 82 ff。

15　Guzmán, *La muerte de la esperanza*, p. 27, Ricardo Sanz, *Los que fuimos a Madrid: Columna Durruti 26 División* (Toulouse: Imprimerie Dulaurier, 1969) p. 107; Gregorio Gallego, *Madrid, corazón que se desangra* (Madrid: G. del Toro, 1976) pp. 151–3.

16　*Política*, 6 August 1936.

17　*El Socialista*, 9 August 1936; *Heraldo de Madrid*, 10 August 1936.

18　Indalecio Prieto, *La tragedia de España: discursos pronunciados en América del Sur* (Mexico City: Fundación Indalecio Prieto/Sitesa, 1995) pp. 38–9.

19　Schlayer, *Diplomático en el Madrid rojo*, pp. 65, 112–13.

20　Ángel Viñas, *La soledad de la República: el abandono de las democracias y el viraje hacia la Unión Soviética* (Barcelona: Editorial Crítica, 2006) pp. 183–4.

21　*Informaciones*, 10 August 1936; *El Liberal*, 14 August 1936.

22　*Claridad*, 10 August 1936.

23　*Mundo Obrero*, 10 August 1936.

24　*Milicia Popular*, 12 August 1936.

25　Zugazagoitia, *Guerra y vicisitudes*, p. 79; *Milicia Popular*, 12 August 1936.

26　José Antonio Balbontín, '¿Qué dice la Iglesia?', *Heraldo de Madrid*, 17 August 1936.

27　*Claridad*, 3, 18, 19, 20 August 1936; *Heraldo de Madrid*, 18 August 1936.

28　Martín Blázquez, *I Helped to Build an Army*, pp. 115, 157.

29　Juan Ruiz Peinado Vallejo, *Cuando la muerte no quiere* (Mexico City: Impr. Azteca, 1967) pp. 188–9.

30　Bingham de Urquidi, *Mercy in Madrid*, p. 27; Galíndez, *Los vascos en el Madrid sitiado*, pp. 112–17; Montero Moreno, *Historia de la persecución religiosa*, pp. 444–7.

31　Gallego, *Madrid, corazón que se desangra*, pp. 109–13.

32　Gomá to De Despujol, 6 October 1936, Archivo Gomá, *Documentos de la guerra civil 1 julio–diciembre*, ed. José Andrés-Gallego and Antón M. Pazos (Madrid: Consejo Superior de Investigaciones Científicas, 2001) pp. 182–4.

33　Declaración de Teodoro Illera Martín, AHN, FC-Causa General, 1505, Exp. 2, pp. 16–17, Riba Tâmega to Lisbon, 28 July 1936, *Dez anos de política externa (1936–1947) a nação portuguesa e a segunda guerra mundial*, Vol. III (Lisbon: Imprensa Nacional/Casa da Moeda, 1964) p. 40.

34　Martín Blázquez, *I Helped to Build an Army*, pp. 121–2, 134; Antonio Cordón, *Trayectoria (recuerdos de un artillero)* (Seville: Espuela de Plata, 2008) pp. 410–11, 429, 454–5, 470, 479–80; Michael Alpert, *El ejército popular de la República 1936–1939* (Barcelona: Editorial Crítica, 2007) pp. 18, 126–7.

35 El Preso 831, *Del Madrid Rojo*, p. 99; Ian Gibson, *Paracuellos: cómo fue* (Barcelona: Argos Vergara, 1983) pp. 166–7, 171.

36 Pedro-Pablo Miralles Sangro, *'Al servicio de la Justicia y de la República'* : *Mariano Gómez (1883–1951), Presidente del Tribunal Supremo* (Madrid: Editorial Dilex, 2010) pp. 94–5; Pascual Marzal Rodríguez, *Una historia sin justicia: cátedra, política y magistratura en la vida de Mariano Gómez* (Valencia: Universitat de València, 2009) pp. 167–70.

37 *Claridad*, 15, 17 August 1936; Juan-Simeón Vidarte, *Todos fuimos culpables* (Mexico City: Fondo de Cultura Económica, 1973) pp. 393–5; Maximiano García Venero, *El general Fanjul: Madrid en el alzamiento nacional* (Madrid: Ediciones Cid, 1967) pp. 361–87; Jato Miranda, *Madrid, capital republicana*, pp. 313–17.

38 Eugenio Vegas Latapie, *Memorias políticas: el suicido de la monarquía y la segunda República* (Barcelona: Planeta, 1983) pp. 223–4, 276.

39 *CNT*, 12 August 1936.

40 Casa del Pueblo de Carabanchel, AHN, FC-Causa General, 1535, ramo separado 87, pp. 1–3; Hospital Militar de Carabanchel, AHN, FC-Causa General, 1535, ramo separado 111, pp. 1–17; Author's interview with Libertad López Ochoa, in the spring of 2005; Jato Miranda, *Madrid, capital republicana*, pp. 317–19; Pablo Gil Vico, 'Derecho y ficción: la represión judicial militar', in Francisco Espinosa Maestre, ed., *Violencia roja y azul: España, 1936–1950* (Barcelona: Editorial Crítica, 2010) pp. 251–7.

41 Declaración de José Rocamora Bernabeu, AHN, FC-Causa General, 1535, ramo separado 87, pp. 9–10; Núñez Morgado, *Los sucesos de España*, pp. 325–6; *La dominación roja*, p. 59.

42 Declaración de Manuel Muñoz, AHN, FC-Causa General, 1530-1, Exp. 1, p. 302; Padre Carlos Vicuña OSA, *Mártires Agustinos de El Escorial* (El Escorial: Imprenta del Monasterio de El Escorial, 1943) pp. 114–15; Antonio Montero Moreno, *Historia de la persecución religiosa en España 1936–1939* (Madrid: Biblioteca de Autores Cristianos, 1961) pp. 390–5; Capitán Antonio de Reparaz and Tresgallo de Souza (Maximiano García Venero), *Desde el Cuartel General de Miaja al Santuario de la Virgen de la Cabeza* (Valladolid: Afrodisio Aguado, 1937) p. 97; Francisco Cobo Romero, *La guerra civil y la represión franquista en la provincia de Jaén 1936–1950* (Jaén: Diputación Provincial, 1993) pp. 139–44 (trains), 149–50 (Úbeda); Luis Miguel Sánchez Tostado, *La guerra civil en Jaén: historia de un horror inolvidable* (Jaén: Junta de Andalucía/Colección Memoria Histórica, 2005) pp. 89–90 (Úbeda), 136–7 (prison), 141–54 (trains); Arrarás, *Historia de la cruzada*, VI, 25, pp. 132–6; Núñez Morgado, *Los sucesos de España*, pp. 201–2.

43 Sánchez Tostado, *La guerra civil en Jaén*, pp. 203–11.

44 *Ibid.*, pp. 156–60.

45 García Oliver, *El eco de los pasos*, p. 347.

46 Pedro L. Angosto, *José Alonso Mallol: el hombre que pudo evitar la guerra* (Alicante: Instituto Juan Gil-Albert, 2006) pp. 230–5.

47 Declaración de Manuel Muñoz Martínez, AHN, FC-Causa General, 1530-1, Exp. 1, p. 293; *Heraldo de Madrid*, 30 July 1936; *Política*, 31 July 1936; Jesús Lozano, *La segunda República:*

imágenes, cronología y documentos (Barcelona: Ediciones Acervo, 1973) p. 455.

48 Diary entry for 24 September 1936, Carlos Morla Lynch, Carlos Morla Lynch, *España sufre: diarios de guerra en el Madrid republicano* (Seville: Editorial Renacimiento, 2008) p. 77.

49 Declaración de Manuel Muñoz Martínez, AHN, FC-Causa General, 1530-1, Exp. 1, pp. 294–5.

50 *Política*, 2, 15 August 1936; *Heraldo de Madrid*, 17 August 1936.

51 AHN, FC-Causa General, 1504, Exp. 5, p. 38; *Heraldo de Madrid*, 15 September 1936; *Gaceta de la República*, 13 June 1937; *ABC*, 11 March 1944; *La dominación roja*, pp. 155–6.

52 Declaración de Manuel Muñoz Martínez, AHN, FC-Causa General, 1530-1, Exp. 1, p. 295; *Heraldo de Madrid*, 8 August 1936; *Política*, 8 August 1936.

53 Cervera Gil, *Madrid en guerra*, p. 66.

54 Declaración de Manuel Rascón Ramírez, AHN, FC-Causa General, 1530, Exp. 4, pp. 127–39; G. Arsenio de Izaga, *Los presos de Madrid: recuerdos e impresiones de un cautivo en la España roja* (Madrid: Imprenta Martosa, 1939) pp. 69–71; *La dominación roja*, pp. 99–104; Casas de la Vega, *El terror*, pp. 105–13; AHN, FC-Causa General, 1520-1, p. 34; Gallego, *Madrid, corazón que se desangra*, pp. 126–7.

55 Gallego, *Madrid, corazón que se desangra*, pp. 87–99.

56 Checas: 'Linces de la República', AHN, FC-Causa General, 1532-1, pp. 1–39, 48–74; Declaración de Felipe Marcos García Redondo, AHN, FC-Causa General, 1532-1, pp. 40–7; Declaración de Manuel Muñoz Martínez, AHN, FC-Causa General, 1530-1, Exp. 1, p. 296.*Heraldo de Madrid*, 31 August, 9, 11, 17, 18 September 1936; *El Liberal*, 1, 16 September 1936; *Informaciones*, 31 August, 8, 15, 16, 17 September 1936; *La dominación roja*, pp. 139–41.

57 Declaración de Teodoro Illera Martín, AHN, FC-Causa General, 1505, Exp. 2, pp. 17–20. *La Voz*, 10 August 1936 给出了该小队当时的 12 名成员中的其中 11 人。See also *Heraldo de Madrid*, 31 August, 9, 12, 14, 15, 18, 23, 24 September 1936; *El Liberal*, 16 September 1936; *Informaciones*, 31 August, 8, 9, 16, 23 September 1936. 加西亚·阿塔德利侦缉队和黎明行动队之间存在一些相互混淆的情况。See, for example José María Varela Rendueles, *Rebelión en Sevilla: memorias de un Gobernador rebelde* (Seville: Servicio de Publicaciones del Ayuntamiento de Sevilla, 1982) p. 186, and Román Gubern and Paul Hammond, *Los años rojos de Luis Buñuel* (Madrid: Ediciones Cátedra, 2009) p. 350. 安赫尔·佩德雷罗后来向审讯人员供称，加西亚·阿塔德利侦缉队与黎明行动队毫无干系：AHN, FC-Causa General, 1520-1, p. 118。

58 Checas: 'Brigadilla del Amanecer', AHN, FC-Causa General, 1534-1, pp. 5–10, 52–74; Declaración de Manuel Rascón Ramírez, AHN, FC-Causa General, 1530, Exp. 4, pp. 133, 135, 138.

59 Declaración de Manuel Muñoz Martínez, AHN, FC-Causa General, 1534-1, Exp. -4, pp. 23–32.

60 Declaración de Manuel Ramírez, AHN, FC-Causa General, 1530, Exp. 4, p. 136; *Informaciones*, 24 August 1936; *La Voz*, 11 September 1936.

61 *La Voz*, 7 September 1936; *Informaciones*, 8 September 1936; *Milicia Popular*, 10 September 1936.

62 Julius Ruiz, 'Defending the Republic: The García Atadell Brigade in Madrid, 1936', *Journal of Contemporary History*, Vol. 42, No. 1, 2007, pp. 97–115; Jato Miranda, *Madrid, capital republicana*, pp. 321–2.

63 AHN, FC-Causa General, 1532-2, pp. 11–15; 1520-1, pp. 7–8, 18, 50; Declaración de Manuel Muñoz, AHN, FC-Causa General, 1530-1, Exp. 1, p. 301; *Gaceta de Madrid*, 7 August; *Informaciones*, 6 August 1936; *Heraldo de Madrid*, 19 August 1936.

64 *Informaciones*, 2, 7, 8, 10, 11, 15, 17, 22 September 1936; *El Socialista*, 27 September, 1 October 1936; *El Heraldo de Madrid*, 10 September 1936; *El Liberal*, 23 August, 16 September 1936; *La Voz*, 29 September 1936; AHN, FC-Causa General, 1520-1, pp. 47–8, 64, 120, 136; Cervera Gil, *Madrid en guerra*, pp. 71–2.

65 Declaración de Teodoro Illera Martín, AHN, FC-Causa General, 1505, Exp. 2, p. 15; Antonio Lino's unfinished memoirs reproduced in Julio de Antón, *Policía y Guardia Civil en la España republicana* (Madrid: Edibeso Wells, 2001) pp. 323–5, and the letter from Lino reproduced in Julio de Antón, 'Las checas policiales', 11 February 2008 accessible at http://historianovel.blogspot.com/2008/02/las-checas-policiales-segn-julio-de.html.

66 AHN, FC-Causa General, 1520-1, pp. 45–7; Ministerio de la Gobernación, *Apéndice I al Dictamen de la Comisión sobre ilegitimidad de poderes actuantes en 18 de julio de 1936* (Barcelona: Editora Nacional, 1939) pp. 179–81.

67 *La Voz*, 17 September 1936; *Heraldo de Madrid*, 17, 19 September, 2 October 1936.

68 AHN, FC-Causa General, 1532-2, 40, pp. 8–15, 24–30; also quoted in declaration of Pedrero, AHN, FC-Causa General, 1520-1, pp. 18–19; Pedrero's denial, 1520-1, pp. 118–19, 148–50.

69 José Ignacio Escobar, *Así empezó* (Madrid: G. del Toro, 1974) pp. 300–9; AHN, FC-Causa General, Declaración de Emilia Donapetri López, 1532-2, pp. 3–5; Declaración de Pedro Penabad, 1532–2, pp. 29–32.

70 *Política*, 24 September 1936; *La Voz*, 25 September 1936; *Heraldo de Madrid*, 25, 28 September 1936; *Informaciones*, 25 September 1936.

71 Atadell's detective work, *Heraldo de Madrid*, 25 September 1936; Pedrero's declaration, AHN, FC-Causa General, 1520-1, p. 119; Rosario Queipo de Llano, *De la cheka de Atadell a la prisión de Alacuas* (Valladolid: Librería Santaren, 1939) pp. 37–44.

72 Declaración de García Atadell, AHN, FC-Causa General, 1520-1, p. 20.

73 Declaración de Emilia Donapetri López, AHN, FC-Causa General, 1532-2, p. 3.

74 Sandoval, 'Informe de mi actuación', AHN, FC-Causa General, 1530-1, Exp. 1, pp. 206–7; *Heraldo de Madrid*, 31 August, 24 September 1936; *Informaciones*, 31 August 1936; *El Liberal*, 1 September 1936.

75 *Política*, 8 August 1936; *Heraldo de Madrid*, 13, 22, 26 August 1936; *Informaciones*, 14, 15, 18 September, 16 October 1936.

76 关于发生在1919年的监狱中的情况，见 Juan García Oliver, *El eco de los pasos* (Barcelona: Ruedo Ibérico, 1978) pp. 31–4。关于桑多瓦尔1935年在监狱中的情况，见 Enrique Castro Delgado, *Hombres made in Moscú* (Barcelona: Luis de Caralt, 1965) pp. 214–15, 以及他在1939年时的情况，见 Eduardo de Guzmán, *Nosotros, los asesinos (memorias de la guerra de España)* (Madrid: G. del Toro, 1976) pp. 84–5。Carlos García Alix 撰写了有关桑多瓦尔的一部最出色的传记，*El honor de las injurias: busca y captura de Felipe Sandoval* (Madrid: T Ediciones/No Hay Penas, 2007)。这部著作也以电影胶片的形式呈现给公众：Carlos García Alix, *El honor de las injurias* (Madrid: No Hay Penas, 2007)。

77 Sandoval, 'Informe de mi actuación', AHN, FC-Causa General, 1530-1, Exp. 1, pp. 201–6, 216, 222. 另见 AHN, FC-Causa General, 1530-2, pp. 44, 71, 85, 111; *La dominación roja*, p. 221; Cervera Gil, *Madrid en guerra*, p. 67.

78 AHN, FC-Causa General, 1530-2, pp. 12, 18–19, 20–37, 44–5, 58, 84. 关于他的履历和后续被捕记录，见 *Ibid.*, pp. 47–9。关于被来自"欧罗巴影院契卡部"的武装分子所逮捕与杀害之人

员的亲属的控诉，见 *Ibid.*, pp. 87–110, 113–14, 120。

79 Zugazagoitia, Guerra y vicisitudes, pp. 78–9; Nora Allwork, unpublished diary, Cañada Blanch Centre, London School of Economics, p. 61; Cervera Gil, Madrid en guerra, p. 66.

80 Galíndez, *Los vascos en el Madrid sitiado*, pp. 11, 33–43, 69–72, 108–17.

81 Izaga, *Los presos de Madrid*, pp. 41–4, 76; Ramón Serrano Suñer, *Entre el silencio y la propaganda, la historia como fue: memorias* (Barcelona: Planeta, 1977) pp. 128–9; Casas de la Vega, *El terror*, pp. 123–6; *La dominación roja*, p. 220.

82 Izaga, *Los presos de Madrid*, pp. 55–6, 60–8.

83 *Política*, 8 August 1936; *Heraldo de Madrid*, 10 August 1936.

84 *Claridad*, 14 August 1936; Izaga, *Los presos de Madrid*, pp. 76–8; Serrano Suñer, *Memorias*, p. 133.

85 *Claridad*, 21 August 1936.

86 *La dominación roja*, p. 221; Serrano Suñer, *Memorias*, p. 133.

87 Sandoval, 'Informe de mi actuación', AHN, FC-Causa General, 1530-1, Exp. 1, pp. 202–4; Denuncia de Emilio Arenillas Caballero, AHN, FC-Causa General, 1526-1, Exp. 1, pp. 125–31; Declaración de Santiago Aliques Bermúdez, AHN, FC-Causa General, 1530-2, p. 85; Vicuña, *Mártires*, pp. 117–21; Casas de la Vega, *El terror*, pp. 126–7; Cervera Gil, *Madrid en guerra*, pp. 66–7; Alfonso Domingo, *El ángel rojo: la historia de Melchor Rodríguez, el anarquista que detuvo la represión en el Madrid republicano* (Córdoba: Editorial Almuzara, 2009) p. 146.

88 Sandoval, 'Informe de mi actuación', AHN, FC-Causa General, 1530-1, pp. 211–12.1, pp. 203; 1526, Exp. 1, p. 9; *Heraldo de Madrid*, 24 August 1936; Vicuña, *Mártires*, pp. 121–6; Izaga, *Los presos de Madrid*, pp. 91–100; Casas de la Vega, *El terror*, pp. 127–31; Gallego, *Madrid, corazón que se desangra*, pp. 122–4.

89 Declaración de Manuel Muñoz, AHN, FC-Causa General, 1530-1, Exp. 1, pp. 299–300; *La dominación roja*, pp. 222–5; Casas de la Vega, *El terror*, pp. 131–4; Cervera Gil, *Madrid en guerra*, pp. 86–8; Vicuña, *Mártires*, pp. 126–35; Izaga, *Los presos de Madrid*, pp. 100–12; Serrano Suñer, *Memorias*, pp. 133–8; Manuel Valdés Larrañaga, *De la Falange al Movimiento (1936–1952)* (Madrid: Fundación Nacional Francisco Franco, 1994) pp. 27–33; Gallego, *Madrid, corazón que se desangra*, pp. 128–9. 我非常感谢 José Cabañas González 提供了有关马西亚诺·佩德罗·杜鲁蒂的信息。

90 Mijail Koltsov, *Diario de la guerra de España* (Paris: Ruedo Ibérico, 1963) pp. 49–50; Vidarte, *Todos fuimos culpables*, pp. 419–20.

91 Testimony of Francisco García Valdecasas in Joan Llarch, *Negrín. ¡Resistir es vencer!* (Barcelona: Planeta, 1985) p. 41.

92 Schlayer commented on Ogilvie-Forbes's démarche, *Diplomático en el Madrid rojo*, p. 103; Ogilvie-Forbes to FO, 23 August 1936, *Documents on British Foreign Policy* [DBFP], 2nd Series, Vol. XVII (London: HMSO, 1979) pp. 148–9; Zugazagoitia, *Guerra y vicisitudes*, pp. 129–31; Vidarte, *Todos fuimos culpables*, pp. 422–5.

93 Sandoval, 'Informe de mi actuación', AHN, FC-Causa General, 1530-1, pp. 211–12. 1216 Declaración de García Atadell, AHN, FC-Causa General, 1530-1, p. 20.

94 Cervera Gil, *Madrid en guerra*, p. 105; Valdés Larrañaga, *De la Falange al Movimiento*, p. 71.

95 AHN, FC-Causa General, Caja 1530-2, pp. 4 (Melchor Rodríguez), 24 (Salvador Urieta); Cervera Gil, *Madrid en guerra*, p. 108; Domingo, *El ángel rojo*, pp. 135–51. 关于他与巴列纳医生之间的关系，见 Domingo, *El ángel rojo*, pp. 39–41。

96 Serrano Suñer, *Memorias*, p. 138.

97 *Gaceta de Madrid*, 24, 26 August 1936; *El Liberal*, 23 August 1936; *Claridad*, 24, 28 August 1936; Vidarte, *Todos fuimos culpables*, pp. 425–6; Marzal Rodríguez, *Mariano Gómez*, pp. 170–5; Miralles Sangro, *Mariano Gómez*, pp. 102–11; Manuel Azaña, *Obras completas*, 4 vols (Mexico City: Ediciones Oasis, 1966–8) IV, pp. 850–1; Guillermo Cabanellas, *La guerra de los mil días: nacimiento, vida y muerte de la II República española*, 2 vols (Buenos Aires: Grijalbo, 1973) II, p. 816; Sánchez Recio, *Justicia y guerra*, pp. 15–16; Franz Borkenau, *The Spanish Cockpit* (London: Faber & Faber, 1937) pp. 125–6; Ronald Fraser, *Blood of Spain: The Experience of Civil War 1936-1939* (London: Allen Lane, 1979) pp. 175–6.

98 Zugazagoitia, *Guerra y vicisitudes*, pp. 129–30; *El Socialista*, 23 August 1936; *Política*, 23 August 1936.

99 Azaña, *Obras completas*, IV, pp. 625–6, 851; Manuel Azaña, *Apuntes de memoria inéditos y cartas 1938–1939–1940*, ed. Enrique de Rivas (Valencia: Pre-Textos, 1990) pp. 113–15; Cipriano de Rivas-Cherif, *Retrato de un desconocido: vida de Manuel Azaña (seguido por el epistolario de Manuel Azaña con Cipriano de Rivas Cherif de 1921 a 1937)* (Barcelona: Grijalbo, 1980) pp. 344–7; Santos Martínez Saura, *Memorias del secretario de Azaña* (Barcelona: Planeta, 1999) pp. 610–13.

100 Azaña, *La velada en Benicarló* in *Obras completas*, III, p. 395.

101 Monteiro to Riba Tâmega, 20, 22 August 1936, *Dez anos de política externa*, III, pp. 167, 182–3; Diary entry for 22 September 1936, Carlos Morla Lynch, *España sufre: diarios de guerra en el Madrid republicano* (Sevilla: Editorial Renacimiento, 2008) p. 76. 关于萨拉萨尔向梅尔乔·罗德里格斯自首，参见 Declaración de Pilar Revilla López in AHN, FC-Causa General, 1530-2, pp. 38–9; Domingo, *El ángel rojo*, pp. 153–5。

102 AHN, FC-Causa General, 1530-2, pp. 42–3; *ABC*, 2 September 1936; Domingo, *El ángel rojo*, pp. 156–8.

103 Schlayer, *Diplomático en el Madrid rojo*, p. 75; Amparo Cabeza de Vaca, *Bajo cielos de plomo: unas memorias y el diario de Rafael Salazar Alonso* (Madrid: Editorial Actas, 2009) pp. 72–3 and 235 (militiamen), 82–7; Salazar Alonso, Prison diary, entries for 8, 9, 12, 14, 16, 18, 20, 22 September, in Cabeza de Vaca, *Bajo cielos de plomo*, pp. 123–55. Amparo Munilla's letter to the Juzgado Militar de Sevilla, in 'La Causa Contra el Teniente Coronel Arturo Dalias Chartres, por injurias al Jefe del Estado y estafa' (Archivo del Tribunal Militar Territorial Segundo, Seville). 非常感激 Francisco Espinosa Maestre 为我提供了上述信件的内容，以及有关尤斯特和博雷戈的信息。

104 Miralles Sangro, *Mariano Gómez*, pp. 93, 112; Indalecio Prieto, *Convulsiones de España: pequeños detalles de grandes sucesos*, 3 vols (Mexico City: Ediciones Oasis, 1967–9) III, p. 314.

105 佛朗哥当局的资料显示了令人难以置信的信息，在萨拉萨尔·阿隆索受审背后存在某种共济会报复的因素，见 Izaga, *Los presos de Madrid*, pp. 128, 131；*La dominación roja*, p. 340。Cabeza de Vaca, *Bajo cielos de plomo*, pp. 161–2 and 169 (letter from Salazar Alonso to Amparo relating how he broke with Freemasonry) 也有关于该指控的呼应。

106 Salazar Alonso, Prison diary, entries for 18–22 September, 'Notas sobre su propia defensa', in Cabeza de Vaca, *Bajo cielos de plomo*, pp. 337–50; see also pp. 131, 143–59; *ABC*, 20 September 1936; Núñez Morgado, *Los sucesos de España*, pp. 176–9; *Heraldo de Madrid*, 28 August 1936.

107 Azaña, *Obras completas*, IV, pp. 877–8; Prieto, *Convulsiones de España*, III, pp. 315–16; Miralles Sangro, *Mariano Gómez*, pp. 112–15; Cabeza de Vaca, *Bajo cielos de plomo*, p. 159.

108 Sánchez Recio, *Justicia y guerra*, pp. 20–1; *El Socialista*, 18 September 1936.
109 Santiago Álvarez, *Negrín, personalidad histórica: documentos* (Madrid: Ediciones de la Torre, 1994) p. 280; Enrique Moradiellos, *Don Juan Negrín López* (Barcelona: Ediciones Península, 2006) pp. 177–80.
110 AHN, FC-Causa General, 1520-1, pp. 44–5; Anon., *García Atadell: hombre símbolo* (Bilbao: Editora Nacional, n.d.) p.17
111 *Heraldo de Madrid*, 17 October 1936; Galíndez, *Los vascos en el Madrid sitiado*, pp. 20–2, 27–9, 34–7; El Preso 831, *Del Madrid rojo*, pp. 93–4.
112 Cervera Gil, *Madrid en guerra*, pp. 88–9.
113 Vidarte, *Todos fuimos culpables*, p. 655.
114 *Heraldo de Madrid*, 16, 22 September 1936; *Gaceta de Madrid*, 17 September 1936; *Política*, 18 September 1936; Declaración de Manuel Ramírez, AHN, FC-Causa General, 1530, Exp. 4, pp. 137–8.
115 Cervera Gil, *Madrid en guerra*, pp. 145–6; Cabanellas, *La guerra de los mil días*, II, p. 685 中将此次广播讲话的时间注明为 8 月 7 日。但是莫拉并未在那天发表广播讲话，而是在 8 月 15 日和 9 月 13 日，见 José María Iribarren, *Con el general Mola: escenas y aspectos inéditos de la guerra civil* (Zaragoza: Librería General, 1937) pp. 251–2, 358。关于这两场讲话的刊行版讲稿，见 Emilio Mola Vidal, *Obras completas* (Valladolid: Librería Santarén, 1940) pp. 1177–84。新闻记者 Noel Monks 在 *Eyewitness* (London: Frederick Muller, 1955) p. 71 中提到，上述内容是在 11 月 7 日的一次新闻发布会上公布的，这种说法当然是错误的。按照 Carlos Contreras, *Milicia Popular*, 10 October 1936 中的说法，莫拉的新闻发布会召开于若干天以前，可能是在 10 月 7 日。
116 Geoffrey Cox, *Defence of Madrid* (London: Victor Gollancz, 1937) p. 175.
117 *Mundo Obrero*, 3, 5 October 1936.
118 Edmond (Geneva) to FO, 29 September 1936; Ogilvie-Forbes to FO, 1, 6, 8 October 1936; Ogilvie-Forbes to FO, 1, 6, 8 October 1936; Memorandum on the execution of civilians and prisoners of war by adherents of either party in Spain, 13 October 1936, *DBFP*, 2nd Series, Vol. XVII, pp. 336–7, 348, 366, 406–8; Ángel Viñas, *El escudo de la República: el oro de España, la apuesta soviética y los hechos de mayo de 1937* (Barcelona: Editorial Crítica, 2007) pp. 35–7.
119 *La Voz*, 6 October 1936; *Informaciones*, 6, 10 October 1936; *Gaceta de Madrid*, 7, 9 October 1936; *Heraldo de Madrid*, 7 October 1936; *ABC*, 9 October 1936.
120 Pablo de Azcárate, *Mi embajada en Londres durante la guerra civil española* (Barcelona: Ariel, 1976) pp. 26–7; Winston S. Churchill, *Step by Step* (London: Odhams Press, 1939) pp. 54–7.
121 *El Socialista*, 3 October 1936.
122 Carlos Contreras, 'En defensa de Madrid: la quinta columna', *Milicia Popular*, 10 October 1936.
123 *El Socialista*, 10, 16 October 1936.
124 *Heraldo de Madrid*, 21 October 1936.
125 *Milicia Popular*, 8 October 1936.
126 Casas de la Vega, *El terror*, p. 114.
127 Declaración de Manuel Rascón Ramírez, AHN, FC-Causa General, 1530, Exp. 4, p. 142; Declaración de Manuel Munoz, AHN, FC-Causa General, 1530-1, Exp. 4, p. 298; Declaración de Santiago Magariños, AHN, FC-Causa General, 1526-1, Exp. 2, p. 102; Declaración de Santiago Aliques Bermúdez, AHN, FC-Causa General, 1530-2, p. 83. For examples, see the reproductions

in *La dominación roja*, Annex IV, following p. 108；Casas de la Vega, *El terror*, pp. 137–42, 155–8, 163–7；Gibson, *Paracuellos*, pp. 136–7, 151–2, 166–9；Domingo, *El ángel rojo*, p. 170；José Luis Ledesma, 'Un retaguardia al rojo: las violencias en la zone republicana', in Espinosa Maestre, ed., *Violencia roja y azul*, pp. 225–6。

128 Rivas Cherif, *Retrato*, p. 344; Jato Miranda, *Madrid, capital republicana*, pp. 320 ff.

129 *El Socialista*, 27 September 1936.

130 *Informaciones*, 14, 17, 21, 24, 27, 28, 31 August, 2, 7, 8, 9, 10, 11, 14, 15, 16, 17, 23 September 1936; *Política*, 15 August, 3, 13, 17, 18, 20, 24 September 1936; *Heraldo de Madrid*, 8 August, 2, 3, 4, 5, 8, 12, 14 September 1936; *La Voz*, 3, 8, 15 September 1936; *El Liberal*, 13 September 1936. Ruiz, 'Defending the Republic', pp. 100–2，其中表明了加西亚·阿塔德利的活动已经众所周知。Cervera Gil, *Madrid en guerra*, pp. 71–2 则表达了相反的意思。

131 Declaración de Lourdes Bueno Méndez, AHN, FC-Causa General, 1532-2, p. 112; *Heraldo de Madrid*, 29 September 1936; *Mundo Obrero*, 30 September 1936; *La Voz*, 1 October 1936.

132 AHN, FC-Causa General, 1520-1, pp. 21–3.

133 Viñas, *El escudo*, p. 41. File in The National Archives [henceforth TNA],FO 371/20545.

134 Queipo de Llano, *De la cheka de Atadell*, p. 68.

135 AHN, FC-Causa General, 1532-2, pp. 16–19; 1520-1, pp. 23–7; Declaración de Emilia Donapetri López, AHN, FC-Causa General, 1532-2, pp. 5–6.

136 Luis Buñuel, *Mi último suspiro: memorias* (Barcelona: Plaza y Janés, 1982) p. 164; Luis Quintanilla, *'Pasatiempo': la vida de un pintor (memorias)* (Sada-A Coruña: Ediciós do Castro, 2004) p. 403; Román Gubern and Paul Hammond, *Los años rojos de Luis Buñuel* (Madrid: Ediciones Cátedra, 2009) pp. 350–1. 布努埃尔在 1961 年提供给 Ricardo Muñoz Suay 一个略有不同的版本，他说，当时他亲自给佛朗哥当局发了一封匿名电报告发加西亚·阿塔德利，见 Conversaciones de Max Aub con Muñoz Suay, Fundación Max Aub, Segorbe, Archivo, Fondo ADU, Caja 19–2/1, pp. 6–7。关于尝试引渡的有关情况，见 *Heraldo de Madrid*, 14 November 1936；*Informaciones*, 26 November 1936。

137 Varela Rendueles, *Rebelión en Sevilla*, p. 187.

9　死亡纵队进军马德里

1 Carlos Asensio Cabanillas, 'El avance sobre Madrid y operaciones en el frente del centro', in *La guerra de liberación nacional* (Zaragoza: Universidad de Zaragoza, 1961) pp. 160–2; Servicio Histórico Militar (José Manuel Martínez Bande), *La marcha sobre Madrid* (Madrid: Editorial San Martín, 1968), pp. 24–30; Manuel Sánchez del Arco, *El sur de España en la reconquista de Madrid*, 2nd edn (Seville: Editorial Sevillena, 1937) pp. 61–4.

2 Juan José Calleja, *Yagüe, un corazón al rojo* (Barcelona: Editorial Juventud, 1963) pp. 90–1.

3 José Ignacio Rodríguez Hermosell, *Movimiento obrero en Barcarrota: José Sosa Hormigo, diputado campesino* (Badajoz: Asamblea de Extremadura, 2005) pp. 130–1; María de la Luz Mejías Correa, *Así fue pasando el tiempo: memorias de una miliciana extremeña*, ed. Manuel Pulido Mendoza (Seville: Renacimiento, 2006) pp. 67–9, 40–1; Ramón Salas Larrazábal, *Historia del Ejército popular de la República*, 4 vols (Madrid: Editora Nacional, 1973) I, pp. 252–3; Francisco Espinosa Maestre, *La columna de la muerte: el avance del ejército franquista de Sevilla a Badajoz* (Barcelona: Editorial Crítica, 2003) pp. 15–16, 34, 43, 161, 187.

4 Gobernador Civil de Badajoz a Ayuntamiento de Barcarrota, 19, 20, 28, 29 July 1936 in Archivo Municipal de Barcarrota, (Secretaría-Registro, Caja 53). 有关 José Ignacio Rodríguez Hermosell 向我提供了上述电文副本一事，我感激不尽。See also Rodríguez Hermosell, *José Sosa Hormigo*, pp. 131–2.

5 Francisco Moreno Gómez, 'La represión en la España campesina', in José Luis García Delgado, ed., *El primer franquismo: España durante la segunda guerra mundial* (Madrid: Siglo XXI, 1989) p. 192. 关于土地改革与后续镇压运动之间的联系，可参见 Federación Socialista de Badajoz 于1938年在马德里刊行的一本小册子，*El fascismo sobre Extremadura*, reprinted in 1997。Page references are to *El fascismo sobre Extremadura* (Badajoz: Federación Socialista de Badajoz, 1997) pp. 29–30, 47–9.

6 Carlos Barciela, Ramón Garrabou and José Ignacio Jiménez Blanco, eds, *Historia agraria de la España contemporánea*, 3 vols (Barcelona: Editorial Crítica, 1986) III, pp. 298–405; Juan Martínez Alier, *La estabilidad del latifundismo* (Paris: Ediciones Ruedo Ibérico, 1968) pp. 52–4; Francisco Espinosa Maestre, 'La reforma agraria del Frente Popular en Badajoz: los orígenes de la Guerra Civil' (unpublished doctoral thesis, Universidad de Sevilla, 2006) pp. 283–9, 304–21.

7 Francisco Moreno Gómez, *La guerra civil en Córdoba (1936–1939)* (Madrid: Editorial Alpuerto, 1985) pp. 375–82; Larry Collins and Dominique Lapierre, *Or I'll Dress You in Mourning* (London: Weidenfeld & Nicolson, 1968) pp. 62–9, 82–99; Félix Moreno de la Cova, *Mi vida y mi tiempo: la guerra que yo viví* (Sevilla: Gráficas Mirte, 1988).

8 Espinosa Maestre, 'La reforma agraria', pp. 308–10.

9 Julia Vela Alburquerque, Manuel Martín Burgueño and Julián González Ruiz, *Diego Vela González: biografía* (Llerena: Tipografía Grandizo, 2009) pp. 28–39; Juan-Simeón Vidarte, *Todos fuimos culpables* (Mexico City: Fondo de Cultura Económica, 1973) pp. 363–7; Sánchez del Arco, *El sur de España*, pp. 66–9; Cándido Ortiz de Villajos, *De Sevilla a Madrid: ruta libertadora de la columna Castejón* (Granada: Librería Prieto, 1937) pp. 76–81; Espinosa Maestre, *La columna*, pp. 12–15.

10 Espinosa Maestre, *La columna*, pp. 17–19; Sánchez del Arco, *El sur de España*, pp. 70–2; José Luis Gutiérrez Casalá, *La guerra civil en la provincia de Badajoz: represión republicano-franquista* (Badajoz: Universitas Editorial, 2004) pp. 99–106. 我非常感激 Cayetano Ibarra Barroso 提供了丰特德坎托斯当时发生的情况的信息。另外可参见他对于该城地方志的出色研究成果，Cayetano Ibarra, *La otra mitad de la historia que nos contaron: Fuente de Cantos, República y guerra 1931–1939* (Badajoz: Diputación de Badajoz, 2005) pp. 294–304, 322–51。关于被枪杀者的名单，见 pp. 527–41, 553–56, 571–3。

11 Cayetano Ibarra, *Fuente de Cantos*, pp. 304–7; Espinosa Maestre, 'La reforma agraria', pp. 292–4.

12 *Diáro de Noticias*, 10, 14 August 1936; Francisco Pilo Ortiz, *Ellos lo vivieron: sucesos en Badajoz durante los meses de julio y agosto de 1936 narrados por personas que los presenciaron* (Badajoz: Edición del Autor, 2001) pp. 42–4; José María Lama, *Una biografía frente al olvido: José González Barrero, Alcalde de Zafra en la segunda República* (Badajoz: Diputación de Badajoz, 2000) pp. 83–126, 136–8; Ortiz de Villajos, *De Sevilla a Madrid*, pp. 82–3; Espinosa Maestre, *La columna*, pp. 21–3, 29–31.

13 Francisco Sánchez Ruano, *Islam y guerra civil española: moros con Franco y con la República* (Madrid: La Esfera de los Libros, 2004) pp. 165–7, 185; María Rosa de Madariaga, *Los moros que trajo Franco: la intervención de tropas coloniales en la guerra civil* (Barcelona: Ediciones

Martínez Roca, 2002) pp. 296–9. For an example, see Manuel Velasco Haro, *Los Corrales: referencias históricas de un pueblo andaluz*, 2 vols (El Saucejo, Seville: Manuel Velasco Haro/Imprenta Gracia, 2000) II, pp. 611–12。

14 Antonio Bahamonde y Sánchez de Castro, *Un año con Queipo* (Barcelona: Ediciones Españolas, n.d. [1938]) p. 96; Antonio Bahamonde, *Memoirs of a Spanish Nationalist* (London: United Editorial, 1939) pp. 91–2; Manuel Rubio Díaz and Silvestre Gómez Zafra, *Almendralejo (1930–1941): doce años intensos* (Los Santos de Maimona: Grafisur, 1987) p. 276.

15 Bahamonde, *Un año con Queipo*, pp. 66–8; José María Lama, *La amargura de la memoria: República y guerra en Zafra (1931–1936)* (Badajoz: Diputación de Badajoz, 2004) pp. 487–92; Vidarte, *Todos fuimos culpables*, pp. 370–1.

16 Martínez Bande, *La marcha sobre Madrid*, p. 32; Espinosa Maestre, *La columna*, pp. 31–3, 420–3. 关于复仇行动，见 Espinosa Maestre,'*La reforma agraria*', p. 270。

17 Asensio Cabanillas, 'El avance sobre Madrid', pp. 162–4; Leopoldo Nunes, *La guerra en España (dos meses de reportaje en los frentes de Andalucía y Extremadura)* (Granada: Librería Prieto, 1937) pp. 183–90; Espinosa Maestre, *La columna*, pp. 33–4; Juan Carlos Molano Gragera, *Miguel Merino Rodríguez: dirigente obrero y Alcalde de Montijo (1893–1936)* (Badajoz: Diputación de Badajoz, 2002) p. 136.

18 *Diário de Notícias*, 14 August 1936; *Washington Post*, 15 August 1936; *O Seculo*, 14, 17, 18 August 1936; Rubio Díaz and Gómez Zafra, *Almendralejo*, pp. 253–83, 272, 288, 400; Espinosa Maestre, *La columna*, pp. 332–6.

19 Bernal, 'Resignación de los campesinos andaluces', p. 148; Espinosa Maestre, *La columna*, pp. 39–44.

20 Alberto Oliart, *Contra el olvido* (Barcelona: Tusquets Editores, 1998) p. 137.

21 Espinosa Maestre, *La columna*, p. 38.

22 Archivo General Militar, Ávila, ZN, Armario 6, Legajo 337, Carpeta 17.

23 关于亚圭的早年履历，见 Ramón Garriga, *El general Yagüe* (Barcelona: Planeta, 1985) pp. 7–42 ; Calleja, *Yagüe*, pp. 19–58.Ramón Serrano Suñer, *Entre el silencio y la propaganda, la Historia como fue: memorias* (Barcelona: Planeta, 1977) p. 232。

24 Calleja, *Yagüe*, pp. 94–6; Sánchez del Arco, *El sur de España*, pp. 74–7; Ortiz de Villajos, *De Sevilla a Madrid*, pp. 86–90.

25 Jacinta Gallardo Moreno, *La guerra civil en La Serena* (Badajoz: Diputación Provincial, 1994) pp. 67–8, 150–6; Pedro José Masa Redondo, 'Guerra civil y represión en la zona de Miajadas', in Julián Chaves Palacios et al., *Guerra y represión: las fosas de Escurial y Miajadas (1936–2009)* (Mérida: Asamblea de Extremadura, 2010) pp. 79–91; Pilo Ortiz, *Ellos lo vivieron*, pp. 33–6. 关于戈麦斯·坎托斯，见 Francisco Espinosa Maestre, *La justicia de Queipo: violencia selectiva y terror fascista en la II División en 1936: Sevilla, Huelva, Cádiz, Córdoba, Málaga y Badajoz* (Seville: Centro Andaluz del Libro, 2000) pp. 167–72 ; Jesús Mendoza, 'Gómez Cantos, el exterminador', *La Aventura de la Historia*, No. 11, 1999, pp. 22–31。

26 Oliart, *Contra el olvido*, pp. 81–2, 127–8, 134–5; Espinosa Maestre, *La columna*, p. 460; Francisco Espinosa Maestre, '*Francisco Marín Torrado: vida y muerte de vencidos*', *Cuadernos para el Diálogo*, April 2009, No. 40, pp. 81–3; Abdón Mateos, *Historia del antifranquismo* (Barcelona: Flor del Viento, 2011) p. 140.

27 Harold G. Cardozo, *The March of a Nation: My Year of Spain's Civil War* (London: Right Book

Club, 1937) pp. 160–2; John T. Whitaker, *We Cannot Escape History* (New York: Macmillan, 1943) p. 100.
28 Martínez Bande, *La marcha sobre Madrid*, pp. 165–70.
29 Espinosa Maestre, *La columna*, p. 56.
30 Comandante Franco, *Diario de una bandera* (Madrid: Editorial Pueyo, 1922) pp. 197–8. See also Madariaga, *Los moros*, pp. 133–4, 296–9, 305–18; Gustau Nerín, *La guerra que vino de África* (Barcelona: Editorial Crítica, 2005) pp. 285–8; Sebastian Balfour, *Deadly Embrace: Morocco and the Road to the Spanish Civil War* (Oxford: Oxford University Press, 2002) pp. 253–6; Sánchez Ruano, *Islam y guerra civil*, pp. 357–63, 373–5.
31 Cardozo, *The March*, p. 56.
32 *Daily Express*, 28 July 1936.
33 Joaquín Arrarás, *Historia de la cruzada española*, 8 vols, 36 tomos (Madrid: Ediciones Españolas, 1939–43) VII, 28, pp. 24–6; Manuel Aznar, *Historia militar de la guerra de España (1936–1939)* (Madrid: Ediciones Idea, 1940) p. 103, and Martínez Bande, *La marcha sobre Madrid*, pp. 34–5. 所有上述著述均将其归结于亚圭本人的决定。Calleja, *Yagüe*, p. 97 中明确指出，这是在与佛朗哥进行充分商讨后决定的。
34 Espinosa Maestre, *La justicia de Queipo*, p. 236.
35 Juan Carlos Molano Gragera, *La izquierda en Puebla de la Calzada desde mediados del siglo XIX hasta mediados del siglo XX* (Montijo: Edición del Autor, 2004) pp. 77–82; Molano Gragera, *Miguel Merino Rodríguez*, pp. 130–6; Espinosa Maestre, *La columna*, p. 62.
36 Molano Gragera, *Puebla de la Calzada*, pp. 82–95, 99–100; Molano Gragera, *Miguel Merino Rodríguez*, pp. 136–50.
37 Espinosa Maestre, *La justicia de Queipo*, pp. 231–6.
38 Espinosa Maestre, *La columna*, pp. 59–62; Pilo Ortiz, *Ellos lo vivieron*, pp. 42, 72–81.
39 Espinosa Maestre, *La columna*, pp. 62–73; Rodríguez Hermosell, *José Sosa Hormigo*, pp. 130–1; Calleja, *Yagüe*, pp. 100–1.
40 Espinosa Maestre, *La columna*, pp. 78–84; Pilo Ortiz, *Ellos lo vivieron*, pp. 32–3, 51–70; Francisco Pilo Ortiz, *La represión en Badajoz (14–31 de agosto de 1936)* (Badajoz: Edición del Autor, 2001) pp. 12–15. 关于轰炸行动，见 Mário Neves, *La matanza de Badajoz* (Badajoz: Editora Regional de Extremadura, 1986) pp. 24, 28–9, 34–5。
41 Alberto Reig Tapia, *Memoria de la guerra civil: los mitos de la tribu* (Madrid: Alianza Editorial, 1999) pp. 146–7.
42 Espinosa Maestre, *La columna*, pp. 76–7, 85–9; Pilo Ortiz, *Ellos lo vivieron*, pp. 40–1; Neves, *La matanza*, pp. 33–7. Calleja, *Yagüe*, p. 101，提到有5,000名"装备精良"的士兵；Hugh Thomas, *The Spanish Civil War, 3rd edn* (London: Hamish Hamilton, 1977) p. 372 给出了 8,000 人的数字；Nunes, *La guerra en España*, p. 204 则宣称有 12,000 人。Sánchez del Arco, *El sur de España*, p. 90 写到实施关键性进攻行动的只有 90 人。
43 *Diário de la Manhã*, 16 August 1936; Espinosa Maestre, *La columna*, pp. 89–94; Neves, *La matanza*, pp. 39–41; Sánchez del Arco, *El sur de España*, pp. 82–92; Calleja, *Yagüe*, pp. 101–6; Ortiz de Villajos, *De Sevilla a Madrid*, pp. 93–8; Pilo Ortiz, *Ellos lo vivieron*, pp. 92–8.
44 Hipólito Escolar Sobrino, *No pudimos escapar* (Madrid: Editorial Gredos, 1996) pp. 201–2; Bahamonde, *Un año con Queipo*, p. 67. Cf. Pilo Ortiz, *Ellos lo vivieron*, p. 134.
45 *Diário de Notícias*, 16 August 1936; Neves, *La matanza*, pp. 13, 43–5, 50–1; Jay Allen, 'Slaughter

of 4,000 at Badajoz, City of Horrors', *Chicago Daily Tribune*, 30 August 1936; *El fascismo sobre Extremadura*, pp. 63–9; Espinosa Maestre, *La columna*, pp. 95–7; Pilo Ortiz, *Ellos lo vivieron*, pp. 138–44, 149; Julián Márquez Villafaina, *Aquellos días de agosto* (Badajoz: Diputación de Badajoz, 1999) pp. 197–221; Justo Vila Izquierdo, *Extremadura: la guerra civil* (Badajoz: Universitas Editorial, 1983) pp. 54–6; Pilo Ortiz, *La represión*, pp. 38–42. Gutiérrez Casalá, *La guerra civil en la provincia de Badajoz*, pp. 493–6 中宣称斗牛场中未发生任何枪杀事件。据其所述，确有大量抢劫行为，但肇事者是当地平民，见 Pilo Ortiz, *La represión*, pp. 32–3。

46 关于普拉兄弟的情况，见 testimony of Luis Plá de Urbina, son of Luis, nephew of Carlos, in *El fascismo sobre Extremadura*, pp. 94–100；Pilo Ortiz, *La represión*, pp. 67–74；Espinosa Maestre, *La columna*, pp. 216–17；在 Gutiérrez Casalá, *La guerra civil en la provincia de Badajoz*, p. 501 中，作者引述了一名国民卫队成员 Manuel Carracedo 的声明，即处决的执行具备充分的法律保证。

47 *Diário de Lisboa*, 21 August 1936. 关于此情节的两个略有差异的描述，见 Pilo Ortiz, *La represión*, p. 71, and Francisco Pilo, Moisés Domínguez and Fernando De la Iglesia, *La matanza de Badajoz ante los muros de la propaganda* (Madrid: Libros Libres, 2010) p. 165。

48 *Diário de Notícias*, 15 August 1936; Iva Delgado, *Portugal e a guerra civil de Espanha* (Lisbon: Publicações Europa-América, n.d.) pp. 95–6; Espinosa Maestre, *La columna*, pp. 109–24; Vila Izquierdo, *Extremadura: la guerra civil*, pp. 56–8; Escolar Sobrino, *No pudimos escapar*, pp. 196–7.

49 Espinosa Maestre, 'La reforma agraria', p. 322.

50 Gutiérrez Casalá, *La guerra civil en la provincia de Badajoz*, pp. 490, 494, 500, 730–1, 764; *El fascismo sobre Extremadura*, pp. 78–9, 94–5. 关于戈麦斯·坎托斯针对佩雷塔的汇报材料，见 Espinosa Maestre, *La justicia de Queipo*, pp. 167–8, 177。

51 Allen, 'Slaughter of 4,000 at Badajoz, City of Horrors'.

52 César Oliveira, *Salazar e a guerra civil de Espanha* (Lisboa: O Jornal, 1987) pp. 169–70; Report of Ministro dos Negócios Estrangeiros, Armindo Monteiro, to Non–Intervention Committee, 22 October 1936, *Dez anos de política externa (1936–1947) a nação portuguesa e a segunda guerra mundial*, Vol. III (Lisbon: Imprensa Nacional/Casa da Moeda, 1964) pp. 463–84; *El fascismo sobre Extremadura*, pp. 73–5; Vila Izquierdo, *Extremadura: la guerra civil*, pp. 58–9; Bahamonde, *Un año con Queipo*, pp. 117–18; Espinosa Maestre, *La columna*, p. 211; Pilo Ortiz, *La represión*, pp. 78–81; Manuel Tapada Pérez, *Guerra y posguerra en Encinasola* (Seville: Autor, 2000) pp. 314, 327–8; Manuel Ruiz Romero and Francisco Espinosa Maestre, eds, *Ayamonte, 1936: diario de un fugitivo: memorias de Miguel Domínguez Soler* (Huelva: Diputación de Huelva, 2001) pp. 131–45.

53 Francisco Espinosa Maestre, '*Barrancos, 1936: el caso del Teniente Seixas y la aventura del Niassa*', in Maria Dulce Antunes Simões, *Barrancos en la encrucijada de la guerra civil española* (Mérida: Editorial Regional de Extremadura, 2008) pp. 127–53.

54 Calleja, *Yagüe*, p. 106; Neves, *La matanza*, pp. 46, 61; Sánchez del Arco, *El sur de España*, p. 90; Espinosa Maestre, *La columna*, pp. 101–4; Pilo Ortiz, *Ellos lo vivieron*, pp. 123–9.

55 有关屠杀及其后果的精辟总结，见 Reig Tapia, *Memoria de la guerra civil*, pp. 138–47。9,000 人的数字是在 Vila Izquierdo, *Extremadura: la guerra civil*, p. 58 中给出的；200—600 人的数字则出现在 Pío Moa Rodríguez, *Los mitos de la guerra civil* (Madrid: La Esfera de los Libros, 2003) p. 283；Espinosa Maestre 的分析，见 *La columna*, pp. 228–34, and *La Justicia de Queipo*, pp. 172–80。Pilo, Domínguez and De la Iglesia, *La matanza de Badajoz*, pp. 183–94 提供了基于

最新研究成果的缩减后的遇难者人数。

56　Pilo Ortiz, *Ellos lo vivieron*, pp. 150–4; Márquez Villafaina, *Aquellos días*, p. 218.
57　*O Seculo, Diário de Notícias, Diário de la Manhã*, all 16 August 1936; *Diário de Lisboa*, 16, 18 August 1936; Nunes, *La guerra en España*, p. 203; Neves, *La matanza*, pp. 43, 47, 60. 关于皮雷斯的情况，见 the report of the Spanish Ambassador to Portugal, Claudio Sánchez Albornoz, 18 August 1936, in José Luis Martín, ed., *Claudio Sánchez Albornoz: Embajador de España en Portugal, mayo–octubre 1936* (Ávila: Fundación Sánchez Albornoz, 1995) pp. 157–60；Alberto Pena Rodríguez, *El gran aliado de Franco: Portugal y la guerra civil española: prensa, radio, cine y propaganda* (Sada-A Coruña: Ediciós do Castro, 1998) pp. 285–6。
58　关于意图否认在巴达霍斯发生之事件的亲佛朗哥当局的宣传攻势，见 Herbert Rutledge Southworth, *El mito de la cruzada de Franco* (Paris, 1963) pp. 217–31；'A. Journalist', *Foreign Journalists under Franco's Terror* (London: United Editorial, 1937) pp. 6, 17–18。
59　Archivo General Militar (Madrid), Armario 18, Legajo 6, Carpeta 2.
60　John Whitaker, 'Prelude to World War: A Witness from Spain', *Foreign Affairs*, Vol. 21, No. 1, October 1942, pp. 104–6; Calleja, *Yagüe*, pp. 99–109.
61　Martínez Bande, *La marcha sobre Madrid*, pp. 35–41; Sánchez del Arco, *El sur de España*, pp. 82–91; Calleja, *Yagüe*, p. 105; Luis María de Lojendio, *Operaciones militares de la guerra de España* (Barcelona, 1940) pp. 141–4.
62　*The Times*, 29, 31 August, 1, 2, 4, 5 September 1936.
63　Espinosa, 'La reforma agraria', pp. 274–7.
64　Márquez Villafaina, *Aquellos días*, pp. 219–20; Espinosa Maestre, *La columna*, pp. 136–9, 161–76, 181, 253.
65　Manuel Martín Burgueño, '*La guerra civil española en la comarca de Llerena (1) Azuaga*', *Torre Túrdula*, No. 5, Llerena, July 2002, pp. 31–5; José Fernando Mota Muñoz, 'Documentos sobre la guerra civil en Llerena', *Torre Túrdula*, No. 6, Llerena, January 2003, pp. 19–21; Bahamonde, *Un año con Queipo*, p. 118. 有关来自卡特奥韦胡纳的神父与僧侣遭屠杀事件，见 Antonio Montero Moreno, *Historia de la persecución religiosa en España 1936–1939* (Madrid: Biblioteca de Autores Cristianos, 1961) pp. 290–5。
66　Espinosa Maestre, *La columna*, pp. 154–8.
67　Rodríguez Hermosell, *José Sosa Hormigo*, p. 141.
68　*Ibid.*, p. 136; Lama, *La amargura de la memoria*, p. 432.
69　感谢 Francisco Espinosa 和 José María Lama 的开创性研究工作，"八千人纵队"的命运得以广为人知。在 'La columna de los ocho mil', *Revista de Fiestas de Reina* (Badajoz), August 2001 中，他们公开了他们初步的调查结果。See also Espinosa Maestre, *La columna*, pp. 195–9; Lama, *José González Barrero*, pp. 128–30; Ibarra, *Fuente de Cantos*, pp. 281–93. 文中所述主要是基于他们二人以及 Cayetano Ibarra 的工作，但是，根据 Asociación Cultural Mórrimer 制作于 2004 年的优秀纪录影片"La columna de los ocho mil"中所收录的目击者讲述，对于故事结尾的再现，戈麦斯·卡维安和塔萨拉各自扮演的角色方面有些许不同；关于此片，请参见制片人之一 Ángel Hernández García 的文章 'La columna de los ocho mil: una tragedia olvidada', *Revista de Fiestas de Reina*, No.7, August 2005, pp. 103–8。最近，有一部分极具参考价值的目击者报告被载入 Ángel Olmedo Alonso, *Llerena 1936: Fuentes orales para la recuperación de la memoria histórica* (Badajoz: Diputación de Badajoz, 2010) pp. 168–82。塔萨拉对于其"英雄壮举"的大肆鼓吹，参见 Rafael de Medina Vilallonga, Duque de Medinaceli,

Tiempo pasado (Seville: Gráfica Sevillana, 1971) pp. 88–90 中的详细描述。

70 *ABC* (Seville), 19 September 1936.
71 Ibarra, *Fuente de Cantos*, pp. 351–8. See also Eduardo Pons Prades, *Guerrillas españolas, 1936–1960* (Barcelona: Planeta, 1977) pp. 317–19.
72 *Correio Elvense*, No. 308, 30 August 1936, reprinted in Luis Alfonso Limpo Píriz, ed., *Olivenza: antología esencial* (Mérida: Editora Regional de Extremadura, 1994) pp. 251–5; Espinosa Maestre, *La columna*, pp. 149–50, 404–6.
73 Espinosa Maestre, *La justicia de Queipo*, pp. 180–4.
74 *Daily Mail*, 22 August 1936.
75 Martínez Bande, *La marcha sobre Madrid*, pp. 45–8; Calleja, *Yagüe*, pp. 111–12; Sánchez del Arco, *El sur de España*, pp. 94–114; Julián Chaves Palacios, *La guerra civil en Extremadura: operaciones militares (1936–1939)* (Mérida: Editora Regional de Extremadura, 1997) pp. 123–37, 153–82.
76 *ABC* (Seville), *La Unión*, both 30 August 1936.
77 Archivo General Militar (Madrid), Armario 18, Legajo 6, Carpeta 5; Eduardo Haro Tecglen, *Arde Madrid* (Madrid: Temas de Hoy, 2000) pp. 159, 163–4.
78 Gerald Brenan, *Personal Record 1920–1972* (London: Jonathan Cape, 1974) p. 297; Gamel Woolsey, *Death's Other Kingdom* (London: Longmans, Green, 1939) pp. 34–5.
79 José Cuesta Monereo, *Una figura para la historia: el general Queipo de Llano* (Seville: Jefatura Provincial del Movimiento de Sevilla, 1969) pp. 11, 25; Edmundo Barbero, *El infierno azul (seis meses en el feudo de Queipo)* (Madrid: Talleres del SUIG (CNT), 1937) pp. 44, 47.
80 Martínez Bande, *La marcha sobre Madrid*, pp. 55–7.
81 Whitaker, *We Cannot Escape History*, pp. 111–12; Whitaker, 'Prelude to World War', pp. 105–6.
82 Memories of Miguel Navazo Taboada, quoted by Espinosa Maestre, La columna, pp. 435–7.
83 Pena Rodríguez, *El gran aliado*, p. 271.
84 Photograph no. 3, *Preliminary Official Report on the Atrocities Committed in Southern Spain in July and August, 1936, By the Communist Forces of the Madrid Government* (London: Eyre & Spottiswoode, 1936) after p. 73.56 Bahamonde, *Un año con Queipo*, pp. 142–3.
85 Noel Monks, *Eyewitness* (London: Frederick Muller, 1955) pp. 78–9.
86 Edmund Taylor, 'Assignment in Hell', in Frank C. Hanighen, ed., *Nothing But Danger* (London: Harrap, 1940) pp. 68–9.
87 Whitaker, 'Prelude to World War', pp. 106–7; Whitaker, *We Cannot Escape History*, pp. 113–14.
88 José María Ruiz Alonso, *La guerra civil en la provincia de Toledo: Utopía, conflicto y poder en el sur del Tajo (1936–1939)*, 2 vols (Ciudad Real: Almud, Ediciones de Castilla-La Mancha, 2004) I, pp. 161–78; Rafael Casas de la Vega, *El Alcázar* (Madrid: G. del Toro, 1976) pp. 33–77; Antonio Vilanova Fuentes, *La defensa del Alcázar de Toledo (epopeya o mito)* (Mexico City: Editores Mexicanos Unidos, 1963) pp. 189–92; Luis Quintanilla, *Los rehenes del Alcázar de Toledo* (Paris: Ruedo Ibérico, 1967) pp. 82–8.
89 Aznar, *Historia militar de la guerra de España*, p. 212; Franz Borkenau, *The Spanish Cockpit* (London: Faber & Faber, 1937) p. 145; Ruiz Alonso, *La guerra civil en Toledo*, I, pp. 184–8; Herbert Rutledge Southworth, *El mito de la cruzada de Franco*, 3rd edn (Barcelona: Random House Mondadori, 2008) pp. 196–201; Vilanova Fuentes, *La defensa*, pp. 197–9; Sánchez Ruano, *Islam y guerra civil*, p. 203. 相关名单见于 Comandante Alfredo Martínez Leal, *El asedio del*

Alcázar de Toledo: memorias de un testigo (Toledo: Editorial Católica Toledana, 1937) pp. 57, 229–41；Joaquín Arrarás and Luis Jordana de Pozas, *El sitio del Alcázar de Toledo* (Zaragoza: Editorial 'Heraldo de Aragón', 1937) pp. 315–49。Alfonso Bullón de Mendoza y Gómez de Valugera and Luis Eugenio Togores Sánchez, *El Alcázar de Toledo: final de una polémica* (Madrid: Actas Editorial, 1996) p. 109 引述了省长写给莫斯卡多的一封信，其中明确指出，他本人、他的妻子和家人并未遭到逮捕，他们是自愿进入阿尔卡萨的。'Declaration del General Moscardó', in Causa General, *La dominación roja en España* (Madrid: Ministerio de Justicia, 1945) p. 316.

90 有关亲共和国方的版本，见 Quintanilla, *Los rehenes*, pp. 75, 85, 99–100, 183–5, 223–32; Vilanova Fuentes, *La defensa*, pp. 180, 191, 197；Isabelo Herreros, *Mitología de la Cruzada de Franco: el Alcázar de Toledo* (Madrid: Ediciones Vosa, 1995) pp. 21–3。在佛朗哥当局的资料来源中，有大量证据表明人质确实存在，见 General Moscardó, *Diario del Alcázar* (Madrid: Ediciones Atlas, 1943) pp. 29, 34, 83, 107, 152；'Declaración del General Moscardó', *La dominación roja*, p. 318；Alberto Risco SJ, *La epopeya del Alcázar de Toledo*, 2nd edn (Burgos: Editorial Española, 1937) pp. 27, 213–14；D. Muro Zegri, *La epopeya del Alcázar* (Valladolid: Librería Santarén, 1937) pp. 33, 69, 134–5；Martínez Leal, *El asedio*, p. 58. Manuel Aznar, *El Alcázar no se rinde*, 2nd edn (Madrid: Ograma, 1957) pp. 36–7 转述了一位民兵武装人员的声明，他坚持认为叛军手中的确有俘虏可以用于交换莫斯卡多的儿子。有两份时间更近的和更有趣的支持反叛方的资料选取了 16 人的人质数字，它们是 Casas de la Vega, *El Alcázar*, pp. 61–4 和 Bullón de Mendoza and Togores Sánchez, *El Alcázar*, pp. 81–113。

91 Francisco Largo Caballero, *Mis recuerdos: cartas a un amigo* (Mexico City: Editores Unidos, 1954) pp. 185–6; Southworth, *El mito*, pp. 201–6; Vilanova Fuentes, *La defensa*, p. 198. 关于正文所提及的那位女孩的命运，见 Arthur Koestler, *Spanish Testament* (London: Victor Gollancz, 1937) p. 159。

92 Bullón de Mendoza and Togores Sánchez, *El Alcázar*, pp. 125–6, 128.

93 Moscardó, *Diario*, p. 107; Vilanova Fuentes, *La defensa*, pp. 194–5.

94 Borkenau, *The Spanish Cockpit*, p. 145.

95 Ruiz Alonso, *La guerra civil en Toledo*, I, pp. 207–9, 225–6, 279–94; Vilanova Fuentes, *La defensa*, pp. 175–80; Montero Moreno, *Historia de la persecución religiosa*, pp. 307–10. Herreros, *Mitología*, pp. 22–3, 37–8.

96 Eugenio Vegas Latapié, *Los caminos del desengaño: memorias políticas*, Vol. II: *1936–1938* (Madrid: Tebas, 1987) pp. 74–5; Ronald Fraser, *Blood of Spain: The Experience of Civil War 1936–1939* (London: Allen Lane, 1979) p. 168.

97 Risco, *La epopeya*, pp. 216–18.97

98 H. R. Knickerbocker, *The Siege of Alcazar: A War-Log of the Spanish Revolution* (London: Hutchinson, n.d. [1937]) pp. 172–3; Webb Miller, *I Found No Peace* (London: The Book Club, 1937) pp. 329–30; Herbert L. Matthews, *The Yoke and the Arrows: A Report on Spain* (London: Heinemann, 1958) p. 176.

99 Miller, *I Found No Peace*, pp. 335–7; Allen to Southworth, 17 January 1964, 7 August 1967, Southworth Papers, Museo de Guernica.

100 Risco, *La epopeya*, pp. 225–6.

101 Herreros, *Mitología*, pp. 77–9, 95; Sánchez Ruano, *Islam y guerra civil*, pp. 204–6.

102 Rafael María Sanz de Diego SJ, 'Actitud del p. Huidobro, S.J., ante la ejecución de prisioneros en

la guerra civil: nuevos datos', *Estudios Eclesiásticos*, No. 60, 1985, p. 445.

103 Rafael Valdés SJ, *Fernando Huidobro: intelectual y héroe*, 2nd edn (Madrid: Apostolado de la Prensa, 1966) pp. 292–316; Carlos Iniesta Cano, *Memorias y recuerdos* (Barcelona: Planeta, 1984) pp. 85–8.

104 Valdés, *Huidobro*, pp. 316–40, 496–504; Hilari Raguer, *La pólvora y el incienso: la Iglesia y la guerra civil española* (Barcelona: Ediciones Península, 2001) p. 88; Iniesta Cano, *Memorias*, pp. 97, 99; Sanz de Diego SJ, 'Actitud del p. Huidobro, S.J.', pp. 447–9.

105 Sanz de Diego SJ, 'Actitud del p. Huidobro, S.J.', Apéndice documental [henceforth Huidobro Papers] pp. 464–8, 481–4; Valdés, *Huidobro*, pp. 510–21, 542–52; Raguer, *La pólvora y el incienso*, pp. 191–3.

106 Sanz de Diego SJ, 'Actitud del p. Huidobro, S.J.', p. 459.

107 Huidobro to Varela, 14 November, Varela to Huidobro, 3 december 1936, Huidobro Papers, pp. 477–8.

108 Huidobro to Díaz Varela, 4 October 1936, Huidobro to Franco, undated, Huidobro Papers, pp. 469–71.

109 Huidobro to Díaz Varela, 10 November 1936, Huidobro Papers, pp. 472–3.

110 Díaz Varela to Huidobro, 25 November, Huidobro to Díaz Varela, 1 december 1936, Huidobro Papers, pp. 475–6. 我非常感激 Hilari Raguer 与我分享了 the Archives of the Society of Jesus 收集的关于对维多夫罗进行宣福和封圣进度的文献资料。关于维多夫罗之死的外籍军团方面的档案，参见 Iniesta Cano, *Memorias*, pp. 108–10。

10 惧怖之城的回应

1 *La Voz*, 31 October, 3, 5 November 1936.

2 *Informaciones*, 10 November 1936; *ABC* (Seville), 14, 17 November 1936.

3 *ABC*, 17 November 1936; Mijail Koltsov, *Diario de la guerra de España* (Paris: Ruedo Ibérico, 1963), p. 233; Ignacio Hidalgo de Cisneros, *Cambio de rumbo (memorias)*, 2 vols (Bucharest: Colección Ebro, 1964) II, p. 187.

4 "根据政府之决议，陆军部下令创建陆军人民委员部，并任命胡利奥·阿尔瓦雷斯·德尔·巴约担任该部委员长。委员部成员包括克雷森西亚诺·毕尔巴鄂（社会党人士），安东尼奥·米赫（共产党员），安赫尔·佩斯塔尼亚（工团主义者），罗尔丹（无政府主义者）和普雷特尔（社会党人，劳工总会的第二书记）。委员部之目标为：'关于新成立的陆军人民委员部，其主要使命是在服务于共和国的正规军、民兵和其他武装力量之上，实施社会政治范畴之管控，努力达成军事指挥员与众多战斗员之间的协调一致，以充分利用上述军力投入高效之作战。'" *Gaceta de Madrid*, 16 October 1936; *La Vanguardia*, 17 October 1936; *Milicia Popular*, 18 October 1936; Koltsov, *Diario*, p. 142.

5 Koltsov, *Diario*, p. 168.

6 Declaración de Antonio Viqueira Hinojosa, AHN, FC-Causa General, 1526-1, Exp. 2, pp. 179–82; Ian Gibson, *Paracuellos: cómo fue* (Barcelona: Argos Vergara, 1983) pp. 136–41; Félix Schlayer, *Diplomático en el Madrid rojo* (Sevilla: Espuela de Plata, 2008) p. 145; Adelardo Fernández Arias (El Duende de la Colegiata), *Madrid bajo el 'terror' 1936–1937 (impresiones de un evadido, que estuvo a punto de ser fusilado)* (Zaragoza: Librería General, 1937) pp. 201–3.

7 AHN, FC-Causa General, 1526, Exp. 5, p. 230, 1530, Exp. 12, p. 5; *ABC*, 9 November 1936; Juan

注 释 637

García Oliver, *El eco de los pasos* (Barcelona: Ruedo Ibérico, 1978) pp. 308–9; Pascual Marzal Rodríguez, *Una historia sin justicia: cátedra, política y magistratura en la vida de Mariano Gómez* (Valencia: Universitat de València, 2009) pp. 177–86; Ángel Viñas, *El escudo de la República: el oro de España, la apuesta soviética y los hechos de mayo de 1937* (Barcelona: Crítica, 2007) p. 49; Lluís Alegret, *Joan García Oliver: retrat d'un revolucionari anarcosindicalista* (Barcelona: Pòrtic, 2008) pp. 168–75.

8 Miguel Íñiguez, *Enciclopedia histórica del anarquismo español*, 3 vols (Vitoria: Asociación Isaac Puente, 2008) II, p. 12029 Rafael Casas de la Vega, *El terror: Madrid 1936: investigación histórica y catálogo de víctimas identificadas* (Madrid: Editorial Fénix, 1994) p. 205; Padre Carlos Vicuña OSA, *Mártires Agustinos de El Escorial* (El Escorial: Imprenta del Monasterio de El Escorial, 1943) pp. 159–61.

10 Vicuña, *Mártires*, p. 149; G. Arsenio de Izaga, *Los presos de Madrid: recuerdos e impresiones de un cautivo en la España roja* (Madrid: Imprenta Martosa, 1940) pp. 159–63; David Jato Miranda, *Madrid, capital republicana: del 18 de julio al 6 de noviembre de 1936* (Barcelona: Ediciones Acervo, 1976) p. 655; Causa General, *La dominación roja en España* (Madrid: Ministerio de Justicia, 1945) p. 239.

11 Julio Aróstegui and Jesús A. Martínez, *La Junta de Defensa de Madrid* (Madrid: Comunidad de Madrid, 1984) pp. 54–61; Antonio López Fernández, *Defensa de Madrid: relato histórico* (Mexico City: Editorial A. P. Márquez, 1945) pp. 82–4.

12 López Fernández, *Defensa de Madrid*, pp. 84–9; Koltsov, *Diario*, p. 189.

13 *ABC*, 8 October 1936; Gregorio Gallego, *Madrid, corazón que se desangra* (Madrid: G. del Toro, 1976) pp. 173–80.

14 Helen Graham, *The Spanish Republic at War 1936–1939* (Cambridge: Cambridge University Press, 2002) pp. 168–9; General Vicente Rojo, *Así fue la defensa de Madrid* (Mexico City: Ediciones Era, 1967) pp. 32–6.

15 Aróstegui and Martínez, *La Junta de Defensa*, pp. 62–3; Dolores Ibárruri et al., *Guerra y revolución en España 1936–39*, 4 vols (Moscow: Editorial Progreso, 1966–77) II, p. 142; Santiago Carrillo, *Memorias* (Barcelona: Planeta, 1993) pp. 189–90; Gibson, *Paracuellos*, p. 192.

16 关于对塞拉诺·庞塞拉的描述，见 Aurora Arnaiz, *Retrato hablado de Luisa Julián* (Madrid: Compañía Literaria, 1996) pp. 142–3。

17 Declaración de Ramón Torrecilla Guijarro, AHN, FC-Causa General, 1526-3, Exp. 5, p. 25. See also Gibson, *Paracuellos*, pp. 260–6. García de la Rosa statement in Gibson, *Paracuellos*, p. 45.

18 Gallego, *Madrid, corazón que se desangra*, p. 222.

19 López Fernández, *Defensa de Madrid*, pp. 113–25; Rojo, *Así fue la defensa de Madrid*, pp. 32–5, 247; Koltsov, *Diario*, pp. 185–90.

20 Carrillo, *Memorias*, pp. 186–7. 关于另一份相当不靠谱的记载，见 Enrique Castro Delgado, *Hombres made in Moscú* (Barcelona: Luis de Caralt, 1965) p. 390。

21 According to radio traffic between Madrid and Moscú, intercepted by British intelligence, TNA, HW-26, 5631/Sp., 31 March 1936. 非常感谢 Fernando Hernández Sánchez 的努力，使我得以关注这份文件。See also Max Gallo and Régis Debray, *Demain l'Espagne* (Paris: Éditions du Seuil, 1974) pp. 42–9.

22 Carrillo, *Memorias*, p. 186.

23 Declaración de Manuel Muñoz, AHN, FC-Causa General, 1530-1, Exp. 1, p. 305. 该供述导致了

有关他是奉玛格丽特·尼尔肯的命令行事的荒谬推测。See *La dominación roja*, p. 239; Casas de la Vega, *El terror*, pp. 175, 193–4, 205–6, 234; Carlos Fernández Santander, *Paracuellos del Jarama: ¿Carrillo culpable?* (Barcelona: Argos Vergara, 1983) p. 102.

24 Schlayer, *Diplomático en el Madrid rojo*, pp. 143–4.
25 Helen Graham, *The Spanish Republic at War 1936–1939* (Cambridge: Cambridge University Press, 2002) p. 189.
26 Rojo, *Así fue la defensa de Madrid*, p. 31; Roman Malinovsky in *Bajo la bandera de la España Republicana*, cited by Jato, *Madrid*, pp. 664–5.
27 关于这一观点，见 Jorge M. Reverte, 'Paracuellos, 7 de noviembre de 1936: agentes de Stalin indujeron la matanza de presos sacados de las cárceles de Madrid', *El País*, 5 November 2006。
28 Arnaiz, *Retrato hablado*, p. 35.
29 Rojo, *Así fue la defensa de Madrid*, pp. 43–5.
30 *Ibid.*, p. 214. 非常感谢 Ángel Viñas 提请我关注此事。
31 关于这一点，我特别感谢来自 Boris Volodarsky 的建议。See also Viñas, *El escudo*, pp. 63–8; Paul Preston, *We Saw Spain Die: Foreign Correspondents in the Spanish Civil War* (London: Constable, 2008) pp. 178–83.
32 Sancho (Gorev) report to the Director (Voroshilov), 5 April 1937, Russian State Military Archive (Rossiisky gosudarsvenny voyennyi arkhiv) [henceforth RGVA], f. 35082, op. 1, d. 333, ll. 14–18. See also Frank Schauff, *La victoria frustrada: la Unión Soviética, la Internacional Comunista y la guerra civil española* (Barcelona: Debate, 2008) p. 231; Barea's account in Arturo Barea, *The Forging of a Rebel* (London: Davis-Poynter, 1972) pp. 596–7.
33 Román Karmen, *¡No pasarán!* (Moscow: Editorial Progreso, 1976) pp. 276–8.
34 Koltsov, *Diario*, pp. 191–2.
35 'El Duende Azul' (Caamaño Cobanela), *Emocionario íntimo de un cautivo: los cuatro meses de la Modelo* (Madrid: Gráfica Administrativa, 1939) p. 225; Gibson, *Paracuellos*, p. 83.
36 Herbert L. Matthews, *Half of Spain Died: A Reappraisal of the Spanish Civil War* (New York: Charles Scribner's Sons, 1973) pp. 120–1.
37 Contreras articles in *Milicia Popular*; Viñas, *El escudo*, pp. 61–2; Alexander I. Kolpakidi and Dmitri P. Prokhorov, *KGB: vsyo o vneshnei razvedke* (Moskva: Olimp, 2002) p. 168, quoted by Boris Volodarsky, 'Soviet Intelligence Services in the Spanish Civil War, 1936–1939' (unpublished doctoral thesis, London School of Economics, 2010) ch. 3.
38 Castro Delgado, *Hombres*, pp. 390–1.
39 *Milicia Popular*, 12 November 1936.
40 Sancho to Director, 5 April 1937, RGVA, f. 35082, op. 1, d. 333, ll. 14–18. 我非常感谢 Frank Schauff 和 Boris Volodarsky 帮助我获得了这份文件的副本，以及 Dr Volodarsky 所进行的翻译工作，并且感谢他与我分享了他关于奥尔洛夫和格里古列维奇的翔实全面的知识。
41 'V Madride ya rukovodil gruppoi, kotoroi polzovalsya dlya samykh raznykh del' – Grigulevich, interviewed by Shatunovskaya, *Latinskaya Amerika*, No. 3, 1993, pp. 63–9, quoted by Volodarsky, 'Soviet Intelligence Services', ch. 3.
42 *La dominación roja*, pp. 279–80.
43 对这三名俄国人的描述，来自 Declaración de Tomás Durán González in Procedimiento Militar contra José Cazorla Maure, AHN, FC-Causa General, 1525-1, pp. 25–7。关于"潘乔"所扮演的角色，见 Declaración de Antonio Gutiérrez Mantecón in Procedimiento Militar contra José

Cazorla Maure, AHN, FC-Causa General, 1525-1, pp. 27–8。"潘乔"的姓氏"博利亚斯基"来自 Declaración de Fernando Valentí Fernández in Procedimiento Militar contra José Cazorla Maure, AHN, FC-Causa General, 1525-1, pp. 28–9。非常感谢 Boris Volodarsky 帮助我确认他们的身份。

44 Procedimiento Militar contra José Cazorla Maure, AHN, FC-Causa General, 1525-1, pp. 4–5, 11–14, 25, 31–2.

45 Juan Negrín, 'Apuntes Barcelona del 1 al 40', Archivo de la Fundación Juan Negrín, Carpeta 2, pp. 23–4.

46 'Informe sobre la actuación de la policía en el servicio que permitió el descubrimiento en los meses de abril, mayo y junio de la organización de espionaje de cuyas derivaciones surgieron las detenciones y diligencias instruidas contra elementos destacados del POUM', 28 October 1937, FPI, AH 71-6; Declaración de Fernando Valentí Fernández in Procedimiento Militar contra José Cazorla Maure, AHN, FC-Causa General, 1525-1, pp. 28–9。非常感谢 Ángel Viñas 提请我注意上述"报告",并且感谢 Fundación Pablo Iglesias 的 Aurelio Martín Nájera 为我提供了一份副本。See also Viñas, *El escudo*, pp. 75–6.

47 'V Madride ya rukovodil gruppoi, kotoroi polzovalsya dlya samykh raznykh del' – Grigulevich, interviewed by Shatunovskaya, *Latinskaya Amerika*, No. 3, 1993, pp. 63–9, quoted by Volodarsky, 'Soviet Intelligence Services', ch. 3.

48 Christopher Andrew and Vasili Mitrokhin, *The Sword and the Shield: The Mitrokhin Archive and the Secret History of the KGB* (New York: Basic Books, 1999) p. 300.

49 Aróstegui and Martínez, *La Junta de Defensa*, pp. 75–6, 292.

50 Schlayer, *Diplomático en el Madrid rojo*, pp. 138–40.

51 Gallego, *Madrid, corazón que se desangra*, pp. 165, 193.

52 The original of the document is in the Archives of the International Institute for Social History, Amsterdam。Jorge Martínez Reverte, *La batalla de Madrid* (Barcelona: Editorial Crítica, 2004) pp. 226–7; Gibson, *Paracuellos*, p. 12.

53 Gibson, *Paracuellos*, pp. 77–84; El Preso 831, *Del Madrid Rojo: últimos días de la Cárcel Modelo* (Cádiz: Establecimientos Cerón, 1937) pp. 257–8; *La dominación roja*, p. 239.

54 Schlayer, *Diplomático en el Madrid rojo*, pp. 133–4.

55 Vicuña, *Mártires*, pp. 168–9; 'El Duende Azul', *Emocionario íntimo*, pp. 256–7; Izaga, *Los presos de Madrid*, pp. 174–84; Gibson, *Paracuellos*, pp. 84–90.

56 Fernández Arias, *Madrid bajo el 'terror'*, pp. 249–52; Gibson, *Paracuellos*, pp. 11–17.

57 Ricardo de la Cierva, *Carrillo miente: 156 documentos contra 103 falsedades* (Madrid: Editorial Fénix, 1994) p. 205.

58 关于精确数字存在有相当大的争议,见 Fernández Santander, *Paracuellos*, p. 47; Adelardo Fernández Arias ('El Duende de la Colegiata'), *La agonía de Madrid 1936–1937 (diario de un superviviente)* (Zaragoza: Librería General, 1938) p. 64。关于遇难者总人数,见 Gibson, *Paracuellos*, pp. 184–91; Javier Cervera Gil, *Madrid en guerra: la ciudad clandestina 1936–1939*, 2nd edn (Madrid: Alianza Editorial, 2006) pp. 91–3。

59 Declaración de Antonio Viqueira Hinojosa, AHN, FC-Causa General, 1526-1, Exp. 2, pp. 183–6; Gibson, *Paracuellos*, pp. 184–91; Cervera Gil, *Madrid en guerra*, pp. 88–93; Casas de la Vega, *El terror*, pp. 299–303, 311–95; Fernández Arias, *Madrid bajo el 'terror'*, pp. 248–52.

60 Declaración de José Cazorla Maure, AHN, FC-Causa General, 1525-1, pp. 9–10; Declaración de

Ramón Torrecilla Guijarro, AHN, FC-Causa General, 1526-3, Exp. 5, p. 25; Gibson, *Paracuellos*, pp. 48, 52, 172.

61 Reproduced in *La dominación roja*, between pp. 51 and 53. Gibson, *Paracuellos*, pp. 144–50.
62 Declaración de Ramón Torrecilla Guijarro, AHN, FC-Causa General, 1526-3, Exp. 5, pp. 26–7; Vicuña, *Mártires*, pp. 169–70; 'El Duende Azul', *Emocionario íntimo*, pp. 261–2; Izaga, *Los presos de Madrid*, pp. 184–90; El Preso 831, *Del Madrid rojo*, pp. 265–8; Gibson, *Paracuellos*, pp. 91–6.
63 Martínez Reverte, *La batalla de Madrid*, p. 246.
64 *Heraldo de Madrid*, 10 November 1936; *La Voz*, 12 November 1936; Vicente Rojo, *Así fue la defensa de Madrid*, p. 35; Gibson, *Paracuellos*, pp. 36–8.
65 Declaración de Manuel Rascón Ramírez, AHN, FC-Causa General, 1526, Exp. 5, pp. 196–7.
66 Declaración de Teodoro Illera Martín, AHN, FC-Causa General, 1505, Exp. 2, pp. 21–2; Casas de la Vega, *El terror*, pp. 114–15; *La dominación roja*, pp. 104–5.
67 Declaración de Ramón Torrecilla Guijarro, AHN, FC-Causa General, 1526-3, Exp. 5, p. 25; Gibson, *Paracuellos*, p. 48.
68 Declaración de Ramón Torrecilla Guijarro, AHN, FC-Causa General, 1526-3, Exp. 5, p. 25. See also Gibson, *Paracuellos*, pp. 260–6. García de la Rosa statement in Gibson, Paracuellos, p. 45.
69 *La Voz*, 1, 11 November 1936; *Informaciones*, 10, 11, 12 November 1936; Gibson, *Paracuellos*, pp. 38–45, 49, 52–3. 关于"欧罗巴影院"契卡部，见 Martínez Reverte, *La batalla de Madrid*, p. 211。
70 Declaración de Manuel Rascón Ramírez, AHN, FC-Causa General, 1530, Exp. 4, p. 145, 1526, Exp. 5, pp. 196–7; Gibson, *Paracuellos*, p. 49. 关于保安总局技术科，见 Jesús de Galíndez, *Los vascos en el Madrid sitiado* (Buenos Aires: Editorial Vasca Ekin, 1945) pp. 58–9, 66–7。
71 Declaración de Ramón Torrecilla Guijarro, AHN, FC-Causa General, 1526-3, Exp. 5, pp. 27–8.
72 Declaración de Álvaro Marasa Barasa, AHN, FC-Causa General, 1526-3, Exp. 5, pp. 16–17, 38–40, 124–5; Gibson, *Paracuellos*, pp. 256–9.
73 Galíndez, *Los vascos en el Madrid sitiado*, p. 64.
74 Libro de Actas de la Junta de Defensa de Madrid, Aróstegui and Martínez, *La Junta de Defensa*, pp. 295 ff.
75 Galíndez, *Los vascos en el Madrid sitiado*, pp. 69, 159–60; Manuel Valdés Larrañaga, *De la Falange al Movimiento (1936–1952)* (Madrid: Fundación Nacional Francisco Franco, 1994) pp. 49–52; Raimundo Fernández Cuesta, *Testimonio, recuerdos y reflexiones* (Madrid: Ediciones Dyrsa, 1985) pp. 93–4.
76 Declaración de Luis Martín Buitrago, AHN, FC-Causa General, 1526-2, Exp. 4, p. 21; Galíndez, *Los vascos en el Madrid sitiado*, pp. 58–9, 66–7. 有关档案卡的填写方式，见 *Informaciones*, 10 October 1936。
77 Minute of Ogilvie-Forbes, 15 September 1936, TNA, FO 371/20539 W11376; Aurelio Núñez Morgado, *Los sucesos de España vistos por un diplomático* (Buenos Aires: Talleres Rosso, 1941) pp. 214–22.
78 Minute of Ogilvie-Forbes, 23 November 1936, TNA, FO 371/20551 W17035/16926.
79 Nora Allwork, unpublished diary, Cañada Blanch Centre, London School of Economics, p. 53.
80 Galíndez, *Los vascos en el Madrid sitiado*, pp. 69–70; Gibson, *Paracuellos*, p. 121; Fernández Arias, *La agonía de Madrid*, pp. 63–4.

81 'Murder of 1000 prisoners held by Spanish Government, 15 November 1936', TNA, FO 371/20545 and 20547, quoted Viñas, *El escudo*, pp. 41–2; Schlayer, *Diplomático en el Madrid rojo*, pp. 145–50.

82 Quoted by Tom Buchanan, 'Edge of Darkness: British "Front–line" Diplomacy in the Spanish Civil War, 1936–1937', *Contemporary European History*, Vol. 12, No. 3, 2003, p. 300. 关于佩雷斯·克萨达，见 Joe Robert Juárez, 'Argentine Neutrality, Mediation, and Asylum during the Spanish Civil War', *The Americas*, Vol. 19, No. 4, April 1963, pp. 383–403。

83 Geoffrey Cox, *Defence of Madrid* (London: Victor Gollancz, 1937) p. 183.

84 AHN, FC-Causa General, 1530, Exp. 12, p. 5; Cervera Gil, *Madrid en guerra*, pp. 105–6.

85 Declaración del testigo Melchor Rodríguez García, AHN, FC-Causa General, 1530-2, p. 6; declaración de Gabriel Callejón Molina, AHN, FC-Causa General, 1530-2, p. 32; Alfonso Domingo, *El ángel rojo: la historia de Melchor Rodríguez, el anarquista que detuvo la represión en el Madrid republicano* (Córdoba: Editorial Almuzara, 2009) pp. 172–83; Cervera Gil, *Madrid en guerra*, p. 89.

86 Schlayer, *Diplomático en el Madrid rojo*, pp. 161–2; Domingo, *El ángel rojo*, pp. 183–7.

87 AHN, FC-Causa General, 1530-2/5, pp. 6–7; García Oliver, *El eco de los pasos*, p. 306; Schlayer, *Diplomático en el Madrid rojo*, p. 163; Domingo, *El ángel rojo*, pp. 187–9.

88 Declaraciones de Carlos Mendoza Saenz de Argandoña, José Luis Mendoza Jimeno, Santiago Aliques Bermúdez, AHN, FC-Causa General, 1530-2, pp. 67, 69, 84.

89 Gibson, *Paracuellos*, pp. 122–6; Cervera Gil, *Madrid en guerra*, pp. 105–6; De la Cierva, *Carrillo miente*, pp. 212–14.

90 Manuel Azaña, *Apuntes de memoria inéditos y cartas 1938–1939–1940* (Valencia: Pre-Textos, 1990) pp. 153–5.

91 *La Voz*, 13 November 1936; *Informaciones*, 13 November 1936; *ABC*, 13 November 1936; *Heraldo de Madrid*, 14 November 1936.

92 *ABC*, 14 November 1936.

93 AHN, FC-Causa General, 1530-2, pp. 7–8, 1526, Exp. 5, pp. 201–3; Eduardo de Guzman, *El año de la victoria* (Madrid: G. del Toro, 1974) pp. 276–7; Domingo, *El ángel rojo*, pp. 191–6, 201–2; Graham, *The Spanish Republic at War*, p. 194.

94 Aróstegui and Martínez, *La Junta de Defensa*, pp. 90–4; Francisco Largo Caballero, *Mis recuerdos: cartas a un amigo* (Mexico City: Editores Unidos, 1954) pp. 191–2.

95 Galíndez, *Los vascos en el Madrid sitiado*, p. 68.

96 Serrano Poncela al Comité Central del PCE, FPI, AH 63–52, pp. 2–5。1939 年 8 月，他写信给自由主义青年运动的 Fidel Miró，称他无法重返工人社会党，以免破坏这一运动：Serrano Poncela to Miró, 13 August 1939, FPI, AH 26–28, pp. 4–7。对于 Sandra Souto 提请我关注此事，我感激不尽。

97 Gibson, *Paracuellos*, pp. 198–209.

98 Carrillo, *Memorias*, p. 211.

99 Declaración de Ramón Torrecilla Guijarro, AHN, FC-Causa General, 1526-3, Exp. 5, p. 28.

100 AHN, FC-Causa General, 1525-1, pp. 3–4; *La dominación roja*, p. 159.

101 AHN, FC-Causa General, 1530-2, pp. 8 (Melchor Rodríguez), 16 (Eloy de la Figuera); AHN, FC-Causa General, 1526-3, Exp. 5, p. 201 (Cazorla); AHN, FC-Causa General, 1526-3, Exp. 5, p. 198 (Rascón).

102 Galíndez, *Los vascos en el Madrid sitiado*, pp. 132–5.
103 *Informaciones*, 22 december 1936.
104 *Informaciones*, 4, 5 december 1936; *ABC*, 5, 6 december 1936; Javier Rubio, *Asilos y canjes durante la guerra civil española: aspectos humanitarios de una contienda fratricida* (Barcelona: Planeta, 1979) pp. 79–82; Aróstegui and Martínez, *La Junta de Defensa*, pp. 232–3, 303, 319; Galíndez, *Los vascos en el Madrid sitiado*, p. 115; Schlayer, *Diplomático en el Madrid rojo*, pp. 182–3; Enrique Líster, *Nuestra guerra* (Paris: Colección Ebro, 1966) p. 87.
105 关于巴斯克斯·巴尔多米诺斯所扮演之角色，见 AHN, FC-Causa General, 1525-1, p. 13。关于格里古列维奇所扮演之角色，见 Evgeny Vorobyov, 'Nachalo boevogo puti Maksa', in Evgeny M. Primakov, Vadim A. Kirpichenko *et al.*, eds, *Ocherki istorii Rossiiskoy vneshnei razvedki*, 6 vols (Moskva: Mezhdunarodnye otnosheniya, 2003–6) III, pp. 152–3, quoted by Volodarsky 'Soviet Intelligence Services', ch. 3。
106 Domingo, *El ángel rojo*, pp. 197–200.
107 P. Carlos Paramio Roca, Pedro A. García Bilbao and Xulio García Bilbao, *La represión franquista en Guadalajara* (Guadalajara: Foro por la Memoria de Guadalajara, 2010) pp. 32–5.
108 AHN, FC-Causa General, 1530-2, p. 8; Núñez Morgado, *Los sucesos de España*, pp. 285–8; Galíndez, *Los vascos en el Madrid sitiado*, p. 66; Guillermo Cabanellas, *La guerra de los mil días: nacimiento, vida y muerte de la II República española*, 2 vols (Buenos Aires: Grijalbo, 1973) II, pp. 823–6; Gibson, *Paracuellos*, pp. 178–80; Domingo, *El ángel rojo*, pp. 11–27; César Rufino, '¿Conoces al Ángel rojo?', *El Correo de Andalucía*, 26 April 2008.
109 Domingo, *El ángel rojo*, pp. 25–7, 214.
110 AHN, FC-Causa General, 1526-3, Exp. 5, pp. 202–5 (Fernando Valentí); Domingo, *El ángel rojo*, pp. 202–3, 215–22.
111 *El Alcázar*, 4 January 1977.
112 阿道弗·苏亚雷斯政府的各位部长要求对帕拉库埃略斯事件进行调查，然而此举最后只能虎头蛇尾，因为并无任何书面证据表明圣地亚哥·卡里略有罪：Joaquín Bardavío, *Sabado santo rojo* (Madrid: Ediciones UVE, 1980) pp. 130–6。
113 'No fui responsable', *Cambio 16*, 16 January 1977, pp. 12–14; Bardavío, *Sabado santo rojo*, p. 133.
114 Interview with Gibson, *Paracuellos*, pp. 196–7; *El País*, 28 October 2005.
115 Quoted by De la Cierva, *Carrillo miente*, pp. 232–3.
116 Antonio Elorza and Marta Bizcarrondo, *Queridos camaradas: la Internacional Comunista y España, 1919–1939* (Barcelona: Planeta, 1999) p. 379; Ronald Radosh, Mary R. Habeck and Grigory Sevostianov, eds, *Spain Betrayed: The Soviet Union in the Spanish Civil War* (New Haven: Yale University Press, 2001) p. 223. 关于该报告的完整版本，见 *Spain Betrayed* pp. 219–33。然而书中颇为荒唐地将该报告当成是季米特洛夫的杰作，而后者当时还在莫斯科。在 p. 529，该书还把圣地亚哥·卡里略和他的父亲文塞斯劳弄混了。
117 Stoyán Mínev (Stepanov), *Las causas de la derrota de la República española*, ed. Ángel L. Encinas Moral (Madrid: Miraguano Ediciones, 2003) pp. 93, 111–12.
118 卡索拉之妻对此之叙述，见 Aurora Arnaiz, *Retrato hablado de Luisa Julián* (Madrid: Compañía Literaria, 1996) p. 113。
119 Ibárruri *et al.*, *Guerra y revolución en España*, II, p. 187.

11 抵御共和国的内部敌人

1 Manuel Azaña, *Apuntes de memoria inéditos y cartas 1938–1939–1940* (Valencia: Pre-Textos, 1990) pp. 166–7.
2 Mariano Ansó, *Yo fui ministro de Negrín* (Barcelona: Planeta, 1976) pp. 165–6.
3 Julio Aróstegui and Jesús A. Martínez, *La Junta de Defensa de Madrid* (Madrid: Comunidad de Madrid, 1984) pp. 234; Santiago Carrillo, *Memorias* (Barcelona: Planeta, 1993), p. 210.
4 关于安德烈·罗德里格斯，见 Antonio Nadal, *Guerra civil en Málaga* (Málaga: Editorial Arguval, 1984) pp. 90–7 ; Sergio José Brenes, 'Andrés Rodríguez, concejal comunista en Málaga', *Revista Jábega*, No. 88, 2001, pp. 71–81。罗德里格斯的遇害引发了一场激烈的帮派战争。关于德西德里奥·特里利亚斯·迈内，见 *La Vanguardia*, 1, 2 August 1936。关于利斯特和维达利的情况，见 report of André Marty to Comintern Secretariat, 10 October 1936, Ronald Radosh, Mary R. Habeck and Grigory Sevostianov, eds, *Spain Betrayed: The Soviet Union in the Spanish Civil War* (New Haven: Yale University Press, 2001) p. 55。
5 Procedimiento Militar contra José Cazorla Maure, AHN, FC-Causa General, 1525-1, pp. 4–5, 11–14, 25, 31–2; AHN, FC-Causa General, 1526-3, Exp. 5, p. 201. 科内萨后来被卡萨多的国防委员会下令处决：*ABC*, 15, 24 March 1939; Luis Español Bouché, *Madrid 1939: del golpe de Casado al final de la guerra civil* (Madrid: Almena Ediciones, 2004) pp. 55, 57, 141。
6 Juan-Simeón Vidarte, *Todos fuimos culpables* (Mexico City: Fondo de Cultura Económica, 1973) p. 392.
7 Manuel Tarín-Iglesias, *Los años rojos* (Barcelona: Planeta, 1985) pp. 92–3.
8 Carmen González Martínez, *Guerra civil en Murcia: un análisis sobre el Poder y los comportamientos colectivos* (Murcia: Universidad de Murcia, 1999) pp. 174–9; José Peirats, *La CNT en la revolución española*, 2nd edn, 3 vols (Paris: Ediciones Ruedo Ibérico, 1971) II, pp. 73–7; Jesús Hernández, *Negro y rojo: los anarquistas en la revolución española* (Mexico City: La España Contemporánea, 1946) pp. 246–8.
9 Jorge Martínez Reverte, *La batalla de Madrid* (Barcelona: Editorial Crítica, 2004) pp. 457–8; Gregorio Gallego, *Madrid, corazón que se desangra* (Madrid: G. del Toro, 1976) pp. 275–6. See also Miguel Iñiguez, *Esbozo de una enciclopedia histórica del anarquismo español* (Madrid: Fundación de Estudios Libertarios Anselmo Lorenzo, 2001) p. 438; Eduardo de Guzmán, *Nosotros los asesinos* (Madrid: G. del Toro, 1976) pp. 101–2.
10 卡索拉的妻子回忆说，做出此决定是基于卡里略组织有关统一社青团的会议的需要：Aurora Arnaiz, *Retrato hablado de Luisa Julián* (Madrid: Compañía Literaria, 1996) p. 35。
11 Aróstegui and Martínez, *La Junta de Defensa*, pp. 343–5; Gallego, *Madrid, corazón que se desangra*, pp. 272–5.
12 *Mundo Obrero*, 23, 24, 25 december 1936; *La Voz*, 24 december 1936; *El Socialista*, 24 december 1936; *Claridad*, 25 december 1936; *Heraldo de Madrid*, 25 december 1936; Javier Cervera Gil, *Madrid en guerra: la ciudad clandestina 1936–1939*, 2nd edn (Madrid: Alianza Editorial, 2006) pp. 305–6.
13 *CNT*, 24, 25 december 1936; Gallego, *Madrid, corazón que se desangra*, pp. 276–7; Peirats, *La CNT*, II, pp. 63–6.
14 *Mundo Obrero*, 26, 27, 29, 31 december 1936, 2 January 1937; *CNT*, 29 december 1936, 1 January 1937; Aróstegui and Martínez, *La Junta de Defensa*, pp. 92–3, 252, 228, 233, 236–8; Julián Zugazagoitia, *Guerra y vicisitudes de los españoles*, 2nd edn, 2 vols (Paris: Librería Española,

1968) I, pp. 219–21; Gallego, *Madrid, corazón que se desangra*, pp. 211–12.
15 Aróstegui and Martínez, *La Junta de Defensa*, pp. 240, 359, 410–16; Procedimiento militar sumarísimo contra José Cazorla Maure, AHN, FC-Causa General, 1525-1, pp. 6, 14–16; Gallego, *Madrid, corazón que se desangra*, pp. 342–3; Alfonso Domingo, *El ángel rojo: la historia de Melchor Rodríguez, el anarquista que detuvo la represión en el Madrid republicano* (Córdoba: Editorial Almuzara, 2009), pp. 217–18.
16 *Frente Libertario*, 18, 23 February 1937; *CNT*, 22 February 1937.
17 *Ahora*, 24 February 1937; *CNT*, 24, 27 February 1937; *Mundo Obrero*, 24 February, 8 March 1937; Jesús de Galíndez, *Los vascos en el Madrid sitiado: memoria del Partido Nacionalista Vasco* (Buenos Aires: Editorial Vasca Ekin, 1945) pp. 158–9; Helen Graham, *The Spanish Republic at War 1936–1939* (Cambridge: Cambridge University Press, 2002) p. 195.
18 *CNT*, 28 February 1937; Aurelio Núñez Morgado, *Los sucesos de España vistos por un diplomático* (Buenos Aires: Talleres Gráficos Argentinos, 1941) pp. 165–8.
19 *ABC*, 2 January 1937; Glicerio Sánchez Recio, *Justicia y guerra en España: los tribunales populares (1936–1939)* (Alicante: Instituto de Cultura 'Juan Gil-Albert', 1994) pp. 176–9; Juan García Oliver, *El eco de los pasos* (Barcelona: Ruedo Ibérico, 1978) pp. 393–4, 451–2.
20 *CNT*, 17 April 1937; Procedimiento militar sumarísimo contra José Cazorla Maure, AHN, FC-Causa General, 1525-1, pp. 5, 18.
21 Aróstegui and Martínez, *La Junta de Defensa*, pp. 240–1; Gallego, *Madrid, corazón que se desangra*, p. 343; Domingo, *El ángel rojo*, pp. 224–6. 关于胡利安·费尔南德斯，见 Eduardo de Guzmán, *El año de la Victoria* (Madrid: G. del Toro, 1974) p. 273。
22 *CNT*, 12 March 1937.
23 *Mundo Obrero*, 9 April 1937; Peirats, *La CNT*, II, pp. 69–70; José María Ruiz Alonso, *La guerra civil en la provincia de Toledo: Utopía, conflicto y poder en el sur del Tajo (1936–1939)*, 2 vols (Ciudad Real: Almud, Ediciones de Castilla-La Mancha, 2004) I, pp. 293–4; Francisco Alía Miranda, *La guerra civil en la retaguardia: conflicto y revolución en la provincia de Ciudad Real (1936–1939)* (Ciudad Real: Diputación Provincial, 1994) pp. 121–31, 141–2; Ana Belén Rodríguez Patiño, *La guerra civil en Cuenca (1936–1939)*, Vol. I: *Del 18 de julio a la columna del Rosal* (Madrid: Universidad Complutense, 2003) pp. 182–4; Felix Morrow, *Revolution and Counter-Revolution in Spain* (London: New Park Publications, 1963) p. 75.
24 *Mundo Obrero*, 13 March 1937.
25 *Mundo Obrero*, 14 April 1937. 有关保卫委员会成员之一的卡索拉针对此事的介入，见 Aróstegui and Martínez, La Junta de Defensa, pp. 445–7。关于洛佩斯·德·莱托纳，见 Cervera Gil, *Madrid en guerra*, pp. 324, 371–3, 451。
26 关于洛佩斯·德·莱托纳和"暹罗大使馆"，见 Procedimiento militar sumarísimo contra José Cazorla Maure, AHN, FC-Causa General, 1525-1, pp. 17–18；Cervera Gil, *Madrid en guerra*, pp. 324, 371, 373–4。关于贝拉迪尼，见 Ricardo de la Cierva, *1939: agonía y victoria (el protocolo 277)* (Barcelona: Planeta, 1989) p. 103。
27 Julius Ruiz, *Franco's Justice: Repression in Madrid after the Spanish Civil War* (Oxford: Clarendon Press, 2005) p. 103.
28 Cervera Gil, *Madrid en guerra*, pp. 312-16.
29 AHN, FC-Causa General, 1525-1, pp. 5, 17–18; Aróstegui and Martínez, *La Junta de Defensa*, pp. 234–5; *CNT*, 14 April 1937; AHN, FC-Causa General, 1525-1, pp. 5, 18; Cipriano Mera, *Guerra,*

exilio y cárcel de un anarcosindicalista (Paris: Ruedo Ibérico, 1976) pp. 131–3.

30 *ABC*, 16 April 1937; AHN, FC-Causa General, 1525-1, p. 18; Aróstegui and Martínez, *La Junta de Defensa*, pp. 440–54.

31 'Una explicación obligada a todo el pueblo antifascista', *CNT*, 17 April 1937.

32 'El ex delegado especial de la Dirección General de Prisiones, com pañero Melchor Rodríguez, da cuenta de dos cartas cruzadas entre él y Cazorla', *CNT*, 17 April 1937, p. 4.44 Procedimiento Militar contra José Cazorla Maure, AHN, FC-Causa General, 1525-1, pp. 4–5, 11–14, 25, 31–8.

33 *CNT*, 24 April 1937; Manuel Azaña, diary, 20 May 1937, *Obras completas*, 4 vols (Mexico: Ediciones Oasis, 1966–8) IV, p. 589.

34 *Mundo Obrero*, 26 April 1937.

35 *Mundo Obrero*, 28, 30 April, 14, 15 May 1937.

36 Sánchez Recio, *Justicia y guerra*, p. 21.

37 Ministerio de la Guerra, Estado Mayor Central, *Anuario Militar de España 1936* (Madrid: Imprenta y Talleres del Ministerio de la Guerra, 1936) p. 181.

38 Secretaría general de los Tribunales y Jurados Populares, Registro General num. 3264, 20 January 1937, in AHN, FC-Causa General, 322-3, Exp. 58, pp. 1–24.

39 Hoja de Servicios del general Ramón Robles Pazos, Archivo Militar General, Segovia; *ABC* (Seville), 8 September 1962, 18 July 1964.

40 关于何塞·罗夫莱斯案例的详情记载，见 Paul Preston, *We Saw Spain Die: Foreign Correspondents in the Spanish Civil War* (London: Constable, 2008) pp. 62–92, and Ignacio Martínez de Pisón, *Enterrar a los muertos* (Barcelona: Seix Barral, 2005) *passim*。有关由苏联内务人民委员部运作的享有"治外法权"的监狱机构的情况，参见 Stanley G. Payne, *The Spanish Civil War, the Soviet Union, and Communism* (New Haven: Yale University Press, 2004) p. 205；Martínez de Pisón, *Enterrar a los muertos*, p. 80。

41 Louis Fischer, *Men and Politics: An Autobiography* (London: Jonathan Cape, 1941) p. 406.

42 Coindreau to Lancaster, 1 June 1937, Robles Papers, MS 47; Dos Passos to Bowers, 21 July 1937, Bowers Papers.

43 Josephine Herbst, unpublished diary, 'Journal Spain', pp. 11–12; Herbst to Bruce Bliven, 30 June 1939, Za Herbst Collection, Beinecke Library, Yale University. 她当时写下的日记，要比后来她在 *The Starched Blue Sky of Spain and Other Memoirs* (New York: HarperCollins, 1991) 中的描述更为准确。然而，从后者这一资料来源（第154—155页）可以清楚地看出，佩佩·金塔尼利亚告知了多斯·帕索斯有关罗夫莱斯的情况。

44 John Dos Passos, letter to the editors of the New Republic, July 1939, *The Fourteenth Chronicle: Letters and Diaries* (Boston: Gambit, 1973) p. 527；'The Fiesta at the Fifteenth Brigade', John Dos Passos, *Journeys between Wars* (New York: Harcourt, Brace, 1938) pp. 375–81; John Dos Passos, *Century's Ebb: The Thirteenth Chronicle* (Boston: Gambit, 1975) pp. 90–4.

45 *Claridad*, 19 April 1937 探讨了佩佩·金塔尼利亚所扮演的角色。

46 Articles from *La Batalla* are reproduced in Juan Andrade, *La revolución española dia a dia* (Barcelona: Editorial Nueva Era/Publicaciones Trazo, 1979) pp. 41–4.

47 费希尔的警告，参见 Juan Andrade, *Notas sobre la guerra civil: actuación del POUM* (Madrid: Ediciones Libertarias, 1986) p. 13。书中记载的日期是7月下旬，但费希尔直到同年9月中旬才抵达西班牙。

48 关于盖勒，见 Carles Gerhard, *Comissari de la Generalitat a Montserrat (1936–1939)* (Barcelona:

Publicacions de l'Abadia de Montserrat, 1982) pp. xxvi, 570–2, 573–9 ; Jaume Miravitlles, *Episodis de la guerra civil espanyola* (Barcelona: Editorial Pòrtic, 1972) p. 207.

49 Antonio Elorza and Marta Bizcarrondo, *Queridos camaradas: la Internacional Comunista y España, 1919–1939* (Barcelona: Planeta, 1999) p. 364. 另一个与之类似的但并非完全相同的文本是,"无论发生什么事情,都必须达成彻底摧毁托派势力的任务,并将他们的真面目暴露给人民群众,要让所有人知道,他们是一个,站在希特勒和佛朗哥一边煽风点火的,试图分裂人民阵线的,有组织地对苏联进行造谣中伤的,并积极协助西班牙法西斯分子的秘密情报组织",见 Jonathan Haslam, *The Soviet Union and the Struggle for Collective Security 1933–39* (London: Macmillan, 1984), pp. 116 n. 53, 264。

50 Miquel Caminal, *Joan Comorera*, Vol. II: *Guerra i revolució (1936–1939)* (Barcelona: Editorial Empúries, 1984) pp. 62–72.

51 Burnett Bolloten, *The Spanish Civil War: Revolution and Counterrevolution* (Hemel Hempstead: Harvester Wheatsheaf, 1991) p. 411. See also David T. Cattell, *Communism and the Spanish Civil War* (Berkeley: University of California Press, 1955) p. 109; Rudolf Rocker, *Extranjeros en España* (Buenos Aires: Ediciones Imán, 1938) p. 91.

52 Víctor Alba and Marisa Ardevol, eds, *El proceso del POUM: documentos judiciales y policiales* (Barcelona: Editorial Lerna, 1989) p. 21.

53 Ángel Viñas, *El escudo de la República: el oro de España, la apuesta soviética y los hechos de mayo de 1937* (Barcelona: Editorial Crítica, 2007) pp. 488–93; Russian intelligence reports reproduced in Radosh, Habeck and Sevostianov, eds, Spain Betrayed, pp. 131–3, 178–84.

54 Josep Sánchez Cervelló, *¿Por qué hemos sido derrotados? Las divergencias republicanas y otras cuestiones* (Barcelona: Flor del Viento, 2006) pp. 119–32.

55 Agustín Guillamón, *The Friends of Durruti Group: 1937–1939* (Edinburgh: AK Press, 1996) pp. 22–45, 57–8; Agustín Guillamón, *Barricadas en Barcelona: la CNT de la victoria de julio de 1936 a la necesaria derrota de mayo de 1937* (Barcelona: Ediciones Espartaco Internacional, 2007) pp. 139–48; García Oliver, *El eco de los pasos*, pp. 420, 443.

56 Josep María Bricall, *Política econòmica de la Generalitat (1936–1939): evolució i formes de la producció industrial* (Barcelona: Edicions 62, 1970) pp. 93–104; Graham, *The Spanish Republic*, pp. 254–6; Pelai Pagès i Blanch, *Cataluña en guerra y en revolución 1936–1939* (Seville: Ediciones Espuela de Plata, 2007) pp. 189–94.

57 Cervelló, *¿Por qué hemos sido derrotados?*, pp. 115–17; Ferran Gallego, *Barcelona, mayo de 1937* (Barcelona: Debate, 2007) pp. 340–9; Josep M. Solé i Sabaté and Joan Villarroya i Font, *La repressió a la reraguarda de Catalunya (1936–1939)*, 2 vols (Barcelona: Publicacions de l'Abadia de Montserrat, 1989) I, pp. 108–9; Graham, *The Spanish Republic*, pp. 261–2; Pierre Broué and Emile Témime, *The Revolution and the Civil War in Spain* (London: Faber & Faber, 1972) pp. 281–2.

58 Ricardo Sanz, *El sindicalismo y la política: los 'Solidarios' y 'Nosotros'* (Toulouse: Imprimerie Dulaurier, 1966) pp. 103–4; Joan Pons i Porta and Josep Maria Solé i Sabaté, *Anarquía y República a la Cerdanya (1936–1939): el 'Cojo de Málaga' i els fets de Bellver* (Barcelona: Publicacions de l'Abadia de Montserrat, 1991) pp. 33–46, 133–41, 154–76; Manuel Benavides, *Guerra y revolución en Cataluña* (Mexico: Ediciones Roca, 1978) pp. 344, 351–62, 371; Joan Pons Garlandí, *Un republicà enmig de faistes* (Barcelona: Edicions 62, 2008) pp. 86–9, 150–4; Miquel Berga, *John Langdon-Davies (1897–1971): una biografia anglo-catalana* (Barcelona: Editorial

Pòrtic, 1991) pp. 146–7.

59 Pons i Porta and Solé i Sabaté, *Anarquía y República a la Cerdanya*, pp. 142–54; Gerhard, *Comissari de la Generalitat*, pp. 490–1; Peirats, *La CNT*, II, p. 138; César M. Lorenzo, *Los anarquistas españoles y el poder* (Paris: Ruedo Ibérico, 1972) pp. 90, 215; Grandizo Munis, *Jalones de derrota, promesa de victoria (España 1930–1939)* (Mexico City: Editorial Lucha Obrera, 1948) p. 298.

60 Caminal, *Joan Comorera*, II, p. 120; Gallego, *Barcelona, mayo de 1937*, pp. 379, 413, 430–49; Viñas, *El escudo*, pp. 494–5; Benavides, *Guerra y revolución*, pp. 370–5.

61 Zugazagoitia, *Guerra y vicisitudes*, I, pp. 268, 270–2; Peirats, *La CNT*, II, pp. 138–43; Julio Aróstegui, *Por qué el 18 de julio ... y después* (Barcelona: Flor del Viento, 2006) pp. 487–92.

62 Viñas, *El escudo*, pp. 496–500; Guillamón, *Barricadas en Barcelona*, pp. 148–70; Lorenzo, *Los anarquistas españoles*, pp. 217–19.

63 Zugazagoitia, *Guerra y vicisitudes*, I, p. 268.

64 Vidarte, *Todos fuimos culpables*, pp. 658–9; Lorenzo, *Los anarquistas españoles*, pp. 215–17; Pagès, *Cataluña en guerra*, pp. 202–9; Benavides, *Guerra y revolución*, p. 370.

65 Viñas, *El escudo*, pp. 527–33, 537–41; Colonel I. G. Starinov, *Over the Abyss: My Life in Soviet Special Operations* (New York: Ballantine Books, 1995) pp. 131–2; Report by Shtern in Yuri Rybalkin, *Stalin y España: la ayuda militar soviética a la República* (Madrid: Marcial Pons Historia, 2007) pp. 222–4.

66 Manuel Cruells, *Mayo sangriento: Barcelona 1937* (Barcelona: Editorial Juventud, 1970) pp. 45–8; Zugazagoitia, *Guerra y vicisitudes*, I, pp. 271–4.

67 Zugazagoitia, *Guerra y vicisitudes*, I, p. 271; Viñas, *El escudo*, pp. 524–9; John Costello and Oleg Tsarev, *Deadly Illusions* (New York: Crown Publishers, 1993) p. 281.

68 Faupel to Wilhelmstrasse, 11 May 1937, *Documents on German Foreign Policy*, Series C, Vol. III (London: HMSO, 1959) p. 286; Morten Heiberg and Manuel Ros Agudo, *La trama oculta de la guerra civil: los servicios secretos de Franco 1936–1945* (Barcelona: Editorial Crítica, 2006) pp. 136–9.

69 Azaña, diary, 20 May 1937, *Obras completas*, IV, pp. 575–88, 591–2; Vidarte, *Todos fuimos culpables*, pp. 660–3; Enrique Moradiellos, *Don Juan Negrín López* (Barcelona: Ediciones Península, 2006) pp. 244–7; Graham, *The Spanish Republic*, pp. 298–305; Viñas, *El escudo*, pp. 551–6.

70 *Gaceta de la República*, 4 June 1937; *La Vanguardia*, 6, 8, 9, 10, 12 June 1937; Vidarte, *Todos fuimos culpables*, pp. 670, 675–6, 679–80, 686–8. 关于圣乌尔苏拉（监狱），见 Katia Landau, *Le Stalinisme bourreau de la révolution espagnole* (Paris: Spartacus, 1938) pp. 23–7, reproduced in Marcel Ollivier and Katia Landau, *Espagne: les fossoyeurs de la révolution sociale* (Paris: Spartacus René Lefeuvre, 1975) pp. 12–48。关于布里略，参见在 Rafael Sánchez Guerra, *Mis prisiones: memorias de un condenado por Franco* (Buenos Aires: Editorial Claridad, 1946) pp. 115–16 中对其临刑前夜的评述。

71 *Gaceta de la República*, 28 May 1937; Azaña, diary entry for 29 June 1937, *Obras completas*, IV, p. 638; Juan Negrín, 'Apuntes Barcelona del 1 al 40', Archivo de la Fundación Juan Negrín, Carpeta 2, pp. 21–8; Viñas, *El escudo*, p. 594.

72 Comité Peninsular de la FAI, 'Informe al Pleno de Regionales del Movimiento Libertario sobre la dirección de la guerra y las rectificaciones a que obliga la experiencia', Barcelona, 1938; Diego

Abad de Santillán, *Por que perdimos la guerra: una contribución a la historia de la tragedia española*, 2nd edn (Madrid: G. del Toro, 1975) p. 90.

73 Declaración de Teodoro Illera Martín, AHN, FC-Causa General, 1505, Exp. 2, pp. 25–7; Peirats, *La CNT*, II, p. 175; Pagès i Blanch, *Cataluña en guerra*, pp. 218–19.

74 A. de Lizarra, *Los vascos y la República española: contribución a la historia de la guerra civil* (Buenos Aires: Editorial Vasca Ekin, 1944) pp. l02–7.

75 Juan de Iturralde (Father Juan José Usabiaga Irazustabarrena), *La guerra de Franco: los vascos y la Iglesia*, 2 vols (San Sebastián: Publicaciones Clero Vasco, 1978) II, p. 314.

76 Manuel de Irujo, *Un vasco en el Ministerio de Justicia: memorias*, 3 vols (Buenos Aires: Editorial Vasca Ekin, 1976–9) I, *passim* ; Hilari Raguer, *La pólvora y el incienso: la Iglesia y la guerra civil española* (Barcelona: Ediciones Península, 2001) pp. 329–31.

77 Galíndez, *Los vascos en el Madrid sitiado*, pp. 114, 135–6, 157–9; Zugazagoitia, *Guerra y vicisitudes*, p. 129; Lizarra, *Los vascos y la República española*, pp. 160–3; Rafael Méndez, *Caminos inversos: vivencias de ciencia y guerra* (Mexico City: Fondo de Cultura Económica, 1987) p. 92.

78 Rosario Queipo de Llano, *De la cheka de Atadell a la prisión de Alacuás* (Valladolid: Librería Santaren, 1939) pp. 37–42, 135–7; Pilar Jaraiz Franco, *Historia de una disidencia* (Barcelona: Planeta, 1981) pp. 128–32; Lizarra, *Los vascos y la República española*, pp. 160–3; Fernando Hernández Holgado, 'Carceleras encarceladas: la depuración franquista de las funcionarias de Prisiones de la Segunda República', *Cuadernos de Historia Contemporánea*, Vol. 27, 2005, pp. 271–290.

79 Raguer, *La pólvora y el incienso*, pp. 171, 178–9; Galíndez, *Los vascos en el Madrid sitiado*, pp. 32–3.

80 Costello and Tsarev, *Deadly Illusions*, p. 267; Evgeny M. Primakov, Vadim A. Kirpichenko *et al.*, eds, *Studies in the History of Russian Foreign Intelligence*, 6 vols (Moskva: Mezhdunarodnye otnosheniya, 2003–6) III, ch. 12, p. 153, quoted by Boris Volodarsky, 'Soviet Intelligence Services in the Spanish Civil War, 1936–1939' (unpublished doctoral thesis, London School of Economics, 2010) p. 147.

81 Carlos M. Rama, 'Camilo Berneri y la revolución española', prologue to Camilo Berneri, *Guerra de clases en España, 1936–1937* (Barcelona: Tusquets Editor, 1977) pp. 31–5; Claudio Venza, 'Prefazione', in Camilo Berneri, *Mussolini alla conquista delle Baleari* (Salerno: Galzerano Editore, 2002) pp. 13–14; Viñas, *El escudo*, p. 546; Heiberg and Ros Agudo, *La trama oculta*, pp. 136–8; Graham, *The Spanish Republic*, pp. 294–6; Bolloten, *The Spanish Civil War*, pp. 453, 875–7; Agustín Souchy *et al., The May Days, Barcelona 1937* (London: Freedom Press, 1987) pp. 40–2; Peirats, *La CNT*, pp. 148–500.

82 Landau, *Le Stalinisme*, pp. 28–44.

83 *Ibid.*, pp. 44–5; Christopher Andrew and Vasili Mitrokhin, *The Sword and the Shield: The Mitrokhin Archive and the Secret History of the KGB* (New York: Basic Books, 1999) p. 441; Volodarsky, 'Soviet Intelligence Services', pp. 202–18. 以孟什维克流亡者鲍里斯·尼古拉耶夫斯基与布哈林的谈话集为基础整理而成的 *the Letter of an Old Bolshevik*: Stephen P. Cohen, *Bukharin and the Bolshevik Revolution* (Oxford: Oxford University Press, 1980) p. 366。

84 Orlov to Centre, 27 February 1937, quoted by Costello and Tsarev, Deadly Illusions, pp. 265–6, 466.

85 Jesús Hernández, *Yo fui un ministro de Stalin* (Madrid: G. del Toro, 1974) pp. 182–3。非常感谢 Boris Volodarsky 向我解释了有关"字母"行动的流程。

86 Max Rieger, *Espionaje en España* (Madrid: Ediciones Unidad, 1938) pp. 73–131; Georges Soria, *Trotskyism in the Service of Franco: Facts and Documents on the Activities of POUM* (New York: International Publishers, 1938) pp. 5, 12–23.

87 Cervera Gil, *Madrid en guerra*, pp. 250–1, 303–9; Soria, *Trotskyism in the Service of Franco*, pp. 8–11. 关于卡斯蒂利亚,见 'Andrés Nin: el trotskista que se fue al frío', *Cambio 16*, No. 305, 16 October 1977, p. 26。

88 Orlov to Moscow Centre, 23 May 1937, quoted by Costello and Tsarev, Deadly Illusions, pp. 288–289. See also documentary film by Dolors Genovès, Especial Andreu Nin: Operació Nikolai, Catalan TV3, 6 November 1992.

89 'Informe sobre la actuación de la policía en el servicio que permitió el descubrimiento en los meses de abril, mayo y junio de la organización de espionaje de cuyas derivaciones surgieron las detenciones y diligencias instruídas contra elementos destacados del POUM', 28 October 1937, FPI, AH 71-6. The report was discovered by Viñas, *El escudo*, pp. 609–10.

90 Declaración de Fernando Valentí Fernández in Procedimiento Militar contra José Cazorla Maure, AHN, FC-Causa General, 1525-1, pp. 28–30; 'Informe sobre la actuación de la policía', pp. 3–5.

91 关于费尔南德斯·戈尔芬的谍报网络及其在针对安德鲁·宁的阴谋中所发挥的作用,见 Cervera Gil, *Madrid en guerra*, pp. 304–10。

92 'Informe al DGS y al Ministro de la Gobernación', pp. 6–8 of the 'Informe sobre la actuación de la policía', FPI, AH 71-6, reproduced by Viñas, *El escudo*, pp. 690–3.

93 'Andrés Nin: el trotskista que se fue al frío', p. 26. *Especial Andreu Nin: Operació Nikolai*, Catalan TV3, 6 November 1992 中,哈维尔·希门尼斯在接受 Dolors Genovès 采访时详细解释了这些情况。

94 'Informe sobre la actuación de la policía', pp. 8–9. 关于这一点,在 Hernández, *Yo fui un ministro de Stalin*, pp. 140–1 中的说法几乎完全准确。至于为何他(指奥尔特加)通常是不可靠的,参见 Herbert Rutledge Southworth, '"The Grand Camouflage": Julián Gorkín, Burnett Bolloten and the Spanish Civil War', in Paul Preston and Ann Mackenzie, eds, *The Republic Besieged: Civil War in Spain 1936–1939* (Edinburgh: Edinburgh University Press, 1996) pp. 260–310, especially pp. 267–8; Julián Gorkín, *El proceso de Moscu en Barcelona: el sacrificio de Andrés Nin* (Barcelona: Aymá S.A. Editora, 1973) pp. 13–14。

95 Gabriel Morón, *Política de ayer y política de mañana (los socialistas ante el problema español)* (Mexico City: Talleres Numancia, 1942) pp. 95–8; Vidarte, *Todos fuimos culpables*, p. 732.

96 Orlov to Moscow Centre, 25 September 1937, quoted by Costello and Tsarev, Deadly Illusions, pp. 289, 470.

97 Jaume Miravitlles, *Episodis de la guerra civil espanyola* (Barcelona: Editorial Pòrtic, 1972) pp. 189–90; Andrés Suárez (Ignacio Iglesias), *El proceso contra el POUM: un episodio de la revolución española* (Paris: Ruedo Ibérico, 1974) p. 172.

98 *ABC*, 18 June 1937; Gorkín, *El proceso de Moscu en Barcelona*, pp. 106–120. 在巴伦西亚,安德鲁·宁与长枪党分子 Raimundo Fernández Cuesta 关押在一起,见 Manuel Valdés Larrañaga, *De la Falange al Movimiento (1936–1952)* (Madrid: Fundación Nacional Francisco Franco, 1994) p. 69。

99 'Informe sobre la actuación de la policía', pp. 10–11;巴斯克斯·巴尔多米诺斯的命令,可

在 Alba and Ardevol, *El proceso*, pp. 28–33 中找到。See also Viñas, *El escudo*, pp. 610–13; Pelai Pagès i Blanch, 'El asesinato de Andreu Nin: más datos para la polémica', *Ebre 38. Revista Internacional de la Guerra Civil 1936–1939*, No. 4, 2010, pp. 57–76.

100 Nin's signed statements after his interrogations reproduced in Alba and Ardevol, *El proceso*, pp. 18–28; Pelai Pagès i Blanch, *Andreu Nin: una vida al servei de la classe obrera* (Barcelona: Laertes, 2009) pp. 307–8.

101 'Informe sobre la actuación de la policía', pp. 11–13；Declaración de Fernando Valentí Fernández in Procedimiento Militar contra José Cazorla Maure, AHN, FC-Causa General, 1525-1, p. 29；有关的目击者陈述，参见 Alba and Ardevol, *El proceso*, pp. 36–9。See also Viñas, *El escudo*, pp. 613–17.

102 Hernández, *Yo fui un ministro de Stalin*, pp. 177–82.

103 Payne, *The Spanish Civil War, the Soviet Union*, p. 228.

104 Orlov to Moscow Centre, 24 July 1937, quoted by Costello and Tsarev, Deadly Illusions, pp. 291, 470.

105 Costello and Tsarev, *Deadly Illusions*, p. 292. 这份文件被用于 Maria Dolors Genovès, 'Operació Nikolai: l'assassinat d'Andreu Nin', in Borja de Riquer i Permanyer, ed., *Història, política, societat i cultura dels Països Catalans*, Vol. IX: *De la gran esperanza a la gran ensulsiada 1930–1939* (Barcelona: Enciclopèdia Catalana, 1999) pp. 305–7, 在她的纪录片 *Operació Nikolai* 也有引用，在其中，该文件被认为出自格里古列维奇之手，而皮埃尔则被错误地当成是埃尔诺·盖勒。关于对博姆、维克多和皮埃尔各自身份的认定，见 Volodarsky, 'Soviet Intelligence Services', pp. 149–53。

106 Juan Negrín, 'Apuntes Barcelona', pp. 28, 35–41.

107 Declaración de Fernando Valentí Fernández in Procedimiento Militar contra José Cazorla Maure, AHN, FC-Causa General, 1525-1, p. 29; Zugazagoitia, *Guerra y vicisitudes*, I, pp. 291–4; Vidarte, *Todos fuimos culpables*, pp. 727–9; Viñas, *El escudo*, pp. 597–600.

108 Rieger, *Espionaje en España*, pp. 39–44. 关于作者的身份，见 Hernández, *Yo fui un ministro de Stalin*, p. 183。

109 Vidarte, *Todos fuimos culpables*, pp. 689–90; Azaña, diary, 29 June, 22 July 1937, *Obras completas*, IV, pp. 638–9, 692; Viñas, *El escudo*, pp. 595–7; Hernández, *Yo fui un ministro de Stalin*, pp. 128–34.

110 Negrín, 'Apuntes Barcelona', pp. 13–14; *ABC*, 20 July 1937; Morón, *Política de ayer*, p. 94.

111 Morón, *Política de ayer*, pp. 99–101; Vidarte, *Todos fuimos culpables*, pp. 732–3.

112 Vidarte, *Todos fuimos culpables*, p. 750.

113 Morón, *Política de ayer*, pp. 102–4; Gregorio Peces-Barba del Brío, 'Las confesiones de un fiscal', *Cuadernos para el Diálogo*, 19 November 1977, pp. 28–9; Causa General, *La dominación roja en España* (Madrid: Ministerio de Justicia, 1945) p. 283; Viñas, *El escudo*, pp. 601–3, 619–24.

114 戈麦斯·赛斯任命了驻加泰罗尼亚的政府代表，*Gaceta*, 4 June 1937。莫龙于 1937 年 11 月 13 日从保安次长的职位上辞职，*Gaceta de la República*, 14 November 1937。

115 *La Vanguardia*, 13 June 1937; *Gaceta de la República*, 13 June 1937.

116 Azaña, diary, 28 June 1937, *Obras completas*, IV, p. 636; Graham, *The Spanish Republic*, pp. 342–3; Viñas, *El escudo*, p. 591.

117 *Gaceta de la República*, 28 March 1938.

118 *Gaceta de la República*, 7 August 1937; Indalecio Prieto, *Cómo y por qué salí del Ministerio de*

Defensa Nacional: intrigas de los rusos en España (texto taquigráfico del informe pronunciado el 9 de agosto de 1938 ante el Comité Nacional del Partido Socialista Obrero Español) (Mexico City: Impresos y Papeles, S. de R.L., 1940) pp. 76–7; Graham, *The Spanish Republic*, pp. 344–5.

119 Gustavo Durán, *Una enseñanza de la Guerra Española: glorias y miserias de la improvisación de un ejército* (Madrid: Ediciones Júcar, 1980) pp. 95–101; Alexander Orlov, *The March of Time: Reminiscences* (London: St Ermin's Press, 2004) pp. 326–30; Declaración de Pedrero, AHN, FC-Causa General, 1532, Exp. 30, pp. 8, 39.

120 Prieto, *Cómo y por qué*, pp. 78–9; Declaración de Pedrero, AHN, FC-Causa General, 1520-1, pp. 9, 53–7, 65–70, 87, 1532, p. 40.

121 Enrique Líster, *Nuestra guerra* (Paris: Colección Ebro, 1966) p. 125; Hugh Thomas, *The Spanish Civil War* (London: Eyre & Spottiswoode, 1961) p. 778.

122 José Ramón Soler Fuensanta and Francisco Javier López-Brea Espiau, *Soldados Sin Rostro: los servicios de información, espionaje y criptografía en la Guerra Civil española* (Barcelona: Inèdita Editores, 2008) pp. 60–1.

123 Acta de la reunión de la Comisión Nacional de Educación del Soldado de la JSU, el 17 de febrero de 1938, Centro Documental de la Memoria Histórica, Salamanca, sección Político-Social Madrid, Caja 2434, Legajo 4365。非常感谢 Sandra Souto Kustrín 博士向我提供了这一参考资料。

124 R. L. Chacón, *Por qué hice las chekas de Barcelona: Laurencic ante el consejo de guerra* (Barcelona: Editorial Solidaridad Nacional, 1939) pp. 10–11, 19–33; Félix Ros, *Preventorio D. Ocho meses en la cheka*, 2nd edn (Madrid: Editorial Prensa Española, 1974) *passim*; Miguel Sabater, *Estampas del cautiverio rojo: memorias de un preso del S.I.M.* (Barcelona: Editorial Librería Religiosa, 1940) pp. 39–51; Francisco Gutiérrez Latorre, *La República del crimen: Cataluña, prisionera 1936–1939* (Barcelona: Editorial Mare Nostrum, 1989) pp. 119–24 and photographs pp. 176–7; Cèsar Alcalà, *Les presons de la República: les txeques a Catalunya* (Barcelona: Editorial Base, 2009) pp. 30–2, 61–2, 75–6, 189–204.

125 Julián Casanova, *Anarquismo y revolución en la sociedad rural aragonesa 1936–1938* (Madrid: Siglo XXI, 1985) pp. 151–263; Joaquín Ascaso, *Memorias (1936–1938): hacia un Nuevo Aragón* (Zaragoza: Prensas Universitarias de Zaragoza, 2006) pp. 24–32, 85–157; Julián Casanova, *De la calle al frente: el anarcosindicalismo en España (1931–1939)* (Barcelona: Editorial Crítica, 1997) pp. 193–4, 232–3.

126 Landau, *Le Stalinisme*, pp. 59–61; Pierre Broué, 'Quelques proches collaborateurs de Trotsky', *Cahiers Léon Trotsky*, No. 1, January 1979.

127 关于兰道，首屈一指的传记为 Hans Schafranek, *Das Kurze Leben des Kurt Landau: ein Österreichischer Kommunist als Opfer der stalinistischen Geheimpolizei* (Vienna: Verlag für Gesellschaftskritik, 1988)。

128 兰道等人的被捕细节，可参见 Landau, *Le Stalinisme*, pp. 32–44 中的详述。See also Volodarsky, 'Soviet Intelligence Services', pp. 232–3.

129 Andrew and Mitrokhin, *The Mitrokhin Archive*, p. 74.

130 *La Vanguardia*, 28 April 1938.

131 John McGovern, *Terror in Spain* (London: Independent Labour Party, 1938) p. 10.

132 Landau, *Le Stalinisme*, pp. 49–50; Irujo, *Un vasco*, I, pp. 20–4, 48–50, 67–70; Lizarra, *Los vascos y la República española*, pp. 111–15, 144–8.

133 Lluís Alegret, *Joan García Oliver: retrat d'un revolucionari anarcosindicalista* (Barcelona: Pòrtic,

2008) pp. 220–2.

134 Elorza and Bizcarrondo, *Queridos camaradas*, p. 379; Radosh, Habeck and Sevostianov, eds, *Spain Betrayed*, p. 223; Larrañaga, *De la Falange al Movimiento*, pp. 67–8.

135 Nadal, *Guerra civil en Málaga*, pp. 417–18, 442–6; José Asensio Torrado, *El general Asensio: su lealtad a la República* (Barcelona: Artes Gráficas CNT, n.d.); Louis Fischer, 'Spain Won't Surrender', *The Nation*, 30 April 1938; Telegram to *The Nation*, New York, 29 April 1938, Louis Fischer Papers, Seeley G. Mudd Manuscript Library, Princeton University, Box 36, MC#024 [henceforth Fischer Papers]; Francisco Largo Caballero, *Mis recuerdos: cartas a un amigo* (Mexico City: Editores Unidos, 1954) pp. 243–5.

136 François Godicheau, 'La Légende noire du Service d'Information Militaire de la République dans la guerre civile espagnole, et l'idée de contrôle politique', *Le Mouvement Social*, No. 201, Vol. 4, 2002, pp. 29–52; Solé and Villarroya, *La repressió a la reraguarda*, I, pp. 246–62, 272–6; Pelai Pagès i Blanch, *La presó model de Barcelona: història d'un centre penitenciari en temps de guerra (1936–1939)* (Barcelona: Publicacions de l'Abadia de Montserrat, 1996) pp. 38–61, 269–302; Sánchez Recio, *Justicia y guerra*, pp. 166–75.

137 AHN, FC-Causa General, 1366-2, Exp. 4, pp. 46, 174–5; Caja 3, Exp. 6, p. 151; Legajo 1378, Caja 1, Exp. 1, pp. 325, 365, 430–5, 464, 521; Justo Martinez Amutio, *Chantaje a un Pueblo* (Madrid: G. del Toro, 1974), pp. 211 f. 228–30.

138 Francesc Badia, *El camps de treball a Catalunya durant la guerra civil (1936–1939)* (Barcelona: Publicacions de l'Abadia de Montserrat, 2001) pp. 113–28; Pagès i Blanch, *La presó model de Barcelona*, pp. 80–90; Sabater, *Estampas del cautiverio rojo*, pp. 190–2; Gutiérrez Latorre, *La República del crimen*, pp. 143–53.

139 Sánchez Recio, *Justicia y guerra*, pp. 181–93.

140 Julius Ruiz, '"Work and Don't Lose Hope": Republican Forced Labour Camps during the Spanish Civil War', *Contemporary European History*, Vol. 18, No. 4, 2009, pp. 419–41.

141 Manuel Tarín-Iglesias, *Los años rojos* (Barcelona: Planeta, 1985) pp. 106–10; Leche to Halifax, 28 June 1938, TNA, FO 371/22619 W9149.

142 Leche to Foreign Office, 24 August 1938, TNA, FO 371/22612, quoted by Peter Anderson, 'The Chetwode Commission and British Diplomatic Responses to Violence behind the Lines in the Spanish Civil War', *European History Quarterly*, forthcoming; Azaña, diary, 12 August 1938, *Obras completas*, IV, p. 888; Tarín-Iglesias, *Los años rojos*, pp. 159, 165–9; Solé i Sabaté and Villarroya i Font, *La repressió a la reraguarda*, I, pp. xvi–xviii, 8, 274–6.

143 Irujo, *Un vasco*, I, pp. 89–91, 250–73.

144 Cowan to FO, 222 August 1938, TNA, FO 371/22612 W1161. On the work of the commission, see Anderson, 'The Chetwode Commission'.

145 TNA, FO 371/22612 W11426.

146 Cowan Memo, 8 November 1938, TNA, FO 371/22615 W1161.

147 Juan Negrín, 'Jornada de Generosidad y Confianza', *La Vanguardia*, 25 december 1938.

148 TNA, FO 371/22613 W11426. 非常感谢 Peter Anderson 让我关注这些文献。

149 Chetwode to Halifax, 14 November 1938, Halifax Private Papers, TNA, FO 800/323.

150 *The Times*, 14 February 1939; John Hope Simpson, *Refugees: A Review of the Situation since September 1938* (London, August 1939), p. 56, quoted by Anderson, 'Chetwode Commission'.

151 Chetwode to Halifax 17/04/1939, TNA, FO 425/416 W6162/72/41, quoted by Anderson,

'Chetwode Commission'.

152 *Sesiones de la Diputación Permanente de Cortes. Congreso de los Diputados*, 16 November de 1937, p. 4.

153 Elorza and Bizcarrondo, *Queridos camaradas*, pp. 379–83; Azaña, *Obras completas*, IV, p. 692, 828; Morón, *Política de ayer*, pp. 102–4.

154 *Gaceta de la República*, 1 december 1937; Solé i Sabaté and Villarroya i Font, *La repressió a la reraguarda*, I, pp. 268–73; Cèsar Alcalá, *Las Checas del terror: la desmemoria histórica al descubierto* (Madrid: Libros Libres, 2007) pp. 44–6.

155 Alba and Ardevol, eds, *El proceso*, pp. 357–62, 402–9; Lizarra, *Los vascos y la República española*, pp. 149–54.

156 Gaudioso J. Sánchez Brun, *Instituciones turolenses en el franquismo 1936–1961: personal y mensaje políticos* (Teruel: Instituto de Estudios Turolenses, 2002) pp. 326–7; Amador del Fueyo Tuñón, *Heroes de la epopeya: el Obispo de Teruel* (Barcelona: Editorial Amaltea, 1940) pp. 210–22; Lizarra, *Los vascos y la República española*, pp. 246–7; Indalecio Prieto, *Palabras al viento*, 2nd edn (Mexico City: Ediciones Oasis, 1969) pp. 220–1; Antonio Montero Moreno, *Historia de la persecución religiosa en España 1936–1939* (Madrid: Biblioteca de Autores Cristianos, 1961) pp. 421–7; Jorge Martínez Reverte, *La caída de Cataluña* (Barcelona: Editorial Crítica, 2006) pp. 437–8.

157 Vidarte, *Todos fuimos culpables*, p. 912.

158 Juan Negrín et al., *Documentos políticos para la historia de la República Española* (Mexico City: Colección Málaga, 1945) pp. 25–6; Zugazagoitia, *Guerra y vicisitudes*, II, pp. 241–2.

159 Rafael Méndez, *Caminos inversos: vivencias de ciencia y guerra* (Mexico City: Fondo de Cultura Económica, 1987) pp. 104–6; Indalecio Prieto and Juan Negrín, *Epistolario Prieto y Negrín: puntos de vista sobre el desarrollo y consecuencias de la guerra civil española* (París: Imprimerie Nouvelle, 1939) p. 37; Negrín et al., *Documentos políticos*, pp. 26–7.

160 Enrique Moradiellos, *Juan Negrín López 1892–1956* (Santa Cruz de Tenerife: Parlamento de Canarias, 2005) pp. 131–3; *Actas de la Diputación Permanente. Congreso de los Diputados*, 31 March 1939, p. 9.

161 Louis Fischer, *Men and Politics: An Autobiography* (London: Jonathan Cape, 1941) p. 559.

162 *Epistolario Prieto y Negrín*, pp. 17, 37, 44–5.

163 Minutes of *Congreso de los Diputados, Diputación Permanente*, 31 March 1939, pp. 6, 7, 13.

12 佛朗哥缓慢的灭绝战

1 José Manuel Martínez Bande, *Nueve meses de guerra en el norte*, 2nd edn (Madrid: Editorial San Martín, 1980) pp. 41–50; Pedro Barruso, *Verano y revolución: la Guerra Civil en Gipuzkoa (julio–septiembre de 1936)* (San Sebastian: R&B Editores, 1996) pp. 85–132.

2 Javier Ugarte, 'Represión como instrumento de acción política del Nuevo Estado (Álava, 1936–1939)', *Historia Contemporánea*, No. 35, 2007, pp. 249–71; Marisol Martínez and David Mendaza, *1936: Guerra Civil en Euskal Herria*, Vol. III: *La guerra en Araba: el levantamiento militar en Bizkaia* (Pamplona: Aralar Liburuak, 1999) pp. 48–55, 71–84, 209–11, 234–49; Iñaki Egaña, *Los crímenes de Franco en Euskal Herria 1936–1940* (Tafalla: Editorial Txalaparta, 2009) pp. 69–70, 249.

3   Pedro Barruso Barés, *Violencia política y represión en Guipúzcoa durante la guerra civil y el primer franquismo* (San Sebastián: Hiria Liburuak, 2005) pp. 50–7, 143–6; Iñaki Egaña, *1936: Guerra Civil en Euskal Herria*, Vol. V: *El estatuto de autonomía* (Pamplona: Aralar Liburuak, 1998) pp. 194–5.

4   Barruso Barés, *Violencia política y represión en Guipúzcoa*, pp. 40–111, 153–70, especially pp. 58–62。

5   El Clero Vasco, E*l pueblo vasco frente a la cruzada franquista* (Toulouse: Editorial Egi-Indarra, 1966) pp. 259–72.

6   Jaime del Burgo, *Conspiración y guerra civil* (Madrid: Editorial Alfaguara, 1970) pp. 204–6.

7   Pedro Barruso Barés, 'La represión en las zonas republicana y franquista del País Vasco durante la Guerra Civil', *Historia Contemporánea*, No. 35, 2007, pp. 654–6.

8   *The Times*, 29, 31 August, 1, 2, 4, 5 September 1936; Martínez Bande, *Nueve meses de guerra en el norte*, pp. 64–86.

9   Barruso, *Verano y revolución*, pp. 243–56.

10 Barruso Barés, *Violencia política y represión en Guipúzcoa*, pp. 120–43, 232–40; Mikel Aizpuru, Urko Apaolaza, Jesús Mari Gómez and Jon Ogdriozola, *El otoño de 1936 en Guipúzcoa: los fusilamientos de Hernani* (Irún: Alberdania, 2007) pp. 91–104, 151–83; Iñaki Egaña, *1936: Guerra Civil en Euskal Herria, Vol. IV: La guerra en Gipuzkoa* (Pamplona: Aralar Liburuak, 1998) pp. 198–261; Francisco Espinosa Maestre, 'Sobre la represión franquista en el País Vasco', Dialnet, Universidad de la Rioja, http://dialnet.unirioja.es/servlet/articulo?codigo=2914416, p. 5 n. 11; Barruso Barés, 'La represión', pp. 667–9.

11 Jean Pelletier, *Seis meses en las prisiones de Franco: crónica de hechos vividos* (Madrid and Valencia: Ediciones Españolas, 1937) p. 97; Santiago Martínez Sánchez, *Los papeles perdidos del cardenal Segura, 1880–1957* (Pamplona: Ediciones Universidad de Navarra, 2004) pp. 374–93; Barruso Barés, *Violencia política y represión en Guipúzcoa*, pp. 143–53.

12 Alberto Onaindía, *Hombre de paz en la guerra* (Buenos Aires: Editorial Vasca Ekin, 1973) pp. 103–12; Barruso Barés, *Violencia política y represión en Guipúzcoa*, pp. 159–69; Juan de Iturralde (Juan José Usabiaga Irazustabarrena), *La guerra de Franco: los vascos y la Iglesia*, 2 vols (San Sebastián: Publicaciones Clero Vasco, 1978) II, pp. 357–80; Aizpuru *et al.*, *El otoño de 1936*, pp. 200–22.

13 Barruso Barés, *Violencia política y represión en Guipúzcoa*, pp. 171–9.

14 Pelletier, *Seis meses*, pp. 5–26, 34–9, 44–5, 58–71, 94–5, 111–12; Barruso Barés, *Violencia política y represión en Guipúzcoa,* pp. 160–1; Aizpuru *et al.*, *El otoño de 1936*, pp. 187–99; Iturralde, *La guerra de Franco*, II, pp. 343–55; Egaña, *1936: Guerra Civil en Euskal Herria*, V, pp. 190–3.

15 Onaindía, *Hombre de paz*, pp. 172–81.

16 José Luis de la Granja Sainz, *El oasis vasco: el nacimiento de Euskadi en la República y guerra civil* (Madrid: Editorial Tecnos, 2007) pp. 421–33; José Luis de la Granja Sainz, *República y guerra civil en Euskadi (del Pacto de San Sebastián al de Santoña)* (Bilbao: Instituto Vasco de Administración Pública, 1990) pp. 301–5; Fernando de Meer, *El Partido Nacionalista Vasco ante la guerra de España (1936–1937)* (Pamplona: Ediciones de la Universidad de Navarra, 1992) pp. 163–5, 263–81; Onaindía, *Hombre de paz*, pp. 131–8; Xuan Cándano, *El Pacto de Santoña (1937): la rendición del nacionalismo vasco al fascismo* (Madrid: La Esfera de los Libros, 2006) pp. 45–6.

17 de la Granja Sainz, *República y guerra civil en Euskadi*, pp. 296–301; José Antonio Aguirre y

注　释　655

Lecube, *Veinte años de gestión del Gobierno Vasco (1936–1956)* (Durango: Leopoldo Zugaza, 1978) pp. 86–9; George L. Steer, *The Tree of Gernika: A Field Study of Modern War* (London: Hodder & Stoughton, 1938) pp. 110–22.

18　Steer, *Gernika*, p. 159; Bowers to Hull, 30 April 1937, *Foreign Relations of the United States [henceforth FRUS]* 1937 (Washington: United States Government Printing Office, 1954) I, p. 291. See the press cutting reproduced in Martínez and Mendaza, *1936: Guerra Civil en Euskal Herria*, III, p. 211.

19　Ugarte, 'Represión como instrumento', p. 259.

20　Steer, *Gernika*, pp. 160–70; Herbert Rutledge Southworth, *Guernica! Guernica!: A Study of Journalism, Propaganda and History* (Berkeley: University of California Press, 1977) pp. 368–9; Jesús Salas Larrazabal, *La guerra de España desde el aire*, 2nd edn (Barcelona: Ariel, 1972) pp. 187–8.

21　Roberto Cantalupo, *Fu la Spagna. Ambasciata presso Franco: Febbraio–Aprile 1937* (Milan: Mondadori, 1948) pp. 231–2.

22　Gordon Thomas and Max Morgan-Witts, *The Day Guernica Died* (London: Hodder & Stoughton, 1975) pp. 144, 296; Claude Bowers, *My Mission to Spain* (London: Victor Gollancz, 1954) p. 343.

23　Onaindía to Gomá, 28 April, Gomá to Onaindía, 5 May 1937, Archivo Gomá, *Documentos de la guerra civil*, Vol. V: *Abril–Mayo de 1937*, ed. José Andrés-Gallego and Antón M. Pazos (Madrid: Consejo Superior de Investigaciones Científicas, 2003) pp. 282–4, 357.

24　del Burgo, *Conspiración*, p. 862.

25　Paul Preston, *Franco: A Biography* (HarperCollins, London, 1993) pp. 239–47.

26　Iturralde, *La guerra de Franco*, II, pp. 372–6; Aizpuru et al., *El otoño de 1936*, p. 221; Francisco Javier Pérez Esteban, 'Represión contra los curas vascos durante la ofensiva de Vizcaya', in Joaquín Rodero, Juan Moreno and Jesús Castrillo, eds, *Represión franquista en el frente norte* (Madrid: Editorial Eneida, 2008) p. 158.

27　*The Times*, 1, 3, 4, 7, 10, 12, 15, 17, 18, 19, 20, 21, 22, 26, 27 May, 1, 4, 7, 12, 14, 15, 16 June 1937; Steer, *Gernika*, pp. 265–316, 322–4, 328–31, 354; Steer to Noel-Baker, 31 May 1937, Noel-Baker Papers, Churchill Archives Centre, Churchill College, Cambridge [henceforth CAC], NBKR, 4x/118; Gilbert to Hull, 29 May 1937, FRUS 1937, I, pp. 305–6.

28　Iñaki Egaña, *1936: Guerra Civil en Euskal Herria*, Vol. VII: *Vascos en la guerra fuera de Euskal Herria: represión en Bizkaia* (Pamplona: Aralar Liburuak, 1999) pp. 205–6; Egaña, *Los crímenes de Franco*, pp. 237–40, 248.

29　Barruso Barés, 'La represión', pp. 669–70; Santos Juliá et al., *Víctimas de la guerra civil* (Madrid: Ediciones Temas de Hoy, 1999) pp. 206–8.

30　Felipe Acedo Colunga, 'Memoria del Fiscal del Ejército de Ocupación', Zaragoza, 15 January 1939 (Archivo del Tribunal Militar Territorial Segundo de Sevilla, doc. sin clasificar, p. 24), 被引用于 Espinosa Maestre, 'Sobre la represión franquista', pp. 17–20。

31　在 Ángel David Martín Rubio, *Paz, piedad, perdón ... y verdad: la represión en la guerra civil: una síntesis definitiva* (Madrid: Editorial Fénix, 1997) p. 372 中，遇难者数量为1,778人。Egaña, *1936: Guerra Civil en Euskal Herria*, VII, pp. 214–21, 338–52 中，遇难者数量为903人。Barruso Barés, 'La represión', pp. 669–70. See also Egaña, *Los crímenes de Franco*, p. 66; Iturralde, *La guerra de Franco*, II, pp. 285–99.

32　José María Areilza, *Discurso pronunciado por el Alcalde de Bilbao, Sr. D. José María Areilza el día 8 de julio de 1937, en el Coliseo Albia, en función de homenaje al glorioso ejército y milicias nacionales* (n.p., 1937); Egaña, *1936: Guerra Civil en Euskal Herria*, VII, pp. 194–5.

33 Emilio Faldella, *Venti mesi di guerra in Spagna (luglio 1936–febbraio 1938)* (Firenze: Felice Le Monnier, 1939) p. 357; General Vicente Rojo, *España heroica: diez bocetos de la guerra española*, 3rd edn (Barcelona: Ariel, 1975) pp. 91–101; Ramón Salas Larrazábal, *Historia del ejército popular de la República*, 4 vols (Madrid: Editora Nacional, 1973) II, pp. 1215–64; Manuel Aznar, *Historia militar de la guerra de España (1936–1939)* (Madrid: Ediciones Idea, 1940) pp. 430–63; Luis María de Lojendio, *Operaciones militares de la guerra de España* (Barcelona: Montaner y Simón, 1940) pp. 331–44; José Manuel Martínez Bande, *Vizcaya* (Madrid: Editorial San Martín, 1971) pp. 197–204.

34 Jesús Gutiérrez Flóres, *Guerra Civil en Cantabria y pueblos de Castilla*, 2 vols (Buenos Aires: Librosenred, 2006) pp. 23–6.

35 Juan Antonio Cabezas, *Asturias: catorce meses de guerra civil* (Madrid: G. del Toro, 1975) p. 63; Manuel Azaña, *Obras completas*, 4 vols (Mexico City: Ediciones Oasis, 1966–8) IV, p. 846.

36 Gutiérrez Flóres, *Guerra Civil en Cantabria*, pp. 28–9, 36–43; José Luis Ledesma, 'Una retaguardia al rojo: las violencias en la zona republicana', in Francisco Espinosa Maestre, ed., *Violencia roja y azul: España, 1936–1950* (Barcelona: Editorial Crítica, 2010) pp. 217–18.

37 Azaña, *Obras completas*, IV, pp. 782, 784, 846–7; Cándano, *El Pacto de Santoña*, pp. 176–82, 196–205; José Manuel Martínez Bande, *El final del frente norte* (Madrid: Editorial San Martín, 1972) pp. 41–89; Lojendio, *Operaciones militares*, pp. 290–303; Aznar, H*istoria militar*, pp. 465–83.

38 Gutiérrez Flóres, *Guerra Civil en Cantabria*, pp. 24–5, 113, 244 (Pérez y García Argüelles), 126–34, 151–74 (executions); Espinosa Maestre, ed., *Violencia roja y azul*, p. 77.

39 Cándano, *El Pacto de Santoña*, pp. 240–53; Alberto Onaindía, *El 'Pacto' de Santoña, antecedentes y desenlace* (Bilbao: Editorial Laiz, 1983) pp. 108–64; Santiago de Pablo, Ludger Mees and José A. Rodríguez Ranz, *El péndulo patriótico: historia del Partido Nacionalista Vasco*, Vol. II: *1936–1979* (Barcelona: Editorial Crítica, 2001) pp. 32–41; Steer, *Gernika*, pp. 386–94; Egaña, *1936: Guerra Civil en Euskal Herria*, VII, pp. 57–87; Martínez Bande, *El final del frente norte*, pp. 89–98; John F. Coverdale, *Italian Intervention in the Spanish Civil War* (Princeton, NJ: Princeton University Press, 1975) pp. 291–4; P. M. Heaton, W*elsh Blockade Runners in the Spanish Civil War* (Newport, Gwent: Starling Press, 1985) pp. 68, 101–2; Iturralde, La *guerra de Franco*, II, pp. 301–10.

40 Bowers to Hull, 23 October, 13 december 1937, *FRUS 1937*, I, pp. 433, 465–6. 关于那些被移交人员的名单，参见 Egaña, *1936: Guerra Civil en Euskal Herria*, VII, pp. 236–43。See also Juliá *et al., Víctimas*, pp. 205–7.

41 Barruso Barés, 'La represión', pp. 674–81; unpublished manuscript by Balasi Abando de Ereño.

42 Josep Benet, *L'intent franquista de genocidi cultural contra Catalunya* (Barcelona: Publicacions de l'Abadia de Montserrat, 1995) pp. 212–17.

43 Cándano, *El Pacto de Santoña*, pp. 55–8; Barruso Barés, 'La represión', p. 673; Hilari Raguer, *Aita Patxi: prisionero con los gudaris* (Barcelona: Editorial Claret, 2006) pp. 139–50; Pérez Esteban, 'Represión contra los curas vascos', pp. 164–8.

44 Oscar Pérez Solís, *Sitio y defensa de Oviedo*, 2nd edn (Valladolid: Afrodisio Aguardo, 1938) pp. 5–28; Julián Zugazagoitia, *Guerra y vicisitudes de los españoles*, 2nd edn, 2 vols (Paris: Librería Española, 1968) I, pp. 50–4; Matilde de la Torre, *Mares en la sombra: estampas de Asturias*, 2nd

edn (Sada-A Coruña: Ediciós do Castro, 2007) pp. 80–97; Cabezas, *Asturias*, pp. 29–31; Guillermo García Martínez, *Los defensores del cerco de Oviedo (19–7–36/17–10–36)* (Oviedo: Autor/Gráficas Careaga, 1994) pp. 25–49; Joaquín Arrarás, *Historia de la cruzada española*, 8 vols, 36 tomos (Madrid: Ediciones Españolas, 1939–43) IV, 15, pp. 141–3.

45 Ledesma, 'Una retaguardia al rojo', pp. 172–3; Cabezas, *Asturias*, pp. 35–6; Miguel Ángel González Muñiz, Javier R. Muñoz et al., *La guerra civil en Asturias*, 2 vols (Gijón and Madrid: Ediciones Júcar, 1986) I, pp. 94–5, 117–27; Ramon Álvarez, *Rebelión militar y revolucion en Asturias: un protagonista libertario* (Gijón: Autor/Artes Gráficas NOEGA, 1995) pp. 86–90.

46 Arrarás, *Historia de la cruzada*, VI, 27, pp. 361–3; Joaquín A. Bonet, *¡Simancas! Epopeya de los cuarteles de Gijón* (Gijón: Tipografía Flores, 1939) pp. 181–99; José Manuel Martínez Bande, *Los asedios* (Madrid: Editorial San Martín, 1983) pp. 292–300.

47 Luis de Armiñán, *D. Antonio Aranda Mata General en Jefe de la División de Asturias* (Ávila: Impresora Católica, 1937) p. 31; Pérez Solís, *Sitio y defensa*, pp. 31, 97–9.

48 Webb Miller, *I Found No Peace: The Journal of a Foreign Correspondent* (London: The Book Club, 1937) p. 340.

49 Cabezas, *Asturias*, pp. 31–4; Martínez Bande, *Los asedios*, p. 234; Carmen García García, 'Aproximación al estudio de la represión franquista en Asturias: "paseos" y ejecuciones en Oviedo (1936–1952)', *El Basilisco* (Oviedo), No. 6, July–August 1990, pp. 70–1; Juan Ambou, *Los comunistas en la resistencia nacional republicana (la guerra en Asturias, el País Vasco y Santander)* (Madrid: Editorial Hispamerica, 1978) pp. 333–40; Irene Díaz Martínez, 'La represión franquista en Asturias durante la guerra civil', in Rodero, Moreno and Castrillo, eds, *Represión franquista en el frente norte*, pp. 181–6; González Muñiz, Muñoz et al., *La guerra civil en Asturias*, I, pp. 108–11.

50 González Muñiz, Muñoz et al., *La guerra civil en Asturias*, I, pp. 193–8, 205–8; Díaz Martínez, 'La represión franquista en Asturias', pp. 188–95, 211–14.

51 *ABC* (Seville), 18 October 1936; García Martínez, *Los defensores*, pp. 192–209; Martínez Bande, *Nueve meses de guerra en el norte*, pp. 110–42.

52 García, 'Aproximación', pp. 71–4; Díaz Martínez, 'La represión franquista en Asturias', pp. 195–200, 214–15; Cabezas, *Asturias*, pp. 99–102.

53 Ángel Viñas, *Guerra, dinero, dictadura: ayuda fascista y autarquía en la España de Franco* (Barcelona: Editorial Crítica, 1984) p. 147; Martínez Bande, *El final del frente norte*, pp. 109–75; Salas Larrazábal, *Ejército popular*, II, pp. 1470–99; Lojendio, *Operaciones militares*, pp. 303–26; Aznar, *Historia militar*, pp. 517–29; Hugh Thomas, *The Spanish Civil War*, 3rd edn (London: Hamish Hamilton, 1977) pp. 728–31.

54 Azaña, *Obras completas*, IV, pp. 834, 847–8; Juan Antonio Sacaluga, *La resistencia socialista en Asturias 1937–1962* (Madrid: Editorial Pablo Iglesias, 1986) p. 6.

55 Espinosa, ed., *Violencia roja y azul*, pp. 77, 246.

56 Cabezas, *Asturias*, pp. 159–86, 196–7, 206–12; Marcelino Laruelo Roa, *La libertad es un bien muy preciado: Consejos de Guerra celebrados en Gijón y Camposantos por el ejército nacionalista al ocupar Asturias en 1937: testimonios y condenas* (Gijón: En la Estela de Aldebarán, 1999) pp. 185–95, 453–5; Xesús Comoxo, Xesús Costa and Xesús Santos, *Rianxo na guerra civil: campo de concentración de prisioneiros de guerra 1937–1939* (Rianxo: Concello de Rianxo, 2003) pp. 32–8.

57 Manuel Suárez Cortina, *El fascismo en Asturias (1931–1937)* (Gijón: Silverio Cañada, 1981) p.

200; Sacaluga, *La resistencia socialista*, pp. 5–6; Ronald Fraser, *Blood of Spain: The Experience of Civil War 1936–1939* (London: Allen Lane, 1979) pp. 424–6; Luis Miguel Piñera, *Posguerra incivil: vencidos y vencedores en Gijón entre 1937 y 1940* (Oviedo: Ayuntamiento de Gijón/KRK Ediciones, 2008) pp. 140–52; Leonardo Borque López, *La represión violenta contra los maestros republicanos en Asturias* (Oviedo: KRK Ediciones, 2010) pp. 165–242; Rubén Vega García and Begoña Serrano Ortega, *Clandestinidad, represión y lucha política: el movimiento obrero en Gijón bajo el franquismo (1937–1962)* (Gijón: Ayuntamiento de Gijón, 1998) pp. 17–21.

58 Marta Capín Rodríguez, *El Valle de Dios* (Madrid: Ediciones MS-CTC, 2004) pp. 177–82, 235–54; *La Voz de Asturias*, 7 July 2005; Piñera, *Posguerra incivil*, pp. 138–9.

59 García, 'Aproximación', pp. 74–5; Nicanor Rozada, *Relatos de una lucha: la guerrilla y la represión en Asturias* (Oviedo: Imprenta Gofer, 1993) pp. 252–3.

60 Eduardo Pons Prades, *Las guerras de los niños republicanos (1936–1939)* (Madrid: Compañía Literaria, 1997) pp. 126–9.

61 García, 'Aproximación', pp. 76–80.

62 *El Comercio Digital*, 15 April2010; María Enriqueta Ortega Valcárcel, *La represión en Asturias: ejecutados y fallecidos en la cárcel del coto de Gijón* (Avilés: Azucel, 1994) pp. 9–19, 23–49; Laruelo Roa, *La libertad*, pp. 51–66, 197–203, 209–11; Sacaluga, *La resistencia socialista*, pp. 7–8; García, 'Aproximación', pp. 81–2.

63 *Diario de Burgos*, 8 October 1937. 非常感谢 Luis Castro 促使我对该文献进行了关注。

64 Ángela Cenarro Lagunas, *Cruzados y camisas azules: los orígenes del franquismo en Aragón, 1936–1945* (Zaragoza: Prensas Universitarias de Zaragoza, 1997) pp. 43–9.

65 Julia Cifuentes Chueca and Pilar Maluenda Pons, *El asalto a la República: los orígenes del franquismo en Zaragoza (1936–1939)* (Zaragoza: Institución Fernando el Católico, 1995) pp. 45–61, 171–6; Julián Casanova, Ángela Cenarro, Julita Cifuentes, Maria Pilar Maluenda and María Pilar Salomón, *El pasado oculto: fascismo y violencia en Aragón (1936–1939)*, 3rd edn (Zaragoza: Mira Editores, 2001) pp. 48–65, 243–417 (list of victims in Zaragoza).

66 Cifuentes and Maluenda, *El asalto*, pp. 121–2; Altaffaylla Kultur Taldea, *Navarra 1936: de la esperanza al terror*, 8th edn (Tafalla: Altaffaylla Kultur Taldea, 2004) pp. 690–4; Jesús Vicente Aguirre González, *Aquí nunca pasó nada: La Rioja 1936* (Logroño: Editorial Ochoa, 2007) pp. 926–31; Antonio Hernández García, *La represión en La Rioja durante la guerra civil*, 3 vols (Logroño: Autor, 1982) II, pp. 71, 207–12; Martínez and Mendaza, *1936: Guerra Civil en Euskal Herria*, II, pp. 94–5.

67 *El Siglo*, 6 April1998; Jesús Pueyo Maisterra, 'Del infierno al Paraíso', unpublished memoirs, pp. 20–1.

68 Víctor Lucea Ayala, *Dispuestos a intervenir en política: Don Antonio Plano Aznárez: socialismo y republicanismo en Uncastillo (1900–1939)* (Zaragoza: Institución Fernando el Católico, 2008) pp. 372–98; Pueyo Maisterra, 'Del infierno al Paraíso', pp. 21–5.

69 Ángela Cenarro, 'La lógica de la guerra, la lógica de la venganza: violencia y fractura social en una comunidad bajoaragonesa, 1939–1940', in Conxita Mir, Jordi Catalán and David Ginard, eds, *Enfrontaments civils: postguerres i reconstruccions*, Vol. II: *Guerra civil de 1936 i franquisme* (Lleida: Associació Recerques i Pagès Editors, 2002), pp. 703–15.

70 Ángela Cenarro Lagunas, *El fin de la esperanza: fascismo y guerra civil en la provincia de Teruel (1936–1939)* (Teruel: Instituto de Estudios Turolenses, 1996) pp. 67–91; Casanova *et al.*, *El*

注　释　659

pasado oculto, pp. 183–4, 187–8.
71　Cenarro Lagunas, *El fin de la esperanza*, pp. 71–3, 79–82; Casanova *et al.*, *El pasado oculto*, pp. 175–85.
72　David Alonso Císter, *Verano del 36: la fosa común de la guerra civil de los Llanos de Caudé (Teruel)* (Zaragoza: Mira Editores, 2008) pp. 13–16, 31–155; Emilio Silva and Santiago Macías, *Las fosas de Franco: los republicanos que el dictador dejó en las cunetas* (Madrid: Ediciones Temas de Hoy, 2003) pp. 151–63; Casanova *et al.*, *El pasado oculto*, p. 185.
73　Mantecón to Bergamín, 8 February 1938; Édgar González Ruiz, *Los otros cristeros y su presencia en Puebla* (Puebla: Benemérita Universidad Autónoma de Puebla, 2004) p. 374; Casanova *et al.*, *El pasado oculto*, pp. 185–6, 466, 481. 感谢 Marco Aurelio Torres H. Mantecón 和 Édgar González Ruiz 为我提供了上述曼特扎之信件的抄本，并感谢 Serafín Aldecoa 针对这两个案例所进行的评述。
74　Amador del Fueyo, *Héroes de la epopeya; el Obispo de Teruel* (Barcelona: Editorial Amaltea, 1940) pp. 86–7.
75　Gaudioso J. Sánchez Brun, *Instituciones turolenses en el franquismo 1936–1961: personal y mensaje políticos* (Teruel: Instituto de Estudios Turolenses, 2002) pp. 336–8; Fueyo, *El Obispo de Teruel*, pp. 110–17.
76　Sánchez Brun, *Instituciones turolenses*, pp. 332–4, 339; Cenarro Lagunas, *El fin de la esperanza*, pp. 150–1.
77　Casanova *et al.*, *El pasado oculto*, p. 182; Cenarro Lagunas, *El fin de la esperanza*, p. 75.
78　'Notas informativas sobre la batalla de Teruel' (assembled by Captain Rogelio Martinez, a Commissar of the Ejército del Este and sent to José Bergamín from Lérida 7 February 1938). 对于 González Ruiz 向我提供了相关文献资料之抄本一事，我极为感激。See also González Ruiz, *Los otros cristeros*, p. 375.
79　Vicente García, *Aragón, baluarte de España* (Zaragoza: Librería General, 1938) pp. 188–9; José María Maldonado Moya, *El frente de Aragón: la guerra civil en Aragón (1936–1938)* (Zaragoza: Mira Editores, 2007) pp. 196–200; José Manuel Martínez Bande, *La gran ofensiva sobre Zaragoza* (Madrid: Editorial San Martín, 1973) pp. 57–74.
80　Indalecio Prieto, *La tragedia de España: discursos pronunciados en América del Sur* (Mexico City: Fundación Indalecio Prieto/Sitesa, 1995) pp. 42–3; Marco Aurelio Torres H. Mantecón, *José Ignacio Mantecón: vida y obra de un aragonés en el destierro* (Zaragoza: Editorial Institución Fernando el Católico, 2005) p. 102; 'Notas informativas sobre la batalla de Teruel'; González Ruiz, *Los otros cristeros*, p. 375. 对于 Dr Pedro López Peris 帮助我重现上述事件之细节一事，我表示极为感激。
81　'Notas informativas sobre la batalla de Teruel'.
82　Cenarro Lagunas, *El fin de la esperanza*, pp. 151–4.
83　Onaindía, *Hombre de paz*, pp. 344–8, 351–72; Prieto, *La tragedia de España*, pp. 42–3; Fueyo, *El Obispo de Teruel*, pp. 162–4; Hilari Raguer, *La pólvora y el incienso: la Iglesia y la guerra civil española* (Barcelona: Ediciones Península, 2001) p. 171.
84　See the letters reprinted in Onaindía, *Hombre de paz*, pp. 373–97.
85　Casanova *et al.*, *El pasado oculto*, pp. 135–50; José María Azpiroz Pascual, *La voz del olvido: la guerra civil en Huesca y la Hoya* (Huesca: Diputación Provincial de Huesca, 2007) pp. 21–6, 30–2; Espinosa Maestre, ed., *Violencia roja y azul*, p. 247.

86 Emilio Casanova and Jesús Lou, *Ramón Acín: la línea sentida* (Zaragoza: Gobierno de Aragón, 2004) pp. 55–62; Azpiroz Pascual, *La voz del olvido*, pp. 128–203.

87 Azpiroz Pascual, *La voz del olvido*, pp. 233–365; Esteban C. Gómez Gómez, *El eco de las descargas: adiós a la esperanza republicana* (Barcelona: Escega, 2002) pp. 143–59, 197–202, 208, 256–60, 491–504; Jeanne Maurín, *Cómo se salvó Joaquín Maurín: recuerdos y testimonios* (Madrid: Ediciones Júcar, 1981) pp. 74–87. 关于福斯提尼亚纳神父，见 Gómez Gómez, *El eco*, pp. 159, 186–7, 194, 209–10, 261–4, 283, 323, 361, 370；Maurín, *Cómo se salvó*, p. 78.

88 Víctor Pardo Lancina, *Tiempo destruido* (Huesca: Gobierno de Aragón, 2009) pp. 136–91; Azpiroz Pascual, *La voz del olvido*, pp. 264–6; Luisa Marco Sola, *Sangre de cruzada: el catolicismo oscense frente a la guerra civil (1936–1939)* (Huesca: Instituto de Estudios Altoaragoneses/ Diputación Provincial de Huesca, 2009) pp. 185–8; Casanova et al., *El pasado oculto*, p. 441.

89 Joan Villarroya i Font, *Els bombardeigs de Barcelona durant la guerra civil (1936–1939)*, 2nd edn (Barcelona: Publicacions de l'Abadia de Montserrat, 1999) pp. 79–101, 123–33; Stohrer to Wilhelmstrasse, 23 March 1938, *Documents on German Foreign Policy: Germany and the Spanish Civil War 1936–1939*, Series C, Vol. III (London: HMSO, 1959) pp. 624–6.

90 Preston, *Franco*, pp. 302–3.

91 Josep M. Solé i Sabaté and Joan Villarroya i Font, *España en llamas: la guerra civil desde el aire* (Madrid: Ediciones Temas de Hoy, 2003) pp. 162–66; Montse Armengou and Ricard Belis, *Ramon Perera: l'home dels refugis* (Barcelona: Rosa dels Vents, 2008) pp. 83–90, 121–6; Mercè Barallat i Barés, *La repressió a la postguerra civil a Lleida (1938–1945)* (Barcelona: Publicacions de l'Abadia de Montserrat, 1991) pp. 39–43, 47–51.

92 Josep Maria Solé i Sabaté, *La repressió franquista a Catalunya 1938–1953* (Barcelona: Edicions 62, 1985) pp. 35–7; Barallat i Barés, *La repressió a Lleida*, pp. 52–5.

93 Benet, *L'intent franquista de genocidi*, pp. 208–12, 217–22; José María Fontana, *Los catalanes en la guerra de España*, 2nd edn (Barcelona: Ediciones Acervo, 1977) p. 322.

94 Hilari Raguer, *Divendres de passió: vida i mort de Manuel Carrasco i Formiguera* (Barcelona: Publicaciones de l'Abadia de Montserrat, 1984), pp. 250–78, 334–46, 373–90; Josep Benet, *Manuel Carrasco i Formiguera, afusellat* (Barcelona: Edicions 62, 2009) pp. 84–9, 96–108; Onaindía, *Hombre de paz*, pp. 128–9, 427–9. See also Carrasco's correspondence with his wife written from prison: : Manuel Carrasco i Formiguera, *Cartes de la presó*, ed. Hilari Raguer (Barcelona: Publicacions de l'Abadia de Montserrat, 1988).

95 José Manuel Martínez Bande, *La llegada al mar* (Madrid: Editorial San Martín, 1975) pp. 112–13; Benet, *L'intent franquista de genocidi*, pp. 189–99.

96 Barallat i Barés, *La repressió a Lleida*, pp. 69–7; Josep M. Solé i Sabaté and Joan Villarroya i Font, *L'ocupació militar de Catalunya, març 1938–febrer 1939* (Barcelona: L'Avenç, 1987) pp. 55–9.

97 General Sagardía, *Del Alto Ebro a las Fuentes del Llobregat: Treinta y dos meses de guerra de la 62 División* (Barcelona: Editora Nacional, 1940) pp. 161–9.

98 Manuel Gimeno, *Revolució, guerra i repressió al Pallars (1936–1939)* (Barcelona: Publicacions de l'Abadia de Montserrat, 1989) pp. 58–77; Solé i Sabaté and Villarroya i Font, *L'ocupació militar*, pp. 63–83.

99 Solé i Sabaté and Villarroya i Font, *L'ocupació militar*, pp. 87–90; Francisco Sánchez Ruano, *Islam y guerra civil española: moros con Franco y con la República* (Madrid: La Esfera de los Libros, 2004) pp. 336–40.

100 Preston, *Franco*, pp. 303–5.
101 Solé i Sabaté, *La repressió franquista*, pp. 36–7; Vicent Gabarda Cebellán, *Els afusellaments al País Valenciá (1938–1956)* (Valencia: Edicions Alfons el Magnànim, 1993) p. 74; Vicente Enrique y Tarancón, *Recuerdos de juventud* (Barcelona: Ediciones Grijalbo, 1984) pp. 262–72; Teresa Armengot, Joan Lluís Porcar and Ricard Camil Torres, *La repressió franquista al País Valencià: Borriana i Manises* (Valencia: Tres i Quatre, 2008) pp. 23–41; Joan Lluís Porcar and Teresa Armengot, 'Mort i repressió franquista a Borriana (1938–1950)', in Pelai Pagès i Blanch, ed., *La repressió franquista al País Valencià: primera trobada d'investigadors de la Comissió de la veritat* (Valencia: Tres i Quatre, 2009) pp. 511–22.
102 Fernando Vázquez Ocaña, *Pasión y muerte de la segunda República española* (Paris: Editorial Norte, 1940) pp. 61–2.
103 Antonio D. López Rodríguez, *Cruz, bandera y caudillo: el campo de concentración de Castuera* (Badajoz: CEDER–La Serena, 2007) pp. 90–107, 226–69; Silva and Macías, *Las fosas de Franco*, pp. 265–9.
104 Juan-Simeón Vidarte, *Todos fuimos culpables* (Mexico City: Fondo de Cultura Económica, 1973) pp. 855–7.
105 Francisco Franco Bahamonde, *Palabras del Caudillo 19 abril 1937–7 diciembre 1942* (Madrid: Ediciones de la Vicesecretaría de Educación Popular, 1943) p. 476.
106 Paul Preston, *Botxins i repressors: els crims de Franco i dels franquistes* (Barcelona: Editorial Base, 2006) pp. 101–13; Josep Cruanyes, *El papers de Salamanca: l'espoliació del patrimoni documental de Catalunya* (Barcelona: Edicions 62, 2003) pp. 16–17, 34–5.
107 José Manuel Martínez Bande, *La campaña de Cataluña* (Madrid: Editorial San Martín, 1979) pp. 41–60; Benet, *L'intent franquista de genocidi*, p. 228.
108 *FRUS 1939*, II, pp. 722–3; Martínez Bande, *Cataluña*, pp. 60–92.
109 Sánchez Ruano, *Islam y guerra civil*, pp. 357–63; Solé i Sabaté and Villarroya i Font, *L'ocupació militar*, pp. 93–108; Núria Bonet Baqué, Amanda Cardona Alcaide and Gerard Corbella López, *Tàrrega 1936–61: aproximació a la repressió, l'exili i la vida cuotidiana* (Tàrrega: Ajuntament de Tàrrega, 2008) pp. 14, 76–7.
110 Franco Bahamonde, *Palabras del Caudillo 1937–1942*, pp. 501–3.
111 Fontana, *Los catalanes en la guerra*, p. 335; Raguer, *La pólvora y el incienso*, p. 375.
112 Josep Recasens Llort, *La repressió franquista a Tarragona* (Tarragona: Publicacions del Cercle d'Estudis Històrics i Socials Guillem Oliver del Camp de Tarragona, 2005) pp. 47–9.
113 Josep Recasens Llort, *La repressió franquista a la comarca de l'Alt Camp (1939–1950)* (Valls: Consell Comarcal de l'Alt Camp/Pagès Editors, 2006) pp. 27–33; Albert Manent i Segimon, *La guerra civil i la repressió del 1939 a 62 pobles del Camp de Tarragona* (Valls: Cossetània Edicions, 2006) *passim*.
114 Fraser, *Blood of Spain*, pp. 481–2.
115 Teresa Pàmies, *Quan érem capitans: memòries d'aquella guerra* (Barcelona: Dopesa, 1974) pp. 149–50.
116 在2006年8月加泰罗尼亚电台的系列广播节目 *Veus de l'exili* 进行的一次采访中，由特奥多尔·加里加进行讲述。See Josep M. Figueres, *Veus de l'exili: vint testimonis de la diàspora catalana* (Valls: Cossetània Edicions, 2007) p. 84.
117 Herbert Matthews, 'Figueras Capital of Loyalist Spain', 'Conflict to Go On', 'Toll of 500 Feared

in Figueras Raids', *New York Times*, 28 January, 6, 4 February 1939.
118 Michael Richards, *A Time of Silence: Civil War and the Culture of Repression in Franco's Spain, 1936–1945* (Cambridge: Cambridge University Press, 1998) p. 45.
119 Benet, *L'intent franquista de genocidi*, pp. 129, 235–49.
120 *Ibid.*, pp. 266–7, 339–40.
121 Aram Monfort, *Barcelona 1939: el camp de concentració d'Horta* (Barcelona: L'Avenç, 2008) pp. 28–34; Enric Canals, *Delators: la justicia de Franco* (Barcelona: L'Esfera dels Llibres, 2007) pp. 31–3, 155–7; Julián Casanova, Francisco Espinosa, Conxita Mir and Francisco Moreno Gómez, *Morir, matar, sobrevivir: la violencia en la dictadura de Franco* (Barcelona: Editorial Crítica, 2002) pp. 29–30, 173–9; Joan Sagués, 'Repressió, control i supervivència', in Conxita Mir, Carme Agusti and Josep Gelanch, eds, *Violència i repressió a Catalunya durant el franquisme: balanç historiogràfic i perspectives* (Lleida: Ediciones de l'Universitat de Lleida, 2001) pp. 87–8.
122 Solé i Sabaté, *La repressió franquista*, pp. 62–7, 95–187; Solé i Sabaté and Villarroya i Font, *L'ocupació militar*, pp. 75–82, 117–30.
123 Casanova *et al, Morir, matar, sobrevivir*, pp. 131–7, 159–72; Conxita Mir, *Vivir es sobrevivir: justicia, orden y marginación en la Cataluña rural de posguerra* (Lleida: Editorial Milenio, 2000) pp. 37–58, 128–50, 164–87, 195–202.
124 Estado Español, Ministerio de la Gobernación, *Dictamen de la comisión sobre ilegitimidad de poderes actuantes en 18 de julio de 1936* (Barcelona, 1939) pp. 9–13; Manuel Álvaro Dueñas, *'Por ministerio de la ley y voluntad del Caudillo': la juridicción especial de responsabilidades políticas (1939–1945)* (Madrid: Centro de Estudios Políticos y Constitucionales, 2006) pp. 84–121.

13 拒绝和解

1 Francisco Franco Bahamonde, *Palabras del Caudillo 19 abril 1937–7 diciembre 1942* (Madrid: Ediciones de la Vicesecretaría de Educación Popular, 1943) p. 102.
2 *ABC*, 1 January 1940. 当时，完整版的讲话稿刊登于 *Mensaje del Caudillo a los españoles: discurso pronunciado por S.E. el Jefe del Estado la noche del 31 de diciembre del 1939* (Madrid: n.p. [Ediciones FE], n.d. [1940]) pp. 16, 19–20 中，但在后来正式出版的佛朗哥讲稿选集中，相关内容被删除。
3 Mónica Lanero Táboas, *Una milicia de la justicia: la política judicial del franquismo (1936–1945)* (Madrid: Centro de Estudios Constitucionales, 1996) pp. 318–19; Manuel Ballbé, *Orden público y militarismo en la España constitucional (1812–1983)* (Madrid: Alianza Editorial, 1983) pp. 402–9.
4 Emilio Mola Vidal, *Obras completas* (Valladolid: Librería Santarén, 1940) p. 1177.
5 Franco Bahamonde, *Palabras del Caudillo 1937–1942*, p. 343.
6 Ballbé, *Orden público y militarismo*, p. 404; Ramón Serrano Suñer, *Entre el silencio y la propaganda, la Historia como fue: memorias* (Barcelona: Planeta, 1977) pp. 244–8.
7 Josep Cruanyes, *El papers de Salamanca, L'espoliació del patrimoni documental de Catalunya* (Barcelona: Edicions 62, 2003) pp. 16–17, 34–5.
8 Lanero Táboas, *Una milicia de la justicia*, pp. 320–1; Pablo Gil, *La noche de los generales: militares y represión en el régimen de Franco* (Barcelona: Ediciones B, 2004) pp. 143–5; Peter Anderson, *The Francoist Military Trials: Terror and Complicity, 1939–1945* (New York: Routledge/Cañada Blanch Studies, 2010) pp. 53–9.

9   Juan Caba Guijarro, *Por los caminos del mundo* (Móstoles: Talleres CNT-AIT, 1984) p. 15; José Manuel Sabín, 'Control y represión', in Manuel Requena Gallego, ed., *Castilla-La Mancha en el franquismo* (Ciudad Real: Biblioteca Añil, 2003) p. 25.

10 Gil, *La noche de los generales*, pp. 131–8; Pablo Gil Vico, 'Derecho y ficción: la represión judicial militar', in Francisco Espinosa Maestre, ed., *Violencia roja y azul: España, 1936–1950* (Barcelona: Editorial Crítica, 2010), pp. 284–5.

11 Francisco Moreno Gómez, *Córdoba en la posguerra (la represión y la guerrilla, 1939–1950)* (Córdoba: Francisco Baena Editor, 1987) pp. 47–8.

12 Ignacio Arenillas de Chaves, *El proceso de Besteiro* (Madrid: Revista de Occidente, 1976) pp. 402–3.

13 *La Vanguardia Española*, 8 February 1939.

14 Peter Anderson, 'Singling Out Victims: Denunciation and Collusion in the Post-Civil War Francoist Repression in Spain, 1939–1945', *European History Quarterly*, Vol. 39, No. 1, 2009, pp. 18–19.

15 Anderson, *The Francoist Military Trials*, pp. 57–9; Francisco Cobo Romero, *Revolución campesina y contrarrevolución franquista en Andalucía: conflictividad social, violencia política y represión franquista en el mundo rural andaluz 1931–1950* (Granada: Universidad de Córdoba/Universidad de Granada, 2004) pp. 318–19; Julio Prada Rodríguez, *La España masacrada: la represión franquista de guerra y posguerra* (Madrid: Editorial Alianza, 2010) pp. 199–206; Peter Anderson, 'In the Interests of Justice? Grass-roots Prosecution and Collaboration in Francoist Military Trials, 1939–1945', *Contemporary European History*, Vol. 18, No. 1 (2009), pp. 25–44; Enric Canals, *Delators: la justicia de Franco* (Barcelona: L'Esfera dels Llibres, 2007) pp. 29–33; Santiago Vega Sombría, *De la esperanza a la persecución: la represión franquista en la provincia de Segovia* (Barcelona: Editorial Crítica, 2005) pp. 261–2.

16 Antonio Ruiz Vilaplana, *Burgos Justice: A Year's Experience of Nationalist Spain* (London: Constable, 1938) pp. 151–3.

17 Acedo Colunga, 'Memoria del Fiscal del Ejército de Ocupación', analysed by Francisco Espinosa Maestre *Contra el olvido: historia y memoria de la guerra civil* (Barcelona: Editorial Crítica, 2006) pp. 79–91.

18 Francisco Espinosa Maestre, 'Julio de 1936: golpe militar y plan de exterminio', in Julián Casanova, Francisco Espinosa, Conxita Mir and Francisco Moreno Gómez, *Morir, matar, sobrevivir: la violencia en la dictadura de Franco* (Barcelona: Editorial Crítica, 2002) pp. 96–102; Espinosa Maestre, *Contra el olvido*, p. 92.

19 Lanero Táboas, *Una milicia de la justicia*, pp. 322, 360–2; Rafael Gil Bracero and María Isabel Brenes, *Jaque a la República (Granada, 1936–1939)* (Granada: Ediciones Osuna, 2009) pp. 225–30, 295–9; Rafael Gil Bracero, 'La justicia nacional y el Tribunal de Responsabilidades Políticas de Granada: las fuentes y primeras conclusiones', in Archivo Histórico Nacional, *Justicia en guerra: jornadas sobre la administración de Justicia durante la Guerra Civil española: instituciones y fuentes documentales* (Madrid: Ministerio de Cultura, 1990) pp. 605–6; María Isabel Brenes Sánchez, 'La represión franquista y la oposición antifranquista en Andalucía Oriental de posguerra: Granada 1939–1959' (unpublished doctoral thesis, Universidad de Granada, 2005) pp. vii–x.

20 According to Wenceslao Carrillo, Minister of the Interior in the Consejo de Defensa Nacional. See

the unpublished report by Eustaquio Cañas, 'Marzo de 1939: el último mes', in FPI, ARLF 172-30, p. 28.
21 AHN, FC-Causa General, 1525-1, pp. 2–3, 5–6, 19–25; Aurora Arnaiz, *Retrato hablado de Luisa Julián* (Madrid: Compañía Literaria, 1996) pp. 111–42, 158–9; Melquesidez Rodríguez Chaos, *24 años en la cárcel* (Paris: Colección Ebro, 1968) pp. 27–8, 73–5. 1940 年 2 月 16 日的《ABC》报道了托雷西利亚、马拉萨·巴拉萨、阿加皮托·赛恩斯以及参与帕拉库埃略斯屠杀事件中的大批人员被捕的消息。然而，根据"普遍司法调查"档案中的记载，对托雷西利亚的审讯时间为 1939 年 11 月 11 日。
22 P. Carlos Paramio Roca, Pedro A. García Bilbao and Xulio García Bilbao, *La represión franquista en Guadalajara* (Guadalajara: Foro por la Memoria de Guadalajara, 2010) pp. 32–5.
23 Luis Miguel Sánchez Tostado, *La guerra civil en Jaén: historia de un horror inolvidable* (Jaén: Junta de Andalucía/Colección Memoria Histórica, 2005) pp. 325–30, 519–23, 535–662; Asociación para la Recuperación de la Memoria Histórica de Jaén (Jaén: ARMH, 2005) pp. 55–91, 93–128; Francisco Cobo Romero, *Revolución campesina y contrarrevolución franquista en Andalucía: conflictividad social, violencia política y represión franquista en el mundo rural andaluz 1931–1950* (Granada: Universidad de Córdoba/Universidad de Granada, 2004) pp. 318–23.
24 Óscar J. Rodríguez Barreira, *Migas con miedo: prácticas de resistencia al primer franquismo: Almería, 1939–1953* (Almería: Editorial Universidad de Almería, 2008) pp. 71–7; Eusebio Rodríguez Padilla, *La represión franquista en Almería, 1939–1945* (Mojácar: Arráez Editores, 2007) pp. 90–7, 185–6, 198–248, 345, 356–60; Rafael Quiroga-Cheyrouze y Muñoz, *Política y guerra civil en Almería* (Almería: Editorial Cajal, 1986) pp. 244–6, 315–26.
25 Francisco Alía Miranda, *La guerra civil en la retaguardia: conflicto y revolución en la provincia de Ciudad Real (1936–1939)* (Ciudad Real: Diputación Provincial, 1994) pp. 381–92; Espinosa Maestre, ed., *Violencia roja y azul*, p. 77.
26 María Encarna Nicolás Marín, *Instituciones murcianas en el franquismo (1939–1962)* (Murcia: Editora Regional de Murcia, 1982) pp. 505–7; Fuensanta Escudero Andújar, *Dictadura y oposición al franquismo en Murcia: de las cárceles de posguerra a las primeras elecciones* (Murcia: Universidad de Murcia, 2007) pp. 25–61; Fuensanta Escudero Andújar, *Lo cuentan como lo han vivido (República, guerra y represión en Murcia)* (Murcia: Universidad de Murcia, 2000) pp. 123–46, 155–63; Isabel Marín Gómez, *El laurel y la retama en la memoria: tiempo de posguerra en Murcia, 1939–1952* (Murcia: Universidad de Murcia, 2004) pp. 82–99; Espinosa Maestre, ed., Violencia roja y azul, p. 77.
27 Manuel Ortiz Heras, *Violencia política en la II República y el primer franquismo: Albacete, 1936–1950* (Madrid: Siglo XXI, 1996) pp. 250–66.
28 Gabarda Cebellán, *Els afusellaments al País Valenciá*, pp. 10, 53, 69–81, 201–13; Juan Luis Porcar, *La memòria i les víctimes: repressió franquista a les Comarques de Castelló* (Castellón: Grup per la Recerca de la Memòria Històrica, 2008) pp. 33–42; Miguel Ors Montenegro, 'La represión de guerra y posguerra en Alicante 1926–1939' (unpublished doctoral thesis, Universitat d'Alacant, 1993) p. 48. See also the superb symposium edited by Pelai Pagès i Blanch, *La repressió franquista al País Valencià: primera trobada d'investigadors de la Comissió de la veritat* (Valencia: Tres i Quatre, 2009)。
29 Eladi Mainer Cabanes, 'L'exili del coronel Casado amb el Consell de Defensa pel port de Gandia després de la cerca infructuosa d'una pau pactada', in José Miguel Santacreu Soler, ed., *Una presó*

amb visites al mar: el drama del Port d'Alacant, Març de 1939 (Valencia: Tres i Quatre, 2008) pp. 115–56; Michael Alpert, *La guerra civil española en el mar* (Madrid: Siglo XX, 1987) pp. 353, 360–2.

30 Juan Martínez Leal, 'El *Stanbrook*: un barco mítico en la memoria de los exiliados españoles', in *Pasado y Memoria. Revista de Historia Contemporánea*, No. 4, 2005, pp. 66–7.

31 *Ibid.*, pp. 67–81; José Miguel Santacreu Soler, 'El bloqueig naval franquista i la sort dels darrers vaixells de l'exili del port d'Alacant', in Santacreu Soler, ed., *Una presó amb visites al mar*, pp. 203–33; Francisco Escudero Galante, *Pasajero 2058: la odisea del Stanbrook* (Alicante: Editorial Club Universitario, 2002) pp. 65–71.

32 Eduardo de Guzmán, *La muerte de la esperanza* (Madrid: G. del Toro, 1973) p. 196 ff.Rodriguez Chaos, *24 años en la cárcel*, pp. 11–17; Manuel García Corachán, *Memorias de un presidiario (en las cárceles franquistas)* (Valencia: Publicacions de la Universitat de València, 2005) pp. 27–31.

33 Eladi Mainer Cabanes, José Miguel Santacreu Soler and Ricard Camil Torres Fabra, 'El parany dels darrers dies de la guerra al port d'Alacant', in Santacreu Soler, ed., *Una presó amb visites al mar*, pp. 157–95; Ronald Fraser, *Blood of Spain: The Experience of Civil War 1936–1939* (London: Allen Lane, 1979) pp. 502–7.

34 Eduardo de Guzmán, *El año de la victoria* (Madrid: G. del Toro, 1974) pp. 19–23; Juan Caba Guijarro, *Mil gritos tuvo el dolor en el campo de 'Albatera'* (Ciudad Real: Imprenta Angama, 1983) pp. 3–9; Rodriguez Chaos, *24 años en la cárcel*, pp. 18–24; Tomasa Cuevas Gutiérrez, *Cárcel de mujeres (1939–1945)*, 2 vols (Barcelona: Sirocco Books, 1985) II, pp. 87–8.

35 Gabarda Cebellán, *Els afusellaments al Pais Valenciá*, pp. 37–41; Guzmán, *La muerte de la esperanza*, pp. 387–94; Caba Guijarro, *Mil gritos*, pp. 9–13.

36 Guzmán, *El año de la victoria*, pp. 31, 43–6; García Corachán, *Memorias de un presidiario*, pp. 31–3; Javier Navarro Navarro, 'El terror com a epíleg a una guerra: la repressió franquista al País Valenciá: dos testimonis', in Pagès i Blanch, ed., *La repressió franquista al País Valencià*, pp. 301–17.

37 Ramón de las Casas, *Requiem a mis amigos fusilados* (Caracas: Ediciones Surco, 1975) pp. 13–14; Caba Guijarro, *Mil gritos*, pp. 13–16; Guzmán, *El año de la victoria*, pp. 155–82; García Corachán, *Memorias de un presidiario*, pp. 35–42.

38 Julius Ruiz, '"Work and Don't Lose Hope": Republican Forced Labour Camps during the Spanish Civil War', *Contemporary European History*, Vol. 18, No. 4, 2009, pp. 424, 433–5; Juan Martínez Leal and Miguel Ors Montenegro, 'De cárceles y campos de concentración', in 'Dossier: la represión en Alicante (1939–1945)', *Revista Canelobre* (Alicante), Nos. 31–2, 1995, pp. 38–45; Glicerio Sánchez Recio, *Justicia y guerra en España: los tribunales populares (1936–1939)* (Alicante: Instituto de Cultura 'Juan Gil-Albert', 1994) pp. 181–92.

39 Gabarda Cebellán, *Els afusellaments al Pais Valenciá*, pp. 42–4; Guzmán, *El año de la victoria*, pp. 184–9, 195–7, 209–17, 233–4, 249–55; Eduardo de Guzmán, *Nosotros los asesinos* (Madrid: G. del Toro, 1976), pp. 22–4; Caba Guijarro, *Mil gritos*, pp. 17–19.

40 Guzmán, *El año de la victoria*, pp. 54–5, 102–3; Guzmán, *Nosotros los asesinos*, pp. 21–2.

41 Juan M. Molina, *Noche sobre España* (Mexico City: Ediciones de la CNT de España, 1958) pp. 30–1; Guzmán, *El año de la victoria*, pp. 66–7, 330.

42 A. V. Phillips, *Spain under Franco* (London: United Editorial, 1940) pp. 8–9, 24–5; Gil Vico, 'Derecho y ficción', pp. 251–7; Guzmán, *Nosotros los asesinos*, pp. 14–20, 28–42, 120, 140,

151; Rodriguez Chaos, *24 años en la cárcel*, pp. 33–7; Miguel Núñez, *La revolución y el deseo: memorias* (Barcelona: Ediciones Península, 2002) pp. 103–5.
43 *A la memoria de Ricardo Zabalza* (Mexico City: Federación Española de Trabajadores de la Tierra, 1944) p. 11; Emilio Majuelo, *La generación del sacrificio: Ricardo Zabalza 1898–1940* (Tafalla: Editorial Txalaparta, 2008) pp. 283–337; Guzmán, *Nosotros los asesinos*, pp. 332–4.
44 Sandoval, 'Informe de mi actuación', AHN, FC-Causa General, 1530-1, Exp. 1; Guzmán, *Nosotros los asesinos*, pp. 43, 52, 56–7, 66–7, 79–96; Carlos García Alix, *El honor de las injurias: busca y captura de Felipe Sandoval* (Madrid: T Ediciones/No Hay Penas, 2007) p. 140.
45 Guzmán, *Nosotros los asesinos*, pp. 170–1, 184–7, 208, 217.
46 *Ibid.*, pp. 270–1.
47 *Ibid.*, pp. 293–5.
48 *Ibid.*, pp. 285, 292, 299–310; Diego San José, *De cárcel en cárcel* (Sada-A Coruña: Ediciós do Castro, 1988) pp. 65–83; Phillips, *Spain under Franco*, pp. 12–13; Fraser, *Blood of Spain*, p. 508; Josep Subirats Piñana, *Pilatos 1939–1941: prisión de Tarragona* (Madrid: Editorial Pablo Iglesias, 1993) pp. 8–20, 186–243.
49 Summary of MI5 interrogations of Jost, National Archives, 9 July 1945，TNA, KV 2/104 C396445; Rafael García Pérez, *Franquismo y Tercer Reich: las relaciones económicas hispano-alemanas durante la segunda guerra mundial* (Madrid: Centro de Estudios Constitucionales, 1994) p. 88; Manuel Ros Agudo, *La guerra secreta de Franco* (Barcelona: Editorial Crítica, 2002) pp. 180–1; Ingrid Schulze Schneider, 'La cooperación de la Alemania Nazi en la lucha franquista contra la masonería', in J. A. Ferrer Benimeli, ed., *La masonería en la España del siglo XX*, 2 vols (Toledo: Universidad de Castilla-La Mancha, 1996) pp. 1179–80. 约斯特并未被处决，而是被仅仅关押到1951年：见 Helmut Krausnick, Hans Buchheim, Martin Broszat and Hans-Adolf Jacobsen, *Anatomy of the SS State* (London: Collins, 1968) pp. 174, 587。
50 Cruanyes, *El papers de Salamanca*, pp. 42–7; Santiago López García and Severiano Delgado Cruz, 'Víctimas y Nuevo Estado 1936–1940', in Ricardo Robledo, ed., *Historia de Salamanca*, Vol. V: *Siglo Veinte* (Salamanca: Centro de Estudios Salmantinos, 2001) p. 263.
51 Jaime del Burgo, *Conspiración y guerra civil* (Madrid: Editorial Alfaguara, 1970) pp. 260, 552, 631, 703–6; Serrano Suñer, *Memorias*, p. 34; Pedro Sainz Rodríguez, *Testimonio y recuerdos* (Barcelona: Planeta, 1978) pp. 329–30.
52 Cruanyes, *El papers de Salamanca*, pp. 15–16, 47–56; López García and Delgado Cruz, 'Víctimas y Nuevo Estado', p. 264.
53 有关乌利瓦里与图斯克茨的冲突，参见 Javier Domínguez Arribas, 'Juan Tusquets y sus ediciones antisectarias (1936–1939)', in José Antonio Ferrer Benimeli, ed., *La masonería española en la época de Sagasta*, 2 vols (Zaragoza: Gobierno de Aragón, 2007) II, pp. 1167–9；Cruanyes, *El papers de Salamanca*, pp. 234–5。
54 José Luis Rodríguez Jiménez, 'Una aproximación al trasfondo ideológico de la represión: teoría de la conspiración y policía política franquista', in Jaume Sobrequés, Carme Molinero and Margarida Sala, eds, *Els camps de concentració i el mon penitenciari a Espanya durant la guerra civil i el franquisme* (Barcelona: Museu de'Historia de Catalunya/Editorial Crítica, 2003) pp. 416–18.
55 在有关此主题的众多著述中，最主要的作品有：Eduardo Comín Colomer, *La masonería en España: apuntes para una interpretación masónica de la Historia Patria* (Madrid: Editora Nacional, 1944)；*La personalidad masónico-comunista de André Marty, 'el carnicero de*

注　释　667

Albacete' (Madrid: Ediciones Asmer, 1944)；*Ensayo crítico de la doctrina comunista* (Madrid: Ediciones de la Subsecretaría de Educación Popular, 1945)；*La República en el exilio* (Barcelona: Editorial AHR, 1957)；*Historia secreta de la Segunda República* (Barcelona: Editorial AHR, 1959)；*Un siglo de atentados políticos en España* (Madrid: Publicaciones Españolas, 1959)；*Historia del Partido Comunista de España*, 3 vols (Madrid: Editora Nacional, 1967)；*El 5º Regimiento de Milicias Populares* (Madrid: Editorial San Martín, 1973)。另外，他还写了诸多名为'Temas Españoles'的系列小册子。

56　关于该项法律，见 I. Bergudo, J. Cuesta, M. de la Calle and M. Lanero, 'El Ministerio de Justicia en la España "Nacional"', in Archivo Histórico Nacional, *Justicia en guerra*, pp. 273–5。

57　José A. Ferrer Benimelli, 'Franco contra la masonería', *Historia 16*, año II, No. 15, July 1977, pp. 37–51; Luis Suárez Fernández, *Francisco Franco y su tiempo*, 8 vols (Madrid: Fundación Nacional Francisco Franco, 1984) III, pp. 92–100; Cruanyes, *El papers de Salamanca*, pp. 234–5, 295.

58　José A. Ferrer Benimelli, 'Franco y la masonería', in Josep Fontana, ed., *España bajo el franquismo* (Barcelona: Editorial Crítica, 1986) pp. 260–1; José A. Ferrer Benimelli, *El contubernio judeo-masónico-comunista* (Madrid: Ediciones Istmo, 1982) pp. 297–300.

59　Klaus-Jörg Ruhl, *Franco, Falange y III Reich* (Madrid: Akal, 1986) pp. 54–5; García Pérez, *Franquismo y Tercer Reich*, p. 88; Ros Agudo, *La guerra secreta*, pp. 181–3.

60　Mattieu Séguéla, *Pétain–Franco: les secrets d'une alliance* (Paris: Albin Michel, 1992) pp. 254–5.

61　Marc Ferro, *Pétain* (Paris: Fayard, 1987) pp. 236–7; Jaume Miravitlles, *Gent que he conegut* (Barcelona: Edicions Destino, 1980) pp. 128–9; Séguéla, *Pétain–Franco*, pp. 254–6; Santos Juliá, 'Prólogo', in Julián Zugazagoitia, *Guerra y vicisitudes de los españoles*, 3rd edn (Barcelona: Tusquets Editores, 2001) p. xxiii.

62　Rafael Segovia and Fernando Serrano, eds, *Misión de Luis I. Rodríguez en Francia: la protección de los refugiados españoles julio a diciembre de 1940* (Mexico City: Colegio de México, Secretaría de Relaciones Exteriores/Consejo Nacional de Ciencia y Tecnología, 2000) pp. xiv–xv, 9–40; Geneviève Dreyfus-Armand, *El exilio de los republicanos españoles en Francia: de la guerra civil a la muerte de Franco* (Barcelona: Editorial Crítica, 2001) pp. 140–1.

63　Cipriano de Rivas Cherif, *Retrato de un desconocido* (Barcelona: Ediciones Grijalbo, 1979) pp. 496–7; Francisco Franco Salgado-Araujo, *Mis conversaciones privadas con Franco* (Barcelona: Planeta, 1976) p. 504.

64　Ángel Ossorio y Gallardo, *Vida y sacrificio de Companys* (Buenos Aires: Editorial Losada, 1943) pp. 261–71; Josep Maria Solé i Sabaté, 'Introducció', *Consell de guerra i condemna a mort de Lluís Companys, President de la Generalitat de Catalunya (octubre de 1940)* (Barcelona: Generalitat de Catalunya, 1999) pp. xix–xxxv; Josep Benet, *La mort del President Companys* (Barcelona: Edicions 62, 1998) pp. 324–50; Josep M. Figueres, *El consell de guerra a Lluís Companys, President de la Generalitat de Catalunya* (Barcelona: Edicions Proa, 1997) pp. 147–58; Manuel Tarín-Iglesias, *Los años rojos* (Barcelona: Planeta, 1985) pp. 221–42.

65　Tarín-Iglesias, *Los años rojos*, pp. 221–2; Benet, *La mort*, pp. 326–7; Solé i Sabaté, 'Introducció', *Consell de guerra*, p. xxxiii.

66　United Nations, Security Council, Official Records, First Year: Second Series, Special Supplement, *Report of the Sub-Committee on the Spanish Question* (New York, June 1946) p. 14; Ros Agudo, *La guerra secreta*, pp. 183–7; Sir Samuel Hoare, *Ambassador on Special Mission* (London: Collins, 1946) p. 76; Heleno Saña, *El franquismo sin mitos: conversaciones con Serrano*

Suñer (Barcelona: Grijalbo, 1982) p. 118.
67 Hilari Raguer, 'Himmler en Montserrat', *Historia y Vida*, No. 158 (1981), pp. 78–85; Jordi Finestres i Queralt Solé, '1940 Nazis a Montserrat', *Sàpiens*, No. 3, January 2003, pp. 22–7.
68 Ros Agudo, *La guerra secreta*, pp. 187–91; Ramón Garriga, *La España de Franco: las relaciones con Hitler*, 2nd edn (Puebla, Mexico: Editorial Cajica, 1970) pp. 208–9.
69 Rivas Cherif, *Retrato*, pp. 498–500; Juliá, 'Prólogo', pp. xxvii–xxxi.
70 Juan Antonio Ramos Hitos, *Guerra civil en Málaga 1936–1937: revisión histórica*, 2nd edn (Málaga: Editorial Algazara, 2004) pp. 336–42.
71 Benet, *La mort*, pp. 158–64.
72 Federica Montseny, *Mis primeros cuarenta años* (Barcelona: Plaza y Janés, 1987) pp. 224–39.
73 Séguéla, *Pétain–Franco*, p. 257; Mariano Ansó, *Yo fui ministro de Negrín* (Barcelona: Planeta, 1976) pp. 272–9; Manuel Portela Valladares, *Dietario de dos guerras (1936–1950)* (Sada-A Coruña: Ediciós do Castro, 1988) pp. 178, 185, 195–8.
74 Benet, *La mort*, pp. 165–75; Indalecio Prieto, *Palabras al viento*, 2nd edn (Mexico City: Ediciones Oasis, 1969) pp. 179–84.
75 Josep Benet, *Joan Peiró, afusellat* (Barcelona: Edicions 62, 2008) pp. 60–95, 115–57; José Peiró, 'Presentación', in Juan Peiró, *Trayectoria de la CNT* (Gijón: Ediciones Júcar, 1979) pp. 35–7; Miravitlles, *Gent*, p. 129.
76 Marc Baldó and María Fernanda Mancebo, 'Vida y muerte de Juan Peset', and Salvador Albiñana, 'Historia de un proceso', in Pedro Ruiz Torres, ed., *Proceso a Juan Peset Aleixandre* (Valencia: Universitat de València, 2001) pp. 31–63; Benet, *Joan Peiró, afusellat*, pp. 207–40. 有关佩塞特在监狱、集中营以及庭审过程中的记录，均被原封不动地收入 Pedro Ruiz 所编纂的那卷书的附录之一中。用于指控佩塞特的演讲题为 "Las individualidades y la situación en las conductas actuales"。
77 Alfonso Domingo, *El ángel rojo: la historia de Melchor Rodríguez, el anarquista que detuvo la represión en el Madrid republicano* (Córdoba: Editorial Almuzara, 2009) pp. 29–31, 311–46; Raimundo Fernández Cuesta, *Testimonio, recuerdos y reflexiones* (Madrid: Ediciones Dyrsa, 1985) pp. 95–6; Leopoldo Huidobro, *Memorias de un finlandés* (Madrid: Ediciones Españolas, 1939) pp. 212–13. 特别感谢 Alfonso Domingo 与我分享了他本人关于此次庭审的研究成果。
78 Emilio Lamo de Espinosa and Manuel Contreras, *Filosofía y política en Julián Besteiro*, 2nd edn (Madrid: Editorial Sistema, 1990) pp. 115–34; Ignacio Arenillas de Chaves, *El proceso de Besteiro* (Madrid: Revista de Occidente, 1976) pp. 193–5; Enrique Tierno Galván, *Cabos sueltos* (Barcelona: Bruguera, 1981) pp. 26–7, 34; Gabriel Morón, *Política de ayer y política de mañana: los socialistas ante el problema español* (Mexico City: Talleres Numancia, 1942) pp. 142–3; Paul Preston, *¡Comrades! Portraits from the Spanish Civil War* (London: HarperCollins, 1999) pp. 176–92.
79 贝斯泰罗遭囚禁和死亡的有关情况，见 'Notas de Dolores Cebrián', in Julián Besteiro, *Cartas desde la prisión* (Madrid: Alianza, 1988) pp. 177–202；Andrés Saborit, *Julián Besteiro* (Buenos Aires: Losada, 1967) pp. 301–15。
80 Indalecio Prieto, *Convulsiones de España: pequeños detalles de grandes sucesos*, 3 vols (Mexico City: Ediciones Oasis, 1967–9) III, pp. 334–7.
81 Francisco Largo Caballero, *Mis recuerdos: cartas a un amigo* (Mexico City: Editores Unidos, 1954) pp. 253–6, 267–88; Julio Aróstegui, *Francisco Largo Caballero en el exilio: la última etapa*

de un líder obrero (Madrid: Fundación Largo Caballero, 1990) pp. 29, 66–74.

82 Pablo Gil Vico, 'Ideología y represión: la Causa General: evolución histórica de un mecanismo jurídico político del régimen franquista', *Revista de Estudios Políticos*, No. 101, July–September 1998, pp. 159–80. See also Isidro Sánchez, Manuel Ortiz and David Ruiz, eds, *España franquista: Causa General y actitudes sociales ante la dictadura* (Albacete: Universidad de Castilla-La Mancha, 1993) pp. 11–12; Martínez Leal and Ors Montenegro, 'De cárceles y campos de concentración', p. 36.

83 Gil Vico, 'Derecho y ficción', pp. 251–61.

84 *ABC*, 12 February 1939: 'La justicia de la España Imperial. Una Ley plena de serenidad. Ha sido firmada la ley de Responsabilidades políticas.' The full text in ABC, 17, 19 February 1939. See also Sánchez, Ortiz and Ruiz, eds, *España franquista*, pp. 16–17; Bergudo *et al.*, 'El Ministerio de Justicia en la España "Nacional"', pp. 272–3; Juan Carlos Berlinches Balbucid, *La rendición de la memoria: 200 casos de represión franquista en Guadalajara* (Guadalajara: Ediciones Bornova, 2004) pp. 46–62.

85 Manuel Álvaro Dueñas, *'Por ministerio de la ley y voluntad del Caudillo': la jurisdicción especial de responsabilidades políticas (1939–1945)* (Madrid: Centro de Estudios Políticos y Constitucionales, 2006) pp. 68–80, 97–110; Ortiz Heras, *Violencia política*, pp. 393–409; Julián Chaves Palacios, *La represión en la provincia de Cáceres durante la guerra civil (1936–1939)* (Cáceres: Universidad de Extremadura, 1995) pp. 87–91; Elena Franco Lanao, *Denuncias y represión en años de posguerra: el Tribunal de Responsabilidades Políticas en Huesca* (Huesca: Instituto de Estudios Altoaragoneses, 2005) pp. 43–52, 98–119; Vega Sombría, *Segovia*, pp. 179–96; Glicerio Sánchez Recio, *Las responsabilidades políticas en la posguerra española: el partido judicial de Monóvar* (Alicante: Universidad de Alicante, 1984) pp. 6–40; Conxita Mir, Fabià Corretgé, Judit Farré and Joan Sagués, *Repressió econòmica i franquisme: l'actuació del Tribunal de Responsabilitats Polítiques a la província de Lleida* (Barcelona: Publicacions de l'Abadia de Montserrat, 1997) pp. 63–80; Mercè Barallat i Barés, *La repressió a la postguerra civil a Lleida (1938–1945)* (Barcelona: Publicacions de l'Abadia de Montserrat, 1991) pp. 347–56; Rodríguez Barreira, *Migas con miedo*, pp. 81–101; Berlinches Balbucid, *La rendición*, pp. 97–128; Julius Ruiz, *Franco's Justice: Repression in Madrid after the Spanish Civil War* (Oxford: Clarendon Press, 2005) pp. 131–61.

86 Francesc Vilanova i Vila-Abadal, *Repressió política i coacció econòmica: les responsabilitats polítiques de republicans i conservadors catalans a la postguerra (1939–1942)* (Barcelona: Publicacions de l'Abadia de Montserrat, 1999) pp. 44–51.

87 Josep M. Solé i Sabaté, Carles Llorens and Antoni Strubell, *Sunyol, l'altre president afusellat* (Lleida: Pagès Editors, 1996) pp. 17–23, 80–91, 103–35, 143–7; Vilanova i Vila-Abadal, *Repressió política*, pp. 201–8.

88 Vilanova i Vila Abadal, *Repressió política*, pp. 75–82.

89 Enrique Suñer, *Los intelectuales y la tragedia española*, 2nd edn (San Sebastián: Editorial Española, 1938) pp. 5–6, 166–7, 171.

90 *Ibid.*, pp. 166–7.

91 *Ibid.*, p. 171.

92 Diego Catalán, *El archivo del romancero: historia documentada de un siglo de historia*, 2 vols (Madrid: Fundación Ramón Menéndez Pidal, 2001) at http://cuestadelzarzal.blogia.

com/2010/091301-1.depuracion-de-menendez-pidal.-fin-de-sus-proyectos-con-unaproyeccion-naciona.php.

93 Franco Lanao, *Denuncias y represión*, pp. 71–2; Mir et al., *Repressió econòmica*, pp. 101–19; Vega Sombría, *Segovia*, p. 183.

94 Álvaro Dueñas, *'Por ministerio de la ley y voluntad del Caudillo'*, pp. 127–58; Prada Rodríguez, *La España masacrada*, pp. 288–311; Mirta Núñez Díaz-Balart, Manuel Alvaro Dueñas, Francisco Espinosa Maestre and José María García Márquez, *La gran represión: los años de plomo del franquismo* (Barcelona: Flor del Viento, 2009) pp. 124–6, 263–76.

95 José María Iribarren, *Con el general Mola: escenas y aspectos inéditos de la guerra civil* (Zaragoza: Librería General, 1937) p. 253.

96 An Andalusian prisoner interviewed in the CGT documentary DVD directed by Mariano Agudo and Eduardo Montero, *Presos del silencio* (Seville: Intermedia Producciones/Canal Sur, 2004).

97 Joaquín Maurín, *En las prisiones de Franco* (Mexico City: B. Costa Amic Editor, 1974) pp. 47–8; Carme Molinero, Margarida Sala and Jaume Sobrequés, eds, *Una inmensa prisión: los campos de concentración y las prisiones durante la guerra civil y el franquismo* (Barcelona: Editorial Crítica, 2003) pp. xiii–xxi.

98 Gutmaro Gómez Bravo, *El exilio interior: cárcel y represión en la España franquista 1939–1950* (Madrid: Taurus, 2009) pp. 25–33; Aram Monfort, *Barcelona 1939: el camp de concentració d'Horta* (Barcelona: L'Avenç, 2008) pp. 109–17.

99 Fundación Nacional Francisco Franco, *Documentos inéditos para la historia del Generalísimo Franco*, 4 vols (Madrid: FNFF Azor, 1992) II, 1, pp. 176–9; Alía Miranda, *La guerra civil en la retaguardia*, pp. 385–6; Ortiz Heras, *Violencia política*, pp. 311–12; Marín Gómez, *El laurel y la retama*, pp. 82–5; Escudero Andújar, *Lo cuentan como lo han vivido*, pp. 125–6.

100 Javier Rodrigo, *Cautivos: campos de concentración en la España Franquista, 1936–1947* (Barcelona: Editorial Crítica, 2005) pp. 26–34, 40–6, 95–107, 193–211; Antonio D. López Rodríguez, *Cruz, bandera y caudillo: el campo de concentración de Castuera* (Badajoz: CEDER-La Serena, 2007) pp. 93–167, 207–24; José Ángel Fernández López, *Historia del campo de concentración de Miranda de Ebro (1937–1947)* (Miranda del Ebro: Autor, 2003) pp. 33–41, 59–67; Juan José Monago Escobedo, *El campo de concentración de Nanclares de la Oca 1940–1947* (Vitoria: Gobierno Vasco, 1998) pp. 39–45; Monfort, *Barcelona 1939*, pp. 118–43.

101 Monfort, *Barcelona 1939*, pp. 149–53; Marín Gómez, *El laurel y la retama*, pp. 90–1; Guzmán, *Nosotros los asesinos*, pp. 285–6; Subirats Piñana, *Pilatos 1939–1941*, p. 1.

102 Isaías Lafuente, *Esclavos por la patria: la explotación de los presos bajo el franquismo* (Madrid: Ediciones Temas de Hoy, 2002) pp. 57–63, 121–9, 135–70; Rafael Torres, *Los esclavos de Franco* (Madrid: Oberón, 2000) pp. 134–45; Javier Rodrigo, *Hasta la raíz: violencia durante la guerra civil y la dictadura franquista* (Madrid: Alianza Editorial, 2008) pp. 138–57.

103 José Luis Gutiérrez Molina, 'Los presos del canal: el Servicio de Colonias Penitenciarias Militarizadas y el Canal del Bajo Guadalquivir (1940–1967)', in Molinero, Sala and Sobrequés, eds, *Una inmensa prisión*, pp. 62–71; Gonzalo Acosta Bono, José Luis Gutiérrez Molina, Lola Martínez Macías and Ángel del Río Sánchez, *El canal de los presos (1940–1962): trabajos forzados: de la represión política a la explotación económica* (Barcelona: Editorial Crítica, 2004) pp. 181–99; José Luis Gutiérrez Casalá, *Colonias penitenciarias militarizadas de Montijo: represión franquista en el partido judicial de Mérida* (Mérida: Editorial Regional de Extremadura,

2003) pp. 15–17, 21–42.
104 Fernando Mendiola Gonzalo and Edurne Beaumont Esandi, *Esclavos del franquismo en el Pirineo: la carretera Igal–Vidángoz–Roncal (1939–1941)* (Tafalla: Editorial Txalaparta, 2007) pp. 171–233; Alía Miranda, *La guerra civil en la retaguardia*, pp. 388–9.
105 *ABC*, 1 April 1940; Fernando Olmeda, *El Valle de los Caídos* (Barcelona: Ediciones Península, 2009) pp. 25, 43, 54–69; Daniel Sueiro, *El Valle de los Caídos: los secretos de la cripta franquista*, 2nd edn (Barcelona: Argos Vergara, 1983) pp. 8–24, 44–73, 118–43, 184–205.
106 José Manuel Sabín, *Prisión y muerte en la España de posguerra* (Madrid: Anaya & Mario Muchnik, 1996) pp. 224–31; Guzmán, *Nosotros los asesinos*, pp. 414–22.
107 José Agustín Pérez del Pulgar, *La solución que España da al problema de sus presos políticos* (Valladolid: Librería Santaren, 1939); Martin Torrent, *¿Qué me dice usted de los presos?* (Alcalá de Henares: Imp. Talleres Penitenciarios, 1942) pp. 98–105; Michael Richards, *A Time of Silence: Civil War and the Culture of Repression in Franco's Spain, 1936–1945* (Cambridge: Cambridge University Press, 1998) pp. 80–4; Gutmaro Gómez Bravo, *La redención de penas: la formación del sistema penitenciario franquista* (Madrid: Los Libros de la Catarata, 2007) pp. 69–97, 147–66; Eugenia Afinoguénova, 'El Nuevo Estado y la propaganda de la Redención de las Penas por el Trabajo en Raza: anecdotario para el guión de una película de Francisco Franco', *Bulletin of Spanish Studies*, Vol. 84, No. 7, 2007, pp. 889–903.
108 Torrent, *¿Qué me dice usted de los presos?*, pp. 103–21; Ángela Cenarro, 'La institucionalización del universo penitenciario franquista', in Molinero, Sala and Sobrequés, eds, *Una inmensa prisión*, pp. 135–40; Gómez Bravo, *El exilio interior*, pp. 83–6; Sabín, *Prisión y muerte*, pp. 169, 197.
109 Commission Internationale contre le Régime Concentrationaire, *Livre blanc sur le système pénitentiaire espagnol* (Paris: Le Pavois, 1953) pp. 43–7, 205–6. 关于该委员会之工作的一项极佳分析，参见 Ricard Vinyes, 'Territoris de càstig (les presons franquistes, 1939–1959)', in Associació Catalana d'Expresos Polítics, *Notícia de la negra nit: vides i veus a les presons franquistes (1939–1959)* (Barcelona: Diputació de Barcelona, 2001) pp. 43–61. See also Ricard Vinyes, 'El universo penitenciario durante el franquismo', in Molinero, Sala and Sobrequés, eds, *Una inmensa prisión*, pp. 160–2; Gómez Bravo, *El exilio interior*, pp. 24, 76–80; Gómez Bravo, *La redención de penas*, pp. 125–7; Miguel Núñez, *La revolución y el deseo: memorias* (Barcelona: Ediciones Península, 2002) pp. 79–80.
110 Acosta Bono et al., *El canal de los presos*, pp. 214–23; Marín Gómez, *El laurel y la retama*, pp. 99–103; Guzmán, *Nosotros los asesinos*, pp. 388–9; Moliña, *Noche sobre España*, pp. 163–8.
111 Eduardo Ruiz Bautista, 'Prisioneros del libro: leer y penar en las cárceles de Franco', in Antonio Castillo and Feliciano Montero, eds, *Franquismo y memoria popular: escrituras, voces y representaciones* (Madrid: Siete Mares, 2003) pp. 118–19; Cenarro, 'La institucionalización', pp. 143–5; Gómez Bravo, *La redención de penas*, pp. 167–75; Juan Antonio Cabezas, *Asturias: catorce meses de guerra civil* (Madrid: G. del Toro, 1975) pp. 234–48.
112 Mavis Bacca Dowden, *Spy-jacked! A Tale of Spain* (Horsham: Gramercy, 1991) pp. 142–3.
113 Cuevas Gutiérrez, *Cárcel de mujeres*, II, p. 66; Tomasa Cuevas Gutiérrez, *Mujeres de la resistencia* (Barcelona: Sirocco Books, 1986) pp. 127–8; Fernando Hernández Holgado, *Mujeres encarceladas: la prisión de Ventas: de la República al franquismo, 1931–1941* (Madrid: Marcial Pons, 2003) pp. 113–20, 138–47.
114 Hernández Holgado, *Mujeres encarceladas*, pp. 158–65; Cuevas Gutiérrez, *Cárcel de mujeres*, II, p.

28; Ángeles García Madrid, *Réquiem por la libertad* (Madrid: Editorial Alianza Hispánica, 2003) pp. 62–3.
115 García Madrid, *Réquiem*, p. 61; Vinyes, 'El universo penitenciario', pp. 164–9; Ricard Vinyes, Montse Armengou and Ricard Belis, *Los niños perdidos del franquismo* (Barcelona: Plaza y Janés, 2002) pp. 68–9, 131; Marín Gómez, *El laurel y la retama*, pp. 181–91; Escudero Andújar, *Lo cuentan como lo han vivido*, pp. 133, 139–40, 154; Escudero Andújar, *Dictadura y oposición*, pp. 58–61; Margarita Nelken, *Las torres del Kremlin* (Mexico City: Industrial y Distribuidora, 1943) pp. 79, 320–1.
116 Pilar Fidalgo, *A Young Mother in Franco's Prisons* (London: United Editorial, 1939) pp. 9–10, 28; Ramón Sender Barayón, *A Death in Zamora* (Albuquerque: University of New Mexico Press, 1989) pp. 134–5, 146–7.
117 Gumersindo de Estella, *Fusilados en Zaragoza 1936–1939: tres años de asistencia espiritual a los reos* (Zaragoza: Mira Editores, 2003) pp. 62–6, 80–8, 119–21.
118 Cuevas Gutiérrez, *Cárcel de mujeres*, I, pp. 112, 118–21, II, pp. 65, 101, 260–1; García Madrid, *Réquiem*, pp. 32–41, 80–1; Rodriguez Chaos, *24 años en la cárcel*, pp. 65–6; Vinyes, Armengou and Belis, *Los niños perdidos*, pp. 91–2; Hernández Holgado, *Mujeres encárceladas*, pp. 145, 149–53, 246–55.
119 Pura Sánchez, *Individuas de dudosa moral: la represión de las mujeres en Andalucía (1936–1958)* (Barcelona: Editorial Crítica, 2009) pp. 148–9.
120 Hartmut Heine, *La oposición política al franquismo* (Barcelona: Editorial Crítica, 1983) pp. 64–6; Cuevas Gutiérrez, *Cárcel de mujeres*, II, pp. 63–5; García Madrid, *Réquiem*, pp. 81–9; Hernández Holgado, *Mujeres encárceladas*, pp. 230–46; Carlos Fonseca, *Trece rosas rojas: la historia más conmovedora de la guerra civil española* (Madrid: Ediciones Temas de Hoy, 2004) pp. 103–19, 209–34; Giuliana Di Febo, *Resistencia y movimiento de mujeres en España 1936–1976* (Barcelona: Icaria Editorial, 1979) pp. 99–100.
121 Vinyes, Armengou and Belis, *Los niños perdidos*, pp. 67–71, 90–1; Mercedes Núñez, *Cárcel de Ventas* (Paris: Colección Ebro, 1967) pp. 83–4.
122 Vinyes, Armengou and Belis, *Los niños perdidos*, pp. 121–31; Cuevas Gutiérrez, *Cárcel de mujeres*, II, pp. 61–2.
123 Cuevas Gutiérrez, *Cárcel de mujeres*, II, pp. 15–17, 64–6, 92–3; Núñez, *Cárcel de Ventas*, pp. 22–4; García Madrid, *Réquiem*, pp. 90–2; Escudero Andújar, *Lo cuentan como lo han vivido*, pp. 127, 135–8, 140–3; Consuelo García, *Las cárceles de Soledad Real: una vida* (Madrid: Ediciones Alfaguara, 1983) pp. 101–2; Di Febo, *Resistencia*, pp. 33–8; Justo Calcerrada Bravo and Antonio Ortiz Mateos, *Julia Manzanal 'Comisario Chico'* (Madrid: Fundación Domingo Malagón) pp. 84–99.
124 Núñez, *Cárcel de Ventas*, pp. 64–6.
125 Pilar Fidalgo, *A Young Mother in Franco's Prisons* (London: United Editorial, 1939) p. 31; García, *Las cárceles de Soledad Real*, pp. 127–8; Di Febo, *Resistencia*, p. 36; Vega Sombría, *Segovia*, p. 241.
126 Torrent, *¿Qué me dice usted de los presos?*, pp. 126–32; Ángeles Malonda, *Aquello sucedió así: memorias* (Madrid: Asociación de Cooperativas Farmacéuticas, 1983) p. 103; Ricard Vinyes, *Irredentas: las presas políticas y sus hijos en las cárceles franquistas* (Madrid: Ediciones Temas de Hoy, 2002) pp. 88–9.

127 Vinyes, 'Territoris de càstig', pp. 60–1; Vinyes, *Irredentas*, pp. 74–8; 'Defunciones Cárcel de Mujeres de Saturrarán', http://www.asturiasrepublicana.com/.

128 Antonio Vallejo Nágera, *Higiene de la Raza: la asexualización de los psicópatas* (Madrid: Ediciones Medicina, 1934).

129 Vinyes, *Irredentas*, pp. 49–57.

130 Antonio Nadal Sánchez, 'Experiencias psíquicas sobre mujeres marxistas malagueñas', in *Las mujeres y la guerra civil española* (Madrid: Ministerio de Cultura, 1991) pp. 340–50; Michael Richards, 'Morality and Biology in the Spanish Civil War: Psychiatrists, Revolution and Women Prisoners in Málaga', in *Contemporary European History*, Vol. 10, No. 3, 2001, pp. 395–421; Rodrigo, *Cautivos*, pp. 141–6; Carl Geiser, *Prisoners of the Good Fight: Americans against Franco Fascism* (Westport, Conn.: Lawrence Hill, 1986) p. 154; Antonio Vallejo Nágera, *La locura y la guerra: psicopatología de la guerra española* (Valladolid; Librería Santarén, 1939) pp. 222–3; Antonio Vallejo and Eduardo Martínez, 'Psiquismo del fanatismo marxista: investigaciones psicológicas en marxistas femeninos delincuentes', *Revista Española de Medicina y Cirugía de Guerra*, No. 9, pp. 398–413; Vinyes, *Irredentas*, pp. 62–70.

131 Antonio Vallejo Nájera, *Eugenesia de la hispanidad y regeneración de la raza española* (Burgos: Talleres Gráficos El Noticiero, 1937) p. 114; Vinyes, *Irredentas*, pp. 58–61.

132 Antonio Vallejo Nájera, *Divagaciones intranscendentes* (Valladolid: Talleres Tipográficos 'Cuesta', 1938) pp. 15–8; Vinyes, Armengou and Belis, *Los niños perdidos*, pp. 36–43; Richards, *A Time of Silence*, pp. 57–9.

133 Carlos Castilla del Pino, *Pretérito imperfecto: autobiografía* (Barcelona: Tusquets, 1997) p. 301.

134 José Luis Mínguez Goyanes, *Onésimo Redondo 1905–1936: precursor sindicalista* (Madrid: Editorial San Martín, 1990) pp. 28–32, 37–8, 150–1; Javier Martínez de Bedoya, *Memorias desde mi aldea* (Valladolid: Ambito Ediciones, 1996) p. 67; Ángela Cenarro Lagunas, *La sonrisa de la Falange: Auxilio Social en la guerra civil y en la posguerra* (Barcelona: Editorial Crítica, 2005) p. 39.

135 Martínez de Bedoya, *Memorias*, p. 112; Cenarro Lagunas, *La sonrisa de la Falange*, pp. 140–3.

136 Diary entry 29 September 1937, Javier Martínez de Bedoya; Mercedes Sanz Bachiller, 'Notas sobre mi trayectoria', unpublished notes written in 1972 (both in Archivo Mercedes Sanz Bachiller); Cenarro Lagunas, *La sonrisa de la Falange*, pp. 82–3.

137 Vinyes, Armengou and Belis, *Los niños perdidos*, pp. 63–77; Vinyes, *Irredentas*, pp. 79–89.

138 Bacca Dowden, *Spy-jacked!*, pp. 185–6.

139 Montse Armengou and Ricard Belis, *El convoy de los 927* (Barcelona: Plaza y Janés, 2005) pp. 251–66, 329–62 (where the correspondence is reproduced); David Wingeate Pike, *Españoles en el holocausto: vida y muerte de los republicanos en Mauthausen* (Barcelona: Mondadori, 2003) pp. 42–7; Montserrat Roig, *Noche y niebla: los catalanes en los campos nazis* (Barcelona: Ediciones Peninsula, 1978) pp. 26–30; Benito Bermejo, *Francisco Boix, el fotógrafo de Mauthausen* (Barcelona: RBA Libros, 2002) pp. 54–9.

140 Armengou and Belis, *El convoy de los 927*, pp. 101–12, 118–29, 138–65; Pike, *Españoles en el holocausto*, pp. 87–95; Mariano Constante, *Yo fui ordenanza de los SS* (Zaragoza: Editorial Pirineo, 2000) pp. 125–36.

141 Armengou and Belis, *El convoy de los 927*, pp. 181–8, 198–210, 263–6.

142 Neus Català, *De la resistencia y la deportación: 50 Testimonios de mujeres españolas* (Barcelona:

Ediciones Península, 2000) pp. 19–67; Montse Armengou and Ricard Belis, *Ravensbrück: l'infern de les dones* (Barcelona: Angle Editorial, 2007) pp. 47–5; Roig, *Noche y niebla*, pp. 57–77; Eduardo Pons Prades and Mariano Constante, *Los cerdos del comandante: Españoles en los campos de exterminio nazis* (Barcelona: Argos Vergara, 1978) pp. 39–44, 57–8, 73–6, 97–9, 116–17, 335–6, 347–9.

143 Lope Massaguer, *Mauthausen fin de trayecto: un anarquista en los campos de la muerte* (Madrid: Fundación Anselmo Lorenzo, 1997) pp. 81–6; Prisciliano García Gaitero, *Mi vida en los campos de la muerte nazis* (León: Edilesa, 2005) pp. 62–70. 关于在采石场中作苦工的照片证据，参见 Rosa Toran and Margarida Sala, *Mauthausen: crónica gráfica de un campo de concentración* (Barcelona: Museu d'Història de Catalunya/Viena Edicions, 2002) pp. 198–205 ; Bermejo, *Francisco Boix*, pp. 186–8, 207 ; Sandra Checa, Ángel del Río and Ricardo Martín, A*ndaluces en los campos de Mauthausen* (Seville: Centro de Estudios Andaluces, 2007) pp. 30–2, 98–9 ; García Gaitero, *Mi vida*, p. 62。

144 Pike, *Españoles en el holocausto*, pp. 44–5; Antonio Vilanova, *Los olvidados: los exilados españoles en la segunda guerra mundial* (Paris: Ruedo Ibérico, 1969) pp. 200–1; Checa, Del Río and Martín, *Andaluces en los campos de Mauthausen*, pp. 51–7, 222–57; Paramio Roca, García Bilbao and García Bilbao, *La represión franquista en Guadalajara*, pp. 131–2; Sánchez Tostado, *La guerra civil en Jaén*, pp. 665–72; Escudero Andújar, *Dictadura y oposición*, pp. 73–5.

145 *ABC*, 1 April 1964.

146 Francisco Franco, *Discursos y mensajes del Jefe del Estado 1964–1967* (Madrid, 1968) pp. 19–40.

结语

1 Duilio Susmel, *Vita sbagliata di Galeazzo Ciano* (Milan: Aldo Palazzi Editore, 1962) p. 158.

2 Ramón Serrano Suñer, *Entre el silencio y la propaganda, la Historia como fue: memorias* (Barcelona: Planeta, 1977) pp. 244–8.

3 Carlos Castillo del Pino, *Casa del Olivo: autobiografía (1949–2003)* (Barcelona: Tusquets, 2004) p. 381.

4 Juan Tusquets, *Masones y pacifistas* (Burgos: Ediciones Antisectarias, 1939) p. 257; Antoni Mora, 'Joan Tusquets, en els 90 anys d'un home d'estudi i de combat', Institut d'Estudis Tarraconenses Ramón Berenguer IV, *Anuari 1990–1991 de la Societat d'Estudis d'Història Eclesiàstica Moderna i Contemporània de Catalunya* (Tarragona: Diputació de Tarragona, 1992) pp. 238–9; Ignasi Riera, *Los catalanes de Franco* (Barcelona: Plaza y Janés, 1998) p. 127; Jordi Canal, 'Las campañas antisectarias de Juan Tusquets (1927–1939): una aproximación a los orígenes del contubernio judeo-masónico-comunista en España', in José Antonio Ferrer Benimeli, ed., *La masonería en la España del siglo XX*, 2 vols (Toledo: Universidad de Castilla-La Mancha, 1996) pp. 1208–9.

5 Mora, 'Joan Tusquets', pp. 238–9; Riera, *Los catalanes de Franco*, p. 127; Canal, 'Las campañas antisectarias de Juan Tusquets', pp. 1208–9.

6 Interviews with Lluís Bonada, Avui, 28 February 1990, with Mora, 'Joan Tusquets', p. 239, with Joan Subirà, *Capellans en temps de Franco* (Barcelona: Editorial Mediterrània, 1996) p. 36.

7 Esther Tusquets Guillén, *Habíamos ganado la guerra* (Barcelona: Editorial Bruguera, 2007) pp. 153–6, 158–61; Mora, 'Joan Tusquets', p. 234.

注 释　675

8　Arxiu Vidal i Barraquer, *Esglesia i Estat durant la Segona República espanyola 1931/1936*, 4 vols in 8 parts (Monestir de Montserrat: Publicacions de l'Abadia de Montserrat, 1971–90) II, pp. 386, 638, 644–6, III, p. 935; Subirà, *Capellans*, p. 21.

9　Ian Gibson, *El hombre que detuvo a García Lorca: Ramón Ruiz Alonso y la muerte del poeta* (Madrid: Aguilar, 2007) p. 143; Miguel Caballero and Pilar Góngora Ayala, *La verdad sobre el asesinato de García Lorca: historia de una familia* (Madrid: Ibersaf Editores, 2007) p. 309.

10　Juan Manuel Lozano Nieto, *A sangre y fuego: los años treinta en un pueblo andaluz* (Córdoba: Almuzara, 2006) pp. 202, 206–7; Jesús Pueyo Maisterra, 'Del infierno al Paraíso', unpublished memoirs, p. 21.

11　相关信息由丰特-德坎托斯的地方编年史作者 Cayetano Ibarra Barroso 提供。

12　Alfonso Domingo, *Retaguardia: la guerra civil tras los frentes* (Madrid: Oberón, 2004) pp. 19, 24–5.

13　Ángel Montoto, 'Salamanca: así fue el terrorismo falangista', *Interviú*, No. 177, 4–18 October 1979, pp. 44–7.

14　Letter reproduced in Enrique de Sena, 'Guerra, censura y urbanismo: recuerdos de un periodista', in Ricardo Robledo, ed., *Historia de Salamanca*, Vol. V: *Siglo Veinte* (Salamanca: Centro de Estudios Salmantinos, 2001) p. 329. 其中的打字错误已更正。

15　Gabriel García de Consuegra Muñoz, Ángel López López and Fernando López López, *La represión en Pozoblanco (Guerra Civil y posguerra)* (Córdoba: Francisco Baena, 1989) pp. 132, 136; Francisco Moreno Gómez, *Córdoba en la posguerra (la represión y la guerrilla, 1939–1950)* (Córdoba: Francisco Baena Editor, 1987) p. 96; Francisco Moreno, 'La represión en la posguerra', in Santos Juliá *et al.*, *Víctimas de la guerra civil* (Madrid: Ediciones Temas de Hoy, 1999) pp. 312, 332–3.

16　José Casado Montado, *Trigo tronzado: crónicas silenciadas y comentarios* (San Fernando: Autor, 1992) p. 16.

17　Castillo del Pino, *Casa del Olivo*, pp. 372–3.

18　Miguel Angel Mateos, '"Muerte en Zamora": la tragedia de Amparo Barayón', serialized in *La Opinión – El Correo de Zamora*, 3, 4, 5, 6, 7, 8, 24 April 2005; Pilar Fidalgo, *A Young Mother in Franco's Prisons* (London: United Editorial, 1939) p. 22; Ramón Sender Barayón, *A Death in Zamora* (Albuquerque: University of New Mexico Press, 1989) pp. 110, 164–5.

19　*El Caso*, 5 September 1964.

20　Documentación sobre Gonzalo de Aguilera y Munro, remitida a su viuda, Legajo 416, Archivo General Militar de Segovia; *El Adelanto* (Salamanca), 29, 30 August, 1 September 1964; *El Caso*, 5 September 1964; *La Gaceta Regional*, 30 August, 1 September 1964.

21　Testimony to the author, 30 July 1999, of the Cronista de la Ciudad de Salamanca, Dr Salvador Llopis Llopis.

22　Interview of Mariano Sanz González with the Director of the Hospital, Dr Desiderio López, 27 October 1999.

附 录

* 本书插图系原书插图。——编者注

西班牙政区图，1936年

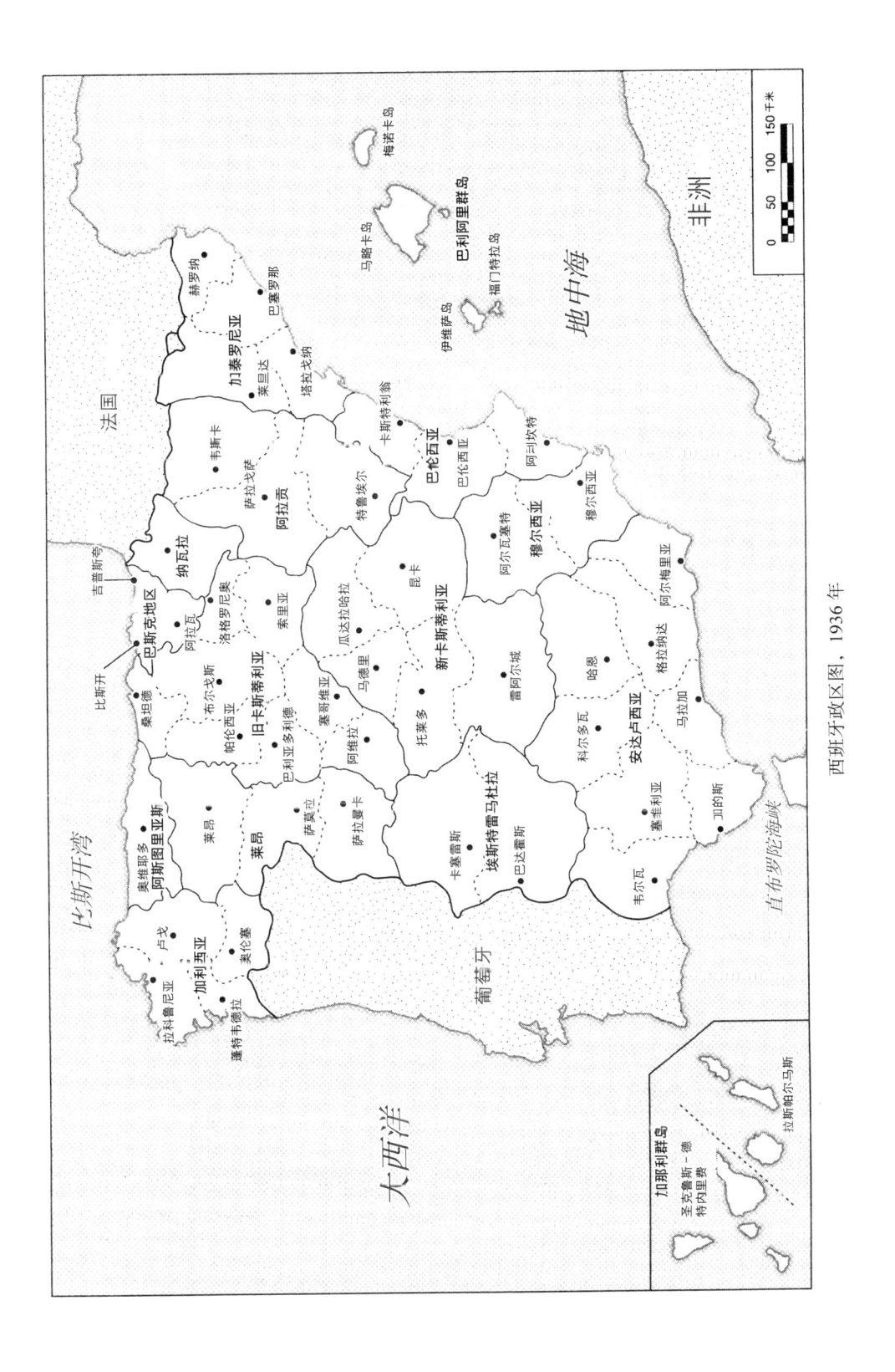

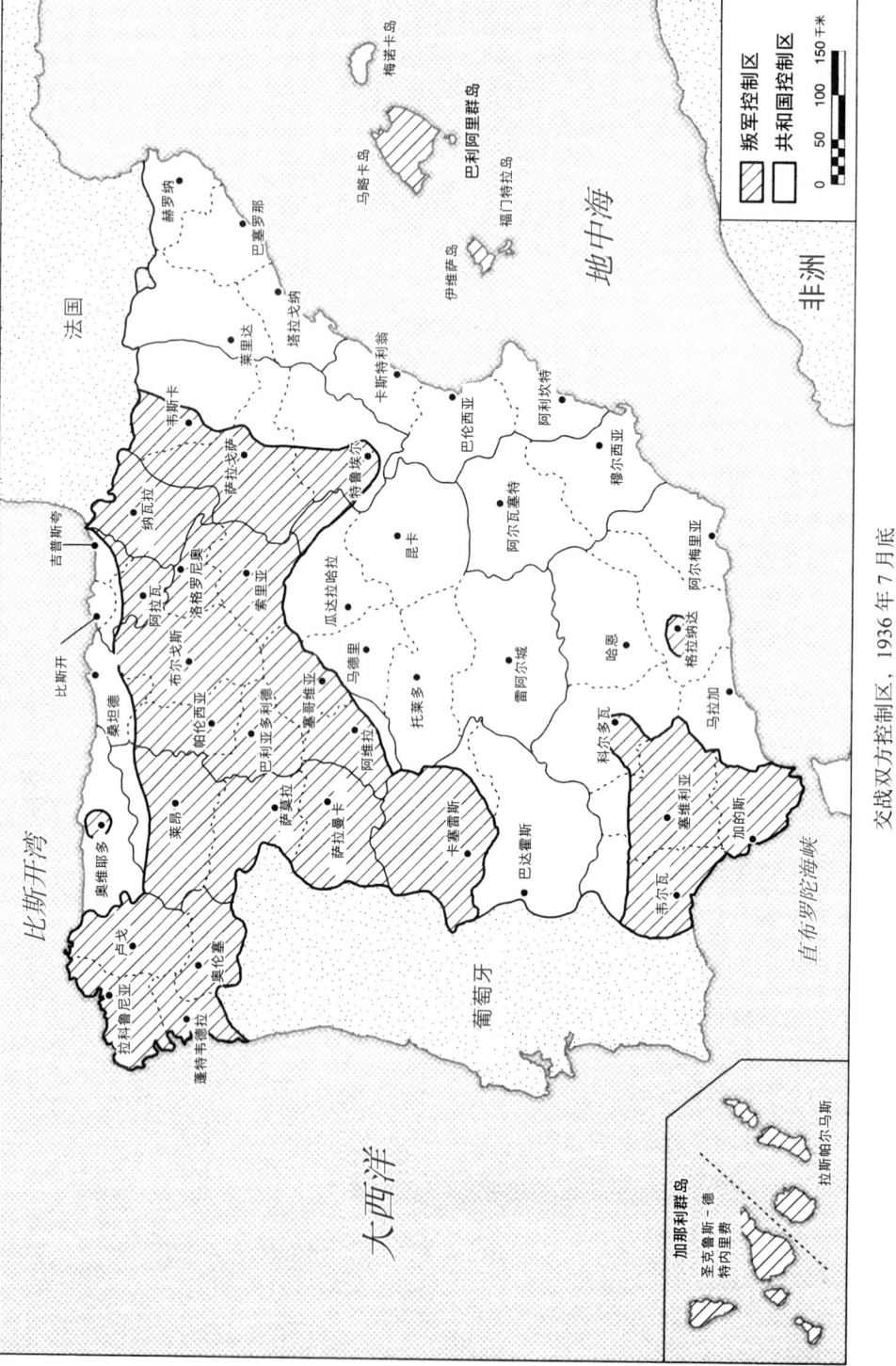

交战双方控制区，1936年7月底

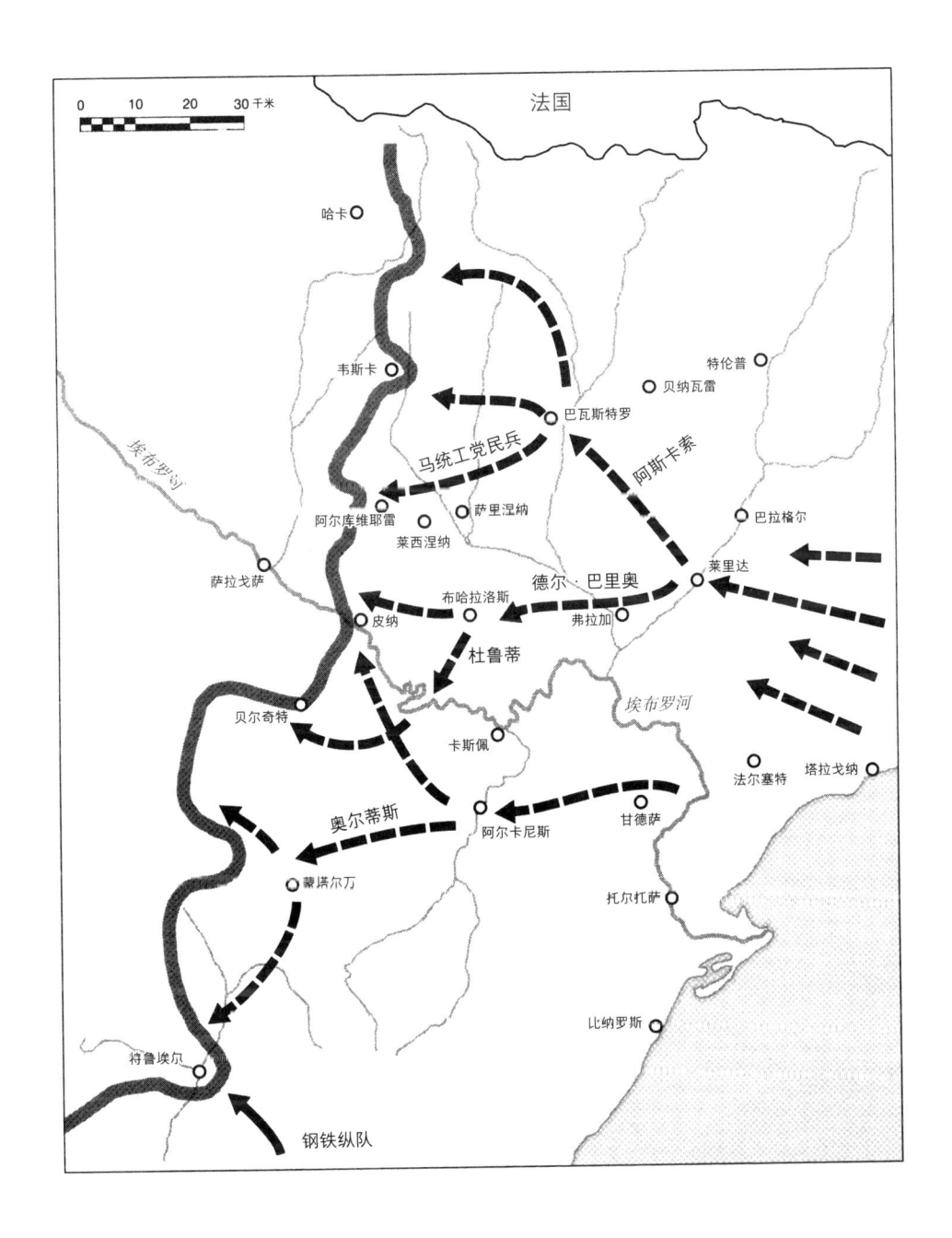

加泰罗尼亚方面对阿拉贡地区的"入侵",1936年7月和8月

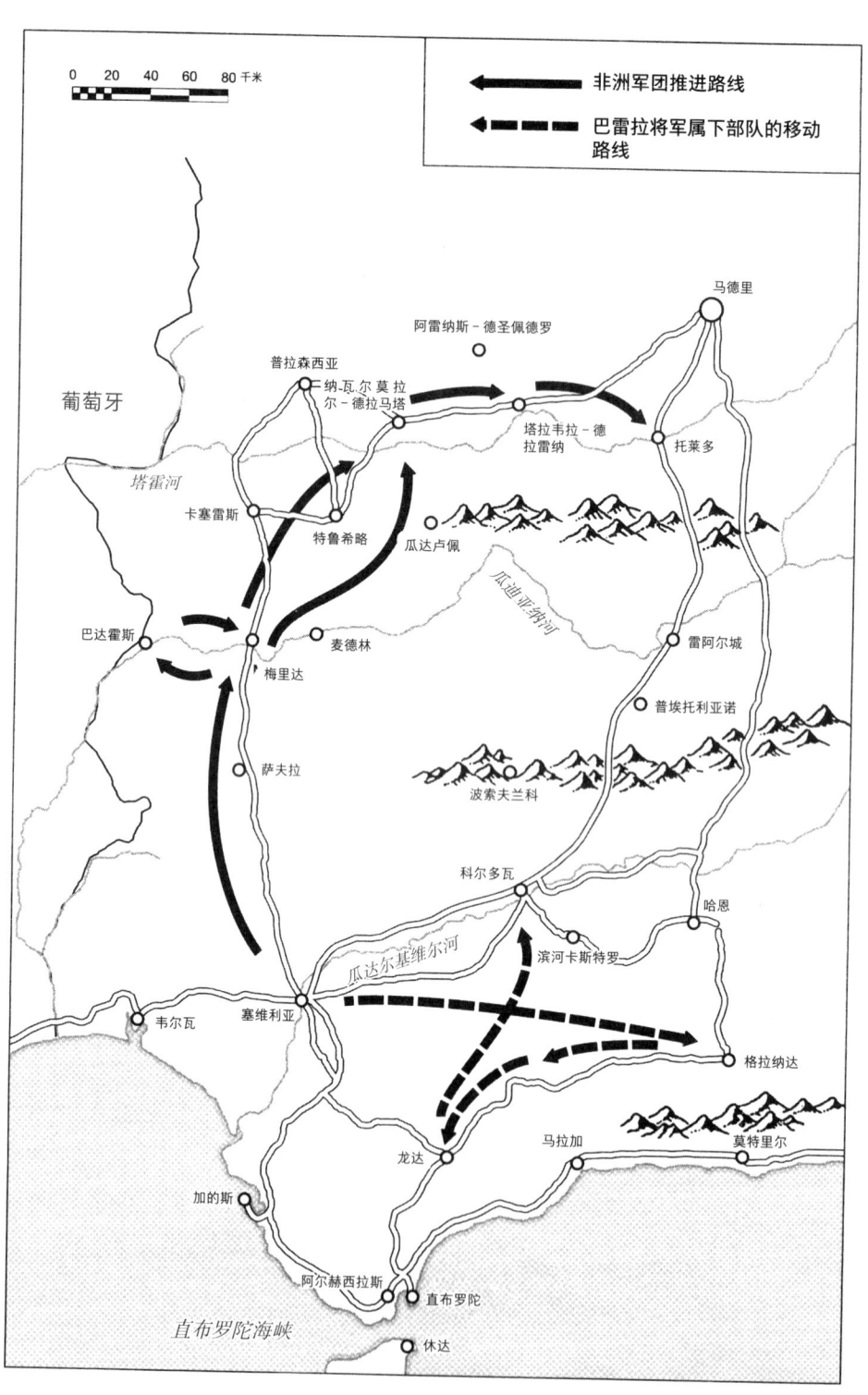

非洲军团的推进，1936年8月到10月

交战双方控制区，1936 年 9 月

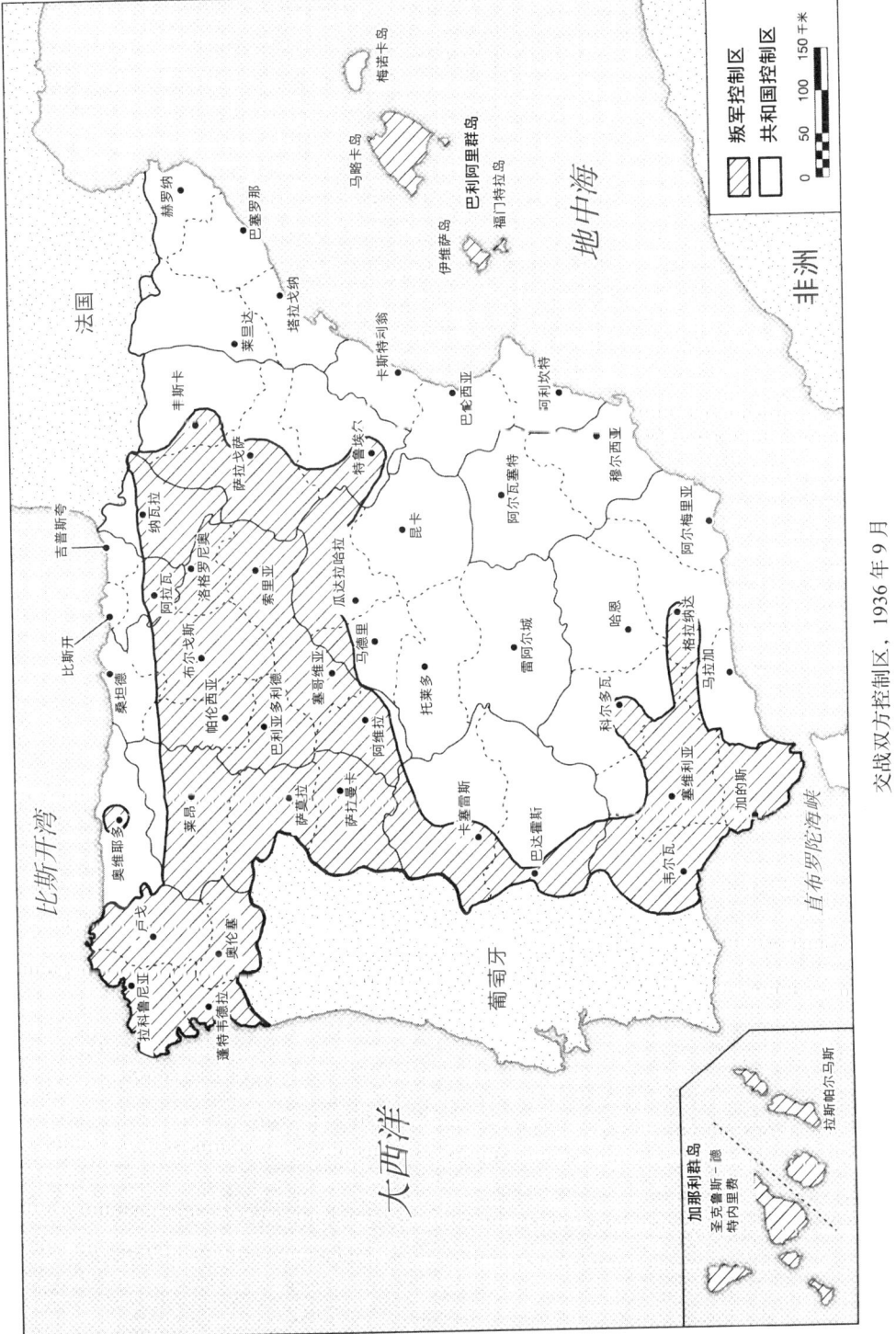

交战双方控制区，1937年3月

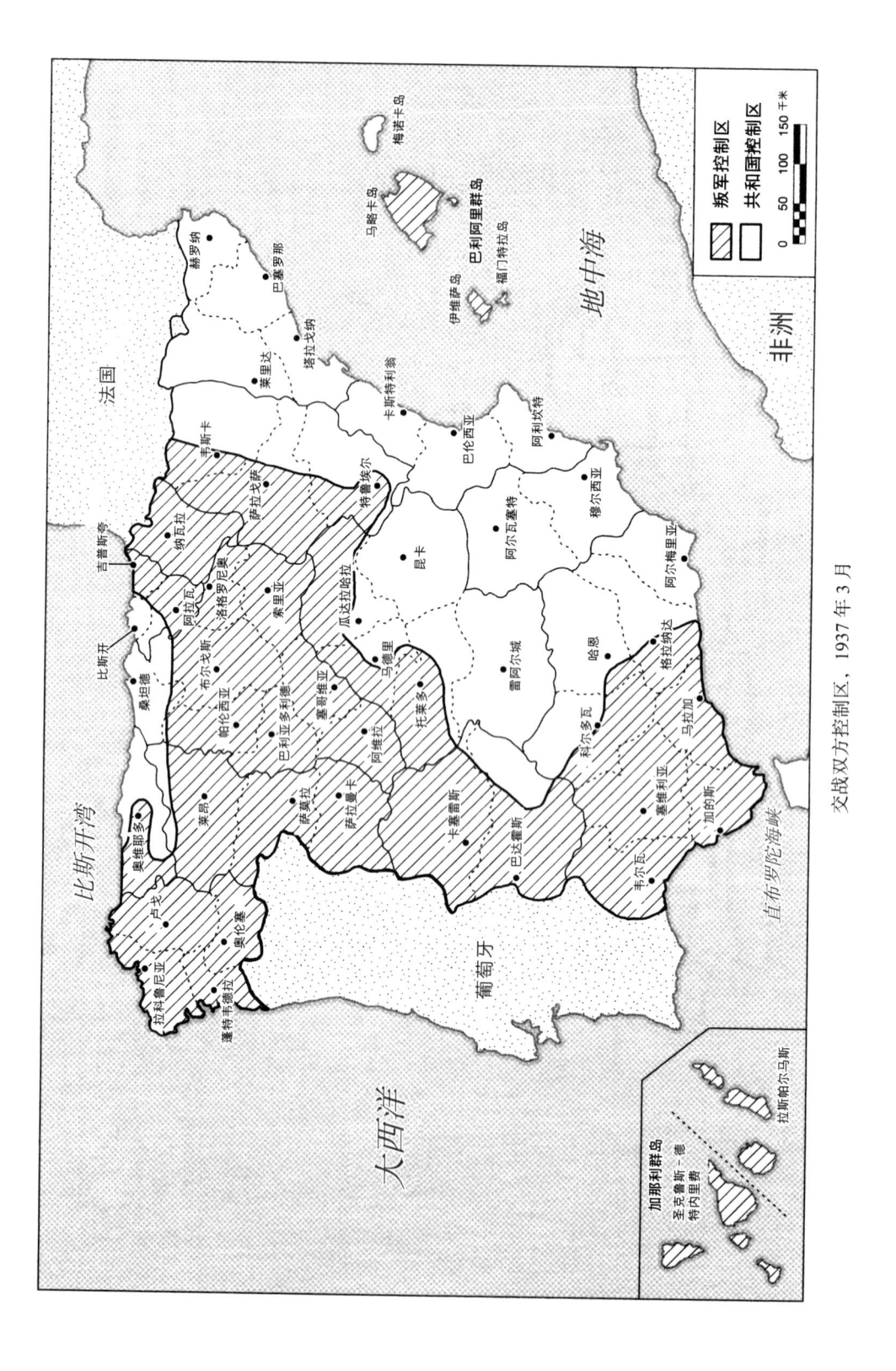

交战双方控制区，1938年4月

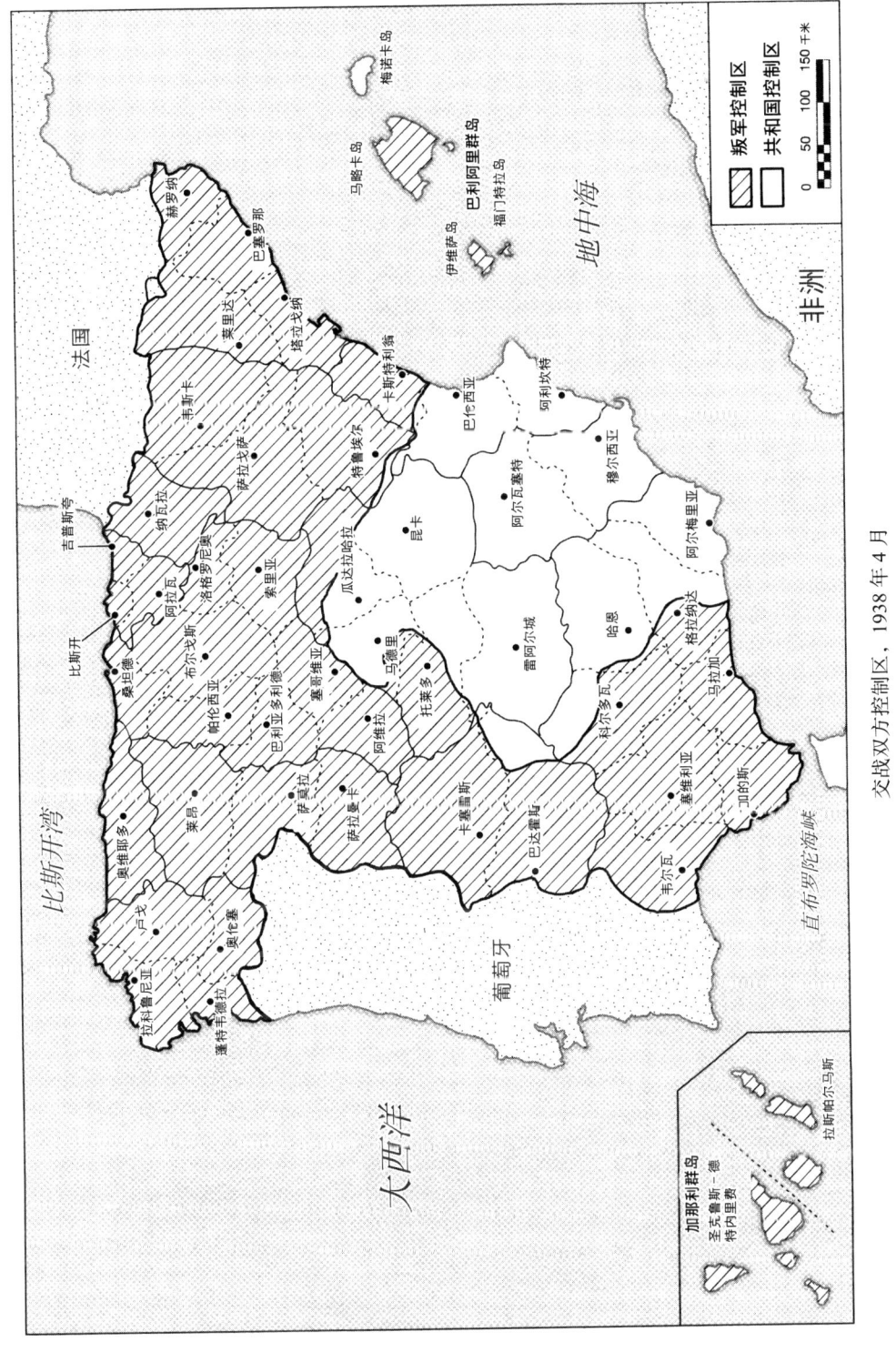

交战双方控制区，1939年2月

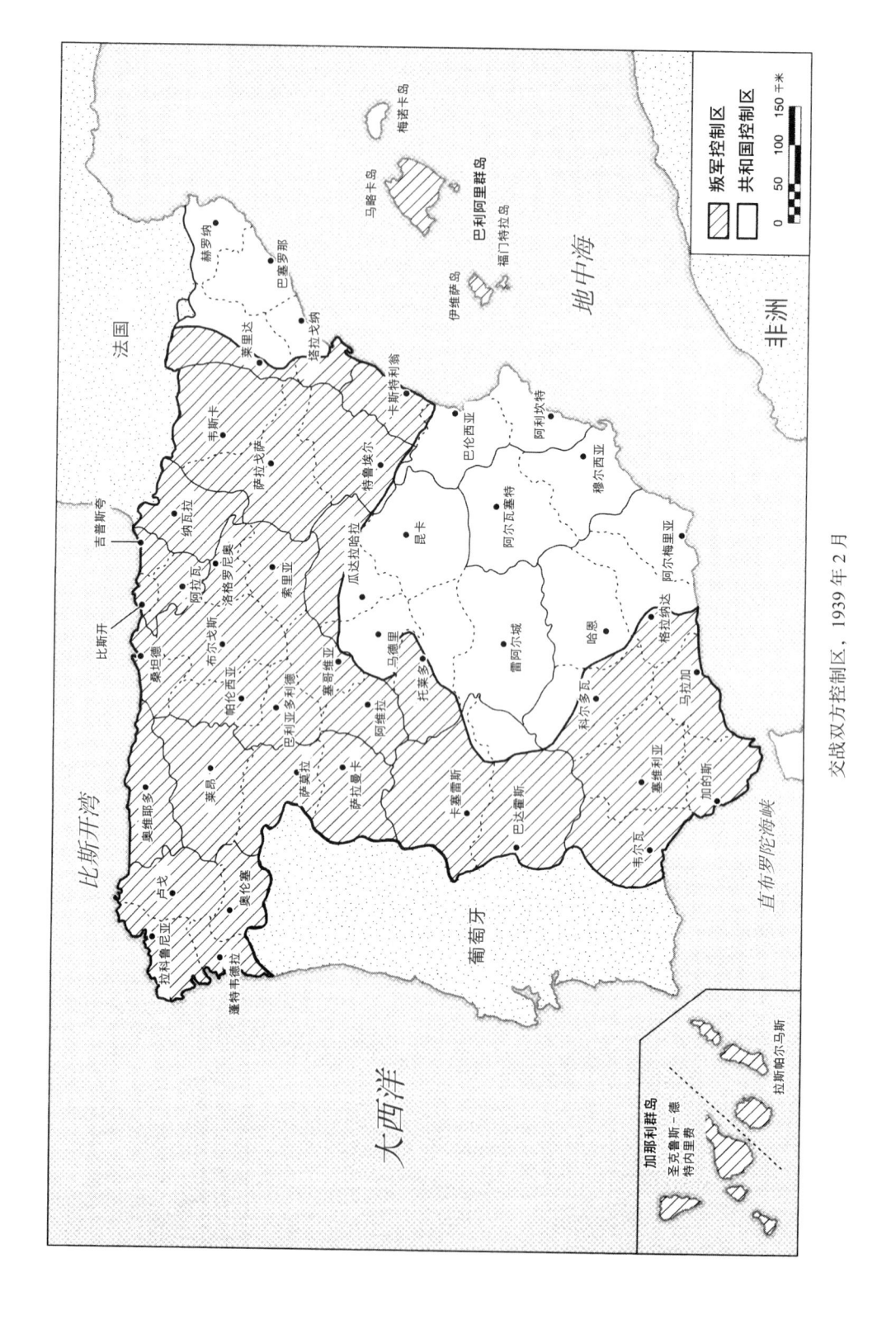

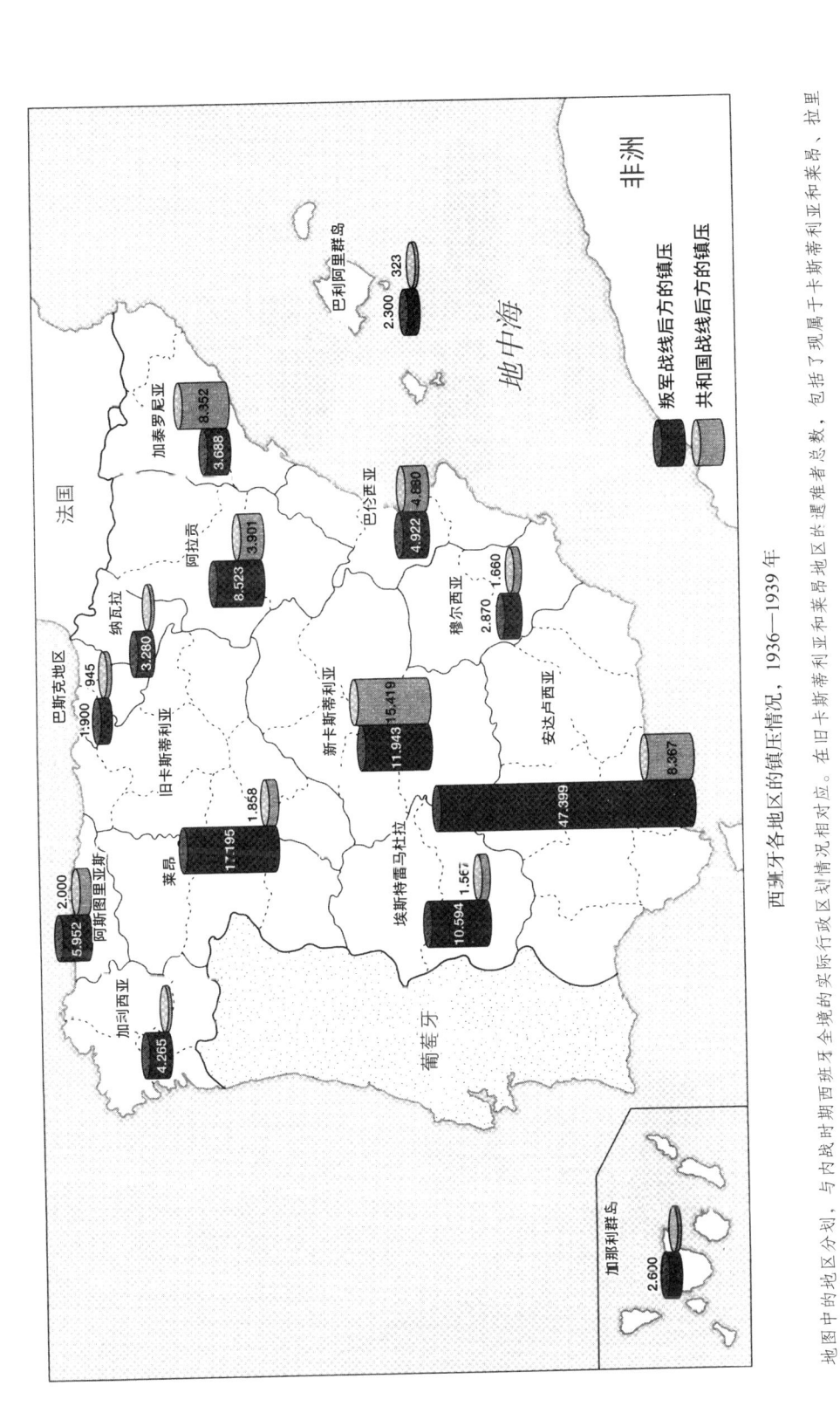

西班牙各地区的镇压情况，1936—1939 年

地图中的地区分划，与内战时期西班牙全境的实际行政区划情况相对应。在旧卡斯蒂利亚和莱昂地区诉讼难者总数，包括了现属于卡斯蒂利亚和莱昂、拉里奥哈和坎塔布里亚自治区诸省份的数据。

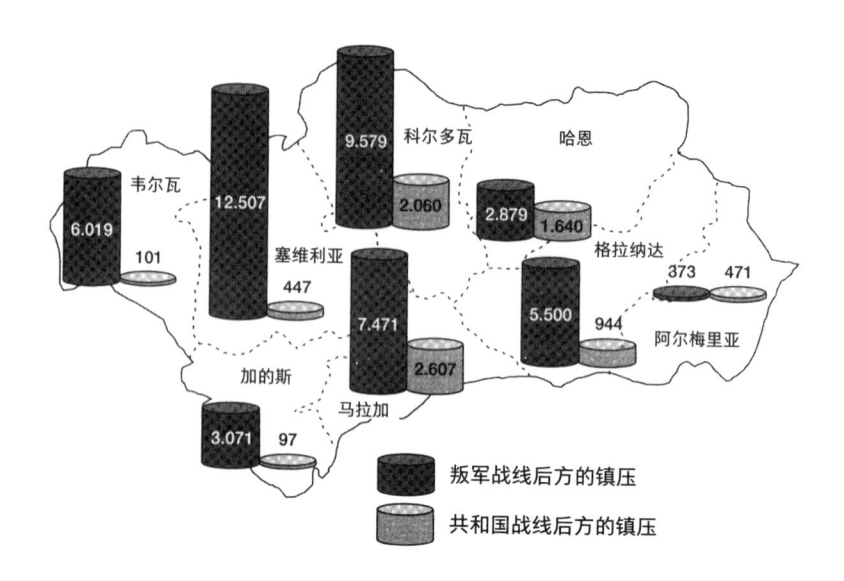

安达卢西亚地区的镇压情况，1936—1939 年

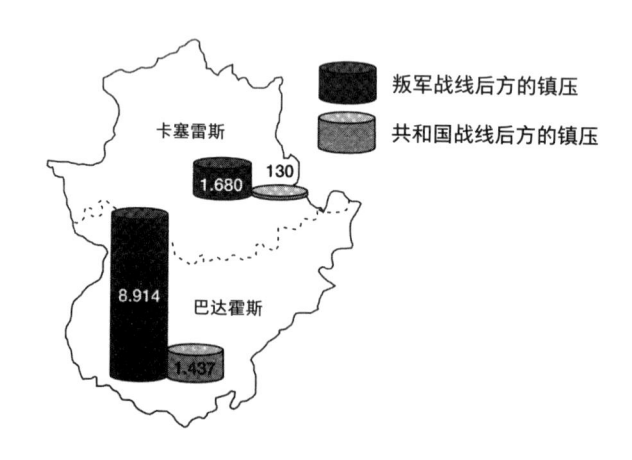

埃斯特雷马杜拉地区的镇压情况，1936—1939 年

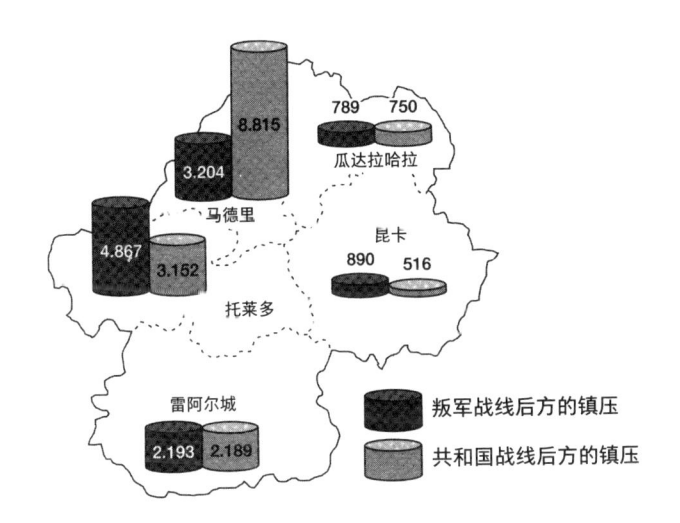

新卡斯蒂利亚地区的镇压情况，1936—1939年

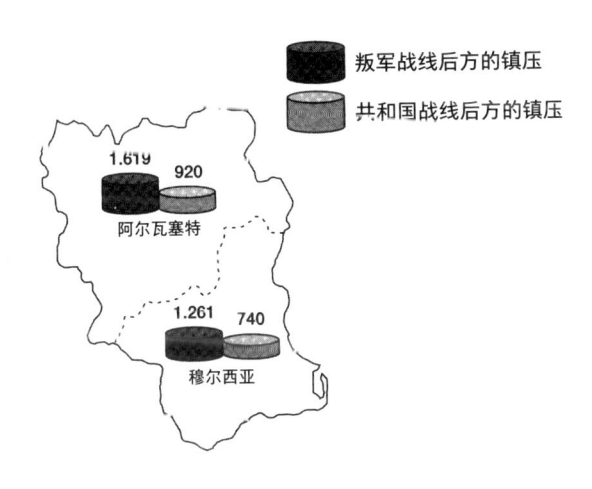

穆尔西亚地区的镇压情况，1936—1939年

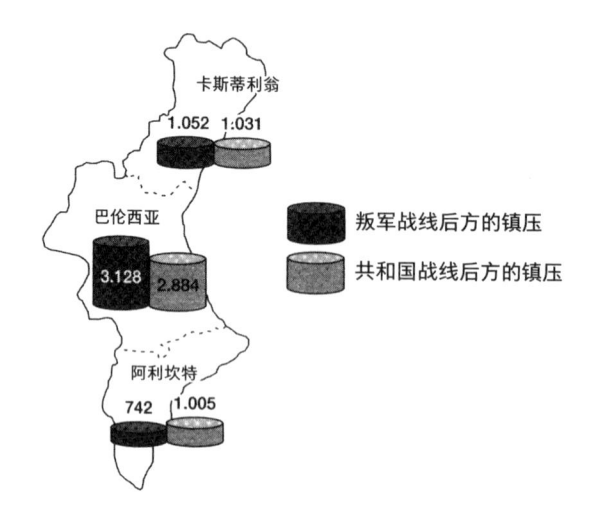

巴伦西亚地区的镇压情况，1936—1939 年

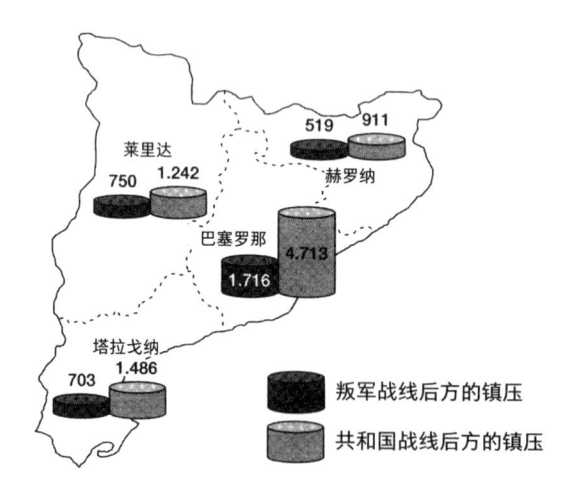

加泰罗尼亚地区的镇压情况，1936—1939 年

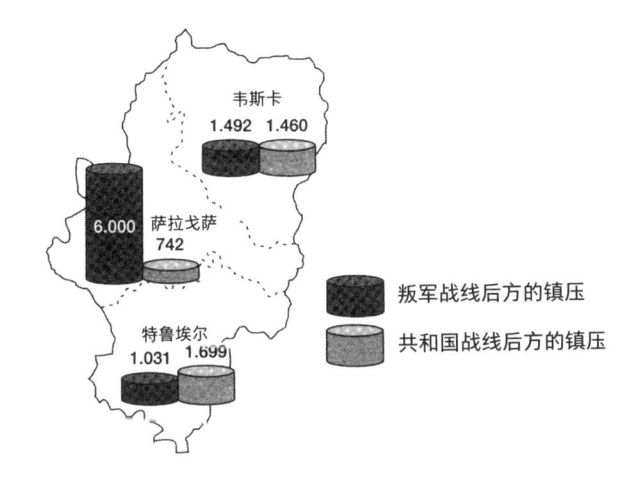

阿拉贡地区的镇压情况，1936—1939年

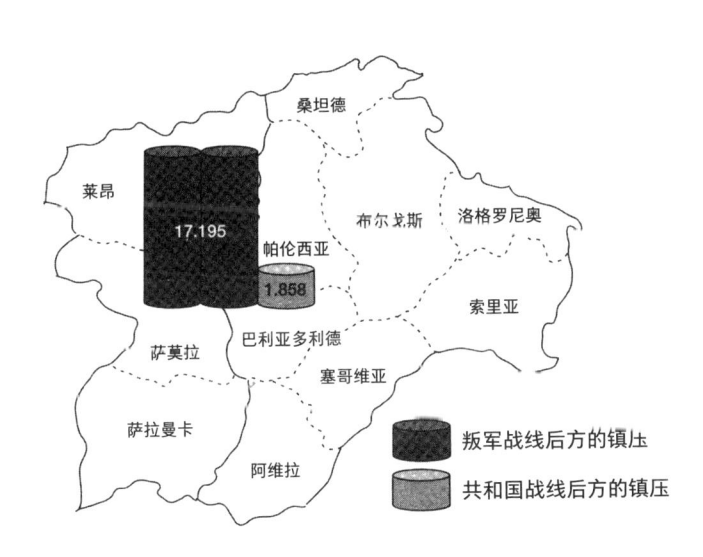

旧卡斯蒂利亚和莱昂地区的镇压情况，1936—1939年

旧卡斯蒂利亚和莱昂地区的可用数据是合并在一起的，并未以省为单位进行拆分。这些地区的遇难者人数，包含了现在属于卡斯蒂利亚和莱昂、拉里奥哈和坎塔布里亚自治区诸省份的数据。

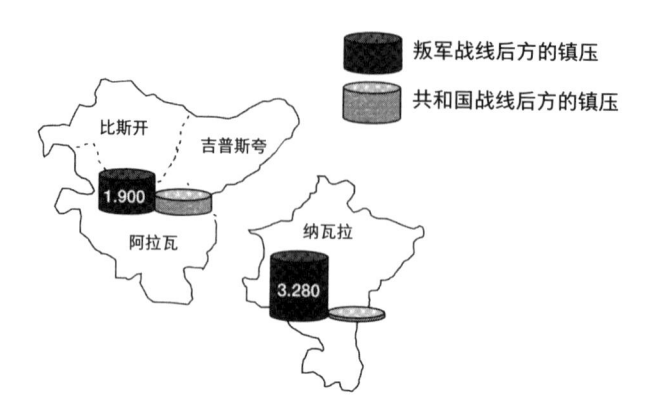

巴斯克地区和纳瓦拉省的镇压情况，1936—1939年

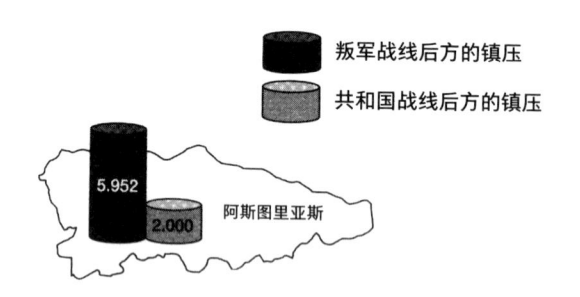

阿斯图里亚斯地区的镇压情况，1936—1939年

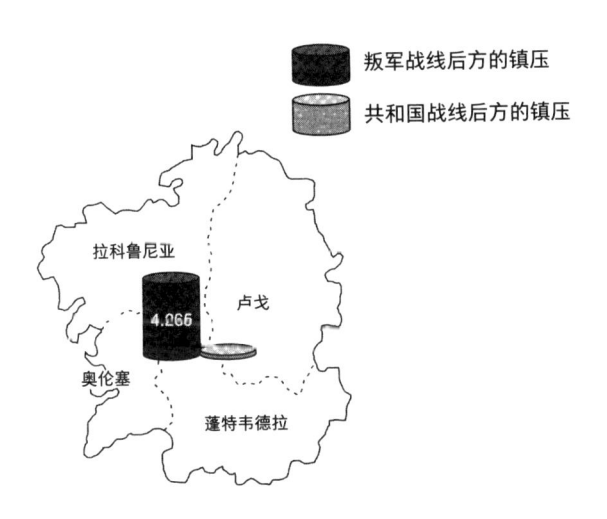

叛军战线后方的镇压

共和国战线后方的镇压

拉科鲁尼亚

卢戈

4.066

奥伦塞

蓬特韦德拉

加利西亚地区的镇压情况，1936—1939年

2.300　323

巴利阿里群岛

加那利群岛

2.600

叛军战线后方的镇压

共和国战线后方的镇压

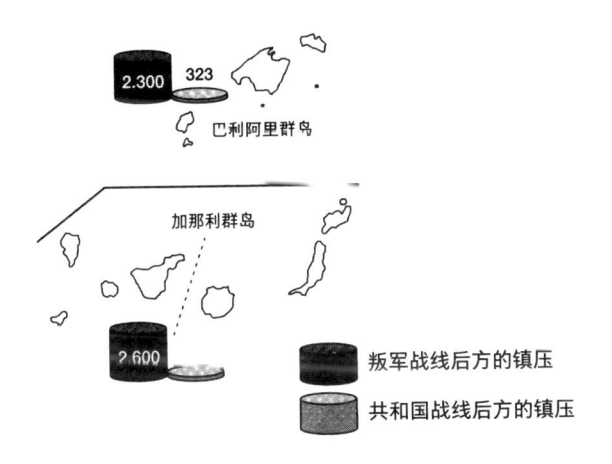

巴利阿里群岛和加那利群岛的镇压情况，1936—1939年

出版后记

有关西班牙内战的讨论从未停息，共和国总统阿萨尼亚的共和政府军与人民阵线左翼联盟，对抗以佛朗哥为中心的西班牙国民军和长枪党等右翼集团的这场战争，一直在西欧近代历史上颇受关注。对西班牙历史感兴趣的人，自然也是不能错过这一段历史。2018年，佛朗哥之墓被要求迁出"逝者之谷"，也反映出针对这场内战至今仍存在广泛的争议，关于这段时期的历史记忆亟需整理。胜者和败者的作为与立场，需要被呈送西班牙人民面前，获得尽可能公正的评判。这便是本书作者的一个重要目的。

本书作者保罗·普雷斯顿是伦敦政治经济学院名誉退休教授，在20世纪西班牙史方面有着出色的研究，有《佛朗哥传》《民主国王：胡安·卡洛斯传》《民主的胜利》等多部作品，是享誉世界的西班牙历史研究专家。这部《内战之殇》是他集十多年研究成果精心创作而成，旨在揭露1936年至1945年间西班牙人民在其激烈的内战中遭遇的恐怖。

西班牙内战之巨大伤亡众所周知，很多惨烈事件已经被广为报道，并成为一些文艺作品不断去回顾和记述的主题。而本书作者专注的是正面战场之外的死亡事件。根据作者给出的信息，本次内战中有20万人遭到大规模法外谋杀，或在走过场式的司法程序之后被处决。平民在空袭、逃亡以及在集中营中遭遇的命运更是让人唏嘘。

通过对大量案例的统计分析，作者表达了自己鲜明的立场：一边是实施系统化、制度化谋杀的国民军，一边是出于恐惧和自卫才犯下暴行的共和军——当然前者是更不可被原谅的。作者在前言中表示，自己将用"西班牙大屠杀"一词来描述这场大规模暴行，借此提醒人们关注这一事件。这种定义虽然在一些人看来是有些夸大的，但与这种简单而鲜明的立场相对比的是书中极为丰富的案例资料和数据信息。这些得益于新近出版的大量书籍和新开掘的墓地的信息，大大增加了本书的说服力，也具有不可被忽视的价值。

另外，诚如作者所说："仅仅从统计学角度诠释西班牙大屠杀是存在缺陷的，也是不完备的——而且永远也不可能完备。它同样无法捕捉到数字背后所蕴含的极为强烈的恐怖。"仅靠一本书的文字来展现这场战争给人们带来的伤痛，自然也是不完备的。但它或可为读者提供一些信息、一些场景，使读者能对这场内战有更多的了解，这应该也是作者所试图传达的。

在此还要感谢译者李晓泉，本书最终成书有700多页，这当中少不了他的耐心翻译。由于编辑水平有限，错漏之处在所难免，敬请广大读者批评指正。

服务热线：133-6631-2326　188-1142-1266
服务信箱：reader@hinabook.com

后浪出版公司
2021年3月

© 民主与建设出版社，2023

图书在版编目（CIP）数据

内战之殇 / (英) 保罗·普雷斯顿 (Paul Preston) 著 ; 李晓泉译. -- 北京：民主与建设出版社，2021.3（2023.12重印）

书名原文: The Spanish Holocaust: Inquisition and Extermination in Twentieth-Century Spain

ISBN 978-7-5139-2602-7

Ⅰ.①内… Ⅱ.①保… ②李… Ⅲ.①西班牙内战 Ⅳ.①K551.52

中国版本图书馆CIP数据核字(2021)第017928号

THE SPANISH HOLOCAUST
Copyright © 2012, Paul Preston
All rights reserved.
中文简体版权归属于银杏树下（北京）图书有限责任公司。

版权登记号：01-2023-5883
审图号：GS（2021）795号

内战之殇
NEIZHAN ZHISHANG

著　　者　［英］保罗·普雷斯顿（Paul Preston）	译　　者　李晓泉
出版统筹　吴兴元	责任编辑　王　颂
特约编辑　吴　琼	营销推广　ONEBOOK
封面设计　徐睿绅	装帧制造　墨白空间

出版发行　民主与建设出版社有限责任公司
电　　话　（010）59417747　59419778
社　　址　北京市海淀区西三环中路 10 号望海楼 E 座 7 层
邮　　编　100142
印　　刷　河北中科印刷科技发展有限公司
版　　次　2021 年 3 月第 1 版
印　　次　2023 年 12 月第 2 次印刷
开　　本　655 毫米 × 1000 毫米　1/16
印　　张　44.5
字　　数　660 千字
书　　号　ISBN 978-7-5139-2602-7
定　　价　120.00 元

注：如有印、装质量问题，请与出版社联系。